기독교문서선교회 (Christian Literature Center: 약칭 CLC)는 1941년 영국 콜체스터에서 켄 아담스에 의해 시작되었으며 국제 본부는 미국 필라델피아에 있습니다.
국제 CLC는 59개 나라에서 180개의 본부를 두고, 약 650여 명의 선교사들이 이동 도서차량 40대를 이용하여 문서 보급에 힘쓰고 있으며 이메일 주문을 통해 130여 국으로 책을 공급하고 있습니다. 한국 CLC는 청교도적 복음주의 신학과 신앙 서적을 출판하는 문서선교기관으로서, 한 영혼이라도 구원되길 소망하면서 주님이 오시는 그날까지 최선을 다할 것입니다.

추천의 글 1

류 호 준 박사
전 백석대학교 구약학 교수

　성경 안에서 성경을 찾는 일을 어리석다고 말할 수는 있겠지만, 그리스도인에게 지대한 영향력을 끼치는 성경 한 권만 고르라면 많은 사람이 서슴없이 로마서를 꼽습니다. 죄와 구원, 하나님의 의, 율법과 은혜, 이신칭의, 신자의 삶에서의 율법과 성령의 역할, 이방인과 유대인의 하나 됨, 그리스도인의 삶 등 심오한 신학적 개념들을 담고 있다고 생각하기 때문입니다.
　사실이 그렇습니다. 로마서는 예수 그리스도 안에서 새로운 삶을 살기로 작정한 그리스도인들이라면 반드시 알아야 할 중요한 신학적 개념들과 교리를 담고 있는 신학의 보고(寶庫)입니다. 하지만 기억하십시오. 로마서는 교리서도, 교의학 논문도 아닙니다. 중요 신학 개념을 단편적으로 설명하는 해설서는 더더욱 아닙니다. 로마서는 하나님의 신실하심이, 구원 경륜을 통해 어떻게 예수 그리스도 안에 나타나게 되었는지를 명쾌하게 진술하고 노래하는 설교 형태의 편지입니다.
　이런 의미에서 로마서의 첫 장부터 마지막 장까지 광대한 구약의 내러티브가 해저의 조류처럼 도도히 흘러가고 있다는 최갑종 박사님의 로마서 해석 방법론은 한국적 상황에선 유독 색다르고 새롭게 다가옵니다. 달리 말해, 저자는 하나님의 만물 창조, 인류의 범죄와 타락, 하나님께서 온 세상을 회복시키기 위해 아브라함을 통한 이스라엘 민족의 선택과 소명, 이집트로부터 이스라엘 민족의 해방인 출애굽, 광야에서의 율법 수여와 여정, 가나안 정착, 왕정 시대, 오실 메시아에 대한 예언, 바벨론 포로와 귀환 등 구약 전반의 내러티브가 로마서가 전개되어가는 과정에 따라 함께 진행되어 간다고 이야기합니다.
　즉, 저자는 로마서를 통해 바울이 전하려는 하나님의 의로우심과 신실하심이 예수 그리스도 성육신과 죽음과 부활 사건 및 성령의 사역에 결정적으로 드러나는 데 이때 구약의 전(全) 내러티브가 중저음으로 반향(反響)되고 있음을 설득력 있게 설파하고 있습니다. 반복되는 강조이겠지만 최 박사님은 로마서를 삼위일체 하나님의 구원 경륜 내러티브에 따라 읽을 것을 권하고 있습니다. 이점은 이 주석서가 공헌하는 가장 중요한 요소이며, 그리스도인들에게 종교개혁의 양대

좌우명 중 하나인 "성경 전체로"(Tota Scriptura)를 기억나게 할 것입니다. 구약과 신약 연구가 각기 전문화되면서 양쪽 사이에 담장을 쌓고 있는 성서학계의 현실에서 최 박사님의 로마서 내러티브 읽기는 창세기에서부터 요한계시록까지 아우르는 광대한 신학적 지평을 보여 줍니다.

최 박사님과 나는 40여 년 전 미국 칼빈 신학교에서 성경을 주해하는 과목을 함께 들으며 동문수학했으며 각각 미국과 네덜란드에서 최종 학위를 마치고 귀국 후에는 같은 신학대학원에서 최 박사님은 신약학을 나는 구약학을 가르치며 성경 과목을 가르치는 일에 즐거움을 나누었습니다. 성서학자로서 평생을 후학을 가르쳤지만 명예롭게 은퇴한 후로도 최 박사님은 연구의 끈을 놓지 않았습니다.

여기 여러분 앞에 놓인 『로마서 내러티브로 읽기』는 그가 평생 일구어온 로마서 연구를 집대성한 역작(magnum opus)입니다. 학문적 철저함은 그가 섭렵한 방대한 참고문헌과 그가 전개하는 논리의 치밀성에서 엿볼 수 있습니다. 곳곳에 실린 "심층 연구" 항목들과 부록으로 실린 로마서 관련 핵심 논제들("로마서와 새관점", "바울의 윤리적 교훈의 특성-직설법과 명령법", "그리스도의 능동, 수동 순종 논쟁")은 저자의 해박한 관련 지식과 구·신약을 넘나드는 균형 잡힌 판단력을 잘 보여 줍니다. 최 박사님의 로마서 주석은 아마 상당 기간 한국인 학자가 저술한 로마서 주석 중 가장 훌륭한 작품 중 하나로 칭송받을 것입니다. 학자와 목회자, 설교자와 신학도들의 서재와 책상에 한 자리를 차지할 것을 믿어 의심치 않습니다.

*류호준 박사는 25년간 백석대학교 백석신학대학원 구약학 교수로 사역하였으며, 2019년 정년 퇴임하였다. 그는 또한 20년간 평촌 무지개 장로교회를 담임목사로 섬겼으며, 현재는 한국성서대학교 구약학 초빙교수로 봉직하고 있다.

추천의 글 2

이 광 우 박사
전주 열린문교회 담임목사

"구슬이 서 말이라도 꿰어야 보배"라는 속담이 있다. 세계 신학계의 기존 로마서 연구사(硏究史)를 톺아볼 때, 성경 66권 가운데 로마서만큼 이 속담이 적확(的確)하게 들어맞는 경우는 별로 없을 듯하다. 한편으로 로마서가 개혁주의(종교개혁) 신학과 신앙의 불꽃을 당긴 성경이기 때문에, 또 다른 한편으로 히틀러의 나찌 독재정권에 부역한 신학자들이 제멋대로 악용한 성경(특히 13장)이기 때문에 이 로마서에 대한 해석은 지금껏 어떤 면에서 극과 극을 달렸고, 이 양극단 사이의 어느 지점에서 로마서를 바라보는 신학자들의 생각이 그야말로 중구난방(衆口難防)이었다고 할 수 있다.

로마서를 바라보는 시각이 제각각이라는 말은 바울이 1세기 로마 교회에 보낸 이 서신서를 아직까지 온전히 알지 못하고 있다는 뜻도 된다. 물론, 그동안 로마서의 부분 부분에 대한 건실한 해석들이 없지는 않았지만 '통전적인' 시각에서 이 로마서를 제대로 들여다보지는 못했던 것도 사실이다. 그러다 보니 근래 바울 신학에 대한 '새관점'이라는 혼란스러운 흐름도 시끌짝하게 등장하게 되었다.

로마서 7장의 화자(話者)에 대한 어지러운 논쟁도 많았고, 로마서 9-11장을 로마서 전반부(1-8장)에서 다룬 구원론의 '부록' 정도로 깎아내리는 시각도 널리 퍼져 있었다(이 책을 읽어보면 알겠지만 최갑종 교수는 로마서 9-11장을, 로마서의 핵심 주제를 관통하는 중요한 이야기 단락으로 본다). 좀 심하게 말하면 '장님 코끼리 만지기' 식으로 로마서의 특정 부분을 필요 이상으로 확대 강조하는 환원주의적인 성경해석이 아주 많았다. 한 마디로, 신학자들이 로마서라는 '코끼리'를 전체적으로 보는 데는 여태껏 실패했다는 뜻이다.

그동안의 로마서 연구는 대체로 조직신학적인 이해의 틀(frame) 안에서 미시적이거나 거시적인 '구원론'이라는 렌즈로 읽었다. 로마서라는 이 편지가 1세기 이방지역 로마에 있는 교회의 성도들에게 전달되어 '낭독'(구전, 口傳)되었다는 점을 감안할 때, 로마서를 이렇게 조직신학적인 관점에서 접근하는 것은 자칫 이 귀한 성경을 파편화할 위험이 있는데, 사실상 그동안의 연구 과정에서 그 위험은 여러

면에서 현실로 드러났다. 그런 점에서 로마서 전체를 통일성을 지닌 하나의 내러티브(narrative, 이야기)로 보아 '통전적인' 시각에서 접근하는 최갑종 교수의 주해서는 기존 연구의 약점들을 보완함과 동시에 그 업적들을 일목요연하게 하나로 꿰어내면서 로마서의 '통일성'을 여엿이 확인해 준 매우 눈부신 역작(力作)이다.

로마서 전체의 매우 흥미진진한 플롯과 교훈, 거기 담긴 보배롭고 영광스런 하나님 나라의 메시지를 이보다 더 명확하게 정리한 책은 당분간 나오기 어려울 것이다. 최갑종 교수는 교조적이고 경건주의적인 해석에 묶여있던 로마서를 풀어내어 1세기 당시의 사회적 맥락 속에서 본문에 흐르는 이야기의 흐름을 하나로 묶으면서 말씀과 세상에 대한 새롭고 신실한 해석을 제시한다. 따라서, 독자들은 이 책에서 로마서를 '하나의 이야기'로 새롭게 봄과 동시에 신론, 기독론, 인간론, 구원론, 성령론, 종말론이라는 조직신학적 파편들을 하나의 아름다운 성경 이야기로 멋지게 묶어낸 개혁주의 신학의 정수(精髓)를 한껏 맛보게 될 것이다.

단언컨대, 최갑종 교수는 이 눈부신 책에서 로마서를 본래의 영광스러운 위치로 되돌려 놓았다. 이 책을 따라가다 보면, 두려움과 좌절, 신음이 넘치는 현실의 삶 속에 선포된 복음의 위대함이 수십 세기 세월의 강을 건너 21세기 우리에게까지, 영원토록 환희로운 천국 보좌 앞의 교향악처럼 전해지는 것을 느낄 수 있다. 저자는 이 편지를 처음 '들었던' 1세기 로마에 살던 기독교인들을 이 서신의 해석과정에 적극 끌어들이는 한편, 로마서라는 거대한 이야기의 흐름을 맛깔나게 깨우쳐 주면서 오늘 우리가 사는 이 세상을 어떻게 바라봐야 할지, 이 귀한 로마서의 말씀을 어떻게 우리 삶에 적용시켜 신령한 양식으로 삼고 삶의 나침반으로 삼아야 할지를 친절하게 알려준다. 아울러 이 로마서라는 렌즈로 인류의 역사를 철저히 해부함으로써 영광스런 기독교 복음이 갖는 실제적이고 때로는 혁명적인 성격을 웅장하고 명쾌하게 드러낸다. 인간의 본질적인 죄악에 기반하여 인류 역사상 명멸했던 숱한 제국들(로마제국을 포함해서)의 썩어빠진 가치관을 가볍게 무너뜨리고, 세상을 다스리는 가짜 임금들의 허상을 여지없이 고발한다. 그러면서 우주에서 가장 위대한 왕이자 유일한 주인이신 우리 주 예수 그리스도의 영광스러운 통치를 또렷하게 증언한다.

누군가의 지적처럼 로마서는 계몽 지향적인 세계관에서 서술된 것이 아니다. 그저 조직신학적인 가르침을 주기 위해 서술된 것도 물론 아니다. 로마서 각 장에 담긴 토막 진리들의 파편 뭉치로만 주어진 것도 아니다. 기존의 수많은 연구서가 대체로 그런 신학적 약점에서 온전히 자유롭지 못했고, 따라서 로마서라는 거대한 숲속의 나무들은 그럭저럭 보았지만, 로마서라는 거대한 숲을 조감하며 그 원대한 하나님의 음성을 생생하게 듣지는 못했다.

앞서 말했듯이 이 책은 로마서를 하나의 내러티브로 보고 '로마서의 숲'을 통전적으로 멋지게 보여주고 있다. 나는 국내외에 널리 알려진 신학자 가운데 한 분인 최갑종 교수를 통해 우리 하나님께서 이번에 세계 신학계에, 한국 교회에 아주 귀하고 큰 선물을 주었다고 생각한다.

이 책의 중간중간에 실린 심층연구와 부록에 실린 세 편의 논문(① 로마서와 '새 관점', ② 바울의 윤리적 교훈의 특징-직설법과 명령법, ③ 그리스도의 능동, 수동 순종 논쟁, 무엇인 문제인가?)만으로도 이 책의 값어치는 충분하다고 본다.

부록의 첫 번째 논문에서는 간추린 로마서 연구사(研究史)를, 두 번째 논문에서는 '칭의'와 '성화'를 아우르는 기독교 윤리의 핵심을, 세 번째 논문에서는 최근 유독 한국교회 안에서 뜨거운 감자가 되고 있는 그리스도의 능동 순종과 수동 순종에 대한 개혁신학적인 명쾌한 결론을 확인할 수 있을 것이기 때문이다.

인생(신앙생활)에서 삶의 질을 결정적으로 좌우하는 것은 '만남'이다. 우선 창조주이자 우리 생명의 주인이신 하나님과의 만남을 토대로, 이웃(신실한 동역자)과의 만남, 책 한 권과의 만남이 우리 삶의 씨줄과 날줄이 되어 우리 인생의 아름다운 천을 여러 모양으로 짜나가게 된다.

최갑종 교수께서 혼신의 힘을 다해 쓴 이 책과의 만남이야말로 하나님이 부어 주시는 귀한 복이 될 수 있다고 확신한다. 평생, 신학을 연구하며 제자 신학도들을 양육하는 일에 헌신하면서 수많은 학술 논문과 책을 펴낸 최갑종 교수께서 이번에 필생(畢生)의 역작(力作)으로 영혼을 갈아 넣다시피 쓴 이 책이, 하나님께 영광이 되고, 독자들의 삶을 더더욱 풍요롭게 하며, 안타깝게 침몰해가는 한국 교회라는 배를 복원하는 귀한 지렛대 역할을 하고도 남으리라 확신하기에, 신학도와 목회자를 포함해서 복음의 영광에 갈증 난 모든 성도에게 꼭 읽어 보실 것을 강력하게 권한다. 최갑종 교수를 여태껏 들어 쓰신 우리 하나님을 찬양하며, 앞으로도 하나님이 내리시는 강건의 복을 넉넉히 누리면서 쓰실 다음 책이 또 기다려진다. 이 책의 만남으로 오직 우리 하나님 한 분만 한없이 영광 받으시기를 바란다.

*이광우 박사는 현재 전주 열린문교회 담임목사이며, 총신대학교 이사, 한국문인협회 회원, 한국기독사진가협회 이사장을 역임하고 있다.

추천의 글 3

김현광 박사
한국성서대학교 신약학 교수

한국복음주의신약학계의 대표적 학자이며 저자이신 최갑종 교수님께서 『로마서 내러티브로 읽기』를 출판하게 됨을 축하하며 함께 기뻐한다. 백석대학교에서 총장의 직을 맡아 바쁜 중에서도 연구를 쉬지 않았을 뿐 아니라 퇴임 후에도 이와 같은 방대한 연구의 결과물을 내놓은 것은 후배 학자들에게 도전과 귀감이 된다. 이 저서가 한국 학계와 교계에 큰 유익을 주는 책이 될 것을 믿어 의심하지 않는다.

본 『로마서 내러티브로 읽기』는 최갑종 교수님의 로마서에 대한 오랜 연구와 가르침의 결과를 집대성한 전문적인 로마서 연구서이다. 헬라어 본문을 세밀하게 살펴 논증을 원문에 근거하여 제시하고 있는 신약학 연구의 모범을 보여준다. 신약의 관련 본문뿐 아니라 구약적 배경이나 구약 본문도 충분히 제시하여 로마서에 나타난 복음과 구약의 연관성을 적절히 지적하고 있는 것도 매우 유익하다. 토마스 슈라이너의 로마서 주석을 비롯하여 더글라스 무, 마이클 고먼 등의 최근 주석과 연구서, 논문 등 수 많은 이차 자료를 성실히 검토하여 로마서의 메시지와 핵심 이슈들을 분석한 이 책은 학술적 가치를 충분히 드러내고 있다.

무엇보다 본 『로마서 내러티브로 읽기』의 큰 장점은 매우 건전한 신학적 관점을 제시하고 있어 목회자들을 비롯한 성도들의 설교와 성경 연구에 추천할 만하다는 것이다. 로마서를 해석함에 있어 개인이 어떻게 하나님 앞에서 의롭게 될 수 있는가라는 개인 구원의 관점을 견지하고 있으며 율법을 통해 구원에 이를 수 없음을 지적하고 있다. '새관점의 바울 연구'에 대한 평가도 로마서 연구에 적절한 방향을 제시하고 있다. 유대인 모티프가 로마서를 해석하는 중요한 해석학적 열쇠 중 하나임을 밝히면서도 유대인의 우선권이 구원에 있어서의 특혜를 의미하지 않음도 옳게 지적하고 있다. 성경의 절대적 권위를 존중하여 강조하는 해석을 하는 것은 본서에 대한 신뢰를 더욱 북돋우는 점이다. 성경본문 자체가 우리의 기존의 관념이나 생각을 초월하는 최종 권위임을 다음과 같은 말에서 드러내고 있다. "우리가 성경 본문을 해석할 때는 성경 본문 자체가 우리의 실존적 고백보다 선행한다는 점도 잊어서는 안 된다."

　로마서를 가능한 쉽게 그러면서도 올바르게 이해하도록 돕는 목적으로 저술한 이 책은 그 목적을 충분히 달성하고 있다. 로마서의 내러티브를 따라가며 핵심 메시지를 분석하고 명쾌하게 제시하고 있으며 로마서의 배경이 되는 바울과 로마 교회의 역사적 상황에 주목하여 이해의 깊이를 더하고 있다. 어려운 로마서의 신학적 내용과 복잡한 논의를 명쾌하고 유려한 문장으로 풀어내고 있는 것도 가독성을 높여준다.

　로마서는 많은 논쟁이 있는 본문을 포함하고 있어 해석이 쉽지 않다. 다양한 견해를 설명하면서도 자신과 다른 견해를 지닌 학자들에 대해 존중하는 태도를 잃지 않고 자신의 견해가 옳다는 우월감에 빠져 비난하는 모습을 보이지 않는다. 진정한 학자이며 그리스도인의 모습을 보여준다. 학자의 학문하는 방식도 그리스도의 겸손한 모습을 반영해야 함을 깨닫게 한다.

　로마서 7장의 '나'에 대한 해석은 로마서 해석에 있어 다양한 견해가 존재하는 부분이다. 최갑종 교수님은 "나"는 바울의 자서전적 표현이 아니라 일반 사람을 표현하는 수사학적 장치 일 수 있다는 견해를 갖고 있다. 따라서 "나"를 통해 바울은 현재의 자신을 포함한 그리스도인의 모습을 묘사하는 것이 아니라 회심하기 이전의 자신을 포함한 율법 백성인 유대인의 모습을 드러내며 포괄적으로는 전 인류에 대한 인간학적 분석을 드러내는 것이라고 이해한다. 이러한 견해는 토마스 슈라이너가 2018년에 출판된 그의 『로마서 주석』 개정판에서 "나"를 그리스도인 바울의 자전적 고백으로 해석하는 것이나 이 글을 쓰는 나의 견해와는 다르지만 깊은 학문적 고민과 숙고를 통해 제시하는 논증으로서 독자들도 함께 숙고해 볼 만한 부분이다.

　"모든 이스라엘이 구원을 받게 될 것이다"(11:26a)라는 구절 역시 다양한 해석이 제시되는 부분이다. 최갑종 교수님은 '모든 이스라엘'을 믿는 이스라엘 백성들과 한시적으로 우둔해진 사람을 포함하는 이스라엘 민족 전체를 가리키는 것으로 본다. 우둔해진 자들은 이방인의 충만한 수가 들어 온 후에 우둔함이 벗어져 구원에 이른다고 해석한다. 꺾인 가지가 믿지 아니하는데 머무르지 아니하면 접붙임을 받으리라는 로마서 11:23의 말씀을 어떻게 이해하느냐에 따라 이러한 해석이 가진 장점이 있다. 그럼에도 최갑종 교수님과는 약간 다른 관점에서 나는 '모든 이스라엘'은 역사상 선택받은 남은 자 전체로서 유대인을 가리키는 것이며 우둔하게 된 자가 이방인의 충만한 수가 차는 마지막 때에 극적인 구원에 이르게 될 것을 로마서 본문은 가리키지 않는다는 견해를 제시한 바 있다. 이러한 논의를 위해서는 많은 지면이 필요할 것이나 이 책의 해당 부분을 읽는 것은 이러한 논의를 이해하기 위한 좋은 출발점이 될 수 있을 것이다.

로마서 본문에 대한 세밀한 주석은 말할 것도 없고 유익한 정보를 제공하는 "로마서와 '새관점'", "그리스도의 능동, 수동 순종 논쟁, 무엇이 문제인가". 이같은 부록만으로도 이 책은 충분히 구입해서 읽을 가치가 있다. 그리스도의 능동, 수동 순종 논쟁에 관해 다룬 부록 3은 이 주제에 관해 훌륭한 최신 정보를 제공해줄 뿐 아니라 레위기 18:5과 관련된 바울의 이해와 해석에 대한 후속 연구에도 영향을 미칠 것으로 여겨진다.

로마서를 가르치고 연구하면서 나는 최갑종 교수님의 로마서 연구 논문과 책을 자주 인용해 왔다. 이제 새로운 그의 『로마서 내러티브로 읽기』를 읽고 숙고하며 인용할 수 있게 된 것은 또 다른 즐거움이다. 한국에서 출판된 『로마서 주석』 중에서 학술적 수준이 높으면서도 접근이 어렵지 않은 좋은 주석서로 높이 평가될 만하다. 로마서 본문에 대한 충실한 연구를 바탕으로 로마서의 핵심을 잘 이해하고 쓴 내러티브 로마서 주석인 이 책을 기쁘게 추천한다. 좋은 책의 출판을 진심으로 축하드린다. 또한, 후속 책들을 통해 최갑종 교수님의 한국 교회를 섬기는 귀한 사역이 계속되기를 기도한다.

---

*김현광 박사는 미국 남침례신학대학원에서 바울신학을 전공, 학위를 받은 후 귀국하여 한국성서대학교 신약학 교수로 재임하고 있다. 그리고 2023년 11월부터 한국복음주의신약학회 회장을 맡아 한국복음주의신약학계를 선도하고 있다.

로마서 내러티브로 읽기

Narrative Reading in Romans

Written by Gab Jong Choi

All rights reserved.

Korean Edition Copyright ⓒ 2024 by Christian Literature Center, Seoul, Korea.

로마서 내러티브로 읽기

2024년 04월 26일 초판 발행

지 은 이	최갑종
편 집	이신영, 이재면
디 자 인	서민정, 김현미
펴 낸 곳	(사)기독교문서선교회
등 록	제16-25호(1980. 1. 18.)
주 소	서울특별시 동대문구 천호대로71길 39
전 화	02-586-8761~3(본사) 031-942-8761(영업부)
팩 스	02-523-0131(본사) 031-942-8763(영업부)
이 메 일	clckor@gmail.com
홈페이지	www.clcbook.com
송금계좌	기업은행 073-000308-04-020 (사)기독교문서선교회
일련번호	2024-37

ISBN 978-89-341-2673-7 (03230)

이 책의 출판권은 (사)기독교문서선교회가 소유합니다.
신저작권법에 의하여 한국 내에서 보호를 받는 저작물이므로 무단 전재와 무단 복제를 금합니다.

CLC 주석 시리즈 ⑪

"로마서 핵심을 잘 설명하는 새로운 로마서 주석!"

로마서 내러티브로 읽기

최갑종 지음

CLC

목차

추천의 글 1 **류호준 박사** | 전 백석대학교 구약학 교수   1

추천의 글 2 **이광우 박사** | 전주 열린문교회 담임목사   3

추천의 글 3 **김현광 박사** | 한국성서대학교 신약학 교수   6

서문(序文)   16

약어표(Abbreviations)   22

제1부 로마서 서론   26

1. 사도 바울이 왜 로마서를 썼는가?   29

    1) 로마 교회의 상황   34

    2) 바울의 상황   44

2. 사도 바울은 로마서를 어떻게 썼는가?   54

    1) 편지의 서언(1:1-17)   56

    2) 편지의 몸체(1:18-15:13)   57

    3) 편지의 결언(15:14-16:27)   61

3. 로마서의 주제는 무엇인가?   63

    1) 주제 어휘로서 "하나님의 의"   63

    2) "하나님의 의" 용법과 그 의미   68

4. 로마서는 어떻게 해석되어 왔는가?   76

제2부 로마서 주석 ... 92

제1장 로마서 서언(序言) (1:1-17) ... 93

1. 인사 문단(1:1-7) ... 94
   1) "바울, 메시아 예수의 종, 부름 받은 사도, 하나님의 복음을 위해 구별된 자"(1절) ... 96
   2) 하나님의 복음, 메시아 예수(2-4절) ... 101
   3) 믿음의 순종을 가져오는 은혜와 사도의 직분(5절) ... 111
   4) 편지를 받는 로마의 기독교인들(6-7절) ... 113
2. 감사 문단: 로마 교회에 대한 바울의 감사(1:8-15) ... 116
   1) 감사의 내용(8절) ... 116
   2) 기도(9-10절) ... 117
   3) 바울의 로마 교회 방문 목적과 이유(11-15절) ... 118
3. 주제 문단: 복음 안에 나타난 하나님의 의(1:16-17) ... 122
   1) 1:16-17의 구성 ... 123
   2) 1:16-17에 대한 주석 ... 125

제2장 로마서 몸체/본론(1:18-15:13) ... 146

1. 첫 번째 내러티브: 인류의 창조와 타락(1:18-3:20) ... 146
   1) 하나님의 진노 아래 있는 인류와 그 비참함(1:18-32) ... 148
   2) 유대인(이스라엘)의 범죄와 하나님의 신실성(2:1-3:20) ... 163
2. 두 번째 내러티브: 메시아를 통한 하나님의 인류 구속(3:21-5:21) ... 210
   1) 예수 그리스도의 죽음을 통한 하나님의 구속(3:21-31) ... 211
   2) '이신칭의'의 패러다임으로서 아브라함(4:1-25) ... 264
   3) 칭의의 결과와 아담과 그리스도(5:1-21) ... 285

3. 세 번째 내러티브: 메시아와 성령을 통한 하나님의 인류 구원 적용(6:1-8:39) 315
   1) 그리스도와의 연합과 신자의 삶의 원리(6:1-23) 318
   2) 율법을 삶의 원리로 삼는 자의 좌절(7:1-25) 337
《심층연구 1》 "로마서 7장에 나타난 '나', '율법', '죄'와의 연관성 340
《심층연구 2》 로마서 7장의 "나"를 바울과 참된 신자의 모습으로 보는 논점에 대한 답변 369
   3) 성령의 인도를 따르는 자와 구원의 보증(8:1-39) 376
《심층연구 3》 개역개정 성경의 '프뉴마'(πνεῦμα)와 '사르크스'(σὰρξ) 번역 문제 391

4. 네 번째 내러티브: 이스라엘에 대한 하나님의 언약적 신실성(9:1-11:36) 421
   1) 이스라엘 대한 바울의 염려(9:1-5) 425
   2) 하나님의 주권적 선택 1(9:6-13) 429
   3) 하나님의 주권적 선택 2(9:14-23) 433
   4) 하나님의 주권적 부르심(9:24-29) 437
   5) '믿음에 의한 의'와 '율법에 의한 의'(9:30-10:4) 440
   6) 주의 이름을 부르는 자의 구원(10:5-13) 446
   7) 복음에 대한 이스라엘의 불순종(10:14-21) 453
   8) 이스라엘의 선택과 남은 자(11:1-12) 457
   9) 이방인 신자에 대한 경고(11:13-24) 461
   10) '비밀', '모든 이스라엘의 구원' 그리고 '하나님의 언약적 신실성'(11:25-32) 466
   11) 하나님에 대한 송영(11:33-36) 489

5. 다섯 번째 내러티브: 이 세상에서 신자의 삶(12:1-15:13) 493
   1) 신자의 삶의 원리와 그 적용(12:1-8) 498
   2) 교회와 사회 안에서 신자의 책임: '사랑의 윤리'(12:9-21) 511
   3) 시민으로서 기독교인의 책임(13:1-7) 517
   4) 사랑의 빚을 진 기독교인(13:8-14) 524
   5) "믿음이 약한 자"와 "믿음이 강한 자"의 화목(14:1-15:13) 530

제3장 로마서 결언(15:14-16:27)   555

1. 이방인들을 위한 바울의 제사장적 사역(15:14-21)   556
   1) 로마 교회와 바울의 제사장적 사역(14-16절)   557
   2) 이방인 선교 사역에 대한 바울의 자기 이해(17-19절)   559
   3) 바울의 선교전략(20-21절)   561

2. 미래의 계획과 기도 부탁(15:22-33)   562
   1) 바울의 스페인 선교 계획(22-24절)   563
   2) 예루살렘 방문과 기도 부탁(25-29절)   564

3. 문안 인사(16:1-16)   568
   1) 뵈뵈를 환대할 것을 부탁함(1-2절)   569
   2) 개인 및 가정교회에 대한 인사(3-16절)   570

《심층연구 4》 유니아, 여성 사도인가, 아닌가?   573

4. 거짓 교사들에 대한 경고, 인사와 송영(16:17-27)   576
   1) 거짓 교사에 대한 경고(17-20절)   576
   2) 동역자들의 문안 인사(21-23절)   578
   3) 복음의 재진술(결언 중의 결언)(25-27절)   579

부록   585

부록 1 로마서와 "새관점"(the New Perspective on Paul)   586

부록 2 바울의 윤리적 교훈의 특징직설법과 명령법   614

부록 3 그리스도의 능동, 수동 순종 논쟁, 무엇이 문제인가?
       -사도 바울의 갈 3:12와 롬 10:5에 있는 레 18:5 인용을 중심으로-   635

참고 문헌(Selected Bibliography on Romans)   677

서문(序文)

　로마서는 사도 바울이 1세기 중엽(아마도 AD 57년경) 고린도에서 로마제국의 수도 로마에 살고 있던 기독교 공동체에 보낸 편지이다. 이 편지는 대단히 중요하다. 일찍이 마틴 루터(M. Luther)는 그의 『로마서 주석』 서문에서 이렇게 말했다: "이 편지는 실로 신약성경 중에서 가장 중요한 부분이며, 참으로 가장 순수한 복음이다. 로마서는 모든 크리스천이 마땅히 마음으로 모두 알아야 할 뿐만 아니라, 매일 매일 영혼의 양식으로 묵상하여야 할 만한 가치를 지니고 있다"(*Luther's Works*, vol. 35, 1960, p. 365).

　존 칼빈(J. Calvin) 역시 그의 『로마서 주석』 서문에서 "누구든지 이 편지의 지식을 획득하는 자는 성경 전체의 가장 은밀한 보물들을 접할 수 있는 문을 가지게 된다"(Calvin, *The Epistle of Paul the Apostle to the Romans and to the Thessalonians*, Edinburg: T & T Clark, 1961, p. 2)라고 말하였다. 이처럼 16세기 대표적인 종교개혁자들은 로마서를 신구약 성경에서 가장 중요한 성경으로, 로마서를 성경 전체를 올바르게 이해할 수 있는 열쇠로 간주하였다. 그렇다면 로마서를 어떻게 쉽게 접근하고, 바르게 이해할 수 있겠는가?

　금번에 필자가 『로마서 내러티브로 읽기』를 저술하는 주된 목적은 로마서를 읽고 가르치고 설교하는 평신도, 신학도 그리고 목회자들에게 로마서를 가능한 한 쉽게 그러면서도 로마서 본문의 의미를 올바르게 이해할 수 있도록 도움을 주려는 데 있다. 말하자면 로마서 본문에 대한 역사적, 문학적 접근(특히 내러티브 접근)을 통해 그 본문이 전후 문맥에서 지닌 본래 의미를 찾아 제시하는 데 주된 목적이 있다.

　사실 시중에 로마서에 관한 책은 이미 차고 넘친다. 누구든지 기독교 서점에 가면 로마서에 대한 주석, 단행본, 설교집 등을 쉽게 찾아볼 수 있다. 하지만 로마서를 단순히 교리나 신학 논문이 아닌, 플롯(줄거리)을 가진 내러티브 형식의 편지로 읽고, 편지로서 로마서가 지닌 본래의 메시지를 쉽게 접할 수 있도록 안내하는 책은 찾아보기 힘들다. 그런 점에서 이 책은 로마서에 관한 아주 새로운 접근과 주석이라고 자신 있게 말할 수 있다.

물론 이 책의 저자도 로마서가 중요한 신학적 서술과 교리를 말하고 있다는 사실 자체를 부정하지 않는다. 로마서는 어느 성경책보다도 그리스도를 믿음으로 의롭게 되는 기독교 구원 교리와 크리스천 삶을 심도 있게, 그리고 폭넓게 서술하고 있다. 그러나 이 책은 무엇보다도 우선해서 사도 바울이 어떤 목적(나중에 우리가 서론에서 자세하게 살펴보겠지만, 목회적, 선교적, 변증적 목적)을 효과적으로 달성하기 위해 기록한 내러티브(Narrative) 형식의 편지라는 전제 아래 로마서에 접근하고 해석한다. 로마서가 사도 바울이 가진 목적을 효과적으로 달성하기 위해 줄거리(Plot)를 가진 내러티브로 구성되었다는 사실은, 그가 로마서의 결언에서 쓴, "내가 너희로 다시 생각나게 하려고 하나님께서 내게 주신 은혜로 말미암아 더욱 담대히 대략 너희에게 썼노니"(15:15)라는 문구로부터 짐작할 수 있다.

필자가 이 책 『로마서 내러티브로 읽기』에서 전제하고 있는 것은, 사도 바울이 로마서를 쓸 때, 그가 받은 하나님의 의의 복음(1:1-7, 16-17; 3:21-26; 16:25-27)을 독자들에게 효과적으로 설명하기 위해, 그리고 이 의의 복음이 독자들이 처한 현실의 문제를 해결할 수 있음을 알리기 위해, 자신과 독자들이 익히 알고 있는 구약성경의 핵심적인 내러티브인 하나님의 만물 창조, 인류의 범죄와 타락, 하나님께서 온 세상을 회복하기 위해 아브라함을 통한 이스라엘 민족의 선택과 소명, 이집트로부터 이스라엘 민족의 해방인 출애굽, 광야에서의 율법 수여와 여정, 가나안 정착, 왕정 시대, 오실 메시아에 대한 예언, 바벨론 포로와 귀환 등의 내러티브를 잘 활용하고 있다는 것이다.

단순히 그가 로마서에서 구약성경 본문을 가장 많이 인용하고 있다는 사실을 강조하는 것이 아니라, 구약의 핵심적인 이야기를 그리스도 사건과 성령을 통해 재조명하여 로마서 내러티브 구성에 적극적으로 활용하고 있다는 것이다. 왜냐하면, 바울 당대 헬라-로마-유대 사회의 일상적인 구어체 헬라어로 쓴 이 로마서는 엄밀하게 말해서 눈으로 읽고 이해할 수 있도록 쓴 것이라기보다, 오히려 당시 청각 문화에 익숙한 로마의 기독교인들이 이야기처럼 귀로 듣고 이해할 수 있도록 쓴 것이기 때문이다.

돌이켜 보면, 필자는 오랫동안 로마서와 더불어 살아왔다. 어릴 때는 로마서의 많은 성경 구절을 암송하면서 지냈고, 고신대학과 고려신학대학원에 재학할 때는 로이드 존스(M. Lloyed Jones)의 『로마서 강해집』, 칼빈의 『기독교강요』 그리고 헤르만 리덜보스(H. Ridderbos)의 『바울신학』을 열심히 읽고 감명을 받았다. 미국 프린스톤 신학대학원에 재학할 때는 바울 신학자인 크리스천 베이커(C. Baker) 교수와 함께 매주 로마서 헬라어 본문을 열심히 읽고 토론하였다. 베이커 교수는 필자에게 로마서가 역사적 상황성을 통해 복음의 통일성을 제시하고 있다는 사실과 로마서를 올바르게 이해하기 위해서는 로마서가 지닌 유대인 모티브를 파악하는 것이 중요함을 일깨워 주었다. 그리고 아일립신학대학원과 덴버대학교의 박사과정에 있을 때는 루터, 칼빈, 케제만(E. Käsemann), 머리(J. Murray), 스툴마허(P. Stuhlmacher), 크랜필드(C. E. B. Cranfield), 던(James D.G. Dunn)의 『로마서 주석』을 부지런히 읽었다. 아울러 샌더스(E. P. Sanders), 던, 톰 라이트(T. Wright) 등이 주창하는 소위 바울에 대한 새관점(The New Perspective on Paul)의 장단점을 접할 수 있었다.

1992년 1월 11년간의 미국 유학 생활을 끝내고 귀국하여 26년 동안 백석대학교 신약학 교수로 재직하면서 대학과 대학원의 많은 학생에게 로마서를 가르쳤다. 그리고 앞에서 이미 언급한 로마서에 대한 여러 편의 논문을 「성경과 신학」 「신약논단」, 「신약연구」, 「성경 원문연구」 등 전문 학술지를 통해 발표하였다. 2017년 8월 백석대학교를 퇴임하고 미국에 와서는 Georgia Central University, Evangelia University, Tyndale International University의 신학생들에게 로마서를 강의하면서 무(D. Moo)와 슈라이너(T. R. Schreiner)의 2018년도 개정판 로마서 주석, 피터손(D. G. Peterson)의 『로마서 주석』(2020) 그리고 골만(M. J. Gorman)의 『로마서 주석』(2022)을 열심히 읽었다. 이처럼 필자는 반세기 이상(1970-2022) 로마서와 더불어 살아왔다.

필자는 이미 2009년에 『로마서 듣기』(서울: 대서 2009)라는 로마서 주석을 출판한 바 있다. 필자가 그 책을 출판할 때 가능한 한 많은 사람이 로마서의 메시지에 접할 수 있었으면 좋겠다는 바람을 가졌다. 그래서 각주를 줄이고, 쉽게 쓰려고 노력하였다. 하지만, 그 책은 두 가지 면에서 부족한 점이 있었다. 『로마서 듣기』가 한편으로 일반 평신도들이 접하기는 내용이나 부피 면에서 부담이 되었고, 다른 한편으로는 신학도와 목회자들에게 필요한 전문적인 학술적 연구 주석이 되기에도 미흡하였다.

그래서 필자는 2010년부터 로마서에 관한 주석 책을 다시 쓰려는 계획을 세웠다. 하지만 한편으로 누구든지 로마서의 핵심적인 메시지에 쉽게 접근할 수 있는, 동시에 다른 한편으로 로마서에 대한 최근의 많은 연구를 수렴한 전문적인 주석

책을 쓰는 일은 쉽지 않았다. 그리고 이러한 계획은 필자가 백석대학교 교수로 재직하는 중 학교의 여러 직책(교무처장, 신대원장, 백석정신 아카데미 사무총장, 부총장, 총장 등)을 맡는 바람에 별다른 진척을 보지 못했다. 그러다가 저자가 2017년 8월 말 백석대학교를 정년 퇴임 후 미국에 정착하게 되면서 로마서 주석의 집필이 빨라지게 되었다. 그 결과 2023년 6월 말에 『로마서 주석』 원고가 완성되었다. 그것이 이번에 출판하는 『로마서 내러티브로 읽기』이다.

앞으로 자세하게 설명하겠지만, 이 책은 로마서가 크게 편지의 기본 형식인 서언(1:1-17), 몸체(1:18-15:13), 결언(15:14-16:27)을 갖추고 있으며 중심부인 몸체는 5개의 내러티브로 구성되어 있다는 것을 전제한다. 몸체를 구성하고 있는 첫 번째 내러티브는 "만물과 인류(이방인과 유대인)의 창조와 타락 이야기"(1:18-3:20), 두 번째 내러티브는 "메시아 예수를 통한 하나님의 구속 이야기"(3:21-5:21), 세 번째 내러티브는 "메시아와 성령을 통한 하나님의 자기 백성의 구원 이야기"(6:1-8:39), 네 번째 내러티브는 "언약 백성(이스라엘)에 대한 하나님의 신실성 이야기"(9:1-11:36), 그리고 다섯 번째 내러티브는 "이 세상에서 하나님 백성의 삶의 이야기"(12:1-15:13)이다. 이처럼 로마서는 전체적으로 삼위 하나님의 이야기이다(로마서에 '하나님'에 대한 언급이 153회, 그리스도와 예수에 대한 언급이 103회, 성령에 대한 언급이 34회 이상 나타나고 있다).

물론 이 이야기는 또한 그의 백성들(이스라엘과 이방인)을 위한 이야기요, 나아가서 그의 전 창조 세계에 대한 웅대한 이야기이다. 이처럼 로마서는 너무나 깊고, 넓고, 그리고 높다. 우리가 모두 로마서 앞에서 겸손할 수밖에 없는 이유도 여기에 있다.

필자가 로마서를 내러티브 형식의 편지로 본 주된 이유는 로마서 자체에 대한 검토에서 뿐만 아니라, 내러티브가 바울 당대의 헬라-로마-유대 사회에 사는 사람들에게 매우 익숙한 문학 형태였기 때문이다. 우리의 선조들에게 홍길동, 심청, 춘향 등의 이야기가 익숙했던 것처럼, 헬라-로마사람들에게는 호머의 이야기가, 유대인들에게는 구약의 아브라함, 요셉, 모세, 다윗 등의 이야기가 익숙하였다. 그러므로 로마서의 독자들이 유대인이든 이방인이든 구약 내러티브에 익숙해 있었다고 보는 것은 충분한 타당성을 지닌다. 그러나 바울은 로마서에서 구약의 내러티브를 그대로 말하지는 않는다. 그리스도의 성육신, 십자가와 부활 그리고 성령의 사역 빛 아래서 구약 내러티브를 철저하게 재조명하고 있다.

이제 필자는 로마서의 각 내러티브를 순서대로 설명해 갈 것이다. 쉬운 내러티브는 비교적 간략하게 설명하겠지만, 해석학적으로 논란이 많고 어려운 내러티브는, 예를 들면 로마서의 주제 구절(1:16-17)의 "하나님의 의", 주제 문단(3:21-26)에 나오는 "그리스도의 믿음(pistis Christou), 구속(속량)과 화목/속죄 문구", 로마서 7장의 "'나'의 정체성 문제", 로마서 8장의 "성령과 육", 그리고 로마서 11:25-32의 "모든 이스라엘의 구원"의 경우에는 좀 더 자세하고 깊이 설명하거나, 때로는 심층 연구를 통해 보다 자세하고 깊게 해석하도록 할 것이다. 필자는 또한 이 책의 끝에 세 편의 부록을 실었다. 하나는 1980년대부터 지금까지 로마서 해석에 여전히 영향력을 미치고 있는 새관점의 장단점에 대한 논문이고, 또 하나는 최근의 칭의와 성화 논란과 관련하여 바울서신의 직설법(신학)과 명령법(윤리)과의 관계에 대한 논문이고, 마지막 하나는 최근 한국 신학자들과 장로교단 안에 뜨거운 감자로 등장한 그리스도의 순종 논쟁과 관련된 창세기 2:17, 레위기 18:5 그리고 레위기 18:5를 인용하고 있는 갈라디아서 3:12와 로마서 10:5에 대한 해석이다.

바라기는 사도 바울을 통해 선포되고 있는 로마서의 놀라운 메시지인 하나님의 의의 복음이 이 책을 읽는 모든 독자에게 알기 쉽게 소개되었으면 한다. 특별히 목회자들에게는 로마서를 바르게 이해하여, 성도들에게 로마서를 바르게 설교하고 가르치는 기회가, 신학도들에게는 바울의 핵심적인 메시지와 신학을 배우는 기회가 그리고 기독교 청년들에게는 기독교 복음을 좀 더 올바르게 이해하는 기회가 각각 되었으면 한다. 그래서 지난날 로마서를 읽은 수많은 사람이 그렇게 했던 것처럼, 신앙의 성숙과 삶의 변화가 이루어지고, 그들을 통해서 국내외 한국 교회가 더 성숙하고, 그리고 한국 교회를 통해서 우리가 사는 이 세상이 더 아름다운 세상으로 변화되기를 소망한다.

끝으로 이 원고를 정성 들여 편집하고 출판을 담당한 기독교문서선교회(CLC) 출판사 대표 박영호 박사님과 많은 각주와 히브리어, 헬라어, 여러 외국어가 나타나는 원고를 꼼꼼하게 읽고 교정해 주시고 아울러 귀중한 서평과 추천서까지 써주신 전주 열린문교회 담임목사이며 총신대학교 재단 이사이신 이광우 목사님께 심심한 감사를 표하고 싶다.

그리고 바쁜 연구와 교수 사역 중에도 유익한 논평과 함께 이 책의 추천사를 써주신 류호준 교수님과 김현광 교수님께 다시 한번 깊은 감사를 전하고 싶다. 류호준 교수님은 미국 칼빈신학대학원 동문이며 화란 자유대학교에서 구약을 전공, 학위를 마친 후 필자와 함께 백석대학교에서 28년간 구약 교수로 사역하였다. 또한, 그는 20년간 평촌 무지개장로교회를 담임목사로 섬겼다. 현재는 한국성서대학교 구약학 초빙교수로 섬기고 있다. 김현광 교수님은 미국 남침례신학대학원에서 신약을 전공, 학위를 마친 후 귀국하여 한국성서대학교 신약학 전임교수로 사역하고 있다. 그는 필자처럼 바울신학을 전공하였으며, 2023년부터 한국복음주의신약학회 회장을 맡아 한국복음주의 신약학계를 이끌어가고 있다.

  마지막으로 그동안 필자의 로마서 강의를 들은 한국과 미국의 수많은 신학도에게도 깊은 감사를 표한다. 이들의 열정과 도움이 없었다면 이 책은 결코 이 세상에 나오지 못했을 것이다.

                2023년 8월 15일 대한민국 해방절에 미국 조지아 애틀랜타에서

약어표(Abbreviations)

AB	Anchor Bible
'Abot. R. Nat.	'Abot of Rabbi Nathan
ABD	*Anchor Bible Dictionary*. Edited by D.N. Freeman. 6 vols. New York: Doubleday, 1992
AD	*anno Domini*, in the year of the Lord
Apoc. Ab	Apocalypse of Abraham
ATR	*Anglican Theological Review*
AUSS	*Andrews University Seminary Studies*
BA	*Biblical Archaeologist*
BAGD	Bauer, W., F.W. Arndt, F.W. Gingrich, and F.W. Danker. *Greek-English Lexicon of the New Testament and Other Early Christian Literature*. 2nd ed. Chicago, 1979
Bar	Baruch
BBR	*Bulletin of Biblical Research*
BC	before Christ
BDF	Blass, F., A. Debrunner, and R.W. Funk. *A Greek Grammar of the New Testament and Other Early Christian Literature*. Chicago, 1961.
BECNT	Baker Exegetical Commentary on the New Testament
Bib	*Biblica*
BibInt	*Biblical Interpretation*
BJRL	*Bulletin of the John Rylands University Library*
BR	*Biblical Research*
B. Sanh.	Sanhedrin (Babylonian Talmud)
BZ	*Biblische Zeitschrift*
BTB	*Biblical Theology Bulletin*
BZNW	Beihefte zur Zeitschrift für die neutestamentliche Wissenschaft
CBQ	*Catholic Biblical Quarterly*

CD	Damascus document
CJT	*Canadian Journal of Theology*
CTJ	*Calvin Theological Journal*
cf.,	*confer*, compare
DJG	*Dictionary of Jesus and the Gospels*, ed. J.B. Green et al. (Downers Grove: InterVarsity, 1992)
Did.	Didache
DPL	*Dictionary of Paul and His Letter*, ed. G. F. Hawthorne, R. P. Martin and D. G. Reid (Downers Grove: InterVarsity, 1993)
DSS	Dead Sea Scrolls
ed(s).	editor(s)
e.g.	for example
EDNT	*Exegetical Dictionary of the New Testament*, 3vols., ed. H. R. Balz and G. Schneider (Grand Rapids: Eerdmans, 1990-93).
EKKNT	Evangelisch-katholischer Kommentar zum Neuen Testament
esp.	especially
ExpT	*Expository Times*
FRLANT	Forschungen zur Religion und Literature des Alten un Neuen Testaments
GNT	Greek New Testament
GTJ	*Grace Theological Journal*
HeyJ	*Heythrop Journal*
HTR	*Harvard Theological Review*
HTS	Harvard Theological Studies
HTS/TS	*HTS Theologiese Studies/Theological Studies*
IBR	Institute for Biblical Research
IBS	*Irish Biblical Studies*
Int	*Interpretation: A Journal of Bible and Theology*
JBL	*Journal of Biblical Literature*
JETS	*Journal of Evangelical Theological Society*
JJS	*Journal of Jewish Studies* Josephus
Ag. Ap.	*Against Apion*
Ant.	*Jewish Antiquities*

War	*Jewish War*
JSJ	*Journal for the Study of Judaism*
JSNT	*Journal for the Study of the New Testament*
JSNTSup	Journal for the Study of the New Testament: Supplement Series
JSOT	*Journal for the Study of the Old Testament*
JTS	*Journal of Theological Studies*
KJV	King James Version
LS	*Louvain Studies*
LSJM	*A Greek-English Lexicon*, ed. G. G. Liddel and R. Scott, rev. H. S. Jones and R. McKenzie (Oxford: Clarendon, 1968)
LXX	Septuagint (the Old Testament in Greek)
MS/MSS	manuscript/manuscripts
MT	Masoretic (Hebrew) Text of the OT
NA 28	*Novum Testament Graece*, edited by Eberhard Nestle, Erwin Nestle, B. Aland, K. Aland, J. Karavidopoulos, C. M. Martini, and B. M. Metzger, 28th ed. (Stuttgart: Deutsche Bibelgesellschaft, 2012)
NASB	New American Standard Bible
NICNT	New International Commentary on the New Testament
NIDB	*The New Interpreter's Dictionary of the Bible,* edited by K. Sakenfeld, 5vols. (Nashville: Abingdon, 2009)
NIDNTT	*New International Dictionary of New Testament Theology,* edited by C. Brown, 4 vols. (grand Rapids: Zondervan, 1975-85)
NIGTC	New International Greek Testament Commentary
NIV	New International Version
NovT	*Novum Testamentum*
NovTSup	Supplement to Novum Testamentum
NRSV	New Rivised Standard Version
NTS	*New Testament Studies*
PTR	*Princeton Theological Review*
Quint., *Inst.*	*Quintilian, Institio oratoria*
Qumran document	
1QH	Hodayot (Thanksgiving Hymns)
1QpHab	Pshr Habakkuk

1Qm	Milhamah (War scroll)
1QS	Serek Hayahad (rule of the Community)
4QFlor	Florilegium
4QMMT	Halakhic letter
4Qplsa	Isaiah pesher
RewExp	*Review and Expositor*
RTR	*Reformed Theological Review*
RSV	Revised Standard Version
SBL	Society of Biblical Literature
SBLDS	Society of Biblical Literature Dissertation Series
SBT	Studies in Biblical Theology
SJT	*Scottish Journal of Theology*
SNTSMS	Society for New Testament Studies Monograph Series
TDNT	*Theological Dictionary of the New Testament.* Ed. G. Kittel and G. Friedrich (Grand Rapids: Eerdmans; 10 vols. 1964-1976)
TJ	*Trinity Journal*
TJT	*Toronto Journal of Theology*
Trans.	translator(s)
TynBul	*Tyndale Bulletin*
TZ	*Theologische Zeitschrift*
UBS	United Bible Societies
USQR	*Union Seminary Quarterly Review*
vol(s).	volume(s)
WBC	Word Biblical Commentary
WJT	*Westminster Journal of Theology*
WUNT	Wisenschaftliche Untersuchungen zum Neun Testament
ZAW	*Zeitschrift für die Alttestamentliche Wissenschaft*
ZNW	*Zeitschrift für die Newtestamentliche Wissenschaft*
ZST	*Zeitschrift für Systematische Theologie*

제1부

로마서 서론

1. 사도 바울이 왜 로마서를 썼는가?

2. 사도 바울은 로마서를 어떻게 썼는가?

3. 로마서의 주제는 무엇인가?

4. 로마서는 어떻게 해석되어 왔는가?

AD 57년경, 사도 바울이 로마의 기독교인들에게 보낸 편지인 로마서는 실로 2,000년의 기독교 역사를 통하여 수많은 사람에게 감동과 영감을 준 성경 중의 성경이요, 기독교의 보물 중의 보물이다.[1] 일찍이 마틴 루터는 그의 로마서 주석 서문에서 이렇게 말하였다.

　"이 편지는 실로 신약성경 중에서 가장 중요한 부분이며, 참으로 가장 순수한 복음이다. 로마서는 모든 크리스쳔이 마땅히 마음으로 모두 알아야 할 뿐만 아니라, 매일 매일 영혼의 양식으로 묵상하여야 할 만큼 가치를 지니고 있다."[2]

　존 칼빈 역시 그의 로마서 주석 서문에서 "누구든지 이 편지의 지식을 획득하는 자는 성경 전체의 가장 은밀한 보물들을 접할 수 있는 문을 가지게 된다"[3]고 말하였다. 이처럼 16세기 대표적인 종교개혁자들은 로마서를 신구약 성경 중에서 가장 중요한 성경으로, 로마서를 성경 전체를 올바르게 이해할 수 있는 열쇠로 간주하였다. 실로 로마서는 기독교 역사상 가장 큰 영향을 미친 성경이라고 말한다 해도 결코 지나친 말이 아니다.[4]

　로마서는 어거스틴(Agustine)을 변화시켰고, 루터와 칼빈에게 종교개혁을 일으킬 수 있는 원동력을 제공하였고, 존 웨슬리(John Wesley)에게 18세기 영국 교회

1　로마서의 저작 연대를 결정하는 출발점은 사도행전 18장에 언급된 갈리오 총독(Lucius Junius Gallio)의 재임 연대이다. 그리스 델피(Delphi)에서 발견된 석문에 따르면, 갈리오는 AD 51년 7월에 아가야 지역 총독으로 취임하여 AD 52년까지 재임하였다. 사도행전에 따르면 갈리오가 아가야 지역의 총독으로 재임하고 있을 그 당시 바울은 고린도에서 사역하고 있었다(행 18:12). 바울이 고린도에서 1년 6개월간 사역을 하였다고 한다면(행 18:11), 바울의 고린도 선교가 적어도 AD 51년에 시작하여 52년 말 혹은 53년 초까지 계속되었다고 볼 수 있다(행 18:11). 그후 바울은 고린도를 떠나 에베소로 옮겨, 3년 동안(AD 53-56) 그곳에서 사역하였다(행 20:31). 그러다가 에베소를 떠나 마게도냐를 거쳐 다시 고린도 지역에 가서, 그곳에서 3개월을 머문 다음, 그동안 자신이 세운 교회들로부터 모금한 헌금을 지참하여 예루살렘을 향해 떠났다(행 20:1-3, 16; 참고. 고전 16:5-9). 로마서는 바울이 고린도 인근에 3개월 정도 체류하고 있는 동안(아마도 가이오 집에서, 롬 16:23), 예루살렘으로 출발하기 직전에 썼다고 볼 수 있다(롬 16:22). 그렇다면 AD 57년이 로마서의 기록 연대일 가능성이 가장 높다. 역시 R. N. Longenecker, *The Epistle to the Romans* (Grand Rapids: Eerdmans, 2016), 6; David G. Peterson, *Romans. Evangelical Biblical Theology Commentary* (Bellingham: Lexham Press, 2020), 1을 보라.
2　*Luther's Works*, vol. 35, 1960, 365.
3　John Calvin, *The Epistle of Paul the Apostle to the Romans and to the Thessalonians* (Edinburg: T & T Clark, 1961), 2.
4　Michael J. Gorman, *Romans. Theological & Pastoral Commentary* (Grand Rapids: Eerdmans, 2022), 21: "바울의 로마서가 지금까지 쓴 편지 중 가장 영향력을 지니고 있다는 것은 의심할 여지가 없는 사실이다. 실로 로마서는 기독교 역사에서 가장 중요한 서신이다."

를 부흥시킬 수 있는 영감을 주었고, 바르트(K. Barth)로 하여금 19세기 자유주의 신학과 절연하게 하였다. 이처럼 로마서는 교회 역사를 바꾸었고, 신학의 흐름을 변경하였다. 그렇다면 로마서를 우리는 어떻게 접근하고 이해할 것인가?

로마서 서론은 값비싼 보석처럼 로마서 이해에 있어서 매우 중요하다. 서론은 로마서에 바르게 들어갈 수 있는 문이요, 안내서요, 로마서를 올바르게 이해할 수 있는 해석학적 틀이다. 아울러 로마서 배후의 세계를 볼 수 있는 창이기도 하다. 창문을 통하지 않고는 방안에서 창밖의 세계를 볼 수 없다. 거대한 도시를 한눈에 볼 수 있는 안내 지도 없이는 그 도시에 들어가서 목적지를 찾아갈 수도 없다. 마찬가지로 아무도 해석학적 틀이나 창이나 안내서 없이 로마서를 바르게 이해할 수도, 해석할 수도 없다.

서론의 내용을 잘 알면 알수록 로마서를 더 잘 이해할 수 있겠지만, 서론을 무시하면 로마서를 잘못 이해할 수도 있다. 저자가 독자들에게 본 주석에 들어가기 전에 반드시 서론을 읽을 것을 권장하고 싶은 이유도 여기에 있다.

우리가 극장이나 TV에서 공연하거나 방영하고 있는 드라마를 이해하기 위해서는 드라마 자체를 시청하기에 앞서 그 드라마의 배경과 주제를 살펴볼 필요가 있다. 즉 주인공이 누구인지, 등장인물이 어떤 사람인지, 주인공과 등장인물이 서로 어떤 관계에 있는지, 드라마의 시대적, 문화적 배경이 무엇인지, 드라마가 염두에 두고 있는 청중들이 누구인지, 드라마가 어떤 주제로 어떻게 진행될 것인지를 살펴볼 필요가 있다. 배경을 잘 이해하면 이해할수록 시청할 그 드라마를 보다 실감나게 이해하게 될 것이다.

로마서도 마찬가지다. 로마서의 역사적, 문학적, 신학적 배경에 대하여 잘 알면 알수록 로마서에 대한 이해는 깊어진다. 그렇다면 로마서를 잘 이해할 수 있게 하는 로마서의 역사적, 문학적, 신학적 배경은 무엇인가?

우리는 로마서 주석에 들어가기 전에 서문을 통해 네 가지 중요한 문제를 살펴볼 것이다.

첫째, 사도 바울이 왜 로마서를 썼는가(로마서의 역사적 저술 배경)
둘째, 사도 바울이 로마서를 어떻게 썼는가(로마서의 문학적 배경)
셋째, 사도 바울이 무슨 주제로 로마서를 썼는가(로마서의 신학적 배경)
넷째, 로마서가 그동안 어떻게 해석되었는가(로마서 해석의 배경)

1. 사도 바울이 왜 로마서를 썼는가?

16장으로 구성된 로마서는 신약성경에서 바울의 이름으로 쓴 13편의 서신 가운데 첫 번째를 차지한다. 그것은 로마서가 바울서신중에 가장 중요하고, 가장 길고, 가장 대표적인 서신임을 뜻한다. 사도 바울이 왜 1세기 로마의 기독교인들에게 바울서신중에서 가장 길고 가장 중요한 로마서를 써서 보냈는가?

사도 바울이 로마서를 썼다는 점에 관하여서는 오늘날 그 누구도 문제를 제기하지 않는다.[5] 로마서의 서언(1:1-17)과 결언(15:13-16:27)이 너무나 명백하게 사도 바울이 로마서를 썼다는 사실을 입증하고 있기 때문이다.[6] 하지만 바울이 로마서를 쓴 역사적 배경에 대해서는 논란이 계속되고 있다. 특별히 다음과 같은 문제들이 논란이 된다. 바울이 왜 한 번도 방문하지도 않은 로마의 기독교인들을 대상으로 그의 서신중에 가장 긴 로마서를 썼는가?

왜 그가 로마서에서 특별히 유대인(이스라엘)과 관련된 문제들, 이를테면 주제 문단에서 유대인을 위한 복음의 우선권(1:16)을 말하고, 이어 유대인의 범죄에 대한 긴 서술(2:1-3:2)과 함께 그럼에도 그들에 대한 하나님의 변함없는 신실성을 강조하고, 이어 유대인의 조상 아브라함의 이야기(4장), 모세의 율법(7장), 이스라엘의 미래(9-11장), 유대인 기독교인('약한 자')과 이방인 기독교인('강한 자')의 갈등(14:1-15:13)을 그렇게 길게 취급하고 있는가?

왜 그가 로마서 결언 부분(5:13-16:27)에서, 한편으로 로마 교회를 방문한 다음 스페인(서바나) 선교를 위해 스페인으로 가기를 원한다고 하면서(15:23-28), 다른 한편으로는 고린도에서 가까운 로마로 바로 가지 않고, 멀리 떨어져 있는, 더구

---

[5] 로마서의 바울 저작권은 오늘날 학계에서 전혀 문제가 되지 않는다. 로마서 자체가 바울 사도의 저작권을 강력하게 보여주고 있을 뿐만 아니라, 1세기 말엽의 Clement, 2세기 초엽의 Ignatius 등 초기 기독교 교부들도 이구동성으로 로마서의 바울 저작권을 받아들였기 때문이다. 그러므로 오늘날 로마서의 바울 저작권에 대한 논의는 사실상 무의미하다. William Hendricksen, *Exposition of Paul's Epistle to the Romans* Vol. 1 (Grand Rapids: Baker Book House, 1980), 4-7; Thomas R. Schreiner, *Romans*, Second Edition (Grand Rapids: Baker Arcademic, 2018), 2-3; Douglas J. Moo, *The Letter to the Romans*, Second Edition (Grand Rapids: Eerdmans, 2018), 1-3을 보라.

[6] 물론 로마서를 직접 파피루스 종이에 글로 쓴 사람은 바울이 아니고 더디오이다(롬 16:22). 하지만 더디오는 바울이 불러준 내용을 파피루스 종이에 기록한 사람이기 때문에 우리는 로마서의 저자를 더디오가 아닌 바울로 본다. E. R. Richards, *Paul and First-Century Letter Writing; Secretaries, Composition and Correction* (Downer's Grove: InterVarsity, 2004), 59-93을 보라.

나 자신의 생명을 위협하고 있는 예루살렘으로 가면서, 자신의 안전을 위해 로마의 기독교인들에게 간곡하게 기도를 부탁하고 있는가?(15:31-33)

왜 바울이 로마서에서 어느 서신에서보다도 하나님의 의의 복음, 그리스도(메시아)의 죽음과 부활, 성령의 사역, 신자의 구원과 삶 등 여러 신학적이며 윤리적인 문제를 길게, 그리고 깊게 서술하고 있는가?

왜 그가 어느 서신보다도 로마서에 많은 구약 본문을 인용하고 있는가? 바울은 과연 무엇 때문에, 무슨 목적으로 1세기 중엽 로마제국 수도에 사는 기독교인들에게 로마서를 써서 보냈는가?

로마서의 저술 배경과 목적을 생각할 때 무엇보다 먼저 로마서의 역사적 상황, 곧 편지를 쓸 당시의 바울과 편지를 받게 되는 독자들의 역사적 정황을 고려해야 한다. 로마서의 역사적 정황에 대한 이해와 로마서의 목적에 대한 이해는 서로 불가분의 관계에 있기 때문이다. 로마서의 역사적 정황에 대한 이해가 깊으면 깊을수록 그만큼 바울과 그의 로마서 저술목적을 잘 알게 될 것이다.[7]

바울이 로마서를 쓰게 될 당시 저자인 바울과 독자인 로마 교회[8]는 어떤 상황에 직면하고 있었을까?

그리고 이러한 상황이 로마서 내러티브 구성에 어떻게 영향을 미쳤을까?

잘 알다시피 로마서는 바울이 직접 개척하지 않은 그리고 아직 한 번도 방문한 적이 없는 로마의 여러 가정교회에 보낸 편지이다. 따라서 로마서는 갈라디아서, 고린도전·후서, 빌립보서 등과 달리 교회 안에서 제기된 특수한 문제에 관한 직접적인 답변 형식의 편지로 간주하기는 어렵다. 얼핏 보기에 로마서는 바울의 다른 서신들이 보여주는 특수한 상황성이 대체로 빠져 있고, 교회 상황보다 바울 자신의 개인적인 문안과 언급들이 편지의 서언과 결언의 많은 부분을 차지하고 있다.

그리고 어떤 서신보다도 다양한 신학적인 주제들이 길게 설명되고 있다. 그래서 종교개혁자 루터는 로마서를 가리켜, "가장 순수한 복음"으로, 그의 후계

---

[7] 페터 슈툴마허, "바울은 왜 로마서를 썼는가?" 『로마서 어떻게 설교할 것인가』, 목회와 신학편집부 엮음, 두란노 HOW 주석 신약시리즈 6 (서울: 두란노, 2003), 12; 장해경, "로마서의 고유한 특징들에 반영된 저술 동기와 목적," 『신약연구』12/2 (2013), 240-272를 보라.

[8] 우리는 로마서의 독자인 로마의 기독교인들이 하나의 단일 교회를 형성하고 있었다고 생각해서는 안 된다. 우리가 16장의 주석에서 자세하게 살펴보겠지만 로마 교회는 적어도 다섯 이상의 가정교회로 구성되어 있었다고 볼 수 있다.

자 멜랑히톤(P. Melanchthon)은 로마서를 "기독교의 요강(要綱)"(a compendium of the Christian Religion)으로 『로마서 주석』을 쓴 니그렌(A. Nygren)은 로마서가 역사적 상황에 영향을 받지 않은 순수하고 객관적인 교리 체계를 보여주고 있다고 말하였다. 하지만, 오늘날 대다수의 로마서 연구가들은 로마서를 교리나 신학 논문으로 보기보다, 오히려 바울 자신이나 로마 교회의 역사적 정황과 필요에 의해 쓰인 순수한 편지로 본다.[9] 그런데 로마서가 바울 사도 자신의 필요 때문에 의해 쓰인 편지이냐, 아니면 로마 교회의 필요와 관련하여 쓰인 편지이냐에 관해서는 계속 논란이 되고 있다.[10]

로마서가 저자 바울 자신의 필요 때문에 쓰인 것인지, 아니면 독자인 로마 교회의 필요 때문에 쓰인 것인지를 판단하는 것은 그렇게 쉬운 일이 아니다. 왜냐하면, 로마서 자체가 양면을 다 말하고 있기 때문이다. 예를 들면, 바울의 다른 서신들과는 달리 로마서가 바울이 직접 개척하거나 방문한 적이 없는 교인들을 대상으로 쓰인 점, 서언(1:8-15)에서 바울이 여러 번 로마 교회를 방문하여 그들 가운데서 열매를 맺기를 원하고 있다고 한 점, 로마 교회 성도들에게도 복음의 빚을 졌으므로 그들에게도 복음을 전하기를 원한다는 언급, 유대인 중에 바울을 비방하는 자들을 향해 반박하는 언급(3:6-8, 31; 6:1-2) 그리고 로마서의 결언(15:14-33)에서 하나님께서 내게 주신 은혜로 더욱 담대하게 너희에게 썼다고 말하는 점(15:15), 그가 로마 교회 교인들을 위하여 그리스도 예수의 일꾼이 되어 하

---

9 Karl P. Donfried, ed. *The Romans Debate. Revised and Expended Edition* (Peabody: Hendrickson, 1991), 3-43에 수록된 T. W. Manson, "St. Paul's Letter to the Romans-Others," Günther Bornkamm, "The Letter to the Romans as Paul's Last Will and Testament," Günter Klein, "Paul's Purpose in Writing the Epistle to the Romans"를 보라. 역시 D. A. 카슨, 더글러스 무, 엔드류 나셀리 편집, 안세광 옮김 『손에 잡히는 신약개론』(서울: IVP, 2015), 115-119; 데일 마틴, 권루시안 옮김 『신약 읽기. 역사와 문헌』(서울: 문학동네, 2019), 443-452; Gorman, *Romans*, 21-43를 보라.

10 김세윤, "바울이 로마서를 쓴 목적," 『예수와 바울』(서울: 참말사, 1993), 399-412; 박익수, "로마서의 집필 동기와 목적," 『로마서 주석 1』(서울: 대한기독교서회, 2008), 38-52; 오성종, "로마서의 저술 목적. 로마서는 바울의 변증서 또는 자기소개서?," 『신약연구』 10 (2011/03), 113-163; 장해경, "로마서의 고유한 특징들에 반영된 저술 동기와 목적," 240-272;. Ann Jervis, *The Purpose of Romans: A Comparative Letter Structure Investigation*, JSNTS 55 (Sheffield: JSOT Press, 1991), 16-68; P. Stuhlmacher, "The Purpose of Romans," ed. Karl P. Donfried, *The Romans Debate, Revised and Expended Edition* (Peabody: Hendrickson, 1991), 231-42; Bornkamm, "The Letter to the Romans as Paul's Last Will and Testament," in *The Romans Debate*, 16-28; Will N. Timmins, "Why Paul Wrote Romans: Putting the Pieces Together," *Temelios* 43 (2018), 387-404를 보라.

하나님의 복음의 제사장 직무를 하려 한다고 한 점(15:16), 이제는 이 지방(지중해 연안의 동유럽지역)에 일할 곳이 없어 로마 교회를 방문하여 그곳에서 약간의 후원을 받아 스페인으로 가려 한다는 점(15:15, 23, 28) 그러나 지금 먼저 이방인 선교 교회의 헌금을 전달하기 위해 예루살렘을 방문하려 한다고 하면서 예루살렘 방문이 순조롭고 안전하도록 로마 교회가 자신을 위한 기도를 부탁하는 언급(15:25-32) 등은 로마서가 저자인 바울 자신의 필요 때문에 기록되었다는 강한 인상을 우리에게 준다.

하지만, 로마서가 바울의 여러 서신 중에 유대인의 율법 문제와 이스라엘 민족 문제를 가장 길게 서술하고 있는 부분들, 서언에서 바울이 로마 교회 성도들을 만나기를 심히 원하고 있는 것은 그들에게 신령한 은사를 나눠 주어 그들을 견고하게 하려 한다는 언급(1:11-12), 바울을 비방하는 자들에 대한 해명(3:8, 31; 6:1-2), 이스라엘 문제를 길게 취급하고 있는 로마서 9-11장 가운데 로마의 이방인 크리스천들이 유대인들을 향해 스스로 교만하지 않아야 한다는 경고성의 당부를 첨부한 점(11:13-24)과 온 이스라엘의 구원을 말하고 있는 점(11:26), 편지의 후반부(14:1-15:13)에서 로마 교회 안에 음식과 절기 문제와 관련하여 이것을 철저히 지키려는 약한 자(아마도 유대인 기독교인들과 이들에 동조하는 일부 이방인 기독교인들)와 지킬 필요가 없다고 주장하는 강한 자(다수의 이방인 기독교인들)들 사이에 심각한 갈등이 있다는 것을 암시하는 점, 그리고 이를 해결하기 위해 강한 자가 약한 자의 약점을 담당하고 그리스도가 우리를 받은 것처럼 서로를 받아야 할 것을 당부하는 권면을 한 점 그리고 편지의 끝부분에 거짓된 교훈으로 교회를 혼란하게 하는 자들을 경계하도록 한 점(16:17-18) 등은 로마서가 로마 교회의 현실적인 문제를 해결하기 위해 기록되었다는 인상을 준다.

이 문제와 관련하여 우리는 전부(全部) 아니면 전무(全無)라는 양자택일 방식으로 접근하지 않아야 한다. 관점과 강조점의 차이는 말할 수 있으나, 한쪽을 택하고 한쪽을 부정하는 것은 바람직하지 않다. 사실 고대사회에서나 현대사회에서도 100% 독자나 저자만을 위해서 쓰인 편지는 찾아보기 어렵다. 편지란 주로 서로 알고 있거나 서로 관련된 당사자들 사이에 주고받는 것이다. 부모가 자신의 필요에 의해 자기 자녀에게 편지를 보냈다 하더라도 부모의 필요가 자녀와 무관한 것은 결코 아니다. 그 반대도 마찬가지이다. 스승이 제자에게 보낸 편지도, 그 반대로 제자가 스승에게 보낸 편지도, 부부나 연인 사이에 주고받는 편지도, 혹은 목회자가 자기 교인에게 보낸 편지도 예외가 없다. 로마서가 바울 자신의 필요에 의해 기록되었더라도 그것이 로마 교회와 전혀 무관할 수는 없고, 로마 교회의 필요에 의해 기록되었다고 하더라도 그것이 바울 자신과 전혀 무관할 수 없다. 로마 교회가 바울에 의해 설립되지 않았고, 바울이 한 번도 방문한 적이 없는 교회이긴 하지만, 로마 교회는 바울과 아무런 관계가 없는 교회가 아니다. 만일 로마 교회나 바울이 서로 전혀 알지 못했거나 들어보지 못한 관계였다면, 바울이 편지를 쓰지 않았거나 편지를 보냈다고 하더라도 목적 달성을 기대하기 어려웠을 것이다. 로마 교회 안에는 브리스길라 아굴라 등 바울과 교제하는 적지 않은 사람이 있었고(16:3-15), 로마서 자체도 바울이 로마 교회의 사정을 잘 알고 있음을 알려주는 대목이 많다(1:8; 11:13; 14:1-5; 15:14; 16:17-19).[11] 그런 점에서 로마서도 저자와 독자 사이가 결코 무관하다고 볼 수 없고, 저자와 독자의 필요를 완전히 별개의 것으로 생각할 수 없다.

예를 들면, 바울은 로마서를 통해 로마에 있는 기독교인들이 자신의 스페인(서바나) 선교에 후원자가 되어줄 것과 자신의 예루살렘 방문이 안전하고 성공적으로 수행될 수 있도록 기도할 것을 당부하고 있다(15:23-33). 이것은 분명히 바울 자신의 필요를 보여준다. 그래서 어떤 사람들은 바울이 미래의 스페인 선교를 위해 로마서를 썼다고 보고 있다.[12] 그런데 로마 교회 안에 약한 자와 강한 자 그룹 사이에 심각한 갈등의 문제가 있다면(14:1-15:7), 이 문제 해결 없이는 바울 자신의 필요를 해결하기도 어렵다.

마찬가지로 바울의 예루살렘 방문이 실패로 끝난다면 그의 로마 교회 방문과 스페인 선교도 난관에 부딪힐 수밖에 없다. 이처럼 로마 교회의 필요이든, 바울 자신의 필요이든 서로 밀접하게 연결되어 있다.[13] 이제 우리는 먼저 로마서가 기록될 당시 로마 교회의 상황을 살펴보고, 그 다음 바울이 직면하고 있었던 그의 스페인 선교와 예루살렘 방문 상황을 살펴보도록 하자.

---

11 Thomas H. Tobin, *Paul's Rhetoric in Its Context. The Argument of Romans* (Peabody: Hendrickson, 2004), 5: "바울과 로마의 기독교인들은 적지 않게 서로 잘 알고 있었다." 역시 73: "바울과 로마의 기독교인 공동체가 서로 잘 알고 있었다는 많은 증거가 있다."
12 예를 들면, Robert Jewett, "Ecumenical Theology for the Sake of Mission: Romans 1:1-17 + 15:14-16:24," *Pauline Theology III: Romans*, ed. D. M. Hay (Minneapolis: Fortress, 1995), 89-108; 역시 그의 *Romans* (Minneapolis: Fortress, 2007), 80-90.
13 Timmins, "Why Paul Wrote Romans: Putting the Pieces Together," 387-404에서 바울이 로마서를 쓴 목적은 하나가 아니라 선교적, 목회적, 변증적인 3가지 목적을 가지고 있으며, 그리고 이들 목적이 서로 밀접하게 연결되어 있음을 강조한다.

1) 로마 교회의 상황

바울이 로마서를 쓸 때 로마 교회는 어떤 상황에 직면하고 있었으며, 그는 그것을 어떻게 해결하려고 하는가?

바울은 자신이 로마 교회를 방문하고 싶다는 사실을 서언(1:1-17)과 결언(15:14-16:27)에서 강하게 피력한다. 서언에서 그는 자신이 여러 번 로마 교회를 방문하려 하였지만, 방문할 기회가 주어지지 않았다고 말한다(1:13). 그리고 결언에서 다시 그의 로마 방문이 여러 번 장애에 부딪혔다고 말한다(15:22). 여기 "장애에 부딪혔다"(에네콥토맨, ἐνεκοπτόμην)라는 수동태 동사는 사실상 하나님이 그의 로마 방문의 길을 막으셨다는 것을 뜻한다.[14] 그럼에도 불구하고 바울이 왜 로마 교회를 계속 방문하려고 하였는가?

결언에서 그는 로마 방문과 그의 스페인 방문을 함께 묶어 말한다. 15:23에서 "서바나[스페인]로 갈 때에 너희[로마 교회]에게 가기를 바라고 있었다", 24절에서 "지나가는 길에 너희[로마 교회]를 보고 먼저 너희와 사귐으로 얼마간 기쁨을 가진 후에 너희가 그리로[서바나]로 보내주기를 바람이라", 28절에서 "너희에게 들렀다가 서바나로 가리라"고 말하고 있다. 그러나 서언에서는 스페인 방문의 언급 없이 로마 방문의 필요성만 여러 번 언급한다:

"어떤 신령한 은사를 너희에게 나누어 주어 너희를 견고하게 하려 함이라"(1:11).
"너희 중에서도 다른 이방인 중에서와 같이 열매를 맺게 함이로다"(1:13).
"로마에 있는 너희에게도 복음 전하기를 원하노라"(1:15).

바울이 로마서에서 어떤 신령한 은사를 너희에게 나누어 주어 너희를 견고하게 하려 한다, 로마에 있는 너희에게도 복음 전하기를 원한다고 말하고 있다는 것은, 로마 교회가 신령한 은사와 바울 복음에 대한 설명을 필요로 하고 있다는 것과, 로마 교회가 견고하게 서 있지 못한 상황임을 암시한다. 또한, 11:18에서 바울이 이방인인 로마 교회 교인들이 유대인들에게 교만하지 않도록 경고하고 있는 점, 14:1-15:6에서 로마 교회 안에 믿음이 약한 자(유대인 신자)와 믿음

---

14 P. Stuhlmacher, *Paul's Letter to the Romans. A Commentary* (Edinburgh: T & T Clark, 1994), 27: "'내가 장애에 부딪혔다'는 수동태 표현은 바울서신의 다른 경우를 고려해 볼 때 '하나님께서 이를 막으셨다'는 것으로 이해하여야 한다."

이 강한 자(이방인 신자) 사이에 갈등이 있다는 점을 길게 지적하고 있는 점 그리고 15:7에서 "그리스도께서 우리를 받아 하나님께 영광을 돌리심과 같이 너희(이방인 신자와 유대인 신자)도 서로 받으라"라고 강하게 권고하고 있는 점은 바울이 로마서를 쓸 당시 로마 교회가 유대인 신자와 이방인 신자 사이에 심각한 갈등을 안고 있었음을 알려준다.

바울이 로마서를 쓸 무렵 로마 교회 안에 이러한 내적 갈등이 있었다고 한다면 이러한 갈등은 그가 결언 부분에서 강력하게 피력하고 있는 그의 예루살렘 방문은 물론 스페인 선교에도 틀림없이 악재로 작용할 수 있을 것이다.[15] 왜냐하면, 그의 예루살렘 방문과 스페인 선교 방문에 로마 교회의 도움이 필요했기 때문이다.

그렇다면, 바울이 로마서를 쓸 무렵 로마 교회는 어떻게 해서 이와 같은 내적인 갈등에 직면하게 되었을까?

이와 관련하여 우리는 로마 교회가 어떻게 시작되었으며, 바울이 로마서를 써서 보낼 당시 로마 교회가 어떻게 구성되어 있었는가를 살펴볼 필요가 있다. 하지만 로마 교회의 기원과 관련하여, 로마 교회가 언제, 누구에 의해 어떻게 시작되었는가를 정확하게 알기는 어렵다. 여기에 관한 역사적 자료가 부족하기 때문이다.

사실상 로마 교회의 현존을 알려주는 가장 초기의 역사적 자료는 바울이 쓴 로마서 자체이다. 로마 가톨릭교회는 교회사가 유세비우스(Eusebius)의 글 가운데 언급된 베드로가 클라우디우스 황제 즉위 2년인 AD 42년에 로마에 도착하였다는 내용에 근거하여(*Historia Ecclesiastica* 2.14), 베드로가 로마 교회를 설립하였다고 주장하고 있지만, 이것은 역사적 근거가 없는 잘못된 주장이다. 사도행전 저자 누가는 AD 49년경에 개최된 것으로 볼 수 있는 예루살렘 교회 회의 현장에 베드로가 있었다는 사실을 보도하고 있고(행 15:6-11), 바울도 동일한 예루살렘 회의를 전하면서(갈 2:1-10), 그와 베드로가 예루살렘에서 교제의 악수를 했다는 사실을 말하고 있으며(갈 2:9), 예루살렘 회의 이후에 베드로가 바울과 바나바가 목회하고 있던 안디옥교회를 방문한 사실을 언급하고 있다(갈 2:11-15).

---

15 J. A. Crafton, "Paul's Rhetorical Vision and the Purpose of Romans: Toward a New Understanding," *NovT* 32 (1990), 317-339; John M. G. Barclay, "'Do We Undermine the Law?' A Study of Romans 14.1-15.6," ed. James D. G. Dunn, *Paul and the Mosaic Law* (Tübingen: J. C. Mohr, 1996), 287-308.

만일, 베드로가 로마 교회를 설립하였다면 바울이 로마서에서 이를 언급하지 않을 이유가 없으며, 사도행전의 저자인 누가도 이를 빠뜨릴 이유가 없다. 그래서 가톨릭 신학자인 피츠마이어(J. A. Fitzmyer)도 그의 『로마서 주석』에서 베드로가 로마 교회를 설립하였다는 것은 역사적 근거가 없는 후대의 잘못된 설화에 기인한 것이라고 말한다.[16]

로마 교회의 기원을 밝힐 수 있는 정확한 역사적 자료는 없지만, 로마 교회가 AD 30년대에 로마에 있는 유대인 기독교인들에 의해 세워졌을 가능성이 크다. AD 1세기 이전에 이미 로마에 여러 개의 유대인 회당이 설립되어 있었다는 점, 당시의 로마 지하 무덤 비석에 수많은 유대인의 이름이 적혀있는 점 등을 고려한다면, 1세기 무렵 로마에는 적어도 3-4만 명 이상의 유대인들이 거주하고 있었다고 짐작할 수 있다.[17]

만일, 당시 로마의 거주민이 적어도 40만 이상이었다면,[18] 유대인은 전체 로마 거주민의 5% 이상 되었을 것이며, 그 영향력도 작지 않았을 것이다. 이들의 일부는 이미 마카비 시절(BC 160년경)에 팔레스틴에서 로마로 이주해갔던 사람들의 후예였을 것이고(1 Macc 8:17-22), 일부는 BC 63년에 로마의 폼페이(Pompey) 장군이 예루살렘을 정복하였을 때 포로로 붙잡아갔던 유대인들의 후예(後裔)였을 것이다(Josephus, *Ant.* 14.4.5.79; *JW.* 1.7.7.157; *Pss. Sol.* 2:6; 17:13-14). 그리고 일부는 로마 제국의 수도이며, 정치, 경제, 교육의 중심지인 로마에 상업이나 정치나 혹은 교육을 목적으로 거주하고 있던 사람들이었을 것이다(Josephus, *JW* 2.6.1.80; 2.7.3.111).

1세기 유대 역사가 요세푸스(Josephus)는 팔레스틴 본토에 거주하는 유대인들이 헤롯 왕의 뒤를 이어 유대 지역을 통치하고 있던 아켈레오(Archelaus) 왕의 폭정을 로마 황제 아우구스투스(Augustus)에 항의하기 위해 로마에 50명의 대표자를 파송하였을 때, 이들을 지원하기 위해 로마에 사는 8천 명 이상의 유대인들이 모였다고 말하고 있다(Josephus, *Ant.* 17.11.1.300). 그리고 시저와 아우구스투스 황

---

16 J. A. Fitzmyer, *Romans* (AB 33; New York: Doubleday, 1993), 29.
17 H. J. Leon, *The Jews of Ancient Rome* (Philadelphia: Jewish Publication Society of America, 1960), 135-166; Andrew D. Clarke, "Rome and Italy," in *The Book of Acts and Its First Century Setting*, vol. 2: Graeco-Roman Setting, ed. David W. J. Gill and Conrad Gempf (Grand Rapids: Eerdmans, 1994), 466.
18 D. Noy, *Foreigners at Rome: Citizens and Strangers* (London: Gerald Duckworth & Co., 2000), 15-16. C. Wells, *The Roman Empire*, 2nd. ed. (Cambridge: Harvard University Press, 1992), 88은 아우구스투스 황제 말년에 이미 로마의 거주민이 1백만을 넘었을 것으로 추정하고 있다.

제 때부터 로마에 사는 유대인들이 자신들의 언어, 문화, 종교의 전통을 유지할 수 있는 자유와 특권을 누리고 있었다고 전하고 있다(Josephus, *Ant.* 14.10.8.214-15). 이와 같은 요세푸스의 글은 1세기 무렵 로마에 상당한 유대인들이 거주하고 있었고, 회당을 중심으로 유대인들이 잘 조직되어 있었으며, 로마에 살면서도 예루살렘이 있는 본토의 유대인들과 교류 관계를 갖고 유대 종교와 문화와 관습을 보존하고 있었음을 알려주고 있다.[19]

아마도 로마에 살고 있던 유대인들도, 다른 지역의 디아스포라 유대인들처럼, 회당을 중심으로 유대인들의 종교와 관습을 고수하며 팔레스틴의 유대인들과도 빈번한 교류를 하고 있었을 것이다. 그들은 해마다 예루살렘 성전 세금을 보냈으며, 예루살렘 순례 여행에도 동참하였을 것이다(Philo, *Leg. ad Gai.* 23.156). 사도행전의 저자인 누가는 오순절의 절기 행사에 참여한 각 지역의 디아스포라 유대인들을 열거할 때(행 2:5-11), "로마로부터 온 나그네 곧 유대인과 유대교에 들어 온 사람들"(2:10)이 있었다고 말하면서 이 점을 뒷받침하고 있다.

만일, 베드로의 오순절 설교를 듣고 회심한 3천 명의 유대인들 가운데 로마로부터 온 "유대인과 유대교에 들어온 사람들"이 포함되어 있었다면, 그리고 이들이 로마로 돌아가서도 나사렛 예수가 유대인들이 기다리고 있었던 메시아라는 기독교 신앙을 포기하지 않고 로마 교회를 세우는 데 주도적인 역할을 하였다면, 로마 교회의 기원은 예루살렘 교회의 시작과 거의 같은 AD 30년대로 소급될 수 있다.[20]

설령 베드로의 오순절 설교를 통해 회심한 3천 명의 기독교인 중에 로마로부터 온 유대인들이 포함되어 있지 않았더라도, 당시에 많은 유대인이 상업이든, 교육이든 로마 드림을 안고 예루살렘과 로마를 자주 왕래하고 있었다는 점을 고려한다면, 매우 이른 시기에 이들을 통해 기독교 신앙이 로마에 전해졌을 가능성이 있다.[21] 바울은 긴 문안 인사(16장)에서 "내 친척이요 나와 함께 갇혔던 안드로

---

19 Mark D. Nanos, "The Jewish Context of the Gentile Audience Addressed in Paul's Letter to the Romans," *CBQ* 61 (1999), 285.

20 Tobin, *Paul's Rethoric in Its Context,* 34. 1세기 로마의 유대인 공동체 안에서 기독교인 공동체 형성에 대한 보다 자세한 논의는 R. Brändle and E.W. Stegemann, "The Formation of the First 'Christian Congregations' in Rome in the Context of the Jewish Congregation," in *Judaism and Christianity in First-Century Rome*, eds. K.P. Domfried and P. Richardson (Grand Rapids: Eerdmans, 1998), 117-127; W. Wiefel, "The Jewish Community in Ancient Rome and the Origin of Roman Christianity," *The Romans Debate,* 100-119를 보라.

21 교부 암브로시에스터(Ambrosiaster)는 예수 믿는 유대인들을 중심으로 로마의 기독교 공

니고와 유니아에게 문안하라. 저희는 사도들 가운데 뛰어난 자들이요 나보다 먼저 그리스도 안에 있는 자라"(7절, 원문 직역)고 하면서, 로마 교회 안에는 바울보다 먼저 기독교 복음을 받아 복음 전파에 헌신한 사도급의 유대인 기독교인이 있었음을 암시하고 있다.

바울의 회심이 적어도 AD 34년 이전에 일어났다면, 안드로니고와 유니아 부부는 예루살렘의 오순절 성령 사건에 동참한 120명의 성도에 속한 자이거나(행 1:15-2:4), 바울이 전하고 있는 부활하신 예수님을 만난 500여 형제(고전 15:7) 가운데 포함되어 있었을 가능성이 있다. 그렇다면 이 안드로니고와 유니아가 로마에 가서 로마의 유대인 공동체를 중심으로 기독교 복음을 전하고 로마 교회 형성에 주도적인 역할을 하였을 수도 있다.

1세기의 로마 역사가 수에토니우스(Suetonius)의 『황제들의 생애』(*Lives of the Caesars*)에 따르면, 황제 클라우디우스(Claudius)가 AD 49년경에 크레스투스(Chrestus)의 추종자들로 야기된 계속적인 소란 탓에 유대인들을 로마로부터 추방하였다"(Claud. 25:4)고 기록하고 있다.[22] 만일 수에토니우스가 기록하고 있는 "Chrestus"가 "그리스도"를 뜻한다면,[23] 적어도 AD 49년경에 이미 로마의 유대인 공동체 안에 기독교 공동체가 형성되어 발전되어 가고 있었으며, 그리고 그리스도를 믿는 유대인들과 믿지 않는 유대인들 사이에 적지 않은 갈등이 있었다고 볼 수 있다.

그 결과, 클라우디우스 황제가 당시 로마에 확산되고 있었던 반-유대교 운동(Anti-semitism)의 영향과 맞물려 로마에 거주하고 있는 유대인들을 로마로부터 추방하였으며, 이들 중에는 유대인 기독교인들도 포함되어 있었을 것이다. 사도행전 18장 1-3절에서 바울은 고린도에서 클라우디우스 황제에 의해 로마로부터 추방된 아굴라와 브리스길라를 만나 함께 거했다고 기록한다.

동체가 시작되었고, 그리고 여기에 유대교로 개종하였다가 다시 기독교 신앙을 갖게 된 이방인 신자들이 참여하였다고 말하고 있다(In *ep. ad Romans*, prol. 2: CSEL 81.1.5-6).

22 물론 이것이 클라우디우스 황제의 첫 번째 반(反)유대인 정책은 아니다. 그는 이미 AD 41년에 유대인 집회 모임을 금지시켰다(Dio Classius, *Roman History* LX 6,6).

23 역시 H. J. Leon, *Jews of Ancient Rome*, 25ff; F. F. Bruce, "Christianity Under Claudius," *BJRL* 44 (1961/62), 309-326; *Paul Apostle of the Free Spirit*, 379ff; J. W. Drane, "Why Did Paul Write Romans?" *Pauline Studies*, ed. D. A. Hagner and M. J. Harris (Exeter: Paternoster, 1980), 216-217을 보라.

"그 후에 바울이 아덴을 떠나 고린도에 이르러 아굴라라 하는 본도에서 난 유대인 한 사람을 만나니 글라우디오가 모든 유대인을 명하여 로마에서 떠나라 한 고로 그가 그 아내 브리스길라와 함께 이달리야로부터 새로 온지라. 바울이 그들에게 가매 생업이 같으므로 함께 살며 일을 하니 그 생업은 천막을 만드는 것이더라"(행18:1-3).

그런데 사도행전 저자는 바울이 이들에게 복음을 전했다는 기록이 없음에도 불구하고 아굴라와 브리스길라가 바울의 선교 사역에 동참하였으며, 에베소에서 아볼로를 데려다가 복음을 전했다고 보도하기 때문에(행 18:24-28), 아굴라와 브리스길라 부부가 고린도에서 바울을 만나기 전에 로마 교회의 유력한 신자이었을 수도 있다(롬 16:3-4).

이것이 사실이라면 바울이 비록 로마서를 쓸 때까지 로마 교회를 한 번도 방문하지 않았다 하더라도, 이들을 통해 로마 교회를 형성했던 초창기의 사람들이 주로 유대인들이었고, 일부는 기독교 신앙을 갖기 전에 이미 유대교에 관심을 가지고 있었던 소수의 이방인이었다는 것을 들었을 것이다. 그러나 이 유대인 신자들이 로마로부터 추방된 이후에도 로마 교회는 남아 있던 이방인 기독교인들을 중심으로 존속, 발전하였으며, 그리고 시간이 흐름과 함께 더 많은 이방인이 교회에 들어와 로마의 유대인 공동체와는 독립된 이방인 중심의 교회를 형성하게 되었다는 것을 들었을 것이다(롬 1:13-15; 11:13 참조).[24] 물론, 로마 교회에 대한 바울의 정보가 오직 브리스길라와 아굴라 부부에게만 의존하고 있다는 것은 아니다. 로마서 16장에 언급이 된 로마 교회의 많은 문안 인사 대상자 중에 적지 않은 사람들은 바울과 교제하고 있었던 사람들이다. 바울은 이들을 통해서 로마 교회의 소식을 계속 듣고 있었을 것이다.[25]

로마 역사를 보면 AD 54년에 황제 클라우디우스가 사망하고 황제 네로(Nero)가 즉위하면서 전임자의 유대인 로마 추방 명령을 취소하였다. 따라서 바울이 로마서를 쓸 무렵인 AD 57년 쯤, 로마로 돌아간 브리스길라와 아굴라의 경우에서 엿볼 수 있는 것처럼(롬 16:3-4), 로마를 떠났던 적지 않은 유대인들이 로마로 귀환하였을 것이다.[26] 이것이 사실이라면, 로마 교회를 세웠던 유대인 신자들의 귀

---

24 Dunn, *Romans 1-8* (WBC 38A; Dallas: Word Books, 1988), liii.
25 Peterson, *Romans*, 22.
26 Cf. Moo, *Romans 1-8* (Chicago: Moody Press, 1991), 10f.; J. A. Crafton, "Rhetoric and the Purpose of Romans," *NovT* 32 (1990), 323-324.

환으로 말미암아 귀환한 유대인 신자들과 이미 다수를 차지하면서 교회의 실제적인 운영을 책임지고 있던 이방인 신자들 사이에(1:13; 11:13 참조), 특별히 반-유대교 영향을 받은 이방인 신자들 사이에, 적지 않은 긴장이 야기될 수 있었을 것임은 충분히 예측할 수 있는 일이다.[27] 더구나 당시 로마 교회가 오늘날의 교회처럼 한 건물에 같은 체제 아래 모여 있는 교회가 아니고, 16장이 암시하고 있는 것처럼(3-16) 여러 가정교회로 구성되어 있었다고 한다면,[28] 이러한 긴장은 뚜렷한 해결책을 찾지 못하고 계속 심화되어 가고 있었을 것이 분명하다.

이 긴장은 율법, 할례, 유대인의 정체성과 생활방식, 예루살렘 교회와의 관계, 이스라엘 민족의 장래 등의 문제와 관련해서, 유대인 신자들과 이방인 신자들 사이에 불만과 대립을 불러일으켰을 것이다. 실제로 바울은 이방인 신자들과 유대인들과의 관계를 참감람나무와 돌감람나무에 비유하면서(11장), 이방인 신자들이 당시 로마 사회에 풍미하고 있던 반-유대교적 관점 아래, 스스로 교만하지 않도록 권면하고 있다(11:17-24). 14장에서는 아마도 유대인들의 음식 문제와 관련하여 이방인 신자들이 유대인 신자들의 생활 태도를 비판하지 말고, 서로 관용으로 용납할 것을 권면하고 있으며(특히 14:1-4, 10, 13, 15, 20; 15:7), 그 밖에도 여러 곳에서 유대인들과 이방인들과 관련된 언급을 자주 하고 있다(1:16; 2:9-11; 3:22, 29; 9:23; 10:12).

그러므로 바울이 로마서를 쓸 무렵 로마 교회는 율법, 성전, 할례, 유대인 음식법과 절기 등의 문제와 관련하여, 그리고 교회의 리더쉽 문제와 관련하여 유대인 신자들과 이방인 신자들 사이에 틀림없이 적지 않은 갈등이 있었을 것이다.[29] 그리고 이러한 긴장과 대립은 내부에서든 외부에서든, 그들이 듣고 있는 바울 복

---

27 Udo Schnelle, *Apostle Paul,* trans. M. Eugene Boring (Grand Rapids: Baker Academic, 2005), 303.
28 로마서 16장은 적어도 5개 이상의 가정교회가 있었음을 암시하고 있다: 브리스가와 아굴라 집에 모인 교회(4-5), 아리스도불로의 집에 모인 교회(10), 나깃수의 집에 모인 교회(11), 아순그리도, 블레곤, 허메, 바드로바, 허마의 집에 모인 교회(14), 빌롤로고, 율리아, 네레오, 올름바의 집에 모인 교회(15). 자세한 논의는 Tobin, *Paul's Rhetoric in Its Context. The Argument of Romans,* 38-40; 홍인규,『로마서 어떻게 읽을 것인가』, 개정증보판 (서울: 성서유니온선교회, 2008), 18-19를 보라.
29 Wolfgang Wiefel, "The Jewish Community in Ancient Rome and the Origins of Roman Christianity," *The Romans Debate,* 81-101; A. J. M. Wedderbum, *The Reasons for Romans* (Minneapolis: Fortress, 1991), 50ff.; F. Watson, "The Two Roman Congregations: Romans 14:1-15:13," in *The Romans Debate,* 203-15; Williams S. Campbell, *Paul and the Creation of Christian Identity* (London: T & T Clark, 2008), 75-79.

음의 핵심인 이신칭의에 대한 오해와 논쟁을 불러일으키는 자들이 등장할 수 있는 계기가 되었을 것이다. 예를 들면 믿음이 율법을 파기한다(3:31), 신자는 율법 아래 있지 않고 은혜 아래 있으니 죄를 지어도 무방하다(6:1,15) 등과 같은 거짓된 주장을 하는 자들이다. 그래서 바울은 편지의 서언에서 "나는 할 수 있는 대로 로마에 있는 너희에게도 복음 전하기를 원하노라"(1:15)고 하면서 로마서를 통해 그가 전하는 복음에 대해 해명할 것을 암시하고 있고(16:25-26 참조), 편지의 결언 부분에서 "형제들아 내가 너희를 권하노니 너희가 배운 교훈을 거슬러 분쟁을 일으키거나 거치게 하는 자들을 살피고 그들에게서 떠나라"(16:17)고 강하게 말하고 있다.

앞에서 이미 언급한 것처럼, 비록 바울이 로마 교회를 방문한 적은 없었지만, 16장의 여러 문안 인사 대상자가 보여주고 있는 것처럼, 그는 브리스길라, 아굴라 등 로마 교회 안에 있는 여러 지인으로부터 로마 교회의 상황을 자세히 들을 수 있었다.[30] 그리고 바울은 이와 같은 로마 교회의 갈등과 바울 복음에 대한 오해는 단순히 로마 교회의 문제로만 끝나는 것이 아니라, 1세기 기독교 공동체가 안고 있는 유대인과 이방인 교회의 전형적인 문제임을 인식할 수 있었을 것이다.

말하자면, 바울에게 있어서 로마 교회의 문제는 로마 교회만이 가진 내적 문제가 아니라, 1세기 기독교 공동체의 가장 큰 문제인 이방인 교회와 예루살렘 유대인 교회의 갈등이라는 문제의 축소판으로 이해되었을 것이다. 이것이 사실이라고 한다면 왜 바울이 로마 교회 방문이나 스페인 선교 방문에 앞서 예루살렘 교회를 방문하려고 하였는가가 이해될 수 있다. 즉, 바울은 더 근원적인 문제인 이방인 교회와 예루살렘과의 관계 문제를 해결하기 위해 예루살렘을 먼저 방문하려고 하였다는 것이다. 왜냐하면, 바울이 예루살렘 방문을 통해 유대인과 이방인 신자 사이의 근원적인 문제 해결 없이는 로마 교회의 문제도 해결할 수 없다고 보았기 때문이다. 만일 바울이 예루살렘 방문을 통하여 이방인 신자들과 유대인 신자들 사이의 갈등 문제를 해결할 수 있다고 한다면 이것은 로마 교회 문제 해결을 위한 청신호가 될 수 있었을 것이고, 그리고 바울의 마지막 방문인 스페인 방문의 길도 순탄하게 열릴 수 있었을 것이다.

그렇다면, 바울이 왜 유대인 신자와 이방인 신자와의 갈등 문제를 해결하기 위해 그렇게 고심하였을까?

---

30 Joel Marcus, "The Circumcision and Uncircumcision in Rome," *NTS* 35 (1989), 68.

바울은 유대인 신자와 이방인 신자 사이의 갈등 문제를 단순히 사회학적인 문제로만 보지 않고 그것이 보다 깊은 신학적 문제와 관련되어 있다고 보았을 것이다. 우리는 이점을 로마서 자체에서 찾아볼 수 있다. 바울은 로마서 서언에서 그가 받은 복음은 "하나님이 선지자들을 통하여 그의 아들에 관하여 성경에 미리 약속하신 것이며"(1:2), 이 아들은 "육신으로는 다윗의 혈통에서 나셨고, 성결의 영으로 죽은 자들 가운데서 부활하여 능력을 가진 하나님의 아들로 선포되신 우리 주 예수 메시아"(1:3-4)임을 선언한다. 그는 이 하나님의 아들에 관한 복음을 로마 교회에 전하기를 원한다고 말한다(1:15). 그런 다음 주제 구절인 1:16-17에서 이 복음이 유대인이든 헬라인이든 모든 믿는 자에게 구원을 주는 하나님의 능력이라는 것과, 이 복음 안에 하나님의 의가 나타나고 있다는 것을 천명한다. 그런 다음 로마서 전체 내러티브를 통하여 하나님의 의의 복음을 설명하고 있다. 그리고 로마서 마지막 부분(16:25-26)에서 자신이 로마서를 통해 밝힌 그 복음이 로마 교회를 견고하게 할 것이라고 결론 내리고 있다.

우리가 로마서 주제 구절의 핵심 어휘인 '하나님의 의의 복음'을 어떻게 해석하든, 이것이 로마서 1:2가 말하고 있는 성경에 나타나 있는 하나님의 약속 성취, 곧 하나님의 아들 메시아를 통한 유대인과 이방인을 포함하여 하나님의 전 창조 세계를 구속하여 회복시키려는 하나님의 언약적 신실성과 관련되어 있음을 부정하기 어렵다.[31] 창세기 12장에서 볼 수 있는 것처럼, 하나님이 아브라함에게 주신 언약에는 그의 후손을 통한 이스라엘 민족의 회복만이 아니라, 땅의 모든 민족(이방인)의 회복을 포함하고 있다(창 12:1-4).[32] 바울은 갈라디아서 3장에서 하나님이 약속한 아브라함의 후손을 메시아로 보고 있다(3:16). 말하자면 하나님이 아브라함에게 주신 언약은 메시아 예수를 통하여 유대인과 이방인 모두를 회복하신다는 것이다. 로마서의 하나님은 유대인만의 하나님이 아니라, 또한 이방인의 하나님이다(3:29).

바울이 받은 복음은 유대인만을 위한 것이 아니라, 또한 이방인을 위한 복음이다(1:16). 로마서 4장에서 볼 수 있는 것처럼 아브라함은 하나님이 이 언약을 이루실 것을 믿었다. 이 하나님의 언약을 믿은 아브라함은 유대인만의 조상이 아니라 또한, 이방인의 조상이다(4:11-12). 이처럼 바울의 복음은 메시아 예수 안에서

---

31 최갑종, "로마서 1:16-17에 대한 주석적 연구," 「신약논단」 30/1 (2023), 140-175를 보라.
32 Christopher J. H. Wright, *The Mission of God. Unlocking the Bible's Grand Narrative* (Downer's Grove, IVP Academic, 2006), 194-205.

유대인과 이방인 모두를 구원하여, 한 형제 자매, 한 하나님의 백성이 되게 한다. 그래서 바울은 로마서 14장에서 이들을 서로 묶는 "형제 자매"라는 말을 자주 사용할 뿐만 아니라(14:10, 13, 15, 21), 이와 관련된 "서로"라는 말을 로마서에서 자주 사용하고 있다(12:5, 10, 16; 13:8; 14:13, 19; 15:5, 7). 이스라엘과 이방인 모두를 복 주신다는 이 언약은 로마서 서언(1:2-4)에 나타나 있는 것처럼 메시아 예수, 특별히 그의 십자가의 죽음과 부활을 통하여 성취되었다(역시 3:21-26).

바울은 이 사실을 로마서 15:8-9에서 이렇게 설명한다:

> "내가 말하노니 그리스도께서 (유대인들에 대한) 하나님의 진실하심을 위하여 할례의 추종자가 되셨으니 이는 조상들에게 주신 약속들을 견고하게 하시고, 이방인들도 그 긍휼하심으로 말미암아 하나님께 영광을 돌리게 하려 하심이라"(롬15:8-9).

이것은 바울이 로마의 기독교인들에게 전하기를 원하는 하나님의 의의 복음, 곧 메시아 예수 안에 나타난 하나님의 언약적 신실함을 그 내용으로 하는 복음은 처음부터 유대인은 물론, 이방인을 구원하여 함께 하나의 하나님의 백성이 되게 하는 것을 목표로 하고 있음을 보여준다. 이것이 사실이라고 한다면, 좁게는 로마 교회 안의 이방인 신자와 유대인 신자 사이의 갈등, 넓게는 1세기 기독교 공동체 안에서 예루살렘의 유대인 신자 공동체와 바울의 이방인 신자 공동체 사이의 갈등은 단순한 인종적, 신분적인 사회학적인 문제가 아니다. 오히려 바울이 받은 하나님의 의의 복음의 본질에 속한 것이며, 복음의 성패가 달려있는 신학적인 문제이다. 이 점은 로마서 15:7에 있는 바울의 간곡한 권면인 "그러므로 그리스도(메시아)께서 우리를 받아 하나님께 영광을 돌리심과 같이 너희도 서로 받으라"에서 확인된다.

이처럼 바울이 로마 교회에 전하기를 원하는 하나님의 의의 복음은 본질적으로 그리스도께서 우리를 받는 수직적인 문제만이 아니라, 유대인 신자와 이방인 신자가 서로 받는 수평적인 문제를 함축하고 있다. 곧 하나님의 의의 복음은 인종과 신분과 관계없이 한 믿음, 한 소망, 한 사랑을 요구한다.[33] 바울은 이방인

---

33 Timmins, "Why Paul Wrote Romans?" 396의 지적처럼 로마서에는 대체로 믿음 → 소망 → 사랑의 이동이 나타난다. 로마서에서 믿음 어휘는 61번 나타나는데 이 중에 34번이 1-4장에 나타나고, 소망 어휘는 17번 나타나는데 이 중에 11번이 4-8장에 나타난다. 반면에 사랑 어휘는 17번 중 8번이 12-15장에 나타난다.

의 사도로서 이 복음을 전하기 위해, 이 복음을 설명하기 위해 그리고 이 복음의 성취를 위해 로마서를 길게 써서 로마에 있는 신자들에게 보냈다고 볼 수 있다(15:15).[34] 메시아 예수를 통해 나타난 이 하나님의 의의 복음만이 로마 교회의 갈등과 자신에 대한 오해를 불식시킬 수 있을 뿐만 아니라, 또한, 그의 예루살렘 방문과 스페인 선교 방문에 청신호가 될 수 있기 때문이다. 이것이 로마서가 바울 서신 중에서 가장 긴 이유일 것이다.

2) 바울의 상황

하지만 바울이 로마서를 쓰게 된 것은 단순히 로마 교회의 상황에 대처하기 위한 목회적, 변증적 이유만이 아니다. 로마서 결언 부분(15:14-16:27)은 바울이 로마서를 쓸 무렵 예루살렘에서 출발한 지중해 동반부 선교를 모두 마치고(15:18-19) 새로운 서반부 선교를 계획하면서 3가지 문제에 직면하고 있었음을 보여준다.

첫째, 그가 오랫동안 방문하기를 원했던 로마 교회 방문이고,
둘째, 로마 교회를 방문한 다음 그곳에서 인적, 물적 그리고 영적인 지원을 받아 스페인을 선교하려는 방문이고,[35]
셋째, 예루살렘 방문이다.

이러한 세 가지 문제가 바울의 로마서 저술에 어떤 영향을 미쳤을까?
우리는 이미 앞에서 로마 교회 내부의 문제와 관련된 바울의 로마 교회 방문을 살펴보았기 때문에 남아 있는 스페인 선교 방문과 예루살렘 방문을 살펴보도

---

34 Cf. Lionel J. Windsor, *Paul and the Vocation of Israel: How Paul's Jewish Identity Informs His Apostolic Ministry, With Special Reference to Romans*, BZNW 205 (Berlin: De Gruyter, 2014), 99-112.
35 15:24에 언급된 것처럼 바울이 안디옥교회가 그의 3차에 걸친 아시아와 지중해 연안 지역 선교의 후원교회가 되었던 것처럼, 로마 교회가 그의 스페인 선교의 재정적, 언어적, 문화적, 영적 후원교회가 되기를 기대하였다는 사실은 바울이 로마서를 쓸 때 로마 교회가 이 일을 능히 감당할 만큼 규모가 큰 교회였음을 시사한다. 이미 네로 황제 때에 로마 교회가 유대인 공동체로부터 구별된 공동체로 될 만큼 로마제국 안에 알려졌다는 사실도 이 점을 뒷받침하고 있다. 물론 우리가 당시 로마 기독교인 공동체의 정확한 숫자를 알 수는 없지만, 한 가정교회가 적어도 50명 이상으로 구성되었다면 전체 크기는 적어도 300명 이상 되었을 것이다.

록 하자.

(1) 바울의 스페인 선교 방문

바울이 왜 스페인을 방문하려고 하였을까?

왜 그가 예루살렘 방문 이후 동쪽으로 이라크와 이란 등 페르시아 지역을 방문하거나 혹은 남쪽으로 이집트 지역을 방문하거나 혹은 마게도냐 북쪽의 유럽 지역을 방문하지 않고 로마제국의 가장 서쪽에 있는 스페인을 방문하려고 하였는가?

바울의 스페인 방문은 그의 로마 방문과 서로 어떤 관계를 지니고 있을까?

바울의 스페인 방문 역시 그의 로마 방문처럼 로마서의 중심 주제와 깊은 관련성을 지니고 있는가?[36]

바울 당대 스페인은 지중해 연안에 걸쳐 있는 로마제국의 가장 서쪽 편의 끝부분에 속해 있었다. 바울 당시 사람들은 오늘날처럼 지구가 둥글다고 생각하지 않았다. 유럽의 서쪽 끝에 있는 스페인을 지나면 끝없는 바다(대서양)가 계속되기 때문에 당시 사람들은 로마제국의 제일 서쪽에 있는 스페인을 사람이 갈 수 있는 세상의 땅끝으로 이해하고 있었다.[37] 그런데 바울은 일찍이 유대인과 이방인을 포함한 인류 전체를 위한 하나님의 복음을 받았고, 땅끝까지 복음을 전하여야겠다는 세계선교 비전을 가졌던 것이 분명하다.[38]

바울은 로마서 서두에서부터 자신의 신적인 사도 됨과 그가 받은 신적인 복음의 범세계적인 선교에 대한 강한 소명을 피력하고 있다(1:1-17). 즉, 그의 사도적 소명은 특정한 지역의 사람들에게 한정된 것이 아니라, "모든 이방인 중에서 믿어 순종하게 하는"(1:5) 것이며, 그가 전파하는 복음은 유대인이든 헬라인이든 "모든 믿는 자에게 구원을 주시는 하나님의 능력"(1:16)이었다. 이뿐만이 아니다. 바울은 어느 서신에서보다도 로마서에서 범세계적인 의미를 지닌 "온 세상", "모든 사람", "모든 민족"이란 용어를 자주 사용하고 있다(1:16, 18; 4:16; 3:19; 8:22;

---

36 바울은 로마서 15장에서만 "서바나"를 언급하고 있을 뿐 그 어떤 다른 서신에서도 서바나를 언급하고 있지 않다.

37 E. Earle Ellis, "'The End of the Earth' (Acts 1:8)," *Bulletin for Biblical Research* 1 (1991), 123-132에서 사도행전 1:8에 언급된 "땅끝"은 바울 당대 로마제국의 가장 서쪽에 위치한 서바나를 지칭하고 있음을 설득력 있게 논증하고 있다.

38 E. F. Harrison and D. A. Hagner, "Romans," eds. Trumper Longman III & David E. Garland, *The Expositor's Bible Commentary*, Revised Edition (Grand Rapids: Zondervan, 2008), 221.

9:17; 10:4; 11:26, 36; 15:11; 16:26).

사도행전 22:21에 있는 "내가 너를 멀리 이방인에게로 보내리라"는 말씀도 바울의 범세계적인 선교 소명을 암시한다. 사실상 바울은 이 세계선교 비전을 위해 자신의 모든 것을 걸었을 것임이 분명하다. 그는 스페인 선교를 이방인의 사도로 부름을 받은 자신의 사명이 완수되는 것으로 이해하였던 것 같다.[39] 그리고 이 사명이 완수될 때, 즉 모든 이방인에게 복음이 전파되고 그들에 대한 하나님의 언약이 성취될 때, 비로소 이스라엘의 민족적 구원이 이루어지고, 결과적으로 이방인과 유대인에 대한 하나님의 언약이 성취가 될 때 하나님의 구원 역사가 완성된다고 보았던 것 같다.[40] 우리는 이 점을 로마서 11:25-26에서 발견할 수 있다.

"형제들아 너희가 스스로 지혜있다고 하면서 이 신비를 너희가 모르기를 내가 원하지 아니하노니 이 신비는 이방인의 충만한 수가 들어오기까지 이스라엘의 더러는 우둔하게 된 것이라. 그리하여 온 이스라엘이 구원을 받으리라"(롬 11:25-26).

그래서 바울은 스페인 선교를 자신의 지상 과제로 삼았던 것이리라. 만일 이것이 사실이라고 한다면 바울의 스페인 방문은 로마 교회 방문은 물론 그의 예루살렘 방문과 그리고 로마서 전체 구성 및 메시지와 불가분의 관계를 지니고 있다고 말할 수 있다. 어쨌든 분명한 것은 바울에게 있어서 스페인 선교 방문이 중요하면 중요할수록 스페인 선교 방문을 위한 로마 교회의 재정적, 언어적, 영적 지원의 필요성은 증대할 수밖에 없다는 사실이다.

(2) 예루살렘 방문

로마서의 결론 부분인 15:22-33에서 사도 바울은 그의 로마 교회 방문은 물론 스페인 방문도 예루살렘 방문 없이는 불가능함을 강조하고 있다. 즉, 지난 10여 년 동안 예루살렘에서 일루리곤에 이르기까지 모든 지역을 다니면서 그리스도의 복음을 전파하여 세웠던 이방인 교회들(롬 15:19)로부터 모금한 헌금을 먼저 예루살렘 교회에 가서 전달하지 않고는 그의 로마 교회 방문도 그리고 스페인 방문도

---

39 Eva Evel, "Paul's Missionary Activity," ed. Oda Wischmeyer, *Paul, Life, Setting, Work, Letter* (London: T & T Clark International, 2012), 119-120.

40 Roger D. Aus, "Paul's Travel Plans to Spain and the 'Full Number of the Gentiles' of Rom. xi 25," *NovT* 21 (1979), 232-62.

있을 수 없다는 것이다. 그래서 바울은 15:28에서 자신의 향후 선교 일정과 관련하여, 먼저 예루살렘 교회 방문, 그다음 로마 교회 방문, 그리고 마지막에 스페인으로 갈 것을 천명한 것이다. 15:22-28의 흐름을 구조적으로 살펴보면 예루살렘 방문을 중심으로 일종의 교차대구법 패턴이 드러나고 있다.

스페인 → 로마 교회 → **예루살렘** ← 로마 교회 ← 스페인

그런 다음 바울은 15:29-33에서 로마 교회 교인들을 향해 자신의 로마 교회 방문의 선결 사항인 예루살렘 방문의 어려움을 언급하면서 예루살렘 방문이 성공적으로 이루어지도록 기도해 줄 것을 간곡하게 부탁하고 있다.[41]

왜 사도 바울이 로마서의 결론 부분에서 예루살렘 방문 없이는 로마 교회 방문도, 스페인 방문도 불가능한 것처럼 말하고 있을까?

왜 바울 사도가 로마서 15장에서 지금까지 자신이 해왔던 모든 선교 사역의 출발점을 예루살렘에 두는 것(15:19)과 꼭 같이, 이제 자신의 새로운 미래 사역의 출발점을 다시 예루살렘에 두고 있을까?[42]

바울의 예루살렘 방문은 결코 금의환향은 아니었다. 오히려 그 당시 예루살렘 방문은 바울의 목숨을 걸 수밖에 없었던 매우 위험한 것이었다(참조. 행 20:22-24). 바울의 예루살렘 방문이 당시 매우 위험하였다는 것은 로마서 15:30-31에서 그가 예루살렘에서 화를 당하지 않도록 자신을 위해 기도해 줄 것을 간곡하게 당부한 사실에서 확인이 된다. 사실 바울이 AD 56-57년경 예루살렘을 방문할 당시 예루살렘과 팔레스틴의 정치 및 사회적 상황은 반(反)로마제국 운동과 관련하여 매우 불안하였다.

잘 알려진 대로 시저(Caesar), 아우구스투스(Augustus), 티베리우스(Tiberius) 등 로마제국의 초기 황제들은 로마제국의 동방 확장과 더불어 각 지역에서 유지 역할을 하고 있던 유대인들의 도움을 얻고자 유대인들에 대하여 그들의 언어와 종교와 문화를 유지하도록 하는 우호적인 정책을 베풀었다. 그러나 더 이상의 영토

---

41 15:30-32에 언급된 기도 요청은 바울의 예루살렘 방문이 로마 교회 방문과 무관하지 않다는 사실을 보여준다.
42 바울은 로마서 15장에서 "예루살렘"을 4번(15:19, 25, 26, 31), 고린도전서에서 1번(16:3), 갈라디아서에서 2번(4:25, 26) 사용하고 있을 뿐 그 어떤 서신에서도 사용하고 있지 않다. 7번의 사용 중 바울이 자신의 현재와 미래의 선교 계획을 알리는 로마서 15장에서만 "예루살렘"을 4번 사용하고 있다는 점을 우연이라고 보기는 힘들다.

확장이 필요하지 않은 가이오스(Gaius), 클라우디우스(Claudius), 네로(Nero) 황제 등은 반(反)유대인 정책을 채택하였다. 가이오스 황제가 예루살렘에 자신의 신상을 세우고 유대인들에게 경배를 요구한 점(AD 40)과 글라디우스 황제가 로마에 있는 유대인들을 추방한 사실(AD 49) 등은 로마제국의 반(反)유대인 정책의 단적인 예가 될 것이다.[43]

하지만, 로마제국의 반(反)유대인 정책은 동시에 유대인들의 극심한 반발을 불러일으켰고, 급기야 반(反)로마제국 운동으로 확대되었다. 유대인들의 반(反)로마제국 운동은 자연히 강한 유대 민족주의와 유대교 운동을 불러일으켰으며, 이방인들에 대한 경시, 토라(율법)와 예루살렘 성전과 할례 등에 대한 강조와 함께 팔레스틴 전 지역으로부터 로마제국으로부터의 독립운동을 고취시켰다. AD 60 년대 후반에 본격적으로 시작한 로마제국으로부터 유대인 독립전쟁은 이미 50년대 후반부터 서서히 달아오르기 시작하였다고 볼 수 있다.

이러한 정치, 문화, 종교적 상황에서 그동안 주로 이방인들을 대상으로 선교 활동을 한 바울은, 특별히 적지 않은 유대인들로부터 토라, 성전, 할례, 유대인 음식법 등 유대교의 심벌들을 무시하거나 유대민족의 정체성에 도전하고 있다는 오해와 비난을 받았다. 따라서 바울의 예루살렘 방문은 극히 위험스러운 것이었다. 사도행전 23:21에 언급된 바울의 예루살렘 방문 경우 식음을 전폐하고 반드시 그를 죽이려는 40명의 유대인 결사대가 조직되어 있었다는 사실은 바울의 예루살렘 방문이 얼마나 위험하였는가를 단적으로 보여준다.

그럼에도 불구하고 바울은 자신의 생명을 개의치 않고 예루살렘 방문을 강행하였다(행 20:22-24).

왜 바울이 그토록 예루살렘을 방문하려고 하였을까?

그가 예루살렘 방문을 로마 교회와 스페인 방문의 선결 사항으로 제시하고 있다는 점은 그의 예루살렘 방문이 선택이 아닌 필수적인 것임을 보여준다.

그렇다면 예루살렘 방문이 바울에게 있어서 왜 그토록 중요하고 필수적인 것이었는가?

---

43 이 문제에 대한 보다 자세한 논의는 R. A. Horsley, *Paul and Empire: Religion and Power in Roman Imperial Society* (Harrisburgh: Trinity Press International, 1997); N. Elliott, "Paul and Politics of Empire," ed. R. A. Horsley, *Paul and Politics: Ekklesia, Israel, Imperium, Interpretation. Essays in Honor of Krister Stendahl* (Harrisburgh: Trinity Press International, 2000), 17-39, 149-202를 보라.

표면적으로 보면 지난 10여 년간 그가 지중해 연안에서 개척하고 목회한 이 방인 교회들로부터 모금한 헌금을 예루살렘에 전달하기 위함인 것처럼 보인다 (15:26-27). 하지만, 단순히 헌금 전달이 바울의 주된 목적이었다면 얼마든지 자신의 선교 조력자들인, 디모데, 실라 등을 대신 보낼 수도 있었을 것이다. 그런데도 그들을 보내지 않고 자신의 목숨을 걸고 직접 예루살렘을 방문하려고 하였다고 한다면, 그의 예루살렘 방문은 헌금 전달 그 이상의 목적이 있었다고 볼 수밖에 없다.

그렇다면 바울의 예루살렘 방문의 주된 목적은 무엇인가?

바울은 이 문제와 관련하여 로마서 15장에서 아주 인상 깊은 두 단어를 사용하여 예루살렘 방문의 목적을 설명하고 있다. 하나는 15:25의 "그러나 이제 내가 성도를 섬기는 일로 예루살렘으로 간다"고 하면서, '디아코네오'(διακονέω), 곧 '섬기다'라는 단어를 사용하고 있는 점이다. 물론 이 낱말이 신약성경에서 '구제', '봉사' 등 다양한 의미로 사용되고 있는 것은 사실이다. 그러나 마가복음 10:45(마 20:28)에서 예수님께서 자신의 십자가의 죽음을 지칭하면서 이 단어를 사용한 경우에서 볼 수 있는 것처럼, '디아코네오'는 때때로 제의적(祭儀的)인 의미로도 사용된다.⁴⁴ 이 경우 15:25는 바울이 예루살렘에 있는 유대인 기독교인들을 위한 제사를 드리기 위해 예루살렘으로 간다는 의미를 지니고 있다. 이 점은 바울이 동일한 예루살렘 방문과 관련하여 15:27에서 보다 강한 제의적 의미를 가진 '레이투르게오'(λειτουργέω)를 사용한 데서 분명히 드러난다.

여기서 그는 예루살렘 방문과 관련하여 "육적인 것(헌금)으로 그들(예루살렘 교인)을 섬기는 것(λειτουργῆσαι αὐτοῖς)이 마땅하니라"고 하면서 '레이투르게오'라는 단어를 사용하고 있다. 잘 알려진 대로 이 단어는 하나님께 제물을 가지고 제사를 드리는 것을 표현할 때 자주 사용된다(출 28:35,43; 히 10:11; 딛 1:9). 이 단어가 강한 제의적 의미를 가지고 있다는 점은 바울이 같은 장 16절에서, "이 은혜는 곧 나로 이방인을 위하여 그리스도 예수의 일꾼이 되어(λειτουργὸν Χριστοῦ Ἰησοῦ) 하나님의 복음의 제사장 직분을 하게 하사 이방인을 제물로 드리는 것이 성령 안에서 거룩하게 되어 받으실 만하게 하려 하심이라"고 하면서, 역시 동일한 단어인 '레이투르게오'를 사용하여 자신의 이방인 선교를 하나님의 복음의 제사장으

---

44 *A Greek-English Lexicon of the New Testament and Other Early Christian Literature* (BDAG), third edition, revised and edited by Frederick William Denker based on Walter Bauer's (Chicago: The University of Chicago Press, 2000), 230-31.

로서 이방인을 제물로 하나님께 드리는 것으로 표현하고 있는 점에서 부정하기 어렵다.

바울이 자신의 예루살렘 방문을 설명하면서 왜 제의적 의미를 가진 단어를 사용하고 있을까?

바울의 생존 당시 예루살렘은 유대인들의 성전 제사가 이루어지고 있었던 장소였다. 특별히 초기 기독교인들에게 있어서 예루살렘은 예수님의 희생적인 십자가의 죽음과 부활이 있었던 장소였으며, 오순절의 성령 강림과 가장 초창기 기독교회인 예루살렘 교회가 출범한 장소이기도 하였다. 유대인이며 동시에 기독교인인 바울이 유서 깊은 예루살렘 방문과 관련하여 두 제의적 단어를 사용하고 있다는 점은, 마치 예수님께서 자신을 제물로 삼아 많은 사람을 위해 하나님께 희생 제사를 드리기 위해 예루살렘으로 올라가신 것처럼, 바울 역시 이방인 성도들이 헌금한 것을 제물로 삼고 예루살렘에 가서 유대인, 곧 이스라엘 백성을 대변하고 있는 예루살렘 교회 성도들을 위해 하나님께 제사를 드리려 했다는 추론을 하게 한다. 단순한 헌금전달이 아닌 제사장으로서 제물을 가지고 예루살렘으로 가야하기 때문에 바울은 이 일을 남에게 부탁할 수 없었던 것이다.

일찍이 예수님께서 예루살렘에 올라가서 자신을 제물로 삼아 많은 사람을 구원하기 위해 하나님께 제사를 드렸는데, 왜 바울이 예루살렘에 가서 이방인을 제물로 삼아 이스라엘 백성을 위해 제사를 드리려 하였을까?

그것도 자신의 생명을 담보로 삼고. 이 제사 방문이 그의 로마 교회 방문과 스페인 방문과 어떤 관계를 가지고 있을까?

예루살렘에서 제사 행위 없이는 그의 로마와 스페인 선교 방문이 불가능하기 때문일까?

바울은 예루살렘에서의 제사 행위가 그의 로마와 스페인 방문에 어떤 영향을 줄 것으로 기대하고 있었는가?

바울은 15:27에서 이렇게 말한다.

"저희(이방인들)는 그들(유대인들)에게 빚진 자니 만일 이방인들이 그들의 영적인 것을 나눠가졌으면 육적인 것으로 그들을 섬기는 것이 마땅하니라"(롬 15:27).

유대인들과 이방인들이 제사 문제와 관련하여 호혜적인 관계를 가지고 있음을 강조하고 있다. 말하자면 이방인들이 하나님의 은총을 받은 것이 유대인들에게 영적으로 빚진 것이기 때문에, 이제 유대인들이 하나님의 은총을 받도록 이방인들이 물질적인 것으로 빚을 갚아야 하고, 바울이 이 일을 위해 예루살렘으로 가려고 한다는 것이다. 바울은 이미 로마서 11장에서 유대인들과 이방인들이 호혜적인 관계를 가지고 있음을 밝히고 있다. 그 예를 11:30-31에서 확인할 수 있다.

> "너희(이방인)가 전에는 하나님께 순종하지 아니하더니 이스라엘이 순종하지 아니함으로 이제 긍휼을 입었는지라. 이와 같이 이 사람들(유대인)이 순종하지 아니하니 이는 너희에게 베푸시는 긍휼로 이제 그들도 긍휼을 얻게 하려 하심이라"(롬 11:30-31).[45]

로마서 15장에 있는 바울의 예루살렘 방문을 11장에 비추어 살펴본다면, 바울은 자신의 예루살렘 방문이 이스라엘에 대한 하나님의 종말론적인 긍휼하심의 실현과 불가분의 관계를 가지고 있다고 보고 있음이 분명하다. 즉, 이방 선교 활동의 열매인 이방인들의 헌금이 이스라엘에 대한 하나님의 종말론적인 긍휼하심이 나타나게 하는 제물이 될 수 있으며, 바울은 이 제물을 가지고 거룩한 제사를 드리기 위해 예루살렘으로 가려고 한다는 것이다(15:16).

로마서 9:3에 언급되어 있는 "나의 형제 곧 골육의 친척을 위하여 내 자신이 저주를 받아 그리스도에게서 끊어질지라도 원하는 바로라"에서 엿볼 수 있는 것처럼, 바울은 일찍이 예수님께서 많은 사람에게 하나님의 긍휼하심이 나타나도록 하기 위해 하나님의 저주를 받아 하나님으로부터 단절의 아픔을 감수한 바와 같이, 자신도 유대인 동족의 구원을 위해 그렇게 하겠다는 것이다. 바로 그것을 실현하기 위해 자기 생명의 위협을 개의치 않고 예루살렘으로 올라가겠다는 것이다.

사실상 예루살렘 모티브, 곧 유대인 회복에 대한 바울의 관심은 로마서 9-11장 그리고 15장에만 나타나 있는 것이 아니고 로마서 서언과 결언을 포함하여 로마서 전체 내러티브에 걸쳐 강하게 나타나고 있다.[46] 예를 들면, 바울은 서언인 1:2-3에서 자신의 복음을 하나님께서 선지자들을 통하여 그의 아들에 관하여 성

---

[45] E. Käsemann, *Commentary on Romans* (Grand Rapids: Eerdmans, 1980), 316; Marianne Meye Thopson, "'Mercy upon all": God as Father in the Epistle to the Romans," *Romans & the People of God*, eds. S. K. Soderlund & N. T. Wright (Grand Rapids: Eerdmans, 1999), 215-216.

[46] Cf. William S. Campbell, "Paul's Attitude Towards Jewish Identity in Romans," *Paul and the Creation of Christian Identity* (London: T & T Clark, 2006), 104-120.

경에 미리 약속하신 것이며, 그리고 이 아들이 다윗의 혈통에서 나셨다는 사실을 강조함으로써 복음과 유대인과는 불가분의 관계를 가지고 있다는 사실을 천명하고 있다. 그런 다음 1:16에서 유대인에게 복음의 우선권이 있다는 사실을, 3:2에서 그들이 하나님의 말씀을 맡았다는 사실을, 3:29에서 하나님은 이방인의 하나님은 물론 유대인의 하나님이 되심을 각각 강조하고 있다. 그리고 15:8에서 "그리스도께서 하나님의 진실하심을 위하여 할례의 추종자가 되셨으니 이는 조상들에게 주신 약속을 견고하게 하시고"라고 하면서, 유대인의 회복(구원) 문제가 바울 복음과 그의 선교의 중심에 있음을 거듭 밝히고 있다.[47]

그렇다면 왜 바울이 로마서에서 유대인들의 회복 문제를 그렇게 심각하게 다루고 있는가?

유대인이 단순히 자신의 동족이기 때문일까?

9:2-3에 나타나 있는 대로 물론 그런 점이 있다고 볼 수 있다. 하지만 더 근원적인 것은 1:16-7과 15:8에 각각 언급되어 있는 것처럼, 유대인들의 회복 문제는 하나님의 언약적 신실하심의 성취인 바울 복음의 중심과 본질에 속한 사항이기 때문이다. 바울이 받은 복음은 하나님의 종말론적인 구원 약속의 성취, 곧 하나님의 의(義)인 그의 구원 언약의 신실하심을 그 중심 주제로 삼고 있다.[48]

그런데, 창세기 12:3에 언급된 것처럼, 하나님의 언약적 신실하심은 아브라함의 후손인 유대인과 이방인이 복받음을 다 같이 포함하고 있다. 어느 한쪽이 제외되면 하나님의 신실하심은 무너진다. 갈라디아서 3:13-14이 말하고 있는 것처럼 그리스도는 유대인과 이방인 모두의 구원과, 그들에게 똑같이 아브라함의 복과 성령의 선물이 주어지도록 십자가의 저주를 당하셨으며, 로마서 3:23-26이 말하고 있는 것처럼, 이방인과 유대인 모두가 죄를 지었으며, 예수 그리스도는 이방인과 유대인들을 위해 구속과 화목제물이 되심으로 하나님의 신실하심을 드러내셨다. 그래서 바울은 로마서 11:32에서 "하나님이 모든 사람(유대인과 이방인)을 순종하지 아니하는 가운데 가두어 두심은 모든 사람에게 긍휼을 베풀려 하심이로다"라고 말하고 있다.

---

47 J. C. Beker, "The Faithfulness of God and the Priority of Israel in Paul's Letter to the Romans," Donfried, *The Romans Debate*, 327-332.
48 보다 자세한 논의는 최갑종, "로마서의 중심 주제에 대한 연구 '하나님의 의'에 대한 내러티브 접근을 중심으로," 507-533을 보라.

이런 점에서 본다면 바울의 예루살렘 방문은 결코 우연한 것이라고 보기 어렵다. 오히려 그의 선교와 복음의 중심에 놓여있는 필수적인 것이었고, 로마서 결언에만 속한 것이 아니라, 로마서 서언에서 시작하여 로마서 전체 내러티브와 연관되어 있다고 볼 수 있다. 바울은 예수 그리스도 안에서 하나님의 종말론적인 그의 긍휼하심, 곧 그의 구원 약속의 진실하심이 나타난 유서 깊은 예루살렘에서, 유대인에 대한 하나님의 긍휼하심의 종말론적인 실현을 기대할 뿐만 아니라, 이 하나님의 긍휼하심의 물줄기가 예루살렘으로부터 로마와 스페인으로 흘러가기를 바라고 있다. 그래서 바울은 로마서의 결언 부분에서 로마의 기독교인들에게 자신의 예루살렘 방문 필요성과 동시에 그 위험성을 함께 언급하면서, 자신의 예루살렘 방문이 성공할 수 있도록 위해서 기도해 줄 것을 간곡하게 부탁하고 있는 것이다. 성공적인 예루살렘 방문은 바울이 계획하고 있는 로마와 스페인 방문의 청신호가 될 수 있기 때문이다. 따라서 로마서는 바울의 예루살렘 방문과 밀접하게 연결되어 있다고 보아야 한다.

이렇게 볼 때, 로마서는 바울이 받은 복음을 제시함으로써 로마 교회가 당면한 문제를 해결하고자 하는 바울의 목회적인 편지임은 물론, 바울이 로마 제국의 땅끝인 스페인 선교를 통해 세계적인 선교 비전을 수행하려는 선교적 편지이다. 또한, 이를 통해 하나님의 의의 복음을 구현하고 변증하기 위해 예루살렘을 방문하려는 바울의 신학적이고 변증적인 서신으로 볼 수 있다. 결론적으로 바울은 로마 교회든, 스페인 선교든, 예루살렘 방문이든 하나를 위해 로마서를 쓴 것이 아니라, 다양한 목적을 달성하기 위해 썼다고 말할 수 있다. 즉, 바울은 그의 성공적인 예루살렘 방문(유대인)을 위해 그리고 로마 교회 방문(이방인·유대인)을 위해, 그런 다음 스페인 선교(이방인) 준비를 위해, 더 나아가서 하나님의 의의 복음을 제시하기 위해 로마서를 썼다.[49] 물론 이들이 서로 독립되어 있지 않다는 것은 두말할 나위가 없다. 오히려 하나가 넘어지면 다른 것도 함께 넘어질 수밖에 없고, 이와 반대로 하나가 서면 다른 것도 함께 설 수 있을 만큼 서로 불가분의 관계를 갖고 있다.

---

49 Michael F. Bird, "The Letter to the Romans," in *All Things to All Cultures: Paul among Jews, Greeks, and Romans*, ed. Mark Harding and Alanna Nobbs (Grand Rapids: Eerdmans, 2013), 183-192는 바울이 로마서를 쓴 목적을 여섯 가지로 제시한다: 1) 자신의 신학적 서술, 2) 바울 교훈의 요약, 3) 로마에 있는 다문화 교회에 자신을 소개, 4) 그의 선교의 지원을 위한 부탁, 5) 로마 교회의 일치를 이루기 위해서, 6) 로마에 있는 기독교인들과 비기독교 유대인들과의 단합을 위한 시도.

2. 사도 바울은 로마서를 어떻게 썼는가?

사도 바울은 신약성경 저자들 가운데 가장 뛰어난 문필가이다. 신약성경에는 그의 이름으로 쓴 13편의 편지가 수록되어 있는데, 신약성경이 모두 27권으로 구성된 점을 고려한다면, 약 1/2을 바울이 쓴 셈이 된다. 그런데 이 13편의 바울 서신은 바울 당대의 그리스 문헌들과 비교해 보면 매우 뛰어난 구성과 눈부신 어휘를 사용하고 있음을 알 수 있다. 이것은 바울이 편지를 쓸 때 개개의 편지를 자신과 수신자들의 역사적 정황에 효과적으로 부응할 수 있도록 고도의 문학적 구성 아래 썼음을 뜻한다.[50]

잘 알다시피 사도 바울은 AD 1세기 초엽(아마도 AD 6-8년경) 다소에 사는 이민자(디아스포라), 바리새파에 속한 유대인 가정에서 출생하였다. 그가 출생한 다소는 AD 1세기 헬라-로마 사회에서 가장 뛰어난 대학 교육 도시 중 하나였다. 만일 바울이 10대 후반까지 다소에서 초등 및 중등교육을 받았다면, 그리고 그 당시 초등, 중등교육의 핵심적인 교육 과정이 효과적인 말하기와 글쓰기인 수사학이었다는 점을 고려한다면, 바울은 틀림없이 다소에서 상당한 수사학 교육을 받았을 것이다.[51]

물론 바울의 수사학 교육을 다소에만 한정할 수는 없다. 바울이 10대 후반 율법 학자인 랍비가 되기 위해 예루살렘으로 유학 가서, 당대의 가장 뛰어난 율법학자 가말리엘 문하에서 10년 이상 교육을 받았다면 그의 수사학 교육은 예루살렘에서도 계속되었을 것이다. 왜냐하면, 수사학은 당시 헬라-로마는 물론 유대교 교육에도 적지 않은 영향을 미치고 있었기 때문이다.[52] 바울서신, 특별히 로마서에 자주 나타나고 있는 대화체(diatribe), 반어법, 대구법, 평행, 반복, 논증 등 여러 수사학적 특징과 기교가 이 점을 부인할 수 없게 한다.[53]

---

50 Christopher Forbes, "Paul and Rhetorical Comparison," ed. J. Paul Sampley, *Paul in the Greco-Romans World. A Handbook* (Harrisburg: Trinity Press International, 2003), 150-155.
51 더 자세한 것은 Ronald F. Hock, "Paul and Greco-Roman Education," ed. J. Paul Sampley, *Paul in the Greco-Roman World*, 198-227을 보라.
52 D. Daube, "Rabbinic Method's of Interpretation and Hellenistic Rhetoric," *Hebrew Union College Annual* 22 (1949), 239-264; 10) W. Wuellner, "Paul's Rhetoric of Argumentation in Romans: An Alternative to the Donfried-Karris Debate over Romans," in *The Romans Debate*, 133-141.
53 Thomas H. Tobin, SJ, *Paul's Rhetoric in Its Contexts. The Argument of Romans* (Peabody: Hendrickson, 2004), 2-3.

바울은 또한, 유대교 유산을 계승하고 고수하는 데 매우 열심인 바리새파 유대인 가정에서 출생하였기 때문에, 어릴 때부터 헬라어 구약성경(칠십인 역)을 읽고 배웠을 것이 분명하다. 그가 서신에서 가끔 히브리어 성경 본문을 인용하고, 아람어를 구사한 것을 볼 때(행 22:2), 그리고 그가 많은 구약 본문을 그의 서신에서 인용하고, 구약성경에 자주 나오는 문학적 기교들, 이를테면, 반어법, 대구법, 평행법 등을 사용하고 있는 것을 볼 때, 바울은 유대인 회당에서 히브리어 성경을 읽고 배웠을 것이다. 다소에서 초등, 중등교육을 받는 동안에는 헬라어를 사용하였겠지만, 적어도 가정에서는 당시 팔레스틴 유대인의 모국어인 아람어를 사용하였을 것이다.

그러다가 가말리엘 문하생이 되어 구약성경을 읽고 해석하는 체계적인 훈련을 받았을 것이다. 바울이 갈라디아서에서 다메섹에서 예수님을 만나 회심하기 전 초대 기독교 교회를 극렬하게 핍박한 이유를 말하면서, "내가 내 동족 중 여러 연갑자 보다 유대교를 지나치게 믿어 내 조상의 전통에 대하여 더욱 열심이 있었다"(1:14)라고 언급하고 있다. 이러한 언급은 사실상 바울이 당대 유대인 중에 가장 뛰어난 율법 및 구약성경 학자였음을 뜻하고 있다.[54] 그가 서신에서, 심지어 그가 감옥에서 편지를 쓰면서도, 자유롭게 구약성경 본문을 인용하고 있는 것을 볼 때, 아마도 그는 소위 "걸어다니는 성경"으로 불릴 만큼 구약성경의 많은 부분을 암송하였을 것이다. 성경 인용뿐만 아니라, 그의 서신에서 구약의 중요한 내러티브인 창조, 타락, 구속과 회복, 아브라함의 언약, 출애굽 사건과 율법 수여 등을 자유롭게 활용하고 있는 것도 이 점을 뒷받침하고 있다.

그렇다면, 뛰어난 수사학자요, 문필가요, 구약성경 학자인 바울이 로마서를 쓸 때 어떠한 문학적 구성을 염두에 두었을까?

그리고 그러한 문학적 구성을 통해 무엇을 의도하였는가?

또 로마의 독자들은 낭독되는 로마서를 들었을 때 로마서를 어떤 문서로 생각하였을까?

앞에서 이미 언급한 것처럼, 로마서는 기본적으로 사도 바울이 로마의 크리스천들에게 보낸 편지이다. 편지로서 로마서는 당대 헬라-로마-유대 사회의 편지의 3대 요소인 "서언"(1:1-17), "몸체"(1:18-15:13), "결언"(15:14-16:27)을 가지고 있다.

---

54 최갑종, 『갈라디아서』(서울: 이레서원, 2016), 213.

하지만, 우리가 사도행전의 글라우디오 루시아의 편지(20:25-30)에서 볼 수 있는 것처럼, 당대의 편지들이 대체로 매우 짧지만, 로마서는 매우 긴 편지이다. 16장의 로마서는 사실상 바울의 서신중에 가장 길다. 편지의 중심부를 차지하는 몸체(1:18-15:13)만 아니라, 편지의 앞부분을 차지하는 서언(1:1-17)과 결언(15:14-16:27)까지도 여러 개의 크고 작은 단락으로 구성되어 있을 만큼 길다. 로마서를 위시하여 바울의 편지들이 당대의 편지들보다 긴 이유는, 이들이 개인에게 보내는 사적인 편지가 아니고, 교회 회중을 권면하고 설득하기 위한 공적인 편지이기 때문일 것이다.

그렇다면 편지로서의 로마서는 어떻게 구성되어 있는가?

1) 편지의 서언(1:1-17)

서언은 (1) 문안 인사(1:1-15), (2) 로마 방문 계획(1:6-15), (3) 주제 소개(1:16-17) 등 3개의 작은 단락으로 구성되어 있다.

(1) 문안 인사(1:1-5)

첫 번째 단락에서 바울은 먼저 자신의 신분, 곧 자신이 하나님의 복음을 위하여 특별히 부름을 받은 "예수 그리스도의 종"과 "사도"임을 밝힌다(1:1). 이어서 자신의 사역의 대상인 하나님의 복음을 간략하게 소개한다(1:2-4). 그런 다음 독자들에게 은혜와 평강의 인사말을 전한다(1:5-7).

(2) 로마 방문 계획(1:8-15)

두 번째 단락에서는 먼저 독자들에게 감사를 표현하고(1:8), 그 다음 자신이 받은 복음을 전파하기 위해 로마의 독자들을 방문하려는 계획을 밝힌다(1:9-15).

(3) 주제 소개(1:16-17)

세 번째 단락에서 바울은 로마서 전체 내러티브를 이끌어갈 중심 주제인 하나님의 의의 복음을 제시한다. 즉, 그가 로마의 교인들에게 전할 복음은, 그 복음을 믿는 모든 자(유대인과 이방인)에게 구원을 가져오는 복음이며, 그 이유는 그 복음 안에 하나님의 의가 나타나고 있기 때문임을 천명한다.

전체적으로 로마서 서언은 편지를 처음 접하는 독자들을 효과적으로 설득하기 위해 수사학적으로 매우 용의주도하게 구성되어 있다. 여러 일인칭 단수 동사(8, 9, 10, 11, 13, 14, 15, 16)와 대명사(8, 9x2, 10, 12, 15)를 통한 자기 '에토스'(인품)의 강조, 로마서 전체의 내러티브를 이끌어가는 핵심 어휘들인 "복음", "감사", "모든 사람", "믿음", "순종", "의 계시"의 등장과 구약 인용(롬1:17, 합 2:4)이 이러한 사실을 뒷받침하고 있다. 이뿐만 아니라, 서언을 구성하고 있는 주요 어휘들이 로마서의 끝부분(16:25-27)에도 그대로 반복되고 있다는 것은 로마서 서언이 결언과 함께 매우 용의주도하게 구성되어 있다는 증거다.

2) 편지의 몸체(1:18-15:13)

서언(1:1-17)과 결언(15:14-16:27) 사이에 있는 편지의 몸체(1:18-15:13)는 넓은 관점에서 보면 하나님의 의의 복음 자체를 설명하는 직설법 내러티브(1:18-11:36)와 그 복음의 구체적인 적용을 말하는 명령법 내러티브(12:1-15:13)로 양분된다. 그리고 직설법 내러티브가 보편적인 인류 문제(1:18-8:39)와 특수한 이스라엘 문제(9:1-11:36)로 양분되고 있는 것과 마찬가지로, 명령법 내러티브 역시 신자의 보편적인 문제(12:1-13:14)와 로마 교회의 특수한 문제(14:1-15:13)로 양분된다. 하지만 내용으로 보면 몸체는 다음과 같이 짧게는 모세오경을, 넓게는 구약성경 전체를 반영하는 다섯 개의 내러티브로 구성되어 있다.[55]

(1) 첫 번째 내러티브: 창조와 타락 이야기(1:18-3:20)

로마서 몸체(1:18-15:13)의 첫 번째 내러티브(1:18-3:20)는 인류의 창조와 타락에 대한 내러티브이다. 물론 구약의 창조와 타락의 내러티브는 우리가 5장의 아

---

55 Tobin, *Paul's Rhetoric in Its Contexts. The Argument of Romans*, 87-88에서 필자처럼 로마서 몸체가 다섯 내러티브로 구성되어 있다고 보고 있지는 않지만, 다섯 부분으로 나눈다. 그리고 각 부분은 다음과 같이 주석과 논증으로 구성되어 있다고 보고 있다: 1. 1:18-3:20, a. 주석(1:18-32), b. 논증(2:1-3:20; 2. 3:21-4:25, a. 주석(3:21-26), b. 논증(3:27-4:25); 3. 5:1-7:25, a. 주석(5:1-21), b. 논증(6:1-7:25); 4. 8:1-11:36, a. 주석(8:1-30), b. 논증(8:31-11:36); 5. 12:1-15:13, 주석(12:1-15:7), 결론(15:8-13). 반면에 R. Jewett, *Romans* (Minapolis: Fortress, 2007), 30은 로마서를 크게 세 부분인 서문(1:1-17), 몸체(1:18-15:13), 결언(15:14-16:27)으로 나누고, 몸체를 1:18-4:25, 5:1-8:39, 9:1-11:36, 12:1-15:13의 네 부분으로 나눈다. 그리고 서문은 *exordium*(1:1-12), *narratio*(1:13-15), *propositio*(1:16-17) 세 부분으로 나눈다.

담과 그리스도와의 대조, 7장의 모세의 율법, 8장의 피조물의 탄식과 회복, 9-11장의 이스라엘의 불순종에서 볼 수 있는 것처럼 로마서에서 자주 반복된다. 하지만 창조와 타락이 1:18-3:20의 내러티브에서 주도적인 주제어임은 부정할 수 없다. 이 창조와 타락의 내러티브는 인류(이방인과 유대인)가 예외 없이 모두 불경, 불의, 불법, 불순종의 죄로 인하여 하나님의 종말론적인 진노와 심판 아래 있음을 강조한다.

인류의 범죄는 사람뿐만 아니라, 하나님의 영광을 위해 창조된 모든 피조물까지 오염시키고 타락시켰다고 선언한다. 창조주 하나님을 순종하고 그분만을 영화롭게 하여야 할 자가 오히려 피조물을 하나님처럼 섬기는 죄를 범하였으며, 피조물까지도 허무한 데 굴복하게 하여 탄식과 고통을 받게 하였으며, 그 결과 인류는 하나님의 심판을 자초하는 모든 성적, 윤리적, 사회적 범죄를 자행하게 되었다는 것이다. 그런 점에서 첫 번째 내러티브는 모든 시대를 걸쳐 창조주 하나님 없이, 하나님을 떠난 인류 역사 전체를 반영한다.

이 첫 번째 내러티브의 전반부(1:18-32)가 이방인들의 범죄에 초점을 맞추고 있다고 한다면, 후반부(2:1-3:20)는 아브라함의 후손이며, 율법을 받은 이스라엘의 불순종과 실패에 초점을 맞추고 있다. 그런데 전반부와 비교해 후반부의 내용이 훨씬 길고 자세하다는 것은, 한편으로 로마서의 유대인 모티브를 강조하고, 다른 한편으로 인류를 대표하여 율법을 받은 하나님의 언약 백성마저 불순종하였다는 사실을 강조함으로써 인류의 범죄가 얼마나 심각하고 절망적인가를 보여준다.

(2) 두 번째 내러티브: 메시아를 통한 하나님의 인류 구속 이야기(3:21-5:21)

첫 번째 내러티브가 어둡고 절망적인 내러티브라면, 두 번째 내러티브는 밝고 소망적인 내러티브이다. 곧 3:21-5:21에 있는 두 번째 내러티브는 메시아 예수의 죽음 및 부활 이야기(3장), 아브라함의 믿음 이야기(4장), 첫 아담과 마지막 아담 그리스도 이야기(5장)로 구성되어 있는데 이들은 하나님의 언약적 신실함의 표현인 모든 창조 세계(유대인, 이방인, 모든 창조물)를 회복하시겠다는 아브라함에게 준 하나님의 언약(창 12, 15장), 아브라함에게 준 언약을 따라 이스라엘 백성을 바로 왕의 압제에서 구원하신 출애굽 사건(출 2-13장), 야웨의 종 메시아를 통해 많은 사람을 의롭게 하시겠다는 영원한 언약(사 53, 55장), 모세의 언약과 다른 새 언약(렘 31장), 다윗의 후손을 이스라엘의 목자와 왕으로 보내시겠다는 화평의 언약(겔 37장)의 성취 이야기이다.

말하자면, 3:21-5:21은 하나님께서 마지막 아담, 이스라엘의 대변자 메시아 예수 안에서 1:18-3:20의 창조, 타락, 심판 그리고 이스라엘의 실패를 구원과 회복, 새 출애굽과 새 창조로 바꾸는 하나님의 언약적 신실함을 다루는 내러티브이다. 그런 점에서 이 내러티브는 심판, 의 등 법정적인 어휘와 과거시제가 많이 사용되고 있다.

(3) 세 번째 내러티브: 메시아와 성령을 통한 하나님의 인류 구원 적용 이야기(6:1-8:39)

6-8장의 세 번째 내러티브는 그 앞에 있는 3:21-5장의 내러티브와 동전의 양면처럼 서로 밀접하게 연결되어 있다. 3:21-5장이 메시아 예수를 통한 하나님의 구속역사의 성취 내러티브라고 한다면, 6-8장은 하나님께서 예수님의 성취를 성령을 통해서 하나님의 자녀인 우리/너희/안에서 그 언약을 적용을 시키는 구원 내러티브이다. 전자가 이스라엘 백성이 짐승의 희생을 통해 심판으로부터 해방되는 유월절 사건을 반영하고 있다면, 후자는 이스라엘 백성이 홍해를 건너 가나안 땅을 향해 가는 여정을 반영한다.

동시에 6-8장은 시내산에서 모세를 통한 율법 수여와, 하나님이 에스겔에게 준 화평과 영원한 언약에 대한 적용 이야기이다.

> "새 영을 너희 속에 두고 새 마음을 너희에게 주되 너희 육신에서 굳은 마음을 제거하고 부드러운 마음을 줄 것이며 또 내 영을 너희 속에 두어 너희로 내 율례를 행하게 하리니 너희가 내 규례를 지켜 행할지라. 내가 너희 조상들에게 준 땅에서 너희가 거주하며 너는 내 백성이 되고 나는 너희 하나님이 되리라"(겔 36:26-28).

그런 점에서 세 번째 내러티브에는 법정적 용어보다 참여 용어, 과거시제보다 현재와 미래시제가 많이 등장한다.

(4) 네 번째 내러티브: 이스라엘에 대한 하나님의 언약적 신실성의 이야기 (9:1-11:36)

첫 번째 내러티브의 전반부(1:18-32)와 후반부(2:1-3:20) 이야기가 서로 무관하지 않은 것처럼, 6-8장의 너희/우리의 이야기와 9-11장의 이스라엘 이야기는 서로 무관하지 않다. 전자가 세워지면 후자도 세워지고, 후자가 무너지면 전자도 무너진다. 너희는 그리스도와 함께 죽고 함께 부활하였으므로 이제 죄의 종이 아닌 의의 종이 되어야 한다(6장). 너희는 그리스도와의 연합을 통해 죄와 율법에 죽었음으로 더 이상 율법의 종이 되지 않아야 한다(7장).

오직 성령만이 너희/우리를 의의 종이 되게 한다(8장)는 8장의 결론인 "…다른 어떤 피조물이라도 우리를 우리 주 그리스도 예수 안에 있는 하나님의 사랑에서 끊을 수 없느니라"(8:39)로 귀착된다. 하나님의 아들, 메시아, 마지막 아담/이스라엘을 통한 우리의 구속과 창조 세계 전체의 회복은 "예수 안에 있는 하나님의 사랑", 곧 하나님의 언약적 신실함과 긍휼하심의 표현인 셈이다.

6-8장의 우리/너희에 대한 이 하나님의 언약적 신실함은 9-11장의 그들/이스라엘의 회복 이야기와 맞물려 있다. 하나님이 아브라함과 선지자들을 통하여 이스라엘에게 준 그 언약이 이스라엘의 불순종 때문에 무너진다면, 우리/너희에게 준 하나님의 사랑, 곧 하나님의 언약적 신실함도 무너질 수 있다.

그러므로 6-8장의 내러티브가 9-11장의 내러티브에 의존하고 있는 것처럼, 9-11장의 이스라엘 내러티브 역시 6-8장의 우리/너희 내러티브에 의존한다.[56] 이점은 바울이 9-11장의 결론 부분(11:25-36)에서 "온 이스라엘"의 구원을 "그들에게 이루어질 내 언약"(11:26-27)이라고 말한 다음, "이는 너희에게 베푸시는 '긍휼'로 이제 그들도 '긍휼을 얻게 하려 하심'이라"(11:31)고 한 말씀에서 확인된다.

(5) 다섯 번째 내러티브: 이 세상에서 하나님 백성의 삶의 이야기(12:1-15:13)

로마서 몸체의 전반부(1:18-11:36) 내러티브가 하나님이 그리스도와 성령을 통하여 우리와 저들에 대한 자신의 언약을 "이미" 이루신 일(과거와 현재 시제), 곧 예수의 십자가와 성령을 통하여 나타난 하나님의 사랑(5:5; 8; 8:39)과 긍휼하심(11:30, 31, 32)의 내러티브라고 한다면, 후반부(12:1-15:13) 내러티브는 이 하나님의 사랑과 긍휼하심이 "아직" 하나님의 전 창조 세계 안에서, 곧 이웃과 사회(12장)와 국가(13장)와 교회공동체 안(14-15장)에서 높아지신 주님의 성령을 통해 계속해서 이루어져야 할 현재와 미래 사역을 말하고 있다.

---

56 C. Beker, "The Faithfulness of God and The Priority of Israel in Paul's Letter to the Romans," *HTR* 79 (1986), 10-16. 이 논문은 *The Romans Debate* (1995), 327-332에도 수록되어 있다.

6-11장이 이스라엘 백성의 출애굽 사건후 가나안 땅에서의 여정을 반영하고 있다고 한다면, 12-15장은 가나안 땅에서 거룩한 백성으로, 제사장의 나라로 살아가도록 소명 받은 이스라엘 백성의 삶의 이야기를 반영한다. 그래서 전자는 주로 직설법 이야기로 구성되어 있고, 후자는 주로 명령법 이야기로 구성되어 있다.

　그런데, 전자와 후자가 서로 독립되어 있지 않다. 전자가 후자를 위한 것이며, 후자는 전자에 의존하고 있다. 이 점은 후반부를 시작하는 바울의 권면 "내가 너희를 권한다"(12:1), "내가 말한다"(12:3)가 각각 전반부를 가리키는 "하나님의 자비하심"(12:1)과 "(하나님의) 은혜"(12:3)에 근거하고 있다는 사실과, 후반부 내러티브를 이끌어가는 '아가페' 사랑(12:9; 13:10, 10; 14:15; 15:30)이 전반부의 그리스도와 성령 안에서 나타난 하나님의 '아가페' 사랑(5:5, 8; 8:35, 39)에 의존하고 있는 점에서 분명하다. 즉, 후반부의 결언인 15:7의 "그리스도께서 우리를 받아 하나님께 영광을 돌리심 같이(3-11장), 너희도 서로 받으라(12-15장)"가 보여주고 있는 것처럼, 후반부의 우리가 서로 받는 것(이웃 사랑)은 전반부인 그리스도가 우리를 받은 것(하나님 사랑)에 의존하고 있다(5:8, 참조 요1 4:9-10).

　후반부가 전반부의 직설법과 달리 명령법으로 되어 있다는 것은 우리의 능동적인 책임을 강조한다. 이 책임은 "우리가 다 하나님의 심판대 앞에 서리라"(14:10)를 통해 더욱 강화된다. 이것은 전반부가 아무리 강조되어야 한다고 하더라도 후반부의 자리를 훼손하지 않아야 함을 알려준다. 하지만 동시에 후반부의 명령법이 아무리 강조되고 있다 하더라도 어느 순간에도 전반부와 독립되어 있지 않다는 사실을 말한다. 하나님이 우리 안에서 성령을 통해서 이루어가시는 후반부 사역은, 에스겔의 화평과 영원한 언약에 이미 나타나 있는 것처럼(겔 36:25-27), 성령이 우리 안에 새 마음을 불러 일으키어 자유와 기쁨으로 명령을 수행하도록 하는 것이다(참조 빌 2:12-13; 롬 8:36). 신자에게 있어서 이 명령 수행은 자기 안에서 이루시는 하나님의 사역이므로, 사도 바울은 "내가 모든 사도보다 더 많이 수고하였으나 내가 한 것이 아니요, 오직 나와 함께 하신 하나님의 은혜로라"(고전 15:10)고 고백하고 있다.

3) 편지의 결언(15:14-16:27)

　로마서 마지막 부분인 15:14-16:27은 1:1-17의 서론 부분에 상응하는 결론 부분이다. 로마서의 서언(序言)에 해당하는 1:1-17이 바울의 모든 서신중에서 가장 긴 서언인 것처럼, 이에 상응하는 15:14-16:27의 결언(結言)도 바울의 모든 서신 중에서 가장 길다.

바울이 왜 로마서에서 이처럼 긴 서언과 결언을 필요로 하고 있는가?

아마도 바울은 한 번도 방문하지 않은 로마의 기독교인들에게 목회적이며 선교적인 편지를 통해서, 자신과 자신의 복음과 자신의 선교적 비전을 소개하고 있는 것 같다. 동시에 그렇게 함으로써 로마의 기독교인들이 당면하고 있는 현안의 문제들을 해결하기 위해, 이와 같은 긴 서언과 함께 긴 결언을 필요로 한 것 같다. 그런 점에서 로마서의 서언과 결언 부분은 서로 연계성을 갖고 있다. 이 점은 서언과 결언이 다 같이 바울의 사도직 직분에 관하여 말하고 있는 점(15:14-21=1:1-5), 다 같이 많은 1인칭 동사와 대명사를 사용하여 자신의 '에토스'를 강조하고 있는 점,[57] 바울의 여행 계획을 알리고 있는 점(15:14-29=1:11-13), 다 같이 기도를 요청하고 있는 점(15:30-32=1:8-10), 다 같이 바울 복음을 요약하고 있는 점(16:25-26=1:2-4, 16-17), 그리고 다 같이 긴 문안 인사를 제시하고 있는 점(16:1-27=1:1-7)으로 확인할 수 있다.[58]

로마서의 결언 부분인 15:14-16:27은 15:14-21, 15:22-33, 16:1-16, 그리고 16:17-27 등 네 부분으로 나눌 수 있다.

첫째 부분(15:14-21)에서 바울은 로마의 기독교인들에게 자신이 독자들에게 로마서를 쓰게 된 배경과 자신이 그동안 3차 선교 여행을 통해 수행해 온 이방인 선교 사역에 대한 취지와 내용을 간략하게 소개한다.

둘째 부분(15:22-33)에서 바울은 자신의 미래 계획들, 곧 로마를 거쳐 스페인으로 가서 선교하겠다는 것과, 지금은 이방인 선교 교회들로부터 모금된 헌금을 예루살렘 교회에 전달하기 위해 예루살렘을 방문한다는 것, 그리고 자신의 예루살렘 방문을 무사히 마치고 로마로 갈 수 있도록 자신을 위해 기도해 줄 것을 부탁하고 있다.

---

57 여기 결언에 1인칭 단수 대명사가 20번(15:14, 16, 18, 19, 30, 31; 16:2, 3, 4, 5, 7x2, 8, 9, 11, 13, 21x2, 23, 25), 1인칭 복수 대명사 5번(15:30; 16:1, 9, 18, 20), 1인칭 단수 동사가 28번(15:14, 15, 17, 18, 20x2, 22, 23x2, 24x4, 25, 28x3, 29x3, 30, 31, 32; 16:1, 4, 17, 19x2) 사용되고 있다

58 참조. G. R. Osborne, *Romans* (Downers Grove: InterVarsity Press, 2004), 386.

셋째 부분(16:1-16)에서 바울은 로마서를 가지고 로마로 가는 뵈뵈에 대한 추천과 함께, 그가 개인적으로 알고 있는 로마의 많은 크리스천에게 보내는 문안 인사를 소개한다. 마지막 부분(16:17-27)에서는 바울은 거짓 교사들에 대한 경고와 함께 자신의 복음에 관한 간략한 요약, 그리고 마지막 문안 인사와 송영을 전하고 있다.

3. 로마서의 주제는 무엇인가?

로마서 전체 내러티브를 이끌어가는 주제는 무엇인가?
로마서의 주제를 무엇으로 보든 그 주제는 적어도 다음 네 가지 조건과 부합하여야 한다.

첫째, 로마서에서 제시되고 있는 여러 내용을 전체적으로 통일시키는 것이어야 한다.
둘째, 바울이 쓴 다른 서신들의 주제와 구별되는 로마서만의 독특한 주제여야 한다.
셋째, 로마서의 특정한 부분에 한정된 주제가 아니라, 서신 전체의 내러티브를 통해서 일관성 있게 제시되고 있는 주제이어야 한다.
넷째, 바울이 로마서를 쓴 목적과 잘 맞아야 한다.[59]

이와 같은 네 가지 조건에 부응할 수 있는 주제가 있다면, 그것은 무엇인가? 그리고 이 주제의 의미는 무엇인가?ww

1) 주제 어휘로서 "하나님의 의"

앞에서 말한 것처럼, 로마서는 1세기 중엽 바울이 자신과 독자인 로마 교회의 역사적 상황에 부응하기 위해 쓴 편지이다. 편지인 로마서는 주제와 그 주제를 설명하기 위한 플롯(plot)과 내러티브(narrative)를 갖고 있다.

---

59 최갑종,『로마서 듣기』(서울: 대서, 2009), 69.

로마서의 플롯과 내러티브를 이끌어가는 중심 주제는 무엇인가?

연속극의 드라마는 주인공을 중심으로 전개된다. 그 주인공은 자주 등장하면서 드라마를 주도해 가는 인물이다.

그렇다면 로마서에 자주 등장하면서 로마서의 전체 내러티브를 이끌어가는 주제 어휘는 무엇인가?

로마서에는 바울신학과 그의 복음을 대변하는 믿음, 의, 사랑, 구원, 은혜, 구속, 화목, 화평, 생명, 소망 등 여러 중요한 어휘들이 등장한다.

어느 어휘가 로마서의 주제를 대변하고 있는가?

바울서신 중에 로마서에서 가장 많이 사용되고 있는(적어도 10번 이상) 주요 신학 용어는 다음과 같다.[60]

(1) "의" 어휘(63)

'디카이오슈네'(δικαιοσύνη)[61], '디카이오'(δικαιόω)[62], '디카이오스'(δίκαιος)[63], '디카이오마'(δικαίωμα)[64], '디카이오시스'(δικαίωσις)[65]

(2) "믿음" 어휘(61)

'피스티스'(πίστις)[66], '피스튜오'(πιστεύω)[67]

(3) "생명" 어휘(37)

'조에'(ζωή)[68], '자오'(ζάω)[69]

---

60 로마서에 사랑 어휘가 17번, 은혜 어휘가 25번, 구원 어휘가 13번 등장한다. 그러나 고린도전·후서에 사랑 어휘 29번, 은혜 어휘 28번, 구원 어휘가 14번 등장하기 때문에 이들을 로마서의 독특한 어휘로 보기 어렵다.
61 1:17; 3:5,21,22,25,26; 4:3,5,6,9,11x2,13,22; 5:17,21; 6:13,16,18,19,20; 8:10; 9:30x3,31; 10:3x3, 4,5,6, 10; 14:17.
62 2:13; 3:4,20,24,26,28,30; 4:2,5; 5:1,9; 6:7; 8:30x2,33.
63 1:17; 2:13; 3:10,26; 5:7,19; 7:12.
64 1:32; 2:26; 5:16,18; 8:4.
65 4:25; 5:18.
66 1:5,8 ,12,17x3; 3:3,22,25,26,27,28,30x2,31; 4:5,9,11,12,13,14,16x2,19,20; 5:1,2; 9:30,32; 10:6,8,17; 11:20; 12:3,6; 14:1,22,23x2; 16:26.
67 1:16; 3:2,22; 4:3,5,11,17,18,24; 6:8; 9:33; 10:4,9,10,14x2,16; 13:11; 14:2; 15:13.
68 2:7; 5:10,17,18,21; 6:4,22,23; 7:10; 8:2,6,10,38; 11:15.
69 1:17; 6:2,10x2, 11,13; 7:1,2,3,9; 8:12, 13x2; 9:26; 10:5; 12:1; 14:7,8x3, 9x2, 11.

(4) "소망" 어휘(17)

'엘피스'(ἐλπίς)[70], '엘피조'(ἐλπίζω)[71]

이들 어휘 중에 소망 어휘는 빈도수도 제일 적을 뿐만 아니라 로마서의 특정 부분에 집중되어 있고(4-8장), 고린도전·후서에도 14번 이상 나타나기 때문에 그리고 생명 어휘 역시 로마서 전반부에 집중되어 있을 뿐만 아니라, 또한, 요한복음서의 주제 어휘로 등장하기 때문에(53번 이상), "소망"이나 "생명"을 로마서만의 독특한 주제 어휘로 보기는 어렵다. 그렇다면 남은 어휘는 "의"와 "믿음" 어휘이다.

"의"와 "믿음" 어휘 중 어느 어휘를 로마서의 전체 내러티브를 통일시키는 주제 어휘로 보아야 하는가?[72]

빈도수는 서로 비슷하다. 두 어휘가 똑같이 주제 구절(1:16-17)과 주제 해설 문단(3:21-31)[73]에도 나타난다. 그러므로 빈도수나 장소에 따라 우열을 결정하기는 어렵다. 두 어휘의 우열은 빈도수보다도 그 용법에서 찾아야 할 것이다.

로마서에서 "의"와 "믿음" 어휘가 등장하는 장소를 살펴보면 두 어휘가 자주 같은 구절이나 같은 문맥에서 서로 밀접하게 사용되고 있다. 두 어휘가 똑같은 구절에 나타나는 경우만 보더라도 13번이다(1:17; 3:22, 28, 30, 4:3, 5, 9,11x2,13; 9:30; 10:4, 10). 그런데 두 어휘가 같이 등장하는 구절에서 그 용법을 살펴보면 "의" 어휘가 "믿음" 어휘보다 먼저 등장하고, 명사일 경우 주어로, 동사일 경우 주동사로 사용된다. 반면에 "믿음" 어휘는 주어나 주동사로 사용되지 않고 "의" 어휘를 수식한다. 몇 가지 예를 든다(성경 인용은 원문의 의미를 살리기 위한 필자의 사역임).

① 1:17: "'하나님의 의'가 복음 안에 '나타나고 있으며,' '믿음으로 믿음에 의해' 도달된다. 이것은 바로 '의인은 믿음으로 살리라'로 기록된 것과 같다.

---

70 4:18x2; 5:2,4,5; 8:20,24x3; 12:12; 15:4, 13x2.
71 8:24,25; 15:12,24.
72 믿음 어휘는 1-4장에 34번, 5-16장에 27번 나타나지만, 의 어휘는 1-4장에 30번, 5-14장에 32번 나타난다. 믿음 어휘는 의 어휘와 달리 5:3 이후 6:8의 한 번의 동사를 제외하고 9:30까지 전혀 나타나지 않는다.
73 여러 주석자(Käsemann, Cranfield, Fitzmyer, Wright, Middendorf, Longenecker)가 1:16-17을 주제 구절로, 그리고 주제 구절의 중요한 어휘들(하나님의 의, 나타나다, 믿음 등)이 3:21-31에 반복되기 때문에 3:21-31을 1:16-17의 주제를 해설하는 문단으로 본다.

② 3:22a: "이 하나님의 의는 '예수 그리스도를 믿는 믿음에 의해'[74] 믿는 모든 자에게 주어진다."
③ 3:26d: "하나님은 예수를 믿는 자를 의롭게 하신다."
④ 3:30b: "하나님은 할례자도 '믿음으로부터', 무할례자도 '믿음을 통하여'[75] 의롭게 하신다."

이상의 몇 가지 실례는 왜 우리가 로마서의 주제를 믿음 어휘가 아닌 의 어휘에서 찾아야 하는가를 보여준다. 그 외에도 로마서의 주제를 믿음 어휘가 아닌 의 어휘에서 찾아야 할 이유가 있다.

첫째, 문구 "하나님의 의"가 주제 구절인 1:17과 주제 문단(3:21-31)의 주어로 등장하면서 3:5, 22, 25, 26에 반복된다. 그런 다음 "하나님의 의"가 생략된 의 어휘가 10:3까지 19번 반복된다. 그리고 10:3에서 다시 하나님의 의가 등장한다. 주제 구절과 주제 문단이 하나님의 의로 시작하고, 그런 다음 일반적인 의 어휘가 사용되고 있는 점은, 두 가지 사실을 일깨워준다. 하나는 하나님의 의가 모든 의 어휘의 출발점과 요람이 된다는 것이고, 또 하나는 로마서 전체가 하나님의 의에 대하여 말하고 있다는 점이다.[76] 실제로 의 어휘는 믿음 어휘와 달리 로마서의 특정한 부분에 한정되어 있지 않고, 로마서 전체의 내러티브를 이끌어가고 있다고 볼 수 있을 만큼 폭넓게 나타난다.[77]

둘째, 로마서에서 의 어휘가 바울신학의 중요한 어휘인 "복음" 및 "구원" 어휘와 서로 밀접한 관계를 지니고 있다. 먼저 복음 어휘와의 관계를 살펴보면, 바울은 서언(1:1-17)에서 복음 어휘를 5번, 결언(15:14-16:27)에서 4번(15:16, 19, 20;

---

74 이 문구는 나중에 별도로 설명된다.
75 여기 두 전치사구, '믿음으로부터'(ἐκ πίστεως)와 '믿음을 통하여'(διὰ τῆς πίστεως)는, 나중에 보다 자세하게 다시 설명하겠지만, 똑같은 의미를 지닌 문체성의 다양성이다. 역시 존 머리, 『로마서 주석』(서울: 아바서원, 2014), 185; D. Moo, *The Epistle to the Romans* (Grand Rapids: Eerdmans, 1996), 252를 보라.
76 Collin G. Kruse, *Paul's Letter to the Romans* (Grand Rapids: Eerdmans, 2012), 7.
77 의 어휘는 1장(17, 32), 2장(13, 26), 3장(4, 5, 20, 21, 22, 25, 26, 28, 30), 4장(3, 5, 6, 9, 11x2, 13, 22), 5장(9, 16, 17, 18), 6장(7, 13, 16, 18, 19, 20), 8장(4, 10, 30x2, 33), 9장(30x3, 31), 10장(3x3, 4, 5, 6, 10), 14장(17)에 나타난다. 반면에 믿음 어휘는 5:2 이후 9:30까지 거의 나타나지 않는다.

16:25) 사용하고 있다.[78] 그런데 바울은 로마서에서 하나님의 의를 복음의 중심적인 내용으로 간주한다. 1:2에서 "이 복음은 하나님이 선지자들을 통하여 그의 아들에 관하여 성경에 미리 약속하신 것이라"(참조 갈 3:8[79])고 말한다. 그리고 1:17에서 "하나님의 의가 그 복음 안에 나타나고 있다"고 말한다. 이어 3:21에서 "(모세의) 율법과 관계없이 나타난 하나님의 의가 율법과 선지자들(구약성경)에게 증거를 받은 것(복음)"으로, 그 다음 24-26절에서 복음의 핵심적인 내용인 예수 그리스도의 속량(ἀπολύτρωσις)과 화목제물/속죄제물(ἱλαστήριον)[80]의 죽음이 하나님께서 자신의 의와 예수를 믿는 자를 의롭게 하는 사건임을 강조한다. 예수님의 십자가 사건이 하나님의 의의 나타남이라는 것이다(참조 고후 5:21). 이것은 사실상 하나님의 의와 복음을 거의 동일시하는 것이다. 로마서에서 바울이 복음을 의와 동의어처럼 사용하고 있다는 점은, 복음을 "하나님의 복음"(1:1)으로 부르고 있는 것과 똑같이, 의를 "하나님의 의"(1:17; 3:21)로 부르고 있는 점에서 확인된다.

다음으로 "의" 어휘와 "구원" 어휘와의 관계를 살펴보자. 로마서에서 동사 "의롭게하다"(δικαιόω) 어휘는 과거(4:2; 5:1,9; 6:7; 8:30), 현재(3:26, 28; 8:33), 미래(3:20, 30) 시제로 사용되고 있다. 즉, 하나님은 우리를 의롭게 하셨고(과거), 지금 의롭게 하시며(현재), 장차 의롭게 하신다(미래)는 것이다.

로마서에서 "구원하다"(σῴζω)라는 동사 어휘는 과거(8:24)와 미래(5:9, 10; 9:27; 10:9,13; 11:14, 26) 시제만이 나타나고 있지만, 고린도전·후서에서는 현재 시제도 나타나고 있다(고전 1:18; 고후 2:15).[81] 의 어휘와 구원 어휘가 과거, 현재, 미래 시제로 사용되고 있다는 것[82]은 의와 구원이 복음서의 하나님의 나라의 경우처럼

---

78   복음 어휘가 서언과 결언에서 집중적으로 나타나고 있는 점에서 Moo, *Romans*, 29-30은 복음을 로마서의 주제로 보고 있다. 하지만 앞에서 언급한 것처럼 복음 어휘는 고린도서에서 더 많이 나타날 뿐만 아니라, 바울서신을 포함하여 신약성경 전체의 주제로 볼 수 있는 큰 개념이다. 따라서 복음을 로마서만이 가지고 있는 중심 주제로 간 주하기는 어렵다.
79   갈 3:8은 하나님이 이방인을 믿음으로 의롭게 한다는 복음을 아브라함에게 미리 전하였다고 말한다.
80   나중에 다시 자세하게 살펴보겠지만, 속량(ἀπολύτρωσις)이 십자가 사건에 대한 헬라-로마적인 설명이라고 한다면, 화목제물/속죄제물(ἱλαστήριον)은 구약의 희생 제사에 대한 히브리적인 설명이라 할 수 있다. 구약의 희생제사가 하나님과 이스라엘과의 화목은 물론 이스라엘의 속죄를 가져오기 때문에 화목과 여기 ἱλαστήριον은 양면적 의미를 지니고 있다고 보아야 한다. 최갑종, 『로마서 듣기』, 247-248을 보라.
81   물론 그러나 명사의 경우 로마서에서 현재적 (1:16; 10:10) 의미로도 사용되고 있다.
82   믿음 어휘는 과거와 현재 시제만 나타날 뿐 미래시제로는 사용되지 않는다.

동일하게 "이미"와 "아직"의 종말론적인 의미로 사용되고 있음을 보여준다.[83] 이것은 로마서 10:10의 "사람이 마음으로 믿어 의에 이르고, 입으로 시인하여 구원에 이르느니라"에서 볼 수 있는 것처럼, 바울이 구약성경처럼(삼상 12:7; 시 31:1; 느 9:8; 사 46:13; 51:5,8) 의와 구원을 동의어처럼 사용하고 있음을 보여준다.[84]

이처럼 의 어휘가 복음 및 구원 어휘와 거의 동의어처럼 폭넓게 사용되고 있다는 사실은 우리로 하여금 로마서에서 하나님의 의가 로마서 전체의 내러티브를 이끌어가고 있는 중심 주제어로 보게 한다. 곧 살펴보겠지만 로마서의 중심 주제어로서 하나님의 의는 로마서 본론의 전반부인 1:18부터 11:36까지의 직설법 형태의 내러티브뿐만 아니라, 후반부인 12:1부터 15:13까지의 명령법 형태의 내러티브까지 함축하고 있다.[85]

2) "하나님의 의" 용법과 그 의미

(1) 용법과 문맥에서 본 "하나님의 의"

먼저 로마서에 나타나 있는 의 어휘 용법과 그 문맥을 살펴보면 다음과 같은 몇 가지 특징들을 발견할 수 있다.[86]

① 동사 '의롭게 하다'(디카이오, δικαιόω)의 경우, 항상 사람이 아닌 하나님이 동사의 행동을 이루어가는 주체로 소개된다. '디카이오'가 능동태로 사용되는 경우

---

83 H. Ridderbos, *Paul. An Outline of His Theology* (Grand Rapids: Eerdmans, 1975), 162는 "바울의 칭의 교리는 그의 종말론의 명확한 해석과 적용"으로, E. Käsemann, *Commentary on Romans*, trans. G. W. Bromiley (Grand Rapids: Eerdmans, 1982), 29는 "바울의 칭의 교리는 종말론적 구원으로서 초기 기독교의 하나님의 나라 선포에 대한 일종의 간결한 신학적 다양성"으로, 그리고 김세윤, 『칭의와 성화』(서울: 두란노, 2013), 113은 "바울의 칭의론은 예수의 하나님 나라 복음의 구원론적인 표현"이라고 주장한다.
84 M. P. Middendorf, *Romans 1-8* (Saint Louis: Concordia, 2013), 94.
85 그래서 로마서 주석가 Nygren, Cranfield, Käsemann, Stuhlmacher, Schreiner, Talbert는 로마서의 구조를 하나님의 의를 중심으로 나눈다. 예를 들면, Käsemann, Romans, ix-xi는 롬 1:18-5:13의 몸체(body)를 유대인과 이방인을 위한 하나님의 의(1:18-8:39), 이스라엘을 위한 하나님의 의(9:1-11:36), 공동체의 삶에서 나타나는 하나님의 의(12:15-13) 등 3단락으로, C. E. B. Cranfield, *Romans vol 1* (Edinburgh: T. T. Clark, 1985), 28-29는 오직 믿음에 의한 하나님의 의의 계시(1:18-4:25), 믿음으로 의롭게 된 자들을 위해 약속된 생명(5:1-8:39), 인간의 불신앙과 하나님의 의(9:1-11:36), 믿음으로 의롭게 된 자에게 요구되는 순종(12:1-15:13) 등 4단락으로 나누고 있다.
86 여기서 필자의 이전 책 『로마서 듣기』, 74-84를 부분적으로 활용하고 있음을 밝혀둔다.

는 항상 하나님이 동사의 직접적인 주어로 나타나고(3:26, 30; 4:5; 8:30, 33), 수동태로 사용되는 경우는 항상 하나님의 행동을 간접적으로 표현하는 신적 수동태 형식으로 사용되고 있다(2:13; 3:4, 20, 24, 28; 4:2; 5:1, 9; 6:7).[87] 동사의 경우 단 한 번도 사람이 직접적인 주어로 사용되는 경우가 없다. 사람은 항상 하나님이 의롭게 하는, 혹은 하나님의 의가 주어지는 대상으로 나타날 뿐이다.[88] 이것은 '디카이오'가 우선적으로 사람의 행위가 아닌 하나님의 행위임을 강조한다.

② 명사 '의'(디카이오쉬네, δικαιοσύνη)의 용법에서도 신적 특성이 강하게 나타난다. 34번의 명사 용법 중에서 6번의 경우에 의가 "하나님의 의"(1:17; 3:5, 21,22; 10:3x2), 2번의 경우에 하나님을 가리키는 인칭대명사와 함께 "그의 의"(3:25,26)로 표기되어 있고, 5번의 경우에는 의가 하나님의 행동을 간접적으로 표현하는 신적 수동태 동사와 함께 사용된다(4:3, 9, 11, 22; 6:18). 이것은 로마서에서 동사 '디카이오'와 명사 '디카이오쉬네'가 의미상의 근본적인 차이가 없다는 것을 보여준다.[89] 즉, 명사도 동사처럼 하나님의 행위를 강조하고 있다. 이와 같은 바울의 '의' 어휘 용법은 구약의 용법과 무관하지 않다.

구약성경을 헬라어로 옮긴 칠십인(LXX) 역자들은 동사 '디카이오'나 명사 '디카이오쉬네'를 같은 '의' 어근인 '짜디크'(צדק)으로부터 번역하였다. 즉 '짜디크'(צדק)를 '디카이오'로, 똑같은 의미를 가진 '쩨데크'(צֶדֶק)이나 '쩨닥카'(צְדָקָה)를 '디카이오쉬네'로 번역하였다. 그런데 구약성경에서 '차디크'이나 '체덱카'가 똑같이 자주 하나님의 의로운 속성이나 행위와 관련하여 사용되고 있다(삼상 12:7; 시 71:19; 22:31; 사 5:16; 45:8; 50:8; 51:6; 56:1; 미 6:5; 7:9).

즉, 하나님은 의로운 분이시며, 그가 의롭기 때문에, 그의 행위도 의롭다. 마찬가지로 그의 행위가 의롭기 때문에, 그는 의로운 분으로 나타난다.[90] 이 하나님의 의로운 행위는 그의 백성과의 언약 관계에서 구체적으로 드러난다. 하나님은 그의 백성과 언약 관계를 맺으시고, 그 언약 관계를 성실하게 유지함으로써 자신의 의를 드러내신다(느 9:8; cf. Jub 1:5-6).[91] 이 언약 관계 유지에서 나타나는 하나님의 의로운 행위가 때때로 하나님의 구원 행위로 지칭된다(예, 사 45:8; 46:13; 51:5-

---

87　신적 수동태는 하나님의 행동하심을 간접적으로 나타내는 히브리어에서 온 LXX의 용법이다. 자세한 것은 BDF S.337을 보라.
88　Moo, *Romans*, 86.
89　James D. G. Dunn, *Romans 1-8* (Dallas: Word Books, 1988), 41.
90　G. Schrenk, "δικαιοσύνη δικαιόω," *TDNT* 2: 195.
91　C. H. Talbert, *Romans* (Macon: Smuth & Helwys, 2002), 37-38.

8; 54:17; 56:1; 58:2; 61:10,11; 62:1; 렘 50:7).[92] 그런 점에서 하나님의 의는 우선적으로 하나님이 자신의 언약을 신실하게 지키시는 그의 "언약적인 신실함" 혹은 그의 "구원 행위"라고 말할 수 있다.[93]

③ 동사 '디카이오'와 명사 '디카이오쉬네'가 앞에서 살펴본 것처럼 많은 경우에 사람(유대인이든 이방인이든)의 어떤 응답이나 행동을 반영하고 있는 동사 '믿는다'(피스투오)나, 명사 '의'(피스티스)와 함께 사용되고 있다. 즉, '믿음' 혹은 '믿는다'가 하나님께서 인간을 의롭게 하시는 혹은 하나님께서 인간에게 의를 주시는 통로로, 혹은 인간이 하나님의 의를 받는 수단으로 제시되고 있다. 예를 들면, 동사 '의롭게 하다'의 경우 5번이 명사 믿음과 함께(3:26, 28, 30; 4:5; 5:1), 1번 동사 '믿는다'와 함께 사용되고 있다(3:26). 명사 '의'는 10번의 경우 명사 믿음과 함께(1:17; 3:22,25,26; 4:5,9,11,13; 9:30; 10:6), 7번의 경우 동사 '믿는다'와 함께 사용되고 있다(1:16-17; 3:22; 4:3,5,11; 10:4,10).

로마서에서 의가 명사든 동사든 자주 사람의 행동과 관련된 '믿는다' 혹은 '믿음'과 함께 사용되고 있다는 점은, 하나님의 의가 하나님의 언약적인 신실한 행위나 구원 사건으로만 머물지 않고, 또한, 사람을 위한, 사람에게 돌리거나 사람에게 주는, 혹은 사람 안에서 이루어지는 의임을 보여준다.[94] 예를 들면 1:17은 "복음 안에 나타나고 있는(현재 수동태) 하나님의 의"를 전후 문맥에서 볼 때 (1:5, 8, 12, 16과 17b) 신자의 믿음을 지칭하는 "믿음으로부터 믿음에"(ἐκ πίστεως εἰς πίστιν)[95]와 연결시킨다. 그렇게 함으로써 하나님의 의가 믿음을 통해서 주어진다는 것을 보여준다.

---

92 머리, 『로마서 주석』, 69-70; 홍인규, 『로마서 어떻게 읽을 것인가』, 46-47.
93 역시 홍인규, 『로마서』, 46: "하나님의 의란 자신의 언약 백성에 대한 언약적인 신실하심(covenantal faithfulness)이다."; 톰 라이트, 최현만 옮김, 『톰 라이트 칭의를 말하다』(서울: 에클레시아북스, 2011), "'하나님의 의'는 자신의 단일 계획에 대한 하나님의 신실하심을 의미하여야 하며 그 의미만을 가질 수 있다."
94 M. A, Seifrid, "Righteousness Language in the Hebrew Scriptures and Early Judaism," in D. A. Carson et al. (ed.), *Justification and Variegated Nomism*. Vol. 1: The Complexities of Second Temple Judaism, 424에서 하나님의 의를 언약적 신실함으로 축소할 수 없음을 강조하고 있다.
95 어떤 사람은 ἐκ πίστεως εἰς πίστιν을 "하나님의 신실함에서 사람의 믿음으로"로 이해하고(Dunn, Hays), 또 어떤 사람은 "그리스도의 신실함에서 사람의 믿음으로"로 이해하지만(Campbell), 대다수의 사람은 사람의 믿음을 강조하는 수사학적인 표현으로 본다(Cranfield, Käsemann, Moo). 이 문제는 나중에 다시 자세하게 다루겠다.

그리고 3:21의 "이제 율법 외에 나타난 하나님의 의"는 종말론적으로 나타난 하나님의 행위를 강조하고 있지만, 바로 이은 3:22에서 "하나님의 의"를 "예수 그리스도를 믿는 믿음을 통하여"(διὰ πίστεως 'Ἰησοῦ Χριστοῦ)와 연결시킴으로써, "하나님의 의"가 예수 그리스도를 믿는 사람에게 주는 하나님의 선물임을 강조한다.[96] 그래서 이 의는 때로는 "의의 선물"(5:17), "믿음의 의"(4:11,13), "믿음에서 난 의"(9:30)로 불린다.[97] 종교개혁자들은 예수 그리스도를 믿는 믿음을 통해서 주어지는 이 하나님의 의를 "이신칭의"(the justification by faith)로 불렀다.

④ 로마서는 "하나님의 의"가 하나님의 아들 예수 그리스도 안에서, 그를 통하여 나타났음을 강조한다. 하나님의 의가 추상적인 것이 아니고, 역사적인 인물인 예수 그리스도를 통하여 나타난 구원 역사적 사건이라는 것이다.

이 점은 주제 구절인 1:17에서 "하나님의 의"가 예수 그리스도가 그 내용인 "그 복음 안에[98] 나타났다."

3:21에서 "이제 율법과 관계없이 하나님의 의가 나타났다."

3:25-26에서 "이 예수를 하나님이 그의 피로써 믿음으로 말미암는 화목제물로 세우셨으니 이는 하나님께서 길이 참으시는 중에 전에 지은 죄를 간과하심으로 자기의 의로움을 나타내려 하심이니 곧 이 때에 자기의 의로움을 나타내사 자기도 의로우시며 또한, 예수 믿는 자를 의롭다 하려 하심이라."

4:25에서 "예수는 우리가 범죄한 것 때문에 내어줌이 되고 또한, 우리를 의롭다 하시기 위하여 살아나셨느니라."

5:18에서, "그런즉 한 범죄로 많은 사람이 정죄에 이른 것 같이 한 의로운 행위로 말미암아 많은 사람이 의롭다하심을 받아 생명에 이르렀느니라."

그리고 10:4에서 "그리스도는 모든 믿는 자에게 의를 이루기 위하여 율법의 마침이 되시느니라"고 한 점 등에서 분명하다. 이것은 예수 그리스도의 십자가와 부활의 역사 사건이 하나님의 의의 나타남의 최고봉이요, 최고 절정임을 보여

---

96 Cranfield, *Romans*, 98. Käsemann, *Romans*, 28도 하나님의 의가 하나님의 창조적인 구원의 능력일 뿐만 아니라, 또한, 하나님의 은혜로운 선물임도 인정한다.
97 그래서 고후 9:9는 이 하나님의 의를 "너희의 의"로, 빌 3:9는 "내가 가진 의"로 말한다. 하지만, 이 의가 하나님과 분리된 의를 가리키는 것은 아니다. 이 의 역시 우리 안에 임재하여 역사하는 하나님의 의이다. 신자에게 주어지는 의는 그 어떤 순간에도 그리스도와 성령과 분리되지 않는다(고전 1:30; 롬 8:9-10).
98 여기 전치사구 '엔 아우토'(ἐν αὐτῷ)는 의심할 여지 없이 16절의 복음을 가리킨다. Cranfied, *Romans*, 91; Longenecker, *Romans*, 167을 보라.

준다. 따라서 "하나님의 의"는 예수 그리스도 안에 나타난 하나님의 종말론적인 구원 사건 혹은 하나님의 종말론적인 구원 행위로 볼 수 있다. 이처럼 로마서에서 '하나님의 의'는 단일 의미가 아닌 복합적인 의미로 사용되고 있다.

(2) 로마서의 내러티브에서 본 "하나님의 의"

다음으로 로마서의 내러티브에 나타나는 '하나님의 의'의 의미를 찾아보자. 우리는 이미 하나님의 의의 다양한 용법을 조사함으로써 바울이 로마서에서 하나님의 의를 하나님의 언약적 신실하심, 그리스도의 십자가를 통한 하나님의 구원 행위, 예수 믿는 자에게 주는 선물 등 복합적인 의미로 사용하고 있음을 확인하였다. 따라서 하나님의 의로부터 "하나님의 언약적 신실성"(Wright)[99], "하나님의 창조적인 구원 행위"(Käsemann)[100], "하나님의 법정적인 선언"(Cranfield)[101], "하나님의 은혜의 선물"(Bultmann)[102] 등 단일 의미만을 찾으려 해서는 안 된다.[103] 우리는 하나님의 의를 로마서 1-4장이나 혹은 5-8장이나 혹은 9-11장에서만 찾을 것이 아니라, 1-16장 전체의 내러티브에서 찾아야 한다.

그렇다면 로마서 전체의 내러티브를 아우르고 있는 하나님의 의, 그것의 의미는 무엇인가?

로마서는 구조적으로 볼 때 서언(1:1-17), 몸체(1:18-15:13), 결언(15:14-16:27)으로 그리고 몸체는 직설법 형태인 1:18-11:36과 명령법 형태인 12:1-15:13로 되어 있다. 몸체는 먼저 창조와 타락의 내러티브로 시작한다.

1:18-3:20의 첫 번째 네로티브는 이방인과 유대인, 곧 인류 전체의 범죄와 타락, 그리고 그로 인한 하나님의 심판이 소개된다.

---

99 N. T. Wright, *Justification: God's Plan and Paul's Vision* (Downers Grove: InterVarsity, 2009), 55-78.
100 Käsemann, *Romans*, 28-29.
101 Cranfield, *Romans*, 91-98.
102 R. Bultmann, *Theology of the New Testament 1*, trans. Kendrick Grobel (New York: Scriber, 1951), 271, 285.
103 P. Stuhlmacher, "The Purpose of Romans," ed. K. P. Donfried, *The Romans Debate, Revised and Expanded Edition* (Peabody: Hedrickson, 1995), 339-342; B. Byrne, *Romans* (Collegeville: The Liturgical Press, 1996), 59-60; T. Laato, "God's Righteousness-Once Again," eds. L. Aejmelaeus and A. Mustakallio, *The Nordic Paul* (New York: T & T Clark, 2008), 59-62; C. G. Kruse, *Paul's Letter to the Romans* (Grand Rapids: Eerdmans, 2012), 79-81.

첫 번째 내러티브는 둘로 나눌 수 있는데, 1:18-32는 인류(유대인과 이방인 모두)가 모든 불 경건과 불의한 죄로 인하여 하나님의 진노 아래 처하였다는 사실을 강조한다. 여기서 바울은 인류의 범죄가 사람뿐만 아니라, 하나님의 영광을 위해 창조된 모든 피조물까지 오염시키고 타락시켰다(1:21-23)는 사실을 강조한다.

창조주 하나님을 순종하고 그만을 영화롭게 하여야 할 자가 오히려 피조물을 하나님처럼 섬기는 죄를 범하였으며(1:25), 피조물까지도 허무한 데 굴복하게 하여 고통을 받고 탄식하게 하였다는 것이다(8:20-22). 그 결과 인류는 모든 성적, 윤리적, 사회적 범죄를 자행하게 되었다. 인류는 이제 피할 수 없는 하나님의 공의로운 심판 아래 놓이게 되었다(1:24-32). 따라서, 1:18-32의 타락과 심판은 복음 안에 나타난 하나님의 의의 필요성과 함께 이 의가 하나님의 심판 아래 있는 자를 구원하는 의임을 시사한다.

1:18-32이 이방인에 대한 하나님의 의의 필요성을 강조한다면, 그 다음 2:1-3:20은 유대인에 대한 하나님의 의의 필요성을 강조한다. 하나님은 출애굽 사건을 통해 아브라함의 후손인 이스라엘 백성을 구원하여 자신의 언약 백성으로 삼으시고, 그들로 하여금 거룩한 백성과 제사장의 나라가 되도록 모세를 통해 율법을 주셨다. 이것은 일찍이 하나님께서 아브라함에게 약속하신 것처럼(창 12:2-3), 이스라엘을 통해 모든 피조 세계를 회복하시겠다는 하나님의 언약적 신실함의 표현이었다.

하지만, 이스라엘 백성은, 로마서 2:1-3:20 (역시 9-11장)이 보여주고 있는 것처럼, 광야 시대, 사사 시대, 왕정 시대, 바벨론 포로 이후 시대를 지나오면서 계속 율법에 불순종하였다. 그들은 하나님의 의를 비추는 이방인의 빛이 되기보다는 오히려 이방인들과 똑같은 범죄를 자행하여 하나님을 욕되게 하였다(2:22-23). 그러나 이와 같은 이스라엘의 불순종과 실패에도 불구하고 하나님은 아브라함과 그 족장들에게 맺은 언약을 파기하지 않으셨다. 하나님의 언약적 신실함은 이스라엘의 행위에 의존하지 않고 하나님의 성품과 의지에 의존하기 때문이다(3:3-4; 9:6; 11:1, 11, 25-27).

오히려 하나님은 선지자들을 통해 이스라엘이 파기한 옛 언약에 좌우되지 않는 새 언약(렘 31:31-33), 화평의 언약, 영원한 언약(겔 37:26)을 약속하셨다. 그리고 이 언약을 수행할 마지막 아담, 새로운 이스라엘, 곧 야웨]의 의로운 종, 메시야를 보내실 것과 그를 통해 많은 사람을 의롭게 하실 것을 약속하셨다(사

53:11).[104] 그렇게 하심으로 그분의 언약적 신실함을 나타내셨다.

두 번째 내러티브인 3:21-5:21의 메시아 예수의 죽음 및 부활 이야기(3, 4장), 아브라함 이야기(4장), 첫 아담과 마지막 아담 그리스도 이야기(5장; 참고 고전 15:45)는 하나님의 의의 구체적인 표현이다. 곧 3:21-5:21는 마지막 아담, 이스라엘의 대변자 메시아 예수 안에서 1:18-3:20이 말하는 인류의 창조와 타락을 구원과 회복으로 바꾸는 하나님의 언약적 신실함에 대한 내러티브이다. 따라서, 우리는 여기서 하나님의 의의 특성, 그 의에 도달하는 방법, 그 의가 주는 복을 보게된다.

3:21-5:21의 두 번째 내러티브가 하나님의 아들 메시아 예수를 통한 하나님의 언약적 의의 역사적 성취 내러티브라고 한다면, 6:1-8:39의 세 번째 내러티브는 하나님께서 메시아의 성취를 성령을 통해서 하나님의 자녀인 우리/너희/이스라엘 안에서 그 언약을 구체적으로 적용 시켜 우리를 의의 백성으로 만들어가는 내러티브이다. 너희는 그리스도와 함께 죽고 함께 부활하였으므로 이제 죄의 종이 아닌 의의 종이 되어야 한다(6장), 너희는 그리스도의 연합을 통해 죄와 율법에 죽었으므로 더 이상 율법의 종이 되지 않아야 한다(7장). 오직 성령만이 너희/우리를 의의 종이 되게 한다(8장)는 3:21-8:30의 총결론인 "…다른 어떤 피조물이라도 우리를 우리 주 그리스도 예수 안에 있는 하나님의 사랑에서 끊을 수 없느니라"(8:39)로 귀착된다.

하나님의 아들, 메시야, 마지막 아담/이스라엘[105]을 통한 우리의 구속과 창조 세계 전체의 회복은 "예수 안에 있는 하나님의 사랑", 곧 하나님의 의인 하나님의 언약적 신실함의 표현이라는 것이다.

그런데 3:21-8:39의 우리/너희에 대한 이 하나님의 언약적 신실함으로서의 이 의는 네 번째 내러티브인 9-11장의 그들/이스라엘의 회복 이야기와 맞물려 있다. 하나님이 아브라함과 선지자들을 통하여 이스라엘에게 준 그 언약이 이스

---

104 예수는 유월절 만찬에서 제자들에게 자신의 죽음이 이 언약의 성취임을 알렸다(마 26:28; 막 14:24; 눅 22:20). J. Jeremias, *New Testament Theology. The Proclamation of Jesus* (New York: Charles Scribner's Sons, 1971), 290-294; John N. Oswatt, *The Book of Isaiah Chapters 40-66* (Grand Rapids: Eerdmans, 1998), 118-119를 보라.

105 복음서에 수록된 예수의 시험은 하나님의 아들, 메시아, 야웨의 종, 아담, 이스라엘의 대변자로서의 시험이었다. 첫 아담은 에덴에서, 옛 이스라엘은 광야와 가나안 땅에서 실패하였지만, 예수는 시험으로부터 승리하였다. 이 승리는 우리와 피조 세계 전체를 위한 승리이다. 최갑종, 『나사렛 예수』(서울: UCN, 2005), 139-143을 보라.

라엘의 불순종 때문에 무너진다면, 우리/너희에게 준 하나님의 사랑, 곧 하나님의 언약적 신실함도 무너질 수 있기 때문이다.

그러므로 이미 우리가 살펴본 것처럼 3:21-8:39의 내러티브가 9-11장의 내러티브에 의존하고 있는 것처럼,[106] 9-11장의 이스라엘 내러티브 역시 3:21-8:39의 우리/너희 내러티브에 의존한다.[107] 이점은 바울이 9-11장의 결론 부분(11:25-36)에서 "온 이스라엘"의 구원을 "그들에게 이루어질 내 언약"(11:26-27)이라고 말한 다음, "이는 너희에게 베푸시는 '긍휼'로 이제 그들도 '긍휼을 얻게 하려 하심'이라"(11:31)라는 말씀에서 확인된다. 이처럼 하나님의 의는 로마서 중심 주제로서 "너희"(3-8장)와 "그들"(9-11장)의 내러티브를 이끌어간다.[108]

로마서 몸체의 전반부(1:18-11:36)가 하나님이 그리스도와 성령을 통하여 우리와 저들에 대한 자신의 언약을 "이미" 이루신 일(과거와 현재 시제), 곧 예수의 십자가와 성령을 통하여 나타난 하나님의 사랑(5:5, 8; 8:39)과 긍휼하심(11:30, 31, 32)[109]의 내러티브라고 한다면, 후반부 12:1-15:13의 다섯 번째 내러티브는 이 하나님의 사랑과 긍휼하심이 "아직" 하나님의 창조 세계 전체 안에서, 곧 이웃과 사회(12장)와 국가(13장)와 교회공동체 안(14-15장)에서 확장되어 가는 현재와 미래 사역을 말하고 있다.[110]

그래서 전자는 주로 직설법의 내러티브로 구성되어 있고, 후자는 명령법으로 구성되어 있다. 그런데 전자가 후자와 독립되어 있지 않은 것처럼 후자도 전자와 독립되어 있지 않다. 전자가 후자를 위한 것이며, 후자는 전자에 의존하고 있다. 이 점은 후반부를 시작하는 바울의 권면 "내가 너희를 권한다"(1절), "내가 말한다"(3절)가 각각 전반부를 가리키는 "하나님의 자비하심"(12:1)과 "(하나님의) 은혜"(12:3)에 근거하고 있다는 사실과, 후반부의 내러티브를 이끌어가는 '아가페'

---

106 11:14-24에 있는 "뿌리와 가지", "좋은 감람나무와 돌감람나무" 비유를 보라.
107 C. Beker, "The Faithfulness of God and The Priority of Israel in Paul's Letter to the Romans," *HTR* 79 (1986): 10-16. 이 논문은 T*he Rmans Debate* (1995), 327-332에도 수록되어 있다.
108 바울은 주제 구절(1:17)과 주제 문단(3:21-26)에서 사용하였던 "하나님의 의"를 10장에서 다시 사용하고 있다.
109 하나님의 사랑과 긍휼하심은 구약에 나타난 하나님의 언약적인 사랑인 헤세드(הסד)의 표현이다.
110 Thomas D. Stegman, "Paul's Use of Dikaio-Terminology: Moving Beyond N. T. Wright's Forensic Interpretation," *Theological Studies* 72 (2011), 496-524. 그는 '디카이오'가 법정적인 의미만이 아니라, 성령에 의한 한 사람의 삶을 변화시키는 윤리적인 의미도 들어있음을 강조한다.

사랑이 전반부의 그리스도와 성령 안에서 나타난 하나님의 '아가페' 사랑(5:5, 8; 8:39)에 의존하고 있는 점에서 분명하다.

즉, 후반부의 결언인 15:7의 "그리스도께서 우리를 받아 하나님께 영광을 돌리심 같이(3-11장), 너희도 서로 받으라(12-15장)"가 보여주고 있는 것처럼, 후반부의 우리가 서로 받는 것(이웃 사랑)은 전반부인 그리스도가 우리를 받은 것(하나님 사랑)에 의존하고 있다(5:8, 참조 요1 4:9-10).

4. 로마서는 어떻게 해석되어 왔는가?

로마서는 그동안 어떻게 해석되어 왔는가?[111]

전통적으로 많은 사람은 로마서를 일종의 기독교의 핵심적인 교리교과서(敎理敎科書)처럼 생각하고, 로마서를 통해서 기독교의 중요한 교리를 찾으려고 하였다. 특히, 16세기의 종교개혁자들이 그랬다. 루터와 칼빈과 루터의 후계자인 멜랑히톤(P. Melanchton)은 모두 로마서가 기독교의 핵심적인 구원 교리를 가르치고 있다고 보았다. 그들이 로마서에 접근하면서 가졌던 핵심적인 질문은 "죄인인 인간이 창조주 하나님 앞에서 어떻게 의롭게 되고, 구원 받을 수 있느냐"는 구원론적인 문제였다. 로마서에 대한 그들의 일차적인 관심은 창조주 하나님과 인간과의 수직적 관계 문제인 셈이다.

종교개혁자들이 나와 너, 유대인과 이방인, 나와 이 세상 등의 수평적인 관계 문제를 등한시하지는 않았지만, 그것들은 어디까지나 이차적인 것이었다. 왜냐하면, 그들은 인간의 근본 문제를 창조주 하나님과의 정상적인 관계와 교제를 막고 있는 죄의 문제로 보았고, 이 죄의 문제가 수직적인 관계뿐만 아니라, 모든 수평적인 관계 문제까지 단절시키거나 왜곡시켰다고 보았기 때문이다.[112]

종교개혁자들이 로마서로부터 발견한 인간의 근본 해결책, 곧 죄인인 인간이 창조주 하나님 앞에 설 수 있는 유일한 길은, 사람이 자신의 행위로 하나님 앞에

---

111 로마서의 간략한 해석사에 대해서는 차정식, "해석사적 개관," 『성서주석 로마서 I』(서울: 대한기독교서회, 1999), 27-51; D. Patte and C. Grenholm, eds., *Modern Interpretations of Romans: Tracking Their Hermeneutical/Theological Trajectory* (New York: T & T Clark, 2013)을 보라.

112 A. Harnack, The History of Dogma, trans. N. Buchanan (Boston: Little, Brown, 1901), 136.

서 의롭게 되는 것이 아니고, 오직 예수 그리스도를 믿음으로 의롭게 된다는 '이신칭의'(以信稱義)구원 교리였다. 인간이 죄로부터의 해방과 구원을 얻을 수 있는 길은, 인간 자신의 어떤 노력이나 행위가 아닌 오직 예수 그리스도를 통해서만, 그분에 대한 믿음을 통해서, 하나님의 은혜로 된다는 것이었다. 그들이 "오직 믿음으로"(sola fide), "오직 은혜로"(sola gratia)라는 구호를 내세운 것도 이 때문이다. 종교개혁자들은 이와 같은 "이신칭의 구원 교리"의 관점에서 로마서를 읽고, 이해하고, 로마서에 대한 주석을 썼다.[113]

그리고 그들이 발견한 이신칭의 구원 교리를, 한편으로 16세기의 로마 가톨릭교회를 비판하고 공격하는 무기로, 다른 한편으로 자신들의 정당성을 옹호하고 변호하는 방편으로 삼았다. 그들은 로마서에서 바울이 "사람이 율법 혹은 율법의 행위로부터 의롭다함을 얻지 않고, 오직 예수 그리스도를 믿음으로 의롭게 된다"(롬 3:21, 22, 28)는 주장으로부터, 당시 로마 가톨릭교회의 지도자들이 구원의 조건으로 예수 그리스도에 대한 믿음에 첨부하여 선행(善行), 이를테면 면죄부 구입을 요구하는 것을 반대할 수 있는 성경적 근거를 찾았다.[114]

종교개혁자들의 눈에는 면죄부 구입 등 선행을 구원의 필수적인 조건으로 제시한 당시 가톨릭 교회의 사제들이, 바울 시대에 이방인 크리스천들에게 유대교의 '율법' 및 '율법의 행위'와 '할례' 등을 예수 그리스도에 대한 믿음에 덧붙여 구원의 필수적인 조건으로 요구한 유대주의자들(참조. 행 15:1)과 다를 바가 없었다.

그래서 1세기 유대주의자들에 대한 바울의 비판과 공격은 자신들이 16세기 로마 가톨릭 사제들을 비판하고 공격하는 성경적 근거가 되었으며, 유대주의자들의 배후에 있다고 보았던 1세기의 유대교는, 주로 16세기의 로마 가톨릭교회처럼 행위-구원을 추구하는 율법주의적 종교로 이해되었다. 로마서로부터 기독교의 기본교리, 곧 죄인인 인간이 어떻게 구원 받게 되는가 하는 기독교 구원론의 핵심적인 가르침을 찾고 들으려고 하는 종교개혁자들의 구원론적-수직적 로마서 접근은 그 후계자들을 거쳐 지금도 기독교 안에 로마서 접근에 대한 하나의 큰 흐름으로 남아 있다.

---

113 예를 들면, Calvin, *Romans*, 5에서 "인간의 유일한 의는 그리스도 안에 나타난 하나님의 자비하심이다. 그것은 복음에 의해 제시되고 있으며, 믿음에 의해 받게 된다"고 하면서 이신칭의를 로마서의 중심 주제로 보고 있다.
114 H. Ridderbos, *Paul. An Outline of His Theology* (Grand Rapids: Eerdmans, 1975), 13-14.

20세기 영국이 낳은 최고의 설교자로 한국에도 널리 알려진 로이드 존스(Martin Llyod Jones)의 로마서 접근도 이와 같은 종교개혁 전통의 노선에 서 있다고 볼 수 있다. 그는 종교개혁자들처럼 로마서가 "우리 신앙의 위대한 중심 교리"를 가르치고 있다고 보고, 기독교의 핵심 교리를 로마서에서 찾아 설교하려고 하였다. 14권의 방대한 그의 『로마서 강해 설교집』(CLC)은 각 권의 표제가 보여주고 있는 것처럼, 로마서로부터 기독교의 핵심적인 교리를 찾아 설교하고 있다.

로이드 존스는 로마서 1장에서 "하나님의 복음 문제"를, 2:1-3:20에서는 "죄와 하나님의 심판 아래 있는 인간의 비참 문제"를, 3:21-4장에서는 "그리스도의 속죄와 이신칭의 구원 문제"를, 5장에서는 "구원의 보증 문제"를, 6장에서는 "새 사람, 곧 성화 문제"를, 7장에서는 "율법 문제"를, 8장에서는 "하나님의 아들로서 신자의 신분과 궁극적인 보존 문제"를, 9장에서는 "하나님의 주권 문제"를, 10장에서는 "구원하는 믿음 문제"를, 11장에서는 "하나님의 영광 문제"를, 12-14장에서는 "하나님의 나라와 이 세상 나라에서 사는 신자의 삶에 관한 문제" 등을 찾아 설교하였다.

그의 『로마서 강해 설교집』은 종교개혁자들의 경우처럼, 인간과 관련된 기독교의 기본적인 구원 교리, 죄, 율법, 하나님의 의, 믿음, 그리스도의 구속, 화해, 성화, 성령 안에서의 삶 등의 문제가 중점적으로 취급될 뿐, 로마서가 편지로서 간직하고 있는 바울 자신과 로마 교회의 역사적 상황 문제는 별다른 주목을 받지 못한다. 즉, 로이드 존스의 로마서 강해는 주로 하나님과 인간의 수직적인 관계 문제에 초점을 맞추고 있을 뿐, 로마서가 1세기의 편지로서 담고 있는 현실의 문제들, 당시의 바울과 유대교와 유대인들과의 관계, 바울과 로마의 크리스천들과 로마제국과의 관계, 로마 교회 내부의 유대인 크리스천들과 이방인 크리스천들과의 관계, 바울의 이방인 교회들과 예루살렘 교회와의 관계 등 수평적이고 사회학적인 문제들을 중요하게 취급하지 않았다.

20세기에 접어들면서 종교개혁 전통의 구원론적-수직적인 로마서 접근에 심각하게 문제를 제기한 사람은 노벨 평화상 수상자인 알버트 슈바이처(Albert Schweitzer, 1875-1965)였다. 슈바이처는 아프리카 오지(奧地)의 사람들을 대상으로 헌신적인 의료 봉사를 한 유명한 의사로 널리 알려졌지만, 그는 의사 이전에 유명한 바흐(Bach, 1685-1750) 음악 전문가였고, 20세기 초 가장 유명한 신학자 중의 한 사람이었다.

그는 『역사적 예수 탐구』(*The Quest of the Historical Jesus*)[115]라는 책에서, 당대에 풍미하고 있는 역사적 예수 연구, 곧 교회의 전통과 교리와 철학에 채색되지 않는 순수한 역사의 예수를 찾으려는 운동에 쐐기를 박은 사람이다. 슈바이처는 자기에 앞서 200년 동안 수많은 학자가 추구해 온 역사적 예수 연구는, 실상 1세기의 역사적 예수를 찾으려는 것이 아니라, 연구자들 자신들의 시대와 사상과 이념을 투영시켜 그들 자신의 예수를 만든 실패작에 불과했다고 보았다.

그래서 그는 역사적 예수 연구를 원점으로 돌리면서 역사적 예수는 유대교 전통에서 찾아야 한다고 주장하였다. 물론 그가 찾은 예수는 복음서의 예수와는 사뭇 다르다. 슈바이처의 예수는 주후 1세기 유대교의 종말론적 전통에서 자라난 한 유대인 예언자로서 하나님의 나라가 자기 당대에 도래하도록 스스로 십자가의 죽음을 자초하였다. 그러나 그가 기대하였던 하나님의 나라는 도래하지 않았다.

슈바이처는 자기 당대의 역사적 예수 연구의 방향을 전환하였을 뿐만 아니라, 『사도 바울의 신비주의』(*The Mysticism of Paul the Apostle*)[116]라는 책을 통해 당대의 바울 연구를, 특별히 로마서 접근의 큰 방향을 틀게 하였다. 슈바이처는 로마서로부터 무시간적(無時間的)인 기독교의 기본 진리를 찾으려고 한 종교개혁 전통의 로마서 접근은 근본적으로 무시간적인 원리를 추구하는 그리스 사상의 영향 때문이라고 단정하였다. 그래서 그는 로마서를 그리스 사상의 배경이 아닌 1세기 유대교의 종말 사상 배경에서 보아야 할 것을 주장하였다.

슈바이처에 따르면 역사적 예수가 1세기의 유대인 종말론적 예언자였던 것처럼, 사도 바울 역시 1세기의 유대교에서 성장한 유대인 종말 사상가인 동시에 복음 전도자였다. 따라서 그는 로마서와 바울의 서신들은 그리스 전통이 아닌 그의 삶과 신앙의 자리인 유대교의 문맥에서 읽고 해석되어야 한다고 주장하였다.

---

115 본래 이 책은 독일어로 *Von Reimarus zu Wrede* (Tübingen: J.C.B. Mohr, 1906)로 출판되었으나, 1910년에 *The Quest of the Historical Jesus*라는 제목으로 영어로 번역 출판되어 널리 알려졌다: *The Quest of the Historical Jesus: A Critical Study of Its Progress from Reimarus to Wrede*, trans. W. Montgomery (London: A. & C. Black, 1910). 우리말로도 『예수의 생애 연구사』 (서울: 기독교서회, 1995)라는 제목으로 번역, 출판되었다.

116 본래의 책 제목은 *Die Mystik des Apostels Paulus* (Tübingen: J.C.B. Mohr, 1930)이며, 영어 제목은 *The Mysticism of Paul the Apostle,* trans. W. Montgomery; with a new foreword by J. Pelikan (Baltimore, Md./London, 1931, 1998)이다.

슈바이처는 『사도 바울의 신비주의』에서 로마서를 종교개혁자들처럼 '이신칭의'의 관점에서 볼 것이 아니라, 유대교 종말 사상의 배경에서 나온 '그리스도와의 신비적 연합'을 중심으로, 곧 기독교인은 세례와 성만찬을 통하여 그리스도와 신비적으로 연합하여, 그리스도와 함께 죽고 함께 부활하였다는 종말론적-연대(連帶)적 사상으로 읽고 해석하여야 한다고 주장하였다.

슈바이처는 이신칭의의 관점에서 로마서를 볼 경우, 바울이 로마서를 통해 강조하는 신자의 삶의 문제, 곧 기독교의 윤리 문제에 대한 정당한 자리를 줄 수 없다고 보았다. 그는 이신칭의의 교리가 로마서의 1-4장에서 중요한 주제로 등장할 뿐, 5-8장에서는 오히려 "그리스도와의 연합"이 중심 주제로 등장하는 것을 실례로 들면서, "이신칭의"의 교리는 실제로 사도 바울의 핵심적인 주제가 아니고, 다만 그가 이방인의 사도로서 이방인 기독교인들에게 할례와 모세의 율법을 지킬 것을 요구한 유대주의자들을 대항하기 위해 선교 현장에서 만든 일종의 "논쟁 교리"(Kampflehre)에 지나지 않는다고 주장하였다.[117] 그래서 그는 바울 사상에서 윤리 문제를 부제로 보는 수직적인 이신칭의가 아닌 오히려 수평적인 윤리 문제를 중요하게 보는 그리스도와의 연합을 중심으로 로마서를 볼 것을 촉구하였다.[118]

로마서를 수직적인 관점보다 수평적인 관점에서, 개인적 관점보다 공동체적 관점에서, 무시간적인 교리 중심에서 역사적인 문제 중심으로, 그리스 배경보다 유대적 배경에서 보려는 슈바이처의 시도는, 가능한 로마서를 그 자체가 가지고 역사적 문맥에서 보려는 멍크(J. Munck),[119] 미니어(P. Minear)[120]의 로마서 연구에 영향을 주었고, 스탕달(K. Stendhal), 샌더스(E.P. Sanders), 던(J. Dunn), 라이트(N.T. Wright) 등이 제창한 "새관점의 바울 연구 운동"("The New Perspective on Paul")으로

117　Moo, *Romans*, 23. 이 부분에 대한 보다 자세한 내용은 Carsten Claussen이 2007년 미국 San Diego에서 개최된 SBL Annual Meeting, "Romans through History and Cultures Group"에서 발표한 논문, "'Albert Schweitzer''s Understanding of Righteousness by Faith according to Paul''s Letter to the Romans"를 보라.

118　이점은 Seyoon Kim, *Justification and God's Kingdom* (Tübingen: Mohr Siebeck, 2018), 2에서도 지적하고 있다.

119　Johannes Munck는 그의 책, *Paul and the Salvation of Mankind* (London: SCM, 1959)에서 로마서는 바울의 선교적 상황의 관점에서 해석되어야 한다고 주장하였다.

120　Paul S. Minear는 그의 책, *Obedience of Faith: The Purpose of Paul in the Epistle to the Romans* (London: SCM, 1971)에서 로마서를 로마 교회의 갈등 문제를 말하고 있는 14-15장을 중심으로 로마서를 해석하려고 시도하였다.

이어져 금세기 로마서 연구의 커다란 흐름으로 성장하였다.[121]

스탕달은 1963년 하버드대학 신학저널에 "사도 바울과 서구 사회의 자기반성적 양심"(The Apostle Paul and the Introspective Conscience of the West)이란 논문을 발표했다.

이 논문에서 그는 사도 바울의 주된 질문은, 서구 기독교에 지대한 영향을 미쳤던 어거스틴과 루터가 제기한 일반적이고 무시간적인 질문인, "내가 어떻게 은혜로운 하나님을 발견할 수 있는가"가 아니었고, 오히려 "유대인과 이방인이 어떻게 한 교회에서 함께 살 수 있는가?"였다.

이러한 공동체적이며, 사회적이며, 선교-역사적 질문이었다고 주장하였다.[122] 슈바이처가 그랬던 것처럼, 스탕달도 종교개혁자들이 로마서의 중심 주제로 본 "이신칭의" 교리는 바울 복음의 핵심에 속한 것이라기보다도, 오히려 바울의 이방인 선교 현장에서 유대인과 이방인의 동등성을 확보하기 위해 만들어진 이차적인 것으로 보았다. 따라서 스탕달은 "이신칭의" 교리도 그 본래의 자리를 찾아, 죄인이 어떻게 하나님과 관계를 가질 수 있는가 하는 개인적인 관점에서가 아니라, 유대인과 이방인 사이의 공동체적 관점에서 해석되어야 한다고 주장하였다.

새관점을 불러일으킨 샌더스[123]는 1977년 금세기 신학계에 가장 큰 영향을 주었다고 볼 수 있는 『바울과 팔레스틴 유대교』(Paul and Palestinian Judaism)[124]라는 책을 출판하였다. 이 책에서 샌더스는 주전 2세기부터 주후 2세기까지의 방대한 유대교 문헌을 검토하였다. 그 결과 그는 예수와 바울 시대의 유대교는, 어거스틴, 루터, 칼빈의 길을 고수하는 전통적인 기독교가 생각한 것처럼, 의(義)와 구원을 얻기 위해서 율법을 지켜 공로를 쌓아야 하는 "율법주의적 종교"(legalism)가 아니라, 우리 기독교처럼 의와 구원의 근거를 인간의 행위에 두지 않고 하나님의 선택과 은혜에 두는 "은혜의 종교"임을 주장하였다. 그럼에도 불구하고 기독교는 수백 년 동안 자신을 우월한 "은혜의 종교"로, 반대로 유대교를 낮은 "행위의 종

---

121 역시 더글라스 무, 이경석 옮김, 『로마서의 신학적 강해』(서울: 크리스챤, 2007), 29-39를 보라.
122 K. Stendahl, "The Apostle Paul and the Introspective Conscience of the West," *HTR* (1963), 199-215; 역시 그의 단행본, *Paul Among Jews and Gentiles*, 78-96을 보라.
123 그는 1990년대에 영국의 옥스퍼드 대학교의 교수로 있다가 미국 듀크대학교로 옮겨 그곳에서 은퇴하였다.
124 E. P. Sanders, *Paul and Palestinian Judaism. A Comparison of Patterns of Religion* (Philadelphia: Fortress, 1977). 이 책은 2018년에 국내에서 『바울과 팔레스타인 유대교』라는 이름으로 번역 출판되었다.

교"로 단정하여 "반 유대교 운동"을 조장하는 오류를 범해왔다는 것이다.

샌더스에 따르면, 구약의 출애굽 사건에서 볼 수 있는 것처럼, 하나님께서 먼저 이스라엘 백성을 자신의 언약 백성으로 선택한 다음, 언약 백성의 신분을 유지할 수 있는 구별된 삶을 살 수 있도록, 그리고 범죄할 경우 속죄할 수 있도록 율법을 주셨다. 이 율법에 대한 순종과 속죄와 하나님의 자비에 의해 언약 백성 안에 머무는 자는 종국적인 구원을 얻게 된다.

따라서 유대인들에 있어서 선택과 종국적인 구원은, 인간의 공로에 의한 것이 아니라, 하나님의 자비하심에 의존한다. 샌더스는 하나님의 선행적인 선택과 율법을 통한 언약 백성의 의무를 강조하는 유대교의 종교 시스템을 가리켜, "언약적 율법주의"(Covenantal Nomism)[125]로 규정하였다. 그리고 유대교를 율법주의적 종교로 보는 전통적인 기독교의 주장은 근본적으로 잘못되었으며, 이와 같은 잘

---

125 Sanders, *Paul and Palestinian Judaism,* 180, 422에서 "언약적 율법주의"를 다음과 같이 요약한다:
"하나님은 이스라엘을 선택하셨다. 이스라엘은 그 선택을 받아들였다. 하나님은 왕으로서 이스라엘에게 그들이 할 수 있는 한 최선을 다해서 순종하여야 할 계명들을 주셨다. 순종은 보상이 주어졌고, 불순종은 심판이 주어졌다. 그렇지만 순종에 실패하였을 경우 인간은 하나님이 규정한 속죄의 수단을 의지하여야 한다. 그 수단에는 회개도 요구되어 있다. 그가 하나님의 언약에 머물려는 바람을 계속 유지하는 한 그는 다가올 세상에서의 생명을 포함하여 하나님의 언약적 약속들에 주어진 유업을 누릴 수 있을 것이다. 순종하려는 인간의 의지와 노력은 언약에 머무는 조건이다. 그러나 그들이 언약을 보수로 받는 것은 아니다"(180); "언약적 율법주의의 '패턴' 혹은 '구조'는 이렇다: (1) 하나님은 이스라엘을 선택하셨다. 그리고 (2) 율법을 주셨다. 율법은 두 가지를 함축하고 있는데 (3) 선택을 유지하려는 하나님의 약속 그리고 (4) 순종의 요구이다. (5) 하나님은 순종에 대해서는 보상을 그리고 범법에 대해서는 징벌하신다. (6) 율법은 속죄의 방편을 제공하며, 그리고 (7) 속죄는 언약 관계의 유지 혹은 재확립을 가져온다. (8) 순종, 속죄, 그리고 하나님의 자비에 의해 언약 안에 머무는 모든 자는 구원 받게 될 그룹에 속한다. 처음과 마지막 요점에 대한 중요한 해석은 선택과 그리고 궁극적인 구원은 인간의 성취가 아닌 오히려 하나님의 자비에 의한 것이라는 사실이다"(422). 저자는 1992년 출판한 『바울 연구 1』(서울: 기독교문서선교회, 1992)을 통해 한국 학계에 새관점 운동을 처음 소개하면서 Sanders의 "Covenantal Nomism"을 "언약적 율법주의"로 번역하였다. 그 후 "Covenantal Nomism"을 우리말로 어떻게 번역하는 것이 바람직한지에 관한 논의가 2008년 12월 12일 "바울신학의 'New Perspective' 논쟁과 그 의미"라는 주제로 안양대학교에서 개최된 제2회 한국신학학회 콜로키움에서 있었다. 왜냐하면, 어떤 학자들은 이를 "언약적 신율주의"로, 또 다른 학자들은 필자처럼 "언약적 율법주의"로 번역하고 있기 때문이었다. 새관점에 우호적인 몇몇 학자들이 "언약적 신율주의"가 Sanders의 의도를 더 잘 반영하는 용어이기 때문에 이 말로 통일하자는 제안이 있었다. 하지만 필자는 이것은 Sanders가 언약과 함께 똑같이 강조하는 율법을 약화시킬 수 있기 때문에 "언약적 율법주의"로 번역하는 것이 바람직하다는 의견을 제시하였다. 그래서 현재 "언약적 율법주의"와 "언약적 신율주의" 두 가지 번역어가 혼용되고 있다.

못된 전제하에 이루어진 바울과 그의 서신의 기존 해석은 재검토되어야 한다고 주장하였다. 샌더스에 따르면 로마서의 중심 주제는, 종교개혁자들이 주장하고 있는 것처럼, 죄인인 한 인간이 어떻게 하나님 앞에서 의롭게 될 수 있는가 하는 문제가 아니다. 오히려 이방인들이 어떻게 언약 백성인 이스라엘에 참여할 수 있는가하는 사회적이고 공동체적 문제였다.[126]

샌더스는 로마서에 나타나 있는 바울의 율법과 유대교에 대한 비판은 실제적인 역사적 비판이 아니라고 보았다. 바울 당대 유대인들이, 혹은 바울의 선교 현장에서 바울에게 도전해 왔던 유대주의자들이, 율법을 그리스도 대신 의와 구원의 수단으로, 즉 하나님의 백성이 되는 수단으로 삼았기 때문에 바울이 율법과 유대교를 비판한 것이 아니라는 것이다.

바울의 율법에 대한 부정적인 견해는, 역사적 판단이나 체험에서 나온 것이 아니고, 어디까지나 신학적인 산물이다. 즉, 바울 당대의 유대교가 율법의 행위를 구원의 수단으로 삼는 율법주의적 종교이기 때문이 아니라, 바울 자신이 다메섹 사건을 통하여 오직 예수 그리스도 안에만 구원이 있다는 사실을 체험하였기 때문에 유대교의 문제를 의식하였을 뿐이다. 다시 말하자면 바울이 유대교의 문제를 먼저 의식하고 그런 다음 예수 그리스도 안에서 그 해결을 발견한 것이 아니다. 오히려 다메섹 사건을 통해서 그리스도 안에서만 구원이 나타났다는 해결을 먼저 발견하고 유대교를 보았기 때문에 유대교의 문제점을 의식하였다.

샌더스는 "바울의 유대교에 대한 부정적인 비판은, 유대교 자체가 나쁘기 때문이 아니라, 단순히 유대교가 기독교가 아니기 때문이다"라고 보았다.[127] 그러므로 샌더스에 따르면, 로마서와 갈라디아서에 나타나고 있는 바울의 유대교와 율법에 대한 비판은 사실상 주후 1세기 유대교에 대한 역사적 판단이 아니고, 그리스도 밖에 있는 인간의 비참한 모습과 비참한 인간을 구원하는 유일한 길이 오직 예수 그리스도에게만 있다는 신학적인 자기표현에 불과하다.[128]

---

126 Sanders, *Paul and Palestinian Judaism*, 66: "로마서의 가장 중요한 하나의 주제는 유대인과 이방인의 동등성이다."
127 "This is what Paul finds wrong in Judaism: it is not Christianity," *Paul and Palestinian Judaism*, 552.
128 우리는 Sanders와 거의 유사한 주장을 이미 금세기 초엽의 하버드대학교 교수로서 Max Weber의 유대교 구성을 비판하였던 G.F. Moore, *Judaism in the First Century of the Christian Era: The Age of Tannaism I-III* (Cambridge, 1927-1930)에서 발견할 수 있다.

말하자면, 로마서 1:18-3:20에 언급된 이방인과 유대인, 곧 인류의 비참한 상태의 문제 제시는 역사적 사실에 대한 바울의 진단이라기보다는 3:21-5:21에 제시되는 오직 예수 그리스도를 문제 해결인 구원을 부각시키기 위한 일종의 수사학적인 장치라는 것이다.[129]

1982년 제임스 던은 "새관점의 바울 연구"라는 논문을 통해 예수와 바울 당대의 유대교를 "율법주의적 종교"가 아닌 "언약적 율법주의"로 보는 샌더스의 주장에 적극적으로 동의하였다. 그는 샌더스와 함께 1세기의 유대교가 언약적 율법주의라는 전제 아래 그동안 잘못 이해한 유대교와 바울을 새롭게 해석하려는 운동을 "새관점의 바울 연구"(the New Perspective on Paul)로 명명(命名)하며,[130] 이 운동의 가장 열렬한 주창자 중의 한 사람이 되었다. 우리말로도 번역되어 널리 소개된 그의 『로마서 주석』[131]과 『바울신학』[132]은 새관점에 따른 바울 연구의 대표적인 작품이라 할 수 있다.

---

[129] Sanders, Dunn, Hays, Wright 등 새관점주의자들의 로마서 해석의 문제점에 대한 요약을 위해서는 John Barclay, *Paul and the Gift* (Grand Rapids: Eerdmans, 2015); 이승현, "바울의 복음에 대한 로마서 1:18의 γάρ와 하박국 2:4의 해석학적 기능, 그리고 새관점," 『신약논단』 27/3 (2020), 663-677을 보라.

[130] 신약학계에 새관점의 바울 연구는 사실상 Sanders의 *Paul and Palestinian Judaism. A Comparison of Patterns* of Religion로 제기되었지만 "새관점의 바울 연구"(the New Perspective on Paul)라는 용어를 처음 사용하여 이 문제를 폭넓게 부각시킨 사람은 James D. G. Dunn, "The New Perspective on Paul," *Bulletin of the John Rylands University Library of Manchester* 65 (1983), 95-122이다. 이 논문은 그의 책, *The New Perspective on Paul, Revised Edition* (Grand Rapids: Eerdmans, 2005), 99-120에 재수록되었다. "새로운 전망의 바울 연구"의 쟁점들에 관한 소개를 위해서는 M. B. Tompson, *The New Perspective on Paul* (Cambridge: Grove Books, 2002); Stephen Westerholm, "The 'New Perspective on Paul' at Twenty-Five," in *The Pradoxes of Paul* (Grand Rapids: Baker Academic, 2004), 1-38; Donald Macleod, "The New Perspective: Paul, Luther and Judaism," *Scottish Bulletin of Evangelical Theology* 22 (2004), 4-31; Don Garlington, "The New Perspective on Paul: An Appraisal Two Decades on"<www.thepaulpage.com/new_perspective.pdf>; Mark M. Mattison, "A Summary of the New Perspective on Paul"<www.thepaulpage.com/Summary.html>; Francis Watson, *Paul, Judaism, and the Gentiles. Beyond the New Perspective* (Grand Rapids: Eerdmans, 2007); 최갑종, "바울에 대한 새관점, 무엇이 문제인가?"『바울 연구 III』(서울: UCN, 2011), 179-230; 김철홍, "바울신학의 새관점 비판: 바울 복음의 기원. 칭의론과 최후의 심판을 중심으로,"『신약 연구』 12/4 (2013), 838-874; Moo, "Excursus: The 'New Perspective on Judaism," in *Romans*, 222-237을 보라. www.thepaulpage에 들어가면 새관점에 관한 수백 종류의 자료를 발견할 수 있다. 새관점에 대한 자세한 소개는 이 책 부록 1을 보라.

[131] Dunn, *Romans 1-8*, 9-16, WBC (Dallas: Word Books, 1988).

[132] Dunn, *The Theology of Paul the Apostle* (Grand Rapids: Eerdmans, 1998).

던에 따르면, 로마서에 나타나 있는 유대교와 율법에 대한 비판은 실제로 유대교가 행위 구원을 추구하는 "율법주의"나 율법이 유대인들에게 있어서 의와 구원의 수단으로 간주되고 있었기 때문이 아니다. 다만 바울 당대 유대 민족 정체성(Identity)의 표지 역할을 하는 율법, 할례, 유대 음식법 등이 그리스도 안에서 주어진 유대인과 이방인의 동등성을 방해하고, 마치 구원은 유대인들에만 있다는 듯이 우월적이고 배타적인 사상을 가져오기 때문이었다.[133]

던에 따르면, 로마서(갈라디아서)에 자주 등장하는 "율법의 행위"는 구원을 얻기 위한 유대인들의 선행이 아니고, 이방인들에게 지킬 것을 요구한 유대교의 정체성의 표현들이며, 언약 백성으로서 율법에 대한 유대인들의 합당한 반응이다. 즉, 율법의 행위는 이스라엘 백성을 이방인들로부터 구별되게 하는 경계선의 표지들(the boundary markers)인 할례, 음식법, 절기 등을 뜻할 뿐, 유대인들이 추구한 구원의 수단이 아니었다. 던에 따르면, 로마서 2:17-23에 나타난 유대인들의 하나님 혹은 율법에 대한 "자랑"도 전통적으로 주장되어온 자기 신뢰나 자기-의에 대한 자랑이 아니라, 이방인들에 대한 유대인들의 언약적 특권에 대한 자랑을 가리킨다. 바울이 여기서 유대인들의 율법주의를 비판하고 있는 것이 아니라, 유대인들의 잘못된 종교적, 민족적 특권 의식을 비판하고 있다는 것이다.

던은 로마서 9:30-10:4도 같은 전망에서 해석한다. 즉, 본문에 나오는 유대인들의 율법에 대한 열심, 자기-의는 율법주의적 자세를 가리키는 것이 아니라, 언약적 백성으로서 배타적인 민족적-종교적 특권과 신분을 유지하려는 유대인들의 열심을 가리킨다. 이처럼 던의 입장에 따르면, 바울이 로마서에서 "사람은 율법의 행위에서가 아닌 예수 그리스도에 대한 믿음으로 의롭게 된다"고 주장할 때, 그가 유대인들의 율법주의나 율법 자체를 공격하고 있는 것이 아니라, 율법의 사회적 기능, 자신들을 이방인들로부터 분리를 시키는 유대인들의 민족적, 사회적 특권 의식, 정체성의 표지들을 비판하고 있다. 따라서 그는 바울의 이신칭의의 가르침도 "왜 그리고 어떻게 이방인들이 하나님에게 받아들여지고, 따라서 유대인 신자들에 의해서도 받아들여져야 하는지를 설명하고자 하는 시도로 출현하였다"[134]고 본다.

---

133 Dunn, *Jesus, Paul and the Law*, 186-88.
134 제임스 D.G. 던, 『바울신학』, 박문재 옮김 (서울: 크리스챤 다이제스트, 2003), 490.

현재 국내외에서 가장 인기를 끌고 있는 신학자인 라이트(T. Wright) 역시 1세기의 유대교가 율법주의가 아닌 언약적 율법주의라는 샌더스의 주장에 전폭적으로 동의한다. 그리고 바울이 로마서에서 반대한 '율법의 행위'나 '자기 의'가 행위 구원을 위한 공로를 지칭하는 것이 아니라, 이스라엘 백성들의 민족적 정체성과 언약적 삶을 지칭한다는 던의 입장에도 찬성한다.

라이트는 이신칭의의 교리가 근본적으로 유대인들의 민족적 자랑을 비판하기 위한 논쟁 교리라는 스탕달의 입장에 동조한다. 그는 샌더스나 던처럼 16세기의 루터가 자기 당대의 상황을 1세기로 가져가서 1세기의 바울과 유대교를 왜곡시켰다고 본다. 따라서 루터와 그를 따르는 종교 개혁적 전통에 의해 잘못 이해된 바울과 유대교는 마땅히 본래의 자리로 회복되어야 한다고 주장한다.

라이트에 따르면, 바울 당대의 유대교는 결코 행위에 따른 의와 구원을 주장하는 율법주의적 종교가 아니었다. 바울과 그가 한때 몸담았던 바리새파 유대인들은 다 같이 하나님의 선택과 하나님의 언약과 하나님의 은혜를 믿었다. 그리고 다 같이 그들은 행위에 따른 마지막 심판이 있을 것을 믿었다. 바울과 바리새파 유대인들과의 차이점이 있다면 바울은 은혜 구원을, 유대인들은 행위 구원을 주장하는 데 있지 않다. 양자의 차이점은 하나님의 선택과 언약과 은혜에 있는 것이 아니라, 무엇을 자신들의 정체성의 기준으로 삼느냐에 있다. 바울과 바리새파 유대인들은 하나님의 은혜에 의해 언약 백성이 된다는 점에 의견을 같이하였지만, 무엇이 하나님의 언약 백성의 기준이냐 하는 문제에 대해서는 의견을 달리했다.

유대인들에게는 토라(율법)의 소유와 그것을 지키는 것이 자신들의 언약 백성으로서의 정체성과 그것을 유지하는 수단이었다. 반면에 바울에게는 언약 백성으로서의 정체성과 그 유지는 예수님에 대한 믿음, 곧 예수가 주이시며 하나님께서 그를 죽은 자 가운데서 살리셨음을 믿는 것이다. 바울이 당대의 유대인들과 율법을 비판한 근본 이유는, 전통적으로 주장되어 온 것처럼, 유대인들이 율법을 의와 구원을 가져오는 언약 백성에 들어가는 수단으로 삼았기 때문이 아니라, 언약의 성취자인 예수 그리스도 대신 할례와 율법을 그들의 정체성과 그 유지의 수단으로 삼고 있기 때문이었다.

라이트에 따르면, 하나님께서 이스라엘을 언약 백성으로 선택하여 부르시고, 율법을 주신 것은 그들을 이방인의 빛으로 삼아 인류에게 복 주시기 위함이었다. 그런데 유대인들이 율법에 불순종함으로써 이방인들의 문제를 해결하는 자가 되기보다, 오히려 그들 자신이 문제가 되었다(롬 2:17-29). 자신들의 죄 때문에 이방인의 빛이 되지 못하고, 오히려 하나님의 심판 아래, 곧 하나님의 언약적 저주인 바벨론의 포로 상태에 놓이게 되었다.

그들은 자신들의 범죄 때문에 아브라함에게 약속하신 하나님의 언약 자체가 위기에 처하게 되었음에도 불구하고, 이스라엘 백성들은 자신들의 저주 문제를 인식하기는커녕, 율법의 소유, 안식일, 할례, 음식법 등 민족적, 인종적 정체성의 표현에 불과한 것들을 자랑하였다. 그러나 이스라엘 문제 때문에 하나님의 언약 자체가 무효화될 수 없다. 하나님의 언약적 신실성은 지켜져야 한다.

이 문제를 해결하기 위해 하나님은 메시아 예수를 이스라엘 백성의 대변자로 보내셨다. 그리고 메시아 안에서 이스라엘의 불순종을 순종으로 바꾸시고, 자신의 의를 드러내셨다. 곧 하나님은 예수 그리스도 안에서 이스라엘의 불순종은 물론 피조 세계 전체의 죄 문제를 해결하심으로써 자신의 언약적 신실성을 나타내셨다. 예수 그리스도가 그의 죽음과 부활을 통하여 이스라엘의 죄와 저주와 추방 문제를 해결함으로써 이스라엘 백성들의 숙원이었던 진정한 귀환과 해방이 이루어졌고, 하나님의 언약이 성취되었다는 것이다.

메시아 예수가 이스라엘 백성이 할 수 없었던 이방인의 빛이 되었으며, 그를 통하여 언약적 복이 이방인에게 전달되었다. 그러므로 더는 모세 율법과 율법의 행위와 할례 등, 곧 이스라엘 백성들의 인종적, 민족적 정체성과 경계선의 표징들이 언약 백성의 기준이 될 수 없다. 하나님의 언약의 성취자인 예수 그리스도에 대한 믿음이 유대인이든 이방인이든 하나님의 언약 백성이 되는 새로운 기준으로 세워졌기 때문이다.

따라서 라이트에 따르면, 사도 바울이 모세의 율법, 할례, 율법의 행위 등을 비판한 것은 그들이 유대인들에게 행위 구원을 가져오는 수단이 되었기 때문이 아니다. 그리스도 이후 하나님의 언약 백성의 기준이 될 수 없는 그것들을 여전히 유대인들이 하나님의 언약 백성의 기준으로 내세워 그리스도 안에서 마련된 유대인과 이방인의 하나 됨을 방해하고 있었기 때문이다.[135]

---

135 라이트는 그의 논문, "Paul and Caesar: A New Reading of Romans," in *A Royal Priesthood: The Use of the Bible Ethically and Politically*, ed. C. Bartholemew (Carlisle: Paternoster, 2002), 173-193에서 로마서를 바울 당대 헬라-로마 사회에 급성장하고 있던 로마 황제 숭배와 제사의 문맥에서 보아야 할 것을 주장하면서, 이것을 "옛 관점"이나 "새관점"과 대조하여 "신선한 관점"(A Fresh Perspective)이라 명명하였다. 라이트에 따르면, 바울의 주된 선교지였던 지중해 연안 지역에는 로마 황제 숭배 사상과 황제 제사가 널리 퍼져 있었다. 로마에

지금까지 우리는 로마서 접근에 대한 중요한 두 흐름, 곧 전통적인 수직적 접근과 새관점의 수평적 접근을 살펴보았다. 전자는 로마서를 통하여 기독교의 기본적인 교리, 곧 죄인인 인간이 어떻게 죄 문제를 해결하고 구원에 이를 수 있는가하는 개인의 구원론 관점에서 접근하는 것이고, 후자는 유대인과 이방인이 어떻게 하나님의 언약 백성으로 하나가 될 수 있는가하는 공동체적이고 사회학적인 윤리적 관점에서 접근하는 것이다.

전자는 모세의 율법, 율법의 행위는 물론, 이를 추구하는 유대인들에 대한 바울의 부정적 평가와 비판을 가능한 한 더 많이 부각시킨다. 반면에 후자는 모세의 율법과 할례, 율법의 행위는 물론 유대인들에 대한 바울의 긍정적인 접근을 가능한 한 더 많이 부각시킨다. 전자의 입장 중에는 바울 당대의 유대교가 율법의 행위를 통하여 의와 구원에 도달하려고 하는 율법주의적 종교로 보려는 사람이 적지 않지만, 후자의 입장은 바울 당대의 유대교가 기독교처럼 똑같이 하나님의 선택과 언약을 강조하는 은혜의 종교로 보려는 사람이 많다.

후자의 입장 중에는 심지어 바울이 이방인 크리스천들에게 유대인들을 옹호하기 위해서 로마서를 썼다고 보는 이들도 있다. 즉, 바울이 하나님의 구원 역사에 있어서 유대인의 우선권과 유대인의 민족적 구원과 이방인 크리스천들이 영적으

서는 황제들이 신격화되지 않았지만 지중해 연안의 동로마제국에서는 로마 황제가 신으로 숭배되었다. 황제는 신으로 숭상되었고, 황제의 탄생과 등극에 관한 소식을 가리켜 "복음"이라 불렀다. 바울이 로마서 서문에서 예수를 하나님의 아들로, 다윗의 가문에서 출생한 메시아로, 주로, 그에 관한 소식을 복음으로 소개한 것은 로마제국의 황제 숭배와 제사에 대한 의도적인 도전이었다. 그리고 로마 황제가 아닌 예수에 대한 전폭적인 믿음과 순종을 요구한 것도, 로마서의 마지막 부분인 15:7-13에 유대 크리스천과 이방인 크리스천의 하나 됨을 강력하게 촉구한 것도 로마 황제에 대항하여 그리스도의 우주적인 통치와 왕권을 실현하기 위함이었다. 라이트가 제안한 "신선한 관점"이 로마서를 하나의 고정적인 관점이 아닌 다양한 각도에서 접근하여야 한다는 점을 보여주고 있다는 점에서는 어느 정도 긍정적인 기여를 하고 있다고 볼 수 있다. 하지만 과연 바울이 의도적으로 로마서를 그러한 관점에서 섰는가에 관해서는 여전히 의문을 제기할 수 있다. 라이트에 대한 보다 폭넓은 이해를 위해서는 그의 책, *What Saint Paul Really Said* (Grand Rapids: Eerdmans, 1997); *Paul in Fresh Perspective* (Minneapolis: Fortress, 2005)과, 그의 논문, "ROMANS AND THE THEOLOGY OF PAUL in *Pauline Theology*, Volume III, eds. David M. Hay & E. Elizabeth Johnson (1995), 30-67을 보라. 라이트에 대한 비판적인 평가는 S. Westerholm, *Perspective Old and New on Paul. The "Lutheran" Paul and His Critics* (Grand Rapids: Eerdmans, 2004), 179-183; Karl P. Donfried, "Paul and the Revisionists: Did Luther Really Get it All Wrong?" *Dialog: A Journal of Theology* 46 (2007), 31-40을 보라. 그리고 그의 신선한 관점에 대한 적절한 비판을 위해서는 김세윤, 『그리스도와 가이사』(서울: 두란노, 2008)를 보라.

로 유대인에 빚을 지고 있음을 강조하기 위해 로마서를 썼다는 것이다.[136] 하지만 지나치게 유대적 시각에서 로마서를 보려는 경향과 반동으로 지나치게 이방인 중심의 시각에서 로마서를 보려는 움직임도 있다.[137]

우리는 이제 로마서를 어떻게 접근하고 해석하여야 하는가?
종교개혁자들처럼 수직적이고 개인 중심적인 구원론적 관점에서 로마서를 해석하여야 하는가?
아니면 새관점의 주장처럼 언약적 율법주의와 수평적이고 공동체이며 사회학적인 윤리적 관점에서 해석하여야 하는가?

로마서는 구약의 십계명처럼 하나님께서 직접 돌비나 양피지에 써서 우리에게 주신 초역사적인 교리 책이 아니다. 로마서의 내용이 아무리 시대와 공간을 초월하는 하나님의 메시지를 담고 있더라도, 로마서는 분명히 바울이 로마의 기독교인들에게 보낸 편지이다. 편지이기 때문에 로마서는 저자와 독자의 역사적 정황을 가지고 있다. 그러므로 로마서는 분명히 로마서가 가지고 있는 역사적 문맥에서 해석되어야 한다.[138] 그런 점에서 로마서를 1세기 로마의 기독교인 공동체는 물론 초기 기독교 전체의 가장 중요한 이슈였던 유대인과 이방인의 관점에서 보아야 함을 강조한 새관점의 주장은 상당한 타당성과 설득력을 지니고 있다.
그러나 그렇다고 하여 로마서를 유대인과 이방인의 수평적인 관점에서만 보아야 하는가?
바울은 과연 유대인과 이방인의 관계 문제만을 해결하기 위해서 로마서를 썼는가?
로마서와 관련하여 우리가 아무리 유대인과 이방인의 수평적인 문제를 강조한다고 하더라도 항상 잊지 않아야 할 사실은 로마서가 근본적으로 다루고 있는 문제는 창조주 하나님과 그의 피조물인 인간, 구원자 예수 그리스도와 죄인인 인간이란 사실이다. 다시 말하자면 로마서를 통해서 전달되는 핵심적인 메시지는 시

---

136 예를 들면, Stuhlmacher, *Romans*, 3-6.
137 예를 들면, 최종상, 『이방인의 사도가 쓴 로마서』; A. Andrew Das, *Solving the Romans Debate* (Minneapolis: Fortress, 2007). 로마서 해석사에 대한 보다 자세한 논의는 R. Morgan, "Romans, Letter of," ed. John H. Hays, *Dictionary of Biblical Interpretation*(2 vols.; Nashville: Abingdon, 1999), 1. 411-422를 보라.
138 R. N. Longenecker, *The Epistle to the Romans* (NIGTC; Grand Rapids: Eerdmans, 2016), 3.

대와 공간과 문화를 뛰어넘어 예수 그리스도를 통하여 나타내신 하나님의 구원/의를 필요로 하는 전(全) 인류를 향한 하나님의 위대한 복음의 선포라는 사실이다.[139] 사실상 로마서는 시간과 공간을 초월하여 인간과 이 세상의 근본 문제인 죄와 죽음의 문제에 대한 하나님의 근본적인 해결책인 그의 구원과 주권 회복을 선포하고 있다.[140] 이점과 관련하여 주석가 무(Moo)의 지적은 새겨들을 만한 가치가 있다.

> 로마서 전체가 초점을 맞추고 있는 주제는 하나님께서 개별적으로 죄인인 인간을 자신과 새로운 관계를 맺도록 하기 위해(1-4장), 개별적으로 그에게 영광스러운 영생을 제공하기 위해(5-8장), 그리고 개별적으로 그의 삶을 이 땅에서 새롭게 변화시키기 위해(12-16장) 그리스도 안에서 어떻게 사역하셨는가에 있다.[141]

따라서, 우리는 로마서를 해석할 때마다 하나님과 인간과 세상의 수직적 관점은 물론 인간과 이 세상의 수평적인 관점도 항상 함께 고려하여야 한다. 로마서는 이신칭의를 강조하는 1-4장만을 가지고 있는 것이 아니다. 신자의 삶의 문제를, 특별히 유대인과 이방인과의 관계 문제를 진지하게 다루는 5-15장을 함께 가지고 있다. 그리고 로마서의 주제 구절에 나타난 하나님의 의는 1-4장만 아니라 1-16장의 로마서 전체를 포괄하고 있다. 말하자면 로마서의 주제는 수직적인 신학적 관점만이 아니라 수평적인 관점인 윤리적 관점을 포함한다. 로마서가 갖고 있는 양면성은 전통적인 수직적-개인 구원론적인 시각이든 새관점의 수평적-공동체적인 시각이든, 어느 한 면만으로 로마서를 해석해서는 안 된다는 사실을 일깨워준다. 오히려 로마서를 바르게 듣기 위해서는 양면을 상호보완적으로 활용하여야 할 것을 가르쳐준다.

---

139 Michael P. Middendorf, *Romans 1-8* (St. Louis: Concordia Pub., 2013), 49-51.
140 폴 악트마이어, 『로마서』(서울: 한국장로교출판사, 2003), 45-54.
141 Moo, *The Epistle to the Romans* (Grand Rapids: Eerdmans, 1996), 28. 하지만 Moo는 이같은 그의 주장이 로마서를 지나치게 개인 구원론적 접근을 한다는 오해를 불식시키기 위해 2018년 그의 『로마서 주석』 수정판에서는 이같은 내용을 삭제하였다. 대신에 Moo는 *The Epistle to the Romans*, Revised Edition (Grand Rapids: Eerdmans, 2018), 27에서 3-4장의 이신칭의가 로마서에 지니는 중요성을 견지하면서 또한, 다른 주제, 신자의 구원의 보증과 소망(5, 8장), 죄와 율법으로부터 자유(6-7장), 이스라엘에 대한 하나님의 목적(9-11장), 순종의 삶(12-15장)을 강조하고자 한다.

따라서, 전통적인 시각은 새관점의 시각에 귀를 기울여야 하고, 새관점은 전통적인 시각에 귀를 기울여야 한다.[142] 만일 우리가 새관점의 주장처럼 로마서가 단순히 1세기의 유대인과 이방인의 동등성과 같은 인종 문제만을 중점적으로 말한다고 본다면, 로마서가 사회윤리나 사회학의 교본은 될 수 있을지 모르지만, 로마서가 하나님의 말씀으로서 모든 시대와 문화를 초월하여 인간의 근본 문제와 그에 대한 하나님의 해결책을 제시하는 복음이라는 의미는 무색해질 수 있다.[143]

반면에, 로마서를 지나치게 교리 중심으로만 접근한다면, 로마서가 시대성과 역사성이 결여된 추상적인 메시지만을 말한다는 비난을 받을 수 있다.[144] 십자가는 수직과 수평의 양면을 가지고 있고, 예수 그리스도는 신성과 인성의 양면을 가지고 있다. 동전의 양면처럼 양자는 결코 서로 분리될 수 없다. 양면을 함께 보아야만 십자가와 예수 그리스도의 인격은 올바르게 설명될 수 있다. 로마서의 경우도 마찬가지이다. 수직과 수평, 하나님과 인간, 개인과 공동체, 유대인과 이방인의 양면을 함께 보고, 상호 보완할 때 로마서는 우리의 귀에 바르게 들려질 수 있을 것이다. 그리고 로마서를 바르게 읽는 개인, 교회 공동체 그리고 사회가 새로운 모습으로 변화될 것이다.

---

142 박익수는 그의 『로마서 주석 I』, 47에서 로마서의 집필 동기와 목적을 논의하면서 "로마서는 이처럼 교회 안에 있는 두 그룹 사이의 긴장과 갈등을 해소시켜 하나의 교회를 이루게 하려는 목적으로 쓰여졌다고 보아야 할 것이다"라고 결론 내리고 있다. 그렇게 함으로써 그는 로마서를 지나치게 수평적 관점에서만 보고 있다는 비판을 피 하기 어렵게 만든다. 로마서가 아무리 1세기 로마 교회 안의 문제를 다루고 있다고 하더라도, 또 우리가 그러한 상황을 외면하고서는 로마서를 바르게 이해할 수 없다고 하더라도, 로마서를 로마 교회 상황에서만 해석하는 것은 로마서 그 자체의 가르침과도 일치하지 않는다.
거듭 말하지만, 로마서는 1세기의 로마 교회를 뛰어 넘어 전 인류를 대상으로 말하고 있다. 로마 교회 안의 이방인 기독교인과 유대인 기독교인들을 뛰어넘어 창조주 하나님과 전 인류의 관계 문제를 말하고 있다는 것이다. 로마서 본론이 시작되는 1:18 이하에서 인류의 범죄문제를 다루고, 로마서 주제 구절의 해설 부분인 3:21 이하에서 전 인류의 범죄와 예수 그리스도의 구속 문제를 말하고 있고, 5장에서 인류를 대변하고 있는 아담과 마지막 아담인 그리스도에 관하여 말하고 있다는 사실은 이점을 부인할 수 없게 한다.
143 이 점에서 다음과 같은 Gorman, *Romans*, 27의 지적은 정당하다: "로마서는 지금 우리를 위한 성경이다. 이것은 로마서가 하나님으로부터 오는 말씀임을 뜻한다. 로마서는 하나님의 편지이다."
144 이 점은 더글라스 J. 무, 『로마서의 신학적 강해』, 29-39에서도 지적되고 있다.

제2부

로마서 주석

제1장 로마서 서언(序言)(1:1-17)

제2장 로마서 몸체/본론(1:18-15:13)

제3장 로마서 결언(15:14-16:27)

제1장

로마서 서언(序言)(1:1-17)

로마서를 거시적 구조(macro-structure)면에서 보면, 서언(1:1-17)인 A, 몸체(1:18-15:13)인 B, 그리고 결언(15:14-16:27)인 A'로 구성되어 있다. 즉 ABA'라는 큰 틀의 교차대구법 형식이다. 서언(A)과 결언(A')은 바울의 모든 서신 중 가장 길며, 똑같이 문안 인사, 기도, 여행 계획, 편지의 타이틀에 해당하는 복음의 진술 등 네 부분으로 구성되어 있다. 이것은 바울이 편지의 서언과 결언에 큰 비중을 두었음은 물론 바울이 로마서를 매우 용의주도하게 구성하였음을 알려준다.[1]

바울에게 있어서 로마 교회에 보내는 편지인 로마서가 중요하면 중요할수록, 그는 로마서를 쓰기 전에 편지의 목적을 보다 효과적으로 달성하기 위해서 어떻게 편지를 구성하는 것이 가장 바람직한지를 심사숙고하였을 것이다.

고대 헬라-로마 사회는 말과 글의 기술인 수사학(修辭學)이 고도로 발달 되었고, 따라서 당대 교육의 주 내용은 수사학이었다.[2] 바울이 소년 시절과 청년 시절에 다소와 예루살렘에서 누구보다도 뛰어난 교육을 받은 점은 그가 로마서를 쓸 때, 자신이 배운 당대의 문학적 기교(文學的 技巧)들을 적극적으로 활용하였을 것이라는 사실을 추측하게 한다.[3] 실제로 로마서를 비롯하여 바울서신들은 매우 정교하고 뛰어난 문학적 기법을 보여주고 있다.

예를 들어, 로마서의 서언만 보더라도 고대의 그 어떤 편지에서도 찾아보기 힘든 정교하게 배열된 순서인 인사 문단(1:1-7), 감사 문단(1:8-15), 주제 문단(1:16-17)으로 구성되어 있다.[4] 따라서 로마의 기독교인들은 이 길고 예외적인 서언을

---

[1] J. A. D. Weima, "Preaching the Gospel in Rome: A Study of the Epistology Framework of Romans," *Gospel in Paul: Studies on Corintians, Galatians and Romans for Richard N. Longenecker*, ed. L. A. Jervis and P. Richardson (Sheffield: JSOT, 1994), 337-38.
[2] Ronald F. Hock, "Paul and Greco-Roman Education," ed. J. Paul Sampley, *Paul in the Greco-Roman World* (Harrisburgh: Trinity Press International, 2003), 198-208.
[3] 페터 슈툴마허, 장흥길 옮김, 『로마서 주석』(서울: 장로회신학대학교출판부, 2002), 39-40.
[4] Schreiner, *Romans*, 33.

통해서 바울이 어떤 사람이며, 왜 그가 로마서를 쓰게 되었는지, 로마서를 통하여 그가 전하려고 하는 핵심적인 메시지가 무엇이며, 이러한 메시지를 통해 그가 무엇을 의도하고 있는가를 미리 짐작할 수 있었을 것이다.[5]

1. 인사 문단(1:1-7)

1:1-7은 로마서의 서언 중 인사 문단에 해당 된다. 바울 당대 헬라-로마의 편지는, 우리가 사도행전 23:26에 있는 "글라우디오 루시아는 총독 벨렉스 각하에게 문안하나이다"에서 볼 수 있는 것처럼, 편지를 보내는 '발신자', 편지를 받는 '수신자', 그리고 '문안 인사'로 된 짧은 인사 문단을 가지고 있다(역시, 행 15:23).

로마서 인사 문단도 이 점에서 예외가 아니다. 그러나 로마서의 인사 문단이 있는 로마서의 서언(1:1-17)은 좀 독특하다. 헬라-로마 세계의 일반적인 편지 서언은 물론, 바울의 다른 어떤 편지 서언보다 길다.[6] 사실상 로마서의 서언은 신약 성경에 수록된 바울의 13 서신 중에서 가장 길고, 가장 복잡한 신학적인 내용을 담고 있다.[7] 이 긴 서언을 통해서 바울은 로마의 기독교인들에게 자신을 소개하고, 자신이 전하고자 하는 문안 인사와 함께 자신이 전하는 복음의 핵심을 알리고, 그리고 로마 교회에 대한 자신의 사명을 소개한다.

바울의 편지를 가지고 로마 교회에 간 뵈뵈(16:1)가 로마 교회 회중들 앞에서 로마서를 큰 소리로 낭독하였다면, 아마도 로마 교회 기독교인들은 예외적인 긴 인사말을 듣고 다소 놀랐을 것이다.

왜 바울이 로마서의 인사말을 이처럼 길게 썼는가?

대부분의 바울서신들은 바울이 직접 개척한 교회에 보낸 편지이다. 그러나 로마서의 경우 바울 자신이 설립하지도 않았고, 개인적으로 만남도 없는 교회에-

---

5   Samuel Byrskog, "Epistolography, Rhetoric and Letter Prescript: Romans 1.1-7 as a Test Case," *JSNT* 65 (1997), 27-46을 보라.
6   단어 면에서 보면 로마서의 서언은 모두 93개의 단어로 구성되어 있다. 가장 짧은 데살로니가전서 서문이 19개의 단어로 구성되어 있는 점을 감안할 때 로마서의 서언은 이보다 네 배 이상 길다. 자세한 것은 William Hendrickson, *Romans* (Grand Rapids: Baker, 1981), 37을 보라.
7   T. R. Schreiner, *Romans*, second edition (Grand Rapids: BakerAcademic, 2018), 36: "그것은 실제로 모든 바울서신 서문 중에서 가장 길고 가장 신학적으로 복합되어 있다."

물론 교인 중에 바울과 직접 만난 사람도 있었지만(16:1-16)-보낸 편지다.

그러므로 바울의 이름과 활동이 수신자들인 로마의 기독교인들에게 알려졌었다고 하더라도, 바울에 대한 로마 교회의 이해 범위나 로마 교회에 대한 바울의 이해 범위도 제한될 수밖에 없었을 것이다. 하지만 자신을 이방인의 사도로 인식하고 있는 바울은(1:5; 11:13; 15:16), 이방인이 다수이며 로마제국의 수도에 있는 로마 교회에 관심이 많았을 것이다. 더구나 로마서의 결언 부분을 볼 때, 바울은 자신의 선교 사역의 최종 목적인 스페인 선교는 물론, 당면한 예루살렘 교회 방문 등과 관련하여, 로마 교회의 영적, 정신적, 인적, 물질적 지원을 필요로 하고 있었음이 분명하다(15:22-32).

그래서 그는 예외적인 긴 인사말을 통해 그리고 서언에서 자신을 지칭하는 많은 1인칭 대명사와 동사(1:8, 9x2, 10, 11, 12, 13, 14, 15, 16)와 함께, 자신의 인품 (ἐθός, '에토스')과 그의 복음에 관한 정중하고 절제된 소개와 함께, 로마 교회 성도들에 대한 관심, 격려 및 인사를 표명하려고 한 것 같다.[8] 그렇게 함으로써 자신에 대하여 로마 교회가 좋은 감정을 가질 수 있도록 기대한 것 같다. 자신에 대한 로마 교회의 호의 없이는 로마서의 내용 전달은 물론, 바울의 스페인 선교와 예루살렘 방문과 관련하여 로마 교회의 정신적-물질적 지원도 기대하기가 어려울 수 있기 때문이다.

구문(構文)상으로 볼 때 로마서의 인사말(1:1-7)은 한 개의 긴 문장으로 되어 있다. 문장의 주어는 1절 서두에 나타나 있는 편지의 발신자인 '바울'이다. 문장의 간접목적어는 7절 상반절에 언급된 편지의 수신자인 '로마의 기독교인들'이고, 직접목적어는 7절 하반절에 나타나 있는 '은혜와 평강'이고, 주동사는 생략되어 있다. 그러나 내용상으로 인사말을 1절, 2-4절, 그리고 5-7절 등 세 부분으로 나눌 수 있다. 1절에서 바울은 먼저 초면의 로마 교회 성도들에게 자신의 정체성(Identity)을 3중적으로 소개한다.

하나는 자신이 '메시아 예수의 종'이라는 것이고, 또 하나는 '부름을 받은 사도'라는 것이고, 따른 하나는 '하나님의 복음을 위하여 구별된 자'라는 것이다. 그다

---

[8] W. Wuellner, "Paul's Rhetoric of Argumentation in Romans: An Alternative to the Donfried-Karris Debate over Romans," in *The Romans Debate, Revised and Expanded Edition*, ed. K. P. Donfried (Peabody: Hendrickson, 1991), 133-141; Jared R. Brown, "Christ's Obedient Slave: Paul's use of Ethos in Romans 1:1-17," *The Journal of the Braniff Graduate School of Liberal Arts* 3 (2013), 63-67.

음 2-4절에서 자신이 전하는 복음이 무엇임을 강조한다. 복음은 하나님께서 약속한 메시아, 곧 십자가에 죽으시고 부활하신 하나님의 아들이며, 주(主)이신 예수 그리스도의 전인격과 사역에 관한 것임을 강조한다.[9] 그런 다음 5-7절에서 바울은 이 복음이 모든 이방인으로 하여금 믿음의 순종을 가져온다는 것과 로마 교회 성도들도 다른 지역의 신자들처럼 "믿음으로부터 나오는 순종을 가진 사람", "예수 그리스도의 사람", "하나님의 사랑을 입은 성도"임을 밝힌다. 그리고 마지막으로 그들에게 하나님 아버지와 예수 그리스도로부터 오는 은혜와 평강을 비는 인사를 한다.

1) "바울, 메시아 예수의 종, 부름 받은 사도, 하나님의 복음을 위해 구별된 자"(1절)

바울은 서두에서 먼저 편지를 보내는 자신의 이름이 '바울'임을 밝힌다. 그는 이스라엘 베냐민 지파의 유대인임에도 불구하고(롬 11:1; 빌 3:5), 유대인 이름인 '사울'을 사용하지 않고, 로마 시민권자로 출생하면서(행 22:28) 갖게 된 헬라식 이름인 '바울'을 사용한다.[10] 아마도 바울은 헬라-로마 지역에서 선교 활동을 하면서부터 이 이름을 사용하게 된 것 같다(행 13:9).

그리고 그는 일반적으로 그의 다른 서신에서 자주 그렇게 해온 자신의 동역자에 대한 언급(고전 1:1; 고후 1:1; 빌 1:1; 살전 1:1; 살후 1:1) 없이 자신을 수식하는 세 개의 문구, 하나님의 복음을 위해 구별된 '메시아 예수의 종'(δοῦλος Χριστοῦ

---

9 바울은 마가복음 저자가 1:1에서 "하나님의 아들 예수 그리스도의 복음의 시작이라"고 한 다음, 예수 그리스도의 3년 간의 메시아 사역을 서술하고 있는 것처럼, 바울도 복음을 예수 그리스도의 십자가의 죽음과 부활에만 한정하지 않고, 그분의 출생, 십자가의 죽음, 부활 등 예수 그리스도의 인격과 사역 전체를 복음으로 이해하고 있다.

10 사도행전에 따르면 바울의 유대식 이름은 "사울"이었고, 로마 및 헬라식 이름은 "바울"이었다. 어떤 사람들은 바울의 회심 전의 이름은 사울이었으나 회심 후 그의 이름을 바울로 바꾸었다고 생각한다. 그러나 이것은 역사적, 성경적 근거가 없는 잘못된 것이다. 사도행전에 따르면 바울의 회심 사건 이후에도 유대식 이름인 사울이 계속 사용되었다(행 9:19, 22-25, 26-28; 11:25, 30; 12:25; 13:1-2, 9). 그러나 본격적인 이방인 선교가 시작되자 로마 시민권자로 출생하면서부터(행 16:37-38; 23:27-29; 25:10-12) 가졌던 이름인 바울이 사용되었다(행 13:9, 13). 바울은 그의 서신에서 자신의 유대적 정체성을 인정하긴 하지만(예 롬 11:1; 빌 3:5), 한 번도 유대 이름인 사울을 사용하지 않고 항상 로마 이름인 바울을 사용하고 있다. 이것은 바울이 그 자신을 항상 이방인의 사도로 인식하고 있었다는 점과, 그의 편지의 수신자들이 대부분 이방인이었기 때문일 것이다.

Ἰησοῦ), '부름을 받은 사도'(κλητὸς ἀπόστολος), 그리고 '하나님의 복음을 위하여 구별된 자'(ἀφωρισμένος εἰς εὐαγγέλιον θεοῦ)로 로마의 신자들에게 자신을 소개한다. 물론 여기 '메시아의 종'과 '부름을 받은 사도' 역시 하나님의 복음과 무관하지 않다. 오히려 '메시아의 종'과 '사도'로 부름을 받은 것도 하나님의 복음을 위해서이다.[11] 왜냐하면 하나님의 복음은 그의 아들에 관한 것이며(1:2-4), 사도로 부름을 받은 것 역시 갈라디아서 1:15-16의 "내 어머니의 태로부터 나를 택정하시고 그의 은혜로 나를 부르신 이가 그의 아들을 이방에 전하기 위하여 그를 내 속에 나타내시기를 기뻐하셨을 때에"가 보여주고 있는 것처럼 그의 아들을 전파하기 위함이기 때문이다.

바울이 편지의 서두에서 자신을 이렇게 3중적인 신분으로 소개를 하는 의도는 무엇인가?

바울서신의 인사말 중에서, 바울이 자신을 '종', '사도', '복음을 위해 구별된 자'라는 3중적인 호칭으로 소개하는 곳은 오직 로마서밖에 없다. 고린도전서 1:1, 고린도후서 1:1, 갈라디아서 1:1, 에베소서 1:1, 골로새서 1:1, 디모데전서 1:1에서는 '사도'라는 호칭만, 빌립보서 1:1에서는 '그리스도 예수의 종'이라는 호칭만을 사용하고 있다. 따라서 바울이 오직 로마서에서만 '종', '사도', '구별된 자'의 3중적인 호칭을 사용한 것은 매우 의도적이다.

편지를 받는 로마 교회 성도들에게 '바울'이라는 이름이 생소하지는 않았을 것이다. 대부분의 로마 교회 성도들은 이미 바울의 이름과 그의 활동에 대하여 어느 정도 듣고 있었을 것이다. 로마서 16장에 소개되고 있는 적지 않은 로마 교회의 성도들이 바울과 개인적인 친분을 유지하고 있었을 것이기 때문이다. 고린도와 에베소에서 수년 동안 바울의 선교 사역에 동참하였던 브리스길라와 아굴라 부부(16:3-4)가 당시 로마 교회에 돌아와 있었다는 점과 자신의 친척이며, 자기보다 먼저 복음 전파자로 활동한 사도급의 인물인 안드로니고와 유니아가 로마 교회에 있었다고 한 언급(16:7)이 이것을 부인할 수 없게 한다. 바울이 초면인 교회에 편지를 쓰면서 자신의 연령과 출신 배경을 쓰지 않은 점도 이를 뒷받침해준다.

---

11 여기 수동태 완료형 분사 '구별된'(ἀφωρισμένος)은 '예수 그리스도의 종'과 '부름 받은 사도'만이 아니라 편지의 발신자인 '바울'을 수식하고 있다고 볼 수 있다. 즉, 바울은 하나님의 복음을 위해 특별히 구별된 예수 그리스도의 종이요, 부름을 받은 사도라는 것이다. Crandfield, *Romans 1*, 53을 보라.

물론, 우리는 로마 교회 성도들이 바울에 대해 얼마나 많은 정보를 갖고 있었는지 확실하게 알 수는 없다. 그러나 그들은 바울이 한때 초창기 기독교 신자들을 박해하는 데 가장 앞장 섰던 열렬한 유대교 지도자였다는 것, 그러나 부활한 예수 그리스도를 만나 극적으로 바뀌어 이제 사도와 그리스도의 복음 전파자로 활동하고 있다는 사실, 그리고 그가 이방인들에게 유대교의 할례와 모세의 율법 없이 오직 예수 그리스도를 믿어 하나님의 구원 받은 백성이 된다고 가르침으로 인해 유대인들로부터 미움과 도전 및 오해를 받고 있다는 소식 등은 듣고 있었을 것이다.

바울은 이런 점을 염두에 두면서, '하나님의 복음을 위해 특별히 구별된 자', '예수 그리스도의 종'과 '부름을 받은 사도'라는 말을 통해, 자신의 정체성과 사명을 로마 교회 성도들에게 분명하게 전달하려고 한 것 같다. 즉, 그가 지금 '예수 그리스도의 종', '하나님의 부름을 받은 사도', '하나님의 복음을 위해 구별된 자'로서 로마서를 써서 보내고 있다는 것이다. 이처럼 여기 '종', '사도', '구별된 자'의 3중 호칭은 바울이 어떤 사람인가를 규정할 뿐만 아니라, 또한 그가 써서 보내고 있는 로마서의 성격을 규정하고 있다. 로마서는 바울의 사적인 편지가 아니라, 하나님의 복음을 위해 특별히 구별된 자, 예수 그리스도의 종과 부름을 받은 사도의 편지라는 것이다.[12]

사실 여기에 사용되고 있는 '종'으로 번역된 헬라어 '둘로스'(δοῦλος)는 하인이나 사환의 의미보다도 노예의 의미가 더 강한 말이다. 바울 당대 헬라-로마 사회에서 '둘로스'는 그의 생사권(生死權)이 주인에게 있고, 주인의 재산의 한 부분이었으며, 매매의 대상이 되고 있었다. 그러나 종도 누구에게 소속된 종이냐에 따라서 그 신분과 일감이 엄청나게 달라진다. 황제나 고위 관리의 종은 같은 종이지만 평범한 장사꾼이나 농사꾼의 종과는 비교가 되지 않는다.

바울은 지난날 이스라엘의 지도자였던 모세, 여호수아, 다윗 등이 '여호와의 종'으로 호칭이 되었던 것처럼(수 1:1-2, 14:7; 24:29; 삿 2:8; 삼하 7:5; 왕하 18:12), 자신을 '예수 그리스도의 종'이라고 밝힌다. 자신은 예수 그리스도가 값을 지불하고 사서 예수의 종이 되었기 때문에 이제 자신의 살고 죽는 일과 그가 해야 할 모든 일이 주인이신 예수 그리스도께 달려있다는 것이다(갈 2:20; 롬 14:8). 만일 로

---

12 존 머리, 『로마서 주석』, 38; Cranfield, *Romans 1*, 55: "바울이 전하는 복음의 메시지는 하나님의 권위 있는 말씀이다. 그 원천은 바로 하나님 자신이다."

마 교회 신자의 상당수가 한때 종의 신분으로 있다가 현재 자유인의 신분이 되었거나 아직도 종의 신분으로 있는 사람들이 있다고 한다면, 바울이 자신을 종으로 표현한 것이 그들에게 상당한 친근감을 가져다줄 수 있었을 것이다.[13]

여기 '그리스도 예수'라는 말은 십자가에 달려 돌아가신 예수가 바로 하나님이 약속한 이스라엘의 구원자, 곧 메시아임을 지칭하는 말이다. 바울은 4절 끝에 '그리스도 예수'라는 말에 당시 로마 황제에게 붙였던 호칭인 '우리의 주'(ὁ κύριος ἡμῶν)라는 말을 붙여, 황제 가이사가 아닌 메시아 예수가 이스라엘은 물론 온 세상의 진정한 주가 되심을 로마의 기독교인들 앞에서 담대하게 선언한다.

우리가 바울의 자서전적(自敍傳的) 기록으로 알려진 갈라디아서(1:13-16)와 빌립보서(3:5-12)에서 볼 수 있는 것처럼, 바울은 한때 철저한 바리새파 유대인 학자로서 율법과 조상들의 전통을 고수하고 이를 위협하고 도전하는 자들을 무력을 동원해서라도 제거하는 데 앞장섰던 사람이었다. 그러나 다메섹 길에서 부활하신 예수 그리스도를 만난 이후, 그분을 위해서, 그분을 전파하기 위해, 자신의 생명도 아끼지 않는 그분의 충성된 종이 되었다.

로마서 14장 7-8절과 갈라디아서 2장 20절에서 그는 이렇게 고백한다.

"우리 중에 누구든지 자기를 위하여 사는 자가 없고 자기를 위하여 죽는 자도 없도다. 우리가 살아도 주를 위하여 살고 죽어도 주를 위하여 죽나니 그러므로 사나 죽으나 우리가 주의 것이로라"(롬 14:7-8).

"그리스도와 함께 십자가에 못 박혔기 때문에 더는 자신이 살지 않고 오직 그리스도께서 자신 안에 살면서 자신의 삶을 주관하고 있다"(갈 2:20).

구약의 아브라함(창 26:24), 모세(민 12:7, 8). 다윗(삼하 7:5), 이사야(사 20:3) 등이 야웨 하나님께 속하였고, 그분 때문에, 그분을 위해서 살고 있다는 의미에서 자신을 '야웨의 종'으로 불렀던 것처럼, 바울은 다메섹 도상에서 부활하신 그리스도 예수로부터 부름을 받은 이후 이제 그는 이스라엘의 왕이며 온 세상의 주이신 예수 그리스도 그분께 속하였고, 그분이 자기 자신 안에 살아 있으며, 그분을 위해 살고, 그분을 위해 일하므로 자신을 당당하게 '메시아 예수의 종'이라고 부르

---

13 M. J. Brown, "Paul's Use of Doulus Christou Iesou in Romans 1.1," *JBL* 120 (2001), 723-37.

고 있다.[14]

바울은 자신을 또한 '부름 받은 사도'로 소개한다. 6절에서 그는 또한 독자들을 가리켜 동일하게 '예수 그리스도의 부름을 받은 자들'이라고 말한다. 그러나 바울은 로마의 기독교인들과 달리 '하나님의 복음을 위하여 특별히 구분하여 하나님으로부터 사도로 부름 받은 자'이다. 여기서 강조되고 있는 말은 단연코 '하나님'이다. 바울을 하나님의 복음을 위해 메시아의 종으로, 사도로 부르시고 구별하신 분이 하나님이라는 것이다. 구별된 자임을 가리키는 헬라어 단어 '아포리스메노스'(ἀφωρισμένος)가 행위의 주체가 하나님임을 간접적으로 알리는 신적 수동태로 되어있다는 점이 이를 입증한다.[15]

바울은 갈라디아서 1:1에서 자신이 "사람으로부터도 아니고, 사람을 통해서도 아니고, 오직 예수 그리스도와 하나님 아버지로부터" 사도로 부름 받았음을 강조한다. 그런 다음 갈라디아서 1:15-16에서 다시 로마서 1:1에 나타나고 있는 동일한 단어를 사용하여, 하나님께서 그가 어머님의 태중에 있을 때 이미 구별하시고, 부르셨으며, 그것은 그의 아들을 이방에 전파하도록 하기 위해서라고 말하고 있다. 그러나 바울은 5절에서 "그[우리 주 예수 그리스도]를 통하여 우리가 은혜와 사도직을 받았다"라고 하면서 그의 사도직이 또한 예수 그리스도를 통하여 주어진 것임을 강조한다.

사도행전에 따르면, 바울은 초기 기독교인들을 박해하기 위해 다메섹으로 가던 중 부활하신 예수님을 만나 핍박자에서 복음 전파자로 부름 받았다. 사도행전 저자 누가는 바울의 회심과 소명에 대하여 세 번 언급하고 있는데(9:1-6; 22:2-11; 26:9-18), 마지막 언급인 26장에 보면 부활하신 주님께서 직접 바울에게 나타나 "내가 네게 나타난 것은 곧 네가 나를 본 일과 장차 내가 네게 나타날 일에 너로 종과 증인으로 삼으려 함이라"(26:16)고 하면서 바울을 그의 종과 증인으로 삼았다.[16]

그래서 바울은 고린도전서 9:1에서 독자들을 향해 긍정적인 답변을 이끌어내는 수사학적인 질문인 "내가 사도가 아니냐? 내가 우리 주 예수를 보지 않았느

14　L. J. Windsor, *Paul and the Vocation of Israel: How Paul's Jewish Identity Informs His Apostolic Ministry, with Special Reference to Romans*, BZNW 205 (Berlin: de Gruyter, 2014), 103.

15　Moo, *Romans*, 41; Jewett, *Romans*, 101; D. G. Peterson, *Romans* (Bellingham: Lexham Press, 2020), 83.

16　이것은 바울의 회심과 소명이 결코 서로 분리될 수 없음을 말한다. 즉, 바울에게 있어서 회심 사건이 또한 소명 사건인 셈이다. 역시 Schreiner, *Romans*, 37, n14.

냐?(저자 번역)"라고 묻고 있다. 이처럼 로마서 서두에 나타나 있는 예수 그리스도의 종과 하나님으로부터 부름 받은 사도에 대한 바울의 이례적인 강조는 편지의 내용과 성격의 독특함을 보여준다.

2) 하나님의 복음, 메시아 예수(2-4절)

여기 메시아의 종과 부름을 받은 사도와 연결되어 있는 "하나님의 복음"은 어떤 의미를 지니고 있는가?

하나님의 복음은 하나님에게 그 기원을 두고 있는 복음, 하나님이 약속하시고, 준비하시고, 그리고 성취하신 복음임을 뜻한다.[17] 바울은 이 복음을 위해 메시아의 종과 사도로 부름을 받아 구별되었다. 부름 받은 그때부터 그는 지난 10여 년 동안 "예루살렘으로부터 두루 행하여 일루리곤까지 이 복음을 편만하게 전하였다"(15:19).

이처럼 복음은 그의 신학과 선교의 중심을 차지한다. 그는 이 복음을 위하여 부름 받았고, 이 복음을 전파하기 위해 선교 사역을 시작하였다.[18] 이제 그는 이 복음을 로마의 기독교인들에게 전하기를 원한다(1:15). 그래서 그는 이 복음을 소개하는 긴 편지를 쓰고 있다.

그런데 바울이 왜 이 하나님의 복음을 수식하는 관계대명사 절인 2절 이하에서 "성경에 미리 약속된 것"으로 말하고 있는가?

그리고 이 약속이 어떻게 "하나님의 아들 메시아 예수"를 통해 성취되었다고 말하고 있는가?

왜 하나님의 아들 메시아에 대한 하나님의 약속의 성취가 "하나님의 복음"이 되는가?

'복음'을 위해 사용된 헬라어 단어 '유앙겔리온'(εὐαγγέλιον)은 본래 바울 당대 헬라-로마 사회에서 황태자의 출생, 왕의 등극, 혹은 국가적 큰 전쟁에서 승리했다는 기쁜 소식을 지칭하는 말이었다. 특별히 이 말은 로마 황제와 관련하여 로마제국의 왕권과 통치를 지칭하였다. 그러기 때문에 로마제국의 수도에 사는 로마의 기독교인들이 헬라-로마 문화와 사회에서 가지고 있는 "복음"의 정치적이

---

17 Douglas J. Moo, *The Letter to the Romans*, Second Edition (Grand Rapids: Eerdmans, 2018), 41-43.
18 Udo Schnelle, *Apostle Paul: His Life and Theology* (Grand Rapids: BakerAcademic, 2005), 309.

고 군사적인 뉘앙스를 잘 알고 있었을 것이다. 그러나 바울을 포함하여 신약의 저자들이 이 말을 사용했을 때, 그들이 복음을 로마제국의 용법에서 빌려왔거나 로마제국적인 의미로 사용하였다고 볼 필요는 없다.

바울을 포함하여 신약의 저자들이 널리 사용하였던 구약 헬라어 성경(칠십인역, LXX)에 이미 메시아를 통한 하나님의 주권 회복 및 구원과 관련하여 "복음"이란 용어가 사용되고 있다. 예를 들면 헬라어 구약성경 이사야에서 하나님의 구원과 통치를 알리는 것과 관련하여 복음을 전하는 헬라어 동사 '유앙겔리조마이'(εὐαγγελίζομαι)가 여러 번 나타난다(사 40:9; 52:7; 61:1). 그리고 이 본문에 나타나고 있는 복음의 어휘들이 쿰란문헌(1QH 18.14, 11QMelch 18)에도 나타난다.

예수님이 나사렛 회당에서 자신의 사역을 설명하면서 이 단어가 들어있는 이사야 61장 1절인 "주의 성령이 내게 임하셨으니 이는 가난한 자에게 '복음을 전하게 하시려고'…"를 직접 인용하고 있고(눅 4:18), 바울 역시 복음 전파와 관련하여 로마서 10장 15절에서 이사야 52장 7절인, "아름답도다 좋은 소식[복음]을 전하는 자들의 발이여"를 직접 인용하고 있다. 이것은 예수님과 바울이 복음이란 용어를 로마제국의 용법에서가 아닌 구약성경의 용법에서 차용하였음을 암시한다.

특별히 우리의 관심을 끄는 것은, 복음서에서 예수님이 친히 "복음"을 그의 사역의 중심 주제인 "하나님의 나라"('천국'과 동의어)와 동의어처럼 사용하고 있는 점이다. 마가복음 1:14-15에 따르면 예수님은 갈릴리에서 와서 "하나님의 복음"을 전파하면서, "그때가 찼고, 하나님의 나라가 도래하였다"고 하면서, "하나님의 복음"과 "하나님의 나라 도래"를 동일시한다. 이 점은 마태복음 여러 곳에서 예수님의 사역을 "그 나라의 복음을 전파하는 것"(마 4:23; 9:35; 24:14)으로 말하고 있는 사실에서 확인된다.

그리고 마가복음 저자는 서두에서 "하나님의 아들 예수 그리스도의 복음의 시작"이라고 하면서, 하나님의 아들 메시아(그리스도)[19] 예수가 복음의 기원인 동시에 복음의 내용이라고 말하고 있다. 바울이 2-4절에서 하나님이 선지자들을 통해 약속한 복음을 다윗의 가문을 통해 메시아로 오셔서 십자가에 죽으시고, 그리

---

19 일반적으로 바울이 그의 서신에서 '그리스도'를 예수의 고유 이름으로 사용하고 있는 것으로 이해하고 있지만, 오히려 적어도 로마서에서는 예수의 타이틀인 '메시아'로 사용하고 있을 가능성이 더 높다. 역시 J. W. Jipp, *Christ Is King: Paul's Royal Ideology* (Minneapolis: Fortress, 2015), 4-5; Schreiner, *Romans*, 36.

고 부활하여 성령의 능력이 있는 하나님의 아들로 나타나신 우리 주 예수 메시아에 대한 것이라고 말하고 있는 점, 그리고 1:9에서 복음을 "그의 아들의 복음"이라고 말하고 있는 점은, 한편으로 바울이 사용하고 있는 복음이 예수님이 선포한 하나님의 나라와 유사하다는 것과, 또 다른 한편으로 바울의 복음 용법이 복음서의 복음 용법과 크게 다르지 않다는 것을 시사한다. 물론 바울은 복음서 저자들보다 복음 어휘를 더 많이, 더 자주, 더 폭넓게 사용한다(신약성경에 '복음' 어휘가 76번 나오는데 60번이 바울서신에 나타난다).[20]

바울은 복음의 궁극적인 기원 및 권위와 관련하여, 종종 복음을 '하나님의 복음'(롬 1:1; 15:16; 고후 11:17; 살전 2:2, 8, 9)으로 부르고 있다. 하지만 하나님의 아들 예수 그리스도가 그의 복음의 중심에 자리 잡고 있기 때문에, 바울은 복음을 자주 "하나님의 아들에 관한 복음"(롬 1:1-2), 또는 "그리스도의 복음" (롬 15:19; 고전 9:12; 고후 2:12; 9:13; 10:14; 살전 3:2; 갈 1:7; 빌 1:27)이라고 말한다.

때로는 이 복음이 바울 자신에 의해 전파되고 있기 때문에 "나의 복음"(롬 2:16; 16:25)으로 부르기도 한다. 그러나 바울이 로마서 서언과 결언에서 거듭 복음을 "하나님의 복음"(1:1; 15:16)으로 부르고 있다는 점은, 복음은 우선적으로 하나님이 준비하시고, 이루시고, 완성해 가시는 그의 주권적이고, 언약적이고, 종말론적인 사역임을 보여준다. 하나님께서 바울을 그리스도 안에서 종과 사도로 부르신 것은, 그리고 지금 로마서를 써서 로마의 기독교인에게 보내는 것은 바로 이 "하나님의 복음"을 전파하기 위해서이다.[21]

2-4절에서 바울은 복음을 보다 구체적으로 설명하여, 복음의 기원과 주체는 하나님, 복음의 내용은 하나님이 약속한 예수 그리스도 그리고 복음의 방편은 하나님의 영이신 성령임을 밝힌다. 즉, 복음은 삼위 하나님의 사역과 관련되어 있다는 것이다. 바울은 먼저 하나님의 복음을 수식하는 2절의 관계대명사절을 통해 이 복음은 "하나님께서 선지자들을 통해서 성경 안에서 약속하신 것"이라고 말한다. 복음은 예수 그리스도의 오심으로 비로소 시작된 것이 아니라, 율법이 주어지기 훨씬 이전인 구약의 아브라함 때부터 하나님에 의해 이미 계속해서 약속되었고(갈 3:8) 그리고 이사야, 예레미야, 에스겔 등 여러 선지자를 통해 계속

---

20 그래서 던, 『바울신학』, 258은 바울을 "기독교의 메시지를 '복음'이라는 말로 요약한 최초의 인물"로 본다.
21 Peterson, *Romans*, 85.

선포되었다는 것이다.[22]

그리고 이제 하나님께서 약속하신 메시아 예수의 오심을 통해서 이 약속이 성취되고, 그 구체적인 내용이 드러났다는 것이다. 신약성경만이 복음이 아니라, 구약성경도 이미 복음을 가지고 있다는 것이다. 차이가 있다면 구약에서 복음은 약속의 대상으로, 신약에서는 복음이 성취의 대상으로 소개되고 있는 점이다.[23] 그런 점에서 신약은 구약 안에 숨겨져 있었고, 구약은 신약 안에 계시되었다고 말할 수 있다(눅 24:25-32, 44-48).

그렇다면, 바울 사도가 복음이 구약성경에서 약속되었다고 말할 때 구약성경의 어떤 내러티브를 염두에 두었을까?

특별히 우리는 창세기에 언급되어 있는 하나님께서 아브라함에게 주신 약속과 그리고 하나님께서 나단 선지자를 통해 다윗에게 준 약속을 생각할 수 있다. 마태복음 1장 1절에서 메시아 예수를 "아브라함과 다윗의 자손"으로 말하고 있는 것처럼, 아브라함과 다윗은 유대인들의 메시아 사상에 결정적인 영향을 미친 구약의 대표적인 두 인물이다.[24] 창세기 12장 2-3절을 보면, 하나님께서 아브라함에게 그의 후손을 통해 이스라엘 민족을 형성할 것과 또한 만민이 복을 얻게 될 것을 약속하셨다.

> "내가 너로 큰 민족을 이루고 네게 복을 주어…땅의 모든 족속이 너로 말미암아 복을 얻을 것이라"(참고. 창 15:4-6; 17:1-5).

바울은 갈라디아서 3장 16절에서 이스라엘 민족 형성과 모든 민족의 복의 통로가 된 아브라함의 후손을 이삭이 아닌 메시아 예수로 본다.

> "이 약속들은 아브라함과 그 자손에게 말씀하신 것인데 여럿을 가리켜 그 자손이라 하지 아니하고 오직 한 사람을 가리켜 네 자손이라 하셨으니 곧 그리스도[메시아]라"(갈 3:16).

---

22 박윤선, 『로마서』(서울: 영음사, 1975), 21; 이필찬, 『로마서』(서울: 이레서원, 2007), 22.
23 W. Hendrickson, *Exposition of Paul's Epistle to the Romans* (Grand Rapids: Baker, 1980), 40: "구약은 약속을 담고 있으며, 신약은 이 약속이 어떻게 성취되고 있음을 보여준다."
24 최갑종, 『마태복음 산책』(서울: 이레서원, 2020), 31-35.

그리고 갈라디아서 3장 8-9절에서 하나님이 아브라함에게 주신 창세기의 약속이 어떻게 메시아 예수를 통해 성취되었는가에 대해 말한다.

"하나님이 이방을 믿음으로 말미암아 의로 정하실 것을 성경이 미리 알고 먼저 아브라함에게 복음을 전하되 모든 이방인이 너로 말미암아 복을 받으리라 하였느니라. 그러므로 믿음으로 말미암는 자는 믿음이 있는 아브라함과 함께 복을 받느니라"(갈 3:8-9).

이와 같은 갈라디아서의 내용은 바울이 로마서 서두에서 구약성경에 있는 복음에 대한 약속을 언급할 때 하나님이 아브라함에게 주신 약속을 염두에 두었음을 강하게 암시한다. 그렇다면 복음은 아브라함에게 준 언약, 곧 이스라엘과 이 땅의 모든 민족이 복을 받는다는 약속의 성취인 셈이다.

또 하나는 바벨론 포로 이후 유대 메시아 사상에 결정적인 영향을 준 사무엘하 7장 12-16절에 있는 하나님이 다윗에게 주신 약속이다.

"…내가 네 몸에서 날 네 씨를 네 뒤에 세워 그 나라를 견고하게 하리라. 그는 내이름을 위하여 집을 건축할 것이요 나는 그의 나라 왕위를 영원히 견고하게 하리라. 나는 그에게 아버지가 되고 그는 내게 아들이 되리니…네 집과 네 나라가 내 앞에서 영원히 보전되고 네 왕위가 영원히 견고하리라"(삼하 7:12-16).

이 약속은 시편 89:3-4; 이사야 11:1-2, 10; 예레미야 23:5; 33:14-15; 에스겔 34:23; 37:24에서 반복되고 있다. 그런데 하나님이 다윗에게 주신 이 언약에 나타난 '네 씨'가 그의 아들 솔로몬을 가리키고 있다고 보기는 어렵다. 오히려 다윗의 후손으로 태어날 메시아 예수를 가리키고 있다고 보아야 한다. 솔로몬이 세운 성전은 바벨론 왕에 의해 파괴되었고, 그리고 솔로몬 왕이 다스렸던 이스라엘 나라는 바벨론에 의해 멸망되었기 때문이다.

바울이 로마서 서두에서 구약에 나타난 복음에 대한 약속을 말할 때 하나님이 아브라함에게 준 약속뿐만 아니라, 다윗에게 준 이 약속을 염두에 두었다는 것은 3절에서 이 약속을 다윗의 후손으로 출생한 메시아 예수에게 초점을 맞추고 있고, 그리고 로마서를 마감하는 15장 8절에서 "그리스도께서 하나님의 진실하심을 위하여 할례의 추종자가 되셨으니 이는 조상들에게 주신 약속을 견고하게 하시고"라고 하면서, 하나님의 아들 메시아 예수의 사역을 하나님의 진실하심의 성취와 구약에 나타난 약속의 성취로 본 점에서 확인된다. 이것이 확실하다는 것은 바울이 로마서 15장 12절에서 직접 구약 이사야 11장 10절인 "이새의 뿌리, 곧 열방을 다스리기 위하여 일어나시는 이가 있으리니 열방이 그에게 소망을 두리라"를 인용하여, 이사야의 예언이 메시아 예수를 통해 성취되었음을 강조한 사실에서도 확인된다.[25] 이것은 사실상 메시아 예수를 통해 이스라엘 회복은 물론 열방에 대한 구약의 약속(예, 삼하 7:12-16; 사 11:1, 10; 렘 23:5-6; 30:9; 33:14-18; 겔 34:23-24; 37:24-25)이 이루어졌음을 뜻한다.[26]

여기서 바울은 하나님께서 율법을 통한 의와 구원의 길을 먼저 제시하였으나, 인간의 불순종으로 실패하였기 때문에, 이제 차선으로 복음을 통한 새로운 의와 구원의 길을 제시한 것이 아님을 분명히 한다. 오히려 하나님께서 처음부터 범죄한 인류를 구원하기 위해 복음을 통한 의와 구원의 길을 세우시고(엡 1:4, "창세전에") 그 길을 아브라함에게 약속하시고, 그리고 다윗과 선지자들을 통하여 계속 그 약속을 선포하게 하셨음을 밝힌다. 하나님은 단순히 약속만을 선언하신 것이 아니라, 출애굽 사건과 사사 시대, 왕정 시대를 걸쳐 이스라엘 백성들을 수많은 적대 세력으로부터 구원하시는 그의 신실한 구원 행위를 통하여 복음의 내용을 미리 보여주셨다. 구약성경은 이스라엘 백성들과 그들의 지도자들의 계속되는 불경건과 불의에도 불구하고, 복음에 대한 자신의 약속을 신실하게 지키시는 하나님의 언약적 신실성을 드러내는 내러티브다. 우리는 이스라엘 백성들의 출애굽 사건의 역사와 가나안 정복과 사사 시대, 왕정 시대, 바벨론 포로와 그 귀환의 역사를 통하여 이를 확인할 수 있다.

그렇다면, 모세의 율법과 복음은 서로 어떤 관계를 지니고 있는가?

구약 출애굽기에 따르면 이스라엘 백성들이 이집트 땅에서 노예 생활을 할 때 하나님께서 먼저 복음의 언약을 기억하시고, 그 언약을 지키시기 위해 출애굽 사건을 통해 이스라엘 백성들을 구원하여 자신의 언약 백성으로 삼으셨다. 그리고 모세를 통해 그들로 하여금 "제사장의 나라와 거룩한 언약 백성으로"(출 19:6) 거룩한 삶을 살아 온 세상을 섬기는 빛이 될 수 있도록 율법을 주셨다(출 2:23-25; 20:2). 이처럼 출애굽 사건으로 모세와 이스라엘 백성들에게도 복음이 알려졌다.

---

25   Seyoon Kim, *Justification and the Kingdom of God* (Tübingen: Mohr Siebeck, 2018), 15-19.
26   C. Marvin Pate, *Romans* (Grand Rapids: BakerBooks, 2013), 19.

출애굽 사건 후 광야에서 주어진 율법이 출애굽 사건을 통해서 보여 준 그 복음을 대체하기 위해 주어진 것은 아니다. 갈라디아서 3:17에서 바울은 복음의 내용인 "하나님께서 미리 정하신 언약을 사백삼십 년 후에 생긴 율법이 폐기하지 못하고 그 약속을 헛되게 하지 못하리라"고 선언하고 있다. 율법은 복음을 대체하거나 복음을 폐하지 못한다. 복음과 율법은 처음부터 서로 다른 목적을 위해 주어졌다. 다시 말하자면 율법은 복음과는 다른 목적, 곧 그리스도를 통해 복음이 명백하게 나타날 때까지 언약 백성인 이스라엘 백성에게 그들이 제사장 나라와 거룩한 삶을 살도록 주어졌다. 따라서 율법은 처음부터 결코 복음의 자리를 대신할 수 없었다.

3절 이하에서 우리는 바울이 복음의 핵심을 어떻게 이해하고 있는가를 보게 된다. 바울이 보기에 복음의 핵심적인 내용은 하나님이 약속한 하나님의 아들 메시아 예수의 인격과 그의 사역이다.[27] 곧 복음은 하나님의 약속대로 그의 아들이 다윗의 후손으로 출생한 메시아 예수라는 것, 그분이 성경대로 우리 죄를 대신하여 죽으시고, 성경대로 삼 일에 부활하셨으며(고전 15:3-4), 그분이 우리의 주님(고전 12:3)이시라는 것, 그분을 믿으면 죄 용서함과 구원이 주어진다는 선언이다(롬 10:9-15).

다시 말하자면, 메시아 예수의 출생, 3년간의 메시야 사역, 십자가의 죽음과 부활 전체가 복음이라는 것이다. 혹자는 이 부분이 이미 바울 이전의 초대 기독교 안에서 고백 되었던 기독론에서 온 것이라고 말하고 있다.[28] 혹은 초대교회에서 전승되어온 것을 바울이 몇 가지를 첨부하여 현재의 본문처럼 새로 편집하였다고 본다.[29] 그러나 바울의 회심과 소명의 시기와 예수님의 죽음과 부활의 시기 사이의의 간격이 불과 2-3년 밖에 되지 않는 점을 고려한다면, 바울과 무관(無關)한 독립적인 초대 기독론을 찾는다는 것은 현실적으로 거의 불가능하다.

---

27 Richard N. Longenecker, *The Epistle to the Romans* (NIGTC' Grand Rapids: Eerdmans, 2016), 63.
28 예를 들면, James D.G. Dunn, "Jesus-Flesh and Spirit: An Exposition of Romans 1.3-4," *JTS* 24 (1973), 40-68.
29 예를 들면, Jewett, *Romans*, 103-8; 박익수, 『로마서 주석 1』(서울: 대한기독교서회, 2008), 114-125. N. T. Wright, "The Letter to the Romans: Introduction, Commentary, and Reflection," in *The New Interpreter's Bible*, ed. L. E. Keck, 13 vols. (Nashville: Abingdon, 1994-2004), 416-417에서 바울이 초대교회 전승을 인용한 것은 그 전승이 자신이 말하고자 하는 것을 정확하게 대변하고 있기 때문인 것으로 본다.

물론, 초대 기독교의 기독론적 찬송 시로 알려진 빌립보서(2:6-11)와 골로새서(1:15-20)의 경우처럼, 바울이 기존의 고백을 수정 보완하여 자신의 것으로 만들었을 가능성을 배제할 수는 없다. 그러나 바울 자신이 이미 초대 기독론 형성에 주도적인 역할을 하였을 가능성도 있다. 사실상 하나님의 아들을 수식하는 3-4절의 두 병행 분사절의 핵심적인 어휘인 "육을 따라"와 "성령을 따라"가 바울이 자주 사용하고 있는 중요한 신학적인 대조인 '육'과 '성령'의 대조(예를 들면, 롬 8:4-9; 갈 5:13-18)를 연상케 하고 있다는 점은 이 구절을 바울과 분리하기가 어렵다는 것을 알려준다. 그리고 우리가 바울이 초대교회의 전승을 자신의 필요에 따라 편집하였을 것으로 추측은 할 수 있겠지만, 마치 양파의 껍질을 벗겨 내듯 이 구절에 관한 전승의 고리를 찾는다는 것은 어렵다. 중요한 것은 어느 부분이 초대교회의 것이고, 어느 부분이 바울의 것인가를 찾는 것이 아니라, 바울을 통하여 최종적인 정경으로 주어진 본문의 의미와 메시지를 찾는 일이다. 3절 이하의 본문을 좀 더 자세하게 살펴보자.

3절 서두에서 바울은 하나님의 복음은 바로 하나님의 약속이 성취된 그의 아들, 곧 하나님의 아들에 관한 것임을 강조한다. 이것은 사실상 하나님께서 구약성경을 통해서 약속하신 복음은 그의 아들에 관한 것임을 보여주는 것이다. 복음을 결정하는 시금석(試金石)이 바로 그의 아들이라는 것이다. 바울은 두 개의 형용사적 분사절을 통하여 복음의 내용인 하나님의 아들에 관하여 설명한다. 그는 아래와 같이 "육을 따라"(카타 사르카, κατὰ σάρκα)와 "성령을 따라"(카타 프뉴마, κατὰ πνεῦμα)라는 두 평행구를 중심으로, 복음의 주 내용인 하나님의 아들 예수 그리스도의 사역 상의 신분을, 부활 전 '다윗의 후손으로 출생한 자'로서의 메시아적 신분과 부활 이후 '능력을 가진 하나님의 아들'로서의 신분으로 다음과 같이 서로 구분하고 있다.

> 그의 (하나님의) 아들에 관하여
> 육신으로는 다윗의 혈통에서 나신 분이시고,
> 성결의 영으로는 죽은 자들 가운데서 부활하사
> 능력을 가지신 하나님의 아들로 선포되신 분이시니
> 곧 우리 주 예수 그리스도이신 분이시니라.

바울이 하나님의 아들을 수식하는 두 분사절, "육신으로는 다윗의 혈통에서 나신 분"/"성결의 영으로는 능력을 가진 하나님의 아들로 선포된 분"을 통해서 무엇을 강조하고 있는가? 이 구절에서 강조하는 것은, 어떤 사람이 말하고 있는 것처럼, 인간 예수가 부활을 통하여 비로소 능력 있는 하나님의 아들이 되셨다는 존재론적 변이(變移)가 아니다.[30] 또는 어떤 다른 주석가들의 주장처럼 예수님의 인격이 인성(人性)과 신성(神性)의 양성으로 이루어져 있음을 강조하는 것도 아니다. 문법적으로 보면, 두 개의 속성(형용사)분사절, "육을 따른…", "성령을 따른…"은 다 같이 하나님의 아들을 수식하고 있다.

따라서, 본문은 육(肉)의 예수가 하나님의 아들이 되는 존재론적 변이가 아니라, 오히려 출생하기 전부터 하나님의 아들로 계셨던 그분의 메시아 사역을 통해 나타난 두 신분 상태, 곧 하나님의 구원 역사에 있어서 부활 전의 "육을 따른" 낮아지신 상태에서의 메시아 신분 및 그 사역과 부활 이후의 "성령을 따른" 능력 있는 하나님의 아들로 높아지신 메시아 신분 및 그 사역을 보여준다.[31]

이것은 요한복음이 말하는 태초부터 하나님과 함께 계신 "그 말씀이 육신이 되었다", 로마서 8:3의 "하나님의 그의 아들을 죄 있는 육신의 모습으로 보내셨다", 그리고 갈라디아서 4:4의 "하나님이 그의 아들을 보내사 여인으로부터 나게 하셨다"는 사상과 맥을 같이한다. 존 스토트는 이점과 관련하여 다음과 같이 명쾌하게 설명한다.

> '육신을 따라'와 '성령을 따라'라는 두 표현은 예수 그리스도의 두 본성(인간적 본성과 신적 본성)을 나타내는 것이 아니라, 그분의 사역의 두 단계로 부활 이전과 부활

---

30 예를 들면, E. Käsemann, *Commentary on Romans* (Grand Rapids: Eerdmans, 1980), 12-13: "두 개의 행이 서로 반위 관계를 이루고 있다는 점과 '인정하다'는 말은 예수가 그의 높아짐과 승귀하심에서 하나님의 아들의 존귀함을 받았다는 사실을 분명히 한다. 따라서 두 분사절은 확실히 존재보다 변화를 말해준다"고 하면서, 예수가 부활을 통하여 비로소 하나님이 되셨다는 암시를 준다. 역시 박익수, 『로마서주석 1』, 119, "분명한 것은, 로마서에서 바울은 예수의 아들 됨의 기원에 대해 복음서에서처럼 '선재하신 하나님의 아들'로 인식하지 않았으며, 그의 죽으심에 이은 부활 사건 이후 비로소 아들로 '확정되셨다'(4절)는, 소위 양자론적 기독론의 입장을 취한다는 사실이다"라고 하면서, 마치 바울이 예수를 선재하신 하나님의 아들로 인식하지 않았다는 식의 주장을 한다. 하지만 이와 달리 바울은 빌립보서 2:6 이하에서, 십자가의 죽음을 당하신 예수가 성육하기 전에 이미 분명히 하나님의 본체로서 선재하고 있었음을 주장하고 있다(역시 골 1:15-20도 참조하라).

31 C. E. B. Crandfield, *A Critical and Exegetical Commentary on the Epistle to the Romans 1*, (Edinburgh: T & T Clark, 1985), 58-61; Moo, *Romans*, 49; Peterson, *Romans*, 87-88.

이후의 사역을 말하는 듯하다. 부활 이전의 사역은 연약한 것이었으며, 부활 이후의 사역은 쏟아 부어진 성령을 통한 능력 있는 것이다. 그러므로 여기에는 하나님의 아들의 비하(卑下)와 승귀(昇貴), 그의 연약함과 능력, 다윗에게로 거슬러 올라가는 그분의 인간적 혈통, 부활에 의해 또 성령을 주신 것에 의해 확립된 그분의 권능에 찬 신적 아들 됨 등에 대한 균형적인 진술이 나와 있다.[32]

이처럼 예수님은 다윗의 혈통에서 출생하기 전부터 하나님의 아들로 계셨다. 그러다가 때가 되어 옛 시대의 세력에 매여 있는 범죄한 인류의 구속을 위하여 약속된 다윗의 후손(메시아)으로 출생하셔서, 옛 시대의 종이 된 죄인을 대신하여 수난과 십자가의 죽음을 당하심으로 인류를 위한 구속 사역을 완수하셨다(롬 3:24-25; 8:3; 갈 4:4; 빌 2:6-11). 그리고 부활 이후의 새 시대에는 성령을 따라 능력 있는 하나님의 아들 신분으로, 곧 하나님의 호칭인 주님의 신분으로 높아지셔서(빌 2:11), 성령을 보내시고 성령을 통해 그들의 실제적인 구원 적용을 위해 계속 사역하신다. 그러므로 새 시대에 있어서 성령과 부활하신 예수는 그 사역에 있어서 서로 분리되지 않는다.

성령이 부활하신 예수님의 사역을, 부활한 예수님은 성령을 통하여 사역하기 때문에, 새 시대에 있어서, 부활하신 모든 주님의 사역은 사실상 성령의 사역인 동시에, 또한 성령께서 하시는 모든 사역은 부활하신 주님의 사역으로 돌려진다.[33] 바울에게 있어서 그리스도 안에 있는 자는 성령 안에 있는 자가 되고, 성령 안에 있는 자는 그리스도 안에 있는 자가 되고, 성령을 소유한 자는 그리스도를 소유한 자가 되고, 그리스도를 소유한 자는 바로 성령을 소유한 자가 된다(롬 8:9-10; 고전 12:3). 그 결과 그리스도에 대한 올바른 이해와 성령에 대한 올바른 이해는 서로 불가분의 관계에 있다. 전자가 서면 후자도 설 수 있지만, 전자가 무너지면 후자도 무너진다.

그리스도는 자신의 구원 사역의 유익을 그의 영인 성령을 통해서 그를 믿는 자들에게 공급하고, 성령은 그리스도를 믿는 자들을 그리스도와 연합시켜 그리스도의 구원 사역이 믿는 자들의 사역이 되게 하신다. 그런 점에서 볼 때 우리의 구원은 전적으로 하나님의 아들 예수 그리스도의 이 낮아지심과 높아지심의 이중

---

32 존 스토트, 정옥배 옮김, 『로마서 강해』(서울: IVP, 2019), 56.
33 게할더스 보스, 이길호 원광연 옮김, "바울의 성령 개념에 대한 종말론적 측면,"『구속사와 성경해석』(서울: 크리스챤다이제스트, 1998), 129-134도 보라.

적인 사역에 의존한다고 볼 수 있다.

3) 믿음의 순종을 가져오는 은혜와 사도의 직분(5절)

바울과 로마 교회 성도들은 복음의 내용인 하나님의 아들인 메시아 예수와 어떤 관계를 지니고 있는가?

바울은 먼저 5절에서 자신이 주님으로 높아지신 메시아 예수로부터 '은혜'와 '사도'의 직분을 받았고, 이것이 그리스도의 이름을 위하여 모든 이방인 가운데서 '믿음의 순종'의 역사를 가져온다고 말한다. 먼저 '은혜와 사도'라는 말을 통해 다시 한번 바울의 복음과 사도직이 부활한 그리스도를 통해 은혜로 주어졌다는 것과, 또한 바울의 사도직과 함께 하나님의 은혜가 계속해서 나타나고 있음을 일깨워준다. 바울은 고린도전서와 갈라디아서에서 이 점을 각각 고백하고 있다.

> "내가 나 된 것은 하나님의 은혜로 된 것이니 내게 주신 그의 은혜가 헛되지 아니하여 내가 모든 사도보다 더 많이 수고하였으나 내가 한 것이 아니요 오직 나와 함께 하신 하나님의 은혜로라"(고전 15:10).

> "하나님이 나를 모태에서부터 나를 구별하시고 그리고 그의 은혜로 부르셨다"(갈 1:15).

이처럼 하나님의 은혜는 바울이 받은 복음과 그의 사도직 수행의 원천이다. 그는 로마서 서언에서만이 아니라 결언에서도 하나님의 은혜를 언급하면서 하나님의 은혜가 그로 하여금 로마서를 쓰게 한 원천이었음을 강조한다.

> "하나님께서 내게 주신 은혜로 말미암아 더욱 담대히 대략 너희에게 썼나니, 이 은혜는 곧 나로 이방인을 위하여 그리스도의 예수의 일꾼이 되어 하나님의 복음의 제사장 직분을 하게 하사 이방인을 제물로 드리는 것이 성령 안에서 거룩하게 되어 받으실 만하게 하려 하심이라"(15:16).

사도행전에도 이와 유사한 고백이 나타난다.

"주 예수께 받은 사명 곧 하나님의 은혜의 복음을 증언하는 일을 마치려 함에는 나의 생명조차 조금도 귀한 것으로 여기지 아니하노라"(행 20:24).

이제 그가 로마의 기독교인들에게 이 은혜의 복음을 전하는 사도직을 수행함으로 모든 이방인 중에서 '믿음의 순종'을 가져온다고 말한다. 그렇다면 여기 '믿음의 순종'(휘파코에 피스테오스, ὑπακοὴ πίστεως)구문에 나타나는 '믿음'과 '순종'의 관계를 어떻게 이해할 것인가?

바울은 로마서 서언에서만이 아니라 로마서를 마감하는 결언 부분인 16:26에서도 동일한 말로 자신의 복음이 "모든 민족이 '믿어 순종하게'(ὑπακοὴν πίστεως) 한다"고 말하고 있다. 이것은 이 말이 로마서에서 매우 중요한 의미를 지니고 있음을 암시한다.[34] 어떤 의미에서 로마서 전체가 '믿음의 순종'을 지향하고 있다는 암시이기도 하다. 서언과 결언에서도 언급될 만큼 로마서에서 막중한 비중을 차지하고 있는 '믿음의 순종'이란 말을 어떻게 해석할 것인가? '믿음과 순종'의 관계는 속격 관계이므로 문법적으로 세 가지 접근이 가능하다. 첫째, 주격 소유격으로 보아 '믿음으로부터 나오는 순종' 또는 '믿음이 가져다 주는 순종'으로 이해하는 것이다. 둘째, 목적 소유격으로 보아 "믿음, 곧 그리스도의 복음이나 그리스도에 대한 우리의 순종"으로 이해하는 것이다. 셋째, 설명 소유격으로 보아 믿음과 순종을 분리시키지 않고 통합시켜 보는 것이다. 어느 것이 가장 타당성이 있는가?[35]

여기 '믿음'과 '순종'이 구별된다고 할지라도 양자는 결코 서로 분리되지 않는다는 점을 유념해야 한다. 왜냐하면, 믿음은 그리스도에 대한 믿음이고, 그리스도에 대한 믿음은 항상 그리스도에 대한 순종을 동반하기 때문이다. 그리스도에 대한 순종을 동반하지 않는 그리스도에 대한 믿음은 참된 믿음으로 보기 어렵고, 그리스도에 대한 참된 믿음 없이 그리스도에 대한 참된 순종을 찾아보기 어렵다. 그래서 바울은 종종 그의 서신에서 믿음과 순종을, 마치 같은 동전의 앞면과 뒷

---

34 보다 자세한 논증은 G. N. Davies, *Faith and Obedience in Romans: A Study in Romans 1-4*, JSNTS 39 (Sheffield: JSOT Press, 1990), 25-30; Moo, *Romans*, 51-53을 보라.
35 Cranfeild, *Romans 1*, 66에서 7개의 가능한 해석을 소개하면서 가장 적절한 해석은 "순종으로 이루어진 믿음"(the faith which consists in obedience)이라고 말한다. 반면에 Davies, *Faith and Obedience in Romans: A Study of Romans 1-4*, 28-30은 '믿음의 순종'을 "믿음에 의해 시작되고 믿음에 의존하는 순종"으로 본다.

면처럼, 교차 사용하고 있다(1:8/16:19; 10:16b/11:23; 11:23/ 11:30,31).³⁶

예를 들면 1:8에 나타나 있는 "너희 믿음이 온 세상에 전파되었다"는 말과 데살로니가전서 1:8의 "너희 믿음의 소문이 각처에 퍼졌다"는 말은 그들의 믿음의 행위들이 널리 알려졌다는 것을 뜻한다. 그리고 16:19에서 바울은 믿음과 순종을 동일시하여 "너희의 순종함이 모든 사람에게 들리는지라"고 말하고 있다. 그런 점에서 여기 속격 관계는 주격 속격과 설명 속격의 이중적인 의미를 지니고 있는 것으로 보는 것이 바람직하다.³⁷ 어쨌든 여기서 바울이 강조하는 것은, 자신의 목회나 선교의 진정한 목적은 단순히 그리스도를 믿는 것으로 끝나지 않고, 또한 그리스도에 대한 진정한 순종을 가져오도록 함에 있다는 것이다. 즉, 기독론과 함께 제자론을 가져오도록 함이라는 것이다.³⁸ 그런 점에서 바울과 행함이 없는 믿음을 비판하는 야고보 사이에 근본적인 차이점이 있다고 보기 어렵다.

4) 편지를 받는 로마의 기독교인들(6-7절)

바울은 로마 기독교인들을 어떻게 보고 있는가?

바울이 로마서를 쓸 무렵 로마의 기독교인들은 대다수의 이방인 기독교인들과 소수의 유대인 기독교인들로 구성되었을 것이고, 유대교와도 분리되어 회당이 아닌 기독교인 가정에서 모이고 있었을 것이다. 이 점은 로마서를 마감하는 16장에서 바울이 로마에 있는 여러 가정교회를 언급하며 암시하고 있는 점에서 확인된다. 그래서 바울은 편지의 수신자를 특정한 교회로 한정하지 않고, "로마에서 하나님의 사랑하심을 받고 성도로 부르심을 받은 모든 자"(7절)로 부른다.³⁹

바울은 로마 가톨릭 교회처럼 평신도와 성직자를 나누고, 후자를 전자보다 상위에 두는 일종의 사제주의자(司祭主義者)가 아니다. 오히려 그는 자신이 부름을 받은 자인 것과 똑같이 7절에서 로마의 기독교인들을 "예수 그리스도의 부름을 받은 자들로", 자신이 하나님의 은혜(사랑)받은 자인 것과 같이 로마의 기독교인

---

36 무, 『로마서의 신학적 강해』, 63도 참조하라: "믿음과 순종은 같은 동전의 양면이다. 순종 없이 진정한 믿음을 가질 수 없고, 믿음 없이 진심으로 순종할 수 없다."
37 존 머리, 『로마서 주석』(서울: 아바서원 2014), 51.
38 M. J. Gorman, *Romans. A Theological & Pastoral Commentary* (Grand Rapids: Eerdmans, 2022), 62
39 Oda Wischmeyer, *Paul. Life, Setting, Work, Letter* (London: T & T Clark International, 2012), 259-260.

들을 "하나님의 사랑받은 자"로, 자신이 성령으로 부름을 받은 자인 것과 똑같이 로마 교인들을 (성령에 의해) "부름 받은 성도"로 부르고 있다. 이것은 시간과 장소를 초월하여 모든 기독교인은 하나님의 부름을 받은 거룩한 자임을 보여준다. 물론 이것이 로마의 기독교인들을 포함하여 모든 기독교인이 바울과 똑같은 사도적 직분을 위해 부름을 받았다는 의미는 아니다.

바울은 하나님의 복음을 위하여 구별된 사도의 부름을 받았다(1:1). 신적인 부름은 동일하지만, 그 직분은 얼마든지 다를 수 있기 때문이다(고전 11:4-11; 엡 4:11).

바울은 그들에게 '은혜'(카리스, χάρις)와 '평강'(에이레네, εἰρήνη)으로 정중한 문안 인사를 한다. 여기 '은혜'는 바울 당대 헬라-로마 세계의 인사였고, '평강', 곧 히브리어로 '샬롬'(שלום)은 유대인들의 전형적인 인사였다(2 Macc. 1:1; 2 Bar. 78.3). 그런데 바울은 다른 서신에서와 마찬가지로 이 두 가지를 묶어 자신의 인사로 제시한다. 바울은 그들에게 '은혜'와 '평강'으로 인사를 한다. 이미 구약 민수기 6:24-26에 나타나 있는 제사장의 언약적 축복에 '은혜'와 '평강'이 나란히 나타난다.

"여호와는 네게 복을 주시고, 너를 지키시기를 원하며, 여호와는 그의 얼굴을 네게 비추사 은혜 베푸시기를 원하며, 여호와는 그 얼굴을 네게로 향하여 드사 평강 주시기를 원하노라"(민 6:24-26).

아마도 바울은 그리스도 안에서 성취된 하나님의 이 언약적 복을 강조하기 위하여 제사장의 축복처럼 두 용어를 한데 묶어 사용하였다고 볼 수 있다. 이와 같은 언약적 축복 인사의 내용은 바울의 거의 모든 서신의 서두에 나타나고 있다(롬 1:7; 고전 1:3; 고후 1:2; 갈 1:3; 엡 1:2; 빌 1:2; 골 1:2; 살후 1:2; 몬 1:2). 바울은 하나님의 약속의 성취인 예수 그리스도 사건에 나타난 하나님의 은혜와 평강을 강조하기 위해 이러한 인사를 즐겨 사용하고 있는 것 같다. 사실상 바울이 전하는 복음은 하나님의 은혜와 평강의 복음이다.

바울이 인사 문단에서 하나님을 '우리의 아버지'로 부르는 것은, 주기도문의 서언에서 발견할 수 있는 것처럼, 예수 그리스도가 친히 제자들과 그리고 제자들을 통해 초대 교회에게 전승해 준 새로운 계시를 그가 활용하고 있는 것으로 볼 수 있다. 바울이 활동할 당시 아직 복음서가 기록되지는 않았지만, 주기도문을 포함하여 예수에 관한 전승(傳承)들이 사도들의 설교와 가르침을 통해 널리 유포

되었을 것이다. 그리고 예배와 기도와 찬송 중에 이 전승들이 자유롭게 활용되었을 것이다.[40] 그중에 하나가 예수님이 즐겨 사용한 하나님에 대한 호칭 "아바 아버지"였을 것이다(롬 8:15; 갈 4:6). 사실 예수 당시 유대인들은 일반적으로 "아버지"를 하나님에 대한 개인적인 호칭으로 쓰는 것을 즐겨 하지 않았다. 그러나 예수님은 아람어로 친숙한 표현인 "아바"(아버지)를 하나님께 대한 개인적인 호칭으로 삼았을 뿐만 아니라(참조 막 14:36), 또한 그의 제자들도 하나님을 개인적으로 "아바"로 부를 수 있도록 하였다. 그래서 헬라-로마 세계의 이방인 기독교인들도 동일하게 하나님을 "아바"로 부를 수 있었다(롬 8:15; 갈 4:6).[41]

바울이 예수 그리스도를 본래 유대인들이 하나님께 대해서만 불렀던 호칭이며, 바울 당대 헬라-로마 사회에서 로마 황제에 붙여진 칭호인 '주'로 부르는 것은 부활절 사건 후에 초대교회가 부활하신 예수께 사용하고 있는 특별한 신앙고백을 그대로 계승하고 있다는 사실을 보여준다. 베드로는 오순절 설교에서 하나님께서 부활하신 예수님을 '주'와 '그리스도'로 세우셨다고 선언하였는데(행 2:35), 바울 역시 빌립보서 2:11에서 부활하신 예수 그리스도를 가리켜, "모든 입으로 예수 그리스도를 주로 시인하여"라고 하면서, 하나님께서 예수 그리스도를 온 세상의 주가 되게 하셨다고 말하고 있다. 바울은 고전 12:3에서는 성령 받은 참된 신자의 표시로 예수님을 "주"로 고백하는 것으로 본다.

이렇게 하여 바울은 아버지 되신 하나님과 주님 되신 메시아 예수만이 참된 평강과 은혜, 곧 복의 원천임을 강조한다. 진정한 은혜와 평강은 세상 사람이나 물질이나 더 나아가서 세상의 통치자인 로마 황제에게 있지 않고, 하나님과 예수 그리스도에게 있다는 것이다. 동시에 메시아 예수가 이 세상의 진정한 통치자인 왕 중의 왕이심을 강조한다. 이것은 당시 로마 황제가 신격화되고, 세상의 평강과 복이 로마 황제로부터 나온다는 주장에 대한 정면적인 도전이 아닐 수 없다.

---

40 James Dunn, "The Tradition," *Jesus Remembered* (Grand Rapids: Eerdmans, 2003), 173-254; Richard Bauckham, *Jesus and the Eyewitnesses* (Grand Rapids: Eerdmans, 2006), 264-357.
41 최갑종, 『나사렛 예수』 (서울: 기독교 문서선교회, 1996), 118-135를 보라.

2. 감사 문단: 로마 교회에 대한 바울의 감사(1:8-15)

일반적으로 바울서신은 서문 다음에 감사 문단이 나온다(고전 1:4; 빌 1:3; 골 1:3; 살전 1:2; 살후 1:3). 로마서도 예외가 아니다. 바울은 종종 이 감사 문단을 통해서 수신자들의 현재 상황에 대한 진단과 칭찬, 수신자들에게 편지를 쓰는 이유, 전달하려고 하는 핵심적인 메시지에 대한 간략한 소개 등을 피력(披瀝)한다. 그런 점에서 감사 문단은 서신의 전체적인 방향과 성격, 내용 등을 파악하는 데 있어서 중요한 위치를 차지한다.[42] 로마서의 긴 인사 문단에 이어 감사 문단(1:8-15)은 사실상 그가 인사 문단에서 밝힌 그의 사도적 소명의 구체적인 표현이기도 하다.[43] 감사 문단은 감사의 내용(8절), 기도(9-10절), 로마 교회 방문 목적과 이유(11-15절) 등 세 부분으로 나누어진다.

1) 감사의 내용(8절)

바울은 감사 문단을 시작하면서 감사의 대상, 감사의 방편, 감사의 내용을 언급한다. 그는 감사의 대상이 "나의 하나님"임을 강조한다. 하나님만이 자신의 감사를 받으시기에 합당한 분이라는 것이다. 그러나 이 감사는 그에게 사도적 소명을 주신 "메시야 예수를 통하여" 온다. 왜냐하면 하나님으로부터 오는 모든 것은 그리스도 때문에, 그리스도를 통하여 주어지기 때문이다.

그는 단순히 사적인 감사를 말하는 것이 아니라 복음을 위하여 메시야 예수의 대사로 부름을 받은 자로서 감사한다.[44] 감사의 주 내용은 로마제국의 수도인 로마에 세워진 교회에 소속된 성도들의 믿음이 로마제국 전체에 알려지고 있다는 것이다. 물론 여기에 수사학적인 과장이 있다고 하더라도,[45] 이 말은 단순히 의례적인 말이 아니라 어느 정도 역사적 사실에 근거한 것이다.[46] 로마 교회 성도들

---

42 P. Schubert, *Form and Function of the Pauline Thanksgivings*, BZNW 20 (Berlin: Töpelmann, 1939), 180; R.W. Funk, *Language, Hermeneutic, and Word of God: The Problem of Language in the New Testament and Contemporary Theology* (New York: Harper & Row, 1966), 257.
43 Thomas R. Schreiner, *Romans*, Second Edition (Grand Rapids: BakerAcademci, 2018), 54: "8-15절의 감사와 기도문은 로마에 있는 교회와 관련된 그의 사도적 소명의 표현이다."
44 Longenecker, *Romans*, 104; Schreiner, *Romans*, 54.
45 머리, 『로마서 주석』, 58: "'온 세상'이란 표현은 일종의 과장으로 생각된다."
46 박익수, 『로마서 주석 1』, 139.

의 믿음이 로마제국에 알려지고 있다는 것은 그리스도에 대한 믿음으로부터 나온 그들의 구별된 삶이 널리 알려졌다는 것을 시사한다. 이점은 로마서 결언에서도 나타난다. 그는 결언에서 로마의 기독교인들을 가리켜, "너희가 스스로 선함이 가득하고 모든 지식이 차서 능히 서로 권하는 자"(15:14)임을 확신한다.

당시 로마는, 오늘의 뉴욕처럼, 인구가 1백만 명이 넘는 거대도시였고, 세계의 중심지였다. 정치, 경제, 군사, 교육 등 모든 것이 로마에서 결정되었고, 전 세계 사람들이 로마를 오고 갔다. 그래서 당시 "모든 길은 로마를 향한다"는 구호가 있었다. 따라서 로마 교회의 위치는 어느 지역의 교회보다 중요하였을 것이다. 잘하든 못하든 로마의 기독교인들은 세계 사람들의 주목을 받을 수밖에 없었다.[47]

그런데 자신을 이방인의 사도로 인식하고 있는 바울이(11:13; 15:16) 이방인이 다수인 로마 교회의 믿음이 전 세계 사람들에게 알려져 칭찬의 대상이 되고 있다는 소식을 들었으니 어찌 감사하지 않을 수 있겠는가! 이것은 바울이 계획하고 있는 스페인 선교는 물론, 바울이 여러 지역에 세운 이방인 교회들의 신분을 위해서도 청신호가 아닐 수 없었을 것이다. 아마도 바울은 아시아와 동 유럽지역을 선교하는 동안 여행자들로부터나 자신의 선교 동역자가 된 브리스길라나 아굴라 같은 로마 교회 출신자들로부터, 로마 교회의 모범적인 근황을 자세히 들을 수 있었던 것 같다.

2) 기도(9-10절)

바울은 9절 서두에 있는 이유 접속사 '가르'(γάρ)를 통해 8절의 감사를 9절 이하에서 제시하는 로마 교회 방문의 기대와 직접 연결한다.[48] 즉 그의 감사는 막연한 것이 아니라 로마 교회와 관련된 구체적인 내용을 가진 것이라는 것이다. 이처럼 감사와 기도는 서로 연결되어 있다.

바울은 이제 9절 이하에서 그가 아직 로마를 방문하여 그곳에 있는 기독교인들을 직접 만나지는 않았더라도 끊임없이 그들을 생각하고, 하나님께서 로마를 방문할 수 있는 기회를 주시도록 규칙적으로 기도하였다는 사실을 강조한다. 바울은 로마 교회 성도들에게 자신이 말하고 있는 것이 확실함을 강조하기 위해,

---

47　Middendorf, *Romans 1-8*, 75.
48　Schreiner, *Romans*, 54: "9절의 γάρ은 감사 문단의 다음 중 주제인 바울의 로마 방문을 위한 기도를 소개한다."

하나님을 증인으로 세우는 일종의 맹세적 표현인 "하나님이 나의 증인이 되신다"(고후 1:23; 갈 1:20; 빌 1:8; 살전 2:5, 10)는 문구를 사용한다.

따라서, 그동안 예배 시간과 기도 시간에 로마 교회 성도들을 위해 규칙적으로 기도하고, 로마 교회를 방문하고 싶어 했다는 바울의 표현을, 단순히 로마 교회로부터 호감을 얻기 위한 의례적인 인사말로 생각해서는 안 된다. 이점은 증인 문구를 수식하는 관계대명사절 "내가 그의 아들의 복음 안에서 내 심령으로 섬기는"에서 확인된다. 왜냐하면 이 관계대명사절은 일종의 제의적인 의미를 지닌 동사 '라트류오'(λατρεύω)가 암시하고 있는 것처럼(15:16) 그가 메시아 예수로부터 받은 사도적인 소명인 하나님의 아들의 복음을 전파하기 위해서는 자신의 생명도 아까워하지 않는 바울의 사도적 삶을 대변하고 있기 때문이다(15:16).[49]

바울은 실질적으로 당시 세계의 중심지에 자리를 잡고 있는 로마 교회를 방문하고 싶어 했고, 그의 최종적인 선교 비전인 스페인 선교를 위해, 그리고 자신의 생사가 걸려있는 예루살렘 방문과 관련하여, 마치 그의 초기 선교 사역에 있어서 안디옥 교회가 그랬던 것처럼, 로마 교회로부터 다방면의 지원을 기대하고 있었을 것임이 분명하다(참고 15:14-32).

동시에 우리는 바울의 기도가 막연한 기대의 표현이 아니라, "하나님의 뜻 안에서"라는 표현에 암시된 것처럼, 하나님께서 로마를 방문하려는 자신의 기도에 응답하여 주실 것이라는 확신을 가진 믿음의 기도였음을 잊지 않아야 한다. 하나님의 뜻에 합당한 기도가 실패로 돌아갈 수 없기 때문이다. 우리가 사도행전에서 볼 수 있는 것처럼(행 28:16-31) 바울의 이 기도는 그가 죄수의 몸으로 로마를 방문함으로써 응답되었다.

3) 바울의 로마 교회 방문 목적과 이유(11-15절)

바울은 로마 교회 방문에 관한 보다 구체적인 이유와 목표를 밝힌다. 바울은 방문의 주된 목적을 "신령한 은사"를 로마 교회 성도들에게 제공하여 줌으로써 그들을 영적으로 보다 성숙하게 하려는 데 있음을 밝힌다. 이미 로마 교회는 복음을 받았기 때문에 그들에게 복음을 전하기 위해 간다고 말하지 않고-만일 그렇게 한다면 바울 스스로 로마 교회가 불완전한 복음을 받았거나 미성숙한 자라

49　Fitzmyer, *Romans*, 244-45; Schreiner, *Romans*, 56.

는 판단을 하고 있는 것처럼 비춰질 수 있기 때문에-신령한 은사를 제공함으로써 그들의 영적 성장을 도와주고 싶다고 말한다.

바울이 여기서 말하고 있는 "신령한 은사"는 무엇을 뜻하는가?

'신령한 은사'가 성령의 은사들과 전혀 무관하다고는 말할 수는 없겠지만, 구체적으로 무엇을 가리키고 있는지 정확하게 알기는 어렵다. 하지만, 우리가 확신을 가지고 말할 수 있는 것은, 이 "신령한 은사"가 바울이 로마서를 통하여 제시하고 있는 그의 복음적 메시지와 분리되지 않는다는 점이다. 이미 바울이 5절에서 하나님으로부터 받은 "은혜"와 "사도직"을 분리시키지 않고 있기 때문에, "신령한 은사"는 바울이 다메섹으로부터 받은 그의 복음, 그의 이방 선교를 낳았던 동일한 복음을 지칭하고 있다고 보는 것이 가장 자연스럽다. 왜냐하면 바울이 15:19에서 밝히고 있는 것처럼 그가 복음을 전할 때 "말과 행위로 표적과 기사의 능력과 성령의 능력"이 동반되었기 때문이다. 이처럼 복음만이 성령의 능력을 동반하여 로마 교회가 직면하고 있는 약한 자와 강한 자 사이의 갈등을 포함하여 제반 문제를 해결하고 영적 성장을 가져올 수 있다.

이 점은 갈라디아서 3:5의 "너희에게 성령을 주시고 너희 가운데서 능력을 행하시는 이의 일이 율법의 행위에서냐 혹은 (복음을) 듣고 믿음에서냐?"와 데살로니가전서 1:5의 "이는 우리의 복음이 너희에게 말로만 이른 것이 아니라 또한 능력과 성령과 큰 확신으로 된 것이라"에서 확인된다. 그러나 바울은 곧이어 12절에서 이것이 일방적인 것이 아니고, 상호보완적인 것임을 강조한다. 즉 바울은 일방적으로 수여자, 로마 교회 성도들은 수혜자가 아니라, 오히려 서로 동등한 수여자, 수혜자라는 것이다.

로마 교회 성도들은 이미 바울이 전하고 있었던 그리스도에 관한 동일한 복음을 알고 있었고, 그리고 이미 그리스도에 관한 그들의 믿음은 널리 알려져 있었기 때문이다. 그래서 바울은 겸손하게 서로의 믿음을 함께 나눔으로써, 서로 배우고, 서로 권면하고, 서로 격려하여 함께 보다 성숙한 자리에 이르기를 소망한다. 여기서 우리는 참된 목회자, 선교사, 복음 전파자의 자세를 발견한다. 목회자, 선교사, 복음 전파자가 가져야 할 올바른 자세는 "나는 주는 자, 너희는 받는 자"라는 일방적인 수여자의 교만한 자세가 아니라, 오히려 교회나 피선교자들로부터 서로 도움을 주고 배운다는 겸손한 자세이다.[50]

50　John Stott, *Romans*, 57.

바울은 계속해서 그의 로마 방문 계획이 순간적인 착안이 아니라, 그동안 3차에 걸친 그의 선교 여행 기간에 지속적으로 가지고 있었던 것임을 밝힌다. 바울은 오래전부터 전 세계 선교 비전을 지니고 있었으며, 당시 땅끝으로 알려져 있었던 스페인 선교를 그의 마지막 선교 목표로 설정하고 있었던 것 같다(롬 15:23). 땅끝까지 복음이 전파될 때 그의 평생의 숙원인 유대민족의 회복과 그리스도의 재림이 온다고 보았기 때문일 것이다(11:25-32). 그리고 그 일을 위해서는 당시 세계의 중심지인 로마에 있는 기독교인들의 협조가 필수적임을 의식하고 있었던 것 같다. 그래서 바울은 그동안 여러 차례 로마를 방문하고자 원했지만 그러한 기회가 그에게 주어지지 않았다. 하나님께서는 지중해 연안 지역의 선교 사역이 더 필요하다고 생각하시고, 바울에게 로마의 이동(移動)을 허락하지 않으셨던 것 같다.[51] 그런데 그동안 사역했던 지중해 연안 지역의 선교가 어느 정도 결실을 거두었기 때문에, 바울은 이제 하나님께서 새로운 선교의 열매[52]를 수확할 수 있는 로마 방문의 기회를 허락해 주실 것을 기대하고 있다(롬 15:22-32).[53] 이처럼 바울은, 마치 겟세마네 동산에서 예수가 올렸던 기도처럼, 매사에 자신의 뜻보다도 하나님의 뜻을 우선시한다.

1:14-15에서 바울은 자신이 왜 로마를 방문하려고 하며, 그곳에 가서 무엇을 하려고 하는가를 다시 한번 분명하게 밝힌다. 그는 당시 유대인을 제외한 전 인류, 곧 모든 이방인을 지칭하는 통칭어인 "헬라인과 야만인", "지혜 있는 자와 어리석은 자"를 사용하여, 자신이 모든 이방인에게 복음을 전하여야 하는 빚을 졌다고 한다.[54] 그래서 이방 세계의 중심인 로마에 있는 성도들에게도 복음 전하기를 원했음을 밝힌다. 바울에게 있어서 로마제국의 수도이며, 정치, 경제, 문화의 세계적 중심이 된 로마의 화려함과 웅장함은 관심의 대상이 아니었다. 그는 관광

---

51 13절에 있는 길이 "막혔도다"라는 헬라어 동사 ἐκωλύθην이 하나님의 행동을 간접적으로 표현하는 신적 수동태로 사용되었다는 점은 하나님께서 바울로 하여금 로마로 가는 것을 허락하지 않았음을 시사한다.
52 바울은 15:28에서 이방인 교회들이 예루살렘교회를 돕기 위해 준비한 헌금을 "열매"로 지칭한다. 하지만 여기서 "열매"를 단순히 재정적 지원에 한정시킬 필요는 없다. 오히려 믿음의 순종을 가져오기 위한 모든 물질적, 영적 은사를 지칭한다고 볼 수 있다. 역시 Longenecker, *Romans*, 136도 참조하라.
53 우리 말 개역 개정판 성경은 "열매를 맺게 하려 함이로되"라고 번역함으로써 마치 바울 자신이 열매를 맺게 하는 주체가 되는 것처럼 보인다. 하지만 헬라어 원문 성경은 하나님께서 맺게 해주신 열매를 수확한다는 의미를 지니고 있다. 역시 John Murray, *Romans I*, 24; John Stott, *Romans*, 57을 보라.
54 Cranfield, *Romans 1*, 83.

을 목적으로 로마에 가려고 하는 것이 아니라, 그리스도의 복음을 전파하기 위해 가려고 하기 때문이다. 갈라디아서 1:16의 자전적 고백에 잘 나타나 있는 것처럼, 바울은 다메섹 사건을 통해 복음의 계시와 함께 이방인들에게 그 복음을 전해야 하는 사도직을 받았다(참조. 행 9:15; 26:17).

여기 "내가 빚을 진 자"는 말은 그다음 절인 15절이 말하고 있는 것처럼 바울이 복음을 전하여야 하는 의무를 지녔다는 말이다. 로마의 교인들에게 직접 빚을 얻었기 때문이라기보다도 그리스도에게 갚아야 할 빚을 졌기 때문이다. 사실 바울은 바로 이 일을 위해, 그가 원래 하나님의 교회를 핍박하는 자였음에도 불구하고, 그리스도로부터 은혜와 사도의 직분을 받았다. 그래서 그는 "내가 모든 사도보다 더 많이 수고하였으나 내가 아니요 오직 나와 함께 하신 하나님의 은혜로다"(고전 15:10)라고 고백하며 늘 겸손한 자세로 복음 전파에 전 생애를 바쳤다. 우리는 여기에 나타나 있는 "헬라인과 야만인"이라는 표현으로부터 적어도 로마서를 쓸 무렵 바울이 로마서의 주된 독자를 유대인이 아닌 이방인으로 간주하고 있다고 볼 수 있다. 이 점은 바울이 11:13에서 "내가 이방인인 너희에게 말하노라"라는 표현에서도 확인된다.

물론 이것이 로마 교회에 유대인 신자가 없었다는 말은 아니다. 우리는 로마에 있는 기독교인들에게 복음을 전하려 한다는 바울의 말로부터, 로마에 있는 성도들이 아직 복음을 받지 않았거나, 혹은 미숙한 복음을 받았다고 단정할 필요는 없다. 바울에게 있어서 복음을 전한다는 말은 그리스도를 전한다는 말과 거의 같은 뜻으로 사용되고 있을 뿐만 아니라(참조 고전 1:17/1:23; 고전 15:1,11/5:12; 고후 4:3/4:4), 설교와 가르침을 포함하고 있다. 따라서 로마의 성도들은 물론, 모든 기독교인에게 보다 성숙한 믿음과 순종을 위해서 그리스도는 한 번만이 아니라, 계속해서 설교되고, 가르쳐져야 한다.

3. 주제 문단: 복음 안에 나타난 하나님의 의(1:16-17)[55]

1:16-17은 로마서 전체의 중심 주제 구절로 알려져 있다.[56] 로마서 1:16-17이 로마서 주제 구절에 해당한다는 것은 다음과 같은 사실로 확인된다.

첫째, 이 구절에 로마서 전체의 내러티브(Narrative)를 이끌어가는 핵심 어휘인 "복음", "구원", "(하나님의) 의", "모든 사람", "믿음", 그리고 이를 뒷받침하는 구약 인용(합 2:4)이 등장하고 있다.[57]

둘째, 로마서의 문학적인 구성면에서 볼 때, 이 구절은 서언(1:1-17)의 결론일 뿐만 아니라, 또한 몸체(1:18-15:13)에 들어가는 관문 역할을 하고 있다.

셋째, 이 구절은 로마서의 심장으로 알려진 3:21-26의 문단과 어휘와 내용에 있어서 평행을 이루고 있다.[58]

넷째, 이 구절은 또한 주요 어휘의 구성면에 있어서 로마서 전체의 총 결론 구절(16:25-27)과 평행을 이루고 있다.[59]

---

55 주제 문단(1:16-17)의 주요 내용은 이미 최갑종, "로마서 1:16-17에 대한 주석적 연구," 「신약논단」30/1 (2023), 140-175을 통해서 소개되었음을 밝혀둔다.
56 많은 학자가 1:16-17을 로마서의 주제 구절로 보고 있다. 예를 들면, Käsemann, *Romans*, 21-22; Cranfield, *Romans 1*, 87; James D. G. Dunn, *Romans 1-8* (WBC 38A; Dallas: Word Books, 1988), 37-38; Joseph A. Fitzmyer, *Romans* (AB 33; New York: Doubleday, 1993), 253-255; Peter Stuhlmacher, *Paul's Letter to the Romans* (Edinburgh: T & T Clark, 1994), 25-26; Charles H. Talbert, *Romans* (Macon: Smyth & Helwys, 2002), 35; Robert Jewett, *Romans* (Minneapolis: Fortress Press, 2007), 135-136; Longenecker, *Romans*, 155; Schreiner, *Romans*, 62-63; Moo, *Romans*, 66-67을 보라.
57 로마서에는 '복음' 어휘가 12회, '의' 어휘가 63회, '믿음' 어휘가 61회, '모든' 어휘가 38회, '구원' 어휘가 13회, 그리고 구약 인용이 35회 이상 나타난다.
58 롬 3:21-26에는 1:16-17문단에 나타나는 "하나님의 의", "믿음", "모든 믿는 자", "나타난다", 그리고 서문에서 언급된 복음의 중심인 예수 그리스도 사건에 대한 해설이 등장한다. 그래서 로마서의 심장으로 불러진다. 예, Cranfield, *Romans*, 199: "우리는 3:21-26의 소단원이 1:16b-15:13 전체의 중심과 심장이라고 말할 수 있다": 역시 Schreiner, *Romans*, 186; Moo, *Romans*, 237; W. S. Campbell, "Romans iii as a Key to the Structure and Thought of the Letter," *NovT* 23 (1981), 22-40을 보라.
59 로마서 마지막 부분인 16:25-27단락이 1:16-17의 문단과 평행을 이루고 있다는 점은 1:16-17의 중요한 어휘들인 '복음', '모든 사람', '믿음', '계시' 어휘들이 똑같이 16:25-27에 등장하고 있는 점에서 확인이 된다.

이처럼 1:16-17이 로마서 전체를 아우르는 주제 구절에 해당한다고 하면, 한 사람의 로마서 이해가 이 주제 구절을 어떻게 이해하고 있느냐에 달려 있다고 해도 지나친 말이 아니다.[60] 먼저 이 구절의 본문 구성을 간략하게 살펴본 후 그다음 해석과 관련된 주요 논점들을 살펴보도록 하겠다.

1) 1:16-17의 구성

로마서 주제 구절인 1:16-17의 헬라어 본문은 아래와 같이 C(16d)를 중심으로 교차 평행을 이루고 있다. 즉, 전체적으로 일종의 ABCB´A´의 교차대구법 형태(chiasmus)를 보여준다.[61]

⟨헬라어 본문[62]⟩
A(16a) Οὐ γὰρ ἐπαισχύνομαι τὸ εὐαγγέλιον,----표제에 해당하는 복음 제시
B(16bc) δύναμις γὰρ θεοῦ ἐστιν εἰς σωτηρίαν ----복음에 대한 설명: 복음은 구원을 가져다 주는 하나님의 능력
   παντὶ τῷ πιστεύοντι,----구원의 대상자: 믿는 모든 사람
C(16d) Ἰουδαίῳ τε πρῶτον καὶ Ἕλληνι.----첫째는 유대인, 그다음은 헬라인
B´(17a´b´) δικαιοσύνη γὰρ θεοῦ ἐν αὐτῷ ἀποκαλύπτεται----의에 대한 설명: 하나님의 의가 복음 안에 계시 됨
   ἐκ πίστεως εἰς πίστιν,----의의 대상: 오직 믿음을 가진 자
A´(17c´) καθὼς γέγραπται· ὁ δὲ δίκαιος ἐκ πίστεως ζήσεται.----성경증명: '의인은 믿음으로 산다'(합 2:4)

---

60 Schreiner, *Romans*, 62: "사실상 모든 학자는 이 구절이 로마서 해석에 결정적임을 인정하고 있다. 역시 Peterson, *Romans*, 102를 보라.
61 Jewett, *Romans*, 136도 필자처럼 16, 17절을 각각 abc로 나누고 있지만, 필자와는 조금 다르다. 그는 17절의 구약 인용을 bc로 나눈다.
62 여기에 사용된 본문은 NA 28th Revised Edition (2012)의 본문이다. 이 본문에 대한 심각한 사본학적인 문제는 없다. 몇몇 사소한 사본학적 평가에 대해서는 Longenecker, *Romans*, 154를 보라.

〈한글 번역[63]〉

A(16a)   왜냐하면 나는 복음을 부끄러워하지 않습니다.
B(16bc) 이유는 복음이 구원을 가져다 주는 하나님의 능력이기 때문이며,
         그 대상은 믿는 모든 자이기 때문입니다.
C(16d)   첫째는 유대인이고, 그다음은 헬라인입니다.
B′(17a′b′) 이유는 복음 안에 하나님의 의가 나타나고 있기 때문이며,
         그 대상은 처음부터 끝까지 믿음을 가진 자이기 때문입니다.
A′(17c′) 이것은 다음과 같이 기록된 성경 말씀과 같습니다: '의인은 믿음으로 살 것입니다.'

이처럼, 주제를 시작하는 16a(A)는 1:16-17의 표제인 '복음'을 천명한다. 그리고 이것은 전체 내용을 성경으로 뒷받침하는 하박국 2:4의 인용인 17c′(A′)과 평행을 이룬다. 16bc(B)와 17a′b′(B′)가 평행을 이루고 있는 것과 똑같이 이유 접속사 '가르'(γάρ)를 동반하면서 복음의 능력과 그 대상인 믿음을 가진 자를 언급하고 있기 때문이다. 16d(C)를 중심에 둔 것은 그것이 사실상 편지의 독자를 반영하면서 AB와 A′B′를 연결하는 다리가 되기 때문이다.

이처럼, 1:16-17은, 일종의 교차대구법 형태를 가진 아름다운 문학적인 구성과 배열을 드러낸다.[64] 이 구절은, 또한 반복되는 접속사 '가르'(γάρ)와 '카도스'(καθώς)가 암시하고 있는 것처럼, 매우 논리적이면서 점진적인 리듬을 보여준다.[65] 여기에 덧붙여 서문의 끝부분에 배치된 이 구절은, 김세윤이 옳게 지적하고 있는 것처럼, '복음'을 설명하는 서문의 첫 부분(1:1-4)과도 평행을 이루고 있다.[66] 이것은 사실상 사도 바울이 1:16-17을 로마서 전체 내용을 전개하는 플랫폼(platform)으로 삼고 있음을 시사한다.[67]

---

63 한글 본문은 필자가 헬라어 본문을 직접 번역한 것이다.
64 로마서가 교차대구법을 자주 사용하고 있다는 점은 김상훈, "A Pauline Chiastic Structurein Romans 3:19-31,"『신약 연구』12 (2013), 53-83; Sang-Hoon Kim & Kyu Seop Kim, "Re-Structuring Romans 6:1-23 and Its Implication. A Study in the Duplex Chiastic Structure and Parallelism,"『신약 연구』12 (2013), 575-604에서도 확인이 된다.
65 Cranfield, *Romans*, 87; Fitzmyer, *Romans*, 253; Moo, *Romans*, 67.
66 Seyoon Kim, *Justification and God's Kingdom* (Tübingen: Mohr Siebeck, 2018), 15-17.
67 역시 Grieb, *The Story of Romans*를 보라.

2) 1:16-17에 대한 주석

(1) (16a): "나는 복음을 부끄러워하지 않습니다."

1:16a 서두에 있는 강조형 부정 '우'(οὐ)는 긍정적인 의미를 지니고 있다. 즉, "나는 복음을 부끄러워하지 않습니다"라는 바울의 이 공개적인 선언은, 부끄러움(수치)과 자랑(체면)이 중요한 사회적인 규범이 되어있던 1세기 헬라-로마 사회에서,[68] "나는 복음을 자랑합니다"라는 강한 자신의 정체성인 '에토스'(ἔθος)를 천명하는 일종의 수사학적인 표현이다.[69]

바울은 이미 1:1에서 그가 '하나님의 복음'을 위해 사도로 부름을 받았다는 사실을, 2절에서 자신이 받은 복음이 하나님의 아들에 관한 것이라는 사실을, 9절에서 그가 이 하나님 아들의 복음 안에서 항상 기도하고 있다는 사실을, 그리고 15절에서 그가 로마에 있는 성도들에게 이 복음을 전파하고자 하는 열의를 갖고 있다는 사실 등을 각각 천명하면서, 자신의 '에토스'를 계속 강조해 왔다. 그런 다음 16a에서 그는 '왜냐하면'(γάρ)이라는 이유 접속사를 사용하여, 복음을 자랑스럽게 생각하는 자신의 '에토스'를 재차 강조하고 있다.[70] 이와 같은 바울의 '에토스' 강조는 독자들에게 바울 자신의 신임은 물론, 그가 독자들에게 전하고자 하는 복음의 신뢰성을 강화하기 위함이다.[71]

서문의 첫 부분(1:1-4)이 말하고 있는 것처럼, 바울에게 맡겨진 복음은 그 당시 가장 참혹한 사형 제도인 십자가의 처형을 당하신 나사렛 예수가 유대인이 기다리는 종말론적 왕과 구원자를 지칭하는 "그 메시아"임을(사 40:9; 52:7; 60:6; 61:1), 로마제국의 황제이며 온 세계의 주권자를 지칭하는 "그 주"와 "하나님의 아들"임을 선포한다. 이것은 사실상 로마 황제가 다스리는 1세기 헬라-로마 사회에서

---

68 이 문제에 대한 자세한 논의는 Jackson Wu, *Reading Romans with Eastern Eyes: Honor and Shame in Paul's Message and Mission* (Downers Grove: IVP Academic, 2019)를 보라.
69 Gorman, *Romans*, 66. Longenecker, *Romans*, 158. Jewett, *Romans*, 137, n21, 22에서 Isocrates *Big*, 35.1과 Aeschines *Fals. leg.*, 69.16의 실례를 제시하고 있다.
70 바울은 로마서 서문(1:1-17)에서 ἔθος와 관련된 1인칭 단수 동사를 8번(8, 9, 10, 11, 13, 14, 15, 16) 그리고 단수 대명사를 6번(8, 9x2, 10, 12, 15) 사용하고 있다. 역시 M. P. Middendorf, *Romans 1-8* (Saint Louis: Concordia Publishing House, 2013), 84를 보라.
71 바울이 로마서 서문에서부터 자신의 ἔθος를 강조하는 이유도 편지의 신뢰성과 설득력 강화와 무관하지 않다. 역시 Jared R. Brown, "Christ's Obedient Slave: Paul's use of Ethos in Romans 1:1-17," *The Journal of the Braniff Graduate School of Liberal Arts* 3 (2013), 63-67을 보라.

자기 목숨을 걸어야 할 만큼 엄청난 용기를 요구한다.

그래서 마가복음 저자는 "누구든지 이 음란하고 죄 많은 세대에서 나와 내 말을 부끄러워하면 인자도 아버지의 영광으로 거룩한 천사들과 함께 올 때에 그 사람을 부끄러워하리라"(막 8:38/눅 9:26), "누구든지 나를 따라오려거든 자기를 부인하고 자기 십자가를 지고 나를 따를 것이니라"(막 8:34)는 예수의 말씀 전승을 소개하면서, 당시 로마제국 내에서 고난받은 예수를 메시아와 하나님의 아들로 고백하는 것은 자기 목숨을 걸어야 할 만큼 수치와 능욕의 대상이 될 수 있음을 시사한다.

그럼에도 불구하고, 바울은 1:16-17문단에서 복음을 오히려 자랑한다고 담대하게 선언하고 있다. 말하자면 로마제국 한복판에서 부끄러움의 대상이 되는 십자가에 달리신 메시아 예수에 대한 공개적인 신앙고백을 선언하고 있는 셈이다.[72] 바울이 이 구절의 끝에서 바벨론 위협 아래서 야웨 하나님에 대한 믿음을 강조하는 하박국 선지자의 글(2:4)을 인용하는 이유도 이와 무관하지 않을 것이다.[73] 바울이 왜 복음을 이토록 자랑하고 있는가?

(2) B(16bc): "왜냐하면 복음이 믿는 모든 자에게 구원을 가져오는 하나님의 능력이기 때문입니다."

1:16bc에서 바울은 그가 복음을 자랑스럽게 생각하는 근거를, 다시 이유 접속사 '가르'(γάρ)를 사용하여, 그 복음, 곧 십자가에 처형당한 나사렛 예수가 하나님의 능력을 지닌 메시아이며, 주이며, 하나님의 아들임(1:4)을 믿는 모든 자에게 구원을 가져다주는 "하나님의 능력"(고전 1:18)이기 때문임을 밝힌다.[74]

애굽에서 종살이를 하던 이스라엘 백성이 하나님의 능력으로 출애굽하여 약속된 가나안 땅에 들어갈 수 있었던 것처럼, 하나님의 능력인 복음이 죄와 사탄의 세력에 매여 하나님의 진노와 심판 아래 있었던 전 인류를 구원하여 하나님의 통치 아래로 들어가게 하는 영역과 주권의 전이(轉移)를 가져온다는 것이다.[75]

---

72 C. K. Barrett, "I am Not Ashamed of the Gospel," in *New Testament Essays* (London: SPCK, 1972), 128; Dunn, *Romans 1-8*, 38-39.

73 Rikki E. Watts, "'For I Am Not Ashamed of the Gospel': Romans 1:16-17 and Habakkuk 2:4," in *Romans & the People of God*, eds. S. K. Soderlund & N. T. Wright (Grand Rapids: Eerdmans, 1999), 3-25를 보라.

74 G. Friedrich, "εὐαγγέλιον," *TDNT* 2, 723.

75 Cranfield, *Romans 1*, 87.

바울이 여기서 현재 시제 동사 '에스틴'(ἐστιν)을 사용하고 있는 것은, 이 복음이 유대교에서 주장하고 있는 것처럼, 단순히 미래의 마지막 재판에서만 나타나는 하나님의 능력이 아니라, 이미 지금 여기서 효력이 실제로 나타나는 하나님의 능력임을 강조한다.[76] 즉, 현 세계의 역사 안에 종말에 완성될 그 하나님의 창조적인 구원의 새역사가 이미 침투하였다는 것이다(8:1-2; 엡 1:7; 2:5; 골 1:13).[77]

바울은 다른 곳에서 "피조물도 썩어짐의 종노릇 한데서 해방되어 하나님의 자녀들의 영광의 자유에 이르게 됨을 소망한다"(롬 8:21)고 말하면서, 이 구원을 사람만이 아닌, 하나님의 전 피조물에게까지 확대한다(골 1:20). 세상의 능력은 종종 수많은 사람을 죽이고, 하나님이 창조한 세계를 파괴하고 오염시킨다. 그러나 하나님의 능력인 이 복음은 오히려 사람들을 살리고, 그들을 통해 하나님의 창조 세계 전체를 회복시킨다. 이 복음이 선포되는 곳에는 실로 세상의 힘이 작용하는 인종 우월주의나 문화 우월주의나 사상 우월주의까지 제거된다.[78]

바울은 계속해서 이 복음이 아무리 하나님의 위대한 능력이지만, 복음이 가져다주는 구원을 실제로 받게 되는 자들은 지금 여기서 "복음을 믿는 자들"임을 밝힌다. 복음 선포 그 자체가 구원을 가져오는 하나님의 놀라운 능력이지만, 이 구원의 능력은 복음을 믿지 않는 자들에게 나타나지 않고, 유대인이든 이방인이든 오직 선포되는 복음을 "믿는 모든 자"에게 역사한다는 것이다(3:22; 4:11; 10:4, 11).[79]

하나님께서 아브라함을 의롭다고 선언하신 것도 아브라함이 자신에게 말씀하신 하나님의 복음을 개인적으로 믿었기 때문이다(갈 3:8; 롬 4:3, 18). 마찬가지로 여기 복음을 믿는다는 것은, 복음을 통해 선포되신 메시아 예수가 자신의 죄를 대신하여 십자가에서 죽고 제삼 일만에 부활하셨다는 것과, 이를 믿음으로 죄를 용서받고 하나님의 자녀가 된다는 사실을 개인적으로 인정하고, 이를 신뢰하는 것을 뜻한다(롬 4:25; 10:29; 갈 2:20; 고전 15:3-4). 이 믿음은 복음에 대한 인간의 응답이기는 하지만, 이 응답은 인간의 공로가 아니다. 그 반대로 복음을 통하여 역사하는 하나님의 은혜 사역이며, 하나님의 선물이다(엡 2:8; 롬 10:17).[80]

---

76 Käsemann, *Romans*, 22.
77 Jewett, *Romans*, 138-139; Schreiner, *Romans*, 64-65.
78 악트마이어, 『로마서』, 75.
79 Moo, *Romans*, 71.
80 Cranfield, *Romans*, 90; Moo, *Romans*, 71.

지난 19세기의 종교사학파 학자들과 최근의 새관점 바울 연구가들은, 로마서에서 바울의 주된 관심이 한 개인이 어떻게 하나님 앞에서 의로워질 수 있는가 하는 것이 아니고, 이방인들이 어떻게 유대인들과 동등한 하나님의 백성이 되느냐에 있다고 주장하지만, 여기 "믿는 모든 자"는 결코 한 개인이 개별적으로 믿는 것을 배제하지 않는다.

개인은 집단과 민족의 일원이지만, 동시에 개인 없는 집단과 민족은 있을 수 없다. 한 사람은 집단과 민족의 죄와 동떨어질 수 없지만, 동시에 그는 개인적으로도 하나님 앞에서 죄인이다. 그러므로 그는 개인적으로 믿음을 통한 구원을 필요로 한다. 이점에 있어서 케제만(E. Käsemann)의 지적은 정당하다: "'모든' 믿는 자에게라는 문구는 바울이 결코 개인을 염두에 두지 않았다는 종교사학파의 해석(Wrede, *Paul*, 113f., 132)이 잘못된 것임을 보여준다. 여기서 보편과 가장 극단적인 개인은 같은 동전의 양면이다."[81]

(3) C(16d): "그 첫째 대상은 유대인이고 그다음은 헬라인입니다."

바울이 16d를 교차대구법을 형성하는 1:16-17의 중심부에 둔 것은 의도적이다. 여기 "유대인"과 "헬라인"은 좁게는 유대인 기독교인과 이방인 기독교인으로 구성된 로마 교회 독자들을 반영하고 있으며, 넓게는 구원의 복음이 필요한 전 인류를 대변한다.

바울은 "첫째는 유대인"(Ἰουδαίῳ πρῶτον)에게라는 말을 사용하여, 구원사에 있어서 유대인의 우선권을 인정한다(참조. 눅 24:49; 요 4:22; 행 13:46; 롬 3:1-2; 9:4-5). 로마서 11장에서 바울은 유대인을 참감람나무로, 이방인을 돌감람나무로 비유하면서, 돌감람나무가 참감람나무에 접붙임이 되어 참감람나무의 뿌리를 통해 보존되는 것처럼, 이방인의 구원은 유대인의 구원에 의존하고 있다는 사실을 강조한다.[82]

유대인이 메시아 예수를 죽였기 때문에 하나님의 구원사에 있어서 유대인의 자리가 이제 이방인에 넘겨졌다는 주장은 바울의 가르침과 전적으로 배치되는, 잘못된 것이다.[83] 구원에 있어서 유대인의 우선권과 중요성은 로마서의 내용과

---

81 Käsemann, *Romans*, 22.
82 J. C. Beker, "The Faithfulness of God and the Priority of Israel in Paul's Letter to the Romans," *HTR* 79 (1986), 10-16.
83 존 머리, 『로마서 주석』 (서울: 아바서원, 2014), 69: "복음은 일차적으로는 유대인을 위한

구성에도 나타난다. 바울은 로마서 서문에서 하나님이 구원을 위해 보낸 그의 아들이 다윗의 후손으로 출생한 메시아임을 강조한다(1:1-4).

바울은 구원을 요청하는 이방인의 범죄와 타락에 대해서는 1:18-32를 할애하지만, 유대인의 범죄와 타락에 대해서는 2:1-3:9에 이르기까지 훨씬 더 많은 부분을 할애한다. 유대인의 민족적인 조상인 아브라함의 믿음을 소개하는 데 4장 전체를, 유대인의 토라(율법) 문제를 설명하는 데 7장 전체를, 유대인의 궁극적인 구원을 설명하는 데 9-11장을, 로마 교회의 유대인 신자와 이방인 신자의 화해 문제를 설득하는 데 14:1-15:13을 각각 할당하고 있다. 로마서에 나타난 유대인 모티브에 대한 적극적인 강조는 바울의 어느 서신에서도 찾아볼 수 없는 매우 이례적이다. 따라서 이 유대인 모티브는 로마서 이해와 해석에 있어서 매우 중요한 해석학적 열쇠 중의 하나임이 분명하다.

하지만, 이와 같은 유대인의 우선권이 구원의 방법에 있어서 그들의 특혜를 말하는 것은 아니다. 바울은 구원의 대상을 먼저 "믿는 모든 자"에게 한정한 다음, "그 첫째는 유대인이요, 그다음 헬라인이라"고 분명하게 말한다. 말하자면 구원의 방법에 있어서, 이방인뿐만 아니라, 하나님의 언약 백성으로 자처하는 유대인들에게 있어서도, 복음을 믿음으로 구원에 도달하는 길 이외에는 다른 길이 없음을 분명히 한다. 어떤 사람들이 주장하는 것처럼[84] 하나님께서 유대인들에게는 율법을 통한 구원의 길을, 이방인들에게는 믿음을 통한 구원의 길을 각각 따로 주신 것이 아니라는 것이다. 유대인이든 이방인이든 차별 없이 전 인류를 대상으로 주신 유일한 구원의 길은 예수 그리스도를 믿는 믿음의 길밖에는 없다(참조 요 14:6; 행 4:12).

바울은 구원을 유대인과 헬라인(이방인) 모두에게 연관시킴으로써 복음을 통한 이 구원이 또한 구약에서부터 땅의 모든 족속에게 약속되었던 종말론적인 구원이라는 점을 암시한다. 예를 들면 창세기 12:3은 "땅의 모든 족속이 너(아브라함)로 말미암아 복을 얻을 것이라"고 말하고 있으며, 이사야 선지자는 이 종말론적 구원에 관하여, "땅의 모든 끝이여 내게로 돌이켜 구원을 받으라. 나는 하나님이

복음이다."

[84] 예, John G. Gager는 그의 저서 *Reinventing Paul* (Oxford: Oxford University Press, 2000)에서 바울의 이신칭의는 어디까지나 이방인들을 위한 것일 뿐 본래 하나님의 언약 백성인 유대인들과는 무관한 것이라고 주장한다. 그가 주장하는 소위 두 언약 이론에 대한 비판을 위해서는 T. L. Donaldson, "Jewish Christianity, Israel's Stumbling and the Sonderweg Reading of Paul," *JSNT* 29 (2006), 27-54를 보라.

라. 다른 이가 없느니라"(사 45:22)라고 예언하였다.

그래서 바울은 갈라디아서에서 하나님이 성경을 통해 아브라함에게 모든 이방인이 복을 받게 될 복음을 미리 알려주었다고 말하고 있다(갈 3:8). 그렇다고 한다면 여기서 자연히 제기되는 질문은, 복음이 무엇 때문에, 무슨 근거에서, 그것을 믿는 모든 자에게 종말론적인 구원을 가져다주는가 하는 것이다. 이 질문에 대한 답이 바로 17a′b′에 나타나는 세 번째 이유 접속사 '가르(γάρ)와 함께 제시된다.

(4) B′(17a′b′): "왜냐하면 복음 안에 '하나님의 의'가 나타나고 있으며, 그 대상은 처음부터 끝까지 믿음을 가진 자입니다."

바울은 복음이 유대인이나 이방인 구분 없이 모든 사람에게 구원을 가져다주는 하나님의 능력인 이유를 "복음 안에(ἐν αὐτῷ)[85] 하나님의 의가 계속 나타나고 있기 때문"이라고 말한다. 여기 수동태 동사 현재형 '나타나다'(ἀποκαλύπτεται)는 3:21의 수동태 완료형 동사 '나타났다'(πεφανέρωται)와 결언에 있는 16:26의 과거 수동태 분사 '나타났다'(φανερωθέντος)와 함께 하나님의 행동을 대변하는 일종의 신적 수동태 동사로써 하나님의 종말론적인 구원 사역을 가리키고 있다.[86]

3:21의 '나타났다'가 하나님께서 이미 하나님의 의를 나타내었고, 그래서 그것이 지금도 영향을 미치고 있음을 강조하고 있다고 한다면, 1:17a의 현재형 '나타나다'는 하나님께서 복음 선포로 그의 의를 계속해서 나타내고 있음을 강조한다. 즉 복음이 선포되는 곳에는 어떤 사람이든, 어떤 장소든, 하나님의 의가 계속 나타나고 있다는 것이다. 바울에게 있어서 복음이 바로 메시아 예수의 인격과 그의 사역, 말하자면 그를 믿는 모든 사람을 구원하기 위하여 그들을 대신하여 죽으시고 부활하신 구원 사건의 선포라고 한다면(1:2-4), 하나님의 이 구원 사건이 선포되는 곳에 '하나님의 의'(δικαιοσύνη θεοῦ)가 계속 나타난다는 것이다.[87]

---

85 전통적으로 1:17의 헬라어 구문 δικαιοσύνη γὰρ Θεοῦ ἐν αὐτῷ ἀποκαλύπτεται은 "하나님의 의가 복음 안에 나타나고 있다"로 번역되었다. 즉 본문에 있는 인칭대명사 구 ἐν αὐτῷ가 "복음 안에"로 이해되었다. 그러나 박익수는『로마서 주석 1』, 151, 157에서 ἐν αὐτῷ를 "그분 안에서"로 번역한다. 하지만 16절이 "복음"에 관하여, 곧 바울이 16절에서 복음을 부끄러워하지 않는다고 주장하고, 17절에서 그 이유를 말하고 있기 때문에 ἐν αὐτῷ는 복음을 지칭하고 있는 것으로 보는 것이 구문법적으로나 내용면에서 가장 자연스럽다. 역시 Cranfield, *Romans 1*, 91; Jewett, *Romans*, 143; Longenecker, *Romans*, 167을 보라.

86 Dunn, *Romans 1-8*, 43; Schreiner, *Romans*, 66.

87 Cranfield, *Romans 1*, 91-92; Wright, "Romans," 424; Peterson, *Romans*, 104.

그렇다면, 복음을 선포함으로 지금 나타나고 있는 '하나님의 의'를 어떻게 해석할 것인가?

바울은 이 문구를 로마서에서 8번(롬 1:17; 3:5, 21, 22, 25, 26; 10:3x2), 고린도후서와 빌립보서에서 각각 한번(고후 5:21; 빌 3:9) 사용한다. 그리고 그는 로마서에서 이와 관련된 '의' 용어를 63회나 사용한다. 여기 '하나님의 의'는 로마서에서 제일 먼저 등장하는 '의' 어휘이며, 로마서 전체를 통해서 나타나는 모든 '의' 어휘의 근간이 된다. 사실상 명사든 동사든 로마에서 나타나는 모든 '의' 어휘는 1:17에서 처음 나타난 이 '하나님의 의'와 연관되어 있다. 이것은 1:17에 나타난 '하나님의 의'가 무엇을 뜻하고 있는가를 알기 위해서는 주제 구절은 물론, 로마서 전체 내러티브의 흐름을 살펴보아야 한다.

우리는 이 문제를 이미 서론에서 살펴보았기 때문에, 그리고 3:21에서 다시 설명하기 때문에, 여기서는 바울의 '하나님의 의' 어휘 사용의 구약적 배경을 살펴보고, 바울이 본문에서 '하나님의 의'를 어떤 의미로 사용하고 있는가를 확인하려고 한다.

바울이 서언과 결언에서 '하나님의 의'가 나타나고 있는 복음을 하나님께서 구약성경을 통해서 약속한 것으로 설명하고 있기 때문에(1:2-4; 15:25-26, 역시 3:21), '하나님의 의' 어휘도 당연히 구약적 배경에서 `우선적으로 살펴보아야 한다. 더구나 로마서의 독자들이 상당수 구약에 익숙한 유대적 배경을 가지고 있었기 때문에, 바울이 '하나님의 의'를 구약 배경에서 사용하였다고 보는 것은 타당성이 있다.[88]

그런데 바울이 그의 서신에서 다른 신약성경 저자들처럼 히브리어 성경(MT)이 아닌 주로 칠십인역 헬라어 구약성경(LXX)을 인용하거나 사용하고 있기 때문에, 그리고 로마의 독자들도 이 LXX 성경을 알고 있었다고 볼 수 있기 때문에, LXX에 나타나 있는 '하나님의 의' 용법을 살펴볼 필요가 있다. 그런데 LXX에서는 '의' 어휘가 한 가지 의미만이 아니라, 다양한 의미로 사용되고 있다.[89]

---

88 역시 Longenecker, *Romans*, 175-176; Talbert, *Romans*, 37을 보라.
89 LXX은 동사 δικαιόω나 명사 δικαιοσύνη를 히브리어 צדק 으로부터 번역하였다. 즉 צַדִּיק을 δικαιόω로, צְדָקָה이나 הַצְּדָקָה를 δικαιοσύνη로 번역한다.

a. '의' 어휘가, 하나님과 이스라엘 백성 사이에 약속된 것을 하나님이 신실하게 지키시는 그의 언약적인 신실함의 의미로 사용되고 있다.[90] 즉 하나님이 개인이나 이스라엘 백성에게 언약/약속하신 것, 이를테면, 그들을 구원하겠다는 약속을 끝까지 지키심으로 하나님은 자신의 의를 드러내신다.

느헤미아 9:7-8은 하나님이 아브라함에게 언약하신 대로 이스라엘 백성을 바로 왕의 압제에서 구출하시고, 가나안 땅을 그들에게 주심으로써, 하나님은 이스라엘 백성에게 의로운 분으로 나타난다고 말한다.

"주는 하나님 여호와시라. 옛적에 아브라함을 택하시고…그와 더불어 언약을 세우사 가나안 족속과…기르가스 족속의 땅을 그의 씨에게 주리라 하시더니, 그 말씀대로 이루셨사오매, 주는 의로우심이로소이다"(느 9:7-8).

사무엘상 12:6-7 역시 하나님께서 이스라엘 백성을 이집트 땅에서 구원하여 내신 일을 가리켜 "하나님이 너희 가운데서 행한 모든 의"(τὴν πᾶσαν δικαιοσύνην κυρίου ἃ ἐποίησεν ἐν ὑμῖν)라고 말한다. 그래서 시편 기자는 98:2(LXX 97:2)에서 "여호와께서 그의 구원을 알게 하시며, 그의 의를 뭇 나라의 목전에서 명백히 나타내셨도다"고 하면서, '하나님의 의'와 이스라엘 백성에 대한 하나님의 구원 행위를 동일시한다. 이사야 선지자 역시 46:13에서 하나님께서 이스라엘 백성을 위해 이루시는 구원을 하나님이 행하신 의와 동일시한다.

"내가 나의 의를 가깝게 하였으며, 나의 구원이 지체하지 아니할 것이라"(ἤγγισα τὴν δικαιοσύνην μου καὶ τὴν σωτηρίαν τὴν παρ' ἐμοῦ οὐ βραδυνῶ)(사 46:13).

이사야 51:6-8에서는 의와 구원을 동의어처럼 사용하여, 하나님의 의가 이스라엘 백성을 구원하는 하나님의 행위를 통해 나타나고 있다고 말한다.

---

90 구약에서 '의'가 우선적으로 하나님과 이스라엘 백성 사이의 언약적인 관계 개념 틀에서 사용되고 있다는 사실은 일찍이 H. Cremer, *Die paulinishche Rechtfertigungslehre im Zusammenhange ihrer geschichtlichen Voraussetzungen,* 2nd ed. (Gütersloh: Bertelsmann, 1900)에서 확인되었다. Dunn, *Romans 1-8*, 40-41을 보라.

"그러나 나의 구원은 영원히 있고, 나의 의는 폐하여지지 아니하리라 … 그러나 나의 의는 영원히 있겠고, 나의 구원은 세세에 미치리라"(사 51:6-8).[91]

그런데 출애굽기 2:24-25가 이스라엘의 구원을 하나님께서 아브라함, 이삭, 야곱과 세운 그의 언약을 지킨 것으로 규정하고 있기 때문에, 우리는 '하나님의 의'를 이스라엘에 대한 하나님의 언약적 신실함의 표현으로 볼 수 있다. LXX이 이스라엘 백성에 대한 하나님의 자비로우심 혹은 신실하심을 뜻하는 헤세드(חסד)를 자주 디카이오쉬네(δικαιοσύνη)로 번역하고 있는 사실(창 19:19; 20:13; 21:23; 24:27; 32:10)이 이를 뒷받침해 준다. 그래서 바울은 로마서 11:26에서 이스라엘의 구원을 하나님의 언약(사 27:9; 59:20)의 성취로 보고 보면서 이것을 하나님의 '긍휼하심'(ἔλεος)으로 표현한다(11:30-32).

b. LXX은 '의'가 하나님께 속한 것임을 강조한다. '하나님의 의'는 하나님으로부터 오는 의라는 것이다. '의'를 결정하는 분도, 의롭게 하시는 분도, 의롭다고 판단하시는 분도 하나님이시다. 시편 7:17은 이 '의'를 가리켜 "그[하나님]의 의"로, 시편 35편은 "주의 의"(24, 28)와 "나의 의"(27)라고 말한다. 시편 49:6(MT 50:6)은 "하나님이 재판장이기 때문에 하늘들(하나님)이 그의 의를 선포한다"(ἀναγγελοῦσιν οἱ οὐρανοὶ τὴν δικαιοσύνην αὐτοῦ ὅτι ὁ θεὸς κριτής ἐστιν)고 하면서, '하나님의 의'가 하나님이 하시는 법정적인 선언임을 강조한다.

역시 열왕기상 8:32도 하나님께서 악한 자를 그 행위대로 심판하시고, 반면에 "의로운 자를 의롭게 하신다 하시고, 그의 의를 따라 그에게 의를 주신다"고 하면서, '하나님의 의'가 법정적인 선언임을 말한다. '의'가 하나님으로부터 오기 때문에 이사야 45:25 역시 "이스라엘 자손은 다 여호와로 말미암아 의롭다함을 얻는다"고 말한다. 이처럼 구약성경에서 '의'는 하나님으로부터 오는 '하나님의 의'이며, 이 '의'는 종종 하나님의 법적인 선언으로 언급된다.[92]

91　자세한 논의는 Robert C. Olson, *The Gospel as the Revelation of God's Righteousness: Paul's Use of Isaiah in Romans 1:1–3:26*. Wissenschaftliche Untersuchungen zum Neuen Testament 2.428 (Tübingen: Mohr Siebeck, 2016)을 보라.

92　역시 Moo, *Romans*, 85; 김서준, "바울의 의에 대한 소망-종말론적 기대에서의 δικαι-용어의 의미에 대한 연구," 『신약논단』 28 (2021), 652-653.

c. '하나님의 의'는 하나님이 사람에게 주는 선물이기도 하다. 개인이든 이스라엘 민족이든 스스로 하나님 앞에서 의로운 자가 될 수 없지만, 하나님이 그들에게 '그의 의'를 주실 때 그들은 '의'를 선물로 받게 된다. 그리고 이 '의'의 선물을 받은 자는 하나님 앞에서 의로운 자로 설 수 있게 되고, 이 '의'를 나타낼 수 있다. 신명기 6:25는 이스라엘 백성이 하나님 앞에서 그의 모든 명령을 지키면 그것이 하나님 앞에서 우리의 의로움이 된다고 말한다. 말하자면 하나님이 그의 명령을 지키는 자에게 그의 의를 주시고, 그래서 그가 하나님 앞에서 의로운 자로 서게 된다는 것이다.

이점은 열왕기상 8:32의 (하나님은) "의로운 자를 의롭게 하시고 그의 의를 따라 그에게 의를 주신다"(τοῦ δικαιῶσαι δίκαιον δοῦναι αὐτῷ κατὰ τὴν δικαιοσύνην αὐτοῦ)와, 에스겔 18:9의 "내 율례를 따르며 내 규례를 지켜 진실하게 행할진데 그는 의인이니"에서 확인된다. '하나님의 의'가 이스라엘에게 주는 하나님의 선물이라는 사실은 시편 71편에도 나타난다. 시편 71:1-2에 따르면 하나님이 그의 의를 왕의 아들에게 주어 그로 하여금 하나님의 백성을 의롭게 재판하도록 기도한다.

"오 하나님, 당신의 판단력을 왕에게 주시고, 당신의 의를 왕의 아들에게 주어 당신의 백성을 의로 재판하게 하소서"(시 71:1-2).

여기서 '하나님의 의'가 하나님이 왕에게 주는 선물임을 두말할 나위가 없다.
이처럼 구약성경에서 '하나님의 의'는 단일 의미로만 사용되지 않고, 다양한 의미로 사용되고 있다. 그것은 '하나님의 언약적 신실함'이나 그의 언약을 지키는 '그의 구원 활동'을 가리키기도 하고, 때로는 죄인을 의롭다고 하는 '하나님의 법적인 선언', 혹은 하나님이 이스라엘에게 주는 '선물'을 가리키기도 한다.

그렇다면, 로마서 1:17에 있는 복음 안에 나타난 '하나님의 의'를 어떻게 이해할 것인가? 구약성경에 나타나 있는 '하나님의 의'의 다양한 용법이 바울에게도 반영되고 있다고 보아야 하는가?

잘 아는 대로 루터는 로마서 1:17의 '하나님의 의'를 예수를 믿는 신자가 "하나님 앞에서 가지는 의" 혹은 하나님이 예수 그리스도를 믿는 신자에게 은혜로 주는 "수동적인 의"로 보았다.[93] 불투만(R. Bultmann)과 콘젤만(H. Conzelmann)도 루

---

93 *Luther's Works* 34. 356-357.

터처럼 로마서 1:17의 '하나님의 의'(역시 3:21, 22; 10:3; 고후 5:21)를 하나님께서 예수 그리스도를 믿는 신자에게 수여하는 선물로서의 의로 보았다.[94]

크랜필드(C. E. B. Cranfield) 역시 루터의 노선을 따라 1:17의 '하나님의 의'를 하나님께서 예수 믿는 신자에게 주시는 의로운 상태 ("the righteousness status bestowed by God")로 본다. 그는 로마서 10:3, 빌립보서 3:9, 고린도전서 1:30, 고린도후서 5:21에서 하나님의 의가 신자에게 주어지는 하나님의 선물로 제시되고 있는 점과, 1:17에서 '하나님의 의'가 신자의 믿음을 가리키는 "믿음으로부터 믿음으로"와 연결되고 있는 것을 그 근거로 삼는다.[95]

하지만, 케제만(E. Käsemann)은 로마서 1:17의 '하나님의 의'를 하나님께서 인간에게 주는 신적인 자질이나 선물로만 보는 것을 반대한다. 그 대신 그는 17절의 '하나님의 의'가 하나님의 구원의 능력인 복음과 연결된 점, 로마서 8:30, 고린도후서 3:18에서 '하나님의 의'가 하나님의 영광과 동의어로 사용된 점, 고린도후서 3:8 이하에서 "의의 사역"과 "성령의 사역"이 서로 동일시되고 있는 점 등에 근거하여, '하나님의 의'를 하나님의 창조적인 구원의 능력으로 본다.[96]

스툴마허(P. Stuhlmacher)는 구약, 초기 유대 문헌, 그리고 쿰란 문헌에서 '하나님의 의'가 하나님의 피조 세계와 이스라엘 역사를 통해 나타난 하나님의 구원 활동의 의미로 사용되고 있다고 보면서, 바울은 '하나님의 의'를 "창조주와 심판자이신 하나님의 구원 활동"("the salvific activity of God the creator and judge")으로 본다.[97]

---

94 R. Bultmann, "ΔΙΚΑΙΟΣΥΝΗ ΘΕΟΥ," *JBL* 83 (1964), 13-16; *Theology of the New Testament 1* (New York: Scribner, 1951), 285: H. Conzelmann, *An Outline of the Theology of the New Testament* (New York: Harper & Row, 1969), 220.

95 Crandfield, *Romans 1*, 96-99. 이와 거의 유사하게, Mark A. Seifrid, "Paul's Use of Righteousness Language against Its Hellenistic Background," in *Justification and Variegated Nomism*, vol. 2: The Paradoxes of Paul, eds. D. A. Carson, P. T. O'Brien, and M. A. Seifrid (Tübingen: Mohr Siebeck, 2004), 59는 하나님으로부터 주어지는 이신칭의의 선물로, 김봉습, "로마서 1장 17절의 'δικαιοσύνη θεοῦ'의 의미-본문 문맥과 바울서신 내의 dikaio-용어와 pist-용어와의 관련성 고찰을 중심으로,"『長神論壇』51 (2019), 66-78에서 하나님의 의를 신자가 "하나님께 인정받는 의로움"으로 본다.

96 Käsemann, *Romans*, 26-30; "'The Righteousness of God' in Paul," in *New Testament Questions of Today* (London: SCM Press, 1969), 172.

97 Stuhlmacher, *Romans*, 29-32; Moo, *Romans*, 74, Dunn, *Romans 1-8*, 40-41 역시 롬 1:17의 하나님의 의를 "하나님의 구원 활동"으로 보는 것을 선호한다.

그런데 라이트(T. Wright)는 1:17의 '하나님의 의'를 아브라함을 통해 "이스라엘에 주신 언약 그리고 그 범위를 넘어 전 피조 세계에 주신 하나님 자신의 언약에 대한 그의 신실함"으로 보는 것을 선호한다.[98]

이처럼 학계에서 '하나님의 의'에 대한 해석은 다양하다.[99] 그렇다면 우리는 로마서 주제 구절에 나타난 '하나님의 의'를 어떻게 이해할 것인가?

우리가 앞에서 살펴본 것처럼, 이미 LXX에서 '하나님의 의'가 어떤 획일적인 의미로만 사용되지 않고, 다양한 의미로 사용되었다고 한다면, LXX에 익숙했던 바울도 LXX에 나타나 있는 것처럼, '하나님의 의'를 단일 의미만이 아니라, 복합적인/풍성한 의미로 사용하고 있다고 보아야 할 것이다. 이것은 1:17의 '하나님의 의'를 로마서 전체 내러티브를 통해 이해하여야 한다는 논지와도 부합한다. 로마서 전체 내러티브 관점에서 보면,

(a) '(하나님의)의'가, 구약성경에서 자주 '하나님의 의'가 하나님의 구원 행위와 동의어처럼 사용되고 있는 것처럼, 하나님의 의롭게 하는 사역 내지, 하나님의 구원 활동을 대변한다.[100] 이 점은 바울이 1:16에서 복음이 구원을 가져다주는 하나님의 능력이라고 말한 다음 17절에서 이 복음 안에 '하나님의 의'가 나타나고 있다고 말하면서, '하나님의 의'와 구원을 밀접하게 연결시키고 있는 점에서 분명하다. 의와 구원의 불가분리성은 10:10에서 "사람이 마음으로 믿어 의에 이르고, 입으로 시인하여 구원에 이른다"라고 말하고 있는 사실에서 확인된다.

(b) 이 '하나님의 의'가 구약의 경우처럼 하나님의 법적인 선언을 뜻할 수 있다. 3:5-6에서 바울은, "우리의 불의가 '하나님의 의'를 드러나게 하면 무슨 말 하리요 [내가 사람의 말하는 대로 말하노니] 진노를 내리시는 하나님이 불의하시냐 결코 그렇지 아니 하니라"고 하면서, '하나님의 의'는 하나님의 심판에서 나타난

---

98 톰 라이트, 『칭의를 말하다』, 최현만 옮김(서울: 에클레시아북스, 2011), 239. 역시 그의 *Paul and the Faithfulness of God* III, IV (Minneapolis: SPCK, 2013), 14-66; S. K. Williams, "The Righteousness of God in Romans," *JBL* 99 (1980), 241-290을 보라.
99 지난 50년 동안 진행된 "하나님의 의"에 대한 학계의 다양한 해석을 위해서는 Matthew J. Monkemeier, "'A Righteous God and Savior: Romans 1:17 and the Old Testament Concept of God's Righteousness," Ph.D. dissertation at Wheaton College, 2020, 3-20을 보라.
100 Käsemann, "'The Righteousness of God' in Paul," *New Testament Questions of Today* (Philadelphia: Fortress, 1969), 168-182; Arland J. Hultgren, *Paul's Letter to the Romans* (Grand Rapids: Eerdmans, 2011), 76; Colin G. Kruse, P*aul's Letter to the Romans* (Grand Rapids: Eerdmans, 2012), 70-71; Peterson, *Romans*, 105-106.

다고 말한다.¹⁰¹ 3:25-26의 경우에도 "이 예수를 하나님이 그의 피로써 믿음으로 말미암는 화목제물[속죄제물]로 세우셨으니 이는 하나님께서 길이 참으시는 중에 전에 지은 죄를 간과하신 것에 대해 그의 의를 나타내려 하심이니, 곧 이 때에 자기의 의를 나타내사 자기도 의로우시며 또한 예수 믿는 자를 의롭다 하심이라"고 하면서, '하나님의 의'가 그리스도 예수의 죽음을 통하여 나타나셨음을 강조한다. 이와 동일한 내용이 5:18-19절에도 나타난다. 거기에서 보면 한 사람 예수 그리스도 예수의 순종하심[십자가 사건의 심판]을 통해 많은 사람이 의인이 된다고 말한다. 바울이 로마서 4장에서 여러 번에 걸쳐 하나님께서 그의 약속을 믿는 아브라함의 믿음을 통해 그를 의롭다 간주하신 것(4:3, 5, 9, 11, 22)도 '의'가 하나님의 법적인 선언임을 뒷받침한다.¹⁰²

(c) '의'가 하나님이 자신의 약속을 지키시는 그의 언약적 신실함을 뜻한다. 이미 언급한 것처럼, 바울은 로마서 1:2-4에서 복음은 하나님이 선지자들을 통하여 그의 아들에 관하여 성경에 약속하신 것이며, 이 약속이 하나님의 아들 메시아 예수의 오심, 십자가의 죽으심과 부활을 통하여 성취되었음을 강조한다. 그런 다음 1:17a에서 '아포칼륩테타이'(ἀποκαλύπτεται, '나타나다') 사용하여 하나님께서 복음을 통해 '하나님의 의'를 나타내고 있음을 강조한다. 그렇다면 여기 '하나님의 의'는 그의 백성을 구원하겠다는 하나님의 약속의 성취로서 그의 언약적인 신실함의 표현으로 볼 수 있다.

이 점은 3:21에서 '페파네로타이'(πεφανέρωται, '나타났다')를 사용하여, 하나님께서 율법과 선지자들에게 증거를 받은 '하나님의 의'를 나타내셨다고 말하고 있는 점과, 16:26에서 '파네로덴토스'(φανερωθέντος, '나타났다')를 사용하여, 선지자들에 의해 약속되었던 것('하나님의 의의 복음')을 하나님께서 이제 나타내셨다고 말하고 있는 사실에서 확인된다. 이 모든 구절은 '하나님의 의'가 그의 백성을 구원하겠다는 하나님 자신의 약속의 성취로서 그의 언약적 신실함을 강조하고 있다. 그래서 바울은 로마서 8:30에서 "하나님께서 부르신 그들을 또한 의롭다 하셨다"고 말한 다음, 39절에서 하나님의 이 의롭다 하신 것을 구약에서 하나님의 언약적 신실함을 뜻하는 '헤세드'(חסד)의 헬라어 번역인 '하나님의 사랑'(5:8)으로 표현하고 있다.

---

101 머리, 『로마서 주석』, 71: "하나님의 의란 우리를 칭의에 이르게 하는 하나님의 의다."
102 Schreiner, *Romans*, 69.

이뿐만이 아니다. 앞에서 이미 살펴본 것처럼, 바울은 11:26에서 '이스라엘의 구원'을 '하나님의 언약의 성취'(11:27)이라고 말한다. 그리고 이 언약의 성취를 11:30-32에서 '헤세드'를 가리키는 "하나님의 긍휼하심"으로 표현한다. 여기서 이 하나님의 긍휼하심이 '하나님의 의'를 가리키고 있음은 부정할 수 없다. 실제로 LXX은 종종 '헤세드'를 '의'(δικαιοσύνη)로 번역하였다(창 19:19; 20:13; 21:23; 24:27; 32:10).[103]

(d) '의'는 예수를 믿는 자에게 하나님이 주는 선물 내지, 상태를 지칭한다.[104] 바울은 로마서 1:17a에서 '하나님의 의'를 말하면서 믿음과 연관시킨다. 그리고 1:17b에서 의와 믿음이 연관된 하박국 2:4를 인용한다. 3:22에서도 '하나님의 의'를 '예수 그리스도를 믿는 믿음'과 연관시킨다. 3:26에서도 '하나님의 의'는 예수 믿는 믿음과 연관된다.

4장에서 아브라함이 의를 얻게 된 믿음을 가리켜 '믿음의 의'(δικαιοσύνη τῆς πίστεως)(4:11, 13)로 부른다. 그리고 9장과 10장에서 이방인들이 얻은 의를 "믿음으로부터의 의'(δικαιοσύνην ἐκ πίστεως)(9:30; 10:6)로 부른다. 믿음이 의를 얻는 혹은 의가 주어지는 통로가 되기 때문에, 바울은 5:16-18에서 한 사람 예수의 의로운 행위를 통해 많은 사람이 의롭게 되는 것을 가리켜 "의의 선물"(5:17)이라고 말한다. 그리고 이 의의 선물을 받은 이를 가리켜 '의인'이 된 것으로 규정한다(5:19). '하나님의 의'가 믿는 사람에게 주는 하나님의 선물이라는 사실은 로마서뿐만 아니라 다른 바울서신에도 나타난다(빌 3:9; 고전 1:30; 고후 5:21).

(e) '의'는 '이미'와 '아직'의 종말론적인 의미를 지닌다. 여기 종말론적인 의미라는 것은 '하나님의 의'가 구약에서 미래에 주어질 것으로 약속되었던 것인데, 그 약속된 것이 이제 예수 그리스도를 통해 '이미' 성취되었다는 것, 하지만 최종적인 완성은 '아직' 주어지지 않았다는 것을 뜻한다. '하나님의 의'가 종말론적이라는 사실을 바울의 언어 사용에서 확인할 수 있다. 바울은 '하나님의 의'를 종종 종말론적인 의미를 가진 어휘로 설명한다.

로마서 서언에서 복음이 구약을 통해서 약속된 것임을 분명히 밝힌 다음(1:2-4), 1:17a에서 '하나님의 의'가 복음을 통해 나타나고 있다고 말한다. 여기 동

---

103 Michael P. Middendorf, *Romans 1-8* (Saint Louis: Concordia Publishing House, 2013), 93-94.
104 역시 T. D. Stegman, "Paul's Use of Dikaio-terminology: Moving beyond N. T. Wright's forensic interpretation," *Theological Studies* 72 (2011), 496-524.

사 '나타나다'(ἀποκαλύπτεται)는 하나님의 종말론적인 사건의 계시를 알려주는 단어다. 3:21에서도 바울은 시간적인 대전환을 지칭할 때 사용하는 '그러나 이제는'(Νυνὶ δέ)라는 말과 함께 종말론적인 사건의 계시를 표현할 때 사용하는 완료형 동사 '나타났다'(πεφανέρωται)를 사용하여, '하나님의 의'가 나타났다고 선언한다.[105]

바울은 로마서 결언(16:25-26)에서도 3:21에서 사용한 동사 '나타났다'(πεφανέρωται)를 똑같이 사용하여 영세 전부터 감추어졌던 그 복음, 곧 '하나님의 의'의 복음이 이제 종말론적으로 드러났다고 말한다. 이처럼 바울은 로마서에서 '하나님의 의'를 단일 의미로 사용하지 않고, 오히려 LXX에서 볼 수 있는 것처럼 다양한 혹은 풍성한 의미를 가진 용어로 사용하고 있다.[106] 그러므로 로마서나 성경의 어느 한 부분에 나타난 '의' 의미를 전체의 의미로 해석하려는 환원주의에 빠지면 안된다.[107]

그렇다면, '하나님의 의'에 뒤따라 나오는 문구인 '에크 피스테오스 에이스 피스틴'(ἐκ πίστεως εἰς πίστιν, '믿음으로부터 믿음에까지')을 어떻게 이해할 것인가?

이 문구의 해석에 있어서 논란이 되는 것은 여기 믿음의 주체를 누구로 보느냐이다. 최근에 적지 않은 학자들이 여기 '에크 피스테오스 에이스 피스틴' 문구를 예수 그리스도를 믿는 신자의 믿음을 강조하는 수사학적 표현으로 보지 않고, 앞에 있는 '에크 피스테오스'를 '그리스도의 신실성' 혹은 '하나님의 신실성'으로, 그리고 뒤에 있는 '에이스 피스틴'을 신자의 믿음으로 보려고 한다.[108]

하지만, 여기 '에크 피스테오스 에이스 피스틴'의 문구는 사람의 믿음을 지칭하고 있음이 명백한 16c의 "모든 믿는 자"와 평행을 이루고 있다. 그러기 때문에, 바울이 강조를 위해 종종 이중적 표현을 사용하고 있는 '죽음으로부터 죽음에까

---

105 Käsemann, *Romans*, 92; Dunn, *Romans 1-8*, 43; Schreiner, *Romans*, 66을 보라.
106 Udo Schnelle, *Apostle Paul. His Life and Theology* (Grand Rapids: Baker Academic, 2003), 318: "바울서신에 나타나고 있는 의에 대한 데이터는 '하나님의 의'가 다양한 측면을 가진 용어로 사용되고 있음을 보여준다." 역시 Monkemeier, "'A Righteous God and Savior: Romans 1:17 and the Old Testament Concept of God's Righteousness"를 보라.
107 Talbert, *Romans*, 40; Middendorf, *Romans 1-8*, 95; Schnelle, *Paul*, 318-320.
108 예, Longenecker, *Romans*, 176-180에서 앞의 믿음을 하나님의 신실성으로, 뒤의 믿음을 인간의 믿음으로 보고 있으며, Talbert, *Romans*, 41-42에서 전자를 하나님 혹은 그리스도의 신실성으로 후자를 사람의 믿음으로 본다. 라이트, 『칭의를 말하다』, 최현만 옮김(서울: 에클레시아북스, 2011), 243은 전자를 메시아 예수의 신실함으로, 후자를 사람들의 믿음으로 본다.

지', '생명으로부터 생명에까지'(에크 다나투 에이스 다나톤, '에크 조에스 에이스 조엔', ἐκ θανάτου εἰς θάνατον, ἐκ ζωῆς εἰς ζωήν)(고후 2:16)의 경우처럼, 사람의 믿음을 강조하기 위한 일종의 수사학적인 표현으로 보아야 한다.[109]

먼저 1:17b의 '에크 피스테오스 에이스 피스틴'(ἐκ πίστεως εἰς πίστιν) 문구 앞에 있는 믿음 어휘를 살펴보면 1:5의 '믿음의 순종'(ὑπακοὴν πίστεως), 1:8의 '너희의 믿음'(ἡ πίστις ὑμῶν), 12절의 '너희와 나의 상호 믿음'(ἀλλήλοις πίστεως ὑμῶν τε καὶ ἐμοῦ)과 16절의 '믿는 모든 자'(παντὶ τῷ πιστεύοντι)등 모두 4번 사용되고 있다. 그리고 '에크 피스테오스 에이스 피스틴'(ἐκ πίστεως εἰς πίστιν) 문구 뒤에 가까이 나타나는 믿음 어휘를 보면 1:17c에 있는 하박국 2:4의 인용구에 있는 '믿음으로'(ἐκ πίστεως)와 3:2의 '맡겼다'(ἐπιστεύθησαν)가 나타난다.

그런데 1:17b의 '믿음으로부터 믿음에까지'(ἐκ πίστεως εἰς πίστιν)의 선행 문맥의 믿음 어휘는 모두 믿는 신자의 믿음을 가리킨다는 점을 쉽게 확인할 수 있다. 그리고 1:17c의 하박국 인용구에 나타나는 믿음 어휘는, 조금 뒤에 살펴보겠지만, 바울이 히브리어 성경에 나타나 있는 인칭대명사 '와우'(ו)나 헬라어 성경에 나타나는 인칭대명사 '무'(μου)를 생략하고 있는 점을 보아 그것이 주어인 '의인'(ὁ δίκαιος)을 수식하든, 동사 '살리라'(ζήσεται)를 수식하든 사람의 믿음을 가리킨다고 볼 수 있다. 이것은 우리로 하여금 1:17b의 '믿음으로부터 믿음에까지'(ἐκ πίστεως εἰς πίστιν) 어휘를 그리스도나 하나님의 믿음이 아닌, 그리스도를 믿는 신자의 믿음으로 보게 한다. 이중적인 믿음의 표현은 전자나 후자를 다른 믿음으로 볼 것이 아니라,[110] 동일한 믿음을 강조하는 수사학적인 표현이다.[111]

---

109 Cranfield, *Romans 1*, 100; A. Schlatter, *Romans: The Righteousness of God*, trans. S. S. Schatzmann (Peobody: Hendrickson, 1995), 24-25; Stuhlmacher, *Romans*, 28-29; M. F. Bird, *Romans* (Grand Rapids: Zondervan, 2016), 44; Schreiner, *Romans*, 78-79; Frederick W. Danker, Walter Bauer, William F. Arndt and F. Wilbur Gingrich, *A Greek-English Lexicon of the New Testament and Other Early Christian Literature* (Chicago: University of Chicago, 2000), 298; J. P. Louw and Eugene A. Nida, *Greek-English Lexicon of the New Testament: Based on Semantic Domains*, vol. 1 (New York: United Bible Societies, 1988), 692.
110 예, Dunn, Romans 1-8, 48에서 앞에 있는 믿음 문구는 하나님의 언약적 신실함으로, 뒤에 있는 믿음 문구는 하나님의 신실함에 대한 인간의 믿음으로 본다.
111 Cranfield, *Romans 1*, 99; Middendorf, *Romans 1-8*, 96; Moo, *Romans*, 78. 자세한 논의는 John W. Taylor, "From Faith to Faith: Romans 1.17 in the Light of Greek Idiom," *NTS* 50 (2004), 337-348을 보라. 그는 이 문구가 사람의 믿음의 진전을 가리키고 있다고 보고 있다.

(5) A´(17c´): "이것은 다음과 같이 기록된 말씀과 같습니다: '의인은 믿음으로 살 것 입니다.'"

바울은 1:17c에서 로마서에서 구약성경을 인용할 때 사용하는 형식인 '카도스 게크랖타이' (καθὼς γέγραπται, '기록된 것처럼')를 사용하여 (2:24; 3:4, 10; 4:17; 8:36; 9:13, 33; 10:15; 11:8, 26; 15:3, 9, 21), 하박국 2:4를 인용한다.[112] 그리고 16절과 17ab에서 말한 것에 대해 성경적으로 뒷받침한다. 바울이 인용한 하박국 2:4를 보면 MT 본문 '의인은 그의 믿음으로 살리라'(וצדיק באמונתו יחיה)도 (참조. 1QpHab 7.17), LXX 본문 '의인은 나의 믿음으로 살리라'(ὁ δὲ δίκαιος ἐκ πίστεώς μου ζήσεται)도 정확하게 따르지는 않는다.[113]

바울이 자신의 주장을 강력하게 나타내기 위하여 종종 구약 본문을 임의로 바꾸고 있다는 점을 볼 때(예, 롬 2:24; 10:6-8), 그가 히브리어 본문에 있는 3인칭 대명사 '그의' (와우, ו)나 LXX의 1인칭 대명사 '나의'(무, μου)를 의도적으로 사용하지 않는 점을 이상하게 생각할 필요는 없다.

바울이 1:16-17의 마지막 부분에서 하박국 2:4를 인용하면서 MT 본문이나 LXX의 본문을 정확하게 따르지 않는 것은 어쩌면, 한편으로 하박국 본문의 역사적 정황이 바울이 1:16-17의 전후 문맥에서 말하는 상황과 부합하다는 것과, 다른 한편으로 하박국 본문이 바울이 1:16-17의 전후 문맥에서 말하고자 하는 핵심 어휘인 "의", "믿음", "삶"(생명)이 모두 나타나기 때문일 것이다.

실제로 하박국 본문의 역사적 상황을 보면 이스라엘 백성의 불순종과 범죄로 인해 하나님은 이방 민족인 악한 갈대아(바벨론)을 통해 심판을 수행하려 하신다. 하지만 여기에 대해 하박국 선지자는, 설사 이스라엘 민족이 하나님께 범죄하였다 하더라도, 어떻게 하나님께서 이스라엘보다 더 사악한 갈대아를 통해 하나님의 택한 백성인 이스라엘을 심판하는가에 대해 의문을 가졌다.

여기에 대해 하나님께서 주신 답변의 요지가 2:4이다. 즉 "의인은 어떠한 상황에서도 하나님의 신실함에 대한 신뢰로 살아야 한다"는 것이다. 이러한 하나님

---

112 이러한 구약성경 인용 형식은 쿰란문헌(1QS 5.17; 8.14; CD 7.19; 4Q178 3.2)에도 나타난다.
113 Käsemann, *Romans*, 32: "하박국 2:4에 대한 바울의 해석은 구약 본문은 물론 그 어떤 유대교 해석도 따르지 않는다." 유대교 문헌에 나타나고 있는 합 2:4의 다양한 형태에 대해서는 마크 A. 싸이프리드, "로마서", 『신약의 구약사용 주석시리즈 3: 사도행전. 로마서』, G.K. 빌. D.A. 카슨 편집, 하워드 마샬. 마크 A. 싸이프리드 지음, 김현광. 배성진 옮김 (서울: CLC, 2012), 301-305를 보라.

의 답변에는 "그럴 경우 반드시 하나님의 구원이 뒤따를 것이다"라는 약속이 담겨 있다. 그래서 하박국 선지자는 예언서의 결론 부분에서 "나는 여호와로 말미암아 즐거워하며 나의 구원의 하나님으로 말미암아 기뻐하리로다. 주 여호와는 나의 힘이시라"(합 3:18-19)고 노래하면서 하나님에 대한 신뢰를 고백하며 하나님을 찬양하고 있다.

하박국 예언서에 나타난 이와 같은 하나님의 심판과 구원, 믿음, 그리고 신실한 삶은 로마서 1:16-17 전후 문맥과 잘 부합한다. 우리가 살펴본 것처럼, 1:16-17b는 복음에 나타난 구원과 하나님의 의, 믿음에 대해 말한다. 그리고 1:18 이하는 하나님의 심판을 말한다. 이처럼 하박국 본문은 로마서 본문의 상황과 잘 부합한다. 우리는 바울의 인용문을 자세하게 살펴봄으로써 이 점을 확인하게 될 것이다.

이 구절에서 해석학적으로 문제가 되는 것은 두 가지이다. 하나는 인용구 서두에 나오는 '의인'(호 디카이오스, ὁ δίκαιος)를 누구로 보느냐는 것이고, 또 하나는 '믿음으로'(에크 피스테오스, ἐκ πίστεως)를 명사인 '의인'(ὁ δίκαιος)에 연결시킬 것인가, 아니면 동사 '살 것이다'(제세타이, ζήσεται)에 연결시킬 것인가 하는 것이다.

헤이스(R. Hays)는 하박국 2:4에 나오는 '그 의인'(ὁ δίκαιος)이 메시아를, '믿음으로'(ἐκ πίστεως)는 예수 그리스도의 신실하심을, '살리라'(ζήσεται)는 십자가에 죽기까지 아버지의 뜻에 순종하신 예수 그리스도의 희생적 삶을 가리키는 것으로 보려한다. 그는 LXX에서 하박국 2:4이 메시아적으로 번역된 점, 제 1 에녹서에서 의인이 종말에 하나님의 공의를 계시하거나 실현하는 분으로 제시된 점(38:2; 53:6), 신약성경 여러 곳에서 예수 그리스도를 '의인'(ὁ δίκαιος)로 호칭하고 있는 점(행 3:14; 7:52; 22:14; 벧전 3:18; 요 1서 2:1) 등을 근거로 제시한다.[114]

하지만, 설령 하박국 2:4가 LXX과 유대교 문헌에서 메시아적으로 이해되고 있었고, 신약성경 여러 곳에서 예수 그리스도가 '의인'으로 호칭되었다 하더라도, 바울의 인용구에 나타나 있는 '의인'이 예수 그리스도를 지칭하고 있다고 보기는

---

114 R. Hays, *The Faith of Jesus Christ. The Narrative Substructure of Galatians 3:1-4:11*, Second Edition, 32-162, 272-284; "Apocalyptic Hermeneutics: Habakkuk Proclaims 'the Righteous One'," *The Conversion of the Imagination: Paul as Interpreter of Israel's Scriptures* (Grand Rapids: Eerdmans, 2005), 119-42. 역시 D. A. Campbell, "Romans 1.17-A Crux Interpretum for the ΠΙΣΤΙΣ ΧΡΙΣΤΥ Debate," *JBL* 113 (1994), 265-85; John Dunnill, "Saved By Whose Faith?-The Function of πίτις Χριστοῦ in Pauline Theology," *Colloquium* 30/1 (1998), 7-10; Talbert, *Romans*, 41-47.

어렵다. 로마서 1:17나 갈라디아서 3:11의 하박국 2:4의 인용문을 보면 LXX나 MT 본문에 나오는 특정한 사람을 지칭하는 인칭대명사를 생략하여 본문을 보다 일반화시키고 있다. 바울이 인칭대명사를 생략하고 있다는 것은 여기서 그가 개인적인 특정 인물보다 일반적인 인물을 통칭하고 있음을 시사한다.[115] 이뿐만 아니라, 바울은 그의 서신 어느 곳에서도 메시아 예수에게 "의인"과 "믿음" 어휘를 함께 사용하지 않는다. 오히려 두 어휘는 전폭적으로 신자와 관련하여 사용된다.[116]

이제 남은 문제는 두 가지이다. 하나는 '믿음으로'(ἐκ πίστεως)를 주어인 명사 '의인'에 연결시킬 것인가(예, NAB, NET, NJB, 공동번역), 아니면 동사 '살리라'(ζήσεται)에 연결시킬 것인가(예, NIV, NRSV, NASV, 개역개정, 새번역, 새한글) 하는 것이고, 또 하나는 동사가 어떤 삶을 가리키느냐는 것이다. 전자와 관련하여 어떤 학자는 '믿음으로'라는 말을 동사보다도 명사에 연결시켜 바울이 강조하고자 하는 것은 '믿음으로 의롭게 된 자들이 살리라,' 즉 이신칭의(以信稱義)에 강조점이 있다고 보고 있다.[117]

반면에, 다른 어떤 학자는 하박국 히브리 본문이나 헬라어 본문에서 인칭대명사를 동반하는 믿음이 명사인 '의인'이 아닌 동사 '살리라'를 수식하고 있는 점을 들어, 그리고 바울이 이를 달리할 이유가 없으므로, '믿음으로'가 당연히 '의인'이 아닌 '살리라'를 수식하고 있다고 본다.[118]

하지만, 바울이 의도적으로 인칭대명사를 생략하고 있을 뿐만 아니라, '믿음으로'를 명사 '의인' 앞에 두거나, 혹은 동사 '살리라'의 뒤에 두지 않고 양쪽을 다 수식할 수 있는 가운데 두고 있다는 사실에 주목할 필요가 있다. 이것은 바울이 '믿음으로'를 명사뿐만 아니라, 동사까지 같이 서로 연결시켰을 가능성을 열어둔다.[119] 즉 믿음으로 의롭게 된 자들은, 또한 믿음으로 산다는 것이다.

---

115 Cf. F. Watson, "By Faith (of Christ): An Exegetical Dilemma and its Scriptural Solution," *The Pistis Christou Debate. The Faith of Jesus Christ*, eds. M. F. Bird and P. M. Sprinkle (Peabody: Hendrickson, 2009), 154-55.
116 Moo, *Romans*, 81.
117 예, Käsemann, *Romans*, 32; 박익수,『로마서 주석 1』, 164.
118 예, Ben Witherington III, *Paul's Letter to the Romans. A Socio-Rhetorical Commentary* (Grand Rapids: Eerdmans, 2004), 55-56.
119 던,『바울 신학』, 517: "그러므로 바울은 의도적으로 이렇게 ['믿음으로'를 명사와 동사 가운데 둠으로써] 어느 쪽으로든 해석될 수 있는 여지를 남겨 두었을 가능성이 더 높다."

바울에게 있어서 '의'가 새로운 신분과 새로운 삶을 함께 함축하고 있는 종말론적인 구원의 의미를 가졌다고 본다면, 그리고 바울이 로마서 서언과 결언에서 믿음과 순종을 통합시켜 '휘파코에 피스테오스'(ὑπακοὴ, πίστεως, 1:5; 16:26)라고 말하고 있는 점, 그리고 로마서 4장에서 믿음을 아브라함의 신분(4:3, 12, 13, 16, 17, 18)은 물론, 그의 삶 전체를 규정하고 있는 것으로 볼 때(4:19, 20), '믿음으로'가 양자와 다 연결되어 있다고 볼 수도 있다.[120]

아마도 바울이 하박국 2:4를 인용하여 믿음으로 의롭게 된 자들은 또한 믿음으로 살아야 한다는 사실을 강조함으로써, 그의 이신칭의의 복음이 믿음으로 의롭게 됨을 강조하고 있는 로마서 3:21-11:36 뿐만 아니라, 또한 믿음으로 살아야 함을 강조하고 있는 로마서 12:1-15:13을 포괄하고 있음을 일깨우려고 한 것 같다.

후자와 관련하여 문제가 되는 것은 여기 '살리라'가 현재의 삶을 지칭하고 있는가, 아니면 미래의 삶(영생)을 가리키고 있는가이다. 하박국의 본래 문맥에서 '살리라'는 이스라엘 백성의 범죄로 인해 현재 악한 자, 곧 갈대아의 예루살렘 침범으로 존립의 위기 상황에 직면해 있다고 하더라도, 이스라엘 백성은 신실하신 야웨 하나님에 대한 확고한 믿음 가운데서 살아가야 한다는 현재의 절박한 상황과 관련되어 있다. 현재의 이 위기 상황 가운데서도 그들은 구원하실 야웨 하나님에 대한 신앙을 결단코 포기하지 않아야 한다는 것이다. 하지만 바울의 상황은 그때와는 조금 다르다. 이미 앞서 지적한 것처럼, 바울은 히브리 본문에 있는 "그의"나 헬라어 칠십인 역에 있는 "나의"라는 인칭대명사를 의도적으로 생략함으로써 시간적, 공간적인 제한을 보편화시켰다.

게다가 로마서 전체에 나타나는 '산다'의 어휘인 동사 '자오'(ζάω)나 명사 '조에'(ζωή)의 용법을 보면 바울은 1:16의 '구원'의 어휘처럼 현재적 삶(6:2; 7:1,9; 8:12-13, 38)이나 미래적 삶(5:10, 17; 8:13) 등 양면에 걸쳐서 다 사용하고 있다.[121]

---

[120] 존 스토트, 정옥배 역, 『로마서 강해』(서울: IVP, 1996), 75: "의로움과 생명은 둘 다 믿음에 의한 것이다. 믿음으로 의롭게 된 사람은 또한 믿음으로 산다. 그들은 믿음 안에서 시작하고, 계속해서 똑같은 믿음의 길을 간다. 이것은 또한 '믿음에서 믿음으로'라는 표현에 맞는다."

[121] 로마서에서 동사 '산다' 어휘가 27회(1:17; 4:17; 6:2, 8, 10x2, 11, 13; 7:1, 2, 3, 9x2; 8:11, 12, 13x2; 9:26; 10:5; 12;1; 14:7, 8x3, 9x2, 11) 나타나고, 명사 '생명' 어휘가 14회(2:7; 5:10, 17, 18, 21, 23; 7:10; 8:2, 6, 10, 38; 11:15) 사용되고 있다. 이를 분석하면 주로 칭의 문제를 취급하는 1-4장에서 3회, 성화 문제를 취급하는 5-8에서 27회, 이스라엘 문제를 말하는 9-11장에서 3회, 그리고 교회와 사회에서의 기독교인의 삶을 말하는 12-16장에서 8회 사용되고 있다.

그렇다면, 이미 지적한 것처럼, 로마서에서 바울이 '구원'의 어휘를 '이미'와 '아직'의 종말론적인 의미로 사용하고 있는 것처럼, 1:17의 '살리라'의 경우도 종말론적인 의미인 미래에 충만하게 주어질 영생의 삶을 '이미' 부분적으로 누리고 있다(6:4; 8:6,10)는 의미로 사용하고 있다고 볼 수 있다. 나무와 그 열매가 분리될 수 없는 것처럼, 의인됨(칭의)과 그의 거룩한 삶(성화)은 결코 서로 분리될 수 없다. 사실상 믿음으로 의롭게 된 이들은 또한 믿음으로 산다. 그것이 앞서 말한 '믿음의 순종'이 뜻하는 의미이기도 하다.

이런 점에서 본다면, 바울은 하박국 2:4을 인용하여 믿음으로 의롭게 된 이들은 또한 믿음으로 살아야 한다는 사실을 강조함으로써 그의 이신칭의의 복음은 믿음으로 의롭게 됨을 강조하고 있는 로마서 3:21-11:36뿐만 아니라, 또한 믿음으로 살아야 함을 강조하고 있는 로마서 12:1-15:13을 포괄하고 있음을 시사한다.

제2장

로마서 몸체/본론(1:18-15:13)

1. 첫 번째 내러티브: 인류의 창조와 타락(1:18-3:20)

로마서 서언 내러티브에 이어 나오는 몸체는 1:18-15:13까지 계속된다. 이 몸체의 첫 번째 내러티브가 인류의 창조와 타락(범죄)을 말하는 1:18-3:20에 해당한다. 이 내러티브를 통해 바울은 복음(1:2-4, 15)은 한편으로 하나님의 의와 구원을 선포하지만(1:16-17), 다른 한편으로 하나님의 심판을 선포한다(1:18-3:20)는 사실을 강조한다. 그렇게 함으로써 왜 인류(이방인과 유대인)가 메시아 예수를 통한 하나님의 의와 구원을 필요로 하는가를 밝힌다.[1]

이 내러티브는 창세기 1-3장에 있는 하나님의 창조와 인류의 범죄와 타락의 내러티브는 물론, 구약에 나타난 이스라엘 백성의 범죄와 실패 내러티브, 곧 출애굽 사건, 이스라엘 백성의 광야 생활, 사사 시대, 왕정 시대, 바벨론 포로와 귀환 시대에 나타난 불순종과 실패의 역사를 반영하고 있다. 동시에 이 내러티브는 인종과 신분과 성별을 초월하여 창조주 하나님 없이, 하나님을 떠난 모든 사람의

---

[1] 우리는 1:18 서두에 나오는 이유 접속사 '가르'(γάρ)에 주목할 필요가 있다. 바울은 1:15에서 자신이 로마에 있는 성도들에게 복음을 전하고 싶다는 사실을 밝힌다. 그런 다음 1:16a에서 첫 번째 '가르'를 사용하여, 왜냐하면 나는 복음을 부끄러워하지 않는다는 사실을 밝힌다. 그런 다음 1:16b에서 두 번째 '가르'를 사용하여, 왜냐하면 복음이 믿는 모든 자에게 구원을 주시는 하나님의 능력이라고 말한다. 그리고 1:17a에서 복음이 구원을 주시는 하나님의 능력인 이유와 관련하여 세 번째 '가르'를 사용하여, 왜냐하면 복음 안에 하나님의 의가 나타나고 있다고 말한다. 그리고 다시 1:18에서 네 번째 '가르'를 사용하여, 왜냐하면 하나님의 진노가 하늘로부터 나타나고 있다고 말한다. 그렇게 함으로써 1:18 이하가 앞에서 말한 복음과 무관하지 않다는 사실을 밝힌다. 말하자면 복음이 선포되는 곳에는 하나님의 구원과 함께 하나님의 심판이 나타난다는 것이다. 즉 복음을 받아들이는 자에게는 구원이, 하지만 복음을 거부하는 자에게는 오히려 하나님의 심판이 임한다는 것이다(역시 요 3:16-18). 이것을 역으로 말하자면, 하나님의 심판이 이미 지금 여기서 나타나고 있기 때문에, 유대인이든 이방인이든 모든 사람이 하나님의 의의 복음을 필요로 하고 있다는 것이다.

비참한 상태를 보여주는 거울 역할을 한다. 바울이 왜 복음에 대한 구체적인 설명(3:21-26)에 앞서 인류, 곧 모든 이방인과 유대인이, 예수 그리스도를 믿음으로 구원을 받게 되는 '하나님의 의'의 복음이 필요한가를 먼저 설명하고 있는가?

어떤 환자도 자신의 병의 심각성을 느끼지 않는다면, 병원과 의사의 필요성을 느끼지 못할 것이다. 자기 병의 심각성을 절감할 때, 그는 의사의 필요성을 절감하고, 의사를 통해 병을 낫게 되었을 때, 의사에 대한 감사와 함께 다시는 그러한 질병을 당하지 않도록 조심하게 될 것이다.

마찬가지로, 인간은 창조주 하나님 앞에서 자신이 하나님과 사람에게 무서운 범죄를 저지르고 있는 죄인이라는 것, 자신의 죄는 자신의 힘으로는 도저히 해결할 수 없다는 사실을 절감할 때, 하나님께서 마련하신 예수 그리스도와 복음의 필요성을 더욱 절감하게 될 것이다. 그리고 예수 그리스도를 통해 해결책을 찾으려 할 것이며, 그를 통한 해결에 대하여 진정한 감사와 결단을 할 수 있을 것이다.

이런 점에서 1:18-3:20은 문단 서두를 장식하는 1:18의 일종의 이유 접속사 '가르'(γάρ)가 암시하고 있는 것처럼, 한편으로 1:16-17의 주제 구절에서 제시한 복음 안에 나타난 하나님의 의가 왜 필요한가에 대한 이유를, 다른 한편으로 세 번째 내러티브인 3:21-5:21에 나타난 하나님의 의에 대한 그 필요성을 제공한다.[2] 그런 점에서 1:18-3:20은 바울 복음과 대립이 되는 하나님의 진노로 보기보다는 오히려 복음에 대한 일종의 서곡(序曲)으로 볼 수 있다.

왜냐하면, 어떤 의미에서 복음의 핵심인 그리스도의 십자가 사건이 한편으로 죄와 사탄의 세력에 대한 하나님의 심판이지만 다른 한편으로 심판을 통한 구원을 가져오기 때문이다.

1:18-3:20은 크게 1:18-32과 2:1-3:20의 문단으로 나누어진다. 전자가 이방인의 타락과 범죄에 해당한다고 한다면, 후자는 유대인(이스라엘)의 타락과 범죄에 해당한다고 볼 수 있다. 그렇다고 해서 전자와 후자가 별개의 것인 것처럼 서로 독립되어 있다고 보아서는 아니 된다. 창세기 1-3장을 반영하는 1:18-32이 이방인과 유대인을 다 포함하고 있을 뿐만 아니라, 이방인의 빛으로 제사장으로 세워진 이스라엘의 범죄와 타락을 반영하고 있는 2:1-3:20 역시 1:18-32에 그

---

2 이승현, "바울의 복음에 대한 로마서 1:18의 γάρ와 하박국 2:4의 해석학적 기능, 그리고 새관점," 『신약논단』 27/ (2020), 643.

뿌리를 두고 있기 때문이다.³

1) 하나님의 진노 아래 있는 인류와 그 비참함(1:18-32)

성경은 하나님의 인간 창조와 타락 이야기(창 1-3장)로 시작된다. 마찬가지로 사도 바울은 로마서의 몸체 이야기를 독자들에게 익숙한 창조와 타락 이야기로 시작한다. 따라서 로마서에 나타난 창조와 타락 이야기(1:18-3:20)를 올바르게 이해하기 위해서는 창세기 1-3장에 나타나 있는 창조와 타락 이야기를 간략하게나마 살펴볼 필요가 있다.

창세기 1장에 따르면, 하나님께서 6일(욤) 동안 (물론 이 6일은 현재의 24시간 x 6과는 다를 수 있다) 하늘과 별, 땅, 생물, 물고기, 짐승 등 우주 만물을 창조하셨다. 그리고 마지막 날 사람(남자와 여자)을 자신의 형상(*imago Dei*)으로 창조하셨다. 창세기 1장 26-27절의 "하나님이 이르시되, 우리의 형상을 따라 우리의 모양대로 우리가 사람을 만들고, 그들로 바다의 물고기와 하늘의 새와 가축과 온 땅과 땅에 기는 모든 것을 다스리게 하자 하시고, 하나님이 자기 형상 곧 하나님의 형상대로 사람을 창조하시되, 남자와 여자를 창조하셨다"에서 볼 수 있는 것처럼, 하나님은 어떤 목적, 곧 자신의 영광을 위하여 그리고 자신을 대신하여 창조된 만물을 잘 관리하도록 만물 가운데서 오직 사람만을 자신의 형상대로 창조하셨다. 사람을 "하나님의 형상"으로 지으셨다는 것은, 사람이 하나님을 대리해서 하나님의 일을 할 수 있는 자, 곧 하나님을 대신해서 하나님이 창조하신 모든 피조물을 다스리고 관리하여, 하나님께 영광을 돌릴 수 있는 청지기 역할을 감당할 수 있는 자로 지으셨다는 것이다.

창세기 1:28-29는 이렇게 말한다.

> "하나님이 그들에게 복을 주시며 하나님이 그들에게 이르시되 생육하고 번성하여 땅에 충만하라, 땅을 정복하라, 바다의 물고기와 하늘의 새와 땅에 움직이는 모든 생물을 다스리라 하시니라. 하나님이 이르시되 내가 온 지면의 씨 맺는 모든 채소와 씨 가진 열매 맺는 모든 나무를 너희에게 주노니 너희의 먹을거리가 되리라"(창 1:28-29).

---

3 M. A. Seifrid, "Natural Revelation and Purpose of the Law in Romans," *TB* 49 (1998), 116-117; Jewett, *Romans*, 158.

하나님은 아담과 이브에게 먼저 복을 주시고, 그들에게 생육하고 번성할 것과 하나님이 창조하신 피조물을 관리하는 대리자의 책임을 맡기셨다(창 1:28). 그런 다음 또한 에덴동산의 모든 과일(생명 나무를 포함하여)을 마음대로 먹을 수 있는 자유를 주셨다(창 2:16). 하지만 하나님은 아담에게 한 가지 금지 명령을 주셨다.

"동산 각종 나무의 열매는 네가 임의로 먹되, 선악을 알게 하는 나무의 열매는 먹지 말라. 네가 먹는 날에는 반드시 죽으리라"(창 2:17).

하나님께서 아담에게 이 금지 명령을 주신 것은 아담을 파멸하도록 하기 위함이 아니라, 자발적으로 하나님이 세운 청지기의 사역을 잘 감당할 수 있도록 하기 위함이었다. 즉 아담을 항구적으로 충성된 하나님의 청지기로 세우기 위함이었다. 만일 아담이 이 금지 명령을 지켜 충성된 청지기로서 맡겨진 사역을 감당할 경우, 아담은 계속 창조주 하나님과 교제하면서 죽음을 맛보지 않고, 하나님의 청지기 사역을 계속할 수 있는 권한과 책임을 유지할 수 있었다. 아담과 하와에게 있어서 하나님이 영원히 그들과 함께 있고, 그들은 영원히 하나님의 백성으로 머무는 그것이 그들에게 있어서 실로 영생이었기 때문이었다(참조. 계 21:1-7).

그러나 하나님의 법을 어기면 하나님 형상의 존엄성을 잃게 되고, 생명의 근원이신 하나님과의 단절과 함께 영생이 아닌 "정녕 죽으리라"는 말씀대로 사망의 형벌을 피할 수 없었다. 그리고 청지기의 소임도 상실될 수밖에 없었다. 그런데 여기서 우리가 잊지 않고 확인하여야 할 것이 있다. 그것은 처음부터 선악과 금지 명령이 어떤 조건부로 아담에게 주어진 것은 아니라는 점이다.

말하자면, 하나님께서 처음부터 아담에게 네가 선악과 금지 명령을 지킬 경우, 내가 너에게 무엇 무엇을 주겠다는 식의 약속을 하지 않았다. 하나님은 먼저 아담을 하나님의 형상으로 지으시고, 복을 주시고, 청지기 사명을 맡기신 다음, 그에게 선악과 금지 명령을 주셨다. 이것은 하나님의 계명이 처음부터 복을 얻기 위한 수단이 아니라, 이미 주어지고 약속된 그 복을 유지할 수 있도록 하기 위한 것임을 보여준다. 아담은 무엇을 얻기 위해 이 계명을 지켜야 하는 것이 아니라, 이미 하나님의 형상으로 지어졌고, 복을 받았고, 청지기로 세워졌기 때문에, 하나님의 계명을 지키는 것은 그에게 있어서 당연한 의무요 책임이었다.

말하자면, 하나님은 아담에게 선악과 금지 명령을 담보로 영생을 주시겠다는 식의 어떤 구체적인 약속을 하지 않았다. 오히려 하나님은 아담이 범죄하기 전

에덴동산에 있는 생명 나무의 열매를 먹을 수 있도록 하심으로 영생의 복을 누릴 수 있도록 하셨다. 물론 아담은 하나님이 주신 생명 나무보다 오히려 하나님이 금한 선악과를 먹어 생명의 복 대신 죽음의 징벌을 자초하였다.

창세기 3장에 따르면, 뱀으로 가장한 사탄이 하나님께서 청지기로 세운 아담과 여자(하와)를 유혹하여, 그들로 창조주 하나님의 명령에 불순종하게 함으로써, 하나님을 반역하게 하였다. 그 결과 그들은 청지기로서의 자격 상실은 물론, 하나님의 형상으로 만들어진 그들의 거룩한 정체성과 존엄성마저 잃어버리게 되었다. 그래서 그들은 하나님의 계명에 불순종한 죄인이 되었고, 에덴동산에서 쫓겨나 창조주 하나님과의 교제를 누릴 수 없게 되었다. 오히려 그들은 범죄의 결과인 죽음의 권세 아래 놓이게 되었으며, 모든 후손으로 하여금 죄와 사망의 지배를 받게 하였다.

로마서 5:12는 아담의 범죄와 그 결과에 대해 이렇게 적고 있다.

> "그러므로 한 사람으로 말미암아 죄가 세상에 들어오고, 죄로 말미암아 사망이 들어왔나니, 이와 같이 모든 사람이 죄를 지었으므로 사망이 모든 사람에게 이르렀느니라"(롬 5:12).

이뿐만 아니라, 그들의 범죄와 반역으로 인해 다른 모든 피조물도 부패하게 하여 본래의 기능을 상실하게 하였다. 여자는 해산의 고통을 겪어야 했고, 남자는 평생 수고하여야 땅의 소산을 먹을 수 있게 되었다. 그리고 흙으로 돌아가는 육체적 죽음을 겪어야 했고(창 3:16-19), 땅은 저주를 받아 가시덤불과 엉겅퀴를 내어 사람에게 고통을 주게 되었다(창 3:17-18).

로마서 첫 번째 내러티브의 전반부에 해당하는 1:18-32은 창세기 1-3장의 인류의 창조와 타락과 범죄가 아담의 후손들에게 어떤 영향과 어떤 결과를 가져왔는가를 생생하게 보여준다. 곧 불의로 하나님의 진리를 막는 모든 인류의 불경건과 불의에 대하여, 하나님의 진노, 곧 그의 거룩하시고 의로우신 성품으로부터 나오는 의의 심판이 어떻게 계시되고 있는가를 보여준다(1:18).[4] 많은 주석가의 주장처럼, 본 문단이 주로 창조주 하나님을 영화롭게도 감사하지도 않는 이방인

---

4   Ridderbos, *Paul*, 109.

의 범죄를 다루고 있는 것은 분명하지만,[5] 그렇다고 해서 1:18-32에 나오는 범죄가 이방인에게만 해당된다고 보아서는 안 된다. 왜냐하면 본 문단에서 발견하는 우상숭배와 성적인 부패 및 도덕적, 사회적인 범죄는 이스라엘 역사에서도 얼마든지 발견할 수 있기 때문이다.

그러므로 이방인과 유대인의 구분을 이 문단에 엄격하게 적용할 필요는 없다.[6] 오히려 이 문단은 넓은 의미에서 이방인은 물론, 유대인을 포함한 전 인류와 피조 세계 전체의 문제를 말하고 있다고 보아야 한다.[7] 왜냐하면, 바울은 이 문단에서 사실상 이스라엘을 포함하여 전 인류의 뿌리인 창세기 3장에 나타난 아담의 불순종과 타락의 이야기를 염두에 두고 있다고 볼 수 있기 때문이다.[8] 1:18-32의 문단은 세 부분으로 나뉠 수 있다.

첫째 부분은 일종의 서론격으로 범죄하여 타락 한 전 인류에 대한 하나님의 진노 계시와 함께 하나님의 진노가 왜 정당한가에 관하여 말하고 있다(1:18-20).

둘째 부분은 본론에 속한 부분으로서 하나님의 진노 대상이 되고 있는 인류의 범죄와 그 결과가 구체적으로 무엇인가에 관하여 말하고 있다(1:21-31).

셋째 부분인 1:32는 1:18-31의 결론인 동시에 2:1 이하로 넘어가는 전환점의 역할을 한다.[9] 이런 점에서 1:18-32의 문단은 서론(A, 18-20), 본론(B, 21-31) 및 결론(A', 32)의 교차대구법 형식을 보여 주고 있다.

(1) 하나님의 진노의 나타남(18-20절)

범죄한 인간을 구원하시려는 하나님의 사랑과 은혜의 표현이 복음을 통해 제시되는 '하나님의 의'(1:17)이라고 한다면, 죄인에 대한 하나님의 공의로운 심판의 표현은 '하나님의 진노'(1:18)이다. 양자는 다 같이 하나님의 성품에 기인한다.

---

5 예를 들면, 슈툴마허의,『로마서 주석』, 70-77; Käsemann, *Romans*, 36-52; Schreiner, *Romans*, 87-110.
6 M. A. Seifrid, "Natural Revelation and the Purpose of the Law in Romans," *Tyndale Bulletin* 49 (1998), 116-117.
7 Jewett, *Romans*, 158.
8 머리,『로마서 주석』, 79; 박익수,『로마서 주석 1』, 170.
9 Schreiner, *Romans*, 89는 1:18-32을 세 부분으로 나누지 않고, 하나님의 진노의 대상인 사람을 말하는 1:18-23과 진노의 구체적 내용을 말하는 1:24-32의 두 부분으로 나눈다. 그는 24절이 "그러므로"로 시작하고 있는 점과 24, 26, 28절에서 "내버려두다"는 문구가 나타나고 있는 사실을 주목한다.

하나님은 그의 무한한 사랑과 자비하심 때문에 죄인을 불쌍히 여기시지만, 또 한편으로 그의 거룩과 의로우심 때문에 죄를 지은 자에 대하여 진노하신다. 우리는 이 점을 구약성경에 나타나 있는 이스라엘 역사를 통하여 확인할 수 있다.

사사기에 잘 나타나 있는 것처럼, 하나님은 이스라엘 백성이 죄를 짓고, 우상을 섬기고, 불의한 일을 할 경우에는 반드시 공의로운 심판을 내리신다. 하지만 이스라엘 백성이 회개하고 돌아올 때는, 언제나 그들을 불쌍히 여기시고 복 주신다.[10] 어떻게 보면 구약성경은 하나님의 심판과 구원이라는 두 중심 축을 통하여 움직여간다고 말할 수 있다.

바울은 1:17에서 복음 안에 '하나님의 의'가 종말론적으로 나타났다고 말할 때 현재 시제(아포칼립테타이, ἀποκαλύπτεται)를 사용하여 미래에 나타날 그 하나님의 의가 이미 지금, 여기서 사람들이 볼 수 있도록 계속적으로 나타나고 있음을 강조하였다. 마찬가지로 '하나님의 진노'가 하늘로부터 나타났다고 말할 때도 정확하게 동일한 단어의 현재 시제(아포칼립테타이)를 사용하여, 미래에 나타날 그 '하나님의 진노'(참조. 습 1:18; 사 13:9, 13; 26:21; 단 8:19; 제 1 에녹서 91:7)가 하늘로부터, 즉 하나님으로부터 불의로 진리를 막는 사람들의 모든 불경과 불의에 대하여, 이미 지금, 여기서, 모든 사람이 볼 수 있도록 계속 나타나고 있음을 강조한다.[11]

즉, 하나님의 진노 심판이, 하나님의 의의 경우처럼, '이미'와 '아직'의 양상을 가진 종말론적이라는 것이다.[12] 왜 그런가?

사실상 예수 그리스도의 십자가의 죽으심은, 역사의 마지막 때에 있게 될 죄인에 대한 하나님의 종말론적인 사랑의 의가 나타난 것일 뿐만 아니라, 또한 모든 사람의 불경과 불의에 대한 하나님의 공의로운 종말론적인 심판이 나타난 것이다. 하나님은 메시아 예수 안에서, 그를 통하여, 자신의 종말론적 의와 진노의 심판을 동시에 수행하셨다(롬 3:25-26). 미래가 현재가 된 것이다. 물론 최종적인 심판은 예수님의 재림 때에 이루어진다(롬 2:5, 8; 5:9; 9:22; 살전 1:10; 5:9).

따라서, 예수 그리스도의 복음이 전파되는 곳에는 하나님의 사랑의 의와 그의 공의인 진노가 동시에 나타난다. 복음을 받아들이는 자에게는 구원의 의가 나타

---

10 사사기에는 죄, 심판, 탄원, 구원, 침묵이라는 사이클이 적어도 6번 이상 반복된다. 이것은 이스라엘의 범죄가 얼마나 심각하며, 동시에 하나님의 은혜는 얼마나 무한한가를 보여준다. 이원우, 『성서, 거룩한 글들의 도서관』(서울: 살림사, 2005), 146-151을 보라.
11 Ridderbos, *Paul*, 110; Käsemann, *Romans*, 38; Stuhlmacher, *Romans*, 35-36; Schreiner, *Romans*, 92.
12 역시 Schreiner, *Romans*, 92.

나지만, 복음을 거부하는 자에게는 진노와 심판의 의가 선언된다.[13] 이 점은 요한복음 3:36, "아들을 믿는 자는 영생이 있고, 아들을 순종치 아니하는 자는 영생을 보지 못하고, 도리어 하나님의 진노가 그 위에 머물러 있느니라"에서도 발견된다. 우리는 예수 그리스도의 십자가를 통해서 하나님의 심오(深奧)한 사랑과 구원의 의를 발견할 수 있는 것처럼, 십자가를 통해서 하나님의 의로부터 오는 진노의 높이, 넓이와 깊이를 이해할 수 있다.

종종 사람들은 18절에 나타나 있는 '불경'을 하나님에 대한 종교적인 범죄인 십계명의 첫 네 계명을 범하는 죄와 관련되었으며, 반면에 '불의'를 사람에 대한 윤리적인 범죄는 십계명의 후반부 계명을 어긴 죄와 관련된 것으로 추정하고 있다. 물론 이러한 가능성을 완전히 배제할 수는 없겠지만, 불경과 불의가 인간의 모든 범죄를 지칭하는 동의어로 사용되고 있을 가능성이 더 크다.[14]

그럴 경우, 바울은 동의어를 사용하여 하나님의 진노를 가져오는 인간의 총체적인 죄를 강조하고 있다고 볼 수 있다. 왜냐하면 인간의 삶의 영역이 종교적인 것과 윤리적인 것으로 엄격하게 나누어질 수 없기 때문이다. 사실 모든 죄가 궁극적으로 하나님과의 관계 문제라고 한다면 윤리적인 것이라도 종교적인 것이 아닐 수 없고, 종교적인 것이라도 윤리적인 것이 아닐 수 없다. 그렇다면 사실상 여기서 전 인류를 대변하고 있다고 볼 수 있는 이방인의 불경건과 불의는 구체적으로 무엇을 가리키며, 무엇 때문에 그들은 하나님의 공의로운 심판을 피할 수 없으며, 그들에 대한 하나님의 심판은 구체적으로 무엇을 가리키고 있는가?

바울은 하나님께서 "하나님에 대한 지식"을 사람들 가운데 나타내셨기 때문에, 즉 하나님 자신이 인간과 자연 가운데 자신의 영원한 능력과 신성, 곧 그가 창조주이며 주권자임을, 인간은 마땅히 창조주 하나님을 섬겨야 하는 피조물임을 계시하셨기 때문에, 그들이 창조주 하나님을 섬기지 않고, 그의 뜻을 순종하지 않은 일에 대하여 그들이 몰랐다는 이유를 들어 핑계할 수 없다고 말한다. 물론 여기 창조물을 통한 하나님의 계시가 인간 스스로 창조주 하나님을 찾을 수 있다는 능력을 가졌다거나, 창조물 안에 인간이 구원에 이를 수 있는 계시가 나타나 있

---

[13] J. A. Linebaugh, "Announcing the Human: Rethinking the Relationship between Wisdom of Solomon 13-15 and Romams 1.18-2.11," *NTS* 57 (2011), 214-237.

[14] Käsemann, *Romans*, 38: "두 용어는 비종교적인 것과 비도덕적인 것을 뜻하고 있는 것도 아니며, 십계명의 전반부와 후반부의 위반을 가리키는 것도 아니며, 종교적인 범죄와 도덕적인 범죄를 뜻하고 있는 것도 아니다." Moo, *Romans*, 113-114도 보라.

다는 의미는 아니다.[15]

　20절 이하에서 발견하는 인간의 우상숭배와 모든 윤리적 범죄는 인간이 스스로 참다운 하나님을 찾아갈 수 있는 모든 가능성을 배제한다. 말하자면 인간은 창조주 하나님을 알고 그를 섬길 수 있는 하나님의 형상으로 지음 받았고, 타락으로 인해 그 형상이 없어지지 않고 남아있다고 하더라도, 그래서 부분적으로 하나님을 알 수 있다고 하더라도, 하나님의 형상은 전반적으로 오염되어 정상적인 기능을 발휘할 수 없게 되었다. 인간은 전적으로 부패하였으며, 죄는 인간의 지식과 정서와 의지의 전 영역과 전 피조 세계에 영향을 미치고 있다.[16]

　만일 인간이 스스로 참다운 하나님을 찾아 구원에 이를 수 있는 능력이 있다고 한다면, 구태여 하나님은 자기 아들을 보내어 십자가에 죽게 할 필요가 없었을 것이다. 바울은 3:9에서 "유대인이나 헬라인이나 다 죄 아래 있다"고 선언하고 있으며, 에베소서 2:1에서도 "너희가 허물과 죄로 죽었다"고 말하고 있다. 그러므로 바울이 여기서 핑계할 수 없는 인간의 죄책을 말하기 위해 자연 계시를 말하고 있긴 하지만, 예수 그리스도와 성경의 특별 계시의 도움 없이도 인간이 자연 계시를 통해서 참다운 하나님을 찾아갈 수 있고, 구원에 도달할 수 있다고 주장하는 자연신학의 길을 마련하고 있는 것은 결코 아니다.[17]

　바울은 고린도전서 1:21에서 "이 세상이 자기 지혜로 하나님을 알지 못하므로 전도의 미련한 것으로 믿는 자들을 구원하시기를 기뻐하셨다"고 선언한다. 말하자면 바울은 자연 계시를 중요시한 중세 신학의 구호인 "자연은 은총과 반대되는 것이 아니라, 오히려 보충한다"를 무조건 정당시하는 것은 아니다. 오히려 바울은 3:10 이하에서 "의인은 하나도 없다"고 말함으로써, 그리고 3:23에서 "모든 사람이 죄를 지었다"고 말함으로써, 자연신학을 통한 구원 가능성을 강하게 부정한다.[18]

　모든 인간은 이미 그의 이성과 양심마저 죄로 오염되어 있기 때문에, 그리고 인간의 죄로 인하여 자연 세계도 오염되어 있기 때문에, 그 누구도 예수 그리스도의 복음과 무관하게 자연과 양심을 통하여서는 구원의 하나님을 발견할 수도, 찾아갈 수도 없다. 바울이 여기서 강조하고 있는 것은, 성경의 계시와 동등한 자

15　Schreiner, *Romans*, 93, n10.
16　머리, 『로마서 주석』, 84-85.
17　Schreiner, *Romans*, 92-93.
18　존 스토트, 『로마서 강해』, 88.

연 계시신학의 가능성을 열어두자는 데 있지 않고, 인간의 범죄와 그 범죄에 대한 하나님의 의로운 심판에 대하여 인간은 그 어떤 이유로도 변명할 수 없다는 사실을 강조한 점에 있다.

어쨌든 분명한 것은, 첫째 아담이 하나님의 형상으로 지음을 받았고, "선악을 알게 하는 나무의 실과를 먹지 말라, 먹으면 정녕 죽으리라"(창 2:17)는 금지 명령을 받았고, 그래서 오직 하나님께 순종하여야 할 책임 있는 존재였음에도 불구하고, 의도적으로, 능동적으로 금지한 선악과를 먹어 하나님께 불순종하였다. 마찬가지로 그의 후손인 모든 사람도 여전히 창조주 하나님을 알 만한 존재로 남아 있으며, 그래서 마땅히 하나님을 알고, 그에게 예배하고, 그에게 감사와 영광을 돌려야 함에도 불구하고, 자의적으로, 능동적으로 하나님께 돌려야 할 예배와 영광과 존귀를 오히려 피조물에게 돌리는 우상숭배와 불순종의 죄를 범하고 있는 것이다. 21절 이하는 이것을 구체적으로 말한다.

(2) 인류의 범죄와 그 결과(21-25절)

21-23절에서 바울은 먼저 하나님의 의로운 진노를 촉발하는 인류의 모든 불경과 불의가 구체적으로 무엇인가를 밝힌다.

첫째, 인간은 하나님의 형상으로 지음 받았기 때문에, 그리고 타락으로 인해 하나님의 형상이 완전히 없어져 짐승이 된 것은 아니기 때문에, 인간은 자연과 양심을 통해 창조주 하나님의 존재를 어느 정도 알 수 있다. 그럼에도 불구하고, 인간은 그의 존재 목적인 창조주 하나님을 영화롭게 하지 않았다.

둘째, 인간은 하나님 때문에 매일 매일 살고 있음에도 불구하고 하나님께 감사하지 않았다.

셋째, 인간은 생각이 허망하여져서 스스로 하나님과 진리에 도달할 수 있는 능력을 상실했다.

넷째, 인간은 옳고 그름을 분별할 수 없을 정도로 어리석게 되었으며, 참된 판단력을 완전히 상실하였다.

다섯째, 인간은 스스로 지혜 있다고 하지만 지혜의 근본을 알지 못하게 될 만큼 미련한 자가 되었다.

여섯째, 인간은 창조주 하나님보다 오히려 피조물을 신격화시켜, 창조주 하나님께 돌려야 할 영광을 피조물에게 돌렸다.

하나님은 본래 인간을 자신의 형상으로 창조하여, 모든 피조물 위에 세워 그들을 잘 관리하여 하나님께 영광을 돌리도록 하였다. 그런데 인간은 자의적으로 그리고 능동적으로 이것을 완전히 전도시켜 가장 낮은 피조물을 오히려 하나님의 위치에 세우고, 하나님께 돌려야 할 예배와 영광을 그들에게 돌린 것이다. 그렇게 함으로써 인간 스스로 자신의 존재를 하나님께서 주신 피조물의 관리자(창 1:28)가 아닌 피조물을 섬기는 자로 전락시켰다.[19]

이것은 사실상 창조주 하나님의 주권과 존재를 부정하는 배반 행위일 뿐만 아니라, 또한 인간 스스로 자신의 존재 목적을 배반하는 행위이다. 이것이 바로 인간이 범하고 있는 모든 불경건과 불의를 대변하는 죄의 실체이다.[20]

아담의 범죄 이후 이와 같은 인간의 범죄는 전 인류적이고 전 세계적이다. 이방인들에게만 나타나는 것이 아니라, 이스라엘 백성들이 광야에서 금송아지를 하나님 대신 섬긴 것처럼, 하나님의 선택된 백성으로 자처하는 이스라엘 백성의 역사에서도 반복적으로 나타난다.[21]

이처럼 인간이 창조주 하나님을 배반하고 거듭 반역의 길을 걷게 되자, 하나님은 심판하시기 위해 인간을 그냥 그들의 정욕대로 내버려두셨다(24, 26, 28), 그 결과 인간은 하나님의 영광과 하나님의 진리와 하나님의 진리를 바꾸어(23, 25, 26) 더 큰 범죄에 빠지게 되었고, 더 큰 하나님의 진노를 자초하게 되었다. 이처럼 1:23-28은 두 형태의 구조인 사람은 하나님의 것을 "바꾸었다"(엘락산, ἠλλαξαν)와 하나님은 사람을 "내버려 두었다"(파라도켄, παρε,δωκεν)가 세 번(1:23/24; 1:25/1:26a; 1:26b-27/1:28) 반복되고 있다. 그러므로 인간이 하나님과 관계없이 무엇이든 마음대로 할 수 있다고 해서 그것이 진정한 자유가 아니라, 오히려 하나님을 거역한 죄의 형벌이요, 하나님의 무서운 심판이다.[22]

거듭 말하지만, 인간은 본래 하나님의 형상으로 지음 받았기 때문에, 하나님과의 올바른 관계를 통해서만 자기 존재와 삶의 방향과 의미를 가질 수 있다. 하나님과의 올바른 관계의 상실은 자기 존재와 삶의 방향을 거짓된 방향으로 나아

---

19 Käsemann, *Romans*, 43.
20 Schreiner, *Romans*, 96-97.
21 Cranfield, *Romans 1*, 105-6; B. Byrne, *Romans* (Collegeville: The Liturgical Press, 1996), 63; Peterson, *Romans*, 112.
22 악트마이어, 『로마서』, 79; Stuhlmacher, *Romans*, 36-37; Seon Yong Kim, "God's 'Handing Over' as a Divine Curse: A New Reading of the paradido,nai Clause in Romans 1L24, 26, 28," *Zeit NT Wiss* 112 (2021), 26-51.

가게 한다. 창조주 하나님과 자신과의 정상적인 관계 단절은 물론, 나와 너, 나와 그들/피조물과의 정상적인 교제를 불가능하게 한다.

여기서 인간 실존(人間實存)의 방황과 허무와 염세(厭世)가 발생한다. 그리고 인간 실존의 방황으로 인해 그가 사는 사회와 세상과 모든 자연과 생태계가 망가지고 혼란에 빠진다. 그렇게 함으로써 그는 스스로 하나님의 더 무서운 진노와 심판을 자초한다. 이처럼 하나님과의 올바른 수직적 관계 단절은 인간과 사회의 올바른 수평적 관계를 단절시켰다. 케제만(E. Käsemann)은 이러한 악순환과 관련하여 다음과 같이 바르게 지적한다.

> 하나님의 신성을 올바르게 인정하지 않는 세계는 끝없는 반역의 혼돈 상태에 빠진다. 말하자면 악의 홍수가 온 세계에 범람한다. 하나님의 진노가 나타남은 그의 의처럼 개별적이거나 도덕적인 영역에만 머물지 않는다. 그것은 인간 실존의 내면적 어두움으로부터 어리석은 우상숭배로 나아간다. 그것의 전 세계적인 범위를 통해서 우리는 종말론적인 하나님의 마지막 심판의 모습을 적나라하게 엿볼 수 있다.[23]

이 점은 23절 이하에서 자주 반복되고 있는 "사람들은 하나님의 영광과 진리와 하나님의 창조 질서를 우상이나 거짓으로 바꾸고", 그 결과 "하나님은 그들을 내버려두셨다."라는 독특한 3중 구절을 통하여(24, 26, 28절) 명백하게 드러나고 있다. 여기 "하나님이 내버려두셨다"는 말은 하나님의 진노와 심판을 뜻한다(행 7:42).[24]

그 첫 번째가 하나님께서 인간을 마음의 정욕대로 더러움에 내어 버려두었기 때문에(24절), 인간은 하나님의 창조 질서와 역행하여 서로 몸을 스스로 더럽히는 동성애에 빠지게 되었다는 것이다. 23절과 25절이 명백하게 언급하고 있는 것처럼, 인간이 하나님께 돌려야 할 예배와 영광을 피조물에게 돌리는 우상숭배의 죄에 빠지자 하나님은 일종의 심판의 수단으로 인간을 그냥 내버려 두었고, 그 결과 인간은 창조 질서에 역행하는 성적 부패, 특히 동성애에 빠지게 되었다.

---

23 Käsemann, *Romans*, 44.
24 Peterson, *Romans*, 110.

이처럼 동성애를 포함하여 인간의 성적 부패의 근본 원인은 인간 개인의 성적 취향의 차이에서 오는 것이 아니고, 인간이 창조주 하나님을 섬기지 않고 오히려 피조물을 섬기는 우상숭배에 따른 하나님의 의도적 내버려 둠의 결과이다.[25] 다시 말하자면 성경은 동성애를 포함하여 모든 도덕적 타락을 하나님이 진노하신 결과로 본다. 우상숭배가 인간이 하나님의 창조 질서를 바꾸어 창조주 하나님께 돌려야 할 영광을 피조물에게 돌리는 것처럼, 동성애 역시 하나님이 세우신 창조 질서를 바꾸어 남자가 여자가 아닌 남자를, 여자가 남자가 아닌 여자를 성적 대상으로 삼기 때문이다. 그러므로 동성애는 어떠한 상황과 조건에서도 미화되거나 정당화될 수 없다.[26] 바울은 26-27절에서 이 점을 자세하게 설명한다.

(3) 동성애[27](26-27절)

바울은 26-27절에서 동성인(同性人)끼리 성행위를 하는 동성애는 남녀 모두에게 나타나고 있다고 말한다. 하나님은 본래 남자와 여자를 창조하시고(창 1장), 한 남자와 한 여자가 서로 결혼하여 가정을 이루고, 정상적인 부부 생활을 통하여 자녀를 낳도록 하였다(창 2장). 이것은 창조주 하나님이 세우신 법칙이다. 하지만 타락한 인간은 이러한 하나님의 창조 질서를 바꾸어, 한 남자가 여러 여자와 결혼하는 일부다처제(一夫多妻制)를 만들었을 뿐만 아니라, 여자가 남자 대신 여자를(26b, lesbian), 남자가 여자 대신 남자(27, gay)와 더불어 부끄러운 성관계를 맺는 동성애에 빠지게 되었다.

이처럼 동성애는 하나님의 창조 질서에 대한 타락한 인간의 자의적인 반역행위이다. 바울은 이 동성애에 대하여 5중적인 서술, '부끄러운 욕심', '역리적인 관계', '서로를 향하여 음욕이 불일 듯 하는 것', '부끄러운 행위를 하는 것', '상당한 보응을 받는 것'으로 표현하면서, 인간의 그 어떤 부도덕한 범죄보다도 철저하게 취급하고, 그리고 이를 정죄한다.[28] 바울은 하나님이 세우신 결혼제도를 통한 남

---

25 Schreiner, *Romans*, 99는 이것이 솔로몬의 지혜서 14:12("우상을 만드는 의도가 성적 부도덕의 근원이다. 그들의 우상 숭배가 삶의 부패이다")에도 언급되고 있음을 지적한다.
26 머리, 『로마서 주석』, 91: "간통이나 우상숭배도 물론 심각한 악이지만 동성애를 통한 신성모독은 더 악한 타락을 의미한다. 그것은 비 순리적이며 따라서 더 근본적인 타락상을 보여준다."
27 여기서 말하는 '동성애'는 단순히 한 사람의 동성에 대한 성적 취향성을 뜻하지 않고 동성과의 실제적인 성행위를 하는 것을 지칭한다.
28 Longenecker, *Romans*, 217.

녀의 성적결합을 거부하는 모든 동성애는 인간이 하나님의 영광을 우상으로 바꾸어 창조주 하나님을 거부하는 구체적인 반역행위일 뿐만 아니라, 여기에 대한 하나님의 심판인 내버려 둠의 결과(1:24,26)로 본다.[29] 오늘날도 동서양을 막론하고 동성애가 빈번하지만, 바울 당대의 고대 헬라-로마 사회에서 동성애는 더욱 빈번하였다.[30]

동성애를 철저하게 죄악시하는 유대 사회(참조. 창 19:5, 8; 레 18:22; 20:13; 신 23:17-18; 삿 19:22-24; 왕상 14:24; 15:12; 왕하 23:7; 사 1:9; 3:9; 렘 4:6; 솔로몬의 지혜서 14:26; 제 2 에녹서 10:1-5; 34:1-3; *Let Aris* 132; Philo, *De Abrahamo* 26.135-36; *De specialibus legibus* 2.14.50; Josephus, *Contra Apion* 2.25, 199; *Sib Or* 2:73; 3:185-87, 594-600, 763; 5:386-433; *T Levi* 14:6; 17:11; *T Naph* 4:1등)와는 달리, 고대 헬라-로마 사회는 동성애를 비난하거나 죄악시하지 않고, 오히려 때로는 조장하거나 미화(美化)하기까지 하였다.[31]

그러나 바울은 분명히 동성애를 하나님의 창조 질서를 명백하게 부정하는 그릇된 것이므로 스스로 상당한 보응을 자초하게 되는 중대한 범죄로 단정한다.[32] 동성애는 하나님의 창조 질서와 하나님이 세운 결혼제도를 어기는 것이기 때문이다. 따라서 오늘날 일반 사회는 물론 신학교와 교회 안에서까지 성의 평등이나 성의 경향성 혹은 생물학적인 성을 부정하고 성은 사회 환경에서 결정된다는 젠더주의(genderism)나 자유라는 구호 아래 동성애를 지지하는 자들이 적지 않지만, 어떠한 이유로도, 어떤 형태의 동성애든 동성애를 정당화시키는 것은 바울의 가르침과 일치하지 않는 것이다.

---

29 S. Gathercole, "Sin in God's Economy: Agencies in Romans 1 and 7," eds. J. M. G. Barclay and S. J. Gathercole, *Divine and Human Agency in Paul and His Cultural Environment* (London: T & T Clark, 2006), 165.

30 H. Licht, *Sexual Life in Ancient Greek* (London: Routledge & Kegan Paul, 1932), 411-98; K. J. Dover, *Greek Homosexuality* (Cambridge: Harvard University Press, 1978); J. B. De Young, "The Meaning of 'Nature' in Romans 1 and Its Implication for Biblical Proscriptions of Homosexual Behavior," *JETS* 31 (1988), 429-41; Dunn, *Romans*, 65-66.

31 자세한 논의는 R. B. Hays, *The Moral Vision of the New Testament* (San Francisco: Harper, 1996), 379-406; R.A. Gagnon, *The Bible and Homosexual Practice* (Nashville: Abingdon, 2001), 229-303; E. P. Sanders, *Paul: The Apostle's Life, Letters and Thought* (Minneapolis: Fortress, 2015), 727-47을 보라.

32 Cranfield, *Romans*, 127; Dunn, *Romans 1-8*, 65-66; B. Byrne, *Romans* (Colloegeville: The Liturgical Press, 1996), 77; C.G. Kruse, *Paul's Letter to the Romans* (Grand Rapids: Eerdmans, 2012), 109-115; Longenecker, *Romans*, 218.

바울은 여기서 동성애가 선천적이냐, 후천적이냐를 구분하여 전자가 아닌 후자를 정죄하는 등 특수한 형태의 동성애를 정죄하고 있는 것이 아니라, 모든 형태의 동성애를 말하고 있기 때문에, 그 어떤 동성애든 예외가 될 수 없다.[33] 그러나 우리가 동성애에 빠져 있는 사람을 정죄만 하는 것은 옳지 않다.[34] 오히려 그들을 사랑하고, 이해하고 동성애에서 빠져나오도록 적극적으로 도와주는 자세가 필요하다. 동성애도 다른 범죄처럼 예수 그리스도 안에서 성령의 도우심으로 용서되고 회복될 수 있기 때문이다.[35]

(4) 윤리-사회적 범죄(28-31절)

바울은 동성애에 이어 인간이 그 마음에 하나님을 두기를 싫어하고, 하나님께서 인간을 그 상실한 마음을 그대로 내버려 둘 때 일어나는 세 번째 결과를 설명한다(28-31절). 바울은 개인적, 동료적, 그리고 사회적인 모든 사악과 범죄가 근본적으로 하나님에 대한 불신앙에서 오는 것임을 강조한다.

즉, 하나님과의 수직적인 관계가 단절될 때, 하나님에 대한 불경은 물론, 인간 상호간의 모든 수평적이고 사회적인 범죄가 따라 나온다는 것이다.[36] 바울은 여기서 특수한 지역의 대상을 염두에 두고 말하기보다는 지역과 인종과 세대를 초월하여 인간의 타락과 범죄에 대한 보편적인 서술을 하고 있다.[37] 여기서 우리는 다시 한번 인간의 성적 부패는 물론, 개인적, 공동체적인 모든 도덕적 범죄행위가 단순히 하나님의 진노 이유에서만 아니라, 또한 하나님의 진노와 저주의 결과임을 발견하게 된다.[38]

29-31절에는 하나님께서 인간을 그 상실한 마음을 그대로 내어버려 둘 때 일어나는 21개 항목의 범죄 행위가 서술되어 있다. 인간이 하나님을 배반하고 하나

---

33 Schreiner, *Romans*, 105.
34 악트마이어, 『로마서』, 81: "동성연애의 행동들을 정죄하는 것은 조심스럽게 해야 한다. 그 이유는 거짓과 악의와 험담 등이 가지는 파괴성은 동성연애가 가지는 파괴성과 같은 범주에 들어 있으며, 똑같이 그들 모두 하나님의 진노를 묘사하는 무서운 묵인의 상징들이기 때문이다(29-31절)."
35 어떤 사람은 동성애는 유전적이기 때문에 동성애는 치유불가능한 것으로 단정하는 사람이 있지만 동성애자를 치유하여 정상적인 생활을 하도록한 치유사례 또한 적지 않다. 한국성과학연구협회의 자료실을 보라.
36 Käsemann, *Romans*, 49: "우상숭배는 사회를 파괴시키고, 피조물을 극심한 혼란에 빠뜨리게 하는 악들을 범람하게 하는 문을 연다."
37 역시 Schreiner, *Romans*, 107.
38 Käsemann, *Romans*, 47; 홍인규, 『로마서 어떻게 읽을 것인가』, 58.

님 없이 살아갈 때 일어나는 이와 같은 사악한 행위들은 로마서뿐만 아니라, 바울의 다른 서신에도 열거되어 있다(고전 5:10-11; 6:9-10; 고후 12:20; 갈 5:19-21; 엡 4:31; 5:3-5; 골 3:5, 8; 딤전 1:9-10; 6:4-5; 딤후 3:2-4; 딛 3:3).

바울의 여러 서신에 이러한 악들이 열거되어 있다는 사실은 바울 당대 헬라-로마-유대 사회가 얼마나 죄로 오염되고 부패했는지를 웅변적으로 보여준다.[39] 하지만 이러한 죄악들이 주후 1세기 헬라-로마-유대 세계에만 만연되어 있다고는 볼 수 없다. 우리들의 현세대를 포함하여 창조주 하나님을 떠나, 하나님 없이, 살아가는 모든 시대의 사람들과 사회에도 재현되는 동일한 현상임이 분명하다.[40]

21개의 항목은 대충 세 부분으로 분류될 수 있다.[41] 불의, 추악, 탐욕, 악의 등 첫 부분에 해당하는 4개 항목의 범죄는 주로 인간의 내면적인 성품과 관련된 것이다. 이 4개 항목은 인간이 이미 그 마음부터 죄로 오염되어 있고, 부패가 되어 있음을 보여준다.

반면에 시기, 살인, 분쟁, 사기, 악독 등 둘째 부분에 해당하는 5개 항목의 사회적인 범죄는 주로 타인과의 관계에서 제기되는 범죄에 해당한다. 인간의 범죄는 단순히 내면적이고 개인적인 범죄로 끝나는 것이 아니라, 타인에게까지 영향을 미치고 있다. 마지막으로 수군수군하는 자, 비방하는 자, 하나님의 미워하시는 자, 능욕하는 자, 교만한 자, 자랑하는 자, 악을 도모하는 자, 부모를 거역하는 자, 우매한 자, 배약하는 자, 무정한 자, 무자비한 자 등 12개 항목의 범죄는 주로 가정과 사회의 공동체 생활에서 일어나는 범죄에 해당한다.

바울이 제시하는 21개의 항목이 인류 사회에 일어나고 있는 모든 범죄를 요약할 수는 없지만, 21개의 항목은 인간의 범죄가 얼마나 광범위하게, 그리고 인간 생활과 이 사회에 얼마나 깊이 침투하고 있는지를 보여준다. 이 모든 범죄가 인간이 창조주 하나님을 하나님으로 인정하고 그를 섬기지 않는 불경건에 연유하고 있음은 두말할 나위가 없다.[42]

---

39 Jewett, *Romans*, 183-184.
40 Schreiner, *Romans*, 106.
41 역시, Schreiner, *Romans*, 107.
42 Tobin, *Paul's Rhetoric in Its Context. The Argument of Romans*, 108-110.

(5) 피할 수 없는 하나님의 심판(32절)

32절은 29-31절의 21개 항목의 범죄는 물론 1:18-31까지 나타나고 있는 인간의 모든 불경과 불의에 대한 결론이기도 하다. 바울은 이 결론적인 구절에서 인간은 마치 인류의 시조 아담이 에덴동산에서 "선악과를 따먹으면 정녕 죽으리"라는 하나님의 선언을 알았음에도 불구하고 선악과를 따 먹어 범죄한 것처럼, 인간은 자신이 행하는 모든 불경과 불의에 대하여 사형에 해당된다는 하나님의 정하심을 알고 있으면서도, 그러한 행위를 멀리하기는커녕 스스로 계속해서 행하고 있고, 그와 같은 행위를 하는 자를 가리켜 옳다고 선언한다고 말한다. 이것은 사실상 창조주 하나님에 대한 의도적인 거부요, 반역행위이다. 따라서 그들은 자신들의 불신과 반역과 불의한 행동에 대한 하나님이 정한 무서운 심판을 피할 수 없다.

바울에 따르면, 인간은 비록 전적으로 부패하고 타락했음에도 불구하고 짐승이 아닌 여전히 하나님의 형상 자취를 가지고 있기 때문에 이러한 범죄에 대하여 하나님의 무서운 심판을 인식하고 있다. 문제는 인식하고 있으면서도 계속 범죄하고 있을 뿐만 아니라, 그것을 또한 조장하고 있다.[43] 이것이 하나님을 떠나 죄 아래 있는 인간의 전적 부패한 모습이고, 인간의 비참이다. 인류에 대한 이와 같은 바울의 서술은 단순히 그리스도 안에 나타난 하나님의 구속을 강조하기 위한 수사학적 장치나 표현이 아니다. 이것은 인류에 대한 사실적인 묘사이며, 인류의 범죄에 대한 사실적인 고백이다.

따라서, 그 누구도 바울의 진술 앞에서 나는 아니다, 나는 예외라고 말할 수 있는 사람은 없다. 인류 전체는 개인이든, 공동체이든, 민족이든 나라이든 모두 범죄한 죄인이고, 모두 죄와 죽음의 권세 아래 예속되어 있다. 죄의 권세와 영향으로부터 벗어나 있는 그 어떤 개인, 공동체, 민족, 나라가 없다. 따라서 인간은 그 누구도 하나님의 무섭고 공의로운 심판을 피할 수 없다. 죄에 대한 이 무서운 하나님의 종말론적인 심판을 피할 수 있는 유일한 길은 이제 하나님이 마련하신 예수님을 믿어 구원에 이르는 길밖에 없다.

---

43 존 머리, 『로마서 주석』, 97-98.

2) 유대인(이스라엘)의 범죄와 하나님의 신실성(2:1-3:20)

로마서 1:18-32에 나타난 인류, 특별히 이방인의 범죄와 비참에 대한 바울의 날카로운 고발은 이를 듣는 청중으로부터, 그렇다면 지금 유대인들은 이방인들보다 더 나은가 하는 문제를 제기할 수밖에 없다. 바울은 로마서 2:1-3:20에서 유대인들에 관한 문제를 중점적으로 취급한다. 그 대답은 "전혀 그렇지 않다"는 것이다.[44] 유대인들도 이방인들과 똑같이 범죄를 자행하는 타락한 죄인들이라는 것이다.[45]

그럼에도 불구하고 바울 당대 유대인들이 마치 자신들은 죄인이 아닌 의인인 것처럼 남(이방인)을 정죄하는 소위 "내로남불"에 빠져 있으니 그들의 위선과 범죄에 대한 하나님의 심판은 더 막중하다는 것이다.[46] 따라서 그들에게도 하나님의 심판이 똑같이 임한다는 것이다. 복음 안에 나타나는 하나님의 의가 유대인이든 이방인이든 차별이 없는 것처럼(1:16-17), 유대인이든 이방인이든 동일한 범죄를 자행한 자에게는 하나님의 동일한 심판이 주어진다는 것이다. 따라서 이방인들이 하나님의 진노와 심판으로부터 구원을 받기 위해서 예수 그리스도 안에 나타난 하나님의 구원 복음을 필수적으로 필요로 하는 것처럼, 유대인들도 예외 없이 그러하다는 것이다.[47]

44　Jewett, *Romans*, 26은 바울이 2:1-29에서 염두에 두고 있는 사람은 일반 유대인이 아니고, 유대인 기독교인이라고 주장하고 있다. 물론 2:1-29의 청중은 유대인과 이방인으로 구성된 로마의 기독교인이다. 하지만 바울이 2:1-29에서 수사학적으로 논박하고 있는 대상은 예수 믿지 않는 일반 유대인이다. 역시 바르게 지적하고 있는 K. W. McFadden, *Judgment according to Works in Romans: The Meaning and Function of Divine Judgment in Paul's Most Important Letter* (Minneapolis: Fortress, 2013), 57-58; Schreiner, *Romans*, 111을 보라.

45　여기서 우리는 1:18-32 문단이 이방인 개인이 아닌 전체로서 이방인 일반을 취급하고 있는 것처럼, 2:1-3:20도 유대인 개인이 아닌 전체로서 유대인 일반을 취급하고 있다는 사실을 유념하여야 한다. S.J. Gathercole, "Justified by Faith, Justified by His Blood: The Evidence of Romans 3:21-4:25," in *Justification and Variegated Nomism, Volume 2-The Paradoxes of Paul*, eds. D.A. Carson, Peter T. O'brien, Mark A. Seifrid (Grand Rapids: Baker Academic, 2004), 149-150도 보라.

46　존 머리, 『로마서 주석』, 104: "우리가 주목할 것은 유대인이 다른 사람의 범죄를 단지 판단했다는 이유로 고발을 받는 것이 아니라, 유대인 자신도 그런 일을 행하면서 다른 사람을 판단하기 때문에 고발당했다는 사실이다."

47　물론 2:17까지 "유대인"에 대한 직접적인 언급이 없다. 그래서 이 부분이 유대인에게 말하기보다도 유대인이든 이방인이든 도덕적으로 우월하다고 생각하는 자들에 대한 언급으로 볼 수도 있다. 예를 들면, C. K. Barrett, *A Commentary on the Epistle to the Romans* (London: Black, 1957), 43. 하지만 비록 "유대인"에 대한 직접적인 언급이 없다고 하더라도 내용으

인류 전체를 겨냥하고 있는 1:18-32이 유대인과 전혀 무관한 것이 아닌 것처럼, 유대인 전체를 겨냥하고 있는 2:1-3:9 문단도 이방인과 전혀 무관한 것은 아니다. 유대인들은 이방인들을 위한 복과 빛으로 세워진 인류의 대변자와 제사장이기 때문이다(출 19:6). 바울은 자연 계시가 주어진 이방인들과 달리 유대인들에게는 자연 계시와는 비교할 수 없을 정도로 더 뛰어난 특별계시인 율법과 성경이 주어졌다고 말한다. 그럼에도 불구하고 그들은 율법과 성경을 순종하지 않은 더 막중한 범죄를 자행하였다.

따라서 그들에 대한 하나님의 심판은 더 철저할 수밖에 없다. 이미 앞에서 지적한 것처럼, 1:18-32의 문단이 전체 인류를 향한 하나님의 심판심포니의 서곡(序曲)과 같기 때문에, 유대인들도 이 서곡의 소리를 피할 수 없다.[48] 구약성경에 나타나 있는 이스라엘 백성들의 범죄에 대한 서술들이 이 점을 잘 보여준다.

모세오경과 사사기와 역사서와 선지서에 서술되어 있는 이스라엘 백성들의 역사를 보면 그들은 하나님의 특별한 보호와 은총을 입었다. 그들은 아브라함을 통해 언약 백성이 되었고, 출애굽 사건을 통해 하나님의 특별한 은총과 구원을 체험하였다. 그리고 모세를 통해 언약 백성에 합당한 삶을 살 수 있도록 율법의 가르침을 받았다. 실로 그들은 거룩한 백성이었고, 제사장 나라였다(출 19:6). 그럼에도 불구하고 그들은 의도적으로 율법에 불순종하였다. 이방인들과 똑같이 우상을 섬겨 하나님을 반역하였으며, 이방인들과 마찬가지로 온갖 종류의 성적, 윤리적, 사회적 범죄를 자행하였다.

그런 가운데서도 바울 당대 유대인들은 과거의 선조들이 그렇게 했던 것처럼 이방인들과 근본적으로 다르다고 생각하였다. 그들은 이방인들과 달리 하나님의 선택된 언약 백성이며, 하나님이 주신 율법과 할례와 성전을 가지고 있기 때문에, 그것들이 자신들을 지켜주고 보호해준다고 생각하였다. 그리고 자신들이 여전히 세상의 복과 빛이 되는 특별한 자로 생각하였다.

그런데 바울은 그들의 생각과는 전혀 다르게 유대인들도 이방인들과 똑같은 죄를 범한 죄인들임을 폭로한다. 그리고 유대인들이 일종의 보호막처럼 의지하

로 볼 때 2:1-16이 유대인에게 말하고 있다는 사실을 부정하기 어렵다. Cranfield, *Romans 1*, 138-39; S. J. Gathercole, *Where Is Boasting? Early Jewish Soteriology and Paul's Response in Romans 1-5* (Grand Rapids: Eerdmans, 2001), 197-200; Peterson, *Romans*, 132도 보라.

48 Käsemann, *Romans*, 53: "이방인들에 대한 하나님의 진노는 동등하게 유대인들에 대한 심판의 서곡이다."

는 율법과 할례도 그들이 율법을 지키지 않는 한 결코 보호막이 될 수 없다고 강조한다. 그래서 그들도 이방인들과 똑같이 하나님의 심판을 피할 수 없다고 선언한다. 율법과 할례가 유대인들의 범죄를 막을 수 있게 하는, 그래서 하나님의 심판을 피하게 하는 안전장치가 되지 못하며, 그렇게 할 능력도 없다는 것이다. 지난날 이스라엘 백성들은, 설사 그들이 죄를 짓는다 하더라도, 하나님의 법궤와 성전이 그들 곁에 있는 한 법궤와 성전이 그들을 지켜준다고 생각하였다.

하지만 하나님은 선지자들을 통하여 그러한 생각이 잘못된 것임을 지적하였을 뿐만 아니라, 때때로 전쟁과 기근과 질병을 통해서 범죄한 이스라엘 백성들을 심판함으로써, 그들의 잘못된 환상을 깨버렸다. 마찬가지로 바울은 이 문단에서 지난날 이사야, 예레미야, 아모스 등 여러 선지자가 그렇게 했던 것처럼 당대 유대인들의 잘못된 환상을 깨뜨려버린다. 그렇게 함으로써 바울은 유대인들도 이방인들과 똑같이 죄인이며, 하나님의 심판 아래 있으며, 복음 안에 나타난 하나님의 의(1:17)를 필요로 함을 천명한다. 물론 이 하나님의 의는 3:21 이하에 말하는 것처럼 메시아 예수 안에 나타난 하나님의 의이다.

바울의 유대인들 혹은 유대교에 대한 비판(2:1-3:9)은, 어떤 사람들의 주장처럼, 바울이 단순히 유대인들이 예수 믿지 않는다는 기독론적 관점에서만 접근하고 있는 것이 아니다.[49] 혹은 그들이 율법을 통해 구원을 얻으려고 하는 율법주의만을 추구하기 때문이거나,[50] 율법 준수를 이방인들에 대한 자신들의 민족적, 종교적, 사회적 우월성을 주장하는 근거로 삼는 배타성 때문만도 아니다.[51]

---

49 예를 들면 샌더스(E.P. Sanders)는 바울이 유대교와 율법을 비판하는 것은 유대교와 율법 자체가 잘못되어 있기 때문이라기보다도 유대교가 기독교가 아니기 때문이라고 주장한다. 즉 예수가 유일한 구원자이며, 예수에 대한 믿음만이 유일한 구원의 수단임을 깨닫게 되자 유대교와 율법이 문제가 있음을 보게 되었다는 것이다.
50 예를 들면, 루터 이후 대부분의 전통적인 주석가들은 바울 당대 유대교가 율법을 지킴으로 구원에 도달할 수 있음을 가르치는 일종의 율법주의 종교이며, 바울이 유대교와 율법을 비판한 근본 이유도 여기에 있다고 보고 있다.
51 예를 들면, 던(Dunn)과 라이트(Wright). 이들에 대한 자세한 논의는 최갑종, "새관점의 바울 연구, 다시 보기," 『신약연구』 8 (2009), 93-124; "1세기 유대교는 과연 '언약적 율법주의' 였는가?" 『목회와 신학』 239 (2009), 226-231; "바울에 대한 '새관점', 무엇이 문제인가?" 『한국개혁신학』 제28권 (2010), 38-103; "한국교회와 구원론: '새관점'에 대한 복음주의의 대응. 로마서와 갈라디아서에 나타난 바울의 '이신칭의' 교훈을 중심으로," 『聖經과 神學』 55 (2010), 1-40; "'이신칭의' 교리에 대한 '새관점'의 도전과 반응," 『목회와 신학』 (2014/11), 90-99를 보라.

오히려 바울은 구약 선지자들의 경우에서처럼 하나님을 믿는 유대인 입장에서, 유대인들이 자신들의 신분과 율법 소유, 할례 등을 의지하여 율법에 대한 불순종과 불의를 일삼고 있는 현실적인 문제를 중심으로 비판한다. 그들이 율법을 가지고 있고, 율법의 내용을 들어 알고 있음에도 불구하고, 율법을 지키지 않는 불순종을 일삼고 있고, 그럼에도 불구하고, 그들이 가진 율법이 자신들을 지켜줄 것이라는 착각과 오만에 빠져있다는 사실을 지적한다.

물론 바울 당대의 유대인 가운데 유대인에 대한 바울의 부정적인 지적에 관하여 동의하지 않는 사람도 있었을 것이다. 마치 예수님에게 찾아온 재물이 많은 청년처럼, 나는 어려서부터 할례를 행하였으며, 모세의 율법을 잘 지켰기 때문에 이방인들과 동일한 하나님의 심판을 받지는 않을 것이라고 자부하는 유대인도 적지 않았을 것이다(마 19:16-30; 막 10:17-22; 눅 18:15-17). 바울 자신도 지난날 바리새인으로 있을 때 율법의 의로는 흠이 없었다고 말하고 있다(빌 3:6).

하지만, 바울이 예수님을 만난 이후 스스로 죄인 중의 괴수라고 고백하고(딤전 1:15), "내가 그를[그리스도]위하여 모든 것을 잃어버리고 배설물로 여겼다"(빌 3:8)고 말한 것처럼, 예수님의 관점, 특별히 예수 그리스도의 십자가 사건에 나타난 인간의 범죄에 대한 하나님의 무서운 심판이라는 전망을 통해 자신의 동족인 유대인의 현실을 직시해 볼 때, 유대인의 범죄가 무엇이며, 그 범죄가 얼마나 심각하고, 이방인들과 똑같이 그들도 결코 하나님의 심판을 피할 수 없다는 사실을 인식하게 되었을 것이다.

마치 깜깜한 방 안에 있을 때는 방안의 먼지를 보지 못하고 있다가 문지방으로 아침 햇살이 들어올 때 보지 못했던 방안의 먼지가 확 눈에 들어오는 것처럼, 다메섹 도상에서 그리스도 사건을 경험한 이후, 바울은 전에 바리새인으로 있을 때 보지 못했던 자신과 동족(同族)의 적나라하게 드러나는 위선과 범죄를 보게 되었던 것이다. 그래서 바울은 의사가 수술 환자에게 그의 병의 심각성을 알려줌으로써, 환자가 기꺼이 수술대로 올라가도록 하는 것처럼, 자기 동족의 병을 날카롭게 지적하여 의사인 예수 그리스도가 그들에게 얼마나 필요한가를 알려준다.

즉, 이방인과 똑같이 그들도 죄인이므로 하나님의 진노와 심판을 피할 수 없다는 사실을 알려줌으로써, 그들도 예수 그리스도 안에 나타난 하나님의 의와 구원이 얼마나 절실하게 필요한가를 일깨워 준다.

사도 바울이 왜 로마서에서 유대인의 범죄와 그 결과에 대하여 그렇게 길게 취급하고 있는가?

단순히 그들이 1:18-32에 언급된 이방인들처럼 인류를 대변하고 있기 때문인가?

3: 21 이하에서 제시하는 예수 그리스도 안에 나타난 유대인과 이방인의 구원의 위대성을 보다 강조하기 위한 일종의 수사학적 장치 때문인가?

우리는 로마서 1:18-32이 로마의 독자들과 전혀 무관한 단순히 사회 현상이나 고발이 아니라, 또한 독자로 하여금 자신을 뒤돌아볼 수 있는 거울 역할을 할 수 있는 것처럼, 2:1-3:20 역시 그러하다는 점을 유념하여야 한다. 다시 말하면, 1:18-32가 로마의 독자들에 대한 목회적-선교적인 모티브를 가지고 있는 것처럼, 2:1-3:20도 그러하다는 것이다.

우리가 로마서 1:18-32과 2:1-3:20이 단순히 인류와 유대인의 범죄에 대한 바울의 신학적, 변증적 서술만이 아니라, 또한 다 같이 이방인과 유대인으로 구성된 로마 교회의 독자들에 대한 목회적, 선교적인 모티브를 가지고 있다고 볼 때, 우리는 로마서 3장 21절 이하에 제시되는 바울의 이신칭의교훈이 단순히 신학적-변증적 서술에만 한정되는 것이 아니라, 또한 또한 독자들에 대한 목회적-선교적인 실질적 교훈임을 깨달을 수 있을 것이다.

말하자면 바울의 첫 번째 내러티브인 1:18-3:20이 오늘 우리 기독교인과 전혀 관계가 없는, 주목할 필요도 없는 부분이 아니라는 것이다. 오히려 허물과 죄로 죽었던 지난날의 모습을 되돌아보면서, 한편으로 다시는 그러한 범죄에 빠지지 않아야 하는 경각심을 가져야 할 뿐만 아니라, 다른 한편으로 그러한 범죄로부터 우리를 살리신 예수 그리스도의 은혜와 사랑에 대하여 늘 감사한 마음을 가져야 할 것이다.

2:1-3:20의 문단은 크게 두 부분(2:1-29, 3:1-20)으로 나눌 수 있다.

전자(2:1-29)는 하나님의 공평하고 의로운 심판을 피할 수 없는 유대인들의 범죄와 아울러 그들이 갖고 있는 율법과 할례가 유대인들의 보호막이 될 수 없다는 사실을 폭로한다.

반면에, 후자(3:1-20)는 바울의 지적에 대한 유대인들의 반론을 염두에 두면서 거기에 대해 답변한다. 유대인에 대한 하나님의 심판은 정당하다는 것이다. 전반부 2:1-29는 다시 2:1-16, 2:17-29의 두 부분으로 나눌 수 있다. 바울은 2:1-16에서 유대인들이 율법을 가지고 있다고 하더라도 실제로 율법을 지키지 않기 때문에 도덕적으로 이방인들보다 더 우위에 있지 않으며, 따라서 그들도 하나님의 공평한 심판을 피할 수 없다고 선언한다(2:1-16). 그다음 2:17-29에서 바울은 유대인들이 자랑하고 있는 율법과 할례가 그들에게 하나님의 심판을 피할 수 있게 하는 보호막이 될 수 없다고 선언한다.

(1) 유대인에 대한 하나님의 공평한 심판(1-16절)

유대인의 위선과 범죄에 대한 첫 번째 심판의 선언인 2:1-16은 세분하여 2:1-5, 2:6-11, 2:12-16으로 나눌 수 있다.

첫 부분인 2:1-5는 고대 그리스 철학 학파와 수사학 교육 방식에서 자주 사용하였던 수사학 스타일인 2인칭 질문형으로 되어있는데,[52] 바울은 이 부분에서 유대인들이 이방인들에 대하여 정죄하고 있지만, 유대인 스스로 똑같은 죄를 범하고 있기 때문에, 그들도 하나님의 공평한 정죄와 심판을 피할 수 없음을 강조한다.

둘째 부분인 2:6-11은 3인칭으로 되어 있는데, 바울은 이 부분에서 하나님은 진노의 심판 날에 유대인이나 이방인의 구분 없이 각 사람의 행위대로 공평한 심판을 하신다는 구약성경에 나타나 있는 일반적인 심판 원리를 강조한다. 선을 행하는 이는 그에 합당한 보상을 받게 되지만, 악을 행하는 자는 그에 따른 심판을 받게 된다는 것이다. 그러기 때문에 이방인은 물론 유대인도 하나님의 공평한 심판을 피할 수 없다.

셋째 부분인 2:12-16은 2:6-11에 이어 계속 3인칭 화법으로 하나님은 율법을 소유한 유대인이든 율법을 소유하지 않은 이방인이든 그들의 행위를 통해 공평하게 심판한다는 사실을 강조한다. 그런 점에서 보면 셋째 부분은 둘째 부분과 독립된 문단이라기보다는 일종의 후속편이라고 할 수 있다.

① 유대인들의 위선(1-5절)

예수님은 그의 산상설교(마 5-7장)에서, 형제의 눈의 작은 티끌을 비판하면서도 진작 자신의 더 큰 들보를 보지 못하는 자의 위선(僞善)을 신랄하게 책망하셨다(마 7:1-5). 마찬가지로 바울은 유대인들이 이방인들의 불경과 불의를 정죄하고 있지만, 그들도 동일한 죄를 범하고 있기 때문에, 그리고 그들이 자신들의 범죄

---

52 S. K. Stowers, *The Diatribe and Paul's Letter to the Romans* (Chico: Scholars Press, 1981); Jewett, *Romans*, 238-239; A. J. Malherbe, *Paul and the Popular Philosophers* (Minneapolis: Fortress, 1989), 25-343을 보라.

에 대해 회개하지 않고 있기 때문에, 그들 역시 하나님의 동일한 정죄와 심판을 피할 수 없음을 지적한다. 바울은 유대인을 가리켜, "오, 너 판단하는 사람아!"(오 안드로페 파스 호 크리논, ὦ ἄνθρωπε πᾶς ὁ κρίνων)라는 2인칭 단수 수사학적 표현(diatribe)을 사용하여(2:1, 3) 그들 개개인의 위선과 자기기만을 직설적으로 폭로한다.

그렇게 함으로써 그들 중 그 누구도 핑계할 수 없는 책임을 가중시킨다.[53] 이러한 수사학적 표현은 고대 그리스 철학 학파에서 자주 사용하는 방식인데, 아마도 바울은 다소에서 대학교육을 받고 있을 때이든지 아니면 예루살렘의 가말리엘 문하에서 교육을 받고 있을 때 이런 수사학 방식을 접하게 되었을 것이다. 어쨌든 바울은 이런 대화체 수사학 방식을 사용하여 자신의 동족인 유대인이 도덕적으로 이방인보다 결코 우위(優位)에 있지 않다는 것과 하나님 앞에서 그들 역시 이방인들의 경우처럼(1:20) 결코 변명할 수 없다는 사실을 강조한다(2:1).

2:1 서두에 있는 "그러므로"(디오, διό)가 이러한 연결을 만든다.[54] 유대인들이 변명할 수 없는 이유는 그들이 이방인들을 판단하면서 그들 스스로 이방인들과 똑같은 죄를 범하고 있기 때문이다. 그들이 이방인을 판단하는 것도 문제지만 더 심각한 것은 그들 스스로 이방인들과 똑같은 악을 행하면서도 남을 정죄하는 소위 "내로남불"(我是他非)의 위선에 빠져 있다는 점이다.[55]

물론, 여기서 바울이 유대인들도 1:24-26에서 언급한 이방 세계에 만연한 동성애와 같은 죄를 범하고 있다는 것을 시사하는 것은 아니다. 유대인들이 이방인들처럼 동성애를 행하고 있지는 않지만, 그들 역시 동성애의 뿌리가 되는 우상숭배를 포함하여 여러 형태의 윤리적, 사회적 범죄를 자행하고 있기 때문에, 바울은 그들도 이방인들과 똑같이 죄를 범하고 있다고 판단한다. 그러면서 그들 스스로 하나님의 판단을 피할 수 있는 것처럼 자신을 속이고 있다는 것이다.

바울이 볼 때 하나님이 당장 유대인을 심판하지 않고 오래 참으시는 것은 그들에게 회개할 기회를 주고 있는 것인데, 유대인들은 오히려 그것을 하나님은 유대인을 심판하지 않을 것처럼 생각하면서 스스로를 기만하고 있다는 것이다. 여기서 바울은 하나님의 판단이 유대인과 이방인의 차별 없이 진리대로 공평하게 된다는 사실을 재차 확인한다. 혹 사람의 판단은 형편과 상황에 따라 변할 수 있다 하더라도, 하나님의 판단은 항상 의롭고 공평하다는 것이다.

---

53 Gorman, *Romans*, 93.
54 Cranfield, *Romans 1*, 141.
55 Moo, *Romans*, 129; Dunn, *Romans 1-8*, 80.

하나님의 판단은 인종과 신분과 성별에 좌우되는 것이 아니고, 각 사람의 정확한 행위에 따라 진리대로 이루어지기 때문이다. 유대인들은 하나님이 그들에게 회개할 기회를 주기 위해 오래 참으시는 그의 인자하심과 용납하심을 멸시하고 있으니 오히려 그들 스스로 마지막 심판 날에 있을 하나님의 진노를 가중시키고 있을 뿐이다.

구약에 나타나는 이스라엘 역사를 보면 하나님은 이스라엘 백성에게 특별한 사랑을 베풀었다. 때때로 그들이 범죄 하였을 때도 즉각적으로 심판하지 않으시고, 그들이 회개하고 돌아오도록 오래 참고 기다렸다. 그러나 이스라엘 백성들은 이와 같은 하나님의 오래 참으심과 인자하심을 회개의 기회로 삼기보다는, 오히려 방종의 기회로 삼았다. 자신들은 하나님의 선택된 특별한 백성이기 때문에 자신들의 행위에 대한 하나님의 심판이 면제될 수 있는 것처럼 생각하고 행동하였다(참조. 솔로몬의 지혜서 15:2).

바울은 이스라엘 백성들에 대한 하나님의 인자와 오래 참으심이 그들의 죄에 대한 면죄부가 아니라, 회개할 기회를 주기 위함인데, 계속해서 죄를 짓는 것은 하나님의 인자와 오래 참으심을 의도적으로 멸시하는 것임을 지적한다. 구약 시대에 이스라엘 백성들이 계속해서 죄를 범하였을 때, 하나님은 그들에게 예루살렘 성전 파괴와 바벨론 포로를 통한 결정적인 심판을 내리셨다. 이와 같이 유대인들이 자신들의 범죄행위에 대하여 회개하지 않는다면, 하나님은 마지막 심판 때 그들의 모든 행위에 대하여 결정적인 더 무서운 심판을 내릴 것이라고 선언한다.

여기서 바울은 솔로몬의 지혜서가 말하고 있는 유대인들의 언약적 특권을 배제한다. 솔로몬의 지혜서는 유대인들의 범죄에 대하여 하나님은 심판하시지만, 유대인들은 이방인들과 달리 하나님의 자비가 취소되지는 않는다고 말한다(7:5-10; 17:21-18:9). 바울은 하나님께서 지금 여기서 그때그때 유대인들의 범죄에 대하여 즉각적으로 심판하지 않으신다고 해서, 그것이 유대인들의 범죄에 결코 면죄부를 주는 것이 아니라는 것이다. 오히려 하나님은 그들 스스로 죄를 가중시켜 돌이킬 수 없는 하나님의 진노의 날(습 1:15, 18; 2:2-3), 곧 하나님의 종말론적인 심판이 이루어지는 날(사 2:12-22; 암 5:18-20; 습 1: 14-15; 계 6:17)에 임할 결정적인 심판을 자초하게 될 것임을 알린다.[56]

---

56 Peterson, *Romans*, 139.

② 행위에 따른 최후의 심판(6-11절)

잘 알려져 있는 것처럼 2:6-11은 주석가들 사이에 적지 않은 논란을 불러일으키고 있는 문단이다.[57] 논란의 핵심은 이 문단이 앞에 있는 2:1-5의 문단과 뒤에 있는 2:12-16의 문단처럼 바울이 유대인이나 혹은 로마의 기독교인을 대상으로 실제로 미래에 일어날 사실을 말하고 있느냐, 아니면 수사학적인 가상의 경우를 상정하여 말하고 있느냐는 것이다.

이 본문이 실제적인 사실보다 수사학적인 가상의 경우를 말하고 있다고 보는 자들은, 2:7, 10절에 나타나 있는 내용, 곧 하나님은 선을 행하는 자에게 영생으로 보응하신다는 것을 사실적인 것으로 볼 경우, 이것은 바울이 3:20에서 율법의 행위로는 하나님 앞에서 아무도 의롭게 될 자가 없다고 말하고 있는 것과 3:21 이하에서 사람은 오직 믿음으로 의롭게 된다는 가르침과 정면으로 대립이 된다고 한다. 즉 2:7, 10은 선행으로 구원 받게 된다는 것을 가르치고 있는 반면에, 다른 곳에서는 믿음으로 구원 받게 된다는 것을 가르치고 있으니 바울 스스로 모순을 범하는 것이 된다는 것이다.[58]

하지만, 이 문단을 사실적인 것으로 보려는 이들은 여기에 나타나고 있는 사람에 대한 하나님의 마지막 심판이 그 사람의 행한 대로 된다는 구약의 가르침(신 9-11; 29-30; 대하 19:7; 시 62:13; 잠 24:12; 욥 34:11; 렘 17:10; 25:14; 32:19; 51:24; 겔 33:20), 유대 문헌(시락서 16:12,14; 솔로몬의 시편 2:16-18; 바룩서 13:8; 44:4; 희년서 5:15; 제1 에녹서 100:7)은 물론, 바울의 다른 서신(고전 3:12-15; 고후 5:10; 갈 6:7-10; 엡 6:8; 골 3:23,24)과 신약의 다른 곳(마 16:27; 25: 31-46; 요 5:29; 계 2:23; 20:12)에도 나타나고 있다는 것에 주목한다.[59]

즉, 선행에 따른 하나님의 심판은 이질적인 것이 아니며, 오히려 성경과 바울의 일관된 가르침이라는 것이다.[60] 그리고 여기에 나타나 있는 선행은 믿음과 분리된 공로적인 행위가 아니라, 1:5와 16:26에서도 언급되고 있는 "믿음으로부터 기인하는 순종"과 동일한 것이기 때문에, 이 문단이 행위에 따른 심판을 말한다

---

57 J. De Waal Dryden, "Immortality in Romans 2:6-11," *Journal of Theological Interpretation* 7/2 (2013), 295-310.
58 예를 들면, Calvin, *Romans*, 56; Moo, *Romans*, 139-41; Longenecker, *Romans*, 270-72.
59 머리, 『로마서 주석』, 112-114; Cranfield, *Romans 1*, 152-62; Fitzmyer, *Romans*, 297; Schreiner, *Romans*, 124; Paul White, "An Intertextual Analysis of Romans 2:1-6," *ER* 1/2 (2009), 153-182.
60 Gorman, *Romans*, 96-97.

고 해서 결코 행위 구원을 정당화하거나 가르치고 있는 것은 아니라는 것이다.[61]

이처럼 이 문단에 대한 해석을 둘러싸고 학자들 사이에 의견이 나누어진다. 그렇다면, 우리는 어떻게 이 문단을 이해하여야 하는가?

이 문제에 대한 답을 찾기에 앞서 본문 자체를 자세하게 살펴보도록 하자. 적지 않은 학자들이 지적하고 있는 것처럼,[62] 2:6-11의 문단에서 바울이 하나님은 유대인이나 헬라인(이방인)이나 차별 없이 선이든 악이든 그들의 행위에 따라 각각 공평하게 보응하신다는 구약성경의 심판 원리를 강조하기 위해 다음과 같이 일종의 교차대구법 양식을 사용하고 있다.

A 하나님은 각 사람에게 그 행한 대로 보응하신다(6절)
  B 선을 행하여 영광과 존귀와 썩지 아니함을 구하는 자에게는 영생으로 보응한다(7절)
    C 불의를 좇는 자에게는 진노와 분노로 보응한다(8절)
    C' 악을 행하는 자, 유대인과 헬라인에게는 환난과 곤고로 보응한다(9절)
  B' 선을 행하는 유대인과 헬라인에게는 영광과 존귀와 평강으로 보응한다(10절)
A' 하나님은 사람을 외모로 평가하지 않으신다(11절)

바울은 이와 같은 교차대구법을 사용하여 하나님은 인종을 초월하여 선을 행하는 자이든 불의와 악을 행하는 자이든 공평하게 보응하신다(AA')는 구약성경의 심판 원리를 재강조하고 있다. 곧, 하나님은 선을 행하는 자에게는 영생으로(BB'), 악을 행하는 자에게는 종말론적인 진노와 심판으로(CC') 보응한다는 것이다. 하지만, 중앙 부분을 강조하는 교차대구법이 보여주고 있는 것처럼, 강조점은 BB'보다 CC', 곧 하나님은 불의를 좇고 악을 행하는 자에게는 그에 상응하는 심판의 보응을 하신다는 사실에 있다.[63]

왜냐하면, 1:18 이후 3:20까지 바울의 전 초점은 모든 인류, 곧 유대인이든 이방인이든 그들이 불의를 좇고 악을 행하는 죄인들이며, 따라서 그들은 하나님의

---

61 D. B. Garlington, "The Obedience of Faith in the Letter to the Romans, Part II: The Obedience of Faith and the Judgment by Works," *WTJ* 53 (1991), 68-70.
62 역시 Dunn, *Romans*, 78; Hultgren, *Romans*, 114; Fitzmyer, *Romans*, 303; Moo, *Romans*, 135; Kruse, *Romans*, 123; Longenecker, *Romans*, 250-255; Schreiner, *Romans*, 120; Peterson, *Romans*, 140.
63 Schreiner, *Romans*, 122-123.

최후 심판을 피할 수 없다는 사실을 입증하는 데 있기 때문이다. 그리고 실제로 BB'를 행할 수 있는 사람에 관해서는 3:21 이후에서 말하고 있기 때문이다. 물론 바울이 여기서 CC'를 강조하는 주된 이유는 유대인이든 이방인이든 모든 사람이 예수 그리스도를 통한 의와 구원을 절대적으로 필요로 하는 죄인임을 부각시키는 데 있다. 이런 점에서 1:18의 이유 접속사 '가르'(γάρ)가 1:18 이하에 나타나는 하나님의 진노를 그 앞 구절인 1:16-17에 나타나는 하나님의 구원 의와 연결을 시키는 것에서 나타난 것처럼, 하나님의 진노와 심판은 하나님의 의 그리고 구원과 결단코 무관하지 않다고 볼 수 있다.[64]

그렇다면, 이 본문은 전 문단인 2:1-5와 후 문단인 2:12-3:9의 경우처럼 유대인들, 특별히 예수님을 믿지 않는 불신 유대인들만을 염두에 두고 있으며, 그들에게만 적용된다고 보아야 하는가?

물론 어떤 점에서 그렇다. 구약성경에 나타나 있는 행위에 따른 심판의 원리는 출애굽 사건을 통해 하나님의 언약 백성이 된 자들에게 주어진 것이기 때문이다. 그들이 율법에 불순종할 경우 저주와 심판을 자초하게 되지만, 그들이 율법에 순종할 경우 그래서 언약 백성의 신분을 유지할 경우에는 언약 백성에게 약속된 영생을 누릴 수 있었기 때문이다(예. 신 30:15-20).

물론, 이 영생은 그들이 율법에 순종하는 공로로 얻는 것이 아니다. 구약에서 언급된 약속, 축복, 영생은 근본적으로 하나님의 언약 대상이지, 사람이 율법 순종을 통해 직접 획득하는 공로의 대상이 아니다. 다시 말하자면, 그들에게 요구된 율법 순종은 십계명 서문(출 20:1-2)이 보여주고 있는 것처럼, 그들이 이미 출애굽 사건을 통하여 아브라함에게 약속된 복(창 12:2-3)을 누릴 수 있는 하나님의 언약 백성으로 세워졌기 때문이다. 그런 점에서 출애굽을 경험한 이스라엘 백성에게 있어서 율법 순종은 우선적으로 그들을 출애굽 사건을 통하여 하나님의 언약 백성으로 세워주신 하나님의 은혜에 대한 마땅한 응답이었다. 이 점은 출애굽기 19:5에서 율법 순종을 "내 언약을 지키면"으로 표현하고 있는 사실에서 확인된다.

2:6-11의 모든 문장 주어는 한결같이 하나님이시다. 이스라엘 백성이 율법에 순종함으로써 언약 백성의 신분을 유지할 때 하나님은 그들에게 언약을 통해 약

---

64 악트마이어,『로마서』, 89: "바울은 하나님의 아들 안에 보여진 하나님의 은혜에 대한 논의를 그의 진노에 대한 논의로 시작할 수 있는 것이다. 그 진노는 불순종한 피조물을 다시 그의 주권에로 회복시키는 은혜로운 하나님의 목적을 위해 사용되는 도구이다."

속된 복을 주시는 것이다. 그런 점에서 구약성경은 율법을 통한 행위 구원론을, 신약성경은 그리스도를 믿는 믿음을 통한 은혜 구원론을 말하고 있는 것처럼 생각하면 안 된다.

아브라함에게 주어진 언약의 복(창 12:2-4)도 출애굽 사건을 통해 이스라엘 백성에게 주어진 복(출 19:4-6)도 그들이 각각 율법에 순종함으로써 받은 보상이 아니다. 그들이 출애굽 사건을 통하여 이미 하나님의 복을 누릴 수 있는 언약 백성으로 세워졌기 때문이다. 하지만, 이스라엘 백성은 그 누구도 율법을 온전히 지키지 못하였기 때문에 아무도 언약 백성에게 약속된 그 복을 누리지 못하였다.

오히려 그들은 율법에 불순종함으로써 복 대신 저주를, 생명 대신 사망을 자초하였다. 곧 그들은 의와 영생 대신 율법의 저주와 하나님의 심판 아래 떨어졌다. 그것이 나라의 멸망과 예루살렘 성전 파괴와 바벨론 포로생활을 통해 구체적으로 나타났다. 이처럼 이 본문은 일차적으로 구약의 심판 원리 아래에 있는 유대인들에게 해당된다고 볼 수 있다.

하지만, 그렇다고 해서 우리는 이 본문이 단지 출애굽 사건을 통해 하나님의 언약 백성이 된 유대인에게만 적용된다고 보면 안 된다. 유대인이 이방인을 포함하여 인류를 대변한다는 사실에서뿐만 아니라, 이 글의 주된 독자들이 예수 그리스도를 통하여 새로운 출애굽 사건을 경험한 로마의 소수의 유대인 기독교인들과 다수의 이방인 기독교인들이라는 점과 이 본문의 내용이 불신 유대인이나 이방 불신자들에게만 해당 된다고 보기 어려운 내용을 담고 있기 때문이다.

즉, 이 본문은 불의한 자들에 대한 하나님의 보응뿐만 아니라(CC'), 이들과 대조적으로 선을 행하는 자들에 대한 종말론적인 영생의 보응도 함께 말하고 있기 때문이다(BB'). 이뿐만 아니라, 바울은 다른 곳에서 구약성경에 나타난 이스라엘의 범죄와 심판을 독자들에 대한 교훈의 본보기로 삼고 있기 때문이다(예. 고전 10:5-11). 교차대구법의 문장 구조를 감안한다면, BB'의 사실성을 부정한다면 CC'의 사실성도 부정할 수밖에 없다. 이것을 역으로 말한다면 CC'의 사실성을 인정해야 한다면 BB'의 사실성도 인정하여야 한다.

이 본문이 로마의 기독교인들에게 주어지는 편지임을 감안할 때, 로마의 기독교인들은 분명히 BB'를 통하여 구약성경에 나타난 하나님의 공평한 심판과 보응 원리는 유대인이나 이방 불신자들에게만 해당되는 것이 아니라, 유대인이든 이방인이든 기독교인인 자신들에게도 적용된다는 강한 인상을 받을 수 있었을 것이고, 바울도 편지를 쓸 때 이 점을 의식하였을 것이다.

왜냐하면, 종말론적인 징벌을 지칭(指稱)하는 CC'의 진노, 분노, 환난, 곤고가 유대인을 포함하여 모든 불신자에게 해당된다고 한다면, 이와 대조되는 B'B의 영광, 존귀, 평강, 영생의 보응은 신자들에게 주어지는 종말론적인 복을 지칭(指稱)한다(롬 5:2; 8:18,21; 고전 2:7; 15:43; 고후 3:18; 4:17; 엡 1:18; 빌 3:21; 골 1:27; 3:4; 살전 2:12; 살후 2:14; 딤후 2:10)고 볼 수 있기 때문이다.[65]

그런데 이 본문을 단순히 불신 유대인들과 이방인들에게만 적용하지 않고, 로마의 기독교인들에게도 동일하게 적용한 경우, 이 본문이 과연 신자들에게 행위에 따른 심판과 구원을 말하고 있는가하는 의문을 불러일으킬 수 있다. 그 이유는 바울은 이미 주제 문단(1:16-17)에서 로마의 기독교인들에게 종말론적인 의와 구원의 복은 유대인이든 이방인이든 율법의 행위가 아닌 오직 예수 그리스도에 대한 믿음을 가진 자에게 주어진다고 천명하였으며, 3:21 이하에서 동일한 주제인 이신칭의(以信稱義)의 논제를 계속해서 자세하게 설명하기 때문이다.

과연 바울은 로마서 2:6-11에서는 행위에 따른 심판이 가져오는 저주와 영생의 복을 말하고, 다른 곳에서는 믿음 여부에 따른 저주와 구원의 복을 말함으로써 스스로 모순을 범하고 있는가?

사실 바울은 로마서 14:10에서 로마의 신자들을 향해 "네가 어찌하여 네 형제를 비판하느냐 어찌하여 네 형제를 업신여기느냐 우리가 다 하나님의 심판대 앞에 서리라"라고 하고, 그리고 고린도후서 5:10에서 "우리가 다 반드시 그리스도의 심판대 앞에 나타나게 되어 각각 선악 간에 그 몸으로 행한 것을 따라 받으려 함이라"라고 하면서 신자들이 하나님의 공평한 심판에서 면제되는 것이 아님을 분명히 한다.

신약성경의 다른 저자도 여러 곳에서 구약성경의 심판 원리인 각 사람의 행위에 따른 마지막 심판과 보상이 주어질 것을 말하고 있다. 그리고 예수님의 제자인 신자도 이 점에서 예외가 아님을 말하고 있다. 예를 들면 마태복음서 25:31-

---

65 이 구절에 대한 다양한 해석에 관해서는 크랜필드, 『로마서 1』, 246-247도 보라. 크랜필드는 이 본문을 사실에 대한 묘사라기보다는 가설적인 묘사로 본다. 즉, 바울은 여기서 복음적인 면을 고려하지 않고 유대인의 전제로부터 논증하고 있다는 것이다. 그렇게 함으로써 그는 이 본문이 로마의 기독교인들에게도 적용되어야 할 본문임을 외면하고 있다. 그러나 Käsemann, Romans, 57-58에서 바르게 지적하고 있는 것처럼, 이 본문이 유대인들에 대한 죄책과 심판을 폭로시키기 위해 전 복음적 출발점(a pre-evangelical standpoint)에서 나온 가설적 진술로 보아야 할 이유는 없다. 바울은 본문에서 로마의 기독교인들에게 가설이 아닌 사실을 말하고 있다고 보아야 한다. 문단의 결론인 11절의 외모로 사람을 취하지 않는다는 말이 이 점을 뒷받침해준다. 또한 Fitzmyer, Romans, 297도 참고하라.

46에 나타나 있는 예수님의 "인자의 심판 비유"는 불신자와 신자가 다 같이 그들의 행위에 따라 인자의 심판을 받아 영벌과 영생에 처하게 된다(46절, "그들은 영벌에, 의인들은 영생에 들어가리라 하시니라"를 보라)고 말하고 있다. 계시록 20:12도 "죽은 자들이 자기 행위에 따라 (생명)책들에 기록된 대로 심판을 받는다"라고 말하고 있다. 이처럼 성경은 여러 곳에서 로마서 2:6-11의 경우처럼 마지막 심판 때 선을 행한 자는 그에 따른 합당한 보상을, 악을 행한 자는 그에 상응하는 벌을 받게 된다고 말하고 있기 때문에, 신자라고 해서 이러한 보편적인 심판의 원리에서 면제된 것처럼 생각하기는 어렵다.

그렇다면, 우리는 로마서 2:7과 마태복음 25:46에 근거하여 종말론적인 복인 영생이 우리의 행위와 결코 무관하거나 분리되는 것은 아니라고 말하여야 하는가?

아니면, 여기서 말하는 영생은 의와 구원과는 무관한 일종의 상급에 불과한 것이라고 말하여야 하는가?

그래서 의와 구원은 "오직 믿음으로," "오직 은혜로" 되는 것이며, 상급은 "오직 선한 행위"로 되는 것이며, 전자와 후자는 서로 분리될 수 있는 별개의 것이라고 말하여야 하는가?

만일, 영생이 의와 구원과 동일시되고 영생이 우리의 행위와 분리되지 않는다고 말하면, 율법주의나 행위 구원을 주장하고 있다는 오해를 받을 수 있을 것이다. 반면에 의와 구원이 우리의 행위와 분리되는 것이라면 기독교는 비윤리적인 신앙이며, 본회퍼(D. Bonhoeffer)가 말한 것처럼 기독교가 값싼 믿음과 은혜를 강조한다는 오해를 피하기 힘들게 된다.

여기서 우리는 이미 앞에서 언급한 두 가지 사실을 다시 한번 상기할 필요가 있다. 하나는 2:6-11이 말하고 있는 구약의 심판 원리를 직접 적용받는 사람은 출애굽 사건 경험을 통하여 하나님의 언약 백성으로 세워진 유대인/이스라엘인이라는 사실이다. 또 다른 하나는 그들에게 약속된 복과 생명과 영생이 그들의 공로적 행위로 획득할 수 있는 것이 아니라, 그들이 하나님의 언약을 지켜 하나님의 거룩한 나라와 백성의 신분을 계속 유지할 때만 누릴 수 있었던 하나님의 언약적인 선물이었다는 사실이다.

물론 앞에서 언급한 것처럼 그들은 하나님의 언약을 지키지 못했고, 결과적으로 그들은 언약에 약속된 복도 누리지 못했다. 그런데 로마의 기독교인들을 포함하여 예수 그리스도를 믿는 모든 이는 유대인이든 이방인이든 그리스도를 통해 주어진 새로운 출애굽 사건을 경험한 하나님의 새로운 언약 백성이다. 그렇다면 예수 그리스도를 통한 새로운 출애굽 사건을 통해 하나님의 거룩한 백성이 된 이들은 2:6-11이 말하고 있는 구약의 심판 원리, 곧 하나님의 법에 불순종하여 언약 백성의 신분을 떠난 자들에게는 저주와 죽음의 심판을, 반대로 순종하는 이들에게 약속된 복과 영생과는 전혀 무관하다고 볼 수 없다. 더구나 모세를 통한 출애굽 사건은 장차 예수 그리스도를 통해 나타날 새로운 출애굽 사건의 예표이다.

그렇다면, 모세의 출애굽 사건을 통해 옛 언약 백성에게 옛 언약 백성의 신분에 합당한 심판의 원리가 주어졌던 것처럼, 그리스도의 새로운 출애굽 사건을 통해 하나님의 새 언약 백성에게도 신분에 합당한 심판의 원리가 주어져야 한다는 것은 당연하다고 볼 수 있다. 바로 이 점에서 제기될 수 있는 질문은 옛 언약 백성이 실패한 것처럼, 새 언약 백성도 다시 실패할 수 있지 않는가 하는 염려이다.

우리가 이 문제를 앞으로 8장의 주석에서 자세하게 살펴보겠지만, 모세의 출애굽 사건과 그리스도의 출애굽 사건이 서로 연관성을 지니고 있지만 동시에 엄청난 차이를 가지고 있는 것처럼 옛 언약 백성과 새 언약 백성 사이에도 연관성이 있지만 동시에 엄청난 차이가 있음을 잊지 않아야 한다. 일찍이 예레미야 선지자는 옛 언약과 새 언약의 차이점을 31장에서 이렇게 예언하였다.

> "여호와의 말씀이니라 보라 날이 이르리니 내가 이스라엘 집과 유다 집에 새 언약을 맺으리라. 이 언약은 내가 그들의 조상들의 손을 잡고 애굽 땅에서 인도하여 내던 날에 맺은 것과 같지 아니할 것은 내가 그들의 남편이 되었어도 그들이 내 언약을 깨뜨렸음이라 여호와의 말씀이니라. 그러나 그 날 후에 내가 이스라엘 집과 맺을 언약은 이러하니 곧 내가 나의 법을 그들의 속에 두며 그들의 마음에 기록하여 나는 그들의 하나님이 되고 그들은 내 백성이 될 것이라 여호와의 말씀이니라"(렘 31:31-33).

에스겔 선지자는 이 새 언약을 영원한 화평의 언약이라고 부르면서(겔 37:26-27), 옛 언약과 새 언약 백성에게 요구된 하나님의 법의 준수의 차이점에 관해 36장에서 이렇게 말한다.

"또 새 영을 너희 속에 두고 새 마음을 너희에게 주되 너희 육신에서 굳은 마음을 제거하고 부드러운 마음을 줄 것이며, 또 내 영을 너희 속에 두어 너희로 내 율례를 행하게 하리니 너희가 내 규례를 지켜 행할지라"(겔 36:26-27).

이처럼, 예레미야 선지자와 에스겔 선지자는 옛 언약에서는 언약의 준수 책임이 이스라엘 백성에게 달려있었기 때문에 결국 실패하였지만, 새 언약에서는 언약의 준수 책임을 하나님 자신이 직접 지겠다는 것, 이를테면 하나님께서 그 자신의 영을 새 언약 백성들의 마음에 두어 그들로 하여금 하나님의 법을 지켜 행하게 하시기 때문에 결코 실패할 수 없다는 것을 강조하고 있다.

그래서 바울은 고린도후서 3장에서 모세의 옛 언약 직분과 그리스도를 통해 자신에게 주어진 새 언약 직분을 비교하면서 모세의 직분을 정죄의 직분, 작은 영광의 직분으로, 반면에 자신의 직분을 영의 직분, 의의 직분, 더 큰 영광의 직분으로 부른다(3:7-11).

히브리서 저자도 8장에서 예레미야 선지자의 글(31:31-33)을 길게 인용하면서 옛 언약을 낡아지고 쇠하는 것으로, 새 언약을 더 좋은 것으로 말한다. 이것이 사실이라면 우리는 한편으로 로마서 2:6-11에 나타난 구약의 심판 원리가 새 언약 백성에게 면제되는 것은 아니라는 사실과 또 다른 한편으로 구약의 심판 원리를 하나님께서 직접 그의 성령을 새 언약 백성들에게 보내어 그의 법, 곧 그의 모든 법의 총체인 하나님 사랑과 이웃 사랑인 예수님의 새 계명을 지키게 하기 때문에 결코 실패하지 않는다는 사실을 기억하여야 한다.

물론, 우리가 이 문제를 8장과 12장에 가서 보다 구체적으로 살펴보겠지만, 새 언약의 약속을 우리의 책임 여부와는 완전히 무관한 기계적인 것으로 생각해서는 안 된다. 바울은 한편으로 구원은 우리의 행위의 보상이 아니라 전적으로 하나님의 은혜의 선물(엡 2:8)임을 강조하지만, 다른 한편으로 "항상 복종하여 두렵고 떨림으로 너희 구원을 이루라"(빌 2:12)고 말하고 있기 때문이다. 결론적으로 말해서 우리는 로마서 2:6-11이 기독교인과 무관하다고 판단하지 않아야 한다.

③ 하나님의 공평한 심판(12-16절)

2:12-16의 문단은 율법을 소유하지 않고 범죄한 이방인은 그 율법 없이 심판을 당하지만, 반면에 율법을 소유하고 있으면서 범죄한 유대인은 그 율법으로 심판을 받는다는 사실을 강조한다. 말하자면 하나님의 심판은 이방인에게든 유대

인에게든 공평하다는 것이다. 이 문단의 특이한 점은 바울이 여기서 '율법'(노모스, νόμος)이란 용어를 처음으로 사용하고 있는 점이다. 바울이 여기서 말하는 율법은 하나님께서 모세를 통해 이스라엘 백성에게 주신 그 율법을 가리킨다. 본문에서 이방인은 율법이 없는 자로 언급되고 있기 때문이다.

그런데 앞에서도 언급한 바 있지만, 모세를 통해 이스라엘 백성에게 주어진 율법은 처음부터 하나님의 언약 백성이 되는 혹은 구원에 이르는 수단으로 주어진 것이 아니다. 율법은 이미 출애굽 사건을 통해 하나님의 언약 백성이 된 이스라엘이 언약 백성의 신분 유지, 말하자면 언약 백성에게 합당한 삶을 유지하도록 하기 위함이었다. 이스라엘 백성이 이 율법을 따라 행동할 때, 곧 율법이 하라는 것을 행하고, 하지 말라는 것을 하지 않을 때, 그들은 언약 백성에게 약속된 복인 생명과 복을 누리는 자가 될 수 있었다.

하지만, 그 반대로 율법에 불순종할 때 언약 백성의 신분 상실과 아울러 저주와 화를 받는 자가 될 수 있었다(신 30장). 이처럼 하나님의 언약 백성에게 있어서 중요한 것은 율법의 소유가 아니라, 율법에 대한 순종이었다. 바울은 구약의 가르침을 따라 하나님의 심판 기준은 율법의 소유 여부가 아닌 율법에 대한 순종 여부에 있음을 재차 강조한다.

이 문단에서 제기되는 핵심적인 질문은 두 가지다.

하나는 2:13에 언급된 "하나님 앞에서는 율법을 듣는 자가 의인이 아니요, 오직 율법을 행하는 자라야 의롭다 하심을 얻으리니"를 어떻게 이해할 것인가 하는 것이다.

말하자면, 이 구절은 바울이 다른 곳에서 강조하는, 사람이 율법의 행위로 의롭게 되지 않고 오직 예수 그리스도를 믿음으로 의롭게 된다는 가르침(3:20, 28; 4:2,13; 5:1; 참조. 갈 2:16)과 상반되는가?

바울은 한쪽에서는 율법을 행함으로서의 의를 말하고, 다른 곳에서는 믿음으로의 의를 말하고 있는가?

또 다른 하나의 질문은 바울이 2:14-15에서 언급하고 있는 이방인, 즉 본성으로 율법의 일을 행하고, 마음에 새긴 율법의 행위를 나타내는 자가 누구인가? 불신 이방인을 가리키고 있는가, 아니면 예수 믿는 이방인을 가리키고 있는가? 2:12-16은 서론적인 언급인 12절, 유대인에 대한 언급인 13절, 이방인에 대한 언급인 14-15 그리고 결론적인 언급인 16절로 나눌 수 있다. 12절의 서론적인 언급은 하나님의 심판은 율법 없이 범죄한 자(이방인)나 율법이 있고 범죄한 자(유대인)나 공평하다는 것이다. 물론 강조점은 이방인보다 유대인에 있다.

13절에서 유대인이 하나님 앞에서 의인으로 인정되는 경우는, 율법의 소유나 지식이 아니라, 율법을 행하는 경우임을 말하고 있기 때문이다. 강조점은 율법을 행하여 의인이 되는 자에 있지 않고, 율법을 듣기는 하지만 행하지 않음으로 인해 의인이 될 수 없으며, 따라서 하나님의 심판을 피할 수 없는 자에 있다. 14-15절은 모세의 율법이 주어지지 않은 이방인이라고 할지라도 그 양심과 마음에 새겨진 율법을 가지고 있기 때문에, 실제로 율법 없는 자로서가 아니라, 율법을 가진 자로서 그 행위를 따라 심판받게 된다는 사실을 말하고 있다.

16절은 12절에 대응하는 결론적인 구절로서 유대인이든 이방인이든 하나님의 공평한 심판은 예수 그리스도의 재림을 통한 하나님의 최종적인 심판의 날에 이루어질 것임을 말한다. 그런 점에서 2:12-16은 다 같이 하나님의 심판을 언급하는 12절과 16절이 서로 대응하고, 다 같이 율법의 행위를 언급하는 13절과 14-15절이 서로 대응하는 일종의 abb'a'의 교차대구법으로 구성되어 있다고 볼 수 있다.

먼저, 본문에서 제기되는 첫 번째 문제를 살펴보자. 바울은 문단의 서론인 12절에서, 기록된 모세의 율법이 주어지지 않은 이방인이 범죄한 경우에는 율법 없이 심판을, 반면에 기록된 율법이 주어진 유대인의 범죄 경우 율법으로 말미암아 심판받게 된다는 사실을 천명하였다. 바울이 여기서 강조하려는 요점은 유대인들이 율법의 소유하고 있다고 해도 그 율법을 행하지 않는다면, 하나님 앞에서 이방인들과 전혀 다를 바가 없다는 것이다. 왜냐하면, 율법은 행함을 위해 주어졌고, 율법을 행하지 않을 경우 율법 자체가 저주와 화를 선언하고 있기 때문이다. 그래서 바울은 13절에서 보다 직접적으로 유대인들을 향하여 이렇게 말한다.

"하나님 앞에서 율법을 듣는 자가 의인이 아니요 오직 율법을 행하는 자라야 의롭다 하심을 얻는다"(롬 2:13).

우리는 이와 같은 바울의 선언을 어떻게 이해하여야 하는가?
여기서 바울이 믿음에 의한 칭의와 대립 되는 율법에 의한 칭의를 말하고 있는가?

우선 13절이 12절과 독립되어 있지 않다는 점에 유의할 필요가 있다. 바울은 12절 하반절에서 유대인과 관련하여 율법을 가지고 있으면서도 범죄한 이는 율법으로 말미암아 심판을 받게 된다는 점을 밝혔다. 그렇다면, 13절은 왜 율법을 가진 유대인이 율법으로 심판받게 되는가에 대한 답변으로 볼 수 있다. 그것은 13절 서두에 있는 이유 접속사 '가르'(γάρ)를 통해 확인된다.

바울의 답변은 하나님 앞에서 율법을 듣는 자가 의인이 아니고, 오직 율법을 행하는 자라야 의롭다고 인정받을 수 있는데, 실제 유대인은 율법을 듣기는 하여도 율법을 행하지 않기 때문에 의인으로 인정받을 수 없고, 하나님의 심판을 피할 수 없다는 것이다. 따라서 바울의 강조점은 믿음을 통한 의에 대립되는 율법을 통한 의를 제시하는 데 있지 않고, 율법을 행하지 않는, 그래서 하나님의 심판을 피할 수 없는 유대인의 실상을 들추어내는 데 있다.

바울의 이와 같은 선언은 당대 유대인들의 율법에 대한 잘못된 자세와 생각에 대한 신랄한 비판이다. 바울이 볼 때 당대 유대인들은 매일 신명기 6:4 이하의 쉐마 기도문을 외우며, 토요일 안식일 회당 예배에 참석해서 율법을 자주 듣기는 하였다. 하지만, 그들은 그들의 삶의 현장에서 그 율법을 실제로 행하고 있지 않는다는 것이다.

따라서, 우리는 율법을 행하지 않는 유대인들의 위선을 고발하는 일종의 수사학적인 선언으로 볼 수 있는 13절을 근거로 하여, 마치 바울이 율법을 믿음과 동등한 의의 수단으로 인정하고 있는 것처럼 생각하면 안 된다. 현실적으로 유대인 중에 그 누구도 완벽하게 전체 율법을 지키지 않기 때문에(갈 3:10), 율법을 통해서 의롭게 될 자가 아무도 없더라도, 바울이 여기서 유대인에게 율법이 믿음과 동등한 의의 수단이 될 수 있는 가능성을 열어두는 것이 아니다.

물론 율법은 처음부터 유대인에게 의와 구원의 수단으로 주어진 것은 아니다. 바울은 갈라디아서 3:11에서 "하나님 앞에서 아무도 율법으로 말미암아 의롭게 되지 못할 것이 분명하다"고 하면서 율법이 의의 수단이 아님을 강조한다. 앞서 말한 것처럼 율법은 처음부터 의를 얻을 수 있는 수단이 아닌, 이미 하나님의 선택과 은총을 통해 언약 백성이 된 이스라엘 백성에게 하나님의 언약 백성의 신분을 유지할 수 있는 삶의 원리로 주어진 것이다. 따라서, 율법을 완벽하게 지킨다고 해도 그것을 통해 의와 구원에 이르는 것이 아니다.

그렇다고 해서 율법이 의와 전혀 무관한 것으로 보아서는 안 된다. "율법을 행하는 자라야 의롭다 하심을 얻는다"는 말은 분명히 '율법을 행하는 것'과 '의롭게 되는 것' 사이에 연관이 있음을 암시한다. 우리는 바울의 이 선언을 레위기 18:5의 "이를 행하면 그로 인하여 살리라"는 말씀처럼, 율법을 행하여 언약 백성의 신분을 유지하는 자는 율법에 약속된 언약적 의의 복을 누릴 수 있다는 것으로 이해하여야 할 것이다.[66]

물론 이 언약적 복은, 나중에 우리가 10:5의 주석에서 자세하게 살펴보겠지만, 직접적으로는 가나안 땅의 복을 가리키고 있다. 하지만, 이 가나안의 복이 궁극적으로 종말론적 의와 구원을 상징하고 있다는 것은 의심할 여지가 없다. 물론 그렇다 하더라도 의와 구원은 율법이 가져다주는 것이 아니라, 하나님의 약속, 곧 하나님의 언약적 성실성으로부터 오는 것이다. 이미 언약 백성이 된 이는 언약 백성의 신분을 유지할 수 있는 조건으로 주어진 율법을 온전히 행하면 이 하나님의 약속을 유지할 수 있었다. 그런데 실제 율법을 완벽하게 지켜 율법에 약속된 하나님의 언약적 의를 얻은 유대인은 하나도 없었다. 유대인이나 헬라인이나 모두 죄 아래에 있다는 바울의 선언은 이것을 말하는 것이다(롬 3:9).

그렇다면, 두 번째 질문인 14-15절에서 말하는 율법 없는 이방인으로서 본성으로 율법의 일을 행하는 자, 양심을 따라 마음에 새겨진 율법의 행위를 하는 자가 누구인가?

어떤 주석가들은 이 본문이 자연인 이방인들이 아니라, 기독교인 이방인들을 가리킨다고 본다.[67] 그들은 여기 이방인을 성령에 의해 율법에 순종하는 신자인 이방인으로 본다. 마음에 새겨진 율법을 행하는 자는 예레미야 31:33에 예언된 새 언약의 당사자, 곧 "내가 나의 법을 그들의 속에 두며 그들의 마음에 기록하여 나는 그들의 하나님이 되고 그들은 내 백성이 될 것이라"에 해당된다는 것이다. 하지만 이 본문이 직접 이방인 신자를 가리키고 있다고 보아야 할 이유는 없다. 오히려 기독교인이 아닌 일반 이방인을 가리킨다고 보는 것이 온당하다.[68]

1:18 이하부터 지금까지 바울이 말하고 있는 이방인, 혹은 헬라인과 유대인의 대조는 기독교인 이방인과 기독교인 유대인의 대조가 아니다. 오히려 일반 이방인과 일반 유대인의 대조이다. 더구나 문단 구조적으로 볼 때 2:13의 유대인이

---

66 M. S. Horton, *Covenant and Salvation: Union with Christ* (Louisville: Westminster John Knox, 2007), 80-101; 최갑종, 『갈라디아서』, 447-448.

67 크랜필드, 『로마서 1』, 252-53; D. G. Peterson, *Commentary on Romans* (Nashville: B&H., 2017), 147-48; Schreiner, *Romans*, 131-134.

68 머리, 『로마서 주석』, 122-131; 톰 라이트, 『칭의를 말하다』, 256-257; Longenecker, *Romans*, 275-76.

서론인 2:12에 나타나는 "율법이 있고 범죄한 자"에 해당된다고 한다면, 2:14-15의 이방인은 "율법 없이 범죄한 자"에 해당한다. 이들은 똑같이 하나님의 심판 대상이다.

그러므로 2:14-15의 대상을 이방인 신자로 보기는 어렵다. 물론 이 구절이 간접적으로 로마 교회의 이방인 신자들에게 율법을 지키는 선행의 필요성을 말하고 있다는 점은 분명하다. 그러나 그것이 직접 그들을 겨냥하고 있다고 보기는 힘들다.

그렇다면, 여기 율법 없이 본성으로 율법의 일을 하는 자, 혹은 양심을 따라 마음에 새기진 율법의 행위를 한다는 말은 무엇을 뜻하는가?

우리는 바울이 여기서 자연신학, 혹은 행위 구원의 가능성을 열어두는 것으로 생각할 필요는 없다. 바울의 강조점은 유대인이 율법을 소유했다고 해서 이방인들보다도 우월하다는 것을 자랑할 수 없다는 데 있다. 왜냐하면, 이방인들이 유대인들처럼 기록된 율법을 가지고 있지 않더라도, 그들 역시 하나님의 형상으로서 율법이 가르치는 최소한의 선과 악, 옳고 그름을 구분할 수 있는 도덕적 양심을 가지고 행동할 수 있기 때문이다.

예를 들면, 아담 이후 모든 사람이 전적으로 부패하고 양심도 오염된 것은 사실이지만, 사람이 하나님의 형상을 완전히 잃어버리고 짐승이 된 것은 아니다. 기록된 율법을 소유하지 못한 이방인들도 하나님의 형상으로서 십계명이 말하고 있는 부모를 공경하여야 한다는 것, 살인과 거짓말과 간음과 도둑질은 마땅히 하지 않아야 할 나쁜 것임을 알고 있다. 그래서 그들도 부분적으로 율법의 행위를 할 수 있다. 그러므로 유대인이 율법을 온전히 지키지 않고 다만 율법을 듣고 가지고 있다는 것만으로는 자랑거리가 될 수 없다. 이 점에 있어서 악트마이어의 지적은 정당하다.

> 바울이 주장하는 것은 단순히 선민에 속했다는 사실이 충분치 않다는 것이다. 만약 행위가 뒷받침해 주지 않으면 선택되었다는 상징들, 즉 율법과 할례는 무용지물이라는 것이다.[69]

---

69 악트마이어, 『로마서』, 93.

이방인이든 유대인이든 그들에게 주어진 율법이, 기록된 율법이든 본성에 심어진 율법이든, 율법이 주어졌기 때문에 똑같이 그들은 행위에 따라 하나님의 마지막 종말론적 심판의 자리에 서게 된다.

(2) 유대인의 실패: 율법과 할례(17-29절)

오늘날 언론과 방송을 통해서 자주 언급되고 있는 용어가 있다. 그것은 앞에서 언급한 '내로남불', 즉 "내가 하면 로맨스, 남이 하면 불륜"이라는 말이다. 이 말은 종종 정치, 사회, 종교, 교육 분야의 사회 지도층의 사람의 일탈 행위나 위선 행위를 겨냥하여 사용되곤 한다. 즉, 다른 사람의 위장전입, 탈세, 표절 행위 등에 대해서는 신랄하게 비판하면서 진작 그런 일이 자신에게 일어났을 때는 온갖 변명을 하면서 자신을 정당화시키는 사람들이 있다. '내로남불'은 이런 경우의 사람을 비판하면서 사용되는 말이다.

바울은 2:17-29의 문단을 통해 자기 당대 율법을 지키지 않는 유대인을 직접 겨냥하여 당신이 바로 '내로남불'하고 있다고 지적한다.[70] 따라서, 본 문단에 나타나는 유대인이 바울 당대 모든 유대인을 지칭하고 있다고 볼 필요는 없다. 바울 당대 유대인들 가운데는 본 문단이 말하는 그런 범죄를 저지르지 않고 나름대로 율법을 지키려고 힘쓰는 자들이 있었을 것이다. 바울 자신도 한때 그런 유대인이었다.[71]

그런 점에서 본 문단은 2:1-5과 병행한다. 2:1-5의 문단이 2인칭의 "너, 남을 판단하는 사람"으로 시작하고 있는 점과 2:17-29의 문단이 동일하게 2인칭인 "너, 유대인"으로 시작하고 있는 점과 2:1-5이 남을 판단하고 정죄하는 네가 진작 같은 일을 하고 있다는 위선 됨을 날카롭게 지적하고 있는 것처럼, 2:17-29도 동일하게 율법을 통해 남을 가르치고 판단하면서 진작 자기 자신은 율법을 지키지 않는 그런 유대인의 위선을 폭로하기 때문이다.

바울은 이 문단에서 먼저 유대인[72]이 많은 특권과 특전을 가지고 있는 지도층의 사람임을 인정한다. 그들이 율법을 가지고 있는 점, 하나님을 자랑하고 있는

---

70 물론 여기서 바울이 자기 당대의 모든 유대인을 겨냥하여 비판하고 있는 것으로 확대할 필요는 없다. 바울은 복음을 받아들이지 않고, 그리고 율법을 자랑하면서도 율법을 지키지 않는 위선적인 유대인을 겨냥하고 있다. 역시 Longenecker, *Romans*, 292; Schreiner, *Romans*, 136.
71 Schreiner, *Romans*, 142.
72 '유대인'이란 명칭은 바벨론 포로로부터 귀환한 유대민족을 대변하는 말인데 주전 2세기

점, 율법의 교훈을 받아 하나님의 뜻을 알고 있는 점, 선하고 악한 것을 구분할 수 있는 점, 맹인의 길을 인도하는 자로, 어둠에 있는 자의 빛으로, 율법의 지식과 진리의 모범을 다진 자로 어리석은 자의 교사와 어린아이의 선생으로 세워진 자로 믿고 있는 점, 그들이 할례를 받은 점 등 그들이 가지고 있는 특권과 특전 그 자체를 잘못된 것으로 책망하지는 않는다.

그다음 바울이 지적하고 있는 문제는 그들이 믿고 자랑하고 있는 유대인 됨, 율법, 할례 자체가 아니라, 그들이 가진 율법과 할례를 자랑하고 다른 사람을 가르치면서 정작 그들 자신이 율법을 어기고, 할례받은 자에게 요구되는 책임을 하지 않는 그들의 위선됨과 이중잣대, 이를테면 그들의 '내로남불'이다. 이러한 유대인의 '내로남불'은 구약의 선지자들이 이미 지적하였고, 예수님도 마태복음 23장을 통해 당대의 종교-사회지도층에 속해 있는 서기관들과 바리새인들을 책망함으로써 이를 날카롭게 지적하였다.

본 내러티브는 크게 두 부분인 2:17-24와 2:25-29로 나뉜다.

전자에서는 유대인이 자랑하는 율법이 주된 논점이 되고 있다. 반면에 후자에서는 율법과 함께 유대인이 자랑하는 할례가 주된 논점이 되고 있다. 좀 더 구체적으로 다시 말한다면 전자는 유대인이 율법을 자랑하고 가르치면서 정작 자기 자신은 율법을 지키지 않는 점을 지적하고 있다. 반면에, 후자는 유대인이 할례를 받은 것을 특권으로 여기지만 할례자에게 요구되는 율법을 준수하지 않는다면 아무런 유익이 없다는 것을 지적한다. 오히려, 할례를 받지 않은 무할례자가 율법을 온전히 지킬 경우 그들이 할례받은 자를 정죄할 수 있다고 말한다.

① 율법을 지키지 않는 유대인(17-24절)

17절 이하의 구절에서 바울은 "유대인이라 칭하는 네가"라는 말로 당대 유대인들이 스스로 자신들을 어떤 사람으로 여기고 있는가를 말한다. 사실 바울 당대 "유대인"이란 말은 유대인이 다른 민족이 가지지 못한 특권들, 이를테면 아브라함의 후손, 모세의 율법, 할례, 유일신 하나님 신앙을 가지고 있다는 그들의 민족적, 종교적 정체성의 표현이었다. 바울의 의도는 그와 같은 여러 특권을 가진 사람들이 왜 특권에 합당한 행동을 보여주지 못하고 있는가 하는 책망의 의미를 담

마카비 시절 이후 '히브리인', '이스라엘'을 대신하여 사용되었다.

고 있다.[73]

　바울이 지적하고 있는 것처럼 당대 유대인들은 자신들을 가리켜 율법을 의지하고, 하나님을 자랑하고, 율법의 교훈을 받아 하나님의 뜻을 알고, 지극히 선한 것을 좋게 여기는 자로 여기고 있었다. 그들이 율법 안에서 진리와 지식의 규모를 가지고 있다고 생각하기 때문에, 자신들을 맹인의 길을 인도하는 자, 어두움에 있는 자의 빛, 어리석은 자의 훈도, 어린아이의 선생으로 확신하고 있었다. 바울은 유대인들의 이와 같은 자부심과 확신을 거부하거나 반대하지는 않는다.[74]
　왜냐하면, 하나님께서 유대인들에게만 기록된 율법을 주신 것은 역사적 사실이요, 유대인들은 기록된 율법을 통해서 그 누구보다도 하나님과 인간에 대한 바른 지식을 가질 수 있고, 율법을 가지지 못한 자, 곧 이방인들을 가르치고 인도할 수 있는 위치에 있었기 때문이다.
　출애굽기 19:6은 하나님께서 시내산에서 모세를 통해 이스라엘 민족에게 율법을 주시고 그들을 향해 이렇게 전달하도록 명하셨다고 말한다.

　　"너희가 내게 대하여 제사장의 나라가 되며 거룩한 백성이 되리라"(출 19:6).

　이처럼, 그들이 하나님으로부터 그러한 특권을 받은 자로 세워진 것은 특권을 뽐내고 자랑하기 위함이 아니라, 특권에 합당한 책임을 이행하도록 하기 위함이었다. 말하자면 일찍이 하나님께서 아브라함에게 약속하신 대로 그들이 큰 민족이 되고 땅의 모든 족속이 복을 누릴 수 있도록(창 12:2-4), 제사장 나라가 되도록 하기 위함이었다. 그런데 그들은 특권이 요구하고 있는 책임은 지지 않고 오히려 특권을 가지지 못한 이방인들도 하지 않는 범죄를 저지르고 있으니 문제가 되는 것이다. 그것은 바로 그들에게 특권을 주신 하나님을 모독하는 행위이다.
　바울은 21-23절에서 자기 당대 유대인들이 율법을 지키지 않는 네 가지 형태의 위선과 범죄행위를 고발한다. 이와 같은 바울의 고발은 마태복음 23장에 나타나 있는 바리새인들과 서기관들의 위선과 범죄에 대한 예수님의 신랄한 책망과 비슷하다. 바울의 고발은 단순히 유대인을 비판하기 위한 수사학적인 장치가 아니라, 실제로 일어나고 있는 사실적인 고발이다.

73　머리, 『로마서 주석』, 134.
74　Cranfield, *Romans*, 164; Kruse, *Romans*, 148; Longenecker, *Romans*, 303; Schreiner, *Romans*, 138.

첫째, 그들은 다른 사람에게 율법의 내용을 가르치면서, 정작 그들 자신은 그 율법의 내용을 자신에게 가르쳐 지키지 않는다.

둘째, 다른 사람에게 도둑질 말라고 가르치면서 자신들은 율법이 금한 도둑질을 하고 있다.

셋째, 다른 사람들에게 간음하지 말라고 하면서 그들은 율법이 금한 간음을 하고 있다.

넷째, 이방인들의 우상을 가증히 여긴다고 하면서 그들은 이방인들의 신전에 있는 물건들을 도둑질하고 있다.

그 결과 율법을 가지고 있다고 자랑하는 유대인들이 스스로 율법을 범함으로 하나님을 욕되게 하고 있다. 그런 점에서 그들은 1:21에서 언급한 하나님의 진노의 대상인 "하나님을 영화롭게도 아니하며 감사하지도 아니한" 자들과 하등의 차이가 없다.[75]

바울이 볼 때, 하나님께서 이스라엘 백성에게 율법을 주신 목적은 율법을 지켜온 세상을 위한 하나님의 계획을 이루는 통로가 됨으로써 하나님을 영광스럽게 하는 데 있었다. 그런데 그들은 율법을 범하여 하나님을 욕되게 하고 있으니, 그들은 지금 율법을 통한 하나님의 위대한 목적을 파괴하고 있는 것이다.

24절에서 바울은 구약성경을 인용하여 유대인들의 위선과 범죄행위가 어떤 결과를 가져왔는가를 밝힌다. "하나님의 이름이 너희로 인하여 이방인 중에서 모독을 받는도다"라는 말은 이사야 52:5 하반절의 인용이다. 원래 이사야 본문은 이스라엘의 불행을 보고 이스라엘의 억압자들이 하나님의 이름을 조롱하고 있는 것을 가르쳤다.

그런데 헬라어 구약성경인 70인역(LXX)은 이것을 "너희로 인하여 나의 이름이 이방인들 가운데서 모독을 당하고 있다"라고 바꾸었는데, 바울은 이와 같은 70인역을 사용하여 당대 유대인들의 범법 행위의 결과를 지적하고 있다.[76] 70인역의 "나의 이름을"을 "하나님의 이름"으로 변경하는 데서 볼 수 있는 것처럼, 바울은 당대 유대인들의 위선적인 행위가 직접 하나님과 관련되어 있음을 강조

---

75 Schreiner, *Romans*, 143.
76 싸이프리드, "로마서", 『신약의 구약 사용 주석 시리즈 3. 사도행전, 로마서』, G. K. 빌, D. A. 카슨 편집, 김현광, 배성진 옮김(서울: CLC, 2012), 313-315.

하기 위해 의도적으로 70인역 본문을 약간 변경한다.
　이처럼, 유대인은 하나님의 언약 백성으로서 이방인들과 구별되는 거룩한 삶을 살라는 뜻에서 율법을 받았지만, 오히려 율법을 지키지 않으니, 결과적으로 이방인 가운데 하나님의 이름을 더럽히는 신성 모독죄를 범하고 있는 것이다.[77] 이것은 유대인을 통한 하나님의 계획을 정면적으로 거부하는 행위이며 반역하는 행위이다. 하지만 우리가 3장에서 볼 수 있는 것처럼 유대인이 범죄로 인해 그들을 통한 하나님의 계획이 실패한다고 해서 하나님의 계획 자체가 실패하는 것은 아니다. 하나님의 언약적 신실성은 언약을 지키지 않는 이스라엘의 불성실함에도 불구하고 결단코 폐기되지 않는다.

② 할례자와 무할례자(25-29절)

　유대인의 실패는 여기서 끝나지 않는다. 바울은 율법에 이어 2:25부터 유대인과 이방인을 구별하는 결정적인 유대인의 정체성 표지이며, 그들을 지켜주는 최후의 보호막이라고 간주한 할례의 효능에 대하여 말한다. 바울은 여기서 할례 그 자체를 부정적으로 보지는 않는다. 그는 3:1에서 할례의 유익에 관해 말한다. 바울 역시 할례받은 유대인이었다.
　빌립보서 3:5에서 바울은 자신의 정체성과 관련하여 "나는 팔 일 만에 할례를 받고, 이스라엘 족속이라"고 분명히 말한다. 이러한 주장은 고린도후서 11:22와 로마서 11:1에서도 나타난다. 하지만, 아무리 할례가 유대인의 정체성의 표지라고 할지라도, 유대인들이 율법을 지키지 않는 한, 그 할례가 하나님의 심판을 피할 수 있는 안전판이 될 수 없다는 사실을 강조한다. 다시 말하자면, 율법과 할례를 통한 언약 백성의 신분 자체가 자동적으로 그들을 하나님의 심판에서 보호해 줄 수 없다는 것이다.
　할례는 본래 이스라엘 백성에 대한 하나님의 신실한 언약에 대한 이스라엘 백성의 응답의 표였다. 하나님께서 아브라함과 그의 후손들을 대상으로 자신이 그들의 하나님이 되어 그들에게 복을 주시겠다는 언약을 맺으시고, 그 언약을 지키는 징표로 아브라함과 그의 남자 후손들과 그들의 집에 있는 남자 종들로 하여금 모두 난지 팔일에 할례, 즉 일종의 포경 수술을 거행하도록 하였다(창 17:9-14).

---

[77] 홍인규, 『로마서 어떻게 읽을 것인가』개정증보판(서울: 성서유니온, 2008), 52.

그래서 유대인 남자는 모두 출생한 팔일에 반드시 할례를 받는다. 유대인으로 출생하였다 하더라도 누구든지 실제로 할례받지 아니하면 그는 언약 백성의 반열에 들어올 수 없다(희년서 15.26). 이리하여 바울 당대 유대인들에게 있어서 할례는 그들의 독특한 신분에 대한 최후의 보호막이었다(요세푸스, 유대고대사 1.10.5). 그러나 바울은 유대인으로서 할례를 받았더라도 율법을 범하게 되면, 그에게 있어서 할례는 무할례가 되며, 따라서 율법의 소유와 할례가 유대인들에게 특권이 될 수 없다고 주장하고 있다.

왜냐하면, 율법을 범하는 것 자체가 할례가 전제하고 있는 언약의 의무를 불이행하는 것이요, 언약을 폐기하는 행위이기 때문이다. 이와 같은 바울의 선언은 일찍이 예레미야 선지자가 할례받은 이스라엘을 향해, 하나님에 대해 불성실하고 반역하는 자들은 외면적 할례에도 불구하고 진정으로 할례받은 자들이 아니라고 책망한 사실에 뿌리를 두고 있다고 하더라도(렘 4:4; 9:25-26), 할례가 유대인을 지켜주는 최후의 안전판이라고 생각하는 유대인 당사자들에게는 엄청난 충격이 아닐 수 없었을 것이다. 당시 유대인 중에는 할례가 그들을 최종적인 징벌로부터 보호해 주는 안전판이라고 믿고 있는 자들도 있었기 때문이다(참조. Sanhedrin 10.1).

물론, 우리는 이 말을 유대인이 율법을 범한다고 해서 하나님께서 할례에 약속되어 있는 모든 언약 자체를 폐기하시고 할례를 무익한 것으로 폐기 처분해 버리신다는 것으로 확대 해석할 필요는 없다. 할례자가 율법을 범하여 무할례자의 자리에 선다고 해도 하나님은 할례에 약속된 언약을 폐기 처분하지는 않으신다. 3:3-4에서 바울이 말하고 있는 것처럼 유대인들의 불신앙과 불순종에도 불구하고 언약의 당사자인 하나님은 미쁘시고 참되기 때문이다.

즉, 언약에 대한 하나님의 신실성은 인간의 행위에 좌우되지 않기 때문이다. 하나님의 언약은 그의 신실한 인격에 의존되어 있기 때문에, 이스라엘 백성들의 불순종과 실패에도 불구하고 이스라엘에 대한 하나님의 약속은 변치 않는다는 것이 구약의 일관된 사상이다.

바울은 이 문제를 나중에 9-11장에서 발전시킨다. 그러나 이것은 어디까지나 하나님 편에서의 답변이다. 할례받은 유대인이라고 하더라도 그가 율법을 범한다면, 그는 스스로 자신을 무할례자, 곧 자신을 유대인이 아닌 사람으로 전락시키는 것이 된다. 왜냐하면 할례를 받는다는 것은 언약 백성의 신분 유지에 필수적인 모든 율법을 지키겠다는 의무 아래로 들어가는 것이기 때문이다(갈 5:3). 따라서 율법을 범한다는 것은 스스로 언약 백성의 신분임을 포기하는 것이고, 결국 자신을 무할례자인 이방인의 자리에 세운다는 것을 뜻한다.

26-27절에서 바울은 할례자인 유대인의 위선적인 범죄를 가중시키기 위해 율법을 지키지 않은 그들과 율법을 지키는 무할례자인 이방인과 대조시킨다. 유대인들은 할례자로서 율법을 가지고 있으면서도 율법을 이행하지 않는 반면에, 그들이 비판하는 무할례자인 이방인은 오히려 율법의 규례를 지키고 있다. 그렇다면 율법을 지키지 않는 유대인과 율법을 지키는 이방인 중에 누가 진정한 할례자인가?

여기서 문제가 되는 것은 할례자인 유대인과 대조적으로 율법의 제도를 지키는 무할례자가 누구냐 하는 것이다.

바울은 이 무할례자가 율법을 온전히 지킬 경우, 그가 할례자인 유대인 너를 정죄하지 아니하겠느냐고 묻고 있다. 우리는 이들이 모세의 율법과 무관한 일반 이방인을 가리키고 있다고 보기는 힘들다. 왜냐하면, 일반 이방인들도 양심을 가져 본성적으로 율법의 행위를 할 수 있다고 하더라도, 그들이 율법의 제도를 알고 지키거나 율법을 온전히 지킬 수 있다고 보기는 힘들기 때문이다.

따라서, 26-27절에서 바울이 염두에 두고 있는 무할례자는 율법을 알고 있는 이방인 기독교인들로 보는 것이 온당할 것 같다.[78] 왜냐하면 이방인 기독교인들은 그들이 할례를 받지 않았다고 하더라도, 구약성경과 예수 전승을 통해 율법을 알고 성령 안에서 율법의 대강령인 하나님 사랑과 이웃을 사랑함으로써 율법을 성취하고 있기 때문이다.[79]

고대 유대 문헌에 따르면, 유대인들은 마지막 때 자신들이 사악한 이방인을 심판하는 자리에 서게 될 것으로 생각하였다(지혜서 3:8; 4:6; 희년서 24:29; 제1에녹서 38:5; 95:3; 아브라함의 묵시록 29:19; 1QS 8:6; 1QpHab 5:4-5). 그런데 바울은 오히려 율법을 지킨 이방인 크리스천들이 마지막 심판 때 율법을 지키지 않은 유대인들을 심판하는 자리에 서게 될 것을 말하고 있다. 왜냐하면 언약 준수의 징표인 율법을 성취한 그들이 진정한 언약 백성이기 때문이다.

---

78 머리, 『로마서 주석』, 139; Schreiner, *Romans*, 148-49; G.R. Osborne, *Romans* (Downers Grove: IVP. 2004), 77-78.

79 톰 라이트, 『칭의를 말하다』(서울: 에클레시아북스, 2011), 256: "2장 26-29절에 등장하는 사람, 즉 할례를 받지 않았음에도 불구하고(2장 26절) '율법의 계명을 지키고도', 그것이 실제로는 '율법을 성취하는'(2장 27절) 의미가 되는 사람의 정체가 이방인 기독교인이라는 사실이다."

누가복음 11:31-32에 보면, 예수님께서 이미 마지막 심판 때 솔로몬의 지혜로운 말을 듣기 위해 온 남방 여왕과 요나의 말을 듣고 회개한 니느웨 사람들이 이 세대의 악한 유대인들을 심판하는 자리에 앉게 될 것을 말씀하고 있다. 바울도 예수님처럼 이방인 신자들이 마지막 때 율법을 지키지 않는 유대인들을 심판할 것이라고 말함으로써, 당대 유대인들의 율법을 지키지 않는 위선과 범법 행위를 날카롭게 고발하고 있다.

진정한 유대인의 정체성을 새롭게 규정하는 28-29절은 사실상 2:17부터 바울이 언급해 온 당대 유대인들에 대한 비판과 고발의 결론이라고 말할 수 있다. 본문에서 말하고 있는 "진정한 유대인은 표면적 유대인이 아니고 이면적 유대인이며, 진정한 할례는 명문화된 할례가 아니라 마음과 성령에 의한 할례"라는 바울의 강조는, 유대인이라고 자처하면서도 실제로 율법을 지키지 않고 있는 사람 그리고 할례받은 것을 자랑하면서도 실제로 할례가 담고 있는 언약 백성의 의무는 다하지 않는 당대 유대인들의 위선과 범법 행위를 고발하고 책망하기 위함에 있다. 이와 같은 바울의 책망은 이미 육체적 할례를 받았지만, 마음의 할례를 받지 못한 이스라엘 백성들을 책망한 예레미야 선지자의 글에도 나타난다.

> "여호와께서 말씀하시되 날이 이르면 할례받은 자와 할례받지 못한 자를 내가 다 멸하리니…대저 열방은 할례를 받지 못하였고, 이스라엘은 마음에 할례를 받지 못하였느니라"(렘 9:25-26).

예수님도 산상설교(마 5-7장)에서 당대 유대인들의 외식적인 금식과 기도와 구제를 비판하면서, 그의 제자들에게 사람들에게 보이려고 금식과 구제와 기도를 요란스럽게 하지 말고, 오히려 사람들이 알 수 없도록 은밀하게 할 것을 교훈하셨다. 왜냐하면 하나님은 사람들에게만 보이려는 외식적인 금식과 구제와 기도는 받지 않으시고, 오직 은밀하게 하는 금식과 구제와 기도를 기억하시고 받으시기 때문이다(마 6:1-18).

따라서, 진정한 기독교인은 외면보다 내면, 문자보다 성령, 돌보다 마음, 노출보다 은밀함을 추구하여야 한다. 하나님이 인정하는 것은 외면보다 내면, 문자보다 성령, 노출보다 은밀하게 이루어지는 것이라는 사실은 이미 구약에서 암시되어 있다.

예를 들면, 예레미야 선지자는 새 언약을 말하는 31:31 이하에서 돌비에 새겨진 옛 언약과 대조적으로 새 언약은 마음에 새겨질 것임을 예언하고 있으며, 에스겔 선지자도 36:26 이하에서 마지막 때 하나님께서 이스라엘 백성을 향해 너희 안에 새 영을 주고, 새 마음을 줄 것을 예언하고 있다. 그래서 바울은 고린도후서 3:3 이하에서 옛 이스라엘 백성과 고린도 신자들을 비교하면서, "너희는…먹으로 쓴 것이 아니요 오직 살아계신 하나님의 영으로 한 것이며, 또 돌비에 쓴 것이 아니요 오직 육의 심비에 한 것이라"(고후 3:3)라고 선언하고 있다.

바울은 고린도후서 3장에서 모세의 직분과 자신이 받은 새 언약의 직분을 비교하면서, 새 언약의 직분은 의문으로 한 것이 아니라 오직 영(성령)으로 한 것임을 강조하고 있다. 이것이 사실이라고 한다면, 우리는 2:28-29에서 바울이 말하고 있는 표면과 이면, 문자와 성령의 대조를 사실상 종말론적인 대조로 보아야 할 것이다. 바울은 종말론적인 관점에서 예수 그리스도의 죽으심과 부활, 성령의 오심을 통해 하나님의 역사와 기준이 표면보다 내면을, 문자보다 성령에 따라 이루어지는 새 언약 시대가 도래하였다고 보고 있다.[80]

그럼에도 불구하고, 당대 유대인들이 이미 사라지고 있는 옛 언약의 관점에서, 표면과 문자, 육으로 한 할례 등을 계속 추구하고 있다고 지적하고 있는 것이다. 그런 점에서 볼 때, 진정한 유대인은 할례만 받고 실제로 율법을 행하고 있지 않은 유대인이 아니라, 이방인이든 유대인이든 그리스도 안에서 성령을 통해 마음의 할례를 받고 율법의 진정한 가르침을 실천하고 있는 신자들이다. 이들이 종말론적 새 시대에 있어서 진정한 유대인, 진정한 이스라엘, 진정한 하나님의 언약 백성이다. 하나님께서 칭찬하고 인정하는 사람들은 바로 이런 사람들이다.

(3) 유대인에 대한 하나님의 언약적 신실성(3:1-8)

로마서 2:17 이하에서 바울은 율법을 어긴 유대인은, 그가 언약 백성이라고 자처하더라도, 이방인과 똑같이 죄인으로서 하나님의 심판대에 서게 된다는 사실을 거듭 강조하였다. 유대인들이 율법을 소유하고 할례를 받았다고 하더라도 율법을 지키지 않는 이상, 율법과 할례가 그들을 이방인보다 더 나은 위치에 서게 하거나 그들의 보호막 역할을 하지 않는다는 것이다.

---

80 Schreiner, *Romans*, 152-153.

오히려 그들이 율법을 지키는 그래서 참된 할례자로 지칭될 수 있는 이방인들에 의해 심판을 받을 수 있다고 말한다. 여기서 자연히 제기되는 질문은 두 가지이다.

그렇다면, 유대인의 나음이 무엇이냐? 말하자면 하나님의 구원 역사에 있어 유대인에게 유익한 것이 전혀 없느냐는 것이다. 왜냐하면 구약성경은 하나님이 이스라엘을 그의 언약 백성으로 선택하였으며 그리고 이사야, 예레미야, 에스겔 선지자들을 통해 그들에게 종말론적인 구원을 약속하고 있기 때문이다. 바울의 이 질문은 2:17 이하의 내용을 듣는 유대인으로부터 제기될 수 있는 질문을 바울이 수사학적으로 재현한 질문일 수도 있고,[81] 실제로 바울의 선교 현장에서 바울의 설교에 대하여 비판했던 유대주의자들의 질문일 수도 있다.[82]

첫 번째 질문은 유대인 됨의 나은 것이 무엇이며, 할례의 유익이 무엇이냐는 것이다(3:1). 두 번째 질문은 유대인이 율법을 어긴 일로 죄인이 되어 이방인과 똑같은 심판의 자리에 서게 된다면, 유대인에 대한 하나님의 언약적 신실성은 어떻게 되느냐는 것이다. 즉 유대인의 불성실함이 하나님의 신실성을 폐할 수 있느냐는 것이다(3:3).

3:1-8은 기본적으로 이 두 핵심적인 질문과 관련된 문제에 대한 바울의 답변이다. 3:1-8은 제기된 핵심적인 질문과 관련하여 다음과 같이 세 부분으로 나누어진다.

첫째, 유대인들의 나음과 할례의 유익이 무엇인가라는 질문에 대한 바울의 답변을 제시하고 있는 부분(3:1-2).

둘째, 언약에 대한 유대인들의 불성실성이 하나님 편에서도 불성실성을 가져올 수 있는가 하는 문제와 관련하여 "결코 그럴 수 없다"는 답변을 제시하고 있는 부분(3:3-4).

셋째, 인간의 불의가 있는 곳에 하나님의 의가, 죄가 많은 곳에 하나님의 은혜가 더 풍성함을 말하는 바울의 복음이 오히려 악을 조장하고 있다는 오해와 이에

81　S. K. Stowers, "Paul's Dialogue with a Fellow Jew in Romans 3:1-9," *CBQ* 46 (1984), 707-22; Fitzmyer, *Romans,* 325; J. Khalil, "An Interpretation of Rom 3:21-26 within Its Proper Context" in *Participation, Justification, and Conversion,* ed. A Despotis (Tübingen: Mohr Siebeck, 2017), 203; Schreiner, *Romans,* 156.

82　Käsemann, *Romans,* 84; Stuhlmacher, *Romans,* 50-52는 바울이 선교 현장에서 만난 유대인 크리스천 반대자들과 그들의 동조자들이 실제적으로 제기한 질문으로 본다.

대한 바울이 답변을 제시하고 있는 부분(3:5-8).

첫째 문제와 관련하여, 바울은 유대인들이 이방인들과 달리 하나님의 말씀을 위임받았다는 점과 관련하여 그들의 우위성을 인정한다. 그러나 그들의 우위성은 하나님에게 대한 그들의 언약적 책임의 포기를 위한 것이 아니라, 오히려 언약에 대한 성실성을 위한 것임을 강조한다.

둘째 문제와 관련하여, 바울은 설사 하나님이 범죄한 유대인들에게 심판을 선언한다고 하더라도 하나님은 불의하지 않으시고 의로우심을 강조한다. 그렇다고 해서 하나님은 이스라엘 백성에 대한 자신의 언약에 신실하지 않은, 거짓말하는 분이 아니라는 것이다. 하지만 바울은 언약에 대한 하나님의 신실성에 대한 문제는 9-11장에서 자세히 다룰 것이기 때문에 여기서는 더 이상의 구체적인 설명은 유보한다.

셋째 문제와 관련하여, 바울은 인간의 범죄가 하나님의 의와 영광을 더 드러낸다고 해서, 하나님께서 인간의 범죄에 대한 하나님의 심판이 정당하지 않은 것이 아님을 강조한다. 오히려 바울은 자신의 복음이 죄를 조장하며, 반 율법주의라는 반대자들의 주장이 터무니없는 것임을 강조한다.

바울은 로마서 2장에서 유대인들이 이방인들이 소유하고 있지 않은 특권을 가지고 있다는 사실을 부인하지 않았다. 바울이 거듭 주장한 것은 유대인들의 특권에 대한 부인이 아니라, 율법을 지키지 않는 한 그것은 하나님의 언약을 배반한 것이기 때문에(레 16:25), 할례받은 언약 백성인 유대인도 마지막 심판 때 이방인들과 똑같이 범법한 죄인으로서 하나님의 심판 자리에 서게 된다는 것이었다.

이제 바울은 마치 유능한 선생이 학생들로부터 제기될 수 있는 질문을 먼저 제기하고 그에 대한 답변을 하는 것처럼, 2장에서 그가 주장한 내용으로부터 자연히 제기될 수 있는 여러 질문을 예상하고 그에 대한 답변을 한다. 문제의 핵심은 유대인 됨의 나음이 무엇이며, 할례의 유익이 무엇이냐는 것이다. 바울은 이에 대하여 답변한다. 양자됨, 영광과 언약들, 율법, 예배와 약속, 그리스도의 출생 등이 있지만(9:4-5), 바울은 저희가 하나님의 말씀을 맡은 것을 첫째로 본다.

여기 유대인들이 "하나님의 말씀을 맡았다"는 것은 무엇을 가리키고 있는가? 어떤 주석가는 "유대인들이 맡은 하나님의 말씀"을 유대인들에게 주어진 하나님의 특별한 약속들을 가리킨다고 주장하고 있지만,[83] 꼭 그렇게 제한하여 볼 이유는 없다. 오히려 유대인들에 대한 하나님의 약속들은 십계명, 메시아 예언, 율법을 포함하고 있는 구약성경 전체를 지칭하고 있는 것으로 보는 것이 바람직하다.[84] 사실상 하나님의 말씀인 구약성경이 유대인들에게 주어진 것은, 그 어떤 민족에게서도 찾아볼 수 없는 유대인들에게만 주어진 특권이다.

왜냐하면, 하나님은 구약성경을 통하여 자신을 유대인들에게 계시하시고, 그들이 누구이며, 그들에게 어떻게 믿을 것, 어떻게 살아가야 할 것, 유대인들과 인류에 대한 그의 최종적인 계획과 목적이 무엇인가를 알려주고 있기 때문이다. 그러나 그들에게 주어진 특권은 그들에게 책임을 요구하는 특권이었다. 즉 하나님께서 그들에게 하나님의 말씀을 맡긴 것은 그들이 하나님의 말씀을 어느 민족보다도 더 신실하게 순종하여야 할 책임이 주어졌다는 것이다.

바울은 두 번째 제기될 수 있는 질문, 곧 유대인들에게 하나님의 말씀이 맡겨졌지만, 그들 중에 어떤 자들은 하나님의 말씀을 믿지 않거나 하나님의 말씀에 불성실한 자들이 있는데, 그들의 불성실함 때문에 유대인들에 대한 하나님의 신실성이 폐지될 수 있겠느냐는 것이다.[85]

다시 말하자면, 어떤 유대인들이 하나님의 언약 백성의 도리를 하지 않는다고 해서, 하나님도 똑같이 그들에 대한 약속을 폐기하고, 그들에 대한 자신의 신실한 언약적 의무를 중단하겠느냐는 것이다. 여기에 대하여 바울은 강한 부정을 뜻하는 강조형 "그럴 수 없느니라"[86]라는 문구로, '하나님은 참되시다'는 것을 강조한다. 여기 '하나님이 참되시다'는 말은 3:3의 '하나님의 신실함'과 3:5의 '하나님의 의'와 서로 보완적인 의미를 가지고 있다.[87] 그리고 이것은 구약성경에 일관되게 나타나 있으며(신 7:9; 32:4; 시 33:4; 사 49:7; 호 2:20), 로마서의 주제 문단에 나타나는 '하나님의 의'처럼 로마서 전체를 관통하는 사상이다.[88]

83　Sandy and Headlam, *Romans*, 70.
84　존 스토트, 『로마서 강해』, 119; 머리, 『로마서 주석』, 149; Fitzmyer, *Romans*, 326.
85　여기 ἡ ἀπιστία αὐτῶν은, 그다음에 나오는 τὴν πίστιν τοῦ θεοῦ이 하나님의 신앙이 아닌 '하나님의 신실성'으로 번역되는 것처럼, '유대인들의 불신앙'으로 번역하기 보다는 하나님의 언약을 지키지 않은 '유대인들의 불성실함'으로 번역되는 것이 옳다. 역시 Käsemann, *Romans*, 79; 홍인규, 『로마서 어떻게 읽을 것인가』, 70 n96.
86　이 문구는 바울이 종종 자신의 주장으로부터 거짓된 결론을 이끌어 내는 것에 대해 강하게 반박할 때 사용한다(3:6,31; 6:2,15; 7:7,13; 9:14; 11:1,11).
87　Dunn, *Romans*, 133; Schreiner, *Romans*, 159.
88　머리, 『로마서 주석』, 151: "'사람은 다 거짓되되 오직 하나님은 참되시다 할지어다'라는 말

바울은 유대인이든 이방인이든 사람은 다 불성실함이 있다 하더라도 하나님의 약속과 그 약속에 대한 하나님의 언약적 신실성이 폐기되는 경우는 결단코 있을 수 없다고 단호하게 답변한다. 사람은 믿지 못한다 하더라도 하나님은 어떤 경우에든 믿을 수 있는 분이라는 것이다. 바울은 이 점을 입증하기 위해 시편 51:4 하반절, "주께서 주의 말씀에 의롭다 함을 얻으시고, 판단 받으실 때에 이기려 하심이라"를 인용한다. 왜냐하면 성경보다 더 강한 증언이 있을 수 없기 때문이다.

시편 51편은 다윗왕이 부하인 우리아의 아내 밧세바를 범한 후, 선지자 나단의 책망을 받고 자신의 죄를 회개하고 통회한 기도문이다. 다윗은 자신의 범죄에 대하여 하나님께서 어떠한 판단을 하시더라도 하나님은 의롭다는 사실을 고백하였다. 그런데 바울은 다윗의 고백을 이스라엘 민족에게 확대 적용하여, 하나님께서 언약에 불성실한 이스라엘 민족의 죄를 심판하신다 하더라도, 그것이 하나님의 신실성을 훼손하는 것은 아니라는 것이다.

오히려 언약에 대한 그들의 불신앙과 불성실과 대조하여 하나님의 의와 그의 언약적인 신실성은 더욱 분명하게 나타난다는 것이다. 이 하나님의 의와 그의 언약적 신실함은 단순히 옛 창조와 옛 언약의 재확립을 통해서가 아니라, 메시아 예수를 통한 새 창조(고후 5:17)와 새 언약(고후 3:6)으로 나타났다. 바울은 나중에 9-11장을 통해 이스라엘에 대한 이 하나님의 언약적 신실성을 집중적으로 다시 설명한다.

바울은 5-8절에서 다시 3:3-4로부터 제기될 수 있는 두 가지 질문을 가정하고 그에 대한 답변을 제시한다.

첫째, 우리의 불의가 하나님의 의를 드러낼 경우가 있을 수 있다. 그럴 경우에 우리의 불의로 하나님이 득(得)을 보게 된다고 말할 수 있다. 다시 말하자면 우리의 불의가 하나님의 의를 드러내는 일에 일조(一助)한다고 하더라도, 하나님은 당연히 우리의 불의에 대하여 진노하시는데, 그럴 경우에 우리의 불의에 대하여 진노하시는 하나님이 과연 불의하시느냐는 질문이다.

바울은 이 질문과 관련하여 "결코 하나님은 불의하지 않으시다"고 답변한다. 바울은 오히려, 만일 우리의 불의로 하나님의 의가 드러날 경우에도, 하나님이

은 하나님이 자신의 말씀에 완벽하게 충실하신 점을 부각시킨다. 이 문장은 이 서신 전체를 지배하는 사상을 보여준다."

우리의 불의를 심판할 수 없다고 한다면, 온 우주의 도덕적 통치자시며 재판장이신 하나님께서 어떻게 세상을 심판할 수 있겠느냐고 반문한다. 바울은 이러한 반문을 통하여, 하나님의 의는 상황에 따라 좌우되는 것이 아니라, 언제든지 옳은 것은 옳고, 그른 것은 그르다고 보는 하나님 자신의 신실한 성품에 근거하고 있음을 밝힌다.

둘째, 나의 거짓말로 하나님의 참되심이 더 풍성하여 그의 영광이 되었으면 나도 죄인처럼 심판을 받겠는가?

만일 심판을 받지 않는다면 선을 이루기 위해 악을 행하자는 주장이 나오지 않겠는가 하는 질문이다. 이러한 질문과 관련하여 바울은 앞에서 말한 것과 똑같이 아무리 나의 거짓말로 하나님의 신실하심이 더욱 드러나고, 그의 영광이 되었다 하더라도, 나의 거짓에 대한 하나님의 심판은 결코 피할 수 없다는 답변을 전제한다. 만일 그렇지 않다면 선을 이루기 위해 악을 행하자는 말이 나올 수 있지 않겠느냐고 반문한다.

바울은 우리의 불의에도 불구하고 하나님의 신실하심은 폐하지 않는다는 자신의 가르침, 예를 들면, 죄가 많은 곳에 은혜도 많다는 자신의 가르침(참조. 롬 5:20)을, 마치 그가 선을 이루기 위해 악을 행하자는 주장을 한 것으로 오해하고 비난하는 자들이 있는데, 자신은 결단코 그런 주장을 하지 않았음을 강조한다. 따라서, 자신을 그렇게 비난하는 자들이 있으면 저들은 마땅히 정죄당해야 한다고 단호하게 반박한다.

(4) 죄와 하나님의 심판 아래 있는 유대인과 헬라인(3:9-20)

3:9-20은 가까이는 3:1-8에서 제기된 문제에 대한 결론인 동시에 멀리는 1:18-3:8에서 말한 내용의 총 결론이다. 바울은 3:1-8에서 하나님의 구원 역사에 있어서 유대인이 하나님의 말씀을 맡은 점을 포함하여 특별한 지위를 가지고 있다는 사실 자체를 부정하지는 않는다.

그들이 율법을 어겨 하나님께 불성실함으로써 이방인과 똑같이 하나님의 최종적인 심판을 피할 수 없지만, 그렇다고 해서 하나님의 언약 백성으로, 제사장 나라로 세워진 유대인에 대하여 하나님이 족장들과 선지자들에게 약속한 하나님의 언약적 신실성마저 폐기되지는 않는다는 것이다. 이 문제는 나중에 9-11장에서 구체적으로 다시 설명한다. 여기서 자연히 다시, 그렇다면 하나님의 심판대 앞에서 유대인이 이방인보다 나으냐는 질문이 제기된다.

말하자면, 유대인이 이방인과 같은 죄인이 아니며 똑같은 하나님의 심판 아래 있지 아니하냐는 것이다. 만일 유대인이 하나님 앞에서 이방인과 다른 위치에 있다고 한다면, 2장에서 바울이 말한 유대인이 이방인과 똑같이 죄를 지었고, 따라서 유대인이 이방인과 똑같이 죄인이며, 유대인이 이방인과 똑같이 하나님의 심판을 피할 수 없다는 주장이 훼손될 수밖에 없다.

여기에 대해 바울은 3:9-20에서 최종적인 결론을 내린다. 그것은 유대인이나 헬라인이나 차별 없이, 전 세계 인류가, 온 세상이 죄 아래 있으며, 다 같이 하나님의 심판 아래에 있다는 것이다. 죄인이라는 점에 있어서, 하나님의 심판의 대상이라는 점에 있어서 유대인과 이방인이 똑같이 동등하다는 것이다. 이 점을 확증하기 위하여 바울은 이 내러티브에서 전도서와 시편과 이사야 등으로부터 여러 성경 구절을 인용한다. 결론적으로 바울은 유대인이 하나님의 언약 백성으로 율법을 가졌더라도 그들이 행하는 율법의 행위로 하나님 앞에 의롭게 될 수 없다고 말하고 있다. 왜냐하면, 율법은 죄를 예방하거나 억제하기보다 오히려 죄를 깨닫게 하기 때문이다. 이러한 바울의 결론에 대하여 여러 가지 질문들과 다양한 해석이 제시되고 있다.

바울이 "율법의 행위로 하나님 앞에서 그 누구도 의로워질 수 없다"고 말할 때, 바울이 무슨 의미에서 그렇게 말하고 있는가?

어떤 학자들의 주장처럼 "율법의 행위"가 율법주의를 가져오며, 인간으로 하여금 하나님 앞에서 자랑을 내세우도록 하기 때문에 그렇게 말하고 있는가?

아니면, 어떤 학자들의 주장처럼 "율법의 행위"가 이방인들에 대한 유대인들의 특권 의식을 조장하여 유대인과 이방인의 동등성과 교제를 불가능하게 하기 때문인가?

아니면 "율법의 행위"가 행위 구원론을 가져오기 때문인가?

로마서 3:9-20은 크게 세 부분(3:9, 3:10-18, 3:19-20)으로 나누어진다.

첫 부분인 3:9는 1:18-3:9까지의 총 결론이다. 바울은, 이방인은 그들의 불경과 불의 때문에 하나님의 심판을 피할 수 없는 죄인이라고 단언하였으며(1:18-32), 율법과 할례를 가져 하나님의 선택된 민족으로 자처하는 유대인도 실제로 율법을 온전히 지키지 못하고 율법을 어겨 이방인들과 같이 범죄하고 있으므로 하나님의 심판을 피할 수 없다고 단정하였다(2:1-3:8). 이제 바울은 유대인이든 헬라인(이방인)이든 전 인류가 모두 죄의 권세 아래에 있다고 선언한다.

둘째 부분인 3:10-18은 구약의 여러 본문(전 7:20; 시 14:1-3; 5:9; 36:1; 140:3; 사 59:7-8)등을 인용하여 어떻게 전 인류가 죄 아래 있으며, 그들의 범죄가 얼마나 편만하고 보편적인가를 증명하고 있다.

셋째 부분인 3:19-20은 1:18-3:18까지 바울이 주장한 내용을 다시 요약하고 내린 총 결론에 해당한다. 온 세상이 하나님의 심판 아래 있으며, 율법도 하나님의 심판 아래 있는 자를 전혀 도울 수 없다고 말한다. 설령 율법이 요구하는 행위를 다 준행하더라도 율법으로 의롭게 될 사람이 없다고 단언한다.

왜냐하면, 율법은 처음부터 의와 구원의 수단으로 주어진 것이 아니고, 죄를 깨닫게 하기 위해 주어졌기 때문이다. 따라서 유대인이든, 이방인이든 인류의 마지막 희망은 율법 외의 다른 구원의 길이 나타나는 것이다. 그것이 1:16-17에서 말한 복음 안에 나타난 하나님 의인데 바울은 이를 3:21 이하에서 자세하게 말한다.

① 한 사람의 의인도 없다(9-18절)

9절의 서두에 있는 "그러면 어떠하냐?"라는 말은, 우리가 지금까지 이방인과 유대인에 관하여 말한 것으로부터 어떤 결론을 끄집어낼 수 있느냐는 것이다. 바울은 먼저 "유대인으로 부르는 우리가 이방인보다 나으냐"고 반문한다. 바울은 "결코 아니다"라고 대답한다. 이 말은 유대인이 이방인보다 어떤 점에서도 나은 것이 없다는 것을 뜻하는 것은 아니다. 직역해서 "모든 점에서 그렇지 않다"(οὐ πάντως)는 말은, 3:2에서 언급한 것처럼, 유대인이 하나님의 말씀을 맡은 일을 포함하여 어떤 점에서는 나은 것이 있을 수 있겠지만, 하나님의 최종적인 심판대 앞에서 유대인이 이방인보다 결코 더 나은 위치에 설 수 없다는 것을 뜻한다.[89]

이 점은 바로 그 뒤에 "유대인이나 헬라인이나 다 죄 아래 있다고 우리가 이미 선언하였다"는 말에서 분명해진다. 여기 "유대인이나 헬라인이나 다 죄 아래 있다"는 말은 인종과 신분과 성을 초월하여 전 인류가 모두 죄의 권세 아래, 죄의 지배 아래 있다는 말이다. 죄가 전 인류를 지배하고 있기 때문에, 사실상 죄의 지배 영역에서 벗어나 있는 사람은 한 사람도 없으며, 죄의 지배를 받는 죄인이라

---

89 Tom Wright, *The Letter to the Romans*(Nashville: Abingdon, 2002), 457; Longenecker, *Romans*, 352-53.

는 점에서, 그래서 하나님의 심판 아래 있다는 점에서, 전 인류가 동일하다는 것이다.

바울은 여기서 죄를 하나의 윤리적 범죄행위로만 보지 않고, 그러한 행위가 나오게 되는 근원적인 배경, 곧 전 인류를 지배하는 의인화한 어둠의 세력으로 보고 있다.[90] 마치 어떤 폭군이 그 나라 백성들의 전 삶을 통제하고 지배하고 있는 것처럼, 죄는 전 인류를 정복하여 그들의 모든 삶에 직접적인 영향을 미치고 있다는 것이다(5:21; 6:6; 6:12, 14). 바울은 이 문제를 5장과 7장에서 다시 자세하게 다룬다.

바울은 3:10-18에서 다양한 구약성경 본문을 인용하여 죄가 광범위하게 모든 사람에게 직접 영향을 미치고 있으며, 따라서 이 죄의 영향력을 극복할 수 있는 자가 없다는 사실을 입증하고 있다. 죄는 인종적인 영역은 물론, 한 사람의 개별적인 삶의 영역에 이르기까지 넓게, 깊게 영향을 미치고 있기 때문에, 죄의 영향에서 벗어나 있다고 말할 수 있는 사람은 한 사람도 없다는 것이다. 이것은 율법마저도 유대인으로 하여금 죄의 영향력을 극복하는 데 실패하였음을 보여준다.[91]

바울은 이 점을 보다 구체적으로 설명하기 위하여 사람의 신체의 중요 부분, 곧 입, 발, 눈이 얼마나 죄의 도구가 되고 있는가를 밝히고 있다. 말하자면 인간의 행위가 얼마나 사악한가를 말한다. 먼저 3:10-12에서 바울은 전도서 7:20, 시편 14:1-3(시 53:2-4) 등을 인용하여, "모든 사람이 다 죄인"이라는 원리적인 선언을 한다. 곧, 한 사람의 의인도 없고, 한 사람의 깨닫는 자도 없고, 한 사람도 하나님을 찾는 자가 없다고 말한다.

그런 다음 모든 사람이 다 무익하고 무능력한 자가 되어 한 사람도 선을 행하는 사람이 없다고 말한다. 인종과 신분과 성을 초월하여 전 인류가 죄인이며, 그 누구도 하나님이 보시기에 선을 행할 능력을 가지지 못할 만큼 전적으로 부패하였다는 것이다. 인간은 하나님에 대한 참된 지식을 가지지 못할 때는 이처럼 선을 행할 의지도, 능력도 상실하여 전적으로 부패한 자로 전락한다는 것이다. 바울의 이와 같은 인간 이해는, 스스로 하나님의 백성으로 자처하면서, 율법을 따라 선을 행할 능력을 가지고 있다고 생각한 당대 유대인들에게 엄청난 충격이 아닐 수 없었을 것이다. 그래서 유대인들이 아예 반박할 수 없도록 바울은 그들의

---

90 홍인규, 『로마서 어떻게 읽을 것인가』, 72; Schreiner, *Romans*, 171.
91 T. Laato, *Paul and Judaism: An Anthropological Approach* (Atlanta: Scholars Press, 1995).

성경을 인용하여 사람이 얼마나 전적으로 부패하였는가를 설명한다.

그다음 3:13-14에서 바울은 시편 5:9, 140:3, 10:7 등을 인용하여, 사람이 그 입을 통해 얼마나 사악한 죄를 짓고 있는가를 밝힌다. 목구멍은 열린 무덤처럼 안으로부터 썩고 더러운 것을 계속해서 토해내고 있으며, 혀로는 계속해서 남을 속이는 말을 계속하고 있으며, 입술에는 마치 독사의 독처럼 다른 사람에게 치명적인 해를 끼치는 행위들을 품고 있으며, 입에는 남을 저주하고 파괴하는 독을 품고 있다는 것이다. 이처럼 인간의 목구멍, 입, 혀, 입술 등 중요한 신체 구조마저 죄의 도구가 될 만큼 인간은 전적으로 부패하였다는 것이다.

3:15-17에서 바울은 이스라엘 백성들의 죄악과 부패를 말하고 있는 이사야 59:7-8을 인용하여, 사람이 그 발로 얼마나 악한 행위를 저지르고 있는가를 밝힌다. 사람을 지탱하고 움직이게 하는 중요한 신체 구조인 발마저 예외 없이 죄의 도구가 되고 있다는 것이다. 여기 그 발이 피 흘리는 데 빠르다는 말은 그 사람의 생의 방향이 남을 해하고 죽이는 데 맞추어져 있음을 가리키고 있다.

그 결과 그의 생애는 파멸과 고생과 슬픔이 가득하게 되며, 평강이 아닌 고통이 뒤따르게 된다는 것이다. 그리고 3:18에서 바울은 다시 시편 36:1을 인용하여, 사람이 그 눈으로 얼마나 하나님께 반역하는 행위를 하고 있는가를 밝힌다. 눈마저 예외가 아니라는 것이다.[92]

바울은 3:13-18까지 많은 구약 본문을 인용하여 사람의 매일의 삶에서 가장 중요하고 많은 영향을 주고 있는 신체의 중요 부분인 목구멍, 혀, 입술, 입, 발, 눈 등이 얼마나 사악하고, 더럽고, 부패한 범죄들을 저지르는 데 앞장서고 있는가를 밝혔다. 그렇게 함으로써 한 사람도 예외 없이 전 인류가 전적으로 부패한 죄인임을 강하게 입증하였다. 이러한 구약 인용은 그 원래의 문맥적 의미나 목적이 어떠하든 유대인이 개인이 아닌 민족적으로 이방인보다 도덕적으로 더 나은 것이 없이 똑같이 범죄하고 타락한 죄인임을 보여준다.[93]

그다음 바울은 3:19-20을 통해, 1:18부터 지금까지 말한 모든 내용에 대한 총결론을 내린다. 율법을 받은 유대인은 물론, 온 세상 사람들이 예외 없이, 여하한 변명의 여지 없이, 다 하나님의 심판을 받을 수밖에 없는 죄인이라는 것이다. 모든 사람이 다 거룩하신 하나님의 심판 아래 설 수밖에 없다고 선언할 때 자연히

---

92 여기에 나타난 바울의 다양한 구약 인용과 그 관계에 대해서는 마크 A. 싸이프리드, "로마서," 『신약의 구약 사용 주석 시리즈 3. 사도행전. 로마서』, 319-324를 보라.
93 Kruse, *Romans*, 167-169.

제기될 수 있는 것은, 유대인으로서 최선을 다해 "율법의 행위"(율법이 요구하는 모든 것)들을 철저하게 지키려고 노력해 왔던 사람들은 어떻게 되느냐는 것이다.

그들의 율법의 행위도 아무런 가치가 없는 사악한 행위로 간주가 되어야 하는가?

바울은 이러한 질문을 염두에 두면서, "'율법의 행위'로는 하나님 앞에 의롭다 하심을 얻을 육체가 없다"고 말한다. 이것은 사실상 바울이 갈라디아서 2:16 상반절에서 말하고 있는 "그 어떤 사람도 율법의 행위로는 의롭게 되지 못한다"와 같이 유대인을 포함하여 전 인류를 대상으로 하는 말이다.[94] 율법의 행위 자체가 나쁘다거나 율법을 지키려고 하는 행위 그 자체를 부정하는 것이 아니라, 율법의 행위로는 하나님 앞에 의롭다 함을 얻을 사람이 하나도 없다는 것이다. 두 가지 이유 때문이다.

첫째, 이스라엘 역사가 보여주고 있는 것처럼 유대인을 포함하여 그 누구도 율법이 요구하는 모든 것을 완벽하게 행할 수 있는 사람은 없기 때문이다.

둘째, 율법은 처음부터 이스라엘 백성에게 의와 구원의 수단으로 주어지지 않고, 언약 백성의 신분을 지키기 위해, 그리고 율법을 어겼을 경우 죄를 깨닫기 위해 주어졌기 때문이다.

그러므로 설사 우리 중에 누가 완벽하게 율법을 지킨다 하더라도-물론 현실적으로 그것은 불가능하지만- 그는 율법을 통해 의롭게 될 수 없다는 것이다.[95]

② 의의 수단이 될 수 없는 '율법의 행위'(19-20절)[96]

바울은 그의 서신에서 전치사 '에게서'(에크, ἐκ)를 동반한 '율법의 행위'(엘가 노무, ἔργα νόμου)란 말을 로마서에서 2번(3:20, 28), 갈라디아서에서 6번(2:16x3; 3:2, 5,

---

94 Herbert Bowsher, "To Whom Does the Law Speak? Romans 3:19 and the Works of the Law Debate," *WTJ* 68 (2006), 295-303.
95 악트마이어, 『로마서』, 104f.; "누구도 (하나님의) 심판과 진노를 피할 수 있는 합법적인 핑계를 갖지 못하고 있으며, 이것은 율법에 완전히 순종했다고 주장할 수 있는 사람들도 포함한다. 왜냐하면, 율법이 요구하는 바를 완수하는 것이 피조물과 창조자의 관계를 회복시키는 길이 아니기 때문이다."
96 여기 "율법의 행위"에 대한 글은 필자의 『갈라디아서』(서울: 이레서원, 2016), 304-310에서 가져온 것임을 밝혀둔다.

10) 사용하고 있다. 바울서신에 나타나고 있는 "율법의 행위"라는 말을 바울이 어떻게 무슨 의미로 사용하고 있느냐를 추적하기 위해 그동안 적지 않은 연구가 있었다.⁹⁷ 그럼에도 불구하고 아직 완전한 합의에는 이르지 못했다.

이 용어가 구약의 칠십인역(LXX)에는 나오지 않고 있으나, 쿰란 문헌인 4QMMT 111-118(4Q398 frags. 14-17, 2.2-4)에서 이와 병행되는 구절인 "율법의 행위들"이 확인되었다.⁹⁸ 쿰란 문헌 4QMMT의 본문은 "율법의 행위"가 모세의 율법이 요구하는 규정들을 가리킨다는 사실을 보여주고 있다.⁹⁹ 이것은 "율법의 행위"가 사실상 율법 자체와 분리되지 않는 것을 뜻한다. 쿰란 문헌에 동일한 용어가 나타나고 있다는 사실은 바울이 "율법의 행위"라는 말을 처음으로 사용하였다고 보기보다는 오히려 바울의 반대자들이 먼저 사용하였든지, 혹은 유대교 안에서 이미 통용되고 있었던 용어를 바울이 사용하고 있다고 볼 수 있다.

전통적으로 "율법의 행위"는 사람이 하나님 앞에서 자신의 어떤 공로적 행위를 통하여 의를 얻으려는 시도를 가리키는 것으로 이해되어 왔다.¹⁰⁰ 말하자면, 바울 당대 유대인 중에 모세의 율법을 지키는 이유가 하나님 앞에서 자신의 공로를 쌓으므로 하나님의 최종적인 심판에서 의롭게 되려고 하는 자들이 있었던 것

---

97 M. Bachmann, "Rechtfertigung und Gesetzeswerke bei Paulus," *TZ* 49 (1993), 1-33; "4QMMT und Galaterbrief, ma'ase hatorah und ERGA NOMOU," *ZNW* 89 (1998), 91-113; C. E. B. Cranfield, "'The Works of the Law' in the Epistle to the Romans," *JSNT* 43 (1991), 89-101; Dunn, "Yet Once More – 'The Works of the Law'," *JSNT* 46 (1992), 99-117; L. Gaston, "Works of the Law as a Subjective Genitive," in *Paul and the Torah* (Vancouver: University of British Columbia Press, 1987), 100-106; R. H. Gundry, "Grace, Works, and Staying Saved in Paul," *Bib* 66 (1985), 1-38; D. Moo, "'Law', 'Works of the Law' and Legalism in Paul," *WTJ* 45 (1983), 73-100; T. R. Schreiner, "'Works of the Law' in Paul," *NovT* 33 (1991), 217-244; H. Hübner, "Was heißt bei Paulus 'Werke des Gesetzes'?" *Glaube und Eschatologie,* ed. E. Grässer et al. (Tübingen: Mohr Siebeck, 1985), 123-133; H. B. P. Mijoga, "The Pauline Notion of 'Deeds of the Law'" (Ph. D. Dissertation, The Catholic University of America, 1995); J. B. Tyson, "'Works of Law' in Galatians," *JBL* 92 (1973), 423-431.
98 J. A. Fitzmyer, "Paul's Jewish Background and the Debate of the Law," in *According to Paul: Studies in the Theology of the Apostle* (New York: Paulist, 1993), 18-35; M. Abegg, "Paul, 'Works of the Law' and MMT," *BARev* 20 (1994): 52-55; J. D. G. Dunn, "4QMMT and Galatians," *NTS* 43 (1997), 147-153; N. T. Wright, "4QMMT and Paul: Justification, 'Works' and Eschatology," in *History and Exegesis: New Testament Essays in Honor of Dr E. Earle Ellis for His 80th Birthday,* ed. Aang-Won (Aaron) Son (New York and London: T&T Clark, 2006), 104-132. 쿰란 본문은 F. G. Martinez and E. J. C. Tigchelaar, *The Dead Sea Scrolls,* Study Edition, Volume 2 (4Q274-11Q31) (Grand Rapids: Erdmans, 2000), 803에서 볼 수 있다.
99 Schreiner, *Romans,* 181.
100 Schreiner, "'Works of Law' in Paul," 217-244 참조.

으로 이해되었다.

하지만, 새관점은 이와 같은 전통적인 해석을 거부한다. 새관점의 길을 연 샌더스에 따르면, 바울이 사람은 "율법" 혹은 "율법의 행위"를 통해서 의롭게 되지 못한다고 하면서 율법 및 율법의 행위에 대한 부정적인 언급을 할 때, 율법 혹은 율법의 행위들이 유대교에서 일종의 자기 의나 자기 공로나 자랑을 가져오는 구원의 수단이 되어 있었기 때문이 아니다.

바울의 율법, 율법의 행위에 대한 부정적인 견해는 역사적 판단이나 체험에서 나온 것이 아니고, 어디까지나 신학적인 산물이다. 즉, 바울 당대 유대교가 율법주의거나 율법이 구원의 수단으로 여겨진 것에 대한 비판이 아니라, 예수가 온 세상의 주라는 기독론과 그리고 구원은 유대인만이 아닌 이방인에게도 동등하게 열려있다는 그의 구원론의 수사학적 표현이라는 것이다.[101]

던은 율법, 율법의 행위에 대한 샌더스의 기독론적·구원-선교론적 설명을 부적절한 것으로 보고, 그 대신 사회-선교론적 설명을 제시한다.[102] 던에 따르면, 바울이 율법 혹은 율법의 행위를 예수 그리스도에 대한 믿음과 대칭 관계에 둘 때, 율법 자체를 비판한 것이 아니라, 유대 민족의 정체성 역할을 하고 있는 율법, 할례, 유대 음식법 등이 그리스도 안에서 주어진 유대인과 이방인의 동등성을 방해하고, 구원은 유대인에만 있다는 우월적이고 배타적인 사상을 가져오는 사회적 기능 때문이다.[103]

---

101 Sanders, *Paul, the Law, and the Jewish People*, 154-55: "바울은 그 누구에 의해서도 성취될 수 없었고, 그래서 율법은 의의 수단으로 부적절하다거나, 율법을 성취하는 것이 어떤 사람들에게 있어서 자기-의를 가져온다고 말하지 않는다. 내가 확신 있게 말할 수 있는 것은, 무능력, 자기-의는 율법에 대한 바울의 진술과는 전혀 맞지 않다는 것이다. 바울이 유대교를 비판할 때 포괄적인 관점에서 그렇게 하는데 두 가지 점에 초점이 주어져 있다. 하나는 그리스도에 대한 믿음의 결여이며, 또 하나는 이방인들에 대한 동등성의 결여이다. 이 두 가지 요점이 로마서 9:30-10:13에 나타나 있으며, 이 두 가지는 그가 이방인의 사도로 부름을 받은 사실과 관련되어 있다."
102 Dunn, *The New Perspective on Paul*, 7-8.
103 Dunn, "Yet Once More-'The Works of the Law'," 99-117. Dunn은 『바울 신학』, 490-497에서 율법의 행위에 대한 종전의 지나친 사회학적 접근에 대한 비판을 피하기 위해, '율법의 행위'를 더 확대하여 "율법이 요구하는 모든 것, 계약적 율법주의 전체를 가리킨다"(496)라고 재정의한다. 그렇다고 해서 그가 율법의 행위에 대한 사회학적 접근을 포기하고 있는 것은 아니다. 또한 그의 책, 『바울 신학』, 498에서, "바울이 염두에 두었던 '행위'는 의를 이루기 위한 행위들이 아니라 계약적 의, 특히 이방인들과의 구별을 유지하기 위하여 준수하도록 명령된 율법의 계명들이었다는 것이다." *The New Perspective on Paul*, 28: "'율법의 행위들'은 언약의 구성원들이 그들의 언약적 멤버십 때문에 마땅히 행하여야 할 것들을 표현하는 하나의 방편일 뿐만 아니라(언약적 율법주의), 또한 유대인의 독특한 삶의 길을 뜻

다시 말하자면, 던은 바울이 로마서 3:20과 갈라디아서 2:16에서 사람은 율법의 행위로 의롭게 되지 못한다고 말할 때, 그것이 의도하는 것은, 바울 당대 유대인들이 율법을 의와 구원의 수단으로 삼고 있었기 때문이 아니고, 다만 그리스도께서 십자가의 죽음을 통하여 유대인과 이방인 사이에 있었던 두꺼운 율법의 장벽을 무너뜨렸고, 모든 민족에게 동등한 구원의 기회를 주셨음에도 불구하고, 여전히 율법이 유대인들의 자기 정체성과 자랑의 보루가 되어, 이방인과 유대인이 그리스도 안에서 하나 됨을 방해하고 있었기 때문이다.

라이트도 던이 제기한 율법 및 율법의 행위에 대한 사회학적인 해석에 근본적으로 의견을 같이한다.[104] 라이트에 따르면, 유대인들에게 있어서 율법 및 율법의 행위를 지키려는 것은 구원을 위한 공로를 쌓기 위해서가 아니다. 참된 언약 백성의 신분을 유지하기 위해서였다. 즉 '행위-의'를 얻기 위해서가 아니라, 언약 백성으로서 '민족적 의'를 얻기 위해서였다. 바울이 로마서 2:17-29; 9:30-10:13 등에서 율법에 대한 유대인들의 자세를 비판한 것도 그들이 율법을 구원에 도달하는 사닥다리로 사용하고 있기 때문이 아니었다. 오히려 율법을 하나님의 참된 언약 백성의 신분을 보증하는 특권의 수단으로 삼고 있었기 때문이다.[105]

바울이 부정적으로 말하고 있는 율법, 율법의 행위를 일종의 율법주의의 표현이 아닌 이방인과 유대인의 하나 됨을 방해하는 유대 민족의 정체성 표현으로만 보는 이와 같은 율법의 사회학적인 이해, 곧 율법에 대한 바울의 비판을 바울의 '보편주의'(universalism)와 유대교의 '특수주의'(particularism)라는 이분법의 구조에서 이해하는 것은, 우선 바울이 율법, 율법의 행위를 말하고 있는 본문 및 문맥의 내용과 맞지 않다.

한다."
104 Wright, *The Climax of the Covenant*, 139.
105 Wright, *What Saint Paul Really Said*, 78-82, 132. 권연경, 『갈라디아서 어떻게 읽을 것인가』, 107-117에서 던과 라이트와 동일한 입장을 취한다. 특히 114에 있는 다음과 같은 주장을 보라: "현 문맥에서 '율법의 행위들'은 도덕적으로 율법을 '지켜 행하는' 삶이 아니라, 유대인을 하나님의 선민으로 드러내며 그들을 이방인과 구분해주는 정체성의 표지들(identity markers)로 보는 것이 자연스럽다. 갈라디아서에서는 할례(5:2-4; 6:12-13), 안식일 등의 절기 준수(4:10) 및 안디옥 사건에서 드러난 유대인과 이방인들 간의 식탁 규정(2:11-14) 등이 이런 '율법의 행위들'의 구체적인 사례로 언급되었다. 당시의 신실한 유대인들에게는 당연한 것으로 받아들여졌던 이 규정들은, 율법 자체 혹은 율법에 대한 오랜 해석의 전통(조상의 전통/유전)에 근거를 둔 것들이기에 '율법의 행위들'이라 불린다."

예를 들면, 바울은 로마서 3:20, 28에서 "하나님 앞에서 율법의 행위로 의롭게 될 육체(사람)가 없다"고 하면서 유대인과 이방인의 인종 문제를 초월하는 보편적인 원리를 말하고 있다.[106] 역시 갈라디아서에서 '율법의 행위'를 처음 언급하는 2:16에서 시편 143:2에 호소하여 "사람(ἄνθρωπος)은 율법의 행위로 의롭게 될 수 없다"[107]고 하면서 동일한 원리를 말하고 있다. 이뿐만이 아니다. 율법, 율법에 대한 사회학적인 혹은 민족적인 제한적인 이해는 유대교를 인종차별 종교로 만들 뿐만 아니라, 죄의 심각성과 이와 대조되는 예수 그리스도의 죽음의 의미를 상대화시키는 결과를 가져올 수 있는 위험이 있다.

즉, 던의 논리에 따르면, 예수 그리스도는 죄와 죽음의 세력을 멸하고 율법의 저주를 해소시키기 위해서가 아니라, 단순히 유대 민족의 특수주의를 무너뜨리기 위해서 십자가의 죽임을 당하신 것으로 귀착될 수밖에 없는 위험을 초래할 수 있다.[108] 사실상 던은 바울이 갈라디아서(2:16d; 3:11)와 로마서(1:18-3:20)에서 단순히 유대인들의 민족적 배타성만의 문제가 아니라, 이방인처럼 유대인까지도 똑같이 그리스도의 구원이 필요한 죄인임을 강조하고 있다는 사실을 외면하고 있다.

새관점의 주창자들인 샌더스, 던, 라이트의 율법/율법의 행위에 대한 이와 같은 사회학적인 접근과 관련하여 먼저 지적되어야 할 사실은, 로마서와 갈라디아서에서 의의 수단인 예수 그리스도에 대한 믿음과 대립되고 있는 '율법의 행위'는, 단순히 언약 백성인 유대인의 정체성의 표지에만 한정되는 것이 아니라, 이미 쿰란 연구의 권위자인 피츠마이어(J. A. Fitzmyer)의 세밀한 연구에 의해 밝혀진 것처럼,[109] 4QMMT의 표현과 같이 모세의 율법이 요구하는 모든 규정과 관련되어 있다고 보아야 한다.[110]

---

106 이 점은 S. J. Gathercole, "Justified by Faith, Justified by Blood: The Evidence of Romans 3:21-4:25," in *Justification and Variegated Nomism*, 154의 비판, "바울은 이스라엘이 율법을 곡해하여 어떤 특수한 행위에 초점을 맞추고 있거나, 혹은 민족적인 면에 초점을 맞추고 있는 것 때문에 이스라엘을 비판하고 있는 것은 아니다"에서도 잘 지적되고 있다.
107 바울이 여기서 시편 143:2를 직접적으로 인용하고 있다고 보기는 어렵지만, 염두에 두고 있다는 점을 부정하기는 어렵다. G. K. 빌, D. A. 카슨 편집, 『신약의 구약 사용 주석 시리즈 4: 바울서신』(서울: CLC, 2012), 314-331에 수록된 "갈라디아서 편" (M. Silva)을 보라.
108 R. B. Sloan, "Paul and the Law: Why the Law Cannot Save," 44f; C. E. B. Cranfield, "The Works of the Law in the Epistle to the Romans," *JSNT* 43 (1991), 89-101.
109 J. A. Fitzmyer, "Paul's Jewish Background and the Deeds of the Law," *According to Paul: Studies in the Theology of the Apostle* (New York: Paulist Pressm 1993), 13-35; 그의 *Romans*, 338-339.
110 W. D. Barrick, "The New Perspective and 'Works of the Law' (Gal 2:16 and Romans 3:20),"

이런 점에서 "율법의 행위"와 "율법"은 서로 교차적으로 사용될 수 있다. 왜냐하면 바울은 로마서 3:19에서 율법은 온 세상으로 하나님의 심판 아래 있게 하는 기능이 있다는 사실을 밝힌 다음, 3:20에서 이와 연관하여 "율법의 행위로 그의 앞에 의롭다하심을 얻을 육체가 없나니 율법으로는 죄를 깨달음이라"라고 하면서, 율법과 율법의 행위를 상호교차적으로 사용하고 있기 때문이다.

역시 갈라디아서 2:16에서도 바울은 거듭 율법의 행위가 의의 수단이 아님을 강조한 다음, 2:21에서 "의롭게 되는 것이 율법으로 말미암으면"이라고 하면서, 사실상 "율법의 행위"와 '율법'을 동일시하고 있으며, 3:10에서 "율법의 행위에 의존하는 자들은 저주 아래 있다"고 한 다음 11절에서 "율법으로는 아무도 하나님 앞에서 의롭게 되지 못한다"(5:4)라고 하면서 율법의 행위와 율법을 동일시하고 있다.[111] 이처럼 바울은 의를 언급하는 문맥에서 율법 및 율법의 행위를 서로 동일시한다.

우리가 볼 때, 바울이 그의 서신에서 율법 및 율법의 행위에 대한 부정적인 주장을 하고 있는 근본 이유는, 단순히 그리스도만이 유일한 구원자이라는 배타적인 기독론의 표현이나, 할례와 율법으로부터 자유하는 그의 이방 선교의 합법성의 표현이, 이방인들에 대한 유대인들의 언약적 특권 의식이나 혹은 이방인들을 유대인화려는 시도에 대한 반박에만 있는 것이 아니다. 오히려 더 근본적으로 바울 당대 유대교에 속한 유대인 중에서, 혹은 바울의 반대자들인 유대주의자들 중에서, 혹은 이들에 의해 미혹을 받고 있는 이방인 신자 중에서 오직 그리스도와 성령에게만 주어져야 할 의와 구원의 기능을 율법에도 주는 율법주의적 주장을 하고 있었기 때문이다.[112]

말하자면, 율법의 행위들은 이미 언약 백성이 된 유대인들에게는 종말론적인 의와 구원에 참여할 수 있는 자가 되기 위해서 그리고 이방인들에게는 하나님의

TMSJ 16/2 (2005), 277-292.
111 바울은 로마서 3:19-21의 문맥에서도 율법은 의와 구원을 가져오기보다는 온 세상을 하나님의 심판 아래에 있게 하고, 죄를 깨닫게 하는 기능이 있다고 말한 다음, 3:28에서 '율법의 행위'로 의롭게 되지 못한다고 말하면서 사실상 율법과 율법의 행위를 동일시한다.
112 S.Y. Kim, *Paul and the New Perspective: Second Thoughts on the Origin of Paul's Gospel* (Grand Rapids: Eerdmans, 2002), 60: "바울이 '율법의 행위'를 반대한 것은, 던이 주장하고 있는 것처럼, 그것들이 이방인들이 하나님의 언약 백성의 구성원이 되는 데 장애물이 되고 있다고 보았기 때문이 아니다. 오히려 그들이 인간적이고, 의를 얻는 부적절한 시도임을 간파하였기 때문이다."

언약 백성에 가입하여 의와 구원의 복을 누리기 위해서 지켜져야 했던 것이다.[113]

물론, 이것이 바울 당대의 유대교가 일방적으로 율법주의에 빠져 있었다는 말은 아니다. 하지만 바울이 볼 때, 그들이 율법에 그와 같은 구원론적인 기능과 역할을 부여하는 것은 율법 그 자체의 목적과도 어긋날 뿐만 아니라, 더 나아가서 하나님께서 유대인을 포함하여 전 인류를 위해 세우신 유일한 의와 구원의 기능과 역할을 가진 예수 그리스도 사건을 상대화하고 있는 것이다(2:21).[114]

바울이 율법을 통하여 율법을 비판하고 있는 이유도 그리고 성령 안에서 새로운 언약 백성의 삶을 통해 율법의 성취를 말하고 있는 것도 율법이 아닌 그리스도와 성령만이, 인간의 행위가 아닌 하나님의 은총만이, 인간을 처음부터 끝까지 구원하시고 거룩하게 하기 때문이다. 이런 점에서 바울의 율법관은 그의 다메섹 사건의 체험과 불가분의 관계를 가지고 있다.[115]

결론적으로 말해서 바울이 3:9-19에서 죄의 세력 아래에 있는 전 인류의 비참을 폭로한 다음 20절에서 유대인이 신봉하는 율법마저 하나님 앞에서 의의 수단이 될 수 없다고 선언한다. 오히려 율법은 죄를 깨닫게 할 뿐이라고 선언하고 있다. 이렇게 선언함으로써 바울은 사실상 유대인들의 언약적 율법주의와 인간의 죄 문제를 해결하고, 의와 구원과 생명을 가져다 준다는 모든 인간의 윤리학, 철학 및 이방 종교를 거부하고 있다.

바울이 볼 때, 죄의 세력이 너무나 크고 광범위하여 인간의 육체는 물론 이성, 도덕심, 양심도 죄의 오염을 피할 수 없을 만큼 인간은 전적으로 타락하고 부패한 죄인이 되었다. 물론 사람마다 어느 정도의 차이점은 있겠지만, 거룩하신 하나님 앞에서는 유대인이든 이방인이든 전 인류 중에 그 어떤 사람도 의인으로 자처할 수 없고 모두 타락하고 부패한 죄인이다. 그러므로 타락하고 부패한 인간이

---

113 이 점은 최흥식, "바울서신에 나타난 e;rga no,mou와 πίστις Χριστοῦ 반제에 대한 새관점. 갈라디아서 2:16을 중심으로," 『신약논단』12/4 (2005년 겨울), 826에서 인정하고 있다: "왜냐하면 그들은 할례와 같은 '율법이 규정한 행위'를 이방인이 하나님의 백성이 되는 구원론적 수단으로 믿었기 때문이다."
114 R. Alan Streett, "An Interview with Martin Hengel," *CTR* 2/2 (2005), 14: "헹겔: 새관점의 바울 연구가들은 바울의 주된 관심이 바울과 고대 유대교와의 관계 문제라고 생각하고 있지만, 그러나 실제로 바울의 주된 관심은 하나님과 인류 사이의 관계를 결정하는 것이 '율법'이냐, '복음'이냐 하는 것이었다."
115 J. Roloff, "Die lutherische Rechtfertigungslehre und ihre biblische Grundlage," in *Frühjudentum und Neues Testament im Horizont Biblischer Theologie*, eds. W. Kraus & K. W. Niebuhr (WUNT 162; Tübingen: Mohr Siebeck, 2003), 275-300에서 바울의 다메섹 체험은 율법에 대한 재평가를 가져왔다고 주장하고 있다.

만든 그 어떤 윤리학도, 철학도, 종교도, 설사 그들이 죄 문제를 해결하고 의와 구원을 약속하더라도 실상은 실현할 수 없는 거짓에 불과하다.

우리는 인간과 세상에 대한 이와 같은 바울의 폭로와 판단을 어떻게 보아야 하는가?

그가 지나치게 유대교와 세상의 모든 도덕과 종교와 철학을 어둡게, 비관적으로 보고 있다고 보아야 하는가?

아니면, 그 누구보다도 현상 그 자체를 정직하게 알려주고 있다고 보아야 하는가?

이에 대한 답변은 사람마다 다를 수 있을 것이다. 그러나 분명한 사실은 누구든지 3:9-20에서 말하고 있는 바울의 결론에 대해 전폭적으로 동의할 수 없다면, 그는 또한 3:21-31에서 말하고 있는 바울의 결론에 대하여서도 전폭적으로 동의할 수 없을 것이라는 점이다. 왜냐하면, 바울은 3:9-20에서 인간 편에서 추구하는 모든 것에 대한 절망을 선언하고 있는데 이 바울의 절망적인 선언에 동감하지 않는 사람이라면 그는 바울이 3:21 이하에서 예수 그리스도를 통한 '칭의'의 복음만이 유일한 해결책이라고 선언하는 것도 전폭적으로 받아들일 수 없을 것이기 때문이다.

사실, 환자 스스로는 자신의 병을 고치지 못하고 오직 의사만이 자신의 병을 고친다는 사실을 깊이 인식할 때, 그가 의사를 찾아갈 수 있다. 마찬가지로, 인간은 자신의 죄와 비참을 알고, 스스로는 이 문제를 해결할 수 없고 오직 하나님께서 마련하신 예수 그리스도를 통해서만이 해결할 수 있다는 사실에 전적으로 동의할 때, 그는 진정으로 예수 그리스도 앞에 나아갈 수 있을 것이다.

이런 점에서 3:9-20에 나타난 바울의 결론과 선언은 유대인이든 이방인이든 인류 전체가 언제든지 자신의 진정한 모습을 볼 수 있는 거울이다. 아직 그리스도 밖에 있는 자연인은 3:21에 나타난 유일한 해결책으로 나아가기 위해서, 이미 그리스도 안에 있는 신자는 3:21에 나타난 하나님의 해결책에 대한 더 깊은 감사를 체험하기 위해서 그렇게 하여야 할 것이다.[116]

---

116 존 스토트,『로마서 강해』, 130-31.

2. 두 번째 내러티브: 메시아를 통한 하나님의 인류 구속(3:21-5:21)

로마서 몸체의 두 번째 내러티브는 메시아 예수 안에서 나타난 하나님의 구원(의)과 그 구원을 받는 길(믿음)을 말한다. 몸체의 첫 번째 내러티브인 1:18-3:20이 피조물의 창조와 타락 이야기라고 한다면, 즉 인간의 불경건과 불의의 불성실에 대한 어두운 이야기라고 한다면, 두 번째 내러티브인 3:21-5:21은 그 피조물에 대한 하나님의 의의 계시와 구속에 관한 신실성의 밝은 이야기이다.

전자가 인류가 처한 문제에 관한 이야기라고 한다면, 후자는 그 문제에 대한 하나님의 해결에 관한 이야기이다. 전자가 인류를 대표하는 아브라함의 후손인 이스라엘 백성이 이집트에서 바로 왕의 압제 아래 노예 생활을 반영하고 있다고 한다면, 후자는 죄와 죽음의 세력 아래 노예 생활을 하던 인류가 모세를 통해 출애굽 사건을 경험하는, 곧 아브라함의 후손 메시아 예수를 통해 구속받는 과정을 보여준다.

첫 번째 내러티브가 구약의 창조와 타락 내러티브를 반영하고 있는 것처럼, 두 번째 내러티브 역시 구약의 구속 이야기인 출애굽 사건의 내러티브를 반영하고 있다는 점은, 3:21-31이 인류의 타락과 죄 문제를 해결하는 예수님의 죽음을 출애굽 사건에 나타난 속량과 화목/속죄제물로 설명하고 있는 점, 4장에서 하나님의 언약을 믿어 의에 이르게 된 아브라함을 유대인이든 이방인이든 모든 사람이 하나님의 언약의 성취인 예수 그리스도를 믿어 의에 이르게 되는 패러다임으로 제시하고 있는 점, 그리고 5장에서 인류에게 죄와 죽음의 부정적인 결과를 가져다준 아담과 이와 대조적으로 인류에게 의와 영생의 긍정적인 결과를 가져다 준 예수 그리스도를 서로 날카롭게 대조시키고 있는 점을 볼 때 부정하기 어렵다.[117]

로마서 몸체의 첫 번째 내러티브와 두 번째 내러티브를 보면 아래와 같이 일종의 교차대구법 형태를 보여준다. 이 교차대구법에서 강조되고 있는 것은 중심부에 있는 3:21-31이다.

---

117 보다 자세한 출애굽 배경에 대한 논의는 N.T. Wright, "New Exodus, New Inheritance: The Narrative Structure of Romans 3-8," in *Romans & the People of God*, eds. S.K. Soderlund & N.T. Wright (Grand Rapids: Eerdmans, 1999), 26-35를 보라.

A= 1:18-32 인류(이방인)의 범죄
B= 2:1-3:20 유대인의 범죄
C= 3:21-31 하나님의 의, 곧 예수 그리스도의 십자가 사건을 통한 하나님의 구
　　　속 사역
B'= 4:1-25 유대인의 조상 아브라함의 믿음
A'= 5:1-21 인류를 대변하는 아담과 예수 그리스도

　위의 ABCB'A'의 교차대구법 구조에서 볼 수 있는 것처럼 1:18부터 3:21까지 흐름은 인류의 문제에서 유대인의 문제로, 그리고 문제의 해결자인 예수 그리스도에게로 집중하는 〉의 형식을 보여주고 있다고 한다면, 3:21부터 5:21까지의 흐름은 그 반대로 예수 그리스도의 해결에서 유대인의 문제 해결로, 그리고 인류 전체의 문제 해결로 점점 더 확대되는 〈 의 형식의 흐름을 보여주고 있다. 바울은 이제 사실상 로마서의 중심부를 차지하는 3:21-31에서 하나님께서 마련하신 인류의 유일한 소망이며 해결책인 이 '하나님의 의의 복음'을 구체적으로 설명한다. 그런 점에서 이 부분은 주제 문단(1:16-17)의 해설로 볼 수 있다.[118]

1) 예수 그리스도의 죽음을 통한 하나님의 구속(3:21-31)

　1:18-5:21의 구조에 나타나 있는 것처럼, 두 번째 내러티브의 첫 부분을 형성하고 있는 3:21-31은 첫 번째 내러티브와 두 번째 내러티브의 중심부를 차지한다. 그런데 3:21-31에는 로마서 주제 문단인 1:16-17의 중요한 어휘인 하나님의 의, 구원, 믿음, 유대인과 이방인, 모든 사람 등이 반복되고 있기 때문에 사실상 로마서 전체를 주도하는 주제 문단의 해설이라고 볼 수 있다. 그래서 학자들이 로마서 3:21-31(26)을 로마서의 심장, 로마서의 축소판, 바울 복음의 심장으로 보기도 한다.[119]

118　Witherington, *Romans*, 99; 최갑종, "로마서의 중심 주제에 대한 연구. '하나님의 의'에 대한 내러티브 접근을 중심으로," 『신약연구』 18/4 (2019), 503-529.
119　크랜필드, 『로마서 1』(서울: 로고스, 1994), "3:21-26절의 소단원이 롬 1:16b-15:13 전체의 핵심이라고 말해도 좋을 것이다"; Schreiner, *Romans*, 186: "대다수 학자는 이 단락을 서신의 심장으로 보고 있다." 또한 W. S. Campbell, "Romans iii as a Key to the Structure and Thought of the Letter," *NovT* 23 (1981), 22-40; Kruse, *Romans*, 177도 보라.

바울은 로마서 3:21-31에서 로마서 전체를 통해서 그가 제시하려고 하는 핵심적인 질문과 그 해결책인 대답을 제시한다.

즉, 이 문단에서 그는 죄인으로서 하나님의 심판 아래 있는 전 인류(1:18-3:20)에게 하나님 편에서 준비한 구원의 의가 어떻게 나타났는가?

그리고 사람은 하나님께서 마련하신 이 의를 어떻게 받아 의롭게 될 수 있는가?

하나님의 심판 아래 있는 죄인이 예수 그리스도를 믿음으로 하나님의 은혜로 의롭게 된다면, 무엇 때문에, 어떻게, 예수 그리스도를 믿음으로, 은혜로 의롭게 되는가?

하나님의 의는 무엇이며, 예수 그리스도의 십자가 사건의 핵심이 무엇인가?

구속과 화목제물, 의롭다함, 곧 칭의(稱義)는 각각 무엇을 뜻하는가?

믿음은 무엇을 뜻하며, 믿음과 하나님의 의와의 관계는 무엇인가?

믿음으로 의롭게 된 자는 왜 자랑할 수 없는가?

하나님은 유대인과 이방인을 포함하여 전 인류와 어떤 관계를 지니고 있는가?

기독교 구원 교리의 핵심적인 질문에 대한 답변을 제시한다. 즉, 3:21-31의 본문은 1:18-3:20에서 제기된 인류의 비참함에 대한 하나님 편에서의 해결책을 제시한다.[120]

3:21-31의 구조를 살펴보면, 이 문단은 두 부분, 즉 3:21-26과 3:27-31로 나누어진다. 앞부분(21-26절)이 주제 구절(1:16-17)에서 천명한 예수 그리스도의 복음 안에 나타난 하나님의 의 자체에 관하여 말하고 있다고 한다면, 뒷부분(27-31절)은 그 결과 그 어떤 사람도 자랑할 수 없다는 것과, 하나님은 유대인과 이방인을 포함하여 전 인류의 하나님이신 것을 강조한다. 전반부인 21-26절은 다시 21절, 22-23절, 그리고 24-26절 등 세 부분으로 나누어진다.

첫째 부분인 21절은 문단의 표제로서 율법 외에 하나님의 의가 공개적으로 역사 안에 나타났음을 선언하고 있다. 그리고 이 하나님의 의는 이미 율법과 선지자들, 곧 구약성경을 통해 증거 된 것임을 밝힌다.[121]

---

120 Donald A. Carson, "Why Trust a Cross? Reflections on Romans 3:21-26," *ERT* 28/4 (2004), 345-362.
121 Moo, *Romans* (1996), 223,

둘째 **부분**인 22-23절은 1:18-3:20에서 언급한 사실과 관련하여, 죄인인 인간에게 하나님의 의가 왜 필요하며, 인간이 하나님의 의를 어떻게 받을 수 있는가를 밝히고 있다. 여기서 바울은 하나님의 의가 필요한 것은 모든 사람-이방인이든 유대인이든-이 죄를 지어 하나님의 영광에 이르지 못하게 되었기 때문이라는 것(1:18-3:20), 따라서 모든 사람은 오직 예수 그리스도를 믿음으로 하나님의 은혜로만 의롭게 된다는 사실을 밝힌다(참고. 갈 2:15-16).

셋째 부분인 24-26절은 모든 사람이 예수 그리스도를 믿음으로 의롭게 되는 근거는 하나님께서 공개적으로 세운 예수 그리스도의 십자가 사건임을 밝힌다. 여기서 바울은 하나님께서 예수 그리스도의 십자가 사건, 곧 예수 그리스도의 구속적, 속죄적, 화목적 죽음을 통하여 자신의 의를 드러내시고, 이 예수 그리스도 사건을 믿는 자를 의롭게 하신다고 말하고 있다. 후반부에 속하는 27-31절은 따라서 인간의 모든 자랑을 배제하는 27-28절, 하나님은 유대인뿐 아니라 이방인의 하나님도 되심을 강조하는 29-30절 그리고 믿음과 율법과의 관계를 말하는 31절로 나누어진다.

특히, 3:21-26이 구약의 출애굽 사건과 연결되어 있다는 것은 용어와 내용 면에서 확인된다. 잘 알려진 대로 출애굽 사건은 하나님께서 애굽 왕 바로의 세력으로부터 이스라엘 백성을 건져내신 구원 사건이다. 마찬가지로 3:21-26은 하나님께서 이미 구약성경(21절의 "율법과 선지자")을 통해서 약속한, 모든 사람을 죄에서 건져내신 구원 사건을 말하고 있다.

출애굽 사건에서 이스라엘 백성이 하나님의 약속을 믿고 순종하여 양의 피를 문설주에 발라 하나님의 죽음의 심판을 면하게 된 것처럼(출 12:21-28), 3:21-26은 출애굽 사건을 연상하게 하는 메시아를 통한 구속(속량, 신 7:8; 9:26; 15:15; 24:18), 그의 피, 곧 양의 희생적 죽음을 가리키는 예수님의 화목/속죄제물(속죄소)과 죄에 대한 심판의 면제를 말하고 있다.

이뿐 아니라, 구약은 종종 출애굽 사건을 하나님께서 아브라함과 족장들에게 약속하신 그 언약을 지킨 하나님의 신실하심의 표현으로(출 2:24-25), 그리고 이를 하나님의 의와 구원 사건으로 표현하고 있다(삼상 12:6-7; 느 9:7-8; 사 46:13; 51:6-8). 특별히 이사야 선지자는 53장에서 야웨의 종 메시아의 대속적 죽음을 많은 사람을 의롭게 한 새로운 출애굽 사건으로 묘사하고 있다. 따라서 3:21-31의 문단을 인류의 구속을 위하여 하나님께서 메시아를 통해 성취한 새로운 출애굽 사건이라고 말할 수 있다. 이제 본문의 주요 내용을 자세하게 살펴보자.

(1) "그러나 이제는"(21절)

3:21의 서두에 나오는 "그러나 이제는"(누니 데, Nuvì δέ)이란 선언은, 마치 사형 선고를 받고 모든 소망이 끊어진 절망적 상태에서 하루하루 초조하게 처형만을 기다리고 있는 사형수에게, 어느 날 대통령 특사가 와서 "당신은 이제 대통령의 특별 사면령에 의해 무죄 석방되었다"라는 선언이나, 혹은 "일본제국이 망하고 이제 한국이 해방되었다"라는 1945년 8월 15일의 선언처럼 일순간에 상황을 완전히 반전시키는 선언이다. 이 점에 있어서 3:21의 선언은 범죄한 인류에 대한 절망적인 사형 선고를 내리는 1:18과 대조를 이룬다.

전자가 인간에 대한 절망적인 선언이라면, 후자는 인간에 대한 소망적인 선언이다.[122] 전자가 죄인에 대한 하나님의 공의로운 심판의 선언이라고 한다면, 후자는 죄인에 대한 하나님의 자비로운 구원의 선언이다. "이제는"이란 말은 새로운 역사의 전환, 곧 하나님께서 선지자들을 통해 약속하였던 그때, 그 종말의 시간이 왔음을 강조하는 말이다.[123] 약속된 미래 세대가 현재의 세대로 침투하였다는 선언이다. 인간에게 절망을 가져오는 "율법 중심"의 옛 시대(1:18-3:20)가 끝나고, "예수 그리스도 중심"의 새 시대가 왔음(3:21-11:36)을 알리는 말이요, 이스라엘 중심의 옛 언약이 이스라엘은 물론, 모든 민족을 포괄하는 새 언약으로 전환되었음(렘 31:31-32)을 가리키는 말이다.[124]

이 선언은 일찍이 메시아 예수께서 그의 사역을 시작할 때 선언한, "그때가 성취되었고, 그리고 하나님의 나라가 도래하였다. 회개하고 복음을 믿으라"(막 1:15)와 바울이 선언한 "보라 지금은 은혜받을 만한 때요, 보라 지금은 구원의 날이로다"(고후 6:2)와 상응한다. 바울의 이 선언은 유대인이든 이방인이든 어떤 특정한 사람들만을 대상으로 한 것이 아니라, 인류 전체를 향한 것이다. 왜냐하면, 이 날은 사람들의 인식 여부와 관계없이 이미 메시아 예수를 통하여 인류 역사에 나타났고, 역사의 전환점으로 작용하고 있기 때문이다(히 1:1-3).

---

122 Käsemann, Romans, 92.
123 Stählin, TDNT, IV, 1109., n.33; Ridderbos, Paul, 162; Fitzmyer, Romans, 344.
124 Cranfield, Romans, 73; Moo, Romans, 222; Carson, "Why Trust a Cross? Reflections on Romans 3:21-26," 347-48; Longenecker, Romans, 399.

우리가 1:18-3:20에서 확인하였던 것처럼, 창세기 3장에 있는 인류의 타락 이후 죄가 전 인류와 전 피조 세계를 덮었으며, 그 누구도, 그 무엇도 죄의 세력으로부터 벗어나지 못한다. 전 인류와 모든 피조물이 불경건과 불의와 불순종으로 인해 하나님께 반역하고, 하나님의 원수가 되어, 하나님의 공의로운 심판 아래에 있다(1:18-3:20).

하나님의 심판에 처한 인류의 비참함이라는 문제를 세상의 그 무엇도, 세상의 그 어떤 철학도, 종교도, 과학도, 도덕 윤리도, 심지어 모세의 율법마저 해결하지 못했다. 모든 인류와 모든 피조 세계가 죄와 하나님의 심판을 벗어날 수 없는 절망적인 처지에 있을 때(3:19), 모든 사람이 범죄하여 하나님의 영광에 이르지 못하고 있을 때(3:23), 하나님께서 이 문제를 해결하기 위해 친히 역사에 개입하였음을 알리는 선언이 바로 "그러나 이제는"이라는 선언이다.

이 선언은, "그때가 차매 하나님이 그 아들을 보내사 여자에게서 나게 하시고 율법 아래에 나게 하신 것은 율법 아래에 있는 자들을 속량하게 하시고 우리로 아들의 명분을 얻게 하려 하심이라"(갈 4:4-5), "그때가 찼고 하나님의 나라가 왔다. 회개하고 복음을 믿으라"(막 1:15)라는 말씀에 나타나 있는 것처럼, 새로운 "때"의 도래와 함께 그 때에 부응하라는 새로운 결단을 요청하는 선언이기도 하다.

이 선언은 주제 문단의 복음 안에 나타난 하나님의 의에 대한 선언처럼(1:17), 예수 그리스도 안에서 새로운 역사가 옛 역사 안에 이미 침투했다는 종말론적인 선언이며, 이 선언은 인간의 타락으로 오염된 전 피조 세계에 창조주 하나님이 직접 개입하셔서 자신의 주권 회복이 이미 시작되었음을 알리는 신적인 주권 선언이다. 이 선언은 또한 3:20에서 언급한 모세의 율법이 요구하는 율법의 행위와 관계없이, 하나님으로부터 새로운 구원의 길이, 구원의 때가 공개적으로 나타났음을 가리키는 구원과 소망의 선언이다.[125]

하나님께서 모세를 통하여 주신 율법은 하나님의 언약 백성인 이스라엘 백성이 하나님과 사람 앞에서 마땅히 하여야 할 것과 하지 않아야 할 것을 요구한다. 이스라엘 백성은 그 율법의 요구를 준수할 때 하나님의 언약 백성이라는 신분 유지와 함께 율법이 약속하는 복(출 19:5-6)을 누릴 수 있었다. 즉, 아브라함에게 약

---

125 J. Murray, *The Epistle to the Romans* (Grand Rapids: Eerdmans, 1968), 110; J. Woyke, "'Einst' und 'Jetzt' in Röm 1-3? Zur Bedeutung von nyni de in Röm 3,21," *ZNW* 92 (2001), 206; Longenecker, *Romans,* 400.

속한 모든 민족에게 복의 통로가 되는 축복(창 12:2-3)을 누릴 수 있었다. 그러나 그들이 그 율법을 지키지 못할 경우 오히려 언약 백성의 신분을 상실함은 물론 저주와 심판을 자초할 수밖에 없었다(신 30; 갈 3:10).

하지만, 이스라엘 백성은, 바울이 2:1-3:20에서 말한 것처럼, 율법의 요구를 온전하게 지키는 데 실패하였다. 그러므로 그들은 하나님과의 언약적 관계가 끊어지고 이방인과 똑같이 하나님의 저주와 심판 아래 놓이게 되었다. 여기 "율법 외에"라는 말은 하나님과의 관계 유지가 이제 이스라엘 백성의 율법 준수 여부와 관계없이 다른 방식으로, 곧 하나님 자신의 자비와 사랑과 은혜라는 방식으로 이루어진다는 것이다. 그것이 바로 하나님의 의의 계시를 통한 새로운 방식이다.

(2) "하나님의 의가 나타나다"(21절)

완료형으로 표현된 "하나님의 의가 나타났다"(δικαιοσύνη θεοῦ πεφανέρωται)는 말은 로마서 주제 문단인 1:16-17에서 천명한 그 "하나님의 의"가 이미 역사 세계에 누구든지 볼 수 있도록 공개적으로 나타났으며, 그 영향과 결과가 지금 역사 세계 안에서 계속되고 있음을 뜻한다.[126]

곧 죄로 인해 하나님의 심판 아래 있는 유대인은 물론 전 인류를, 하나님께서 일찍이 아브라함을 통해 언약하신 대로 그의 아들 메시아 예수를 통해 구원하시겠다는 그 약속이 이미 성취되었다는 선언이다. 동사 "나타났다"는 말은 1:17의 "나타나다"(ἀποκαλύπτεται)와 같이 하나님께서 자신의 의를 역사 안에 구체적으로 나타내셨으며, 따라서 사람들이 이제 하나님의 의를 눈으로 보고 귀로 들을 수 있게 되었음을 강조한다.

따라서, 이 선언은 하나님께서 자신의 언약적 신실성과 구원의 의지를 자신의 아들 메시아 예수의 보내심, 그의 구속적, 화목적, 속죄적 죽음과 부활 사건을 통해 실행하셨으며, 그 결과가 지금 복음 선포를 통해 계속되고 있다는 선언이기도 하다.[127]

바울은 이 하나님의 언약적 신실성과 구원 행위 표현인 하나님의 의가 역사 세계에 우연히 나타나게 되었거나 율법을 통한 길이 실패로 돌아가자 마련한 차선책이 아니라고 말한다. 오히려 율법과 선지자, 곧 구약성경에서 이미 증거되었다

---

126 존 머리, 『로마서 주석』, 167.
127 L. E. Keck, *Romans* (Nashville, Abingdon, 2005), 104.

고 말한다.[128] 바울은 이와 관련하여 갈라디아서 3:8에서 이렇게 말한다.

"또 하나님이 이방을 믿음으로 말미암아 의로 정하실 것을 성경이 미리 알고 먼저 아브라함에게 복음을 전하되, '모든 이방인이 너로 말미암아 복을 받으리라' 하였느니라"(갈 3:8).

이처럼 하나님의 의의 나타남이 우연한 것이 아니라, "율법과 선지자의 증거를 받은 것"이라고 말하고 있는 것은 하나님의 의를 계획하신 분도, 준비하신 분도, 약속하신 분도 그리고 이를 실행하신 분도 하나님이심을 강조하는 말이다. 옛 언약의 당사자인 창조주 하나님 그분이 또한 새 언약을 성취하는 구속자 하나님이라는 것이다. 이처럼 하나님의 의는 처음부터 끝까지 인간이 전혀 개입되지 않은, 전적인 하나님 자신의 의요, 하나님의 역사이다.

바울은 구약성경을 통하여 약속되었던 하나님의 의가 또한 "율법과 별도로"(코리스 노무, χωρὶς νόμου)로 나타났다고 말한다. 이 말이 하나님의 의가 구약의 율법과 아무런 관계없이 나타났다는 말은 아니다. 여기 "율법"은 구약의 한 부분으로서 율법을 지칭하기보다는 바로 그 앞의 20절에 언급된 유대인들에게 지킬 것을 요구한 "율법의 행위"에 상응하는 말이다. 곧, 이스라엘 백성에게 전적인 순종을 요구한 시내산 언약의 율법, 이를테면 전적인 순종의 경우 복을, 불순종의 경우 저주와 심판을 담고 있는 그 율법이다(신 27:26-28:6; 30:15-20; 갈 3:10).[129]

이 율법은 예레미야 선지자가 말한 새 언약과 대조가 되는 옛 언약을 지칭하는 말이기도 하다. 시내산에서 주어진 옛 언약은 이스라엘의 전적인 순종을 요구하였지만, 이스라엘이 온전히 지키지 못해 깨뜨려졌던 언약이다. 예레미야 선지자는 새 언약과 대조가 되는 옛 언약에 대해 이렇게 말하고 있다.

"이 언약(새 언약)은 내가 그들의 조상들의 손을 잡고 애굽 땅에서 인도하여 내던 날에 맺은 것(옛 언약)과 같지 아니할 것은 내가 그들의 남편이 되었어도 그들이 내 언약(옛 언약)을 깨뜨렸음이라. 여호와의 말씀이니라"(렘 31:32).

---

128 여기 "율법과 선지자"는 구약성경 전체를 가리키는 것으로 보아야 한다. 또한 Käsemann, *Romans*, 93; Otfried Hofius, *Paulusstudien*, WUNT 51 (Tübingen: Mohr Siebeck, 1989), 146, n116; Fitzmyer, *Romans*, 344; Schreiner, *Romans*, 188도 보라.
129 존 머리, 『로마서 주석』, 168.

따라서, "율법과 별도로"라는 말은 이제 하나님의 의가 유대인과 이방인을 포함하는 전 인류에게 미칠 수 있도록 유대인과 이방인을 분리시켰던 유대교의 율법과는 독립적으로 나타났음을 강조한다. 본래 율법을 받은 이스라엘 백성들은 율법의 의를 추구하였지만, 율법에 불순종함으로써 율법 안에 약속된 그 의에 도달하는 데 실패하였다(9:31).

그러므로 하나님의 의는 이제 유대교의 율법과는 독립적으로 나타나야만 했다. 만일 하나님의 의가 모세의 율법과 더불어 나타났다고 한다면 율법과 관계없는 이방인들은 이 의에 접근하기가 어려웠을 것이다. 설사 그들이 율법에 접근한다 하더라도 그들 역시 율법을 온전히 지키는 데 실패할 수밖에 없을 것이다. 그러나 이 의가 율법과 독립적으로 나타났기 때문에, 이제 인종과 신분과 성별의 장벽을 뛰어넘어 이 의가 전 인류에게 미칠 수 있게 되었다.

따라서, 유대인과 이방인이 똑같이 죄인인 것처럼, 이제 하나님의 의 앞에서 유대인과 이방인은 똑같은 위치에 서게 되었다. 율법은 유대인과 이방인을 차별하지만, 이 하나님의 의는 오히려 그러한 차별을 철폐한다는 것이다. 율법 외에 나타난 이 하나님의 의는, 이미 우리가 1:17의 해설에서 살펴본 것처럼, 복음, 곧 복음의 내용인 메시아 예수를 통하여, 그 안에서 나타났다.

그렇다면, 역사의 전환을 가져온 "하나님의 의"를 어떻게 이해할 것인가?

본문에 나오는 '하나님의 의'는 로마서의 주제 구절로 간주되는 1:17에서 나왔던 말이다. 우리는 이미 로마서 서론과 1:17을 주석하면서 이 하나님의 의에 대하여 자세하게 언급한 바 있다. 거기서 우리는 사도 바울이 로마서에서 하나님의 의를 말할 때 단일 의미로만 사용하지 않고, 적어도 네 가지 이상의 복합적인 의미로 사용하고 있음을 주장하였다.

첫째, 하나님의 의는 하나님 자신의 의롭게 하는 활동, 혹은 예수를 믿는 자를 향하여 너는 의롭다는 법적인 선언을 대변하는 의미를 갖고 있다.

둘째, 하나님의 의는 하나님이 이스라엘과 인류에 대한 자신의 약속을 지키시는 하나님의 언약적 신실함을 지칭한다.

셋째, 하나님의 의는 예수를 믿는 자에게 주는 하나님의 은혜로운 구원의 선물이다.

넷째, 하나님의 의는 복음서의 하나님의 나라처럼 '이미'와 '아직'의 종말론적인 의미를 가지고 있다. 즉, 하나님의 의는 이미 주어졌지만, 그러나 그 완성은

아직 주어지지 않았다는 것이다.[130]

따라서, 우리가 여기서 '하나님의 의'에 대하여 다시 자세하게 반복하여 언급할 필요는 없다. 하지만, 우리가 하나님의 의와 관련하여 잊지 않아야만 하는 것은 사도 바울이 하나님의 의가 가진 다양한 측면의 의미를 말한다고 하더라도 그가 여러 개의 하나님의 의를 말하는 것은 아니라는 사실이다. 그는 오직 하나의 하나님의 의를 그리고 그 의를 받을 수 있는 하나의 수단인 믿음을 말하고 있다는 사실이다. 이제 우리는 바울이 3:21-31의 문단 안에서 이 유일한 하나님의 의를 어떻게 설명하고 있는가를 살펴볼 것이다.

로마서 3:21-31의 문단에서 하나님의 의는 어떻게, 그리고 무슨 의미로 사용되고 있는가?

3:21-31의 문단에는 '하나님의 의'를 지칭하는 헬라어 '디카이오쉬네 데우'(δικαιοσύνη θεοῦ)가 2번(3:21, 22), 하나님의 의를 지칭하는 '그의 의'가 2번(3:25, 26), 하나님이 의롭게 하는 행동의 주체가 되는 동사 '의롭게 하다'(δικαιόω, 디카이오) 동사가 5번(3:24, 26x2, 28, 30) 나타난다. 그리고 '의' 어휘와 함께 사용되고 있는 '믿음'(πίστις) 어휘가 9번(3:22x2, 25, 26, 27, 28, 30x2, 31) 나타난다. 3:21-31의 문단에 나타나고 있는 이러한 '의' 어휘와 '믿음' 어휘의 용법은 두 가지 사실을 우선적으로 알려준다.

첫째, '의'가 명사든 동사든 전적으로 하나님에게 속하거나, 하나님의 행동과 관련되어 있다는 것이다. 즉 '의' 어휘는 한 번도 사람을 주어 혹은 사람을 의를 수식하는 속격 관계로 사용되지 않는다. '의'가 명사인 경우 모두 '하나님'이나 하나님을 가리키는 인칭대명사 '그의'와 함께 사용되고 있고, 동사인 경우 신적 수동태 형식을 포함하여 모두 하나님이 주어 역할을 하고 있다. 반면에, 사람은 여러 번 하나님이 의롭게 하는 동사의 목적격으로 나타난다(3:24, 26, 28, 30).

둘째, '믿음' 어휘는 하나님이 사람을 의롭게 하는 수단으로 사용되고 있다. 믿음 어휘 9번 중 8번이 명사인데 모두 수단을 가리키는 전치사 '통하여'(διά, 디아)나 '부터'(ἐκ, 에크)와 함께 사용되거나(3:22, 25, 26, 27, 30x2, 31) 아니면 수단의 의미

---

[130] 하지만 톰 라이트는 하나님의 의가 가진 다양한 의미를 "이스라엘을 통한 전 세계를 구원하시려는 하나님의 단일 계획에 대한 하나님의 언약적 신실하심"으로 환원시킨다. 그의 『칭의를 말하다』, 272-274를 보라.

를 지닌 여격(3:28)으로 사용되고 있다.

이러한 '의'와 '믿음' 어휘의 용법을 중심으로 바울이 3:21-31의 문단에서 '하나님의 의'를 어떤 의미로 사용하고 있는가를 다시 살펴보자. 바울은 주제 문단인 1:17에서 현재 수동태 '나타나다'(ἀποκαλύπτεται)를 사용하여 하나님의 의가 복음을 통하여 계속해서 나타나고 있다고 말한 바 있다. 하나님께서 복음을 통하여 그의 의를 계속 나타내고 있다는 것이다.

그런데 바울은 3:21에서 완료형 수동태 동사 '나타나다'(πεφανέρωται)를 사용하여 하나님께서 특정한 시점을 통해 자신의 의를 이미 공개적으로 나타내셨으며, 그 상태가 지금도 계속되고 있음을 강조한다. 물론, 이 하나님의 의는, 수동태 분사구 "율법과 선지자들에 의해 증거를 받음으로"가 보여주고 있는 것처럼, 우연히 갑작스럽게 나타난 것이 아니다. 이미 하나님께서 구약성경을 통하여 이스라엘 백성에게 그들의 종말론적 구원과 관련하여 약속하였던 것이다. 그 약속된 하나님의 의가 이제 역사 안에 나타나 성취된 것이다. 이것은 우리가 하나님의 의를 구원 역사적이고 언약적 전망에서 이해하여야 할 것을 시사한다.

즉, 여기 하나님의 의는 일찍이 하나님께서 아브라함에게 약속하신 그의 후손과 땅의 모든 민족이 복을 누리는 것, 이를테면, 3:22-26에서 구체적으로 설명되고 있는 것처럼, 하나님이 그들의 하나님이 되고, 그들은 하나님의 백성이 되는 법적인 관계 회복, 죄 용서, 구원의 의미 등을 포함하고 있다는 것이다.

3:22에서 바울은 일종의 반위 불변사 '그런데'(δέ, 데)와 함께 이 하나님의 의를 '예수 그리스도를 믿음으로'(어떤 사람은 '예수 그리스도의 신실함으로' 이해함)(διὰ πίστεως Ἰησοῦ Χριστοῦ, 디아 피스테오스 예수 크리스투) 문구와 연결시킨다. 여기서 불변사 '데'는 3:22가 3:21의 반복이 아니라, 오히려 3:21의 하나님의 의와 다른 관점에서 말하거나 서로 대조하는 역할을 하고 있다.

즉, 21절이 하나님의 의의 역사적이고 보편적인 성격을 말하고 있다고 한다면, 22절은 이 하나님의 의가 특정한 사람에게 미치는 특수성을 말하고 있다. 이것은 주제 문단에 있는 1:16의 경우와도 같다. 즉, 1:16b는 "복음이 구원을 가져다주는 하나님의 능력이다"라고 하면서 복음의 보편성을 말한다. 하지만 1:16c는 "믿는 모든 자"라고 하면서 복음이 적용되는 특수성을 말한다.[131]

---

131 Brendan Byrne, *Romans* (Minnesota: The Liturgical Press, 1996), 124-125.

이처럼 3:21의 "그러나 이제"가 그 앞에는 3:19-20과 대조하고 있는 것처럼, 3:22의 '데'는 하나님의 의를 3:21의 하나님의 의와 서로 대조하고 있다. 따라서, 소위 논란의 대상이 되고 있는 3:22의 '그리스도의 믿음'(πίστις Χριστοῦ, 피스티스 크리스투) 구문(이하 '그리스도-믿음'으로 표기함)을 (우리가 곧 보다 자세하게 살펴보겠지만) 어떻게 이해하든, 우리는 3:22을 3:21의 내용을 강조하는 반복으로 보지 않아야 한다. 이것은 사실 우리에게 22절에 생략된 동사를 21절에 있는 동사 '나타나다'(페파네로타이)와 같은 것으로 보지 않아야 함을 일깨워준다.

만일, 같은 동사가 생략된 것으로 본다면 22절은 21절의 반복이 될 것이고, 그리고 22절의 불변사 '데'는 아무런 의미가 없는 것이 되고 만다. 우리가 3:22에 '하나님의 의' 어휘 다음에 생략된 동사를 로마서 3:22와 유사한 형태를 보여주고 있는 갈라디아서 3:22에 나타나 있는 동사 '주어졌다'(δοθῇ, 도데)로 본다면, 3:21은 하나님의 의의 보편적인 나타남을 말하고 있는 반면에, 3:22는 (예수 그리스도를) 믿는 모든 자에게 주는 하나님의 의의 특수성을 말하고 있다고 볼 수 있다. 3:22절 이하의 주석에 앞서 3:21과 그 후속절과의 관계를 살펴보자.

3:23은, 서두에 있는 이유 접속사 '왜냐하면'(γάρ, 가르)이 암시하는 것처럼, 왜 모든 사람, 곧 유대인이든 이방인이든 전 인류가 3:22의 '그리스도에 대한 믿음'(πίστις Χριστοῦ, 피스티스 크리스투)를 통한 하나님의 의를 필요하고 있는가를 말한다. 다시 말하자면, 모든 사람이 하나님의 의를 받기 위해서는 왜 예수 그리스도를 믿는 것이 필요한가를 말한다.

바울의 답변은 1:18-3:20을 요약하여 유대인이든 이방인이든 전 인류가 죄를 지었으며, 현재 하나님의 영광에 이르지 못하는 상태에 놓여있다는 것이다. 만일, 우리가 여기 '하나님의 영광'이 '하나님의 의'와 동의어처럼 사용되고 있다고 본다면, 23절은 범죄한 전 인류는 그들 스스로 하나님의 의를 상실하였으며, 그들 스스로 하나님의 의에 이를 수 없다는 것과, 이제 유일한 해결책은 유대인이든 이방인이든 오직 진정한 하나님의 의와 영광인 예수 그리스도를 믿는 길임을 강조한다(1:16-17).

3:24-26은 가까이는 23절과 조금 멀리는 21-22절과 연결되어 있다. 즉, 3:24-26은 한편으로는 23절에서 말한 인간 편에서 하나님의 의에 도달하는 것이 불가능했던 것을 하나님 편에서 가능하게 한 사실을 말한다. 다른 한편으로는 3:24-26은 가까이는 3:22에 말한 모든 사람이 개인적이든 집단적이든 왜 예수 그리스도를 믿음으로 하나님의 의에 이를 수 있는가를 말하고 있으며, 멀리는 3:21이

말한 하나님의 의의 나타남이 구체적으로 어떻게 실현되었는가를 보여준다.

바울은 3:24에서 먼저 현재 수동태 분사 '그들을 의롭게 하심으로'를 사용하여 3:23에서 말한 하나님의 의에 이르지 못한 자들을 하나님께서 그의 은혜로 값없이 의롭게 하신다는 것과, 하나님의 이 의롭게 하시는 사역은 메시아 예수 안에서 이루어진 대속을 통하여 이루어졌음을 강조한다. 즉, 바울은 1:17에서는 하나님의 의를 복음과 연결했지만, 3:24 이하에서 처음으로 하나님의 의를 하나님께서 공개적으로 내세우신 예수님의 십자가 사건과 직접 연결한다.[132]

하나님께서 범죄한 자들을 의롭게 하시는 것은 아무런 조건 없이 그의 은혜로 되는 것이지만, 이를 가능하게 하기 위해서 하나님 편에서 메시아 예수 안에 있는 대속이라는 엄청난 대가가 지불되었다는 것이다. 즉, 우리에 대한 하나님의 은혜는 값싼 것이 아니라, 엄청난 값이 지불된 비싼 것이라는 사실이다. 관계대명사절(혼, ὄν)으로 구성된 3:25-26의 긴 문장은 하나님께서 메시아 예수를 통해서 이루신 대속사건과 그 목적과 그리고 그 결과를 말한다. 이 긴 문장을 통해서 바울은 그가 3:21-22에서 말한 하나님의 의를 보다 구체적으로 설명한다.

3:24의 메시아 예수를 수식하는 3:25-26의 관계대명사절을 살펴보면 주어는 하나님이고, 동사는 단순과거 중간태인 '공개적으로 세우다'(프로에데토, προέθετο)이고, 목적어는 두 가지인데, 직접목적어는 관계대명사 '혼'(ὄν) 앞에 있는 메시아 예수이고, 간접목적어는 '속죄/화목제물'(히라스테리온, ἱλαστήριον)이다. '히라스테리온' 다음에 나오는 두 전치사구 '믿음으로'(디아 테스 피스테오스, διὰ τῆς πίστεως)와 '그의 피로'(엔 토 아우투 하이마티, ἐν τῷ αὐτοῦ αἵματι)는 간접목적어 '히라스테리온'을 수식한다.

그다음에 나오는 두 목적 전치사구 '하나님의 참으심 가운데서 전에 지은 죄들을 잠정적으로 간과한 것에 대해 그의 의를 나타내기 위하여'와 '그가 의롭고 그리고 그가 예수 믿는 자를 의롭다고 하기 위하여'는 주동사 '프로에데토'(화목/속죄제물)를 수식하면서 하나님이 메시아 예수를 '히라스테리온'으로 세우신 이유를 설명한다.

첫째, 바울은 하나님께서 지난날 이스라엘 백성들이 지은 죄에 대하여 그때그때 즉각적으로 심판하지 않고 구약의 속죄제사로 인해 잠정적으로 용서해 준 일

---

132 Fitzmyer, *Romans*, 349.

에 대하여 이제 메시아 예수를 화목/속죄제물로 삼아 그들의 죄에 대하여 단번에 심판하시고 용서하심으로 자신의 의를 드러내셨다고 말한다.

둘째, 바울은 하나님께서 속죄/화목제물로 세운 메시아 예수를 통해 지금 이때에 자신의 의를 나타내셨다고 말한다.

셋째, 바울은 하나님께서 속죄/화목제물로 세운 메시아 예수를 통하여 자신이 의로운 분이라는 것과 예수 믿는 자를 의롭게 하신다는 사실을 드러내셨다고 말한다. 우리가 하나님이 메시아 예수를 공개적으로 속죄/화목제물로 세우신 것을 십자가 사건으로 이해한다면 본문은 십자가 사건이야말로 하나님의 의가 가장 구체적으로 드러난 사건이라고 말하고 있다. 말하자면 십자가 사건을 통해 우리는 하나님의 의를 올바르게 이해할 수 있다는 것이다.

앞에서 우리가 살펴본 것처럼 로마서 1:18-3:20의 전체적인 내용은 이방인과 유대인을 아우르는 전 인류의 범죄와 그들의 범죄에 대한 하나님의 무서운 심판의 선언이다. 창세기 2:17이 말하고 있는 것처럼 하나님은 인류에게 죄의 값은 사망임을 규정하였다(롬 6:23). 죄에 대하여 반드시 죽음의 심판이 이루어져야 한다는 것이 거룩하고 공의로운 하나님의 의지라는 사실이다.

만일, 하나님이 인류의 범죄에 대하여 죽음의 심판을 내리지 않으신다면 하나님의 의가 손상을 입을 수밖에 없다. 그런데 하나님은 구약의 족장들을 위시하여 이스라엘 백성들의 범죄에 대하여 죽음의 심판을 당장 시행하지 않고 심판을 보류하고 그들의 죄를 잠정적으로 용서할 수 있는 제도를 마련하셨다. 그것이 바로 구약의 속죄/화목제사 제도이다.

그런데 구약의 속죄/화목제사가 심판의 보류와 잠정적인 죄 용서의 효력을 발휘할 수 있는 것은 그것이, 구약의 유월절 사건에서 암시된 것처럼, 하나님께서 마지막 때에 그의 아들 메시아 예수를 통해 공개적으로 세우실 십자가 사건을 예표(豫表)하기 때문이다.

바울은 구약의 속죄/화목제사가 그 자체 하나님의 심판을 면제하거나 항구적인 죄 용서의 기능은 없고, 다만 그것이 메시아 예수를 통한 속죄/화목제사를 예표하기 때문에 실질적인 메시아 예수를 통한 심판과 죄 용서가 주어질 때까지 잠정적으로 심판을 보류하고, 잠정적으로 죄 용서를 선언하는 기능을 갖고 있다고 말한다. 바울은 이 보류되었던 심판과 죄 용서가 이제 메시아 예수의 십자가 사건에서 실제적으로 실현되었음을 강조한다. 하나님이 친히 공개적으로 세우신 십자가 사건을 통해 하나님의 공의와 하나님의 사랑의 의가 온전하게 성취되었다는 것이다.

그런 점에서 본다면 3:21-26의 문맥에 나타난 하나님의 의는 앞서 우리가 살펴본 것처럼 법정적이고, 언약적이고, 구원론적이고 그리고 종말론적이고 말할 수 있다.[133] 하나님의 의가 법정적인 이유는 그리스도의 희생적 죽음에서 죄의 삯은 사망이라는 하나님의 법이 집행되었으며, 언약적인 것은 그리스도의 죽음에서 하나님께서 아브라함과 모세와 이사야와 예레미야에게 주신 모든 언약이 성취되었으며, 구원론적이라는 것은 그리스도의 죽음에서 그리스도를 믿는 자들에게 하나님의 심판으로부터의 구원과 죄 용서가 이루어졌기 때문이다. 그리고 종말론적이라는 것은 그리스도의 죽음에서 하나님의 의가 최종적으로 나타났기 때문이다.

이것은 3:27-31의 서두인 27절에 언급된 '그러므로'(운, οὖν)이 보여주고 있는 것처럼 3:21-26에서 자연스럽게 이끌어 낸 귀결이다. 바울은 3:27에서 먼저 하나님의 의가 전적으로 하나님의 사역으로 된 것이기 때문에 인간 편에서 그 무엇으로든, 율법이든 율법의 행위든 자랑할 것이 없음을 분명히 한다. 신적 수동태 '배제하다'(엑세클레이스데, ἐξεκλείσθη)가 암시하고 있는 것처럼, 더 적극적으로 하나님께서 인간으로 하여금 자랑할 수 있는 여지를 원천적으로 배제하였다는 것이다. 그러기 때문에 유대인이든 이방인이든 그 누구도 하나님 앞에서 이제 자신의 공로를 내세우거나 자랑할 수 없다.

3:28의 "하나님은 사람을 율법의 행위와 관계없이 믿음으로 의롭게 하신다"는 선언은 이유접속사 '가르'(γάρ)가 암시하고 있는 것처럼 바울이 27절로부터 이끌어낸 결론이다. 물론 이 결론은 3:27이 3:21-26과 연결되어 있는 점에서 3:21-26의 결론이기도 하다. 여기서 바울이 현재 수동태 부정사 '의롭게 되다'(디카이우스다이, δικαιοῦσθαι)와 수단의 여격 명사 '믿음으로'(피스테이, πίστει)를 사용하고 있는 것은 하나님이 사람을 의롭게 하시는 것이 구원론적임을 시사하고 있다.

---

133 Stuhlmacher, *Romans*, 63: "성경적 사상에 따르면, 칭의는 창조주 하나님의 법적인 행위인 동시에 의롭게 된 자가 하나님의 임재 안에 있는 영광과 의에 참여하는 새 창조의 행위이다. 따라서, 교회 역사에서 일어났던 법적으로 간주되는 칭의(법정적-전가된 의)와 창조적으로 작용하는 칭의를 구분하는 교의적 구분은 성경적 근거가 없는 추상화이다." H. Marshall, 『신약성서신학』, 박문재, 정용신 옮김 (서울: 크리스챤 다이제스트, 2006), 378-79도 참조하라.

하지만, 바울이 3:30에서 하나님이 할례자도, 무할례자도 믿음을 통해서 의롭게 하신다는 사실을 말할 때 미래시제 '의롭게 할 것이다'(디카이오세이, δικαιώσει)를 사용하고 있다는 사실은 하나님의 의가 또한 종말론적임을 강조한다. 즉 하나님은 현재 예수 믿는 믿음을 통해 사람을 의롭게 하시지만 또한 장차 있게 될 최종적인 심판의 자리에서 유대인이든 이방인이든 믿음을 통해 최종적으로 의롭게 하신다는 것이다.

이런 점에서 본다면, 3:21-31에 나타난 하나님의 의도 우리가 이미 주제 문단에서 강조한 것처럼, 하나의 단일 의미로만 사용되지 않고 법정적, 언약적, 구원론적, 종말론적인 다양한 의미로 사용되고 있다고 결론 내릴 수 있다.[134] 이제 각 구절의 주석을 통하여 지금까지 말한 것을 구체적으로 확인하도록 하자.

(3) "예수 그리스도의 믿음을 통하여"(디아 피스테오스 예수 크리스투, διὰ πίστεως Ἰησοῦ χριστοῦ)(22절)[135]

앞에서 언급한 것처럼, 바울은 3:22a에서 '하나님의 의'를 '예수 그리스도의 믿음'(디아 피스테오스 예수 크리스투, διὰ πίστεως Ἰησοῦ χριστοῦ)과 연결시켰다. 말하자면, 1:17에서 하나님의 의를 신자의 철저한 믿음 문구인 "믿음으로부터 믿음을 통하여"(ἐκ πίστεως εἰς πίστιν)와 연결한 것처럼, 여기서도 하나님의 의를 일종의 강조를 위한 이중적인 믿음 문구인 "믿는 모든 자를 위한 예수 그리스도의 믿음"(πίστεως Ἰησοῦ Χριστοῦ εἰς πάντας τοὺς πιστεύοντας)과 연결한다.

이미 우리가 1:17을 주석할 때 살펴본 것처럼, 1:17의 두 믿음 문구 중 뒤 문구가 앞 문구를 수식하고 있는 것처럼, 3:22의 두 믿음 문구도 뒤 믿음 문구가 앞 믿음 문구를 수식한다. 이것은 사실상 앞 믿음 문구에 있는 "예수 그리스도"가 뒤 분사절 믿음 문구의 대상임을 암시한다. 그런 점에서 3:22와 1:17의 믿음 문구 사이에 평행 관계가 있다고 볼 수 있다.[136]

134　Timo Laato, "'God's Righteousness'-Once Again," in *The Nordic Paul. Finish Approaches to Pauline Theology*, eds. Lars Aejmelaeus and Antti Mustakallio (London: T. & T. Clark, 2008), 61-62.

135　이하의 글은 최근에 필자가 발표한 "Πιστις Χριστοῦ는 어떻게 번역되어야 하는가?- 로마서 3장 22절의 Πιότις Χριστοῦ 구문에 대한 문맥적 접근을 중심으로-,"「성경원문연구」 50 (2022), 141-173과 이전에 발표한 글들을 부분적으로 활용하였음을 밝혀둔다.

136　존 머리,『로마서 주석』, 169; Khalil, "An Interpretation of Rom 3:21-26 within Its Proper Context," 222-223.

여기 3:22의 첫 믿음 문구인 '예수 그리스도의 믿음을 통하여'(디아 피스테오스 예수 크리스투)는 잘 알려진 대로 바울서신에 8번 나타나고 있는(롬 3:22, 26; 갈 2:16x2; 2:20; 3:22; 엡 3:12; 빌 3:9) 소위 논란이 되는 '그리스도-믿음'(피스티스 크리스투) 문구 중의 하나이며, 그동안 국내외적으로 열띤 논쟁의 대상이 되어왔다. 쟁점은 크게 두 가지이다.

하나는 속격 관계인 '믿음'(피스티스)과 '그리스도'(크리스투)와의 관계를 목적 속격인 '그리스도에 대한 믿음'으로 볼 것인가, 아니면 주격 속격인 '그리스도의 믿음', 곧 그리스도의 신실성으로 볼 것인가 하는 문제이다. 목적 속격으로 볼 경우, 믿음은 신자의 믿음이 되고, 그리스도는 신자의 믿음의 대상이 된다. 주격 속격으로 볼 경우, 믿음은 그리스도의 신실성이 되고, 그리스도는 신실성의 주체가 된다. 또 하나의 문제는 '그리스도 믿음'(피스티스 크리스투) 문구가 그 앞에 있는 하나님의 의가 나타나는 수단이 되고 있는가?

아니면 신자가 하나님의 의를 받는 수단이 되고 있는가이다.[137]

전통적으로 로마서 3:22의 "그리스도-믿음'(피스티스 크리스투) 문구는, 바울서신의 다른 '그리스도-믿음' 문구와 함께, 목적 속격으로 그리고 이 문구를 신자가 하나님의 의를 받는, 혹은 신자가 의롭게 되는 수단을 가르치고 있는 문구로 이해되어 왔다. 그리고 우리말성경도 모두 그렇게 번역하였다.

예를 들면, 3:22의 '그리스도-믿음' 문구를 "그리스도를 믿음으로"(개역개정, 공동), 혹은 "그리스도를 믿는 믿음으로"(새번역, 표준새번역, 바른성경, 우리말성경, 현대인의성경), 혹은 "그리스도에 대한 믿음(신앙)으로"(가톨릭성경, 새한글성경,[138] 200주년기념신약) 번역하고 있다. 하지만 최근에 여러 영어성경들, 이를테면, KJ21(1994),

---

[137] B. J. Oropeza, "Justification by Faith in Christ or Faithfulness of Christ? Updating the PISTIS CRISTOU Debate in Light of Paul's Use of Scripture," *JTS* 72 (2021), 104-106.

[138] 2021년 연말에 나온 새 한글 롬 3:22의 "…믿음을 통해 생겨나는 하나님의 의"의 번역은 문제가 있다. 기존 한글 성경 번역은 물론, 그 어떤 영어 성경 번역도 "하나님의 의가 믿음을 통해 생겨났다"라고 번역한 경우는 없다. 무엇보다도 이 번역은 로마서에 나타난 바울의 의와 믿음 용법과도 맞지 않다. 바울에게 있어서 하나님의 의와 관련하여 믿음은 항상 수단 혹은 통로 역할을 하지, 하나님의 의가 발생하는 동인이 아니다. 명사든 동사든 하나님이 의의 근원이며, 하나님께서 신자의 믿음을 통해 의를 사람에게 주신다. 하나님의 의가 믿음의 동인은 될 수 있지만, 믿음이 의를 생겨나게 하는 동인이 될 수 없다. 롬 3:22와 유사한 갈 3:22에 보면 하나님의 의와 대칭 언어인 (하나님의) 약속이 믿음을 통해 주어진다고 말하고 있다. 그래서 영어 번역 NIV(2011)은 롬 3:22를, "This righteousness is given through faith in Jesus Christ to all who believe. There is no difference between Jew and Gentile."로 번역한다. 저자는 이 문제를 2022년 1월에 대한성서공회에 알린 바 있다.

BRG(2012), CEB(2011), CJB(1998), EXB(2011), ISV(2014), JUB(2020), NET(2017), RGT(2019), VOICE(2012), WYC(2001)를 위시하여, 적지 않는 국내외 학자들이 '그리스도-믿음' 구문을 목적 속격보다 주격 속격으로, 신자가 하나님의 의를 받는 수단보다 하나님의 의가 나타나는 수단으로 이해할 것을 주장하고 있다.[139]

즉, 전통적으로 이해하여 온 "그리스도를 믿는 (신자의) 믿음" 대신 "그리스도(자신의) 믿음", 혹은 "그리스도의 신실성"으로, 영어로는 전통적인 "faith in Christ" 대신에 "the faithfulness of Christ"로 번역하는 것을 주장하고 있다. 이 경우 믿음은 우리의 믿음이 아니고, "그리스도의 믿음", 혹은 십자가에 죽기까지 하나님의 뜻에 순종하신 "그리스도의 신실성"을 지칭한다. 그리고 그리스도의 신

---

139 예를 들면, 김춘기, "바울서신에 나타난 피스티스 크리스투," 「신학과 목회」5 (1991), 15-30; 박익수, "Πίστις Χριστοῦ는 그리스도의 믿음인가? 혹은 그리스도에 대한 믿음인가?" 「신학과 세계」41 (2000), 87-127; 『로마서 주석 I』(서울: 대한기독교서회, 2008), 310-312; 서동수, "그리스도의 믿음인가 아니면 그리스도에 대한 믿음인가?" 「신약논단」9 (2002), 671-696; 최흥식, "PISTIS in Gal 5:5-6: Neglected Evidence for the Faithfulness of Christ," *JBL* 124 (2005), 467-490; "바울서신에 나타난 ἔργων νόμου와 Πίστις Χριστοῦ 반제에 대한 새관점: 갈라디아서 2:16을 중심으로,"「신약논단」2 (2005), 805-854; "'의롭게 됨'과 Πίστις Χριστοῦ - 갈라디아서를 중심으로 -「한국 기독교신학논총」77.1 (2012), 31-55; 한규석, "Pauline Soteriology in Galatians with Special Reference to PISTIS CRISTOU," PhD, University of Birmingham, 2007; "Pistis Christou as the Irrevocable Nature of Salvation with special reference to Gal 2:16," *Testamentum Imperium* 2 (2009), 1-31; 김종길, "칭의론과 그리스도의 믿음," 「신학사상」144 (2009), 7-42; 이진섭, "믿음과 아브라함의 주제가 함의하는 바울의 신학적 논거," *Canon & Culture* 3.2 (2009), 211-248; 홍인규, "하나님의 의의 복음(롬 3:21-26),"「백석신학 저널」20 (2011), 199-215; 김형근, "'Faith of Christ'와 'Faith in Christ': 제로섬(zero-sum) 관계인가? 윈윈(win-win) 관계인가? - 갈라디아서의 PISTIS CRISTOU를 중심으로," 「신약 연구」11/4 (2012), 890-929; 조대훈, "아브라함과 그리스도의 믿음에 관한 수사학적 연구 - 갈라디아서 3장을 중심으로 -,"「신약 연구」13 (2013), 130-155; D. A. Campbell, "The Meaning of PISTIS and NOMOS in Paul: A Linguistic and Structural Investigation," *JBL* 111.1 (1992), 85-103; "Romans 1:17-a Crux Interpretum for the Πίστις Χριστοῦ Debate," *JBL* 113 (1994), 265-285; "False Presuppositions in the ΠΙΣΤΙΣ ΧΡΙΣΤΟΥ Debate: A Response to Brian Dodd," *JBL* 116.4 (1997), 713-719; "The Faithfulness of Jesus Christ in Romans 3:22," in *The Pistis Christou Debate. The Faith of Jesus Christ. Exegetical, Biblical, and Theological Studies*, 57-71; Stephen L. Young, "Paul's Ethnic Discourse on 'Faith': Christ's Faithfulness and Gentile Access to the Judean God in Romans 3:21-5:1," *HTR* 108 (2015), 30-51; N. T. Wright, *Paul and the Faithfulness of God* (Minneapolis: Fortress, 2013), 836-841, 857-860; Murray Smith, "'God's Righteousness, Christ's Faith/fulness', and 'Justification by Faith Alone'(Romans 3:21-26)," in Peter G. Bolt and James R. Harrison (eds.), *Romans and the Legacy of St. Paul: Historical, Theological and Social Perspective* (Occasional Series 1; Macquarie Park: SCD, 2019), 181-254; Kevin W. McFadden, *Faith in the Son of God: The Place of Christ-Oriented Faith within Pauline Theology* (Wheaton: Crossway, 2021).

실성은 하나님의 의가 나타나는 수단이 되고 있다. 예를 들면, 헤이스(R. Hays)는 바울서신에 여러 번 등장하는 '그리스도-믿음' 구문은, 예수 그리스도를 믿는 신자의 믿음(목적 속격)이 아니라, 우리의 의와 구원을 위해 하나님의 뜻을 따라 십자가에 죽기까지 하신 예수 그리스도 자신의 신실함(주격 속격)을 가리킨다고 본다.[140] 헤이스의 말을 빌리면,

> 하나님의 의는 하나님께서 자신의 의를 드러내시는 '예수 그리스도의 신실함'을 통해 나타났다. 이 매우 압축된 구절(롬 3:22)은 해석학적 어려움을 갖고 있지만, 나는 다음의 해석을 제안한다. 하나님은 완전하게 신실하신 한 사람 예수를 희생제물로 삼으심으로써 인류의 불의와 이스라엘의 불순종이라는 문제를 해결하셨다.[141]

톰 라이트(Tom Wright) 역시 '그리스도-믿음' 문구를 "예수에 대한 믿음이 아닌, 이스라엘을 향한 하나님의 계획에 대한 메시아의 신실함"으로 이해하고,[142] 그리고 이 메시아의 신실함을 "'칭의'라는 사건이 발생케 하는 도구이자 궁극적인 대리자 역할을 한다"고 주장한다:

> 확실히 로마서 3:22에 있는 '그리스도의 믿음'에 대한 이른바 주격 속격적 읽기를 지지한다고 해서, 이러한 읽기에 대한 모든 가능한 한 해석을 정당화시켜 주지는 않는다. 예를 들면, 나는 바울이 여기서 예수가 믿음으로 의롭게 된다는 것을 말하고 있는 것으로 생각하지는 않는다. 여기서 언급되고 있는 것은, 예수의 믿음이나 그의 신앙이 아니고, 이스라엘을 위한 하나님의 계획에 대한 예수의 신실함이다. 그리고 어떤 경우에 있어서도 이 본문이 사람의 믿음, 즉 메시아이신 예수의 복음에 대한 신자의 응답을 약화시키거나 무가치하게 하지는 않는다. 오히려 그 반대다. 쓸데없는 반복어를 가지고 있다고 볼 수 있는 로마서 3:22는 메시아의 신실함을 통하여, 믿음을 가진 모든 사람의 유익을 위하는 신적 행동에 대하여 말하

---

140 Richard B. Hays, *The Faith of Jesus Christ: An Investigation of the Narrative Structure of Galatians 3:1-4:11* (Atlanta: The Society of Biblical Literature, 1983). 이 책은 2002년 Eerdmans 출판사를 통해 수정본으로 출판되었다.
141 Hays, *The Faith of Jesus Christ*, 282.
142 톰 라이트, 『톰 라이트의 바울』(서울: 죠이선교회, 2012), 202, 216; *Paul and the Faithfulness of God*, Parts III-and IV, 836-840.

고 있다.[143]

헤이스와 라이트가 주장하고 있는 '그리스도-믿음' 구문에 대한 주격 속격 내지, 기독론적 해석은 복음주의자들을 포함하여 국내외의 적지 않은 추종자를 갖고 있다. 따라서, '그리스도-믿음' 문구는 오늘날 국내외의 신약학계에서 가장 열띤 쟁점 중 하나가 되고 있다.[144]

'피스티스 크리스투' 구문을 '그리스도의 믿음' 혹은 '그리스도의 신실성'으로 보는 주격 속격 주창자들의 주요 논점은 다음과 같다.

① 로마서와 갈라디아서의 "피스티스 크리스투" 구문에 뒤따라 나오는 여분의 "믿음" 문장(예를 들면, 갈 2:16; 3:22; 롬 3:22)은 전자를 그리스도의 신실함으로, 후자를 신자의 믿음으로 볼 때만 자연스럽다.[145]
② 바울서신에서 사람에 대한 소유격에 따라 나오는 "믿음"은 사람에 대한 믿음을 지칭하지 않는다. 예를 들면, 로마서 3:3의 '피스티스 투 데우'에서 '피스티스'는 하나님에 대한 사람의 믿음을 지칭하지 않고, '하나님의 신실함'

---

143 Wright, *Paul and the Faithfulness of God*, Parts III-and IV, 839.
144 '그리스도-믿음' 구문에 대한 지난 20년 동안 발표되었던 주요 논문과 단행본들을 위해서는 2007년도에 출판된 Karl Friedrich Ulrichs, *Christusglaube: Studien zum Syntagma pistis Christou und zum paulinischen Verständnis von Glaube Rechtfertigung* (Wunt 2.227; Tübingen: Mohr Siebeck, 2007), 2008년도에 출판된 *The Word Leaps the Gap: Essays on Scripture and Theology in Honor of Richard B. Hays,* ed., J.R. Wagner et al. (Grand Rapids: Eerdmans, 2008), 2009년도에 출판된 *The Pistis Christou Deabate. The Faith of Jesus Christ. Exegetical, Biblical, and Theological Studies,* eds., Michael F. Bird and Preston M. Sprinkle (Peabody: Hendrickson, 2009)와 Jermo van Nes, "'Faith(fulness) of the Son of God': Galatians 2:20b Reconsidered," *NovT* 55 (2013), 128, n2와 Hultgren, "Pistis Christou: Faith in or of Christ," 657-661에 수록된 논문들과 참고문헌 목록을 보라. 간략한 논쟁사와 양쪽의 쟁점에 대한 소개를 위해서는 Debbie Hunn, "Debating the Faithfulness of Jesus Christ in Twentieth-Century Scholarship," *The Pistis Christou Deabate. The Faith of Jesus Christ*, 15-31와 Matthew C. Easter, "The Pistis Christou Debate: Main Arguments and Response in Summary," *CBR* 9 (2010), 33-47; B. J. Oropeza, "Justification by Faith in Christ or Faithfulness of Christ? Updating the ΠΙΣΤΙΣ ΧΡΙΣΤΟΥ Debate in Light of Paul's Use of Scripture," *JTS* 72 (2021), 102-124에서 찾아볼 수 있다.
145 하지만 목적 속격 주창자들은 이러한 여분을 불필요한 것으로 보지 않고, 강조를 위한 수사학적인 반복으로 본다. Donald A. Carson, "Why Trust a Cross? Reflections on Romans 3:21-26," *ERT* 28 (2004), 351; R. Barry Matlock, "The Rhetoric of pistis in Paul: Galatians 2.16; 3.22, Romans 3.22 and Philippians 3.9," *JSNT* 30 (2007), 184가 그 예다.

을 지칭하고 있으며, 로마서 4:12의 '우리 조상 아브라함의 믿음'(피스테오스 투 파트로스 헤몬 아브라함, πίστεως τοῦ πατρὸς ἡμῶν Ἀβραάμ), 그리고 4:16의 '아브라함의 믿음으로'(에크 피스테오스 아브라함, ἐκ πίστεως Ἀβραάμ)도 아브라함을 믿는 사람의 믿음이 아닌 아브라함 자신의 믿음을 뜻한다. 그러므로 동일한 형태인 '피스티스 크리스투'의 경우도 그리스도의 믿음 혹은 그리스도의 신실성을 뜻하는 것으로 보아야 한다.

③ 로마서 3:21-22에 나타난 하나님의 의 계시는 사람의 믿음이 아닌 예수 그리스도의 신실함으로 볼 때 자연스럽다. 사람의 믿음을 하나님의 의의 계시의 통로로 보기 어렵기 때문이다.

④ 로마서 3:25에 나오는 믿음 문구인 '믿음으로'(디아 테스 피스테스, διὰ [τῆς] πίστεως)가 그 앞에 있는 그리스도의 희생적인 죽음을 가리키는 '화목제물'을 수식하고 있기 때문에 이 문구를 사람의 믿음이 아닌 십자가에 죽기까지 자신을 희생한 그리스도의 신실함으로 보아야 한다.

⑤ 로마서 1:17과 갈라디아서 3:11에 인용된 하박국 2:4에 나오는 "의인"은 메시아인 예수를, 그리고 뒤따라 나오는 "믿음으로"는 메시아를 수식하는 메시아의 믿음을 가리키기 때문에 '그리스도-믿음' 구문을 주격 속격인 그리스도의 믿음으로 보아야 한다.

⑥ 갈라디아서 3:23, 25에 단수 명사 "믿음이 오다"라는 표현은 그리스도의 오심을 지칭하기 때문에 '그리스도-믿음' 구문을 주격 속격으로 보아야 한다.

⑦ 갈라디아서 2:16에서 의를 '그리스도-믿음'과 연결하고, 2:21에서는 의를 그리스도의 죽음과 연결하고 있기 때문에 '그리스도-믿음' 구문을 그리스도의 죽음을 함축하는 그리스도의 신실함으로 이해하여야 한다.[146]

⑧ '그리스도-믿음' 구문이 나오는 로마서 3:21-31의 전 초점은 하나님의 언약적 신실함을 드러낸 메시아 예수의 죽음이기 때문에, '그리스도-믿음' 구문은 십자가에 죽기까지 순종하신 메시아의 신실함으로 해석되어야 한다.[147]

반면에 '그리스도-믿음' 구문을 '그리스도에 대한 믿음' 혹은 '그리스도를 믿는 믿음'으로 보는 목적 속격 주창자들의 주요 논점들은 다음과 같다.

---

146 M. C. de Boer, *Galatians* (Louisville: Westminster John Knox Press, 2011), 149-150.
147 Wright, *Paul and the Faithfulness of God*, Parts III and IV, 836-841, 857-860.

① 바울서신에서 일반적으로 "믿음" 어휘가 정관사를 가지면 주격으로, 정관사가 없는 경우 목적 속격으로 사용되고 있고, '그리스도-믿음' 구문에는 정관사가 없으므로 목적 속격으로 보아야 한다. 로마서 3:3의 '하나님의 믿음'(피스티스 투 데우, πιότις τοῦ Θεοῦ)와 로마서 4:12, 16의 경우 전후 문맥적으로 하나님의 신실함, 아브라함의 믿음을 가리키는 것이 분명하지만, 마가복음 11:22의 '너희는 하나님에 대한 믿음을 가지라'(에케테 피스틴 데우, ἔχετε πίστιν θεοῦ)와 야고보서 2:1의 '너희는 우리의 주 예수 그리스도에 대한 믿음을 가지라')(에케테 텐 피스틴 투 큐리우 헤몬 예수 크리스투, ἔχετε τὴν πίστιν τοῦ κυρίου ἡμῶν Ἰησοῦ Χριστοῦ)에서 '피스티스'는 '하나님의 믿음/신실함'이나 '예수 그리스도의 믿음/신실함'을 가리키지 않고, 동사 '가지라'가 암시하고 있는 것처럼 하나님과 예수 그리스도를 믿는 사람의 믿음을 가리킨다. 이처럼 믿음과 사람의 속격 관계의 의미는 전후 문맥을 통해 다르게 나타난다.

② 바울은 "피스티스 엔 크리스토"(그리스도를 믿음) 대신 '그리스도-믿음' 구문을 사용하였고, 바울 당대 헬라어를 모국어로 사용하는 자들이 '그리스도-믿음' 구문을 목적 속격으로 이해하였다. 이것은 데살로니가전서 1:3의 '우리 주 예수 그리스도에 대한 소망'과 빌립보서 3:8의 '그리스도 예수에 대한 지식'의 속격 구문에서 주격 속격인 예수 그리스도의 소망이나 예수 그리스도의 지식이 아닌, 목적 속격인 예수 그리스도에 대한 우리의 소망과 예수 그리스도에 대한 우리의 지식을 가리키는 경우와 같다.[148]

③ 갈라디아서 2:16의 두 '그리스도-믿음' 구문은 그리스도를 믿음의 대상으로 강조하는 주문장인 "우리는 그리스도 예수를 믿고 있습니다"를 설명하고 있기 때문에, 이를 목적 속격으로 보아야 한다. 더구나 바울서신을 위시하여 그 어떤 신약성경도 그리스도가 하나님을 믿었다는 표현이 없다.

④ 바울은 자주 '그리스도-믿음' 구문을 "율법의 행위"와 병행하여 사용하고 있는데, "율법의 행위"가 율법에 대한 사람의 행위를 보여주고 있기 때문에, 그와 짝을 이루는 '그리스도-믿음' 구문은 그리스도에 대한 사람의 응답인 목적 속격으로 이해하여야 한다.

---

148 Schreiner, *Romans*, 191.

⑤ 바울은 '그리스도-믿음' 구문이 소개되는 로마서와 갈라디아서의 인접한 문맥에서 아브라함의 신실함이 아닌 그의 믿음을 신자의 모델로 제시하고 있기 때문에 '그리스도-믿음' 구문을 그리스도의 신실함이 아닌 신자의 믿음으로 보아야 한다.

⑥ 바울은 그리스도의 죽음과 희생 및 순종이 우리의 구속에 근거가 됨을 강조하고 있지만(롬 5:18-19; 빌 2:6-11), 이를 "믿음"으로 표현하지 않는다.

⑦ 종교개혁자들을 포함하여 목적 속격자들이 예수 그리스도를 믿는 믿음을 강조하지만 이들이 강조하는 믿음은 인간의 행위가 아닌 하나님의 선물과 성령의 사역으로서 믿음이며,[149] 강조점은 믿는 사람이 아닌 믿음의 대상인 그리스도에게 있다.

위에서 볼 수 있는 것처럼 문법적으로는 양쪽이 다 가능하고 나름대로 설득력이 있다. 하지만, 어느 쪽의 주장도 절대적이지는 않다. 그렇다면 '그리스도-믿음' 구문은 어떻게 이해되어야 하는가? 저자는 지난 십여 년 동안 '그리스도-믿음' 구문의 해석 문제에 특별한 관심을 가지고 양 진영에서 발표한 주요 연구들을 나름대로 자세하게 살펴볼 수 있는 기회를 가졌다.

양 진영의 주요 논문을 검토하면서 발견한 것은 많은 선행 연구가 언어적(linguistic), 문법적(grammatical), 구문법적(syntactical) 접근에 집중한 나머지, 정작 중요한 문맥적(contextual) 접근을 상대적으로 등한시하고 있다는 점이었다. 그래서 저자는 '그리스도-믿음' 구문의 해석 문제와 관련하여 그동안 상대적으로 등한시되었던 문맥적 접근을 시도하였다.[150]

문맥적 접근을 시도하면서 저자는 특별히 세 가지 문제에 관심을 가졌다.

---

149 예를 들면, Martin Luther, *Galatians*, 50에서 믿음은 하나님이 창조하신 하나님의 선물임을 그리고 John Calvin, *Inst.*, iii.1.4, 2.30은 믿음 자체가 성령의 역사임을 말하고 있다. 이 점은 Jonathan A. Linebaugh, "The Christo-Centrism of Faith: Martin Luther's Reading of Galatians 2.16, 19-20," *NTS* 59 (2013), 540-544에서도 확인되고 있다.

150 Πίστις Χριστοῦ 구문에 대한 문맥적 접근의 중요성은 이미 Hans D. Betz, *Galatians* (Philadelphia: Fortress, 1979), 118 n.45; 정연락, "바울에 있어서의 ΠΙΣΤΙΣ ΧΡΙΣΤΟΥ 문제 서설", 113; F. Watson, *Paul and the Hermeneutics of Faith* (London: T & T Clark, 2004), 76에서도 언급되고 있다. 하지만 그들은 철저한 문맥적 시도를 하지 않았고, 그 이후에도 철저한 문맥적 접근은 필자에게 알려지지 않았다.

첫째, '그리스도-믿음' 구문 문맥에 왜 "의" 문구(명사든, 동사든)와 "율법" 혹은 "율법의 행위"가 자주 등장하면서, '그리스도-믿음' 구문이 "의" 문구와는 긍정적인 역할을, 반면에 "율법" 혹은 "율법의 행위"와는 부정적인 역할을 하고 있느냐는 것이었다. 말하자면, '그리스도-믿음' 문구가 하나님께서 사람을 의롭게 하는 근거로 사용하고 있는가, 아니면 하나님께서 사람을 의롭게 하는 수단으로 삼고 있는가 하는 것이다.

둘째, '그리스도-믿음' 문구가 같은 문맥에 자주 등장하는 전치사 "에크"(ἐκ) 혹은 "디아"(διά)와 "믿음"은 서로 어떤 관계를 가지고 있느냐, 즉 "에크" 혹은 "디아"+"믿음"은 사실상 '그리스도-믿음'의 단축어로 서로 같은 의미와 용법을 보여주고 있느냐, 아니면 서로 다른 의미와 용법을 보여주고 있느냐는 것이었다.

셋째, 로마서와 갈라디아서의 "의"와 "믿음"의 구문에 등장하면서(롬 1:17; 갈 2:11) '그리스도-믿음'에 대한 주격 속격 주창자들의 결정적인 근거로 사용되고 있는 하박국 2:4의 인용구 "의인은 믿음으로 살리라"(롬 1:17; 갈 2:11)에서 "의인"이 그리스도를 지칭하고 있느냐, 아니면 일반 신자를 지칭하고 있느냐는 것이었다.[151]

이 세 가지 질문을 중심으로 진행된 '그리스도-믿음' 구문의 연구 결과를 간략하게 요약하면 아래와 같다.

첫째, 로마서와 갈라디아서에서 '그리스도-믿음' 구문은 주로 수단을 가리키는 전치사 "에크" 혹은 "디아"를 동반하고 있기 때문에, (하나님께서) 의롭게 하시는 근거나 내용을 제시하기보다는, 오히려 의롭게 하시는 혹은 의가 주어지는 방

---

[151] 바울서신에 나타난 하박국 2:4의 인용(롬 1:17; 갈 2:11)을 기독론적으로 해석하는 자들로는 Richard Hays, *The Faith of Jesus Christ. The Narrative Substructure of Galatians 3:1-4:11*, Second Edition, 132-141, 279-281; "Apocalyptic Hermeneutics: Habakuk Proclaims 'the Righteous One'," *The Conversion of Imagination: Paul as Interpreter of Israel's Scripture* (Grand Rapids: Eerdmans, 2005), 119-42; Douglas A Campbell, "Romans 1:17-A Crux Interpretum for the ΠΙΣΤΙΣ ΧΡΙΣΤΟΥ Dispute," *JBL* 113 (1994), 265-85; "The Faithfulness of Jesus in Romans 3:22," *The Pistis Christou Debate. The Faith of Jesus Christ*, 57-71; *The Deliverance of God: An Apocalyptic Rereading of Justification in Paul* (Grand Rapids: Eerdmans, 2009), 613-16; D. Heliso, *Pistis and the Righteous One: A Study of Romans 1:17 against the Background of Scripture and Second Temple Jewish Literature* (WUNT; Tübingen: Mohr Siebeck, 2007) 등이 있다.

편(수단)으로 보아야 한다.

둘째, 로마서와 갈라디아서에서 "에크" 혹은 "디아"+"피스티스"는 많은 경우에 '그리스도-믿음' 구문의 단축어로 같은 용법과 의미를 지니고 있다고 보아야 한다.

셋째, 갈라디아서 3:10의 "율법의 행위의 사람들"이 율법의 행위에 의존하는 사람들을 가리키는 것처럼, 이와 대조되는 3:7, 9의 "믿음의 사람들"도 그리스도의 신실함이 아닌 그리스도를 믿는 사람들을 지칭하는 것으로 보아야 한다.

넷째, 로마서 1:17과 갈라디아서 2:11의 하박국 2:4의 인용구에 나타나는 "의인"은 그리스도가 아닌 일반 신자를 지칭하는 것으로 보아야 한다.

이러한 연구 결과를 근거로 필자는 로마서와 갈라디아서에 나타나는 "피스티스 크리스투" 구문은 주격 속격이 아닌 목적 속격으로, 기독론이 아닌 구원론적으로 해석되는 것이 옳다는 결론을 내리고, 그 연구 결과를 국내외 여러 학회나 학회지에 발표한 바 있다.[152] 자세한 논증은 이미 여러 논문을 통해 발표한 바 있기 때문에, 여기서는 '그리스도-믿음' 구문의 해석 문제와 관련하여 항상 논쟁의 중심이 되고 있는 로마서 3:22의 '그리스도-믿음' 구문을 왜 주격 속격이 아닌 목적 속격으로, 즉 기독론적이 아닌 구원론적으로 해석하여야 하는가만 밝히려고 한다.

로마서 3:21-31에는 '그리스도-믿음' 문구가 두 번(22,26), 전치사 "에크"나 "디아"를 동반한 "믿음"이 3번(25,30,31), 그리고 이들과 긍정적인 관계를 가지고 있는 "의" 어휘가 9번(3:21,22,24,25,26x3,27,30), 그리고 부정적인 관계를 갖고 있는 "율법" 어휘가 7번(3:21x2,27x2,28, 31x2) 나타난다. 저자는 다음과 같은 이유에 근거하여 3:21-31에 나타나는 '그리스도-믿음' 구문은 마땅히 목적 속격 내지 구

---

152 최갑종, "PISTIS CRISTOU, 어떻게 해석할 것인가: 로마서 3:21-31에 나타나는 PISTIS 와 DIKAIOSUNE를 중심으로."『聖經과 神學』52 (2009), 65-107; "Πίστις Χριστοῦ 구문을 어떻게 이해할 것인가?"『신약논단』17 (2010), 357-94; "Πίστις Χριστοῦ, 어떻게 이해할 것인가?"『신약연구』10/4 (2011), 911-40.; 2012년 11월 7-20일 미국 시카고에서 개최된 세계성서학회(SBL) 연례모임에서 발표된 "New Proposal of Πίστις Χριστοῦ A Contextual Approach to the Πίστις Χριστοῦ Construction in Romans and Galatians"; "Again Pistis Christou. 김형근의 'Faith of Christ'와 'Faith in Chris'에 대한 답변『신약연구』제 12권 2호 (2013년 여름호), 101-131; "칭의의 수단인 믿음: 이 믿음은 '그리스도에 대한 우리의 믿음'을 지칭하는가, 아니면 '그리스도의 믿음(신실성)을 지칭하는가?"『칭의란 무엇인가』(서울: 새물결플러스, 2016), 169-204.

원론적 관점에서 접근되고 해석되어야 한다고 본다.

첫째, '그리스도-믿음' 구문이 처음 등장하는 3:22에서 바울이 논의하고자 하는 것은, 어디서, 무엇을 통하여, 어떻게 하나님의 의가 나타났느냐가 아니다. 그는 이미 3:21에서 율법과 선지자들이 증거했던 하나님의 의가 이제 나타났다고 선언하였다. 그렇다면 3:22에서 언급되어야 하는 것은, 일종의 반위 접속사 '데'(de)가 시사하는 것처럼, 3:21의 반복이 아니라 3:19-20의 부정적인 율법의 길과 대조되는, 유대인이든 이방인이든 누구든지 의에 이를 수 있는 새로운 긍정적인 믿음의 길이어야 한다.[153]

따라서, 만일 3:22에 동사가 생략되어 있다고 본다면, 생략된 동사는 3:21에 있는 '나타나다'보다는 갈라디아서 3:22b에 나타나는 유사한 '그리스도-믿음' 구문의 동사 '주다'로 보아야 한다.[154] 22절에 이어 나오는 23절의 "왜냐하면 모든 사람이 죄를 지었기 때문이다"는 구문과, 24절의 수동태 분사절 "그들이 그의 은혜로 값없이 의롭게 되었음으로"도 22절의 '그리스도-믿음' 구문을 사람이 하나님의 의를 받는 수단으로 보게 한다. 더구나 3:27-31의 문단이 너무나 명백하게 하나님께서 유대인과 이방인이 믿음으로 의롭게 한다는 사실을 강조하고 있고(특히, 3:30을 보라), 로마서 4장에서 아브라함을 믿음으로 의롭게 된 사실에 대한 실례로 제시되고 있는 것으로부터 확인할 수 있다. 평행을 이루는 주제 문단(1:16-17)도 이를 뒷받침한다.

만일 주격 속격 주창자들처럼, 3:21 이하의 문단이 기독론을 말하고 있다고 한다면, 전 문단(3:20), 후 문단(3:23-31), 후 문단의 실례로 제시되고 있는 4장, 그리고 4장과 연결된 5:1a에 있는 분사절 '그러므로 우리가 믿음으로 의롭게 되었음으로'(Δικαιωθέντες οὖν ἐκ πίστεως)가 모두 이상하게 된다. 이처럼 문맥의 흐름 면에서 볼 때 '그리스도-믿음' 구문에 나오는 믿음을 그리스도 자신의 믿음/신실

---

153 S. J. Gathercole, "Justified by Faith, Justified by his Blood. The Evidence of Romans 3:21-4:25," *Justification and Variegated Nomism*, eds. D.A. Carson et al (Grand Rapids: Eerdmans, 2004), 151-52.
154 갈 3:22b에 있는 ἵνα ἡ ἐπαγγελία ἐκ πίστεως Ἰησοῦ Χριστοῦ δοθῇ τοῖς πιστεύσιν는 롬 3:22의 δικαιοσύνη δὲ θεοῦ διὰ πίστεως Ἰησοῦ Χριστοῦ εἰς πάντας τοὺς πιτεύοντας와 유사한 형태(주어, 전치사구, 분사절)를 보여주고 있다. 차이점은 롬 3:22의 경우 갈 3:22b에 있는 동사가 없다는 것이다. 따라서, 롬 3:22에 동사가 생략되었다고 한다면 갈 3:22b에 있는 동사가 생략되었다고 보는 것이 온당하다.

성이 아닌 예수 그리스도를 믿는 신자의 믿음으로 보는 것이 자연스럽다.[155]

이뿐만이 아니다. 바울은 로마서에서는 물론 그 밖의 다른 서신에서 "믿는다"라는 동사를 42회 이상 사용하고 있지만, 단 한 번도 예수 그리스도 자신의 믿는 행위를 언급한 적이 없다. 즉, 예수가 믿는다는 동사의 주어가 된 선례가 없다.[156] 오히려 "믿는다"의 주어는 항상 사람으로 나타난다. 그리고 믿음의 대상인 그리스도는 동사의 목적어로 나타난다(롬 9:33; 10:11). 이것은 바울에게 있어서나 독자에게 있어서 "믿음", "믿는 것"은 그리스도보다 그를 믿는 신자와 관련된 것으로, 반면에 그리스도는 신자의 믿음의 대상으로 이해되고 있었음을 뜻한다.[157]

그는 로마서와 그 밖의 서신에서 예수 그리스도의 신실한 순종 행위, 곧 그의 성육신, 고난, 십자가의 죽음을 "믿음"이란 말로 표현하지 않는다. 오히려 본문에서 예수 그리스도의 신실성 혹은 순종과 관련하여 "구속"(ἀπολυτρώσεως), "화목/속죄제물"(ἱλαστήριον)이란 말로(24, 25),[158] 그리고 5장에서는 "의의 행동"(5:18), "순종"(5:19)으로 표현한다. 사실상 3:22의 '그리스도-믿음'을 예수 그리스도의 신실성 곧 그의 순종 행위[159]로 본다면, 24와 25절에 예수 그리스도의 신실한 순

---

155 R. Jewett, *Romans* (Mineapolis: Fortress, 2007), 278: "속격 구문에 대한 다양한 해석이 문법적으로는 가능하다고 할지라도, 3:22에 나오는 '믿음을 가진 모든 사람'의 내포적인 사회적 범위의 반복은 바울이 그리스도의 신실성보다도 신자의 믿음에 초점을 맞추고 있음을 보여준다."

156 Fitzmyer, *Romans*, 345; Thomas H. Tobin, *Paul's Rhetoric in Its Context. The Argument of Romans* (Peabody: Hendrickson, 2004), 132.

157 Tobin, *Paul's Rhetoric in its Context. The Argument of Romans*, 132: "예수가 믿는다는 동사 주어나 믿음에 의해 수식되는 명사로 사용되는 실례가 없다는 사실은 예수가 명사 믿음 후에 나타날 때, '예수 그리스도' 혹은 그와 유사한 어구는 주로 주어로서가 아닌 믿음의 대상임을 보여준다. 그것은 '그리스도의 신실함'이 아닌 '예수 그리스도를 믿는 믿음' 임을 보여준다." 역시 Fitzmyer, *Romans*, 345: "바울은 아버지에 대한 그리스도의 신실성을 생각하고 있지 않다; 그는 그리스도를 사람이 닮아야 할 패턴으로 제시하고 있는 것이 아니다. 오히려 그리스도 자신은 하나님의 의의 구체적인 나타남이다. 사람은 그를 믿는 믿음을 통하여 이 구체적으로 나타난 의에 참여할 수 있다."

158 Donfrid, "Paul and the Revisionist: Did Luther Really Get it All Wrong," *Dialog: A Journal of Theology* 46 (2007), 32.

159 어떤 주석가는 로마서 1:5와 16:26에 언급된 ὑπακοή πίστεως("믿음의 순종")을 실례로 들어 바울에게 있어서 "믿음"과 "순종"은 사실상 동일한 것이라고 하면서, '그리스도-믿음' 구문을 주격 속격인 "그리스도의 순종"으로 보아야 한다고 주장한다. 바울에게 있어서 "믿음"과 "순종"이, 칭의와 성화가 서로 분리될 수 없는 것처럼, 서로 분리될 수 없는 불가분의 관계를 가지고 있는 점은 분명하다. 하지만, 바울이 "믿음"과 "순종"을 연결시킬 경우에는 성령 안에서 살아야 하는 신자의 삶을 말할 경우이다. 사람이 어떻게 의롭게 될 수 있는가라는 구원론의 문맥에서는 바울은 결코 양자를 서로 연결시키지 않는다. 오히려 그는

종 행위를 가리키는 "구속"과 "화목제물"은 불필요한 언급이 된다.

둘째, 3:21-31의 전후 문맥에 나타나고 있는 믿음에 관한 바울의 용법들도 이 문단에 나타나고 있는 믿음이 예수 그리스도 자신의 믿음을 지칭하고 있다기보다도 예수 그리스도에 대한 신자의 믿음을 지칭하고 있다는 것을 지지한다. 어떤 사람은 4:12, 16에 언급된 "아브라함의 믿음"이 아브라함 자신의 믿음을 지칭하고 있는 것처럼, 동일한 어구인 "그리스도 믿음"도 그리스도 자신의 믿음을 지칭하는 것으로 보아야 한다고 주장한다.[160]

하지만, 4장과 3장의 경우를 동일시할 수 없다. 4장의 경우 아브라함의 믿음에 관하여 말하고 있기 때문에 "아브라함의 믿음"을 주격 속격으로 보는 것이 타당하다. 그렇지만 3장 22절의 경우 예수 그리스도의 믿음을 이야기하고 있지 않기 때문에 4장의 경우처럼 주격 속격으로 보는 것을 정당화하지 않는다. '그리스도-믿음' 구문의 경우 어떤 속격으로 보느냐는 것은 그 형태에서가 아니라 문맥에서 결정되어야 한다.[161]

사실 4장에서 바울이 아브라함의 믿음의 실례를 들고 있다는 것은 그 앞에 나오는 3장의 "믿음"이 그리스도 자신의 믿음보다 그리스도를 믿는 신자의 믿음을 지칭하고 있음을 암시한다. 바울이 예수 그리스도의 믿음을 아브라함의 믿음을 통하여 설명하고 있다고 볼 수 없기 때문이다.[162]

셋째, 로마서에서 명사 "믿음"은 40번, 동사 "믿는다"는 21번 나타나고, 명사 "의"는 34번, 동사 "의롭게 하다"는 15번 나타난다. 이 중에 "믿음"이나 "믿는다"가 "의"나 "의롭게 하다"와 함께 사용되는 본문이 22번 나타난다.[163] 그런데 "믿음"과 "의"의 병행 본문은 로마서의 거시적인 문맥에서 볼 때 예수 그리스도와 성령 안에서 주어진 신자의 새로운 신분을 말하는 직설법 부분인 1:18-11:36에만 나타날 뿐, 신자의 삶을 말하는 명령법 부분인 12:1-15:13에는 한 번도 나

"믿음"/"성령"을 "행위"/"율법"과 서로 대립시키면서 의와 구원은 "행위"나 "율법"이 아닌 오직 믿음으로 됨을 강조한다.
160 예를 들면, Hays, "ΠΙΣΤΙΣ and Pauline Christology: What is at Stake?" in 1991 *SBLSP*, 47.
161 예를 들면 고린도전서 1:6에 언급된 τὸ μαρτύριον τοῦ Χριστοῦ나 빌립보서 3:8에 언급된 γνώσεως Χριστοῦ Ἰησοῦ이 다 같이 속격 구문이지만 문맥상 목적 속격인 "그리스도에 대한 증거"와 "그리스도 예수에 대한 지식"으로 보아야 하는 경우와 같다.
162 하지만, 로마서 3:21 이하에 나오는 믿음을 가능한 한 예수 그리스도의 믿음으로 보려는 박익수, 『로마서주석 I』, 311은 4장에 언급된 아브라함의 믿음도 "그리스도를 위한 모본(模本)임과 동시에 그리스도인들을 위한 전형도 된다"고 주장한다.
163 1:17x2; 3:22x2; 3:24,26,28,30x2; 4:3; 4:5x2; 4:9,11x2; 4:13; 5:1; 9:30,32; 10:4,6,10.

타나지 않는다. 이것은 "믿음"/"의" 본문들이 신자가 어떻게 살 것인가 하는 교회-윤리론적인 문제와 연결되어 있다기보다, 신자가 어떻게 구원을 받았는가 하는 구원론적인 문제와 연결되어 있음을 보여준다. 로마서의 "믿음"/"의" 병행 구절을 살펴보면 많은 경우에 "믿음"은 "의"를 얻는 근거로 제시되기보다, 오히려 "의"를 얻는 수단으로 제시되고 있다. 이 점은 "믿음"이 단독명사로 사용될 경우 수단을 뜻하는 여격으로 사용되고 있으며(3:28), 전치사와 함께 사용될 경우 수단과 방법을 뜻하는 "에크"와 "디아"와 함께 사용되고 있는 점(1:17; 3:22,24,26,30x2; 5:1; 9:31,32; 10:5)에서 확인할 수 있다.

넷째, 로마서 3:22에 '그리스도-믿음' 구문에 이어 "믿는다"라는 동사를 사용하고 있는 분사절이 나온다. 만일, 분사절의 동사 "믿는다"의 주어가 신자를, 목적어가 사실상 그 앞에 나오는 예수 그리스도를 뜻하고 있다면, 분사절 앞에 '그리스도-믿음'도 예수 그리스도 자신의 믿음이 아닌 분사절의 주어인 믿는 사람의 믿음과 연결시켜 보는 것이 자연스럽다.

그런 점에서 명사 "믿음"과 동사 "믿는다"가 나란히 나오는 문구에서 전자는 예수 그리스도의 신실성을 가리키는 것으로, 후자는 우리가 예수 그리스도를 믿는 것으로 보는 것은 불합리하다. 바울이 명사와 동사구문을 함께 사용하고 있는 것은, 1:17의 경우처럼, 믿음의 중요성, 즉 앞에서는 신자의 믿음의 대상인 예수 그리스도를, 뒤에서는 유대인이든 이방인이든 모든 사람은 실제로 모두 믿어야 함을 강조하기 위함일 것이다.[164]

다섯째, 어떤 주석가는 로마서 1:5와 16:26에 언급된 '히파코에 피스티스'(ὑπακοή πίστεως, 믿음의 순종)을 실례로 들어 바울에게 있어서 "믿음"과 "순종"은 사실상 동일한 것이라고 하면서, '그리스도-믿음' 구문을 주격 속격인 "그리스도의 순종"으로 보아야 한다고 주장한다. 바울에게 있어서 "믿음"과 "순종"이, 칭의와 성화가 서로 분리될 수 없는 것처럼, 서로 분리될 수 없는 관계를 가지고 있는 점은 분명하다.

하지만, 바울이 "믿음"과 "순종"을 연결할 때는 성령 안에서 살아야 하는 신자의 삶을 말할 경우이다. 사람이 어떻게 의롭게 될 수 있는가라는 구원론의 문맥에서는 바울은 결코 양자를 서로 연결하지 않는다. 오히려 그는 "믿음"/"성령"을 "행위"/"율법"과 서로 대립시키면서 의와 구원은 "행위"나 "율법"이 아닌 오직

---

164 Murray, *Romans*, 110; Tobin, *Paul's Rhetoric in Its Contexts. The Argument of Romans*, 134.

믿음으로 됨을 강조한다. '그리스도-믿음' 구문에 이어 23절에서 바울이 "모든 사람이 죄를 지었으며, 하나님의 영광에 이르지 못하였기 때문이다"라고 하면서, 모든 사람에게 믿음의 필요성, 다시 말하면 23절에서 1:18-3:20의 전 내용을 요약하여 "범죄한 인류에 대한 예수 그리스도를 통한 구원의 필요성"을 밝히고 있기 때문이다. 이점은 바울이 22절에서 믿음과 관련해서 사용한 동일한 "모든 사람"을 23절에서도 사용하여 "'모든 사람'이 죄를 지었고, 하나님의 영광에 이르지 못하고 있다"고 선언하고 있는 점에서 확인된다.

여섯째, 바울이 "칭의"의 방편으로 믿음을 강조한다고 해서 그가 믿음을 "칭의"의 근거로 두는 것은 아니기 때문이다. "칭의"의 근거는 인간이 믿는 행위가 아니고 24절과 25절에서 각각 설명되고 있는 믿음의 대상인 예수 그리스도와 그의 사역이다. 이 점이 3:26 하반절에 있는 "예수 믿는 자를 의롭게 하신다"(δικαιοῦντα τὸν ἐκ πίστεως᾽Ἰησοῦ)에 나타나 있다.

여기 하나님이 의롭게 하시는 대상인 "예수 믿는 자"가 예수를 믿는 신자를 가리키고 있다는 것을 부정하기 어렵다. 이처럼 믿음은 하나님께서 우리를 의롭게 하시는 방편일 뿐 의의 근거는 아니다. 의의 근거는 하나님의 약속(그리스도)이고, 하나님은 그것에 근거해서 믿는 자를 의롭게 하신다.

일곱째, 3:30에서 바울은 "하나님께서 할례자도 믿음으로, 무할례자도 믿음으로 의롭게 하신다"고 말한다. 여기서 상호교차적으로 사용되는 "믿음으로"와 "믿음을 통하여"는 3:26의 "예수 믿는 자를"의 경우처럼, 하나님께서 유대인과 이방인을 의롭게 하는 근거가 아니라 수단으로 사용되고 있다.

이처럼 "믿음으로"와 "믿음을 통하여"는 그리스도의 신실성이 아닌 유대인과 이방인의 예수 그리스도를 믿는 믿음을 지칭하고 있다고 한다면, 동일한 문단에서 하나님의 의가 주어지는 방편으로 언급된 22절의 "디아 피스테오스 예수 크리스투"와 26절의 "에크 피스테오스 예수"는 기독론적 관점이 아닌 구원론적인 관점에서 읽어야 할 것이다.

여덟째, 주격-속격 주창자들은 3:21-26의 중심 내용을 기독론에 두고 있지만, 사실상 3:21-26의 전 내러티브는 그리스도의 신실성보다도 하나님의 신실성에 강조점을 두고 있다. 계시된 것도 하나님의 의이고(21, 22절), 그리스도 예수의 구속을 통해 은혜로 값없이 의롭게 하시는 분도 하나님이시며(24절), 화목제물을 세우신 분도 하나님이시고(25a), 의를 드러내신 분도 하나님이시며(25b, 26a), 예수 믿는 자를 의롭게 하시는 분도 하나님이시다(26b). 이처럼 3:21-26의 전체 내러

티브는 처음부터 끝까지 하나님의 신실성을 말하고 있다.[165]

지금까지 저자는 국내외 신약학계에서 뜨거운 논점인 '그리스도-믿음' 구문에 관한 사도 바울의 용법, 즉, 사도 바울이 이 구문을 목적 속격 내지 구원론적인 관점에서 사용하고 있는지, 아니면 주격 속격 내지 기독론적 관점에서 사용하고 있는지를 파악하기 위해 '그리스도-믿음' 구문과 그리고 많은 경우에 '그리스도-믿음' 구문과 병행 구문을 형성하고 있는 '믿음으로 말미암아' 구문이 나타나는 문맥(micro 혹은 macro)을 살펴보았다.

우리는 이들 구문이 로마서와 갈라디아서에 집중되어 있다는 점, 이들 구문이 많은 경우에 있어서 "의" 어휘, "믿음" 어휘, "율법 어휘" 그리고 "성령" 어휘들과 함께 사용되고 있는 점에 착안하여, '그리스도의 믿음' 구문과 '믿음으로 말미암아' 구문들이 "의", "성령" 등을 받는(혹은 주어지는) 수단으로 사용되고 있는지, 아니면 "의", "성령" 등이 나타나는 통로로 사용되고 있는지를 살펴보았다.

전자가 옳으면 바울에게 있어서 '그리스도의 믿음' 구문과 '믿음으로 말미암아' 구문들은 구원론적으로 사용되고 있는 것을 가리키며, 후자가 옳으면 기독론적으로 사용되고 있는 것을 지칭한다. 우리의 세밀한 조사는 로마서에서 이들 구문이 전적으로 기독론적이 아닌 구원론적으로 사용되고 있다는 사실을 확인시켜 주었다. 이것은 결국 바울에게 있어서 '그리스도-믿음' 구문은 주격 속격인 "그리스도의 믿음"이나 "그리스도의 신실성"을 지칭하지 않고, 전통적으로 이해하여 온 목적 속격인 "그리스도를 믿음" 혹은 "그리스도에 대한 믿음"이 옳다는 것을 뜻한다. 제임스 던(James Dunn)도 동일한 결론을 내린다.

> '피스티스 크리스투'를 '그리스도의 믿음'으로 해석하는 것이 지닌 주요 문제는 그 해석이 의심스럽고 심지어 형편없는 주해를 수반할 뿐만 아니라, 바울이 '그리스도를 믿음으로 의롭다 칭함 받음'을 강조한 사실의 중요성을 약화시키고 바울의 본래 의도에서 벗어나는 것이다. 내가 보기에, 바울이 '피스티스 크리스투'에서 언급하는 내용의 단서는 그가 더 규칙적으로 사용하는 문구인 '에크 피스테오스'에 있다. 바울은 이 문구를 초기에 갈라디아서 3:7-12, 22, 24에서 가장 많이 사용했는데(일곱 번), 이 단락들은 바울이 마음에 두고 있는 내용을 가장 분명하게 보여

---

165 Byrne, *Romans*, 126-127.

준다. 핵심은 갈라디아서 3:7-9가 창세기 15:6을 기반으로 바울이 제시하는 논증에 대한 설명이거나 혹은 그 논증의 일부라는 것인데, 이 문맥에서 바울은 갈라디아 사람들이 복음을 수용한 것과 성령을 받은 것이 얼마나 중요한지 분명하게 설명한다(갈 3:2-5). '아브라함이 하나님을 믿으매, 그것을 그에게 의로 정하셨다' 함과 같다(창 15:6). 그렇다면 믿음으로 말미암은 자들은 아브라함의 자손(갈 3:6-7)이다.' 바울에 의해 제기 된 주장은 분명 아브라함처럼 믿는 사람들이 아브라함의 자손이라는 것이다. 갈라디아서 3:7의 '믿음'은 아브라함이 믿었던 것과 같은 신앙/믿음 이외의 다른 것을 의도한다고 보기 힘들다.[166]

사실, 이러한 우리의 결론은 로마서가 쓰인 역사적 정황은 물론 초기 기독교 교회의 상황과도 부합한다. 이미 언급한 것처럼 로마서는 1세기의 로마 교회에 보낸 편지이다. 편지인 로마서는 교회의 특수한 상황과 불가분의 관계를 가지고 있다. 로마서에 제시되고 있는 바울의 복음이 시공간에 제약되어 있는 것은 아니지만, 로마 교회의 상황과 무관하게 제시되는 것은 아니다. '그리스도의 믿음' 구문과 '믿음으로 말미암아' 구문들이 로마서와 갈라디아서에 집중되어 있다는 사실이 이를 웅변적으로 대변해준다.

로마서와 갈라디아서 그리고 사도행전을 통해 확인할 수 있는, 초대 기독교 공동체 안에서 제기된 중요한 논점은 예수가 누구인가라는 기독론적인 문제가 아니었다. 예수가 하나님의 아들이며, 메시아이며, 구원자라는 기독론에 관하여 유대인 크리스천과 이방인 크리스천 사이에 이의가 없었다. 기독론 논쟁이 교회 안에 본격적으로 대두된 것은 2세기에 접어들면서 에비온주의(the Ebionism), 가현설주의(the Docetism), 영지주의(the Gnosticism) 그리고 말시온(Marcion)의 등장 때문이었다.

그러나, 어떤 방법으로 유대인과 이방인이 동등한 하나님의 구원 받는 백성이 될 수 있는가, 유대주의자들이 말하고 있는 "율법의 행위"인가, 아니면 "예수 그리스도에 대한 믿음"인가라는 구원론적인 문제는 바울 시대 기독교 교회 안에 심각한 논쟁의 대상이 되었다. 따라서 로마서나 갈라디아서 본문 자체는 물론 로마서와 갈라디아서의 역사적 정황에 비추어 볼 때 '그리스도-믿음' 구문은 주격

---

166 던, "바울신학의 새관점," 『칭의 논쟁-칭의에 대한 다섯 가지 신학적 관점』, 296-297; John M.G. Barclay, *Paul & the Gift* (Grand Rapids: Eerdmans, 2015), 378도 참조하라.

속격으로 보는 "그리스도의 믿음이나 그의 신실성"이 아닌 전통적으로 해석되어 온 목적 속격, 곧 "그리스도에 대한 믿음"이나 "그리스도를 믿음으로" 이해되어야 할 것이다. 바울은 3:22-23에서 '모든 사람', 곧 인종과 신분과 성별의 차이 없이, 유대인이든 이방인이든, 백인이든 흑인이든 황인종이든, 남자든 여자든, 어른이든 어린아이든, 모든 아담의 후예는 누구든지 그들이 모두 하나님의 영광에 이르지 못하는 죄인인 이상, 오직 하나님의 의가 나타나고 있는 예수 그리스도를 믿음으로만 하나님의 의에 도달할 수 있다고 말한다.

아무리 저수지에 마실 물이 가득하다고 하더라도 우리 가정까지 수도관이 연결되어 있어야 가정에서 저수지의 물을 실제로 마실 수 있는 것처럼, 죄와 비참의 절망 가운데 있는 사람들에게 유일의 희망인 하나님의 의가 예수 그리스도를 통하여 우리의 역사 세계에 분명히 나타났다고 하더라도, 죄인을 예수 그리스도와 연결하는 수단인 "예수 그리스도에 대한 믿음"이 있어야 이 '의'에 실제적으로 접근할 수 있기 때문이다.

(4) "모든 사람이 죄를 지었고, 하나님의 영광에 이르지 못하였다"(23절)

그렇다면, 22절에서 말한 예수 그리스도에 대한 믿음을 통하여 주어지는 의가 왜 인류에게 필요한가?

바울은 23절에서 1:18-3:20에서 말한 내용을 다시 요약하여 "모든 사람(πάντες)이 죄를 지었으며, 하나님의 영광에 이르지 못하였기 때문임"을 밝힌다. 이방인이든 유대인이든 모든 사람이 실제로 범죄 하였고(역사적 사실), 모든 사람이 죄인이 되었으며 모든 사람이 하나님의 영광을 상실하였고 그로 말미암아 한 사람의 예외 없이 전 인류가 이제 하나님의 심판 아래 있기 때문에(1:18-3:20), 이 심판으로부터 벗어나기 위해서는 하나님의 의가 모든 사람에게 필요하다는 것이다.[167]

바울은 나중에 5:12 이하에서 아담과 그리스도와의 대조를 통하여 이 문제를 보다 자세하게 설명한다. 그리스도를 믿는 모든 사람에게 주어지는 이 하나님의 의는 전 세계를 변화시키고 회복시킬 수 있을 만큼 크고 위대하다. 그러므로 모든 사람, 즉 전 인류가 누구든지 믿기만 하면 이 구원의 능력인 하나님의 의의 혜택을 누릴 수 있다(롬 1:16-17). 이 점은 바울이 22절에서 믿음과 관련하여 사용

---

167 Schreiner, *Romans*, 194: "모든 사람이 하나님의 구원하는 의를 필요로 한다. 왜냐하면 모든 사람이 하나님의 법을 위반하였기 때문이다."

한 "모든 믿는 사람"(πάντας τοὺς πιστεύοντας)을 23절에서도 사용하여 "'모든 사람'이 죄를 지었고, 하나님의 영광에 이르지 못하고 있다"고 선언하고 있는 점에서 확인된다. 이것은 모든 사람, 곧 전 인류가 죄를 지었어도 그들이 예수 그리스도를 믿기만 하면 그 모든 사람이 다 의롭게 된다는 사실을 가르쳐 주고 있기 때문이다.

여기 모든 사람이 죄를 지었다는 것은 5장의 아담과 그리스도와의 대조에서 설명되고 있는 것처럼(5:12), 인류의 시조 아담의 범죄에 그의 모든 후손이 참여하였다는 사실과 모든 사람이 한 사람도 예외 없이-물론 사람에 따라 정도의 차이는 있겠지만-실제적으로 불경건과 불순종과 불의의 죄를 범하고 있다는 것을 가리킨다.

하나님의 영광에 이르지 못했다는 것은, 인류의 시조 아담을 통하여 하나님의 영광을 상실한 인간은 스스로 죄 문제를 해결하지 못했으며, 인간 스스로 하나님의 영광을 회복하려는 모든 시도가 실패하였다는 선언이다. 모든 인간, 즉 인류 전체는, 이방인이든(1:18-32) 유대인이든(2:1-3:8), 도덕적으로 탁월한 철학자나 문학자나 종교인이든 관계없이 모두 죄를 지었고, 그로 말미암아 창조 때에 주어진 하나님의 영광을 상실하였다.

비록 그가 하나님의 영광의 표현인 하나님의 형상을 여전히 지니고 있다고 하더라도, 그 형상은 죄로 오염되고 죄에 의해 부패되었기에 본래에 가지고 있던 의와 존엄과 영광과 거룩은 심히 훼손되었다. 오히려 1:23의 지적처럼, "썩어지지 아니하는 하나님의 영광을 썩어질 사람과 우상으로 바꾸었다." 따라서 인간은 그 무엇으로도 자력으로 구원에 이를 수 없도록 전적으로 부패하였다. 인간의 비참과 모든 불행이 여기로부터 시작된다. 죄로 말미암아 상실한 이 영광은 오직 하나님의 진정한 형상이며, 영광이신 예수 그리스도(고후 4:4-6; 골 1:15)를 통해서, 그분을 믿음으로, 성령을 통해서만 회복될 수 있다.

다시 말하자면, 고린도후서 3:18에서 바울이 말하고 있는 것처럼, 우리는 복음 안에 나타나고 있는 "주의 영광을 보매 저와 같은 형상으로 화하여 영광으로 영광에 이르게 된다." 그리고 이 일을 계속 이루어 가시는 분은 바로 주의 영이신 성령이시다. 물론, 그 최종적인 완성은 주의 재림을 통해서이다(5:2; 8:18, 21, 30). 사실상 바울에게 있어서 '하나님의 의'와 '하나님의 영광'은 서로 불가분의 관계를 지니고 있다.

죄와 타락으로 인한 하나님의 의의 상실은 하나님 영광의 상실을 가져왔고, 예수 그리스도를 통한 하나님의 의의 회복은 하나님 영광의 회복을 가져온다. 전자가 종말론적이라고 한다면, 후자 역시 종말론적이다.

그렇다면, 어떤 근거에서 하나님의 영광을 잃어버린 죄인인 인간이 오직 예수 그리스도를 믿음으로 의롭게 되며 하나님의 영광을 회복하게 되는가?

하나님께서는 율법이 아닌 예수 그리스도를 믿음으로 의롭게 하도록 하기 위해 무엇을 하셨으며, 우리가 의롭게 되기 위하여 왜 예수 그리스도를 믿어야 하는가?

일찍이 하나님은 인류의 시조 아담에게 "선악을 알게 하는 나무의 실과는 먹지 말라. 네가 먹는 날에는 정녕 죽으리라"(창 2:17)고 선언하였다. 인류의 시조 아담은 하나님이 금한 선악과를 따먹고 불순종하였다. 그로 말미암아 인류의 시조 아담은 하나님의 영광을 상실하였다(1QS 4.22-23; CD 3.19-20; 4QpPs 3.1-2). 그리고 아담의 타락과 그의 영광의 상실은 전 인류의 타락과 영광의 상실을 가져왔다. 이 타락과 영광의 상실이 인간에게 무서운 하나님의 심판 아래 있게 하였다.

그렇다면, 인류가 어떻게 하나님의 심판을 면하고 잃어버린 하나님의 영광을 회복할 수 있는가?

말하자면, 의로우신 하나님께서 어떻게, 어떤 방식으로 죄와 죽음과 심판 아래 있는 죄인을 은혜로 값없이 의롭게 하실 수 있는가?

그 답변이 하나님 자신이 친히 마련하시고, 공개적으로 세우신(ὃν προέθετο ὁ θεός)[168] 예수 그리스도의 십자가 사건, 곧 24절 하반절에 있는 "그리스도 예수 안에 있는 구속"(τῆς ἀπολυτρώσεως τῆς ἐν Χριστῷ Ἰησοῦ)과, 25절 상반 절에 있는 "믿음으로 그의 피로 세운 화목/속죄제물"(ἱλαστήριον διὰ τῆς πίστεως ἐν τῷ αὐτοῦ αἵματι)을 통해 주어지고 있다.

(5) '예수 그리스도의 십자가 사건' (24-26절)

바울은 3:24-26에서 22절에 말한 하나님의 의를 더 구체적으로 설명한다. 즉 하나님의 의가 어떻게, 어떤 방식으로 메시아 예수를 통해 나타났으며, 왜 하나님의 의가 메시아 예수를 믿는 자에게 주어지며, 메시아 예수를 믿는 자에게 주

---

[168] 여기서 동사 προέθετο는 공개적인 행위를 가리킨다. F. Büchel, *TDNT* 3. 321; Longenecker, *Romans*, 425를 보라.

어지는 하나님의 의가 무슨 결과를 가져오는가를 설명한다.[169] 먼저 24절 상반절에서 하나님의 의가 하나님께서 그의 은혜로 값없이 죄인들, 곧 23절의 죄를 지어 하나님의 영광에 이르지 못한 모든 사람을[170] 의롭게 하시는 하나님 자신의 사역인 동시에 하나님의 선물임을 말한다.

그런 다음 24절 하반절과 25절에서 하나님의 의가 왜 하나님 자신의 사역인 동시에 하나님의 선물인가를 설명한다. 그것은 곧 하나님이 공개적으로 마련하신 메시아 예수 안에 나타난 '구속'(ἀπολύτρωσις)과 그리스도의 피로 인한 '화목/속죄제물'(ἱλαστήριον) 때문이라는 것이다. 그런 다음 바울은 25절 하반절과 26절에서 구속과 화목/속죄제물을 통해서 나타난 하나님의 의를 설명한다.

우선 24절과 25절에 나타나 있는 '구속'과 '화목/속죄제물'을 어떻게 이해하여야 하는가?

우리가 이들을 어떻게 이해하고 해석하든, 이들이 예수 그리스도의 십자가 사건과 연결되어 있다는 사실을 부정하기 어렵다. 이것은 하나님께서 그의 심판 아래 있는 죄인들(1:18-3:20)을 값없이 은혜로 의롭게 하기 위하여, 즉 그들을 죄의 세력에서 건지고, 그들에게 죄책을 면하시고, 죄 용서를 선언하기 위해, 그들을 의롭게 하기 위해 하나님 편에서 얼마나 엄청난 대가와 값이 지불되었는가를 보여준다.[171]

우선 24절의 '구속'(ἀπολύτρωσις)이란 말을 어떻게 이해할 것인가? 구약성경은 이 말을 하나님께서 애굽 땅에서 종살이하고 있던 이스라엘 백성들을 유월절의 희생을 통해 종살이로부터 구속[해방]하신 사건과 관련하여 자주 사용하고 있다

---

169 적지 않은 학자(Bultmann, Käseman, Wilckens, Zeisler, Stuhlmacher, Longenecker)가 3:24-26이 바울이 부분적으로 초대교회의 전승 자료를 활용한 것으로 보고 있다. 24절의 예기치 않은 분사절의 사용, 여러 전치사구나 부정사구의 사용 그리고 이례적인 어휘들(ἱλαστήριον προτίθημι πάρεσις)을 그 근거로 제시한다. 하지만, 바울의 회심이 적어도 AD 33년 이전에 있었다고 한다면 바울 회심 이전에 3:24-26과 같은 구속 전승이 형성되어 있었을 가능성은 높지 않다. 설사 바울이 초대교회의 전승을 활용하였다 하더라도 3:24-26은 바울이 자기 말로 쓴 바울의 것임을 부정할 수 없다. 역시 Leon Morris, *The Epistle to the Romans* (Grand Rapids: Eerdmans, 1988), 173, n94.; Khalil, "An Interpretation of Rom 3:21-26 within Its Proper Context," 226; Schreiner, *Romans*, 196을 보라.
170 Morris, *Romans*, 177, n113.
171 이 점에 있어서 다음과 같은 Käsemann, *Romans*, 95의 말은 들을 만한 가치가 있다: "바울에게 있어서 기독론이 마땅히 칭의 교리의 관점에서 해석되거나 확립되어야 한다는 것이 정당함과 마찬가지로, 또한 칭의 교리가 기독론적으로 볼 때만 이해되고 절실히 필요하다고 하는 것 역시 꼭 같이 정당하다."

(출 6:6; 신 7:8; 9:26; 13:6; 15:15; 21:8; 24:18; 왕하 7:23; 대상 17:21; 느 1:10; 시 77:15; 사 51:11). 이럴 경우, 구속은 23절의 모든 사람이 죄를 지었기 때문에 죄의 권세 아래 노예 생활을 하고 있던 상태로부터의 자유, 곧 죄 용서의 의미를 지니고 있다고 볼 수 있다.[172]

하지만, 로마의 기독교인들이 바울로부터 '구속'(救贖)이란 말을 들을 때, 그들은 구약적인 해방의 의미와 함께, 당대에 노예시장에서 자주 사용되고 있는 말인 어떤 사람이 주인에게 노예가 되어 있던 종의 몸값을 종의 주인에게 지불하고 그 종을 자유인으로 해방시킨 일도 연상할 수 있었을 것이다. 바울이 헬라-로마의 문화권에 사는 신자들을 위해 그들에게 익숙한 언어인 당대 노예시장에서 노예에 대한 몸값, 곧 속전금(贖錢金)을 지불하고 그 종을 구속하는 단어인 '구속'(개역개정은 '속량')이란 말을 사용하였을 수도 있었기 때문이다(롬 8:23; 고전 1:30).

이럴 경우, 하나님이 죄의 노예가 되어 있는 죄인을 의롭게 하기 위하여 죄 없으신 예수 그리스도를 그 죄인의 죗값을 대신하는 속전(참고. "대속물", 막 10:45)으로 지불하였음을 알리고 있다.[173] 실제로 바울은 고린도교회 신자들을 향해 "너희는 너희 자신의 것이 아니라 값으로 산 것이 되었으니"(고전 6:19-20)라고 말하고 있다. 따라서 우리는 바울이 사용한 "구속"이란 말을 구약적인 배경이든 헬라-로마적인 배경이든 한 측면에서만 보려고 할 것이 아니라, 양면적인 배경에서 보아야 할 것이다.[174]

여하튼 죄인을 용서하시고 값없이 의롭게 하시고 그를 죄의 권세로부터 자유롭게 한 이 하나님의 구속 사건 이면에는 하나님 편에서 엄청나고 고귀한 대가가 지불되었다. 일찍이 이스라엘 백성들이 애굽의 바로 왕으로부터 해방되기 위해 유월절 양의 희생이 있었던 것처럼, 죄와 죽음과 사탄의 세력에 노예가 되었던 사람들의 구속을 위해 예수 그리스도의 피 흘린 십자가의 희생적 죽음이 필요하였다.

앞에서 이미 언급한 것처럼, 바울이 종종 크리스천들을 가리켜 값을 지불하고 산 자로 말하고 있는 점에서 이 점은 분명히 드러난다(고전 6:20; 7:23; 엡 1:7). 하나님의 구속의 은혜와 사랑은 결코 값싼 은혜와 사랑이 아니라, 자신의 독생자를

---

172 Khalil, "An Interpretation of Rom 3:21-26 within Its Proper Context," 224-225.
173 Leon Morris, *The Apostolic Preaching of the Cross* (Leicester: IVP, 1965), 27.
174 B. B. Warfield, "The New Testament Terminology of 'Redemption'," in *Biblical Doctrines* (New York, 1929), 327-372.

참혹한 십자가의 죽음이라는 속전으로 지불할 만큼 엄청나게 비싼 은혜와 사랑이라는 것이다.[175] 복음서에 따르면 예수님이 친히 "인자가 온 것은 섬김을 받으려 함이 아니라 도리어 섬기려하고 자기 목숨을 많은 사람의 대속물(속전)로 주려 함이니라"(막 10:45)고 하시면서, 많은 사람을 죄로부터 구속하기 위하여 자신의 목숨을 그들의 죗값을 대신하는 속전으로 지불될 것을 말씀하셨다.

그렇다면, 많은 사람, 23절에 언급된 죄를 지어 하나님의 영광을 잃어버린 모든 사람의 죗값을 대신하는 그 대속물, 곧 속전은 누구에게 지불되었는가?

우리는 대속물로서 예수님의 자기희생이 우리를 사로잡고 있던 사탄에게 지불되었다고 생각해서는 안 된다.[176] 사람의 죄는 사탄에게 지은 것이 아니라, 창조주 하나님에게 지은 것이다. 죄는 하나님에 대한 불경건과 불의와 불순종으로부터 나온다(1:18-20). 그러므로 우리 인간의 죗값을 요구하실 분도 사탄이 아닌 하나님이시다.[177] 예수님은 자신이 마셔야 할 잔, 곧 십자가의 희생적 죽음을 통해 우리의 죗값을 하나님께 지불하였고, 하나님은 예수님의 속전을 받으시고 우리를 죄와 죄책으로부터 구속하시고, 의롭게 하시고, 거룩하게 하셨다.[178] 그렇게 함으로써 하나님은 자신의 의를 나타내셨다.

다음 25절 상반절에 있는 "하나님이 믿음을 통하여 그의 피로 세운 화목/속죄제물"(προέθετο ὁ θεὸς ἱλαστήριον διὰ [τῆς] πίστεως ἐν τῷ αὐτοῦ αἵματι)이란 말은 어떻게 이해하여야 하는가?

여기서 해석상의 문제가 되는 것은 네 가지이다.

첫째, 개역개정의 '세우다'로 번역된 동사 '프로에데토'(προέθετο)의 의미이다.

둘째, 개역개정에서 '화목제물'로 번역된 동사의 목적어 '히라스테리온'(ἱλαστήριον)이다.

셋째와 넷째, '믿음으로'로 번역된 전치사구인 '디아 테스 피스테오스'(διὰ [τῆς] πίστεως)와 '그의 피로 번역된 '엔 토 아우토 하이마티'(ἐν τῷ αὐτοῦ αἵματι)이다.

---

175 David Peterson, "Atonement in the New Testament," Where Wrath and Mercy Meet: Proclaiming the Atonement Today, ed. David Peterson (Carlisle: Paternoster, 2001), 41-42.
176 Origen은 인간은 자신을 마귀의 포로로 팔았고, 이리하여 하나님은 마땅히 그들의 석방을 위해 그리스도의 죽음의 값을 지불하여야만 했다고 생각했다. 그러나 Augustine은 하나님은 자신의 공의의 필요를 만족시키기 위해 자신에게 값을 지불했다고 주장하였다.
177 Moo, *Romans*, 230.
178 Peterson, "Atonement in the New Testament," 41.

먼저 동사가 '프로티데미'(προτίθημι)의 단순과거 직설법 중간태인 '프로에데토'(προέθετο)로 사용되었다는 것은 동사 '세우다'의 주어인 하나님의 적극적인 행동과 이 행동이 이미 역사 안에 일어난 사건임을 강조한다. 하지만, 하나님의 행동을 가리키는 동사의 의미에 대해서는 학자들 사이에 의견이 일치하지 않는다. 바우어헬라어사전(BDAG)은 신약성경에서 이 동사가 크게 두 가지인 "공개적으로 전시하다"(display publicly)와 "제안하다"(propose) 및 "계획하다"(plan)라는 의미를 지니고 있는 것으로 보면서, 로마서 3:25의 경우 전자인 "공개적으로 전시하다"에 비중을 두고 있다.[179]

주석가들 중 크랜필드(Cranfield)와 크루세(Kruse)는 후자인 "제안하다"에,[180] 머리(Murray), 케제만(Käsemann), 던(Dunn), 피츠마이어(Fitzmyer), 쥬위트(Jewett), 헐터그린(Hultgren), 롱거네커(Longenecker), 무(Moo), 쉬라이너(Schriener), 피터슨(Peterson) 등 대부분의 현대 주석가는 전자에 비중을 둔다.[181] 우리말성경의 경우 개역개정은 후자에 가까운 "세우다"로, 공동번역과 새번역은 전자에 가까운 "내어주다"로 번역한다. 저자의 견해로는 동사의 목적어가 '히라스테리온'이고, 곧 우리가 자세하게 살펴보겠지만, '히라스테리온'이 바울 당대 헬라-로마 사회에서 공개적인 처형 방식인 그리스도의 십자가 사건을 가리키고 있기 때문에, 전자가 문맥적으로 옳다고 본다.[182]

바울은 갈라디아서 3:1에서 "그리스도께서 십자가에 못 박히신 것이 너희 눈앞에 밝히 보이거늘"라고 말하면서 그리스도의 십자가의 죽음이 사람들이 볼 수 있는 공개적인 전시였음을 분명히 한다.

그렇다면, 동사의 목적어, 곧 하나님의 공개적인 전시행위를 지칭하는 '히라스테리온'(ἱλαστήριον)을 어떻게 이해할 것인가? 단적으로 말해서 24절의 "구속"이란 말이 십자가 사건에 대한 헬라-로마적 배경의 의미를 가지고 있다고 한다면, 25절의 '히라스테리온'은 철저하게 십자가 사건에 대한 구약적 배경의 의미를 가지고 있다. 왜냐하면, 헬라어 '히라스테리온'은 구약의 희생 제사에서 사용되는

---

179 BDAG, 889.
180 Cranfield, *Romans*, 208-210; Colin G. Kruse, *Paul's Letter to the Romans* (Grand Rapids: Eerdmans, 2012), 186;
181 머리, 『로마서 주석』, 178; Käsemann, *Romans*, 97; Fitzmyer, *Romans*, 349; Dunn, *Romans 1-8*, 170; Morris, *Romans*, 180; Jewett, *Romans*, 284; Hultgren, *Romans*, 158; Longenecker, *Romans*, 425-426; Moo, *Romans*, 252; Schreiner, Romans, 199; Peterson, *Romans*, 194.
182 역시 Khalil, "An Interpretation of Rom 3:21-26 within Its Proper Context," 228.

'속죄소'를 가리키는 말이기 때문이다(히 9:5).

본래 '속죄소'(ἱλαστήριον)는 구약에서 성막의 가장 중요한 지성소 안에 비치된 법궤 위에 있는 금속판을 가리킨다(레 16장). 대제사장 아론은 일 년에 한 번씩 대속죄일에 먼저 자신과 자기 가족을 위하여, 그다음 백성들을 위하여 각각 수송아지와 염소를 속죄제물로 삼고, 그 희생된 피를 취하여 지성소에 들어가 하나님의 임재를 가리키는 법궤 위에 있는 속죄소 위와 속죄소 앞에 뿌렸다. 속죄소 위와 앞에 뿌려진 피는 아론과 백성들의 죄를 지고 그들의 죗값을 대신하여 도살된 송아지와 염소의 희생적인 죽음의 결과를 가리킨다.

그렇다면, 하나님의 임재 앞에 뿌려진 피는 무슨 역할을 하는가?

예수 그리스도의 십자가에서의 희생적 죽음을 설명하고 있는 '속죄소'를 한글성경 개역개정은 "화목제물"로, 한글 표준새번역은 "속죄제물"로 번역하였다. 전자는 예수 그리스도의 죽음이 우리의 죄에 대하여 진노하시는 하나님의 의로운 분노(1:18)를 진정시켜 하나님과 우리를 화해시키는 역할을 하고 있음을 강조한다.[183] 후자는 예수 그리스도의 죽음은 우리의 죄를 덮거나 깨끗하게 하여 하나님과 우리와의 관계를 다시 맺을 수 있도록 하였음을 강조하고 있다. 도드(C. H. Dodd)는 전자의 개념은 구약성경에서 온 것이 아니고 이교도 사상에서 온 것이므로 배제되어야 하며, 후자의 개념이 옳다고 주장하였다.[184]

반면에, 모리스(L. Morris)는 전자의 개념이 로마서 1:18-3:20의 문맥에서 볼 때 정당하다고 주장하였다.[185]

양자 중 어느 것이 옳은가?

구약적 배경에서 보면 속죄제사에서 사용되는 희생제물의 피는 도살된 희생제물의 결과이다. 희생제물이 성소 밖에서 도살되는 것은 그것이 속죄를 필요로 하는 자의 죗값을 대신 받는 것을 뜻한다. 즉, 죄의 형벌인 죽음의 심판을 인간의 죄를 짊어진 짐승이 대신 담당한 것이다. 이것은 속죄를 위해서는 죄에 대한 하

---

183 "속죄소"라는 말 앞에 관사가 생략되어 있다는 사실은 바울의 강조점이 속죄소 그 자체보다도 속죄소 앞에서 이루어지는 의식 전체에 있다는 것을 시사한다. 다시 말하자면, "예수의 죽음=속죄소"가 아니고, "예수의 죽음=속죄소의 의식"을 강조하고 있다는 것이다. C.H. Talbert, *Romans* (Macon: Smyth & Helwys, 2002), 110-115도 보라.

184 C. H. Dodd, *The Bible and the Greeks* (London: Hodder & Stoughton, 1935), 82-95. 역시 Byrne, Romans, 126-127.

185 L. Morris, *The Apostolic Preaching of the Cross* (Grand Rapids: Eerdmans, 1965), 144-213; *Romans*, 181-183.

나님의 진노와 죽음의 심판이 선행되어야 함을 보여준다.

그런데, 도살된 짐승의 피를 하나님이 임재하시는 속죄소 앞에 뿌린다는 것은 이름 그대로 속죄, 곧 죄를 덮고, 죄를 깨끗하게 하여 하나님과 인간이 서로 만나 화해할 수 있도록 하는 것을 의미한다. 이처럼 구약의 희생제물은 하나님의 진노를 담당하는 화해와 죄를 속죄하는 양면을 가지고 있다. 우리가 이점을 기억한다면 바울이 예수님의 죽음을 속죄소로 표현할 때, 예수 그리스도의 십자가의 희생적 죽음은 화목과 속죄의 양면 요소를 가지고 있다는 점을 염두에 두고 있었다고 볼 수 있다.[186]

1:18에 나타나 있는 것처럼, 하나님은 모든 사람의 불경건과 불의의 죄에 대하여 진노하신다. 죄에 대하여 진노하시고 그 죗값인 죽음의 심판을 하는 것은 거룩하신 하나님의 인격 표현이다. 그분은 죄가 없고 거룩하신 분이시며, 죄에 대하여 그가 말씀하신 대로 죄의 값인 사망을 요구하시는 공의로운 분이시다. 그러므로 죄에 대한 진노와 심판 없이 그분은 죄인을 용서할 수 없고, 죄인인 사람도 거룩하신 하나님 앞에 나아갈 수 없다. "피 흘림이 없이는 사함도 없느니라"(히 9:22)라는 말씀대로, 죄에 대한 죽음의 심판 없이는 죄와 죽음의 세력을 멸할 수 없고, 거룩하신 하나님의 용서는 기대할 수 없다. 그분은 거룩하고 공의로운 분이시기 때문이다.

따라서, 예수 그리스도를 그의 피로 공개적으로 속죄소, 곧 화목/속죄제물로 세우셨다는 것은, 하나님께서 예수님을 믿는 모든 자의 죄에 대한 진노와 죽음의 심판을 공개적으로 예수 그리스도에게 대신 쏟으셨다는 것을 뜻한다.[187] 그렇다면 예수 그리스도는 십자가의 죽음에서 그를 믿는 모든 자의 죄에 대한 하나님의 진노와 공의의 심판을 대신 받으신 것이다.[188] 그렇게 하심으로 그들을 지배해 왔던 죄와 사망의 세력을 무력화하시고, 그들을 죄와 사망으로부터 건져내신 것이다.[189] 그것이 바로 예수님이 겟세마네 동산의 기도에서 언급한 마셔야 할 잔의 의미일 것이다. 즉, 예수님은 이사야 53장의 예언처럼 하나님께서 메시아에게 담

---

186 Dunn, *Romans 1-8*, 171; Moo, *Romans*, 236; Carson, "Why Trust a Cross?" 354-355; Kruse, *Romans*, 188-191; 싸이프리드, "로마서," 328-329.
187 Murray, *Romans*, 118.
188 S. Gathercole, "Justified by Faith, Justified by His Blood: The Evidence of Romans 3:21-4:25," *Justification and Variegated Nomism*, vol. 2: The Paradoxes of Paul, eds. D. A. Carson, P. T. O'Brien, and M. A. Seifrid (Tübingen: Mohr Siebeck, 2004), 177-183; Schreiner, *Romans*, 199.
189 던, 『바울신학』, 327.

당시킨 우리 모두의 죄악을 대신 짊어지시고, 하나님의 저주의 상징인 십자가에서 유월절의 어린 양처럼 우리의 죄에 대한 하나님의 공의로운 심판을 대신 받아 희생적 죽음을 당하셨다(갈 3:13). 이뿐만 아니라, 십자가에서 우리의 죄를 친히 담당하심으로써 우리를 하나님 앞에서 의롭게 하신 것이다. 그래서 사도 바울은 고린도전서 15:3에서 그가 받은 초대교회의 복음 전승을 인용하여, "그리스도께서 성경대로 우리의 죄를 대신하여 죽으셨다"고 선언하고 있다.

크랜필드는 이와 관련하여 다음과 같이 바르게 지적한다.

> 하나님이 그리스도를 화해의 희생제물로 작정하였다는 바울의 진술이 의미하는 바는, 하나님께서는, 그의 자비하심으로 죄인들을 용서하시기를 원하셨기 때문에, 그가 참으로 자비로우신 분이시지만, 그들을 정당하게 용서하기를 원하셨다는 것이다. 곧, 하나님은 어떤 식으로든지 그들의 죄를 묵과함이 없이 용서하기 위해 그들이 받아야 할 그 의로운 진노를 자신의 아들 인격 속에 있는 바로 하나님 자신에게 돌리기로 작정하였다는 것이다.[190]

하지만, 거듭 우리가 잊지 않아야 하는 것은 예수님의 희생적 죽음은 죄에 대한 하나님의 진노와 심판의 수행만을 뜻하고 있는 것은 아니라는 점이다. 옛 언약 제사 제도에서 희생제물의 피가 속죄의 기능을 가지고 있는 것처럼, 십자가에서 흘린 예수님의 피는 죄를 덮고 깨끗하게 하는 속죄의 기능도 가지고 있다. 히브리서 저자는 이 점과 관련하여 다음과 같이 말한다.

> "염소와 황소의 피와 및 암송아지의 재로 부정한 자에게 뿌려 그 육체를 정결케 하여 거룩하게 하거든 하물며 영원하신 성령으로 말미암아 흠 없는 자기를 하나님께 드린 그리스도의 피가 어찌 너희 양심을 죽은 행실에서 깨끗하게 하고 살아계신 하나님을 섬기게 하지 못하겠느냐"(히 9:13-14).

우리가 이 점을 기억한다면 바울이 예수님의 죽음을 '히라스테리온'으로 표현할 때, 그는 예수 그리스도의 십자가의 희생적 죽음이 우리의 죄에 대한 죽음의 심판과 속죄를 통한 하나님과 새로운 관계 회복의 양면적 요소를 가지고 있다는

---

190 크랜필드, 『로마서 1』, 335. 필자가 번역자의 번역을 보완하였음.

점을 염두에 두었을 것이다. 하지만, 그리스도의 십자가 죽음은 죄에 대한 심판과 속죄에만 머물지 않는다.

나중에 우리가 5장의 주석에서 더 자세하게 살펴보겠지만, 바울은 5장에서 아담과 그리스도를 대조하면서 한 사람 아담의 범죄와 불순종으로 많은 사람에게 죄와 사망과 정죄를 가져왔지만, 한 사람 그리스도의 의로운 행위와 순종으로 많은 사람에게 의롭다함과 생명이 이르렀다고 말한다(5:17-19).

바울이 한 사람 아담의 범죄와 불순종을 언급할 때, 그가 아담이 에덴동산에서 하나님이 금한 선악과를 따먹어 불순종하고 범죄한 역사적 사실을 염두에 두었다면, 한 사람 그리스도의 의로운 행위와 순종은 그리스도께 골고다에서 하나님의 뜻에 전적으로 순종하여 십자가의 죽음을 감당한 역사적 사실을 염두에 두었을 것이다. 바울이 빌립보서 2장에서 그리스도의 순종과 관련하여 "자기를 낮추시고, 죽기까지 복종하셨으니, 곧 십자가의 죽으심이라"(빌 2:8)고 말한 사실이 이를 뒷받침한다.

물론, 이 십자가의 순종은 예수님께서 친히 말씀하신 "인자의 온 것은⋯자기 목숨을 많은 사람의 대속물로 주기 위함이다"(막 10:45; 마 20:28)에서 볼 수 있는 것처럼 그의 전 생애를 통한 순종의 완성이요, 최고의 목표, 절정이다. 따라서, 그리스도의 십자가 순종을 강조한다고 해서 그것이 그리스도의 전 생애를 통한 순종을 무시하거나 분리시키고 있는 것처럼 생각해서는 안 될 것이다.

사실상 에덴동산에서 아담이 하나님이 금한 선악과를 따먹은 범법행위와 불순종은 그가 하나님의 형상으로 창조주 하나님을 온전하게 사랑하여야 할 책임을 저버린 배신 행위였다. 그렇게 함으로써, 그는 창조주 하나님과의 관계가 단절되어 자신과 모든 후손에게 영적인 죽음은 물론 육체적 죽음을 가져오게 했다.

하지만, 하나님의 뜻에 전적으로 순종하심으로 하나님에 대한 최고의 사랑을 보여준 그리스도의 행위는 그를 믿는 모든 이에게 하나님과 올바른 관계 회복을 통한 의와 생명을 가져오게 하였다. 아담의 불순종 행위가 그의 모든 후손에게 영향을 주는 대표 행위였던 것처럼, 그리스도의 순종 행위도 그를 믿는 모든 자에게 영향을 주는 대표 행위였다.

요약하자면, 그리스도의 십자가의 죽음은 범죄한 아담과 그의 후손이 감당하여야 할 저주와 사망의 심판을 대신 담당한 사건일 뿐만 아니라, 또한 아담과 그의 후손이 마땅히 수행하여야 할 율법의 최고 목표인 온전한 하나님에 대한 사랑(신 6:5)과 이웃 사랑(레 19:18)을 대신 수행한 사건이다.

그런 점에서 어떤 사람이 그리스도께서 십자가 사건을 통해 우리가 범죄로 인해 받아야 할 저주와 수난과 죽음의 심판을 대신 받으신 일을 그리스도의 수동적 순종으로, 반면에 그리스도께서 십자가 사건을 통해 우리가 하지 못했던 하나님의 법의 최고목표인 하나님과 이웃에 대한 온전한 사랑을 구현한 일을 그리스도의 능동적 순종으로 표현할 수 있다고 하더라도―물론 이러한 구분이 성경의 근거를 지니고 있는 것은 아니다―십자가 사건이야말로 그리스도의 수동적 순종과 능동적 순종을 함축한 완전한 능동적 순종이라고 말할 수 있다.

여기서 중요한 것은, 십자가 사건을 통한 그리스도의 완전한 순종이 지닌 풍성한 의미를 설사 수동적, 능동적 측면에서 볼 수 있다고 하더라도, 그리스도의 완전한 순종을 서로 독립적인 별개의 능동적, 수동적 순종으로 나눌 수 있는 것처럼 생각해서는 안된다. 그리스도의 십자가 사건이 나눌 수 없는 하나의 사건인 것처럼, 그리스도의 순종은 하나의 완전한 순종이다.

그리스도의 수동적 순종이든, 능동적 순종이든, 같은 동전의 앞면과 뒷면처럼 동일한 그리스도의 십자가 사건의 표현일 뿐 어느 순간도 별도로 구분하거나 분리될 수 있는 것은 아니다.[191]

그렇다면, "속죄소" 다음에 나오는 개역개정에서 "그의 피로써 믿음으로" 번역된 두 전치사 구 '디아 테스 피스테오스 엔 토 아우투 하이마티'(διὰ τῆς πίστεως ἐν τῷ αὐτοῦ αἵματι)를 어떻게 해석하여야 하는가?

문제는 "그의 피로"(ἐν τῷ αὐτοῦ αἵματι)가 "믿음을 통하여"(διὰ τῆς πίστεως) 앞에 있는 "속죄소"(ἱλαστήριον)를 수식하고 있는가, 아니면 바로 앞에 있는 "믿음을 통하여"(διὰ τῆς πίστεως)를 수식하고 있느냐 하는 것이다. 한글 표준성경번역과 영어성경 NIV는 "그의 피로"가 그 앞에 있는 "믿음을 통하여"를 수식하는 것으로 보아 "그의 피를 믿는 믿음을 통하여"("through faith in his blood")로 번역한다. 이와 유사하게 한글새번역은 "그의 피를 믿을 때에 유효합니다"라고 하면서 그의 피를 믿음의 대상으로 보고 있다. 하지만, 신약성경 어느 곳에서도 그리스도의 피가 믿음의 직접적인 대상으로 나타나지 않는다. 오히려 그리스도의 피는 그리스도의 희생적, 속죄적인 죽음을 대변한다.

---

191 우리는 그리스도의 순종을 서로 별개의 두 능동적, 수동적 순종으로 구분하거나 나누는 자들이 지닌 문제점을 이 책 부록에서 별도로 자세하게 취급할 것이다.

그러므로 우리는 "그의 피로"를 그리스도의 구속 사건을 대변하는 하나님이 공개적으로 세운 "속죄소"를 수식하는 것으로 보아야 한다.[192] 더구나 "그의 피"가 수단의 의미를 지닌 전치사 '엔'(ἐν)[193]과 함께 사용되고 있다는 것은 이 전치사 구가 믿음 문구 앞에 있는 "속죄소"를 수식하고 있다는 사실을 시사한다. 이것은 또한 피를 속죄와 연결시키는 에베소서 1:7의 "우리는 그리스도 안에서 그의 은혜의 풍성함을 따라 그의 피로 말미암아 속량 곧 죄사함을 받았느니라"를 통해서도 확인된다.

만일, 이것이 옳다면 "믿음을 통하여"는 어떻게 이해하여야 하는가?

3:21-31의 문단에는 25절의 '디아 테스 피스테오스'(διὰ τῆς πίστεως)를 제외하고, 믿음 문구가 22절의 '예수 그리스도를 믿는 믿음을 통하여'(디아 피스테오스 예수 크리스투, διὰ πίστεως Ἰησοῦ Χριστοῦ), 26절의 '예수를 믿는 자를'(톤 에크 피스테오스 예수, τὸν ἐκ πίστεως Ἰησοῦ), 27절의 '믿음의 법을 통하여'(디아 노무 피스테오스, διὰ νόμου πίστεως), 28절의 '믿음으로'(피스테이, πίστει), 30절의 '믿음으로부터'(에크 피스테오스, ἐκ πίστεως), '믿음을 통하여'(디아 테스 피스테오스, διὰ τῆς πίστεως) 그리고 31절의 '믿음을 통하여'(디아 테스 피스테오스, διὰ τῆς πίστεως) 등 모두 7번 나타난다.

우리는 이미 앞에서 22절의 '그리스도-믿음'(디아 피스테오스 예수 크리스투) 문구가 예수 그리스도의 신실성, 곧 그의 십자가의 순종적 죽음을 가리키기보다는 예수 그리스도를 믿는 우리의 믿음으로 해석하여야 함을 주장하였다. 말하자면, 하나님이 마련하신 하나님의 의는 예수 그리스도를 믿는 우리의 믿음을 통하여 유효하게 된다는 것이다. 26절의 '예수를 믿는 자'나 30절과 31절의 '믿음으로부터'와 '믿음을 통하여'의 경우도 마찬가지이다. 이 모든 경우에 믿음 문구는 하나님이 우리를 의롭게 하시는 통로나 수단의 역할을 하고 있다.[194] 그렇다면 25절의

---

192 박익수, 『로마서 주석 I』, 305는 "예수의 피"와 "믿음"을 동격화시켜, "예수의 피, 곧 그 믿음을 통하여"로 번역한다. 하지만 본문에 나오는 "그의 피"는 당연히 예수의 죽음을 가리키는 "화목제물" 곧 속죄소와 연결시켜야 한다. 머리, 『로마서 주석』, 181; Käsemann, Romans, 98; Ridderbos, Paul, 187; Carson, "Why trust a Cross? Reflections on Romans 3:21-26," 359-60; 라이트, 『칭의를 말하다』, 275; Khalil, "An Interpretation of Rom 3:21-26 within Its Proper Context," 230을 보라.

193 Maximilian Zerwick and Mary Grosvenor, A Grammatical Analysis of the Greek New Testament, 5th ed. (Rome: Pontifical Biblical Institute, 1996), 466도 보라.

194 우리는 로마서와 갈라디아서에서 자주 나타나는 διὰ πίστεως(롬 3:25, 30, 31; 갈 3:14, 26)와 ἐκ πίστεως(롬 1:17x2; 3:30; 4:16x2; 5:1; 9:30, 32; 10:6; 14:23x2; 갈 3:7, 8, 11, 12, 24; 5:5)가 서로 교차적으로 사용되고 있다는 사실을 인정하여야 한다. 3:22의 διὰ πίστεως Ἰησοῦ Χριστου가 3:26의 ἐκ πίστεως Ἰησοῦ와 서로 교차적으로 사용되고 있는 것처럼, 로

'믿음을 통하여'(디아 테스 피스테오스, διὰ τῆς πίστεως)도 하나님이 예수 그리스도의 희생적 죽음이 유효하게 하는 방편이나 수단인 '그 믿음을 통하여', 즉 '그리스도를 믿는 믿음을 통하여'로 보는 것이 가장 자연스럽다.

말하자면, 하나님이 그리스도의 피로 세운 화목/속죄제물의 효력이 미칠 수 있는 자는 오직 예수 그리스도에 대한 믿음을 가진 자라는 것이다. 그리스도 안에 나타난 구원 사건과 믿음은 서로 나란히 가야 한다는 것이다. 아무리 예수 그리스도의 십자가 사건이 위대하며 놀라운 힘과 의미를 지니고 있다고 하더라도, 예수 그리스도에 대한 믿음 없이는 예수님의 구속 사건의 효능이 그에게 결코 미칠 수 없기 때문이다.

그렇다면, 하나님께서 믿음으로 유효한 십자가 사건을 공개적으로 세우신 목적은 무엇인가?

말하자면, 십자가 사건은 무슨 결과를 가져오는가?

앞에서 이미 우리가 살펴보았지만, 바울은 25절 하반절과 26절에서 '세우다'(프로에데토, προέθετο) 동사를 수식하는 세 가지 목적절로 십자가 사건을 로마서 전체의 주제어인 하나님의 의와 직접 연결시킨다.

첫째, 25절 하반절의 긴 전치사 구문, "이는 하나님께서 길이 참으시는 중(中)에 전(前)에 지은 죄를 간과(看過)하신 것에 관하여 자기의 의를 나타내기 위함이다"(εἰς ἔνδειξιν τῆς δικαιοσύνης αὐτοῦ διὰ τὴν πάρεσιν τῶν προγεγονότων ἁμαρτημάτων). 이 전치사 구문은 아담 이후 넓게는 인류의 계속적인 범죄에도 불구하고, 좁게는 인류의 구속을 위해 하나님의 언약 백성으로 세워진 이스라엘 백성의 계속적인 범죄에도 불구하고, 하나님은 죽음의 심판을 즉각적으로 실행하지 않으시고, 오래 참으심으로 심판을 잠정적으로 보류하셨다가, 그 보류하신 심판을 메시아의 죽음에서 수행하심으로 자신의 의를 드러내셨다는 사실을 알려준다.

마서 3:30에서 διὰ πίστεως와 ἐκ πίστεως가 서로 교차적으로 사용되고 있다. 이 점에 있어서 갈라디아서 2:16의 용법이 도움이 된다. 갈라디아서 2:16에 보면, διὰ πίστεως Ἰησοῦ Χριστοῦ와 ἐκ πίστεως Χριστοῦ는 다 같이 '율법의 행위'와 반위관계를 형성하면서 상호 교차적으로 사용되고 있다. 그런데 아쉽게도 대한성서공회에서 최근에 낸 『새한글성경』(2021)은 διὰ πίστεως은 "믿음을 통해", 반면에 ἐκ πίστεως는 "믿음에 기초해서" 혹은 "믿음에 근거하여"라고 번역하여 양자를 구분하고 있다. 후자 번역의 경우, 마치 우리의 믿음이 의를 받을 수 있는 근거 혹은 기초가 된다는 오해를 불러일으킬 수 있다. 하지만 그 어떤 경우도 우리의 믿음은 의를 받을 수 있는 근거나 기초가 아닌 수단 혹은 통로일 뿐이다. 의와 근거와 기초는 우리 믿음의 대상인 예수 그리스도뿐이다.

말하자면, 옛 언약 시대에 이루어진 모든 짐승의 속죄제사를 통해 이스라엘 백성들의 속죄가 선언되었다 하더라도, 그 속죄제사는 이스라엘 백성들의 죄를 근본적으로 해결하지 못하고 다만 그들에 대한 하나님의 심판을 잠정적으로 보류하는 기능만을 가졌다는 것이다. 그러다가 모든 죄에 대한 종국적인 심판이 메시아의 죽음에서 이루어졌다는 것이다.

물론, 이 말이 속죄제사를 통해서 이스라엘 백성들의 죄에 대한 심판이 전혀 없었다거나 그들의 죄가 용서되었다는 것을 부인하는 것은 아니다. 구약의 속죄제사도 하나님께서 세우신 것이기 때문에 하나님은 이것을 통해서 이스라엘 백성들의 죄에 대하여 심판하시고 그들을 용서하셨다. 하지만, 이스라엘 백성들의 죄를 대신하여 희생당한 짐승과 그 피가 하나님의 공의를 충분하게 충족시켜주지는 못하였다.[195] 다만, 하나님의 최종적인 심판을 잠정적으로 보류시켰을 뿐이라는 것이다. 왜냐하면, 사람의 죄에 대한 죗값은 오직 사람만이 감당할 수 있기 때문이다.

그러므로 짐승의 속죄제사를 통해서는 하나님의 의가 충분하게 드러나지 못하였다. 구원을 가져오는 자비와 사랑의 의뿐만 아니라, 징벌과 심판을 가져오는 공의의 의도 충분하게 드러나지 못하였다는 것이다. 그런데 바울은 하나님께서 친히 예수 그리스도의 십자가의 죽음을 통해 잠정적으로 보류되어왔던 그의 진노와 심판을 수행함으로써 이제 그 자신의 의를 드러내시고 입증하셨다고 말한다. 이것은 옛 언약 백성들에 대한 참되고 완전한 속죄가 예수 그리스도 안에서 비로소 완전하게 이루어진 것을 뜻한다(참고 히 9:11-15).[196]

둘째, 바울은 계속해서 26절 상반절에서 두 번째 전치사 목적 구문을 통해 하나님께서 공개적으로 메시아 예수의 십자가 사건을 세우신 것은 "지금 이 때에 자기의 '의'를 나타내기 위함이다"(πρὸς τὴν ἔδειξιν τῆς δικαιοσύνης αὐτοῦ ἐν τῷ νῦν καιρῷ)라고 말한다. 말하자면 십자가 사건은 하나님께서 과거에 죄를 지은 사람들에 대한 심판을 잠정적으로 보류한 것에 대한 그의 의를 드러내신 것일 뿐만 아니라, 또한 지금 현재에 죄를 지은 사람들에 대한 심판의 보류와 죄 용서를 선언하는 것에 대해서도 자신의 의를 드러낸 사건이라는 것이다.

---

195 Schreiner, *Romans*, 205-206.
196 Wolfgang Kraus, *Der Tod Jesu als Heiligtumseihe: Eine untersuchung zum Umfeld der Sühnevorstellung im Römer 3,25-26a* (Neukirchen-Vluyn: Neukirchener Verlag, 1991), 150-57.

셋째, 바울은 26절 하반절의 목적 부정사 구절을 통해 십자가 사건의 목적에 대한 종합적인 결론을 내린다: "그 자신이 의로운 분이라는 것과 그리고 예수 믿는 자[197]를 의롭다고 하기 위함이다"(εἰς τὸ εἶναι αὐτὸν δίκαιον καὶ δικαιοῦντα τὸν ἐκ πίστεως Ἰησοῦ). 하나님이 십자가 사건을 통해서 그 자신이 의로운 분이심을 나타냈다는 것은 십자가 사건을 통해서 하나님 자신의 언약에 대하여 신실하심을 드러냈다는 것이다.

그가 죄에 대하여 반드시 죽음으로 심판하겠다는 언약뿐만 아니라, 그가 이스라엘 백성의 죄를 용서하고 그들을 반드시 구원하겠다는 언약을 지키심으로 자신의 신실함을 구체적으로 나타냈다는 것이다. 이뿐만 아니라, 이제 예수님을 믿는 이들은 누구든지 의롭다고 선언하심으로 땅의 모든 족속이 복을 누리게 하겠

---

[197] 박익수, 『로마서 주석 I』, 305에서 여기 "예수 믿는 자"를 지칭하는 헬라어 구문 τὸν ἐκ πίστεως Ἰησοῦ를 "예수의 믿음과 같은 믿음을 가진 자"로 번역하고 있다. 이렇게 번역할 경우, 우리가 의롭게 되기 위해서는 예수와 같은 믿음, 곧 우리도 자신을 피로 세운 화목제물로 드린 예수의 신실한 행위와 같은 신실한 행위를 통하여 의롭게 된다는 식의 결론에 빠질 수밖에 없다. 박익수는 같은 책, 『로마서 주석 I』, 325-328에서 3:22의 διὰ πίστεως Ἰησοῦ Χριστοῦ와 3:26의 τὸν ἐκ πίστεως Ἰησοῦ를 다 같이 목적 속격으로 보고 "예수 그리스도에 대한 믿음을 통하여"와 "예수에 대한 믿음을 가진 자"로 이해하고 있는 Jewett, *Romans*, 278-293을 비판한다. 그는 만일 바울이 진짜 예수 그리스도에 대한 우리의 믿음을 말하고자 의도하였다면 πίστις Χριστοῦ 대신에 πίστις ἐν Χριστοῦ를 사용하였어야만 한다고 주장한다. 이와 함께 그는 바울에게 있어서 신앙의 대상은 그리스도보다는 하나님을 생각했기 때문에 "그리스도의 믿음"을 그리스도에 대한 신자의 믿음으로 이해해서는 안 된다고 주장한다. 그의 말을 직접 들어 보자: "만일 바울이 '그리스도에 대한 믿음'을 말하려 했다면 당연히 'πίστις ἐν Χριστοῦ'를 사용했을 것이기 때문에 바울의 'πίστις Χριστοῦ' 형식구는 주체적 성격으로 이해해야 한다. 바울은 신앙의 대상으로서의 '그리스도'보다는 '하나님'을 생각했기 때문에 그의 서신들에서 우리는 'πίστις ἐν Χριστοῦ'이라는 표현을 발견할 수 없다. 그러므로 우리는 바울이 자신에게 익숙하고 자신의 신학에 부합한 '그리스도 자신의 믿음/충성'으로 이해한 것이다." 하지만, 이와 같은 박익수의 주장은 헬라어 문법에서 속격구문은 주격 속격뿐만 아니라 목적 속격을 포함하여 기원과 설명 속격 등 다양하게 사용될 수 있다는 사실(BDF S.162-68)을 외면하는 것일 뿐만 아니라, 신약 자체의 가르침과도 맞지 않는 것이다. 예를 들면, 앞에서 인용한 고린도전서 1:6의 "그리스도의 증거"나 빌립보서 3:8의 "그리스도 예수의 지식"의 경우 전치사 ἐν이 없지만 얼마든지 목적 속격인 "그리스도에 대한 증거"와 "그리스도 예수에 대한 지식"으로 이해될 수 있다. 그리고 앞에서도 언급한 바 있지만, 갈라디아서 2:16의 주절은 분명히 그리스도 예수가 "믿는다"라는 동사의 목적어임을 보여주고 있다. 그리고 갈라디아서 3:7, 9에 언급된 οἱ ἐκ πίστεως가 예수 그리스도에 대한 믿음을 가진 사람들을 가리키고 있다는 점도 3:26의 τὸν ἐκ πίστεως Ἰησοῦ가 "예수에 대한 믿음을 가진 사람"으로 볼 수 있다는 점을 보여준다.

다는 아브라함의 언약에 대해서도 자신의 언약에 대해서 신실함을 드러내셨다는 것이다.

이처럼, 예수님의 십자가 사건은 보류되어 왔던 옛 언약 백성들의 죄에 대한 심판과 그들의 구원을 가져온 하나님의 의의 사건일 뿐만 아니라, 지금 이 때에 유대인이든, 이방인이든 누구든지 예수님을 믿는 자를 하나님께서 의롭게 하시며, 동시에 그렇게 함으로써 하나님께서 자신의 의를 확증한 사건이다.

요약하자면, 예수 그리스도의 십자가는 과거나 현재나 미래의 모든 하나님의 언약 백성들, 약속을 믿었던 사람이든, 지금 그 성취를 믿는 사람이든 인종과 신분을 초월하여 한편으로 그들의 불순종의 죄에 대한 하나님의 공의가 충족되고, 또 다른 한편으로 그들에 대한 하나님의 자비와 사랑의 의가 확증되는 의의 사건이다. 즉, 그리스도의 십자가 사건을 통해서 하나님의 사랑과 공의가 온전하게 충족되었다. 그런 점에서 그리스도의 십자가 사건은 하나님의 구원 역사의 최고 절정이라고 말할 수 있다.

따라서, 하나님은 자신의 의를 위해, 그리고 우리의 의를 세우신 이 십자가 사건의 당사자인 예수 그리스도를 믿는 자는 누구든지 예수 그리스도에 대한 그의 믿음을 보시고, 그를 현재나 미래에 의롭게 하시고 구원하신다. 이처럼 칭의와 구원은 현재든 미래든 오직 그리스도의 십자가 사건에 의한 것이지, 그 어떤 사람의 행위, 그 어떤 사람의 율법 준수에 의존하는 것이 아니다.

마지막으로 3:21-26의 문단에서 잊지 않아야 할 것은, 앞에서 이미 잠깐 언급한 바 있지만, 하나님의 우선적인 역할과 하나님의 뜻에 완전하게 순종하신 그의 아들 예수 그리스도의 역할이다. 의를 마련하신 분도, 의를 나타내신 분도, 예수 믿는 자를 의롭다고 하시는 분도, 의를 드러내기 위해 그리스도를 보내시고, 십자가에 공개적으로 그리스도를 세우신 분도, 그리스도의 희생적 죽음을 통해 구속과 화목과 속죄를 마련하신 분도 다 하나님이다.

하나님이 항상 모든 문구의 주어 역할을 한다. 반면에 예수 그리스도는 하나님의 의를 나타내는 근거와 방편이 된다. 하나님은 그의 모든 의와 구원 사역을 그리스도 안에서, 그리스도를 통하여 수행하셨다. 그런 점에서 3:21-26은 전체적으로 하나님의 중심적 역할을, 반면에 그리스도의 완전한 순종적 역할을 강조한다고 말할 수 있다.

그렇다고 해서 우리는 그리스도의 십자가 사건을 단순히 그의 수동적 순종이란 표현으로 말할 수 없다. 이미 우리가 살펴본 것처럼, 그리스도는 십자가 사건을 통해서 우리의 범죄에 대하여 우리의 죗값인 죽음의 심판을 대신 받으셨을 뿐만 아니라, 또한 온 율법의 강령인 하나님에 대한 사랑과 우리(이웃)에 대한 사랑을 통해서 하나님께 능동적으로 순종하셨기 때문이다.

따라서 우리가 그리스도 순종의 풍성함을 위해 '능동', '수동'의 어휘를 사용하여야 한다면 그리스도의 십자가 사건은 그의 완전한 능동적 순종인 동시에 또한 그의 완전한 수동적 순종이다고 말할 수 있다.[198] 그러므로 그리스도의 순종 자체를 능동적, 수동적 순종으로 엄격하게 구분할 수 없다. 바울은 이 문제를 로마서 5장에서 보다 적극적으로 거론한다. 어쨌든 우리가 늘 잊지 않아야 할 사실은 3:21-26의 주된 초점은 메시아 예수 안에서 일어난 전 인류의 구원을 위한 하나님의 내러티브라는 사실이다.

(6) 자랑의 배제(27-31절)

27절은 3:21-26의 논리적 귀결과 그 적용을 말하고 있다. 21-26절에서 밝힌 것처럼 율법과 관계없는 하나님의 의가 예수 그리스도의 십자가 사건을 통해 공개적으로 나타났다. 예수 그리스도의 십자가에서의 죽음을 통하여, 한편으로 과거와 현재와 미래에 지은 인간의 범죄에 대한 하나님의 거룩한 진노와 심판이 수행되었고, 다른 한편으로 인간이 지키지 못했던 율법의 요구가 성취되었다.

그렇게 함으로써 인간을 구원하시려는 하나님의 사랑과 언약적 의가 실행되었다. 이제 하나님께서 유대인이든 이방인이든 인종과 신분과 성별의 차별 없이 십자가 사건을 통해 구속과 화목과 속죄를 이루신 메시아 예수를 믿는 자를 의롭게 하신다. 그렇다면 이와같은 결론이 가져다주는 의미가 무엇이며, 그것을 어떻게 교회 현장에, 세상에 적용시킬 것인가라는 문제가 제기된다. 이것은 바울 당대 유대인들이나 로마의 기독교인들에 의해 제기될 수 있는 질문이기도 하지만, 바울 자신이 설정한 수사학적 질문일 수도 있다.

바울은 3:21-26과 관련하여 3:27-31에서 세가지 질문을 제기하고, 그 답을 제시한다.

---

198 개혁신학자 중에도 그리스도의 온전한 순종을 '능동'과 '수동' 순종으로 구분하는 것 자체를 반대하는 분들도 있다. 예를 들면 John Murray, 박문제 옮김,『조직신학』(서울: 크리스챤다이제스트, 2008), 2.163; Donald Macleod, "Christ's Active and Passive Obedience"(https://donaldmacleod.org.uk/dm/christ-active-and-passive-obedience/); 유해무,『개혁교의학: 송영으로서의 신학』(서울: 크리스챤다이제스트, 1997), 346-348을 보라.

첫째 질문은 "자랑할 데가 어디 있느냐?"는 것이고, 바울의 답변은 "있을 수 없다"는 것이다(27절).

두 번째 질문은 "하나님은 다만 유대인의 하나님이시냐 또한 이방인의 하나님은 아니시냐?"이고, 그 대답은 "이방인의 하나님도 되시느니라"이다(29절).

세 번째 질문은 "우리가 믿음으로 말미암아 율법을 파기하느냐?"이고, 그 답변은 "결코 그럴 수 없느니라"이다(31절). 그리고 각 질문과 답변에 이어 그에 대한 간단한 적용이 제시된다.

첫 번째 질문 "그런즉 자랑할 데가 어디 있느냐"와 그 답변, "있을 수 없다"의 경우는 다른 질문과 달리 후속적인 질문인 "무슨 법으로냐 행위로냐"와 그 답변, "아니라, 오직 믿음의 법으로니라"가 뒤따라 나온다. 그리고 이어 그 이유, 곧 "왜냐하면 사람이 의롭다 하심을 얻는 것은 율법의 행위에 있지 않고 믿음으로 되는 줄 우리가 인정한다"(28절)가 제시된다. 이것은 첫 번째 질문이 매우 중요한 질문임을 시사한다.

첫 번째 질문은 사실상 3:21의 율법 외에 하나님의 의가 나타났다는 것과 이 '의'는 예수 그리스도를 믿음으로 주어진다고 말하고 있는 22절과 불가분의 관계를 가지고 있다. 자기 행위의 산물인 율법의 행위에 의해 의롭게 된다면 당연히 그는 자랑할 수 있겠지만, 예수 그리스도 안에 나타난 하나님의 의의 사역을 믿음으로 하나님께서 은혜로 그를 의롭게 하시기 때문에, 그(인간)의 자랑이 있을 수 없다는 것이다.

예수 그리스도를 통해서 세우신 믿음의 법이 행위의 법에 근거한 모든 인간의 자랑을 철저히 배제한다는 것이다. 왜냐하면, 믿음은 자기에 대한 신뢰를 포기하고, 전적으로 그리스도에게만 신뢰를 두는 것이기 때문이다.[199]

여기 자랑을 배제할 이유와 관련된 질문인 "무슨 법으로냐, '행위의 (법)'으로냐? 아니요, 오직 '믿음의 법'으로이다(διὰ ποίου νόμου; τῶν ἔργων; οὐχί, ἀλλὰ διὰ νόμου πίστεως.)를 어떻게 이해할 것인가?

여기 '법'(νόμος)이란 말이 두 번 나타나지만, '행위의'(τῶν ἔργων)라는 말에 '법'이 생략되었다고 한다면 '법'이란 어휘가 세번 사용되고 있다고 볼 수 있다. 제일

---

199 Cf. Käsemann, *Romans*, 102: "율법 없이 오직 믿음 위에 서는 것은 또한 '자랑'에 종지부를 찍는 것이다."

먼저 나오는 '무슨 법'은 그 뒤에 날카롭게 대조 되는 '행위의 법'과 '믿음의 법'을 가리키고 있다고 볼 수 있다. 즉 '행위의 법'은 자랑을 가져오지만(4:2), 믿음의 법은 철저하게 자랑을 배제한다.

만일 '행위의 법'이 모세의 '율법'을 가리킨다고 한다면, '믿음의 법'은 율법이 아닌 다른 법을, 혹은 법이 아닌 원리를 가리킨다고 보아야 하는가? 적지 않은 사람들이 그렇게 생각한다.[200] 하지만 바울이 일반적으로 '법'을 지칭하는 헬라어 '노모스'(νόμος)를 주로 모세의 율법을 가리키는 말로 사용하고 있다는 점을 고려해 볼 때, '믿음의 법'이 모세의 법을 지칭하는 '행위의 법'이 아닌 다른 의미를 지니고 있다고 보기는 어렵다.

그런데, 바울이 여기서 '행위'와 '믿음'을 서로 반위 관계로 설정하고 있다는 점은 바울이 동일한 모세의 율법을 다른 시각에서 보고 있다는 것을 알려준다. 즉, 바울은 행위의 법인 모세의 법을 예수 그리스도에 대한 믿음의 전망에서 보고 있다는 것이다.

그럴 경우, 여기 '믿음의 법'은, 로마서 8: 2에 나타나 있는 '죄와 사망의 법'과 대조되는 '생명의 성령의 법'이나 갈라디아서 6:2의 '그리스도의 법'의 경우에서처럼, 그리스도를 통해서 그 본래의 요구가 성취된 법을 지칭한다고 볼 수 있다.[201] 더구나 바울은 같은 문단 31절에서 믿음이 율법을 파기하지 않고 오히려 율법을 굳게 세운다고 말하고 있지 않는가!

만일, 바울이 여기서 '법'을 그가 지금까지 '법'을 일관되게 모세의 법을 지칭하는 것으로 사용해 온 것과 다른 의미로 사용하기를 원했다고 한다면 그는 이 문단을 눈으로 읽지 않고 귀로 듣고 있는 로마 교회의 청중들을 위해서 별도의 설명을 했어야 했다. 그런데 바울이 별도의 설명을 하지 않고 있다는 것은 바울이 법을 모세의 율법 의미로 사용하고 있다는 것을 시사한다.

모세의 율법을 내가 행하였다는 관점에서 본다면 자랑할 수가 있겠지만, 내가 온전히 행할 수 없었던 그 율법을 그리스도께서 나를 위해 대신 성취하셨다는 사실을 믿는 관점에서 본다면(마 5:17), 그 법은 내가 자랑할 수 없는 믿음의 법이 되

---

[200] 예를 들면, Barrett, *Romans*, 83; Murray, *Romans*, 122-23; Byrne, *Romans*, 137; Moo, *Romans*, 251-53; Hultgreen, *Romans*, 168-69; Jewett, *Romans*, 297; 박익수, 『로마서주석 I』 338; Longenecker, *Romans*, 444-45; Schreiner, *Romans*, 210-11.

[201] Stuhlmacher, *Romans*, 66; E. J. Schnabel, *Der Brief des Paulus an die Römer: Kapitel 1-5* (Giessen: Brunnen, 2015), 418.

는 것이다.²⁰² 자랑을 찾는다면 우리 대신 모세의 율법을 완전히 성취하신 그 믿음의 대상 예수를 자랑하는 것 외에 다른 것이 있을 수 없다.

그래서 3:28의 결론적인 고백, "그러므로 사람이 의롭다 하심을 얻는 것은 율법의 행위에 있지 않고 믿음으로 되는 줄 우리가 인정하노라"가 가능하다. 사실 유대인은 자신들이 하나님의 언약 백성이라는 점에서 뿐만 아니라, 율법의 행위를 하고 있다는 점과 관련해서도 자랑하였다. 이처럼 유대인들에게 있어서 자랑은 자신들의 독특한 신분은 물론 자신들의 행위에 대한 신뢰와 관련되어 있다.²⁰³ 그런데 자랑은 유대인들에게만 있는 것이 아니다. 자기중심적인 이기심과 자신에 대한 신뢰에서 나오는 자랑은 사람에 따라 정도의 차이는 있겠지만 거의 모든 사람으로부터 찾아볼 수 있는 것이다.

사람은 예수 그리스도를 발견하고 그분만이 진정한 자랑임을 고백할 때까지는 자아 중심과 자기 자랑에서 완전히 해방되기 어렵다. 바울 자신도 예수님을 만나기 전까지는 자신이 "율법으로는 흠이 없는 자"라고 자랑할 수 있었다(빌 3:6). 하지만 그리스도를 만난 이후에는 "내게는 우리 주 예수 그리스도의 십자가 외에 결코 자랑할 것이 없다"(고전 1:31; 갈 6:14)고 고백하였다. 실제로 그는 예수 그리스도 때문에 자신의 현재와 미래가 있다는 사실을 깨달았기 때문이다.

자랑을 배제한다는 것은 이제 모든 사람이, 유대인이든 이방인이든 하나님 앞에서 동등함을 시사한다. 죄인으로서 동등할 뿐만 아니라, 의롭다함을 얻음에 있어서도 동등하다는 것이다. 왜냐하면 유대인이든 이방인이든 율법의 행위로서가 아니고, 오직 예수 그리스도를 믿음으로 의롭게 되기 때문이다(갈 2:16). 바로 여기서 두 번째 질문, "하나님은 다만 유대인의 하나님이시냐 또한 이방인의 하나님은 아니시냐"는 질문이 제기된다.

하나님은 유대인이든, 이방인이든 모두 예수 그리스도를 믿음으로 의롭게 하심으로 유대인의 하나님은 물론 이방인의 하나님이심을 나타내셨다. 바울이 4장에서 보다 구체적으로 설명하고 있는 것처럼, 하나님은 이미 아브라함에게 주신 언약(창 12:2-3)을 통해서 땅의 모든 족속이 복을 누리게 될 것을 약속하셨다. 곧, 땅의 모든 족속을 아브라함의 후손으로 오실 예수 그리스도에 대한 믿음을 통하여 구원하심으로 그들의 하나님이 되실 것을 약속하신 것이다. 이 하나님

---

202 Fitzmyer, *Romans*, 363-64.
203 이 문제에 대한 자세한 논의는 Simon J. Gathercole, *What is Boasting? Early Jewish Soteriology and Paul's Response in Romans 1-5* (Grand Rapids: Eerdmans, 2002)을 보라.

의 약속이 그리스도의 십자가 사건을 통해서 성취되어, 하나님은 자신이 유대인 뿐만 아니라 이방인의 하나님도 되심을 드러내셨다. 하나님께서 예수 그리스도 안에서 자신을 유대인은 물론 이방인의 하나님으로 나타나셨기 때문에, 이 한 분 하나님을 통해서 할례자나 무할례자나 모두 오직 믿음으로 의롭게 된다.

그러므로 구원의 길은 유대인이나 이방인이 다 같이 죄인이라는 사실에서 동일한 것처럼, 유대인이나 이방인에게나 동일하다.[204] 이처럼 하나님께서 유대인과 이방인이 똑같이 믿음으로 의롭게 하심으로써 그들에게 똑같이 그들의 하나님이심을 나타나셨기 때문에 유대인이 이방인에게 우월감을 가지거나 혹은 그 반대로 이방인이 유대인처럼 될 필요가 없다.

그렇다면, 세번째 질문인 예수 그리스도 안에 나타난 믿음의 길이 율법을 폐하는가?

믿음의 길은 율법에 배치되며, 믿음이 나타난 이후에는 유대인의 율법은 무용지물이 되는가라는 질문이 제기된다. 이 문제와 관련하여 바울은 마지막 절인 31절에서 "믿음은 율법을 파기하지 않고 오히려 굳게 세운다"고 대답한다. 아마도 이와 같은 바울의 주장은 자신의 '칭의'의 복음이 율법을 파기하는 반(反)율법주의적이라는 비난을 염두에 두고 이를 시정하려는 의도에서 나온 것일 수 있다.

하지만, 복음서에 나오는 율법에 대한 예수님의 선언, "내가 율법이나 선지자를 폐하려 온 것이 아니요 오히려 완전하게 하려 하심이라"(마 5:17)를 감안해 볼 때, 바울의 주장은 믿음과 율법에 대한 바울 자신의 확신을 천명하고 있는 것으로 볼 수도 있다. 믿음은 우리를 대신해서 율법의 모든 요구를 지키신 예수 그리스도를 믿는 믿음이요, 동시에 이 믿음은 성령을 통해서 율법의 근본 목적인 사랑을 이루게 하는 믿음이기 때문에, 참다운 믿음은 율법을 폐기하지 않고, 오히려 율법을 굳게 세운다.

즉, 그리스도와의 연합을 믿는 믿음이 우리를 대신하여 모든 율법을 성취하신 예수님의 성취에 참여하게 할 뿐만 아니라(고전 1:30), 성령을 통하여 그리스도의 성취를 우리의 삶을 통해 재현하게 하기 때문에, 즉 율법의 강령인 하나님 사랑과 이웃 사랑을 실천할 수 있도록 하기 때문에 율법을 굳게 세운다. 4장 이하에서 설명되고 있는 아브라함의 사례가 이 점을 보여준다.

---

204 L. E. Keck, *Romans* (Nashville: Abingdon, 2005), 116.

2) '이신칭의'의 패러다임으로서 아브라함(4:1-25)

바울은 로마서 몸체(1:18-15:13)의 첫 번째 내러티브(1:18-3:20)에서, 마치 법정에서 유능한 검사가 피고의 범죄를 세세하게 열거하면서 사형을 구형하듯이, 이방인과 유대인을 포함한 전 인류가 불경건과 불의로 인해 하나님의 사형판결 심판을 피할 수 없음을 지적하였다(1:32; 3:19를 보라). 심지어 하나님의 언약 백성으로 자처하는 유대인도 이 점에 있어서 예외가 아니며, 그들이 자랑하는 모세의 율법과 할례마저 그들이 처한 현재의 비참한 상황을 전혀 도울 수 없음을 강조하였다.

만일, 로마서가 1:18-3:20으로 끝났다면 인류는 더는 소망이 없고, 인류 역사는 사실상 비극으로 종결되고 말았을 것이다. 그런데 바울은 3:21에서 "그러나 이제는"이란 선언과 함께 하나님께서 마련하신 새로운 극적인 반전인 예수 그리스도 안에 나타난 하나님의 의를 소개하였다. 1:18-3:20이 인류가 스스로 만든 비참과 불행과 그것에 대한 하나님의 진노와 심판의 역사라고 한다면, 3:21-31은 인류를 죄와 비참으로부터 건져내신 하나님의 새로운 구원의 역사이다.

이 새로운 구원 역사는 이미 주제 문단인 1:16-17에서 복음 안에 나타나고 있는 '하나님의 의'의 계시로 소개된 바 있다. 하지만, 바울은 로마서 3:21-31에서 주제 문단에서 소개한 하나님의 의를 구체적으로 설명한다. 즉, 하나님의 의가 어떻게 메시아 예수 안에서 나타났으며, 메시아 예수 안에 나타난 이 하나님의 의를 인류가 어떻게, 곧 그리스도를 믿는 믿음으로 받을 수 있는가를 말한다. 그리고 이방인이든 유대인이든 모든 인류는 하나님 앞에서 똑같은 죄인인 것처럼, 하나님께서 그리스도를 통하여 마련한 이 의 앞에서, 그리고 이 의를 믿음으로 받는 점에 있어서 완전히 동등하다는 점을 강조한다.

바로 여기서 바울은 독자들로부터 제기될 수 있는 두 가지 질문에 대하여 답변할 필요를 느꼈을 것이다.

첫째, 그가 3:27-31에서 주장한 이방인뿐만 아니라 하나님의 선민인 할례받은 유대인도 율법의 행위가 아닌 믿음으로 의롭게 된다는 것이 성경을 통해 입증될 수 있느냐는 것이다.

둘째, 그가 주장한 하나님이 할례받은 유대인뿐만 아니라 무할례자인 이방인의 하나님이 된다는 것 역시 성경을 통해서 입증될 수 있느냐는 것이다.[205]

사실 이 두 질문은 결국 하나의 질문으로 통합될 수 있는데, 그것은 3장의 결론인 하나님은 할례받은 유대인만 아니라, 무할례자인 이방인도 똑같이 믿음으로 하나님의 백성으로 삼으셨다는 것을 어떻게 성경을 통해 입증할 수 있느냐는 것이다. 바울이 4장에서 구약성경에 나오는 아브라함의 실례를 든 것은, 아브라함이 독자들에게도 잘 알려진 인물이었을 뿐만 아니라, 아브라함의 경우가 3장의 결론 부분에서 제기되는 이 두 가지 질문에 대한 답변을 확실하게 제공할 수 있기 때문이다.[206]

이것은 4장이 "그런즉 우리가 육신을 따라 우리의 조상인 아브라함이 발견한 것에 대해 무엇이라 말할 수 있는가?"[207](Τί οὖν ἐροῦμεν εὑρηκέναι Ἀβραὰμ τὸν προπάτορα ἡμῶν κατὰ σάρκα;)라는 수사학적인 질문으로 시작하고 있는 점에서 부정하기 어렵다(참고. 3:9; 4:1; 6:1; 7:7; 8:31; 9:14, 30). 이 질문은 우리의 조상 아브라함이 3장의 결론이 말하는 두 질문에 대한 답을 제시하는 실례의 인물임이 확실한가에 관하여 확실하다는 대답을 이끌어내려는 수사학적인 질문이다.[208]

---

205 Gorman, *Romans*, 131-132.
206 Schreiner, *Romans*, 217: "4장에서 바울은 아브라함을 3:27-31의 첫 두 주제를 확인하기 위한 실례로 제시한다: 의는 행위가 아닌 믿음으로 주어진다(4:1-8과 3:27-28). 그리고 모든 사람은 똑같은 방식으로 의를 받는다(4:9-16과 3:29-30)."
207 한글 번역은 필자의 개인번역이다. 이 번역은 질문형 대격 대명사 "무엇을" 1인칭 복수 동사인 "우리가 말할 수 있는가"에 연결시키고, "발견하였다"는 완료형 능동태 부정사의 주어를 아브라함으로 보고, "육을 따라"의 전치사구가 아브라함을 수식하고 있다고 보고 있다. 하지만, 개역개정과 새한글번역은 "무엇을" 발견하였다는 부정사와 연결시켜 번역하고 있다. 예를 들면, 새한글은 4:1을 다음과 같이 번역한다: "그러면 육신을 따라 우리 조상인 아브라함이 무엇을 찾아 얻었다고 말해야 할까요?"
208 Longenecker, *Romans*, 485; Schreiner, *Romans*, 221-222. 하지만, 톰 라이트는 4장을 전혀 다른 각도에서 접근한다. 그는 4장의 아브라함 이야기가 바울이 3:21-31에서 말한 이신칭의에 대한 성경적 예증으로 제시되는 것이 아니라, 누가 진정한 아브라함의 가족인가를 보여준다고 주장한다. 그리고 나아가서 아브라함을 통해서 하나님의 의, 곧 그의 언약적 신실성을 말하고 있다고 본다. 그렇게 함으로써 그는 4장을 3:21-31에 나타난 하나님의 의와 연결시킨다. 라이트는 이러한 주장을 펼치기 위해 4장을 시작하는 1절을 전혀 다르게 번역한다. 그는 논문, "Paul and the Patriarch: The Role of Abraham in Romans 4," *JSNT* 35 (2013), 227에서 4:1의 헬라어 본문 Τί οὖν ἐροῦμεν εὑρηκέναι Ἀβραὰμ τὸν προπάτορα ἡμῶν κατὰ σάρκα;을 한 문장으로 보지 않고, '우리가 말하다'라는 동사 ἐροῦμεν와 '발견하다'는 부정사 εὑρηκέναι사이에 구두점이 있는 두 문장으로 본다. 그리고 "육신을 따라"

이리하여 3:21-31의 내러티브와 4장의 내러티브는 서로 깊이 연결된다. 양자가 깊이 연결되어 있다는 것은, 3:21-31의 내러티브의 주인공인 하나님이 바로 4장의 내러티브를 만드신 분이기 때문이다. 실로 4장이 아브라함을 통한 하나님의 약속 내러티브라고 한다면, 3장은 아브라함의 후손인 메시아 예수를 통한 하나님의 성취 내러티브라고 말할 수 있다. 이뿐만이 아니다. 3장과 4장이 서로 깊이 연결되어 있다는 것은 3장의 내러티브를 이끌어 가는 핵심 어휘인 "의"와 "믿음"이 4장 전체 내러티브를 통해서 거듭 반복되고 있는 사실에서 확인된다.[209]

바울이 로마서 4장에서 아브라함에 관한 이야기를 길게 거론하고 있는 사실로부터 우리는 적어도 세 가지 사실을 추론할 수 있다.

첫째, 바울이 3:21-31에서 메시아 예수를 통한 하나님의 구속 내러티브를 시작할 때부터 시작절인 21절에서 언급한 "율법과 선지자들에게 증거를 받은 것", 곧 구약성경에서 약속된 것이란 말에서 암시된 것처럼, 4장의 아브라함 내러티브를 염두에 두었을 것이라는 점이다.[210]

둘째, 유대인과 이방인으로 구성된 로마의 기독교인들이 구약성경에 나오는 아브라함 이야기를 잘 알고 있을 것임을 바울이 전제하고 있다는 것이다. 만일 독자들이 아브라함을 전혀 알지 못한다면 바울이 구태여 4장에서 길게 아브라함 이야기를 할 필요도 없을 것이고, 설사 아브라함 이야기를 말한다 하더라도 설득력을 갖기 어려울 것이다.[211]

전치사구가 아브라함이 아닌 '발견하다'는 부정사에 연결시켜 다음과 같이 부정적인 답변을 이끌어내는 질문으로 번역한다: "What shall we say, then? Have we found Abraham to be our ancestor in a human, fleshly sense?"("그런데 우리가 무슨 말을 할 수 있을까요? 우리가 아브라함이 육신적인 의미에서 우리의 조상임을 발견하였습니까?". 역시 그의 *Paul and the Faithfulness of God*, Parts III and IV, 1003; *Justification*, 218 [한글 번역, 『톰 라이트 칭의를 말하다』, 296]. 하지만 이와 같은 번역은 Jewett, *Romans*, 307; Schreiner, *Romans*, 221; John Barclay, *Paul and the Gifts* (Grand Rapids: Eerdmans, 2015), 483n88)에서 각각 지적하고 있는 것처럼 문맥상으로도, 문법적으로, 그리고 본문의 역사적 상황과도 부합되지 않는다.

209 바울은 3:21-31에서 "의" 어휘를 9번(3:21, 22, 24, 25, 26x3, 28, 30), "믿음" 어휘를 8번(3:22, 25, 26, 27, 28, 30x2, 31), 그리고 4:1-25에서 "의" 어휘를 10번(4:1, 3, 5x2, 9, 11x2, 13, 22, 25), "믿음" 어휘를 16번(4:2, 5, 6, 9, 11x2, 12, 13, 14, 16x2, 17, 18, 19, 20, 24) 사용하고 있다.
210 이 점은 바울이 갈라디아서 3장에서 아브라함에게 준 하나님의 약속이 그의 자손 메시아를 통하여 성취되었다고 말하고 있는 점에서 확인된다.
211 우리가 이 주석의 서문에서 설명한 것처럼, 로마의 기독교인 공동체는 유대인과 유대교에 개종한 소수의 이방인으로 시작하였고, 그리고 바울이 로마서를 보낼 때도 비록 소수이긴

셋째, 독자들이 알고 있는 아브라함의 이야기를 바울이 시정하려고 한다는 것이다. 바울 당대 유대인이 그들의 아버지로 부르는 아브라함(참고. 예수님의 부자와 나사로 비유에서 부자가 아브라함을 '아버지'로 불렀던 사실을 보라)을 잘 알고 있었다고 하는 사실은 분명하다.

하지만, 바울 당대의 다양한 유대교 문헌에 나타나고 있는 아브라함은 구약성경 자체가 보여주는 아브라함과 사뭇 달랐기 때문에, 바울 당대 유대인이 여러 부분에서 아브라함을 잘못 알고 있었을 수도 있다. 갈라디아 교회 교인들이 유대주의자들로부터 아브라함에 대하여 잘못된 이야기를 들었기 때문에, 바울이 갈라디아 3-4장에서 이를 시정하려고 한 것처럼, 바울이 로마의 기독교인들이 아브라함에 대해 잘못 알고 있는 부분을 로마서 4장에서 이를 시정하려고 하였다는 것이다. 그렇지 않다면, 바울이 성경을 통해서 그들이 알고 있는 아브라함에 관한 이야기를 새삼스럽게 이렇게 길게 다시 설명할 필요가 없었을 것이다.

그렇다면, 로마의 기독교인들이 아브라함에 대해 어떻게 듣고 있었을까?

아마도 로마의 기독교인들이 알고 있었던 아브라함의 이야기는 바울 당대 유대 문헌과 유대교에서 전파되는 아브라함의 이야기와 크게 다르지 않을 것이다. 즉, 로마의 기독교인들은 그들이 유대인이든 이방인이든 아브라함은 유대민족과 유대교 신앙의 아버지이며, 아브라함은 그의 충성스러운 순종의 행위를 통해 하나님으로부터 의로운 자로 칭함을 받았다는 것과 그로 말미암아 그가 유대민족과 신앙의 아버지가 되었다는 이야기를 들었을 것이다.

하지만, 다메섹 사건 후 구약성경을 다시 보게 된 바울은 바울 당대 유대 문헌과 유대교에서 말하고 있는 아브라함 이야기가 구약성경 자체(창 12:2-3; 창 15:3-6)의 가르침과 맞지 않다는 사실을 알게 되었을 것이다. 그러므로 바울은 독자들에게 당대 유대 문헌이나 유대교가 이해하고 있는 아브라함이 아닌 구약성경 자체가 말하는 아브라함 이야기를 새로운 각도에서 다시 전달함으로써 그들의 아브라함 이해를 시정할 필요를 느꼈을 것이다.[212] 말하자면, 아브라함은 당대의 유대 문헌과 유대교에서 말하는 것처럼 그 자신의 충성된 행위를 통해서 하나님으

하지만 유대인 기독교인들이 있었다는 사실은 로마서의 독자들이 유대인이 그들의 아버지로 부르는 아브라함을 잘 알고 있었다고 보아야 한다.

212 Käsemann, *Romans*, 105; Stuhlmacher, *Romans*, 69-71; 홍인규, 『로마서 어떻게 읽을 것인가』, 84.

로부터 의롭게 된 것이 아니라는 것이다.

구약성경에 보면 본래 아브람은 노아의 후손이었지만 또한 바벨탑 심판으로 인해 흩어졌던 불경건한 자였다. 그런데 하나님은 그를 구원 목적의 도구로 선택하셨다.[213] 아브라함에게 자손을 주실 것과 그를 통해 큰 민족을 세울 것과 아브라함의 후손을 통해 이방인을 포함한 모든 민족이 복을 받게 될 것을 약속하였다(창 12:2-3). 아브라함은 하나님이 약속한 것이 반드시 이루어질 것을 믿음으로 의롭게 되었다(창 15:6). 바울은 회심 후 구약성경을 통해 아브라함을 새롭게 알게 되었다. 그리고 이 새로운 이해를 근거로 하여 바울은 3:21-31에서 주장한 자신의 논지와 4장을 서로 연결한다.

바울은 로마서 4장에서 그가 구약성경을 통해 새롭게 알게 된 아브라함(다윗을 포함하여) 이야기를 통해 그가 3:21-31에서 강조한 내용을 입증한다. 곧 아브라함의 사례를 통하여 3:21-31의 핵심적인 두 어휘인 '의'와 '믿음'을 설명한다. 하나님께서 사람을 의롭게 한다는 것은 무엇을 뜻하며, 믿음은 무엇이며, 믿음과 하나님의 의 사이에 어떤 관계가 있으며, 유대교의 할례와 율법은 이들과 어떤 관계를 가지고 있고, 왜 하나님은 할례자인 유대인은 물론, 무할례자인 이방인의 하나님도 되는가를 설명한다.[214]

바울의 설명에 따르면, 아브라함이 의롭게 된 것은 유대교에서 주장하고 있는 것처럼 행위를 통해서 의롭게 된 것이 아니다. 오히려 아브라함은, 유대교의 주장과는 달리, 하나님께서 주신 언약(약속)을 믿음으로 의롭게 되었다. 다시 말하자면, 하나님께서 아브라함에게 주신 그 약속(창 12:2-3; 15:3-5)을 아브라함이 믿었기 때문에 하나님께서 그 믿음을 보시고 그를 의롭게 하신 것이지, 그의 행위나 혹은 후일에 행한 할례 때문이 아니다.

이와 같은 아브라함의 경우는 할례자인 유대인뿐만 아니라 무할례자인 이방인에게도 적용될 수 있다. 왜냐하면, 실로 하나님은 장차 이방인도 믿음으로 의롭게 하실 것을 염두에 두시고(창 12:3), 아브라함이 할례를 받기 전에 곧 그가 이방인과 같은 무할례자로 있을 때 그를 믿음으로 의롭게 하셨기 때문이다. 이처럼 아브라함의 실례는 할례와 율법을 의지하는 유대인의 특권을 지켜주기보다도 오

---

213 싸이프리드, "로마서," 338.
214 M. Cranford, "Abraham in Romans 4: The Father of All Who Believe," *NTS* 41 (1995): 71-88; N. Elliot, *The Rhetoric of Romans: Argumentative Constraint and Strategy and Paul's Dialogue with Judaism*, JSNTS 45 (Sheffield: Sheffield Academic Press, 1990), 221.

히려 하나님 앞에서 의롭게 되는 문제에 있어서 유대인과 이방인이 서로 동등하다는 것을 가르쳐 주는 모델이다.[215]

물론, 거듭 말하지만 이와 같은 바울의 아브라함 해석은 바울 당대 유대교에서의 아브라함 해석과는 매우 배치된다. 왜냐하면 제2성전 시대의 유대교 문헌인 "시락서", "아브라함의 계약", "희년서", "제1마카비서" 등 여러 유대 문헌에서 볼 수 있는 것처럼, 유대교에서 말하는 아브라함은 그 행위가 하나님 앞에서 완전하였고 전 생애를 걸쳐서 의로운 삶을 살았다.

예를 들면, 어떤 문헌들은 창세기 26:5의 "아브라함이 내 말을 순종하고 내 명령과 내 계명과 내 율례와 내 법도를 지켰다"는 말씀에 근거하여, 아브라함은 모세를 통해 율법이 주어지기 전부터 이미 율법을 알았고, 그것을 완벽하게 지켰다고 보았으며, 창세기 17장의 가르침에 근거하여, 아브라함이 할례를 행함으로 하나님의 언약을 상속받게 되었다고 주장하고 있다.[216] 그런데 바울은 이와 같은 유대 문헌들의 주장과는 다른 주장을 한다.

바울이 로마서 4장에서 믿음을 설명하면서 당시 유대교의 아브라함 해석을 반박하는 이유는 무엇인가?

바울이 당대의 유대교를 정면으로 비판하기 위해서인가?

아니면, 갈라디아서에서 볼 수 있는 것처럼, 바울의 반대자들이 아브라함을 자신들의 주장을 뒷받침하는 강력한 무기로 설정하여 바울의 칭의의 복음을 공공연하게 반대하기 때문에 그들을 대적하기 위해서인가?

아니면, 어떤 새관점 주창자의 주장처럼 언약 백성을 형성한 아브라함의 가족은 유대인뿐만 아니라 이방인도 포함하고 있다는 사실을 보여주기 위함인가?[217]

바울이 로마서 4장에서 아브라함을 일방적으로 유대인이나 이방인에게 적용시키지 않고 항상 양쪽 모두에게 적용시키고 있다고 하는 점은, 그의 아브라함에 관한 재해석이 단순히 유대인들을 공격하기 위함에 있다기보다도 아브라함 안에서 유대인과 이방인이 의를 얻는 길에 있어서 모두 동등하고 동일하다는 점을, 그래서 아브라함을 통해 하나님의 새로운 언약 백성으로서 양자가 서로 연합되

---

215 Longenecker, *Romans*, 476.
216 마카비 1서 2:51-52; 희년서 23:10; Mishnah Kiddushin 4:14를 예로 들 수 있다.
217 Wright, *Romans*, 65-66.

어 있음을 강조하기 위함일 것이다.[218]

그런 점에서 4장의 아브라함의 이야기는 1:18-3:20에 나타나 있는 이방인과 유대인 이야기와 대조를 이룬다. 즉, 1:18-3:20이 이방인은 물론 유대인도 다 같이 범죄하여 하나님의 의를 상실한 죄인임을 강조하고 있다고 한다면, 4장의 아브라함의 이야기는 바울이 3:21-31에서 강조한 유대인은 물론 이방인도 다 같이 하나님께서 범죄한 전 인류를 위해 마련하신 메시아 예수에 대한 믿음을 통해 하나님 앞에서 의롭게 된다는 사실을 재확인하고 있다.

로마서 4장은 크게 4:1-12과 4:13-25의 두 부분으로 나눌 수 있다. 전자는 아브라함이 행위(율법과 할례)로서가 아니라 믿음으로, 그것도 행위의 절정으로 볼 수 있는 할례시가 아니라 무할례 시에 이미 믿음으로 의롭게 되었다는 것과 아브라함은 할례자인 유대인은 물론 무할례자인 이방인의 조상과 모델이 된다는 것을 강조하고 있다.

반면에, 후자는 율법이 주어지기 전에 아브라함이 하나님의 언약/약속을 믿음으로 의롭게 되었기 때문에, 하나님의 언약/약속의 성취인 예수 그리스도를 믿어 의롭게 되는 우리 모든 사람(유대인과 이방인 모두)의 모델이 된다는 사실을 강조한다. 즉, 하나님의 구원 역사에 있어서 믿음의 사람 아브라함과 모든 기독교인 사이에는 강한 연속선이 있다는 것이다.[219]

(1) 믿음의 사람 아브라함(4:1-12)

로마서 4장의 전반부 4:1-12는 네 부분으로 세분할 수 있다.

첫 부분인 4:1-3은 아브라함이 어떻게 하나님 앞에서 의롭게 되었는가를 설명한다. 여기서 바울은 구약 창세기 15:6을 인용하여, 아브라함이 의롭게 된 것은, 그의 행위 때문이 아니라, 하나님의 약속을 믿는 그의 믿음 때문이었음을 강조한다. 그러므로 그는 하나님 앞에서 자랑할 것이 없다.

둘째 부분인 4:4-6은 아브라함이 행위가 아닌 믿음으로 의롭게 되었다는 것이 구체적으로 무엇을 뜻하고 있는가를 설명한다. 여기서 바울은 믿음에 의한 의는 우리가 하나님으로부터 복을 받을 아무런 공로나 자랑거리가 없고, 오히려 심판

---

218 Schreiner, *Romans*, 209.
219 Fitzmyer, *Romans*, 371.

을 받아야 하는 불경건한 자임에도 불구하고, 하나님께서 우리를 은혜로 값없이 의로운 자로 여겨주신 것임을 강조한다.

셋째 부분인 4:7-9는 다윗이 어떻게 아브라함처럼 이 믿음에 의한 의를 받게 되었는가를 설명한다. 여기서 바울은 시편 31:1-2를 인용하여 다윗도 아브라함처럼 행위에 의해서가 아니라, 믿음에 의한 의의 복을 받게 되었음을 강조한다.

마지막 부분인 4:10-12는 아브라함이 의롭게 된 것은 그의 할례시가 아니라, 무할례시인 것을 강조한다. 그렇게 함으로써 할례는 하나님의 의에 도달하는 수단이 될 수 없음과 아브라함은 무할례자들에게도 의롭게 되는 모델이 됨을 강조하고 있다. 물론 이와 같은 아브라함에 대한 바울의 해석은 앞에서 이미 지적한 것처럼 바울 당대 유대교의 아브라함 해석과는 근본적으로 다른 것이다.

① 믿음으로 의롭게 된 아브라함(1-5절)

3:27-31에서 바울은 하나님은 할례자인 유대인도, 무할례자인 이방인도 (율법의) 행위가 아닌 오직 예수 그리스도에 대한 믿음을 통해서 의롭게 하신다는 사실을 거듭 강조하였다. 그렇게 함으로써 유대인과 이방인이 믿음 안에서 서로 동등한 하나님의 백성이 되었음을 밝혔다.

이제 4장에서 바울은 이러한 주장이 유대인이든 이방인이든, 믿는 모든 사람의 아버지로 불리는 아브라함의 경우를 통하여 구체적으로 입증될 수 있음을 보여준다.[220] 만일 아브라함이 행위가 아닌 믿음으로 의롭게 된 것이 확실하게 입증될 수 있다고 한다면, 그리고 이것이 유대인은 물론 이방인에게도 적용될 수 있다고 한다면, 그것은 3:28의 명제 "사람은 누구든지 율법의 행위가 아닌 예수 그리스도에 대한 믿음을 통해서 의롭게 된다"는 바울의 주장을 방어하는 훌륭한 근거가 될 수 있을 것이다.

이뿐만 아니라, 아브라함이 행위를 통하여 의롭게 되었다고 주장하는 바울 당대 유대인들은 물론 그들로부터 아브라함에 대한 잘못된 이해를 갖고 있는 일부 로마 크리스천들의 이해를 시정하는 좋은 근거와 무기가 될 수 있을 것이다. 사실상 로마의 크리스천이 알고 있는 아브라함에 대한 구약성경의 증언, 이를테면 창세기 17:1-19장에 따르면, 아브라함이 99세 때에 하나님이 나타나서 "너는 내 앞에서 행하여 완전하라"(17:1)고 명하신 다음 아브라함과 사라에게 후손과 그

---

[220] Fitzmyer, *Romans*, 369; Schreiner, *Romans*, 213.

들 통한 큰 민족의 복을 약속하시고 그 언약의 징표로 할례를 거행할 것을 명하셨다.

그리고 창세기 26:2-5에 보면 하나님께서 아브라함에게 자손의 복과 그 자손을 통해 천하 만민이 복을 받게 하겠다는 약속을 주신 것(2-4절)은 "이는 아브라함이 내 말을 순종하고 내 명령과 내 계명과 내 율례와 내 법도를 지켰음이라"(5절)고 말하고 있기 때문에, 아브라함에 대한 수정된 이해는 불가피하였을 것이다.

4장 첫 절에 나오는 "그런즉 우리가 육신을 따라 우리의 조상인 아브라함이 발견한 것에 대해 무엇이라 말할 수 있는가?"(Τί οὖν ἐροῦμεν εὑρηκέναι Ἀβραὰμ τὸν προπάτορα ἡμῶν κατὰ σάρκα;)라는 질문은, 이미 앞에서 언급한 것처럼, 해석상 많은 논란이 있다.

논란이 되는 것은, 이 본문을 한 문장으로 보고, 우리의 조상된 아브라함에게 일어났던 일이 3장의 결론 부분에서 말한 이신칭의의 내용을 입증하고 있다는 "그렇습니다"라는 긍정적인 대답을 이끌어 낼 수 있는 질문으로 볼 것인가, 아니면 헤이스(R. Hays)와 라이트(T. Wright)가 주장하는 것처럼,[221] 부정적인 답변인 "그렇지 않습니다"를 끌어내는 두 문장, "그런즉 우리가 말을 할 수 있을까요? 우리가 아브라함이 육신으로 우리의 조상임을 발견할 수 있습니까?"라고 번역하여야 하는가이다.

사실 4:1에 대한 번역에 따라 4장 전체 내용에 대한 이해가 달라진다. 전자의 경우 4장을 이신칭의의 성경적 실례로 보는 반면에, 후자는 누가 진정한 아브라함의 자녀인가라는 질문 아래 육신이 아닌 믿음이 유대인이든 이방인이든 아브라함의 자녀인 징표라는 관점에서 4장에 접근한다.

필자는 이미 앞에서 후자를 주장하는 헤이스와 라이트의 번역이 갖는 문제점을 지적한 바 있다. 4:1의 헬라어 본문을 두 문장으로 볼 수 있는 사본학적, 문법적 근거가 전혀 없고, 전후 문맥의 흐름에도 맞지 않는다. 우리의 견해로는 접속어 "그런즉"(운, οὖν)이 암시하고 있는 것처럼, 3:27-31에서 주장된 내용인, "사람이 (율법의) 행위가 아닌 믿음으로 의롭게 된다"가 아브라함의 생애를 통해서도 동일하게 입증될 수 있다는 답변을 예상하는 수사학적인 질문으로 보는 것이 옳

---

[221] 하지만 R. Hays, *The Conversion of Imagination: Paul as Interpreters of Israel's Scripture* (Grand Rapids: Eerdmans, 2005), 61-84; T. Wright, *Romans*, 489-90; "Paul and Patriarch: The Role of Abraham in Romans 4," *JSNT* 35 (2013), 207-41. Hays와 Wright 제안의 문제점에 관해서는 Schreiner, *Romans*, 220-222를 보라.

다고 본다.²²²

달리 말하자면, 1절을 3:27-31의 전 문맥에 비추어 본다면, 1절은 우리의 조상 아브라함이 자신의 행위를 통해 하나님으로부터 의롭게 되었는가, 아니면 믿음으로 의롭게 되었는가를 묻는 질문이다.²²³ 따라서 1절의 질문은 좀 더 의역하여 "그런즉 육신을 따라 우리의 조상이 된 아브라함이 행위가 아닌 믿음으로 의롭게 되었다는 사실을 말하고 있다고 볼 수 있지 않습니까?"라고 번역할 수도 있다. 바울이 독자로부터 기대하는 답변은 "예, 그렇습니다"라는 긍정적인 반응이다.

이와 관련하여 2절에서 바울은 아브라함이 그의 행위로 의롭다함을 얻을 만큼 하나님 앞에서 자랑할 행위가 없다고 말한다. 말하자면, 아브라함은 그의 행위를 통해 의롭게 된 것이 아니라는 것이다. 물론 이것은 아브라함에게 있어서 선한 행위가 없었다거나, 그의 행위 중 자랑할 만한 것이 하나도 없었다는 말은 아니다.

아브라함의 행위가 아무리 좋고 많았다 하더라도, 하나님 앞에서 그것이 결코 아브라함을 의롭게 하는 수단이 아니었고, 그 이후에도 그를 의로운 자로 간주하는 수단이 되지도 않았다는 것이다. 다시 말하자면, 아브라함도 하나님 앞에서 율법을 온전히 지키지 못한 불경건한 자였다는 것이다(4:5).²²⁴

이처럼, 바울이 여기서 논의하고자 하는 것은, 행위 그 자체의 가치 여부에 대한 것이 아니라, 행위가 결코 의의 수단이 될 수 없다는 것이다.

그렇다면, 아브라함은 하나님 앞에서 불경건한 자였고, 그 자신의 행위를 근거해서는 하나님 앞에서 설 수 없는 자였는데, 어떻게 그는 하나님으로부터 죄 사함의 은혜를 받고 의로운 자로 인정받을 수 있었는가?

3절 이하를 통하여 그 답변이 제시된다.

바울은 3절에서 성경 창세기 15:6을 인용하여, "아브라함이 하나님을 믿었고, 하나님께서 아브라함의 이 믿음을 그를 의롭게 하시는 통로(수단)로 삼으셨다"고 강조한다. 말하자면, 하나님께서 창세기 12:2-4와 15:4-5에서 아브라함에게 약속한 내용인 그를 통해 큰 민족을 이루게 하겠다는 것과 그의 후손을 통해 만민

---

222 Moo, *Romans*, 262; Schreiner, *Romans*, 222.
223 머리, 『로마서 주석』, 193.
224 J. Lambrecht, "Why Is Boasting Excluded? A Note on Rom 3,27 and 4,2," *Ephemerides Theologicae Lovanienses* 61 (1985), 365-69; S. E. Porter, *The Letter to the Romans: A Linguistic and Literary Commentary* (Sheffield: Sheffield Phoenix, 2015), 104.

이 복을 받게 하겠다는 그 약속이 반드시 이루어질 것을 아브라함은 믿었고, 하나님은 자신의 약속을 믿은 아브라함의 믿음을 아브라함을 의롭게 하는 방편으로 삼았다는 것이다.

사실 우리말 개역개정판 번역, "아브라함이 하나님을 믿으매 그것이 그에게 의로 여겨진 바 되었느니라."가 보여주고 있는 것처럼, 3절은 마치 '믿음=의'의 공식처럼, 아브라함의 믿음이 자연적으로 하나님의 의를 받을 수 있는 근거나 의로운 행위가 되었다는 생각을 가지게 한다.[225] 그러나 이것은 바울의 의도가 아니다. '여겨졌다'는 동사 '에로기스데'(ἐλογίσθη)는 일종의 신적 수동태로서 하나님의 행동을 강조하고 있다. 즉 아브라함이 하나님의 약속을 믿었을 때 하나님께서 이 믿음을 보시고, 은혜로 아브라함을 의롭게 하셨다는 것이다.

이처럼, 아브라함의 믿음이 그에게 의를 가져오는 수단이 되었다 하더라도 믿음이 의를 산출한 것은 아니다. 하나님의 은혜가 아브라함에게 의를 가져왔다. 아브라함을 의롭게 하신 주체는 하나님이지 아브라함의 믿음이 아니다. 믿음은 하나님이 역사하시는 자리와 통로이며,[226] 믿음은 하나님의 은혜가 작용하는 공간이다. 심지어 아브라함의 믿음도 하나님과 분리되지 않는다. 신실하신 하나님이 아브라함에게 믿음을 불러일으켰다.[227] 믿음이 행위가 아닌 근본 이유가 여기에 있다. 하나님은 바로 이 믿음을 통해 아브라함에게 의를 가져왔다.

이처럼, 바울의 강조점은 아브라함의 믿는 행위에 있다기보다도 하나님의 약속을 신뢰하는 아브라함의 믿음을 수단으로 삼아 아브라함에게 의를 돌리는 하나님에게 있다. 하지만, 믿음이 없는 곳에는 하나님의 의가 작용할 수 없다(4:5, 9, 11, 22, 23). 이러한 바울의 강조는 바울 당대 유대교에서 널리 알려졌던 사상, 곧 아브라함은 하나님의 모든 계명과 율법을 완벽하게 지켜 하나님의 언약을 상속받는 의로운 자가 되었다는 사상과는 전혀 다른 것이다.

예를 들면, 마카비 문서 2:52는 "아브라함이 시험에서 충성됨을 입증하지 아니하였느냐, 그래서 그것이 그에게 의로 간주되지 아니하였느냐?"고 말하면서, 아브라함의 의가 그의 충성됨에 근거하고 있다고 주장한다. 역시 이와 유사하게

---

225 예를 들면, Stuhlmacher, *Romans*, 72에서 "성경은 창세기 15:6에서 명백하게 아브라함의 믿음을 칭의의 근거(ground)로 말한다"고 하면서 창세기 15:6의 아브라함의 믿음이 그의 의의 근거가 된 것처럼 잘못 판단한다.
226 Käsemann, *Romans*, 111: "믿음은 창조자 홀로 역사할 수 있고 역사할 자리이다."
227 Witherington, *Romans*, 123.

다메섹 문서 3:2는 "아브라함은 그릇된 길을 걷지 않았으며, 그는 자신의 마음의 욕심을 따르지 않고, 하나님의 계명을 지켰기 때문에, 하나님의 친구로 여겨졌다"라고 말하고 있다. 심지어 희년서 23:8은 "아브라함은 그의 모든 행위에 있어서 주님 앞에 완전하였으며, 그의 전 생애 동안에 의를 추구하는 자였다"라고 말하고 있다(역시 17:15-18). 그래서 시락서 44:19-21은 "아브라함은 많은 사람의 위대한 아버지였다. 영광에 있어서 그와 같은 사람은 아무도 없다. 그는 가장 높으신 분의 율법을 지켰고, 하나님은 아브라함과 언약을 맺었고, 그의 후손과도 언약을 세웠다. 아브라함은 시험을 통해 신실한 자로 인정받았다. 그래서 하나님은 아브라함에게 명세하셨다.

곧, 그의 씨를 통하여 민족들에게 복을 내리실 것과 그의 후손을 땅의 티끌처럼 많아지게 할 것이며, 그의 씨를 별들처럼 높이고, 바다에서 바다로, 강으로부터 땅의 모든 부분까지 상속하게 될 것을 보증하셨다"고 말하고 있다. 이처럼 유대교 문헌에 나타나 있는 아브라함은 그의 선한 행위, 율법에 대한 순종을 통하여 의로운 자가 되었다. 바울은 이와 같은 당대의 유대교 문헌의 아브라함 해석을 수정하고 있다.

아브라함에게 있어서 의(義)의 원천이 "아브라함의 행위"가 아니고 "하나님의 은혜"라는 사실이 4-5절에서 보다 분명하게 설명된다.[228] 4절에서 바울은 이 점을 시장에서 적용되는 노동과 임금(賃金)의 상관관계를 예를 들어 설명한다. 시장에서는 임금은 노동의 정당한 대가다. 노동자를 고용하여 그에게 어떤 일을 시켰다면, 그 고용주는 노동에 준하는 임금을 그 노동자에게 지불할 의무를 지닌다. 그리고 일한 노동자는 일에 준하는 임금을 받을 수 있는 권리를 가진다. 노동자가 임금을 받을 때 그것을 은혜로 생각하지 않고 당연히 받을 것을 받았다고 생각한다. 왜냐하면, 그는 그 임금을 받을 만큼 일을 했기 때문이다.

하지만, 아브라함에게 주어진 하나님의 의는, 어떤 사람이 노동을 하고 당연히 정당한 대가로 받는 임금처럼, 아브라함이 선한 일을 하고 그 대가로 받은 것이

---

[228] 여기서 "일" 곧 "행위"가 3:28의 "율법의 행위"와 연결되어 있다고 하더라도 이것을 James Dunn이 주장하고 있는 것처럼 유대인들이 언약 백성으로서 율법을 지키려는 언약 백성의 표지로만 이해할 수는 없다. 오히려 이것은 마땅히 임금을 요구할 수 있는 인간의 공로적 행위를 지칭한다. 역시 Witherington, *Romans*, 124. 그러므로 본문에서 바울이 믿음에 대조되는 인간의 행위를 문제 삼는 것이 아니라, 유대인들의 특수한 민족주의나 인종주의를 문제 삼고 있다는 새관점주의자들의 주장이 정당하다고 보기는 어렵다. 이와 관련된 새관점에 대한 비판을 위해서는 Das, *Paul, the Law, and the Covenant*, 192-214를 보라.

아니다. 그것은 하나님께서 자신의 약속을 신뢰하는 아브라함의 믿음을 통해 그에게 은혜로 주신 것이다.

바울은 5절에서, 어떤 사람이 보수 받을 일을 아니할지라도, 즉 그가 경건하지 아니할지라도, 하나님은 그를 그의 일과 경건과 관계없이 의롭다고 하시는 분이심을 믿는다면, 하나님은 자신에 대한 그의 믿음을 의로 여기신다고 말한다. 즉, 아브라함이 아직 할례받지 않은 불경건한 이방인으로 있을 때 그가 하나님을 신뢰하는 그의 믿음을 보고 그를 의롭다고 인정하신다는 것이다.

그럴 경우, 그에게 있어서 의는 일의 대가가 아니다. 그는 아무런 일도 하지 않았기 때문이다. 그에게 있어서 의는 하나님의 주권적인 은혜의 선물이요, 값없이 주어진 복이다.[229] 그러므로 그는 하나님 앞에서 자신의 행위를 자랑할 수 없다. 하나님은 자신을 신뢰하는 아브라함의 믿음을 보시고, 그를 의롭게 하시는 복을 그에게 주셨기 때문이다. 이처럼 '일'과 '믿음'은 여기서 행위와 은혜처럼 날카로운 반위 관계를 형성하고 있다. 의는 일이 아니라 믿음과 나란히 간다.

심지어 하나님 앞에 내세울 만한 일이 없고 불경건하더라도 의롭게 하시는 하나님에 대한 믿음만 있으면 하나님은 그를 의로운 자로 선언한다. 이 선언은 물론 법적이지만 단순한 법적 선언 이상의 의미를 지니고 있다. 그것은 또한 새로운 창조이며, 불경건한 자를 의로운 자로 만드는 하나님의 역사이다. 왜냐하면, 최종적인 재판장으로서 법적인 선언을 하시는 분이 또한 창조자이시며, 구속자이시기 때문이다.[230]

② 다윗의 고백(6-8절)

바울은 6-8절에서 시편 32:1-2, "불법이 사함을 받고 죄가 가리어짐을 받는 사람들은 복이 있고, 주께서 그 죄를 인정하지 아니하실 사람은 복이 있도다"를 인용하여, 아브라함과 마찬가지로 다윗도 하나님의 의가 일의 대가가 아니고 하나님을 믿는 자에게 주시는 은혜의 선물이요, 복이라는 사실을 고백하였음을 밝힌다.

곧 다윗이 일찍이 자신이 아무런 공로가 없음에도 불구하고, 하나님으로부터 자신의 죄가 용서되고, 자신의 죄가 덮어지고, 주께서 그의 죄를 결코 계산하지

---

229 Schreiner, *Romans*, 224.
230 Käsemann, *Romans*, 112-113.

않는 자는 복되다고 고백함으로써, 아브라함에게 주어졌던 동일한 하나님의 은혜의 의를 찬양하였다는 것이다. 아마도 다윗은 충성된 부하 우리아를 살해하고 그의 아내를 취한 자신의 범죄에 대한 하나님의 용서를 체험하고 이와 같은 고백을 하였을 것이다. 그런데 바울이 볼 때 다윗의 찬양은 사실상 그가 일찍이 아브라함이 가졌던 하나님에 대한 동일한 믿음을 가졌고, 하나님으로부터 동일한 의를 받았다는 것을 보여주고 있다.

왜냐하면, 다윗이 말하고 있는 "복"은 단순히 물질적이거나 정신적인 복을 뜻하는 것이 아니라, 아브라함의 경우에 언급한 '의'처럼 종말론적인 복을 지칭하기 때문이다.[231] 이는 다윗이 이 '복'을 구체적으로 설명하여, 의의 내용으로 볼 수 있는 "불법이 사함을 받고", "죄들이 가려지고", "죄를 간주하지 아니하고"라고로 말하고 있기 때문이다. 여기서 우리는 다시 한번 바울에게 있어서 '칭의'는 단순한 법적 선언 이상의 의미를 지니고 있다는 사실을 확인한다.

'칭의'는 법정에서 불경건한 자의 죄를 묻지 않고 의롭다고 선언하는 것임은 물론, 그의 불법이 용서를 받고 그의 죄들이 가려지는 것을 포함하고 있다는 것이다. 죄들이 가려졌다는 것은 죄책을 묻지 않는다는 의미는 물론, 더 궁극적으로 그를 사로잡고 있던 죄의 권세로부터 자유롭게 했다는 의미를 지니고 있다. 죄의 권세로부터 구원하여 하나님의 권세 아래로 옮겼다는 것이다.[232]

물론, 이와 같은 바울의 해석은, 당대 유대교의 아브라함 해석의 경우처럼, 유대교의 이해와는 달랐을 것이다. 왜냐하면 당대 유대교는 하나님께서는 의로운 자와 경건한 자와 불의를 미워하는 자를 옹호하시고, 사악하고 불경건한 자는 미워하신다고 생각하였기 때문이다. 그러나 십자가 사건을 체험한 바울의 입장에서 볼 때, 하나님은 이제 그리스도의 십자가 사건 때문에 불의한 자와 불경건한 자도 의롭게 하신다.

그래서 그는 다음 장에서 "우리가 아직 죄인 되었을 때에 그리스도께서 우리를 위하여 죽으심으로 하나님께서 우리에 대한 자기의 사랑을 확증하셨다"고 고백하고 있다(롬 5:8). 이처럼 바울은 이스라엘 민족 가장 중요한 두 인물인 아브라함과 다윗을 예를 들어, 그들도 행위에 의해서가 아니라 믿음에 의한 의를 누리게 되었다고 강조함으로써, 3:28, 30에서 밝힌 것처럼, 믿음에 의한 의의 길이 하

---

231 Hauck, *TDNT*, IV, 367.
232 Schrenk, *TDNT*, II, 205; Käsemann, *Romans*, 113.

나님께서 유대인과 이방인, 곧 전 인류에게 주신 유일한 길임을 재강조한다.

③ 아브라함과 할례(9-12절)

9-12절에서 바울은 유대인이든 이방인이든 행위가 아닌 믿음으로만 의롭게 될 수 있음을 재확인하기 위해 아브라함의 할례 역시 그의 의와 관련되어 있지 않다는 사실을 강조한다. 즉, 아브라함이 믿음으로 하나님으로부터 의의 복을 얻은 것이 그가 할례를 받은 때였는지 아니면 그 이전인 무할례(無割禮) 때인지를 묻고, 할례받은 때가 아니라 무할례 때임을 강조한다. 아브라함이 할례를 받은 것(창 17장)은 의를 받기 위한 것이 아니라, 이미 믿음으로 의롭게 된 사실(창 15장)을 재확인한 것에 불과하다는 것이다.

말하자면, 할례는 행위와 마찬가지로 의를 받기 위한 수단이나 새로운 신분을 만드는 수단이 아니라, 이미 믿음으로 받은 의를, 혹은 이미 주어진 의의 신분을 재확인하는 "믿음의 의의 표징"에 불과하다는 것이다(4:11).[233] 왜냐하면, 창세기에서 볼 수 있는 것처럼 할례는 아브라함이 이미 믿음으로 의롭게 된 이후(창 15:6), 상당한 시일(적어도 14년 이상)이 경과한 다음 받았기 때문이다(창 17:7-10). 이처럼 아브라함이 할례를 받기 전에 이미 믿음으로 의롭게 되었다는 것은 할례가 의의 복을 받는 조건이나 수단이 아님을 보여준다.

그런데 바울은 아브라함이 무할례 때에 이미 믿음으로 의롭게 된 사실은, 아브라함 한 개인에게 머물지 않고, 이방인을 포함하는 그 이후의 모든 사람이 어떻게 의롭게 될 수 있는가를 보여주는 거울(모델)이 되고 있다고 말한다.

아브라함이 무할례 때에 이미 믿음으로 의롭게 되었다고 하는 것은 그가 할례를 받지 않고 믿음으로 의롭게 된 모든 자의 아버지가 될 수 있음을 보여준다는 것이다. 이것은 할례를 유대인 됨, 곧 아브라함의 후손이 되는 표지로 삼는 유대인의 입장에서 볼 때 매우 충격적이었을 것이다.

왜냐하면, 역사적으로 아브라함이 사실상 할례받지 않은 이방인의 신분으로 있을 때 믿음으로 의롭게 되었다는 사실은 할례가 의를 받는 근거가 될 수 없으며, 따라서 아브라함이 무할례자에게도 조상이 될 수 있다는 것을 보여주기 때문이다.[234] 바울은 이어 아브라함이 믿음으로 의롭게 된 이후 할례를 받았다는 것은

---

233 여기 "표징"은 마치 우리가 서류를 작성한 다음 이것이 참되거나 사실임을 입증하기 위해 도장을 찍거나 사인을 하는 것과 같은 의미를 갖고 있다. Fitzer, *TDNT* 7, 949를 보라.
234 바울의 강조점은 할례받은 유대인이 아닌 무할례자인 이방인에게 있다. 역시 Tobin, *Paul's*

그가 또한 할례받은 유대인의 조상임을 보여준다고 말한다(12절). 이처럼 바울은 할례가 아브라함의 후손이 되는 우선순위가 아니라, 믿음이 우선순위임을 강조한다. 아브라함과 같은 믿음을 가질 경우 할례의 유무(有無)와 관계없이 얼마든지 아브라함의 후손이 된다는 것이다.

곧 무할례자도, 할례자도 이제 그들의 조상 아브라함이 그렇게 했던 것처럼, 하나님에 대한 믿음을 가질 때, 하나님은 아브라함을 할례가 아닌 믿음으로 의롭게 하신 것처럼, 그들도 믿음으로 의롭게 하신다. 이처럼 바울은 9절 서두에서 다윗이 말한 의의 복이 할례자들에게만 해당되는 것인가, 무할례자들에게도 동일하게 적용되는 것인가라는 질문을 제기하고, 아브라함의 경우를 들어 답변한다. 아브라함의 실례를 통해서 확인할 수 있는 것은, 할례는 처음부터 의와는 직접적인 관계가 없다는 것이다. 이것이 부인할 수 없는 역사적 사실이라면, 할례받은 유대인이든, 할례받지 않은 이방인이든, 하나님으로부터 의롭다 함을 얻기 위해서는, 할례받기 이전의 아브라함의 길, 곧 행위의 길이 아닌 믿음의 길을 좇아가야 한다.

왜 바울이 아브라함의 경우를 예를 들어 이처럼 할례가 의를 얻는 수단이 아님을 강조하고 있는가?

바울 당대 어떤 부류의 유대인들에게 있어서 할례는 사실상 유대인들이 하나님의 종말론적인 구원을 얻는 메시아 왕국에 들어가는 마지막 보루로 여겨지고 있었기 때문이다(CD 16.4-6; 희년서 15.31-33). 그리고 여기에 대한 근거를 아브라함에게서 찾고 있었기 때문이다. 그래서 바울은 할례는 이미 믿음으로 의롭게 된 것을 확인한 것에 불과할 뿐, 할례 그 자체는 의롭게 하는 데 있어서 효력이 전혀 없다는 것을 밝히고 있다.

(2) 믿음의 조상 아브라함과 율법(4:13-25)

거듭 말하지만, 로마서 4장의 중심 주제는 3:21-31에서 강조한 예수님을 믿음으로 의롭게 되는 '이신칭의'와 연결되어 있다. 바울은 이 이신칭의를 구체적으로 설명하고 예증하기 위해 아브라함을 모델로 제시한다. 아브라함은 이스라엘 백성은 물론 모든 신앙인의 아버지가 되기 때문이다.

Rhetoric in Its Contexts. The Argument of Romans, 149를 보라.

4:1-12에서 바울은 아브라함은, 그의 행위를 통해서가 아니라 하나님의 약속을 믿음으로 의로운 자가 되었으며, 할례는 이미 그가 믿음으로 의로운 자로 인정을 받은 이후 하나님의 언약을 받은 자의 표로 주어진 것이기 때문에 하나님의 의와는 아무런 직접적인 관계가 없음을 강조하였다.

즉, 할례를 포함하여 그 어떤 인간의 행위도 하나님의 의를 받는 조건과 공로가 될 수 없다는 것이다. 이제 그는 4:13-25에서 아브라함이 받은 언약과 후대에 주어진 율법과의 관계, 아브라함이 받은 언약과 그의 믿음과의 관계, 아브라함의 믿음과 예수 그리스도, 후대 성도들과의 관계를 설명한다. 그렇게 함으로써 할례와 마찬가지로 율법이 의의 길이 될 수 없고, 오직 예수 그리스도를 믿음으로 의롭게 된다는 이신칭의 주제를 재천명한다. 따라서 본문은 다음과 같이 언약과 율법과의 관계를 말하고 있는 4:13-16, 아브라함의 믿음의 내용을 말하는 4:17-22, 아브라함의 믿음, 후대 신자들, 예수 그리스도와의 관계를 설명하는 4:23-25로 나눌 수 있다.

① 아브라함의 언약(13-16절)

바울은 4:10-12에서, 아브라함이 이미 하나님으로부터 믿음에 의해 의롭다함을 인정받은 후에 할례를 받은 역사적 사실을 근거로 들어, 할례가 하나님의 백성이 되는, 혹은 하나님의 의를 받는 데 있어서 조건이 될 수 없음을 강조하였다. 이제 4:13-16에서 바울은 행위와 할례 문제로부터 다시 율법의 문제로 넘어간다. 행위의 절정이라고 볼 수 있는 유대인의 할례가 의를 받는 조건이 아니라고 한다면, 자연히 유대인에게 주어진 율법은 어떠하냐는 질문이 제기될 수 있다.

바울은 이 문제와 관련하여 그가 갈라디아서 3장에서 논증하였던 것처럼, 아브라함은 하나님께서 주신 언약을 믿음으로 의로워졌고, 율법은 언약이 주어진 이후 430년 뒤에 모세를 통해 주어졌기 때문에, 율법도 할례와 같이 하나님의 의를 받는 조건이 될 수 없음을 강조한다. 하나님은 일찍이 아브라함에게 "내가 너로 큰 민족을 이루게 하고, 땅의 모든 족속이 너로 인하여 복을 얻을 것이라"고 언약(약속)을 하셨다(창 12:2-3). 아브라함은 이 하나님의 언약을 믿고 자신의 고향 땅을 떠났다.

창세기 15:4-5에 따르면, 그 후 하나님은 다시 아브라함에게 "네 몸에서 태어날 후사(자식)를 주실 것과 네 자손이 하늘의 별처럼 많아지게 될 것"을 언약하셨다. 아브라함은 자신에게 언약, 곧 후사, 땅의 상속, 모든 족속의 복의 근원이 된다는 약속을 하신 하나님을 믿었고, 하나님은 자신의 언약을 믿은 아브라함의 이 믿음을 그를 의롭게 하는 통로로 삼았다(창 15:6).

갈라디아서 3:16에 따르면, 하나님께서 아브라함에게 약속한 후사는 바로 그리스도이다. 그러나 여기 로마서에서 아브라함의 "씨", 곧 아브라함의 후손은 할례자인 유대인과 무할례자인 이방인을 포함하여 그리스도를 믿는 모든 자를 가리키는 집합명사로 사용되고 있다.[235] 이처럼 의는 하나님의 약속, 곧 언약의 최절정인 그리스도에 대한 믿음과 관련되어 있을 뿐, 후대에 주어진 율법과는 아무런 상관이 없다.

따라서, 아브라함의 축복을 계승할 자는, 율법에 따라 사는 자들이 아니고, 유대인이든 이방인이든 아브라함처럼 그리스도에 대한 믿음을 가진 자이다. 14절의 조건절, "만일 율법에 속한 자들이 후사이면 믿음은 헛것이 되고 약속은 폐하여졌느니라"는 말은 율법에 속한 자들이 후사가 될 수 없음을 강조하는 수사학적 표현이다(갈 3:18). 즉 율법에 속한 자가 후사가 아니고 약속을 믿는 자가 아브라함의 후사라는 것이다.

이처럼, 율법은 언약과 아무런 관련이 없다고 할 때 자연히 제기되는 질문은, 그렇다면 율법의 주 기능은 무엇인가 하는 것이다. 15절에서 바울은 하나님께서 아브라함과 그의 후손에게 주신 약속은 율법을 따라 사는 자들에게 계승된다는 당대 유대교의 사상을 염두에 두면서, 율법은 약속이 아닌 오히려 진노와 관련되어 있다고 말한다.

하지만, 우리는 "율법은 진노를 이루게 하나니 율법이 없는 곳에는 범함도 없다"는 15절을 근거로 하여, 마치 하나님께서 진노를 유발하기 위해 율법을 주신 것처럼 생각하면 안 된다. 율법은 어디까지나 하나님의 거룩한 법이고, 그 법을 지키면 복을, 지키지 않으면 하나님의 거룩한 공의의 표현인 진노와 저주를 받게 되어 있었다. 그런데 사람들은 죄로 인하여 하나님의 거룩한 법을 지킬 수 있는 능력을 상실하게 되었다. 따라서, 복의 수단으로 주어진 율법이 오히려 하나님의 진노를 유발하는 수단이 되었다. 문제의 원인은 율법 자체에 있는 것이 아니다. 복의 수단인 율법을 불순종하여 오히려 율법을 진노와 저주의 수단으로 바꾼 죄인에게 있지, 하나님에게 있는 것이 아니다.[236]

235　머리,『로마서 주석』, 208; Tobin, *The Argument of Romans*, 150, n61.
236　Cranfield, *Romans*, 240-241; Moo, *Romans*, 282; Schreiner, *Romans*, 238.

16절에서 바울은 아브라함이 언약의 상속자가 된 것은 하나님의 약속을 믿은 그의 믿음 때문임을 재차 강조한다. 즉, 아브라함과 그의 후손에게 주어진 언약은 아브라함의 공로가 아니라, 전적으로 하나님이 은혜로 주신 선물이라는 것이다. 바울이 하나님의 언약이 믿음으로 주어졌고 행위가 아닌 하나님의 선물임을 강조하는 이유는, 율법을 따라 사는 유대인이든, 아브라함처럼 믿음을 따라 사는 이방인이든, 모든 사람은 율법의 행위가 아닌 오직 믿음으로, 하나님의 은혜로 의롭게 된다는 사실을 밝히기 위해서이다.

  바울이 볼 때, 하나님은 아브라함을, 유대인, 이방인 등 모든 사람으로 하여금 하나님 앞에서 어떻게 의롭게 되는가를 보여주는 모델로 삼으셨다. 이런 점에서 하나님의 약속을 믿음으로 의롭게 된 아브라함은 유대인이든 이방인이든 믿는 모든 사람의 조상이다. 바울은 이점을 17절 이하에서 보다 구체적으로 다시 설명한다.

② 아브라함의 믿음의 내용(17-22절)

  4:17-22에서 바울은 아브라함의 믿음의 내용과 특성을 구체적으로 설명한다. 창세기 12:2, 13:15-16, 15:4-5에서 하나님은 아브라함에게 큰 민족을 이루게 될 것과 그에게 큰 민족을 이룰 자식을 주실 것, 그와 그 자손을 통해 만민이 복을 누리게 될 것, 그리고 그에게 땅을 주실 것을 약속하셨다.

  그런데, 아브라함이 하나님으로부터 이와 같은 약속을 받을 때 사실상 그와 그의 아내 사라가 자식을 낳기에는 너무 늙었다. 아브라함의 나이가 100세나 되었고, 아내 사라가 90세가 되었으니 그들의 몸은 사실상 자식을 생산할 수 있는 능력을 상실한 죽은 몸과 같았다. 그렇지만 아브라함은 하나님에 대한 신뢰를 버리지 않았다. 하나님이 약속한 것은 반드시 이루실 것이라는 믿음을 가졌다.

  그는 인간적으로 어떠한 소망도 가질 수 없는 상황에서도 하나님의 약속이 반드시 이루어질 것이라는 소망을 버리지 않았다. 오히려 그는 하나님은 죽은 자도 살리시고, 하나님은 무(無)에서 유(有)를 만드시는 창조주 하나님이심을 믿었다. 이와 같은 아브라함의 믿음은 예수님의 죽음과 부활에 대한 신앙과도 연결된다.

  4:18-20에서 바울은 아브라함의 나이가 백세가 되었고, 그의 아내 사라도 90세가 되어 사실상 그들은 생리적으로 아이를 낳을 수 없다는 사실을 알았다고 말한다(창 17:17). 그럼에도 불구하고 아브라함은 하나님의 약속에 대한 믿음이 약하여지지 않았고, 믿음이 없는 자처럼 하나님의 약속을 의심하지 않았고, 오히려

그의 믿음은 더 견고해져서 하나님께 영광을 돌리며, 하나님이 약속하신 것을 능히 이루실 것을 확신하였다고 말한다.

왜냐하면, 하나님은 죽은 자도 살리시고 없는 것을 있게 하시는 분이기 때문이다. 이처럼 아브라함은 하나님께서 절대적 주권과 능력을 가지신 분이라는 사실과 그분이 하시는 말씀은 반드시 이루어진다는 믿음을 가졌다. 결론적으로 바울은 22절에서 하나님은 바로 이와 같은 아브라함의 믿음을 그에게 의로 여기셨다고 말한다. 이 말은 이미 앞에서 언급한 것처럼 아브라함의 믿음이 그의 의의 근거가 되었다는 말이 아니고, 하나님이 아브라함의 믿음을 수단으로 하여 그를 의롭게 하셨다는 것이다. 거듭 말하지만 강조점은 인간 아브라함에게 있지 않고 그를 의롭게 하신 하나님에게 있다.

③ 아브라함의 패러다임(23-25절)

23-25절은 4장의 결론에 해당한다.[237] 여기서 바울은 4장에서 독자들에게 아브라함의 믿음의 이야기를 끌어낸 이유는 단순히 아브라함의 역사를 서술하는 데 있는 것이 아니고, 아브라함이 모든 시대 믿는 자의 패러다임임을 보여주는 데 있음을 강조한다. 즉 하나님께서 아브라함을 그의 믿음을 통해 의롭게 하신 것은, 아브라함에게만 적용되는 것이 아니고, 유대인이든 이방인이든 아브라함과 동일한 믿음을 가진 기독교인 모두에게 동일하게 적용시키기 위함이라는 것이다.[238]

아브라함이 죽은 자도 살리시고 무(無)에서도 유(有)를 만드시는 하나님을 믿어 의롭게 된 것처럼, 우리 또한 하나님께서 우리 주를 죽은 자 가운데서 살리신 분임을 믿음으로 우리가 의롭게 되기 때문에, 아브라함과 우리 기독교인들 사이에는 서로 깊은 연대감이 있다는 것이다. 믿음의 대상인 하나님도 동일하고 믿음의 내용도 같기 때문이다. 차이가 있다면, 아브라함에 있어서 믿음의 내용은 아직 이루어지지 않은 미래의 약속으로 남아 있었던 것에 비해, 우리에게 있어서 믿음의 내용은 하나님의 약속이 이미 역사 안에서 성취된 예수의 죽음과 부활이다.[239]

---

237 머리, 『로마서 주석』, 220: "이 구절들(23-24)은 4장의 결론에 해당되며 아브라함의 믿음이 우리와도 연관된다는 사실을 다룬다."

238 보다 자세한 것은 C. M. Martini, *Our Father in Faith* (Melbourne: Coventry, 2020); M. R. Wilson, *Our Father Abraham: Jewish Roots of the Christian Faith,* 2nd edition (Grand Rapids: Eerdmans, 2021)를 보라.

239 Schreiner, *Romans*, 249.

25절에서 바울은 4장의 아브라함의 이야기를 종결하면서 "예수는 우리 범죄함을 위하여 내어줌이 되고, 또한 우리를 의롭다 하심을 위하여 살아나셨다"고 말한다. 적지 않은 주석가들은 25절이 바울이 이미 초대교회가 이사야 53장의 메시아의 고난을 근거를 두고 형성한 일종의 신앙고백문에서 따온 것으로 본다.[240]

25절이 시적인 평행 구조를 가지고 있고, 관계대명사 '호스'(ὅς)로 시작하고 있고, 그리고 메시아의 죽음과 부활에 대한 기독론적 고백을 담고 있기 때문이다. 25절의 첫 부분은 예수님의 죽음을 우리의 범죄와 연결하고, 25절의 뒷부분은 예수님의 부활을 우리의 의와 연결한다. 이것은 칭의가 단순히 죄 용서에만 머물지 않고, 새로운 생명과 새로운 창조의 의미를 갖고 있음을 시사한다.[241]

그렇다고 해서 우리는 여기서 바울이 예수님의 죽음과 부활을 서로 분리하여, 전자는 우리의 속죄를 위한 사건으로 후자는 우리의 의를 위한 사건으로 보고 있다고 생각해서는 안 된다. 바울에게 있어서 양자는 분리된 사건이라기보다도 단일 사건이다.[242] 속죄와 의가 분리될 수 없는 것처럼, 예수님의 죽음과 부활은 서로 분리될 수 없다. 예수님의 죽음 없는 부활을 생각할 수 없는 것처럼, 예수님의 부활 없이는 그의 죽음도 무의미하다.

이처럼, 예수님 죽음과 부활은 서로 분리될 수 없는 단일 사건으로서 다 같이 우리의 속죄와 의를 위한 것, 곧 우리의 구원을 위한 사건이다. 이제 예수님 죽음과 부활이 바로 우리의 의와 구원을 위한 사건임을 믿는 자는 아브라함처럼 하나님으로부터 의로운 자로 인정을 받는다. 하지만, 바울이 여기서 의를 예수님의 부활과 관련시키고 있는 점을 가볍게 생각해서는 안 된다. 예수님의 죽음이 우리의 현재적 심판은 물론 마지막 심판과 관련된 것처럼, 예수님의 부활 역시 우리의 현재적 의는 물론 우리의 마지막 심판에서의 의와 관련되어 있다. 신자의 거룩한 삶은 우리가 그리스도와 함께 죽고, 함께 부활한 사실에 근거한다. 바울은 이 점을 6장에서 더 자세하게 설명한다.

---

[240] Käsemann, *Romans*, 128; Dunn, *Romans*, 1.224; Jewett, Romans, 342-43; Longenecker, *Romans*, 535-36.
[241] Gorman, *Romans*, 136-138.
[242] Käsemann, *Romans*, 129: "십자가와 부활은 단일 사건이다."

3) 칭의의 결과와 아담과 그리스도(5:1-21)

로마서 전체의 구조 면에서 보면 5장은 3:21-4:24의 핵심적인 내용인 예수 그리스도 안에서 나타난 하나님의 의의 계시인 구원 혹은 의를 받는 길, 이를테면, 이신칭의 내러티브에서 6-8장에서 본격적으로 설명하는 예수 그리스도와 연합된 크리스천의 삶, 이를테면 성화 내러티브로 넘어가는 다리 역할을 하고 있다.[243] 그래서 5장은 3-4장과 연결시킬 수도 있고, 6-8장과 연결시킬 수도 있다.

5장이 3-4장과 6-8장을 연결하는 다리 역할을 하고 있다는 것은, 3-4장의 핵심적인 용어인 믿음과 의가 5장에서 반복되고, 동시에 6-8장의 핵심적인 용어인 삶, 율법, 화평, 생명, 사랑, 성령 등이 등장하고 있는 점이 이를 확인해준다. 이뿐만 아니다. 3-4장에는 많은 구약 인용과[244] 과거시제나 완료시제 등을 통해 그리스도 안에서 이미 이루어졌거나 주어진 사실을 강조한다.

반면에, 5장은 6-8장과 함께 3-4장에 빈번하게 나타난 의, 믿음 어휘 등이 축소되고 시제도 과거나 완료 시제보다 현재나 미래 시제가 자주 등장하고, 자부심, 삶, 생명, 사랑, 죽음, 부활, 소망, 영광, 성령 등 현재와 미래와 관련된 어휘들이 자주 등장하고 있다. 또한 3-4장에는 주로 논증적인 진술로 나타나고 있는 것에 비해, 5-8장에는 자주 1인칭 복수인 "우리"의 고백적인 진술이 자주 나타나고 있다.[245] 그래서 적지 않은 사람들은 5장을 3-4장과 연결시키지 않고, 오히려 6-8장과 연결시키고 있다.

하지만, 로마서 전체 내러티브에서 본다면 5장은, 아담의 불순종 죄와 그리스도 순종의 의 대조에서 볼 수 있는 것처럼, 여전히 가나안 여정이나 정착보다도 출애굽 사건에 가깝다. 덧붙여 앞에서 이미 언급한 것처럼 5장에는 3-4장에 나오는 다양한 의 어휘들이 자주 나오고(1, 7, 9, 16, 17, 18, 19, 21), 심지어 6-8장에는 한 번도 등장하지 않는 3-4장의 믿음 어휘가 5장의 서두에 2번 등장하면서(5:1-

---

243 로마서의 전체적인 구조 면에서 로마서 5장은 죄 아래 있는 인간이 어떻게 의롭게 되는가를 다루는 1-4장과 대조하여, 그리스도를 믿음으로 의롭게 된 자가 어떻게 살아야 하는가를 보여주는 5-8장을 시작하는 전환점이 되고 있다는 점에서 Nygren, Cranfield, Käseman, Moo, Wright, Longenecker, Schreiner, Gorman 등 대부분의 주석가가 동의하고 있다.
244 1-4장에는 18번의 구약 인용이 나타나지만 5-8장에는 단지 2번(7:7; 8:36)만 나타난다.
245 Longenecker, *Romans*, 538-541. 1-4장에는 1인칭 복수 대명사가 13번 나타나고 있는 것에 비해 5-8장에는 48번이나 나타나고 있다. 더구나 1-4장의 경우는 주로 수사학적인 표현인 반면에, 5-8장의 경우는 실제로 바울과 독자들을 포함하는 표현이다. Moo, *Romans*, 292를 보라.

2), 5장을 3-4장과 연결하고 있는 점도 이를 뒷받침해준다. 그렇다고 해서 우리가 6-8장을 3-5장과 분리하는 잘못을 저지르지 않아야 한다.

존재와 신분, 칭의와 성화가 분리될 수 없는 것처럼 3-5장과 6-8장은 서로 분리될 수 없다.[246] 3-5장의 내러티브가 하나님의 의를 말하고 있다고 한다면, 6-8장의 내러티브 역시 하나님의 의를 말하고 있다. 다만 전자가 그리스도 사건 안에서 이미 이루어진 하나님의 의를 말하고 있다고 한다면, 후자는 그리스도와 성령 안에서 지금 신자들 안에서 이루어지고 있거나 이루어져야 할 하나님의 의를 말하고 있다.[247]

바울은 5장에서 믿음으로 의롭게 된 우리가 자신을 어떤 자로, 과거와 달리 어떤 복이 주어진 자로 이해하여야 하는가를 가르쳐주고 있다. 4장이 아브라함의 실례를 통해 어떻게 유대인과 이방인이 다 같이 예수 그리스도를 믿음으로 의롭게 되느냐는 칭의의 방법에 관하여 말한다면, 5장은 그리스도를 통하여 동일한 아브라함의 후손, 하나님의 언약 백성이 된 우리에게 주어진 칭의의 구체적인 복의 내용과 그 결과에 관하여 말하고 있다.[248]

즉, 그리스도 안에서 우리는 아담의 첫 창조 때보다도 훨씬 더 나은 신분이 되었다는 것이다. 4장이 첫 창조 때보다도 더 나은 신자가 되는 과정을 설명하고 있다면, 5장은 이미 그리스도 안에서 이루어진 새 창조 사역을 통해 이미 신자가 된 사람의 정체성을 설명하고 있다. 이것은 3-4장에는 신자가 되는 것을 보여주는 "믿음" 혹은 "믿는다"는 어휘가 33번 나타나고 있는 것에 비해, 5-8장에는 단지 3번 나타난다는 점에서 확인된다. 이 점은 5-8장에는 신자의 현재 상태를 보여주는 "생명" 혹은 "산다"의 어휘가 24번(1:18-4:25에는 단지 2번) 나타나고 있는 사실을 통해서도 확인이 된다.[249]

그런 점에서 5장은 모든 신자가 그리스도 안에서 자신의 현재와 미래 모습을 볼 수 있는 거울이라고 말할 수 있다. 5장에서 바울은 이미 그리스도 안에서 주어진 기독교인의 신분에 관하여 설명한 다음, 6-8장에서 기독교인의 계속적인 삶의 문제, 곧 기독교인은 이 세상에서 어떻게 살아야 하며, 왜 그렇게 살아야 하

246　Wright, *Paul and the Faithfulness of God*, 1024.
247　역시 Longenecker, *Romans*, 538-539를 보라.
248　역시 Fitzmyer, *Romans*, 394.
249　최갑종, "로마서의 중심 주제에 대한 연구," 507을 보라.

며, 무엇을 삶의 원리로 삼아야 하는가를 설명한다.[250]

5장은 크게 5:1-11과 5:12-21의 두 부분으로 나눌 수 있다. 두 부분은 다 같이 믿음으로 의롭게 된 자가 누리는 은혜의 축복("은혜"는 5장의 핵심 용어이다)에 관하여 말하고 있다. 앞부분에서 바울이 그리스도를 통하여 신자에게 주어진 하나님의 은혜, 곧 하나님과의 화평과 화목(바울은 5:1의 화평과 10, 11절의 화목을 동의어로 사용하고 있다)을 말하고 있다고 한다면, 뒷부분에서는 마지막 아담이신 그리스도를 통하여 신자에게 주어진 하나님의 은혜인 생명과 왕 노릇에 관하여 말하고 있다고 볼 수 있다. 말하자면 전반부와 후반부가 다 같이 그리스도를 그 중심에 두고 있다.

(1) 칭의가 가져온 복(5:1-11)

5장의 전반부에 해당하는 1-11절은 전체적으로 예수 그리스도를 믿음으로 칭의가 된 신자에게 주어진 놀라운 복에 관해 말한다. 이 부분은 1-5절, 6-11절의 두 부분으로 나누어진다.[251] 앞부분인 1-5절은 믿음으로 하나님의 은혜에 의해 의롭게 된 우리가 그리스도와 성령 안에서 가지는 화평, 은혜, 사랑, 영광의 소망, 화목, 자랑에 관하여 말하고 있다.

앞부분인 1-5절은 다시 칭의로부터 화평, 은혜 그리고 소망 안에서의 즐거움으로 나아가는 구원의 과정을 말하고 있는 1-2절과 환난 가운데서도 자랑하는 이유를 말하고 있는 3-5절로 나뉜다. 뒷부분인 6-11절 역시 그리스도의 죽음에서 나타났고, 성령을 통해 체험하게 되는 우리에 대한 하나님의 사랑을 말하고 있는 6-8절과, 우리를 위한 그리스도의 죽음이 가져온 화목과 구원을 말하고 있는 9-11절로 나뉜다. 주목되는 것은 바울이 그리스도의 죽음을 하나님 사랑의

---

250 로마서의 구조에 있어서 5장의 중요성과 그 의미에 관하여 N. Elliott, *The Rhetoric of Romans*. JSNT.SS 45 (Sheffield: Sheffield Academic Press, 1990), 226-27; P. M. McDonald, "Romans 5.1-11 as a Rhetorical Bridge," *JSNT* 40 (1990), 81-96을 보라. Moo, *Romans*, 294는 5-8장은 다음과 같이 일종의 교차대구법을 형성하고 있다고 본다:
　A. 5:1-11 - 미래 영광의 보증
　　B. 5:12-21 - 그리스도의 사역 안에 있는 이 보증의 기반
　　　C. 6:1-23 - 죄의 문제
　　　C′. 7:1-25 - 율법의 문제
　　B′. 8:1-17 - 그리스도의 사역 안에 있는 이 보증의 기반, 성령에 의한 중재
　A′. 8:18-39 - 미래 영광의 보증

251 Stuhlmacher, *Romans*, 78.

표현으로 말하고 있는 6-8절을 중심부에 배치하고 있는 점과[252] 우리의 구원의 과정을 뚜렷하게 삼위 하나님의 사역으로 말하고 있는 점이다.

① 하나님과의 화평을 누림(1절)

1절 서두에 나오는 과거 수동태 분사절, "그러므로 우리가 믿음으로 의롭다 하심을 얻었은즉"(Δικαιωθέντες οὖν ἐκ πίστεως)은, 바울이 좁게는 3:21-4:25에서, 넓게는 1:16-4:25까지 말한 핵심적인 메시지를 요약한 것이다. 그리고 분사절 다음의 주절, "우리가 우리의 주 그리스도를 통하여 하나님과 더불어 화평을 가집니다"는 5:2-8:39의 내용을 미리 보여준다.[253]

그래서 우리는 5장을 3-4장과 6-8장을 서로 연결하는 다리로 보려고 한다. 이것은 3-4장에서 보면 5장은 3-4장에 속해 있고, 6-8장에서 보면 5장은 6-8장에 속해 있다는 것을 뜻할 수 있다. 바울이 여기서 일인칭 복수인 "우리"라는 말을 계속 사용하고 있는 것은 주목할 만하다. 그것은 바울과 로마의 기독교인들을 하나로 묶는 표현인 동시에, 유대인과 이방인들이 그리스도를 통해 인종적, 신분적, 성적 장벽들이 제거되어 한 하나님의 백성, 동일한 언약 백성이 되었음을 강조하는 표현이기도 하다.

여기 분사절에 있는 "믿음으로"는 그리스도의 신실성을 지칭하고 있다기보다는 주절의 대응 문구 "우리의 주 예수 그리스도를 통하여"가 보여주고 있는 것처럼, 사실상 '그리스도를 믿음으로'(에크 피스테오스 크리스투, ἐκ πίστεως Χριστοῦ)의 약칭으로서 그리스도를 믿는 우리의 믿음으로 우리가 의롭게 되었음을 강조한다.[254] 바울은 여기 분사절에서 단순 과거 시제, 그것도 하나님의 행동을 강조하기 위해 사용하는 신적 과거수동태 동사, '의롭게 되어졌음으로'(디카이오덴테스, dικαιωθέντες)를 사용하여, 다시 한번 3:21-26의 내용인 우리를 의롭게 하신 분은 하나님이시라는 것과 우리를 의롭게 한 하나님의 사건은 역사 안에 하나님의 의

---

252 그래서 Gorman, *Romans*, 146은 5:1-11을 6-8절을 중심부로 다음과 같이 교차대구법으로 구성된 것으로 본다.
   A (vv. 1-2a) 칭의는 그리스도를 통한 화평을 뜻한다.
      B (vv. 2b-5) 미래의 영광에 대한 소망
         C (vv. 6-8) 하나님의 사랑으로서 그리스도의 죽음
      B' (vv. 9-10) 미래의 구원에 대한 소망
   A' (v. 11) 그리스도를 통한 화목
253 Longenecker, *Romans*, 553.
254 Schreiner, *Romans*, 261n1; Gorman, *Romans*, 148.

가 나타난 예수 그리스도 안에서 이미 이루어졌음을 강조한다.

바울 자신과 로마 교회 성도들, 유대인과 이방인 기독교인이 한때는 모두 죄인으로서 하나님의 무서운 진노와 심판 아래 있었으나(1:18-3:20), 이제 예수 그리스도의 희생적, 속죄적, 화목적 죽음을 통하여 구속되었고, 그리스도에 대한 믿음을 통하여 하나님 앞에서 의로운 자로 인정받았다는 것이다(3:21-31). 우리의 구원은 단순히 미래의 것만이 아니고, 또한 이미 여기서 이루어졌고, 지금 여기서 누릴 수 있는 현재적인 것이라는 것이다.

그렇다면, 이 이신칭의가 가져온 복은 무엇인가?

바울은 그 복을 세 가지 관점에서 설명한다.

첫째, 우리가 예수 그리스도를 통해서 하나님과 더불어 가지게 된 화평이다. 이 화평은 구약성경에서 하나님과의 교제와 하나님으로부터 오는 구원과 복을 대변할 때 자주 사용되는 히브리어 "샬롬"(שׁלום)을 지칭한다. 그러므로 여기 "화평"은 인간의 내적 감정이나 자질을 가리키기보다는 하나님과의 새로운 관계를 통해서 가지는 충만함을 표현하는 말이다.[255]

구약에서 이 화평은 하나님께서 그의 언약 백성에게 준 종말론적인 약속이 성취될 때 주어지는 선물로 언급되기도 한다(사 9:6-7; 32:15-17; 48:20-22; 54:10; 60:17-18; 겔 34:25; 37:26; 미 5:4-5; 학 2:9; 슥 8:12).[256] 물론 이 화평의 선물은 칭의의 경우처럼 유대인이든, 이방인이든 예수님의 죽음과 부활을 믿는 모든 자에게 주어진다. 종말의 약속이 메시아 예수 안에서 성취되었기 때문이다.

우리말성경 중 개역개정판 본문은 고대의 몇몇 사본들(א* A B* C D K L)에서 발견되는 가정법 본문(ἐχωμεν)에 근거하여 1절을 권유형인 "화평을 누리자"로 번역하고 있다. 그러나 최근의 헬라어 성경(NA²⁸, UBS⁵)은 가정법 본문보다 더 고대의 사본들과 역본들로부터 발견되는 직설법 본문(ἔχομεν)을 선호하고 있으며, 따라서 대다수의 영어성경(NIV, NRSV)은 직설법 본문을 따라 "화평을 누린다"로 번역하고 있다.

그래서 새번역 본문은 "그러므로 우리는 믿음으로 의롭다 하심을 받았으므로, 우리 주 예수 그리스도로 말미암아 하나님과 더불어 평화를 누리고 있습니다"라

---

255 머리, 『로마서 주석』, 230; Moo, *Romans*, 200; Longenecker, *Romans*, 556.
256 Schreiner, *Romans*, 261; Gorman, *Romans*, 148-149.

는 직설법으로 번역하고 있다.²⁵⁷ 전후 문맥이 칭의의 현재적 복을 말하기 때문에, 가정법보다 직설법 번역이 바람직하다.²⁵⁸ 하나님과의 화평을 깬 사람은 우리지만 그렇다고 우리가 화평을 만들 수 없다. 화평의 적은 죄이기 때문에 죄인인 인간이 하나님과의 화평을 만들 수 없는 것이다.

우리의 죄로 말미암아 깨어진 화평을, 우리가 만들 수 없던 그 화평을, 하나님 편에서 그의 아들 예수 그리스도를 통해 마련하셨다. "우리의 주 예수 그리스도를 통하여"라는 말은 4:25이 지적하고 있는 것처럼, 화평이 칭의와 함께 예수 그리스도의 십자가에서의 죽으심과 부활을 통하여 이루어졌음을 강조한다.²⁵⁹ 즉 진정한 화평은 로마제국의 황제가 아닌 하나님으로부터 온다는 것이다. 하나님으로부터 온 이 화평이 5:10의 언급처럼 하나님과 우리를 화목하게 함은 물론 너와 나, 유대인과 이방인의 화목을 가져온다.

어떤 이는 로마서 5:1의 "그러므로 우리가 믿음으로 의롭다 하심을 받았으니 우리 주 예수 그리스도로 말미암아 하나님과 화평을 누린다"에 근거하여, 화평 곧 화목은 어디까지나 칭의 다음에 오는 것으로 생각할 수도 있겠지만, 꼭 그렇게 볼 필요는 없다. 왜냐하면, 바울이 로마서 5:9-10에서 칭의와 화목을 평행적으로 설명하고 있기 때문이다. 즉, 바울은 9절에서 "그러면 이제 우리가 그의 피로 말미암아 의롭다하심을 받았으니 더욱 그로 말미암아 진노하심에서 구원을 받을 것이니"라고 말하면서, '의롭다 하심을 받는' 칭의가 '그의 피' 곧 그리스도의 십자가의 죽음을 통하여 이루어졌다는 것과 그 결과는 '진노하심에서 구원을 받음'으로 설명한다.

그리고 10절에서 화목을 설명할 때, "곧 우리가 원수 되었을 때에 그의 아들의 죽으심으로 말미암아 하나님과 화목하게 되었은즉 화목하게 된 자로서는 더욱 그의 살아나심으로 말미암아 구원을 받을 것이니라"고 하면서, 화목 역시 칭의의 경우처럼 '그의 아들의 죽으심으로 말미암아' 이루어졌으며, 그 결과는 '구원을 받음'으로 설명한다.

---

257 역시 새한글 롬 5:1: "그러므로 우리는 믿음에 기초해서 의롭다고 인정받아 하나님과 평화로운 관계를 누리고 있습니다. 우리 주 예수 그리스도를 통해서이지요."
258 Stuhlmacher, *Romans*, 79; Schreiner, *Romans*, 261. 본문 비평에 대한 자세한 논의를 위해서는 Longenecker, *Romans*, 548-549를 보라.
259 "우리 주 예수 그리스도를 통하여"라는 문구는 5:21; 6:23; 7:25; 8:39에서 반복되고 있다. 이것은 예수 그리스도가 5-8의 모든 복의 중보자임을 암시한다.

따라서, 우리는 칭의와 화해가 각각 서로 다른 내용을 말하고 있다고 보기보다는 오히려 동전의 앞면과 뒷면처럼 동일한 구원의 실재를 바울이 서로 다른 관점에서 다양하게 설명하고 있다고 보아야 한다.[260] 이것은 칭의를 받은 이는 이미 화평을 누리고 있는 사람이며 똑같이 화평을 누리는 이는 또한 칭의를 받은 사람임을 시사한다.

② 은혜의 자리에 나아감(2a절)

둘째, 2절에 나타나 있는 것처럼, 우리가 그를 통하여, 곧 우리 주 예수 그리스도를 통하여, 하나님의 "은혜"의 자리에 도달하게 된 것이다. '화평'이 죄로 인해 하나님과 인간과의 깨어진 관계를 예수 그리스도의 구속을 통해 새로 회복시켜 우리로 하여금 담대하게 하나님께 나아갈 수 있게 된 상태를 가리킨다면, 우리가 예수 그리스도를 통하여, 그를 믿음으로, 하나님의 은혜의 자리에 들어갈 수 있게 되었다는 것은, 실제로 우리가 영광스러운 하나님의 보좌 앞에 나아가, 하나님과 이미 교제를 누리게 되는 상태가 되었음을 가리킨다.

바울은 여기서 세 가지 동사 "우리가 이미 가졌다"(ἐσχήκαμεν)와 "우리가 이미 서 있다"(ἑστήκαμεν), "우리가 이미 즐거워한다"(καυχώμεθα)를 사용하여 우리 기독교인은 예수 그리스도 안에서 이미 영광스러운 하나님의 나라의 시민이 되어 왕이신 하나님의 통치 영역 안에 들어와 있으며 그래서 현재 즐거워하고 있음을 선언한다. 두 완료형 시제(ἐσχήκαμέν ἑστήκαμεν)가 시사하고 있는 것처럼, 신자는 그리스도를 믿음으로 그리스도를 통하여 미래에 완성될 그 하나님의 은혜의 자리에 이미 도달해 있다. 그래서 현재 그 은혜를 누리고 있다.

이미 그 은혜를 누리고 있기 때문에, 신자는 미래에 완성될 하나님의 영광을 지금 여기서 이미 부분적으로 누리면서(8:30; 고후 3:18), 그 온전한 영광을 소망하면서 지금 자랑할 수 있는 것이다. 에베소서 3:12에서도 바울은 "우리가 그[그리스도 예수] 안에서 그를 믿음으로 말미암아 담대함과 확신을 가지고 하나님께 나아감을 얻느니라"고 하면서, 신자가 그리스도를 통하여 지금 하나님의 자리에 나아가게 되었다고 말하고 있다. 골로새서 1:13의 "그가 우리를 흑암의 권세에서 건져내사 그의 사랑의 아들의 나라로 옮기셨다"의 말씀도 마찬가지이다.

---

260 Ridderbos, *Paul*, 182.

그런데, 화평과 마찬가지로 이 은혜의 자리에 들어가는 것도 "믿음으로"라는 말이 암시하고 있는 것처럼, 우리의 공로가 아닌 전적으로 예수 그리스도를 통하여 이루어졌다. 히브리서 저자는 이와 관련하여 "우리가 예수의 피에 의해 [하나님이 계시는] 성소에 담대하게 들어가게 되었다"(히 10:19)고 말하고 있다. 화평과 마찬가지로 우리가 담대하게 하나님의 은혜로운 통치 영역에 들어가서 은혜의 자리에 서게 된 것도 전적으로 예수 그리스도의 십자가 사건에 의존한다.

③ 영광의 소망으로 인한 자랑함(2b절)

셋째, 이미 앞에서 살펴본 것처럼 하나님의 영광의 소망을 자랑하는 것이다(2절 하반절). 우리말 개역개정은 "하나님의 영광을 바라고 즐거워하느니라"고 번역하고 있지만, '즐거워하다'로 번역된 동사 '카우코메다'(καυχώμεθα)는 체면과 수치가 중요한 1세기 중동문화의 상황에서 '즐거워하다'의 의미보다도 '우리가 자랑하다'로 번역하는 것이 옳다(CEB, NAB, NIV, NRSV).[261] 그리고 문법적으로 우리가 자랑하는 동사의 목적어 "하나님의 영광의 소망"(ἐλπίς τῆς δόξης τοῦ θεοῦ)은 주격 속격인 하나님으로부터 오는 영광보다 목적 속격인 하나님의 영광에 대한 소망으로 이해하여야 한다.

3:23이 지적하고 있는 것처럼, 인간은 범죄로 인하여 하나님의 영광에 이르지 못하게 되었다. 죄로 인하여 창조 시에 하나님의 형상으로서 받은 영광을 상실하였기 때문이다. 그러나 예수 그리스도의 구속 사건으로 말미암아 하나님의 영광은 그리스도 안에서 회복되었으며, 우리는 그리스도를 통하여 이제 이 영광에 참여하게 되었고, 이 영광을 경험하게 되었다.[262]

그리스도는 하나님의 형상이요, 하나님의 영광이기 때문에(골 1:15; 요 1:14; 고전 2:8), 그리스도 안에 있는 신자는 하나님의 영광이요 형상인 그리스도와의 연합을 통해 하나님의 형상과 영광을 이미 부분적으로 회복하였기 때문이다. 물론 "주와 같은 형상으로 변화하여 영광에서 영광에 이르는 것"(고후 3:18)은 아직 도달하지 않은 미래적인 것이다(롬 8:17-21). 그리스도가 재림할 때 우리는 이 영광에 완전히 도달할 것이다. 그래서 바울은 그리스도를 가리켜 '영광의 소망'이라

---

261 그래서 새한글은 5:2b의 '카우코메다'(καυχώμεθα)를 "자랑스러워합니다"라고 옳게 번역하고 있다.
262 D. L. Berry, *Glory in Romans and the Unified Purpose of God in Redemptive History* (Eugene: Pickwick, 2016), 71-72; Schriener, *Romans*, 262.

고 말한다(골 1:27).

이처럼, 영광이 현재적인 동시에 또한 미래적이기 때문에, 그리스도가 이미 오신 분인 동시에 또한 오실 분이기 때문에, 우리는 그리스도 안에서 미래에 완성될 그 영광의 소망을 자랑하는 것이다. 왜냐하면, 이미 부분적으로 누리고 있는 이 하나님의 영광이 그리스도 안에서 완전하게 성취가 될 것임은 너무나 확실하고 분명하기 때문이다.

④ 기독교인의 환난(3-4절)

5:1-2가 그리스도 안에서 '이미' 이루어진 구원의 복을 강조하고 있다고 한다면, 3-5절은 '아직' 완성되지 못한, 그러나 앞으로 계속 이루어 가야 할 구원의 복에 대하여 말하고 있다. 1-2절이 신자가 하나님의 영역에 속해 있는 점을 강조하고 있다고 한다면, 3-5절은 신자가 또한 이 세상의 영역에 사는 자임을 강조하고 있다.

한편으로 우리가 하나님의 영역에서 그리스도를 통하여 이미 화평과 은혜와 충만함을 누리지만, 다른 한편으로 우리가 현재 이 악한 세상의 영역에서(롬 8:35; 12:12; 고전 7:28; 고후 1:4; 2:4; 4:17; 8:2; 갈 1:4) 사는 동안 그리스도를 위하여 여전히 환란을 당할 수 있다는 것이다. 불신 세계에서는 환란을 악으로 생각하고 가능하면 이를 피하려고 하지만, 바울은 환란을 부정적으로 보지 않고 오히려 적극적으로 이를 자랑한다고 말한다. 왜냐하면 그는 환란은 인내를 불러일으키고, 인내는 연단을, 연단은 소망을 불러일으킨다는 것을 알기 때문이다.

이미 구약 시편 18편, 56편, 예레미야 36-45장은 경건하고 의로운 자도 고난을 당할 수 있음을 강조한다. 욥이 그랬다. 따라서 이미 칭의를 받고, 하나님과 더불어 화평의 관계를 가진 기독교인이라고 해서 당장 이 세상을 떠나 있는 것은 아니다. 여전히 이 세상에 살고 있으면서 미래에 주어질 영광의 소망을 갖고 있다. 신자가 이 세상에 살면서 모든 것이 잘되는 것만은 아니다.

기독교인도 병들 수 있고, 사업에 실패할 수 있고, 갑작스러운 사고에 직면할 수 있다. 기독교인은 이 세상에 살면서 이 세상과 구별되어야 하고, 이 세상에 속하지 않아야 하기 때문에, 오히려 그리스도를 위하여 더 많은 핍박과 환란을 당할 수 있다. 바울은 우리가 "하나님의 나라에 들어가기 위해 많은 환난을 겪어야 할 것이라"(행 14:22), "그리스도와 함께 한 후사니 우리가 그와 함께 영광을 받기 위하여 고난도 함께 받아야 될 것이라"(롬 8:17)라고 말한다.

하지만, 참된 기독교인은 이 세상에서 그 어떤 환란과 어려움을 당한다 하더라도 절망하거나 좌절하지 않고, 오히려 환난 중에서도 참고 이를 자랑한다. 그 어떤 환난도, 심지어 죽음마저도 우리를 하나님과 그리스도의 사랑으로부터 끊을 수 없기 때문이다(8:35-39). 이런 확신 가운데 사는 것이 참된 신자의 자세이며, 바울이 또한 그렇게 살았다(고후 11:23-30).

그리스도께서 우리를 대신하여 세상에서 환란을 당하시고 환난을 이기셨기 때문에, 우리는 세상에서 환란을 당할 때도, 그리스도의 승리를 바라보면서 담대하여야 한다(요 16:33). 그리스도의 승리가 우리를 위한 승리이기 때문이다. 그래서 신자는 세상에서 환란을 당할 때 낙심하지 않고, 오히려 그 환란을 극복하고 승리할 수 있다는 소망을 가지고, 이 환난을 인내와 연단의 기회로 삼는다. 신자에게 환란이 없고 모든 것이 잘 된다면 소망을 기대하지 않고, 세상에 만족하고 동화될 수 있을 것이다.

신자가 세상에 사는 한 환란이 있지만, 그 환란이 끝이 아니기에 신자는 소망을 잃지 않는다. 이 소망은 막연한 것이 아니고, 주님의 승리로부터 승리를 확신하고 바라보는 소망이다. 그런 점에서 신자에게 있어서 환란은 자신을 지키고, 영광의 주님을 바라보고 기대하게 하는 하나님의 은혜의 방편이라고 볼 수 있다.

⑤ 소망, 사랑, 성령(5-8절)

5절에서 바울은 이미 2절에서 언급한 우리가 가지고 있는 소망의 특성에 관하여 말한다. 우리가 가지고 있는 그 소망은 예수 그리스도의 십자가의 죽음과 부활의 역사적 사건을 통하여 나타난 우리에 대한 하나님의 크신 아가페(ἀγάπη) 사랑[263]에 기초하고 있기 때문에, 우리를 부끄럽게 하거나 혹은 실망하게 하는 소망이 아니라는 것이다.[264] 말하자면 마지막 심판에서도 우리를 담대하게 설 수 있게 하는 소망이라는 것이다.[265]

---

263 바울은 로마서 5:5에서 하나님의 사랑을 언급하면서 처음 아가페 사랑을 사용한다. 그리고 로마서 전체에서 8번(5:5, 8; 8:35, 39; 12:9; 13:10, 10; 14:15; 15:30) 사용한다. 잘 알려진 대로 고대 헬라문헌에서 사랑을 언급할 때는 주로 '필리아'(φιλία), '에로스'(ἔρως), '스톨토르게'(στοργή)를 사용하지만 '아가페'는 사용하지 않는다. 그러나 신약의 저자들은 적어도 120번이나 '아가페' 사랑을 언급하고 있으며, 이 중에 바울이 75회 이상 사용하고 있다.

264 Longenecker, *Romans*, 561.

265 Dunn, *Romans 1*, 252; J. M. Gundry Volf, *Paul and Perseverance: Staying In and Falling Away* (Louisville: Westminster/John Knox, 1990), 50.

'화평'과 '은혜'와 '자랑'이 하나님으로부터 온 것처럼, '소망' 역시 그 원천을 하나님에게 두고 있다. 그리스도 안에 나타난 하나님의 사랑이 우리의 마음에 소망을 불러일으켰다. 여기 하나님의 사랑은 우리가 하나님께 가지는 사랑을 뜻하기보다도, 우리에 대한 하나님의 항구적인 아가페 사랑을 뜻한다.[266] 그러므로 이 사랑은 우리의 사랑과 달리 확실하며 변화하지 않는다.[267]

나중에 우리가 다시 언급하겠지만, 이 하나님의 사랑은 예수 그리스도의 십자가 사건에서 나타난 하나님의 의나 하나님의 긍휼하심과 무관하지 않다. 하나님의 의와 긍휼하심의 최고 절정이 그리스도의 십자가 사건을 통해서 나타난 것처럼(3:24-26), 하나님의 사랑 역시 그 최고 절정이 그리스도의 십자가 사건을 통해서 나타났기 때문이다(5:8; 참고 요1서 4:9-10).

나중에 우리가 12장과 13장에서 다시 살펴보겠지만, 이 항구적인 하나님의 아가페 사랑이 또한 형제 자매와 세상에 대한 사랑의 기반이 된다. 이 사랑은 8절에서 설명된 것처럼, 우리가 죄로 인해 하나님의 진노와 심판 아래에 있을 때, 즉 우리가 하나님의 원수가 되어있을 때, 하나님께서 불경건한 우리를 불쌍히 여기시고, 우리를 구원하기 위해 독생자를 보내어 우리 대신 십자가의 죽음에 내어주시고, 우리를 구속하신 그 구원의 사랑이다. 하나님 편에서 십자가의 엄청난 대가가 지불된 값비싼 사랑이라는 것이다. 이 사랑이 우리에게 주신 성령을 통하여 우리의 마음에 부어졌다. 이것은 실제로 우리가 성령을 통하여 이 하나님의 사랑을 구체적으로 체험하고 있다는 사실을 강조하는 말이다.

바울에게 있어서 성령이 하시는 최대의 사역은 그리스도의 십자가에 나타난 하나님의 고귀한 사랑을 우리 안에 가져와 우리로 하여금 십자가의 사랑을 느끼고 체험하도록 하는 것이다. 그리고 우리의 삶을 통해 이 십자가의 사랑을 구현하게 하는 것이다.

그런 점에서 기독교인에게 있어서 믿음이 성령의 산물인 것처럼, 사랑 또한 성령의 산물이다(갈 5:22). 하나님이 부어주시는 성령 없이는 그 누구도 그리스도를 통해 나타난 하나님의 진정한 사랑을 체험할 수도, 구현할 수도 없다. 그런데 성령이 우리에게 부어졌다는 말은 모든 신자는 십자가에 나타난 하나님의 사랑을 받은 자요, 또한 그 사랑을 느끼고 체험하고 고백하고 그리고 나눌 수 있는 자임

266　Schreiner, *Romans*, 257.
267　머리, 『로마서 주석』, 237.

을 가리킨다.

만약, 십자가에 나타난 하나님의 사랑을 느끼고, 체험하고, 고백할 수 없는 자라면, 성령을 받은 자로 보기 어렵고, 참된 신자로 간주될 수도 없다. 마태복음 25장에 있는 예수님의 양과 염소 비유에 나타나 있는 임금의 말을 빌리면, 형제 자매들에 대한 진정한 사랑을 보여주는 자는 "내(예수님)게 한 것이지만"(25:40), 형제 자매들에게 그렇게 하지 않은 자는 "내(예수님)게 하지 않은 자"이다(25:45).

따라서, 십자가에 나타난 하나님의 사랑에 감격하고 체험하고 이를 나누는 자는 성령을 받은 자이다. 바울에 따르면, 누구든지 예수 그리스도의 십자가의 복음을 듣고 그 복음을 믿고 받아들일 때 성령을 받는다(갈 3:2).[268] 바울은 고린도전서 12:3에서 "성령으로 아니하고는 누구든지 예수를 주시라 할 수 없느니라"고 말한다. 이것은 우리가 예수를 진정으로 주로 고백할 수 있다면, 바로 그것이 우리가 성령을 받았다는 증거임을 보여준다.

로마서 8:10의 가르침처럼 "누구든지 그리스도의 영이 없으면 그리스도의 사람이 아니다." 하나님께서 우리에게 성령을 주실 때, 그 성령을 통해서 우리가 제일 먼저 깨닫게 되는 것이 우리에 대한 하나님의 사랑이기 때문이다. 성령을 통해서 우리는 우리에 대한 하나님의 놀라운 구속적 사랑을 알고, 느끼고 체험한다. 또한, 하나님이 우리를 모든 어려움에서 지켜주시고 우리의 필요를 채워주시는 "아바, 아버지"(갈 4:6; 롬 8:15)임을 깨닫게 된다. 그래서 우리는 어떠한 환란을 당한다 하더라도 낙심치 않고, 오히려 확실한 소망 가운데서 인내하면서 모든 환난을 극복하게 된다.

6-8절에서 바울은 우리에 대한 이 하나님의 사랑을 구체적으로 설명한다. 이 사랑은 추상적인 사랑이 아니고 역사적인 사건을 통해서, 곧 하나님께서 그의 아들인 그리스도의 십자가 사건을 통해서 나타내신 사랑이라는 것이다. "우리가 아직 연약할 때"라는 말은 우리가 스스로 하나님을 찾을 수도 없고, 하나님과 교제할 능력도 갖지 못한 죄인으로 있을 때를 가리키는 말이다.

즉, 하나님 앞에서 죄인으로 사랑이 아닌 하나님의 분노와 공의의 심판을 받을 수밖에 없는 절망적인 상황에 처해 있을 때, 하나님께서는 자신의 아들 그리스도

---

[268] 사도행전에 따르면, 사도 베드로도 그의 오순절 설교에서, "너희가 회개하여 각각 예수 그리스도의 이름으로 세례를 받고 죄사함을 얻으라. 그리하면 성령을 선물로 받으리니"(행 2:38)라고 하면서 복음의 수용과 성령 받음을 분리시키지 않는다.

를 죄인인 우리를 위하여 대신 죽게 하심으로, 우리에 대한 자신의 사랑을 공개적으로 나타내셨다는 것이다.

세상에서도 의인이나 선인을 위하여 대신 죽는 자가 드물지만, 죄인을 위해 대신 죽는 경우는 거의 찾아보기 어렵다. 그런데 그리스도는 죄인인 우리를 위하여 대속적 죽음을 당하셨다. "우리가 아직 죄인 되었을 때에"라는 말은, "우리가 아직 연약할 때"와 함께 우리가 죄로 인해 하나님으로부터 단절되어 있었을 뿐만 아니라, 하나님을 대적하고, 하나님의 원수가 되어 하나님의 무서운 진노와 심판을 받아야 하는 절망적인 상황에 처해 있었던 때를 가리킨다.

바로 그때, 그 어떤 구원의 소망도 가질 수 없는 절망적인 상황에 처해 있을 바로 그때, 그리스도께서 친히 우리를 대신하여 하나님의 무서운 진노와 심판을 당하시므로 우리를 하나님의 진노와 심판으로부터 구원하셨다. 그리스도의 이 십자가 구속 사건이 바로 우리를 구원하기 위하여 하나님이 약속하시고, 그 약속을 성취하신 사건이다. 이것이 바로 하나님의 언약적 의이다. 하나님은 그리스도의 구속 사건을 통해 우리에 대한 자신의 언약적 사랑을 입증하셨다. 이것이 바로 세상에서 그 실례를 찾아볼 수 없는 위대한 하나님의 사랑이다(8:39; 요 3:16; 요1서 4:9-10). 이처럼 그리스도 사건에 나타난 하나님의 의와 하나님의 사랑은 하나이다.

⑥ 구원과 화목(9-11절)

9-11절은 하나님의 사랑이 가져온 구원과 화목에 관해 더 자세하게 설명한다. 곧 5:1이 말했듯이, 우리가 하나님의 사랑의 결정적인 표현인 그리스도의 십자가 사건을 통해 의롭함을 얻었다면(이미), 우리는 더욱더[269] 하나님의 종말론적인 진노로부터 구원을 받지 않겠느냐(아직)는 것이다(9절).

말하자면, 우리가 또한 그리스도의 십자가 사건을 통해 하나님과 화목하게 되었다면(이미), 우리는 당연히 종말론적인 구원에 이르지 않겠느냐(아직)는 것이다(10절). 이 두 구절을 통해 바울은 그리스도의 구속 사건을 통해서 '이미' 이루어진 우리의 구원은 또한 종말적인 심판에서 완전하게 이루어질 '아직'이라는 미래 구원을 보장하고 있다는 사실을 강조한다.[270]

---

269 "더욱더"(πολλῷ μᾶλλον)(5:9,10)는 헬라-로마-유대 사회에서 덜 중요한 것의 확실성으로부터 더 중요한 것의 확실성을 이끌어내는 수사학적인 장치이다.
270 바울은 그의 서신에서 구원을 지칭하는 명사(σωτηρία)를 모두 18번, 동사(σῴζω)를 29번

사실상 어려운 것은 후자가 아니라 전자인데, 전자가 능히 이루어졌다고 한다면, 더 쉬운 후자가 그대로 이루어질 것이라는 점은 말할 나위없이 명백하다는 것이다. 이처럼 바울은 구원을 '이미'(현재)와 '아직'(미래)의 종말론적 관점에서 말하고 있다. 하지만 바울이 우리의 구원을 '이미'와 '아직'의 종말론적 관점에서 말하고 있다는 사실은 소위 구원을 기계적인 수학 공식처럼 "한번 구원"="영원한 구원"으로 생각해서는 안 된다는 사실을 일깨워준다.

우리가 로마서 8장의 주석에서 살펴보겠지만, '이미'와 '아직' 사이에 신자를 넘어뜨리려는 시련과 고통과 유혹이 지속적으로 찾아올 수 있다. 그리고 이러한 시련과 유혹에 넘어져서는 안 된다는 강한 윤리적인 책임이 요구된다. 동시에 우리의 구원 완성을 위한 그리스도와 성령의 간구와 조력이 계속된다. 실로 구원은 성부, 성자, 성령 하나님의 지속적인 사역이다.[271]

10절에서 바울은 하나님의 아들 그리스도의 죽음을 통해 하나님과 원수 되었던 우리가 하나님과 더불어 화목하게 되었다면, 또한 우리가 하나님과 화목된 자로서 그리스도의 부활을 통해서 우리의 현재 구원과 미래 구원이 이루어질 것임을 강조한다. 여기서 바울은 그리스도의 죽으심과 부활이 다 같이 우리의 구원의 근거가 되고 있다고 말한다. 그리스도의 죽으심이 우리의 과거와 현재 구원인 화목을 가져다주었다고 한다면, 더더욱 그리스도의 부활은 우리의 미래 구원을 확실하게 가져다 준다는 것이다.[272]

사용한다. 먼저 동사의 용법을 살펴보면, 구원이 이미 주어졌다는 사실을 강조하는 과거형을 12번(롬 8:24; 11:14; 고전 1:21; 5:5; 9:22; 10:33; 엡 2:5,8; 살전 2:16; 살후 2:10; 딤전 1:15; 2:4; 딛 3:5), 구원이 지금 주어지고 있음을 강조하는 현재형을 3번(고전 1:18; 15:2; 고후 2:15), 구원이 미래에 주어질 것임을 지칭하는 미래형을 12번(롬 5:9,10; 10:9,13; 11:26; 고전 3:15; 7:16,16; 딤전 2:15; 4:16; 딤후 1:9; 4:18) 사용하고 있다. 명사의 경우 18번 사용하고 있는데, 구원이 이미 주어졌음을 강조하는 과거적 의미의 경우 1번(살후 2:13), 구원을 지금 여기서 누리고 있음을 강조하는 현재적 의미를 11번(롬 1:16; 10:1,10; 11:11; 고후 6:2,2; 7:10; 엡 1:13; 빌 1:28; 2:12; 딤후 3:15), 그리고 구원이 앞으로 주어질 것임을 강조하는 미래적 의미를 6번(롬 13:11; 고후 1:6; 빌 1:19; 살전 5:8,9; 딤후 2:10) 사용하고 있다. 구원의 이와 같은 이미와 아직의 종말론적 특성에 관해서는 최갑종, 『칭의란 무엇인가』, 226-230을 보라.
271 이 문제에 대한 자세한 논의는 Judith M. Gundry Volf, *Paul and Perseverance. Staying in and Falling Away* (Louisville: Westminster/John Knox Press, 1990), 49-82를 보라.
272 바울은 고린도후서 5:18-19에서 이렇게 말한다: "모든 것이 하나님께로 났으며 그가 그리스도 말미암아 우리를 자기와 화목하게 하시고 또 우리에게 화목하게 하는 직분을 주셨으니 곧 하나님께서 그리스도 안에 계시사 세상을 자기와 화목하게 하시며 그들의 죄를 그들에게 돌리지 아니하시고 화목하게 하는 말씀을 우리에게 부탁하셨느니라." 이 구절에서 바울은 고린도 교인들에게 화목이 무엇인지, 화목의 필요성이 무엇인지, 화목하게 하는 주

곧, 그리스도의 부활은 장차 우리가 받게 될 부활의 첫 열매라는 것이다(고전 15:20). 그리스도의 부활이 확실하다고 한다면, 우리의 부활 또한 확실하다는 것이다. 이처럼 바울에게 있어서 그리스도의 죽음과 부활에 근거를 두고 있는 우리의 구원은 과거와 현재와 미래를 다 포함하고 있는 전인적(全人的)이고 역동적인 것이다.

11절은 그리스도 안에서 우리의 과거와 현재와 미래의 구원이 너무나 확실하기 때문에, 우리는 이 모든 일을 이루시는 하나님 안에서 자랑하지 않을 수 없음을 밝힌다. 이 자부심이 신자의 삶의 표현이다. 신자가 절망하고 포기하는 것은, 그에게 의로움과 화해와 구원을 주신 예수 그리스도의 십자가와 부활의 구속 사건을 스스로 부인하는 것이요, 그를 위해 이 모든 것을 준비하신 하나님을 배반하는 것이다.

하박국 선지자는 이렇게 고백하였다.

> "무화과나무가 무성치 못하며, 포도나무에 열매가 없으며, 감람나무에 소출이 없으며, 밭에 식물이 없으며, 우리에 양이 없으며, 외양간에 소가 없을지라도, 나는 여호와를 인하여 즐거워하며, 나의 구원의 하나님을 인하여 기뻐하리로다"(합 3:17-18).

그러나 우리는 하나님께서 그리스도 안에서 우리를 위한 구원을 이미 이루셨기 때문에 우리는 미래에 우리에게 주어질 구원도 확실하다는 소망을 가지고, 어떠한 상황에서도 하나님 안에서 자랑해야 한다. 이처럼 5:1-11은 신자에게 주어진 '칭의'의 복은 자랑으로부터 시작해서(5:2) 자랑으로 끝난다(5:11). 이것이 그리스도 안에 있는 의와 은혜와 화평이 주어진 하나님의 복을 받은 신자의 올바른 모습이다.

(2) 한 사람 아담과 한 사람 그리스도(5:12-21)

바울은 6장 이하에서 다루게 되는 신자의 새로운 삶에 관한 주제에 들어가기에 앞서, 지금까지 진술한 하나님의 은혜로운 자리에 서 있는 신자의 신분이 어떻게 주어졌는가를 인류에게 가장 영향을 미치고 있는 두 대표적인 인물인 아담

체와 대상이 누구인지, 화목하게 하는 근거와 수단이 무엇인지, 그리고 화목의 결과가 무엇인지를 설명하고 있다.

과 그리스도의 대조를 통해서 다시 설명한다.

즉, 한 사람 아담으로 인해 인류에게 죄와 죽음의 세계가 주어진 것처럼, 한 분 예수 그리스도 때문에 전 인류에게 놀라운 구원의 복인 의와 생명의 새로운 세계가 주어지게 되었는가를 설명한다.[273] 즉, 아담으로 주어진 인류의 문제가 어떻게 그리스도를 통해 해결되었는가를 말한다. 그런 점에서 5:12-21은 한 사람 아담이 1:18-3:20의 인류의 타락과 문제를 반영하고 있다고 한다면, 한 사람 그리스도는 3:21-31의 인류의 범죄와 타락 문제 해결을 반영한다.

다른 말로 다시 표현한다면, 5장의 아담이 창세기의 창조와 타락 이야기를 반영한다면, 5장의 그리스도는 출애굽 사건을 통한 하나님의 구속 이야기를 반영한다. 그렇게 함으로써 6장 이하의 새로운 주제인 삶의 문제, 곧 출애굽 이후의 광야 생활의 여정인 왜 신자가 이 세상에서 죄 아래 살지 않고 은혜 아래 살아야 하는가, 왜 신자가 율법이 아닌 성령을 따라 살아야 하는가에 대한 확고한 기반을 마련한다.

많은 주석가가 지적하고 있는 것처럼, 5:12-21의 핵심적인 내용은 인류에게 결정적인 영향을 미친 한 사람 아담과 한 사람 그리스도와의 대조와 그 결과이다. 옛 세대, 곧 죄와 죽음의 시대를 대변하는 아담과 의와 생명의 새 시대를 대변하는 마지막 아담 그리스도와의 대조이다.[274] 단순한 수평적 대조가 아니라, 그리스도와 그의 사역이 우리에게 미치는 결과는 아담과 그의 사역이 우리에게 가져온 결과보다 훨씬 더 크고 넓고 깊다는 말이다.

인류의 시조 아담 한 사람의 불순종을 통해서 죄와 죽음이 세상에 들어왔고, 그 죄와 죽음의 세력이 모든 후손과 첫 창조 세계를 지배하였다. 그리고 모든 후손이 죄와 죽음의 자리에 떨어졌다.[275] 이처럼 아담 한 사람이 전 인류와 세상에 불순종/죄/정죄/허물/죽음이라는 절망적이고 부정적인 영향과 결과가 지배하는 어두움의 세계를 가져왔다. 이와 대조적으로 한 사람 예수 그리스도의 십자가 순종은 전 인류에게 아담이 가져온 결과와는 비교가 되지 않는, 더 높고 넓은 순종/은혜/의/은사/생명이라는 밝고 긍정적 영향과 결과가 미치는 새로운 창조

---

[273] 홍인규, 『로마서 어떻게 읽을 것인가』, 103에서 이 문단(5:12-21)과 관련하여, "여기서 바울은 대담하게도 그 구원 사역의 위대함을 우주라는 무대 위에서 이야기한다"고 말하고 있다.
[274] Nygren, *Romans,* 210; Fitzmyer, *Romans,* 406.
[275] Ridderbos, *Paul,* 95-97.

와 회복의 세계를 가져왔다.

바울의 아담과 우리(옛 사람), 그리스도와 우리(새 사람)를 연결하는 이와 같은 주장의 근저에는 헤브라이즘의 중요한 특징 중의 하나인 연대성 혹은 대표성의 원리가 놓여있다. 바울에게 있어서 이 대표성의 원리는 어떤 주석자의 주장처럼, 영지주의적 신화에서 온 것이 아니라,[276] 성경에 나타난 역사적 인물인 아담(창 1-3장)과 예수(복음서)의 역사적 사실에 근거하고 있다.[277]

5:12-21은 12-14절, 15-17절, 18-19절 그리고 20-21절로 나누어진다.

첫 부분인 12-14절은 어떻게 죄와 사망이 이 세상에 들어와 모든 사람을 지배하게 되었는가를 보여준다. 바울의 답변은 한 사람 아담의 범죄로 죄와 사망이 이 세상에 들어왔고, 죄와 사망이 모든 사람을 지배하게 되었다는 것이다.

둘째 부분인 15-17절은 한 사람 아담의 범죄와 대조되는 한 분 예수 그리스도의 은혜로운 사역과 그 결과에 관하여 말하고 있다. 곧 아담은 많은 사람에게 죄와 사망을 가져왔지만, 예수 그리스도는 은혜와 의와 생명을 가져왔다는 것이다.

셋째 부분인 18-19절은, 15-17절에서 말한 내용을 다시 요약하여, 아담 한 사람의 불순종과 범죄는 많은 사람을 사망의 지배를 받는 죄인이 되게 하였지만, 한 사람 예수 그리스도의 의의 행동과 순종하심은 많은 사람을 의롭게 하고 생명을 가져왔다고 말한다.

마지막 부분인 20-21절은 율법과 죄와 은혜의 상관관계에 대하여 말한다. 곧 율법은 죄와 사망의 문제를 해결하기보다도 오히려 범죄와 사망을 더하게 한다. 그러나 예수 그리스도를 통하여 나타난 은혜는 율법이 할 수 없었던 의와 생명을 가져온다. 이처럼 율법은 인간의 근본 문제를 직접 해결하지는 못하고, 오히려 문제의 심각성과 그 해결의 필요성만을 밝혀주는 것에 비해, 예수 그리스도의 은혜는 인간의 근본 문제를 해결해준다.

---

[276] 예를 들면, R. Bultmann, "Adam and Christ According to Romans 5," *Current Issues in New Testament Interpretation: Essays in Honor of Otto A. Piper*, ed. W. Klassen and G.F. Snyder (New York: Haper & Bros., 1962), 143-65; E. Brandenburger, *Adam und Christus: Exegetisch-religionsgeschichtliche Untersuchung zu Römer 5, 12-21* (1. Kor. 15), WMANT 7 (Neukirchen-Vluyn: Neukirchener-Verlag, 1962), 168-80.

[277] Dunn, *Romans*, 272-73; Fitzmyer, *Romans*, 407; Schreiner, *Romans*, 277.

① 연대성과 개체성 : 죄와 사망(12-14절)

헬레니즘에서는 개인이 중요성을 가진다. 개인의 인권과 책임이 강조된다. 헬레니즘에서 휴머니즘이 발달된 이유도 여기에 있다. 그러나 헤브라이즘에서는 개인의 인권과 책임을 무시하지는 않지만, 개인보다 공동체나 민족이 더 강조된다. 한 가정의 가장이나 민족의 지도자 행동 여하에 따라 그 가정이 자자손손 복을 받기도 하고 벌을 받기도 한다.

왜냐하면, 그는 개인이 아니라 한 가정이나 민족을 대표하기 때문이다. 단순히 대표자라기보다 모든 가족이나 민족의 구성원이 대표자에게 연대되어 있기 때문에 대표자의 행동에 그 구성원이 참여하고 있다고 본다.

창세기 12:2-3에 나타나 있는 하나님께서 아브라함에게 주신 축복의 약속, "땅의 모든 족속이 너로 말미암아 복을 얻을 것이라"도 대표성과 관련되어 있다. 여호수아 7장에 나타나 있는 하나님의 말씀에 불순종한 아간 한 사람의 범죄에 대해 하나님이 "이스라엘 자손들이 범죄하였다"(수 7:1)고 진노하여 이스라엘 군대가 작은 아이성 함락에 실패한 경우도 마찬가지다. 5:12 이하에 나타난 바울의 가르침을 이해하기 위해서는 이와 같은 헤브라이즘의 대표나 연대성의 원리를 알고 있어야 한다.

12절 서두에 나오는 "이러므로"(διὰ τοῦτο)는 5:1-11에서 말한 내용, 곧 하나님께서 예수 그리스도를 통해서 이루신 구원 및 화목과 연관되어 있다.[278] 이제 5:12 이하에서 바울은 죄와 죽음이 어떻게 한 사람, 곧 아담을 통하여 인간 세상에 들어와서 모든 인간을 지배하게 되었으며, 어떻게 모든 사람이 한 사람 예수 그리스도를 통해서 죄와 죽음의 세력으로부터 벗어나 의와 생명의 세력 안으로 들어오게 되었는가를 설명한다.

바울은 먼저 창세기 3장에 있는 아담의 범죄와 타락을 염두에 두고, 한 사람 아담을 통해 죄와 죽음의 세력이 전인류 세계에 들어왔다고 말한다. 바울은 헤브라이즘의 주요 사상 중의 하나인 연대성 개념을 따라 아담은 전 인류를 대변하므로, 아담 한 사람의 범죄가 동시에 전 인류에게 영향을 미쳤다고 주장한다. 아담은 그의 범죄로 인해 죄가 이 세상에 들어오게 하였고, 그 죄가 전 인류를 지배하는 통로가 되게 하였다는 것이다. 여기서 죄는 피조물처럼 하나님의 창조의 대상이 아니다. 오히려 인류와 피조물을 지배하는 악의 세력이다. 아담이 그의 범법

---

[278] Schreiner, *Romans*, 270-71.

과 불순종을 통해 이 악의 세력인 죄와 사망을 인류에게 가져왔다.

창세기에 따르면, 하나님은 모든 피조물을 본래 선하게 창조하셨다. 창세기 1:31은 "하나님이 지으신 그 모든 것을 보시니 보시기에 심히 좋았더라"고 말한다. 죄는 하나님의 창조 이후 아담이 선악과를 따먹지 말라는 하나님의 명령(창 2:17)에 불순종하고 선악과를 따먹는 범법행위를 통하여 인간 세상에 들어왔고, 그리고 그 죄로 인해 사망이 세상에 들어왔다. 죄와 사망의 원천은 하나님에게 있는 것이 아니라, 아담의 법법행위에 기인한다는 것이다.

여기서 우리는 바울이 죄와 사망을 어떤 물질적인 것으로 보지 않고, 오히려 인간과 세계에 영향력을 가진 하나의 세력으로 보고 있다는 사실에 유의해야 한다.[279] 바울이 죄를 사람에게 영향력을 미치는 인격화된 세력으로 보고 있다는 것은 로마서 7:11에서 "죄가 기회를 타서 계명으로 말미암아 나를 속이고 그것으로 나를 죽였느니라"에서 분명히 드러난다. 사망 역시 세력으로 보고 있다는 사실은 고린도전서 15:55의 "사망아 너의 승리가 어디 있느냐 사망아 네가 쏘는 것이 어디 있느냐"에서 확인된다.

이처럼, 아담의 죄가 자신은 물론 그의 모든 후손에게 죽음을 가져왔다. 물론 이 죽음은 단순히 육체적인 죽음만을 가리키는 것이 아니라, 창조주 하나님과의 단절을 가져오는 영적인 죽음도 포함한다.[280] 사실상 아담이 하나님이 금한 선악과를 따먹은 즉시 그가 육체적인 죽음에 이르지는 않았지만, 그의 몸은 즉시 죽을 몸이 되었고, 하나님과의 영적인 관계도 단절되었다. 즉, 하나님의 형상으로 지닌 의와 생명을 상실하였다.

창세기 3장이 보여주는 것처럼 아담이 범죄한 후 하나님 앞에서 스스로 두려워하여 숨은 그의 행동(창 3:8-10)이 이를 보여준다.[281] 이처럼 죄와 죽음은 인간을 지배하는 세력으로서 서로 불가분의 관계를 가지고 있다.

그렇다면, 어떻게 아담 한 사람의 범죄로 아담 때에 아직 태어나지 못한 사람을 포함하여 모든 사람이 죄를 짓게 되었으며, 사망에 이르게 되었는가? 여기에

---

279 로마서에서 죄를 인격화된 세력으로 보는 문제에 대해서는 홍인규, "로마서 안에 나타난 하마르티아," 『신약연구』3 (2004), 143-73을 보라. 이 논문은 홍인규, 『바울신학 사색』(서울: 킹덤북스, 2016), 213-256에 수록되어 있다. 던, 『바울신학』, 166-167, 186-191도 참조하라.

280 J. C. Beker, *Paul the Apostle: The Triumph of God in Life and Thought* (Philadelphia: Fortress, 1980), 224; Schreiner, *Romans*, 272.

281 Schreiner, *Romans*, 278.

대해 12절 하반절은 "이와 같이 사망이 모든 사람에게 들어왔다. 왜냐하면 모든 사람이 죄를 지었기 때문이다"(καὶ οὕτως εἰς πάντας ἀνθρώπους ὁ θάνατος διῆλθεν, ἐφ' ᾧ πάντες ἥμαρτον·)라고 답변한다.[282]

바울의 이 답변을 우리가 어떻게 이해하여야 하는가?

잘 알려진 대로 5:12 하반절은 주석가들 사이에 많은 논란을 불러일으키고 있다. 특히 논란의 대상이 되는 것은 12절 하반절 뒤에 있는 문구 "왜냐하면 모든 사람이 죄를 지었다"(개역개정은 "이와 같이 모든 사람이 죄를 지었으므로")는 헬라어 '에프 호 판테스 헤마르톤'(ἐφ' ᾧ πάντες ἥμαρτον)의 해석 문제이다. 여기서 두 가지가 쟁점이 되었다. 하나는 '왜냐하면'(에프 호, ἐφ' ᾧ)의 해석이고, 또 하나는 '모든 사람이 죄를 지었다'(판테스 헤마르톤, πάντες ἥμαρτον)의 해석이다. 논의된 몇 가지 주장을 먼저 살펴보자.[283]

먼저 전자 문제를 살펴보면 쟁점은 '에프 호'(ἐφ' ᾧ)를 선행사를 가진 관계대명사로 볼 것인가, 아니면 인과적인 의미로 사용되고 있는 일종의 이유 접속사로 볼 것인가 하는 것이다. 관계대명사로 볼 경우 세 가지 해석이 가능하다.

첫째, 선행사를 5:12 상반절에 있는 '한 사람' 곧 아담으로 보고 12절 하반절을 한 사람 아담 안에서 모든 사람이 죄를 지었다고 해석할 수 있다.

둘째, 선행사를 5:12 상반절에 있는 '사망'으로 보고 사망을 모든 사람이 지은 죄의 원인이나 결과로 해석할 수 있다.

셋째, 선행사를 12절 상반절 전체로 보고(예, 개역개정, 새번역), 그러한 상황에서 모든 사람이 죄를 지었다고 볼 수 있다.

그러나 대부분의 현대 주석가는 '에프 호'를 관계대명사로 보는 것이 바울서신에서 그러한 선례를 찾아보기도 어려울 뿐만 아니라, 전후 문맥의 흐름과도 맞지 않다고 본다. 대신에 '에프 호'를 인과적인 의미를 지닌 일종의 이유 접속사로 본다(참고. 고후 5:4; 빌 3:12; 4:10, NIV, NRSV).[284] 그럴 경우 12절 하반절은 "이와 같이

---

282 개역개정: "이와 같이 모든 사람이 죄를 지었으므로 사망이 모든 사람에게 이르렀느니라."
283 여기서 소개되는 몇 가지 논쟁들은 홍인규, "모든 사람이 죄를 지었으므로"(ἐφ' ᾧ πάτας ἥμαρτον, 롬 5:12d),『바울신학 사색』(서울: 킹덤북스, 2016), 257-287을 참조하였음을 밝혀둔다.
284 Murray,『로마서 주석』, 257; Hultgren, *Romans*, 222; Wright, *Romans*, 504; Schreiner, *Romans*, 280. Schreiner는 1998년판 주석에서는 결과적으로 보았지만, 2018년 개정판에서는

사망이 모든 사람에게 이르렀다. 왜냐하면 모든 사람이 죄를 지었기 때문이다"로 해석될 수 있다.

말하자면, 아담이 죄를 지어 그에게 사망이 오게 된 방식처럼, 모든 사람이 또한 죄를 지었기 때문에 사망이 모든 사람을 지배하게 되었다는 것이다. 이것은 바울이 로마서 5장의 결론 구절인 21절에서 "죄가 사망 안에서 왕 노릇 한다"고 말한 점과 6장 23절의 "죄의 삯은 사망이다"는 말을 통해 확인된다.

그렇다면, '모든 사람이 죄를 지었다'(판테스 헤마르톤)의 쟁점은 무엇인가?
여기서도 세 가지 해석이 가능하다.

첫째, 모든 사람이 아담 안에서 범죄하였다는 어거스틴의 원죄론에 반대한 펠라기우스는 '판테스 헤마르톤'의 문구를 3:23의 "모든 사람이 죄를 범했다"와 연관시켜, 모든 사람이 아담과 관계없이 각자 개별적으로 죄를 지었으며, 각각 그들의 죄로 인해 그들이 죽게 되었음을 말하는 것으로 이해하였다. 하지만 아담과 그 후손과의 연대성을 부정하는 이러한 펠라기우스의 해석은 죄를 지은 각자의 책임을 증대시키는 장점이 있기는 하지만, 바울이 5:15-19에서 강조하고 있는 그리스도와 우리의 연대성의 근거를 훼손하기 때문에 대부분의 학자는 이를 받아들이지 않는다.[285]

둘째, 인류의 시조 아담이 죄를 지었을 때 모든 사람이 아담과 연대 되어 아담의 범죄에 참여하였다는 것이다. 말하자면 5:12 하반절에 있는 "모든 사람이 죄를 지었다.는 말은 모든 사람이 각자 개별적으로 죄를 지었다는 것을 가리키기보다는 모든 인간이 아담 안에서 집단적으로 죄를 지었다는 것이다.

이 견해는 죄를 지었다는 동사가 과거에 이미 발생한 하나의 사건을 강조하는 단순 과거형 (ἥμαρτον)으로 되어있다는 점과 바울이 아담과 그리스도와의 유비를 강조하는 5:15-19에서 한 사람 아담의 범죄와 모든 사람의 범죄를 연대시키는 것과 같이, 한 사람 그리스도의 의로운 순종과 모든 사람의 의와 연대시키고 있

이유 접속사로 보고 있다.
[285] Murray, 『로마서 주석』, 259는 이 입장은 바울의 가르침과 맞지 않는다고 지적한다: "만일 각 개인의 실제적 범죄 사실에서 모든 사람의 정죄 및 사망의 근거를 찾는 것이 바울의 가르침이라면, 이에 병행하는 다른 편의 해결책은 행위에 의한 칭의일 것이다. 즉, 각자 자신의 행위에 의해 의롭게 되며 그것에 기초해서 생명을 얻게 된다는 가르침이 있어야 한다. 그러나 이는 바울의 가르침과 정반대되는 것이다."

다는 점에 근거하여 적지 않은 학자들의 지지를 받고 있다.²⁸⁶

하지만 이 견해는 3:23이 모든 사람이 실제로 죄를 지었다고 말하고 있는 점과 죄를 지은 각 개인의 책임을 약화시키고 있다는 오해를 받을 수 있다.

셋째, 첫 번째와 두 번째 견해의 단점을 보완하면서 양 견해의 장점을 살리는 입장이다. 이 견해는 5:12 상반절에 언급된 '죄'(하마르티아)를 일종의 세력으로 보고, 아담 한 사람으로 인해 죄의 세력이 세상에 들어왔고, 아담을 지배한 그 죄의 세력이 모든 후손을 지배하게 되었고, 그 결과로 12절 하반절이 말하고 있는 것처럼 모든 사람이 실제로 죄를 지었고, 그리고 사망에 이르게 되었다는 것이다.

이 견해는 로마서에서 죄와 사망이 사람을 지배하는 하나의 인격화된 세력으로 사용되고 있는 일반적인 용법과 일치 하기 때문에(참조. 롬 7:12), 그리고 각 개인의 죄에 대한 책임을 묻는 성경의 일반적인 가르침과 일치하기 때문에 다수의 지지를 받고 있다.²⁸⁷

하지만, 이 견해도 약점이 전혀 없는 것이 아니다. 그것은 이 견해를 전통적인 원죄설을 가능하게 하는 로마서 5:15-21의 아담과 모든 사람, 그리스도와 모든 사람의 강한 연대성의 교훈과 어떻게 접목시키는가 하는 문제를 불러일으킨다. 그리스도와 모든 사람의 연대성은 아담과 모든 사람 사이의 죄의 세력에서의 연대성 그 이상을 말하고 있기 때문이다.

어쨌든 12절은 우리가 아담처럼 죄를 짓지 않았음에도 불구하고, 아담이 인류학적으로 우리 모든 사람의 선조이기 때문에, 우리가 어쩔 수 없이 아담이 지은 죄의 유산을 상속받게 되었다는 그런 식의 원죄 교리는 배제한다. 오히려 이 구절은 아담 이후 모든 사람은 인류를 대표하는 아담의 죄로 말미암아 예외 없이 다 죄의 지배를 받게 되었다.

그래서 그들도 아담이 가져온 죄의 세력 아래 있게 되었고, 그로 인해 실제로 죄를 범하여 죄인이 되었으며, 그 죄의 결과로 아담과 똑같이 사망에 이르게 되었다고 말한다. 즉, 개개인이 죄의 책임을 면할 수 없는 이유는, 그가 아담 안에서 아담의 죄와 연대하였을 뿐만 아니라(원죄), 그 자신이 또한 실제적으로 죄를

---

286 Murray, *Romans*, 183-84; Ridderbos, *Paul*, 96-97; Morris, *Romans*, 232; Moo, *Romans*, 327-28; Schreiner, *Romans*, 279-80.
287 홍인규,『로마서 어떻게 읽을 것인가』, 105; Gorman, *Romans*, 158-159.

지었기 때문(자범죄)임을 강조한다.[288]

이처럼, 12절은 연대성에 오는 원죄(原罪)와 개체성에서 오는 자범죄(自犯罪)의 양면을 말하고 있다. 만일 아담의 죄와 우리의 죄 사이의 연대성을 인정하지 않는다면, 그리스도의 의와 우리의 의 사이의 연대성을 확립하기가 어렵다. 요약한다면, 12절 상반절이 죄의 연대성과 보편성을 말한다면, 하반절은 죄의 개별성과 단일성을 말하고 있다.

만일, 12절 상반절이 말하는 아담과 우리와의 연대성에 오는 죄를 인정하지 않는다면, 우리는 예수 그리스도 한 분의 구속 사역이 인류 전체에게 영향을 미치고 있다는 점을 이해하기 힘들게 된다. 똑같이 12절 하반절이 말하는 각 개인의 실제적인 범죄를 인정하지 않는다면 우리는 우리의 죄에 대한 책임감이 약해질 것이다. 그러나 동시에 우리가 잊지 않아야 할 사실은 후자가 전자에 기인하고 있는 것이지, 그 반대로 전자가 후자에게 기인하고 있는 것은 아니라는 점이다. 말하자면 아담의 범죄가 없었다고 한다면 우리의 자범죄도 있을 수 없다. 결국 우리의 죄의 뿌리는 아담에게 있다.

13절에서 바울은 율법의 역할에 관해 말한다. 바울은 이미 4:15에서 "율법이 없는 곳에는 범함도 없다"라고 말하면서, 죄와 율법은 서로 불가분의 관계를 가지고 있음을 밝힌 바 있다. 이처럼 죄가 율법을 통해서 드러난다면, 율법이 주어지기 전까지는 죄가 없었느냐는 질문이 제기될 수 있다. 바울은 죄의 정체성이 모세의 율법을 통해서 구체적으로 드러난다고 하더라도, 죄는 율법이 주어지기 전부터 이미 있었다고 말한다.

모세를 통해 율법이 주어지기 전에 이미 죄의 삯인 죽음이 있었다는 사실이 이점을 뒷받침해 준다. 창세기에 따르면, 아담은 하나님으로부터 "선악을 알게 하는 나무의 실과는 먹지 말라. 네가 먹는 날에는 정녕 죽으리라"(창 2:17)는 명령을

---

288 오늘날 적지 않은 사람들은 그것이 공평하지 않으며 개인의 책임을 약화시킨다는 이유로 '원죄'의 가능성을 부인한다. 이 점과 관련하여 파스칼이 팡세(Pascal, Pensees, no. 455)에서 한 다음과 같은 말은 들을 만한 가치가 있다: "원죄는 인간에게 어리석음이지만 그대로 받아들여져야만 한다. 따라서 이 교리에 있어 타당한 근거가 결여되었다고 비난해서는 안 된다. 왜냐하면 나도 그것을 근거 없이 받아들이기 때문이다. 그런데 어리석음이 사람의 모든 지혜보다 낫다. 이것없이 사람에 대하여 무엇을 말하겠는가? 사람의 존재는 이 어리석음의 미세한 정도 차이에 의존할 뿐이다. 이리석음이 합리적 이성에 거슬리는 것이고, 이성적 방법들에 의해 받아들여지지 못해서 이성이 그것이 드러날 때에 싫어하는 것일진대 어떻게 이성에 의해 그것이 받아들여 질 수 있겠는가?"(무,『로마서의 신학적 강해』, 165에서 재인용).

받았다. 아담은 이 명령에 불순종하여 죄를 범했고, 그로 인해 그와 모든 후손이 즉시 사망의 지배를 받게 되었다. 이것은 모세의 율법이 주어지기 전에도 하나님의 법이 존재하였음을 보여준다.

14절은 아담 이후 모세의 율법이 주어지기 전까지 모든 사람이 아담과 동일한 죄를 짓지 않았으나 아담처럼 죽음의 지배를 받게 된 이유를 설명한다.

바울의 답변은 두 가지이다.

첫째, 아담 이후 모든 사람이 아담에게 주었던 동일한 명령을 받았고, 아담처럼 동일하게 그 명령을 범하는 죄를 짓지 않았더라도, 그들 역시 아담의 범죄로 들어온 죄의 지배 아래 있게 되었고, 실제로 죄를 지었기 때문이라는 것이다. 이 점은 창세기 6-11장에서 볼 수 있는 것처럼 아담 이후 율법이 주어지기 전인 모세 이전까지 아담의 후손들 역시 다양한 죄를 지은 점을 통해서 확인된다.

둘째, 더 근본적으로 아담은 한 개인이 아니고 장차 하나님이 보내실 그분의 모형이기 때문에, 아담 이후의 모든 후손이 죄와 사망의 지배를 받게 되었다는 것이다. 이 아담과 인류와의 연대 관계가 예수 그리스도와 우리의 연대 관계를 설명해 주는 가교역할을 한다. 아담과 동일한 죄를 짓지 않았어도 아담과의 연대로 인해 죄와 사망의 지배를 받았다는 것은 다른 한편으로 우리가 예수 그리스도와 같은 의로운 순종을 하지 않았다 하더라도 예수 그리스도와 우리와의 연대로 인해 우리가 의와 생명의 지배를 받게 되는 근거가 되는 것이다.[289]

이처럼, 아담과 우리와의 관계에 대한 이해는 그리스도와 우리와의 관계에 대한 이해를 도와주고, 그리스도와 우리와의 관계에 대한 이해는 또한 우리와 아담과의 관계에 관한 이해를 도와준다. 아담은 부정적인 결과를 가져온 전 인류의 머리이지만, 그리스도는 긍정적 결과를 가져온 전 인류의 머리이다.

② **아담의 부정적 사역과 그리스도의 더 큰 긍정적 사역의 대조(15-17절)**

15절 이하에서 바울은 본격적으로 아담과 그리스도를 대조하면서 이들이 인류에게 각각 어떤 영향과 결과를 가져왔는가를 더 자세하게 설명한다. 아담이 인류 역사에 죄와 죽음과 정죄의 부정적인 영향을 가져왔다면 그리스도는 아담의

---

[289] 머리, 『로마서 주석』, 264.

모든 부정적인 영향을 치유하고 역전시켜, 의와 생명과 은혜의 밝고 희망찬 역사를 가져왔다는 것이다.[290] 곧, 죄와 타락과 죽음과 정죄의 역사가 의와 생명과 은혜와 소망의 역사로 회복되었다는 것이다.

그렇게 함으로써 이제 아담이 아닌 예수 그리스도에게 속하여 있는 신자가 얼마나 영광스럽고 복된 자가 되었는가를 말한다. 물론 바울의 이러한 대조의 배후에는 창세기 3장에 있는 아담의 타락 역사와 그리고 예수 그리스도의 십자가의 죽음과 부활의 역사가 놓여있다. 바울에게 있어서 아담이 한 개인이 아니고 전 인류의 머리인 것처럼, 예수 그리스도는 새로운 인류의 머리이다.

그러나, 아담은 오실 그분의 모형, 곧 모델에 불과하기 때문에 모델인 아담과 실제 주인공인 그리스도를 나란히 둘 수 없는 것처럼, 그들의 역할도 나란히 둘 수는 없다. 모형인 아담이 많은 사람에게 부정적인 결과를 가져왔다면, 예수 그리스도는 아담의 모든 부정적인 결과를 능히 극복하고 치유할 수 있는 더욱더 크고 더 풍성한 긍정적 결과를 가져왔다.

첫째, 아담의 범죄는 많은 사람에게 죽음을 가져왔지만 예수 그리스도는 많은 사람에게 더 풍성한 은혜의 선물을 가져왔다(15절). 그리스도가 가져온 은혜의 선물은 아담이 가져온 죽음을 능히 극복하고도 남을 만큼 더 크고 풍성하다는 것이다.

둘째, 아담의 범죄는 심판과 정죄를 가져왔지만 예수 그리스도의 은혜의 선물은 오히려 많은 범죄자를 의롭게 하였다(16절). 그리스도의 은혜의 선물은 심판과 정죄 아래에 있는 자들을 오히려 의롭게 할 만큼 더 능력이 크고 풍성하다. 그리스도는 단순히 아담의 범죄로 잃어버린 것을 되찾는 정도에서 멈춘 것이 아니라, 첫 창조시에 주어진 것보다도 훨씬 더 나은 것을 주셨다는 것이다.[291]

셋째, 한 사람 아담의 범죄는 죽음이 모든 사람을 지배하게 하였지만 한 분 예수 그리스도의 은혜와 의의 선물은 생명이 모든 사람을 지배하게 하였다(17절). 예수 그리스도의 은혜로운 선물은 죽음의 지배를 받는 자들을 해방시켜 오히려 생명의 지배를 받게 할 만큼 더 능력이 크다는 것이다. 물론 이 생명의 통치는 종말론적인 것으로 이미 주어졌고, 장차 온전히 주어질 것이다.[292] 이처럼 17절은 16

---

290 Schreiner, *Romans*, 288.
291 Wright, *Romans*, 528.
292 Dunn, *Romans 1*, 282; Moo, *Romans*, 353; Schreiner, *Romans*, 291.

절이 언급한 선물을 보다 구체화한다.

③ 아담의 범죄와 그리스도의 순종이 가져온 결과(18-19절)

18-19절에서 바울은 이미 15-17절에서 언급한 아담과 그리스도의 대조와 그들이 각각 인류에게 미친 상이한 결과를 다시 요약하여 진술한다.

첫째, 아담 한 사람의 범죄는 많은 사람(원문은 '모든 사람')을 정죄에 이르게 하였지만, 예수 그리스도 한 사람의 의의 행동, 곧 그의 십자가의 희생적 죽음은 많은 사람(모든 사람)에게 생명을 주는 의롭다 함을 가져왔다(18절). 여기 많은 사람을 정죄에 이르게 한 아담의 한 범죄, 곧 그가 하나님이 금한 선악과를 따먹고 불순종한 행위와 대조가 되는 예수 그리스도의 "한 의로운 행위"는 19절에 있는 한 사람 예수 그리스도의 순종과 병행한다.[293]

따라서, 많은 사람을 "생명의 의"[294]로 인도한 그리스도의 의로운 행위는, 아담의 구체적인 역사적 범법 행위와 대조가 되는 것으로, 예수님께서 이사야가 예언한 야웨의 의로운 종으로 야웨의 뜻을 따라 많은 사람의 죄를 죄악을 친히 담당하여 죽으심으로 많은 사람을 의롭게 한 사건(사 53:11), 곧 구체적인 역사적 십자가 사건의 순종으로 보아야 할 것이다.[295]

물론, 그리스도의 십자가 순종은 우리가 3장의 주석에서 이미 언급한 것처럼 그리스도의 전 생애를 걸친 순종의 목표요, 완성이요, 최고 절정이기 때문에[296]

---

293 Schrenk, *TDNT* 2, 221-222.
294 우리말성경 개역개정(역시 새번역)은 18절 하반절을 "한 의로운 행위로 말미암아 많은 사람이 의롭다하심을 받아 생명에 이르렀느니라"고 번역하여, 그리스도의 의로운 행위가 가져온 결과인 '의롭다 하심'과 '생명'을 분리하고 있다. 하지만 헬라어 본문은 그리스도의 의로운 행위가 가져온 결과를 '생명의 의'(δικαίωσιν ζωῆς)로 말하고 있다. 여기 일종의 설명 속격으로 볼 수 있는 '생명의 의'(δικαίωσιν ζωῆς)는 사실상 생명과 의를 동격화한다. 이것은 바울이 로마서 5장에서 의를 단순히 법정적인 의미로만 사용하지 않고 있다는 사실을 시사한다. 오히려 아담이 가져온 죄와 사망이 실제로 그의 후손들의 모든 신분과 삶을 지배하는 것처럼, 그리스도가 가져온 의가 실제로 신자의 신분과 삶을 지배하고 있음을 보여준다. 이점은 5:19에서 더 분명히 드러난다.
295 Dunn *Romans 1*, 238; R. H. Bell, "Rom 5.18-19 and Universal Salvation," *NTS* 48 (2002), 422-23; Jewett, *Romans*, 386; Schreiner, *Romans*, 293. 특히 라이트, 『칭의를 말하다』, 313의 다음과 같은 언급, "예수의 '순종'(5장 19절, 빌립보서 2장 8절을 상호 참조하고 있다)이 반영하고 있는 실제는 이사야의 종의 '순종'과 일치하는 예수의 죽음이라는 성취이다." 284.
296 머리, 『로마서주석』 283-284.

십자가 이전의 순종과 결코 분리시켜서는 안 된다. 그래서 그리스도가 우리에게 가져온 의와 생명이 그리스도의 십자가 순종으로부터 분리되거나 구분될 수 있는 것처럼 생각해서는 안 된다.[297]

왜냐하면, 3:25-26에서 살펴본 것처럼, 하나님은 예수 그리스도의 십자가 사건을 통해 자신의 의를 나타내셨을 뿐만 아니라, 예수 믿는 자를 의롭게 하셨기 때문이다. 이 사실이 이유 접속사 '왜냐하면'(가르, γάρ)으로 시작하는 19절에서 더욱 분명히 드러난다.

---

[297] 현재 미국 웨스트민스터 신학대학원 신약학 교수인 Brandon D. Crowe는 그의 책, *Why Did Jesus live a Perfect Life? The Necessity of Christ's Obedience for Our Salvation* (Grand Rapids: Baker Arcademic, 2021)은-이 책은 브렌든 크로,『그리스도의 능동적 순종과 수동적 순종』(서울: 부흥과 개혁사, 2022)으로 출판되었다-에서 강력하게 로마서는 그리스도의 십자가 순종만이 의와 생명을 가져온 것이 아니고, 예수 그리스도의 전 생애를 걸친 순종이 의와 생명을 가져왔다고 주장한다. Crowe는 그리스도의 십자가 순종을 그의 전 생애를 걸친 순종과 결코 분리될 수 없다고 본다. 나아가서 그는 그리스도의 수동적 순종이 그리스도의 전 생애를 걸친 순종을 배제하지 않는 것처럼, 그리스도의 능동적 순종 역시 그리스도의 전 생애를 걸친 순종의 절정인 십자가의 순종을 결코 배제하지 않는다고 말한다(특히 46-47). 필자는 이 점에 대해서는 그와 의견을 달리하지 않는다. 하지만 왜 그리스도께서 의와 생명을 우리에게 전가 시키기 위해 그의 전 생애에 걸친 완전한 순종의 삶을 사셨는가에 대한 답변에 대해서는 의견을 달리한다. Crowe에 따르면, 하나님께서 에덴동산에서 아담에게 선악과를 따먹지 말라는 명령을 주신 것은 아담이 순종하면 영생을, 불순종하면 죽음을 초래하는 행위언약 언약이었다. 말하자면 아담에게 일종의 시험 기간 동안 전적인 순종을 조건으로 영생의 수여가 약속되었다는 것이다. 그런데 아담은 이 시험 기간 동안 하나님이 금한 선악과를 먹어 전적인 순종을 요구하는 행위언약을 어겨 영생이 아닌 죽음을 자초하였기 때문에, 마지막 아담으로 오신 그리스도께서 아담 대신 그의 전 생애에 걸친 완전한 순종, 곧 능동적 순종을 하심으로 그를 믿는 자에게 영생을 주시게 되었다는 것이다. 나중에 우리는 이 문제를 부록에서 자세하게 검토하겠지만, Crowe의 이와 같은 주장은 당장 몇 가지 의문을 불러 일으킨다. 1. 창세기 2:17의 선악과 금지 명령에 불순종하면 사망이지만, 순종하면 영생을 주시겠다는 하나님의 약속이 담겨있다고 볼 수 있는가? 2. 하나님이 아담을 창조할 때 과연 에덴동산에서 영생을 누리지 못하는 시험 기간의 존재로 창조하셨는가? 그렇다면 왜 하나님께서 에덴동산에서 아담이 따먹어 영생을 누릴 수 있는 생명 나무를 주셨으며, 아담이 범죄한 이후 "그가 그의 손을 들어 생명 나무 열매도 따먹고 영생할까 하노라"(창 3:22)라고 하시면서 아담을 에덴동산에서 축출하셨는가? 3. 창세기 1-3장은 하나님이 아담을 하나님의 형상으로 창조하시고(창 1:26), 그에게 복을 주시며 만물을 다스릴 수 있는 청지기로 세우시고(창 1:28), 생명 나무를 포함하여 각종 나무의 열매를 먹게 하심으로 이미 아담의 창조주가 되시고, 아담은 그의 백성이 되어 하나님과 교제하는 영생의 복을 누릴 수 있게 하지 않았는가? 말하자면 영생은 처음부터 하나님의 은혜와 복의 대상이지 순종 행위에 따른 보상이 아니지 않는가? 4. 그런 점에서 창세기 2:17의 명령은 하나님께서 이스라엘 백성을 먼저 출애굽 사건을 통해 구원하여 하나님의 백성으로 삼으신 다음 이스라엘 백성이 하나님의 백성으로서 그들에게 주어진 복을 계속 누릴 수 있도록 주어진 모세의 율법과 근본적으로 그 의미가 같다고 보아야 하지 않는가?

둘째, 한 사람 아담의 불순종이 많은 사람을 실제적으로 죄인 되게 하였지만 (κατεστάθησαν), 한 사람 그리스도의 순종은 오히려 죄인이 된 많은 사람을 실제로 의인이 되게 한다(κατασταθήσονται)²⁹⁸(19절). 여기 "많은 사람이 의인이 된다"는 것은 18절 하반절의 "모든 사람을 생명의 의로 인도한다"는 말과 대응하는데, 그리스도를 통해 많은 사람이 실제적으로 의인이 되는 것, 곧 칭의를 받는 것을 가리킨다.

물론, 이 칭의는 단순히 법정적인 선언만 뜻하는 것이 아니라 실제적으로 의인이 되는 것, 곧 관계적인 변화를 포함하고 있으며, 이것은 또한 현재적인 동시에 미래적이다. 이처럼 한 사람 아담과 예수 그리스도의 사역은 각각 모든 사람(인류)에게 영향을 미치는 보편적이고 우주적인 특성을 지니고 있지만, 예수 그리스도의 긍정적 사역은 아담의 부정적인 모든 사역을 극복하고 해결할 수 있을 만큼 더 크고, 더 넓고, 더 능력이 많다는 것이다.

④ 율법, 죄, 그리고 은혜의 상관성(20-21절)

18-19절이 15-17절로 되돌아간다면, 20-21절은 13-14절로 되돌아간다. 13-14절의 핵심적인 용어인 "죄", "율법", "사망", "왕 노릇함"이 20-21절에 다시 반복되고 있는 점이 이를 입증해준다. 20절 상반절에 나오는 "율법이 가입한 것은 범죄를 더하게 하려 함이라"는 말은 율법이 더 많은 범죄를 가져오도록 범죄를 조장한다는 말은 아니다.

율법이 범죄의 정체성과 그 심각성을 폭로한다는 말이다. 이것은 바울 당시 유대인들이 생각한, 모세 율법이 이스라엘 백성으로 하여금 죄를 짓지 않도록 죄를 억제한다는 긍정적 율법관과 배치가 된다. 이미 바울은 13절에서 율법이 있기 전에도 죄가 있었지만, 율법을 통해서 그 죄의 정체성이 더욱 확실하게 드러났다고

---

298 아담의 불순종이 많은 사람을 죄인 되게 하였다는 사실을 말하는 동사 κατεστάθησαν이 단순 과거수동태 동사로서 아담의 불순종이 실제적으로 많은 사람을 죄인이 되게 하였다는 역사적 사실을 말하고 있다고 한다면, 그리스도의 순종이 많은 사람에게 가져온 결과를 말할 때도 동일한 단어를 사용하였다는 것은 그리스도의 순종이 많은 사람을 실질적으로 의인이 되게 하였다는 것을 보여준다. 물론 어떤 사람은 아담의 경우에는 단순 과거동사가, 그리스도의 경우에는 미래시제가 사용되었다는 사실을 근거로 의인 됨이 미래적인 것으로 볼 수 있다. 하지만 바울이 17절에서 이미 많은 사람이 그리스도를 통하여 의의 선물을 누리고 있다고 말하고, 이어 18절에서 많은 사람이 이미 생명의 의에 이르렀다고 말하고 있기 때문에 19절의 미래시제도 현재적 의미를 가진 것으로 보아야 한다. 보다 자세한 것은 Gorman, *Romans*, 160을 보라.

언급하면서, 율법이 인간의 범죄를 억제하기 보다는 오히려 들추어낸다는 점을 지적하였다.

바울은 갈라디아서 3:19에서 "율법은 범법함을 인하여 더하여진 것이라"고 하면서 이 점을 뒷받침한다.[299] 그러나 이것은 율법이 가진 부정적 기능의 한 면이다. 20절 하반절은 율법의 다른 기능, 곧 부정을 통한 긍정의 기능에 관하여 말한다. 즉, 율법은, 마치 의사가 환자를 진단하여 수술이 필요한 환부를 들추어내어 수술실로 안내하는 것처럼, 죄의 심각성을 폭로하여 그것을 해결할 수 있는 더 풍성한 은혜의 필요성을 가져온다는 것이다.

21절은 12절 이하 문단의 총 결론이다. 이 결론적인 구절에서 바울은 다시 한 번 그가 지금까지 편지를 통해 진술한 내용을 염두에 두면서 한 사람 아담의 범죄가 가져온 결과와 한 사람 예수 그리스도가 가져온 결과를 서로 대조하면서, 예수 그리스도 사역의 비교할 수 없는 우위성을 재강조한다.

곧, 아담 한 사람의 범죄로 죄가 세상에 들어왔고 그 죄로 인해 사망이 모든 사람을 지배하게 되었다. 죄는 우리를 노예화시켜 창조주 하나님보다 피조물을 신격화시키고 우리를 그것에 노예화시켜 결국 하나님의 무서운 진노와 심판을 자

---

299 문법적으로만 본다면 갈라디아서 3:19의 헬라어 "카린"(χάριν)은 이유나 혹은 목적 양 의미로 번역될 수 있다. 유대교 문헌과 어떤 주석들은, 예를 들면, F. Mussner, *Der Galaterbrief* (Basel: Herder, 1974), 246; James D. G. Dunn, *The Epistle to the Galatians* (Peabody: Hendrickson, 1993), 190; R.N. Longenecker, *Galatians* (Dallas: Word Books, 1990), 138; Ben Witherington, *Grace in Galatia* (Edinburgh: T. & T. Clark, 1998), 256을 보라. 우리말 개역, 개역개정판 등은 이유로 보고, τῶν παραβάσεων χάριν을 "범죄 때문에"로 번역하여, 마치 율법이 그리스도가 오시기 전까지 범죄를 가능한 한 예방하기 위한 목적으로 율법이 주어진 것으로 이해하였다. 그러나 최근의 여러 주석가, 예를 들면, H.D. Betz, *Galatians* (Piladelphia: Fortess, 1979), 165; F.F. Bruce, *The Epistle to the Galatians*, (Grand Rapids: Eerdmans, 1982), 175; E. de W. Burton, *A Critical and Exegetical Commentary on the Epistle to the Galatians*, (Edinburgh: T. & T. Clark, 1921), 188; H. N. Ridderbos, *The Epistle of Paul to the Churches of Galatians* (Grand Rapids: Eerdmans, 1953), 137-8; H. Schlier, *Der Brief an die Galater* (Göttingen: Vandenhoeck, 1965), 152; J. Rohde, *Der Brief des Paulus an die Galater* (Berlin: Evangelische, 1989), 154; J.L. Martyn, *Galatians* (New York: Doubleday, 1997), 354 등은 목적적 의미를 가진 것으로 보고 τῶν παραβάσεων χάριν을 "범죄를 목적으로", 혹은 "범죄를 드러내기 위하여"로 번역한다. 바울은 갈라디아서 3:19-25에서 유대교의 긍정적인 율법관에 반대하여 율법의 부정적인 역할을 말하고 있기 때문에 후자가 전자보다 본문과 문맥에 일치하는 번역으로 보아야 한다. 그 밖에 바울이 로마서에서 율법이 범죄를 예방하기보다도 오히려 범죄를 가져오는 것으로 말하고 있는 점도(롬 4:15; 5:13, 20; 7:7-8, 13) 이 점을 뒷받침해 준다. 자세한 논의는 Hong, *The Law in Galatians* (Shefield: JSOT Press, 1993), 150-151; D. B. Wallace, "Galatians 3:19-20: A Crux Interpretum for Paul's View of the Law," *WTJ* 52 (1990), 225-245를 보라.

초하게 하여 결국 우리를 사망으로 인도한다(1:18-3:20).

반면에, 예수 그리스도를 통하여 나타난 하나님의 은혜는 우리를 의의 지배 아래 두게 하고 우리를 의와 영생으로 인도한다(3:21-26). 이처럼 첫 사람 아담과 마지막 아담은 전 인류에 지대한 영향을 미치면서 인류 역사를 이끌어간다. 첫 사람 아담으로 대변되는 첫 창조와 타락, 그리고 마지막 사람 예수 그리스도로 대변되는 새 창조와 구속은 인류 역사와 피조 세계 전체를 이끌어가는 동인이다.[300]

하지만, 그리스도를 통해 나타난 하나님의 은혜는 아담을 통해 나타난 죄의 세력보다 크고, 풍성하고, 능력이 많다. 아담은 에덴에서 실패하였고 아담의 후예인 이스라엘 백성들은 광야에서 실패하였지만, 예수 그리스도는 광야에서 마귀의 시험으로부터 승리하였으며, 골고다 십자가 위에서 최후의 승리를 거두셨다.

아담으로부터 유래된 죄는 죽이는 역할을 하지만 예수 그리스도로부터 오는 은혜는 살리는 역할을 한다. 은혜의 힘이 죄의 힘보다 더 크기 때문에 은혜 아래 있는 자의 미래는 보장된다. 바로 이것이 6장 이하에서 말하는 기독교인의 삶의 근거와 가능성을 제공한다.

---

[300] 머리, 『로마서 주석』, 286: "이 두 대표[아담과 그리스도]는 구속적 계시의 중심축인데, 첫째 대표는 구속이 필요하도록 만드는 인물이며, 둘째 대표는 구속을 성취하고 확보하는 인물이다."

3. 세 번째 내러티브: 메시아와 성령을 통한 하나님의 인류 구원 적용(6:1-8:39)

로마서 몸체의 세번째 내러티브는 하나님께서 그리스도와 성령을 통해 인류(이방인과 유대인)에게 구원을 적용해가는 과정의 이야기이다. 첫 번째 내러티브가 구약 창세기에 있는 인류의 창조와 타락 이야기를, 두 번째 내러티브가 이스라엘 백성의 출애굽 사건의 이야기를 각각 배경으로 하고 있다고 한다면, 세 번째 내러티브는 이스라엘 백성의 출애굽 이후의 이야기, 곧 홍해를 건너 가나안을 향해 가는 여정인 광야 생활을 반영한다.

로마서 6장이 홍해 사건을 반영하는 세례 사건(고전 10장 참조)을 말하고 있는 점, 7장이 모세의 시내산 율법 기능과 역할을 말하고 있는 점, 8장이 이스라엘의 광야 생활을 인도했던 구름과 불기둥, 만나와 반석의 물 이야기를 반영하는 그리스도와 성령 이야기를 말하고 있는 점들이 이를 부인할 수 없게 한다.

3번째 내러티브인 6-8장은 3-5장에 그 뿌리를 두면서 또한 네 번째 내러티브인 9-11장과 밀접한 관계에 있다. 6-8장이 지금 예수 그리스도를 믿는 신자(우리, 특히 이방인)의 이야기, 곧 신자에게 주어진 구원의 확실성을 말하고 있다면, 9-11장은 지금 아직 예수 그리스도를 구원자로 믿지는 않지만, 장차 메시아를 믿어 구원 받게 될 이스라엘에 관한 이야기를 말한다. 동시에 전자(6-8장)는 후자(9-11)의 기반이 되고, 후자는 전자의 보증이 된다.

즉, 6-8장의 결론인 그리스도 안에 나타난 하나님 사랑의 보증은 9-11장의 결론인 모든 이스라엘에 대한 하나님의 긍휼하심에 대한 기반이 되고, 이스라엘에 대한 하나님의 구원 보증은 그리스도 안에 있는 모든 자의 구원 확실성을 보증한다.

3-5장과 6-8장의 관계를 다시 살펴보면, 3-5장이 죄인이 어떻게 하나님의 백성, 곧 하나님으로부터 인정을 받을 수 있는 의로운 자가 될 수 있는가 하는 칭의(稱義)와 화해(和解)의 문제와 관련되어 있다고 한다면, 즉 신자의 신분의 문제와 관련되어 있다고 한다면, 6-8장은 우리를 위해 죽으시고 부활하신 예수 그리스도를 믿음으로 의롭다 하심을 받아 그리스도와 연합하여 새로운 생명을 갖게 된 우리가 이제 하나님 앞에서 어떻게 죄의 지배를 받지 않고 의의 지배를 받아 사느냐 하는 성화(聖化)의 문제, 곧 거룩한 삶의 문제와 관련되어 있다고 볼 수 있다.

칭의와 화해, 새 생명 수여의 신학적 논제가 예수 그리스도의 죽음과 밀접한 관계를 가지고 있다고 본다면, 신자의 새로운 삶의 윤리적 논제는 예수 그리스도의 부활과 밀접한 관계를 가지고 있다. 물론 우리가 이렇게 말한다고 해서, 바울이 칭의와 성화, 신분과 삶, 신학과 윤리를 서로 분리하고 있다고 생각해서는 안 된다. 바울에게 있어서 그리스도의 죽음 없는 부활이나 부활 없는 그리스도의 죽음을 생각할 수 없는 것과 똑같이, 칭의 없는 성화가 있을 수 없고, 성화 없는 칭의도 있을 수 없다.[301] 양자는 어디까지나 논리적인 구분일 뿐 시간적이거나 질적인 구분이 아니다.

왜냐하면, 바울에게 있어서 '칭의'는, 우리가 5장에서 살펴본 것처럼, 단순한 법적인 선언에 머물지 않고, 예수 그리스도를 통한 주권자의 전환, 곧 죄와 율법과 사망이 지배하는 옛 아담의 영역에서 그리스도의 은혜와 생명과 의와 성령이 지배하는 새 아담의 영역으로의 전환을 뜻하기 때문이다. 이것은 바울이 3장에서 칭의를 예수님의 죽음과 연결시켰지만(3:24-26), 아브라함의 칭의를 말하는 4장을 "예수는 우리 범죄함 때문에 내어줌이 되고 또한 우리를 의롭다 하시기 위하여 살아나셨느니라"(4:25)고 결론을 맺으면서, 칭의를 또한 예수님의 부활과 연결시키고 있는 사실에서 확인된다.

바울이 칭의를 예수님의 죽음뿐만 아니라 또한 예수님의 부활과 연결시키고 있는 점은 칭의가 그 어떤 순간에서도 성화의 삶, 곧 신자의 윤리와 분리될 수 없다는 사실을 시사한다. 바울이 6장에서 신자의 거룩한 삶을 그리스도와 함께 죽고, 함께 부활한 그리스도와의 연합에 근거를 두고 있는 사실도 이를 뒷받침하고 있다.

그러나, 바울은 일반적으로 직설법을 통한 그리스도 안에서 주어진 우리의 독특한 신분을 먼저 말한 다음 명령법인 그리스도와 성령을 통한 그 신분에 합당한 삶을 말한다. 신분은 삶을 통해서 나타나는 것이 맞지만 새로운 신분 없이는 새로운 삶도 없고 새로운 삶을 기대할 수도 없기 때문이다. 사실상 우리의 삶은 우리 자신을 우리가 어떻게 이해하느냐에 따라서 엄청나게 달라질 수 있다.

한 나라의 왕자나 공주로부터 이름 없는 거지의 삶을 요구할 수 없고, 이름 없는 거지로부터 왕자나 공주의 삶을 요구하거나 기대할 수는 없다. 마찬가지로 하

---

301 역시 칼빈, *Institutes* III.XVI.1: "그러므로 그리스도는 아무도 동시에 그를 거룩하게 하지 않으면서 의롭게 하지 않으신다."

나님의 은혜와 의의 자리에 있는 자에게 죄와 죽음의 자리에 있는 사람의 삶을 요구할 수 없다. 죄와 죽음의 자리에 있는 자는 그에 따른 삶을 살게 되는 것처럼, 은혜와 의와 소망의 자리에 있는 사람에게는 그에 합당한 삶이 반드시 뒤따라야 한다.

바울은 7-8장에서 구체적으로 두 종류의 삶, 율법을 따라 살려는 사람과 성령을 따라 살려는 사람의 삶을 비교하면서, 신자는 전자가 아니라 후자의 삶을 살아야 할 것을 권면한다. 하지만 7-8장의 구체적인 삶에 대한 권면에 앞서 6장에서는 5장에서 말한 옛 사람 아담에 속한 자가 아닌 새 사람 메시아 예수에게 속한 이인 신자가 아담이 물려준 죄와 사망의 지배를 받는 삶을 살지 않고 메시아가 가져다 준 의와 생명의 삶을 살아야 하는 근거를 말한다.[302]

다시 말하면, 바울은 6장에서 기독교인의 삶의 근거를 말하지만, 구체적인 삶의 윤리를 말하지는 않는다. 오히려 왜 새로운 삶을 살아야 하는지, 어떻게 하여야 새로운 삶을 살 수 있는지 삶의 원리와 틀에 관해 말한다. 바울의 답변 요지는 이렇다. 신자는 세례를 통하여 그의 옛 사람이 그리스도와 함께 이미 죽어 장사 되고, 그리스도의 부활과 함께 그의 새 사람이 이미 시작되었기 때문에, 곧 신자는 죄와 죽음을 멸하는 그리스도의 죽음과 연합되어 있고, 의와 생명을 가져온 그리스도의 부활에 연합되어 있기 때문에, 이제 당연히 죄와 죽음의 지배를 받는 옛 사람의 삶이 아닌, 의와 생명의 지배를 받는 새 사람의 삶을 살아야 한다는 것이다.

세 번째 내러티브(6-8장)의 첫 부분인 6장은 크게 두 부분으로 나누어진다.

첫 부분인 6:1-14은 우리 기독교인은 이미 죄에 대하여 죽고, 이제 그리스도 안에서 하나님에 대하여 산 자임을 강조한다. 그러므로 더는 죄의 지배를 받아서는 안 된다는 것이다.

둘째 부분인 6:15-23은 기독교인은 죄의 노예 상태에서 해방되어 의의 종이 되었기 때문에 더는 죄가 아닌 의의 열매를 맺어야 할 것을 강조한다.[303] 전자가

---

302 Käsemann, *Romans*, 159.
303 Dunn, Käsemann, Murray, Fitzmyer 등은 6장을 6:1-12와 6:13-23으로 나눈다. 그러나 Achtemeier, Barrett, Cranfield, Moo, Stuhlmacher, Wilckens, Longenecker, Schreiner는 6:1-14와 6:15-23으로 양분한다. 6:1, 15에 동일한 수사학적인 질문, '그런즉 우리가 무슨 말을 하리요?'로 시작하고 있는 점을 감안하여 볼 때 후자의 구분이 더 설득력이 있다. Longenecker, *Romans*, 604-605를 보라.

왜 신자가 더는 죄를 짓지 않아야 하는가에 대한 그 근거와 답변을 제시하고 있다면, 후자는 보다 적극적으로 신자가 왜, 그리고 어떻게 죄를 짓지 않고 새로운 삶인 의의 열매를 맺을 수 있는가를 말하고 있다. 그리고 세번째 내러티브인 둘째 부분인 7:7-24는 율법 아래에서 부정적인 삶을 통해 율법이 결코 신자의 삶의 원리가 될 수 없다는 사실을 말하고 있으며, 이와 대조적으로 세 번째 내러티브인 셋째 부분 8:1-39는 성령을 따라 사는 신자의 긍정적인 삶을 말한다.

1) 그리스도와의 연합과 신자의 삶의 원리(6:1-23)

바울은 5장에서 우리는 한때 아담을 통하여 죄와 죽음의 지배 아래 있었지만, 이제 예수 그리스도를 통하여 하나님의 은혜로 의롭다 하심을 얻게 되었고, 하나님과 화목되었고, 사망에서 생명으로 옮겨졌다는 사실을 강조하였다. 죄가 지배하는 옛 아담의 영역에서 은혜가 지배하는 그리스도의 영역으로 이전되었다는 것이다(골 1:13). 여기서 두 가지 문제가 제기될 수 있다.

첫째, 그렇다면, 신자는 이제 마음대로 살아도 되는가?
둘째, 신자는 이제 더 이상 죄를 짓지 않는, 죄의 유혹을 받지 않는 영광스러운 몸으로 변화되었는가?[304]

바울은 6-8장을 통해 이 두 가지 문제에 대해 답변한다. 세례를 통해 예수 그리스도의 죽음과 부활에 연합된 신자는 더는 죄의 지배를 받는 삶이 아닌 의와 성령의 지배를 받는 삶을 살아야 한다. 이제 옛 지배자가 아닌 새 지배자를 따라야 한다는 것이다. 신자라고 해서 그가 지금 완전히 죄로부터 유혹을 받지 않는 영광스러운 몸을 입은 것은 아니라는 것이다.

그리스도와 같은 부활한 몸을 입는 것은 여전히 미래적인 것으로 보고 있으며, 신자가 이 세상에 살고 있고, 육의 몸을 가지고 있는 한, 아직도 죄의 유혹을 받을 수 있고, 죄를 지을 수도 있다는 것이다. 신자가 그리스도를 통하여 '이미' 죄의 영역에서 은혜의 영역으로, 사망의 영역에서 생명의 영역으로 옮겨졌다고 할

---

[304] 이 두 질문은 3:8의 경우처럼 바울 복음의 반대자들로부터 제기될 수도 있고(Stuhlmacher, *Romans*, 89), 바울이 로마의 독자들로부터 제기될 수 있는 질문을 수사학적으로 예상한 것일 수도 있다. Longenecker, *Romans*, 604-605를 보라.

지라도, 그가 이 세상에서 육을 가지고 살고 있는 이상 '아직', 곧 여전히 죄와 사망의 영향을 받을 수 있다는 것이다. 삶의 주인이 바뀌었고, 삶의 영역이 달라졌기 때문에, 오히려 이제 과거의 주인과 과거의 삶의 영역과의 싸움이 시작되었다고 보고 있다.

하지만, 이 세상에서 신자의 삶은 살아있는 물고기가 물살을 거슬러 전진해 가고 있는 것처럼, 죄와 사망과 싸우며 계속 전진해가는 투쟁의 삶이지 과거로 되돌아가는 실패의 삶은 아니다. 말하자면 새로운 자유와 복이 기다리는 가나안 땅을 향해 가는 삶이지 노예와 억압의 이집트의 땅으로 다시 돌아가는 삶이 아니다.

(1) 신자의 삶의 근거, 그리스도와의 연합(6:1-14)

로마서 6:1-14는 왜 신자가 이 세상에서 죄와 사망의 세력과 싸우는 영적 투쟁을 하여야 하는가를 밝혀주고 있다. 6장의 전반부에 해당하는 6:1-14은 1-5절, 6-10절, 11-14절 등 모두 세 부분으로 나누어진다.

첫째, 신자는 죄에 대하여 죽었기 때문에 그는 더는 죄 가운데 살 수 없다는 원리(1-2절)와 함께 신자가 어떻게 죄에 대하여 죽게 되었는가를 설명한다(3-5절). 여기서 바울은 그리스도와의 연합을 뜻하는 세례를 받은 자는 이미 그리스도와 함께 죽고, 함께 장사 되었고 그리고 그리스도와 함께 부활한 자임을 밝히고 있다.

둘째, 신자는 예수님이 십자가에 못 박힐 때 우리 옛 사람도 예수님과 함께 십자가에 못 박혔다는 사실과 예수님이 부활할 때 우리도 그와 함께 부활한 새 사람인 사실을 각각 알고, 더이상 죄에 대하여 종노릇하지 말 것을 가르치고 있다(6-10절).

셋째, 신자는 죄에 대하여 죽은 자이기 때문에, 더는 자신의 몸을 불의를 행하는 도구로 삼아 죄에게 종노릇 하지 않아야 할 것과, 오히려 적극적으로 부활한 예수와 함께 부활한 자로 알고 의를 행하는 도구로 삼아 자신을 하나님께 드려야 할 것을 강조하고 있다(11-14절).

① 그리스도의 죽음과 부활의 연합을 통한 죄로부터의 해방(1-5절)

바울은 5:20에서 "죄가 더한 곳에 은혜가 더욱 넘쳤다"고 말했다. 바울은 죄를 정복할 수 있는 은혜의 크고 풍성함을 강조하기 위해 이 말을 했다. 그러나 이 말은 마치 바울이 "더 많은 은혜를 받기 위해 더 많은 죄를 범하자"고 말한 것처럼 오해를 불러일으킬 수도 있다.

그래서 바울은 1절에서 "우리가 은혜를 더하게 하려고 계속해서 죄를 지어야 하는가?"라는 수사학적 질문을 제기한다. 그런 다음 2절에서 로마서에서 종종 강한 부정을 말할 때 사용하는 용어, "결코 그럴 수 없다"(μὴ γένοιτο, 메 게노이토, 3:4, 6, 31; 6:15; 7:7, 13; 9:14; 11:1, 11)고 말한다. 즉 은혜를 받기 위해 죄를 지을 수 없다는 것이다.

왜냐하면, 신자는 그리스도와의 연합을 통해 이미 죄에 대하여 죽은 자이기 때문에 더는 죄 가운데 살 수 없다는 것이다. 죄 가운데 살 수 없다는 것은 죄의 세력에서 해방되어 하나님의 은혜의 영역으로 옮겨진 신자가 다시 죄의 영역으로 옮겨갈 수 없다는 것을 가리킨다. 이것이 바로 신자의 정체성이다. 물론 신자가 죄에 대하여 죽고 죄의 세력에서 해방되었다는 것이 그가 더는 죄를 지을 수 없는 존재가 되었다는 말은 아니다. 신자도 이 세상에 사는 한 여전히 다시 죄를 지을 수도 있다. 그러나 신자에게 있어서 죄가 더이상 그의 주인이 아니라는 것이다. 그의 새 주인은 그리스도이기 때문이다.

여기서 자연히 제기되는 질문은, 그렇다면 신자는 언제, 어떻게 죄에 대하여 죽고, 죄의 지배로부터 해방되었는가, 어떻게 죄가 그 자신을 지배하는 주인이 아니라, 그리스도가 언제, 어떻게 새 주인이 되었는가 하는 것이다. 바울은 3절 이하에서 이 문제에 대해 대답한다.

바울은 그 대답을 세례에서 찾는다. 세례는 그리스도를 자신의 주로 고백하고 기독교인이 되는 체험적인 표지이기 때문에 신자에게 있어서 세례는 잊을 수 없는 사건이다. 여기서 바울은 로마의 기독교인도 세례의 중요성과 그 체험을 갖고 있음을 전제하고 있다. 3절 서두에 있는 체험을 전제로 하고 있는 수사학적인 질문, "여러분은 알고 있지 않느냐?"가 이를 확인하여 준다.[305]

바울은 신자가 예수님을 자신의 구주와 주로 고백하고 그를 믿어, 성부(聖父)와 성자(聖子)와 성령(聖靈)의 이름으로 세례를 받았다는 것은, 설사 그 세례가 물

---

305 Schreiner, *Romans*, 308.

세례라고 할지라도, 그가 성령을 통해, 자신의 죄를 대신하여 십자가에 죽으시고 부활하신 그리스도 예수와 연합되었다는 것을 뜻하는 것으로 본다(고전 6:11; 10:1-2; 12:13; 고후 1:22; 갈 3:27-28; 엡 1:13; 4:30; 5:14, 26; 골 2:11-12; 딛 3:5). 즉, 세례의 우선적인 의미는 성령을 통한 신자와 그리스도와의 연합이라는 것이다.[306] 이 연합은 5장에서 말한 아담과 인류, 그리스도와 신자의 연대 이상이다.

이 연합은 실제로 성령을 통해 그리스도와 신자가 하나가 되는 신비적 연합이다. 물론 이 연합의 진정한 의미는 사람의 신비적 체험에 있지 않고 성령을 통해 연합을 만드신 하나님에게 있다.[307] 이 신비적 연합으로 신자는 그리스도가 이루신 모든 구속 사역과 그 복에 참여하게 된다. 즉 이 연합을 통해 우리는 동시에 그리스도가 이루신 "지혜와 의로움과 거룩함과 구원함에 참여한다"(고전 1:30).

여기서 칭의와 성화를 구분하고 성화를 칭의 이후의 것으로 순서를 정하는 것은 그리스도의 연합을 잘못 이해하는 것이다.[308] 바울은 고린도전서 6:11에서 세례를 상기시키는 "주 예수 그리스도의 이름과 우리 하나님의 성령 안에서 씻음과 거룩함과 의롭다하심을 받았느니라"고 말하면서 성화를 오히려 칭의 앞에 둔다.[309]

중생, 성화, 칭의 모두가 그리스도와의 연합인 세례와 관련되어 있기 때문에 모두 동시적이라는 것이다. 왜냐하면, 세례를 통한 예수 그리스도와의 연합은 바로 예수님의 모든 사역에의 연합, 특별히 그의 십자가의 죽음과 부활과의 연합을 뜻하기 때문이다.

곧, 그리스도께서 우리 죄를 대신하여 십자가에서 죄에 대하여 죽고 장사되었을 때,[310] 우리 역시 세례를 통하여 그리스도와 함께 죄에 대하여 죽고 장사되었고, 그리스도께서 죽은 자 가운데서 삼 일째 날에 부활하였을 때, 우리도 그리스

---

306 Longenecker, *Romans*, 613.
307 Fitzmyer, *Romans*, 431: "바울은 여기서 일종의 그리스도-신비주의에 대해 말하고 있지 않다; 그리스도와의 연합은 그리스도의 죽음과 부활에 대한 묵상에서 나온 신비적 경험의 결과가 아니다. 왜냐하면 어떤 인간적인 수고를 통하여 이 연합이 일어나는 것이 아니기 때문이다. 오히려 세례에서 그리스도와의 연합을 일으키는 것은 하나님 자신의 행위이다."
308 Käsemann, *Romans*, 172: "칭의와 성화 그리고 칭의를 성화 이후의 것으로 구분하는 것은 선물을 그 수여자로부터 분리시키고, 더 이상 칭의의 중심에 그리스도의 주권에로의 이전을 두지 않고, 대신 인간학을 그 지평선으로 만들 때에만 가능하다."
309 Stuhlmacher, *Romans*, 91.
310 여기 "장사되었다"는 것은 죽음과 분리된 사건을 강조하기보다는 죽음의 확실성을 강조하고 있다. Dunn, *Romans 1*, 314; Schreiner, *Romans*, 310-11을 보라.

도와 함께 부활하였음을 뜻한다. 모든 사람을 위해 죽고 부활한 그리스도의 단 한 번의 그 역사적 사건에 세례를 통하여, 성령에 의해, 내가 참여하였으며, 그리고 그 참여로 내게 그 구원의 복이 주어져 현존하게 되었다는 것이다.[311]

따라서, 세례를 통해 신자가 된 이는 자신을 죄에 대하여 죽은 자로 알고 더는 죄의 지배 아래 살면 안 된다. 오히려 그리스도의 부활과 함께 이미 새로운 생명을 가진 자로 알고 부활의 삶을 살아야 한다. 그것이 바로 4절 하반절의 목적절(히나), "이는 아버지의 영광으로 말미암아 그리스도를 죽은 자 가운데서 살리심과 같이 우리도 또한 새 생명 가운데서 행하게 하려 함이라"에 암시되어 있다.[312] 8장에서 우리가 살펴보겠지만 여기 새 생명 가운데서 사는 것은 그리스도의 영인 성령을 따라 사는 것이다(8:9-11).

그렇다면, 우리 신자가 세례를 통해 그리스도와 함께 죄에 대하여 죽고, 함께 장사가 되고, 그리스도와 함께 새 생명으로 부활하였다는 사실을 어떻게 이해할 수 있는가?

바울은 이미 5장에서 아담 한 사람의 범죄로 많은 사람이 죄와 사망의 지배를 받게 되었지만, 예수 그리스도 한 분의 의로운 행위로 많은 사람이 의롭게 되었다는 사실을 밝힌 바 있다. 바울은 여기서 아담의 범죄가 전 인류의 범죄인 것처럼, 예수 그리스도의 십자가와 부활을 전 인류를 위한 의로운 행위로 보고 있다. 이것은 하나님이 세우신 제도이며 인간을 다루시는 하나님의 방법이다. 하나님의 구원 역사에서 예수 그리스도의 사역은 우리를 위한 사역이기 때문에, 우리가 예수 그리스도를 믿고 세례 받을 때, 우리는 성령을 통하여 실제로 예수 그리스도와 그의 모든 사역과 연합된다.

세례 자체가 마법적 능력을 가지고 있기 때문이 아니라, 예수 그리스도에 대한 우리의 믿음을 통하여 성령께서 우리를 그리스도와 연합하게 하기 때문이다.[313]

---

311 Käsemann, *Romans*, 166: "그리스도께서 우리를 위해 죽으셨기 때문에 우리 역시 그의 죽음에게로 옮겨졌다. 세례는 그의 행위의 수용과 그의 삶의 참여를 불러일으킨다."
312 Schreiner, Romans, 313.
313 바울에게 있어서 세례는 항상 믿음 가운데서 성령의 역사로 이루어진 것을 뜻하고 있지 믿음 없는, 성령의 역사 없는 형식적인 세례를 뜻하는 것은 아니다. 참고. 악트마이어, 『로마서』, 166: "바울의 입장은 너무나 분명하게 오직 세례 받는 사람이 믿음이 있어야만 그 세례가 유효하다는 것이다. 또한 분명한 것은 만약 하나님이 우리의 운명을 그리스도 안에서 바꾸는 믿음이 없는 한 세례 받는 것이 무의미하다는 것이다. 그러므로 그리스도의 죽음에로 세례를 받는 그 행위는 그리스도 안에서 하나님이 우리에게 강복하신다는 믿음을 가정하는 것이다. 세례를 행하는 것은 그리스도 안에서 하나님이 우리가 죄의 노예 생활을 벗

세례를 통한 이 연합은 추상적인 연합이 아니고 성령을 통한 신비적이고 그리고 실제적인 연합이다. 즉, 세례를 통하여 역사적인 그리스도 사건(그의 죽음, 장사, 부활)이 나에게 실제적인 사건이 된다.[314] 우리를 위한 그리스도의 죽음과 부활의 유익이 실제적으로 우리의 것이 되는 것이다. 그것이 5절에서 언급된 "그의 죽으심과 같은 모양으로 연합한 자가 되었으면 또한 그의 부활과 같은 모양으로 연합된 자도 되리라"에 암시되어 있다.[315]

이 연합은 집단적인 동시에 또한 개인적이다. 말하자면, 개인이 그리스도의 몸인 교회의 구성원으로서 그리스도가 죽고 부활할 때 그의 몸인 교회도 그와 함께 죽고 부활하였다는 연대적이고 구속사적인 의미에서는 물론,[316] 개인이 또한 그리스도를 믿음으로 성령을 통하여 그의 죽음과 부활에 연합하는 것이다. 그러므로 그리스도를 믿고 세례를 받은 신자는 자신의 옛 사람이 그리스도의 죽음과 함께 죄에 대하여 죽고, 그리고 그리스도의 부활과 함께 새 생명을 가진 새 사람으로 부활한 자로 인식하여야 한다.

> 당신은 그리스도를 통하여 이미 죄에 대하여 죽었다. 그러므로 당신은 옛 자아가 죽었음을 알아야 한다. 당신은 이미 그리스도와 함께 부활하였다. 그러므로 당신은 그와 함께 새로운 삶을 살아야 한다.[317]

왜냐하면, 그는 그리스도 부활의 생명을 소유하고 있기 때문이다. 신자의 새로운 부활의 삶은 여기서 출발한다.

② 그리스도를 위한 삶(6-10절)

6-10절은 3-5절에서 말한 연합의 의미, 곧 신자가 세례를 통하여 그리스도와 연합함으로써 그리스도의 죽음과 함께 죽고, 그리스도의 부활과 함께 부활하였다는 사실이 실제로 신자의 삶에 어떤 의미를 주고 있는가를 설명한다.

어날 수 있는 길을 열어 놓았다는 것을 신뢰하는 믿음의 표현이다."
314 Stuhlmacher, *Romans*, 91-92.
315 여기서 전치사구 '엔 호모이오마티'(ἐν ὁμοιώματι, 모양으로)는 세례를 통한 실제적인 변화를 뜻한다. 즉 그리스도의 죽음과 부활이 세례를 통하여 실제적으로 나의 죽음과 부활이 된다는 것이다. Cf. Käsemann, *Romans*, 168; Moo, *Romans*, 387; Schreiner, *Romans*, 316.
316 Ridderbos, *Paul*, 206-214는 이 점을 너무 극대화하는 경향을 보인다.
317 Fitzmyer, *Romans*, 430.

바울은 먼저 6-7절에서 우리가 그리스도와 함께 죽었다는 것이 무엇을 뜻하는가를 설명하고, 이어 8-10절에서 우리가 그리스도와 함께 부활하였다는 것이 무엇을 뜻하는가를 설명한다.

6-7절에서 바울은 그리스도와 함께 죽었다는 것에 대해 두 가지로 이야기한다.

첫째, 우리에게 죄와 죽음을 가져다 준 아담에게 속한 우리 옛 사람이 그리스도와 함께 십자가에 못 박힘으로, 죄에 지배를 받고 있던 우리의 몸이 죽었기 때문에, 더는 죄에게 종노릇하는 삶, 곧 계속해서 죄의 지배를 받는 삶을 살아서는 안 된다는 것을 뜻하고 있다고 말한다.

둘째, 우리가 그리스도와 함께 죽었다는 것은 보다 적극적으로 죄로부터 자유하는 의로운 삶을 살아야함을 뜻한다고 말한다. 따라서 6-7절의 가장 좋은 주석 중의 하나는 다시 갈라디아서 2:20이라고 할 수 있다. 여기서 바울은 "내가 그리스도와 함께 십자가에 못 박혔나니 그런즉 이제는 내가 산 것이 아니요 오직 내 안에 그리스도께서 사신 것이라"고 고백한다.

그러면서 그리스도와 함께 십자가에 죽었다는 것은, 그리스도를 믿기 이전의 죄와 죽음의 지배 아래 있는 옛 자아가 내 삶의 주인이 아니라, 성령을 통해서 나와 연합하시고 나의 삶의 주가 되기를 원하시는 그리스도가 나의 새 주인이 되는 것임을 밝히고 있다.

그러나, 우리가 분명히 짚고 넘어가야 할 사실은, 바울 사도가 거듭 우리가 죄로부터 자유로운 의의 삶을 살아야 한다는 사실을 강조하고 있다는 그 자체가 우리가 의로운 삶은 물론, 죄의 삶도 살 수 있다는 것을 보여주고 있다는 점이다. 우리에게 의로운 삶을 살 수 있는 가능성이 주어지지 않았다면 의로운 삶을 살아야 한다는 명령문은 사실상 실현 불가능한 명령이 될 수밖에 없다.

마찬가지로, 우리가 다시 죄의 삶을 살 수 있는 가능성이 없고, 오직 의의 삶만을 살 수 있게 되었다면 죄의 삶을 살지 말라는 명령문 역시 주어질 필요도 없다. 신자가 그리스도와 연합하여 그리스도와 함께 죽고 함께 부활하였다는 것은, 이제 새로운 피조물이 되어(고후 5:17) 우리의 삶의 주인이 바뀌었고, 우리의 삶의 목표와 영역이 달라졌으며, 따라서 예수 믿기 이전의 삶과는 다른 삶을 살 수 있는 당위성과 함께 새로운 삶을 살 수 있는 가능성이 주어졌다는 것을 의미하는 것이지, 과거의 영향을 전혀 받지 않는, 받을 수도 없는 과거로부터 완전한 단절을 뜻하는 것은 아니라는 점이다.

이미 그리스도와의 연합을 통해 과거와의 단절이 시작되었고 지금도 계속 진행이 되는 중에 있는 것은 사실이지만, 완전한 단절은 우리가 신령한 몸으로 부활할 때 이르게 되는 미래적인 것이다(빌 3:10-12). 우리는 바울이 신자가 이미 죄를 지을 수 없는 존재가 되었다고 말하지 않고, 죄가 신자를 지배하지 않는다고 말한 점을 상기하여야 한다. 단언컨대, 죄는 그리스도 안에 있는 자에게 왕 노릇할 수 없다(6:14).[318]

8-10절에서 바울은 그리스도와 함께 부활하였다는 것이 무엇을 뜻하는지에 대해 설명한다. 먼저 8절에서, 그리스도에게 있어서 죽음과 부활은 분리될 수 없음으로 그리스도와 함께 죽은 자는 또한 그리스도와 함께 산다고 말한다. 여기 '산다'는 동사 '쉬제소멘'(συζήσομεν)의 시제는 미래형이지만 그렇다고 해서 이것이 신자가 이미 그리스도와 함께 살아있다는 사실을 부정하는 것은 아니다. 완전한 부활의 삶은 미래적이지만 그 미래가 이미 현재에 들어와 있다.

이점은 11절 하반절의 "그리스도 예수 안에서 하나님께 대하여는 '살아 있는 자'(ζῶντας, 현재분사)로 여길지어다"에서 분명해진다. 바울은 여기 9-10절에서 그리스도의 부활의 의미를 말함으로써, 그리스도의 부활이 신자의 삶에 어떤 의미를 가지고 있는가를 암시한다.

바울은 그리스도에게 있어서 부활에 대해 이렇게 말한다.

첫째, 죽은 자 가운데서 다시 살아나신 것이라고 말한다. 죄와 사망의 권세로 말미암아 죽은 사람들 가운데서 그리스도께서 처음으로 죄와 사망의 권세를 깨뜨리고 살아나셨다는 것이다(고전 15:20 참조).

둘째, 다시 죽을 수 없음을 뜻한다는 것이다. 즉, 죽음의 세력이 그리스도를 다시 지배할 수 없다는 것이다. 왜냐하면, 그리스도는 죽음을 통해서 죽음을 정복하시고(죽음을 죽이시고) 다시 살아나셨기 때문이다.

셋째, 그리스도에게 있어서 부활은 죽음을 가져오는 죄를 정복하고 하나님을 위한 삶을 가져왔음을 뜻한다는 것이다. 이것은 그리스도께서 십자가의 죽음과 부활을 통해서 죽음뿐만 아니라, 죽음을 가져오는 더 근본적인 악의 세력인 죄(고

---

[318] Schreiner, *Romans*, 318.

전 15:55-56절 참조)를 정복함으로써, 하나님으로부터 받은 구속 사역을 완수하시고, 다시 영화로운 몸이 되어 하나님과 영원한 교제의 삶을 가지게 되었음을 가리킨다.

신자가 그리스도의 부활과 연합되었다는 것은 성령을 통해 그리스도의 부활에서 일어났던 모든 것과 연합하는 것이다. 이것은 앞에서 그리스도와 관련해서 말한 첫째, 둘째, 셋째가 또한 신자를 위한 것이며, 그리고 신자 안에서도 실제적으로 일어날 수 있어야 하는 것을 뜻한다. 물론 이 모든 것을 가능하게 하시는 분은 그리스도의 영인 성령이시다.[319] 이것이 신자의 새로운 삶의 근거와 방편이 된다.

③ 하나님의 은혜 아래의 삶(11-14절)

11-14절에서 바울은 8-10절에서 말한 것을 로마 교회 신자에게 직접 적용시킨다. 즉, 8-10절의 직설법 내용에 근거하여 명령법의 내용으로 전환한다. 물론 여기 직설법과 명령법은 서로 분리되는 것이 아니다. 양자는 동전의 양면처럼 서로 연결되어 있다. 직설법은 명령법을 통해 나타나야 하며, 명령법은 직설법에 뿌리를 두고 있다. 직설법이 명령법을 통해 구체적으로 나타나지 않는다면 그 직설법의 진위가 문제가 된다.[320]

어쨌든 바울의 강조점은 그리스도의 죽음과 부활은 신자의 칭의, 곧 새로운 신분에만 관련되어 있는 것이 아니고, 신자의 성화, 곧 신자의 새로운 삶과도 관련되어 있다는 사실에 있다. 그리스도는 우리를 죄와 사망의 권세에서 건져내시는 우리의 구원자일 뿐만 아니라, 또한 우리가 이 세상에서 어떻게 살아가야 하는가를 보여주시는 우리 삶의 모범이시고, 위대한 선생이시라는 것이다. 곧, 그리스도께서 우리의 범죄 때문에 죽고 우리를 의롭다 하기 위하여 다시 살아나신 것처럼(4:25), 우리도 그리스도처럼 죄에 대하여 죽고, 하나님에 대하여 다시 산 자처럼 살아야 한다는 것이다.

이처럼 바울에게 있어서 서로 분리될 수 없는 그리스도의 죽음과 부활은 신자의 서로 분리될 수 없는 신분(직설법)과 삶(명령법)의 원천이 된다. 이 점은 11-13절에서 바울이 사용하고 있는 "너희는 여기라"(11절), "너희는 왕 노릇 하지 못하

---

319 Ridderbos, *Paul*, 214-223을 보라.
320 Schreiner, *Romans*, 322: "명령법이 일상적인 삶을 통해 구현될 때 그 직설법이 참으로 작용하고 있다는 사실을 보여준다."

게 하라"(12절), "너희는 드리지 말라"(13a), "너희는 드리라"(13b) 등 여러 명령법의 문장에서 거듭 확인된다.

여기서 우리는 다시 한번 바울이 우리의 구원을 그리스도의 십자가와 부활, 직설법과 명령법, 칭의와 성화 양면을 통해 설명하고 있다는 사실은 구원이 한편으로 이미 우리에게 주어졌지만, 다른 한편으로 구원의 완성이 아직 우리에게 주어져 있지 않았다는 것을 말하고 있는 점에 주목할 필요가 있다. 바울이 8장에서 우리 몸의 속량, 곧 구원의 완성을 기다리는 미래적인 것임을 말하고 있는 것(8:23-24)과, 빌립보서 2:12에서 "두렵고 떨림으로 너희 구원을 계속 이루어 가라"고 권면하고 있는 것은 이 점을 부정할 수 없게 한다.

흔히 이신칭의를 지나치게 강조하거나 광신하는 사람은 이신칭의를 통해 이미 구원이 완성된 것으로, 그래서 한번 주어진 구원은 영원한 구원인 것으로 생각하여 구원은 신자가 성령을 따라 사는 성화의 삶과 무관하며, 성화의 삶은 우리의 구원과는 무관하며, 오직 우리에게 주어질 상급만을 결정할 뿐이라는 주장을 한다. 하지만, 이런 주장은 바울의 전체적인 가르침을 외면하는 것이고, 성경 전체의 가르침을 곡해하는 매우 잘못된 것이다.

예수님은 분명하게 산상설교에서 올바른 제자도의 삶이 없이는 결단코 하나님의 나라에 들어갈 수 없다고 단호하게 말씀하셨다(마 7:15-21). 바울도 갈라디아 교인들을 향해 부도덕한 일을 행하는 자는 하나님의 나라를 유업으로 받지 못한다고 단호하게 말한다(갈 5:21). 구원에서 성화의 역할을 빼거나 칭의에 있어서 성화의 역할을 배제하거나 직설법과 명령법을 서로 분리하는 것은 사실상 양 역할의 주인이신 그리스도와 성령을 나누거나 배제하는 것이다.[321]

14절은 11-13절에서 말한 여러 명령법의 이유인 동시에 1-13절까지의 결론으로 볼 수 있다. 11절의 첫 번째 명령법, "너희는 마땅히 너희 자신이 한편으로 죄

---

321 필자는 이러한 내용을 2017년 5월 23일 백석대학교 퇴임 고별 강연과 같은 해 5월에 있었던 한국개혁신학회 종교개혁 500주년 기조 강연, "종교개혁의 칭의론 다시 보기: '칭의'/'성화'에 대한 사도 바울의 교훈을 중심으로"에서 강조한 바 있다. 이에 대해 이경섭은 2017년 6월 1일자 「크리스천 투데이」에 투고한 "최갑종 박사는 왜 칭의에서 '믿음'이 아닌 '윤리'를 찾는가"에서 강하게 반박한 바 있다. 하지만, 그는 필자의 주장이 다름 아닌 그가 그토록 신봉하는 성경 자체에서 기인하고 있다는 사실을 외면한다. 따라서 그의 반박은 필자에 대한 반박 이전에 성경에 대한 반박이라 말하지 않을 수 없다. 너무나 많은 사람이 자신의 주장을 뒷받침할 수 있는 어떤 특정한 성경 본문만을 과신한 나머지 자신의 주장과는 달리 말하는 다른 성경 본문을 외면하고 있다. 종교개혁자들이 말한 "오직 성경으로"(*sola scriptura*)는 동시에 "모든 성경으로"(*tota scriptura*)라는 사실을 잊지 않아야 한다.

에 대하여 죽은 자로, 다른 한편으로 그리스도 예수 안에서 하나님에 대하여 지금 살아 있는 자로 여기라"는 말은 너희가 그리스도의 죽음과 부활에 연합하여 이미 죽고 이미 부활한 자이기 때문에 그러한 죽음과 삶이 이제 현실의 삶을 통해 마땅히 구현되어야 함을 강조하고 있다.

죽음과 부활이 공존할 수 없는 것처럼, 죄에 대한 죽음과 하나님에 대한 삶이 공존할 수 없다는 것이다.[322] 12절의 두 번째 명령법, "그러므로 너희가 몸의 사욕에 순종하도록 하기까지 죄가 더이상 너희 죽을 몸을 지배하도록 하지 말라"는 11절의 내용이 구체적인 삶을 통해 구현이 되도록 적극적으로 죄의 세력과 싸우는 삶을 요구하고 있다.

여기 몸은 단순히 육체적인 몸만을 가리키지 않고 육체를 포함한 전인(全人)을 가리킨다(12:1). 그리고 몸을 가리켜 "너희 죽을 몸"이라고 말하는 것은 신자도 이 세상에 사는 한 육체적인 죽음을 피할 수 없음을 보여준다. 그래서 바울은 8:23에서 신자도 몸의 구속을 기다리고 있다고 말한다. 따라서, 신자는 몸의 완전한 구속을 기다리는 동안 죄가 그의 전 삶의 영역을 지배하지 않고 오히려 적극적으로 그리스도가 그의 전 삶을 지배하도록 하여여 한다. 그것이 13절의 두 명령법에 반영되어 있다.

13절 상반절에 있는 부정형 명령법, "너희 지체를 더이상 불의의 무기로 죄에게 내주지 말라"는 것의 의미는 우리 몸의 지체들, 이를테면, 손, 발, 눈, 입, 다리 등을 더는 죄의 도구가 되게 하지 말라는 의미이다. 왜냐하면, 한편으로 이러한 지체들이 실제로 죄를 짓는 데 도구가 될 수도 있기 때문이며, 다른 한편으로 이러한 지체들이 이제 그리스도의 도구로서 불의의 도구가 아닌 의를 위해 사용되어야 하기 때문이다(6:16, 18, 19, 20). 13절 하반절의 적극적인 명령법, "오히려 너희 자신을 죽은 자 가운데서 살아난 자와 같이 하나님께 드리며 그리고 너희 지체를 의의 도구로 하나님께 드리라"는 말은 신자가 누구이며 그리고 어떻게 살아야 할 것인가를 보여준다.

곧, 신자는 그리스도와 함께 죽고 함께 산 자이기 때문에, 이제 먹든지 마시든지 무엇을 하든지 오직 하나님의 영광을 위하여 살아야 하는 것이다(고전 10:31).

그렇다면, 왜 신자는 이와 같은 명령법을 따라야 하는가?

---

322 Schreiner, *Romans*, 323.

다른 말로 다시 말한다면 신자는 어떻게 이와 같은 명령법을 실행할 수 있는가?

아무리 우리에게 다양한 명령법이 주어진다고 하더라도 이러한 명령법을 실천할 수 있는 가능성이 전혀 없다고 한다면, 그러한 명령법은 실현 불가능한 허구가 될 것이다. 그 답변이 이유 접속사 '왜냐하면'(γάρ, 가르)을 동반한 14절에서 주어지고 있다. 여기 '가르'는 명령법이 주어진 근거를 제시하고 있다.[323]

그러므로 14절의 "죄가 너희를 주관치 못할 것이다"라는 말은 하나님께서 죄가 너희를 주관하지 못하도록 하시겠다는 약속으로 보아야 한다.[324] 이 점은 14절 하반절의 "이는 너희가 법 아래 있지 아니하고 은혜 아래 있음이라"는 구절을 통해 확인된다. 여기 "법"으로 번역된 '노모스'(νόμος)는 모세 율법을 지칭한다.

그렇다면 "너희가 율법 아래 있지 아니하고, 은혜 아래 있다"는 말은 무엇을 뜻하는가?

여기서 "율법 아래"와 "은혜 아래"의 날카로운 대조는 하나님의 구원 역사의 두 대조를 가리키고 있다고 볼 수 있다. 곧, 모세 율법이 지배하는 옛 언약 시대와 그리스도와 성령이 지배하는 새 언약 시대의 대조를 가리킨다.[325] 모세 율법이 지배하는 시대에 살았던 이스라엘 백성들은 율법을 지키면 복을, 지키지 못하면 저주와 심판을 받게 된다는 약속 아래 살았다. 그런데 이스라엘 백성들은 율법을 온전히 지키는 데 실패하였다. 이스라엘 백성들은 죄의 영향 아래 있었고, 율법이 죄를 극복할 수 있는 능력을 주지 못하였기 때문이다.

하지만 하나님은 이스라엘 백성의 불순종과 실패에도 불구하고 일찍이 아브라함과 다윗에게 준 그 약속, 그 언약(출 12:2-3; 15:4-5; 삼하 7:13-16)을 파기하지 않으셨다. 오히려 예레미야와 에스겔을 통해 하나님 자신이 메시아와 성령을 통해 율법의 순종을 책임지는 새 언약과 화평의 언약 시대를 약속하셨다(렘 31:31-33; 겔 36:26-27; 37:24-27).

이 약속대로 새 이스라엘과 마지막 아담으로 오신 메시아 예수는 옛 이스라엘 백성이 실패하였던 율법을 온전히 순종하여 그 율법을 성취하였다(참고. 마 5:17). 그리고 보혜사 성령은 메시아 예수 안에 있는 신자로 하여금 메시아가 십자가와

---

323 Schreiner, *Romans*, 325.
324 Cranfield, *Romans 1*, 319; Dunn, *Romans 1*, 339; Moo, *Romans*, 404; Schreiner, *Romans*, 325.
325 Moo, *Romans*, 406; Schreiner, *Romans*, 326.

부활을 통하여 성취한 그 율법을 순종할 수 있도록 하였다.[326] 그러므로 여기 신자가 더는 "법 아래 있지 아니하고 은혜 아래 있다"는 것은 신자가 옛 이스라엘 백성과 같은 모세 율법이 지배하는 옛 언약 시대에 있지 아니하고, 그리스도와 성령이 지배하는 새 언약 시대 있다는 사실을 강조한다.

바울은 이 점과 관련하여 7:6에서 "이제는 우리가 얽매였던 것에 대하여 죽었으므로 율법에서 벗어났으니 이러므로 우리가 영의 새로운 것으로 섬길 것이요 율법 조문의 묵은 것으로 아니할지니라"라고 말한다(참고. 8:1). 바로 이것이 신자가 죄로부터 승리의 삶을 살 수 있는 근거이다.

하지만, 신자가 모세 율법이 지배하는 옛 언약 아래 있지 아니하고 그리스도와 성령이 지배하는 은혜 아래 있다고 해서 이것이 이제 무슨 일을 해도 좋다는 것을 뜻하지는 않는다. 말하자면 그리스도 안에서 우리에게 주어진 하나님의 은혜는 무한하며, 무조건적이지만, 그것이 은혜의 수혜자인 우리가 무슨 일을 해도 좋다고 말할 만큼 무조건적인 것은 아니라는 것이다.

오히려 하나님의 무조건적인 은혜는, 우리가 마태복음 18장에 있는 예수님의 "용서하지 않은 무자비한 종의 비유(마 18:21-35)"에서 발견할 수 있는 것처럼, 은혜의 수용자부터 합당한 응답을 기대를 배제하고 있는 것은 아니다. 예수님의 비유에 보면, 어떤 신하는 자기 임금(하나님)으로부터 도무지 갚을 수 없는 무한한 빚을 아무런 조건 없이 탕감받는 은혜를 받았다. 하지만, 작은 빚을 진 동료 신하가 당장 빚을 갚지 않는다고 해서 감옥에 가두었다. 다른 신하로부터 이 무자비한 신하에 대한 소식을 듣고 임금은 즉시 그 신하를 다시 소환하여 말했다.

> "악한 종아, 네가 빌기에 내가 네 빚을 전부 탕감하여 주었거늘, 내가 너를 불쌍히 여김과 같이 너도 네 동료를 불쌍히 여김이 마땅하지 아니하냐 하고, 그 빚을 다 갚도록 그를 옥졸들에게 넘겼다"(마 18:32-34).

---

[326] Schreiner, *Romans*, 327: "바울의 요점은 이스라엘은 그들이 율법(즉, 모세 언약) 아래 머물러 있었을 때까지 율법을 지키지 못했다는 것이다. 이제 신자는 은혜 시대에 있기 때문에, 성령의 능력으로 율법의 도적적 규범을 지킬 수 있게 되었다(롬 8:4). 이것이 바로 예레미야(렘 31:31-34)와 에스겔(11:19-20; 36:26-27)이 새 언약과 관련하여 예언하였던 것이다."

이 비유를 제자들에게 말씀하신 다음, 예수님은 그들에게 "너희가 각각 마음으로부터 형제를 용서하지 아니하면 나의 하늘 아버지께서도 너희에게 이와 같이 하시라"(18:35)고 하시면서, 하나님의 무조건적인 은혜의 용서는 그 은혜의 수혜자에게 합당한 응답을 기대하고 있으며, 그 기대에 부응하지 못한 자에게 은혜는 취소되고 대신 무서운 징벌에 처하게 됨을 강조하셨다.[327]

바울도 예수님의 이 교훈처럼 신자가 은혜 아래 있다는 핑계로 은혜의 수여자인 하나님께서 기대하는 합당한 삶을 살지 않고, 오히려 계속 죄를 범하게 된다면 그는 은혜가 아닌 다시 죄의 지배를 받게 된다고 말한다. 그러므로 신자가 죄로부터 승리의 삶을 살기 위해서는 계속해서 하나님께서 그리스도 안에서 이루신 그의 은혜의 사역과 그분의 약속을 늘 기억하고 그 은혜에 부응하는 거룩한 삶을 살아야 한다.

그렇게 할 때 우리는 하나님으로부터 죄로부터 승리할 능력을 계속 공급받게 된다. 곧 성령을 통하여 하나님의 법을 성취하게 된다(고후 3:18; 갈 6:2). 우리가 얼마나 그리스도의 사역과 하나님의 은혜에 주목하고 거기에 부응하느냐가 죄로부터 우리의 승리적 삶의 성패를 좌우한다.[328]

---

327 이 비유에 대한 자세한 논의는 최갑종, "용서하지 않은 종의 비유," 『예수님의 비유』(서울: 이레서원, 2014), 135-154를 보라.
328 John M.G. Barclay는 그의 *Paul & the Gift* (Grand Rapids: Eerdmans, 2015) 제1장에서 바울 당대 헬라-로마-유대 사회에서 선물, 곧 은혜가 그 수혜자로부터 합당한 감사를 기대하였음을 인류학적으로 잘 설명하고 있다. 그리고 제16장에서 우리에 대한 하나님의 (구원)의 선물은 거저 주는 것이지만, 그것이 우리가 하나님에게 합당한 응답의 의무까지 배제하는 것은 아님을 강조한다. 그의 말을 직접 들어보자: "전적으로 받을 자격이 없는 자에게 주어지는 것이 선물이지만, 그것은 또한 강한 의무감을 불러 일으킨다: 선물은 수혜자들로 하여금 새로운 삶을 살 수 있는 자로 창조하며, 그리고 그들에게 주어진 새로운 삶을 사는 것을 요구한다. 이 순종은 도구적인 것은 아니다(이 순종은 그리스도의 선물을 얻기 위한 것도 아니고, 하나님으로부터 여하힌 부가적인 선물을 받기 위한 것도 아니다). 그러나 순종은 선물 그 자체에 고유한 것이다. 마치 하나님께서 새로운 은혜의 수혜자에게 죄와 종으로부터의 그들의 자유를 의로운 삶으로 표현할 것을 기대하는 것과 같은 것이다. 하나님의 은혜는 믿는 신자를 배제하지도, 부정하지도, 대체하지도 않는다. 그들을 수동적인 존재로 만들거나 혹은 무조건 받는 자로만 되게 하는 것도 아니다. 오히려 은혜는 새로운 능동적인 삶을 촉진시키고, 그리스도의 삶을 따라 살 수 있게 한다. 그 결과 신자로 하여금 순종하는 수혜자로서 그리스도를 닮아가는 참된 사람이 되게 한다(롬 5:19). 이런 순종이 없다면 은혜는 무익하고 열매 없는 것이 된다"(518-519).

(2) 죄의 종과 의의 종(6:15-23)

6장의 전반부(1-14)는 먼저 "우리가 은혜를 더하게 하려고 계속해서 죄에 거하여야 하는가?"라는 질문을 하고, 그것에 대한 강한 부정인 "결코 그럴 수 없느니라"라고 답변한다. 그다음 3절 이하에서 왜 우리가 죄에 거하지 않아야 하는가를 계속해서 설명한다. 마찬가지로 6장의 후반부(15-23) 역시 먼저 "우리가 율법 아래 있지 아니하고 은혜 아래 있으니 이제 죄를 지어도 되느냐?"(6:15)라는 수사학적 질문을 한다.

그리고 그에 대하여 강한 부정인 "결코 그럴 수 없느니라"라고 답변한 다음, 16절 이하에서 로마의 기독교인에게 익숙한 두 주인을 동시에 섬길 수 없는 종의 이미지로 왜 우리가 죄를 짓지 않아야 하는가를 계속 설명한다.[329] 6장의 후반부가 전반부의 반복 내지 확장이라고 보는 이유가 여기에 있다. 왜 신자가 계속해서 죄를 짓지 않아야 하는가에 대한 바울의 답변은 단순하다.

우리는 죄의 종에서 해방되어 의의 종이 되었는데, 다시 죄를 지으면 죄의 종이 될 수밖에 없지 않느냐는 것이다. 그럴 경우 죄의 열매인 사망에 이르게 될 것이고, 죄의 종에서 의의 종이 되어 영생을 가져다 줄 거룩한 삶을 살 수 있도록 하신 하나님의 은혜를 헛되게 한다는 것이다. 여기서 바울은 사람은 하나님을 대적하는 죄의 종이 되든지, 하나님을 위하는 의의 종이 되든지 둘 중에 하나를 선택할 수 있을 뿐 중립은 있을 수 없다고 말한다. 사실상 하나님을 위하지 않는 것이 모두 죄이기 때문이다.

6:15-23은 15-16, 17-19, 20-21, 22-23절 등 네 부분으로 나눌 수 있다.

첫째, 신자는 사망을 가져오는 죄의 종이 되든지, 의를 가져오는 의의 종이 되든지 둘 중에 하나에 속할 수밖에 없다는 사실을 말한다(15-16절).

둘째, 신자의 경우 본래 죄의 종이었지만 하나님께서 죄에서 해방시켜 의의 종이 되게 하셨기 때문에, 신자는 이제 자기의 지체를 의에게 종으로 드려 거룩함에 이르러야 한다는 점을 말한다(17-19절).

셋째, 신자가 과거에 죄의 종이 되었을 때 그 결과가 사망이었던 점을 상기시키면서, 다시 죄의 종으로 돌아갈 수 없다는 사실을 강조한다(20-21절).

---

[329] Longenecker, *Romans*, 619-20.

넷째, 신자는 죄에서 해방되어 하나님의 종이 되었으므로 이제 거룩한 열매를 맺고 영생을 소유할 수 있는 자가 되어야 함을 밝힌다(22-23절).

① 죄의 종이 아닌 하나님의 종(15-16절)

앞에서 이미 지적한 것처럼, 15절의 수사학적인 질문과 대답, "우리가 율법 아래 있지 아니하고 은혜 아래 있으니 이제 죄를 지어도 되느냐? 결코 그럴 수 없느니라"는 6:1-2의 질문과 대답은 "우리가 은혜를 더하게 하려고 죄에 거하겠느뇨. 결코 그럴 수 없느니라"와 서로 평행 관계에 있다.

양자는 다 같이 은혜와 죄는 서로 양립할 수 없음을 밝힌다. 차이가 있다면 15절에서 죄와 불가분의 관계를 가진 율법이 다시 등장하고 있다는 점이다. 15절은 14절의 "너희가 율법 아래 있지 아니하고 은혜 아래 있다"는 말이 가져올 수 있는 오해를 예상하고 거기에 대한 바울의 답변이 주어진 것이다.

바울은 율법 아래가 아닌 하나님의 은혜 아래 있다는 것이 이제 율법을 어겨 죄를 지어도 좋다는 식의 죄에 대한 면죄부를 주는 것은 아님을 분명히 한다.[330] 앞에서 언급한 것처럼 신자가 새 언약 시대에 속한다는 것이 모세 율법을 마음대로 어긴다는 것을 뜻하지 않는다. 오히려 성령을 통해 그리스도가 율법을 온전히 순종하여 그리스도의 법이 된 율법을 성취하는 책임을 지는 것이다.

그러므로 신자가 율법을 어겨 죄를 짓는 것은 하나님의 은혜의 영역에서 다시 죄의 영역으로 옮기는 것이요, 죄의 영역으로 옮긴다는 것은 하나님의 은혜 통치를 거부하고 오히려 다시 죄의 지배를 받는다는 것을 뜻한다. 사람은 죄를 섬기는 죄의 종이 되든지, 하나님을 섬기는 하나님의 종이 되든지 둘 중에 하나를 선택할 수밖에 없다. 제3의 중립적인 길은 있을 수 없다.[331] 인간이 하나님으로부터 독립되어 스스로 주인이 되려고 하는 그 순간 그는 오히려 죄의 종이 된다.[332] 따라서 인간은 그 누구도 두 주인을 동시에 섬길 수 없다(마 6:24).

여기서 죄를 짓는다는 것은 죄의 영역으로부터 은혜의 영역으로 옮겨주신 하나님을 거부하는 행위이다. 어느 것을 선택하느냐에 따라 결과는 하늘과 땅만큼 달라진다. 그가 죄를 선택하게 되면 그는 죄의 종이 되고 그 결과는 사망이다. 여기 사망은 단순히 육체적인 죽음만을 뜻하지 않는다. 오히려 육체적 죽음을 포함

---

330 머리, 『로마서 주석』, 317.
331 Schreiner, *Romans*, 331.
332 홍인규, 『로마서 어떻게 읽을 것인가』, 122.

하여 창조주 하나님으로부터의 단절과 최종적인 심판의 결과인 영원한 죽음을 뜻한다.[333]

반면에, 그가 하나님에 대한 순종을 선택하면 의의 종이 되고 그 결과는 의와 영생이다. 양자의 차이는 하늘과 땅만큼 달라진다. 여기서 우리는 기독교인의 삶의 중대한 책임성을 발견한다. 바울이 16절을 "너희가 알지 아니하냐"로 시작하는 것은 이러한 사실을 잘 알고 책임 있는 삶, 곧 매일 매일 죄의 종이 되어 사망에 이르는 삶이 아닌, 하나님께 순종하여 의에 이르는 삶을 당연히 살아야 한다는 목회적인 권면이 암시되어 있다. 바로 그러한 삶이 로마서 서언과 결언에서 강조한 "믿음의 순종"(1:5; 16:26)에 이르는 삶이다.

② 죄의 종이 아닌 의의 종(17-19절)

17절 이하에서 바울은 지금까지 그가 말해온 내용을 직접 로마의 기독교인들에게 적용한다. 그는 먼저 로마의 기독교인들이 본래 죄의 종이었지만, 그들에게 전해진 복음을 받아들여 죄에서 해방되어 의에게 종이 된 점에 관하여 하나님께 감사한다. "너희가 본래 죄의 종이었다"는 말은 로마의 기독교인들이 예수 믿기 이전에 어떤 상태에 있었다는 점을 보여준다. 그들은 예수 믿기 전 이방인들로서 죄를 섬기는 죄의 종이었다. 그러나 이제는 예수 그리스도를 믿어 죄로부터 해방되어 의에게 종이 되었다. "의에게 종이 되었다"는 말은 그리스도 예수를 통해 하나님을 섬기는 하나님의 백성이 되었다는 말이다.

바울은 (죄로부터) "해방되었다"와 (의에게) "종이 되었다"라는 두 동사를, 행동의 주체가 하나님임을 뜻하는 신적 수동태 동사를 사용하여, 이 일을 이루신 분이 하나님이심을 강조한다.[334] 사람이 아닌 하나님께서 그들을 죄로부터 해방시키고, 그들을 적극적으로 의를 섬기는 이들이 되게 하셨다는 것이다. 이것은 사실상 예레미야와 에스겔 선지자가 예언하였던 새 언약 시대(렘 31:31-34; 겔 36:26-27)가 예수 그리스도 안에서 실현되었다는 것을 뜻한다.[335]

---

333 Schreiner, *Romans*, 331: "죄의 결과인 죽음은 하나님으로부터 분리, 영원한 죽음, 그리고 최종적인 정죄를 포함한다."
334 Schreiner, *Romans*, 335.
335 R. A. J. Gagnon, "Heart of Wax and a Teaching That Stamps: Τύπος Διδαχῆς (Rom 6:17b) Once More," *JBL* 112 (1993), 667-87.

물론, 이 일을 이루시는 분은 주의 영이신 성령이다(고후 3:18). 여기서 바울은 진정한 자유(해방)와 의는 하나님을 섬길 때만 가능하다는 것을 밝힌다. 누가복음 15장의 예수님의 탕자 이야기가 보여주고 있는 것처럼, 피조물인 인간이 창조주 하나님을 떠나는 것이 자유가 아니다. 오히려 죄의 종이 되는 것이다. 반면에 아버지 되신 창조주 하나님께 돌아와서 그분과 더불어 창조주-피조물, 아버지-아들로서 정상적인 관계를 맺는 것이 진정한 자유를 누리는 길이다.

그런데 하나님은 인간의 어떤 반응이 없이 그렇게 하신 것은 아니다. 그들에게 전해진 복음의 진리를 그들이 진심으로 받아들이고 순종하는 행동을 통해서 그렇게 하셨다. 즉, 하나님은 복음의 전달과 그 복음에 대한 사람의 적극적인 응답의 과정(믿음과 순종)을 통해서 일하신다. 물론, 이 모든 과정을 마련하신 분은 하나님이시다. 그래서 우리는 모든 영광과 감사를 하나님께 돌리지 않을 수 없다.

19절에서 바울은 17-18절의 하나님께서 로마의 기독교인을 위해 하신 일(직설법)에 근거하여 그들에게 다시 명령법을 준다. 즉, 로마 기독교인에게 이제 그들의 삶의 영역과 주인이 과거로부터 달라졌기 때문에 그들의 삶의 태도도 이제 구체적으로 달라져야할 것을 당부한다. 죄의 종이었던 과거에는 그들의 지체를 부정과 불법의 도구로 삼았지만, 이제는 의의 종으로서 그들의 지체를 의의 도구로 삼아 거룩함에 이르라는 것이다. 신분이 달라졌기 때문에 그들의 삶도 당연히 달라져야 한다는 것이다. 이처럼 하나님의 하신 일은 인간의 책임있는 행동을 통하여 구체적으로 나타나야 한다.

③ 죄의 종으로 돌아갈 수 없다(20-21절)

바울은 20-21절에서 로마의 기독교인들에게 예수 믿기 이전의 신분과 삶을 다시 한번 상기시킨다. 그렇게 함으로써 22-23절에서 말하려고 하는 내용, 곧 지금 그들에게 주어진 새로운 신분과 그 신분에 합당한 새로운 삶에 대한 교훈을 더 강하게 부각시킨다.

20절이 말하고 있는 것처럼, 그들이 예수 믿기 전에 자신을 어떤 자로 생각하였든지, 자신을 자유인으로 생각하였든지, 비자유인으로 생각하였든지에 관계없이 바울의 관점에서 볼 때, 그들은 자유인이 아니고, 의의 지배를 받는 자도 아니고, 오히려 죄의 종이었고, 죄의 종으로서 부끄러운 일을 행한 자들이었다. 그래서 결국 사망의 심판을 받을 수밖에 없는 자들이었다(참고. 엡 2:1-3).

하나님을 알기 전에는 그들의 부끄러운 신분과 그들의 부끄러운 행위와 그 결과를 구체적으로 알 수 없었지만, 이제 복음을 통해서 진정한 자유와 의가 무엇인지 알게 되자, 그들의 옛 신분과 옛 행위를 부끄러워하지 않을 수 없다는 것이다.

④ 새로운 신분에 합당한 새로운 삶(22-23절)

22절은 20-21절의 내용과 대조되는 로마 기독교인들의 새로운 신분과 새로운 삶에 관해 말한다. "그러나 이제는 너희가 죄에게서 해방되고 하나님께 종이 되었다."는 말은 그들의 신분이 달라졌음을 보여준다. 그들의 삶의 영역과 그들의 삶의 주관자가 바뀌었다는 것이다.

"그러나 이제는"이라는 용어는 3:21의 "그러나 이제는"이라는 용어처럼 단순히 한 개인의 실존적 전환만을 가리키는 것이 아니고, 고후 5:17의 "누구든지 이제 그리스도 안에 있으면 새로운 피조물(창조물)이라. 이전 것은 지나갔으니 보라 이제는 새것이 되었도다"라는 선언처럼, 예수 그리스도 안에서 이루어진 그의 실존과 삶의 전 영역을 포함하는 세계사적 전환과 종말론적 전환을 가리킨다.

따라서, 이전에 죄의 종이라는 신분으로 있을 때 사망을 가져오는 부정과 불의의 부끄러운 열매를 맺었다면, 이제 하나님의 종으로서 새로운 신분의 소유자가 되었으니 당연히 영생을 가져오는 거룩한 열매를 맺어야만 한다.

23절은 좁게는 6:15-22의 내용을, 넓게는 6장에서 계속해서 말해 온 죄와 은혜, 사망과 생명이라는 주제에 대한 결론이라고 볼 수 있다. 죄는 필연적으로 육체적인 사망은 물론 종말론적인 사망을 가져오고, 반대로 하나님의 은혜는 우리 주 그리스도 예수 안에서 종말론적인 영생을 가져온다.[336] 물론 여기서 "그리스도 예수 우리 주 안에 있는 영생"은 이미 그리스도와 연합된 신자에게 주어졌지만, 그 완전함은 미래에 주어지는 종말론적인 것이다.

그러므로 신자는 자신이 이제 율법 아래 있지 아니하고 하나님의 은혜 아래 있다는 것을 구실삼아 죄를 지어서는 안 된다는 것이다. 오히려 그리스도 예수 안에서 영생을 가져올 수 있는 거룩한 삶을 살아야 한다. 이 거룩한 삶을 살지 않는다는 것은 다시 죄의 종이 되는 것이고 그 결과는 영생이 아닌 사망이다.[337]

---

336 *TDNT* 5, 592.
337 Schreiner, *Romans*, 339: "은혜의 능력은 마땅히 변화된 삶을 가져와야 한다. 왜냐하면 거룩한 삶은 영생에 필수적이기 때문이다."

물론 "그리스도 예수 안에서"라는 용어가 뜻하고 있는 것처럼, 우리 자신의 거룩한 삶이 공로가 되어 우리가 영생을 받게 되는 것이 아니라, 우리가 성령 안에서 거룩한 삶을 살아감으로써 하나님나라 백성의 신분을 계속 유지할 때, 하나님께서 그리스도 예수 안에서 은혜로 우리에게 종말론적 영생을 주신다. 포도나무 가지가 포도나무 몸체를 떠나서 아무것도 할 수 없는 것처럼, 신자는 그리스도를 떠나서는 그리스도로부터 주어지는 그 어떤 복도 누릴 수 없다.[338]

2) 율법을 삶의 원리로 삼는 자의 좌절(7:1-25)

바울이 로마서 7장에서 다루는 근본 논제는 이것이다. 옛 이스라엘 백성의 거룩한 삶의 원리로 주어진 율법이 과연 메시아 예수를 통해 새로운 출애굽 사건을 경험한 로마의 기독교인들에게 하나님의 거룩한 백성으로 살 수 있게 하는 삶의 원리가 될 수 있는가, 율법이 그들로 하여금 죄를 짓지 않게 하는 힘이 될 수 있는가 하는 것이다. 왜냐하면, 유대인과 이방인으로 구성된 로마 교회 안에는 모세의 율법이 그런 힘을 가졌다고 보는 이들이 적지 않게 있었기 때문이다.

바울은 로마서 7장에서, 1인칭 '나'와 '율법' 그리고 '죄'와의 수사학적 연관성을 통해 율법이 비록 하나님의 거룩한 법이긴 하지만, 사람을 지배하는 죄의 세력이 너무나 크고, 율법이 이 죄의 세력을 제어하지 못하고, 오히려 죄를 죄되게 하여 사람을 절망으로 이끌어 간다는 율법의 무능력을 밝힌다.

즉, 율법은 사람(나)에게 칭의는 물론 또한 성화의 삶을 살 수 있도록 하는 힘을 가지지 못한다는 것이다. 그런 다음 8장에서 오직 성령만이 그런 힘을 가지고 있음을 지적하면서 신자는 율법이 아닌 성령을 따라 살 것을 강조한다. 이렇게 하여 로마서 7장은 로마서 8장의 길을 준비한다.

잘 알려진 것처럼 로마서 7장은 로마서 전체 장 중에서 가장 논란이 많은 본문인 동시에, 가장 이해하기 어려운 본문이기도 하다.[339] 특히 논란이 되는 것은 7장에서 여러 번 반복되고 있는 "나"의 정체성 문제다.

---

338 머리, 『로마서 주석』, 326: "아버지께서 주신 복 중에서 그리스도와 무관한 복은 하나도 없으며, 또 그리스도와 연합을 떠나서 즐길 수 있는 복은 단 하나도 있을 수 없다."
339 Schreiner, *Romans*, 341: "로마서 7장은 서신 전체에서 가장 논쟁이 되고 있는 그리고 가장 복잡한 장 중의 하나이다." 역시 장해경, "변증법적 긴장 속에 사는 크리스챤의 삶? 로마서 7:7-25를 재고하며," 『성경과 신학』 39 (2006), 53에서 로마서 7장을 가리켜 "로마서에서 가장 난해한 본문"으로 규정한다.

바울이 7장에서 거듭 반복하고 있는 "나"는 과연 누구인가?

"나"의 정체성 문제와 관련하여 어떤 사람들은 7장의 "나"를 회심 이전의 바울을 포함하여 기독교인 이전의 사람으로 보려고 한다. 반면에 다른 어떤 사람들은 "나"를 회심 이후의 바울을 포함하여 기독교인으로 보려고 한다.[340] 이처럼 로마서 7장의 "나"의 정체성 문제와 관련하여 학자들의 의견은 첨예하게 서로 달라진다.[341]

---

340 Schreiner는 *Romans*, 376-387에서 양쪽의 지지하는 학자들과 주요 주장을 자세하게 소개하고 있다. Schreiner는 기독교인(바울을 포함하여) 이전의 경험으로 보는 주요 학자로서 Kümmel, Althaus, Davies, Bornkamm, Kertelge, Ridderbos, Hoekma, Schnackenburg, Wilckens, Beker, Käsemann, Gundry, Martin, Theissen, Ziesler, Meyer, Moo, Lambrecht, Fitzmyer, Fee, Stuhlmacher, Byrne, Witherington, Das, Esler, Schnelle, Jewett, Hultgren, Kruse, Longenecker를 든다. 그리고 이들이 주장하는 핵심적인 근거로서는 1) 7:7-25의 구조가 두 가지 면에서 기독교인 이전 경험을 지지한다; 2) 율법의 지배 아래 있는 나를 말하는 7:14-25와 성령을 통해 율법의 지배로부터 자유한 나를 말하는 8:1-17 사이의 대조가 너무나 뚜렷하기 때문에 양 경우를 똑같이 기독교인 경험으로 보기가 어렵다; 3) 7:14-25의 어느 곳에서도 성령에 대한 언급이 없는 반면에 8장은 성령에 대한 언급을 19번이나 한다; 4) 바울이 내가 "죄 아래"(7:14) 있다고 말하는 것은 그가 다른 곳에서 신자에 대해 말하는 것과 일치하지 않는다 등을 든다. 반면에 기독교인 경험(바울을 포함하여)으로 보는 주요 학자로 Nygren, Barrett, Murray, Packer, Cranfield, Dunn, Campbell, Morris, Laato, Garlington, Mounce, Röhser, Porter, Dryden, Peterson을 든다. 그리고 이들이 주장하는 핵심적인 근거로서는 1) 7:14-25에 있는 현재시제의 전환은 과거시제로 되어있는 7:7-13이 바울의 기독교인 이전의 경험을 가리키는 것으로, 반면에 7:14-25를 바울의 현재 경험을 가리키는 것으로 보는 경우 가장 자연스럽게 설명될 수 있다; 2) 7:14-25를 관통하고 있는 것은 하나님의 법을 지키려고 하는 "나"의 원함(15, 16, 18, 19x2, 20, 21)이다. 이와 같은 원함은 불신자의 특성이 아니다; 3) 7:14-25에 있는 이중성과 긴장은 바울신학의 '이미'와 '아직'이라는 주제를 통해 보아야 한다; 4) 7:14-25는 신자가 바르게 거룩하게 살려고 하면 할수록 고백할 수밖에 없는 실존적 고백이다 등을 든다.

341 로마서 7장의 "나"의 정체성과 관련하여 국내의 학자들도 양분되고 있다. 필자에게 알려진 국내 학자 중에 로마서 7장의 "나"를 기독교인 이전의 사람으로 보는 사람으로서는 이상근, 『로마서』(서울: 기독교문사, 2003), 184-197; 이한수, "롬 7:14-25: '계속되는 좌절'의 그리스도인 생활인가?"『그리스도인과 성령』, 이한수, 막스 터너 (서울: 총신대학교 출판부, 1991), 184-207; 장해경, "변증법적 긴장 속에 사는 크리스챤의 삶? 로마서 7:7-25를 재고하며,"『성경과 신학』39 (2006): 54-88; 홍인규,『로마서 어떻게 읽을 것인가』개정증보판 (서울: 성서 유니온, 2008), 125-138; 문병구, "생명의 회복과 완성을 갈망하는 인간: 로마서 7장 7-25절에 대한 해석학적 연구,"『신약논단』15 (2008): 407-429를 들 수 있다. 반면에 "나"를 기독교인 보는 사람로서는 박윤선,『로마서』(서울: 영음사, 2013), 214-226; 오우성,『바울의 갈등과 회심: 로마서 7장 14-25절의 주석사』(서울: 대한 기독교서회, 2000), 198-205; 오성종, "롬 7:14-25에서의 '나'의 해석,"『신약신학저널』7 (2001): 368-394; 조병수, "로마서 7장에 대한 신학적 연구,"『그 말씀』132 (2000/6): 84-89; 박익수,『로마서 주석 I』(서울: 대한기독교서회, 2008), 521-522; 김현광, "로마서 7:14-25절과 그리스도인의 현재적 삶,"『성경과 신학』제 61권 (2012), 335-364를 들 수 있다.

심지어 같은 학교와 같은 교단에 소속된 목회자 사이에도 "나"의 정체성에 대하여 의견이 서로 다른 경우도 있다.[342]

왜 학자들은 로마서 7장의 "나"의 정체성 문제와 관련하여 의견의 일치를 보지 못하고 있는가?

과연 이 문제를 해결할 수 있는 길은 없는가?

이 책의 저자도 로마서 7장의 "나"의 정체성 문제에 대하여 오랫동안 관심을 가져왔으며, 이 문제에 대하여 몇 차례 글을 발표하기도 하였다.[343] 그러다가 최근에 로마서 주석을 집필하면서 7장을 다시 다시 살펴보게 되었고, 7장에 있는 "나"의 정체성 문제 해결을 위해서는 적어도 다음 두가지 질문을 진지하게 해야 한다는 사실을 인지하게 되었다.

첫째, 바울이 7장에서 율법을 어떻게 말하고 있는가?

둘째, 바울이 7장에서 말하는 "나"와 전후 문맥에서 말하는 "나"는 어떤 차이점이 있는가?

이제 7장 본문에 대한 주석에 들어가기에 앞서 소위 '나'의 정체성이라는 논점과 관련된 이 두 질문을 《심층연구》를 통해 살펴보도록 하겠다.

---

342 예를 들면 캐나다 Regent 대학 조직신학 교수였던 J. I. Packer는 "나"를 중생한 기독교인으로 보지만, 같은 학교의 신약학 교수 G. D. Fee는 "나"를 기독교인 이전의 사람으로 본다. 역시 미국의 칼빈신학대학원 신약학 교수였던 W. Hendriksen은 "나"를 중생한 기독교인으로 본 반면에, 같은 학교의 조직신학 교수 A. J. Hoekema는 "나"를 중생 이전의 사람으로 보았다. 한국에서는 총신대학교 조직신학 교수였던 김길성은 "나"를 중생한 기독교인으로, 반면에 신약학 교수였던 이한수는 중생 이전의 사람으로 본다. 참고로 합동신학대학원의 신약학 교수였던 박윤선은 "나"를 중생한 신자로, 반면에 장로회신학대학교 신약학 교수였던 이상근은 중생 이전의 사람으로 보았다. 보다 자세한 논의는 최갑종, "롬 7, 8장에 나타난 '율법'과 '성령'의 역할: 7:7-25절의 '나'의 정체성을 중심으로," 『신약연구』 2 (2003), 88-129를 보라.

343 최갑종, "바울과 인간. 로마서 7장 7-25절 연구," 『바울연구 1』, 수정 증보판 (서울: 기독교문서선교회, 1999), 77-94; "율법과 성령," 『신약연구』 2 (2003), 87-129; "율법을 따르는 삶의 좌절(7:1-25)," 『로마서 듣기』 (서울: 대서, 2009), 316-352.

《심층연구 1》

"로마서 7장에 나타난 '나', '율법', '죄'와의 연관성

1. 바울은 로마서 7장에서 율법에 대해 어떻게 말하고 있는가?

1) 7장의 주제 어휘 "율법"

바울은 7장에서 "죽음-"(사망) 어휘를 5번(7:5, 10, 13x2, 24), "죄" 어휘를 14번(7:5, 7x2, 8x2, 9, 11, 13x3, 14, 17, 20, 23, 25), 대명사 "나"를 8번(7:9, 10, 14, 17, 20x2, 24, 25), 그리고 "나"를 지칭하는 1인칭 동사를 15번(7:15x4, 16x2, 18, 19x3, 20x2, 21, 23, 25)를 사용하고 있다. 하지만 바울이 로마서 7장에서 가장 많이 사용하고 있는, 그리고 1절부터 마지막 25절까지 계속 반복하고 있는 어휘는 "율법"(νόμος)이다. 바울은 로마서 7장에서 율법 어휘를 23번(1x2, 2x2, 3, 4, 5, 6, 7x3, 8, 9,12, 14, 16, 21, 22, 23x3, 25x2), 율법의 동의어로 볼 수 있는 계명(ἐντολή) 어휘를 6번(8, 9, 10, 11, 12, 13), 모두 29회나 사용하고 있다.[344]

"나"를 지칭하는 어휘는 9절 이후부터 나타나고 있지만, "율법" 어휘는 1절부터 시작하여 마지막 25절까지 나타나면서 7장의 전체 내용을 주도한다. 그러므로 7장이 보여주고 있는 중심 주제는 "나"의 정체성도, 나를 괴롭히는 "죄"와 "죽음"의 세력도 아니고, "율법"으로 보아야 할 것이다.[345] 물론 이 율법이 '나'와 '죄'랑 밀접하게 연결되어 있는 것은 사실이다. 로마서 7장의 중심 주제가 율법이라는 사실을 알고 7장을 접근할 때, 7장의 난제인 "나"의 정체성 문제를 푸는 실마리를 얻게 될 것이다.

그렇다면 왜 바울이 7장에서 율법을 이렇게 길게 그리고 자세하게 취급하고 있는가?

먼저 7장에 앞서 바울이 율법에 대하여 어떻게 말해왔는가를 간단하게 살펴보자. 바울은 로마서 서문(1:1-17)과 이방인의 범죄를 다루는 1:18-32에서 율법 어휘를 전혀 사용하지 않는다. 그러다가 유대인의 범죄 문제를 말하는 2장에 와서 유대인의 신앙과 삶을 좌우하는 율법 어휘를 19번(2:12x2, 13x2, 14x4, 15, 17, 18, 20, 23x2, 25x2, 26, 27x2) 사용한다. 그가 2장에서 율법 어휘를 사용하는 주된 목적은, 여러 주석가가 지적하는 것처럼,[346] 유대인이

---

344 나중에 살펴보겠지만 바울은 로마서 7장에서 율법과 계명이 동일한 역할을, 이를테면 율법과 계명이 똑같이 거룩하고(7:12), 똑같이 죄를 드러나게 하고(7:7, 8-9, 13), 똑같이 사망을 가져온다(7:5, 10, 13)고 하면서 양자를 동의어처럼 사용한다. 바울은 로마서 13:8-10 에서도 "율법"과 "계명"을 동의어로 사용하고 있다.
345 역시, 장해경, "변증법적 긴장 속에 사는 크리스천의 삶? 로마서 7:7-25를 재고하며," 60; A. Andrew Das, *Paul, the Law, and the Covenant* (Peabody Hendrickson, 2001), 228-233.
346 예를 들면, Käsemann, *Romans*, 52-53; Cranfield, *Romans 1*, 137-139; Fitzmyer, *Romans*, 296-297; Stuhlmacher, *Romans*, 38; Moo, *Romans*, 127; Schreiner, *Romans*, 111-112; 차정식, 『로마서 1』, 247-249; 박익수, 『로마서 주석 1』, 205-206.

율법을 범한 죄인이며, 따라서 유대인도 이방인과 동등하게 하나님의 심판 아래 있는 죄인임을 강조하기 위함이다.

3장에서 바울은 율법 어휘를 11번(3:19x2, 20x2, 21x2, 21x2, 28, 31x2) 사용한다. 그가 3장에서 율법 어휘를 사용하는 주된 목적은, 소극적으로는 율법(혹은 율법의 행위)이 유대인이든 이방인이든 의를 얻는 수단이 될 수 없다는 것을, 적극적으로는 오직 (예수 그리스도를 믿는) 믿음만이 의를 얻는 유일한 방편임을 강조하기 위함이다. 그래서 3장에서 율법 어휘와 믿음 어휘는 자주 칭의와 관련하여 서로 반위 관계로 나타난다.

3장에 나타난 바울의 율법 어휘 사용에서 특이한 것은, 그가 한편으로 "율법으로는 죄를 깨달음이라"(διὰ γὰρ νόμου ἐπίγνωσις ἁμαρτίας, 3:20)라고 하면서 율법과 죄와의 연관성을 처음으로 언급하지만, 다른 한편으로 우리가 믿음을 통해 율법을 파기하지 않고, "오히려 우리가 율법을 굳게 세운다"(ἀλλὰ νόμον ἱστάνομεν, 3:31)고 말하면서 믿음과 율법의 연관성을 처음 언급하고 있는 점이다.[347]

그러나 바울은 3장에서 이 문제를 진전시키지는 않는다. 아브라함의 믿음 이야기를 언급하는 4장에서 바울은 율법 어휘를 5번 사용하는데(13, 14, 15x2, 16) 3장의 용법과 유사하다. 즉, 율법은 믿음과 달리 의를 얻는 방편이 되지 못한다는 것이다. 그런데 4장에서 바울은 3장에서 잠깐 언급하였던 죄와 율법과의 연관성을 조금 더 진전시킨다.

그는 "율법은 진노를 이루게 하나니, 율법이 없는 곳에는 범법도 없다"(4:15)고 말하면서, 율법이 죄를 예방하고 이스라엘 백성을 지켜준다는 당대 유대교의 가르침과 달리, 오히려 죄와 밀접한 관계를 가지고 있다는 사실을 밝힌다. 이와 같은 율법과 죄와의 연관성은 아담의 사역과 그리스도의 사역이 대조가 되고 있는 5장에서 조금 더 자세하게 설명된다.

5장에는 율법 어휘가 3번(13x2, 20) 사용되고 있다. 바울은 13절에서 "율법이 있기 전에도 죄가 세상에 있었지만, 그러나 율법이 없었을 때는 죄를 죄로 여기지 아니하였다"고 하면서, 4장에서 언급하였던 죄와 율법의 연대성을 조금 더 진전시킨다. 바울은 "죄가 세상에 들어온 것처럼"(εἰσῆλθεν, 5:12), "율법이 (세상에) 들어온 것은 범죄를 더하게 하려 함이라"(νόμος δὲ παρεισῆλθεν, ἵνα πλεονάσῃ τὸ παράπτωμα, 5:20)라고 말한다.

죄와 사망이 사람을 지배하는 세력인 것처럼(5:14, 17, 21), 율법 역시 사람을 지배하는 세력이라는 것이다. 하지만, 그는 바로 이어 21절에서 "죄가 사망 안에서 왕 노릇한 것같이, 은혜가 우리 주 예수 그리스도를 통하여 영생에 이르도록 의로 말미암아 왕 노릇하게 된다"고 하면서, 신자가 그리스도를 통하여 죄의 세력에서 자유하게 된 것처럼, 율법으로부터 자유하게 되었음을 암시한다. 즉, 율법이 죄는 아니지만, 죄와 율법의 연관성을 언급한다.

6장에서 바울은 율법 어휘를 2번 사용한다(6:14, 15). 바울은 먼저 6:6-7에서 신자가 그리스도의 죽음과 부활에 연합함으로써 소극적으로는 죄에 대하여 죽고, 죄로부터 종노릇을 하지 않게 되었다는 사실을 강조한다. 그런 다음 바울은 6:14-15에서 두 번에 걸쳐 "너희(우리)가 율법 아래에 있지 아니하고 은혜 아래에 있다"고 말한다.

---

347 Cranfield, *Romans 1*, 198-199; Schreiner, *Romans*, 176.

6장에 나타난 바울의 율법 어휘에서 특이한 것은, 그가 5장에서 죄와 은혜를 서로 대조시켜, 신자가 전에는 죄가 왕 노릇 하는 죄의 지배 아래 있었지만, 이제는 은혜가 왕 노릇 하는 은혜의 지배 아래 있음을 강조하였는데(5:21), 6장에 와서 다시 율법과 은혜를 서로 대조시켜, 신자가 더는 율법의 지배 아래 있지 않고, 은혜의 지배 아래 있음을 강조하고 있는 점이다. 바울은 여기서 "죄 아래 있는 것"과 "율법 아래 있는 것"을 사실상 서로 동일시하고 있다. 이렇게 볼 때 바울은 3장에서 처음 율법과 죄와의 상호연관성을 언급을 한 다음 4장, 5장, 그리고 6장에 걸쳐 이를 조금씩 더 진전시키고 있는 셈이다.

하지만 3, 4, 5장에서와 마찬가지로 6장에서도 바울은 죄와 율법이 어떻게 서로 연관성을 지니고 있는지, 왜 신자가 죄의 지배 아래 살지 않고 은혜의 지배 아래 살아야 하는 것과 똑같이, 왜 신자가 율법의 지배 아래 살지 않고 은혜의 지배 아래 살아야 하는가에 대한 구체적인 설명을 유보한다.

그러다가 바울은 율법 문제를 본격적으로 다루는 7장에서 그동안 유보되었던 문제, 곧 독자들이 궁금하였을 것으로 생각되는 죄와 율법의 상호연관성, 죄와 사망의 지배 아래 있는 "나"를 율법이 도와주지 못하고, 오히려 죄와 연대하여 "나"를 절망적인 상황으로 몰아넣는 율법의 무능력을 구체적으로 설명한다.[348] 그렇게 함으로써 바울은 독자들에게 율법이 결코 신자를 지배하는 삶의 원리가 될 수 없다는 사실을 재차 강조한다.

그런 다음 8장에 가서 바울은 먼저 그가 5장과 6장에서 강조한 내용인 신자가 그리스도의 죽음을 통해 죄와 율법의 세력으로부터 해방되었다는 사실을 재확인한 다음(8:1-4), 이제 적극적으로 성령의 지배를 받는 삶을 살아야 할 것을 강조한다. 이렇게 볼 때 로마서 2-7장에 나타나고 있는 율법에 대한 바울의 진술은 매우 점진적이다.

2장에서 왜 율법이 사람을 의롭게 할 수 없는가 하는 칭의 문제에서 시작하여, 7장에서 왜 율법이 신자의 삶의 원리가 될 수 없는가 하는 성화 문제에서 종결된다. 이것이 사실이라고 한다면 로마서 7장이야말로 바울이 2장에서 시작한 그의 부정적인 율법관을 적나라하게 보여주는 청사진이라 말할 수 있다. 물론 바울의 이와 같은 부정적인 율법관은 그의 다메섹 이전에서 시작한 것이 아니고, 다메섹 사건 이후에 깨닫게 된 것이다.[349]

---

348 7:14-25가 율법의 무능력을 말하고 있다는 것은 바울이 8:3 초두에 7장을 염두에 두고 한 말 "율법이 육신으로 말미암아 연약하여 할 수 없는 그것"(Τὸ γὰρ ἀδύνατον τοῦ νόμου ἐν ᾧ ἠσθένει διὰ τῆς σαρκός)에서 확인된다.
349 물론 그렇다고 해서 우리는 로마서 7장이 바울의 율법관 전체를 보여주고 있는 것처럼 생각하지 않아야 한다. 바울은 율법과 믿음을 반위 관계에 두는 3장에서도 마지막 절인 31절에서 "그런즉 우리가 믿음으로 말미암아 율법을 파기하느냐? 그럴 수 없느니라. 도리어 율법을 굳게 세운다"고 말한다. 심지어 7장 마지막 절인 25절 하반절에서도 "그런즉 내 자신이 마음으로는 하나님의 법을 육신으로는 죄의 법을 섬긴다"고 하면서 "죄의 법"인 율법을 동시에 "하나님의 법"이라고 부른다. 그리고 8:2에 가서 "죄와 사망의 법"인 율법을 동시에 "생명의 성령의 법"이라고 부른다. 그리고 13장에 가서 율법을 사랑의 계명으로 부른다(13:8-10). 그러므로 우리가 바울의 율법관을 말할 경우 그의 부정적인 율법관 뿐만 아니라, 또한 그의 긍정적인 율법관도 살펴보아야 한다. 바울의 율법관에 대한 보다 자세한 설명은 최갑종, "바울과 율법," 『갈라디아서』(서울: 이레서원, 2016), 392-428을 보라.

2) 바울이 7장에서 율법의 부정적인 측면을 강조하는 배경

바울은 왜 로마서 7장에서 율법의 부정적인 측면을 강조하고 있는가?
우리가 사도행전, 갈라디아서, 그리고 로마서에서 발견할 수 있는 것처럼, 초기 기독교 공동체 안에서 가장 논란이 되었던 논점은 두 가지였다.

첫째, 사람이 어떻게, 특별히 이방인이 어떤 조건으로 구원을 얻어 아브라함의 후손인 유대인 신자와 동등한 하나님의 백성이 되느냐.
둘째, 사람이 어떻게 하나님의 백성에 합당한 삶을 사느냐.

전자는 신분(칭의)에 관한 문제라고 한다면, 후자는 삶(성화)에 관한 문제로 볼 수 있다. 사도행전 13-14장에 수록되어 있는 바울의 제1차 선교 여행에서 볼 수 있는 것처럼 바울이 전파한 복음은 유대인이든 이방인이든 모세 율법이 아닌 예수 그리스도를 믿음으로 의롭게 된다는 이신칭의의 복음이었다(행 13:38-39).

하지만, 바울 복음의 반대자들인 유대주의자들이 바울을 파송한 안디옥 교회까지 찾아와서 이방인 크리스쳔들이 유대교의 유산인 할례와 모세 율법을 지키지 않으면 구원 받을 수 없다는 주장(행 15:1)을 하였다. 그들은 신자의 신분을 결정하는 것은 예수 그리스도를 믿는 믿음만이 아닌 할례와 율법에 대한 순종이라고 주장하였다. 그들이 예수 믿는 믿음을 부정하지는 않았지만, 예수 믿는 믿음의 유일성과 충족성을 부정하였다. 그들은 이방인 신자들에게 할례와 율법을 믿음에 덧붙여 필수적인 조건으로 요구하였다.

하지만, 이와 같은 유대주의자들의 주장은 제1차 예루살렘 회의에서 거부되었다(행 15:6-11; 갈 2:1-10).[350] 오히려 인종과 신분과 성(性)의 차별 없이 누구든지 예수 그리스도를 믿음으로 구원 받게 된다는 바울의 이신칭의의 복음(참조. 롬 3:28-30, 갈 2:16; 3:28)이 예루살렘교회의 대표자인 베드로와 야고보의 지지를 받아 초기 기독교 공동체의 공식적인 입장으로 채택되었다(행 15:2-29; 갈 2:1-10장).

그러나 예루살렘 회의는 신자의 신분을 결정하는 문제에 있어서 율법에 구원(칭의)의 기능을 주려는 유대주의자들의 주장은 거부하였지만, 그다음에 제기될 수 있는 신자의 삶의 문제에 있어서 율법의 역할, 곧 율법이, 유대교에서처럼, 신자의 삶(성화)의 원리가 될 수 있는가에 관해서는 충분하게 논의하지 못했다. 이 문제가 초기 기독교 공동체 안에 본격적으로 대두된 것은 안디옥 교회에서 일어난 안디옥 사건(갈 2:11-15)에서였다.[351]

예루살렘 회의 후, 베드로는 바울과 바나바가 목회하던 안디옥에 찾아와서 처음에는 유대교의 음식법과 무관하게 이방인 기독교인과 자유롭게 식탁 교제를 하였다. 그러던 중 예루살렘 교회의 대표자인 야고보가 사람들을 베드로에게 보내어 이방인들과 식탁을 함

---

350 필자는 사도행전 15장에 수록된 제1차 예루살렘 회의와 갈라디아서 2장에 수록된 예루살렘 회합을 동일한 사건으로 본다. 필자는 이 문제를 필자의 갈라디아서 주석(2016)에 수록된 "심층연구 3: 안디옥 교회의 할례 문제와 예루살렘 공의회"(256-265)에서 행 15장과 갈 2장의 예루살렘 회의를 동일한 사건으로 보아야 하는지를 자세하게 논증하였다.
351 갈 2:11-21의 안디옥 사건에 대하여 최갑종, 『갈라디아서』, 287-336을 보라.

께 하는 베드로의 행동이 유대인들의 삶의 원리인 모세의 율법을 훼손할 수 있다는 문제를 제기하였다.

아마도 야고보는 베드로의 행동이 안디옥은 물론 예루살렘 인근에 사는 유대인들의 반감을 불러 유대인들에게 복음을 전파하여야 할 그의 사역에 지장을 초래할까 봐 염려하였던 것 같다.[352] 야고보의 문제 제기를 받고 베드로는 이방인 신자와 음식을 먹던 중 자리에서 일어났고, 그러자 베드로의 행동에 동참하여 유대인 신자들은 물론, 바울의 동역자 바나바까지 자리에서 일어났다.

그 결과 안디옥 교회의 식탁 교제에서 이방인 신자를 왕따 시킨 베드로의 행위는, 설사 그가 의도하지 않았다 하더라도, 이방인 신자들로 하여금 유대인처럼 할례를 받고 모세 율법을 지키며 유대인처럼 살지 않는 유대인 신자와 동등한 하나님의 백성이 될 수 없다는 생각을 갖게 하였다. 즉, "베드로의 행동은 예루살렘 회의에서 합의한 바울의 신적 복음과 사도직은 물론, 바울의 복음 위에 토대를 두고 있는 이방인 신자들의 새로운 정체성과 삶을 위협하는 신학적인 문제를 야기시켰다."[353]

이 광경을 목격한 바울은 베드로를 향해, "당신이 유대인으로서 유대인이 아닌 이방인처럼 살다가 이제 이방인을 억지로 유대인처럼 살도록 강요할 수 있느냐?"(갈 2:14)고 하면서 공개적으로 베드로의 위선적인 행위를 책망하였다. 이어서 바울은 베드로와 바울을 묶는 "우리" 문장인 "우리가 사람이 의롭게 되는 것은 율법의 행위로 말미암음이 아니요 오직 예수 그리스도를 믿음으로 말미암는 줄 알았기 때문에 우리도 예수 그리스도를 믿었다"(갈 2:16)고 하면서 예루살렘에서 합의하였던 이신칭의 복음을 재천명하였다.

그런 다음 바울은 베드로를 배제하는 "나" 문장인 "만일 내가 헐었던 것을 다시 세우면 내가 나를 범법한 자로 만드는 것이라. 내가 율법으로 말미암아 율법에 대하여 죽었나니 이는 하나님에 대하여 살려 함이라…내가 그리스도와 함께 십자가에 못 박혔나니 그런즉 이제는 내가 사는 것이 아니요 하나님의 아들을 믿는 믿음 안에서 사는 것이라"(갈 2:18-20)라고 하면서, 율법이 아닌 예수 그리스도를 믿는 믿음이 한 사람의 신분은 물론 그의 모든 삶의 영역을 주관하여야 함을 재차 강조하였다.

율법이 과연 기독교인의 삶의 원리인가라는 문제는 안디옥교회와 동일하게 유대인과 이방인 신자로 구성된 로마 교회 안에서도 심각하게 제기되었다. 로마 교회가 본래 유대인 크리스천들에 의해 시작되었고, 유대인 기독교인들이 절대다수를 유지하는 동안에는 이 문제가 크게 대두되지 않았다. 그러나 주후 49년 글라우디오 황제의 유대인 추방령에 따라 유대인 기독교인이 로마를 떠난 후(참조. 행 18:2), 율법을 유대교적 유산으로 생각하는 이방인 기독교인들이 로마 교회의 다수를 형성하면서 모세의 율법에 대한 부정적인 시각이 대두되었다.

그러다가 주후 54년 이후 네로 황제의 등장과 함께 유대인 추방령이 취소되고 율법에 대한 우호적인 태도를 갖고 있던 유대인 신자들이 로마 교회에 복귀하면서 모세의 율법 문제는 심각한 이슈로 재등장하였다. 덧붙여 바울이 모세의 율법을 반대한다는 유대주의자들의 주장도 유입이 되어 로마 교회 안에 바울에 대한 부정적인 생각도 생기게 되었다

---

352 J. L. Martyn, *Galatians* (New York: Doubleday, 1997), 242.
353 최갑종, 『갈라디아서』, 297.

(3:31; 16:17). 그러므로 바울의 입장에서 갈라디아 교회에서처럼 로마 교회에게 보내는 편지에서도 율법에 대한 해명이 필요하였을 것이다.[354]

우리가 앞으로 로마서 14-15장을 주석하면서 자세하게 볼 수 있겠지만 유대인의 음식법, 절기 등을 둘러싸고 유대인 신자와 이방인 신자 사이의 갈등은 로마 교회의 분열을 초래할 만큼 심각하였다. 그래서 바울은 로마서 몸체의 끝부분에서 "그리스도께서 우리를 받아 하나님께 영광을 돌리심과 같이 너희도 서로 받으라"(15:7)고 하면서 유대인 신자와 이방인 신자가 서로 하나 될 것을 권면한다. 물론 논쟁의 핵심은 모세의 율법이 유대인의 삶의 방식을 떠나 모든 신자의 삶을 좌우하는 신자의 합당한 삶의 원리가 될 수 있느냐였다.

그러므로 바울이 로마서를 쓸 무렵 모세 율법이 로마서의 중요한 주제 중의 하나가 되었다고 보는 것은 매우 자연스러운 일이다.[355] 왜냐하면, 이 문제의 해결 여부가 바울이 계획하고 있는 스페인 선교와 예루살렘 교회 방문은 물론 바울 복음 자체와 불가분의 관계를 가지고 있기 때문이다. 만일 유대인 신자와 이방인 신자가 하나 되지 못하면 처음부터 아브라함의 후손과 이 땅의 모든 사람이 예수 그리스도 안에서 하나가 되는 하나님의 의의 복음이 훼손될 뿐만 아니라, 또한 그의 당면한 스페인 선교와 예루살렘 교회 방문과 관련하여 로마 교회로부터 물심양면의 지원을 받기가 어려워지기 때문이다.[356]

그러므로 바울은 자신의 복음을 올바르게 설명하기 위해서, 또한 로마 교회의 하나 됨을 위해서 예루살렘 회의에서 논의되지 않았던 율법 문제, 곧 율법이 신자의 삶에서 어떤 역할을 하여야 할 것인가에 대한 답변을 제시하여야만 했다. 그래서 바울은 로마서 7장에서 율법이 하나님의 거룩한 법이긴 하지만 죄의 세력이 인간의 육을 강하게 지배하고 있고, 그리고 죄의 세력이 율법을 도구로 삼고 있기 때문에 율법은 인간을 죄의 세력으로부터 자유롭게 할 수 있는 능력이 없으며, 따라서 율법이 신자의 삶의 원리가 될 수 없다는 사실을 강조하게 된 것이다. 그런 다음 8장에서 율법이 아닌 성령이 신자의 삶을 도울 수 있는 유효한 원리임을 강조하고 있는 것이다.

---

[354] 갈라디아 교회와 로마 교회 안에서 제기된 문제의 유사성과 바울의 유사한 해결책 제시에 대해서는 Gorman, Romans, 166-167을 보라.
[355] Stuhlmacher, Romans, 101; Schreiner, Romans, 341.
[356] 이 문제에 대한 필자의 자세한 논의는 최갑종, "바울의 예루살렘, 로마, 그리고 서바나(스페인) 방문의 상호연관성과 그 의," 409-442; "로마서의 중심 주제에 대한 연구. '하나님의 의'에 대한 내러티브 접근을 중심으로," 507-537를 보라.

2. 7장의 "나"와 전후 문맥에 묘사되고 있는 "나"는 어떤 차이를 보여주고 있는가?

1) 7:7-24의 전 문맥(1:1-7:6)에 나타나 있는 "나"(바울)

로마서 7장의 "나"가 어떤 형식이든 바울과 관련되어 있다는 것은 아무도 부인할 수 없다. 문제는 7장의 "나"가 로마서 편지를 쓸 당시의 바울을 가리키고 있는가, 아니면 바울의 회심 이전, 혹은 바울 자신을 포함하여 다른 사람을 수사학적으로 표현하고 있느냐이다. 이 문제에 대한 가능성이 있는 해답을 찾기 위해서 7장의 전후 문맥에서 바울이 자신을 어떻게 묘사하고 있는가를 살펴볼 필요가 있다. 우리는 7:7-25의 전 문맥인 1:1-7:6과 직접적인 후 문맥인 8:1-39를 집중적으로 살펴볼 것이다.

(1) 1:1-17

1:1-17의 서문에서 바울은 독자에게 자신의 '에토스'(ἔθος), 곧 그가 "하나님의 복음을 위해 예수 그리스도의 종과 하나님의 부름을 받은 사도로 세워진 자"임을 밝힌다. 이어 1인칭 복수 속격 대명사를 사용하여, 자신이 독자들처럼 예수를 "우리의 주와 메시야"로 그리고 하나님을 "우리의 아버지"로 고백하는 자임을 강조한다. 서문에서 주목되는 것은 바울이 자신을 하나님의 복음을 위해 부름을 받은 "메시아의 종과 사도"로 소개할 뿐만 아니라, 여러 번에 걸쳐 1인칭 단수 동사(8, 9, 10, 11, 13, 14, 15, 16)와 단수 대명사를 사용하여 (8, 9x2, 10, 12, 15) 자신의 '에토스'를 강화하고 있다는 점이다.[357]

예를 들면, 바울은 "내 기도에 항상 너희를 언급하고 있는 것에 하나님이 내 증인이 되신다"(9), "나는 로마에 있는 너희에게 복음 전하기를 원한다"(15), "나는 복음을 부끄러워하지 않는다"(16)고 말한다. 한 사람의 인품과 그가 전하는 메시지는 서로 불가분의 관계에 있다는 점을 고려할 때, 이러한 '에토스'의 강화는 수사학적으로 독자들에게 편지의 내용을 효과적으로 설득하기 위함일 것이다.[358]

만일 부정적인 '에토스'가 제시될 경우 자신은 물론 편지의 신뢰성을 약화시킬 것은 자명한 일이다. 이뿐만 아니라 그가 목표하는 스페인 선교와 예루살렘 방문을 위한 로마 교회의 물질적, 영적 지원을 기대하는 것도 허사가 될 것이다. 그러므로 로마서에서 바울이

---

357 Brown, "Christ's Obedient Slave: Paul's use of Ethos in Romans 1:1-17," 70-74.
358 바울 당대 헬라-로마 사회 수사학에 지대한 영향을 준 아리스토텔레스는 "연설가는 자신을 신뢰할 수 있는 방법으로 연설할 때 도덕적인 사람을 설득할 수 있다. 왜냐하면 우리는 믿을 만한 품성(에토스)을 가진 사람들을 더 깊게 신뢰하기 때문이다. 반면에 믿을 수 없고 의심의 여지가 있는 사람에게는 절대적인 신뢰가 불가능하다"(Rhetoric 1.ii. 4-5)고 말하였다. 역시 바울 당대 로마 수사학자인 퀸틸리언(Quintlian)도 "연설자는 자신이 열정적인 주창자일 때보다 절대적으로 신뢰할 수 있는 증거자일 때 청중에게 훨씬 좋은 인상을 줄 수 있다"(*Institutio Oratoria*, IV. 1.7)고 하면서, 연설자의 '에토스'를 가장 중요한 설득의 수단으로 보았다. 이러한 수사학의 원리는 일종의 원거리 연설인 편지에도 그대로 적용되었다. R. N. Longenecker, *Galatians* (Dallas: Word Books, 1990), cii-ciii를 보라.

긍정적인 '에토스'를 유지하는 것은 매우 중요한 것이다.

(2) 1:18-3:20

하나님의 진노와 심판 아래 있는 범죄 한 인류와 유대인의 문제를 말하는 1:18-32의 내러티브에서 바울은 1인칭 단수 혹은 복수 대명사는 물론, 독자를 지칭하는 2인칭 복수 대명사나 동사를 전혀 사용하지 않는다. 대신 3인칭 복수 동사나 3인칭 복수 대명사가 사용되고 있다. 이와 대조적으로 유대인의 범죄에 대한 하나님의 심판을 말하는 2:3-9에서 바울은 자신(2:2, 16; 3:5)은 물론, 일반인(3:7, 8)을 지칭할 때도 1인칭 단수 및 복수 대명사나 동사를 사용한다.[359]

예를 들면, 2:16의 "나의 복음에 이른 바와 같이"에서 '나'는 바울을 지칭하지만, 3:7의 수사학적인 질문, "나의 거짓말로 하나님의 참되심이 더 풍성하여 그의 영광이 되었으면 어찌 내가 죄인처럼 심판을 받으리요"에서 '나'는 바울이 아닌 일반 사람을 지칭한다고 볼 수 있다.[360]

2:1-3:20의 내러티브의 마지막 단락(3:9-20)의 시작과 끝에서 바울은 1인칭 복수를 2번 사용한다. 그 하나가 3:9, "…우리는 나으냐…유대인이나 헬라인이나 다 죄 아래에 있다고 우리가 이미 선언하였느니라"이다. 여기 '우리'는 앞절인 8절의 어떤 사람이 바울을 비방하면서 한 말, "우리가 악을 행하자"와 연결되어 있다. 따라서 8절에 이어 나오는 9절의 '우리'는 바울을 지칭하는 것으로 보는 것이 옳다.[361]

다른 하나는 19절의 "우리는 율법이…말하는 것임을 안다"이다. 여기 '우리가 안다'는 로마서에서 여러 번 사용되는 어휘인데(2:2; 3:19; 7:14; 8:22, 28), 2:2와 3:5의 경우처럼, 바울을 지칭한다. 이 문단에서 바울은 포괄적으로 인류와 유대인의 율법과 범죄를 언급하고 있지만(3:9, 19-20), 1인칭 단수 대명사나 동사를 사용하여 이를 직접 자신(역시 독자)에게 적용하지는 않는다. 오히려 구약의 선지자들처럼 인류를 대표하는 이방인과 유대인의 범죄에 대한 하나님의 심판을 선언하면서 자신을 그들과 분리시키면서 자신의 긍정적인 '에토스'를 강화한다.

(3) 3:21-4:25

이 문단에 1인칭 단수 대명사나 동사는 나타나지 않는다. 대신 선언적인 1인칭 복수 대명사나 동사가 많이 나타난다(28, 31; 4:1, 9, 12, 6, 24x2, 25x2). 하지만 7장에서 볼 수 있는 '나', '율법', '죄'의 뒤엉킴이나 '나'에 대한 부정적인 서술은 찾아볼 수 없다. 바울이 3장에

---

359 필자와 달리 Timmins, *Romans 7 and Christian Identity*, 35-65에서 3:7의 '나'를 바울을 지칭하는 것으로 보고, 이를 7장의 '나'를 바울로 보는 근거로 삼는다. 하지만 3:7과 연결되는 3:8에서 이미 제 3자인 '어떤 이들'이 등장하기 때문에 3:7의 '나'도 바울이 아닌 3자로 보아야 한다. Schreiner, *Romans*, 165 n34; Longenecker, *Romans*, 350-351을 보라.

360 자세한 것은 Longenecker, *Romans*, 337-338, 349를 보라. Schreiner, *Romans*, 165에서는 '우리' 및 '나'를 유대인을 대변하는 수사학적 표현으로 본다.

361 R. H. Bell, *No One Seek for God: An Exegetical and Theological Study of Romans 1.18-3.20* (Tübingen: Mohr Siebeck, 1998), 210-213; Scheiner, *Romans*, 171.

서 '우리', '율법', '죄'를 언급하지만, '우리'로 대변되는 바울은 율법과 죄에 매여 탄식하는 이가 아닌, 오히려 율법과 죄의 문제를 당당하게 말하는 사람이다.

예를 들면, 바울은 3:19-20에서 "우리가…율법으로는 죄를 깨닫게됨을 안다", 28절에서 "우리는 사람이 율법의 행위가 아닌 믿음으로 의롭게 된다는 것을 인정한다", 31절에서 "우리가 믿음으로 말미암아 율법을 파기하느냐…도리어 우리가 율법을 굳게 세운다"고 말한다.[362] 4장의 '우리' 용법은 3장과는 좀 다르다.

바울은 1-24절까지 아브라함을 예수를 믿는 모든 사람(유대인과 이방인)의 모범으로 제시한 다음, 25절에서 일종의 신앙 고백문 형식을 뜻하는 "예수는 '우리'가 범죄한 것 때문에 내어줌이 되고, 또한 '우리'의 의롭다 함을 위하여 살아나셨다"고 말한다. 여기 대명사 '우리'는, 그 앞에 있는 24절의 '우리'가 "예수 우리 주를 죽은 자 가운데서 살리신 이를 믿는 자"를 지칭하기 때문에, 바울을 지칭하기보다는 예수 믿는 일반 기독교인(유대인과 이방인 기독교인)으로 볼 수 있다.

물론 바울과 독자도 여기에 포함이 된다.[363] 또한, 4장에서도 바울은 "율법이 없는 곳에 범법도 없다"(4:15)고 하면서, 3:19-20에서처럼 '율법'과 '죄'와의 연관성을 다시 말하지만, 7장에서 볼 수 있는 '나'와 그들과의 직접적인 연관성은 전혀 나타나지 않는다.

(4) 5:1-7:6

3:21-4:25의 내러티브가 예수 그리스도 안에서 이미 이루어진 구원 사건에 초점이 맞추어져 있다고 한다면, 5:1-7:6의 내러티브는 이루어가야 할 구원(아직)에 초점이 맞추어져 있다.[364] 이 내러티브에서 직접 바울을 지칭하는 1인칭 단수 대명사나 동사는 사용되지 않고, 주로 1인칭 복수 대명사(5:1, 5x2, 6, 8x3, 11, 21; 6:4, 6x2, 23)나 동사(5:1x2, 2x2, 3x2, 8, 9x2, 10x3, 11x2; 6:4x2, 5x2, 6, 8x3, 15x2)가 사용되고 있다.[365]

5장에서 1인칭 대명사와 동사의 주어 '우리'가 1절부터 11절까지 이어지고 있는데, 1절의 "우리가 받았다"의 '우리'는 그 앞에 있는 4:25의 예수 믿는 일반 기독교인을 지칭하는 '우리'와 연결되어 있다. 물론, 여기 '우리'는 4:25의 경우처럼 저자와 독자를 다 포함하고 있다. 5장에서도 바울은 3장과 4장에서 언급한 '죄'와 '율법'과의 연관성을 다시 언급한다. 예를 들면, "죄가 세상에 들어온 것처럼(12), 율법이 들어왔으며, 그것은 범죄를 더하게 하

---

362 Cranfield, *Romans 1*, 220-224에서 28절 '우리'의 경우 바울을 가리킬 수 있다는 것을 인정하면서도 모든 신자를 지칭하는 말로 보는 것을 선호한다. 하지만 31절 '우리'의 경우 바울을 지칭하는 것으로 본다. 그런데 Jewett, *Romans,* 302-303; Schreiner, *Romans*, 211-216은 모두 바울을 지칭하는 것으로 본다.

363 Cranfield, *Romans*, 251-252; Jewett, *Romans*, 343; Longenecker, *Romans*, 536-537; Schreiner, *Romans*, 249-252도 보라.

364 이 점은 앞 문단의 의, 믿음 어휘 등과 함께 과거나 완료 시제를 자주 사용하고 있는 것과 대조하여, 뒷 문단이 생명, 사랑, 소망, 영광 어휘와 함께 현재나 미래시제와 명령형 시제가 자주 사용되고 있는 점에서도 확인이 된다.

365 물론 독자를 말하는 2인칭 복수 대명사의 경우 10번(6:11, 12, 13x2, 14, 19x3, 22), 2인칭 복수 동사는 25번(6:3, 11x2, 12, 13x2, 14, 16x4, 17x3, 18x2, 19x2, 20x2, 21x2, 22x3) 나타난다.

려함이라"(20)라고 말한다.
 하지만, 5장에서도 바울은 일체 자신(역시 독자)과 죄와 율법의 연관성은 말하지 않는다. 오히려 한 분 예수 그리스도의 순종하심을 통한 신자(자신과 독자를 포함한)의 의롭다 하심(16), 생명 안에서 왕 노릇함(17), 영생에 이름(21)을 강조한다.
 6장에서 바울은 1인칭 복수 대명사를 3번, 1인칭 복수 대명사나 동사를 모두 19번 사용한다. 그 용법을 위해 1인칭 복수 대명사와 동사가 함께 사용되고 있는 3-4절을 보면 바울은 "…세례를 받은 우리가…세례를 받음으로 그와 함께 우리가 장사되었나니…우리 또한 새 생명 가운데서 행하게 하려 함이라"고 말한다. 여기 '우리'가 5장의 경우처럼, 일반 크리스천들을 지칭할 수는 있겠지만, 바울을 지칭하는 1절의 '우리'와 연결되어 있다는 사실에 주목하여야 한다.[366] 그렇다면 바로 그 뒤에 나오는 2-3절과 그리고 이어 4-8절에 여러 번 반복적으로 나오는 '우리'는 바울을 지칭하는 것으로 보는 것이 문맥적으로 옳다.[367] 더구나 같은 절에서 '우리'가 독자를 지칭하는 '너희'와 구분되고 있다는 점은 바울을 지칭한다는 증거가 된다.
 6장에서 눈여겨보아야 할 것은 '죄', '율법'과 바울(독자들)의 관계에 대한 명확한 서술이다. 바울은 6:2에서 "죄에 대하여 죽은 자"인 자신이 "어떻게 죄 가운데서 살리요?"라고 수사학적인 질문을 제기한다. 이것은 자신이 결코 죄 가운데 살 수 없다는 답변을 끌어내기 위함이다. 계속해서 6절에서 "우리의 옛 사람이 예수와 함께 십자가에 못 박힌 것은 죄의 몸이 죽어 다시는 우리가 죄에 종노릇하지 아니하려 함이라", 그리고 7절에서 "이는 죽은 자가 죄에서 벗어나 의롭다 하심을 얻었음이라"라고 말한다.
 여기 3인칭 복수 과거 수동태 동사 '함께 십자가에 못 박혔다'와 완료형 신적 수동태 동사 '의롭다 하심을 얻었다'가 시사하고 있는 것처럼, 바울은 하나님에 의해 자신의 지난 죄의 몸이 이미 죽었고, 그리고 이미 죄의 세력으로부터 의롭게 되었음을 강조한다.[368]
 이러한 신분의 전환은 독자들도 마찬가지이다. 바울은 6:1-10까지 신분 전환을 통한 자신의 '에토스'를 강조한 다음, 11절부터 22절까지 2인칭 복수 대명사와 동사를 사용하여, 독자들의 신분 전환을 말한다. 먼저 11절에서, "너희도 너희 자신을 죄에 대하여는 죽은 자요 그리스도 예수 안에서 하나님께 대하여는 살아있는 자로 여길지어다"라는 명령형 문장을 사용한다. 그런 다음 12-13절에서 다시 명령형을 사용하여, "죄가 너희 죽을 몸을 지배하지 못하도록"(12), "죄가 너희 죽을 몸을 지배하지 못하게 하고"(13a), "너희 지체를 의의 무기로 하나님께 드리라."(13b)라고 당부한다.
 독자들에게 명령형을 사용하고 있는 것은, 한편으로 그들이 기독교인이면서도 여전히 죄가 그들의 몸을 지배할 수 있다는 점과, 다른 한편으로 죄가 그들의 몸을 지배하지 않도록 할 수 있다는 것을 시사한다. 그들이 계속 죄를 지을 수밖에 없는 존재라고 한다면 이러한 명령형 문장 자체가 무의미한 것이 된다. 이처럼 6장에서 바울은 자신은 물론, 독자들도 그리스도의 죽음과 부활의 구속사적 사건과의 연합을 통해, 죄와 죽음과 율법과 관련하여, 자신과 독자들의 신분이 근본적으로 달라졌음을 강조한다.

---

366 역시 Cranfield, *Romans 1*, 296-297; Schreiner, *Romans*, 306.
367 Cranfield, *Romans 1*, 296-299; Jewett, *Romans*, 394-399.
368 Schreiner, *Romans*, 320-321; 홍인규, 『바울신학 사색』 (서울: 킹덤북스, 2016), 236-237.

그렇다면 7:7-25의 직전 문맥인 7:1-6의 단락은 어떠한가?

여기서도 바울은 1인칭 단수 대명사(4)와 동사(1), 복수 대명사(5, 6)와 동사(4, 5, 6x3)는 물론, 2인칭 복수 대명사(4x2)와 동사(1, 4)를 사용하여, 6장에서처럼(6:2, 11, 22) 율법과 죄로부터 자신과 독자의 신분 전환을 강조한다.[369] 1-3절에서 바울은 남편이 죽은 후 그 아내가 결혼을 통해 매였던 남편의 법에서 자유로운 유대 결혼법의 실례를 말한 다음, 4절 상반절에서 이것을 독자들에게 적용해, "너희도 그리스도의 몸으로 말미암아 율법에 대하여 죽임을 당하였다"고 말한다.

그런 다음 하반절 '히나'절에서 1인칭 복수 동사를 사용하여, "우리가 하나님을 위하여 열매를 맺게 하려 함이라"라고 말한다. 이어 5절에서 1인칭 복수 동사를 사용하여, "우리가 지난날 육신에 있었을 때에는 죄의 정욕이 율법을 통하여 우리의 지체들 안에서 사망을 위하여 열매를 맺을 수 있도록 역사하고 있었다"고 말한다. 시간적으로 보면 5절은 4절보다 앞서 있었던 일을 말한다. 여기 '우리'가 등장하는 4절 '히나'절은 그 앞에 있는 '너희'의 주절을 수식하고 있기 때문에, 독자를 지칭하는 '너희들'과 '우리'는 서로 독립되어 있지 않다. 따라서 4절과 5절의 1인칭 복수 동사의 주어인 '우리'는 바울과 독자를 포함하는 말로 보아야 한다.

6절에는 1인칭 복수 동사, 분사, 부정사의 주어 역할을 하는 1인칭 복수 대명사 '우리'가 각각 사용되고 있다. 여기서 바울은 4절을 반복하여, "우리가 한때 얽매여있었던 율법에 대하여 우리가 죽었으므로, 우리는 이제 율법으로부터 해방되었으며, 그 결과 우리가 지금 율법 조문의 묵은 것이 아닌 영의 새로운 것으로 섬기고 있다"고 말한다.

이 결론적인 구절에 있는 '우리'는 4절의 그리스도의 몸을 통하여 율법에 대하여 죽은 '너희'와 평행을 이루고 있다. 따라서 6절의 '우리'는 5절의 경우처럼 독자와 바울을 포함하는 말로 보아야 한다.[370] 이렇게 볼 때, 7장의 첫 단락도 5장과 6장의 경우처럼 그리스도와 무관했던 이전의 '나'(바울)와 '너희들'(독자)과 그리스도와 연합된 지금의 '나'와 '너희들' 사이에 근본적인 전환을 말하고 있다.[371]

---

369 Moo, *Romans*, 444-47; 홍인규, 『로마서』, 125; N. T. Wright, *Paul and the Faithfulness of God*, Part III and IV (London: SPCK, 2013), 892-893.
370 Jewett, *Romans*, 438-439.
371 적지 않는 학자들이 이러한 전환에 근거하여 7:5-6을 7-8장을 여는 서론으로 본다. 즉, "우리가 한 때…"(ὅτε ἦμεν)로 시작하는 5절이 7:7-25의 율법 아래서의 부정적인 삶과 그 결과를 예시한다면, "그러나 우리가 이제는…"(νυνὶ δὲ κατηργήθεμεν)으로 시작하는 6절은 8:1-39의 성령 아래서의 긍정적인 삶을 예시한다는 것이다. 예를 들면, Wright, "The Letter to the Romans," 559-60; Kruse, *Romans*, 294; 장해경, "변증법적 긴장 속에 사는 크리스천의 삶?," 73; Stuhlmacher, *Romans*, 104; Heinz Giesen, "Das heilige Gesetz-missbraucht durch die Sünde (Röm 7)," *Trierer theologische Zeitschrift* 114 (2005), 204-205를 보라. 이에 덧붙여 우리는 7:5-6, 7:25ab, 그리고 8장 사이에는 다음과 같은 일종의 교차대구법이 있다고 본다: 7:5 → A(7:7-24), 7:6 → B(8:1-39); 7:25a → B(8:1-39), 7:25b → A(7:7-24). 역시 Justin King, "Rhetorical Chain-Link Construction and the Relationship between Romans 7.1-6 and 7.7-8.39: Additional Evidence for Assessing the Argument of Romans 7-8 and the Identity of the Infamous 'I'," *JSNT* 39 (2017), 258-278을 보라.

전에는 죄, 율법, 사망에 매여 있었지만, 지금은 그들로부터 해방되고, 의와 생명을 소유하고 있다는 것이다. 이러한 저자와 독자들의 신분 전환은 7장의 후문맥인 8장에도 계속된다. 이 문단에서도 바울은 현재의 자신과 관련해서는 매우 일관성이 있고, 또한 매우 긍정적으로 서술한다.

2) 후 문맥인 8:1-39에 나타난 "나"

그렇다면 7:7-25의 후문맥인 8장에서 바울은 자신에 대하여 어떻게 서술하고 있는가?

8장에서 바울은 1인칭 단수 대명사는 사용하지 않지만, 1인칭 단수 동사는 2번(18, 38) 사용한다. 하지만, 주로 1인칭 복수 대명사를 14번(4, 16, 18, 23, 26, 31x2, 32x2, 34, 35, 37, 39x2), 동사(구약 인용을 제외하면)를 20번(12, 15, 16, 17x3, 22, 23x3, 24, 25x3, 26x2, 28, 30, 31, 37)이나 사용한다.[372] 8장에서 단수 동사의 주어 '나'가 6장에서처럼 바울을 지칭하고 있음은 의심할 여지가 없다.[373]

그렇다면 1인칭 복수 대명사나 동사의 주어 '우리'는 누구를 지칭하고 있는가?

우선 12절과 15절에 있는 1인칭 복수 동사의 경우, 같은 절에서 독자를 지칭하는 2인칭 복수 동사를 사용하고 있으므로, 저자와 독자를 포함하는 '우리' 혹은 '일반 기독교인'을 가리킨다고 볼 수 있다. 하지만 8:18의 경우는 바울을 지칭하는 것으로 보아야 한다.[374] 바울이 18절에서 "나는 현재의 고난이 장차 우리에게 나타날 영광과 비교될 수 없다고 생각한다."[375]고 하면서, 동사의 '나'와 인칭대명사 '우리'를 서로 동일시하고 있기 때문이다. 그가 18절에서 '나'와 '우리'를 동일시하고 있다는 것은 그 앞 절인 17절 하반절에서 "우리가 그(그리스도)와 함께 영광을 받기 위하여 고난도 함께 받아야 할 것이라."고 말한 다음, 바로 이어 18절에서 1인칭 단수 동사를 사용하고 있는 사실에서 확인된다. 8:37의 경우도 마찬가지이다. 바울은 37절에서 "그러나 이 모든 일에…우리가 넉넉히 이긴다"라고 말한 다음, 38절에서 1인칭 단수 동사를 사용하여 37절까지 계속되는 '호티'절의 내용을 "내가 확신한다"고 말한다. 그런데 '호티'절 안에 2번 사용되고 있는 1인칭 복수 대명사는 "내가 확신하다"의 주어와 동일 인물이다. 따라서 38절의 '내가 확신한다'와 평행 구절인 37절의 '우리가 넉넉히 이긴다'의 주어는 동일한 사람인 바울을 지칭하는 것으로 보는 것이 옳다.

8장의 1인칭 대명사와 동사에서 우리가 역시 주목해야 하는 것은 바울 자신(독자)에 대한 서술이다. 바울은 8:1에서 "그러므로 이제 그리스도 예수 안에 있는 자에게는 결코 정죄함이 없다"고 선언한 다음, 2절 이하에서 어떻게 그리스도 예수 안에 있는 자(바울과 독자)가 죄와 사망의 법에서 해방되었는가를 설명한다.

---

372 물론 8장에서도 독자를 지칭하는 2인칭 단수 대명사를 1번(2), 복수 대명사를 6번(9x2, 10, 11x3), 2인칭 복수 동사를 4번(9, 13x3) 사용하고 있다.
373 Jewett, *Romans*, 508; Longenecker, *Romans*, 758-759.
374 Schreiner, *Romans*, 425; Moo, *Romans*, 565-567도 보라.
375 우리말 개역개정은 "생각하건대 현재의 고난은 장차 우리에게 나타날 영광과 비교할 수 없도다"라고 번역하면서 1인칭 단수 동사의 주어를 생략하고 있다.

8장 서두에 있는 정죄로부터 이 해방의 선언은 8장 끝에 있는 바울의 확신에 찬 선언, "나는 사망이나 생명이나…그 무엇도 우리를 그리스도 예수 안에 있는 하나님의 사랑에서 끊을 수 없다"(38-39)와 서로 짝을 이루고 있다. 이처럼 8장에서도 7장의 전 문단에서처럼 바울은 자신에 대한 여하한 부정적이거나 비일관적인 서술을 하지 않는다. 오히려 그 반대로 죄와 율법으로부터의 해방과 승리를 선언한다.

사실상 우리는 8장에서 바울이 편지의 서언에서부터 확립해온 그의 '에토스'에 대한 절정을 만난다. 우리가 여기서 9-16장에 나타난 바울 자신의 묘사를 살펴볼 수 없지만, 분명한 것은 9-16장 어느 곳에서도 바울은 독자들에게 자신에 대한 부정적인 묘사를 하지 않는다는 사실이다. 이와 같이 바울은 로마서에서 "나"에 대한 부정적인 묘사가 되어 있는 7:7-25를 제외하고는 그 어떤 곳에서도 자신의 '에토스'에 대한 부정적인 묘사를 하지 않는다.

심지어 빌립보서 3장과 갈라디아서 1장에서 볼 수 있는 것처럼 다메섹 사건 이전의 율법 중심으로 살았던 자신에 대한 부정적인 언급(갈 1:13-14; 빌 3:5-6)마저도 전혀 나타나지 않는다. 독자들에게 자신을 소개하는 편지에서 자신에 대한 그 어떤 부정적인 언급도 자신에게는 물론 편지의 목적을 달성하는 데 있어서 무익하기 때문이다.

그렇다면 문제가 되고 있는 7:7-25에서 "나"는 어떻게 나타나고 있는가?

3) 7:7-25에 나타난 "나"

7:7-25는 로마서에 자주 나오는 수사학적인 질문(7:7, 13), 강한 부정(7:7, 13), 해설(7:8-12, 14-25) 등의 특징을 가진다.[376] 이 문단에는 1인칭 단수 대명사가 26번(8, 9, 10x2, 11, 13x2, 14, 17x2, 18x3, 20x3, 21x2, 23x4, 24x2, 25x2) 사용되고 있는데, 복수 대명사는 전혀 나타나지 않는다. 동사는 분사를 포함할 경우 모두 37번 사용되고 있으며, 그중에 1인칭 단수 동사가 29번(7x2, 9, 10, 14x2, 15x6, 16x3, 17, 18, 19x4, 20x3, 21x2, 22, 23, 25), 복수 동사가 2번(7, 14) 사용된다.

사실상 이처럼 많은 1인칭 명사나 동사 사용례는 로마서 어느 곳에서도 발견할 수 없다. 특이한 점은 이 본문에서 바울은 전후 문맥에서 독자를 지칭할 때 자주 사용한 2인칭 명사나 동사는 한 번도 사용하고 있지 않다는 점이다. 이것은 7:7-25의 "나"가 독자들에게 직접 해당되는 것이 아님을 시사한다.

그렇다면 자주 반복되고 있는 1인칭 단수 대명사와 동사의 주어 '나'는 누구를 가리키고 있는가?

우리가 이 문단의 '나'가 저자에 대한 수사학적 표현이냐, 이 문단에서 말하고 있는 현재의 저자에 대한 표현이냐를 묻지 않는다면, 이미 전후 문맥에서 '나'가 주로 저자인 바울과 관련하여 사용되고 있으므로, 이 문단의 '나'도 저자인 바울을 지칭하는 것으로 보는 것이 가장 자연스럽다.

---

376 Moo, *Romans*, 448-449.

7:7과 7:14에 나오는 1인칭 복수 동사의 주어 '우리'도 마찬가지이다. 먼저 7절을 보면, 바울은 상반절에서 종종 자신을 지칭할 때 사용한 수사학적인 질문(3:5; 4:1; 6:1; 8:31; 9:14, 30), "그런즉 우리가 무슨 말을 하리요?", "율법이 죄냐?"라고 묻고, 강하게 "결코 아니다."라고 답변한다. 그런 다음 7절 하반절에서 1인칭 단수 동사를 사용하여, "나는 율법으로 말미암지 않고는 죄를 알지 못하였다"고 말하고 있다. 여기 질문을 제기하는 '우리'와 답변하는 '나'가 동일 인물임을 부정하기 어렵다.

다음 14절을 보면, 바울은 14절 상반절에서, "우리는 율법이 신령하다는 것을 안다."고 말한 다음, 하 반절에서 "나는 죄 아래 팔렸다"고 말한다. 여기 같은 절의 '우리'와 '나' 역시 동일 인물이라는 점은 바울이 18절에서 다시 단수 동사 "나는 안다"를 사용하고 있는 점에서 확인된다.

이것이 사실이라면 7:7-25의 '나'와 '우리'는 사실상 모두 동일 인물인 바울을 지칭하는 것으로 볼 수 있다. 그런데 문제는 여기 '나'와 '우리'를 수사학적인 '나'와 '우리'로 보지 않고,[377] 편지를 쓸 당시의 사도 바울을 직접 지칭하는 것으로 볼 경우, 그가 7장 전후의 문맥에서 바울이 '나'를 긍정적으로 서술하는 내용과 7장에서 '나'를 부정적으로 서술하는 내용이 너무 다르고, 일관성을 갖지 못하고 있다는 점을 설명하기 어렵다.

이 문제를 좀 더 자세하게 살펴보자. 먼저 7:7-13까지 '나'에 대한 바울의 서술을 보자.
(1) 나는 율법을 통해서 죄와 탐심을 알았다(7);
(2) 죄가 계명을 통해서 내 안에 모든 탐심을 불러일으켰다(8);
(3) 나는 한때 율법 없이 살았지만, 계명이 온 후 죄가 (내 안에) 살아났다(9);
(4) (계명이 온 후) 나는 죽었고, 계명이 나를 죽음으로 인도했다(10);
(5) 죄가 계명을 통해 나를 속였고, 나를 죽였다(11);
(6) 죄가 선한 계명을 통해서 나에게 죽음을 가져왔다(13b);
(7) 죄는 계명을 통해서 더욱 죄가 된다(13c).

그다음 7:14-25까지의 '나'에 대한 서술을 보자.
(1) 우리(나)는 율법이 영적이지만 내가 죄 아래에 팔렸기 때문에, 내가 육적인 존재임을 안다(14);
(2) 나는 내가 행하는 것을 내가 알지 못하고, 내가 원하는 것을 내가 행하지 못하고, 오히려 내가 미워하는 것을 내가 행한다(15);
(3) 내가 원하지 않는 것을 내가 행하면, 나는 율법이 선한 것을 시인한다(16);
(4) 이제 나는 내가 원하는 것을 행하지 아니하고, 오히려 내 안에 거주하는 죄가 내가 미워하는 것을 행한다(17, 20);
(5) 나는 내 안에, 즉 나의 육신 안에, 선한 것이 거하지 아니한 것을 안다. 왜냐하면 (선을) 원하는 것이 내게 있지만, 선을 행하는 것이 없기 때문이다(18);

---

[377] Jewett, *Romans*, 443-44는 고대 헬라 철학자 Epictetus, *Dissertationes* 1.12와 바울의 7:7의 문구가 매우 유사하다는 점을 들면서, 바울 당대 제삼자를 1인칭으로 표현으로 수사학적인 방법(*prosopopoeia*)이 널리 알려졌음을 지적하고 있다.

(6) 나는 내가 원하는 선을 행하지 못하고, 오히려 내가 원하지 않는 악을 내가 행한다(19);
(7) 그러므로 나는 내가 선을 행하려 할 때에 악이 나에게 있다는 법을 깨닫게 된다(21);
(8) 내가 내 속사람을 따라 하나님을 법을 기뻐하지만(22);
(9) 나는 나의 지체 안에서 나의 마음의 법으로 나와 더불어 싸우는 그리고 나의 지체 안에 있는 죄의 법으로 나를 사로잡는 다른 법을 본다(23);
(10) 나는 곤고한 사람이다! 누가 나를 이 사망의 몸에서 나를 구원할 것인가?(24);
(11) (우리의 주 예수 그리스도를 통하여 [나는] 하나님께 감사한다)(25a);
(12) 그러므로 나는 마음으로는 내가 하나님의 법을, 반면에 육신으로는 죄의 법을 섬긴다(25b).

이상의 7:7-25의 '나'에 대한 바울의 서술을 볼 때 7:7-25의 '나'에 대한 부정적인 서술은 전후 문맥에 나타나는 '나'에 대한 긍정적인 서술과 너무 다르고 부정적이다. 우리가 앞에서 살펴본 것처럼 전후 문맥에서 '나'(역시 '너희')는 매우 긍정적이고 또한 율법과 죄와 관련하여, '그리스도 이전'(과거)과 '그리스도 이후'(현재) 사이에 명확한 전환이 있다. 하지만 7장의 경우, 독자를 지칭하는 '너'에 대한 언급이 일체 빠져 있고, '나'에 있어서도 7-13절의 과거와 14-25절의 현재 사이에 명확한 전환을 발견할 수 없다.

7-13절을 보면, 죄가 율법을 통해서 '나'에게 죽음을 가져왔고, 율법을 통해서 죄가 내 안에 살아났다. 그리고 14-25절을 보면, 여전히 '나'는 죽음의 권세 아래 있고, 죄와 율법의 지배 아래 있다. '나'는 선을 행하기를 원하지만, 실제 악만 행한다. '나'는 마음으로 하나님의 법을 기뻐하지만, 현실에 있어서 '나'는 여전히 죄의 법에 사로잡혀 있다. 25절 상반절에서 하나님의 은혜를 내다보지만, 25절 하반절이 말하는 것처럼, 현실에서 '나'는 여전히 계속 죄의 법을 섬기고 있다.

4) 7:7-25의 "나"와 전후 문맥의 "나"의 차이점

7장의 '나'를 어떻게 보든, 7장의 전후 문맥에 나타나는 '죄' 및 '율법'의 역할과 7장에 나오는 '죄'와 '율법'의 역할을 서로 비교해 보면 서로 다르지 않다. 예를 들면, 3:9의 죄가 사람을 지배한다는 것, 5:21의 죄가 사람에게 왕 노릇한다는 것, 6:6의 우리가 한때 죄에게 종노릇했다는 것은 7:14의 죄 아래에 팔렸다는 말에서 재현되고 있다.

율법도 마찬가지다. 3:20의 "율법이 죄를 깨닫게 한다"는 것, 5:13의 "율법이 없었을 때에는 죄를 죄로 여기지 않았다"는 것은 7:7의 "율법으로 말미암지 않고는 내가 죄를 알지 못했다"는 말과, 7:9의 "율법을 깨닫지 못했을 때에는 내가 살았더니 계명이 이르매 죄는 살아나고 나는 죽었도다"에서 재현되고 있다. 이것은 바울이 로마서를 쓸 때 죄와 율법에 대하여 일관성 있는 이해를 갖고 있었다는 사실을 시사한다.

하지만 '나'의 경우는 전혀 다르다. 7:7-25의 직전 문맥(6:1-7:6)과 직후 문맥(8:1-39)에 나타난 '나'(물론 독자를 지칭하는 '너'를 포함하여)와 7:7-25의 '나'를 비교해 보면 현저한 차이와 함께 일관성이 무너진다.

(1) 나는 계명이 온 이후 죄가 내 안에 살아났다(7:9)/우리는 죄에 대하여 죽었다(6:1);
(2) 나는 죄 아래에 팔렸다(7:14)/우리의 옛 사람이 예수와 함께 십자가에 못 박힌 것은 다시는 죄에게 종노릇하지 않도록 하기 위함이다(6:6);
(3) 나는 육신으로 죄의 법을 섬긴다(7:25b)/우리는 이제 죄에서 벗어나 의롭다 하심을 얻었다(6:7);
(4) 내 안에 죄가 거주하여 악을 행한다(7:20)/그리스도가 죄에 대하여 단번에 죽고, 살아나셨기 때문에, 너희도 자신을 죄에 대하여 죽은 자요 하나님에 대하여 산 자로 여기라(6:10-11);
(5) 죄의 법이 나를 사로잡고 있다(7:23)/죄가 너희 죽을 몸을 지배하지 못하게 하고, 너희 지체를 의의 무기로 하나님께 드리라(6:12-13);
(6) 나는 죄 아래 팔린 육적인 존재이다(7:14)/너희는 율법 아래 있지 않고 은혜 아래 있으므로 죄가 너희를 주장하지 못한다(6:14);
(7) 나는 내가 미워하는 악을 행한다(7:15)/우리가 은혜 아래 있다고 해서 죄를 지을 수 있느냐? 결코 그럴 수 없다(6:15);
(8) 내 안에 죄가 계속 거주하고 있다(7:14, 20)/너희는 이제 죄로부터 해방되어 의에게 종이 되었다(6:18);
(9) 나는 선을 행하지 못하고 악을 계속 행한다(7:19)/이제 너희는 죄로부터 해방되고, 하나님께 종이 되어 영생에 이를 거룩한 열매를 맺고 있다(6:22; 7:4b).[378]

그런데 7장의 후 문맥 8장에 있는 서술을 보면 7:7-25의 "나"와 달리 오히려 6장과 7:1-6의 "나"와 "너"에 대한 서술이 그대로 재현되고 있다.
(1) 너는 죄와 사망의 법에서 해방되었다(8:2/6:7, 8; 7:6a);
(2) 너희는 육신에 있지 아니하고 영에 있다(8:9/6:14; 7:6b);
(3) 너희는 무서워하는 종의 영을 받지 아니하고, 양자의 영을 받았다(8:15/7:6b);
(4) 성령이 우리가 하나님의 자녀임을 증언한다(8:16/7:6);
(5) 성령의 처음 익은 열매를 받은 우리도 우리 몸의 속량을 기다리고 있다(8:23/6:12-13, 22; 7:4b);
(6) 하나님이 우리를 의롭다 하셨기 때문에 그 누구도 (율법) 우리를 정죄할 수 없다(8:1, 33/6:14);
(7) 환난, 곤고…모든 일에 우리를 사랑하시는 이로 말미암아 우리는 넉넉히 이기고 있다(8:37/6:14);
(8) 나는 사망, 생명…그 무엇도 우리를 하나님의 사랑에서 끊을 수 없음을 확신한다(8:38, 39/6:22; 7:4b).

우리가 지금 발견하는 7장의 전후 문맥의 '나'와 7장의 '나'에 대한 서술은 단순히 비교나 정도의 차이가 아니라, 본질적인 차이가 있다. 어떤 사람들은 7:7-13이 주로 과거 시제

---

378 장해경, "변증법적 긴장 속에 사는 크리스천의 삶?", 76-78도 보라.

로, 반면에 7:14-25이 주로 현재 시제로 되어 있는 점에 근거하여, 전자의 '나'를 신자가 되기 전 불신 상태에 있었던 '나'(혹은 바울)로, 후자의 '나'를 신자가 된 후의 '나'(혹은 바울)로 구분하려고 하지만,[379] 과거 시제의 '나'와 현재 시제의 '나'의 경우, 우리가 6장과 8장에서 발견할 수 있는 그와 같은 근본적인 전환이 없다.[380]

6장과 7:1-6의 '나'의 경우 죄의 종에서 의의 종으로, 죄와 율법의 속박으로부터 해방이, 죄, 육 그리고 율법의 지배에서 벗어나 성령의 지배로의 분명한 전환이 있다. 그러나 7:7-25의 '나'에게는 그러한 전환도, 그러한 전환을 가져오는 성령도 없다.[381] 6장, 7:1-6, 그리고 8장에서의 저자와 독자는 성령의 도우심으로 영생에 이르는 열매를 맺고 있다. 그러나 7:7-25의 '나'는 선을 행할 원함은 있지만, 성령의 도우심이 전혀 없기 때문에, 실제로 '나'는 전혀 선을 행하지 못하고 악만 행한다(7:19).

6장과 8장에는 바울이 독자에게 주는 명령형 문장이 여러 번 나타난다. 앞에서도 언급한 것처럼 명령이 주어진다는 것은 그것을 안 할 수도 있지만, 또한 할 수 있다는 가능성이 주어졌음을 뜻한다. 그러나 7:7-25에는 일체의 명령형 문장도 없을 뿐만 아니라, 나는 내가 원하는 것을 할 힘도 없고, 오히려 원치 않는 악만 행하는 실패자이다.

그래서 나는 곤고함을 한탄하면서 구원자를 기다리고 있다. 덧붙여 6장, 7:1-6, 8장에는 신자를 특징 짓는 '그리스도의 죽음 및 부활', '은혜', '성령', '그리스도 안에'라는 말이 자주 나타나지만, 7:7-25에는 그와 같은 말이 보이지 않는다. 7:25a에 유일하게 '우리 주 예수 그리스도'라는 말이 한번 나타나지만, 그것은 8장의 해방을 내다보고 하는 감사이다.[382] 그 점은 결론절인 7:25b에서 '나'가 여전히 죄의 법을 섬기고 있는 점에서 확인된다.

우리가 이 모든 사실을 정직하게 고려해 볼 때 7:7-25의 '나'를 전후 문맥의 '나'와 동일시하기가 매우 어렵다.

이런 관점들을 염두에 두면서 이제 본문 주석에 들어가도록 하겠다.

7장의 본문 주석에 들어가면서 다음 네 가지 문제를 염두에 두도록 하자.

첫째, 6장에서 거듭 강조되었던 로마서의 독자를 가리키는 2인칭 복수 "너희"(6:11, 12, 13, 14, 16, 17, 19, 20, 21, 22)가 7:1에서 한 번 사용된 것을 제외하고는 전혀 나타나지 않고 있다는 점이다. 또한 그러다가 8장에 가서 다시 "너희"(8:2, 9, 10, 11, 13, 15)가 자주 등장하고 있다는 점이다.

이것은 "너희"가 등장하는 7장의 서론 문단(7:1-6)을 제외한 7장의 나머지 전체 내용(7:7-25)이 로마의 신자들에게 직접 해당 되는 것이 아님을 암시하는 증

---

379 예를 들면, Middendorf, *Romans 1-8*, 551-552, 582-83.
380 G. Theissen, *Psychologische Aspekte paulinischer Theologie* (Göttingen: Vandenhoeck & Ruprecht, 1983), 186; Mark A. Seifrid, "The Subject of Rom 7:14-25," *Novum Testamentum* XXXIV, 4 (1992), 319—320.
381 장해경, "변증법적 긴장 속에 사는 크리스천의 삶?", 70-71.
382 Fitzmyer, *Romans*, 476; Longenecker, *Romans*, 670-671; Moo, *Romans*, 489-460.

거가 될 수 있다. 이 점은 6장에서 여러 번 나타났던 2인칭 복수 명령법, 이를테면, "너희는 자신을 죄에 대하여 죽은 자요, 그리스도 예수 안에서 하나님께 대하여는 살아있는 자로 여기라"(λογίζεσθε, 11절), "너희는 죄가 왕 노릇 하지 못하게 하라"(μή βασιλευέτω, 12절), "너희는 너희 지체를 불의의 무기로 죄에게 내어주지 말라"(μηδὲ παριστάνετε, 13a), "너희는 너희 지체를 의의 무기로 하나님께 드리라"(παραστήσατε, 13b) 등 명령법 시제가 7장에 한 번도 나타나지 않고 있다는 사실에서도 확인된다.

둘째, 6장에서 수 없이 등장하던 "그리스도"(인칭대명사를 포함하여 12번)가 7장에 가서 서론인 4절에서 한 번, 그리고 하나님의 구원에 대한 감사를 언급하는 25절 상반절의 한 번을 제외하고는 전혀 나타나지 않고 있다가 8장에 가서 다시 여러 번 반복(적어도 11번 이상)되고 있다는 점이다.

7장에서 그리스도와 그의 사역에 대한 이례적인 생략과 대조적으로 율법과 율법의 사역이 7장의 자리를 대신 차지하고 있다는 점은 7장의 내용이 그리스도와 그의 사역에 전적으로 의존하고 있는 신자에게 직접 해당되지 않는다는 점을 시사한다는 강력한 증거가 될 수 있다.

셋째, 6장 12-14절에서 볼 수 있는 것처럼 독자들에게 주는 명령형 동사는 그 명령을 이루어가는 약속과 보증을 하는 직설법을 동반한다는 점이다. 이를테면 6장 12절과 13절의 명령법에는 바로 이어 약속과 보증을 말하는 직설법 "죄가 너희를 주관치 못할 것이다"(ἁμαρτία γὰρ ὑμῶν οὐ κυριεύσει, 14a)와 "이는 너희가 법 아래 있지 아니하고 은혜 아래 있음이라"(οὐ γάρ ἐστε ὑπὸ νόμον ἀλλὰ ὑπὸ x ἄριν, 14b)가 뒤따라 나온다.[383] 하지만 로마서 7장 7-25절에는 독자에게 주는 명령법도 그리고 이 명령법을 이해하게 하는 보증과 약속이 일체 나오지 않는다.

그러다가 8장에 가서 보증과 약속이 다시 나타난다(8:1, 11, 12-17, 26, 27, 30). 이것은 성령이 7장 6절에 한 번 언급된 다음 7장에서 전혀 나타나지 않다가 8장에 가서 수없이 반복되고 있는 점과 무관하지 않다. 왜 7장에서 "나"는 6장과 8장의 "너희"의 경우처럼 은혜와 약속과 성령의 도우심을 전혀 받지 못하고 있는가?

---

383 여러 주석가, 이를테면, Cranfield, *Romans 1*, 319; Dunn, *Romans 1*, 339; Moo, *Romans*, 404; Schreiner, *Romans*, 325도 이 직설법을 명령법에 대한 약속과 보증으로 본다.

넷째, 6장과 8장에 1인칭 복수 대명사 "우리"가 여러 번 등장하지만 7장에 수없이 등장하는 1인칭 대명사 "나"는 한 번도 등장하지 않는다는 점이다.

7장에 6장과 8장에 한 번도 등장하지 않는 1인칭 대명사 "나"가 수없이 등장하고 있다는 사실과 그와 대조적으로 6장과 8장에 수 없이 등장하는 2인칭 복수 대명사 "너희"와 "그리스도"와 그리고 8장에 있는 "성령"의 생략은 매우 이례적인 것으로 볼 수밖에 없다.

7장은 크게 1-6절, 7-13절, 14-25절 등 세 문단으로 나누어진다. 이제 세문단을 중심으로 바울이 율법과 "나"를 어떻게 서로 연결시키고 있는가를 살펴보자.

(1) 너희(신자)는 율법으로부터의 자유함을 받았다(7:1-6)

7장은 크게 1-6절, 7-13절, 14-25절 등 세 문단으로 나눌 수 있다.[384] 7장의 첫 문단인 1-6절에는 7절 이하부터 자주 등장하는 1인칭 단수 대명사 "나"가 한 번도 등장하지 않는다. 다만 화자인 저자(바울)를 지칭하는 1인칭 단수 동사(1절)만 한 번 등장한다. 대신에 저자가 "형제 자매들"(독자)로 부르는 2인칭 복수 대명사 "너희"가 2번(4절), 2인칭 복수 동사가 2번(1, 4절) 등장한다.

그리고 저자와 독자를 묶는 1인칭 복수 대명사 "우리"가 1번(6절), 1인칭 복수 동사가 3번(4절, 6절) 등장한다. 따라서, 첫 문단의 초점은 "나"에 대한 율법의 역할보다는 "너희"(혹은 "우리")에 대한 율법의 역할에 있다. 그리고 첫 문단에 6장과 8장에 자주 등장하는 2인칭 복수 "너희"가 등장하고 있다는 사실은 이 문단이 1인칭 단수 대명사 "나"가 자주 등장하는 7-13절의 문단 및 14-25절의 문단과 엄연히 구분된다는 점을 시사한다.

그렇다면 첫 문단(7:1-6)은 "너희" 혹은 "우리"와 "율법"[385]에 대하여 어떻게 말하고 있는가?

---

[384] Käsemann, *Romans,* 186; Fitzmyer, *Romans,* ix; Arland J. Hultgren, *Paul's Letter to the Romans* (Grand Rapids: Eerdmans, 2011), vi; Longenecker, *Romans,* vi-vii. 물론, 어떤 학자(예, Stuhlmacher, Schreiner, Jewett, 박익수, 장해경 등)는 7:1-6, 7:7-12, 7:13-25로 나누는 것을 선호한다.

[385] 나중에 다시 언급하겠지만 로마서 7장에 나타나는 헬라어 '노모스'(νόμος)는 7:2-3에 나타나는 결혼제도의 법은 모세 율법이 아닌 헬라-로마 사회에서의 결혼법을 지칭한다고 볼 수 있겠지만, 그렇지 않을 경우 7장의 전체 주제 중의 하나가 모세 율법이므로 '노모스'는 모세 율법을 지칭하는 것으로 보아야한다.

바울은 먼저 1-4절에서 편지의 독자들(너희)이 그리스도를 통해 율법의 지배로부터 해방되었다는 사실을 설명하기 위해 유대 결혼제도를 실례로 든다.[386] 남녀가 결혼한 후 아내가 남편의 생전에는 법으로 남편에게 매여 있지만, 남편이 죽게 되면 매여 있던 그 법으로부터 벗어나 자유롭게 다른 남자와 재혼을 할 수 있게 되는 것처럼(m. Qidd. 1:1), "너희"는 그리스도의 몸, 곧 너희를 대신하여 율법의 모든 요구를 성취한 그리스도의 희생적 죽음을 통하여, 율법에 대하여 죽었기 때문에 그 율법으로부터 자유롭게 되었다는 것이다. 그리고 이제 죽음에서 부활한 그리스도와 새로운 관계를 갖게 되어 성령을 통해 하나님을 위하여 거룩한 열매를 맺을 수 있게 되었다는 것이다.[387]

6장에서 바울은 이미 "너희"(독자)가 세례를 통하여 그리스도와 함께 죽고 함께 부활함으로 소극적으로는 "죄"에 대하여 죽고, 죄의 종이 되었던 것으로부터 해방되었다는 것과, 적극적으로는 의의 종, 하나님을 위해 거룩한 열매를 맺을 수 있는 자가 되었음을 강조하였다(6:2, 11, 22). 마찬가지로 7장 첫 문단은 "너희"가 그리스도의 희생적인 죽음을 통하여 "율법"에 대하여 죽고, 율법의 지배에서 벗어나 그리스도의 지배를 받아 하나님을 위해 열매를 맺는 자가 되었다고 말한다. 차이점은 6장의 "죄"가 7장에서 "율법"으로 대체 되었다는 것이다.[388]

첫 문단의 마지막에 있는 5-6절은, 여러 학자가 지적하고 있는 것처럼, 1-4절의 결론인 동시에 7-8장을 여는 서론에 해당한다.[389] 즉, "우리가 한 때…"로 시작하는 5절이 7장 7-25절에서 자세하게 설명되고 있는 율법 아래서의 부정적인 삶과 그 결과를 예시한다면, "그러나 우리가 이제는…"이란 말로 시작하는 6절은 8장 1-39절에서 설명되고 있는 성령 아래서의 긍정적인 삶과 그 결과를 예시한다.

---

386 여기서 6장에 있는 "죄"에 대한 설명과 7장에서 말하는 "율법"과의 유사성이 나타난다. 존 머리, 『로마서 주석』, 329; Moo, *Romans*, 436; Longenecker, *Romans*, 631; E. J. Schnabel, *Der Brief des Paulus an die Römer: Kapitel 6-16* (Witten: Brockhaus, 2016), 102; Schreiner, *Romans*, 344를 보라.
387 Moo, *Romans*, 437-38; Kruse, *Romans*, 292-293.
388 Moo, *Romans*, 409; 홍인규, 『로마서』, 125; Wright, *Paul and the Faithfulness of God*, 892-93.
389 예를 들면, Stuhlmacher, *Romans*, 104: "7:5-6은 바울이 7장 7절부터 8장 17절까지 단락에서 기술할 서술에 대한 개요이다. 5절은 7장 7-25절 상반절에서 더 진술될 것이며, 그 반면에 6절은 8장 2-17절에 대한 목차로 제시될 것이다." 역시 Heinz Giesen, "Das heilige Gesetz-missbraucht durch die Sünde (Röm 7)," *Trierer theologische Zeitschrift* 114 (2005), 204-5; Wright, "The Letter to the Romans," 559-60; Kruse, *Romans*, 294; 장해경, "변증법적 긴장 속에 사는 크리스천의 삶?," 73.

이러한 문학적인 표현법은 7장의 마지막 절인 25절에도 나타난다. 즉, 25절 상반 절의 하나님께 대한 감사가 8장을 예시하고 있다고 한다면, 25절 하반절에 언급된 율법의 양면성으로부터 오는 "나"의 이중성에 대한 언급은 7장 7-24절을 요약한다.[390]

6절 상반절은 "우리(너희)가 우리를 얽매었던 그 율법에 대하여 우리가 죽었음으로,"[391] "우리가 그 율법의 세력으로부터 벗어났다"고 말한다. 여기서 저자는 6장에서 죄에 대한 죽음과 죄로부터 자유함을 말할 때 사용하였던 동일한 단순과거 동사 시제(6:2, 6)를 사용하여, 율법에 대한 우리의 죽음과 율법으로부터의 자유가 이미 일어난 사건임을 강조한다.

그런 다음 6절 하반절에서 "이러므로 우리가 문자(율법)의 옛것이 아닌 영(성령)의 새로운 것으로 섬긴다"다고 말한다. 6절 상반절에 있는 "우리가 죽고", "우리가 벗어났다"는 과거 시제가 이미 일어난 사건임을 강조한다면, 하반절의 현재 부정사는 우리가 성령의 새로운 것으로 섬기는 것이 이미 시작되어 계속 반복되는 것임을 강조한다. 여기 과거와 현재, 율법의 옛것과 성령의 새로운 것의 대조는, 예레미야 31장 31-34절에 있는 옛 언약과 새 언약의 대조와 에스겔 17장 60-62절, 36장 26-27절, 그리고 37장 26절에 있는 옛 언약과 새 영 및 영원한 언약의 대조처럼 종말론적인 대조이다.[392]

그러므로 이제 우리(신자)는 율법 문자의 낡은 것이 아닌 성령의 새로운 것으로 섬길 수 있게 되었다. 이처럼 7장의 첫 문단을 마감하는 6절은, 6장이 독자(너희)가 죄의 지배로부터 은혜의 지배로 전환된 것을 말한 것처럼, 독자(너희)의 신분이 율법으로부터 성령의 지배로 이미 전환되었음을 강조한다.[393] 그런데 저자는 6절에서 "너희"가 성령의 지배 아래 사는 삶을 말하는 8장으로 바로 가지 않고, 인칭을 바꾸어 5절에서 말한 "나"를 지배하는 율법 문제를 다시 거론한다.[394]

---

390 즉 7:5-6과 7:25ab는 다음과 같이 일종의 교차대구법 형태를 보여준다고 볼 수 있다:
7:5 → A(7:7-24), 7:6 → B(8:1-39); 7:25a → B(8:1-39), 7:25b → A(7:7-24). 이 문제에 대한 보다 자세한 논의는 Justin King, "Rhetorical Chain-Link Construction and the Relationship between Romans 7.1-6 and 7.7-8.39: Additional Evidence for Assessing the Argument of Romans 7-8 and the Identity of the Infamous 'I'," *JSNT* 39/3 (2017), 258-278을 보라.
391 구문법적으로 관계대명사 ἐν ᾧ가 수식하는 선행사는 그 앞에 있는 τοῦ νόμου(율법)이다. Schreiner, *Romans*, 348을 보라.
392 Käsemann, *Romans*, 190; Kruse, *Romans*, 296-297; Schreiner, *Romans*, 350.
393 Moo, *Romans*, 422.
394 7:5-6에 대한 이와 같은 분석이 정당하다고 한다면, 7:7-25의 "나"를 8:1-17이 말하고

(2) 죄를 드러나게 하는 율법의 역할(7:7-13)

7:7-13의 두 번째 문단에서 문체가 급격하게 변경된다. 즉, 6장 1-2절의 "그런즉 우리가 무슨 말을 하리요 은혜를 더하게 하려고 죄에 거하겠느냐 그럴 수 없느니라"를 연상하게 하는 7:7의 상반절, "그런즉 우리가 무슨 말을 하리요 율법이 죄냐 그럴 수 없느니라"에 나타나는 1인칭 복수 동사의 주어 "우리"를 제외하고, 7절 하반절 이하의 문장은 "나"가 주도하는 1인칭 단수 형태로 전환된다.

로마의 신자를 가리키는 2인칭 복수 대명사나 동사가 일체 생략된다. 그리고 6절에서 언급된 성령도 8장에 도달할 때까지 전혀 나타나지 않는다. 6장을 주도했던 은혜, 의, 생명, 그리스도와 함께, 거룩함, 영생이란 긍정적인 어휘가 사라지고, 대신 죄, 육신, 율법/계명, 사망 등 부정적인 어휘가 7-25절을 주도한다.

바울은 먼저 7절 상반절에서 로마서에서 중요한 전환을 가져올 때마다 자주 사용하는 수사학적인 질문을 사용하여 "율법이 죄냐?"라는 질문을 제기하고, 강한 부정을 말할 때 자주 사용하는 "결코 그렇지 않다"라는 문구(3:4, 6; 6:2, 15; 7:7, 13; 9:14; 11:1, 11)로 답변한다. 바울은 이미 앞에서 율법은 의의 수단이 아니다(3:20, 28), 율법은 진노를 불러일으킨다(4:15), 율법은 죄를 죄 되게 한다(5:13), 율법이 죄를 증가시킨다(5:20)고 하면서, 율법과 죄와의 연관성을 언급하였다.

심지어 독자들이 그리스도를 통하여 죄에 대하여 죽고 죄로부터 해방된 것(6:2, 7, 18, 22)처럼, 율법에 대하여 죽고, 율법으로부터 해방되었다(7:4-6)고 말하면서, 죄의 역할과 율법의 역할을 거의 동일시하였다. 따라서, 독자들로부터, 혹은 바울의 반대자들로부터, 그렇다면 율법이 죄라는 말인가라는 질문이 제기될 수 있었다. 이러한 질문을 예상하듯 바울은 강하게 율법은 악한 것이 아니고, 죄도 아님을 선언한다. 그런 다음 7절 하반절 이하에서 율법이 어떻게 죄가 아님을 설명한다.

7절 하반절 이하에서 바울은 율법이 죄가 아님을 밝히기 위해 먼저 죄가 무엇임을 규명하고, 그리고 율법까지 통제하려고 하는 죄의 권세가 오히려 율법을 통하여 밝혀진다고 말한다. 그렇게 함으로써, 죄와 율법이 서로 연관성을 갖고 있다고 하더라도, 율법이 죄와 동일시될 수 없다는 점을 분명히 한다. 그런데 저자가 율법이 죄가 아님을 규명하기 위해 7절부터 계속 1인칭 단수 "나"와 현재 시

있는 성령을 따라 살아가야 하는 신자를 가리킨다고 보기 어렵다는 것을 뜻한다. King, "Rhetorical Chain-Link Construction and the Relationship between Romans 7.1-6 and 7.7-8.39," 275도 보라.

제를 사용한다. 그래서 7절 이하의 내용이 마치 저자의 현재 경험인 것처럼 생각하게 한다.

하지만, 바울 당대 헬라-로마-유대 사회에서 일반적인 사실을 표명할 때도 이미 자주 1인칭 "나"가 사용되었기 때문에,[395] "나"가 반드시 저자인 사도 바울이나 독자를 지칭한다고 볼 필요는 없다. 이러한 용법은 구약에서도 나타난다(시 22; 사 12:1-2; 40:27; 49:14, 21; 렘 10:19-20; 애 1:19-22; 3:1-21; 미 7:7-10).[396] 그러므로 일찍이 큄멜(W. G. Kümmel)이 제안한 것처럼 "나"가 바울의 자서전적인 표현이라기보다도 일반 사람을 표현하는 수사학적 장치일 수 있다.[397]

바울은 계속 1인칭 단수 대명사를 사용하여 먼저 율법이 내게 죄를 알려준다고 말한다(7:7bc). 곧 율법이 나에게 "탐내지 말라"고 하였기 때문에 "나"는 탐내는 것이 죄임을 알게 되었다는 것이다. 이처럼 죄가 율법을 이용하여 내 속에 여러 종류의 탐심 곧 죄의 열매들을 산출한다. 하지만, 죄는 율법의 잘못 때문에 나오는 것은 아니다. 이것은 하나님이 에덴동산에서 아담에게 선악과를 따먹지 말라는 법(창 2:17)을 주셨고, 아담이 그 계명을 어겨 죄를 지었지만, 그렇다고 해서 아담의 죄가 하나님의 계명 때문이 아닌 것과 같다.

---

[395] 예를 들면, Euripides, *Medea* 1040-48, 1056-58, 1077b-80; Ovid, *Metamorphoses* 7.17-21; Quintilian, *Institutio oratoria* 6.1.25-26, 9.2.30-33; Epictetus, *Diatribai* 1,10.7-9; Seneca, *Medea* 989; 1QS 11.0-10; 1QH 1.21-23, 3.24-36; Pss. 44:5; 129:1-3; 2 Bar. 4.1-7. 여기에 대한 보다 자세한 설명은 S. K. Stowers, *A Rereading of Romans: Justice, Jews, and Gentiles* (New Haven: Yale University Press, 1994), 16-21, 264-72; Jewett, *Romans*, 443-4; Longenecker, *Romans*, 653-659를 보라. 물론 W. N. Timmins, "Romans 7 and Speech-in-Character: A Critical Evaluation of Stowers' Hypothesis," *ZNW* 107 (2016), 94-115은 바울이나 바울의 독자들이 고대의 수사학 교과서에 있는 패턴과 관습을 알지 못했다는 이유로 Stowers의 제안을 반박한다. 하지만 이미 바울이 헬라-로마의 대학 도시 다소와 예루살렘에서 적지 않은 수사학 교육을 받았다고 한다면, 그가 당대의 수사학의 패턴을 창의적으로 활용할 가능성의 여지는 있다고 보아야 한다.

[396] 그래서 최근에 몇몇 학자들은 7장의 "나"의 사용 배후에는 구약의 탄식시(예, 시 38)가 놓여 있다고 본다. 예를 들면, B. R. Gaventa, "The Shape of the 'I': The Psalter, the Gospel, and the Speaker in Romans 7," in *Apocalyptic Paul: Cosmos and Anthropos in Romans 5-8*, ed. B. R. Gaventa (Waco: Baylor University Press, 2013), 77-92; W. Timms, ""Romans 7 and the Resurrection of Lament in Christ: The Wretched 'I' and His Biblical Doppelgänger," *NovT* 61 (2019), 386-408; C. L. Crisler, "The 'I' Who Laments: Echoes of Old Testament Lament in Romans 7:7-25 and the Identity of the evgw," *CBQ* 82 (2020), 64-83.

[397] 보다 자세한 것은 W. G. Kümmel, *Römer 7 und das Bild des Menschen in Neuen Testament: Zwei Studien* (Munich: Chr. Kaiser, 1974)을 보라.

한때 아담은 에덴동산에서 죄가 가져오는 죽음도 알지 못하고 살았다. 그러다가 선악과를 따먹지 말라는 계명(율법)이 그에게 주어졌고(창 2:17), 사탄이 그 계명을 불순종하게 함으로써 아담에게 죄가 살아나게 하였다. 그 결과 아담은 계명 때문에 죽게 되었다(8절).

바울은, 5장에서 아담을 언급한 경우처럼, 지금 "나"를 통하여 창세기에 나오는 아담의 경우를 말하고 있다.[398] 아담의 경우에서 볼 수 있는 것처럼, 죄와 율법과 죽음은 사람을 지배하는 세력으로서 서로 불가분의 관계를 가지고 있다.[399] 물론 율법(계명)은 본래 죄를 산출하기 위해 주어진 것도, 죽음을 가져다주기 위한 목적으로 주어진 것은 아니다. 하나님께서 아담에게 '선악과를 따먹지 말라. 따먹으면 정녕 죽으리라'(창 2:17)고 말씀하신 것은 어디까지나 죽음이 아닌 생명을 주시기 위한 것이었다.

그러나 뱀, 곧 죄가 아담(이브)에게 찾아와, 하나님이 아담에게 생명을 주기 위해 주신 선악과라는 금지 계명을 통해 유혹하여, 아담의 마음속에 선악과에 대한 탐심을 불러일으켰다. 결국 아담은 자신의 탐심으로 인해 뱀(죄)의 유혹에 넘어가 하나님의 계명을 범하였다. 그 결과 그는 생명이 아닌 죽음에 직면하게 되었다(11절).[400]

선행 논증(7bc-11절)에 의존하여 바울은 먼저 12절에서 율법과 계명이 거룩하고, 의롭고 그리고 선하다고 말한다. 왜냐하면, 율법은 하나님의 선한 의지의 표현으로서, 인간이 창조주 하나님과 피조물인 이웃과 바른 관계를 가지게 하여, 인간에게 생명을 주려는 목적을 지니고 있었기 때문이다. 그러나 저자는 신적 기원을 가진 거룩한 율법의 긍정적인 역할을 말하는 것에서 멈추지 않고, 앞에서

---

398 Stuhlmacher, *Romans*, 106-107; Moo, *Romans,* 429; Daniel Napier, "Paul's Analysis of Sin and Torah in Romans 7:7-25," *ResQ* 44 (2002), 20-22; Kruse, *Romans,* 299; Schreiner, *Romans*, 363; Nicholas A. Elder, "'Wretch I am!' Eve's Tragic Speech-in-Character in Romans 7:7-25," *JBL* 137 (2018), 743.
399 홍인규, "로마서 안에 나타난 '하마르티아'(a`marti,a)," 『바울신학사색』(서울: 킹덤북스, 2016), 227-236. 보다 자세한 논의는 D. Napier, "Paul's Analysis of Sin and Torah in Romans 7:7-25," *RestorQuart* 44 (2002), 15-32를 보라.
400 아담의 경우는 이스라엘 백성에게서도 발견된다. 하나님께서 모세를 통하여 이스라엘 백성에게 율법을 주신 것은 어디까지나 복과 생명을 주기 위함이었다(레 18:5; 신 30:15-20). 그런데 이스라엘 백성은 아담의 경우처럼 복과 생명을 위한 그 율법에 불순종함으로써 율법을 죄의 도구가 되게 하였다. 그래서 율법이 이스라엘 백성에게 복과 생명 대신 저주와 죽음을 가져왔다. 하지만 죽음은 율법 그 자체의 잘못이 아니다. 주범은 율법이 아니고 죄이다. 역시 Jewett, *Romans*, 893-95를 보라.

말한 율법의 부정적인 기능(3:20; 4:15; 5:20; 6:14-15)을 다시 언급한다.

즉, 율법을 통하여 죄가 살아나고, 그 죄를 통해 죽음이 주어졌다는 것이다. 그 결과 율법이 죽음에 대한 책임이 있느냐는 질문이 제기될 수 있다. 하지만, 바울은 13절에서 다시 단호하게 "그럴 수 없느니라"고 하면서, 율법이 내게 사망을 가져다준 주범은 아님을 주장한다. 내게 사망을 가져온 주범은 율법이 아니라 죄라는 것이다.

그렇다고 해서 그는 율법이 죽음과 전혀 무관하다고 보지는 않는다. 율법은 나를 죄로부터 살리게 하기보다는 오히려 죄가 죄로 드러나도록 하였고, 그로 말미암아 결국 나를 죽게 하였기 때문이다. 이처럼 율법은 죄를 더욱 죄되게 하는 긍정적 역할과 함께, 죄로 인해 내게 죽음을 가져오는 부정적인 기능을 동시에 가지고 있다.

(3) 율법, 죄 그리고 "나"(7:14-25)의 상호연관성

마지막 문단인 7:14-25에 들어가면서 우리가 거듭 염두에 두어야 할 것은 7장의 "나"를 불신자로 보든 신자로 보든 "나"의 정체성 규명이 바울의 주요 논지는 아니라는 사실이다. 바울의 주요 논지는 전 문단인 7-13절의 경우처럼 "나"에 대한 율법의 역할에 있다.[401] 사실 엄밀히 말해서 그리스도 밖에 있는 불신자는 로마서 7장에 나타난 심각한 갈등을 갖고 있지 않을 뿐만 아니라, 율법과 계명인 하나님의 법을 즐거워하지 않는다.

이와 반대로 로마서 7장을 일반 신자로 보는 경우는 7장 7절 이하에 나타나 있는 죄와 율법의 포로가 되어있는 나의 모습이 6장과 7장 1-6절, 그리고 8장에 제시되어있는 죄와 사망을 가져오는 율법의 지배에서 해방되어 이제 은혜와 성령의 지배 아래 있는 너(신자)의 모습과는 너무나 다르다는 것을 올바르게 이해하지 못한다.

이 점을 감안하면서 마지막 문단의 흐름을 살펴보자. 7-13절에서 제시된 율법에 대한 바울의 변호는 다음과 같은 질문을 예상할 수 있다. 선하고 거룩하고 신령한 율법이 왜, 어떻게 해서, "나"에게 죽음과 절망감을 가져오는가?

---

401 Moo, *Romans*, 424: "이 단락의 중심적인 주제는 인간 본성이나 인간학이 아닌, 모세의 율법이다." 역시 차정식,『로마서 1』, 540: "이 문단을 그리스도인의 체험으로 보느냐 아니면 그리스도인 되기 이전 단계의 체험으로 보느냐의 문제는 논지의 핵심을 흐리게 한다. 본 문단에서 지속적으로 바울의 관심 대상이 되고 있는 주제는 율법이다."

이 질문에 대한 바울의 결정적인 답변이 이 문단의 중요한 어휘인 "율법", "나", "육" 그리고 "죄"가 모두 등장하는 14절에 나타난다: "우리는 '율법이 신령하다. 그러나 '나'가 육적이고, 죄의 권세 아래 팔렸다'는 것을 안다." 이 구절에서 눈여겨보아야 할 두 가지가 있다.

하나는 전체 문장의 주어인 "우리"를 함축하고 있는 주동사의 경우 앞 문단에서 바울과 독자를 함께 묶었던 1인칭 복수 동사가 사용되지만, '호티'(ὅτι)절의 첫 문장에서는 율법과 그 율법을 설명하는 3인칭 현재 동사 '이다'(에스틴, ἐστιν)이 사용되고, 그리고 두 번째 문장에서는 강조형 '나'(에고, ἐγω)가 주어로, '에고'를 설명하는 1인칭 현재 동사 '이다'(에이미, εἰμι)가 사용되고 있다. 그렇게 함으로써 앞의 문단인 7-13절에서 "우리"와 "나"가 서로 구별되고 있는 것처럼, 문장 전체의 주어인 "우리"와 '호티'절 안의 주어인 "나"가 서로 구별되고 있다. 또 하나는 '호티' 문장 안에서 첫 문장의 주어인 "율법"과 두 번째 문장의 주어인 "나"가 반위 접속사 '데'(δέ)를 통해 서로 날카롭게 대조되고 있다는 점이다. 즉, "율법"은 신령하지만, 이와 대조적으로 "나"는 죄 아래로 팔린 바 된 "육적인 존재"라는 것이다.

구조적으로 14절 이하의 문단은 15-17절과 18-20절, 그리고 21-25절의 단락으로 나눌 수 있지만, 전체적으로 14절 하반절의 내용을 설명한다.[402] 즉 율법이 신령하지만(14a), 그 율법이 죄의 권세 아래 팔려 육적인 자가 된 "나"(14b)를 도와주지 못하기 때문에, 결과적으로 "나"가 절망 가운데서 탄식할 수밖에 없다(24절)는 것이다. 이 점은 일종의 이유 접속사 '가르'(γάρ)와 함께 시작하는 15절부터 문장의 주어와 동사가 전폭적으로 1인칭 대명사와 1인칭 단수 동사로 전환되고 있는 사실로 확인된다.

먼저 15-17절의 단락을 시작하는 15절은 "내"가 원하는 것을 행하지 않고, 오히려 "내"가 미워하는 것을 행한다고 하면서, "나"의 이중성을 말한다. 16절은 "나"의 이중성이 나로 하여금 율법이 선한 것임을 인정하게 한다고 말한다. 말하자면 율법은 그 자체로 선한 것이기 때문에 "나"의 이중성에 대해 직접적인 책임이 없다는 것이다. 17절은 사실상 15-17절 단락의 결론인데, 여기서 바울은 "나"의 이중성의 실제적인 책임은 "내" 안에 거주하고 있는 "죄"임을 강조한다. 즉 죄의 세력에 포로가 되어있는 "나"가 문제라는 것이다. 그다음 18-20절은 대체

---

402 홍인규, 『로마서』, 134.

적으로 15-17절의 내용을 재강조하고 있다.

18절은 "내"가 원하는 선, 곧 율법이 말하는 선을 행하지 아니하고, 오히려 "내"가 원하지 않는 악을 행하는 "나"의 이중성은 "내" 육체 안에 선이 거주하지 않고 있음을 밝혀준다고 말한다. 19절은 18절의 내용을 재강조한다. 곧 "나"는 "내"가 원하는 선을 행하지 아니하고, 오히려 "내"가 원하지 아니하는 악을 "내"가 행하는 "나"의 이중성을 다시 말한다. 20절은 역시 18-20절 문단의 결론에 해당하는데, 앞 문단의 결론 구절인 17절처럼 "나"의 이중성은 "나" 안에 거주하는 죄 때문임을 재확인한다.

마지막 단락인 21-25절은, 시작하는 21절에 있는 일종의 설명 불변사 '아라'(ἄρα, 그러므로)가 암시하고 있는 것처럼, 앞의 두 단락(15-17, 18-20)으로부터 끌어낸 결론에 해당한다.[403] 이 결론적인 단락에서 우리가 주목하여야 할 것은 14절에 언급된 신령한 율법과 15절에 언급된 선한 율법이 재등장하는 점과, 이 율법이 한편으로는 "하나님의 법"(22, 25b),[404] "내 마음의 법"(23b) 등 긍정적으로 묘사되고 있지만, 다른 한편으로는 "내 지체 안에 있는 다른 법"(23a), "죄의 법"(23b, 25b) 등 부정적으로도 묘사되고 있다는 점이다. 그리고 이 율법의 양면성이 나의 이중성과 불가분의 관계를 형성한다.

곧, "나"의 이중성과 그로 인한 "나"의 탄식(24절)은 율법의 이중성에 기인하고 있는 것처럼 설명되고 있다. 어떤 사람은 이 문단에 나타나고 있는 "하나님의 법", "내 마음의 법"은 모세 율법을 지칭하는 것으로, 반면에 "다른 법", "죄

---

403 Schreiner, *Romans*, 375: "21절은 그 앞의 논의를 요약한다."
404 조호형, "'하나님의 법'(롬 7:22, 25; 8:7)에 대한 또 다른 이해,"『성경 원문연구』51 (2022), 201-223에서 7:22, 25; 8:7에 나타난 '하나님의 법'과 8:2에 있는 죄와 사망의 법과 대조되는 '생명의 성령의 법'은 모세 율법이 아닌 '원리'로 이해되어야 한다고 주장한다. 하지만, 그는 다음과 같은 몇 가지 사항을 간과하고 있다. 첫째, 바울이 7장부터 줄기차게 다루고 있는 주제가 모세 율법이며, 따라서 로마서 7장을 눈으로 아닌 귀로 듣는 청중은 '노모스'를 들을 때 당연히 바울이 모세 율법을 말하고 있는 것으로 이해하였을 것이다. 둘째, 바울은 7장에서 모세 율법이 한편으로 육의 지배를 받는 나를 해방시켜 의와 생명으로 이끌기보다는 오히려 나의 죄를 들추어내고, 그 결과 나를 죄인 되게 하기 때문에, 죄의 법, 사망의 법으로 부르고 있지만, 다른 한편으로 율법과 계명이 하나님으로부터 주어졌고 생명에 이르게 할 것이기 때문에 율법과 계명(둘 다 모세의 율법을 지칭)은 거룩하고, 의롭고, 선하고, 영적이라고 말한다(7:12, 14). 그래서 동일한 율법이 죄의 법인 동시에 하나님의 법으로 불릴 수 있다. 셋째, 로마서 7장의 독자는 이러한 율법의 이중적 성격을 아는 자이다(7:1). 문제는 율법이 아니고 죄와 육이 지배하는 나에게 있다. 그래서 7장은 25절 하반절에서 "내 자신이 마음으로는 하나님의 법을, 육신으로는 죄의 법을 섬긴다"고 결론 내리고 있다.

의 법"은 모세 율법이 아닌 원리나 법칙을 지칭하는 것으로 보려고 한다.[405] 하지만 바울이 지금까지 일관되게 모세 율법을 지칭할 때 사용하고 있던 단어 '노모스'(νόμος)를 이 문단에서 다르게 사용하기를 원했다면 독자들에게 알아들을 수 있는 설명을 주었어야만 했다.

로마서의 첫 독자들이 문서로 로마서를 접했던 것이 아니라, 낭독자가 큰 소리로 낭독하는 것을 들음으로 로마서를 접했던 상황을 고려한다면, 독자들이 동일한 발음의 '노모스'를 하나는 모세 율법을, 다른 하나는 원리나 법칙으로 알아들었다고 보기 힘들다. 오히려 바울이 같은 율법을 다른 관점에서 말하고 있는 것으로 이해하였다고 보는 것이 더 설득력이 있다.

5-6장, 7장의 첫 문단에서 바울은 이미 율법은 범죄를 더하게 한다(5:20), 너희는 법 아래 있지 아니하고 은혜 아래 있다(6:14, 15), 너희는 율법에 대하여 죽었고(7:4, 6a), 그리고 율법에서 벗어났다(7:6b)고 하면서 율법에 대하여 부정적으로 말한다. 하지만 7:7 이하에서 율법은 죄가 아니다(7:7), 율법은 거룩하고 의롭고 선하다(7:12), 율법은 신령하다(7:14)고 하면서, 율법을 긍정적으로 말한다.[406] 율법의 양면성은 8:2에 있는 "생명의 성령의 법"과 "죄와 사망의 법"에서 재확인된다.[407]

이제 직접 마지막 단락의 본문을 더 가까이서 살펴보자. 21절은 한편으로 "내"가 선을 행하기를 원하지만, 다른 한편으로 "내"게 악이 함께 있다고 하면서, 앞에서 말한 "나"의 이중성을 재확인한다. 22절과 23절은 이러한 나의 이중성을 율법의 양면성과 서로 연결시킨다. 즉, 내 속사람으로는 하나님의 법(내 마음의 법)을 즐거워하고 지키기를 원하지만, 내 지체 안에서 죄의 법이 내 마음의 법(하나님의 법)과 싸워 나를 사로잡는다고 말한다.

---

405 예를 들면, 장해경, "변증법적 긴장 속에 사는 크리스챤의 삶?," 69, n.60을 보라.
406 저자가 로마서에서 율법을 부정적으로만 사용하지 않고 긍정적으로도 사용하고 있다는 것은, 그가 3:31에서 믿음을 통해 율법을 파기하지 않고 오히려 굳게 세운다고 한 점과 13:10에서 율법을 사랑의 계명으로 본 점에서 확인된다.
407 어떤 사람들, 예를 들면, Murray, *Romans*, 276; Cranfield, *Romans 1*, 375-376; Fitzmyer, *Romans*, 482-483; Hultgren, *Romans*, 297; Schreiner, *Romans*, 396-97 등은 "생명의 성령의 법"이나 "죄와 사망의 법"에서 사용되고 있는 "법"이 모세의 율법을 지칭하지 않고, "원리", "원칙" 또는 "권세"를 지칭한다고 본다. 하지만 바울이 동일한 전후 문맥에서 법을 모세 율법과 관련시켜 말하고 있기 때문에 모세 율법을 다른 두 전망에서 말하고 있는 것으로 보는 것이 바람직하다. Dunn, *Romans 1-8*, 416-17; 홍인규, 『로마서, 어떻게 읽을 것인가』, 107를 보라.

말하자면 "내"가 하나님의 법이 요구하는 선을 행하기를 원하지만, 실제로는 "내" 안에 거하는 죄의 세력 때문에 "내"가 악을 행한다는 것이다. 그런데 하나님의 법이 "내"가 악을 행하지 않고 선을 행하도록 내 안에 있는 죄의 세력을 통제하지 못하고, 오히려 "나"를 죄짓게 하는 죄의 세력의 도구, 곧 죄의 법이 되고 있다. 그 결과 24절의 "나"의 탄식, "오호라 나는 곤고한 사람이로다! 이 사망의 몸에서 누가 나를 건져내랴"가 뒤따른다.

마지막 25절 상반절에 있는 "우리"의 감사, "우리 주 예수 그리스도로 말미암아 하나님께 감사하리로다"는 24절의 이 절망과 탄식으로부터 8장 1절에서 말하고 있는 그리스도와 성령 안에서의 해방을 내다봄으로써 오는 감사이다.[408] 그러므로 25절 상반절의 "우리"의 감사는 7절 하반 절부터 23절까지 진행된 1인칭 단수 "나"의 문장과 연결되기보다는 5-6장의 2인칭 복수인 "너희"와 1인칭 복수인 "우리"의 문장, 7:6의 "우리" 문장, 그리고 8장 이하의 "너희"와 "우리"의 문장과 연결된다고 볼 수 있다. 반면에 25절 하반절에서 다시 1인칭 단수 "나"로 시작하는 "그런즉 내 자신이 마음으로는 하나님의 법을 육신으로는 죄의 법을 섬긴다"는 문장은 7:15-24의 총 결론으로 볼 수 있다.[409]

이 결론 구절에서 볼 수 있는 것처럼 율법은 하나님의 법과 죄의 법으로서의 양면성 때문에 "나"의 이중성을 해결할 능력이 없다. "나"의 이중성은, 그다음 장인 8장 2절의 "율법이 육신으로 말미암아 연약하여 할 수 없으므로 하나님이 그 아들을 보내사"에서 볼 수 있는 것처럼, 하나님과 그의 아들을 통해서만 해결될 수 있다.

이처럼 로마서 7:7-25에서 바울은 율법에 대한 그 자신의 기존 변증을 상기시키면서, 한편으로 율법에 대한 영성(靈性)과 의(義)를 유지할 뿐 아니라, 다른 한편으로 율법에 대한 유대교적인 성화 교리와 관련하여, 죄의 권세 아래 놓인 '나'를 도울 수 없는 율법의 총체적 무능력을 분명히 한다. 바울은 여기서 자신을 포함하여 하나님의 선택된 율법의 백성인 유대인들의 모습을 대변하는 '나'를 거울로 삼아, 예수 그리스도의 은혜와 성령의 능력 밖에 있는 모든 인간에 대한 그 어

---

408 이것은 앞에서 말한 것처럼 바울의 독특한 문학적-수사학적 기법으로서 7:5가 7:7-25를, 7:6이 8:1-39를 예시한 사실과 유비가 된다. King, "Rhetorical Chain-Link Construction and the Relationship between Romans 7.1-6 and 7.7-8.39," 263-264를 보라.

409 R. Stefano, "Rom 7,7-25 and the Impotence of the Law. A Fresh Look at a Much-Debated Topic Using Literary-Rhetorical Analysis," Biblica 84 (2003), 521.

떤 낙관적인 견해도 거부하고, 이것을 기독교인의 전망으로부터 유대인을 포함한 전 자연인에 대한 심원한 인간학적 분석을 통하여 뒷받침한다.

바울에 따르면 인간은 그 누구도, 심지어 유대인마저도 율법을 통하여 그 자신을 의롭게 하거나, 거룩하게 할 수 없다(3:20). 오히려 인간은 율법을 통하여 죄인인 자신의 구체적인 정체를 발견할 뿐이다. 하나님의 거룩한 법인 율법마저 사람들로 하여금 하나님 앞에서 거룩한 삶을 살 수 있는 힘을 가지고 있지 못한다면 예수 그리스도와 성령을 제외한 이 세상의 그 무엇도 마찬가지이다. 만일 율법에 의해 인간이 의에 도달할 수 있다면 그리스도가 무엇 때문에 십자가에 죽었겠는가?(참고. 3:23-25; 갈 2:21; 3:21).

그리스도 사건을 조명하면서 한때 유대인으로서 죄와 율법과 사망 아래 있었던 그 자신의 비참한 상태를 서술함으로써, 바울은 예수 그리스도 은혜와 성령의 능력 아래서만 참된 인간의 신분과 삶이 회복될 수 있음을 강조한다. 기독교인의 자기 이해와 죄인으로서의 자기 이해는 너무나 밀접하게 연결되었으므로 바울은 로마서의 중심장인 8장 바로 앞에 이 로마서 7장을 두고 있다.

《심층연구 2》
로마서 7장의 "나"를 바울과 참된 신자의 모습으로 보는 논점에 대한 답변

우리는 앞에서 로마서 7:7-25의 중심 주제가 "나"의 정체성의 규명에 있다기보다는, 신자의 삶의 원리가 될 수 없는 율법의 무능력을 규명하는 데 있다고 보았다. 그리고 "나"는 율법의 무능력을 효과적으로 규명하기 위한 일종의 문학적이고 수사학적인 도구임을 밝혔다.

즉, 그리스도의 은혜와 성령의 능력으로 기독교인이 된 바울이, 율법의 무능력을 효과적으로 밝히기 위한 일종의 수사학적인 장치로서 1인칭 대명사 "나"를 도입하여,

1) 직접적으로는 한때 율법을 통하여 의와 성화를 추구했던 회심 전 바리새파 유대인으로서의 자기 자신과 유대인/이스라엘 자기 동족들을,

2) 광의적(廣義的)으로는 유대인으로 대표되는 비 기독교인 모든 자연인(아담)을,

3) 간접적으로는 유대인 신자이든 이방인 신자이든 성령을 자신의 삶의 원리로 삼지 않고 오히려 율법을 자신의 삶의 원리로 삼아 살아가려는 자를 보여주고 있는 본문이라는 입장을 택했다.

요약하자면 우리는 7:7-25의 "나"가 크리스천 바울을 포함하여 참된 기독교인의 전형적인 모습을 반영하고 있는 것이 아니라는 입장을 택했다.410 그리고 이것이 로마서 7장의 본문, 6-8장의 전후 문맥, 로마서 전체의 목적과 부합한다는 사실을 강조하였다. 여기서 우리는 로마서 7:7-25를 여전히 신자의 삶, 특별히 성화의 삶으로 보려는 주된 논점들에 대하여 간단하게 해명하려고 한다.

첫째, 로마서 7:7-25를 사도 바울과 로마의 기독교인을 포함하여 전형적인 기독교인의 모습을 반영하지 않는다는 주장은 로마서 전반부의 흐름과 맞지 않는다는 것이다. 예를 들면, 바울은 로마서 1:18-3:20까지 그리스도 밖에 있는 이방인과 유대인의 죄와 비참을 말하였다. 그리고 3:21-4:25에서 그리스도 사건에서 나타난 하나님의 의의 복음, 곧 하나님께서 메시아 예수를 보내 그들 통해 인류를 죄와 죽음과 하나님의 심판으로부터 구원할 수 있는 구원 사건을 수행하셨기 때문에, 이제 유대인이든 이방인이든 죄와 사망 아래 있는 모든 사람이 메시아 예수를 믿음으로 구원 받는다는 것을 밝혔다.

그런 다음 5-8장에서 바울은 예수 믿는 이들이 어떤 이들이며, 어떻게 살아야 하는가를 말한다. 조직신학적인 용어로 다시 표현한다면 바울은 3:21-4:25은 칭의를, 5-8장은 성화를 말하였다. 이처럼 바울이 5-8장에서 기독교인의 거룩한 삶(성화)에 대해 말한다고 한다면 7장도 6장과 8장처럼 당연히 신자의 성화 과정에서 일어나는 경험으로 보아야 한다는 것이다.411

답변: 로마서의 주된 독자가 불신자가 아닌 신자이며, 로마서 7장도 불신자가 아닌 신자를 향하여 말하고 있다고 보는 것은 정당하다. 그러나 7장이 신자의 현재 상태에 관하여 말하고 있다는 것은 1:18-3:20이 신자의 현재 상태에 관하여 말하고 있다고 보는 것처럼 불합리하다. 바울이 로마서 1:18-3:20을 불신자들을 향해서가 아니라, 독자인 신자들을 향하여 말하고 있음에도 불구하고, 신자들의 현 상태에 대하여 말하고 있는 것이 아니며, 그리스도를 통한 속죄와 구원을 필요로 하는 불신 이방인과 유대인들의 상태에 관하여 말하고 있다. 왜 바울이 그렇게 하는가?

이 문제와 관련하여 우리는 두 가지 점을 기억하여야 한다.

하나는 로마서에서 바울은 독자들에게 복음 메시지를 보다 효과적으로 전달하기 위해서 어둠과 밝음의 수사학적 대조법을 자주 사용하고 있다는 점이다.

다른 하나는 로마서가 목회적-권면적 편지이며, 동시에 바울 복음의 해명적 성격을 강하게 지니고 있다는 점이다. 즉, 로마서는 바울의 어느 서신보다도 바울 복음의 역사적 상

---

410 장해경 역시, "변증법적 긴장 속에 사는 크리스천의 삶? 로마서 7:7-25를 재고하며"에서 필자와 유사한 결론에 도달한다: "우리는 다음과 같은 결론에 도달한다. 롬 7:7-25의 '나'는 내주하시는 성령에 의해 거듭나고(8:9), 예수 그리스도 안에서 믿음을 통해 의롭다 하심을 얻어 모든 정죄에서 자유롭게 되었으며(8:1), 생명의 성령의 법에 의하여 죄와 사망의 법으로부터 해방되었다(8:2)고 성경이 말하는 정상적인 기독교인이 아니다. 이 사람은 모세 율법을 준수함으로써 칭의와 거룩함을 얻으려고 헛되이 노력하고 있는 유대인들과 유대화된 기독교인들의 상황을 생생하게 재현해주는 사람인 것이다."

411 Dunn, "Romans 7:14-25 in the Theology of Paul," 260, 263; *Theology*, 481; *Romans 1*, 424-26.

황성(contingency) 안에 통일성(coherence)이, 통일성 안에 역사적 상황성이 함께 통합되어 있다는 것이다.[412]

이미 언급한 것처럼 로마서를 쓸 당시 바울 자신이나 로마 교회 및 예루살렘 교회의 가장 긴급한 현안 문제는 유대교 문제, 좀 더 직접적으로 말한다면 율법 문제였다. 즉, 율법이 기독교 공동체 안에서도 유대교에서 주장되어 온 것처럼 여전히 '칭의'와 '성화'의 기능을 가질 수 있느냐는 문제였다. 이 문제를 다른 말로 표현하면 유대인과 이방인이 어떤 조건에서 메시아의 종말론적인 구원에 참여할 수 있는 하나님의 백성/아브라함의 후손이 될 수 있으며, 메시아의 종말론적인 구원을 약속 받은 자들은 이제 어떻게 살아야 약속된 구원을 유지할 수 있느냐는 질문으로 환원된다.

우리가 사도행전 15:1-11과 갈라디아서 2:1-10에서 볼 수 있는 것처럼, 바울의 복음에 강하게 도전하였던 유대주의자들을 제외하고는 대다수의 유대인 크리스천들마저도 율법에 '칭의'의 기능을 주는 것에는 반대하였다. 그러나 갈라디아서 2:11-21의 안디옥 사건에서 볼 수 있는 것처럼, 구약성경 자체가 율법이 이스라엘 백성의 삶의 원리로 주어졌음을 말하고 있기 때문에, 율법이 성화 기능을 가지고 있다는 주장은 강력한 설득력과 함께 로마 교회와 예루살렘 교회, 안디옥 교회 등 초기 기독교 공동체 안에 널리 퍼져가고 있었다.

그러나 바울이 볼 때 모세 율법이 성화 기능을 가지고 있다는 주장은 율법이 칭의 기능을 가지고 있다는 주장처럼 그리스도의 십자가 사건과 성령의 역할을 무효화시킬 수 있는 대단히 위험한 주장이었다(참조. 갈 2:18-21). 그러므로 바울은 로마 교회는 물론 예루살렘 교회를 위시하여 초기 기독교 공동체 전체를 염두에 두면서, 그리스도의 십자가와 오순절 성령 강림 사건 후, 율법이 칭의의 기능은 말할 필요도 없고 성화의 기능도 가지고 있지 않다는 점을 강하게 밝혀야 할 필요성에 직면해 있었다.

이 문제에 대한 해명 없이는 로마교 회의 현안 문제도, 자신이 방문하고자 하는 예루살렘 교회의 현안의 문제도, 유대주의자들에 대한 바울 복음의 해명도 해결될 수 없었기 때문이었다. 바울은 로마서 7장을 통하여 이 문제를 해결하고자 한다. 율법이 본래 하나님의 거룩한 법으로서 하나님 나라 백성의 삶의 원리로 주어졌다고 하더라도 죄의 세력이 너무 크고, 인간은 죄의 세력의 지배 아래 있기 때문에, 율법은 더이상 하나님 백성의 삶의 원리도 성화의 기능도 감당할 수 없을뿐더러, 오히려 인간을 더 절망 가운데로 몰고 간다는 점을 부각시켜 더는 율법을 성화의 도구로 삼으려는 유혹을 받지 않도록 강조하여야 할 필요성을 느낀 것이다.

그렇게 함으로써 독자들로 하여금 오직 성령만이 신자의 참된 삶의 원리가 된다는 사실을 깨닫게 한다. 더욱이 7:7-25에서 그리스도와 성령은 완전히 결여되어 있고, 오히려 죄와 율법이 '나'를 지배하고 있다. 사실상 여기서는 자유도 승리도 없다. 반면에 5장과 6장

---

[412] 바울서신을 해석하는 데 있어서 복음의 역사적 상황성과 통일성의 문제를 진지하게 고려한 사람은 필자의 프린스톤신학교 시절 은사였던 J. C. Beker였다. 이 문제에 대한 자세한 논의를 위해서는 Beker, "Paul's Theology: Consistent or Inconsistent?" *NTS* (1988), 364-77을 보라.

8장에서는 예수 그리스도의 은혜와 성령을 통하여 자유와 승리가 가능하며, 죄와 율법의 통제도 가능하다.[413]

그러므로 바울이 로마서 7장을 통해 신자인 독자들의 현재의 상황을 묘사하고 있다기보다, 신자들로 하여금 율법에 성화의 기능을 주고 있는 유대교나, 혹은 유대주의자들의 주장에 더는 미혹을 받지 않도록 하는 예방적 경고 차원에서 말하고 있다고 보아야 할 것이다. 이것이 바울이 독자들의 상황을 묘사하는 6:15-7:6까지 2인칭 복수나 1인칭 복수를 사용하다가 7:7-25까지는 1인칭 단수를 사용하고, 그러다가 8:1 이하에서 다시 2인칭 복수나 1인칭 복수를 사용하는 주된 이유일 것이다.

둘째, 현재시제로 나타나고 있는 7:14-25이, 과거시제로 되어있는 7:7-13이 '나'의 과거 상황을 묘사하고 있는 것과 날카롭게 대조되고 있다는 점과 대조하여, '나'의 현재 상태를 묘사해 주는 것으로 보는 것이 자연스럽다는 것이다.[414] 즉, 과거 시제로 되어 있는 7:7-13은 예수 믿기 이전의 과거 상태를 말하고 있지만, 현재 시제로 되어 있는 7:14-25은 신자의 현재 상태를 말하고 있다는 것이다.

답변: 우리가 보기에 바울이 7:7-13에서 과거 시제를 사용한 것은 바울이 로마서 5장의 경우에서처럼 아담의 관점에서 말하고 있기 때문이며, 7:14 이하에서 현재시제를 사용하는 이유는 나에 대한 묘사가 현재적인 기독교인 믿음의 전망으로부터 본 회심 전 바울에 관한 현재적인 고백이기 때문이다. 사실 수사학적인 문단에서 시제의 변화는 문체상의 장치일 뿐 시간적인 의미는 무의미하다.[415]

바울은 특별히 유대인들을 염두에 두면서 현재 시제를 동원하여 죄의 심각성과 그와 대조하여 율법에 관한 유대인들의 낙관적인 견해를 무산시키고자 한다. 바울은 기독교인이 되기 전에는 그들과 동일하게 율법에 의한 자기 의를 추구해왔으나(빌 3:6), 다메섹 사건을 통하여 죄의 심각성, 유대교의 율법을 통한 칭의와 성화의 불가능성과 함께 인간에 관한 새로운 자기 이해에 도달하게 된 것이다.

바울이 과거를 현재적 전망에서 서술하는 것은 이곳에서만 나타나는 특이한 것이 아니다. 이미 빌립보서 3:3-6에서 바울은 그 자신의 유대인적 과거와 관련하여 현재시제를 사용하고 있기 때문에 현재시제가 반드시 현재적 경험을 말하고 있는 것처럼 볼 필요는 없다.

셋째, 갈라디아서 1:13과 빌립보서 3:4-6이 보여주고 있는 것처럼, 회심 전의 바울은 로마서 7:14-25에 나타나 있는 것과 같은 '나'의 갈등을 체험하지 못했기 때문에 7:14-25의

---

413 Ridderbos, *Paul*, 143f.
414 Nygren, *Romans*, 285; Packer, "The 'Wretched Man' in Romans 7," in *Studia Evangelica*, Vol. 2, ed. F. L. Cross (Berlin: Akademie-Voerlag, 1964), 622f; D. S. Dockery, "Romans 7:14-25: Pauline Tension in the Christian Life," *Grace Theological Journal* 2 (1981), 245ff; Cranfield, *Romans 1*, 344-45; Dunn, "Romans 7:14-25 in the Theology of Paul," 261f. Dunn에 관한 자세한 토의와 비판은 이한수, "롬 7:14-25 '계속되는 좌절'의 그리스도인 생활인가?," 『그리스도인과 성령』, 이한수, 막스 터너 (총신대학 출판부, 1991), 184-207를 보라. 김현광, "로마서 7:14-25절과 그리스도인의 현재적 삶"도 현재 시제 사용으로부터 바울의 현재적 경험을 유추하고 있다.
415 장해경, "변증법적 긴장 속에 사는 크리스천의 삶? 로마서 7:7-25를 재고하며," 73.

갈등은 마땅히 회심 후 바울의 갈등으로, 다시 말해서 거듭난 신자의 성화 과정에서 일어나는 내면적인 갈등으로 간주해야 한다는 것이다.[416]

답변: 이 문제에 관하여 우리는 로마서 7:14-25의 문맥을 갈라디아 1:13과 빌립보서 3:4-6의 문맥과 일치시키는 것은 불가능하다는 것을 지적하고 싶다. 왜냐하면 각각의 본문이 놓여있는 역사적 상황도 다르고, 문맥도 다르기 때문이다. 게다가 갈라디아서와 빌립보서에 있는 구절은 단순히 회심 전 바울에 관한 객관적인 묘사만을 하고 있는 반면에, 로마서는 기독교인의 믿음의 눈을 통하여 본 신자 되기 전의 '나'에 관한 실존적인 통찰을 보여준다.[417]

바울은 회심 전 바리새파 유대인으로 있을 때는 율법의 한계와 나의 절망적인 상황을 느끼지 못했지만, 다메섹 사건을 통해 예수 그리스도의 십자가 사건을 체험하고 그 전망에서 율법과 율법을 의지하며 살았던 자기 자신의 모습을 새롭게 조명해 보았던 것이다.

넷째, 로마서 8:23과 갈라디아서 5:16-18에서 찾아볼 수 있는 것처럼 크리스천은 일찍이 종교개혁자 루터가 말한 바와 같이, 의인인 동시에 또한 죄인이다(*simul iustus et peccator*). 구원 역사적이며 종말론적인 전망에서 볼 때, 기독교인은 '이미'(새 시대)와 '아직'(옛 시대)의 긴장 가운데 살고 있기 때문에 7:14-25에 있는 '나'의 갈등을 피할 수 없다는 것이다.[418] 원리적으로 그리스도와 성령을 통하여 새로운 실존, 새로운 신분이 되었다고 할지라도 여전히 육의 몸을 가지고 있는 이상 성령을 따라 살아가는 것은 다른 차원의 문제라는 것이다.

답변: 물론 이것은 사실이다. 인간은 한편으로 그리스도 안에서 이미 새 사람이 되었으며, 또 다른 한편으로 현 세상에서 옛 사람의 실존을 완전히 벗어나지 못한다. 그러기 때문에 성경은 계속적으로 윤리적 명령을 통하여 기독교인으로 하여금 성령 안에서 실존적인 전환을 가져올 것을 촉구한다.[419]

그렇지만 우리는 기독교인의 긴장과 로마서 7장에 나타나 있는 '나'의 투쟁 사이에 현저한 차이점이 있다는 사실을 잊지 않아야 한다. 전자는 성령과 육 사이의 싸움(갈 5:17, 롬 8장)때문에 그리스도 안에서 성령의 능력으로 승리가 가능한 갈등인 반면에, 후자는 성령 없이 율법에 매인 '나'가 죄 아래 팔린 '나'에게 패배하는 싸움이다.

전자는 육에 대한 성령의 승리의 가능성과 심지어 확실성까지 분명히 제시되어있는 있는 반면에(그렇지 않다면 윤리적인 명령의 의미는 없을 것이다), 후자는 아무런 윤리적인 명령이나 승리의 보증 없이 율법에 매인 '나'에 대한 죄 아래 팔린 '나'의 승리로 끝난다. 전자의 경우 성령과 육이 날카로운 반위 관계에 있지만, 후자의 경우 성령과 관계없이 '나'와 '육'

---

416 Barrett, *Romans*, 151f; Cranfield, *Romans 1*, 341f.
417 Gundry, "The Moral Frustration of Paul Before His Conversion," 239; Bornkamm, "Sin, Law and Death," 100.
418 Dunn, "Romans 7:14-25 in the Theology of Paul," 264ff; *Theology*, 481; Bruce, *Romans*, 143f; Barrett, *Romans,* 152.
419 최갑종, "바울과 윤리: 바울의 윤리적 교훈의 특징-직설법과 명령법," 『사도 바울』, 557-576을 보라.

이 서로 연결되어 있다(14,18,25).[420]

베커(C. Beker)가 지적한 대로 기독교인 삶에 대한 바울의 견해는 죄를 지을 수밖에 없는 (*non posse non peccare*) 옛 시대의 삶에서 죄를 짓지 않을 수 있는 가능성을 가진(*posse non peccare*) 새 시대의 삶으로 전환하여, 마침내 죄를 짓는 것이 완전히 불가능한(*non posse peccare*) 영원한 부활의 삶으로 나아가는 것이다.[421] 그러므로 7:14-25의 '나'는, 죄와 사망의 법으로부터 해방되어(롬 8:2) 성령의 지배 아래에 있는 성숙한 신자나 혹은 미성숙한 신자의 '나'로 보기는 어렵다.[422]

다섯째, 7:22, 25에 언급되고 있는 하나님의 법을 기뻐하는 속사람(22, 25절)은 마땅히 기독교인이어야 한다는 것이다(고후 4:18 참조). 왜냐하면 비기독교인은 로마서 8:7-8의 '나'처럼 하나님의 법을 기뻐할 수 없기 때문이다.[423]

답변: 우리는 로마서 7:23, 25의 마음과 동의어로 사용되고 있는 속사람을 고린도후서 4:18의 새 사람과 일치시키지 않아야 한다. 바울은 인간을 속사람과 육으로 나눈다. 그렇지만 이 두 부분은 두 다른 전망으로부터 본 똑같은 사람 곧 죄의 노예로 팔린 '나'를 보여준다. 인간은 '육'인 동시에 '마음'이라는 것이다.[424]

더욱이 우리는 로마서 7장의 중심 주제가 율법 아래서 살려고 계속 노력하는 유대인들의 실존에 관한 일종의 기독교인 해석이라는 잊지 않아야 할 것이다. 이미 바울이 2:17에서 언급한 바와 같이 유대인들이 율법을 하나님의 법으로 알고 기뻐하는 것은 당연한 것이 아닌가!

여섯째, 기독교인이라면 누구든지 자신의 실존을 들려다 보면 볼수록 로마서 7장의 '나'의 고백이 다른 사람의 것이 아닌 바로 자기 자신의 고백임을 인정하지 않을 수 없다는 것이다.[425]

답변: 물론 어떤 점에서 이러한 주장은 옳다고 말할 수 있다. 기독교인이라 할지라도 좌절할 수도 있고 넘어질 수도 있다. 그렇지만, 그가 진정한 기독교인이라면 로마서 7장의 '나'처럼 계속 좌절하고 절망할 수는 없다. 그리스도와 성령 안에서의 삶은 이상만의 삶이 아닌 실제로 이루어질 수 있는 현실이기 때문이다.

이뿐만 아니라, 우리가 성경 본문을 해석할 때는 성경 본문 자체가 우리의 실존적 고백보다 선행한다는 점도 잊어서는 안 된다. 로마서 7장의 해석은 본문과 문맥이 우선권을 가지는 것이지 우리의 실존이 우선권을 가지는 것은 아니다.

일곱째, 7:25a의 "나는 우리 주 예수 그리스도로 말미암아 하나님께 감사한다"가 기독교인의 고백이라고 한다면, 그 뒤에 나오는 7:25b, 곧 7:14-24까지의 내용의 사실상 결론

---

420 장해경, "변증법적 긴장 속에 사는 크리스천의 삶? 로마서 7:7-25를 재고하며," 67.
421 Beker, *Paul the Apostle*, 217.
422 D.M. Lloyd-Jones, *Romans: An Exposition of Chapters 7:1-8:4, The Law: Its Functions and Limits* (Grand Rapids: Zondervan, 1974), 229-74에서 로마서 7장의 나를 미성숙한 크리스천의 모습으로 본다.
423 Murray, *Romans*, 257; Cranfield, *Romans*, 1, 346; Barrett, *Romans*, 150; Dunn, "Romans 7:14-25 in the Theology of Paul," 262.
424 Cf. Bornkamm, "Sin, Law and Death," 99; Ridderbos, *Paul,* 115.
425 예를 들면, Cranfield, Romans 1, 347; Hendriksen, Romans, 226.

으로 볼 수 있는 "그런즉 나는 내 자신이 마음으로는 하나님의 법을, 육신으로는 죄의 법을 섬긴다"도 자연히 기독교인에게 해당되는 것으로 보아야 한다는 것이다.[426]

답변: 우리가 7:25a의 감사가 기독교인의 감사 고백임을 인정한다 하더라도 이 감사가 7:14-24의 내용에 대한 감사로 볼 수 없다. 오히려 이 감사는 가장 절망적인 상황에서 8장의 자유를 바라보면서 주어진 감사이다. 따라서 일종의 수사학적 삽입구로 볼 수 있는 7:25a를 근거로 하여 7:14-25의 전 내용을 신자의 고백으로 단정할 수는 없는 것이다.[427]

만일 이상에서 제시한 우리의 답변이 타당성이 있다면 더 이상 우리는 우리의 나약함과 불성실한 삶에서 일어나는 문제들을 로마서 7장의 '나'에 호소하여 책임을 회피하려고 하면 안 될 것이다.[428] 로마서 7장이 아닌 로마서 8장이 신자가 지향하여야 할 참된 모델이라면, 우리의 부족과 연약성에 대한 신학적인 변명을 찾으려고 할 것이 아니라, 오히려 우리의 삶을 위해 전폭적으로 그리스도와 성령께 의존하지 못한 우리의 삶을 회개하고 그리스도와 성령께 의존하도록 하여야 할 것이다.

하나님께서 그리스도 안에서 우리에게 종말론적인 선물을 주신 것은 우리로 하여금 변명을 찾도록 하기 위함이 아니라, 오히려 성령을 따라 참되고 거룩한 종말론적인 새 삶을 살 수 있도록 하기 위함임을 명심하자. 로마서 7장의 율법의 세력이 이상이 아니고 현실인 것처럼, 이와 대조되는 8장의 그리스도 안에서 주어진 새 시대의 영인 성령은 이상이 아니고 현실임을 인정하자.

따라서 비록 개신교 교회의 신학적 기반을 형성한 어거스틴, 루터, 칼빈을 포함하여 여러 복음주의 학자들이 로마서 7장의 '나'의 고백을 크리스천의 고백으로 보았다고 할지라도, 그것이 로마서 7장의 본문과 전후 문맥의 흐름과 일치하지 않는다면, 우리는 그것을 새롭게 바꿀 수 있는 용기를 가져야 할 것이다. 개혁주의 교회는 폐쇄된 신학을 추구하는 것이 아니라 항상 성경을 따라서 개혁해 가는 열린 신학을 추구하기 때문이다.[429]

---

426 Dunn, *Theology*, 474; *Romans 1*, 411.
427 이한수, "율법과 성령 II: 구원사적 대조 속에 나타난 그 실천적 의의들," 「神學指南」 259 (1999), 123; 장해경, "변증법적 긴장 속에 사는 크리스챤의 삶? 로마서 7:7-25를 재고하며," 73.
428 장해경, "변증법적 긴장 속에 사는 크리스챤의 삶?: 로마서 7:7-25를 재고하며," 54에서 로마서 7장을 크리스천의 경험으로 보는 해석은 "진지한 신자들로 하여금 사도 바울도 그들처럼 죄에 대한 투쟁에서 절망했다고 믿으며 위안을 얻고 그들도 투쟁을 너무나 쉽게 포기하게 만듦으로써 매우 해로운 부작용을 일으킬 수 있다"고 염려한다.
429 필자는 이 글에서 진정한 기독교인의 삶, 곧 진정한 영성은 율법 아래서의 삶이 아닌 성령 안에서의 삶이라는 사실을 강조하였다. 그렇다면 다음과 같은 질문이 제기된다. "성령 안에서의 삶," 곧 "참된 영성"은 구체적으로 어떤 것인가? 필자는 이 문제를 필자의 책,『사도 바울』, 519-556에 수록된 논문, "바울과 교회"에서 자세하게 다루었다. 거기서 필자는 성령 안에서의 삶, 성령을 따르는 삶은 바로 예수 그리스도의 십자가 사건에 나타난 사랑의 삶이라는 사실과, 이 사랑의 삶이 또한 십자가 사건을 통해 성취된 율법의 궁극적 목적임을 강조하였다. 즉 십자가를 통해서 나타난 사랑의 실천을 통해서 성령과 율법의 성취가 함께 이루어진다는 것이다.

3) 성령의 인도를 따르는 자와 구원의 보증(8:1-39)

바울은 로마서 7장에서 "나"를 죄와 사망의 세력으로부터 건져낼 수 없는 율법의 무능력을 말하였다. 그렇게 함으로써 율법이 신자에게 하나님의 백성으로 거룩한 삶을 살 수 있는, 말하자면 효과적인 거룩한(성화) 삶을 살게 하는 힘을 제공할 수 없다는 사실을 분명하게 밝혔다. 이 점은 바울이 로마서 8장 3절 서두에서 7장의 상황을 요약하여, "율법이 육신으로 말미암아 연약하여 할 수 없는 그것을"(Τὸ γὰρ ἀδύνατον τοῦ νόμου ἐν ᾧ ἠσθένει διὰ τῆς σαρκός)이라고 말한 사실에서 확인된다.

그렇다면 7장으로부터 당연히 제기될 수 있는 문제는, 만일 율법이 할 수 없다고 한다면, 무엇이 신자로 하여금 효과적인 성화의 삶을 살 수 있도록 하느냐는 것이다. 로마서 8장은 우선적으로 바로 이 문제에 대한 답을 준다. 그 답은 성령이 그렇게 하신다는 것이다.[430]

로마서 구조 면에서 볼 때, 8장은 로마서 몸체의 세 번째 내러티브(6-8장)인 출애굽한 신자들이 홍해와 광야를 거쳐 가나안 땅을 향해 가는 여정의 결론 부분에 해당한다. 동시에 그다음 이스라엘 내러티브(9-11장)를 여는 플랫폼(platform)이기도 하다.[431] 두 번째 내러티브를 여는 3:21이 "이제는(νυνί) 율법 외에 하나님의 한 의가 나타났다"는 종말론적 대전환의 선언으로 시작하고 있는 것처럼, 세 번째 내러티브의 결론을 여는 8장 역시 "이제는(νῦν) 그리스도 예수 안에 있는 자는 결코 정죄함이 없다"(8:1)는 종말론적 대전환의 선언으로 시작한다.

이것은 예수 그리스도의 구속 사건을 통해 주어진 칭의 사건과 성령을 통한 그리스도와의 연합 사건을 통해 주어지는 성화 사건이 서로 나뉠 수 없다(고전 1:30)는 것을 뜻한다. 왜냐하면, 그리스도 안에 있다는 것은 또한 성령 안에 있다는 것을 뜻하기 때문이다(8:9-11). 그리고 8장을 여는 1절의 그리스도 안에 주어진 정죄로부터의 자유 선언은 "다른 어떤 피조물이라도 우리를 우리 주 그리스도 예수 안에 있는 하나님의 사랑에서 끊을 수 없으리라"(8:39)는 약속의 선언으로 종결된다.

---

430 Schreiner, *Romans*, 393.
431 그래서 일찍이 독일의 경건주의 신학자 Philip Spener는 "만일 성경이 한 개의 반지라고 한다면 로마서는 그 반지의 귀한 보석에 해당한다. 그리고 8장은 그 보석의 가장 광채 나는 부분이다"라고 말한 바 있다. F. Godet, *Commentary on Romans*(Grand Rapids: Kregal, 1998), 295를 보라.

말하자면 8장은 그 무엇도 그리스도 안에 있는 신자를 정죄할 수 없다는 보증의 선언에서 시작하여 역시 사랑에서 끊을 수 없다는 보증의 재확인으로 끝난다. 이 보증을 시작하고 종결하시는 분은 신실한 하나님이시고, 그 중보자는 그리스도이다. 그리고 그것을 확신하게 하고 체험하게 하는 이는 성령이시다.[432] 즉, 삼위 하나님의 사역이 8장 전체를 주도하신다. 이 8장의 약속과 보증과 확신과 체험이 그다음 내러티브인 9-11장을 이해하는 해석학적 열쇠가 된다.

나중에 다시 확인하겠지만 8장에 잇따라 나오는 이스라엘 내러티브인 9-11장은 8장으로부터 결코 분리될 수 없다. 8장은 9-11장의 뿌리이며 근간이다. 8장이 없으면 9-11장이 사실상 불가능하다. 동시에 9-11장은 8장의 보증이 된다. 8장이 그리스도 안에 있는 모든 자(유대인과 이방인을 포함하여)를 끝까지 지키고 보호하시겠다는 하나님의 신실하심의 표현이라고 한다면, 9-11장은 하나님의 이 신실함이 어떻게 또한 이스라엘을 통해 나타나는가를 구체적으로 보여주기 때문이다.

말하자면 유대인에게 있어서는 현재의 그리스도 안에 있는 신자들이 그들의 구원을 위한 거울 역할을 하며, 동시에 그리스도 안에 있는 신자들에게 있어서는 궁극적으로 구원의 보증이 주어지는 이스라엘(11:25-27)이 그들의 종국적인 구원을 위한 거울 역할을 하고 있다.

그런데 바울은 8장에서 그리스도 안에 있는 이에게 종국적인 구원을 보장하는 이 하나님의 언약적 신실함이 어떻게 나타나고 있는가에 대한 해답을 성령에서 찾는다. 즉 앞에서 언급한 것처럼, 7장에서 바울은 율법이 하나님의 거룩하고 신령한 법이지만 죄의 세력에 포로가 되어있는 아담과 그의 후손을 죄의 세력에서 지켜주지 못하였다는 율법의 무능력을 강조하였다. 이와 대조적으로 8장에서는 율법이 할 수 없었던 그것을 하나님께서 성령을 통하여 신자에게 성화의 삶을 가능하게 하신다는 사실을 강조하고 있다.

그렇게 함으로써, 성령께서 신자의 성화를 이루어 가시기 때문에 그리스도 안에 신자의 구원은 끝까지 보장된다는 것이다. 그것이 8장에서 성령이 집중적으로 소개되고 있는 이유이기도 하다. 그렇게 함으로써 바울은 신자들은 일찍이 예레미야와 에스겔 선지자를 통해 약속하셨던 그 새 언약과 성령의 시대(렘 31:31-

---

432 참조. 라이트, 『칭의를 말하다』, "성령에 관한 바울의 교리가 없이는 확신(확신은 종교개혁 칭의 교리가 지닌 자랑거리이다)에 관한 바울의 교리도 있을 수 없다."

34; 겔 11:1720; 36:23-28; 37:21-28)가 성취된 시대에 살고 있음을 강조한다.[433]

로마서 8장에 성령에 관한 언급이 무려 21회나 나타나고 있다(8:2, 4, 5x2, 6, 9x3, 10, 11x2, 13, 14, 15x2, 16x2, 23, 26x2, 27). 이러한 현상은 앞장에서 우리가 살펴본 것처럼, 7장에 율법 어휘가 29회나 집중되어 있는 것과 날카로운 대조를 이룬다. 사실 7장에 율법이, 이와 대조적으로 8장에 성령이 집중되어 있는 사실은 바울서신 그 어느 곳에도 찾아볼 수 없을 정도로 매우 이례적이다. 더욱이 8장에 앞서 바울은 1:4, 2:29, 5:5, 7:6을 제외하고는 성령에 관한 언급을 일체 하지 않았다.

8장 이후에도 바울은 유대 동족의 구원에 대한 열망을 성령의 사역과 연결시키는 9:1, 성령으로의 열심을 강조하는 12:11, 이 두 곳 외에 14:17에 이르기까지 성령에 관해 언급하지 않는다. 이와 같은 사실은 로마서 8장이 로마서에 나타나고 있는 바울의 성령 이해는 물론 바울의 전 서신들의 성령 이해를 살펴보는 데 있어서 얼마나 중요한가를 단적으로 보여주고 있다.[434] 사실상 로마서 8장은 바울의 성령론을 이해하는 열쇠인 동시에 주된 내용이기도 하다.

8장은 크게 여섯 부분인 1-4절, 5-11절, 12-17절, 18-25절, 26-30절, 31-39절로 나눌 수 있다.

첫째 부분인 8:1-4는 8장의 서론으로서 그리스도 안에 있는 신자의 신분이 안전하다는 대 선언이다. 즉 그리스도께서 친히 육의 몸을 입고 오셔서 십자가의 구속 사건을 통해 육의 지배 아래 있었던 자기 백성에 대한 율법의 모든 요구를 대신 담당하셨기 때문에 그리스도 안에 있는 신자는 이제 율법의 정죄가 없다는 것이다.

둘째 부분인 8:5-11은 신자가 죄의 지배 아래 있었던 육으로부터 해방되어 성령의 지배 아래 있게 된 사람이기 때문에 이제 육이 아닌 성령의 지배 아래 살아야 다는 당위성을 보여준다.

셋째 부분인 8:12-17은 신자가 그리스도 안에서 육의 세력으로부터 해방되었다 하더라도, 여전히 육의 몸을 갖고 있는 이상 육을 따라 살 수 있는 가능성이 있다는 것과, 따라서 신자는 미래에 주어질 완전한 몸의 구속에 도달할 때까지 육을 따라 살지 않고 지속적으로 성령을 따라 살아야 할 것을 강조한다. 그리고

---

433 Gorman, *Romans*, 192-193.
434 크랜필드, 『로마서 III』, 355; 홍인규, 『로마서. 어떻게 읽을 것인가』, 138.

성령을 따라 살 때 고난이 뒤따를 수 있다는 사실도 말한다.

넷째 부분인 8:18-25는 신자가 현재 고난을 당한다 하더라도 그것은 장차 주어질 영광과 족히 비교할 수 없다는 것과, 신자뿐만 아니라 모든 피조물도 현재의 고통으로부터 해방을 기다리고 있다는 사실을 말한다. 즉, 모든 피조물의 완전한 구속과 해방은 여전히 소망의 대상이라는 것이다.

다섯째 부분인 8:26-30은 신자가 미래의 주어질 그 소망을 기다리며 사는 동안 성령이 신자를 지속적으로 돕는다는 사실을 강조한다. 그렇게 함으로써 그 소망의 성취가 확실하다는 것을 말한다.

여섯째 부분인 8:31-39는 성령뿐만 아니라 성부인 하나님과 성자인 그리스도가 미래에 주어질 그 소망의 성취를 보증하고 있기 때문에, 신자의 완전한 구원은 확실하다는 사실을 강조한다.

(1) 그리스도가 주는 자유(8:1-4)

8장의 성령에 대한 바울의 지속적인 언급은 7장의 율법 문제와 불가분의 관계를 가지고 있다. 이미 앞에서 살펴본 것처럼, 로마서 7장의 중심 주제는 율법의 무능력, 곧 율법을 삶의 원리로 삼는 자의 좌절을 보여주는 데 있다. 7장에서 바울은 일종의 자서전적인 고백 형식을 통하여, 현재의 기독교인 전망에서, 신자의 거룩한 삶을 주도할 수 없는, 말하자면, 인간을 지배하는 죄의 세력을 효과적으로 제어하지 못하는 율법의 무능력을 노출시키고 있다. 그렇게 함으로써 바울은 유대인이나 이방인의 구분 없이, 신자의 삶에 있어서 믿음 및 성령과 배치되는 모든 율법주의적 시도를 분쇄한다.

사실상 바울 당대의 유대인들에게 있어서 모세 율법은 언약 백성의 신분과 삶을 결정하는 보루였다. 그들은 율법이 하나님 백성의 신분과 삶을 유지하게 하는 힘을 가졌다고 보았다. 그러나 바울은 다메섹 사건 이후 그리스도 사건과 성령의 빛 아래 율법과 이스라엘 역사를 재조명해본 결과, 율법이 하나님의 언약 백성에게 성공적인 삶을 주기보다, 오히려 사람을 지배하는 죄와 육의 세력 때문에, 실패와 좌절과 절망을 가져다 주었다는 사실을 발견하였다.

즉 하나님의 아들 예수 그리스도의 성육과 십자가의 죽음에서, 그리고 오순절의 성령 체험의 빛 아래서 그는 죄의 세력과 대조되는 율법의 무능력과 그로 인한 인간의 절망적 상황을 본 것이다. 왜냐하면, 만일 율법이 하나님의 언약 백성에게 성공적인 삶, 이를테면 율법이 의와 생명, 칭의와 성화를 가져다줄 수 있었다면, 그리스도가 오실 필요도, 그가 십자가에 죽을 필요도 없었을 것이기 때문이다(갈 2:21; 3:21).

거듭 말하지만, 율법의 무능력은 율법 자체가 문제가 있거나, 율법 자체가 죄성을 갖고 있기 때문이 아니다. 율법은 하나님의 법으로서 거룩하고 의롭고 신령하다(롬 7:12, 14a). 하지만 인간을 사로잡고 있는 죄의 권세가 너무 강대하고, 율법이 그 죄의 세력을 효과적으로 예방하거나 극복할 힘을 갖고 있지 못하였다. 구약성경에 나타나 있는 아담과 이스라엘의 불순종과 그로 인한 죄와 죽음의 유입, 피조물 전체의 오염, 에덴동산에서의 축출, 예루살렘성전 파괴와 이스라엘 나라의 멸망, 그리고 바벨론 포로에서 볼 수 있는 것처럼, 오히려 죄가 율법을 수단으로 삼아 인간을 더욱 더 절망적 상황으로 몰고 가기 때문이다.

아마 로마 교회에 소속되어 있던 기독교인 중에도, 그들이 유대인 기독교인이든, 이방인 기독교인이든, 예루살렘 교회의 경우에서처럼(행 15:1), 모세 율법을 여전히 하나님 백성의 신분과 삶을 좌우하는 보루로 삼으려고 하는 유대주의자들의 영향을 받은 자들이 있었는지도 모른다(롬 16:17-20). 그래서 바울은 8장에서 로마 교인들과 유대인 크리스천들에게 다시 한번 율법이 아닌 오직 성령만이 하나님의 백성의 거룩한 삶을 가능하게 한다는 사실을 강하게 부각시킨다.

이를 위하여 먼저 7장에서 율법을 통한 삶의 어두운 절망적인 상황을, 그리고 8장에서는 이와 대조적으로 성령을 통한 밝은 성공적인 삶을 말하고 있다고 볼 수도 있다. 좀 더 구체적으로 다시 말한다면, 이미 앞에서 언급한 것처럼, 7:14-25는 7:5에서 언급한 죄의 세력 안에 있는 율법의 부정적인 역할을, 8:1-17은 7:6에서 언급한 성령의 긍정적인 역할을 말하고 있다고 볼 수 있다.

① 그리스도 안에 있는 자에게는 정죄함이 없다(1절)

8장은 "그러므로(ἄρα) 이제 예수 그리스도 안에 있는 자들에게는 결코 정죄함이 없다"라는 선언으로 시작한다. 이 선언은 부정적으로는 7장에서 말한 율법 아래 있는 절망적인 자들과 대조를 이루면서, 긍정적으로는 7:6의 이제 우리가 율법에 대하여 죽음으로 율법에서 해방되어 묵은 율법이 아닌 새로운 성령으로 섬기게 되었다는 선언과 연결된다.[435]

---

435 박익수, 『로마서 주석 II』, 24: "8:1이 7:6에 연결되는 것이 더 자연스러워 보인다. 왜냐하면 바울이 7:7-25에서 그리스도 예수 안에 있는 사람들의 삶을 부정적인 측면에서 서술한 반면에, 이와는 대조적으로 8:1-11에서는 긍정적인 측면에서 논의하기 때문이다." Sch-

여기 "그리스도 안에 있는 자"는 그리스도를 믿음으로 의롭게 되고(3-4장), 그리스도와 연합하여 함께 죽고 함께 부활한 이(5-6장)를 가리킨다. 그리고 "정죄함이 없다"는 말은 인류가 자신의 죄 때문에 마지막 날에 받게 될 그 종말론적인 정죄의 심판을 이미 그리스도가 십자가의 죽음을 통해서 대신 받았기 때문에 그리스도 안에 있는 신자는 더는 종말론적인 정죄의 심판을 현재와 미래에 있어서 받지 않는다는 것을 뜻한다.

그리고 "그러므로 이제"라는 말은 3:21의 "그러나 이제는"의 경우처럼 예수 그리스도의 십자가의 죽음과 부활과 그리고 오순절 성령 강림을 통하여 율법의 정죄로부터 자유하는 새로운 의와 구원의 시대가 이미 시작되었다는 종말론적인 선언이다.[436]

이 선언은 예수 그리스도와 함께 죽고 함께 부활한 자들(6:1-11)에게는 정죄함이 없다는 선언이 이미 적용되기 시작하였으며, 그리고 예수 그리스도의 재림을 통해 완성된다는 선언이다. 왜냐하면 바울이 6장과 7장 서두(1-6)에서 거듭 밝힌 것처럼, 그리스도의 종말론적인 죽음과 부활에 연합된 신자는 이미 그리스도와 함께 죄와 육과 율법에 대하여 죽음으로 이들 세력으로부터 해방되었기 때문이다.

이 선언은 이미 7:24b의 "누가 이 사망의 몸에서 나를 구원할 수 있을 것인가?"와 7:25a의 "우리 주 예수 그리스도를 통하여 하나님께 감사하리로다"에서 암시되었다.[437] 바울은 이러한 선언을 통해서 7장의 죄, 육, 사망과 율법의 지배 아래 있는 자의 어두운 면과, 8장 이하에서 소개할 그리스도, 성령, 생명의 지배 아래 있는 자의 밝은 면을 날카롭게 대조한다.

이 대조는 개인의 실존적인 대조를 뛰어넘어 우주적이고 종말론적인 대조이다. 이러한 대조에서 자연히 제기될 수 있는 질문은, 왜, 무엇 때문에, 그리스도 안에 있는 자들에게는 정죄함이 없느냐는 것이다. 바울은 이와 같은 질문을 염두에 두면서 그 답변을 이유 접속사 '가르'(γάρ)를 동반하고 있는 8:2 이하에서 제시한다.

---

reiner, *Romans*, 394-395도 보라.
436 Longenecker, *Romans*, 684.
437 Schreiner, *Romans*, 395.

② "죄와 사망의 법"을 "생명의 성령의 법"으로 바꾼 그리스도의 대속적 죽음(2-4절)

2절에서 바울은 1절의 "예수 그리스도 안에 있는 자에게는 더는 정죄함이 없다"는 선언에 대한 이유를 "왜냐하면(γάρ, 가르) 그리스도 예수 안에 있는 '생명의 성령의 법'(ὁ νόμος τοῦ πνεύματος τῆς ζωῆς)이 '죄와 사망의 법'(o' νόμος τῆς ἁμαρτίας καὶ τοῦ θανάτου)에서 너를 해방하였기 때문"이라고 말한다. 그리고 2절에 대한 이유를 다시 이유 접속사 '가르'를 동반한 8:3-4에서 구체적으로 설명하고 있다.[438]

즉 7:14-25에서 거듭 밝힌 율법의 무능력과 관련하여 율법은 그것을 온전히 지키지 못한 인간을 정죄할 뿐, 인간을 죄로부터 구원할 수 있는 능력이 없었다. 그러나 하나님께서 그리스도의 십자가라는 구속 사건을 통하여 율법의 모든 요구를 충족시킴으로써, 죄와 사망의 법으로 작용하였던 율법을 이제는 그리스도와 성령에 의해 율법의 진정한 목적인 하나님 사랑과 이웃 사랑이 성취되는 성령의 법으로 작용될 수 있도록 하셨기 때문이다.

어떤 주석가들은 2절에 나타나고 있는 "생명과 성령의 법"과 "죄와 사망의 법"을 동일한 율법에 대한 다른 관점의 사용으로 보지 않고, 서로 다르게 보거나 혹은 여기 법을 모세의 율법이 아닌 "원리"나 "세력"으로 이해하려고 한다.[439] 그러나 7장에서 이미 바울이 율법을 한편으로 거룩하고 신령한 "하나님의 법"으로 말하면서(7:22), 다른 한편으로 율법이 죄를 예방하기보다도, 죄의 도구가 되고 있다는 점에서 "죄의 법"이라고 부르고 있는 점(7:23)을 볼 때, 양자를 다르게 볼 이유가 없다.[440]

---

438 홍인규,『로마서, 어떻게 읽을 것인가』, 139.
439 예를 들면, 이상근,『로마서』, 199; 이한수,『로마서 1』, 611-12에서 "생명의 성령의 법"이나 "죄와 사망의 법"에서 사용되고 있는 "법"은 모두 모세의 율법을 지칭하지 않고, "원리", "원칙" 또는 "권세"를 지칭한다고 본다. 무,『로마서의 신학적 강해』, 214; Murray, Romans, 276; Cranfield, Romans 1, 375-56; Fitzmyer, Romans, 482-483; L. T. Johnson, Reading Romans: A Literary and Theological Commentary (Macon: Smyth and Helwys, 2001), 127; Witherington, Romans, 211; Hultgren, Romans, 297; Wolter, Der Brief an die Römer, 473-74; Schreiner, Romans, 396-97; 조호형, "새 시대의 삶의 원리로서 성령: ὁ νόμος τοῦ πνεύματος τῆς ζωῆς (롬 8:2),"『신약연구』19/1 (2020), 109-140도 보라. 하지만, 바울이 동일한 전후 문맥에서 법을 모세 율법과 관련시켜 계속 말하고 있기 때문에 모세 율법을 다른 두 전망에서 말하고 있는 것으로 보는 것이 더 바람직하다.
440 톰 라이트,『모든 사람을 위한 로마서』, 2003: "이 본문에 나오는 '법'이란 단어가 '하나님의 법'이 아닌 다른 것을 의미한다고 생각해서는 안 된다." Dunn, Romans 1-8, 416-17; 홍인규,『로마서, 어떻게 읽을 것인가』, 107; 슈툴마허의『로마서』, 209; Osborne, Romans, 194; Jewett, Romans, 481도 보라.

오히려 바울이 동일한 율법을 각각 다른 전망에서 말하고 있다고 보아야 할 것이다. "죄와 사망의 법"과 달리 "생명의 성령의 법"을 말할 때는 수식어인 전치사구 "그리스도 예수 안에서"(ἐν Χριστῷ Ἰησοῦ)가 의도적으로 첨부된 점이 이를 뒷받침한다.

바울은 구원의 원리를 말할 때 율법이 결코 인간을 구원하는 수단이 될 수 없다는 점과 관련하여, 율법을 '의', '믿음', 혹은 '성령' 등과 날카롭게 대조시키면서, 율법의 부정적인 측면을 강조하고 있다. 그렇다고 해서 바울이 새 시대에 있어서 율법의 무용론이나 폐기론을 주장하고 있는 것은 아니다.

바울은 3:31에서 "그런즉 우리가 믿음으로 말미암아 율법을 파기하느냐 그럴 수 없느니라 도리어 율법을 굳게 세우느니라"라고 하면서, 새 시대에서의 율법 무용론이나 폐기론을 강하게 반대하였다. 오히려 바울은 13:10에서 "사랑은 율법의 완성이다"라고 하면서 새 시대에 있어서도 율법은 사랑의 법으로서 성도들에게 여전히 유효함을 말한다.

갈라디아서 6:2에서도 바울은 "너희가 짐을 서로 지라 그리하여 그리스도의 법을 성취하라"고 하면서, 서로의 짐을 지는 것, 곧 온 율법의 성취(갈 5:14)인 서로 사랑하는 것을 그리스도의 법을 이루는 것으로 말한다. 말하자면 그리스도께서 십자가 사건을 통하여 온전한 하나님 사랑과 이웃 사랑을 구현함으로써 율법의 요구를 성취하셨기 때문에 이 성취된 율법을 더는 죄와 사망의 법이 아닌 이제 그리스도의 법으로 보고 있다.

바울은 로마서 다른 곳에서 더욱 적극적으로 이 성취된 율법을 "믿음의 법"(3:27,31), "하나님의 법"(7:25), "생명의 성령의 법"(8:2)이라고 부르면서, 새 시대에 믿음 및 성령과 연합하는 율법의 새로운 역할을 명확하게 말하고 있다. 바울에 따르면 그리스도와 성령과의 관계없이 옛 시대의 세력 아래 있는 이들에게는 율법이 여전히 죄와 사망의 법이 되고 있다. 그러나 그리스도 안에 있는 이들에게는 그리스도께서 그를 대신하여 모든 율법의 요구를 성취하셨기 때문에, 이제 그들에게 있어서 율법은 더는 죄와 사망의 법이 아니라, 구속받은 하나님의 언약 백성의 삶을 위한 생명과 성령의 도구가 될 수 있다.

물론 이 모든 것의 근거는 다시 이유 접속사 '가르'로 시작하는 8:3-4에 있다. 바울은 먼저 8:3a에서 "율법이 육신으로 말미암아 연약하여 할 수 없는 그것을"(Τὸ γὰρ ἀδύνατον τοῦ νόμου ἐν ᾧ ἠσθένει διὰ τῆς σαρκός) 언급한다. 이것은 7:14가 말하고 있는 것처럼 "나는 육신에 속하여 죄 아래 팔려있으며" 그리고 죄 아래 팔린 나를 도울 수 없는 율법의 무능력을 가리킨다. 이와 대조적으로 8:3b 이하는 하나님께서 주도적으로 인간이 처한 절망적인 상황과 그리고 이를 도울 수 없는 율법의 무능력을 어떻게 반전시켰는가를 설명한다.[441]

바울은 8:3b의 과거분사절에서 "하나님께서 자기 아들을 죄 있는 육신의 모양으로 그리고 죄를 위하여 보냈다"고 말한다. "하나님께서 자기 아들을 죄 있는 육신의 모양으로 보냈다"는 것은 자기 아들을 범죄 전의 아담의 모양이 아닌 범죄한 이후의 아담과 그의 모든 후손을 대신할 수 있도록 죄의 영향을 받을 수 있는 육을 가진 참사람으로 보냈다는 것을 뜻한다.[442]

바울은 갈라디아서 4:4에서 이를 가리켜, "하나님이 그 아들을 보내사 여자에게서 나게 하신 것"으로 말한다. 빌립보서 2:7-8에서는 "자기를 비워 종의 형체를 가지사 사람들과 같이 되었고, 사람의 모양으로 나타나나 십자가에 죽으심이라."고 말한다. 히브리서 저자도 이와 관련하여 하나님의 아들 예수가 "모든 일에 우리와 똑같이 시험을 받으신 이로되 죄는 없으시다"(히 4:15)고 말한다.

말하자면 예수님은 하나님으로부터 죄인인 우리를 대신할 수 있는 우리와 똑같은 사람으로 보냄 받았다는 것이다. 예수님과 우리와의 차이점이 있다면 예수님은 우리와 똑같이 죄를 지을 수 있는 육을 가진 분이었지만 다만 죄를 짓지 않았다는 것이다. 만일 예수님이 우리와 똑같은 죄인의 모양이 아닌 우리와 다른 존재로 왔다면 그는 우리를 대신할 수 없으며, 그의 죽음과 부활이 우리를 위한 대속적 죽음과 부활이 될 수 없을 것이다.

그다음에 나오는 "죄를 위하여"(περὶ ἁμαρτίας)라는 말은 하나님께서 예수님을 죄 있는 육신의 모양으로 보내신 것이 그를 우리의 죗값을 지불할 수 있는 속죄물로 보내셨다는 것을 가리킨다(히 10:6, 8; 13:11). 말하자면 세례 요한이 언급한 것처럼 하나님이 자기 아들을 "세상 죄를 지고 가는 하나님의 어린 양"(요 1:29)으로 보내셨다는 것이다. 그리고 주절인 "하나님이 육신 안에 있는 죄를 정죄했다"[443](κατέκρινεν τὴν ἁμαρτίαν ἐν τῇ σαρκί)는 말은 하나님이 자기 아들을 죄 있는 육

---

441 Schreiner, *Romans*, 398.
442 박윤선,『로마서』, 234: "이것은, 다만 예수님의 취하신 인성이 범죄 전 아담의 영광스러운 인성이 아니고 범죄 후 아담의 영광 잃은 인성이란 뜻이다." Cranfield, *Romans 1*, 379-82; Dunn, *Romans 1*, 422; Fitzmyer, *Romans*, 485; Schnabel, *Römer 6-16*, 198; Schreiner, *Romans*, 399도 보라.
443 개역개정은 헬라어 κατέκρινεν를 막연하게 '정했다'라고 번역하고 있지만, 본래 의미는 '정죄했다' 혹은 '심판하였다'는 의미를 지니고 있다.

신의 모양으로 보낸 목적을 보여준다.

곧 죄인을 대신할 수 있는 육을 가진 예수를 속죄제물로 삼아 그에게 우리의 죄에 대한 심판을 쏟았다는 것이다. 이것이 바로 십자가에서 이루어졌다.[444] 아마도 이 구절의 배후에는 초대교회의 중요한 신앙 고백문이었던 "성경대로 그리스도께서 우리 죄를 위하여 죽으셨다"(고전 15:3)와 메시아의 고난과 죽음에 대한 이사야의 예언, "그는 실로 우리의 질고를 지고 우리의 슬픔을 당하였거늘 우리는 생각하기를 그는 징벌을 받아 하나님께 맞으며 고난을 당한다 하였노라. 그가 찔림은 우리의 허물 때문이요 그가 상함은 우리의 죄악 때문이다"(사 53:4-5)가 있다고 볼 수 있다.

바울은 다른 곳에서 이를 가리켜, "하나님이 예수를 그의 피로써 믿음으로 말미암는 화목제물로 세우셨다"(롬 3:25), "하나님이 죄를 알지도 못하신 이[그리스도]를 우리를 대신하여 죄로 삼으셨다"(고후 5:21)고 말한다.

이처럼 하나님께서 자기 아들을 우리를 대신할 수 있는 죄 있는 육신의 모양으로 보내시고, 그를 속죄제물로 삼아 그에게 우리의 죄에 쏟으실 심판을 쏟으심으로 죄의 세력을 무력화하였다. 그러기 때문에 예수 안에 있는 사람, 곧 예수님의 죽음에 연합된 사람은 더는 죄로 인한 정죄함이 없다(8:1). 그리스도께서 십자가 사건을 통해 우리를 대신해서 죄에 대한 하나님의 정죄 심판을 대신 감당하셨기 때문이다.[445] 이 정죄함이 없다는 것은 현재와 미래에 있어서 다 유효한 종말론적 선언이다.

그렇게 볼 때 8:3-4는 사실상 8:1의 선언의 근거가 되고 있다. 이처럼 신자가 정죄함으로부터 자유하게 된 것은 신자가 행한 무엇 때문이 아니라, 전적으로 하나님께서 그리스도 안에서 행하신 것 때문이다. 그러기 때문에 그 누구도, 그 무엇도 그리스도 안에 있는 신자에게 주어진 이 정죄함이 없는 자유를 빼앗을 수 없다. 이 자유는 그리스도의 십자가 사건에 근거하고 있기 때문에(갈 3:13; 5:1), '이미'의 현재성과 '아직'의 미래성을 가진 종말론적인 것이 된다.

바울은 8장 끝에 가서 "누가 능히 하나님께서 택하신 자들을 고발하리요. 의롭다 하신 이는 하나님이시니 누가 정죄하리요"(8:33-34)라고 말하면서, 이 자유가 하나님이 직접 보증하는 현재와 미래에 있어서 확실한 것임을 재확인한다. 하지

---

444 Käsemann, *Romans,* 217-18; Dunn, *Romans 1,* 422.
445 Schreiner, *Romans,* 400.

만 바울은 신자에게 주어진 이러한 자유와 보장이 신자로 하여금 이제 마음대로 살아야 한다는 것을 뜻하는 것이 아니라고 말한다. 말하자면 칭의는 성화와 무관하거나 분리되는 것이 아니라는 것이다. 오히려 칭의는 성화를 촉진하고 구체화시킨다는 것이다. 그것이 8:4의 "히나"(ἵνα)의 목적절, "육신을 따르지 않고 그 영을 따라 행하는 우리에게 율법의 요구가 이루어지게 하려 하심이라"에 나타나 있다.

8:4의 '히나' 목적절은, 하나님께서 예수 그리스도를 육신을 가진 사람의 모양으로 보내어 우리를 위한 속죄제물로 삼으신 목적이 육을 따라 살지 않고 성령을 따라 살아가고 있는 우리 안에서 율법의 요구가 성취되도록 하기 위함에 있음을 보여준다. 이 구절에서 세가지가 관심사로 떠오른다.

하나는 "율법의 요구"(τὸ δικαίωμα τοῦ νόμου)가 무엇이냐는 것이다.

또 하나는 그 율법의 요구가 "우리 안에서 성취된다는 것"(πληρωθῇ ἐν ἡμῖν)이 무엇을 의미하느냐는 것이다.

마지막 하나는 "육을 따라 살지 않고 성령을 따라 산다"(μὴ κατὰ σάρκα περιπατοῦσιν ἀλλὰ κατὰ πνεῦμα)는 것이 무엇을 의미하느냐 하는 것이다.

하지만, 이 세 질문은 서로 분리되어 있지 않다. 율법의 요구는 우리 안에서 이루어지는 것이며, 그리고 이것은 육을 따라 살지 않고 성령을 따라 사는 이들 안에서 이루어지기 때문이다. 먼저 "율법의 요구"가 무엇을 가리키고 있는가 하는 질문으로부터 시작하자.

여기 "율법"이 모세 율법을 지칭하지만, 7:25에 나오는 "죄의 법"이나 8:2에 언급된 "죄와 사망의 법"을 가리키지 않고 오히려 이와 대조가 되는 7:25의 "하나님의 법"과 8:2의 "생명과 성령의 법"을 가리킨다고 보아야 한다.

그렇다면 "하나님의 법" 혹은 "생명의 성령의 법"이 요구하는 것이 무엇인가? 어떤 사람은 여기 "율법의 요구"가 예수 그리스도가 십자가를 통해 우리 대신 담당한 모든 율법의 요구들, 말하자면 율법이 우리에게 지킬 것을 요구하였으나 우리가 지키지 못했던 율법의 모든 요구를 그리스도께서 십자가를 통해 우리 대신 지키신 것을 가리킨다고 본다. 그리스도께서 십자가를 통해 우리 대신 율법의 요구를 다

지켰기 때문에 우리는 이제 율법의 요구로부터 자유하게 되었다는 것이다.[446]

이 견해가 지적하고 있는 것처럼 그리스도가 우리를 대신해서 율법의 모든 요구를 지킨 것은 분명하다. 산상설교에서 예수님은 "내가 율법을 폐하려 온 것이 아니요 오히려 성취하려 왔다"(마 5:17)고 하면서 자신이 모든 율법의 성취자임을 분명히했다. 예수 그리스도가 율법의 성취자이기 때문에 그는 실로 율법의 마침이 된다(롬 10:4). 예수 그리스도 안에 있는 자에게 정죄함이 없다(8:1)고 선언되는 이유도 여기에 있다.

하지만, 본문은 율법의 요구가 그리스도 안에서 성취된다고 말하지 않고, 우리 안에서 성취가 된다고 말하고 있다. 물론 우리 안에서 성취되는 것은 일종의 신적 수동태 '플레로데' (πληρωθῇ)가 암시하고 있는 것처럼 우리 노력의 산물이 아니라 하나님의 역사이다. 이뿐만 아니라, 이 하나님의 성취는 그리스도의 성취를 전제하고 있다.

따라서, 우리 안의 성취가 그리스도의 성취로부터 독립되거나 분리되는 것이 아니다. 하지만 "우리 안에서"라는 말은 이 하나님의 사역이 우리 안에서, 우리를 통하여 성취됨을 분명히 한다. 말하자면 우리 안에서 성취되는 하나님의 사역이 우리의 적극적인 윤리적 책임과 순종을 배제하지 않는다는 것이다.[447]

우리는 동일한 교훈을 빌립보서에서도 발견할 수 있다. 바울은 빌립보서 1:6에서 "나는 너희 안에서 착한 일을 시작하신 그 분[하나님]이 그리스도 예수의 날까지 완성하실 것을 확신한다"고 말한다. 하지만 곧이어 1:10-11에서 "'하나님의 영광과 찬양을 위해 예수 그리스도를 통하여 의의 열매를 맺음으로써 너희가 그리스도의 날까지 순전하고 허물이 없는 자가 되도록' 내가 기도한다"고 말한다. 우리 안에서 이루시는 하나님의 착한 사역이 우리가 능동적으로 이루어가는 순종의 행위를 배제하지 않는다는 것이다(고후 10:6).

그래서 바울은 빌립보서 2:12b에서 "너희가 두렵고 떨림으로 너희 구원을 이루라."(현재 명령형)라고 명한 다음 바로 이어 2:13에서 "너희 안에서 행하시는 분은 하나님이시다"라고 말한다.

---

[446] Calvin, *Romans*, 160; Käsemann, *Romans*, 218; Moo, *Romans*, 482-483; Fitzmyer, *Romans*, 487-88; Hultgren, *Romans*, 300.
[447] Schreiner, *Romans*, 401: "율법을 지키는 것은 하나님의 사역이다. 하지만 이 하나님의 사역은 인간의 활동과 순종을 배제하지 않는다."

그렇다면 우리의 적극적인 순종을 배제하지 않는 "율법의 요구"는 과연 무엇을 가리키고 있는가?

바울은 갈라디아서 6:2에서 갈라디아 교인들을 향해 "너희는 서로 짐을 지라. 그리하여 그리스도의 법을 이루라"고 권면한다. 여기 "그리스도의 법"이 무엇을 가리키고 있는지에 관해 논란이 있는 것은 사실이지만,[448] 그 앞에 있는 "서로의 짐을 지는 것"이 5:13b의 "사랑으로 서로 종노릇하라"과 평행을 이루고 있는 점을 감안할 때, "그리스도의 법"은 서로 사랑하라는 예수님의 새 계명(요 13:34)을 가리킨다고 볼 수 있다.

그런데 이 사랑의 새 계명은 모세 율법과 독립된 것이 아니다. 왜냐하면 바울은 갈라디아서에서 "너희는 사랑으로 종노릇하라"고 명한 다음 바로 이어 5:14를 통해 "온 율법은 네 이웃 사랑하기를 네자신 같이 하라 하신 한 말씀에서 이루어졌다."고 말하기 때문이다. 바울은 로마서 13장에서도 "사랑하는 자는 율법을 다 이루었다"(13:8), "사랑은 율법의 성취"(13:10)되었다고 하면서 이 점을 뒷받침한다. 그렇다면 로마서 8:4의 "율법의 요구"는 율법의 총강인 예수님의 서로 사랑하라는 새 계명을 가리킨다고 보아야 한다.

물론 서로 사랑하라는 예수님의 계명은 그가 먼저 우리를 사랑하신 그 신적 사랑에 의존하고 있다는 것은 두말할 나위가 없다. 예수님은 제자들에게 사랑의 새 계명을 말하면서 "내가 너희를 사랑한 것 같이 너희도 서로 사랑하라"(요 13:34b)고 말씀하셨다. 여기서 말한 예수님의 제자 사랑을 요한1서 저자는 예수님의 십자가의 구속 사건에 나타난 하나님의 사랑과 동일시한다.

---

448 잘 알려진 대로 갈라디아서 6:2의 "그리스도의 법"(ὁ νόμος τοῦ Χριστοῦ)에 관하여 다양한 해석들이 시도되었다. W.D. Davies는 "그리스도의 법"을 모세 율법을 대체하는 "메시아의 토라"로(*Torah in the Messianic Age and /or the Age to Come*, 69-93; *Paul and Rabbinic Judaism*, 111-46.), P. Stuhlmacher는 모세의 시내산 토라과 구별되는 "종말론적인 시온산 토라"(*Reconciliation, Law, and Righteousness*, 114ff.)로, Dunn은 "그리스도의 윤리적 교훈"(*The Theology of Paul's Letter to the Galatians*, 114-118.)으로, Longenecker는 갈라디아서 5:14에 있는 "사랑의 계명"(*Galatians*, 275-6)으로, R. Hays, Witherington, Fee, Rosner는 "그리스도의 모범"(Hays, "Christology and Ethics in Galatians: The Law of Christ", *CBQ* 49, 268-90; Fee, *God's Empowering Presence*, 463-64; Witherington, *Grace in Galatia*, 423-25; Rosner, *Paul and the Law*, 116-117)으로, de Boer는 "성경에 나타난 하나님의 약속"(-*Galatians*, 377-381.)으로, 그리고 무(Moo)는 "새 언약"(*Galatians*, 378.)으로 이해하고자 하였다.

"사랑은 여기 있으니 우리가 하나님을 사랑한 것이 아니요, 하나님이 우리를 사랑하사 우리 죄를 속하기 위하여 화목제물로 그 아들을 보내셨음이라. 사랑하는 자들아, 하나님이 이같이 우리를 사랑하셨은즉, 우리도 서로 사랑하는 것이 마땅하도다"(요일 4:10-11).

이처럼 서로 사랑하라는 명령법의 계명은 이미 예수 그리스도의 구속 사건을 통해 이루신 하나님의 직설법 사랑에 의존하고 있다.

그런데 바울은 로마서 5:5에서 "우리에게 주신 성령으로 말미암아 하나님의 사랑이 우리 마음에 부어졌다"고 하면서, 하나님께서 성령을 통해 그의 사랑을 부어주셨기 때문에 이 부어진 사랑이 또한 우리를 통해 구현될 것을 암시한다. 우리에게 성령을 통해 넘치게 부어진 신적 사랑은 또한 성령을 통해 서로 사랑하는 우리의 인적 사랑을 통해 계속 넘쳐야 한다는 것이다. 이것이 바울이 로마서 8:4에서 "율법의 요구가 우리 안에 이루어지는 것"(8:4a)과 "육을 따라 살지 않고 오히려 성령을 따라 사는 자"(8:4b)와 나란히 두는 이유일 것이다.

왜냐하면 우리가 육을 따라 살지 않고 성령을 따라 살 때 우리는 하나님의 신적 사랑과 이웃을 서로 사랑하는 율법의 요구, 곧 예수님의 새 계명을 이루어갈 수 있기 때문이다. 바울은 갈라디아서 5:16에서도 "너희는 성령을 따라 행하라 그리하면 육체의 욕심을 이루지 아니한다."(5:16)고 말하면서, 성령을 따라 살 때 온갖 종류의 육체의 욕심(갈 5:19-21) 대신 성령의 주 열매인 사랑(5:22)을 하게 된다고 말한다. 성령을 통해 율법의 요구를 이루게 된다는 것은 이미 에스겔 36:26-27에 언급된 새 영을 너희에게 주어 내 율례를 지켜 행할 것이라는 말씀에서 예견되었다.[449]

(2) "육"이 아닌 "성령"을 따르는 삶(8:5-17)

로마서 8:4에서 바울은 하나님께서 예수 그리스도의 구속 사역을 통하여 우리(바울과 로마의 기독교인)를 죄와 사망의 법에서 해방하게 하신 것은 우리로 하여금 성령을 좇아 율법이 요구한 사랑의 삶을 살도록 하기 위함에 있음을 시사하였다. 이제 바울은 8:5-17에서 본격적으로 육신을 좇는 삶이 아닌 성령을 좇는 삶이 구

---

449 슈툴마허, 『로마서』, 211-12; R.W. Thompson, "How is the Law Fulfilled in Us? An Interpretation of Rom 8:4," *LS* 11 (1986), 31-40.

체적으로 어떤 삶인가를 말한다.

즉, 기독교인의 삶은 예수 믿기 이전의 모든 옛 삶을 대변하는 '육'[450]을 따르는 삶이 아닌, 예수 믿은 이후 새로운 존재, 새로운 시대를 대변하는 '성령'을 따른 삶임을 상기시키고, 옛 시대의 육을 따른 삶이 아닌 새 시대의 성령을 따른 삶을 살아야 할 것을 강조한다(역시, 갈 5:16-25).

여기서 바울은 예수 그리스도를 통하여 우리를 죄와 사망의 법에서 해방시킨 것은 전적으로 하나님의 은혜의 영역이지만, 육이 아닌 성령을 따른 삶을 사느냐, 살지 않느냐 하는 것은 우리의 책임이라는 사실을 일깨워준다. 이 점은 바울이 갈라디아서 5:16에서 명령법 동사를 사용하여 이미 그리스도를 통하여 자유하게 된 갈라디아 신자들(갈 5:1)을 향해, "너희는 성령을 따라 행하라"(πνεύματι περιπατεῖτε)고 명령한 사실에서 확인된다.

하나님께서 우리를 구원하여 성령으로 살 수 있도록 하셨지만, 동시에 우리가 이 땅에서 사는 한 예수 믿기 이전처럼 육을 따라 살 수도 있기 때문이다. 차이가 있다면 예수 믿기 이전에는 우리가 원하든 원치 않던 육을 따라 살 수밖에 없었다. 하지만, 예수 믿은 이후에는 육을 따라 살지 않고 성령을 따라 살 수 있는 자격과 자유와 능력이 주어졌다. 그렇지 않다면 육을 따르지 말고 성령을 따라 살아야 한다는 명령법은 무의미한 것이 되고 만다.

사람은 육을 따라 살든지 성령을 따라 살든지 두 가지 중에 하나에 속할 수밖에 없다. 성령을 따라 산다는 것은 육을 따라 살지 않는 것을 뜻하고, 성령을 따라 살지 않는다는 것은 육을 따라 산다는 것을 뜻하기 때문이다. 사람은 어느 쪽을 선택하여 살 수는 있지만, 그 결과는 엄청나게 다르다. 육을 따라 사는 자는 하나님과 원수가 되며, 그 결과는 결국 사망이다.

반면에 성령을 따라 사는 이는 생명과 평안, 곧 영생을 소유하게 된다. 신자는 그 속에 이미 그리스도의 영이신 성령께서 내주하고 계신 사람이기 때문에, 자신

---

450 우리말 개역개정판(개역판 역시)은 "육"을 지칭하는 똑같은 헬라어 단어 σάρξ를 로마서에는 한결같이 "육신"으로, 이와 대조적으로 갈라디아서에서는 "육체"로 번역하고 있다. 물론 헬라어 σάρξ가 인간의 육체적 신체의 의미를 지니고 있기 때문에, σάρξ를 "육신"이나 "육체"로 번역할 수도 있다. 하지만 바울이 종종 σάρξ를 성령을 지칭하는 πνεῦμα와 나란히 사용할 경우 σάρξ는 육신이나 육체 이상의 의미를 지니게 된다. 즉, 그것은 새 시대를 대변하는 성령과 대조적으로 옛 시대를 대변하는 죄 아래에 있는 인간의 본성을 뜻할 수 있다. 그래서 필자는 "육신"보다도 더 포괄적인 의미를 지닌 "육"으로 번역하는 것을 선호한다. 보다 자세한 것은 이하의 《심층연구 3》을 보라.

을 죄와 사망의 법에서 해방시킨 그 성령의 인도를 받을 수 있다. 그러므로 신자는 육을 따라 살지 않고, 성령을 따라 살아야 한다. 성령을 따라 사는 이가 하나님의 자녀요, 하나님과 그리스도의 유업을 물려받을 수 있는 후사이다.

바울이 '성령을 따른 삶'과 '육을 따른 삶,' 그 결과를 날카롭게 서로 대조시키고, 독자를 향해 육을 따라 살지 말고 성령을 따라 살 것을 강하게 권면하고 있는 로마서 8:5-17은 5-8절, 9-11절, 12-17절 등 세 부분으로 나눌 수 있다.

첫째, 육과 성령, 육을 따라 사는 자와 성령을 따라 사는 자를 날카롭게 서로 대조시키는 5-8절.

둘째, 독자들(로마의 크리스천들)은 육의 영역에서 성령의 영역으로 이전된 자들이므로, 육을 따라 사는 자가 아닌 성령을 따라 사는 자임을 밝히고 있는 9-11절.

셋째, 신자의 '이미'와 '아직'의 종말론적인 삶을 말하는 12-17절이다.

《심층연구 3》

개역개정 성경의 '프뉴마'(πνεῦμα)와 '사르크스'(σάρξ) 번역 문제[451]

성경 번역의 중요성은 그 무엇보다도 중요하다. 원문 성경을 읽을 수 없는 사람은 번역된 성경을 통해서만 하나님의 말씀을 접할 수 있기 때문이다. 하지만 성경을 번역하는 것은 결코 쉬운 일이 아니다. 번역 대상인 원문 성경은 물론, 번역하는 어휘, 문법, 용법, 문장 구조에 대한 올바른 이해도 함께 요구되기 때문이다. 아무리 성경 원어에 능통하다고 하더라도, 진작 번역 언어에 대한 충분한 이해가 없을 수도 있다. 아무리 탁월한 언어학자라고 하더라도 성경 원어에 대한 충분한 이해 능력이 없으면 성경을 올바르게 번역할 수 없다.[452]

그런데 성경 번역은 특정한 시대나 특정한 문화권 사람에게 고정될 수 없다. 고고학적 발견 등으로 원문에 대한 이해가 달라져 왔을 뿐 아니라, 번역 언어 역시 시대나 문화의 변화에 그 의미와 용법이 계속 달라지고 있기 때문이다. 성경 번역이 특정한 시대나 문화권의 사람들에 의해 완성되거나 종결될 수 없고, 시대나 문화의 변이에 따라 새로운 번역이 계속해서 이루어져야 하는 이유도 여기에 있다. 그런 점에서 이번에 대한 성서공회가 지난 20여 년 동안 가장 널리 사용되어 왔던 개역개정 한글성경을 재개정하는 준비를 하

---

451 이 글은 필자의 글, 『성경원문연구』 50호, 별책 (2022), 172-179에 있는 "어휘의 일관성에 대한 제언 - '프뉴마(πνεῦμα)', '사르크스(σάρξ)' 번역을 중심으로"에서 가져온 것임을 밝혀둔다.
452 박창해, "성경 번역문의 문체와 문채," 『성경원문연구』 제 13호 (2003), 8을 보라.

는 것은 시의적절하고, 또한 당위성을 지닌다고 본다. 그렇다면 개역개정성경을 어떻게 재개정할 것인가? 필자는 이 글에서 개역개정, 재개정 번역 담당자들에게 한 가지 제언을 하려고 한다. 그것은 가능한 한 번역 어휘의 일관성을 유지해 달라는 것이다.

여기서 말하는 어휘의 일관성 유지는 원어 성경의 어떤 어휘를 획일적으로 똑같은 우리말로 번역하여야 한다는 것을 의미하는 것은 아니다. 동일한 어휘라고 할지라도 성경 저자에 따라 다르게 사용될 수 있고, 심지어 같은 저자의 어휘라도 문맥에 따라 다른 의미로도 사용될 수 있다. 필자가 말하는 것은 성경의 같은 장소와 문맥에서 같은 의미를 지닌 동일 어휘를 마치 다른 의미를 가진 어휘처럼 번역하거나, 동일한 어휘를 번역자에 따라 제각기 다른 어휘로 번역하지 않도록 유념해 달라는 것이다.[453] 이제 필자는 어휘의 일관성 유지와 관련하여 현재 가장 많이 사용되고 있는 개역개정 성경이 지닌 문제점을 신약성경에 나타나고 있는 '사르크스'(σὰρξ)와 '프뉴마'(πνεῦμα) 번역을 중심으로 살펴보고자 한다.

1. 데이터와 그 문제점

헬라어 성경 네슬-알란트(Nestle-Aland) 28판 본문에 따르면 신약성경에 '사르크스'(σὰρξ)는 147회, '프뉴마'(πνεῦμα)는 379회 나타난다. 권위 있는 헬라어 사전인 *Greek-English Lexicon of the New Testament and Other Early Christian Literature*[454]에 따르면, '사르크스'는 1) 사람 혹은 동물의 골격을 형성하는 육체(flesh), 2) 신체(body), 3) 육체를 가진 사람(person, human being), 4) 인간 본성(human nature), 5) 사람의 외면적 삶(the outward side of life) 등 다섯 가지 의미로 사용된다. 반면에 '프뉴마'는 1) 바람 혹은 숨(wind, breathing), 2) 육체에 생명을 주는 기운(breath, life-spirit), 3) 사람의 인격의 한 부분인 영(spirit), 4) 비물질적인 존재인 영(spirit), 5) 사람에게 영향을 미치는 신적인 존재인 (하나님, 주, 그리스도의) 영(the Spirit), 6) 사람들의 활동에 나타나는 하나님의 영(the Spirit of God), 7) 초월적인 독립적 인격으로서 성령(the Spirit) 등의 의미로 사용된다. 그렇다면 개역개정 성경은 '사르크스'와 '프뉴마'를 어떻게 번역하고 있는가? 먼저 '사르크스'의 경우를 보자.

---

453 예를 들면, 신약에는 창 2:24의 인용이 마 19:5, 막 10:7-8, 고전 6:16, 엡 5:31에 나타나고 있는데, 신약성경 저자들은 히브리 본문에 나타나는 '바살'(בשר)을 다 같이 '사르크스'(σὰρξ)로 번역하고 있는데 개역개정의 마태복음과 마가복음 번역자는 이를 '몸'으로, 고린도전서와 에베소서 번역자는 '육체'로 번역하고 있다. 하지만 공동 번역, 새번역, 새한글 성경은 모두 "몸"으로, NIV, NASV, NRSV는 모두 "flesh"로 번역하여 어휘의 일관성을 유지하고 있다.

454 *Greek-English Lexicon of the New Testament and Other Early Christian Literature*, Third Edition, Revised and Edited by Frederic William Danker Based on Walter Bauer's *Griechisch-deutsches Wörterbuch zu den Schriften des Neuen Testaments und der frühchristlichen Literatur*, sixth edition, ed Kurt Aland and Barbara Aland, with Viktor Reichmann and on previous English editions by W., F. Arndt, F. W. Gingrich, and F. W. Danker (Chicago and London: The University of Chicago Press, 2000).

1) 복음서: 마태복음(5)⁴⁵⁵은 '육'(16:17), '몸'(19:5,6), '육체'(24:22), '육신'(26:41)으로, 마가복음(4)은 '몸'(10:8, 8), '육체'(13:20), '육신'(14:38)으로, 누가복음(2)은 '육체'(3:6), '살'(24:39)로, 요한복음(13)은 '육정'(1:13), '육신'(1:14), '육'(3:6, 6; 6:63), '육체'(8:15), '사람'(17:2), '살'(6:51, 52, 53, 54, 55, 56)로 각각 번역하고 있다.

2) 사도행전(3)은 '육체'(2:17, 26), '육신'(2:31)으로 번역한다.

3) 바울서신: 로마서(26)는 '육신'(1:3; 2:28; 4:1; 6:19; 7:5, 18, 25; 8:3x3, 4, 5x2, 6, 7, 8, 9, 12, 13; 9:5, 8; 13:14), '육체'(3:20), '골육'(9:3; 11:14)으로, 고린도전서(11)는 '육체'(1:26, 29; 6:16; 15:39x4), '육신'(5:5; 7:28; 10:18), '육'(15:50)으로, 고린도후서(11)는 '육체'(1:17; 4:11; 7:5; 10:2, 12:7), '육신'(5:16x2; 10:3x2; 11:18), '육'(7:1)으로, 갈라디아서(18회)는 '육'(1:16), '육체'(2:16, 20; 3:3; 4:13, 14, 23, 29; 5:13, 16, 17x2, 19, 24; 6:8x2, 12, 13)로, 에베소서(9)는 '육체'(2:3x2, 11x2, 14; 5:29, 31; 6:5), '육'(6:12)으로, 빌립보서(5)는 '육신'(1:22, 24), '육체'(3:3; 4x2)로, 골로새서(9)는 '육체'(1:22, 24; 2:13, 23), '육신'(2:1, 5, 18; 3:22), '육'(2:11)으로, 디모데전서(1)는 '육신'(3:16)으로, 빌레몬서(1)는 '육신'(16)으로 각각 번역한다.

4) 공동서신: 히브리서(6)는 '육'(2:14), '육체'(5:7; 9:10, 13; 10:20), '육신'(12:9)으로, 야고보서(1)는 '살'(5:3), 베드로전서(7)는 '육체'(1:24; 3:18, 21; 4:1x2, 6), 베드로후서(2)는 '육체'(2:10, 18)로, 유다서(3)는 '육체'(7, 8, 23)로 각각 번역하고 있다.

5) 요한문헌: 요한 1서(2)는 '육신'(2:16), '육체'(4:2)로, 요한 2서(1)는 '육체'(7), , 그리고 계시록(7)은 모두 '살'(17:16; 19:18x5, 21)로 각각 번역하고 있다.

이를 빈도수 별로 보면, '육체'(73), '육신'(45), '살'(15), '육'(10), '몸'(3), '골육'(2), '육정'(1), '사람'(1) 순이며, 동일한 어휘인 '사르크스'가 이처럼 8개의 다른 말로 번역되고 있다.

그다음 '프뉴마'의 경우를 보자.

1) 복음서: 마태복음(19)은 '성령'(1:18, 20; 3:11, 16; 4:1; 10:20; 12:28, 31, 32; 22:43; 28:19), '심령'(5:3), '귀신'(8:16; 10:1; 12:43, 45), '영'(12:18), '마음'(26:41), '영혼'(27:50)으로, 마가복음(23)은 '성령'(1:8, 10, 12, 23; 2:29; 12:36; 13:11), '중심'(2:8), '마음'(8:12; 14:38), '귀신'(1:23, 26, 27; 3:11, 30; 5:2, 8; 6:7; 7:25; 9:17, 20, 25x2)으로, 누가복음(36)은 '성령'(1:15, 35, 41, 67; 2:25, 26, 27; 3:16, 22; 4:1x2, 14, 18; 10:21; 11:13; 12:10, 12), '심령'(1:17, 80), '귀신'(4:33, 36; 6:18; 7:21; 8:2, 29; 9:39, 42; 10:20; 11:24, 26; 13:11), '영'(8:55; 24:37, 39), '마음'(1:47), '영혼'(23:46)으로, 요한복음(24)은 '성령'(1:32, 33x2; 3:5, 8, 34; 7:39x2; 14:26; 15:26; 16:13; 20:22), '영'(3:6x2; 4:23, 24x2; 6:63x2; 14:17), '바람'(3:8), '심령'(11:33; 13:21), '영혼'(19:30)으로 각각 번역하고 있다.

2) 사도행전(70)은 '성령'(1:2, 5, 8, 16; 2:4x2, 33, 38; 4:8, 25, 31; 5:3, 32; 6:3, 5, 10; 7:51, 55; 8:15, 17, 18, 19, 29; 9:17, 31; 10:19, 38, 44, 45, 47; 11:12, 15, 16, 24, 28; 13:2, 4, 9, 52; 15:8, 28; 16:6; 19:2x2, 6; 20:22, 23, 28; 21:4, 11; 28:25), '영'(2:17, 18; 5:9; 8:39; 16:7; 23:8, 9), '귀신'(5:16; 8:7; 16:16, 18; 19:12, 13, 15, 16), '영혼'(7:59), '마음'(17:16), '열심'(18:25)으로 번역하고 있다.⁴⁵⁶

---

455 이하 ( )의 숫자는 빈도수를 가리킴.
456 행 19:21에도 '프뉴마' 어휘가 나타나고 있는데, 개역개정은 물론 표준새번역, 새번역, 공동 번역, 새한글 성경은 이에 대한 번역을 생략하고 있다. 하지만 NRSV, NASV는 '프뉴마'를 "the Spirit"로 번역하고 있다.

3) 바울서신: 로마서(34)는 '**성령**'(5:5; 8:2, 16, 23, 26x2, 27; 9:1; 14:17; 15:13, 16, 19, 30), '**영**'(1:4; 2:29; 7:6; 8:4, 5x2, 6, 9x3, 10, 11x2, 13, 14, 15x2, 16), '**심령**'(1:9; 11:8)으로,[457] 고린도전서 (40)는 '**성령**'(2:4, 10x2, 13, 14; 3:16; 6:11, 19; 12:3, 4, 7, 8x2; 12:9x2, 11, 13x2), '**영**'(2:11x2, 12x2; 5:3, 4, 5; 6:17; 7:34, 40, 12:3, 10; 14:2, 12, 14, 15x2, 16, 32; 15:45), '**마음**'(4:21; 16:18)으로, 고린도후서(17)는 '**성령**'(1:22; 5:5; 6:6; 12:18; 13:13), '**영**'(3:3, 6x2, 8, 17x2, 18; 7:1; 11:4), '**심령**'(2:13), '**마음**'(4:13; 7:13)으로, 갈라디아서(18)는 '**성령**'(3:2, 3, 5, 14; 4:29; 5:5, 16, 17x2, 18, 22, 25x2; 6:8x2), '**영**'(4:6), '**심령**'(6:1, 18)으로, 에베소서(14)는 '**성령**'(1:13, 18, 22; 3:5, 16, 22; 4:3, 4, 30; 5:18; 6:17, 18), '**영**'(1:17; 2:2), '**심령**'(4:23)으로, 빌립보서(5)는 '**성령**'(1:19; 2:1; 3:3), '**마음**'(1:27), '**심령**'(4:23)으로, 골로새서(2)는 '**성령**'(1:8), '**심령**'(2:5)으로, 데살로니가전서(5)는 '**성령**'(1:5, 6; 4:8; 5:19), '**영**'(5:23), 데살로니가후서(3)는 '**성령**'(2:13), '**영**'(2:2), '**기운**'(2:8)으로, 디모데전서 (3)는 '**성령**'(4:1x2), '**영**'(3:16), 디모데후서(3)는 '**성령**'(1:14), '**마음**'(1:7), '**심령**'(4:22)으로, 디도서(1)는 '**성령**'(3:5)으로, 빌레몬서(1)는 '**심령**'(25)으로 각각 번역하고 있다.

4) 공동서신: 히브리서(12)는 '**성령**'(2:4; 3:7; 6:4; 9:8, 14; 10:15, 29), '**영**'(1:14; 4:12; 12:9, 23), '**바람**'(1:7)으로, 야고보서(2)는 '**성령**'(4:5), '**영혼**'(2:26)으로, 베드로전서(8)는 '**성령**'(1:2, 12), '**영**'(1:11, 18, 19; 4:6, 14), '**심령**'(3:4), 베드로후서(1)는 '**성령**'(1:21)으로, 유다서(2)는 '**성령**'(19, 20)으로 각각 번역하고 있다.

5) 요한문헌: 요한 1서(12)는 '**성령**'(3:24; 4:13; 5:6x2, 8), '**영**'(4:1x2, 2x2, 3, 6x2)으로, 계시록(24)은 '**성령**'(1:10; 2:7, 11, 17, 29; 3:6, 13, 22; 4:2; 14:13; 17:13; 21:10; 22:17), '**영**'(1:4; 3:1; 4:5; 5:6; 16:13, 14; 18:2; 19:10; 22:6), '**생기**'(11:11), '**우상**'(13:15)으로 각각 번역하고 있다.

이를 빈도수 별로 다시 정리하면, '**성령**'(205), '**영**'(98), '**귀신**'(37), '**심령**'(16), '**마음**'(10), '**영혼**'(5), '**바람**'(2), '**열심**'(2), '**기운**'(1), '**생기**'(1), '**우상**'(1) 이며, 동일 단어 '프뉴마'가 11개의 다른 어휘로 번역되고 있다.

그렇다면 개역 개정 성경의 문제점은 무엇인가?

1) 동일한 '사르크스'가 '**육체**', '**육신**', '**육**', '**살**' 등으로 번역되고 있지만, 그 구분 기준이 모호하다. 예를 들면, 사도행전 역자는 같은 2장에서 '사르크스'를 '**육체**'와 '**육신**'으로, 요한복음 역자 역시 같은 6장에서 '사르크스'를 '**살**'과 '**육**'으로, 로마서 역자는 '사르크스'를 주로 '**육신**'(23/26회)으로, 반면에 갈라디아서 역자는 '사르크스'를 주로 '**육체**'(17/18)로, 베드로 전·후서 역자 역시 모두 '**육체**'(9/9)로, 요한 문헌 저자는 주로 '**살**'(13/23)로 각각 다르게 번역하고 있지만, 역시 그 기준이 모호하다.

2) 마태와 마가복음 역자는 창세기 2:24의 인용구에 나오는 '사르크스'를 '**몸**'으로, 반면에 고린도전서와 에베소서 역자는 '**육체**'로 각각 다르게 번역하고 있다. 하지만 앞에서 언급한 것처럼, 공동번역, 새번역, 새한글성경은 모두 "**몸**"으로, NIV, NASV, NRSV는 모두 "flesh"로 번역하여 일관성을 유지하고 있다.

3) 공관복음과 사도행전 역자는 "더러운"(ἀκάθαρτος), 혹은 "악한"(πονηρός), '프뉴마'(πνεῦμα)를 '**더러운 귀신**' 혹은 '**악한 귀신**'으로, 반면에 계시록 역자는 "더러운" '**프뉴**

---

[457] 롬 12:11에도 '프뉴마'가 사용되고 있지만, 개역 정, 공동 번역, 새한글 성경 역시 이에 대한 번역을 생략하고 있다. 하지만 공동번역, 표준새번역, 새번역은 '프뉴마'를 "성령으로", NASV, NRSV는 "in the spirit"로 번역하고 있다.

마'를 '더러운 영'으로 번역하고 있다. 이미 공관복음에는 일반적으로 '**귀신**'을 지칭하는 '다이모니온'(δαιμόνιον)이 47회 이상 사용되고 있다. 그런데 공관복음 역자들은 '프뉴마'와 '다이모니온'의 차이를 전혀 구분하지 않고 같은 어휘로 번역하고 있다.

4) 번역자에 따라 '프뉴마'를 '**성령**'혹은 '**영**'으로 번역하는데, 그 기준 역시 모호하다. 예를 들면, '프뉴마'와 '사르크스'의 날카로운 대립 관계를 말하는 로마서 8:5-6은 "육신을 따르는 자는 육신의 일을, 영을 따르는 자는 영의 일을 생각하나니 육신의 생각은 사망이요 영의 생각은 생명과 평안이니라"로, 반면에 동일한 대립 관계를 말하는 갈라디아서 5:17은 "육체의 소욕은 성령을 거스리고 성령은 육체를 거스르나니 이들이 서로 대적함으로 너희가 원하는 것을 하지 못하게하려 함이니라"로 각각 다르게 번역하고 있다.

5) 심지어 정확하게 같은 어휘에도 불구하고 번역자에 따라 다른 어휘로 번역 되는 경우도 있다. 즉 '프뉴마 데우'(πνεῦμα θεοῦ)가 어떤 곳(마 3:16; 12:28; 고전 3:16; 6:11)에서는 "**하나님의 성령**"으로 번역되어 있지만, 다른 곳(롬 8:14; 고전 2:11; 7:40; 12:3; 고후 3:3; 벧전 4:14)에서는 "**하나님의 영**"으로, '프뉴마 퀴리우'(πνεῦμα κυρίου)가 어떤 곳(눅 4:18)에는 "**주의 성령**"으로, 다른 곳(행 5:9; 8:39; 고후 3:17)에서는 "**주의 영**"으로 각각 다르게 번역하고 있다.[458]

2. 제언

이상에서 우리는 신약성경에 여러 번 나타나고 있는 '프뉴마'와 '사르크스'어휘를 중심으로 동일한 헬라어 어휘가 번역자에 따라 각각 다른 어휘로 번역되어 독자들에게 혼란을 가져오고 있다는 사실을 확인하였다. 이 글에서 다른 어휘는 조사하지는 않았지만, 다른 어휘도 조사해 보면 이런 경우가 적지 않을 것이다. 하지만, 성경 번역 어휘의 일관성이 유지되지 못할 때 원어를 모르는 독자들은 자기도 모르게 성경 본문을 다르게 이해할 수 밖에 없다.

예를 들면, '사르크스'가 여러 번 '**몸**'(예, 마 19:5, 6; 막 10:8)으로, '프뉴마'가 '**마음**'(예, 마 26:41; 막 8:12; 행 17:16; 고전 4:21; 16:18; 고후 4:13; 7:13; 빌 1:27; 딤후 1:7)으로 번역되고 있는데, 이미 신약성경에서 '**몸**'과 '**마음**'에 대한 일반적인 어휘인 '쇼마'(σῶμά)와 '카르디아'(καρδία)가 각각 100회 이상 사용되고 있다. 그런데 마치 '사르크스'가 '쇼마'와, '카르디아'가 '프뉴마'와 같은 어휘처럼 번역되고 있다. 이것은 사실상 번역을 뛰어넘는 일종의 주관적 해석이다. 바울은 일반적으로 '몸'으로 번역되고 있는 '소마'는 구속의 대상이지만(롬 8:23; 고전 15:44), '육체', 혹은 '육'으로 번역되는 '사르크스'는 구속의 대상이 아니고 오히려 소멸의 대상이다(고전 5:5; 15:50).[459] 그래서 개역개정의 개정에 있어서 어휘의 일관성을 유지하기 위해 다음 몇 가지를 제언하고자 한다.

---

458 하지만 NIV, NASV, NRSV는 '프뉴마 데우'를 "the Spirit of God"으로, '프뉴마 퀴리우'를 "the Spirit of the Lord"로 번역하여 일관성을 유지하고 있다.
459 제임스 D.G. 던, 『바울신학』, 박문재 옮김 (서울: 크리스챤다이제스트, 2003), 132-134.

1) '프뉴마'가 '성령'을 지칭하는 것이 분명할 경우 '영'보다 '성령'으로 번역할 것을 제언한다.

2) 바울서신에서 '사르크스'와 '프뉴마'가 서로 반위 개념으로 사용되고 있는 문맥에서는 '영'과 '육신'(로마서)으로 번역하거나, '성령'과 '육체'(갈라디아서)로 번역하기보다는, 오히려 '성령'과 '육'으로 번역할 것을 제언한다. 왜냐하면, 이 경우에 '프뉴마'가 새 시대의 능력을 대변하는 것과 마찬가지로, '사르크스'는 인간의 육체를 대변하기보다 옛 시대의 세력을 대변하기 때문이다.[460]

3) 공관복음에 자주 '더러운 귀신'으로 번역되고 있는 '타 프뉴마 토 아카달톤'(τὸ πνεῦμα τὸ ἀκάθαρτον)은 그보다 더 많이 사용되고 있는 귀신의 명칭 '타 다이모니아'(τὰ δαιμόνια)와 구분하기 위해서라도 요한계시록의 경우처럼 '더러운 영'으로 번역할 것을 제언한다.[461]

4) 같은 구약 본문 인용 경우 동일한 어휘로 번역할 것을 제언한다.[462]

5) 사도행전 19:21와 로마서 12:11에 보면 '프뉴마'에 대한 번역이 설명 없이 생략되어 있는데 이를 살려 번역할 것을 제언한다. 참고로, 개역 개정[463]은 사도행전 19:21을 "이 일이 있은 후에 바울이 마게도냐와 아가야를 거쳐 예루살렘에 가기로 작정하여 이르되 내가 거기 갔다가 후에 로마도 보아야 하리라 하고"로, 로마서 12:11을 "부지런하여 게으르지 말고 열심을 품고 주를 섬기라"로 성령 어휘를 빼고 번역하고 있다. 하지만, 박창해는 그의 『바른말로 옮긴 신약전서』수정판에서, 사도행전 19:21을 "그런 일이 있는 뒤에, 바울은 성령님의 지시로, 마게도니아와 아가야를 거쳐서, 예루살렘으로 가기로 마음에 작정하고서, '나는 거기에 갔다가, 로마도 꼭 가보아야 하겠습니다'하고 말하였도다"로, 로마서 12:11을 "열심을 내어서 부지런히 일하며, 성령으로 뜨거워진 마음을 가지고서 주님을 섬기십시오"로 성령 어휘를 모두 살려 번역하고 있다.[464]

---

[460] 바울서신에서 종종 "성령"("영")과 "육"("육체")의 대조는 헬라적인 수직적 개념의 인간론적인 "영"과 "육체"의 대조가 아닌 히브리적인 지평적 개념의 구속사적이고 종말론적인 개념으로 사용되고 있다. Ridderbos, *Paul*, 100-105; Käsemann, *Romans*, 219-220; Stuhlmacher, *Romans*, 120-122; Jewett, *Romans*, 486, 491; Moo, *Romans*, 508-509; Schreiner, *Romans*, 405를 보라. 역시 *TDNT* VI, 428-430; *TDNT* VII, 131-134; W. B. Russel, "Paul's Use of σὰρξ and πνεῦμα in Galatians 5-6 in Light of the Argument of Galatians," Ph.D. Diss, Westminster Theological Seminary, 1991; 고든 D. 피, 박규태 옮김, 『바울서신의 성령론: 하나님의 능력주시는 임재』, 상권(서울: 새물결플러스, 2013), 789-791; 최갑종, 『갈라디아서』(서울: 이레서원, 2016), 588-591. 그런데 새한글 성경은 이 경우 '사르크스'를 '몸퉁이'로, '프뉴마'를 '성령'으로 번역하여 일관성을 유지하고 있지만, 필자가 보기에 사람의 신체를 지칭하는 '몸퉁이'는 본문에서 '사르크스'와 '프뉴마'의 종말론적-구속사적 대조를 충분하게 반영하지 못하고 있다.

[461] 참고로 새한글 성경은 양자를 구분하여 전자를 '더러운 영'으로, 후자를 '귀신'으로 번역하고 있다.

[462] 대부분의 영어성경(예, NIV, NASV, NRSV)은 동일한 구약인용 번역의 경우 동일한 어휘로 번역하고 있다.

[463] 역시 표준새번역, 새번역, 공동번역, 새한글성경 등.

[464] 표준새번역과 새번역 역시 '프뉴마'를 살려 "성령으로" 번역하고 있다.

① '육'을 좇는 자와 '성령'을 좇는 자(5-8절)

4절에서 바울은 이미 기독교인을 가리켜 "육신(육)을 좇지 않고, 그 영(성령)을 좇는 자"임을 지적하였다. 이제 5절에서 그는 "육신을 좇는 이"와 "성령을 좇는 이"가 각각 어떤 사람임을 구체적으로 밝힌다. 여기서 우리가 주목하여야 할 점은 그리스도 안에 있는 이는 이미 율법의 정죄로부터 자유함을 얻었기 때문에(8:1), 그리고 이제 율법은 신자를 향해 죄와 사망의 법이 아닌 생명의 성령의 법이 되었기 때문에(8:2), 바울이 더는 7장에서처럼 율법을 부정적으로 제시하지 않고, 그 대신 '육'을 부정적으로 제시하고 있다는 점이다.

여기 '육'과 '성령'은 단순히 인간을 구성하고 있는 '영'과 '육'의 두 품성을 가리키고 있다기보다, 오히려 이미 앞에서 말한 것처럼, 옛 시대와 새 시대를, 그리스도 이전과 그리스도 이후를 대변하고 있는 두 종말론적인 세력의 대변자로 보아야 한다. 바울은 예수 그리스도의 오심, 그의 죽으심과 부활을 통해 하나님께서 구약의 선지자들을 통해 약속하셨던 새 시대가 이미 옛 시대 가운데 침투하였으며, 옛 시대와 대립하면서 그 완성을 향하여 나아가고 있다고 보고 있다.

따라서 바울에게 있어서 육을 따라 산다는 것은 그리스도와 성령과 관계없는 옛 시대의 삶을 사는 것을 뜻하고 있으며, 반면에 성령을 따라 산다는 것은 그리스도 안에서 성령과 더불어 새 시대의 삶을 따라 산다는 것을 뜻한다. 그렇다면 옛 시대의 삶, 곧 육을 따른 삶과 새 시대의 삶, 성령을 따른 삶은 구체적으로 어떤 삶을 가리키고 있는가?

갈라디아서 5장에서 바울은 육을 따라 사는 자는 실제로 "음행과 더러운 것과 호색과 우상숭배와 술수와 원수를 맺는 것과 분쟁과 시기와 분냄과 당 짓는 것과 분리함과 이단과 투기와 술취함과 방탕"(갈 5:19-21) 등 온갖 종류의 성적, 윤리적, 사회적, 종교적 범죄와 타락행위를 가져온다고 말한다. 반면에 성령을 따라 사는 이는 "사랑과 희락과 화평과 오래 참음과 자비와 양성과 충성과 온유와 절제"(갈 5:22-23)를 가져온다고 말한다.

즉, 한 사람이 성령을 따라 사는가, 육을 따라 사는가는 그 사람의 삶의 구체적인 모습에서 드러난다는 것이다.[465] 바울에 따르면 신자가 옛 시대 가운데 살고 있다고 하더라도 그리스도 안에서 새 시대의 선물로 주어진 성령을 받았기 때문에, 이미 새 시대의 삶을 살아야 하는 "새로운 창조물"(고후 5:17; 갈 6:15)이 되었

---

465 슈툴마허, 『로마서』, 212-13도 보라.

다. 그러므로 신자는 옛 시대 안에서 새 시대의 삶을 살아가야 하는 소명을 받고 있다. 바울은 신자가 육의 영향을 받지 않고 성령을 따라 살도록 하기 위해, '육을 따라' 사는 자의 삶의 결과와 '성령을 따라' 사는 이의 삶의 결과를 서로 날카롭게 대조시킨다.

바울에 따르면 성령에 따라 사는 사람은 성령에 속한 것인 생명과 평화를 생각하며, 하나님의 법, 곧 율법이 요구하는 사랑의 삶을 살며, 하나님을 기쁘시게 하는 삶을 추구한다. 반면에, 육을 따라 사는 자는 육적인 일을 생각하고, 하나님의 법에 불순종하고, 하나님을 미워하고, 하나님과 원수가 된다. 오히려 그는 죄의 종이 된 삶을 살게 된다.

여기서 우리는 성령을 통해 7장에서 불가능했던 율법에 대한 순종이 가능하게 되는 것을 보게 된다. 왜냐하면, 성령은 신자로 하여금 율법의 진정한 목적인 하나님과 이웃에 대한 사랑을 구현하도록 하기 때문이다. 사람은, 앞에서 이미 지적한 바 있지만, 성령을 따라 살든지, 아니면 육을 따라 살든지, 그중 하나에 속할 수밖에 없다. 즉 부분적으로는 육에, 부분적으로 성령에 속한다거나 육에게도 성령에게도 속하지 않는 중립지대란 존재하지 않는다.[466]

왜냐하면, 성령에 속하지 않는 것 자체가 바로 육에 속한 것이기 때문이다. 여기서 바울은 성령 없는 신자의 신분을 생각할 수 없는 것처럼, 또한 성령 없는 신자의 삶도 생각할 수 없다는 사실을 거듭 확인한다(갈 5:25). 동시에 바울은 성령을 통해 신자의 신분을 가진 이에게는 또한 성령을 따른 삶도 가능하다는 사실을 확인한다. 그렇지 않다면 그는 성령을 따른 삶을 살도록 권면할 수 없을 것이다.

② 신자는 그리스도의 영인 성령 안에 있는 자(9-11절)

9절 상반절에서, 바울은 "하나님의 영이 너희 안에 계속해서 거주하고(οἰκεῖ, 현재시제) 있기 때문에, 너희는 더는 육신 안에 있지 않고 성령 안에 있다"고 말하면서, 신자의 존재는 근본적으로 육의 지배 아래가 아닌 성령의 지배 아래 있는 사람임을 밝힌다. 즉, 신자의 새 존재의 궁극적인 근거는 신자 그 자신에게 있기보다 오히려 지금 신자 안에 계시는 성령님께 있다는 것이다.

---

466 Schreiner, *Romans*, 406.

왜냐하면, 그리스도를 자신의 주로 고백하는 일, 새 사람으로 사랑의 삶을 사는 일, 말씀의 깨달음, 죄와의 싸움, 믿음의 성장 등은 근본적으로 내 안에 계시는 성령의 사역이기 때문이다. 바울이 갈라디아서 2:20에서 내 안에 그리스도께서 사신다고 말한 것은 사실상 그리스도께서 그의 영을 통하여 내 안에 사신다는 것을 가리키는 말이다.[467] 그래서 바울은 9절 하반절에서 이 "하나님의 영"을 "그리스도의 영"으로 바꾸어, "누구든지 그리스도의 영이 없으면 그리스도의 사람이 아니라"라고 선언한다. 이러한 선언으로 바울은 "그리스도의 사람"="그리스도의 영을 가진 자"라는 명제를 도입한다(고전 12:3 참조).

즉, 그리스도 안에 있는 이, 그리스도의 죽음과 부활에 연합된 모든 신자는 그리스도의 영인 성령을 소유한 이라는 것이다. 그것은 복음을 믿고 그리스도의 사람이 되는 것과 복음을 통해 성령을 받는 것이 결코 서로 나뉠 수 없다는 것이다. 신자 개인이든, 공동체이든, 성령 없이는 존재할 수 없다. 왜냐하면, 그들은 모두 성령이 거주하는 성령의 전이기 때문이다(고전 3:16-17; 6:19). 그러므로 성령을 받은 이는 누구든지 더는 신분적으로나 영역적으로나 육에 속해 있지 않고 그리스도에게 속한 사람이다.[468] 바울은 이 점과 관련하여 이미 6장에서 "너희는 죄로부터 해방되어 의에게 종이 되었다"(6:18), "이제는 너희가 죄로부터 해방되고 하나님께 종이 되었다"(6:22)라고 말하였다.

계속되는 문맥에서 우리의 관심을 끄는 것은 바울이 거듭 '성령'과 '그리스도'를 서로 분리시키지 않고, 오히려 동일시하고 있다는 점이다. 이 점은 9b의 "누구든지 그리스도의 영을 가지지 않는다면"이라는 말과 10a의 "만일 그리스도께서 너희 안에 계시지 않는다면"이라는 말이 서로 병행을 이루고 있다는 점에서 확인된다. 또한 10b에서 그리스도 대신 생명을 주는 성령(8:2 참조)이 사용되고 있는 점에서 분명하다.

그렇다면 어떻게 해서, '성령'이 '그리스도'와 동일시되는가?

우리는 11절에서 바울의 사상적 전개 과정을 엿볼 수 있다. 11절에서 바울은 예수님을 죽음에서 부활하게 하신 동일한 하나님의 영이 신자 안에 거하고 있고 그 동일한 영에 의해 하나님께서 신자의 궁극적인 구원을 가리키는 죽을 몸도 부

---

[467] Fee, *God's Empowering Presence*, 374. 역시 Matera, "Walking by the Spirit. The Letter to the Galatians," in *New Testament Ethics. The Legacies of Jesus and Paul* (Louisville: Westminster John Knox, 1996), 166.

[468] Schreiner, *Romans*, 407-408.

활시킨다는 사실을 밝혀주고 있다.[469]

이미 로마서 1:3-4에서 바울은 하나님의 아들이신 예수님이 "성결의 영(성령)으로는 죽은 자 가운데서 부활하여 능력을 가진 하나님의 아들로 인정되었다"고 말하였다. 고린도전서 15:45에서는 "마지막 아담이신 예수가 "살려주는 영(성령)이 되었다"고 말한다. 그리고 고린도후서 3:17에서 "주는 영(성령)이다"라고 말하면서 예수 그리스도의 부활 사건을 통하여 성령은 부활하신 그리스도의 삶의 주체가 되셨으며 그리스도의 영이 되셨다고 주장한다. 이것은 결국 바울에게 있어서 새 시대에 부활하신 그리스도와 성령은 그 사역에 있어서 서로 분리될 수 없다는 것을 뜻한다.

부활한 그리스도는 성령을 통하여 일하시고, 오순절에 강림하신 성령은 오직 부활하신 그리스도를 위하여, 그리스도의 사역을 하시기 때문이다. 그리스도와 성령은 그 존재에 있어서는 독립된 인격을 가져 서로 다르지만, 사실상 그 사역을 통하여 하나가 된다. 따라서, 그리스도 안에 있는 이는 바로 성령 안에 있는 사람이며, 성령 안에 사는 이는 그리스도 안에 사는 이가 된다(참고 갈 2:20). 마찬가지로 바울에게 있어서는 그리스도의 체험은 곧 성령의 체험이며, 성령의 체험은 또한 그리스도의 체험이다.[470] 이것은 사실상 예수님의 나무는 그 열매로 안다(마 7:20)는 말씀처럼, 한 사람이 그리스도 안에 있는가의 진위 여부가 사실상 그가 성령을 따라 사는가에 달려 있음을 시사한다.

그렇다면 10절의 "또 그리스도께서 너희 안에 계시면 몸은 죄로 인하여 죽은 것이나 영은 의를 인하여 산 것이니라"는 어떻게 이해되어야 하는가? 우리말 개역개정 본문은 여기 "몸"을 지칭하는 헬라어 '소마'(σῶμα)와 "영"을 지칭하는 '프뉴마'(πνεῦμα)를 사람을 구성하는 두 요소인 "육체"와 "영혼"을 지칭하는 것으로, 그리고 "생명"을 지칭하는 '조에'(ζωή)를 명사가 아닌 동사인 '산다' 곧 '자오'(ζάω)라는 의미를 지닌 것처럼 번역하고 있다. 몇몇 영어 번역 성경(예, RSV, NIV, NASB)도 그렇게 한다.[471] 하지만, 이러한 번역은 본문이 위치하는 전후 문맥에 비

---

469 홍인규, 『로마서, 어떻게 읽을 것인가』, 145: "실로, 성령은 구원의 시작이요, 완성의 보증이시다."
470 Gorman, *Romans*, 109.
471 이러한 잘못된 번역에 의해 잘못된 해석이 뒤따르고 있다. 예를 들면, 여기 몸과 영을 인간을 인간론적으로 해석하는 이상근, 『로마서』, 205; 권성수, 『로마서 강해』 (서울: 도서출판 횃불, 1994), 406; 김서택, 『로마서 강해: 완전한 복음』 (서울: 생명의 말씀사, 2006), 325-326 등이 있다.

추어볼 때 정당하다고 보기 어렵다.

첫째, 여기 "몸"은 "영혼"과 함께 인간을 구성하는 한 부분을 지칭하기보다는 11절의 "너희의 죽을 몸"(타 드네타 소마타 휘몬, τὰ θνητὰ σώματα ὑμῶν)처럼, 사람 전체를 대변하는 말로 사용되고 있다. 왜냐하면, 11절에서 "너희 죽을 몸도 살린다"는 말은 하나님께서 예수를 그의 성령으로 살린 것처럼(부활), 우리의 육체나 영혼의 한 부분이 아닌 우리의 전인을 살리는 것을 말하기 때문이다.[472]

즉, 우리 옛 사람의 삶의 양식을 대변하는 "육"은 소멸되지만, 우리 전인을 대변하는 몸은 그리스도를 통한 구속의 대상이므로 신령한 몸으로 다시 회복된다는 것이다.

둘째, 바울은 로마서 8:1-9까지 계속 "육"(σάρξ)과 "영"(πνεῦμα)을 대조적으로 사용해 왔다. 전자가 그리스도와 성령의 지배를 받기 이전의 옛 사람을 지배했던 옛 세계 세력인 "육"을 대변한다면, 후자는 하나님과 그리스도에 의해 오신 새 세계의 세력인 "성령"을 지칭한다고 볼 수 있다. 즉, 여기서 "몸"이 사람의 한 구성 요소가 아닌 사람 전체를 대변하는 것처럼, "성령"도 인간의 한 구성 요소가 아닌 사람 전체를 살리게 하는 "성령"을 가리킨다. 셋째, 개역개정이 "산 것이니라"로 번역하고 있는 헬라어 '조에'는 사실상 형용사나 동사가 아닌 명사다. 그러므로 명사인 '조에'를 형용사나 동사처럼 번역할 수 없는 것이다.

그렇다면 10절의 본문은 어떻게 이해하여야 하는가?

10절 서두에 나오는 조건절 "만일 그리스도께서 너희 안에 계시면"은 9절에서 말한 그리스도께서 그의 성령을 통해 이미 신자 안에 거하고 있음을 전제하고 있는 일종의 양보 조건절인 "그리스도께서 너희 안에 계신다 하더라도"로 이해할 수 있다. 그다음 문구인 "그 몸은 죄로 말미암아 죽은 것이나"는 너희를 대변하는 그 몸은 이미 한때 죄의 도구가 된 몸이므로 반드시 죽게 된다는 사실을 가리킨다. 이것은 설사 신자가 그리스도와의 연합을 통해 구속사적으로 그리스도와 함께 죽고 함께 부활하였다라도(6:3-5), 신자가 현실적으로 이 세상에 사는 한 몸의 죽음을 피할 수 없다는 것을 가리킨다.

---

[472] 역시 김광수, "바울신학에 기초한 로마서 8:10의 번역과 해설," 『성경원문 연구』 21 (2007), 77: "바울에게 있어서 몸은 인간 존재의 한 부분이 아니라, 한 인간을 전체적으로 나타내는 전인적 개념이다."

11절에서 바울이 "하나님께서 그의 영으로 너희 죽을 몸도 살리신다"고 말하는 것도 신자의 몸이 반드시 죽는다는 것을 전제하고 있다. 한때 죄의 지배를 받았던 몸의 죽음이 없이는 더는 죄의 지배를 전혀 받지 않는 신령한 몸의 부활은 있을 수 없기 때문이다. 10절의 마지막 문구인 "영[성령]"[473]은 의로 인한 생명이니라"(τὸ δὲ πνεῦμα ζωὴ διὰ δικαιοσύνην)는 문법적으로 양자의 대조를 가리키는 '멘…데'(μὲν … δὲ)가 보여 주고 있는 것처럼, 그 앞에 있는 몸의 죽음과 대조가 되는 11절의 몸의 부활을 암시하는 말이다. 말하자면 너희 몸은 죄로 인하여 죽게 되겠지만, 성령께서 의를 통하여, 즉 그리스도께서 그의 십자가의 죽음을 통해서 신자에게 주어진 그 의(3:21-26)를 통하여, 너희에게 다시는 죽지 않는 몸인 영원한 생명을 주신다는 것이다. 바울은 이 점을 그다음 절인 11절에서 보다 구체적으로 말한다.

11절은 10절이 언급한 죽음과 생명, 곧 죄로 인한 몸의 죽음에서 어떻게 의로 인하여 몸의 생명인 부활이 이루어지는가를 구체적으로 설명한다. 바울의 설명은 예수를 죽은 자 가운데서 살리신 하나님의 영이 너희 안에 거하기 때문에(9절), 하나님께서 그의 영, 곧 성령을 통하여 너희 죽을 몸도 살리신다는 것이다. 왜냐하면, 우리의 몸은 그리스도의 피 값으로 산 성령의 전이기 때문이다(고전 6:19-20). 바울은 이미 로마서 서두에서 우리의 주 그리스도께서 하나님의 영인 성령을 통하여 죽은 자들 가운데서 부활하셨음을 강조하였다(1:4).

그리고 4장을 마감하는 25절에서 예수는 우리의 범죄 때문에 내어줌, 곧 십자가에 죽으셨지만, 우리를 의롭다 하시기 위하여 다시 살아나셨다고 말한다. 그리고 다시 5장을 마감하는 21절에서 "죄가 사망 안에서 왕 노릇한 것 같이 은혜도 또한 의로 말미암아 왕 노릇하여 우리 주 예수 그리스도로 말미암아 영생에 이르게 하려 함이라"고 말하면서, 죄가 죽음을 가져오지만, 우리에게 의를 주신 그리스도를 통하여 영생에 이른다고 말하였다.

이 모든 일의 배경에는 11절이 강조하는 하나님의 영인 성령이 계신다. 성령께서 그리스도를 죽은 자 가운데서 다시 신령한 몸으로 살리셨으며, 그리스도를

---

473 어떤 사람들, 이를 테면, Pitzmyer, *Romans*, 491은 여기 '영'을 성령을 지칭하는 것이 아닌, 인간의 영을 지칭하는 것으로 보고 있지만, 대부분의 학자들, Barrett, *Romans*, 149-50; Crandfield, *Romans 1*, 390; Dunn, *Romans*, 431; Byrne, *Romans*, 245; Wright, *Romans*, 584; Schreiner, *Romans*, 409는 성령을 지칭하는 것으로 본다. 여기 '영'을 성령으로 보아야 하는 결정적인 이유는 이 '영'을 가리켜 생명이라고 말하고 있기 때문이다. 성령만이 생명이지(8:2), 인간의 영이 결코 생명일 수 없는 것이다.

다시 살리신 그 성령께서 또한 죽을 몸을 지닌 우리도 신령한 몸으로 살리신다는 것이다. 그리스도의 죽음과 부활이 아무도 부인할 수 없는 명백한 역사적 사실인 것처럼, 우리가 죽음에서 다시 신령한 몸으로 부활하는 것도 아무도 부인할 수 없는 명백한 역사적 사실이라는 것이다. 즉, 바울은 우리의 종국적 구원을 육체 없는 영혼만의 구원이 아니라, 썩어질 몸이 다시 썩지 않는, 더는 죄에 빠지지 않는 신령한 몸으로 다시 사는 것으로 말하고 있다(고전 15:44). 여기서 12절 이하의 권면이 나오게 된다.

③ '이미'와 '아직'의 종말론적인 삶(12-17절)

12-17은 앞의 5-11절에서 말한 내용의 귀결이다. 5-11절이 신자가 어떤 신분인가를 말하고 있다면, 12-17은 신자가 이제 어떤 삶을 살아야 하는가를 말한다. 바울은 12-17절에서 신자 안에 그리스도의 영이 거한다고 하더라도, 그리고 그 거주하는 성령에 의해 신자가 이미 새 시대의 사람이 되었다 하더라도, 그는 여전히 육을 따라 살 수 있는 위험 아래 있다는 사실을 강조한다. 즉, 그리스도의 재림 때까지 옛 시대와 새 시대가 서로 공존하는 한, 신자는 이 세상에서 옛 시대를 대변하는 '육'과, 새 시대를 대변하는 '성령'의 두 권세 아래 있을 수 있다는 것이다.

그런 점에서 신자의 몸은 육과 영 사이에 싸움이 일어나는 일종의 전쟁터라고 말할 수 있다. 일종의 전쟁터라는 것은 신자라 할지라도 얼마든지 영적 싸움에서 실패하여 육을 따라 살 수 있다는 것을 시사한다. 그렇지 않다면, "너희가 육신대로 살면 반드시 죽을 것이다"라는 경고는 무의미하게 될 것이다.[474]

이미 6장에서 바울이 언급한 것처럼, 신자가 그리스도와의 연합을 통해 죄에 대해 죽었다 하더라도, 육의 세력은 우리의 몸에서 여전히 왕 노릇하려고 시도한다. 이럴 때마다 신자는 성령에 더욱 의지함으로써 더는 육의 세력이 우리의 몸을 지배하지 않도록 하여야 한다. 성령의 세력만이 죄와 육의 세력으로 하여금 이 우리의 몸을 더이상 지배하지 못하도록 할 수 있기 때문이다. 바울은 이를 가

---

[474] 여기에 말한 죽음은 단순히 육체적 죽음을 지칭하는 것이 아니다. 신자라 할지라도 육체적 죽음을 피할 수 없기 때문이다. 오히려 "죄의 삯은 사망이다"(6:23)라는 말이 시사하는 하나님과의 영원한 단절을 뜻하는 종말론적 죽음을 지칭한다고 보아야 한다. 왜냐하면 이와 대조되는 "성령으로 몸의 행실을 죽이면 살리라"라는 말이 종말론적인 영생을 시사하고 있기 때문이다. 역시 Barrett, *Romans*, 152; Murray, *Romans*, 292-293; Byrne, *Romans*, 246; Schreiner, *Romans*, 414를 보라.

리켜 갈라디아서 5:17에서, "육체의 소욕은 성령을 거스리고 성령은 육체를 거스리나니 이 둘이 서로 대적함으로 너희가 원하는 것을 하지 못하게 하려함이니라"라고 말하고 있다.

사실상 육을 따라 살지 않고 성령을 따라 살아야 하는 신자의 윤리적 책임은 그가 처해 있는 이와 같은 새 시대와 옛 시대, '이미'와 '아직', '육'과 '성령'의 종말론적인 긴장과 투쟁에 근거한다. 여기서 바울은 신자가 그리스도와의 연합을 통해 더는 육에 속해 있지 않고 성령에 속해 있다는 것과, 신자가 육을 따르지 않고 성령을 따라 사는 것이 서로 별개의 것임을 분명히 한다. 즉, 전자의 경우 신자가 믿음으로 은혜로 주어지는 것이지만, 그래서 신자가 신분적으로 육에 속해 있지 않고, 성령에 속해 있다고 하더라도, 성령을 따라 사는 것은 신자의 책임적이고 의지적인 결단을 요청하고 있다는 것이다. 말하자면 신자도 그의 삶의 현장에서 얼마든지 성령이 아닌 육을 따라 살아감으로써 사망에 이를 수 있다는 것이다(8:6, 13).

그러기 때문에 그리스도 안에서 의롭게 된 신자는 계속해서 성령의 통치 아래 살 수 있도록 자신의 삶을 늘 성령께 위임하여야 한다. 마치 우리가 그리스도의 제자로서 항상 그리스도를 바라보고 살아가야 하는 것처럼, 우리가 성령의 사람으로서 육의 요구를 거부하고 대신 성령이 요구하는 삶을 살도록 부단히 노력하여야만 한다. 그렇게 할 때 신자는 이 세상에서도 성령의 권세를 통해서 몸을 지배하려는 육의 권세를 극복하고 승리적 삶을 살 수 있다.

말하자면, 갈라디아서 5:19-21에 언급된 "음행, 더러운 것, 호색, 우상숭배, 주술, 원수 맺는 것, 분쟁, 시기, 분냄, 당짓는 것, 분열, 이단, 투기, 술취함, 방탕" 등 하나님의 나라를 유업으로 받지 못하게 하는 일을 피하고, 대신 5:22-23에 언급된 "사랑, 희락, 화평, 오래 참음, 자비, 양선, 충성, 온유, 절제"등의 성령의 열매를 맺을 수 있다. 이처럼 바울 사도는 그리스도 안에 주어진 칭의(8:1)가 결코 신자의 윤리적 책임인 성령을 따라 사는 삶을 배제하거나 분리시키지 않는다는 사실을 분명히 한다. 바울이 신자의 삶의 영역과 관련하여 다른 곳에서 "성령을 따라 살아라"(갈 6:16, 25), "오직 성령의 충만을 받으라(엡 5:18)고 권면하고 있는 이유도 여기에 있다.

바울에 따르면 신자가 계속해서 하나님의 영의 인도를 받을 때, 비로소 그 성령을 통하여 그의 하나님의 아들 됨이 나타난다. 성령은 인간의 자유와 책임을 무시하고 강제적으로 그를 인도하는 것은 아니지만, 그가 자신을 성령께 맡길 경우, 성령께서 그의 자유와 책임을 통하여 그를 인도한다. 여기서 바울은 하나님의 자녀 됨이 정적(靜的)이 아니라 동적(動的)임을 밝힌다. 즉 한편으로 성령의 지배를 받지 않고 육의 지배를 받는 한, 그를 하나님의 자녀로 부를 수 없다는 사실을 암시하면서, 신자의 삶의 심각성과 윤리적인 책임을 강화한다.

하지만, 다른 한편으로 바울은 즉시 15절 이하에서 신자들은 이미 양자의 영을 받았기 때문에(역시 고전 2:12; 갈 3:2), 그 영을 통해서 하나님을 예수님이 직접 하나님에게 사용하였던 아람어 호칭 "아바 아버지"(막 14:36)로 부르게 한다(참조. 갈 4:6)고 말한다.[475] 성령께서 친히 신자의 영[476]과 함께 그가 하나님 자녀 됨을 적극적으로 유지 시키기 때문에 그들이 하나님의 자녀 됨은 결코 상실되지 않는다는 것이다(참조. 8:37-39; 고전 6:11; 12:3).[477] 여기서 우리는 절망으로 끌고 가는 율법과 대조되는 성령의 능력과 함께 율법적 삶의 좌절과 대조되는 성령 안에서의 삶의 성공을 본다. 동시에 신자의 거룩한 삶은 궁극적으로 신자 안에서 역사하시는 성령의 사역임을 알게 한다.

이스라엘 역사에서 볼 수 있는 것처럼, 모세의 율법은 죄를 극복하게 하기보다도 오히려 죄의 도구가 되어 우리를 절망으로 끌고 간다. 하지만, 성령은 신자

---

[475] 예수님 당대 아람어 "아바"는 일반적으로 영어의 "Daddy"나 우리말의 "아빠"처럼 종종 친숙어로 자주 사용되었다. 따라서, 유대인들은 이 용어를 기도 중에 하나님에 대한 호칭으로 사용하는 것은 불경건하다고 생각하여 사용하는 것을 꺼려하였다. 그런데 예수님은 이 용어를 하나님께 대한 호칭으로 사용하였으며, 주기도문 서언에 나타나 있는 것처럼 제자들에게도 이 호칭을 하나님께 사용하도록 하였다. 그래서 하나님께 대한 아람어 아바 호칭이 헬라-로마 지역의 기독교인들에게 이르기까지 광범위하게 전승되었다(롬 8:15). 이런 점에서 하나님께 대한 아바의 호칭 사용은 예수님께서 신약교회에 물려준 새로운 계시라고 말할 수 있다. 이 문제에 대한 자세한 논의는 J. Jeremias, *Prayers of Jesus*, 11-65; J. Fitzmyer, "Abba and Jesus' Relation to God," *A cause de l'Evangile: Melanges offerts a Dom Jacques Dupont*, ed. R. Cantoy (Paris: Cerf, 1985), 16-38; G. Schelbert, "Sprachgeschichtliches zu 'abba'," in *Mélanges Dominique Barthélemy*, ed. P. Casetti et al. (Orbis biblicus et orientalis; Göttingen: Vandenhoeck & Ruprecht, 1981), 395-447을 보라. 특별히 바울의 "아바" 사용에 대한 신학적 의미에 관한 논의를 위해서는 Sigve Tonstad, "The Revisionary Potential of 'Abba! Father!' in the Letters of Paul," *Andrew University Seminary Studies* 45 (2007), 5-18을 보라. Tonstad는 이 논문에서 "아바"는 바울신학의 핵심을 보여주는 용어로 보고 있다.
[476] 어떤 사람, 이를테면, Cranfield, *Romans*, 403; Käsemann, *Romans*, 228은 8:16에 언급된 "우리의 영"을 인간의 영이 아닌 16절 서두에 언급된 "성령"으로 보아야 한다고 주장하지만, 서두에 언급된 "영"은 성령으로, 그다음에 언급된 "우리의 영"은 인간의 영으로 보는 것이 옳다. 왜냐하면 바울은 두 번째 언급된 영을 "우리의 영"으로 말하면서 앞에 언급된 영, 곧 성령과 구분하고 있기 때문이다. 역시 Wilcken, *Römer*, 137-138; Schreiner, *Romans*, 420.
[477] James D.G. Dunn, "Spirit Speech: Reflections on Romans 8:12-27," in *Romans & The People of God*, 83.

로 하여금 그가 성령을 전적으로 의지하고 성령의 인도를 받는 한, 우리로 하여금 실제로 죄를 극복하고 승리의 삶을 가능하게 한다. 성령을 통한 이 승리의 삶은 특별한 신자에게만 주어지는 특권이 아니며, 모든 신자에게 열려있는 특권이다. 누구든지 자신을 성령께 맡기고 성령께서 자신의 삶을 인도해 주시도록 한다면 그는 성령을 통하여 하나님을 향해 아바 아버지로 부르면서 이 세상에서 승리의 삶을 살 수 있다.[478]

그리하여 슈툴마허(P. Stuhlmacher)는 그의 로마서 주석에서 신자는 로마서 7장 24절에 나타나 있는 절망적인 아담적인 '나'의 탄식과 대조적으로 다음과 같이 고백할 수 있어야 한다고 주장한다: "우리 안에 거하시는 성령의 능력으로 말미암아 우리는 예수님에 의하여 일어난 의로움과 거룩함과 구속함에 참여하게 된다(고전 1:30). 우리는 하나님께서 지시하신 명령을 수행하며, 마지막 때 부활할 것을 확실히 믿는다."[479]

바울은 17절에서 15-16절에서 언급된 것처럼 신자가 실제적으로 하나님의 자녀이라면, 신자는 또한 "하나님의 상속자요, 그리스도와 함께 한 상속자"(κληρονόμοι μὲν θεοῦ, συγκληρονόμοι δὲ Χριστοῦ)라고 말한다. 하나님 자신의 유업을 누릴 상속자요, 그리스도의 유업을 누릴 상속자라는 것이다. 바울은 다른 곳(갈 3:29)에서 신자는 아브라함의 약속을 얻을 상속자라고 말한다. 그리고 로마서 4:13에서 하나님께서 아브라함에게 약속한 유업은 "세상"이라고 말한다. 그런데 여기서 바울은 신자가 얻을 유업을 하나님 자신이라고 말함으로써 신자가 받을 유업을 어떤 특별한 부분에 한정하지 않고, 하나님이 약속한 모든 것을 유업으로 받게 됨을 시사한다.

그리고 "그리스도와 함께 한 상속자"라는 말은 이 모든 유업이 하나님의 진정한 유업자인 그리스도 때문에, 그리스도를 통하여 주어진다는 것을 강조하는 것을 의미한다. 곧, 신자는 그리스도와의 연합을 통하여 그리스도가 획득한 하나님의 모든 유업, 이를테면, "지혜, 의로움, 거룩함, 구원함"(고전 1:30)에 참여하게 된다. 하지만 바울은 8:17 하반절에서 "우리가 그리스도와 함께 영광을 받기 위하여 고난도 함께 받아야 한다"고 하면서, 우리가 그리스도의 유업을 누리기 위한 실제적인 조건으로 고난 받는 것을 제시한다. 그리스도께서 십자가의 고난을 거

---

478 스토트, 『로마서강해』, 307-308.
479 슈툴마허, 『로마서』, 214-15.

쳐 부활의 영광에 들어간 것처럼, 신자에게 있어서 고난은 미래의 영광에 도달하는 길이라는 것이다.[480] 바울은 이 고난이라는 주제를 그다음 문단에서 보다 자세하게 설명한다.

(3) 성령 안에서 누리는 영광의 삶(8:18-30)

로마서 8:18-30은 기독교인이 이 세상에서 육을 따르는 삶이 아닌 성령을 따르는 삶을 살 때 무슨 일이 일어나는가를 말하고 있다. 기독교인의 삶은 영광을 기다리는 삶이며, 그 영광은 이미 5:2-4에서 언급한 것처럼 고난의 과정을 거쳐 도달하는 영광이라는 것이다. 장차 누리게 될 이 영광은 현재의 고난과는 비교할 수 없을 만큼 크지만, 이 영광은 고난 없이 주어지는 것은 아니라는 것이다. 기독교인이 이 세상에서 성령을 따르는 삶을 살 때 영광만이 아니라, 고난도 따라 올 수 있다는 것은 이미 17절의 "우리가 그리스도와 함께 영광을 받기 위해서는 고난도 함께 받아야 될 것이니라"는 말씀을 통해 언급되었다.

기독교인이 이 세상에서 살 때 왜 고난을 받아야 하는가?
왜 신자가 이 세상에서 살 때 질병과 여러 가지 사고와 어려움에 직면하게 되는가?
왜 영광은 미래에 주어지며, 현재는 고난의 과정이 주어지는가?
신자가 육을 따르는 삶이 아닌 성령을 따르는 삶을 살아가는데 왜 고난이 따라오는가?

그 이유는 예수 그리스도께서 십자가의 죽으심과 부활을 통하여 죄와 죽음의 세력을 결정적으로 정복하였을지라도, 여전히 이 세상에는 아직도 죄와 악과 죽음의 세력이 존재하기 때문이다. 이 죄와 악과 죽음의 세력은 장차 재림하실 그리스도에 의해 완전하게 정복되고 이 세상에 완전한 영광이 실현될 것이다. 그러나 그리스도의 재림을 통한 완전한 정복 때까지 죄와 악과 죽음의 세력은 여전히 이 세상에서 막강한 세력으로 믿는 자들을 계속 유혹하고 괴롭힌다. 그래서 바울은 골로새 교인들을 향해, "나는 이제 너희를 위하여 받는 괴로움을 기뻐하고 그리스도의 남은 고난을 그의 몸된 교회를 위하여 내 육체에 채우노라"(골 1:24)라

---

[480] Cranfield, *Romans*, 408; Schreiner, *Romans*, 421.

고 고백하고 있다.

이처럼 신자에게 있어서 고난은, 한편으로 그가 예수 그리스도를 통하여 죄와 악과 죽음이 지배하는 육의 영역에서 의와 생명과 영광이 지배하는 성령의 영역으로 이미 옮겨진 사람이기 때문에, 또 다른 한편으로 그가 아직도 죄와 악과 죽음의 세력이 남아 있는 이 세상에서 살아야 하는 '이미'와 '아직'의 이중성 때문에 온다. 여기서 우리는 신자가 성령을 체험한 그 순간 완전한 구원의 상태인 영화로운 몸이 되거나 죄의 유혹으로부터 완전히 자유로운 천사와 같은 존재로 변화되는 것은 아니라는 사실을 확인한다. 신자가 성령을 통해서 지금 여기서 미래의 구원을 이미 부분적으로 맛보고 있는 것은 사실이지만, 그의 완전한 구원은 성령의 도우심을 계속 필요로 하는 미래적이다. 바로 이 때문에 신자는 하나님의 자녀로서의 신분과 삶을 유지하기 위하여 새 시대의 선물인 성령의 인도하심과 도우심에 전적으로, 그리고 지속적으로 의존해야 한다.

그러나 신자가 이 세상에서 고난을 당한다 하더라도 낙심할 이유는 없다. 신자에게는 종국적으로 실패와 좌절이 아닌 영광스러운 승리의 소망이 약속되어 있기 때문이다. 우리 가운데 계시는 성령이 우리의 연약함을 친히 도우시고 우리의 승리를 위해 간구하실 뿐만 아니라, 궁극적으로 하나님께서 모든 것이 합력하여 선을 이루도록 우리를 인도하시기 때문이다. 우리를 예지하시고, 예정하시고, 부르신 그 하나님께서 또한 우리를 의롭다 하시고, 그리고 종국적으로 영화롭게 하실 것이기 때문이다.

이처럼 로마서 8:18-30의 중심 주제는 '고난을 넘어 영광'에 이르는 신자의 구원의 전 과정을 말하고 있다. 이 점은 본문을 시작하는 18절이 현재의 고난과 장차 나타날 영광에 대해 언급하고 있을 뿐만 아니라, 본문을 마감하는 30절이 영광의 실현을 언급하고 있기 때문이다. 따라서 본문은 고난과 영광을 말하고 있는 18절을 시작으로 고난 가운데서 영광을 기다리는 세 가지 탄식, 곧 피조물의 탄식을 말하고 있는 18-22절, 신자의 탄식을 말하고 있는 23-25절, 성령의 탄식을 말하고 있는 26-28절, 그리고 하나님의 주권에 의해 완전한 영광에의 도달을 말하고 있는 28-30절로 나누어진다.

① 고난을 넘어 영광으로(18-22절)

바울은 8:17b에서 "우리가 영광을 받기 위하여 고난도 함께 받아야 한다"고 언급하였다. 그리고 18절에서 그 고난과 영광에 대하여 다시 말하면서, 고난을

"현재의 고난"(τὰ παθήματα τοῦ νῦν καιροῦ)으로, 영광을 "장차 우리에게 나타날 영광"(τὴν μέλλουσαν δόξαν ἀποκαλυφθῆναι εἰς ἡμᾶς.)이라고 말한다. "현재의 고난"이라는 말이 의미하는 바는, 고난은 지금 여기서 만나지만 이것은 영구적인 것이 아니고 일시적인 것이라는 것이다. 고난은 일시적으로 주어지기 때문에 신자는 이것을 극복할 수 있다(벧전 1:6, 5:10; 고후 4:17).

"장차 우리에게 나타날 영광"이란 말은 영광이 현재가 아닌 미래에 주어질 것이라는 것과, 우리에게 '나타날'(ἀποκαλυφθῆναι, 신적 수동태 부정사)이란 말은, 하나님께서 이 영광을 우리에게 확실하게 실현시킨다는 의미를 갖고 있다. 그리고 "족히 비교할 수 없도다"는 말은 우리가 고난 가운데서도 부분적으로 이미 영광을 소유하고 있지만, 장차 주어질 영광은 이것과는 비교할 수 없을 만큼 더 크고 위대하다는 것을 알려준다(고후 4:7).[481]

8:19 이하에서 바울은 신자만 이 세상에서 고난을 받게 되는 것이 아니라, 이 세상의 피조물도 함께 고난을 받으며, 그 회복을 위해 탄식하며 기다리고 있다고 말한다. 즉, 하나님이 창조하신 피조물 전체가 하나님의 자녀들에게 나타날 그 영광을 간절히 기다리고 있다는 것이다. 여기서 바울은 그리스도를 통한 하나님의 구속 사역의 범위는 인간에게만 해당되는 것이 아니라, 하나님이 창조하신 모든 피조 세계에도 미친다는 사실을 분명하게 밝힌다. 말하자면 구원이라는 것은 우리가 죄가 많은 이 타락한 세상의 모든 피조물과 영역으로부터 탈출하는 것이 아니라, 오히려 우리가 타락한 세상 안에서 변화를 받아 모든 피조물과 세상의 영역을 하나님의 것으로 회복시키는 것을 포함하고 있다는 사실이다.

창세기 3장에 따르면 인류의 시조 아담의 범죄와 타락은 인간뿐만 아니라, 인간의 전 삶의 영역인 피조세계에도 영향을 미쳤다. 인간의 범죄로 인해 인간 은 물론 피조물도 하나님께서 창조하신 본래의 선함을 잃고 오염되었다. 인간이 사는 땅은 아담의 범죄로 인간과 함께 하나님의 저주를 받았으며, 가시덤불과 엉겅퀴를 내었다(창 3:17-18). 여기 궁극적으로 땅에게 저주를 가한 당사자는 아담도, 사탄도 아닌 아담의 죄와 불순종에 분노하시는 거룩하신 창조주 하나님이시다.

따라서, 사람에게 주어진 저주를 제거한 분도 하나님이신 것처럼, 땅의 저주를 제거하실 분도 역시 하나님이시다.[482] 이사야 선지자는 이렇게 말한다: "땅이

---

481 Cranfield, *Romans*, 409.
482 Moo, *Romans*, 538을 보라.

온전히 공허하게 되고 온전히 황무하게 되리라 여호와께서 이 말씀을 하셨느니라. 땅이 슬퍼하고 쇠잔하며 세계가 쇠약하고 쇠잔하며 세상 백성 중에 높은 자가 쇠약하며, 땅이 또한 그 주민 아래서 더럽게 되었으니 이는 그들이 율법을 범하며 율례를 어기며 영원한 언약을 깨뜨렸음이라. 그러므로 저주가 땅을 삼켰고 그중에 사는 자들이 정죄함을 당하였고 땅의 주민이 불타서 남은 자가 적도다." 로마서 1:18 이하에서 설명된 것처럼, 본래 하나님의 영광을 위해 창조된 피조물이 인간의 범죄로 인간에 의해 오히려 하나님을 대적하는 수단으로 전락한 것이다.[483] 피조물은 인간을 위해서 창조되었다고 말하기 이전에 창조주 하나님의 영광을 위해 창조되었다. 인간은 본래 피조물이 창조주의 본래 의도대로 하나님의 영광 도구가 되도록 피조세계를 잘 관리할 책임을 맡았다(창 1:28).

그러나 타락한 인간은 피조물과 자연을 보호하고 관리하기는커녕 자연을 파괴하고 왜곡하고 오염시켰다. 하지만, 20절의 "피조물이 허무한 데 굴복하는 것은 자기 뜻이 아니요, 오직 굴복케 하시는 이로 말미암음이라"라는 지적처럼, 이것은 피조물의 본래 의도는 아니다. 타락하여 하나님을 대적하고 피조물을 잘못 사용하는 인간의 책임이다. 인간의 불순종과 죄의 결과로 인해 하나님은 피조물까지도 본래 목적에서 이탈하여 하나님을 대적하는 수단으로 전락하게 된 것이다.[484]

그래서 바울은 예수 그리스도의 구속 사역은 인간뿐만 아니라, 하나님의 모든 피조계를 포함하고 있다고 주장한다(골 1:20, "그의 십자가로 화평을 이루사 만물 곧 땅에 있는 것들이나 하늘에 있는 것들이 그로 말미암아 자기와 화목하게 되기를 기뻐하심이라"). 하나님의 구원 사역은 인간의 죄로 타락되고 오염되고 잘못 사용된 모든 창조 세계의 회복과 새 창조를 포함하는 우주적(고후 5:17)이다. 따라서, 그리스도를 통하여 구속받은 신자는 인간의 범죄와 타락으로 오염된 자연과 환경을 창조자의 본

---

[483] 홍인규, 『로마서 어떻게 읽을 것인가』, 151: "아담의 범죄를 통하여 모든 인간에게 죄와 사망이 온 것처럼(롬 5:12-14), 자연 세계에도 썩음과 쇠퇴와 죽음이 오게 된 것이다." 롬 8:18-30과 롬 1:18-25의 연관성에 대해서는 Schreiner, Romans, 424를 보라.

[484] 어떤 사람(예, Byrne, Romans, 258-261)은 여기 피조물을 굴복하게 하신 자를 아담, 곧 범죄한 인간으로 본다. 하지만 범죄한 아담은 이미 피조물에 대한 지배권을 상실하였다. 따라서 여기 피조물을 굴복하게 하신 분은 하나님으로 보아야 한다. "굴복하게 되었다"는 동사는 일종의 신적 수동태로 사용되고 있기 때문이다. Cranfield, Romans, 413, Wilcken, Römer, 154, Dunn, Romans, 470; Schnabel, Römer, 240-241; Schreiner, Romans, 426-427도 보라.

래 의도가 잘 나타날 수 있도록 회복시킬 책임이 있다.[485]

소위 하나님의 선교(missio Dei)는 죄인인 사람뿐만 아니라, 인간의 모든 삶의 영역인 정치, 경제, 문화, 예술, 과학, 교육, 체육은 물론, 인간의 죄로 파괴되고 오염된 생태계 전반을 다 포함한다.[486] 그래서 복음은 인간과 창조주 하나님과의 올바른 관계 회복은 물론, 인간과 인간, 인간과 사회, 인간과 자연과의 관계 회복을 가져온다. 물론 우리의 완전한 구속이 미래적인 것처럼, 그리스도의 구속 사역으로 이 피조물의 새 하늘과 새 땅으로의 전체 회복은 하나님의 자녀들에게 약속된 완전한 영광이 실현될 때 이루어진다(계 21:1). 그러므로 피조물도 이 세상에서 고난 가운데 있는 성도들과 함께 탄식하며, 함께 고통당하면서 하나님의 자녀들의 영광에 참여할 그날을 기다리고 있다. 하나님의 자녀들에게 완전한 영광이 나타날 때, 이사야 선지자가 본 비전(사 65:17; 66:22)과 계시록 21:1의 비전처럼, 모든 피조 세계도 새 하늘과 새 땅으로 바뀔 것이다.[487] 그리하여 하나님께서 창조하신 근본 목적이 완전하게 실현될 것이다.

② 신자의 고난과 탄식(23-25절)

23-25절에서 바울은 피조물의 회복을 위한 탄식에서 다시 성령의 처음 익은 열매를 받은 우리들의 현재 상태로 되돌아가서 '이미'와 '아직'의 긴장 가운데서 사는 우리 신자들의 갈등과 탄식이라는 문제를 말한다. 예수 그리스도의 구속 사역을 통하여 부분적으로 회복된 피조물도 영광스러운 완전한 회복을 기다리는 동안 이 세상에서 탄식하고 있다면, 하물며 성령의 처음 익은 열매를 받은 하나님의 자녀인 우리들은 더 말할 나위가 있겠느냐는 것이다.

여기 "성령의 처음 익은 열매"(h` ἀπαρχὴν τοῦ πνεύματος)는 모든 피조물에 대한 하나님의 종말론적 추수의 첫 열매가 성령임을 상징적으로 표현하는 말이다.[488] 곡식이나 과일의 첫 열매가 남아 있는 다른 모든 곡식이나 과일의 추수를 보장하

---

485 이 문제에 관한 자세한 논의는 F. van Dyke, *Redeeming Creation: The Biblical Basis for Environmental Stewardship* (Downers Grove: InterVarsity, 1996); R. E. Grizzle, et al, "Evangelicals and Environmentalism: Past, Present, and Future," *Trinity Journal* 19 (1998), 3-27을 보라.
486 Christopher J. H. Wright, *The Mission of God* (Downers Grove: IVP Academic, 397-420을 보라.
487 머리, 『로마서 주석』, 411: "하나님의 자녀들의 영광은 피조물도 포함하는 영광이며, 따라서 우주적 중생과 무관한 것으로 생각할 수 없다."
488 James D.G. Dunn, "Spirit Speech: Reflections on Romans 8:12-27," in *Romans and the People of God*, 86.

는 것처럼, 하나님의 영인 성령을 첫 열매로 상징한 것은 성령은 하나님의 모든 피조물의 종국적인 추수를 보장한다는 것이다. 바울이 신자가 하나님의 종말론적 추수의 첫 열매인 성령을 받았다는 것은 신자의 종국적인 구원이 보장되어 있다는 것을 시사한다. 바울은 고린도전서 15:20, 23에서 그리스도가 부활의 첫 열매이기 때문에, 그에게 속한 자 역시 확실하게 부활이 주어질 것임을 강조한다.

하지만 그럼에도 불구하고, 바울은 신자가 이 세상에 사는 한, 신자의 삶은 고난뿐만 아니라, 고난을 극복하고 영광을 기다리는 탄식을 배제하지 않는다고 말한다. 크리스천의 삶은 항상 부와 명성과 건강은 물론 오복(五福)이라는 복을 필수적으로 동반하는 번영의 삶을 보장하는 것이 아니라는 것이다.[489] 오히려 신자는 이 세상에서 육을 따라 살지 않고 성령을 따라 살기 위해 죄와 악과 불의와 더불어 싸워야 하고, 그러는 가운데 고통도 당하고, 탄식도 할 수밖에 없는 긴장의 삶이라는 것이다. 성령의 처음 익은 열매, 곧 부활의 첫 열매이신 예수 그리스도의 부활에 이미 참여하고, 동시에 미래의 완전한 부활을 보장받은 우리도 이 점에서 결코 예외가 아니라는 것이다. 신자도 이 세상에 살면서 온갖 종류의 고통과 재난과 질병과 사고를 당할 수 있으며 탄식할 수 있다. 그럼에도 불구하고 신자는 우리 몸의 구속, 곧 영광스럽게 완성된 구원이 보장되어 있기 때문에 어떠한 어려운 상황을 만나더라도 좌절하거나 절망하지 말고 끝까지 참고 기다려야 한다.

③ 우리를 위한 성령의 탄식과 도우심(26-28절)

26-28절은 신자에게 있어서 고난 가운데서 어떻게 영광이, 탄식 가운데서 우리의 몸의 구속이 어떻게 보장될 수 있는가를 보여준다. 그 해답은 성령 하나님과 성부 하나님의 도우심이다. 바울은 이미 8:10에서 그리스도의 영이 없으면 그리스도의 사람이 아니라고 말하면서, 신자 안에 성령이 거하신다는 사실을 강조한 바 있다. 하나님께서 성령을 우리에게 주신 것은 그리스도를 통해서 이루신 모든 구원 사역을 우리 안에서 궁극적으로 실현시키기 위함에 있다.[490]

---

489 이 점에서 우리는 소위 기복신앙과 번영신학을 대표하는 '삼박자 구원', 곧 요한 3서 1:2의 "사랑하는 자여! 네 영혼이 잘 됨같이 네가 범사에 잘되고 강건하기를 내가 간구하노라"를 잘못 해석하여, 영혼이 잘 되면(영적 성숙) 필연적으로 범사에 잘 되며(경제적·사업상 번영), 그리고 강건하다(신체적 건강)는 주장은 잘못된 것이다. 기복신앙과 번영신학은 신자의 윤리적 책임과 십자가 신학과 삶을 훼손하고 있다고 볼 수 있다.

490 무, 『로마서의 신학적 강해』, 228: "'모든 것이 합력하여 선을 이룬다'는 것은 오직 하나

하나님의 영인 성령은 우리 안에 구원 역사를 시작할 뿐만 아니라, 또한 계속해서 이루어 가시고, 종국적으로 구원을 완성하게 하신다. 우리 기독교인은 이 세상에 살면서 때때로 넘어지고 연약해질 수도 있다. 이 때에 우리의 연약함을 도우시고, 우리를 일으키시고, 우리를 궁극적 구원에 이르도록 승리하게 하시는 분이 성령이시다. 예수님께서 그의 고별설교에서 약속하신 것처럼, 오실 보혜사 성령께서는 우리를 모든 진리 가운데로 인도하실 것이기 때문이다(요 16:13). 여기에 신자의 소망이 있다.

때때로 우리의 기도는 우리의 뜻에 따른 기도이기에 응답이 없을 수도 있다 하지만 성령께서 말할 수 없는 탄식 가운데서 우리를 위하여 친히 간구하는 기도는 하나님의 뜻에 합당한 기도이기 때문에, 하나님은 성령의 기도를 들으신다.[491] 그 결과 성도에게는 모든 것이 합력하여 선을 이루게 된다. 하나님께서 그렇게 하시기 때문이다. 신자가 이 세상에서 구원의 완성을 내다보면서 궁극적으로 승리의 삶을 살 수 있는 이유가 여기에 있다(요 16:33). 옛 언약 백성들에게 있어서 율법이 할 수 없었던 것을 새 언약 백성들에게는 하나님의 영인 성령이 그렇게 하시기 때문이다.

④ 모든 것이 합력하여 선을 이룸(29-30절)

29-30절은 하나님께서 어떻게 모든 것이 합력하여 선, 곧 종말론적인 구원과 영광에 도달하게 하는 우리의 구원의 전 과정에 관하여 말한다. 바울은 여기서 예지, 예정, 소명, 칭의, 영화 등 다섯 단계를 말한다. 하지만, 이와 같은 하나님의 구원의 다섯 과정은 필연적인 시간적 과정은 아니다. 여기서 구원의 전 과정을 시간적으로 말하려고 하는 것이 바울의 의도는 아니다. 그는 칭의 다음에 따르게 될 성화도 생략하고 있다.

바울은 고린도전서 6:11에서 구원의 과정을 말할 때는 "성령 안에서의 씻음"(중생), "거룩함"(성화), "의롭다함"(칭의)을 말하면서 성화를 칭의 앞에 두고 있다. 사실 신자 안에 일어나는 실제적인 구원의 과정은 신자가 우리에게 "지혜", "의로움", "거룩함", "구원함"이 되시는 그리스도와의 연합을 통해서 일어난다. 그런데 신자는 성령을 통해 그리스도와 연합할 때 그리스도께서 마련하신 구원

이 성령에 의해 그것들을 그렇게 명령하시기 때문이다."
[491] B. T. O'brien, "Romans 8:26, 27: A Revolutionary Approach tp Prayer?" *Reformed Theological Review* (1987), 71-72.

의 혜택을 시간적으로, 혹은 단계적으로 누리는 것이 아니다. 신자와 그리스도와의 연합은 그가 우리를 위해 마련하신 모든 혜택에 동시적으로 참여하는 것이다. 말하자면 시간적으로, 단계적으로 칭의의 혜택을 먼저 받은 다음 성화의 혜택을 받는 것이 아니다. 이 점에서 칼빈의 다음과 같은 말은 경청할 만한 가치가 있다: "왜 우리가 믿음에 의해 의롭게 되는가? 믿음에 의해 우리가 그리스도의 의를 붙잡게 되고, 그리스도의 의를 통해서만 우리가 하나님과 화목하게 되기 때문이다.

하지만, 우리는 동시에 성화를 붙잡지 않고는 칭의를 붙잡을 수 없다. 왜냐하면, 그리스도는 '우리에게 의와 지혜와 거룩함과 구속함이 되기 때문이다'(고전 1:30). 그러므로 그리스도는 아무도 그가 동시에 거룩하게 하지 않고는 의롭게 하지 않는다."[492] 따라서 우리는 소위 황금 고리로 알려진 로마서 8:29-30을 시간적인 구원 과정의 순서로 이해해서는 안 될 것이다. 예정, 소명, 칭의, 영화가 다 같이 동시성을 뜻하는 전치사 '카이'(καί)로 연결되고 있는 점도 이를 뒷받침한다.[493]

바울이 여기서 말하고자 하는 요지는, 우리의 구원을 시작하시는 분도, 진행하시는 분도 그리고 완성하시는 분도 오직 하나님이시라는 것이다. 만일, 우리가 다섯 단계를 시간적인 단계로만 해석할 경우, 하나님은 결국 우리 인간이 어떻게 행동할 것을 미리 내다 보시고, 그에 따라 구원을 시작하신다는 결론을 내릴 수 있게 한다. 이렇게 될 경우 한 사람의 궁극적인 구원의 결정권은 하나님이 아닌 인간에게, 은혜가 아닌 행위에 주어지게 된다.

29-30절에서 바울이 이 구원의 목적을, 우리로 하여금 "그 아들의 형상을 본받게 하기 위함"과 "맏아들이신 예수와 더불어 형제 자매가 되게 하기 위함"에 있다고 말하는 점에 주목하여야 할 것이다. 이것은 우리 구원의 최종 목표는 우리로 하여금 하나님의 아들이시며 하나님의 형상이신 예수 그리스도처럼 되게 하는 데 있음을 보여준다. 성경에 따르면 우리 인간은 본래 하나님의 형상대로 창조되었다(창 1:26). 그러나 인간은 타락으로 말미암아 거룩한 하나님의 형상을 잃어버렸다. 그런데 예수 그리스도는 그의 죽으심과 부활을 통하여 완전한 하나님의 형상으로 나타나셨다(고후 4:4). 구원은 예수 그리스도를 통하여 우리 안에 예수 그리스도의 형상을 회복하는 것이요(골 3:10), 예수 그리스도처럼 하나님의 자녀가 되는 데 있다(엡 1:5). 우리가 우리의 진정한 형상인 예수 그리스도를 닮아

---

492 Calvin, *Institutes of the Christian Religion*, Vol. 3.12.
493 Murray, *Romans*, 320-321.

가려고 힘쓸 때, 성령께서 바로 이 일을 우리 안에서 이루어 가신다.

"우리가 주의 영광을 보매 저와 같은 형상으로 화하여 영광으로 영광에 이르니 곧 주의 영으로 말미암음이니라"(고후 3:18).

이처럼 신자의 삶의 목표는 하나님의 완전한 형상이신 그리스도의 형상을 닮아가는 것이다. 바울은 갈라디아서 4:19에서 "나의 자녀들아 너희 속에 그리스도의 형상을 이루기까지 다시 너희를 위하여 해산하는 수고를 한다"고 하면서 이 점을 분명하게 한다.

(4) 그리스도의 사랑과 성도의 견인(8:31-39)

로마서 8:31-39의 문단은 로마서 8장의 결론인 동시에, 사실상 로마서 1장에서 8장까지의 결론이기도 하다. 여기서 바울은 하나님께서 예수 그리스도 안에서 우리를 위해 이루신 구원의 전 과정을 되돌아보면서, 하나님의 위대한 구원 사역이 얼마나 안전하고 승리가 보장된 영광스러운 것인가를 말하고 있다. 바울은 하나님의 구원의 위대성, 안정성, 승리의 근거를 예수 그리스도 안에 나타난 하나님의 사랑에서 찾는다. 하나님의 사랑이 구원의 시작과 과정과 완성을 보장하고 있다는 것이다.

이 하나님의 사랑은 하나님의 아들이신 예수 그리스도의 오심과 죽으심과 부활의 구속 사건을 통해서 구체적으로 나타났다(5:5-8). 우리에 대한 하나님의 사랑은 우리의 역사 안에 오신 역사적 인물이신 예수 그리스도, 그의 오심, 죽으심, 부활의 역사적 사건 그리고 오순절의 성령의 파송을 통해 구체적으로 나타났기 때문에, 그 누구도 우리를 대적할 수도, 송사할 수도, 정죄할 수도 없다.

이뿐만이 아니다. 우리의 구원을 위해 죽으시고 부활하신 그리스도께서 하나님 우편에서, 그리스도의 영이신 성령께서 우리를 위하여 친히 간구하고 있다. 그러므로 그 누구도, 그 어떤 것도 우리를 그리스도의 사랑에서 끊을 수 없다. 이처럼 우리의 구원은 우리에 대한 하나님과 그의 아들 예수 그리스도와 성령의 끊을 수 없는 사랑, 곧 삼위 하나님의 사역에 근거하고 있기 때문에 확실하고, 안전하고, 승리가 보장되어 있다.

그런 점에서 8장의 이 결론 부분은 8장의 서론인 그리스도 예수 안에 있는 자는 결코 정죄함이 없다는 선언과 짝을 이룬다. 로마서 8:31-39는 크게 31-34절,

35-39절의 두 부분으로 나눌 수 있다.[494] 먼저 31-34절에서 바울은 하나님께서 우리의 구원을 위해 그리스도 안에서 보여주신 이 위대한 사랑의 사역을 말하고 있다. 그리고 우리에 대한 하나님의 이 위대한 사랑 때문에 그 누구도 우리를 대적하거나, 송사하거나 정죄할 수 없다고 선언한다. 반면에 35-39절에서는 우리의 구원의 근거가 되는 하나님과 그리스도의 이 끊을 수 없는 위대한 사랑을 찬양하고 감사한다.

① 삼위 하나님이 우리를 위하시면(31-34절)

31절의 서두에 있는 "이 일에 대하여 우리가 무슨 말하리요"는 로마서 1:18 이하부터 8장에 이르기까지 바울이 서술한 내용, 곧 인간의 범죄에 대한 하나님의 심판(1:18-3:20), 예수 그리스도의 희생적 죽음(3:21-32), 믿음에 의한 칭의(4-5장), 율법이 아닌 성령에 의한 성화(6-8장)에 관하여 우리가 어떻게 응답할 것인가를 묻는 질문이다. 물론 이 질문은 강한 긍정적인 대답을 끌어내기 위한 수사학적인 질문이다.[495] 여기 "하나님이 우리를 위하시면"이라는 말은 바울 복음의 핵심적인 메시지, 곧 예수 그리스도의 희생적 죽음, 믿음에 의한 칭의, 성령에 의한 성화가 모두 우리를 위한 하나님의 사역임을 강조한다. 실제로 그리스도는 우리를 위하여 십자가에 죽으셨으며, 성령은 그리스도의 죽음과 부활이 가져온 구속의 은총을 우리 안에 적용시켰을 뿐만 아니라, 그것이 완전하게 적용되도록 계속 우리를 위하여 간구하신다. 따라서 그 누구도 하나님을 대적할 수 없는 것처럼, 하나님이 위하시는 우리를 그 누구도 대적할 수 없다.

32절, "자기 아들을 아끼지 아니하시고 우리 모든 사람을 위하여 내주신 이"는 우리로 하여금 창세기 22장에 있는 자기 아들을 아끼지 않고 하나님께 바친 아브라함에게 하신 하나님의 말씀, "네가 네 아들 네 독자까지도 내게 아끼지 아니하였으니"(창 22:12)를 연상하게 한다. 아마도 바울은 아브라함이 독자 이삭을 아끼지 아니하시고 하나님께 바친 경우를 염두에 두면서 하나님께서 자기 아들을 아끼지 아니하시고 우리를 위해 십자가에 내어주신 경우를 설명하려는 것 같다.

---

494 적지 않은 학자들, 이를테면, Cranfield, *Romans*, 434; Käsemann, *Romans*, 246; Dunn, *Romans*, 497; Fitzmyer, *Romans,* 529는 8:31-39를 31a, 31b-32, 33-34. 35-37, 38-39로 세분하고 있지만, 법적인 면을 강조하는 31-34와 하나님 사랑에 초점을 맞추는 35-39로 양분하는 것이 더 바람직하다. Longenecker, R*omans*, 749, 756; Schreiner, *Romans*, 449.
495 Cranfield, *Romans*, 435; Schnabel, *Römer*, 266, Schreiner, *Romans*, 450도 보라.

이사야 53장에 나타나 있는 것처럼, 하나님은 우리를 위해 자신의 기뻐하는 자, 곧 자기 아들에게 우리 모두의 죄악을 담당하게 하셨다(사 53:6, 12). 이처럼 여기서 바울은 먼저 우리를 위한 하나님의 사역을 그의 아들 예수 그리스도의 보내심과 그의 십자가의 죽으심으로 요약하고, 그다음 여기에 근거하여 하나님께서 우리의 구원에 필요한 현재, 미래의 모든 것을 은사로 주지 않겠느냐고 묻는다. 즉, 더 크고 위대한 것을 주셨다면, 그보다 더 작은 것은 당연히 쉽게 줄 수 있지 않겠느냐는 것이다. 이 질문 역시 "하나님은 반드시 모든 것을 우리에게 주신다"는 강한 긍정적인 대답을 끌어내는 수사학적인 질문이다. 여기서 바울은 다시 한 번 구원 사역은 한편으로 너무나 확실하다는 것과, 또 다른 한편으로 우리 인간 노력의 산물이 아닌 전적으로 하나님의 주권적인 사역임을 강조한다.

33-34절의 두 질문도 31-32절의 질문처럼 동일한 긍정적 응답을 끌어내는 수사학적인 질문들이다. 곧 33절의 "누가 능히 하나님의 택하신 자들을 송사하리요?"라는 질문은 아무도 하나님의 면전에서 하나님의 택하신 자들을 송사할 수 없다는 긍정적인 대답을 이끌어내고 있다.[496] 여기 "송사하리요"는 말은 하나님의 백성들에 대한 모든 사탄의 악한 시도들이, 그것들이 직접적이든, 사람들을 통한 간접적인 시도든, 현재의 것이든, 미래의 마지막 심판 때의 것이든, 성공할 수 없다는 것을 전제하고 있다. 사탄의 송사가 성공할 수 없는 이유는, 33b절에 지적되어 있는 것처럼, 하나님의 법정에서 설사 누가 우리를 송사한다 하더라도 의로우신 재판장이신 하나님께서 우리를 죄 없다고 선언하시기 때문이다.

송사뿐만 아니라 정죄도 마찬가지다. 누가 신자의 과거의 범죄행위를 열거하면서 왜 죄에 대한 심판을 하지 않느냐고 항의하더라도, 그러한 시도가 성공할 수 없는 이유는, 3:25에서 언급된 것처럼 예수 그리스도께서 우리의 모든 죄를 대신 담당하시고, 우리 죄에 대한 정죄를 그가 대신 당하심으로 정죄를 해소하셨기 때문이다. 그리고 우리를 의롭게 하기 위해서 또한 부활하셨기 때문이다(4:25). 그래서 그리스도 안에 있는 자는 결단코 현재나 미래에 있어서 정죄함이 없다(8:1). 말하자면 한번 주어진 칭의는 미래에 있어서도 여전히 유효하다는 것이다. 이뿐만이 아니다. 우리의 속죄를 위해 죽으시고, 우리의 의를 위해 부활하신 그리스도께서(4:25) 친히 하나님 우편에 앉아서 우리를 위해 계속해서 간구하

---

496 Cranfield, *Romans*, 437-438; Wilckens, *Römer*, 174; Dunn, *Romans*, 496' Schreiner, *Romans*, 453.

고 계시기 때문이다. 여기서 바울은 성령만이 성도를 위해 간구의 사역을 하는 것이 아니라, 부활하셔서 높아지신 그리스도도 성도를 위해 하늘에서 계속 간구하고 있음을 밝히고 있다(요 1, 2:1; 히 7:25; 9:24). 이처럼 신자의 구원을 위해 성부, 성자, 성령의 삼위 하나님께서 관여하고 있기 때문에 신자의 구원은 안전하고 확실하게 보장된다.

② 그리스도의 위대한 사랑(35-37절)

전체적으로 31-34절이 그 무엇도 우리와 하나님과의 법적인 관계를 손상시킬 수 없음을 강조한다면, 35-39절은 그 무엇도 하나님과 우리와의 인격적인 사랑의 관계를 손상시킬 수 없음을 강조한다. 그리고 35-37절의 전반부에 해당하는 35-37절이 34절에 나타난 그리스도의 사랑, 그 위대함을 말한다면, 그다음에 나오는 38-39절은 32-33절에 나타난 하나님 사랑, 그 위대함을 말하고 있다고 볼 수 있다.

바울은 35절에서 33절의 우리를 위한 그리스도의 사역에 나타난 사랑, 곧 그의 죽음을 통한 속죄 사역, 그의 부활을 통한 의의 사역, 그리고 그의 승천과 간구의 사역을 통해 보여준 그리스도의 사랑이 너무나 크고 위대한 사랑이므로 그 무엇도 우리에 대한 그리스도의 사랑을 끊을 수 없다고 선언한다. 바울의 선언은 추상적인 이론이나 학설에 근거한 것이 아니다. 고린도후서 11:26-27에 잘 나타나 있는 것처럼, 그의 전 생애와 선교 사역을 통해서 만났던 수많은 환난, 곤고, 핍박, 기근, 적신, 위험과 칼의 위험을 통해서 체험한 구체적인 역사적 사실에 근거하고 있다. 바울은 확인된 구체적인 체험에 근거하여 확신을 가지고 말하고 있다.

바울은 자신이 만난 모든 환난과 시련을 시편 44:22에 나타나 있는 이스라엘 백성들의 시련과 동일시한다. 그가 당한 시련은 그 자신에게만 주어진 특이한 것이 아니고, 과거의 하나 나라 백성들에게도 주어졌고, 미래의 하나님 나라 백성들에게도 주어질 수 있는 것이라는 것이다. 그러나 바울은 자신을 사랑하는 그리스도께서 이 모든 시련을 극복하고 승리하게 하셨다고 고백한다. 자신의 힘으로서가 아니라 그리스도께서 승리를 가져다 주었다는 것이다. 이러한 바울의 선언은 로마서 7:14-25에 나타나 있는 그의 좌절과 실패의 고백과는 너무나 대조 되고 있다. 로마서 7장의 선언이 그리스도와 성령의 도움 없이 율법으로 살아가려고 하는 모든 사람의 고백이라면, 로마서 8장 35절 이하의 선언은 그리스도와 성령의 도움으로 살아가는 모든 신자의 고백이다.

③ 하나님의 위대한 사랑(38-39절)

바울은 8장의 마지막 구절에서 그리스도의 사랑으로부터 다시 하나님의 사랑으로 돌아간다. 그리스도와 성령의 사역도 모두 하나님의 사랑에 근원하고 있기 때문이다. 다시 말하자면, 그리스도와 성령의 사역을 통해 나타난 사랑도 하나님의 사랑에서 분리되는 별개의 것이 아니라, 하나님의 사랑과 분리될 수 없는 하나님의 사랑의 표현이기 때문이다. 바울은 지금 절대적인 확신을 가지고 그 무엇도 자신과 자신을 사랑하는 하나님을 단절시킬 수 없다고 선언한다.

자신의 삶의 모든 영역에서 만나는 그 어떤 것도, 매일의 일상적인 생활에서 만나는 죽음과 생명의 체험(빌 1:21)도, 영적인 생활에서 만나는 천사들과 권세자들의 세력(엡 1:21; 6:12; 골 1:16; 2:15)도, 현재 생활이든, 미래 생활이든, 높은 하늘과 깊은 땅의 일도, 피조 세계의 그 무엇도 그와 하나님 사이를 끊을 수 없다고 선언한다. 바울은 하나님과 우리 사이를 끊을 수 없는 이 위대한 사랑은 우리 주 예수 그리스도 안에서 나타난 사랑이라고 말하면서 다시 그리스도의 구속 사건으로 돌아간다. 이것은 하나님의 사랑은 또한 그리스도 안에 나타난 하나님의 의와 다르지 않다는 것을 뜻한다. 우리가 출애굽 사건에서 볼 수 있는 것처럼 이스라엘을 구속한 하나님의 사랑이 족장들에 대한 하나님의 언약적 신실함의 표현이라면, 그리스도의 십자가를 통해 나타난 하나님의 의도 역시 성경이 증거하는 하나님의 언약적 신실함의 표현이기 때문이다.

이처럼 하나님의 사랑과 하나님의 의는 서로 평행한다. 우리가 8장의 서론(8:1)에 나타난, 더는 정죄함이 없는, 즉 하나님의 의와 8장의 결론(8:38-39)에 나타난 하나님의 사랑이 서로 평행을 이루고 있다고 보는 이유도 여기에 있다. 바울은 이 위대한 사랑을 다메섹 사건을 통해 체험하였다. 왜냐하면, 초대교회 신자들을 핍박하고 죽이는 데 앞장섬으로써 그리스도를 대적하고 그리스도의 원수가 되었던 자신을 은혜 가운데서 부르시고, 사도가 되게 하셔서 복음 전파자로 삼아주셨기 때문이다(갈 1:14-16).

바울은 디모데전서 1:15-16에서 그의 다메섹 사건 체험을 설명하면서, "내가 긍휼을 입은 까닭은 예수 그리스도께서 내게 먼저 일체 오래 참으심을 보이사 후에 주를 믿어 영생 얻은 자들에게 본이 되게 하려 하심이라"고 고백하고 있다. 자신의 복음 전파를 통해서 그 복음을 듣는 이들에게 자신에게 주어졌던 다메섹 사건이 재현될 수 있다는 것이다. 동시에 그의 다메섹 사건 체험이 9-11장에서 말하는 자기 민족 이스라엘의 궁극적 구원과 회복을 바라볼 수 있게 하였다.

"예수 그리스도 안에서"라는 말은 그리스도와 우리를 연합시키는 말이다. 그리스도가 이루신 모든 사역이 우리를 위한 사역이 되게 하는 말이다. 곧 그의 죽으심과 부활, 하늘과 땅의 모든 정사와 권세자들을 정복하신 그리스도의 사역이 우리의 것이 되었다는 것이다. 그의 승리가 우리의 승리가 되었다는 것이다. 우리가 이 땅에서 죽음과 생명, 정사와 권세자들, 현재 일과 장래 일, 하늘의 일과 땅 위의 일도 우리가 두려워하지 않아야 할 이유가 여기에 있다. 그것은 이미 우리와 연합되어 있는 우리 주 예수 그리스도께서 모두 정복하시고 승리하셨기 때문이다.

요한복음 16:33에 나타나 있는 주님의 말씀으로 "세상에서는 너희가 환란을 당하나 담대하라 내가 세상을 이기었노라"처럼 우리 주님이 승리하셨기 때문에 우리는 두려워할 이유가 없다. 오히려 승리의 확신을 가지고 감사하며 하나님께 영광을 돌릴 수 있다. 이처럼 진정한 기독교인의 삶은 실패와 좌절의 삶이 아니라, 삼위 하나님의 위대한 구속과 사랑 때문에 궁극적 승리를 확신하고 하나님께 감사와 영광을 돌리는 삶이다.

4. 네 번째 내러티브: 이스라엘에 대한 하나님의 언약적 신실성(9:1-11:36)

전통적으로 적지 않은 사람이 로마서를 교리 교과서처럼 생각하고, 기독교의 중요한 교리를 로마서에서 찾았다.[497] 특히 16세기의 종교개혁자들과 그들의 후예들이 그랬다. 그들이 로마서에 접근하면서 가졌던 우선적인 질문은 '죄인인 인간이 창조주 하나님 앞에서 어떻게 의롭게 되고, 구원 받을 수 있느냐'는 구원론적-수직적인 문제였다. 그들이 나와 너, 유대인과 이방인, 나와 이 세상 등의 수평적-사회학적 문제를 무시하지는 않았지만, 그것들은 어디까지나 2차적인 것이었다. 그들은 인간의 근본 문제를 창조주 하나님과의 정상적인 관계와 교제를 막고 있는 죄의 문제로 보았고, 이 죄의 문제가 수직적인 관계뿐만 아니라, 모든 수평적인 관계 문제까지 단절시키거나 왜곡시켰다고 보았다.[498]

종교개혁자들이 로마서로부터 발견한 기독교의 핵심 교리는, 인간이 창조주 하나님 앞에 설 수 있는 유일한 길이, 자신의 행위로 하나님 앞에서 의롭게 되는 것이 아니고, 오직 예수 그리스도를 믿음으로 의롭게 된다는 "이신칭의"(以信稱義) 구원 교리였다. 종교개혁자들은 이와 같은 "이신칭의 구원 교리"의 관점에서 로마서를 읽고, 해석하였다.[499] 그리고 그들이 발견한 이신칭의 구원 교리를, 한편으로 16세기의 로마 가톨릭교회를 비판하고 공격하는 무기로, 다른 한편으로 자신들의 정당성을 옹호하고 변호하는 방편으로 삼았다. 종교개혁자들이 남긴 이러한 개인 구원론적-수직적 로마서 접근은 지금도 로마서 접근에 대한 하나의 큰 흐름으로 남아 있다.[500]

---

497 D. Patte and C. Grenholm, eds., *Modern Interpretations of Romans: Tracking Their Hermeneutical/Theological Trajectory* (New York: T & T Clark, 2013)을 보라.
498 A. Harnack, *The History of Dogma*, trans. N. Buchanan (Boston: Little, Brown, 1901), 136; 앨리스터 맥그래스, 최재건 옮김, 『종교개혁사상』제3증보판 (서울: CLC, 2006), 174-179.
499 예를 들면, John Calvin, *The Epistles of Paul the Apostle to the Romans, and to the Thessalonians* (Grand Rapids: Eerdmans, 1960), 5에서 "인간의 유일한 의는 그리스도 안에 나타난 하나님의 자비하심이다. 그것은 복음에 의해 제시되고 있으며, 믿음에 의해 받게 된다"라고 하면서, 이신칭의를 로마서의 중심 주제로 보고 있다. 역시 Calvin, *Institutes* 111.xi.1: "칭의 교리는 기독교의 방향이 결정되는 중심점이다."
500 Douglas Moo, *The Epistle to the Romans* (Grand Rapids: Eerdmans, 1997), 28: "로마서 전체가 초점을 맞추고 있는 주제는 하나님께서 인간을 개별적으로 자신과 새로운 관계를 맺도록 하기 위해(1-4장), 그에게 영광스러운 영생을 제공하기 위해(5-8장), 그리고 그의 삶을 이 땅에서 새롭게 변화시키기 위해(12-16장) 그리스도 안에서 어떻게 사역하셨는가에 있다."

필자가 지금 로마서에 대한 이와 같은 개인 구원론적 접근이 전적으로 잘못되었다고 말하는 것이 아니다. 개인이 집단(사회)을 떠나서 존재할 수 없는 것과 똑같이 개인 없는 집단 역시 존재할 수 없다.[501] 더구나 로마서에서 믿음은 개개인의 책임을 배제하지 않는다(롬 1:16, 17; 3:3; 3:22, 26, 28, 30; 4:5; 10:10). 필자가 말하고 싶은 것은 로마서에 대한 지나친 개인 구원론적-수직적 접근은, 로마서가 편지로서 지닌 역사적 정황들, 이를테면 14-15장에 언급된 유대인 신자와 이방인 신자 사이의 내적 갈등 문제와 아울러 로마제국과 기독교인, 유대교와 기독교 운동, 유대인 교회와 이방인 교회 사이에 야기된 외적 문제들에 관한 관심을 등한시할 수 있다는 것이다.[502] 이뿐만이 아니다.

로마서에 대한 과도한 개인 구원론적-수직적 접근은 바울이 이스라엘 민족[503]의 구원 문제를 집중적으로 취급하는 로마서 9-11장이 로마서 전체 내러티브 구성에 있어서, 그리고 로마서 전체 이해와 해석에 있어서 얼마나 중요한가를 바르게 이해하는 데 장애가 될 수 있다. 그것은 로마서 9-11장을 그 앞에 있는 1-8장과 그 뒤에 있는 12-16장과 서로 분리시키거나, 아니면 9-11장을 부록처럼 여기도록 한다. 그리고 나아가서 9-11장의 중심 주제인 "모든 이스라엘의 구원"(11:25)이 로마서 전체 내러티브를 이끌어가는 매우 중요한 주제임을 간파할 수 없게 한다.

바울이 이스라엘 민족의 구원 문제를 집중적으로 취급하는 로마서 9-11장은 그의 로마서 전체 구성과 어떤 관계를 지니고 있는가? 과연 로마서 9-11장의 중심 주제인 '모든 이스라엘의 구원'은 그 앞에 있는 1-8장의 주제와 그 뒤에 있는 12-16장의 주제와 동떨어져 있거나 독립된 것인가? 어떤 주석가들이[504] 유대인

---

501 E. Käsemann, *Commentary on Romans* (Grand Rapids: Eerdmans, 1980), 22: "'믿는 모든 자'라는 언급은 바울이 결코 개인을 염두에 두지 않았다는 초기 종교사학파의 주장(Wrede, *Paul*, 113f., 132)이 잘못된 것임을 보여준다. 보편주의와 가장 극단적인 개인주의는 똑같은 동전의 앞면과 뒷면일 뿐이다."

502 J. P. Sampley, "The Weak and the Strong: Paul's Careful and Crafty Rhetorical Strategy in Romans 14:1-15:13," in *The Social World of the First Christians: Studies in Honor of Wayne A. Meeks*, eds. L. Michael White and O. Larry Yarbrough (Minneapolis: Fortress Press, 1994), 40-52; Philip F. Esler, *Conflict and Identity in Romans. The Social Setting of Paul's Letter* (Minneapolis: Fortress Press, 2003), 109-134, 339-356.

503 바울은 로마서에서 '유대인'과 '이스라엘'을 혼용해서 사용한다. 일반적으로 '유대인'(2-13장)이 이스라엘 민족에 대한 정치적-사회적인 호칭이라고 한다면, '이스라엘'(9-11장)은 종교적-신학적인 호칭이라고 할 수 있다.

504 C. H. Dodd, *The Epistle of Paul to the Romans* (London: Collins, 1959), 148-149; Francis W.

과 이스라엘[505] 민족 문제를 다루고 있는 9-11장의 내러티브를 로마서의 삽입 부분이나 부록으로 생각하는 것은 주로 두 가지 이유 때문이다. 하나는 로마서가 주로 이방인들로 구성된 로마 교회에 보내는 편지라는 전제 아래, 로마서 9-11장은 로마서의 목적과 주제 면에서 적합하지 않다는 것이다.

또 하나는 로마서의 전체적인 흐름 면에서 볼 때 9-11장은 전후(前後) 문맥에 적합하지 않다는 것이다. 즉 로마서 전반부에 해당하는 1-8장이 구원의 교리(敎理)를 말하고, 로마서 후반부인 12-16장이 실천적 삶(倫理)을 이야기하고 있다고 볼 때, 9-11장 없이 8장에서 12장으로 바로 넘어가는 것이 매우 자연스럽다는 것이다. 하지만 이러한 주장은 두 가지 점을 고려할 때 설득력이 매우 약하다.

첫째, 로마서에서 유대인의 문제가 9-11장에 가서 비로소 등장하는 것이 아니라, 로마서 처음부터 끝까지 계속해서 언급되어 있는 점이다. 예를 들면, 바울은 로마서의 주제 구절로 간주되는 1:16에서 "첫째는 유대인이요"라고 하면서 복음에 대한 유대인의 우선권을 말한다. 복음을 필요로 하는 이방인들의 범죄와 비참에 관하여서는 단지 15절(1:18-32)을 할애하고 있는 반면에, 유대인들의 범죄와 비참에 관하여서는 무려 3배가 넘는 49절(2:1-3:20)을 할애하고 있다. '이신칭의'의 모델을 제시하는 4장 전체에서 유대인의 국부(國父)인 아브라함을 실례로 제시한다. 7장에서는 전폭적으로 유대인의 율법에 관하여 말하고 있다. 14장에서 바울은 유대인의 음식법을 비판하지 말 것을 교훈하고 있고, 결론 부분인 15장에서는 이방인 신자들과 유대인 신자들이 서로를 인정할 것을 권면하고 있다(참조. 15:7). 로마서 마지막 부분에 가서 바울은 유대인들의 모교회인 예루살렘 교회 방문에 대하여 말하고 있다(15:25-32).[506]

둘째, 로마서 9-11장의 핵심적인 주제가 그 앞에 있는 로마서 1-8장의 주제와 동떨어져 있는 것이 아니라, 오히려 동일하다는 점이다. 예를 들면, 우리가 로마서 1-8장의 핵심적인 주제를 예수 그리스도를 믿는 자들에 대한 하나님의 언약적 신실성으로서의 의(義)라면, 로마서 9-11장의 핵심적인 주제도 이스라엘 민

Beare, *St. Paul and His Letters* (Nashville: Abingdon, 1962), 103; R. Bultmann, *Theology of the New Testament* (2 vols.; New York: Scribner, 1951-1955), 2:132를 예로 들 수 있다.

505 일반적으로 유대인은 이스라엘 민족에 대한 정치적인 호칭이라고 한다면, 이스라엘은 종교적인 호칭이라고 볼 수 있다.

506 로마서가 가진 유대적 특징에 대한 자세한 논의는 J.C. Beker, *Paul the Apostle* (Pjiladelphia: Fortress, 1980), 74-89를 보라.

족에 대한 하나님의 언약적 신실성으로서의 의라고 볼 수 있다. 이런 점에서 본다면 로마서 9-11장은 로마서의 부록이나 삽입이 아니라, 오히려 1-8장의 결론인 동시에, 유대인 신자와 이방인 신자 모두에게 권면하는 12-16장의 출발점이 된다.[507]

사실상 바울은 로마서 8장 후반부에서 그 무엇도 하나님의 택하신 자들을 하나님의 사랑에서 끊을 수 없다는 하나님의 항구적인 언약적 신실성을 말함으로써 로마서 9-11장에 대한 길을 연다. 사실 일찍이 하나님이 선택한 이스라엘 백성이 하나님의 신실한 사랑에서 제외된다고 한다면, 예수 그리스도를 믿는 우리 이방인들이 어떻게 하나님의 언약적 신실성을 확신할 수 있겠는가? 악트마이어의 말을 빌린다면, "만약 하나님의 말씀이 이스라엘의 거부에 의해 좌절될 수 있다면, 그리스도 안에서 말씀된 하나님의 구원의 말씀이 절대 우리를 위해 실패하지 않을 거라는 확신을 어떻게 가질 수 있다는 것인가?"[508] 이 말은 "9-11장이 없다면 1-8장은 완전해 질 수 없다"는 말이다.[509]

이처럼 바울은 로마서 8장 후반부에서 9-11장을 여는 문을 제시한 다음, 9-11장에서 본격적으로 이스라엘 민족에 대한 하나님의 언약적 신실성을 심도 깊게 취급한다. 바울의 '이신칭의'의 복음은 결코 하나님의 선택된 민족인 이스라엘을 배제하고 이방인들만을 위한 복음이 아니라, 처음부터 끝까지 유대인들을 포함하고 있는 하나님의 신실성에 근거한 복음이라는 것이다(1:16). 말하자면 일찍이 아브라함에게 약속(창 12:2-3)한 이스라엘에 대한 하나님의 약속은 결코 폐지되지 않았다는 것이다(9:6). 그런 다음 바울은 12-16장에서 유대인과 이방인의 인종적 구분 없이 기독교인들이 이 세상에서 그리고 교회를 통하여 어떻게 생활할 것인가를 구체적으로 말한다.

로마서 9-11장은 크게 9:1-5, 9:6-29, 9:30-10:21, 11:1-36 등 네 부분으로 나눌 수 있다.

---

507 Stendahl, *Paul among Jews and Gentiles and Other Essays* (Philadelphia: Fortress, 1976), 4; Beker, *Paul the Apostle* (Philadelphia: Fortress, 1980), 63-93; Schreiner, *Romans*, 469-471.
508 악트마이어, 『로마서』, 228-229.
509 홍인규, 『로마서 어떻게 읽을 것인가』, 162.

첫째 부분인 9:1-5에서 바울은 자기 당대 이스라엘 민족의 불신앙을 보고 가슴 아파한다.

둘째 부분인 9:6-29에서 바울은 이스라엘 민족에 대한 하나님의 주권적인 선택에 관하여 말한다.

셋째 부분인 9:30-10:21에서 그리스도 안에 나타난 하나님의 의를 거부하고 있는 이스라엘 민족의 불신앙을 말하고 있다.

넷째 부분인 11:1-36에서 이스라엘 민족에 대한 하나님의 언약적 신실성과 이스라엘 민족의 궁극적 회복을 말하고 있다.

로마서 9-11장의 문단에서 특징적인 것은 모든 부분에 걸쳐서 수많은 구약 인용이 나타나고 있는 점이다. 왜냐하면 이스라엘 백성들의 문제를 거론하는 데 있어서 바울 자신과 그들이 공통으로 서 있는 구약성경보다 더 안전하고 더 확실하고 더 권위 있는 것이 있을 수 없기 때문이다. 바울이 로마서 9-11장에서 항상 자기 주장의 근거를 성경에 두고 성경 본문을 인용함으로써 해명하거나 변증하고 있는 이유도 여기에 있다. 우리는 이제 로마서 9-11장을 주석함에 있어서, 여러 학자가 동의하고 있는 것처럼, 9-11장의 가장 절정 부분이 사실상 11:25-32이기 때문에, 9:1-11:24까지는 각 문단의 내러티브 중심으로 간략하게 살펴보게 될 것이다. 그런 다음 절정 부분인 11:25-32를 보다 자세하게 살펴볼 것이다.

1) 이스라엘 대한 바울의 염려(9:1-5)

로마서 9:1-5는 로마서 9-11장을 들어가는 문이다. 이 문단에서 바울은 자신의 동족이 지닌 문제가 무엇이며, 이 문제를 그가 얼마나 심각하게 생각하고 있는가를 밝히고 있다. 동시에 이 문단은 종국적으로 11:25-32에 나타나 있는 이스라엘에 대한 하나님의 문제 해결을 내다본다. 로마서 9장의 서두에 등장하고 있는 동족 이스라엘에 대한 바울의 개인적인 관심은 10장의 서두와 11장의 문제 해결까지 계속된다. 바울이 볼 때 자기 동족의 근본 문제는, 그들이 하나님이 선택한 이스라엘 백성이며, 그들에게 하나님의 놀라운 복이 주어졌음에도 불구하고, 그들이 하나님이 보낸 메시아 예수 그리스도를 믿지 않고 있다는 점에 있다.

9:1-5의 문단은 9:1-3과 9:4-5의 두 부분으로 나눌 수 있다. 전자가 자신의 동족에 대한 바울의 간절한 바람과 사랑을 보여주고 있다면, 후자는 바울의 동족인

유대인들에게 주어진 하나님의 놀라운 강복에 관하여 말하고 있다. 그렇게 함으로써 바울은 그 자신은 물론 그가 전파하는 복음이 결코 반(反)유대적이 아님을 강조한다. 이러한 강조는 유대인과 이방인으로 구성되어 있는 로마 교회의 공동체로부터 그가 계획하고 있는 스페인 선교는 물론 그의 예루살렘 방문에 대한 영적, 물적 지원을 얻는 데 있어서 매우 시기적절한 것으로 볼 수 있다.[510]

(1) 바울과 이스라엘(1-3절)

바울은 일찍이 이방인을 위한 사도로 부름 받았다. 그는 로마서를 쓸 때까지 적어도 20년 이상을 이방인의 사도로서 주로 이방인들에게 복음을 전해왔다(롬 15:17-20). 그럼에도 불구하고 그는 유대인 자신의 정체성과 자신의 동족인 유대인들을 결코 잊지 않았다. 빌립보서 3:5에서 바울은 "내가 팔일 만에 할례를 받고 이스라엘의 족속이요, 베냐민의 지파요, 히브리인의 중의 히브리인이요, 율법으로는 바리새인이요"라고 말한다.

고린도후서 12:22에서도 "저희가 히브리인이냐 나도 그러하며, 저희가 이스라엘이냐 나도 그러하며, 저희가 아브라함의 씨냐 나도 그러하며"라고 말한다. 바울이 유대인으로서 이방인 선교에 앞장서면서, 이방인은 물론 유대인들에게도 할례나 율법의 행위가 아닌 예수 그리스도를 믿음으로 구원 받는다는 동일한 '이신칭의'의 메시지를 가르치자, 유대인들은 바울을 가리켜 할례와 모세 율법과 유대민족의 선택과 성전을 반대하는 반(反)율법주의자, 반유대민족주의자로 오해하고 그를 비난하고 핍박하였다.

이 점은 바울이 제3차에 걸친 이방인 선교 여행을 마치고 예루살렘 교회에 찾아갔을 때, 야고보를 위시한 예루살렘 교회 지도자들이 바울을 염려하면서 한 다음과 같은 말 가운데 잘 나타나 있다. "네가 이방에 있는 모든 유대인을 가르치되 모세를 배반하고 아들들에게 할례를 행하지 말고 또 규모(規模)를 지키지 말라 한다 함을 저희가 들었도다"(행 21:21).

그러나 바울은 유대인들이 할례와 모세 율법에 구원적인 기능을 주고, 이를 이방인 신자에게 강요할 때는 강하게 거부하였지만, 왜냐하면 그는 다메섹 사건을 통해 오직 예수 그리스도만이 유대인에게든 이방인에게든 유일한 구원자이며, 예수 그리스도에 대한 믿음만이 유일한 구원의 길임을 깨달았기 때문에 유대인

---

510 홍인규, 『로마서 어떻게 읽을 것인가』, 162.

들이 할례를 받거나 모세의 율법을 지키거나 유대인들의 민족적 절기와 음식법 등을 지키는 문제에 대해서는 반대하지 않았다. 바울은 그의 서신 어느 곳에서도 유대민족의 언약적 선택을 결코 부정하지 않았다. 그가 반율법주의자가 아닌 것처럼, 그는 또한 반유대인주의자가 아니었다. 오히려, 그는 누구보다도 동족인 유대인들을 사랑하였으며, 그들이 자기처럼 예수 그리스도 안에 나타난 하나님의 복음의 진리를 받아들이고 구원 받기를 갈망하였다. 바울은 로마서 9장 서두에서 이 점을 분명히 밝힌다.

1절에서 바울은 이제 자신이 2절 이하에서 말하는 내용이 모두 사실이며, 믿을 수 있는 것임을 강조하기 위하여 3중적인 표현을 사용한다. "내가 그리스도 안에서 참말을 한다." "나는 거짓말을 하지 않는다." "성령 안에서 나의 양심이 이를 증명하고 있다." 바울은 그의 서신에서 자신이 말하는 내용이 사실임을 주장하기 위하여 위의 세 가지 중 하나를 가끔 사용하고 있지만(고후 11:31; 갈 1:20), 이러한 3중적인 강조를 한 곳은 이곳밖에 없다. 사실을 증명하기 위한 이러한 3중적인 강조의 표현은, 한편으로 바울에 대한 동족들의 불신이 얼마나 크다는 것을, 또 다른 한편으로 바울이 얼마나 간절하게 동족들의 오해를 풀고 그들을 설득하려는 마음을 가지고 있는가를 보여준다.

2-3절에서 바울은 동족이 예수님을 영접하지 않는 현 상황에 자신이 얼마나 가슴 아파하고, 그들의 상황이 바뀌어졌으면 하는 갈망을 가지고 있는가를 밝힌다. 지난날 자기 민족의 불신앙을 보고 가슴 아파했던 눈물의 선지자 예레미야처럼(렘 4:19; 6:24; 9:10 등), 바울은 동족의 불신앙을 생각할 때마다 마음속에 큰 고통과 슬픔을 가졌다고 말한다.

3절에서 그는 심지어 자신이 저주를 받아 그리스도에게 끊어지더라도 형제 자매 친척들인 유대인들이 구원을 받기를 갈망한다. 자신이 저주를 받아 그리스도에게서 끊어진다는 것은, 8장에서 언급한 것처럼, 자신의 구원의 궁극적인 근거와 확실성을 보장하는 그리스도의 사랑에서 끊어진다는 것을 뜻한다. 이것은 사실상 영원한 구원의 상실이요, 하나님으로부터 영원히 버림받고, 무서운 심판의 자리로 떨어지게 된다는 것이다(참조. 갈 5:4).

일찍이 모세는 금송아지를 만들어 하나님께 범죄한 이스라엘 민족을 위해 하나님께 탄원하면서, "그들의 죄를 사하시옵소서. 그렇지 않사오면 원컨대 주의 기록하신 책에서 내 이름을 지워 버려 주옵소서"(출 32:32)라고 하였다. 바울은 여기서 자신의 동족에 대하여 모세와 동일한 심정을 가지고 있음을 피력한다. 물론 이와 같은 바람은 동족의 구원에 대한 바울의 현재의 깊고 절실한 심정을 그대로 보여주고 있지만, 현실적으로 그가 그리스도의 사랑으로부터 영원히 분리되는 것은 불가능하다(8:35-39).[511] 이스라엘의 운명이 모세나 바울의 희생에 달려있는 것이 아니라, 하나님의 신실한 약속에 달려있기 때문이다.

(2) 유대인의 복(4-5절)

4절 이하에서 바울은 동족 이스라엘 민족이 현재 그들을 위해 보내심을 받은 메시아를 믿지 않고 있음에도 불구하고, 여전히 하나님과 언약 관계를 가지고 있는 특별한 민족임을 인정한다. 바울은 이 특별한 언약 관계를 일곱 가지 면에서 서술한다.

첫째, 그들은 '이스라엘' 사람이다. '유대인'은 다분히 정치적이고 민족적인 뉘앙스를 가진 말이지만, '이스라엘 사람'이라는 것은 그들이 하나님의 언약에 의해 특별히 선택된 백성임을 가리키는 강한 종교적 의미를 가진다(창 32: 28; 35:9-12; 시 25:22).

둘째, 그들은 하나님의 자녀로서 '양자'가 되었다(출 4:22-23; 사 1:2; 호 11:1; 12:9).

셋째, 그들은 '하나님의 영광'을 가지고 있다. 즉 영광스러운 하나님이 그들 가운데 거하시는 특권을 소유하고 있다.

넷째, 그들은 '하나님의 언약들', 곧 노아 언약(창 9:9), 아브라함 언약(창 12:1-3; 15:1-21), 이삭과 야곱 언약(창 26:3-5; 28:10-15), 모세 언약(출 19:5-6; 24:7-8), 그리고 다윗 언약(삼하 7:12-16; 23:5) 등을 가지고 있다.

다섯째, 그들은 모세를 통하여 주어진 '율법'을 가지고 있다.

여섯째, 그들은 예루살렘 '성전 예배'를 가지고 있다.

일곱 번째, 그들은 하나님의 특별한 '약속들'을 가지고 있다.

바울은 5절에서 두 가지를 더 추가한다. 하나는 그들은 자신들을 언약 백성으로 만들어 준 조상이 있다는 것이요, 또 하나는 그들은 하나님의 언약의 실체이며 모든 복의 절정인 메시아를 출생시킨 백성이라는 것이다. 그러나 유대인들은

---

511 Schreiner, *Romans*, 480; Peterson, *Romans*, 349.

하나님으로부터 이와같은 놀라운 특권과 복을 받았음에도 불구하고, 하나님께서 그들의 구원을 위해 보내신 예수 그리스도를 메시아로 받아들이지 않고 있다. 그들이 거부하고 있는 이 예수는 십자가의 죽음과 부활을 통하여 이미 하나님과 동등한 주(빌 2:11), 곧 만물 위에 계셔 영원히 찬양을 받으실 하나님이 되셨음에도 불구하고, 그들은 여전히 이 예수님에 대한 불신앙을 가지고 있다.[512] 바로 이것이 이스라엘이 가진 근본 문제인 동시에 바울의 깊은 탄식의 원천이기도 하다. 하지만, 바울은 깊은 탄식 가운데서도 이스라엘에 대한 소망을 가지고 있다. 왜냐하면, 그는 하나님의 언약적 신실함을 믿고 있기 때문이다.

2) 하나님의 주권적 선택 1(9:6-13)

9:2-5에 언급되고 있는 것처럼, 유대인들은 하나님이 선택하신 이스라엘 민족으로서 놀라운 하나님의 복을 소유하고 있다. 그럼에도 불구하고 그들은 자신들을 위해 메시아로 보내신 예수 그리스도를 영접하지 않고 있다. 여기서 자연히 제기되는 것은 그렇다면 이스라엘 민족에 대한 하나님의 말씀이 폐하여졌는가 하는 문제이다.

이 문제는 일찍이 3:3의 "어떤 자들이 믿지 아니하였으면 어찌 하리요 그 믿지 아니함이 하나님의 미쁘심을 폐하겠느냐?"에서 제기되었던 것이다. 하나님께서 아브라함을 위시하여 여러 조상에게 약속하신 그 언약적 말씀이 이스라엘 민족의 불신앙으로 무효화 되었는가 하는 질문이다. 만일 무효화 되었다면 하나님의 말씀의 신실성은 무너진다. 그리고 하나님의 언약은 하나님의 신실성에 의존하기보다도 오히려 인간의 행위에 의존하게 되는 결과를 가져온다.

이러한 질문에 대하여 바울은 3:4에서 말한 "그럴 수 없느니라"의 경우처럼, 하나님의 말씀은 결코 폐하여지지 않았다고 말한다. 하나님의 언약의 신실성은, 설사 인간의 불신앙이 있다하더라도 그것 때문에 무너지지는 않는다는 것이다. 본문 9:6-13은 하나님의 말씀이 폐하여지지 않았다는 것을 어떻게 증명할 수 있느냐에 대한 바울의 답변이다.

바울은 이에 대한 답변을 선택에 나타난 하나님의 주권성에서 찾는다.

---

512 Peterson, *Romans*, 351.

첫째, 혈통적으로 이스라엘의 후손이라고 해서 모두 하나님의 약속된 복을 계승하는 이스라엘 백성이 되는 것은 아니라는 것이다.

둘째, 아브라함의 후손이라고 해서 다 아브라함의 자손이 아니라, 약속의 씨인 이삭만이 참된 아브라함의 자녀가 된다는 것이다.

셋째, 이삭의 자녀라고 해서 에서와 야곱이 다 하나님의 약속을 계승하는 자가 되는 것이 아니라, 하나님이 선택한 야곱만이 약속의 자녀가 된다는 것이다.

이처럼 바울은 구약에 나타난 족장들의 이야기를 통해, 하나님의 진정한 자녀가 되는 복은 민족적인 혈통이나 인간의 행위에 의해 결정되는 것이 아니라, 오히려 하나님의 주권적인 선택과 그의 약속과 그의 은혜로운 부르심에 근거하고 있음을 밝힌다.[513] 바울의 답변은 한편으로 이스라엘 민족이라는 혈통성이 자동적으로 하나님의 자녀의 복을 계승해주지는 않는다는 것과, 또 다른 한편으로 지금 유대인들 가운데서 하나님의 약속을 계승하는 참된 이스라엘 곧 유대인들이 있다는 것을 보여준다.

(1) 하나님의 말씀은 신실하다(6절)

6절에서 바울은 근본적인 질문을 제기한다. "하나님의 말씀이 폐하여졌느냐?" 이 질문은 바울 당대 유대인들이 죄인들로 간주하고 있던 이방인들이 예수를 믿어 하나님의 새로운 자녀가 되어 교회를 형성하고 있는 반면에, 진짜 하나님의 자녀요 언약 백성으로 자처하는 대다수의 유대인이 예수님을 영접하지 않고 있기 때문에 제기된 것이다.

이 질문에 대하여 바울은 유대인들에게 잘 알려진 족장들에 관한 성경 이야기를 통해 하나님의 말씀이 폐하여지지 않았다는 답변을 이끌어낸다. 동시에 바울은 유대인들의 정체성에 관한 잘못된 오해, 곧 유대인들의 민족적 혈통이 하나님의 약속을 계승하는 자동적인 통로가 된다는 것은 잘못된 생각임을 분명히 밝힌다. 바울은 이 점을 밝히기 위해 아브라함의 자손 가운데서 두 실례를 이끌어낸다. 하나는 아브라함의 아들 이삭과 이스마엘이다. 이삭과 이스마엘은 다 같이 혈통적으로는 아브라함의 자손이었지만 이스마엘이 아닌 이삭이 아브라함의 자

---

[513] 바울은 이미 롬 2:25-29에서 참된 유대인은 육체적으로 할례 받은 표면적 유대인이 아니라, 성령으로 마음에 할례받은 내면적 유대인이라는 말에서 이 점을 시사하였다. 역시 홍인규, 『로마서 어떻게 읽을 것인가』, 162.

손으로 선택되었다는 것이다(7-9).

또 하나는 이삭의 아들인 야곱과 에서이다. 에서와 야곱은 다 같이 혈통적으로 이삭의 자녀였지만 결국 야곱이 이삭의 복을 계승하는 자녀로 선택되었다는 것이다(10-13). 이러한 예를 들면서 바울은 하나님의 약속은 무조건적으로 혈통적인 유대인들에 의해 계승되는 것이 아니라, 예수 그리스도를 믿는 유대인을 통해 계승된다는 주장을 세우려 한다.

(2) 이스마엘과 이삭(7-9절)

7-9절에서 바울은 6절 하반절의 전제, "이스라엘에게서 난 그들이 다 이스라엘이 아니요"를 두 가지 예를 들어 입증하려고 한다. 앞에서 지적한 것처럼 첫 번째 예는 7-9절에 제시되어 있는 아브라함과 그의 아들인 이삭에 관한 것이고, 두 번째 예는 10-13절에 제시되어 있는 이삭과 그의 아들인 야곱에 관한 것이다. 먼저 바울은 아브라함의 후손이라고 해서 실제로 하나님께서 아브라함에게 약속하신 복을 계승하는 자녀가 되는 것은 아니라는 사실을 밝힌다. 출생이 실제적인 아들됨의 보증수표가 아니라는 것이다.

구약 창세기에 보면 아브라함은 자식을 가지기 전에 하나님으로부터 자식을 가지게 될 것과 그를 통해 큰 민족을 이루게 되고 모든 민족이 복을 받게 될 것이라는 약속을 받았다(창 12:2-3). 이후에 아브라함은 여종 하갈을 통해 이스마엘을 낳았다. 아브라함은 자신과 그의 아내 사라가 자식을 낳기에는 너무 늙어 이스마엘이 이 약속의 계승자가 되기를 바랬다(창 17:18).

그러나 하나님은 아브라함에게 하갈이 낳은 이스마엘이 아닌 아내 사라가 낳은 이삭을 통해 언약이 계승될 것임을 말씀하셨다(창 17:19). 실제로 아브라함이 백 세가 되었을 때 그의 아내 사라가 하나님의 약속대로 이삭을 낳았다. 그리고 하나님은 약속한 대로 아브라함이 여종 하갈을 통해 출생한 이스마엘이 아닌, 하나님의 약속을 따라 사라로부터 낳은 이삭을 아브라함의 씨의 계승자로 삼으셨다(창 21:12).

바울은 8절에서 이스마엘과 이삭을 육신의 자녀와 약속의 자녀로 대비시키고 약속의 자녀가 하나님의 자녀라고 말한다(갈 4:23도 참조). 그렇게 함으로써 하나님의 자녀의 진정한 정체성은 육의 혈통(혹은 율법의 행위)이 아닌 하나님의 약속, 곧 하나님의 약속의 씨인 예수 그리스도에 대한 믿음(은혜)에 있음을 밝힌다. 이런 점에서 아브라함에 주어진 하나님의 말씀은 결코 폐하여졌다고 볼 수 없다.

오히려 하나님의 말씀은 하나님의 주권적인 선택에 의해 성취되었다.

(3) 에서와 야곱(10-13절)

10-13절에서 바울은 두 번째 예를 든다. 그것은 이삭이 그 아내 리브가를 통해 낳은 두 아들 에서와 야곱에 관한 것이다. 첫 번째 예는 동일한 아버지(아브라함)에 다른 두 어머니(하갈과 사라)를 통해 낳은 두 아들(이스마엘과 이삭)이었지만, 두 번째 예는 동일한 아버지(이삭)에 동일한 어머니(리브가)로부터 낳은 두 아들(에서와 야곱)이다. 첫 번째 예와 두 번째 예를 비교해 보면 정확하게 동일하지 않다.

전자는 어머니가 다른 두 아들 가운데서 한 아들이 선택되었으나, 후자는 어머니가 같은 쌍둥이 두 아들 가운데서 한 아들이 선택되었다. 전자는 이스마엘이 먼저 출생하였고 이삭이 아직 출생하지 않았을 때 하나님의 선택과 약속이 주어졌다. 그러나 후자는 에서와 야곱이 출생하기 전에 하나님께서 리브가에게 "큰 자가 어린 자를 섬기리라"(창 25:22)라고 약속하심으로 동생 야곱이 형 에서를 제치고 약속의 계승자가 될 것을 미리 알리셨다.

이스마엘과 이삭의 경우에는 혈통과 그 신분에 있어서 서로 차이가 있다. 이스마엘의 경우 아브라함이 여종 하갈을 통해 낳은 아들이고, 이삭의 경우 아브라함이 부인인 사라를 통해 낳은 아들이었다. 그러므로 이삭이 아버지 아브라함의 복을 계승하는 것은 자연스럽다. 이 경우에는 타당한 이유가 성립된다.

하지만, 에서와 야곱의 경우에는 혈통에 있어서나 신분에 있어서나 전혀 차이가 없다. 오히려 장자인 에서가 아버지의 복을 계승하는 것이 자연스럽다. 그런데 성경은 에서와 야곱이 출생하기 전에 이미 하나님께서 나중에 난 동생 야곱이 먼저 난 형 에서를 제치고 아버지의 복을 계승할 것임을 알리셨다고 말한다. 이 때는 에서나 야곱이 출생도 하지 않았고, 선이든 악이든 그들의 행위도 전혀 없었다. 둘 다 똑같은 혈통과 똑같은 신분을 가지고 있었다. 그런데도 둘 중에 한 사람에게 하나님의 선택이 주어졌다.

이 선택은 혈통이나 신분이나 행위에 의존하지 않고 전적으로 하나님의 주권적인 뜻에 따른 것이다. 바울은 13절에서 하나님의 이 주권적인 선택을 말라기 1:2에 있는 "내가 야곱은 사랑하고 에서는 미워하였다"라는 말씀을 인용하여 설명한다. 여기 사랑과 미움은 사실상 선택과 거부를 뜻한다.[514] 왜 두 사람이 출생

---

514 무, 『로마서의 신학적 강해』, 247.

도 하기 전에 하나님께서 야곱을 선택하고 에서를 거부하였는가, 왜 야곱은 사랑하고 에서는 미워하였는가를 설명할 수 있는 길은 하나님의 주권적인 선택 이외에 답이 없다. 이 하나님의 주권적인 선택을 통해 하나님의 말씀이 폐하지 않는 그의 언약적 신실성이 보존된다.

3) 하나님의 주권적 선택 2(9:14-23)

로마서 9:14-23의 주제는 9:6-13에서 제기된 하나님의 주권이다. 하나님의 주권은 무엇을 뜻하며, 이것이 하나님의 말씀이 폐해지지 않는다는 하나님의 언약의 신실성과 어떤 관련성을 가지고 있느냐 하는 것이 9:14-23의 핵심적인 내용이다. 9:6-13에 따르면 하나님은 이스마엘 대신 이삭을, 에서 대신 야곱을 주권적으로 선택하여 아브라함의 약속과 축복의 계승자가 되게 하셨다.

야곱에 대한 하나님의 주권적인 선택이 에서와 야곱이 출생하기 이전에 이미 결정되었다는 사실에서 볼 수 있는 것처럼, 하나님의 선택은 그 어떤 사람의 행동에 영향을 받지 않는다. 전적으로 하나님 자신의 자유와 은혜에 기인한다. 여기서 자연히 그렇다면 하나님이 불의하시느냐는 질문이 제기될 수 있다.

에서와 야곱의 경우처럼 둘 다 똑같은 조건을 가지고 있었는데, 하나님은 야곱을 사랑하여 선택하고, 에서는 미워하여 포기하셨으므로, 그들의 책임이 전혀 반영되지 않았다면, 하나님은 불의하지 않느냐는 것이다. 이 질문에 대하여 바울은 그가 로마서에서 강한 부정을 언급할 때 종종 사용하는 어구(語句)인 "그럴 수 없느니라"(3:4, 6, 31; 6:2, 15; 7:7, 13)를 사용하여, 하나님은 결코 불의하지 않다고 선언한다.

왜 하나님이 에서 대신 야곱을 일반적으로 선택하였음에도 불구하고 불의하지 않은가? 바울은 이 문제에 관한 적절한 해명을 위해 구약에 나타나 있는 여러 인물과 사건들의 경우를 인용하였다. 이를테면 모세(15-16), 애굽왕 바로(17-18), 토기장이와 그릇(19-23)의 경우를 인용하여 이 질문에 대한 답을 준다.

바울이 제시한 답변의 요지는 피조물인 인간이 하나님으로부터 아무런 요구를 할 수 없는 상황에서 하나님께서 일방적으로 그중에 누구에게 자비를 베푸시거나 누구에게 심판을 자초하도록 내버려 두셨다면, 그것을 가지고 하나님을 비난할 수 없다는 것이다. 말하자면, 만일 인간이 하나님의 자비하심이나 심판에 영향을 미친다면 하나님의 하나님 되심과 그의 주권성은 훼손될 수밖에 없다는 것이다.

(1) 모세와 바로(14-18절)

로마서에서 여러 번 사용되고 있는 "그런즉 우리가 무슨 말하리요?"(3:5; 4:1; 6:1; 7:7; 8:31)라는 질문은 바울이 자신이 주장하고자 하는 내용을 더욱 분명히 드러내도록 하기 위해 어떤 오해를 가정하는 수사학적인 질문이다. 이것은 바로 나오는 "하나님께 불의가 있느뇨?"라는 질문에서 확인된다. 즉 하나님께서 일방적으로 야곱을 선택하였다고 해서 하나님이 과연 불의하냐는 것이다.

여기에 대하여 바울은 로마서에서 강한 부정을 말할 때 자주 사용하는 어구인 "그럴 수 없느니라"(3:4, 6, 31; 6:2,15; 7:7,13)라는 어법으로 단호하게 이를 부인한다. 하나님은 결코 불의하지 않다는 것이다. 그렇다면 왜 하나님께서 일방적으로 누구를 선택하고, 누구를 포기한다고 해도 그가 불의하지 않는 이유가 무엇인가 하는 문제가 다시 제기된다.

15-18절에서 바울은 7-13절에서 이삭과 야곱의 성경적 이야기를 통해 하나님의 말씀이 폐하지 않는다는 사실을 입증한 것처럼, 다시 모세와 바로의 성경적 이야기를 통해 하나님이 자신이 원하는 대로 누구를 선택하고 누구를 버려도 그분은 불의하지 않다는 사실을 입증한다. 먼저 15절에서 모세의 경우를 들어 입증하고, 그다음 17절에서 바로의 경우를 들어 입증한다. 바울은 먼저 하나님께서 모세에게 하신 "내가 긍휼히 여길 자를 긍휼히 여기고, 불쌍히 여길 자를 불쌍히 여긴다"(출 33:19)는 말씀을 인용한다.

출애굽기 문맥에서 모세에게 주신 야웨 하나님의 말씀은 이스라엘 백성들이 금송아지를 만들어 하나님께 죄를 지었음에도 불구하고, 하나님은 이스라엘 백성에 대한 그의 자비하심을 포기하지 않는다. 하나님의 자비하심은 이스라엘 백성들의 상황에 따라서 이렇게 저렇게 변하는 것이 아니라 하나님 자신의 자유에 따라 나타난다는 것이다.

이러한 인용으로 바울은 16절에서 하나님의 자비하심의 역사가 사람의 원함과 노력 여부에 달린 것이 아니고, 오히려 자비하심을 나타내시는 하나님의 주권적인 자유에 달려있다는 결론을 이끌어낸다. 13절에서 인용된 "내가 야곱은 사랑하고 에서는 미워하였다"라는 말씀에 나타나 있는 대로 하나님은 자신의 자비하심에 따라 행동하여도 불의하지 않다는 것이다.

15절에 나타난 모세와 이스라엘 백성의 경우는 하나님의 선택에 대한 긍정적인 측면을 보여주고 있지만, 17-18절에 나타나는 바로의 경우에는 부정적인 측면을 보여준다. 17절에 나타나 있는 출애굽기 9:16의 인용은 하나님께서 애굽 땅에 6번째 재앙을 내릴 때 모세를 통하여 바로 왕에게 전달한 말씀이다. 하나님께서 바로 왕에게 하신, "내가 이 일을 위하여 너를 세웠으니 곧 너로 말미암아 내 능력을 보이고 내 이름이 온 땅에 전파되게 하려 함이로라"라는 말씀이다.

애굽의 바로 왕도 하나님의 주권 아래 있으며, 하나님의 구원(이스라엘 백성들에게)과 심판(바로왕과 그의 백성들)의 능력을 나타내는 방편임을 보여준다. 이러한 인용으로 바울은 하나님께서 지난날 바로 왕을 사용하여 모세와 이스라엘 백성에게는 출애굽 구원의 역사를, 바로와 그의 백성들에게는 심판과 멸망의 역사를 가져올 수 있었던 것처럼, 하나님은 오늘날 불신앙의 유대인들을 통하여 오히려 이방인들에게 구원 역사를 가져오는 분임을 암시한다. 이 문제는 나중에 다시 자세히 설명된다.

바울은 18절에서 바로 왕의 예에 나타난 교훈을 이끌어낸다. 하나님은 이처럼 자신이 원하는 대로 어떤 사람에게는 자비(긍휼)를(모세와 이스라엘 백성의 경우), 어떤 사람에게는 그를 강퍅케 하여 공의의 심판을 자초하게(바로의 경우) 하시는 분이라는 것이다. 하나님의 자비와 그의 공의, 이 양자는 사랑과 동시에 거룩함을 가지신 하나님의 성품에 기인한다.

하나님은 자신이 원하시는 목적을 위하여 어떤 사람에게는 자비를 베풀어 구원을, 어떤 사람에게는 공의를 행사하여 심판을 행사한다. 구원과 심판은 궁극적으로 하나님의 사랑과 공의에 따른 하나님의 주권에 속한 영역이지 사람이 좌우할 수 있는 영역이 아니다. 그렇다고 해서 하나님의 주권이 무조건적으로 인간의 책임을 배제하는 것은 아니다. 구원 대상이 되는 사람이든, 심판 대상이 되는 사람이든 다 같이 하나님 앞에서는 죄인이며, 하나님의 공의의 심판을 자초하는 사람들이다.

3:23과 5:12에서 선언된 것처럼 모든 사람은 예외 없이 하나님의 영광에 이르지 못하였고, 하나님 앞에서 죄를 지은 죄인들이다. 따라서 그들은 모두 자신들의 행위 때문에 하나님의 진노와 심판 아래 있다. 하나님은 어떤 사람에게는 그가 심판을 받을 수밖에 없음에도 불구하고 자비를 베풀어 구원의 길로 인도하고, 바로 왕의 경우에서 볼 수 있는 것처럼 어떤 사람의 경우에는 그가 행하는 악한 행위를 더욱 가중시켜 심판을 자초하게 한다.

그러므로 구원의 길로 인도된 사람은 전적으로 하나님의 은혜를 입었지만, 심판으로 인도된 사람은 그 자신의 범죄 때문에 정죄당한다. 따라서 하나님의 심판을 자초하는 것은 인간의 책임이지 하나님의 책임이 아니다. 물론, 이것이 인간의 책임이 하나님의 주권을 벗어나 있다는 말은 아니다. 인간은 하나님의 피조물인 이상 그의 자유와 책임도 하나님의 자유와 주권 아래에 있는 것이지 그 위에 있는 것은 아니다.

(2) 토기장이의 비유(19-23절)

19-23절에서 바울은 하나님께서 자신의 목적을 위하여 어떤 사람에게는 구원을, 어떤 사람에게는 심판을 가져오게 할 때, 심판을 받게 되는 당사자가 제기할 수 있는 질문, 왜 하나님이 나를 이렇게 심판하시는가 하면서 불평할 수 있지 않겠느냐를 예상하고 그에 대한 답변을 제시한다. 바울은 20절에서 하나님은 창조주이시고 인간은 그의 만드신 피조물이기 때문에, 피조물인 인간은 창조주 하나님의 행위에 대하여 이렇게 저렇게 따질 수 있는 권리가 없다고 말한다.

즉, 모든 사람이 다 죄인이며 모든 사람이 다 그 자신의 죄로 인해 심판을 받을 수밖에 없는 상황에서 하나님께서 어떤 사람을 자신의 자비를 나타내는 방편으로, 어떤 사람을 그의 공의를 나타내는 방편으로 삼았다고 해서, 이미 그 자신의 죄로 인해 심판을 당하게 되어있던 사람이 왜 나에게 심판을 주는가 하면서 하나님께 따질 수 없다는 것이다.

21절 이하에서 바울은 이스라엘 백성에게 잘 알려진 토기장의 비유로 이 문제를 계속해서 설명한다. 토기장이가 진흙 한 덩어리를 가지고 그중에 일부를 귀히 쓸 그릇으로 만들고, 다른 일부를 천한 그릇으로 만든다고 해서 천한 그릇이 토기장이에게 왜 나를 천한 그릇으로 만들었느냐고 불평하며 따질 권리가 없다. 이와 같이 하나님께서 그의 공의를 나타내기 위하여 어떤 사람을 진노의 그릇으로, 그의 사랑을 나타내기 위하여 어떤 사람을 자비(긍휼)의 그릇으로 삼는다고 해서 각각 그 그릇들이 하나님께 불평하며 따질 수 없다는 것이다.

창조주 하나님은 그의 피조물에 대하여 그가 원하는 대로 무엇이든 할 수 있는 주권을 가지고 있다는 것이다. 이렇게 하여 바울은 당대 유대인들 가운데 어떤 사람들이 하나님의 사랑을 나타내도록 예수님을 믿어 하나님의 자비의 그릇이 되었고, 어떤 사람들이 하나님의 공의를 나타내도록 예수님을 믿지 않아 하나님의 진노의 그릇이 되었다고 해서, 이 문제를 가지고 하나님께 불공평하다고 따질 수 없다는 사실을 밝힌다.

4) 하나님의 주권적 부르심(9:24-29)

바울은 9:14-23에서 하나님의 자비에 의한 선택과 공의에 의한 버림을 통해 나타나는 하나님의 주권에 대한 자세한 설명을 하였으므로 9:24 이하에서 보다 실제적인 문제에 관여한다. 그것은 두 가지 문제이다. 하나는 하나님께서 왜 예수 그리스도 안에서 이방인들을 자기 백성으로 부르셨는가 하는 문제이고, 또 하나는 바울 당대 대다수의 유대인이 왜 예수를 믿지 않고 있으며, 바울처럼 소수의 유대인만이 예수를 믿고 있는가 하는 문제이다. 이것은 이스라엘 백성에 대한 하나님의 약속과 어떻게 되는가 하는 문제이기도 하다.

이미 살펴본 대로 바울은 9장에서 예상되는 질문을 제기하고, 다양한 구약성경 본문을 인용하여 질문에 대한 답변을 주고 있다. 9-13절에서는 아브라함, 이삭, 야곱 등 구약의 족장들에 관한 말씀을 인용하여 하나님의 말씀은 폐해지지 않는다는 사실을 입증하였다. 그리고 14-18절에서는 모세와 바로에 관한 말씀을 인용하여 하나님의 선택과 버림이 결코 불의하지 않다는 사실을 입증하였다.

이제 9:24 이하에서는 호세아, 이사야 등 구약의 선지자들에 관한 말씀을 인용하여 하나님께서 바울 당대 이방인들과 소수의 유대인을 자기 백성으로 부르셨다고 해도, 하나님이 불의하지 않으신 분임을 입증한다. 모든 구약 인용이 직접적이든 간접적이든 바울 당대의 주후 1세기의 교회 안에 제기되는 질문들과 관련이 있지만, 바울의 구약 인용을 보면 먼 곳(창세기)에서부터 점점 가까이(호세아), 희미한 것에서부터 좀 더 분명한 것에로의 이동이 있다.[515]

이러한 이동으로 바울은 어떤 사람이 하나님의 백성으로 부름을 받느냐 받지 않느냐 하는 것은, 그 사람의 혈통이나, 그 사람이 언약 백성이라는 신분 여하에 달려 있다기보다도, 오히려 하나님의 주권적인 부르심에 있음을 강조한다. 즉, 결정권은 사람에게 달린 것이 아니라 하나님에게 달려 있다는 것이다. 바울은 9:24에서 23절에서 언급한 하나님의 자비의 그릇을 자기 당대 예수 믿는 이방인들과 유대인들에게 적용시킨다. 바울은 여기서 이방인들뿐만 아니라 유대인들도,

---

[515] 9:24-29에 나타난 바울의 구약 인용에 대한 보다 자세한 설명은 마크 A. 싸이프리드, "로마서," 『신약의 구약 사용 주석 시리즈 3. 사도행전. 로마서』, 382-404를 보라.

비록 그들의 수가 현재 많지는 않지만, 하나님의 구원의 은총을 입고 있다는 점을 분명히 한다. 그런 다음 25-26절에서 호세아 2:23, 1:10을 인용하여 하나님께서 이방인들을 부르신 근거에 관하여 설명하고, 이어서 이사야 28:22, 1:9를 인용하여 하나님께서 소수의 유대인을 부르신 근거에 관하여 설명한다.

(1) 두 그릇, 진노의 그릇과 긍휼의 그릇(24-26절)

22-23절에 따르면 하나님은 두 그릇, 곧 멸하기로 준비된 진노의 그릇과 긍휼(자비)의 그릇을 준비하셨다. 전자는 하나님의 공의와 능력을 나타내고 있으며, 후자는 하나님의 사랑과 영광을 나타내고 있다. 하나님은 마치 토기장이가 진흙 덩이를 가지고 자기 좋을 대로 귀한 그릇과 천한 그릇을 만드는 것처럼 하나님은 두 종류의 그릇을 만들었다.

24절에서 바울은 하나님이 만드신 이 긍휼의 그릇으로 자신을 포함한 일부 유대인과 일부 이방인들이 부름 받았다고 말한다. 여기 부름 받았다는 말은 8:28, 30에 언급된 것처럼 하나님의 효과적인 구원에로의 부르심이다.

왜 대다수의 유대인이 하나님의 부르심에서 배제되고, 그 대신 소수의 유대인과 이방인들이 부르심을 입었는가?

바울은 먼저 25-26절에서 호세아 2:23, 1:10을 인용하여 이방인들의 부르심에 대하여 설명한다. 호세아서의 두 본문은 하나님의 심판에서 제외되었다가 다시 하나님의 백성으로 간주된 이스라엘의 남은 자에 관하여 말하고 있다. 그러나 바울은 두 본문을 모두 이방인에게 적용시킨다. 호세아서 2:23에서 "내가 내 백성 아닌 자를 내 백성이라, 사랑치 아니한 자를 사랑한 자"로 불린자는 이스라엘의 북방 왕국이었다. 그러나 바울은 이 대상을 지금 이방인들에게 적용시키고 있다.

바울은 유대인과 이방인을 포함하고 있는 교회가 회복된 이스라엘을 계승하고 있는 것으로 보아, 이스라엘의 북방 왕국을 이방인에게 적용시킨 것 같다. 호세아 1:10도 마찬가지이다. 호세아 1:10에서 "너희는 내 백성이 아니라 한 그 곳"은 여전히 이스라엘 땅을 가리킨다. 그러나 바울은 이 땅을 이방 선교지에 적용시킨다. 왜냐하면, 이방인들도 그리스도 안에서 인종과 신분과 성을 초월하여 한 하나님의 백성이 된 교회 공동체에 소속되었기 때문이다(갈 3:28).

사실 이방인들이 구원의 부르심을 받아 하나님의 백성이 된다는 것은 이미 구약 창세기에서부터 약속되었다. 하나님은 아브라함에게 "땅의 모든 족속이 너를 인하여 복을 얻을 것이라"(창 12:3)라고 약속하셨는데, 아브라함의 약속에 언급된

"땅의 모든 족속"은 유대인이 아닌 이방인을 가리킨다. 그러므로 유대인의 구원뿐만 아니라 이방인의 구원 역시 하나님의 신실한 언약 속에 포함되어 있었다고 보아야 할 것이다.

(2) 이스라엘의 남은 자(27-29절)

27-29절에서 바울은 24절의 첫 부분에서 언급된, "유대인 중에서 부름을 받은 자"를 확증하기 위하여 이스라엘의 남은 자에게 방향을 돌린다. 잘 알려져 있는 바와 같이 이스라엘의 남은 자 사상은 구약의 예언서들 안에 나타나고 있는 중요한 신학사상이다. 구약의 선지자들은 이스라엘 민족 전체가 죄를 범하여 하나님의 심판 아래 놓였지만, 그중에 얼마를 하나님은 남겨 두셔서 이스라엘을 계승하도록 하셨다는 점을 강조하고 있다.

바울은 이사야 10:22-23을 인용하여, 자기 당대 많은 유대인이 하나님이 보내신 메시아를 영접하지 아니하는 불신앙의 상태에 있음에도 불구하고, 소수의 유대인이 예수 믿고 있는 것을 구약의 선자들이 예언한 남은 자와 일치시킨다.

이사야 선지자는 10:20-22에서 이렇게 예언하고 있다.

> "그날에 이스라엘의 남은 자와 야곱 족속의 피난한 자들이 다시는 자기를 친 자를 의뢰치 아니하고 이스라엘의 거룩한 자 여호와를 진실히 의뢰하리니 남은 자 곧 야곱의 남은 자가 능하신 하나님께로 돌아올 것이라. 이스라엘이여 네 백성이 바다의 모래 같을 찌라도 남은 자만 돌아오리니 넘치는 공의로 훼멸이 작정되었음이라"(사 10:20-22).

이사야에 따르면 많은 이스라엘 민족 가운데서 오직 소수의 남은 자만 하나님께 돌아올 것이며, 소수의 남은 자를 제외한 다수의 이스라엘 사람들에게는 하나님의 무서운 공의의 심판이 작정되어 있다. 그러나 바울은 이사야의 본문을 자기 당대 유대인들의 불신앙과 그들에 대한 하나님의 심판을 강조하는 데 활용하기보다 소수의 믿는 유대인들을 남은 자와 관련시켰다. 그래서 그가 9장에서부터 계속 강조하고 있는 하나님의 말씀의 신실성을 입증하는 데 활용하고 있다. 이 점은 28절의 "주께서 땅 위에서 그 말씀을 이루사 필하시고 끝내시리라"는 말씀에서 확인된다.

바울의 마지막 구약 인용은 29절에 소개되고 있는 대로 이사야 1:9이다. 이사야서에서 이 본문은 범죄한 이스라엘 민족에 대한 하나님의 자비(긍휼)를 강조하고 있다. 당시 이스라엘 민족은 하나님을 배반하였고 부패하였다. 만일 하나님께서 그중에 일부라도 남겨주는 자비를 베풀어주지 않는다면, 그들은 소돔과 고모라처럼 완전히 멸절될 처지에 있었다. 바울은 이 본문을 자기 당대 유대인들에게 적용시킨다.

이사야 선지자 당시의 이스라엘 민족처럼 바울 당대 이스라엘 민족도 하나님의 심판을 받아 완전히 멸절될 처지에 있다. 그럼에도 불구하고 이사야 당시에도 하나님께서 그의 자비하심으로 남은 자를 남겨두신 것처럼, 지금도 하나님은 소수의 믿는 유대인을 남겨두셨다는 것이다. 그러므로 바울 당대 대다수의 유대인이 예수를 믿지 않는다고 해서 이스라엘 민족에 대한 하나님의 약속이 무너진 것이 아니다. 하나님의 약속의 신실성은 선지자들 시대에 남은 자들을 통하여 지켜졌던 것처럼, 바울 당대에도 믿는 유대인들을 통하여 지켜지고 있다. 그러므로 하나님의 말씀은 폐해지지 않는다.

5) '믿음에 의한 의' 와 '율법에 의한 의' (9:30-10:4)

9장에서 바울이 계속 제기한 핵심적인 문제는 왜 바울 당대 대다수 유대인이 그들의 구원을 위해 메시아로 보낸 예수를 여전히 믿지 않고 있으며, 반면에 본래 죄인이고 언약 밖에 있었던 이방인들이 왜 예수를 믿어 구원의 복에 참여하고 있는가이다. 이 질문에 대하여 바울은 앞(9:1-29)에서 여러 구약의 인물들과 선지자들의 예언 말씀들을 인용하여 답변하였다.

답변의 요지는 하나님은 주권자이기 때문에 자신이 원하는 대로 어떤 사람에게는 구원의 복을, 어떤 사람에게는 공의의 심판을 내릴 수 있다는 것이다. 이제 바울은 9:30부터 인간의 책임과 불신앙의 문제를 가지고 답변을 시도한다. 하나님의 주권에 의한 답변이 하나님의 관점에서 끌어낸 답변이라면, 인간의 불신앙과 책임에 의한 답변은 인간 편에서 끌어낸 답변이다.

여기서 바울은 한 사람이 구원을 받느냐 안 받느냐 하는 문제가 궁극적으로 하나님의 주권에 달려 있지만, 이 하나님의 주권이 인간의 책임을 배제하지 않는다는 사실을 분명히 한다.[516] 다시 말하자면 당대 유대인들이 복음에 응답한 수많은 이방인 신자들과 대조적으로 하나님의 구원에 참여하지 못하고 있는 것에 대하여 유대인 당사자들의 책임이 분명히 있다는 것이다.

본문 9:30-10:4은 9:30-33, 10:1-4의 두 부분으로 나누어진다. 첫째 부분은 바울 당대 이스라엘 민족이 하나님이 마련하신 의, 곧 구원에 이르지 못하는 이유는 예수 그리스도를 믿음으로 도달하는 믿음의 의를 추구하지 않고, 오히려 그들이 율법을 통한 행위의 의를 추구하였기 때문임을 강조한다(9:30-33). 둘째 부분은 이스라엘 민족이 구원의 복을 누리지 못한 이유는 하나님이 저들의 구원을 위해 마련하신 하나님의 의를 추구하지 아니하고, 오히려 자기의 의를 세우려 하기 때문임을 밝힌다(10:1-4).

여기서 바울은 율법은 하나님이 마련하신 구원의 방편이 아니기 때문에 율법의 행위나 율법을 통한 의를 아무리 추구한다고 하더라도, 그것을 통해서는 결코 구원에 이르지 못한다는 사실을 천명한다. 아무튼지 유대인들이 하나님의 의를 받아들이지 않아 구원에 이르지 못한다면, 이것은 하나님에게 책임이 있는 것이 아니라, 하나님이 마련하신 의를 받아들이지도 믿지도 않는 자들의 책임이라는 것이다.

(1) 믿음에 의한 의와 율법에 의한 의(30-33절)

9:31-32에서 바울은 먼저 의를 얻은 이방인들과 의를 얻지 못한 이스라엘 백성들을 서로 대조한다. 1:18-32에서 볼 수 있는 것처럼 이방인들은 본래 하나님과의 올바른 관계인 의를 좇지 아니하였다. 오히려 그들은 불경과 불의를 통해 하나님께 범죄하였고, 하나님의 심판을 자초하였다. 그러나 예수 그리스도를 믿음으로 하나님의 의를 얻을 수 있다는 복음이 선포되었을 때, 이방인들은 이 복음을 받아들여 하나님의 의를 얻었다.

전에는 창조주 하나님을 알지 못하고 오히려 피조물을 하나님처럼 섬기는 죄를 범했으나, 이제는 예수 그리스도를 믿어 하나님의 자녀가 되고 하나님과 올바른 관계에 들어가게 되었다. 바울은 이것을 가리켜, "믿음에서 난 의"라고 말한다. 반면에 '의의 법' 곧 율법을 의의 길로 간주하고, 율법을 통해 열심히 의를 추구한 이스라엘 백성들은 오히려 율법이 가르치는 하나님과의 올바른 관계에 도

---

516 Schreiner, *Romans*, 531.

달하지 못하고 있다.

다메섹 사건 이전에 바울이 하나님에 대한 강렬한 열심을 가지고 율법의 의를 추구하였지만(갈 1:13-14, 빌 3:6), 결과적으로 하나님이 마련하신 자기 의의 절정인 예수 그리스도를 알고 영접하기는커녕 오히려 그를 핍박하여 하나님이 마련하신 의를 무시하고 도전하였던 것처럼, 바울 당대 유대인들은 율법에 대한 열심을 가졌지만, 오히려 그 열심이 하나님께서 예수 그리스도 안에서 마련하신 하나님의 의를 부정하는 결과를 가져왔다는 것이다.

왜 바울 당대 유대인들이 하나님의 의에 도달하지 못하고 있는가? 두 가지 이유 때문이다. 하나는 율법은 처음부터 하나님의 의, 곧 종말론적인 구원을 얻는 수단으로 주어지지 않았기 때문이다. 종말론적인 구원의 의는 율법을 통해서가 아니라, 하나님이 약속하신 예수 그리스도를 믿음으로 얻게 될 것을 이미 성경은 말하고 있다(참조. 창 15:6; 갈 3:8; 롬 3:26-27). 율법은 처음부터 이스라엘 백성으로 하여금 하나님께서 주신 약속을 계승할 수 있는 언약 백성의 신분을 유지하기 위해 주어진 것이지, 하나님의 의에 도달하는 수단으로 주어지지 않았다.

말하자면 율법 자체가 의를 가져다줄 수 있도록 율법을 주신 것이 아니라, 오히려 언약 백성에게 주어진 그 약속의 길, 이를테면 그 약속의 대상인 오실 메시아의 길을 준비하기 위해 주어졌다. 그렇다면 언약에 약속된 메시아를 통해 하나님의 의가 나타났다면(3:21), 당연히 이스라엘 백성은 메시아를 통해 나타난 하나님의 의를 받아들여야만 했다. 그런데도 그들은 하나님의 의도와는 달리 율법의 본래 목적과 배치되는 율법을 통한 자기 의를 추구하고 있다.

이것은 율법에 대한 곡해이며 오용이다. 또 하나는 이스라엘 백성들이 아무리 율법을 지키려고 노력한다고 하더라도 그 누구도 율법을 완벽하게 지키지 못하고 있기 때문이다(갈 3:10). 그로 인해 그들은 약속을 계승할 수 있는 언약 백성의 신분을 상실하고 오히려 율법의 저주 아래 있다. 율법의 저주를 벗어나고, 약속을 계승할 수 있는 언약 백성의 신분을 유지할 수 있도록 하나님은 약속대로 그들을 위해 메시아를 보냈지만 그들은 여전히 메시아를 믿지 않고 있다.

32-33절에서 바울은 이스라엘 백성들이 하나님의 의에 도달하지 못하고 있는 이유를 보다 직접적으로 말한다. 그것은 그들이 하나님이 의를 얻는 유일한 길로 마련하신 믿음의 길, 곧 예수 그리스도를 믿음으로 의를 얻으려 하지 않고 오히려 자신들의 행위에 의지하기 때문이라는 것이다. 여기 '믿음에 의한 추구'와 '행위에 의한 추구'의 대조는 바울은 30-31절에서 말한 "믿음의 의"와 "율법의 의"

의 대조와 병행된다. 그렇게 함으로써 바울은 이스라엘 백성들이 율법을 통해 의를 추구하는 것을 하나님이 마련하신 의를 추구하지 않고 인간의 행위로 의를 추구하는 것과 동일시한다.

어떤 주석가들은 바울이 여기서 말한 '율법의 의'와 이와 관련된 '행위의 의'를 개인이 하나님 앞에서 인정받으려는 공로 행위가 아닌 언약 백성의 신분을 유지하려는 정체성의 표현이나 민족적 의를 가리킨다고 주장한다.[517] 물론 이런 면을 완전히 배제할 수는 없을 것이다. 그러나 그렇다고 해서 바울이 본문에서 말한 '행위의 의'가 하나님 앞에서 율법을 지킴으로 개인적으로 인정을 받으려는 개인적인 동기를 완전히 배제할 수는 없을 것이다. 개인과 민족은 동전의 앞면과 뒷면처럼 서로 분리시키기 어렵다.

바울이 빌립보서 3:6에서 "열심으로는 교회를 핍박하고 율법의 의로는 흠이 없는 자로라"라고 말할 때(갈 1:13-14), 어떻게 바울 자신의 개인적인 동기를 배제시킬 수 있겠는가? 바울은 빌립보서 3:9에서 같은 장 6절에서 말한 율법의 의를 가리켜 분명히 "내가 가진 의"라고 말하고 있다. 즉 내가 율법을 지키는 내 행위를 통해 추구한 의라고 말한다.[518]

왜 바울 당대 이스라엘 백성들이 하나님이 마련하신 예수 그리스도를 믿음으로 얻게 되는 의를 추구하지 않고 오히려 행위의 의를 추구하고 있는가? 바울은 이사야 8:14과 28:16을 함께 인용하여 예수 그리스도가 유대인들에게 부딪히는 돌이 되었기 때문이라고 말한다. 본래 이사야 8:14의 "거치는 돌, 걸리는 반석"은 하나님께서 앗수르 왕을 통해 이스라엘을 심판하겠다는 하나님의 경고를 가리킨다. 그리고 이사야 28:16의 "시험한 돌, 귀하고 견고한 기촛돌"은 하나님께서 이스라엘 백성을 구원하시겠다는 하나님의 약속을 가리킨다.

이처럼 이사야에서 돌은 한편으로 심판을, 다른 한편으로 구원의 통로로 소개되고 있다. 그런데 바울은 이 돌을 메시아에게 적용시켜 메시아가 그를 믿지 않는 자들에게는 심판을 가져오는 돌이 되지만, 믿는 자들에게는 부끄러움을 당하지 않게, 적극적으로 말해서 구원을 받게 하는 돌이 된다고 말한다.

사실상 돌과 메시아를 연결시키는 것은, 이미 복음서에 있는 예수님의 악한 농부의 비유에서 언급되고 있고(마 21:42-44; 눅 20:17-20), 신약의 여러 곳에서 나타

---

517 예를 들면, Dunn, *Romans 2*, 587-88.
518 역시 무, 『로마서의 신학적 강해』, 262; *Romans*, 653, n400.

나고 있다(예를 들면, 벧전 2:6-8). 바울이 고린도전서 1:23에서 "십자가에 못 박힌 그리스도가 유대인에게는 거리끼는 것이라"고 말하고 있는 것처럼, 예수님은 유대인들이 기대하였던 힘과 권력을 행사하는 영광의 메시아가 아니라 오히려 고난과 죽음을 당하는 고난의 메시아였기 때문에, 예수 당대 유대인들은 예수님을 자신들의 메시아로 받아들일 수 없었던 것이다. 그렇게 함으로써 그들은 메시아를 통해 주어진 하나님의 의를 거부하고 있는 것이다. 그러나 이것은 어디까지나 하나님이 아니라 예수님을 메시아로 영접하지 않는 그들에게 책임이 있다.

(2) 율법의 마침인 그리스도(10:1-4절)

10:1에서 바울은 거듭 자신이 이스라엘 백성들의 구원을 위해 하나님께 간절히 기도하고 있음을 밝힌다. 그가 결코 이스라엘의 불신앙과 그들의 멸망을 옆에서 방관하고 있지 않다는 것이다. 오히려 간절히 기도하고 있다는 것이다. 바울은 나중에 11:25-26에서 이 기도가 응답되었다고 확신한다.

2절에서 바울은 당대 이스라엘 백성들이 하나님께 열심을 가지고 있음을 인정한다. 사실상 바울도 다메섹 도상에서 부활하신 예수님을 만나기 전에는 하나님에 대한 열심을 가지고 있었다. 그가 예수 믿는 자를 핍박한 것도, 그가 조상들의 유전에 대하여 열심을 가진 것도 모두 하나님에 대한 이 열심 때문이었다(갈 1:13-14; 빌 3:6). 그러나 이 열심은 하나님에 대한 바른 지식에 근거한 것이 아니었다. 오히려 자기 의를 세우려고 의도적으로 하나님의 의를 거부하는 행위였다(3절).[519]

다메섹 사건 이전의 바울 자신의 삶이 이를 여실히 보여준다. 그는 율법을 따라 하나님에 대한 열심 때문에 초대 기독교인들을 핍박하는 데 앞장섰지만, 결과적으로 하나님의 교회를 무너뜨리는 데 앞장선 것이 되고 만 것이다. 그의 행위는 결코 하나님에 대한 바른 지식에 근거한 것이 아니었던 것이다. 여기서 바울은 예수님을 거부하는 행위가, 설사 그것이 개인적으로나 민족적으로 율법의 의를 추구하는 것이라 하더라도 그것을 하나님의 의를 거부하는 행위로 본다. 왜냐하면, 하나님의 의는 결국 율법이 아닌 예수 그리스도의 죽음과 부활을 통해서 나타났기 때문이다(3:21-26).

---

519 이 문제에 대한 보다 자세한 논의는 최갑종, 『갈라디아서』, 210-214를 보라.

4절에서 바울은 예수 그리스도 안에서 하나님의 의가 나타났다는 사실과 예수 그리스도를 믿는 것만이 하나님의 의를 얻는 유일한 길임을 강조하기 위하여, "그리스도는 모든 믿는 자에게 의를 이루기 위하여 율법의 마침이 되었다"고 선언한다.

그리스도가 유대인이든, 이방인이든 믿는 모든 자에게 율법의 마침이 되었다는 말은 무엇을 뜻하는가?

어떤 주석가는 여기 "율법의 마침"(τέλος νόμου)라는 이 말을 시간적인 관점에서 해석하여 예수님을 통하여 의의 수단으로서 율법의 역할이 이제 끝났음을 뜻하는 것으로 보며,[520] 다른 어떤 주석가는 이 말을 구원사적 관점에서 해석하여 예수님이 율법의 성취자로서 율법의 목적과 절정이 됨을 뜻하는 것으로 본다.[521]

그러나 "그리스도가 율법의 마침"이라는 말은 '끝'과 '목적'의 두 의미를 가지고 있는 것으로 보아야 할 것이다.[522] 왜냐하면, 그리스도 안에 있는 자들에게는 그리스도가 하나님의 의의 절정이기 때문에 율법은 더는 '칭의'는 물론 '성화'의 수단이 될 수 없을 뿐만 아니라, 그리스도 안에 있는 자들에게는 그리스도께서 이루신 율법의 성취를 성령을 통하여 또한 계속해서 이루어 가시기 때문이다(8:2-4).

즉 그리스도 안에서 율법은 부정적인 관점에서 더는 하나님 나라 백성의 신분과 삶에 결정권을 가지지 못하도록 종지부를 찍었을 뿐만 아니라, 긍정적인 관점에서는 성령을 통하여 하나님 나라 백성의 삶 가운데서 그 궁극적인 목적인 하나님 사랑과 이웃 사랑이 실현되어 가고 있기 때문이다. 그런 점에서 그리스도는 율법의 마침이 되는 것이다. 따라서, 악트마이어의 다음과 같은 지적은 정당하다고 하겠다.

---

520 예를 들면, 머리, 『로마서 주석』, 515-516; Morris, *Romans*, 380-381.
521 예를 들면, R. Badenas, *Christ the End of the Law: Romans 10.4 in Pauline Perspective*, JSNT-Sup 10 (Shefield: JSOT, 1985), 38-80; Crandfield, *Romans*, 519-520; Wright, *Romans*, 656-668; Fitzmyer, *Romans*, 584; Jewett, *Romans*, 619-620..
522 Moo, *Romans*, 659도 보라: "바울은 그리스도가 율법 시대의 끝을 가져왔다는 의미에서 율법의 '마침'이 되지만, 또한 그는 율법이 지향하는 목적이 되기 때문에 율법의 '목적'이기도 하다"라고 말하였다. Schreiner, *Romans*, 532: "예수 그리스도는 율법이 그를 지향하고 있기 때문에 율법의 목표요, 목적이다. 동시에 그는 율법의 마침이다."

그리스도가 창조자와 피조물 간의 관계에 있어서 율법의 처음 의도된 역할의 성취이며, 또 그 관계에 있어 율법의 주된 기능의 마침이 되는 것이다. 바울이 '그리스도가 율법의 마침이 되느니라'(4절)라고 말했을 때 이 두 가지를 다 의미했던 것이다. 그리스도는 율법이 세워진 목표와 목적, 즉 하나님을 믿는 것의 목적인 것이다. 또한 그리스도는 그 하나님과의 관계를 갖게 되는 수단으로서의 율법의 마침이 되는 것이다.[523]

6) 주의 이름을 부르는 자의 구원(10:5-13)

예수와 바울 당대 유대인들에게 있어서 율법은 무슨 역할을 하고 있었는가? 전통적으로 많은 주석가들은 예수와 바울 당대 유대인들에게 있어서 율법은 의의 수단, 곧 구원의 수단으로 받아들여지고 있었다고 본다. 이들에 따르면 바울이 율법을 비판한 것은 하나님께서 의와 구원의 수단으로 주신 예수 그리스도에 대한 믿음을 거부하고 그 대신 율법을 구원의 수단으로 삼는 율법주의에 빠져있었기 때문으로 본다.

그러나 최근의 일부 주석가들(특별히 새관점주의자들)은 바울 당대 유대인들에게 있어서 율법은 구원의 수단이 아닌 언약 백성의 신분을 유지하는 정체성의 표현이었다고 본다. 그리고 이들은 바울이 율법을 반대한 것도 율법이 유대인과 이방인이 그리스도 안에서 하나가 되게 함을 막는 장애물이 되기 있었기 때문으로 본다.

구약성경에 따르면 하나님은 처음부터 율법을 의와 구원의 수단, 곧 하나님의 백성이 되는 수단으로 주지는 않았다. 하나님께서 먼저 이스라엘 백성들을 출애굽 시켜 구원을 약속하시고, 하나님의 언약 백성으로 삼으신 것은 이스라엘 백성들이 율법을 지켰기 때문이 아니었다. 혹은 이스라엘 백성들의 선한 행위 때문도 아니었다. 하나님께서 족장들에게 주신 언약을 기억하시고 이스라엘 백성들을 불쌍히 여겼기 때문이다(출 2:24-25).

율법은 십계명 서문에 잘 나타나 있는 것처럼(출 20:1-2), 출애굽 사건 이후, 이스라엘 백성들을 언약 백성으로 세우신 다음, 이스라엘 백성에게 주어졌다. 그러므로 율법은 처음부터 의와 구원의 수단이나, 언약 백성이 되는 방편으로 주어진

---

523 악트마이어, 『로마서』, 247; Peterson *Romans*, 376-377.

것이 아니다. 오히려 언약 백성의 신분 유지와 삶을 통해 언약에 약속된 복을 누리도록 하기 위함이었다. 이것은 설령 누가 율법을 완벽하게 지킨다 하더라도 그것 때문에 그가 의와 구원에 도달하거나 언약 백성이 되는 것이 아님을 가리킨다. 의와 구원은 하나님의 언약 때문에 주어지는 것이다(출 19:5-6).

이처럼 율법은 처음부터 의와 구원의 기능을 갖지 않았다. 다만 이스라엘 백성으로 하여금 언약 백성의 도리, 곧 하나님을 사랑하고 이웃을 사랑하고, 거룩한 삶을 살 수 있도록 하기 위해 주어졌다. 그들이 율법을 지켜 언약 백성의 신분을 유지하게 되면 그들은 언약 속에 약속되어 있는 의와 구원의 복에 참여할 수 있었다. 반면에 율법을 완벽하게 지키지 못할 경우는 언약 백성의 신분 상실은 물론, 율법의 저주 아래 처하게 되어 있다(신 27:26; 30:19-20. 그런데 이스라엘 백성들은 율법을 완벽하게 지키지 못하여 모두 하나님의 언약 백성의 신분을 사실상 상실하였음은 물론, 오히려 율법에 대한 불순종으로 인해 율법의 저주 아래 처하게 되었다(갈 3:10). 이제 그들이 율법의 저주에서 해방되고 언약 백성의 신분을 회복할 수 있는 유일한 길은 하나님께서 본래 언약을 통해 약속하였던 메시아를 믿어 의에 이르는 믿음의 길이다.

그런데도 바울 당대 유대인들은 마치 율법이 의와 구원의 수단인 것처럼 생각하고 하나님이 언약을 통해 약속하였던 믿음의 길을 거부하고, 율법을 통해 의를 추구하는 잘못을 범하고 있었다. 그러므로 하나님의 길을 거부하는 이스라엘 백성의 책임은 피할 수 없다. 10:5-13은 이 점을 말하고 있는데, 크게 5-8절, 9-13절의 두 부분으로 나눌 수 있다. 전자(5-8절)는 율법의 행위와 믿음을 대조시키면서, 인간의 행위가 믿음의 내용을 일으킬 수 없음을 강조한다. 후자(9-13절)는 믿음이 어떻게 역사하는가를 설명한다. 여기서 바울은 유대인이든 이방인이든 믿음으로 주님의 부름에 응답할 때만 구원을 얻게 된다고 말한다.

(1) 율법의 행위와 믿음(5-8절)

5절의 "율법으로 말미암는 의를 행하는 사람은 그 의로 살리라"는 바울의 레위기 18:5의 인용은 바울의 갈라디아서 3:12의 동일한 레위기 18:5의 인용과 더불어 오랫동안 해석학적으로 논란이 되어 왔다.[524] 논란이 되는 쟁점은 크게 두

---

524 예를 들면, F. Avemarie, "Paul and the Claim of the Law according to the Scripture: Leviticus 18:5 in Galatians 3:12 and Romans 10:5," in *Beginnings of Christianity: A Collection of Articles*, ed. Jack Pastor and Menachem Mor (Jerusalem: Yad Ben-Zvi Press, 2005); Preston M. Sprin-

가지이다. 하나는 레위기 18:5가 율법 준수에 의한 의와 생명(영생)을 약속하고 있으며, 사도 바울이 로마서와 갈라디아서에서 인용할 때도 이 점을 알고 인용했느냐, 아니면 바울이 율법은 믿음/복음과 달리 의와 생명을 줄 수 없다는 사실을 말하기 위해 레위기 18:5를 인용했느냐에 있다.

말하자면 사람들이 율법을 통해서 의와 생명에 도달하지 못하는 것은, 율법 자체 때문이 아니라, 율법을 완벽하게 순종하지 못하는 사람들의 무능력 때문인가, 아니면 율법은 처음부터 의와 생명을 얻는 수단으로 주어진 믿음과 다른 기능 때문인가 하는 것이다. 또 하나는 바울이 로마서와 갈라디아서에서 레위기 18:5를 인용할 때 율법에 기인한 의를 믿음에 기인한 의와 날카롭게 대조하고 있느냐, 그래서 율법이 아닌 믿음에 의한 의를 강조하기 위함인가, 아니면 율법에 기인한 의와 믿음에 기인한 의가 서로 대립하기보다도 오히려 율법에 기인한 의가 믿음에 기인한 의를 준비하고 있음을 보여주기 위해 레위기 18:5를 인용하고 있느냐는 것이다.[525]

먼저 바울이 인용한 레위기 18:5의 본래 문맥에서 어떤 의미를 지니고 있는가를 살펴보자. 레위기 18:5가 주어진 본래 문맥을 보면 하나님이 이스라엘 백성을 구원하여 자기 백성으로 삼으시고, 하나님은 이스라엘의 하나님, 이스라엘은 하나님의 백성이라는 언약의 문맥에서 주어진 것임을 확인할 수 있다. 레위기 18:1-5에서 세번이나 "나는 여호와 너희 하나님이시다"(18:2, 4, 5)라는 선언이 반복되고 있다는 사실이 이를 확인해주고 있다.

하나님은 자신의 언약 백성인 이스라엘 백성에게 "너희는 너희가 거주하던 애굽 땅의 풍속을 따르지 말며, 내가 너희를 인도할 가나안 땅의 풍속과 규례도 행하지 말고, 너희는 내 법도를 따르며 내 규례를 지켜 행하라"(18:3-4)라고 말씀하셨다. 말하자면, 너희는 하나님의 거룩한 백성이므로 앞으로 너희가 가나안 땅에 들어가서는 가나안 땅의 풍습을 따라 살지 말고, 하나님께서 주신 율법을 따라 생활하라는 것이다. 그리고 이어 18:5에서 반복해서 "너희는 내 규례와 법도

---

kle, *Law and Life: The Interpretation of Leviticus 18:5 in Early Judaism and in Paul*, WUNT 241 (Tübingen: Mohr Siebeck, 2007); Douglas C. Mohrmann, "Of 'Doing' and 'Living': The Intertextual Semantics of Leviticus 18:5 in Galatians and Romans," in *Jesus and Paul: Global Perspectives in Honor of James D. G. Dunn for his 70th Birthday*, eds. B. J. Oropeza, C. K. Robertson, and Douglas C. Mohrmann (London: T & T Clark, 2009), 151-172.

525 Etienne Jodar, "Leviticus 18:5 and the Law's Call to Faith: A Positive Reassessment of Paul's View of the Law," *Themelios* 45 (2020), 43-57.

를 지키라. 사람이 이를 행하면 그로 말미암아 살리라. 나는 여호와이니라"고 말씀하셨다.

이처럼 레위기 18:5의 본래 문맥은 하나님의 언약에 따라 가나안 땅에 들어가는 이스라엘 백성의 삶의 규범으로 주어진 율법을 이스라엘 백성이 실제로 가나안 땅에 들어가서 그대로 준행할 경우, 그곳에서 계속 언약 백성의 신분과 삶을 유지할 수 있도록 하시겠다는 하나님의 약속을 담고 있다. 즉, 레위기 18:5는 철저하게 언약의 문맥에서 주어진 것이다.[526] 그들의 율법 준수 행위가 가나안 땅에서의 영구적인 삶을 가져오는 것이 아니라, 가나안 땅에서의 영구적인 삶이 하나님의 언약에 기인하고 있는 것이다. 율법 준수는 언약 백성에게 주어진 하나님의 약속을 유지하게 하는 언약 백성의 당연한 의무요 책임이었다.[527] 그들이 율법을 준수할 경우 그들은 가나안 땅에서 언약에 약속된 삶을 계속해서 누릴 수 있었다.

그러므로 우리는 레위기 18:5를 마치 율법 자체가 믿음에 의해서만 도달할 수 있는 의와 구원과 영생을 가져다줄 수 있는 수단과 길이 되는 것처럼 생각하지 않아야 한다.[528] 즉, 이 구절을 마치 이방인들에게는 믿음에 의한 의의 길을, 유대인들에게는 율법에 의한 의의 길을 주셨다는 의미로 이해하지 않아야 한다.[529] 의와 구원과 영생에 이르는 두 길이 있다는 것은 바울은 물론 성경 전체의 가르침이 아니다.[530] 바울은 갈라디아서 2:21에서 "만일 의롭게 되는 것이 율법으로 말미암으면 그리스도께서 헛되이 죽으셨느니라", 이어 "만일 능히 살게 하는 율법을 주셨더라면 의가 반드시 율법으로 말미암았으리라"라고 하면서 율법이 오직

---

526 Joel Willitts, "Context Matters: Paul's Use of Leviticus 18:5 in Galatians 3:12," *Tyndale Bulletin* 545 (2003), 111.
527 Schreiner, *Romans*, 537: "레위기 18:5에서 요구된 순종은 구원을 얻기 위한 길로서 주어진 것이 아니고, 이스라엘을 애굽 땅에서 구속하신 하나님의 언약적 은혜에 대한 마땅한 응답으로 주어졌다."
528 W. C. Kaiser, "Leviticus 18:5 and Paul: Do This And You Shall Live (Eternally?)," *Journal of the Evangelical Theological Society* 14 (1971), 25; Peterson, *Romans*, 381.
529 홍인규, 『로마서 어떻게 읽을 것인가』, 177: "율법 준수는 모세 언약의 의무이다. 곧, 이미 수립된 언약 안에 계속 머무르며 또한 그 안에 포함되어 있는 모든 복들을 계속 누리기 위한 조건이다. 율법 순종을 통해서 우리는 이전에 없었던 생명을 새롭게 얻는 것은 아니다. 그 순종은 다만 이미 선물로 주어진 생명을 보존하고 유지하는 조건이다."
530 이 문제와 관련하여 자세한 논증은 이 책의 부록 3, "사도 바울은 '율법 준수'가 '의'와 '영생'을 가져다준다고 보았는가? -최근의 그리스도의 능동, 수동 순종 논쟁의 핵심인 갈 3:12와 롬 10:5에 있는 레 18:5의 인용을 중심으로-"를 보라.

그리스도를 믿음으로 주어지는 의와 구원과 영생의 길이 아님을 단호하게 주장하였다.

이것은 또한 10:5가 위치하고 있는 전후 문맥과도 맞지 않는다. 바울은 로마서 9:30부터 10:4까지 믿음에 의한 의와 이스라엘 백성이 추구하는 율법에 의한 의를 서로 대조하면서 율법에 의한 의는 하나님이 세운 하나님의 의에 도달하는 바른 길이 아님을 강조하고 있다. 그래서 10:4에서 그리스도는 율법의 마침이라고 하면서 그리스도를 믿는 믿음의 길만이 하나님이 세운 유일한 의의 길임을 강조한다. 말하자면 그리스도는 이 믿음의 길을 위하여 모든 율법을 성취하셨을 뿐만 아니라, 또한 그렇게 하심으로 유대인들이 추구하는 율법을 통한 의의 길 또한 종결하셨다는 것이다. 그리고 10:5 이후의 문맥인 10:6-15에서 신명기 30:11-14를 인용하여 재차 그리스도를 통한 믿음에 의한 의의 길을 재차 강조한다. 사실 바울은 로마서 1장에서부터 이방인들은 물론 유대인에 있어서도 예수 그리스도를 믿음으로 이르는 길 이외에는 그 어떤 다른 의와 구원의 길도 없음을 분명히 하였다(1:16; 3:20-21).

그렇다면 5절의 "율법으로 말미암는 의를 행하는 사람은 그 의로 살리라"라는 말은 무엇을 뜻하는가? 먼저 5절 본문 자체를 자세하게 살펴보자. 5절은 먼저 모세가 쓴 '율법에 의한 의'(δικαιοσύνη ἐκ τοῦ νόμου)를 말한 다음 '호티'(ὅτι)절에서 레위기 18:5를 인용하여 이를 설명한다.

말하자면 레위기 18:5는 "율법에 의한 의"를 말하고 있다는 것이다. 바울은 이 "율법에 의한 의"를 9:31에서 "의의 법을 따라간 이스라엘"(Ἰσραὴλ διώκων νόμον δικαιοσύνης)이라는 말로 표현하였다. 그리고 이것을 9:30의 이방인들이 얻은 "믿음에 의한 의"(δικαιοσύνη ἐκ πίστεως)와 대립시켰다. 그런 다음 바울은 10:4에서 한편으로 이스라엘이 추구하는 "율법에 의한 의" 추구를 종결시키기 위해, 다른 한편으로 이방인들이 추구한 "믿음에 의한 의"를 확립하기 위해 "그리스도께서 모든 믿는 자에게 의를 이루기 위하여 율법의 마침이 되셨다"고 선언한다.

즉 옛 언약 시대의 모세는 이스라엘 백성에게 "율법에 의한 의"를 말하였지만, 새 언약을 확립한 그리스도는 "믿음에 의한 의"를 확립하셨다는 것이다. 그런데 문제는 9:31-32에서 볼 수 있는 것처럼, "율법에 의한 의를 추구한 이스라엘은 그들이 이방인들처럼 믿음에 의한 길을 추구하지 않고 행위에 의한 길을 추구하였기 때문에 실제로는 하나님의 의에 이르지 못하였다"는 사실이다.

바울은 이와 관련하여 10:3에서 (이스라엘이) "하나님의 의를 모르고 자기 의를 세우려고 힘써 하나님의 의에 복종하지 아니하였다"고 말한다. 이와 같은 바울의 단정은 단순히 신학적 추론이 아니고, 빌립보서 3:9의 "내가 가진 의는 율법에서 난 것이 아니요 오직 그리스도를 믿음으로 말미암은 것이니 곧 믿음으로 하나님께로부터 난 의라"는 바울의 고백처럼 그리스도를 만남을 통해 갖게 된 체험적인 고백이다.

그렇다면 믿음에 의한 의와 대조되는 율법에 의한 의는 무엇을 가리키는가? 바울은 모세가 말한 이 "율법에 의한 의"를 레위기 18:5의 "율법을 행하는 사람은 그것들로 인해 살리라"와 동일시한다. 우리는 이미 레위기 18:5의 본래 문맥에서 율법을 행하는 사람에게 주어지는 '살리라'가 일차적으로 가나안 땅에서의 하나님의 백성에게 주어지는 언약 백성의 삶을 지칭한다는 점을 지적하였다. 그런데 신명기 30장은 하나님의 명령과 법도, 즉 율법을 지키는 이 언약 백성의 삶을 사망과 화와 대조가 되는 생명과 복을 누리는 삶으로 표현한다.

이스라엘 백성이 율법을 지켜 그 공로로 받는 생명과 복이 아니라, 그들이 언약 백성에 합당한 삶을 살 때 하나님께서 약속한 생명과 복을 누린다는 것이다. 그런데 이 생명과 복은 이스라엘 백성이 율법을 지킴으로 획득하는 자기 공로가 아니다. 언약 백성에게 주어진 하나님의 약속 때문에, 곧 약속을 지키시는 하나님의 신실성 때문에, 복과 생명이 주어진다.

따라서 율법에 의한 의는 언약 백성의 마땅한 의무이다. 그런데 문제는 이스라엘 백성 중 그 누구도 율법을 온전히 지켜 온전한 하나님의 언약 백성의 신분을 유지함으로써 언약 속에 약속된 생명과 복을 누릴 수 있는 자가 없었다는 것이다. 오히려 모든 이스라엘 백성 모두 율법을 완벽하게 지키지 못하여 언약을 깨뜨렸으며(렘 31:32), 그 결과 언약 백성의 신분을 상실한 죄인이 되었으며, 언약에 주어진 약속인 생명과 복 대신 사망과 화에 이르게 되었다.

따라서 이제 그 누구도 율법을 통해서 의와 생명에 이를 수 없다. 하나님께서 이제 율법과 관계없이 마련하신 하나님의 의의 길, 곧 오직 예수 그리스도를 통한 믿음의 길을 통해서만 의에 이를 수 있다(3:21-22). 이 믿음의 길이 유일한 하나님의 의에 이르는 길이다.

그래서 바울은 10:6-8에서 5절의 율법을 통한 의의 길과 대조적인 믿음의 길을 설명한다. 바울은 여러 구약 본문을 인용하여 믿음의 길은 인간의 행위를 요구하는 율법의 길과는 다르다는 것을 설명한다. 바울은 먼저 신명기 30:12의 첫 부분에 있는 "누가 하늘에 올라가겠느냐?"라는 질문을, "누가 그리스도를 모셔 내리려는 것", 즉 그리스도의 성육에 적용시켜, 그 누구도 하늘에 올라갈 수 없는 것처럼 인간의 힘으로 하늘에 올라가서 그리스도를 지상에 모셔 올 수 없다고 말한다. 인간의 힘으로 구원의 길을 마련할 수 없다는 것이다.

바울은 이어 신명기 30:13에 있는 "누가 바다를 건너갈 수 있겠느냐?"를 "누가 음부에 내려갈 수 있겠느냐?"로 변경시키고, 이것을 다시 "그리스도를 죽은 가운데서 모셔 올리려는 것", 즉 그리스도의 부활에 적용시켜 그 누구도 바다를 걸어 건너갈 수 없는 것처럼, 그 누구도 인간의 힘으로 그리스도의 부활을 가져 올 수 없다고 말한다. 이 구절 역시 인간의 힘으로 구원에 필수적인 그리스도의 부활을 일으킬 수 없다는 것이다. 왜냐하면 구원에 필수적인 그리스도의 성육과 부활은 인간의 역사가 아닌 하나님의 은혜의 역사이기 때문이다. 이렇게 함으로써 바울은 인간의 행위를 요구하는 율법을 통한 의와 구원의 불가능성을 거듭 천명한다.

8절은 율법을 통한 의의 길, 그것의 불가능성과 대조적으로 쉽고 가까이 있는 믿음을 통한 의의 길을 다시 제시한다. 바울은 다시 신명기 30:14의 "말씀이 네게 가까워 네 입에 있으며 네 마음에 있다"는 말씀을 인용하여 신명기 30:14의 말씀을 "우리가 전파하는 믿음의 말씀"과 일치시킨다. 사실상 신명기에서 말씀은 율법을 지칭하고 있지만, 바울은 이것을 그가 전파하는 복음으로 이해한다. 주목하여야 할 것은 바울이 여기서 믿음의 말씀, 곧 율법과 대조되는 복음이 현재 계속해서 전파되고 있다고 말하고 있다는 점이다(현재 시제). 이것은 이미 예수 그리스도가 이 세상에 오셔서 십자가의 죽음과 부활을 통해 율법의 마침이 되시고, 이제 복음을 통해 의와 구원의 길로 계속해서 전파되고 있음을 뜻한다.

(2) 믿음의 말씀(9-13절)

9-10절은 전파되는 믿음의 말씀이 어떻게 실제로 의와 구원을 가져오는가를 보여준다. 바울은 9절에서 세 가지 과정을 말한다. 첫 번째 과정은 복음을 듣고 복음 가운데 제시되고 있는 예수를 자신의 주로 고백하는 것이다. 예수님을 자신의 주로 고백하는 것은 기독교 신자의 첫 번째 신앙고백이라고 말할 수 있다(행 2:36; 10:36; 고전 8:6; 12:3; 16:22; 고후 4:5; 빌 2:11; 골 2:6).

이것은 예수님이 자신의 삶의 주인이며 자신의 삶의 주도권을 전적으로 예수께 바치겠다는 헌신의 자세를 뜻한다. 이제 새 주인이신 예수님만을 섬기고, 그분의 영광을 위해 살겠다는 결단의 표현이기도하다. 두 번째 과정은 예수님의 부활을 확실하게 믿고 받아들이는 것이다. 부활은 예수님의 죽음과 함께 복음의 핵심적인 내용으로 서로 분리될 수 없다. 따라서 부활을 믿는다는 것은 동시에 그의 대속적 죽음을 믿는다는 것이다. 예수님의 주권성은 사실상 부활을 통하여 나타났다(마 28:18; 빌 2:11).

그러므로 그리스도의 부활을 믿지 않고는 그리스도를 주로 고백하는 것이 불가능하다. 마지막 세 번째 과정은 구원의 과정에 들어서는 것이다. 바울은 여기서 미래시제를 사용하여 구원은 미래에 완성될 것임을 보여준다. 예수를 주로 고백하고 그의 부활을 믿어 이미 구원에 들어서지만, 그 완성은 미래에 주어진다는 것이다. 10절은 9절의 내용을 반복하여 강조하는 말이다.

11-13절에서 바울은 복음을 믿음으로 의에 이르는 길이 인종과 신분과 성을 초월하여 누구에게든지 이를 수 있는 보편적이고 우주적인 길임을 다시 한번 강조한다. 11절에서 바울은 다시 이사야 28:16의 "누구든지 저를 믿는 자는 부끄러움을 당하지 아니한다"를 인용하여, 복음에 나타난 구원의 보편성을 강조한다. 그런 다음 복음의 보편성에 근거하여 12절에서 믿음에 의한 구원의 길은 유대인이나 헬라인을 차별하지 않는다는 사실을 강조한다.

이 말은 헬라인은 물론 유대인도 믿음을 통하지 않고는 의에 이를 수 없다는 것을 강조하는 말이다. 그러나 이 말은 동시에 헬라인 뿐만 아니라 유대인도 믿음을 통해서 의에 이를 수 있다는 것을 보여준다. 이처럼 예수님은 인종과 신분을 초월하여 모든 사람의 주가 되고 모든 사람을 구원하기를 원하신다. 13절에서 바울은 이 점을 확증하기 위하여 다시 요엘 2:32 "누구든지 주의 이름을 부르는 자는 구원을 얻으리라"를 인용한다.

7) 복음에 대한 이스라엘의 불순종(10:14-21)

하나님은 일찍이 아브라함에게 강복하여 그의 후손들이 큰 민족을 이루게 할 것과 아브라함의 후손을 통해 모든 민족이 복을 누리게 될 것을 약속하셨다(창 12:3). 이 약속은 아담의 후손을 구원하시려는 하나님 자신의 신실성에서 나온 것이다. 그리하여 하나님은 아브라함의 후손들이 범죄하여 언약백성의 신분을 상실하였음에도 불구하고, 모든 이방인이 하나님을 믿지 않는 불경건과 불의에도 불구하고(1:18), 아브라함의 후손으로 오신 예수 그리스도를 통하여 이 약속을 지킬 수 있는 근거를 마련하였다. 예수 그리스도의 죽음과 부활은 하나님께서 자신의 약속을 지키신다는 언약적 신실성의 표현이다.

이제 누구든지 예수 그리스도를 믿는 이는 유대인이든, 헬라인이든 차별 없이 하나님께서 약속하셨던 구원의 복을 누릴 수 있다. 이 구원의 복을 누릴 수 있는 복음이 이제 유대인과 이방인을 포함하여 온 세상을 향해 전파되고 있다. 그러나 아무리 복음이 전파된다고 하더라도 이 전파되는 복음에 반응하지 않는다면, 복음을 통해 제시되는 예수 그리스도를 믿고 그분을 자신의 구주로 영접하지 않는다면, 유대인이든 이방인이든 그는 구원을 받을 수 없다. 여기서 우리는 복음은 인간의 책임을 배제하지 않는다는 사실을 발견하게 된다.

로마서 10:14-21은 현재 복음이 전파되고 있음에도 불구하고, 바울 당대 유대인들이 그 복음을 받아들이지 않는 불순종에 대하여 말하고 있다. 하나님의 언약적 신실성의 표현인 이 복음을 받아들이지 않는다는 것은, 하나님이 약속한 구원의 복 받아들이지 않겠다는 것일 뿐만 아니라, 이 복의 길을 마련하신 언약의 하나님을 거부하는 행위이기도 하다. 바울은 자기 당대 유대인들의 이와 같은 불신앙은, 이미 시편과 이사야를 통해 예언되었던 것임을 상시키면서, 당대 유대인들의 책임을 부각시킨다.

그러나 그렇다고 해서, 즉 바울 당대 유대인들이 복음에 응답하지 않는다고 해서 그들에 대한 하나님의 언약적 신실성 자체가 무너지는가?

만일 그럴 경우 하나님의 언약적 신실성은 하나님의 주권이 아닌 인간의 반응에 좌우되게 된다. 인간의 책임을 무시하지 않으면서 하나님의 언약적 신실성을 지키는 것은 무엇인가? 바울은 이 문제를 11장에서 구체적으로 다룬다.

10:14-21은 14-15절, 16-17절, 18-21절 등 세 부분으로 나눌 수 있다.

첫째, 복음을 통한 하나님의 부르심의 사역이 유대인들에게 현재 진행되고 있음을 말하고 있는 14-15절.

둘째, 바울 당대 유대인들이 복음을 통한 하나님의 부르심에 대하여 반응하지 않고 있음을 말하고 있는 16-17절.

셋째, 유대인들이 복음에 응답하지 않는 자신들의 책임을 변명할 수 없다고 말하고 있는 18-21절. 특히 18절은 복음이 온 세상에 전파되고 있기 때문에 복음을 들을 기회가 없었다고 변명하는 것은 있을 수 없음을 말하고 있다. 넷째, 복음이 전파될 것임이 이미 구약의 선지자들을 통해서도 예언되었기 때문에 복음을 알지 못했다는 변명이 있을 수 없다고 말하는 19-21절.

(1) 이스라엘의 복음 거부(14-17절)

14-15절은 복음을 통한 구원의 과정을 말한다. 12-13절이 복음을 준비하신 하나님 편에서의 사역을 말한다면, 14-15절은 하나님의 사역에 대한 인간 편에서의 반응을 말하고 있다. 그런데 바울은 당대 유대인들의 불신앙을 강조하기 위하여 인간 편에서의 반응을 믿음→ 들음→ 전파→ 보냄의 역순으로 서술한다. 복음 전파자가 제일 먼저 나오고, 그다음에 그의 보내심, 듣는 자, 그리고 제일 나중에 믿는 자가 나오는 것이 정상적인 순서이다.

정상적인 순서를 역순으로 바꾼 것은 이미 다른 모든 순서는 이루어졌는데 마지막 순서인 복음의 영접과 믿음의 반응이 유대인들 가운데 이루어지지 않고 있기 때문이다.

16-17절은 바울 당대 유대인들의 복음에 무반응, 사실상 복음을 거절한 불순종에 관하여 말한다. 16절 서두에 있는 "저희가 다 복음을 순종치 아니하였도다"라는 말은 바울 당대 유대인 다수가 여전히 복음을 받아들이지 않고 있음을 뜻한다. 로마서에서 '순종'이 믿음의 동의어로 사용되고 있다면(1:5; 6:16-17; 15:18; 16:26), 불순종은 믿음의 반의어가 된다. 바울은 이사야 53:1의 "주여, 우리의 전하는 바를 누가 믿었나이까?"를 인용하여, 바울 당대 유대인들의 불순종은 지난날 선조들의 불순종을 반복하고 있는 것임을 지적한다.

17절에서 바울은 지난날 이스라엘 백성들의 불순종에도 불구하고 선지자들을 통한 하나님의 메시지가 계속해서 전파되어졌던 것처럼, 자기 시대에도 계속되고 있다고 말한다. 즉 아직도 복음을 듣고 믿음에 이를 수 있는 기회는 남아 있다는 것이다. 그러므로 복음을 듣지 못해서 구원 얻을 기회를 갖지 못했다는 변명은 있을 수 없다. 바울은 전파되고 있는 복음을 가리켜, "그리스도의 말씀"으로 표현하고 있다.

여기 "그리스도의 말씀"은 그리스도로부터 기원하는 말씀(주격 속격)[531]을 가리키기보다 그리스도에 대한 말씀, 곧 예수 그리스도의 인격과 그의 사역(목적 속격)을 가리킨다고 보는 것이 옳다.[532] 하나님은 예수 그리스도 안에서 그분의 구원

---

531 예, Fitzmyer, *Romans,* 598; Crandfield, *Romans 1*, 537.
532 Jewett, *Romans,* 642; Schreiner, *Romans,* 554; Moo, *Romans,* 684.

역사를 일으켰고 계속해서 이루어가시기 때문이다. 어쨌든 바울은 그리스도 없이는, 그를 믿지 않고는 구원은 있을 수 없다고 말한다. 구원을 가져오는 참믿음은 오직 예수 그리스도에 대한 믿음뿐이라는 것이다.

(2) 이스라엘의 불순종과 이방인의 순종(18-21절)

18-21절에서 바울은 복음에 대한 이스라엘 민족의 불순종과 그들의 불순종에 대한 변명이 있을 수 없다는 사실을 다시 한번 강조한다. 바울은 구약의 여러 본문을 인용하여 자기 당대 유대인들의 불순종이 얼마나 심각한가를 밝히면서 그들에 대한 하나님의 심판이 정당함을 강조한다. 먼저 18절에서, 시편 19:4의 "그 소리가 온 땅에 퍼졌고 그 말씀이 땅 끝까지 이르렀도다"를 인용하여, 한편으로 복음이 지금 온 세상에 널리 전파되고 있다는 점과, 또 다른 한편으로 바울 당대 유대인들이 복음을 듣지 못했다는 변명을 할 수 없다는 사실을 강조한다. 문제는 복음을 듣지 못한 데 있는 것이 아니라. 지금도 그들에게 전파되고 있는 그 복음을 받아들이지 않는 불순종에 있다. 그러나 하나님은 이스라엘 민족에 대한 기대를 포기하지 않는다.

19절에서 바울은 신명기 32:21의 "내가 내 백성 아닌 자로써 너희를 시기하게 하며 미련한 백성으로써 너희를 노엽게 하리라"를 인용하여, 바울 당대 유대인들이 복음을 알고 그 복음에 대한 올바른 반응을 하지 않았기 때문에 복음은 이제 다른 백성, 곧 이방인에게 전파되고 있음을 강조한다. 그러나 바울은 여기서, 지난날 모세 시대에 이스라엘의 불순종에도 불구하고 하나님은 다른 민족을 통해서라도 이스라엘 민족에 대한 언약에 신실하신 것처럼, 오늘도 하나님은 이방 선교를 통해 이스라엘 민족에게 질투를 일으켜서라도 이스라엘이 복음 안으로 돌아올 것을 기대하고 있음을 분명히 한다.

즉, 하나님은 이스라엘 민족에 대한 희망을 포기하지 않고 있다는 것이다. 왜냐하면 복음은 궁극적으로 인간의 역사에 관한 것이 아니라 하나님 자신의 신실한 역사이기 때문이다. 이스라엘 민족에 대한 하나님의 이 기대가 동시에 바울 자신의 기대이기도 하다.

이스라엘 민족에 대한 하나님의 기대와 그의 언약의 신실성은 11장에서 보다 자세하게 설명되겠지만, 바울은 10장 마지막 구절인 20-21절에서 이사야 65:1-2을 인용하여 19절에서 언급한 문제를 계속 반복한다. 20절에서 인용되는 이사야 65:1, "내가 구하지 아니하는 자들에게 찾은 바 되고 내게 문의하지 아니하는 자들에게 나타났노라"가 바울 당대 복음을 받아들인 이방인들에게 해당되는 말씀이라고 한다면, 21절에서 인용되는 65:2의 "순종치 아니하고 거스려 말하는 백성에게 내가 종일 내 손을 벌렸노라"가 바울 당대 계속해서 복음을 받아들이지 않고 있는 이스라엘 백성에게 적용되는 말이다.

그러나 21절의 강조점은 복음에 불순종하는 이스라엘 백성에 대한 책망보다도, 마치 예수의 탕자 이야기(눅 15:11-32)에서 집을 나간 작은 아들이 돌아오기를 계속해서 기다리고 있는 아버지처럼, 이스라엘 백성이 복음 안으로 돌아올 것을 간절히 바라고 있는 하나님의 기대에 있다.

8) 이스라엘의 선택과 남은 자(11:1-12)

거듭 말하지만 유대인(이스라엘)의 문제를 집중적으로 말하고 있는 로마서 9-11장은 로마서의 부록이 아니다. 오히려 로마서 전체의 핵심 부분에 속한다는 사실을 잊지 않아야 한다. 왜냐하면 사도 바울은 로마서 9-11장에서 로마서 전체의 주제로 볼 수 있는 하나님의 의(1:16), 곧 하나님께서 한번 약속하신 것은 어떤 경우에도 실언하지 않으시고 끝까지 성실하게 지키신다는 하나님의 언약적 신실성을 이스라엘 민족을 통해 결정적으로 말하고 있기 때문이다.

이처럼 로마서 9-11장은 로마서 전체 주제의 사활이 걸려있는 중요한 부분이다. 로마서 9-11장의 주제가 무너지면 로마서 전체의 주제가 무너지고, 반대로 로마서 9-11장의 주제가 서게 되면 로마서 전체의 주제가 서게 된다.

로마서 9-11장의 결론 부분이라고 말할 수 있는 로마서 11장은 어떻게 하나님께서 이스라엘 민족이 율법에 불순종하였을 뿐만 아니라, 또한 복음에도 불순종하였음에 불구하고, 하나님은 족장을 통해 주신 이스라엘에 대한 약속을 신실하게 지키시고 있는가를 보여준다. 그런 점에서 로마서 11장에서 다시 한번 로마서 전체의 주제인 하나님의 의가 무엇인지 그 실체의 진면목을 볼 수 있다. 로마서 11장은 크게 네 단락으로 나눌 수 있다.

첫째 부분인 11:1-12는 하나님은 결코 이스라엘 백성을 버리지 않으셨다는 사실을 강조하고 있다. 왜냐하면, 하나님은 항상 이스라엘 백성들 가운데 남은 자를 은혜 가운데서 선택하여 그들을 보존하고 계시기 때문이다.

둘째 부분인 11:13-24는 이방인 기독교인들이 불신 유대인들 때문에 스스로 교만하지 않도록 경고하고 있다. 왜냐하면, 이방인 기독교인들이 하나님의 은혜를 받은 것은 하나님께서 일시적으로 이스라엘 백성을 버렸다가 앞으로 이스라엘 민족 전체를 회복시키겠다는 하나님의 계획에 근거하고 있기 때문이다.

셋째 부분인 11:25-32는 하나님은 이스라엘 민족을 궁극적으로 구원하심으로써 이스라엘 민족에 대한 자신의 언약을 성실하게 지키신다는 사실을 강조하고 있다. 그리고 이러한 이스라엘 민족에 대한 하나님의 언약적 신실성은 동시에 이방인 기독교인들의 궁극적 구원의 원천이 된다는 사실을 암시한다.

넷째 부분인 11:33-36은 하나님의 언약적 신실성을 통해 나타난 하나님의 놀라운 지혜와 하나님의 절대적인 주권을 찬양하고 있다.

11장의 첫째 부분에 해당하는 11:1-12 역시 네 부분으로 나누어진다.

첫째 부분인 11:1에서 바울은 자신을 실례로 들어 하나님은 결코 이스라엘 민족을 버리지 않으셨다는 사실을 강조한다.

둘째 부분인 11:2-6에서 바울은 하나님께서 선지자 엘리야 시대에도 바알에게 절하지 않은 칠천 명을 남겨두신 사실을 실례로 들어 하나님은 은혜 가운데서 이스라엘 민족을 버리지 않고 보존하고 있다는 사실을 강조한다.

셋째 부분인 11:7-10에서 바울은 구약을 인용하여 현재 이스라엘 백성들이 불신 가운데 있는 것은 하나님께서 그들의 마음이 완악한 것을 그대로 내버려두고 있기 때문임을 강조한다.

마지막 부분인 11:11-12에서 바울은 하나님은 불신 이스라엘을 항구적으로 버린 것이 아니라, 이방인들에게 구원의 기회를 주기 위한 일시적이고 전략적인 버림임을 강조한다.

(1) 이스라엘을 버리지 않으신 하나님(1-6절)

바울은 10장에서 하나님께서 마련하신 의, 곧 예수 그리스도의 복음에 나타난 하나님의 의를 받아들이지 않고 계속해서 자신의 의를 추구하고 있는 이스라엘 백성의 불순종과, 이스라엘 백성과는 대조적으로 복음을 받아들이고 있는 이방인 신자의 순종을 비교하면서 복음을 받아들이지 않는 이스라엘의 불순종을 거듭 강조하였다. 여기서 자연히 제기되는 문제는 "그렇다면 하나님이 자기 백성을 버리셨느냐"는 것이다.

말하자면 이스라엘 백성이 현재 복음을 받아들이지 않는다고 해서 하나님이 이스라엘을 버리셨느냐는 것이다. 만일 이스라엘 백성들의 불순종 때문에 하나님께서 이스라엘 백성을 항구적으로 버리셨다면 이스라엘 백성에 대한 하나님의 신실성은 무너진다. 왜냐하면, 아브라함과 족장들을 통해 이스라엘에 주신 하나님의 언약은 이스라엘의 행위를 조건으로 주신 것이 아니라, 하나님께서 일방적인 은혜로 주셨기 때문이다.

만일, 이스라엘에 대한 하나님의 언약이 이스라엘의 행위에 의존할 경우, 이스라엘의 구원 문제는 궁극적으로 하나님의 은혜와 주권에 의지하기보다도 인간의 행위에 의존하게 된다. 이 문제와 관련하여 바울은 단호하게 "그럴 수 없다"고 선언한다. 하나님께서 이스라엘 백성을 완전히 버리신 것도, 하나님의 언약적 신실성이 무너진 것도, 구원이 인간의 행위에 의존하는 것도 아니라는 것이다.

바울은 유대인이며, 이스라엘 백성이며, 아브라함의 후손이며, 베냐민 지파인 자신을 실례로 들어 하나님은 결코 자기 백성을 버리지 않으셨다는 사실을 강조한다. 사실 바울 자신의 지난날의 행위를 살펴보면 지금 복음 안에 나타나고 있는 하나님의 의를 거절하고 있는 불신 이스라엘 백성의 행위를 훨씬 능가하는 악한 것이었다.

갈라디아서 1:13 이하에 언급되고 있는 것처럼 바울은 누구보다도 철저하게 율법을 통한 자기의 의를 추구하였으며(참조. 빌 3:6), 복음을 거부하고 오히려 복음을 받아들이고 있는 유대인 신자들을 핍박하고 죽이는 데 앞장을 섰던 사람이며, 하나님의 교회를 지속적으로 무너뜨리려고 한 하나님의 원수였다. 그런데도 하나님은 오히려 바울을 은혜 가운데서 부르시고 그에게 사도의 직분을 맡기신 것이 복음의 실체이다. 바울은 자신에 대한 하나님의 부르심, 이것이야말로 하나님께서 불신 행위 때문에 이스라엘 백성을 버리지 않으신다는 결정적인 증거가 된다고 보고 있다.

바울은 하나님께서 이스라엘 백성들이 하나님을 대적하고, 불순종하고, 하나님을 불신할 것을 미리 아셨다 하더라도 이스라엘 백성을 버리지 않으셨다는 사실을 지난날 엘리야 선지자 시대에 하나님께서 바알에게 절하지 않은 칠천 명을 남겨두신 사실을 근거를 들어 설명한다. 열왕기상 19장에 자세하게 설명되어있는 것처럼 엘리야는 갈멜산에서 바알의 선지자 450명과의 싸움에서 승리한 후 아합왕의 아내 이세벨의 극심한 핍박을 받게 되었다.

엘리야는 핍박을 피해 도망하면서 하나님을 향해, "주여, 그들이 주의 선지자들을 죽였으며 주의 제단들을 헐어 버렸고 나만 남았는데 내 목숨도 찾나이다"(왕상 19:10)라고 호소하였다. 엘리야는 당시 수많은 이스라엘 백성 가운데서 바알에게 절하지 않은 사람은 오직 자기 혼자만이라고 생각하였다. 그때 하나님은 엘리야에게, "내가 나를 위하여 바알에게 무릎을 꿇지 아니한 칠천 명을 남겨 두었다"(왕상 19:18)라고 대답하였다. 칠천 명을 남겨두신 것은 그들의 신실한 행위 때문이 아니라, 오히려 하나님께서 그들을 은혜 가운데서 그들을 붙드셨기 때문이며, 그래서 그들이 바알에게 절하지 않았다는 것이다.

즉 그들이 스스로 자신들의 의지에 의해 하나님에 대한 신앙을 보존해 온 것이 아니라, 하나님께서 은혜로 그들을 지켜주셨기 때문에 그들이 자기들의 믿음을 보존할 수 있었다는 것이다.

5-6절에서 바울은 엘리야 시대에 나타난 하나님의 은혜 역사는 지금도 계속되고 있음을 강조한다. 지난날 하나님께서 엘리야 한 사람만이 아닌 칠천 명을 남겨두신 것처럼 지금도 바울 한 사람만이 아닌 수많은 사람을 하나님께서 은혜로 보존하고 있다는 것이다. 하나님의 구원 역사가 인간의 행위에 의존했다면 아무도 보존될 수 없었겠지만, 하나님의 구원 역사는 인간의 행위가 아닌 하나님의 은혜에 의존하고 있기 때문에 수많은 사람이 보존되고 있다는 것이다.

여기서 우리는 다시 한번 하나님의 언약적 신실성은 인간의 행위가 아닌 전적으로 하나님의 주권적인 은혜에 근거하고 있음을 발견하게 된다. 우리가 구원의 확실성을 갖게 되는 주된 근거가 여기에 있다. 바로 이것이 복음 안에 나타난 하나님 의의 실체요, 그 위대성이다.

(2) 하나님의 은혜와 공의(7-10절)

바울은 7-10절에서 다시 아직도 불신 가운데 있는 대다수의 유대인에게 방향을 돌린다. 하나님의 은혜로 보존된 소수의 남은 자들에 속하지 못하고 있는 다수의 남은 우둔한 자들에 관해서는 어떻게 설명되어야 하는가? 바울은 신명기 29:4와 시편 69:22 이하를 인용하여 하나님께서 모세와 다윗 시대의 불신자들을 어떻게 대하셨는가를 설명한다.

바울은 이미 1:18-28에서 불의와 불경건으로 하나님을 대적한 타락한 인간을 그대로 내버려둠으로써 그들에 대한 하나님의 심판을 가중시켰다고 말한 바 있다. 바울은 다시 하나님께서 지난날 모세와 다윗 시대의 우둔한 이스라엘 백성을 그 상태로 내버려두셨던 것처럼, 지금 다수의 이스라엘 백성을 우둔한 상태로 내버려두셨다고 말한다.

말하자면 하나님의 은혜는 항상 모든 이스라엘 사람들을 무조건적으로 다 보존하는 것이 아니라고 말한다. 다시 말하자면, 하나님의 언약적 신실성은 반드시 모든 시대의 모든 불신 유대인들의 회복을 전제하고 있는 것이 아니라는 것이다. 오히려 하나님은 다수의 완악한 자들을 그 완악한 상태로 내버려 둘 수 있다고 말한다. 그들이 스스로 만들고 있는 완악함과 불신에 관해서까지 하나님께서 모두 책임을 지지 않는다는 것이다. 여기서 우리는 하나님의 은혜가 아무리 크다고 하더라도 그것이 하나님의 공의를 배제하는 것이 아니라 은혜와 공의가 함께 공존하고 있음을 발견하게 된다.

(3) 이스라엘과 이방인의 상관성(11-12절)

하지만 바로 이어 11-12절에서 바울은 자기 당대에도 다수의 유대인이 여전히 완악함과 불신 상태에 있으며, 하나님께서 그들을 계속해서 내버려 두고 있다고 해서 하나님이 결단코 이스라엘 민족 전체를 항구적으로 그대로 내버려 두시지 않을 것이라고 단호하게 말한다. 그들의 불신이 이방인들에게 구원의 기회를 만들고 있으며, 그리고 이방인들의 구원이 이스라엘 백성들에게 시기심을 불러 일으켜 다시 이스라엘 백성들에게 구원의 기회를 가져오게 한다는 것이다.

이처럼 다수의 이스라엘 백성들의 넘어짐과 이방인의 구원, 그리고 이방인들의 구원과 다수의 이스라엘 백성들의 구원 사이에 서로 불가분의 관계가 있다는 것이다. 이 점은 11:25 이하에서 보다 구체적으로 다시 설명된다. 12절에서 바울은 한편으로 이 문단을 결론짓고 또 다른 한편으로 새로운 문단을 내다보면서 현재 이스라엘 백성들의 넘어짐이 이방 세계에 엄청나게 풍성한 구원의 역사를 가져오게 되었다면, 장차 이스라엘 백성이 다시 회복될 때는 세상에 그보다 더 큰 놀라운 역사가 일어나게 될 것이라고 말한다.

9) 이방인 신자에 대한 경고(11:13-24)

11장의 첫 문단(1-12절)에서 바울은 이스라엘 백성에 관하여 다섯 가지 점을 지적하였다.

첫째, 이스라엘 백성 중에 하나님의 은혜 가운데서 택함을 받은 남은 자가 있다.

둘째, 하나님의 택하심을 받지 않고 불신 상태에 내버려 둔 다수의 남은 자들도 있다.

셋째, 이스라엘 백성 중 다수가 여전히 불신 상태에 있다고 하더라도 하나님은 이스라엘 백성을 실족하게 내버려 두신 것은 아니다.

넷째, 현재 이스라엘 백성들이 예수를 영접하지 않고 계속 완악함과 불신 상태에 있는 것이 이방인들에게는 예수님을 영접하여 구원에 이르는 기회가 되고 있으며, 그리고 이방인들이 예수님을 믿어 구원을 받는 것은 동시에 이스라엘 백성들이 돌아올 수 있는 기회를 만들고 있다.

다섯째, 이스라엘 백성의 불신이 이방인의 세계에 엄청난 구원의 복을 가져왔다면 이스라엘 백성의 회복은 세상을 새롭게 하는 말로 다 할 수 없는 놀라운 복을 가져오게 될 것이다.

11장의 둘째 문단인 13-24절에서 바울은 첫째 문단의 결론인 이스라엘 백성과 이방인들 사이의 불가분리의 관계, 곧 이스라엘 백성의 불신이 이방인들에게 구원의 기회를 주고 있으며, 이방인들의 구원이 이스라엘 백성의 회복 기회를 만들고 있다는 점을 지적한다. 그리고 이 사실에 근거하여 이방인 기독교인들이 교만하지 않아야 할 것을 교훈하고 있다.

바울은 이 점을 감람나무 비유를 통하여 교훈한다. 바울의 감람나무 비유는 네 가지 점을 교훈하고 있다.

첫째, 이방인들이 참감람나무인 이스라엘 백성에게 접붙임이 되어 그들이 참감람나무의 뿌리를 통하여 보존되고 있다.

둘째, 이스라엘 백성의 일부를 가리키는 참감람나무의 가지가 꺾여졌다고 할지라도, 이스라엘 백성을 가리키는 참감람나무의 뿌리는 여전히 보존되고 있다. 이 뿌리가 이방인의 충만한 수의 구원은 물론 불신 이스라엘의 회복을 지켜줄 것이다.

셋째, 이방인들의 구원과 그 보존이 뿌리인 이스라엘 백성에 의존하고 있다. 즉, 이방인들이 구원 받는 이스라엘에게 결합 되는 것이지 이스라엘이 구원 받는 이방인들에게 결합 되는 것이 아니다.

넷째, 이방인들의 구원이 이스라엘 백성의 넘어짐과 불가분의 관계를 가지고 있는 것처럼, 넘어진 이스라엘 백성의 회복, 곧 꺾인 참감람나무 일부 가지가 다시 원뿌리에 접붙임 되는 것 역시 이방인들의 구원과 불가분의 관계를 가지고 있다.

(1) 이스라엘에 의존하고 있는 이방인 신자(13-15절)

로마 교회가 처음 시작하였을 때는 유대인 기독교인이 다수이었을 것이다. 그러나 주후 49년 경 클라우디우스 황제에 의해 유대인들이 로마로부터 추방된 이후에는 이방인 신자들이 로마 교회의 다수를 형성하게 되었을 것이다. 주후 54년 클라우디우스를 이어 로마 황제 보위에 오른 네로에 의해 추방된 유대인들이 로마로 다시 돌아오게 되었어도 이방인 신자들이 다수를 형성하고 있던 로마 교회의 상황은 별다른 변화가 없었을 것이다.

13절 초두에 있는 "내가 이방인인 너희에게 말하노라"는 바울의 지적은 이 점을 뒷받침해 주고 있다. 로마 교회의 다수를 형성하고 있는 이방인 신자들을 향해 바울은 자신이 이방인의 사도로 부름을 받았다는 사실과 자신의 이방인 사도직을 영광스럽게 여기고 있음을 밝힌다. 바울이 갈라디아서 2:8의 자서전적 고백을 통해 밝히고 있는 것처럼 그는 이방인을 위한 사도로 부름을 받았다는 확고한 소명 의식과 정체성에 관한 이해를 가지고 있었다. 그렇다고 해서 바울이 자신의 동족에 관한 관심을 잊어버리고 있었던 것은 아니었다.

14절에서 바울은 자신의 이방인 선교가 깊은 의미에서 자신의 동족에 관한 선교와 관련되어 있음을 밝힌다. 바울의 이방인 선교는 동시에 유대인 동족에 관한 선교의 기회를 만들고 있다는 것이다. 왜냐하면, 이미 11장의 첫째 문단에서 언급한 것처럼, 유대인들의 불신은 이방인 선교의 문을 열어주었고, 이방인의 활발한 선교는 유대인 선교의 기회를 가져올 수 있기 때문이다. 바울은 바로 이 중심에 서 있다. 바울은 11:12에서 잠깐 언급한 이스라엘 민족의 상황과 이방인 세계와의 불가분의 문제를 다시 거론한다.

하지만, 바울은 15절에서 12절의 내용을 보다 발전시켜 하나님께서 이스라엘 백성을 세상을 화목하게 하고 완성케 하는 구원 역사의 대리자로 삼았다고 주장한다. 이 점은 이미 출애굽기 19:6의 "너희가 내게 대하여 제사장의 나라가 되며"와 이사야 49:6의 "내가 너를 이방의 빛으로 삼아 나의 구원을 베풀어서 땅끝까지 이르게 하리라"에서 암시되었다. 하나님의 구원 역사에서 이스라엘 백성은 이방 세계를 향해 예수님 같은 중보 사역을 하고 있다는 것이다.

　예수님이 십자가를 통해 세상을 하나님과 화목하게 하고 그의 부활을 통해 세상을 새롭게 재창조한 것처럼, 이스라엘 백성의 일시적인 버림은 세상을 화목하게 하고 이스라엘 백성의 회복은 세상에게 죽은 자 가운데서 다시 살아나게 하는 부활의 역사를 가져오게 한다는 것이다. 실로 바울은 이 일을 위해 부름을 받았다고 할 수 있다(행 26:16-17).

　이방 세계에 대한 하나님의 구원 역사의 시작과 완성의 중심에 이스라엘 백성이 서 있다는 바울의 논리 전개는 16절에 나타나고 있는 곡식 가루와 떡 덩이와 뿌리와 가지의 비유를 통해 더욱 강화되고 심화된다. 처음 익은 곡식 가루가 깨끗하고 거룩하면 그것으로 만들어진 떡 덩이도 깨끗하고 거룩하게 되고, 뿌리가 거룩하면 그 뿌리에 의존하고 있는 가지도 거룩하게 되는 것처럼, 떡 덩이와 가지에 해당하는 이방 세계는 곡식 가루와 뿌리에 해당이 되는 이스라엘 백성에게 전적으로 의존하고 있다는 것이다. 이스라엘 백성을 거룩한 곡식 가루와 뿌리로, 이방 세계를 떡 덩이와 가지로 비유하는 바울의 논리 전개에서 우리는 거듭 하나님은 결단코 이스라엘 백성을 포기하거나 버리지 않았다는 사실을 발견한다. 오히려 하나님께서 이스라엘 백성을 구원 역사의 중심적인 방편으로 삼고 있다는 놀라운 사실을 발견한다.

(2) 참감람나무와 돌감람나무 비유(16-24절)

　바울은 이미 16절에서 가루와 떡 덩이, 뿌리와 가지의 비유를 통해 이스라엘 백성이 이방인에게 의존하기보다 이방인들이 오히려 이스라엘 백성에게 의존하고 있다는 사실을 암시하였다. 바울은 17절 이하에서 이스라엘 백성에 대한 이방인의 의존 관계를 다시 참감람나무와 돌감람나무 비유로 강조하면서 로마의 이방인 기독교인들이 유대인들에 대한 우월감이나 교만한 마음을 가지지 않아야 할 것을 교훈하고 있다.

　아마도 로마의 이방인 기독교인들 가운데 유대인들이 예수님을 십자가에 처형하는 데 주도적인 역할을 하였고, 지금도 여전히 유대인 대다수가 예수 믿지 않는 사실을 들어, 하나님의 구원 역사의 물줄기는 이스라엘 백성으로부터 이제 이방인들에게로 이동되었다고 생각하고 있는 이들이 있었는지도 모른다. 유대인에 대한 이방인의 이와 같은 경시와 그들의 교만과 우월감은 로마 교회 안에 있는 소수의 유대인 기독교인들에게도 영향을 미쳤을 것이다. 그래서 바울은 17절 이하에서 참감람나무가 여전히 보존되고 있으며, 돌감람나무가 참감람나무에 접붙임을 당해 살고 있다는 사실의 비유를 들어, 이방인들이 유대인들에게 교만하지 않아야 할 것을 교훈하고 있다고 볼 수 있다.

바울이 이스라엘 백성을 참감람나무에 비유한 것은, 감람나무가 중동지역에 가장 흔한 나무였을 뿐만 아니라, 이미 구약에서 감람나무가 이스라엘 백성의 상징으로 사용되었기 때문일 것이다(렘 11:16; 호 14:6). 바울은 먼저 17-18절에서 참감람나무의 가지가 얼마 꺾였고, 돌감람나무에 해당하는 이방인 기독교인들이 꺾인 그 가지의 자리에 접붙임을 당해 참감람나무의 뿌리로부터 진액을 공급받아 살고 있다는 사실에 근거하여, 가지에 해당하는 이방인 기독교인들이 자랑하지 않아야 할 것을 경고한다.

왜냐하면, 접붙임을 당한 가지가 뿌리를 보존하고 있는 것이 아니라, 그 반대로 여전히 뿌리로 남아있는 이스라엘 백성들이 그들을 지탱하고 보존하고 있기 때문이다. 18-22절에서 바울은 원가지에 속한 이스라엘 백성도 그 뿌리로부터 꺾어질 수 있다고 한다면, 돌감람나무의 가지에 해당하는 이방인 기독교인들은 얼마나 더 쉽게 꺾이어질 수 있음을 말하면서, 이방인 기독교인들이 교만하지 않고 늘 두려워하고 겸손하여야 할 것을 경고한다.

바울은 이방인 기독교인들의 존재와 삶의 근거가 하나님의 은혜와 하나님에 대한 그들의 믿음에 있기 때문에, 이 은혜와 믿음의 자리를 계속해서 지키지 않는다면 이방인 기독교인들도 유대인들처럼 얼마든지 꺾일 수 있다고 말한다. 여기서 우리는 바울이 빌립보서 2:12에서 빌립보교회 신자들을 향해 "항상 복종하여 두렵고 떨림으로 너희 구원을 이루라"라고 권면하고 있는 것처럼, 아무리 하나님의 선택과 은혜가 강조된다고 하더라도, 그것이 하나님의 선택과 은혜 가운데 계속 머물러야 하는 우리의 책임을 배제하지 않는다는 사실을 발견하게 된다.

23-24절에서 바울은 돌감람나무에 해당하는 이방인 기독교인들이 믿음을 통해 좋은 감람나무에 접붙임을 당했다면, 좋은 감람나무의 원가지였던 유대인들이 믿음을 가지게 될 경우 얼마나 더 쉽게 본래의 감람나무에 접붙임을 당할 수 있겠느냐고 하면서, 하나님께서 이스라엘 백성을 민족적으로 회복시킬 것을 암시한다. 사실상 바울 자신의 삶이 이 사실에 대한 극명한 예증이기도 하다.[533] 이 문제는 25절 이하에서 더욱 자세하게 거론된다.

---

533 Käsemann, *Romans*, 310-311.

10) '비밀', '모든 이스라엘의 구원' 그리고 '하나님의 언약적 신실성' (11:25-32)

앞에서 살펴본 것처럼, 사도 바울이 9-11장에서 자신의 동족 이스라엘의 장래 구원 문제를 집중적으로 취급하고 있다는 것은 널리 알려진 사실이다. 9장 서두에서 그는 "나의 형제 곧 골육의 친척을 위하여 내 자신이 저주를 받아 그리스도에게서 끊어질지라도 원하는 바로라"(9:3)라고 하면서 자신의 동족 이스라엘이 구원 받기를 간절히 염원한다.

10장 서두에서 그는 다시 "형제들아 내 마음에 원하는 바와 하나님께 구하는 바는 이스라엘을 위함이니 곧 그들로 구원을 받게 함이라"(10:1)라고 하면서, 이스라엘 민족의 구원이 자신의 지속적인 기도의 대상임을 밝힌다. 그런 다음 마지막 장인 11장에 들어가면서 그는 다시 "하나님이 자기 백성을 내치셨다는 것입니까? 절대로 그럴 수 없습니다"(11:1, 새한글)라고 하면서, 하나님은 결단코 이스라엘의 구원을 외면하지 않을 것임을 확신한다. 그리고 같은 장 26절에서 "이렇게 하여 이스라엘이 모두 구원을 받게 될것입니다"(새한글)라는 결론을 내린다. 이것은 9-11장의 내러티브 전체가 사실상 '모든 이스라엘의 구원' 주제를 목표하고 있음을 보여준다.[534]

그렇다고 해서 우리는 바울이 9-11장에 와서 비로소 이스라엘의 구원 문제를 언급하고 있다고 생각하면 안 된다. 로마서 전체의 주제 구절이며, 전체 내러티브의 기반으로 볼 수 있는 1:16-17에서 바울은 이미 자신이 전하는 복음, 곧 믿는 모든 사람에게 구원을 가져오는 하나님의 능력인 복음이, 먼저 유대인을 위한 것임을 말하고, 이를 입증하기 위해 유대인의 성경인 하박국 2:4를 인용한다.[535]

그리고 2장에서 율법을 지키지 않는 유대인의 불순종을 길게 취급한 다음, 3장 서두에서 "어떤 자들(유대인)의 그 믿지 아니함이 하나님의 미쁘심을 폐하겠느냐. 그럴 수 없느니라"(3:3-4)라고 하면서, 설령 일부 불신 유대인이 하나님의 율법을 지키지 않는다고 하더라도, 하나님은 이스라엘 족장들에게 주신 자신의 언약을

---

534 Mary Ann Getty, "Paul and the salvation of Israel: A Perspective on Romans 9-11," *CBQ* 50 (1988), 457: "로마서 11:25-32는 바울이 9-11장까지 발전시켜온 핵심적인 메시지의 요약으로 볼 수 있다"; Fitzmyer, *Romans*, 619도 보라.

535 필자는 이 문제를 최갑종, "로마서 1:16-17에 대한 주석적 연구,"「신약논단」30/1 (2023), 140-175에서 자세하게 다룬 바 있다.

저버리지 아니하고 끝까지 신실하게 지키시는 분이라고 말한다.

흔히 로마서의 심장이며, 주제 구절의 해설 문단으로 불리는 3:21-26의 문단[536]을 시작하면서 바울은 먼저 그가 주제 구절에서 말한 복음 안에 나타난 하나님의 의가 이스라엘의 성경을 지칭하는 율법과 선지자들에게 증거를 받은 것임을 말한다(3:21). 그다음 구절인 3:22에서, 그가 주제 구절인 1:16에서 하나님의 능력인 복음이 유대인을 포함하여 믿는 모든 자에게 구원을 주시는 복음임을 선언한 것(1:16)과 같이, 구약성경을 통해 증거된 이 하나님의 의가 유대인을 포함하여 예수 그리스도를 믿는 모든 자를 대상으로 하고 있다고 말한다(3:22).

그리고 3:23-26에서 그는 구약성경에 나타난 이스라엘의 출애굽 사건과 속죄 제사의 빛 아래서 예수 그리스도의 십자가 사건을 설명하면서, 십자가 사건은 무엇보다도 하나님께서 자기 백성 이스라엘이 "전에 지은 죄를 용서하신 일에 대해 자기의 의로우심을 나타내려 한 것"(3:25, εἰς ἔνδειξιν τῆς δικαιοσύνης αὐτοῦ, διὰ τὴν πάρεσιν τῶν προγεγονότων ἁμαρτημάτων)이라고 말한다.[537]

그런 다음 3:28에서 "할례자도 믿음으로 말미암아 또한 무할례자도 믿음으로 말미암아 의롭다 하실 하나님은 한 분이시라"고 하면서, 그리스도 안에 나타난 하나님의 의가 무할례자인 이방인뿐만 아니라, 할례자인 이스라엘을 포함하고 있다는 결론을 내린다. 그런 다음 그는 4-8장의 긴 내러티브를 통해서 3:21-31에서 말한 그리스도 안에 나타난 하나님의 의가 어떻게 유대인과 이방인에게 구체적으로 적용이 되는가를 설명한다.

4-8장의 이 긴 내러티브는 8:39의 "어떤 피조물이라도 우리를 우리 주 그리스도 예수 안에 있는 하나님의 사랑에서 끊을 수 없느니라"로 종결된다. 이 종결 구절에 나타난 1인칭 복수 대명사 '우리'가 유대인인 바울과 그리고 유대인과 이방인 신자로 구성된 로마 교회 신자를 대변하고 있다는 것이 분명하다.

---

536 크랜필드, 『로마서 1』(서울: 로고스, 1994), "3:21-26절의 소단원이 롬 1:16b-15:13 전체의 핵심이라고 말해도 좋을 것이다"; Schreiner, *Romans*, 186: "대다수 학자는 이 단락을 서신의 심장으로 보고 있다." W. S. Campbell, "Romans iii as a Key to the Structure and Thought of the Letter," *NovT* 23 (1981), 22-40; Colin G. Kruse, *Paul's Letter to the Romans* (Grand Rapids: Eerdmans, 2012), 177도 보라.

537 Longenecker, *Romans*, 435; 최갑종, "Πίστις Χριστοῦ는 어떻게 번역되어야 하는가?- 로마서 3장 22절의 Πιότις Χριστοῦ 구문에 대한 문맥적 접근을 중심으로 「성경원문연구」50 (2022), 141-173.

그리고 우리가 '예수 그리스도 안에 있는 하나님의 사랑'이 때로는 하나님의 '긍휼하심'으로 번역되는 히브리어 '헤세드'(חסד)의 의미를 가지고 있고, '헤세드'는 또한 구약에서 하나님의 언약적 신실함을 뜻하는 '하나님의 의'와 동의어로 사용되고 있다는 사실을 고려하면(예, 창 19:19; 20:13; 21:23; 24:27; 32:10), 우리는 바울이 9-11장부터가 아닌 이미 '하나님의 의'를 설명하는 로마서 주제 구절인 1:16-17부터 8:39에 이르기까지 이스라엘 구원 문제를 염두에 두고, (물론 이방인을 포함하여), 긴 내러티브를 전개해 왔다고 말할 수 있다.

왜냐하면, 바울이 9-11장의 종결 구절인 11:32에서 말하는 '모든 사람에게 베푸시는 하나님의 긍휼하심'은 사실상 1-8장의 '하나님의 의'와 8장의 종결 구절인 8:39의 '그리스도 예수 안에 있는 하나님의 사랑'을 지칭하기 때문이다.[538] 그런 점에서 '모든 이스라엘의 구원' 문제를 말하는 9-11장은 1-8장과 분리되거나 독립된 것이 아니고, 오히려 1-8장과 밀접하게 연결되어 있다고 보아야 한다.[539] 즉, 1-8장과 9-11장이 다 같이 동일한 주제인 "하나님의 의"를 말하고 있다.[540]

이스라엘의 구원 문제는 또한 9-11장에 이어나오는 하나님 백성의 삶의 내러티브인 12-15장과 무관하지 않다. 왜냐하면, 바울은 12-15장에서 제시하는 권면 내러티브를, 12:1의 "그러므로 형제들아 내가 하나님의 모든 자비하심으로 너희를 권하노니"에서 확인할 수 있는 것처럼, '하나님의 모든 자비하심'에 기반을 두고 있다. 그런데 이 '하나님의 모든 자비하심'이 3-4장을 요약하는 '그리스도 안에 나타난 하나님의 의', 5-8장을 요약하는 '하나님의 사랑', 9-11장을 요약하는 이스라엘 백성에게 나타난 '하나님의 긍휼하심'을 지칭하고 있다는 사실을 부정하기 어렵다.[541]

---

538 LXX이 이스라엘 백성에 대한 하나님의 '자비로우심', '신실하심', '긍휼하심', '사랑'을 뜻하는 히브리어 '헤세드'(חסד)를 '긍휼'과 '사랑'의 의미를 가진 ἔλεος으로 번역하는 경우(창 47:29; 잠 3:3; 16:6)가 이를 뒷받침 해준다. R. Bultmann, "ἔλεος", *TDNT* II, 479-480을 보라.

539 Cranfield, *Romans*, 445; Brendan Byrne, *Romans* (Collegeville: The Liturgical Press, 1996), 282; Tobin, *The Argument of Romans*, 252-253.

540 그런데 LXX은 종종 '헤세드'(חסד)를 하나님의 언약적 신실함을 뜻하는 δικαιοσύνη로 번역(창 19:19; 20:13; 21:23; 24:27; 32:10)하기도 한다. 따라서 우리는 바울이 로마서에서 하나님의 성품과 관련하여 '의'(δικαιοσύνη), '긍휼하심'(ἔλεος), '사랑'(ἀγάπη), '자비하심'(οἰκτιρμός)이라는 어휘를 사용할 때 이들이 상호교차적으로 사용되고 있다고 보아야 한다.

541 Schreiner, *Romans*, 625; Moo, *Romans*, 767-768.

12-15장의 권면 내러티브의 기반이 되는 '하나님의 모든 자비하심'이 이방인 뿐만 아니라 또한 이스라엘의 구원을 포함하고 있다는 것은 12-15장의 권면 내러티브를 종결하는 15:8-9에서 바울이 "내가 말하노니 그리스도께서 하나님의 진실하심을 위하여 할례의 추종자가 되셨으니 이는 조상들에게 주신 약속들을 견고하게 하시고 이방인들도 그 긍휼하심으로 말미암아 하나님께 영광을 돌리게 하려 하심이라"고 말하고 있는 사실에서 확인된다.

바울은 이 점을 다시 로마서 전체 내러티브의 최종 결론 구절인 16:25-26에서 자신이 전파하는 복음이 "모든 민족이 믿어 순종하게 한다"고 말하면서 재차 확인한다. 사실상 16:25-26의 선언은 1:16의 복음이 유대인과 헬라인 등 모든 믿는 자에게 구원을 가져온다는 선언과, 하나님의 의가 그리스도를 믿는 모든 자에게 주어진다는 3:22의 선언, 그리고 11:26의 '모든 이스라엘이 구원을 받을 것이다'라는 선언과 평행을 이룬다.[542]

이 모든 것이 사실이라면 로마서 전체 내러티브는 이방인은 물론 유대인을 구원으로 인도하는 복음이라고 말한다 해도 결코 지나친 것이 아니다.[543] 그런데 우리의 관심을 끄는 것은, 바로 우리가 이어 살펴보겠지만, 바울이 이방인의 구원이 이스라엘의 구원을 주도하는 것이 아닌, 그 반대로 이스라엘의 구원이 이방인의 구원을 주도하고 있다고 보고 있다는 사실이다.[544]

우리가 지금까지 말한 것처럼, 로마서 전체 내러티브가 이방인은 물론 이스라엘의 구원을 지향하고 있다는 것이 확실하다고 한다면, 이스라엘의 구원은 언제, 어떻게 이루어지는가? 바울은 이스라엘 구원의 확실성을 어떻게 확신할 수 있었는가? 그리고 이스라엘의 구원을 어떻게 제시하고 있는가? 그는 '모든 이스라엘의 구원'이 '이방인의 구원'과 어떤 관계를 지니고 있다고 보고 있는가? 바울은 이러한 질문들에 대한 답변을 11:25-32에서 제시한다. 우리는 이제 9-11장의 절정으로 불리는 11:25-32[545]에 대한 주석을 통해 이러한 질문들에 대한 적절한 답

---

542 최갑종, "로마서 1:16-17에 대한 주석적 연구," 141-142.
543 N.T. Wright, "Christ, the Law and the People of God: Romans 9-11," in *The Climax of the Covenant* (Minneapolis: Fortress, 1991), 246에서 이스라엘의 구원 문제를 말하는 로마서 11:25-32가 사실상 하나님의 신실한 언약적 의를 주제로 하는 로마서 전체의 절정을 이룬다고 말하고 있다.
544 J. C. Beker, "The Faithfulness of God and the Priority of Israel in Paul's Letter to the Romans," *HTR* 79 (1986), 10-16; Wayne A. Brindle, "'To the Jew First': Rhetoric, Strategy, History, or Theology?", *Bibliotheca Sacra* 159 (2002), 221-233.
545 Fitzmyer, *Romans*, 619는 롬 11:25-27을 9-11장의 절정으로 본다.

을 찾아보도록 할 것이다.

(1) "비밀"(25절)

로마서 9-11장의 결론에 해당하는 11:25-27은[546] '비밀'을 설명하는 11:25, '모든 이스라엘의 구원'을 말하는 11:26a, 이에 대한 성경적 입증을 말하는 11:26b-27 등 세 부분으로 나눌 수 있다. 우리는 먼저 11:25에 나타난 '비밀'(μυστήριον)을, 그다음 11:26a에 있는 '모든 이스라엘의 구원'을 그리고 마지막으로 11:26b-27에 있는 '성경 인용'을 살펴볼 것이다. 그렇다면 11:25-27문단의 첫 구절인 25절에서 바울이 언급하는 '비밀'은 무엇을 뜻하는가?

바울은 25절에서 '비밀'을 말하기 전에, 그가 그의 서신에서 종종 그가 말하는 내용이 매우 중요한 사실을 독자들에게 강조할 때 사용하는 문구인 "너희가 모르기를 원하지 아니하노니"(롬 1:13; 고전 10:1; 12:1; 고후 1:8; 살전 4:13)를 사용하여,[547] 그가 지금 말하고자 하는 '비밀'이 매우 중요하다는 것과, 이를 알리는 것은, 앞 문단에 있는 감람나무 비유의 경우처럼(11:17-24), 이방인 독자들이 교만하지 않도록 일종의 경고를 하기 위함임을 밝힌다.[548]

그렇다면 이 '비밀'은 무엇을 뜻하는가?

바울은 일반적으로 그의 서신에서 '비밀'이란 단어를 인간의 사색적 산물이 아닌 하나님의 종말론적인 구원 역사의 계시와 관련해 사용한다.[549] 그래서 바울서신에서 '비밀'은 주로 바울의 종말론적인 언어 중의 하나인 '계시'(ἀποκάλυις)와 함께 나타난다.[550]

이를테면, 로마서 16:25-26에서 '비밀'은 '계시'의 대상으로 나타난다. 그리고 이 계시의 대상인 비밀은 주제 구절(1:16)에서 말한 유대인을 포함한 모든 민족에게 그리스도의 복음이 전파되는 것과 동일시된다.[551] 이처럼 바울서신에서 '비밀'

---

546 Tobin, *The Argument of Romans*, 306은 11:25-27을 8:31-11:36의 절정으로 본다.
547 Steven E. Runge, *Discourse Grammar of the Greek New Testament: A Practical Introduction for Teaching and Exegesis* (Peabody: Hendrickson, 2010), 105-107.
548 Schreiner, *Romans*, 595; Peterson, *Romans*, 422.
549 '비밀'이라는 단어는 신약에서 모두 28번 나타나는데 그중에 21번이 바울서신에 나타난다(롬 11:25; 16:25; 고전 2:1,7; 4:1; 13:2; 14:2; 15:51; 엡 1:9; 3:3,4,9; 5:32; 6:19; 골 1:26,27; 2:2; 4:3; 살후 2:7; 딤전 3:9,16). 이것은 '비밀'이라는 단어를 바울의 특이한 용어로 보게 한다.
550 G. Bornkamm, "μυστήριον," *TDNT* IV, 821; Helmut Krämer, "μυστήριον," *EDNT* 2, 447.
551 그 밖에 고린도전서 2:1,7; 4:1의 '비밀'은 복음의 내용인 십자가에 못 박히신 그리스도를

은 주로 '계시'와 관련해 사용되기 때문에, 비록 11:25에서 '비밀'이 '계시'라는 말과 함께 사용되지 않는다고 하더라도, 우리는 '비밀' 역시 '계시'의 산물로 보아야 할 것이다.[552]

물론 바울은 이 '비밀'의 계시를 그의 다메섹 사건 체험에서 받았는지, 이방 선교를 준비하는 안디옥 교회 목회 시절에 받았는지, 아니면 3차 선교 여행 중에 받았는지, 아니면 성경해석을 통해 깨닫게 되었는지 말하지 않는다.[553] 바울은 로마서 11:25-26a에서 '비밀'을 크게 세 가지 면으로 설명한다.

첫째, 이스라엘 백성들의 일부분이 우둔하게 되었다(25b).
둘째, 이 이스라엘 일부의 우둔함은 영구적인 것이 아니고, 이방인들의 충만한 수가 들어오기까지 한시적이다(25c).
셋째, 그런 다음 모든 이스라엘 백성들이 구원 받게 된다(26a).[554]

이렇게 볼 때 본문에서 '비밀'은 이스라엘과 이방인들에 대한 하나님의 구원 계획, 그 성취 과정 및 최종적인 목적, 즉 왜 이스라엘 백성의 일부가 완고해져

가리키며, 고전 13:2; 14:2의 '비밀'은 그리스도 안에서 이루어진 하나님의 종말론적인 구원에 관한 내용을, 그리고 15:51은 그리스도의 재림 때 이루어질 신자의 완전한 구원 상태의 모습을 가리킨다. 에베소서 1:9; 3:3,4,9; 6:19의 '비밀'은 바울 복음의 내용인 하나님의 구원 계획, 곧 그리스도 안에서 유대인과 이방인이 한 하나님의 구원 백성이 되는 것을 가리키며, 이 비밀은 계시의 대상으로 나타난다. 골로새서 1:26,27; 2:2; 4:3에 나타난 '비밀'도 그리스도, 혹은 그리스도 안에 나타난 하나님의 구원 계획, 바울 복음을 가리킨다. 이처럼 바울에게 있어서 비밀이 계시 자체는 아니지만 자주 계시의 대상으로 나타난다. 즉 계시가 나타날 때 비밀이 주어진다. 이것은 바울이 비밀을 많은 경우에 계시 어휘들과 함께 사용하고 있는 점에서 잘 드러난다.

552 Moo, *Romans*, 714f.
553 이 문제에 관한 자세한 논의는 M. Hengel, "The Origins of the Christian Mission," in *Between Jesus and Paul* (Philadelphia: Fortress, 1983), 48-64; 김세윤, "The 'Mystery' of Rom 11:25-26 Once More," *NTS* 43 (1997), 412-429; R. Jewett, *Romans*, (Minneapolis: Fortress Press, 2007), 698-699; 최갑종, "바울과 이스라엘,"『사도 바울』(서울: 기독교 연합신문사, 2001), 479-498를 보라.
554 Schreiner, *Romans*, 595. 어떤 주석가는 비밀의 내용과 관련해 이 세 가지 중에서 어떤 것이 가장 핵심적인 것인가 하는 물음을 제기하였다. 그러나 본문에서 이 세 가지 요소가 서로 분리될 수 없을 만큼 연결되어 있기 때문에 어느 하나를 비밀의 핵심적인 요소로 단정할 수는 없다. 물론 Longenecker, *Romans*, 896는 이 세 가지 외에 모든 이스라엘의 구원이 구원자가 시온으로부터 와서 야곱에게서 경건하지 않은 자를 돌이키겠다는 1:26의 구약 인용 내용과 이 모든 것은 이스라엘 백성에 대한 하나님의 확실한 은사와 부르심(29절)이라는 것, 2가지를 더 첨부하여 이해한다.

있으며, 그리고 이스라엘 민족 전체가 어떻게 구원 받게 될 것인가 하는 문제와 관련되어 있다고 볼 수 있다.[555]

① "이스라엘 백성들의 일부가 우둔해짐"(25b)

"이스라엘 백성의 일부가 우둔해졌다"(πώρωσις ἀπὸ μέρους τῷ Ἰσραὴλ γέγονεν)는 것은 11:25에서 처음으로 나오는 주장이 아니다. 여기 '일부'(μέρος)는 11:17의 꺾이어진 참감람나무의 '어떤 가지'(τινές)와 평행하는 말이다. 따라서 이것은 바울이 9장 서두에서부터 11:24까지 감람나무 비유와 더불어 당대 유대인들이 예수 그리스도를 믿지 않는 문제와 관련해 계속해서 제기해 온 내용의 요약이기도 하다.

9장 서두에서 바울은, 자신의 동족인 유대인들의 불신 문제와 관련해, 심지어 자신이 저주를 받아 그리스도에게서 끊어짐을 당하더라도, 자신의 친척과 골육인 이스라엘 백성들이 구원 받기를 간절히 바라고 있다. 바울은 9:6에서, 비록 당대 이스라엘 백성들이 불신 상태에 있다고 하더라도, 이스라엘 백성들에 대한 하나님의 말씀이 폐지된 것이 아니라고 말한다.

다시 말해, 하나님은 아브라함의 후손인 이스라엘 백성들에 대한 자신의 신실한 약속을 결단코 폐기하지 않았다는 것이다. 왜냐하면, 하나님의 구원 약속은 궁극적으로 이스라엘 백성의 행위에 근거하지 않고, 하나님 자신의 주권적인 선택과 긍휼하심에 근거해 있기 때문이다. 심지어 과거에 하나님을 모르는 불신앙의 사람들이었던 이방인들이 이제 하나님께서 예수 그리스도 안에서 마련하신 '하나님의 의'를 믿음으로 받아 구원에 참여하였다(10:30).

이와 대조적으로 이스라엘 백성은 '하나님의 의' 대신 율법을 통한 자신들의 '행위에 의한 의'를 추구함으로써 '하나님의 의'에 이르지 못하고 있다. 그럼에도 불구하고 하나님은 이스라엘 백성들에 대한 긍휼의 손을 거두지 않으셨다(10:21). 바울은 하나님께서 이스라엘 백성을 버리지 않으셨다는 증거로 엘리야 시대에 바알에게 무릎을 꿇지 않은 7천 명을 남겨 두신 일을 상기시킨다(11:2-5). 그래서 바울은 11:1에서 "하나님이 자기 백성을 버리셨느뇨? 그럴 수 없느니라"고 말한 다음, 다시 11:11에서 "저희가 넘어지기까지 실족했느뇨? 그럴 수 없느니라"고

---

555 Stuhlmacher, *Romans*, 173; Mark D. Nanos, "Paul's Two-Step Pattern and the Restoration of 'All Israel'," in *The Mystery of Romans* (Minneapolis: Fortress, 1996), 260.

말하면서, 이스라엘 백성의 구원에 대한 하나님의 언약적 신실성(信實性)을 거듭 강조한다.[556]

이처럼 하나님께서 결단코 이스라엘 백성을 완전히 버리지 않으셨다면, 자연히 제기되는 문제는 왜 바울 당대 대다수의 이스라엘 백성들이 여전히 불신 상태에 있는가 하는 것이다. 바울은 11:11 하반절에서 이에 대한 답변을 제시한다. 이스라엘 백성의 불신앙은 하나님으로부터 이스라엘 백성의 영구적인 단절이 아니라, 이방인의 부유함인 이방인들의 구원을 위해서, 그리고 나아가서 이스라엘 백성의 충만함인 그들의 구원을 위해서다. 다시 말해, 하나님께서 일찍이 이스라엘 백성을 구원하기 위해 바로 왕을 완악하게 하신 것처럼(9:17-18), 이제 이방인의 구원을 위해 이스라엘 백성 전체가 아닌 일부가 일시적으로 불신앙의 자리에 있게 되지만 종국적으로 이로 인하여 이스라엘 백성의 충만함을 가져온다.[557] 이것은 11:17 이하의 감람나무 비유를 통해 다시 설명된다. 즉 이스라엘 백성을 가리키는 참감람나무에 이방인을 가리키는 돌감람나무를 접붙이기 위해 참감람나무의 일부가 꺾여졌다는 것이다.

감람나무 비유를 통해 바울은 두 가지 사실을 시사한다.

첫째, 이방인이 참감람나무인 이스라엘 백성에게 접붙임이 되어 그들이 참감람나무의 뿌리를 통해 보존되게 되었다는 것이고,

둘째, 이스라엘 백성의 일부를 가리키는 참감람나무의 가지가 꺾여졌다고 할지라도, 이스라엘 백성을 가리키는 참감람나무의 뿌리는 여전히 보존되고 있다는 것이다.

이 뿌리가 이방인의 충만한 수의 구원은 물론 나아가서 남은 불신 이스라엘의 충만한 회복을 가져올 것이다.[558] 이렇게 말함으로써 바울은 이방인들의 구원과 그 보존이 이스라엘 백성에 의존하고 있음을 밝힌다. 다시 말해, 이방인이 구원

---

556 N. T. Wright, "Christ, the Law and the People of God: Romans 9-11," in *The Climax of the Covenant* (Minneapolis: Fortress, 1991), 240-41. 이것은 로마서 3:3-4에 나오는 사람들의 불신앙이 하나님의 신실성을 결코 무너뜨릴 수 없다는 주장을 통해 예시된 바 있다. Dunn, *Romans 9-11*, 502를 보라.
557 John G. Lodge, *Romans 9-11. A Reader-Response Analysis* (Florida: University of South Florida, 1996), 196.
558 Nanos, "Paul's Two-Step Pattern and the Restoration of 'All Israel'," 264.

받는 이스라엘에게 결합 되는 것이지 이스라엘이 구원 받는 이방인에게 결합 되는 것이 아니라는 것이다.[559]

바울은 여기서 멈추지 않는다. 바울은 이방인들의 구원이 이스라엘 백성의 넘어짐과 불가분의 관계를 지닌 것처럼, 넘어진 이스라엘 백성의 회복, 즉 꺾여진 참감람나무 일부 가지가 다시 원뿌리에 접붙임 되는 것 역시 이방인들의 구원과 불가분의 관계를 지닌 것임을 강조한다(11:11-15, 28-32).

하나님께서는 돌감람나무인 이방인들을 참감람나무에 접붙여 그 생명을 보존하심으로써 넘어진 이스라엘 백성의 질투를 불러일으켜서 다시 원뿌리에 접붙여질 기회를 만드신다는 것이다. 사실상 참감람나무 가지의 단절, 돌감람나무의 접붙임, 끊어진 참감람나무의 회복 등을 통해 암시되는 이스라엘 백성 일부의 우둔해짐, 이방인의 충만한 수의 가입, 모든 이스라엘 백성의 구원 등의 주체가 바로 하나님 자신이시다.[560]

② "이방인의 충만한 수가 들어올 때까지"(25c)

그런데 이스라엘 백성 일부의 우둔해진 상태는 영구적인 것이 아니고 "이방인의 충만한 수가 들어올 때까지"(ἄχρι οὗ τὸ πλήρωμα τῶν ἐθνῶν εἰσέλθῃ) 한시적이다. '한시적'이란 말은 시간적 전치사 '아크리'(ἄχρι)가 시사하고 있는 것처럼, 이스라엘의 우둔해진 상태는 하나님께서 정한 이방인 구원의 충만한 수가 들어올 때 일정한 기간이 정해졌고, 그 시간이 지나면 우둔해진 상태가 다시 회복됨을 전제하는 말이다.[561]

이 말은 11:11의 그들이 넘어지기까지 실족하지 아니하였다는 말과 평행을 이룬다. 그렇다면 이스라엘 백성이 한시적으로 우둔해 있는 동안 일어나게 되는 '이방인의 충만한 수'는 무엇을 뜻하며, 이 수는 언제, 어떻게 채워지며, 또한 이들은 어디로 들어오게 되는가?

바울은 이미 9장에서부터 이스라엘 백성의 불신앙과 관련해 사용해 온 여러 가지 표현, 이를테면, 이스라엘 백성이 행위에 의존함으로써 의에 이르지 못한

---

559 Fitzmyer, *Romans*, 622.
560 Richard H. Bell, *Provoked to Jealousy. The Origin and Purpose of the Jealousy Motif in Romans 9-11* (WUNT 63; Tübingen: Mohr, 1994), 128-129.
561 Max Zerwick and Mary Grosvenor, *A Grammatical Analysis of the Greek New Testament*, Vol. II (Rome: Biblical Institute Press, 19079), 485.

일(9:32), 자신의 의를 세우려고 '하나님의 의'를 모르고 복종치 아니한 일(10:3), 전파되는 구원의 복음에 불순종한 일(10:21) 등을 요약해 11:25에서 '이스라엘 백성의 일부가 우둔해진 것'으로 표현하였다. 그러나 이스라엘 백성의 이 '우둔해짐'마저도 하나님의 구원 역사 가운데 그 의미와 자리를 차지하고 있다. 즉, 앞에서 말한 것처럼, 하나님은 이스라엘 백성 일부의 불신앙을 이방인이 참감람나무인 이스라엘 백성에게 접붙여지는 기회로 삼으신다. 이것이 바로 '비밀'이 가리키는 내용 중의 하나다.

그런데 바울이 모든 이스라엘 백성이 우둔해졌다고 말하지 않고 일부가 일시적으로 우둔해졌다고 말하는 점에 주목해야 한다. '일부'와 구별되는 '남은 이스라엘 백성들,' 즉 예수 그리스도를 메시아로 영접하는 믿는 유대인은 참감람나무로서 이미 구원 받은 하나님의 백성을 계승하고 있다.[562] 따라서, 비록 이스라엘 중의 일부가 그들의 불신앙으로 인해 뿌리인 이스라엘로부터 분리되었다 하더라도, 하나님께서 아브라함과 선지자들을 통해 약속하신 이스라엘 백성의 회복과 구원은 그리스도 안에서 이미 성취되고 있다.

그리고 이제 참감람나무로부터 단절된 그 가지 자리에 '이방인의 충만한 수'가 들어오고 있다. 이 이방인의 충만한 수가 들어오면 우둔해진 이스라엘 사람들에 대한 '한시적'인 시간적 제약이 해제될 것이다. 여기 '이방인의 충만한 수'(τὸ πλήρωμα τῶν ἐθνῶν)가 구체적으로 어떤 수를 가리키는지 본문은 정확하게 밝히지 않지만, 그것을 이방인 전체가 아닌, 하나님께서 이방인들 가운데서 구원하기로 택하신 이들 전체를 뜻한다고 보아야 할 것이다.[563] 우리가 이 구절에서 주목해야 할 것은 바울 사도가 이방인들이 이스라엘 백성을 통해 계승되는 구원의 공동체에 들어오게 된다는 것을 분명하게 언급했다는 것이다.[564]

---

562 바울이 참감람나무와 돌감람나무를 비교할 때, 그가 전자를 인종적인 이스라엘 백성으로 그리고 후자를 이방인으로 여기고 있음은 명백하다.
563 '이방인의 충만한 수'와 관련해, R. D. Aus, "Paul's Travel Plans to Spain and 'the Full Number of the Gentiles' of Rom. xi 25," *NovT* 21 (1979), 234에서 바울에게 있어서 '이방인의 충만한 수'는 바울이 예루살렘에서 스페인까지 복음을 전하게 될 전체 사람으로 보고 있으나, 이러한 해석은 매우 인위적이다.
564 이방인들이 구원을 받게 된다는 것은 이미 하나님께서 아브라함에게 주신 약속, "너희 씨를 통해 만민이 복을 받게 될 것이다"(창 12:3; 18:18)에 포함되어 있다. 이방인들이 하나님께서 이스라엘 백성을 위해 마련하신 구원의 복에 동참하리라는 것도 이사야 2:2 이하; 미가 4:1 이하와 Tob. 13:13; Ps.Sol. 17:30f.; T. Benz. 9:2에 언급되어 있다.

거듭 말하지만, 바울은 하나님의 구원 역사에 있어서 이미 주제 구절(1:16)에서 암시했던 이스라엘 백성의 우선권과 특권을 배제하지 않고 유지한다. 이방인들의 구원이 이스라엘 백성의 구원에 의존하는 것이지 그 반대가 아니다.[565] 이스라엘 백성이 일부 우둔해졌고, 그들의 우둔함이 이방인들의 충만한 수와 연결되어 있다 하더라도, 궁극적으로 이방인들이 이스라엘을 지탱하는 것이 아니고, 오히려 이스라엘이 이방인을 지탱하고 있다(11:18).

이방인의 구원이 궁극적으로 이스라엘 민족에게 의존하고 있다는 것은, 이사야 선지자가 예언한 "내가 너를(이스라엘) 민족들(이방인들)에게 빛이 되게 할 것이요, 너로 하여금 나의 구원을 땅끝까지 가져가게 할 것이다"(사 49:6)라는 구절에 이미 예시되었다.

그렇다면, '이방인의 충만한 수'는 언제, 어떻게 들어오게 되는가?

바울은 이방인의 충만한 수와 이스라엘 민족의 구원, 구원자의 오심 등이 서로 연결되어 있다는 것을 암시하기는 하지만, 이방인의 충만한 수라는 문제에 관해서는 구체적으로 말하지 않는다. 여기서 말하고자 하는 논점은 이방인의 구원 문제가 아니고 이스라엘의 장래 구원 문제이기 때문이다.

(2) "모든 이스라엘이 구원을 받게 될 것이다"(11:26a)

바울은 이방인의 충만한 수가 들어 왔을 때 "그리하여 모든 이스라엘이 구원을 받게 될 것이다"(καὶ οὕτως πᾶς Ἰσραὴλ σωθήσεται)고 말한다. 이 말은 이방인의 충만한 수가 들어온 다음 이스라엘 일부에게 우둔한 상태로 제약되었던 것이 해제되었음을 시사한다.

여기 개역개정에서 '그리하여'로 번역된 부사 '후토스'(οὕτως)는 어떤 역할을 하고 있는가?

그 앞에 접속사 '카이'(καί)가 있는 점을 보아 '후토스'는 한편으로 '후토스' 이하의 '모든 이스라엘의 구원'이 앞 절의 '이방인의 충만한 수의 들어옴'과 평행 관계를 보여준다고 볼 수 있으며, 다른 한편으로 26-27절이 보여주고 있는 '모든 이스라엘의 구원' 방식을 가리키고 있다고 볼 수 있다.[566] 따라서 '후토스'는 단순

---

565 Cf. F. Mussner, *Tractate on the Jews. The Significance of Judaism for Christian Faith* (Philadelphia: Fortress, 1984), 139-40.
566 Frank Thielman, *Romans*. Exegetical Commentary on the New Testament (Grand Rapids: Zondervan, 2018), 547.

히 시간적인 의미를 뜻하는 '그런 다음에'나 혹은 인과론적인 의미를 뜻하는 '그리하여'(개역개정), 혹은 '따라서'(공동번역 개정판)로 보다도,[567] 오히려 양자를 포괄하는 '이런 방식으로' 혹은 '이렇게 하여'(새한글)로 번역하여야 할 것이다(참고. 행 7:8; 살전 4:17).[568]

말하자면 하나님께서 이스라엘 백성을 구원하시는 방법과 과정을 다 가리키는 것으로 보아야 한다.[569] 이방인의 충만한 수가 들어옴으로써 '비밀'이 완성되는 것이 아니라, '이스라엘의 충만함'(11:12)인 꺾어졌던 가지로의 접붙임, 우둔해진 상태의 해제를 통한 '모든 이스라엘의 구원'이 이루어져야 완성된다는 것이다.[570]

여기 '이방인의 충만한 수'와 평행하는 '모든 이스라엘'(πᾶς 'Ισραηλ)이 구체적으로 무엇을 뜻하는지 바울은 본문에서 직접 말하지 않는다. 크게 세 견해로 나누어진다.[571] 하나는 '모든 이스라엘'이 구원 받는 인종적, 민족적 이스라엘을 지칭하지 않고, 이방인과 유대인을 다 포함하는 영적 이스라엘인 교회라는 견해이다.[572] 또 하나는 '모든 이스라엘'이 구원 받는 인종적이고 민족적인 이스라엘을 지칭한다는 견해이다. 여기에는 바울처럼 믿는 유대인들은 물론, 꺾어진 가지인 우둔한 일부 이스라엘도 포함된다.[573]

---

567 예, P. W. Van der Host, "'Only Then Will All Israel Be Saved': A Short Note on the Meaning of καὶ οὕτως in Romans 11:26," *JBL* 119 (2000), 521-525; Jewett, *Romans*, 701.
568 Ben Witherington III, *Paul's Letter to the Romans. A Socio-Rhetorical Commentary* (Grand Rapids: Eerdmans, 2004), 274.
569 BDAG, 742. 역시 Cranfield, *Romans 9-16*, 576; Dunn, *Romans 9-16*, 681; C. Zoccali, "'And So All Israel Will Be Saved': Completing Interpretation of Romans 11.26 in Pauline Scholarship," *JSNT* 30 (2008), 289-318, 특히 309; Philip la Grange du Toit, "The Salvation of 'all Israel' in Romans 11:25-27 as the Salvation of Inner-Elect, Historical Israel in Christ," *Neotestamentica* 49 (2015), 417-452; Moo, *Romans*, 719-720; 박익수, 『로마서 주석 II』(서울: 대한기독교서회, 2008), 219; 심상길, "이스라엘의 구원을 말하는 로마서 11장 25-26절에 대한 연구," 「신약논단」23 (2016), 245.
570 Longenecker, *The Epistle to the Romans*, 895.
571 심상길, "이스라엘의 구원을 말하는 로마서 11장 25-26절에 대한 연구," 231-236.
572 예, Calvin, *The Epistle of Paul the Apostle to the Romans and the Thessalonians*, 255; J. Jeremias, "Einige vorwiegend sprachliche Beobachtungen zur Römer 11.25-36," in *Die Israelfrage nach Röm 9-11*, ed. L. DeLorenzi (Rome: Abbazia S. Paolo, 1977), 193-203 (특히 200); Wright, *The Climax of the Covenant*, 250; *Christian Origins and the People of God*, vol. 1: *The New Testament and the People of God* (Minneapolis: Fortress, 1992), 236-246; 이장연, "로마서에 나타난 유대인과 이방인의 구원에 대한 연구: 로마서 11장 25-27절에 나타난 '온 이스라엘'의 구원 신비를 중심으로," 「신학지남」314 (2013), 258; E. J. Schabel, *Der Brief des Paulus an die Römer: Kapital 6-16* (Witten: Brockhaus, 2016), 498-508.
573 Cranfield, *Romans 9-16*, 576-77; Dunn, *Romans 9-16*, 681; Moo, *Romans*, 723; Peterson,

마지막 하나는 '모든 이스라엘'이 인종적, 민족적 이스라엘 중에 오직 구원 받을 자들, 이를테면, '꺾어진 가지'(11:17)나 '우둔하게 된 자'(11:25b)를 제외한 하나님의 택함 받은 남은 자들이라는 견해이다.[574] 과연 여기 바울이 말하는 '모든 이스라엘'이 누구를 지칭하고 있는가? 바울이 '모든 이스라엘'에 대하여 구체적으로 설명을 하지 않기 때문에 논란이 적지 않다. 하지만, 필자는 본문과 전후 문맥을 고려해 볼 때, 바울이 '모든 이스라엘'을 두 번째 견해인 이미 믿는 이스라엘 백성들과 이방인들의 충만한 수가 들어오기까지 일부 완약해진 이스라엘 백성, 즉 돌감람나무의 접붙임을 위해 잘린 참감람나무의 가지와 한시적으로 우둔해진 사람을 포함하는 이스라엘 민족 전체와 관련해 사용하고 있다고 보는 것이 옳다고 본다.

먼저 첫 번째 견해의 문제점은 바울이 로마서에서 오직 9-11장에서만 '이스라엘'이란 말을 모두 10번(9:6x2, 27x2, 31; 10:19, 21; 11:2, 7, 25) 사용하는데, 항상 이방인과 대조해서 사용하고 있다는 점이다. 가장 가까운 예를 든다면, 11:26의 '모든 이스라엘'은 그 앞에 있는 11:25의 '이방인의 충만한 수'와 대조를 이루고 있다. 그러므로 '이방인의 충만한 수'가 '모든 이스라엘'을 포함하지 않는 것처럼, '모든 이스라엘' 역시 '이방인의 충만한 수'를 포함하고 있지 않다고 보아야 한다.[575] 그래서 오늘날 대다수 학자는 이 견해를 지지하지 않는다.[576]

Romans, 424-425; Paul A. Himes, "Israel and Her Vocation: The Fourth Stage of Romans 11," *Biblio Sacra* 176 (2019), 39-40; Philip Chase Sears, "MYSTERION AND THE SALVATION OF ALL ISRAEL IN ROMANS 9-11," Ph.D. Dissertation at the Southern Baptist Theological Seminary, 2019.

574 C. M. Horne, "The Meaning of the Phrase 'And Thus All Israel Will Be Saved'(Romans 11:26)," *Journal of the Evangelical Theological Society* 21 (1978), 331-334; Ben L. Merkle, "Romans 11 and the Future of Ethnic Israel," *Journal of the Evangelical Theological Society* 43 (2000), 709-721; William Chi-Chau Fung, "ISRAEL'S SALVATION: THE MEANING OF 'ALL ISRAEL' IN ROMANS 11:26," Ph.D. Dissertation at the Southern Baptist Theological Seminary, 2004; Christtopher Zoccali, "'And so All Israel Will Be Saved': Competing Interpretation of Romans 11:26 in Pauline Scholarship," *JSNT* 30 (2008), 289-318; 이필찬, 『이스라엘과 교회, 어떻게 이해할 것인가』(서울: 새물결플러스, 2014), 362-367; Philip L. G. du Toit, "The Salvation of 'all Israel' in Romans 11:25-27 as the Salvation of Inner-Elect, Historical Israel in Christ," *Neotestamentica* 49 (2015), 417-452; 김현광, "로마서 11:25-27에 나타난 '온 이스라엘'의 구원," 『신약연구』 15/4 (2016), 760-787.

575 John Murray, *The Epistle to the Romans* (Grand Rapids: Eerdmans, 1968), 96-97.

576 던, 『바울신학』, 706: "여기서 '이스라엘'은 이러한 명칭을 지닌 역사적 민족을 의미한다는 것은 거의 의심의 여지가 없다."

세 번째 견해의 문제점은 9-11장 전체의 내용과 부합하지 않는 점이다. 9장을 시작하면서 바울이 걱정하는 대상은 바울처럼 이미 그리스도를 믿는 유대인 동족, 곧 택함을 받은 자나 남은 자가 아니고, 오히려 불신 동족 이스라엘이다(9:1-4). 10장을 시작하면서 바울은 이 불신 이스라엘 사람들이 구원 받기를 간구한다(10:1). 10:16에서 그는 이들을 가리켜 "복음을 받아들이지 않은 모든 자"(οὐ πάντες ὑπήκουσαν τῷ εὐαγγελίῳ)라고 말한다.

11장에 들어가면서 바울은 다시 이 불신 이스라엘을 염두에 두고, "하나님이 자기 백성을 버리셨느냐 그럴 수 없느니라"(11:1)라고 말한다. 이들 이스라엘이 복음을 받아들이지 않고 있지만, 하나님은 그들을 결단코 버리지 않았다는 것이다. 그래서 11:11-15에서 바울은 단호하게 그들이 넘어지기까지 실족하지 않았으며, 오히려 '그들의 충만해질 것'과 '받아들여질 것'을 말한다. 그런 다음 11:16-22에서 그는 곡식 가루와 감람나무 비유를 들어 이방인 독자들이 이들 이스라엘 사람과 관련하여 교만하지 않도록 경고한다.

이어 그는 11:23-24에서 두 번이나 하나님이 그들을 다시 접붙이실 수 있다고 강조한다. 그리고 11:25에서 그들과 관련하여 일부 이스라엘이 이방인의 충만한 수가 들어오기까지 한시적으로 우둔해졌다고 말한다.

그러므로 1:23-25에 나오는 '다시 접붙임을 받을 자들', '일시적으로 우둔한 자들'을 26절의 '구원 받게 될 모든 이스라엘'에서 제외하지 않아야 한다.[577] 만일 '구원 받을 모든 이스라엘'을 바울처럼 현재 복음을 받아들인 '남은 자'나 '택함을 받은 이스라엘 사람으로 한정할 경우, 바울이 9:1-11:24까지 계속해서 언급한 3인칭 복수 대명사 '그들', 곧 불신 이스라엘의 구원에 대한 바울의 염려와 기도는 무의미한 것이 될 것이고, 이스라엘의 한시적인 우둔함, 하나님의 특별한 계시인 '비밀', 그리고 '모든 이스라엘의 구원'이란 말도 무의미해질 것이다.[578] '

모든 이스라엘의 구원'에 불순종한 이스라엘이 포함된다는 것은 11:25-32문단의 결론 구절인 32절, "하나님이 모든 사람을 순종하지 아니하는 가운데 가두어 두심은 모든 사람에게 긍휼을 베풀려 하심이라"를 통해서도 거듭 확인된다.[579]

---

[577] 역시 Brindle, "'To the Jew First': Rhetoric, Strategy, History, or Theology?", 232.
[578] Michael G. Vanlaningham, "Romans 11:25-27 and the Future of Israel in Paul's Thought." *The Master's Seminary Journal* 3 (1992), 155; Jeremy Cohen, "The Mystery of Israel's Salvation: Romans 11:25-26 in Patristic and Medieval Exegesis," *Harvard Theological Review* 98 (2005), 254-255.
[579] 그래서 Murry는 *Romans*, 97에서 이러한 명백한 데이터를 벗어나 26절의 '구원 받은 모든

만일 그렇지 않다면, 바울이 구태여 그들의 구원과 관련하여 '비밀'이란 어휘를 사용할 필요가 없을 것이다.

그렇다고 해서 여기 구원 받게 될 '모든 이스라엘'을 모든 시대에 걸쳐서 이스라엘 민족에 속하는 개개인 모두를 지칭하는 것으로 볼 필요는 없다.[580] 즉 '모든 이스라엘'이 모든 시대에 걸쳐서 끝까지 하나님이 보내신 구원자 메시아 예수를 믿지 않는 유대인 개개인을 다 포함하고 있다고 해석할 필요는 없다는 것이다.

바울은 어디까지나 '모든 이스라엘'을 민족적이고 통칭적인 의미로 사용하고 있지만,[581] 그것이 이방인의 충만한 수가 들어오기까지 이전과 이후의 모든 불신 이스라엘 백성 개개인을 포함하고 있는 것은 아니다.[582] 바울은 로마서 전체를 통해서 이미 1장의 주제 구절(1:16-17)에서 선언했던 유대인이든 이방인이든 예수 그리스도를 믿는 모든 자에게만 구원이 주어진다는 대원칙을 벗어나는 예외를 인정하지 않는다.[583]

아울러 여기 구원 받게 될 '모든 이스라엘'을 특정한 시간, 이를테면 그리스도의 재림 때로 한정할 필요도 없다. '이방인의 충만한 수의 들어옴'을 특정한 시기로 한정할 수 없는 열린 시기라고 한다면, 이와 대조되는 '모든 이스라엘의 구원'의 시기도 특정한 시기로 한정되어 있지 않고 열려 있다고 보아야 한다. 왜냐하면 여기 '구원 받게 될 것이다'(σωθήσεται)라는 미래시제는 특정한 시기를 말하고

이스라엘'을 구원 받는 모든 택한 자로 보는 것은 '해석학적 법칙을 위반하는 것'(exegetical violence)이라고 말한다. 하지만 이와 대조적으로 김현광, "로마서 11:25-27에 나타난 '온 이스라엘'의 구원," 778은 "'온 이스라엘'은 종말의 상당수의 유대인으로 이해하기보다 역사상 택함을 받은 유대인 전부, 즉 남은 자 전체로 보는 것이 로마서 11장에서 전개되는 바울의 논증을 더욱 견고하게 한다"고 결론 내린다.

580 물론 어떤 사람들, 이를테면, Bell, *The Irrevocable Call of God*, 264-70; O. Hofius, "All Israel Will Be Saved: Divine Salvation and Israel's Deliverance in Romans 9-11," *Princeton Seminary Bulletin Supplement* 1 (1990), 19-39는 사도 바울이 다메섹 사건을 통해 부활하신 예수를 만나 극적으로 회심한 것처럼 모든 이스라엘이 바울과 같은 극적인 사건을 통해 구원 받게 된다고 본다.

581 더 자세한 것은 심상길, "이스라엘의 구원을 말하는 로마서 11장 25-26절에 대한 연구," 229-264를 보라.

582 마크 A. 싸이프리언, "로마서," 『신약의 구약 사용 주석 시리즈 3. 사도행전 로마서』, G. K. 빌, D. A. 카슨 편집, 김현광, 배성진 옮김(서울: CLC, 2012), 460: "여기에서 바울의 요점은 이스라엘의 역사상 마지막 구성원까지 모두가 구원 받게 될 것이다라는 것이 아니다. 만일 그것이 사실이라면 이스라엘을 위해 저주를 받겠다는 마음을 가진 그의 탄식은 무의미한 것이 될 것이다. '온 이스라엘'은 모든 시대의 모든 아브라함의 후손을 의미하는 것이 아니라 하나의 공동체적 실체인 이스라엘에 대해 말하는 것이다."

583 Schreiner, *Romans*, 596-598.

있는 것이 아니라, 이방인의 충만함의 시제인 '들어오게 될 것이다'(εἰσέλθῃ)의 경우처럼, 언제든지 가능한 논리적(gnomic)인 미래이다.[584]

바울이 여기서 강조하고 있는 것은 이스라엘 민족 전체가 구원 받는 문제와 관련해 소위 하나님의 행동을 강조하기 위해 사용되는 신적 수동태 동사 '구원 받게 될 것이다'를 사용해 이스라엘 백성 전체의 구원이 하나님의 긍휼하신 행위에 의한 것이라고 말하고 있기 때문이다(11:31-32).[585] 그렇다면 모든 이스라엘 백성은 어떻게 구원 받게 되는가? 바울은 모든 이스라엘 백성이 어떻게, 왜 구원 받게 되는가를 11:26b-27에서 설명한다. 바울은 여기서 구약 인용을 통해 '모든 이스라엘의 구원'은 이미 구약에서 예언되었던 하나님의 약속, 그것의 성취임을 밝히지만, 정확한 시기나 장소에 관한 구체적인 언급은 제시하지 않는다.

(3) 구약 인용(11:26b-27)

로마서 11:26b-27에 나타나는 구약 인용은 이사야 59:20-21, 시편 14:7, 그리고 이사야 27:9의 혼합 인용이다. 이러한 구약 인용은 바울이 종종 로마서에서 자신의 진술을 성경으로 뒷받침하기 위해 사용해 온 방법이다(1:17; 2:24; 3:10; 4:17; 8:36; 9:33; 15:3, 9, 21).[586] 물론 바울이 인용한 구약 본문이 모든 경우에 LXX이나 히브리어 마소라 본문과 정확하게 일치하는 것은 아니다. 로마서 1:17의 하박국 본문(2:4) 인용에서 그랬던 것처럼, 바울은 자신의 주장을 강화하기 위해 가끔 본문을 약간 변경하기도 한다.[587] "

"구원자가 시온에서 오사, 야곱에게서 경건치 않은 것을 돌이키시겠고"(ἥξει ἐκ Σιὼν ὁ ῥυόμενος ἀποστρέψει ἀσεβείας ἀπὸ Ἰακώβ)는 이사야 59:20-21로부터, "그리고 이것이 그들에게 이루어질 내 언약이다"(καὶ αὕτη αὐτοῖς ἡ παρ᾽ ἐμοῦ διαθήκη)와 "내가 그들의 죄를 제거할 때에"(ὅταν ἀφέλωμαι τὰς ἁμαρτίας αὐτῶν)는 이사야 27:9로부터 가져왔다. 바울의 구약 인용에서 문제가 되는 것은 두 가지다. 첫째는, 11:26b에서 말하는 '시온으로부터 오는 그 구원자'가 누구를 가리키는가 하는 것

---

584 A. T. Robertson, *A Grammar of the Greek New Testament in the Light of Historical Research* (New York: Hodder & Stoughton, 2014), 876.
585 Cf. m. Sanhedrin 10:1: "모든 이스라엘이 오는 시대의 복에 참여하게 될 것이다."
586 Peterson, *Romans*, 425.
587 로마서에 나타난 바울의 구약 인용에 대한 자세한 논의는 싸이프리언, "로마서," 297-506; Katja Kujanpää, *The Rhetorical Functions of Scriptural Quotations in Romans*, Supplements to Novum Testamentum 172 (Leiden: Brill, 2019)를 보라.

이고, 둘째는 27a에서 말하는 '나의 언약'이 구체적으로 무엇을 뜻하느냐 하는 것이다.

① "시온으로부터 오는 구원자"(26c)

히브리어 구약성경 본문(사 59:20-21)에 따르면, '구원자'는 '시온에게'(לְצִיּוֹן) 온다. 반면에 LXX 본문에 따르면 '그 구원자'는 '시온을 위하여'(ἕνεκεν Σιων)온다. 하지만 바울의 본문에 따르면 '그 구원자'가 '시온으로부터'(ἐκ Σιων) 온다. 우선 여기 '구원자'가 누구를 지칭하고 있는가? 이사야 59장의 문맥에서 '구원자'는 야웨 하나님을 지칭한다고 볼 수 있다. 따라서 적지 않은 학자들은 로마서 10:17 이하부터 11장 끝절까지 예수나 그리스도에 대한 언급이 없다는 것, 11:27의 언약을 수식하는 인칭대명사 '나의'가 하나님을 가리킨다는 것을 근거로 삼아 '구원자'를 하나님으로 보고자 한다.[588] 소위 하나님께서 유대인과 이방인을 각각 다른 방법으로 취급하신다고 보는 '두 언약' 주창자들은, 이에 한 걸음 더 나아가 본문에 그리스도의 이름 대신 하나님을 가리키는 구원자가 사용되는 것에 근거해, 하나님은 이스라엘 백성들의 경우 예수 그리스도에 대한 믿음과 관계없이 특별한 방법으로 구원하신다는 소위 두 언약 이론을 강조한다.[589] 그러나 이미 유대 문헌 가운데서 이사야 59:20의 구원자가 메시아론적으로 해석되고 있는 점(4 Qflor. 1:12; 4 Ezra 13:35), 바울이 LXX에 있는 '시온에게'(혹은 '시온 때문에')를 의도적으로 '시온으로부터'로 바꾸어 이 시온이 지상의 시온이 아닌 하늘의 시온을 시사하고 있는 것,[590] 바울이 이미 이사야 본문을 성취의 시대에서 기독론적으로 보고 있다는

---

[588] 예, E. P. Sanders, *Paul, the Law, and the Jewish People* (Philadelphia: Fortress, 1983), 194; Mary Ann Getty, "Paul and the Salvation of Israel: A Perspective on Romans 9-11," *Catholic Biblical Quarterly* 50 (1988), 461.

[589] 예를 들어, Mussner, *Tractate*, 34에서 "재림하시는 그리스도는 이스라엘 백성을 복음에 대한 믿음과 관계없이 구원하신다"고 주장한다. 역시 L. Gaston, "Israel's Enemies in Pauline Theology," in *Paul and the Torah* (Vancouver: University of British Columbia Press, 1987), 92-99; K. Stendahl, *Paul among Jews and Gentile and Other Essays* (Philadelphia: Fortress, 1976), 4, 40; B. Klappert, "Traktat für Israel (Römer 9-11): Die paulinische Verhältnisbestimmung von Israel und Kirche als Kriterium neutestamentlicher Sachaussagen über die Juden," in *Jüdische Existenz und die Erneuerung der christlichen Theologie*, ed. M. Stöhr (Munich, 1981), 58-137.

[590] 본문에서 '시온'은 아마도 부활하신 주님의 거처인 하늘의 예루살렘(갈 4:26)을 가리킨다고 볼 수 있을 것이다. 참조. Dunn, *Romans 9-16*, 682; Moo, *Romans*, 728; Schreiner, *Romans*, 619. Cf. 4QFlor 1.11-13; Ps.Sol. 17:31; 4 Ezra 13:35-36.

것,[591] 그리고 바울이 데살로니가전서 1:10과 로마서 5:9에서 이미 그리스도를 '구원자'로 부르는 것 등을 고려해 볼 때, 바울이 '구원자'를 말할 때 하늘로부터 오실 메시아 예수를 가리킨다고 보는 것이 더 설득력이 있다.[592]

앞에서 이미 언급한 바 있지만, 바울은 로마서 1-8장은 물론, 9-11장의 그 어느 곳에서도 유대인들이 예수 그리스도 없이 다른 방법으로 구원 받게 된다고 말하지 않는다. 오히려 그는 유대인과 이방인에게 다 같이 그리스도의 복음이 필요하다고 말한다(1:16).[593] 즉 바울은 로마서 그 어느 곳에서도 예수 그리스도에 대한 믿음이 이방인에게만 필요하다고 말하지 않는다. 그는 처음부터 예수 그리스도에 대한 믿음을 유대인과 이방인의 동일한 구원의 근거로 제시한다(1:16; 3:22, 30).[594] 더구나 바울이 로마서 9-11장에서 이스라엘의 불순종을 말할 때, 그는 항상 그들이 하나님께서 그리스도 안에서 마련하신 믿음에 의한 의를 받아들이지 않는 것과 관련해 말한다.[595] 그리고 본문에서 그는 이스라엘 민족 전체의 구원과 이방인들의 충만한 수의 구원이 유비 관계에 있다고 말한다. 그러므로 이방인들의 충만한 수가 예수 그리스도에 대한 믿음을 통해서 구원 받게 된다면, 모든 이스라엘 백성도 이방인과 똑같이 예수 그리스도를 믿는 방법으로 구원 받게 된다고 보는 것이 자연스럽다.[596] 바울이 11장에서 두 감람나무를 말하지 않고 한 감람나무를 말하는 점도 이를 입증하는 것으로 보아야 한다.[597] 만일 그렇지 않다면

---

591 B. W. Longenecker, "Different Answers to Different Issues: Israel, The Gentiles and Salvation History in Romans 9-11," *Journal for the Study of the New Testament* 36 (1989), 98-99.
592 Cranfield, *Romans*, 578; U. Wickens, *Der Brief an die Römer, Röm 12-16* (Zurich: Benziger, 1982), 256; Käsemann, *Romans,* 314; Fitzmyer, *Romans*, 624; Stuhlmacher, *Paul's Letter to the Romans*, 171-72; R. H. Bell, *Provoked to Jealousy: The Origin and Purpose of the Jealousy Motif in Romans 9-11* (Tübingen: Mohr Siebeck, 1994), 142-143; 싸이프리언, "로마서," 463; Longenecker, *Romans*, 899-900; Kujanpää, *The Rhetorical Functions of Scriptural Quotations in Romans*, 246-247.
593 두 언약 이론에 대한 자세한 비판을 위해서는 Longenecker, "Different Answers to Different Issues: Israel, the Gentiles and Salvation History in Romans 9-11," 98-101; R. Hvalvik, "A 'Sonderweg' for Israel: A Critical Examination of a Current Interpretation of Romans 11:25-27," *JSNT* 38 (1990), 87-107을 보라.
594 Fitzmyer, *Romans,* 620.
595 Longenecker, "Different Answers to Different Issues: Israel, the Gentiles and Salvation History in Romans 9-11," 99.
596 Sanders, *The Jewish People*, 194f. 이것은 이미 11:17-24에 있는 감람나무 비유에서 드러나고 있다. 바울은 여기서 돌감람나무가 참감람나무에 접붙임을 당하는 것과 같은 방법으로 참감람나무로부터 꺾여진 가지들이 원래 나무에 접붙임을 당하게 될 것을 암시하고 있다.
597 Moo, *Romans*, 725.

현재 로마 교회에 속하여 있는 소수의 예수 믿는 유대인 기독교인들은 혼란에 빠지고 말 것이다. 따라서, 우리는 본문에서 말하는 '시온에서 오는 그 구원자'를 그리스도를 가리킨다고 보는 것이 옳다고 본다.[598]

물론 '시온에서 오시는 그 구원자'가 그리스도의 초림을 가리키는지,[599] 아니면 재림을 가리키고 있는지[600] 논란이 있을 수 있지만, 그리스도의 십자가와 부활의 종말론적 사건을 통해서 높아지신 그리스도는 그의 복음이 선포될 때마다 그의 영을 통해 구원자로 항상 오시는 분임을 고려한다면, 구태여 특정한 시기, 곧 초림이나 재림 때로 한정할 필요는 없다.

바울이 이사야 본문을 인용하여 말하는 경건하지 않은 자를 돌이키는 일과 죄를 없이 하는 일은, 그리스도의 재림 때의 사역으로 보기보다도, 오히려 그리스도의 십자가의 죽음과 부활 그리고 하늘로 승천하여 보좌에 앉으신 주님께서 그의 성령을 통하여 복음이 전파될 때마다 언제든지 하실 수 있는 사역으로 보는 것이 더 안전하다.[601] 여기서 강조되는 것은 그리스도의 초림, 재림이냐가 아니라, 이들의 구원 방식이 이방인들은 물론 바울을 포함하여 일부 유대인들이 예수 그리스도를 믿어 구원에 이르는 방식과 다르지 않을 것이라는 점이다. 바울은 로마서에서 일관되게 유대인이든 이방인이든 유일한 구원자인 예수 그리스도를 믿어 구원에 이른다고 말하고 있기 때문이다(3:30; 5:9, 18-21).

물론 이방인의 충만한 수의 도달이 시점을 가지고 있다고 볼 수 있는 것처럼, 이스라엘의 충만함인 모든 이스라엘 구원의 완성도 도달하는 시점이 있다고 볼 수 있을 것이다. 아마도 그리스도의 복음을 받아들이지 않던 핍박자 바울에게 다메섹 도상에서 부활하신 그리스도가 나타났을 때 그의 회심과 소명이 일어났던 것처럼, 이스라엘 백성이 언젠가 높아지신 그리스도께서 그의 복음을 통해 불신 이스라엘 백성을 찾아갔을 때나, 그의 재림이 임박했을 때, 그들이 그리스도를 하나님이 보내신 구원자 메시아로 영접함으로써 '모든 이스라엘의 구원'이 완성에 도달할 수도 있을 것이다.[602]

---

598 Dunn, *Romans 9-16*, 526-528.
599 예, Fitzmyer, *Romans*, 620, 625; Wright, *Romans*, 692.
600 예, Cranfield, *Romans 9-16*, 578; Dunn, *Romans 9-16*, 682.
601 J. R. Daniel Kirk, "Why Does the Deliverer Come evk Siw,n (Romans 11.26)?" *Journal for the Study of the New Testament* 33 (2010), 81-99.
602 Stuhlmacher, *Romans*, 174: "바울이 한때 다메섹 도상에서 부활하신 그리스도의 임재를 통해 믿음의 순종에 이르게 된 것처럼, 똑같이 그리스도의 재림 때 이스라엘 민족 대다수가

② "나의 언약"(27절)

장차 '모든 이스라엘의 구원'이 예수 그리스도를 통하여 이루어진다는 사실은 그다음 구절인 27절에서 확인이 된다. 여기서 바울은 이스라엘의 구원이 하나님께서 이스라엘에 대한 하나님 언약의 성취라는 사실과 그 언약은 하나님께서 그들의 죄를 제거하신다는 사실과 일치시킨다.

먼저 여기 '나의 언약'(ἡ παρ' ἐμοῦ διαθήκη)은 무엇을 뜻하는가?

일반적으로 적지 않은 주석가들이 '나의 언약'을 예레미야 31:33에 나타나는 '새 언약'으로 이해하고 있다.[603] 물론 예레미야 31:34가 새 언약의 내용을 하나님께서 이스라엘 백성의 악행을 사하고 다시는 그 죄를 기억하지 않는다고 한 사실이 27절 하반절의 그들의 죄를 제거한다는 사실과 일치하고 있는 것이 이를 뒷받침하는 듯하다.

하지만, 예레미야 본문에 보면 '새 언약'(31:31)은 하나님께서 출애굽 사건 때 이스라엘 백성과 맺었지만, 이스라엘 백성이 깨뜨린 옛 언약인 '내 언약'(31:32)과 대조를 이룬다. 즉, 예레미야 본문에서 '내 언약'은 '새 언약'이 아니라는 사실이다. 더구나 바울이 '내 언약' 앞에 예레미야 본문에 있는 '새로운'이라는 수식어를 붙이지 않는 것을 볼 때 바울이 여기서 정확하게 예레미야 본문을 암시하고 있다고 단정하기는 어렵다. 오히려 '새로운' 대신 '나의'라는 말이 강조되는 것을 볼 때, 그리고 바울이 인용하는 이사야 본문에서 하나님께서 이스라엘 백성에게 성령을 주실 것을 약속하고 있는 사실을 볼 때, 여기 '나의 언약'은 하나님께서 노아와 아브라함과 이삭과 야곱과 여러 선지자를 통해 이스라엘 백성의 궁극적인 구원과 관련해 주신 약속을 가리킨다고 보는 것이 더 자연스럽다.[604]

어쨌든 바울은 여기서 하나님께서 이스라엘의 불순종을 제거하심으로써, 즉 이스라엘 백성이 예수님을 하나님께서 보내신 구원자 메시아로 영접하게 함으로써, 하나님은 아브라함과 다윗과 이사야, 예레미야, 에스겔 선지자 등을 통해 말씀하셨던 자신의 언약을 철저하게 지키신다는 것을 강조한다.[605] 이스라엘의 소망은 바울이 9-11장은 물론 로마서 전체를 통해 강조하는 바로 이와 같은 하나

믿음에로 전환될 것이다."
603 Fitzmyer, *Romans*, 625: "여기 '언약'은 의심할 여지없이 예레미야 31:31의 '새 언약'과 관련되어 있다." 역시 Cranfield, *Romans 2*, 578-579; Peterson, *Romans*, 426.
604 Moo, *Romans*, 729; 싸이프리언, "로마서," 469.
605 Sanders, *The Jewish People*, 194f, 205 n. 90; Longenecker, "Different Answers to Different Issues: Israel, the Gentiles and Salvation History in Romans 9-11," 100.

님의 언약적 신실성에 있다. 현재 적지 않은 이스라엘 백성들이 하나님께서 마련하신 복음을 받아들이지 않고 불순종한다고 할지라도, 그렇다고 해서 하나님은 이스라엘 민족을 결단코 버리지 않으신다는 것이다.

오히려 하나님께서는 언젠가, 이스라엘 민족의 불순종을 용서하시고, 그들을 그리스도에 대한 믿음에로 반드시 돌이키실 것이다.[606] 그렇게 하심으로 하나님은 자신의 언약을 지키실 것이다. 이 이스라엘 백성에 대한 하나님의 언약적 신실함이 또한 로마서 8장에 나타난 이방인 신자들의 궁극적 구원에 대한 하나님의 언약적 신실함(아가페 사랑)의 보증(8:31-39)이 된다.[607] 이 점이 11:28-32에 더욱 드러난다.

(4) 하나님의 긍휼하심의 승리(11:28-32)

바울은 11:28에서 가까이는 25-26절의 내용을, 멀리는 9-11장에서 말한 하나님과 이스라엘 백성의 이중성을 간략하게 요약하고, 그런 다음 29-32에서 이를 다시 설명한다. 이스라엘 백성은 하나님의 사랑 받는 선택된 자들이었다. 하지만, 그들은 범죄하였으며, 그리고 그들의 범죄를 치유하기 위해 보낸 하나님의 의, 곧 메시아 예수를 통하여 주어진 복음의 의를 받아들이지 않았다. 오히려 자신들의 의를 내세웠다.

그렇게 함으로써 그들은 사실상 하나님을 대적하는 하나님의 원수가 되었다. 하지만 하나님은 이 사실까지도 그가 아브라함에게 약속하신 땅의 모든 민족이 복을 누리는 기회, 곧 이방인들이 메시아 예수를 영접하고 구원에 이르는 기회를 삼으셨다. 이 사실을 바울은 28절 상반절에서 "복음으로 하면 그들이(이스라엘 백성) 너희(이방인 신자)로 말미암아 원수 된 자요"라는 말로 요약한다.

하지만 이것이 전부가 아니다. 28절 하반절에서 바울은 "(그들이) 택하심으로 하면 조상들로 말미암아 사랑을 입은 자라"고 하면서 이스라엘 백성에 대한 하나님의 신실성은 결코 무너진 것이 아니라는 사실을 강조한다. 앞에서 살펴본 것처럼, 여기 '사랑'은 이미 5장(5:5, 8)과 8장(8:39)에서 언급된 그리스도 안에 나타

---

606 이미 바울은 참감람나무 비유에서 잘린 감람나무의 가지가 접붙임 되는 조건으로 믿음을 말하고 있다(11:23). 그렇다면 이스라엘 민족의 전체적 회복의 조건도 믿음이 선결되어야 함은 두말할 나위가 없다.
607 참고. 폴 악트마이어, 『로마서』(서울: 한국장로교출판사, 2003), 228-229: "만약 하나님의 말씀이 이스라엘의 거부에 의해 좌절될 수 있다면, 그리스도 안에서 말씀된 하나님의 구원 말씀이 절대 우리를 위해 실패하지 않을 거라는 확신을 어떻게 가질 수 있다는 것인가?"

난 하나님의 구속적 사랑으로서 '하나님의 언약적 의'와 '하나님의 긍휼하심'과 평행한다. 즉, 하나님께서 아브라함, 이삭, 야곱 등 족장들에게 주신 그 언약은 여전히 유효하며, 이스라엘 백성은 여전히 하나님이 택한 백성이라는 신분을 유지한다는 것이다(11:1-2).

앞에서 이미 언급한 것처럼, 29-32절에서 바울은 28절의 내용을 다시 설명한다. 즉 29절은 28절의 내용을 요약하고 30-32절은 이를 다시 구체적으로 설명한다. 29절과 30절에 있는 이유 접속사 '가르'(γάρ)가 이를 뒷받침한다. 29절에서 바울은 먼저 "왜냐하면 하나님의 은사들과 부르심에는 후회가 없으시다"라고 선언한다. 비록 현재 이스라엘 백성이 복음을 받아들이지 않고 하나님의 원수가 되어 있다고 하더라도, 아브라함과 모세와 선지자들을 통해 주신 이스라엘 백성에 대한 하나님의 신실하신 언약(창 12:1-2; 신 7:6-7; 겔 20:5; 사 41:8-10; 시 135:4)은 반드시 실현될 것이라는 것이다.[608]

그런 다음 30-31절에서 바울은 하나님의 구원 역사 안에서 이방인들의 구원과 이스라엘 민족의 구원이 어떻게 서로 밀접하게 연결되어 있는가를 밝힌다. 바울은 이스라엘의 불순종 때문에 전에 하나님께 순종하지 않았던 이방인들에게 하나님의 긍휼하심이 나타났다면(30절의 '호스텔', ὥσπερ), 이와 똑같이(31절의 '후토스 카이 후토이', οὕτως καὶ οὗτοι) 하나님께 불순종하는 이스라엘 백성에게도 이방인에게 나타난 하나님의 긍휼하심이 나타나게 된다고 말한다.

다시 말해, 이스라엘의 불순종 때문에 하나님의 구원에 참여할 수 없었던 이방인들이 하나님의 긍휼하심에 의해 하나님의 구원을 받은 이스라엘 백성 안에 들어오게 되었다면, 비록 현재 이스라엘 백성의 일부가 복음을 받아들이지 않고 불순종할지라도, 이방인에게 나타났던 동일한 하나님의 긍휼하심이 불순종하는 이스라엘 백성에게 나타나게 될 것이라는 사실이다. 이리하여 바울은, 이방인들의 하나님에 대한 불순종과 그들에 대한 하나님의 긍휼하심을 이스라엘 백성들의 하나님에 대한 불순종과 그들에 대한 하나님의 긍휼하심의 패러다임으로 말한다.[609]

그러나 우리가 여기서 잊지 말아야 할 것은, 베이커(C. Beker)가 지적한 것처럼,[610] 이스라엘에 대한 하나님의 언약적 신실성은 동시에 이방인에 대한 하나님

---

608 Fitzmyer, *Romans*, 626.
609 Mary Ann Getty, "Paul and the Salvation of Israel: A Perspective on Romans 9-11," 462-63.
610 C. Beker, "The Faithfulness of God and the Priority of Israel in Paul's Letter to the Romans,"

의 신실성, 그것의 패러다임이 된다는 점이다. 만일 이스라엘 백성에 대한 하나님의 신실한 약속이 성취되지 않는다면, 이방인의 궁극적 구원의 확실성을 어디서 찾을 수 있겠는가! 따라서 바울은 32절에서 결론적으로 하나님은 이방인과 이스라엘 백성들의 불순종을 오히려 그들에 대한 자신의 긍휼하심을 나타내는 기회로 삼으신다고 말한다.

즉, 인간의 불순종을 통한 하나님의 긍휼하심의 승리를 말한다. 하나님의 구원은 인간의 행위에 의존하는 것이 아니라 하나님 자신의 긍휼하심에 의존한다는 것이다. 이 하나님의 긍휼하심의 승리는 사실상 로마서의 중심 주제인 복음 안에 나타난 하나님의 의의 승리이기도 하다.[611] 아마도 바울은 한때 하나님의 교회를 핍박했던 자신에게 나타났던 하나님의 은혜/긍휼하심을 통해(갈 1:13-15) 이를 체험적으로 확신할 수 있었을 것이다. 그러나 우리가 여기서 잊지 말아야 할 것은, 이방인들에 대한 하나님의 긍휼하심이 그리스도에 대한 이방인들의 믿음을 포함하고 있다면, 모든 이스라엘 백성에 대한 하나님의 긍휼하심도 그리스도에 대한 유대인들의 믿음을 당연히 포함하고 있다는 사실이다.

이처럼 바울은 로마서 9-11장 어느 곳에서도 이방인 중심의 교회가 구약의 이스라엘 백성을 계승하는 새 이스라엘이 되었다거나, 혹은 이방인이 이스라엘을 대체하게 되었다고 말하지 않는다.[612] 오히려 바울은 이스라엘 백성이 현재 하나님께서 그리스도 안에서 마련하신 복음을 받아들이지 않고 불순종할지라도, 아브라함과 선지자들을 통해 이스라엘 백성에게 주신 하나님의 신실하신 약속은 결단코 폐하지 않는다고 말한다. 바울은 하나님의 긍휼하심에 의해 이스라엘 백성에 대한 하나님의 언약은 지켜질 것이며, 따라서 모든 이스라엘 백성들이 그리스도에 의해 구원 받게 될 것이라고 말한다.

그는 한때 불순종했던 이방인들이 하나님의 긍휼하심을 입은 것을 그런 주장의 근거로 제시한다. 불순종한 이방인들에게도 하나님의 긍휼하심이 임했다면,

---

HTR 79 (1986) 14.
611 Wright, "Christ, the Law and the People of God: Romans 9-11," 248-49.
612 신약교회가 새 이스라엘로서 옛 이스라엘 백성의 자리를 대신한다는 사상은 신약의 그 어느 곳에도 직접적으로 나타나지 않는다. 기독교를 새 이스라엘로 보는 사상은 주후 1세기 말엽에 기독교 교회가 유대교로부터 축출되어 유대교와 기독교의 관계가 악화된 이후인 주후 2세기 이후의 교부들의 글에서(1 Clem. 29:1-3; 30:1; 59:4; 2 Clem. 2:3; Apoc. Peter 2; Ignatius, *Magn.* 8:1-2; 10:2-3; Barn. 4:8; 14:1,5; 10:12; Justin, *Dialogue with Trypho* 11:5; 121:4-122:1 등) 비로소 나타나기 시작한다.

하물며 언약 백성인 이스라엘 백성은 더 말할 나위가 없다는 것이다. 그러므로 신약교회가 새 이스라엘로서 옛 이스라엘 백성의 자리를 대신한다는 일종의 세대주의적인 사상은 성경에 근거하지 않고 오히려 반유대교 내지, 반이스라엘 사상(anti-semitism)에서 나온 것이기 때문에 당연히 배척되어야 한다.[613]

그리스도는 하나님께서 일찍이 아브라함에게 주신 약속의 성취를 위해 오셨다. 예수 그리스도는 이스라엘 백성에 대한 약속의 성취일 뿐만 아니라, 아브라함의 자손(단수)을 통해 모든 이방인이 복을 받게 될 것이라는 이방인들에 대한 약속(창 12:2-4)의 성취이기도 하다(갈 3:6-9 참조). 바로 이것이 유대인과 이방인 모두를 위한 로마서의 중심 주제인 그리스도 안에 나타난 하나님의 의의 계시이다.

11) 하나님에 대한 송영(11:33-36)

찬송가 가사처럼 일종의 시적 형태로 구성된 11:33-36은 유대인 문제를 집중적으로 거론하고 있는 로마서 9-11장의 총 결론일 뿐만 아니라, 인류 전체의 구원 문제를 취급하고 있는 로마서 1-11장 전체의 결론이라고 볼 수 있다.[614] 이점은 11:33-36이 로마서 1-8장의 결론적 구절인 8:31-39의 찬양시와 서로 짝을 형성하고 있다는 사실에서 확인이 된다.[615]

이 결론적인 문단에서 바울은 유대인의 구원 문제는 물론 인류 전체의 구원 문제를 통하여 나타나고 있는 하나님의 놀라운 지혜와 지식과 그의 판단을 바라보면서 하나님께 찬양과 영광을 돌리고 있다. 짧은 4절로 구성된 33-36절은 세 부분으로 나누어진다.

첫째 부분인 33절은 시적 형태의 서론 부분에 해당한다. 바울은 여기서 하나님의 3중적 속성의 깊이, 곧 하나님의 지혜와 지식의 풍성함, 헤아릴 수 없는 하나님의 판단, 찾을 수 없는 하나님의 길은 실로 인간의 이해를 초월하고 있음을 고백하고 있다.

둘째 부분에 해당하는 34-35절은 하나님의 3중적 속성에 대한 3중적 수사학적 질문을 통해, 구원 역사에 나타나고 있는 하나님의 방법의 경이로움을 보

---

613 Schreiner, *Romans*, 594.
614 Dunn, *Romans 9-16*, 702; Byrne, *Romans*, 358-360; Peterson, *Romans*, 430.
615 Cranfield, 589; 차정식, 『로마서 II』, 245; 박익수, 『로마서 II』, 229-230.

여준다.

마지막 부분에 해당하는 36절은 하나님의 전 창조와 구속과 완성의 역사에 나타나고 있는 하나님의 주권을 바라보면서 하나님께 모든 영광을 돌리고 있다.

(1) 하나님의 지혜와 지식의 부유성(33절)

바울은 33-36절의 문단을 하나님의 3중적 속성의 깊이에 대한 경탄으로 시작한다. 그것은 하나님의 지혜와 지식의 풍성함, 헤아릴 수 없는 하나님의 판단, 찾을 수 없는 하나님의 길이다. 바울이 하나님의 세 가지 속성의 깊이를 먼저 언급하는 것은 사람 중에 그 누구도 감히 하나님이 어떤 분이신가를 다 알 수 없기 때문이다. 바울이 제일 먼저 언급하고 있는 하나님의 속성의 깊이는 하나님의 지혜와 지식의 풍성함이다. 여기 '하나님의 지혜'는 구원 역사에 나타나고 있는 하나님의 놀라운 계획과 관련되어 있다고 볼 수 있다.

로마서 1:18-3:20에 나타나 있는 것처럼 이방인들은 물론 유대인들도 다 같이 본래 하나님으로부터 무서운 죽음의 심판을 받을 수밖에 없었던 죄인들이었다. 그러나 하나님은 그의 아들 예수 그리스도의 대속적, 희생적 죽음을 통하여 유대인과 이방인은 물론 죄의 영향 아래 있던 전 피조 세계를 자신과 다시 화목하게 하셨다. 이와 같은 하나님의 구원 방법은 세상의 지혜로는 상상조차 할 수 없는 하나님의 독특한 지혜이다.

사도 바울은 고린도전서 2:6 이하에서 이 하나님의 지혜를 가리켜 "이는 세상의 지혜가 아니요 또 이 세상에서 없어질 통치자들의 지혜도 아니요, 오직 은밀한 가운데 있는 하나님의 지혜를 말하는 것으로서 곧 감추어졌던 것인데 하나님이 우리의 영광을 위하여 만세 전(엡 1:4)에 미리 정하신 것이라"라고 말하고 있다.

하나님의 지혜에 이어 나오는 것은 하나님의 지식이다. 여기 하나님의 지식은 거의 하나님의 지혜와 동의어로 사용되고 있다고 볼 수 있지만, 하나님의 지혜가 예수 그리스도를 통한 하나님의 구원 과정에 근거한다면, 하나님의 지식은 특별히 하나님의 선택과 관련되어 있다고 볼 수 있다. 유대인과 이방인을 포함하여 모든 사람이 범죄하였고, 모든 사람이 하나님의 영광의 자리에서 떨어졌다. 그런데 하나님은 그중에 일부를 은혜 가운데서 구원할 것을 선택하셨고, 나머지는 범죄의 자리에 내버려 두시는 방법을 택하셨다.

왜 하나님이 일부를 선택하고, 나머지를 그대로 버려두셨는가에 관하여 사람 중 그 누구도 이와 같은 하나님의 지식을 헤아릴 수 없다. 바울이 하나님의 지혜와 지식에 이어 언급하고 있는 두 번째 하나님의 속성은 '헤아릴 수 없는 하나님의 판단의 깊이'다. 인간의 능력으로는 하나님의 판단을 추적하여 알 수 없다는 것이다. 본문에서 '판단'은 로마서 2:2나 5:5의 경우에서처럼 인간의 범죄에 대한 하나님의 부정적인 심판을 뜻하기보다는 인간을 구원하기 원하시는 하나님의 긍정적인 결정을 뜻하고 있다.

하나님은 진흙덩이를 가지고 하나는 귀히 쓸 그릇으로 하나는 천히 쓸 그릇으로 만드는 토기장이처럼, 똑같이 죄인인 사람들 중에 어떤 사람은 은혜 가운데서 구원하시기로 작정하시고, 어떤 사람은 그냥 내버려 두시기로 작정하시기 때문에, 우리는 이와 같은 하나님의 결정을 미리 헤아릴 수도, 이해할 수도 없는 것이다.

바울이 언급하는 세 번째 하나님의 속성은 우리 인간의 힘으로는 추적하여 알 수 없는 '하나님 길의 깊이'이다. 여기 '하나님의 길'은 하나님이 결정하신 다음 그것을 실행하는 행동의 방법을 지칭한다(참고. 창 18:19; 출 33:13; 신 26:17; 시 81:13; 103:7; 잠 8:22; 겔 18:25-29). 인류의 구원 역사에 나타나고 있는 하나님의 주권적인 행동과 그 방법은 불신자든, 신자든 모두 이해할 수 없는 신비 그 자체이다.

우리는 하나님께서 우리에게 성령을 통해 알리기를 원하시는 부분에 국한되어 알 뿐 그 밖의 것은 우리가 알 수도, 측량할 수도 없다. 바울은 고린도전서 2:10-11에서 이와 관련하여 "오직 하나님이 성령으로 이것을 우리에게 보이셨으니 성령은 모든 것 곧 하나님의 깊은 것 까지도 통달하시느니라. 사람의 일을 사람 속에 있는 영 외에 누가 알리요 이와 같이 하나님의 일도 하나님의 영외에는 아무도 알지 못하느니라"고 말하고 있다.

(2) 하나님의 절대적 주권과 찬양(34-36절)

바울은 33절에서 하나님의 세 가지 속성의 깊이를 말한 다음 34-35절에서 이와 관련하여 세 가지 수사학적인 질문 "누가 주의 마음을 알았느냐?", "누가 그의 모사가 되었느냐?", "누가 주께 먼저 드려서 갚으심을 받겠느냐?"를 제기한다. 첫 번째와 두 번째 질문은 이사야 40:13의 자유로운 인용으로 볼 수 있으며, 세 번째 질문은 욥기 41:3 상반절을 자유롭게 인용한 것으로 볼 수 있다.

앞서 말한 것처럼 바울의 구약 인용은 때때로 칠십인역이든 히브리성경역이든 정확하게 그대로 인용하지 않고, 필요에 따라 구약 본문을 자유롭게 변형하기도 한다. 성령께서 그렇게 하셨기 때문에 우리는 왜 바울이 구약의 본문을 문자 그대로 인용하지 않느냐고 물을 수 없다. 한 가지 분명한 것은 바울은 누구보다도 구약 본문의 깊은 의미를 바로 알고 인용하고 있다는 점이다.

왜냐하면, 바울이 자유롭게 인용한 이사야 40:13과 욥기 41:3이 다 같이 바울이 여기서 말하고자 하는 내용, 곧 피조물인 까닭에 유한한 인간이 감히 헤아릴 수도, 이해할 수도 없는 창조주 하나님의 절대적 속성의 깊이를 말하고 있기 때문이다.

사실 인류의 구원 역사에 나타나고 있는 하나님의 지혜와 방법을 하나님의 영 이외에 피조물인 우리가 어떻게 다 알 수 있겠는가?

34-35절에 나타나고 있는 세 가지 수사학적 질문은 우리 인간은 하나님의 구원 방법에 관하여 그 어떤 조언이나 도움, 선물도 드릴 수 없다는 점을 분명히 한다. 그렇게 할 수 있다고 생각하는 것 자체가 잘못이고 망상이다. 구원은 인간의 영역이 아닌 하나님의 영역이며 인간의 권한 아래 있는 것이 아니고, 하나님의 절대적 주권의 영역에 속하여 있기 때문이다. 인간은 하나님의 구원 역사와 방법을 오직 감사함으로 그대로 받아들일 수 있을 뿐이다. 36절은 33-35절의 논리적 귀결로서 창조, 타락과 구속, 그리고 완성이라는 하나님의 구원 역사에 나타난 하나님의 절대적 주권과 하나님의 영광을 말하고 있다.

종교개혁자 칼빈으로 하여금 회심과 그의 『기독교 강요』 저술에 결정적인 영향을 주었던 36절은 동시에 종교개혁의 최종적인 원리인 '오직 하나님께 영광'(Soli Deo Gloria)이라는 성경적 원리를 제공하였다. 세 가지 전치사 구, 곧 '그로부터', '그를 통하여', '그에게로'는 하나님이 모든 창조의 근원자, 모든 구원 역사의 근원자, 구원 역사의 수행자이며, 구원 역사의 목적자임을 강조하고 있다.

인류의 모든 구원 역사는 하나님으로부터 왔고, 하나님을 통하여 이루어졌고, 하나님을 위하여 있다는 것이다. 사실상 바울은 로마서를 통하여 이 점을 강조하고 있다. 그래서 바울은 1:18-3:20에 나타난 하나님을 찬미하지 못했던 모든 인류와 대조적으로 3:21-11:35에 나타난 그리스도 안에서 구속된 모든 인류를 대신하여 삼위 하나님께 찬송과 영광을 돌리고 있다.

거듭 로마서의 중심 주제인 복음 안에 나타난 하나님의 의는 단순히 죄인인 인간이 어떻게 구원 받을 것인가라는 문제에 머물지 않는다. 오히려 창조와 구원의 근원자이신 하나님께서 죄인인 인간을 구원하여 자신의 언약을 신실하게 지키신다는 사실을 강조한다. 이처럼 로마서는 단순히 인간중심의 구원론을 뛰어넘어 삼위일체 하나님 중심의 우주적 구원론을 강조한다.

구원 역사는 인간의 작품이 아니라 전적으로 하나님의 작품이기 때문에 인간 존재의 궁극적인 목적은 『웨스터민스터 소요리문답』제1문의 질문인 "사람의 제일되는 목적이 무엇입니까?"에 대한 대답, "사람의 제일되는 목적은 하나님을 영화롭게 하는 것과 영원토록 그를 즐거워하는 것입니다"처럼, 영원토록 하나님께 영광을 드리는 것이다. 36절에 언급된 "아멘"은 바로 이 점을 강조하고 있는 말이다. 그러면 하나님의 구원을 받은 백성은 어떻게 하나님께 영광을 돌릴 수 있는가?

그에 대한 대답이 로마서의 후반에 해당하는 12장 이하에 제시되어 있다.

5. 다섯 번째 내러티브: 이 세상에서 신자의 삶(12:1-15:13)

앞에서 지적한 것처럼 로마서의 몸체 부분(1:18-15:13)은 크게 두 부분으로, 즉 1:18-11:36과 12:1-15:13으로 나눌 수 있다. 전자는 이신칭의 복음의 의미, 곧 유대인이든, 이방인이든 인종과 신분과 성을 초월하여, 누구든지 예수 그리스도를 믿음으로 하나님의 은혜로 의롭게 되고, 구원 받아 하나님의 백성이 되는 기독교인의 의로운 신분의 문제에 관하여 말하고 있다. 반면에 후자는 하나님의 은혜인 이신칭의 복음의 적용, 곧 신자가 이 세상에서 하나님의 백성으로 어떻게 살아가야 하는가에 관한 의로운 삶의 문제에 관하여 말한다.

전자가 이방인이든, 유대인이든 범죄한 우리가 어떻게 하나님의 심판으로부터 구원 받을 수 있는가 하는 수직적인 측면의 구원 문제를 말하고 있다고 본다면, 후자는 이방인이든, 유대인이든 우리가 이 세상에서 하나님의 백성으로 어떻게 사느냐는 수평적인 구원 문제를 말하고 있다고 볼 수 있다. 전자가 주로 그리스도와 성령 안에서 이미 이루어진 구원의 직설법(과거형)을 말하고 있다고 한다면, 후자는 그리스도와 성령 안에서 아직도 계속 이루어져 가야할 구원의 명령법(현재와 미래형)을 말하고 있다.[616]

---

616 "직설법"과 "명령법"의 관계에 대한 자세한 논의는 이 책 부록 2 "바울의 윤리적 교훈의

전자가 삼위 하나님의 '이미'의 구원 사역을 중점적으로 말하고 있다면, 후자는 삼위 하나님의 '아직'의 구원 사역을 말하고 있다.[617] 물론 이것이 1:18-11장까지 크리스천의 삶에 관한 바울의 교훈이 전혀 없다는 의미는 아니다. 바울은 이미 1:5에서 "믿음으로부터 오는 순종"에 대해 언급했고, 1:17에서 하박국 2:4의 인용을 통해 믿음으로 의롭게 된 자는 또한 믿음으로 살아야 할 것을 말하였고, 2:7에서도 참고 선을 행할 것을 말하고 있다. 그리고 6장에서는 새 생명 가운데서 행할 것(6:4)과 의의 종으로 살 것(6:18)을 당부하고, 7장에서는 율법이 아닌 성령의 새로운 것으로 섬길 것을 말하고(7:6), 8장에서는 성령을 따라 살 것(8:5-6)을 주문하고 있다.

하지만, 12장부터 바울은 본격적으로 명령법 문장을 자주 사용하여 기독교인이 이 세상에서 어떻게 살아가야 할 것인가를 중점적으로 말하고 있다.[618] 로마서 전반부와 후반부에 나타나고 있는 직설법과 명령법, 신분과 삶, '이미'와 '아직'에 관한 이와 같은 전환은 로마서만의 특유한 것은 아니다. 갈라디아서, 데살로니가전서, 에베소서, 골로새서 등에서도 나타난다.[619]

하지만 12:1-15:13까지 나타나는 바울의 실천적인 교훈은 모든 바울서신 중에서 가장 길다. 흔히 주석가들 중에 신분과 삶, 복음과 윤리(율법), 직설법과 명령법을 서로 나누거나, 전자는 하나님의 사역을 말하는 신학적 영역으로, 후자는 인간의 사역을 말하는 윤리적이고 실천적인 영역으로 나누는 사람들이 있다. 하지만 복음과 율법, 존재와 행위, 신학과 윤리, 직설법과 명령법을 나누는 이와 같은 이분법적인 접근은 옳지 않다.[620]

전자가 삼위 하나님의 사역이라고 한다면, 후자 역시 그러하다. 전자가 하나님의 복음에 대한 인간의 책임적인 응답인 그리스도에 대한 믿음을 반드시 요구하고 있다면, 후자 역시 인간으로 하여금 복음에 합당한 삶을 살 수 있도록 하기 위해 그리스도와 성령의 사역에 전적으로 의지하는 믿음을 필수적으로 요구하고 있다. 말하자면 전자만이 로마서의 주제 어휘인 하나님의 의와 관련되어 있는 것이 아니라, 후자 역시 하나님의 의와 관련되어 있다.[621]

특징직설법과 명령법"을 보라.
617 John M. Barclay, *Paul and the Gift* (Grand Rapids: Eerdmans, 2015), 493-519.
618 Schreiner, *Romans*, 621-622.
619 Longenecker, *Romans*, 911.
620 머리, 『로마서 주석』, 598.
621 F. J. Matera, *New Testament Ethics. The Legacies of Jesus and Paul* (Louisville: Westminster John

복음서에 나타난 예수님의 하나님의 나라 복음이 필수적으로 하나님의 나라 윤리를 포함하고 있는 것처럼(예, 마 5-7장의 예수님의 산상설교), 바울의 복음 역시 반드시 윤리를 포함하고 있다. 그리스도를 믿는 믿음 없이 우리가 의롭게 될 수 없는 것처럼, 그리스도와 성령의 사역에 대한 믿음 없이 우리의 의로운 삶은 불가능하다. 이처럼 전자와 후자에 있어서 그리스도와 성령이 각각 그 중심에 서있기 때문에, 그리고 그리스도와 성령은 결코 서로 분리될 수 없기 때문에, 복음과 윤리의 분리는 불합리하다.[622]

바울의 로마서 구성과 서술에 있어서 전자와 후자가 구분되고 있는 것은 사실이지만, 이것이 전자와 후자를 서로 분리시키는 근거가 될 수는 없다. 하나님의 역사가 우리의 자유와 책임을 배제하지 않는 것처럼, 우리의 합당한 삶 역시 성령의 역사를 배제하지 않기 때문이다.

전자가 그리스도께서 우리를 죄와 어두움의 세력에서 해방시켜 자신의 주권 아래로의 이전이라고 한다면, 후자는 그리스도께서 성령을 통하여 우리 안에서 자신의 주권의 계속적인 확장이다. 부활하셔서 주가 되신 그리스도는 우리의 모든 삶의 영역, 그것이 개인적이든, 공동체이든, 교회 안이든, 교회 밖이든, 시민적이든 국가적이든 그리스도께서 통치하기를 원하신다. 예수 그리스도의 이 주권적인 통치에 순종하는 것이 참된 구원과 칭의와 믿음의 표현이다.[623]

바울이 로마서 서론인 1:5와 로마서의 결론인 16:27에서 자신의 사역을 가리켜 "믿음으로부터 오는 순종"을 가져오기 위한 것으로 말하고 있는 사실이 이 점을 뒷받침해주고 있다.[624] 말하자면 1-11장만이 아니라 로마서 전체가 믿음으로부터 오는 순종, 더 적극적으로 말해서 믿음의 순종을 말하고 있다. 이 믿음의 순종이 로마서 주제 어휘인 "(하나님의) 의"의 표현이다. 따라서 우리는 어떤 경우에든 12:1-15:13을 1:1-11:36과 분리시켜 이해하지 않도록 해야한다.[625] 후자가 전자에 뿌리를 두고 있는 것과 똑같이 전자는 후자를 위해 있다.

Knox Press, 1996), 192-193.
622 참조. 슈툴마허, 『로마서 주석』, 316: "12장 1절-15장 13절 단락은 결코 1-11장에서 전개된 신학적 상설에 대한 단순한 부록이 아니다. 오히려 신앙공동체의 삶에서 의롭게 여김 받음을 증명하는 것이 문제가 된다."
623 Käsemann, *Romans*, 379.
624 Gorman, *Romans*, 242.
625 홍인규, 『로마서 어떻게 읽을 것인가』, 199: "그러므로 12:1-15:13의 권면은 로마서의 필수적인 구성 요소이며, 일종의 부록은 결코 아니다."

로마서 내러티브 구성면에서 보면 마지막 내러티브인 12:1-15:13은 한편으로 첫 번째 내러티브인 죄와 심판 아래 있는 인류(이방인과 유대인)의 어두운 이야기 (1:18-3:20), 곧 애굽 바로 왕의 통치 아래 사는 삶의 대조를 보여준다. 동시에 다른 한편으로 이스라엘 백성이 출애굽한 후 40년간의 광야 생활 그리고 약속 된 가나안 땅에 들어가 가나안 정착, 사사 시대, 왕정 시대, 선지 시대를 거쳐 메시아의 오심을 기다리며 살아가는 이야기와 평행을 이룬다.

하지만, 우리가 이스라엘 역사를 통해서 발견할 수 있는 것처럼, 옛 이스라엘 백성은 하나님의 약속대로 가나안 땅에 들어갔지만, 가나안 땅의 삶의 원리로 주어진 율법을 따라 그들의 신분에 합당한 제사장 나라와 거룩한 백성의 온전한 삶을 사는 데 실패하였다. 그래서 결국 그들은 예루살렘 성전과 나라를 잃고 바벨론 유배 생활을 할 수밖에 없었다. 언약 백성의 삶의 원리로 율법이 그들에게 주어졌지만, 그들은 이 율법에 순종하지 못했다.

그 율법이 이스라엘 백성으로 하여금 죄와 싸워 승리할 수 있는 힘을 주지 못하였기 때문이다. 하지만 우리가 로마서 8장에서 살펴본 것처럼, 그리스도 안에 있는 하나님의 백성들에게는 죄와 싸워 승리할 수 있는 성령이 주어졌기 때문에 성령을 따라 사는 한 이 세상에서 하나님의 백성으로 승리의 삶을 사는 것이 가능하다는 것을 보여준다.

옛 언약 백성과 새 언약 백성과의 근본적인 차이점이 여기에 있다. 그런데 우리가 잊지 않아야 할 사실은, 율법에 불순종한 옛 언약 백성들에게 나라의 멸망과 바벨론 포로를 통한 엄중한 심판이 주어졌지만, 새 언약 백성의 경우에는 설사 그들이 이 세상에서 그리스도와 성령을 따라 살지 않아도 하나님의 최종적인 심판이 면제된다고 생각하는 것은 성경의 바른 가르침이 아니다. 바울은 그리스도 안에 있는 자, 성령을 따라 사는 자에게는 결코 정죄함이 없다고 선언하지만, 그리스도와 성령을 따라 살지 않는 자에게는 반드시 하나님의 심판이 따를 것임을 분명히 한다.

바울은 로마서 2장에서 로마의 기독교인들에게 "하나님께서 각 사람에게 그 행한 대로 보응하시되, 참고 선을 행하여 영광과 존귀와 썩지 아니함을 구하는 자에게는 영생으로 하시고, 오직 당을 지어 진리를 따르지 아니하고 불의를 따르는 자에게는 진노와 분노로 하시리라"(2:6-8)고 말하고, 그리고 14장에 가서 다시 "우리가 다 하나님의 심판대 앞에 서리라"고 하면서 신자의 삶에 대한 하나님의 최종적인 심판이 있을 것임을 분명히 한다. 혹자는 신자에게 한 번 구원이 주어지면, 한 번 칭의가 주어진 다음에는 결코 취소되지 않는다는 주장을 하곤 하지만, 그것은 지속적으로 그리스도와 성령을 따라 사는 자에게만 유효할 뿐이다.

그리스도와 성령을 따라 살지 않는 자에게도 유효한 것은 결코 아니다. 바울이 구원과 칭의의 동사 시제를 과거나 완료형으로만 사용하지 않고, 현재와 미래시제를 함께 사용하고 있다는 사실은 그가 삶으로서의 구원, 삶으로서의 칭의, 이를테면, 구원과 칭의의 윤리적인 면을 배제하지 않는다는 것을 분명히 보여준다. 그렇지 않다면, 바울서신에 나타나는 수많은 명령법의 윤리적 교훈들과 빌립보서 2:12의 "두렵고 떨림으로 너희 구원을 이루라"가 의미 없는 것이 될 것이다.

거듭 말하지만, 바울은 고린도의 신자들과 갈라디아의 교인들에게 분명하고 확실하게 비윤리적인 행위를 하는 자들은 결코 하나님의 나라를 유업으로 받지 못할 것이라고 말한다(고전 6:10; 갈 5:21).

우리가 늘 잊지 않아야 할 사실은 로마서 1-11장만 칭의와 구원의 복음에 해당되는 것이 아니다. 12-16장을 포함하여 로마서 전체가 칭의와 구원의 복음에 해당한다는 사실이다. 출애굽 구속 사건을 거쳐 가나안 땅에 정착한 옛 이스라엘 백성이 하나님의 계명을 어기고 하나님 대신 이방 땅의 우상을 섬기고 이방 땅의 문화와 관습에 취해 그들을 구원하기 위해 오실 메시아를 망각하였을 때 그들의 성전이 파괴되고 나라를 빼앗긴 채 바벨론 포로로 붙잡혀 갔다고 한다면, 모세의 출애굽 사건과 비교할 수 없는 더 크고 귀한 그리스도를 통한 새로운 출애굽 사건의 은혜를 경험한 신약의 성도들이 이 세상을 살아가면서 그들의 삶을 위해 주신 성령을 따라 살지 않고, 구원의 완성을 위해 오실 그리스도의 재림을 망각한 채 이 땅의 문화와 관습에 취해 살아간다면, 과연 그들에게 주어질 심판이 얼마나 막중하겠는가?

그리스도 안에 나타난 하나님의 은혜는 무한하고, 무조건적이지만, 그것이 그 은혜 수혜자의 방종한 생활까지 내버려둘 만큼 무조건적인 것은 아니다.

로마서 후반부에 속하는 12:1-15:13은 12:1-8, 12:9-21, 13:1-14, 14:1-15:12 등 네 부분으로 나눌 수 있다.

첫째, 신자의 영적 은사에 관하여(12:1-8),
둘째, 신자와 그를 핍박하는 자와의 관계에 관하여(12:9-21),
셋째, 신자의 정부와 사회에 관한 태도에 관하여(13:1-14),

넷째, 로마 교회 안의 직접적인 현실 문제인 이방인 신자(강한 자)와 유대인 신자(약한 자)와의 갈등의 문제에 관하여 말하고 있다(14:1-15:12).[626]

물론 12:1-15:13에 나타나 있는 바울의 이러한 권면이 바울의 윤리적인 모든 교훈을 대변하고 있는 것은 아니다. 다른 바울서신에 나타나 있는 바울의 윤리적 교훈이 각 각 수신자의 교회가 처해 있는 상황과 밀접한 관계를 가지고 있는 것처럼, 로마서의 윤리적 교훈도 로마 교회의 상황과 밀접한 관계를 지닌다.

그럼에도 불구하고 우리는 로마서에 나타난 바울의 윤리적 교훈이 바울의 다른 서신보다 더 포괄적임을 부정하기 힘들다.[627] 그런 점에서 로마서 후반부에 나오는 바울의 윤리적인 권면은 개인적이든, 공동체적이든, 모든 시대의 기독교인들에게도 중요한 윤리적 교훈의 원리가 되고 있다.

1) 신자의 삶의 원리와 그 적용(12:1-8)

로마서 12장의 첫 문단에 해당하는 12:1-8은 1-2절과 3-8절 두 부분으로 나누어진다. 첫 부분에 해당하는 1-2절은 12장의 윤리적인 권면은 물론, 12-16장에 나오는 전 권면 부분의 서론에 해당하는 근거와 대원칙을 말한다.[628] 반면에 둘째 부분에 해당하는 3-8절은 바울의 실제적인 권면의 첫 부분에 해당하며 합당한 교회 생활에 필요한 실제적인 원리를 말하고 있다.

(1) 통전적인 변화로서의 기독교인의 삶의 기반(12:1-2)

출애굽 사건을 통하여 하나님의 언약 백성이 된 구약의 이스라엘 백성에게 시내산에서 주어진 모세의 율법을 따라 하나님의 백성으로서 거룩한 삶을 살아야 할 것이 요구된 것처럼, 예수 그리스도의 십자가 사건이라는 새 출애굽 사건을 통하여 죄와 어두움의 세력으로부터 구속함을 받은 신약 시대의 성도들에게도 그들에게 주어진 성령을 따라 그리스도의 주권 아래 살 것이 요구되고 있다.

---

626 로마서 12:1-15:13까지 더 자세한 구분과 쟁점에 대해서는 R. A. Culpepper, "God's Righteousness in the Life of His People: Romans 12-15," *RevExp* 73 (1976), 451-463; M. Thompson, *Clothed with Christ: The Example and Teaching of Jesus in Romans 12:1-15:13*, JSNTSS 59 (Sheffield: JSOT Press, 1991)을 보라.

627 Longenecker, *Romans*, 912.

628 Cranfield, *Romans*, 595; Matera, *New Testament Ethics*, 193; 박익수, 『로마서 주석 II』, 240.

즉, 1:18-3:20의 죄와 어두움의 지배 아래의 삶이 아닌 그리스도와 성령의 지배 아래서 새로운 삶을 살아야 한다는 것이다. 예수님에 의해 선포된 하나님 나라 복음이, 마태복음 5-7장의 산상설교에서 볼 수 있는 것처럼, 수많은 윤리적 교훈을 포함하고 있는 사실이 이를 입증해준다. 12절 서두에 나타나고 있는 "그러므로"(οὖν, 운)는 3:21-11:36을 통하여 설명된 신자가, 그리스도를 통하여 구속되고, 성령을 선물로 받아 그리스도의 사람이 된 직설법의 모든 내용을 가리킨다.[629] 신자의 삶에 관한 권면, 곧 명령법은 여기에 근거한다.

그리스도를 통하여 구속함을 받아 새 사람이 되지 않았다면, 새 사람으로 살 수 있는 성령이 주어지지 않았다면, 이러한 명령법이 주어질 수 없다. 설사 명령법이 주어진다 하더라도 구약의 이스라엘 백성이 율법을 지키는 데 실패하였던 것처럼 신약 시대의 성도들도 실패할 수밖에 없다.

신약교회 성도들은 구약의 출애굽 사건과는 비교할 수 없을 정도로 위대하고, 효력이 큰 그리스도의 십자가의 사건으로 구속받았을 뿐만 아니라, 구속받은 백성으로서의 삶을 위해 시내산의 율법과는 비교도 되지 않을 만큼 훨씬 더 탁월하고 효력이 큰 성령을 선물로 받았다. 그러기 때문에 신약의 성도들은 실패한 이스라엘 백성과는 다른 위치에 있다.

바울은 이를 가리켜 "하나님의 모든 자비하심으로"이란 말로 표현한다. 1-11장을 통해 설명한 그리스도와 성령을 통해 나타난 하나님의 모든 구속의 은총인 이 자비하심이 바울이 로마의 기독교인들에게 권면하는 이유와 근거가 된다는 것이다.[630] 다시 말하자면, 여기 "하나님의 모든 자비하심"은 가깝게는 11장 30-32에서 설명한 "하나님의 긍휼하심"(ἔλεος τοῦ Θεοῦ)과 조금 멀리는 8:39의 "하나님의 사랑"(ἀγάπη τοῦ Θεοῦ)과 같은 말로 그리스도와 성령 안에서 나타난 하나님의 사랑과 은혜와 그의 신실하심을 대변하고 있다.[631]

바울은 이 하나님의 자비하심을 특별히 3:21-11장을 통하여 설명하였다. 바울은 이러한 하나님의 자비하심을 가까이는 로마서 9-11장에서, 멀리는 3:21-11:36을 통해 설명한 직설법에 근거하여 유대인과 이방인, 참감람나무와 돌감람

---

629 Schreiner, *Romans*, 621, 639.
630 개역개정의 번역 "하나님의 모든 자비하심으로"(διὰ τῶν οἰκτιρμῶν τοῦ Θεοῦ)의 경우처럼, 하나님의 모든 자비하심이 바울이 권면하는 방편임을 시사하고 있기 때문에, 전치사 dia,는 'because'보다도 'through'의 의미로 이해하여야 할 것이다. Cranfield, *Romans*, 596; Dunn, *Romans*, 709; Schreiner, *Romans*, 625도 보라.
631 Peterson, *Romans*, 437.

나무의 구분 없이 예수 그리스도 안에서 한 형제 자매가 된 로마의 기독교인들에게 실천적 삶에 관한 명령법의 교훈을 준다.[632] 이것은 우리가 어떻게 구원을 받게 되었는가 하는 문제만 하나님의 자비하심에 의존하고 있는 것이 아니라, 구원에 참여한 우리 크리스천의 삶도 똑같이 하나님의 자비하심에 의존하고 있음을 보여준다. 바로 이것이 일반 세상 윤리와 다른 기독교 윤리의 특징이다.

기독교 윤리는 근본적으로 율법을 지켜야 하는 의무감에서 나오는 것이 아니고, 하나님의 구원의 은혜에 대한 감사와 응답에서 나오는 것이다.[633] 물론 이 감사와 응답은 우리가 8장에서 살펴본 것처럼 내 안에서 역사하시는 성령의 사역이기도 하다. 바울의 윤리를 가리켜 '은혜의 윤리' 혹은 '성령의 윤리'라고 부르는 이유도 여기에 있다. 바울은 하나님의 모든 자비하심에 근거하여 신자가 이 세상을 살아가면서 항상 명심하여야 할 세 가지 총체적인 삶의 원리를 밝힌다. 물론 이 세 가지 원리는 서로 분리되어 있지 않다. 사실상 첫 번째 원리는 둘째와 셋째의 원리 없이는 실현될 수 없다.[634]

첫째, 우리의 몸을 거룩한 산 제물로 드리라.
둘째, 이 세상을 본받지 말라.
셋째, 마음을 새롭게 함으로 변화를 받으라는 것이다.

사실상 이 세 가지는 12-15장에 나타나고 있는 모든 윤리적 교훈을 총괄하는 총론에 해당한다. 이 세 가지가 먼저 수행되지 않는다면 실질적으로 그 어떤 개별적인 윤리적 행위도 불가능하다. 그런 점에서 이 세 가지 교훈에 나타난 삶은 1:18-3:20에 나타나 있는 하나님의 심판 아래 있는 타락한 인류(이방인과 유대인)의 모든 불경건과 불의한 삶과 대조를 이룬다.[635]

---

632 여기 '내가 권한다'(παρακαλῶ)와 연결된 세 부정사 구문, '드리라'(παραστῆσαι), '본받지 말라'(μὴ συσχηματίζεσθε), '변화를 받으라'(μεταμορφοῦσθε)의 경우 모두 문법적으로 명령법적 의미를 지니고 있다. D. B. Wallace, *Greek Grammar Beyond the Basics* (Grand Rapids: Zondervan, 1996), 603-604; Schreiner, *Romans*, 625.
633 크랜필드, 『로마서 3』, 49: "그리스도교의 윤리는…그리스도 안에서 그를 향한 하나님의 행동에 응답하는 것 즉 감사의 표현이다."
634 Longenecker, *Romans*, 922.
635 Matera, *New Testament Ethics*, 193-194.

첫 번째 명령은 "너희 몸을 '하나님이 기뻐하시는'(직역은 '하나님이 받으실 만한') 거룩한 산 제물로 드리라는 것이다"(παραστῆσαι τὰ σώματα ὑμῶν θυσίαν ζῶσαν ἁγίαν εὐάρεστον τῷ θεῷ)이다. "너희의 몸을 드리라"는 것은 단순히 육체적 행위를 통해서만이 아니라, 영혼과 육체를 포함하여 삶 전체를 하나님께 헌신하라는 것이다.[636] 바울은 이를 가리켜 '영적 예배'라고 지칭하고 있다.

헬라 사상은 영혼을 선하고, 영구적인 것으로, 몸은 천하고 소멸될 것으로 보았지만, 바울은 몸과 영혼 전체가 하나님의 자비하심에 의하여 구속되었기 때문에, 하나님은 우리의 삶 전체에 대한 주권을 가지고 계신다는 사실을 강조한다. 여기 '영적 예배'(다른 말로, '합리적')를 가리키는 헬라어 '헤 로기코스 라트레이아'(ἡ λογικός λατρεία)는 그 앞에 나오는 '너희 몸'이 암시하고 있는 것처럼, 우리의 지성을 포함하여 전인격적으로 드려야 할 통전적(通典的) 예배를 가리킨다.[637]

이것이 우리가 하나님께 드리는 가장 합당한 예배라는 것이다. 구약의 제사에서는 짐승을 죽여 하나님께 제물로 바쳤지만, 신약의 성도들은 그와 같은 희생적 제물을 드릴 필요가 없다. 왜냐하면 그리스도께서 자신의 몸을 우리를 위해 십자가에서 희생제물로 드리심으로 우리를 값으로 사셨기 때문이다(3:25; 히 10:1-18). 그래서 바울은 고린도 교회 신자들을 향해 "너희는 너희 자신의 것이 아니라 값으로 산 것이 되었으니 그런즉 너희 몸으로 하나님께 영광을 돌리라"(고전 6:19-20)라고 말한다. 바울은 이와 똑같이 로마의 신자들에게도 살아있는 몸 그대로 하나님께 드릴 것을 권면한다(6:13).

여기 살아 있는 몸을 드리라는 것은 몸을 통해 이루어지는 삶의 모든 영역을 하나님께 드리라는 것이다. 우리의 지성, 감성, 건강, 재물, 직업, 사업, 학업 등 우리가 관여하는 모든 삶의 영역이 나를 위한 것이 아니고 하나님을 위한 것이 되어야 한다는 것이다. 우리의 삶의 영역 그 어느 하나도 하나님으로부터 분리되어 있거나, 그리스도의 주권으로부터 벗어나 있을 수 없다는 것이다. 그리스도는 우리의 지체 한 부분만을 사신 것이 아니라 우리 몸 전체를 사셨으며, 우리의 몸 전체가 성령이 거하시는 전(고전 6:19)이기 때문이다. 바울이 "그러므로 사나 죽으나 우리가 주의 것이로다"(14:8)라고 고백하는 이유가 여기에 있다.

---

636 Calvin, *Romans*, 264; Cranfield, *Romans*, 598; Dunn, *Romans*, 709; Jewett, *Romans*, 727; Schreiner, *Romans*, 626.
637 Barrett, *Romans*, 213; Käsemann, *Romans*, 191; Moo, *Romans*, 750-51; Longenecker, *Romans*, 920.

종교개혁자들이 기독교인의 삶을 '하나님 앞에서'(coram Deo), '오직 하나님의 영광을 위하여'(soli Deo gloria)라고 부른 이유도 여기에 있다. 여기서 바울은 헬라 사상에서처럼 우리의 삶을 크게 영적인 부분과 세상적(육)인 부분으로 나누지 않는다. 앞에서 언급한 것처럼, 헬라 사상에서는 영적인 부분은 높고 귀하고 영원하고 불변하는 것으로 보는 반면에, 세상적인 것은 천하고 일시적이고 가변적이고 속된 것으로 보았다.

그러나 바울은 우리 삶의 모든 영역이 하나님을 기쁘시게 하며 살아 있는 거룩한 것이 되어야 함을 언급하면서, 육체와 정신, 성과 속을 분리하지 않는다. 우리 삶의 모든 영역이 모두 하나님께 드려져야 할 영적 예배라는 것이다.[638] 다시 말하자면 우리가 이 세상에서 관여하는 삶의 모든 영역이 그리스도의 주권 아래 있어야 한다는 것이다. 하지만 바울이 우리의 전 삶의 영역을 하나님께 드린다는 것을 "제물"로 표현하고 있다는 것은 그것이 십자가를 지는 자세를 요구하고 있다는 것을 시사한다. 일찍이 십자가를 향해 가시던 예수님이 그의 제자들을 향해, "누구든지 나를 따라오려거든 자기를 부인하고 자기 십자가를 지고 나를 따를 것이니라"(마 16:24)라고 말씀하신 것처럼, 자신의 몸을 하나님께 산 제물로 드린다는 것은 반드시 십자가의 희생적 삶이 요구된다는 것이다.

두 번째 명령은 "이 세대를 본받지 말라"(μὴ συσχηματίζεσθαι τῷ αἰῶνι τούτῳ)는 것이다. 그 이유는 이 세대를 본받을 경우, 하나님의 선하시고, 기뻐하시고, 온전하신 뜻을 분별할 수 없기 때문이다. 바울은 갈라디아서 1:4에서 이 세대를 악한 세대로 부르고 있다. 이것은 예수 그리스도의 십자가의 죽으심과 부활하심 그리고 성령의 오심으로 이미 새로운 세대가 시작되었음에도 불구하고, 여전히 죄와 어두움과 죽음의 악한 세대가 공존하고 있음을 보여준다.

골로새서 1:13의 "그가[하나님] 우리를 흑암의 권세에서 건져내사 그의 사랑의 아들의 나라로 옮기셨다"는 말씀처럼, 신자는 그리스도의 구속 사역을 통하여 악한 세상으로부터 건져졌다. 하지만 이 세대를 '본받지 말라'(συσχηματίζεσθαι, 현재 중간태 부정사)는 것은 신자가 이 세상 안에 살고 있는 한 여전히 이 악한 세대의 영향을 받을 수 있다는 사실을 전제하고 있다.

---

638 슈툴마허, 『로마서주석』, 320: "바울에 의하면 하나님의 본질과 뜻에 진실로 부합되는 예배는 몸의 순종 행위를 함께 포함하여, 그리스도인들이 혼과 지성과 마음과 손으로 참으로 하나님을 섬길 때만, 더욱이 언제 어디서나 그렇게 할 때만, 그들은 자신의 창조자이시며 구원하시는 자비를 베푸시는 분께 합당하게 될 것이다."

다시 말하자면, 그리스도를 통해 신자가 죄와 사망의 권세로부터 자유하게 되었다 하더라도, 이것이 다시는 이 세상에서 우리의 몸이 죄를 짓지 않거나 죄의 지배를 받지 않는다는 것을 뜻하지 않는다는 것이다. 그렇지 않다면, 바울이 로마서 6장에서 바울이 "그러므로 너희는 죄가 너희 죽을 몸을 지배하지 못하게 하여 몸의 사욕에 순종하지 말고, 또한 너희 지체를 불의의 무기로 죄에게 내주지 말고 오직 너희 자신을 죽은 자 가운데서 다시 살아난 자 같이 하나님께 드리며 너희 지체를 의의 무기로 하나님께 드리라"(6:12-13)라고 말하지 않았을 것이다.

바울은 에베소서 2장에서 에베소 교인들이 한 때 허물과 죄로 죽었고, 이 세상 풍조를 따르고, 공중 권세 잡은 자를 따랐지만(엡 2:1-2), 이제 "긍휼이 풍성하신 하나님이 우리를 사랑하신 그 큰 사랑을 인하여 허물로 죽은 우리를 그리스도와 함께 살리셨다"(엡 2:4-5)고 말한다.

하지만, 그렇다고 해서 바울은 그들이 이제 이 세상 풍조의 유혹과 공중의 권세 잡은 사탄의 위협으로부터 완전히 자유롭게 되었다고 말하지 않는다. 오히려 에베소서 마지막 결론 부분에서 그들이 완전무장, 곧 하나님의 전신 갑주를 취하고, 진리로 허리띠를 띠고, 의의 호심경을 붙이고, 복음이 준비한 신을 신고, 믿음의 방패를 가지고, 구원의 투구와 성령의 검인 하나님의 말씀을 가지고, 성령 안에서의 기도를 통해 마귀의 간계를 대적하라고 권면한다. 사도 베드로도 독자들에게 "근신하라. 깨어라. 너희 대적 마귀가 우는 사자같이 두루 다니며 삼킬 자를 찾나니, 너희는 믿음을 굳게 하여 그를 대적하라"(벧전 5:8-9)고 권면한다.

이처럼 신자라고 해서 이 세상에서 죄와 악과 사탄의 유혹으로부터 자유로운 것이 아니다. 따라서 신자는 이 세상에 살고 있는 한 지속적으로 사탄의 세력들로부터 신자를 넘어뜨리려는 유혹을 받을 수 있다. 그러므로 신자가 이러한 유혹과 시험을 받지 않기 위해서는 이 악한 세대에 동화되지 않도록 하여야 한다.

우리 세대를 좌우하는 악은 무엇인가?

그것은 이미 1:18 이하에서 설명하고 있는 모든 불경건과 불의, 곧 창조주 하나님께 드려져야 할 영광을 피조물에게 돌리고 하나님이 정한 창조 질서를 거역함으로 일어난 모든 종교적, 도덕적, 성적, 사회적 범죄를 가리킬 수 있다. 여기에는 물질과 성과 명예를 하나님보다 사랑하는 여러 형태의 우상숭배도 포함된다. 그렇다면 어떻게 이 세상에 살면서 이 악한 세대를 본받지 않을 수 있는가?

세 번째 명령은 "마음을 새롭게 함으로 변화를 받으라"(μεταμορφοῦσθε τῇ ἀνακαινώσει τοῦ νοὸς)는 것이다. 그렇게 함으로써 결과적으로 "하나님의 선하신 뜻이 무엇인지 분별할 수 있도록 하라"는 것이다. 두 번째 권면이 소극적인 권면이라면 세 번째 권면은 적극적인 권면이다. 두 명령법 뒤에 나오는 부정사구인 "너희가 하나님의 선하시고, 기뻐하시고, 온전하신 뜻을 분별하도록"(εἰς τὸ δοκιμάζειν ὑμᾶς τί τὸ θέλημα τοῦ θεοῦ τὸ ἀγαθὸν καὶ εὐάρεστον καὶ τέλειον)은 그 앞에 있는 세 명령인, "몸을 산 제물로 드리라", "이 세대를 본받지 말라", "마음을 새롭게 함으로 변화를 받으라"와 연결되어 있다. 이 부정사 구문은 그 앞에 있는 세 명령을 구현하기 위한 목적 부정사로 볼 수도 있지만, 오히려 세 명령이 구현될 때 일어나는 결과 부정사 구문으로 보는 것이 더 바람직하다.

왜냐하면, 여기 "변화를 받으라"라는 말이 현재 수동태로 쓰여졌다는 것은, 이 변화가 한편으로 사람의 적극적인 책임을 배제하지 않으면서, 다른 한편으로 사람의 능력이 아닌 하나님의 능력, 곧 성령을 통해서 가능하게 된다는 사실을 암시하기 때문이다.[639] 즉, 성령만이 신자로 하여금 하나님의 선하신 뜻을 분별할 수 있도록 계속해서 그를 변화시키고 새롭게 한다는 것이다.

여기서 우리는 다시 한번 이 세상에서 신자의 성공적인 삶은 율법에 의한 삶이 아닌, 오직 성령 안에서 성령에 의한 삶을 통해서만 가능하다는 사실을 발견하게 된다. 성령으로 변화를 받는 삶을 살 때에 우리가 이 세상에서 하나님의 선하시고, 기뻐하시고, 온전한 뜻을 따라 살 수 있기 때문이다. 바울이 에베소 교인들을 향해 "술 취하지 말라. 이는 방탕한 것이니, 오직 성령으로 충만함을 받으라"(엡 5:18)고 권면한 이유도 여기에 있다.

그렇다면 우리가 어떻게 악한 세상에 동화되지 않고 계속해서 성령에 의한 삶을 살 수 있는가?

그것은 고린도후서 3:18의 "우리가 주의 영광을 보매 저와 같은 형상으로 화하여 영광으로 영광에 이르니 곧 주의 영으로 말미암음이니라"라는 말씀처럼, 우리가 계속해서 예수 그리스도 안에 나타난 하나님의 자비하심이라는 사역을 바라보는 것이다. 우리는 복음의 말씀 가운데서 주의 영광 하나님의 자비하심을 발견할 수 있다.[640] 그렇게 할 때 성령께서 우리 안에서 역사하신다. 그리고 이러한 성령의 역사를 통하여 하나님의 선하시고, 기뻐하시고, 온전하신 뜻이 무엇인지를 분별할 수 있을 뿐만 아니라, 하나님의 뜻을 구현하는 삶을 살 수 있게 된다.

---

639 Longenecker, *Romans*, 923.
640 존 스토트, 『로마서 강해』, 432-433.

여기서 우리는 다시 한번 이 세상에서 하나님의 뜻을 구현하는 기독교인 삶의 성공과 실패가 성령을 따라 사느냐 여부에 달려있다는 사실을 깨닫게 된다.

(2) 그리스도의 한 몸으로서 기독교인 공동체(12:3-8)

3-8절은 1-2절에서 언급한 것처럼, 신자가 성령을 통하여 계속해서 변화 받아 새롭게 되어 갈 때, 그가 교회 안에서 구체적으로 어떠한 삶을 살게 되는가를 보여준다. 1-2절이 뿌리에 관한 문제라면 3-8절은 열매에 관한 문제이다. 뿌리가 정상적이면 그 열매도 정상적일 수 있다. 그러나 나무는 그 열매를 통해서 알 수 있는 것처럼, 열매가 정상적이 아니면 그 뿌리도 정상적이 아닐 수 있다. 3-8절은 두 부분으로 나누어진다.

3-5절은 신자가 교회 생활을 할 때 자신과 동료 교인들에 대하여 어떠한 이해를 가지고 있어야 할 것을 교훈하고 있으며, 6-8절은 구체적인 봉사의 영역에 관한 교훈을 주고 있다. 3-5절에서 바울은 우리의 몸과 각 지체에 관한 실례를 들어 교회 안에는 다양한 구성원이 있지만, 모두 그리스도의 한 몸을 구성하고 있다고 말한다. 따라서 모든 신자는 각자 한편으로 자신이 다양한 구성원 중의 하나임을 알고, 다른 구성원들에게 겸손할 것과, 또 다른 한편으로 각 신자가 그리스도 안에서 함께 한 몸을 이루고 있다는 점을 알고, 그들을 형제 자매로서 소중하게 생각하여야 한다는 것이다. 이처럼 자신에 대한 겸손과 상대방 신자에 대한 존중이 다양성과 통일성을 함께 가진 교회 생활의 핵심이다.[641]

이것이 무너질 때 교회는 무질서와 혼란에 빠지게 된다. 아마도 바울이 로마 교회에 대한 본격적인 권면에 들어가면서 우선적으로 이 문제를 거론하는 것은 14:1-15:13에서 자세하게 논의하는 로마 교회 안의 "약한 자"와 "강한 자"의 갈등 때문일 것이다.[642] 그래서 우선적인 권면을 교회가 근본적으로 그리스도의 몸임을 주지시키면서, 마치 우리의 몸이 다양한 지체를 지니고 있지만 한 몸에 속하여 있기 때문에 각 지체가 서로 우열을 논하거나 서로 싸울 수 없는 것처럼, 로마 교회가 유대인과 이방인, 남자와 여자, 자유인과 노예, 주인과 종으로 구성되어 있다 하더라도, 다 같이 그리스도의 몸을 구성하는 지체들이기 때문에 서로 사랑하고, 서로 존경하며 겸손하여 하나가 되어야 한다는 것에 두었을 것이다.

---

641 Schreiner, *Romans*, 651.
642 Gorman, *Romans*, 246-247.

그렇다면 어떻게 자신에 대한 겸손과 동시에 형제 자매들에 대한 존중이 가능할 수 있는가?

그 핵심적인 대답은 지체와 몸의 비유에서처럼 모든 신자는 몸의 각 지체처럼, 어느 하나가 없으면 장애자가 될 수밖에 없을 만큼 모두 다 소중한 존재라는 사실과 함께, 모든 신자가 함께 그리스도의 한 몸을 이루고 있다는 바른 이해를 가질 때만 가능하다. 내가 그리스도의 몸의 한 지체인 것처럼, 상대방도 그러하며, 내가 그리스도를 통하여 살고 있는 것처럼, 상대방도 그리스도를 통하여 살고 있고, 내가 그리스도를 통하여 소중한 은사를 받고 있는 것처럼, 똑같이 상대방도 그리스도를 통하여 소중한 은사를 받고 있다는 사실을 알 때, 우리는 진정한 자기 겸손과 상대방에 대한 존중이 가능하다.

왜냐하면, 우리는 그리스도 안에서만 내 자신은 물론 내 형제 자매에 대한 올바른 이해와 평가를 가질 수 있기 때문이다. 바울이 갈라디아서 3:28에서 그리스도 안에서는 인종과 신분과 성의 차별과 장벽이 제거되고 하나가 된다고 한 이유도 여기에 있다.[643]

6-8절은 교회 안에는 실제적으로 여러 가지 다양한 은사를 가진 사람들이 있다는 것과 각 은사를 소유한 이들이 어떤 자세로 그 은사를 활용하여야 할 것을 교훈하고 있다. 그리스도의 몸이라는 교회의 통일성은 은사의 다양성을 배제하지 않으며, 오히려 은사의 다양성을 통하여 교회의 통일성이 세워져 간다는 것이다. 우선 6절 서두에서 바울은 모든 은사는 노력의 산물이 아닌 하나님께서 우리에게 은혜로 주신 선물임을 밝힌다.

사도 바울은 고린도전서 12장 8절 이하에서 "어떤 사람에게는 성령으로 말미암아 지혜의 말씀을, 어떤 사람에게는 같은 성령을 따라 지식의 말씀을, 다른 사람에게는 같은 성령으로 믿음을, 어떤 사람에게는 한 성령으로 병 고치는 은사를, 어떤 사람에는 능력 행함을, 어떤 사람에게는 예언함을, 어떤 사람에게는 영들 분별함을, 다른 사람에게는 각종 방언 말함을, 어떤 사람에게는 방언들 통역함을 주시나니, 이 모든 일은 같은 한 성령이 행하사 그의 뜻대로 각 사람에게 나누어 주시는 것이니라"(12:8-11)라고 하면서, 신자가 가지는 각양 은사가 인간 고유의

---

[643] 바울이 로마서를 쓸 무렵 로마의 가정교회들은 이미 유대 교회당에서 분리되어 더 이상 로마제국이 유대인들에게 주었던 동일한 특권을 누릴 수 없는 어려운 상황에 처해 있었기 때문에 기독교인 형제 자매들의 상호의존과 존중의 필요성은 더 긴요하였을 것이다. 역시 슈툴마허, 『로마서주석』, 328.

산물이 아닌 동일한 성령의 값없는 은혜의 선물(gratiae gratis datae)임을 분명히 한다.[644]

모든 은사가 동일한 성령께서 주시는 하나님의 은혜 선물이라는 점에서, 하나님의 은혜 아래 있는 모든 신자는 남자든 여자든, 성직자든, 평신도이든, 차별 없이 예수 그리스도의 몸을 세우기 위하여 한 가지 이상의 은사를 받은 자라고 말할 수 있다(엡 4:11-12).[645] 은사 없이는 그리스도의 몸을 세울 수 없기 때문이다. 그러므로 크리스천들 사이의 차이점은 누가 은사를 받았고, 누가 은사를 받지 않았다는 점에 있지 않고, 모두가 은사를 받았지만 모두 똑같은 은사를 받지 않았다는 것이다.[646] 이처럼 바울은 은사의 출처와 다양성은 신자 개인에게 있는 것이 아니라, 하나님께 있음을 강조한다. 이것은 모든 은사가 다 같이 소중하고 상하, 빈부, 귀천의 차이가 없다는 사실을 보여준다. 그러기 때문에 그 어떤 신자도 자신이 받은 은사 때문에 자랑하거나 우월감을 갖지 않아야 한다.

바울은 교회 안에 있는 예언, 섬기는 일(봉사), 가르치는 일, 위로하는 일, 구제하는 일, 다스리는 일, 긍휼을 베푸는 일 등 일곱 가지의 은사를 실례로 든다.

바울이 왜 일곱 은사 목록 중에 예언의 은사를 첫 번째에 두었는가?

바울은 고린도전서 12장 28-28에서 9가지 은사 목록을 제시하는데 거기서는 예언의 은사를 사도적 은사 다음에 배치한다. 사도적 은사를 제일 우위에 두는 것은 에베소서 2:20, 3:5; 4:11에도 나타난다. 바울이 로마서 12장의 은사 목록 중에 사도를 언급하지 않는 것은 아마도 로마 교회에는 주님으로부터 직접 사도 소명을 받은 자가 없었기 때문일 뿐만 아니라, 이 문단의 서두인 3절에서 바울은 이미 "내게 주신 은혜로 말미암아 너희 각 사람에게 말한다"라고 하면서 자신이 사도임과 그리고 사도로서 이 문단의 교훈을 주고 있음을 밝혔기 때문이다.[647]

그렇다면 교인들 가운데서는 예언의 은사가 가장 우위에 있다고 볼 수 있다. 이 점은 바울이 고린도 교인들이 받은 신령한 은사를 말할 때는 예언을 가장 우선 순위에 두고 있는 사실(고전 14:1)에서 확인된다. 그리고 그 이유를 예언하는 자는 사람에게 말하여 덕을 세우며 권면하며 위로하며 교회의 덕을 세우기 때문

---

644 Pitzmyer, *Romans*, 647.
645 무, 『로마서의 신학적 강해』, 302; Peterson, *Romans*, 446.
646 악티마이어, 『로마서』, 288; 홍인규, 『로마서 어떻게 읽을 것인가』, 206: "교회는 은사를 소유한 자와 은사를 소유하지 않은 자로 나뉘지 않는다. 모두가(한 사람도 예외 없이) 적어도 하나씩의 은사를 소유하고 있다."
647 존 머리, 『로마서 주석 I』, 612.

이다고 말한다(고전 14:2-4). 그렇다면 여기 바울이 말하는 예언의 은사는 알 수 없는 미래의 일을 알려주는 데 있다기보다는 성경이나 사도들이 전하는 하나님의 말씀을 올바르게 해석하여 가르치고 설명하는 것일 수 있다.[648]

그런데 바울이 이 예언의 은사를 믿음의 분수대로 하라고 한 것은, 어떠한 예언의 은사도 믿음의 내용인 기록된 성경 말씀과 사도들이 전해준 말씀을 넘어설 수는 없으며, 모든 예언의 은사는 성경과 사도들의 교훈을 따라 이루어져야 한다는 것을 시사한다.[649] 그렇지 않으면 예언의 은사가 교회를 세우기보다도 오히려 교회를 혼란 가운데 빠뜨릴 것이다. 바울은 예언의 은사 사용에 대해서는 특별히 "믿음의 분수대로"라는 제약을 두지만, 그다음에 나오는 은사에 대해서는 여하한 제약을 두지 않고 각자가 받은 은사를 잘 발휘할 것을 당부한다.

바울은 예언의 은사 다음에 섬김의 은사를 말하고, 섬김의 은사를 받은 자는 섬기는 일에 충성할 것을 당부한다.

여기 교회 안에서 섬김의 은사를 받고 섬기는 일에 전념하는 자는 누구인가?

예언이나 사도 은사를 받은 자가 특정한 대상을 가리킨다면 예언의 은사 다음에 열거되는 섬김의 은사를 받은 사람도 특정한 사람을 지칭한다고 볼 수 있다. 그런데 초기 기독교 공동체 안에서 특별히 섬기는 자로 지칭된 사람은 집사였다. 따라서, 여기 섬기는 은사를 받은 사람은 집사를 가리킨다고 볼 수 있을 것이다. 바울은 디모데에게 "집사의 직분을 잘한 자들은 아름다운 지위와 그리스도 예수 안에 있는 믿음에 큰 담력을 얻는다"(딤전 3:13)라고 말한다.

그렇다면 그다음에 언급되고 있는 가르치는 일에 전념하여야 할 은사를 받은 자는 누구인가?

바울은 고린도전서 12:28에서 하나님께서 교회에 세운 직분자를 열거하면서 "첫째는 사도요, 둘째는 선지자요, 셋째는 교사이다"라고 말한다. 이와 같은 바울의 언급은 초기 기독교 교회 안에 가르치는 일에 전념하는 교사가 있었음을 시사한다. 그리고 그 교사가 사도와 선지자 다음으로 중요한 직분 자임을 시사한다. 심지어 바울은 자신의 사역을 가르치는 일로 간주한다(고전 4:17).

하지만, 우리는 이 교사가 교회 안에서 무슨 일을 하였는지 정확하게 알 수는 없다. 아마도 가르치는 일에 전념해야 하는 점을 고려해 볼 때 교인들에게 말씀

---

648 역시 박익수,『로마서 주석 II』, 251.
649 Käsemann, *Romans*, 341-342; Fitzmyer, *Romans*, 647.

을 가르치거나 청소년의 신앙교육을 담당하였을 것으로 추측할 수 있다. 바울은 가르치는 자는 가르치는 일에 전념하여야 하며 다른 일에 관여하여 문제를 일으키지 않을 것을 당부한다. 왜냐하면 가르치는 자는 여러 사람을 만나 말을 하게 되는데 그럴 때 자연히 다른 일에 관여하는 유혹을 받을 수 있기 때문이다.

그다음에 바울은 네 가지 은사를 열거한다. 하나는 위로하는 자, 하나는 구제하는 이, 다른 하나는 다스리는 이, 마지막 하나는 긍휼을 베푸는 사람이다. 그리고 이들에 당부하는 것은 위로하는 이는 위로하는 일에, 구제하는 이는 성실함으로, 다스리는 이는 부지런함으로, 긍휼을 베푸는 이는 즐거움으로 할 것을 당부한다. 여기 언급된 네 가지 은사 중에 다스리는 이는 교회 안에서 치리나 교인들의 관리를 책임 맡은 장로나 감독을 가리킨다는 것을 짐작할 수 있지만, 나머지 은사인 위로, 구제, 긍휼을 베푸는 은사가 특정한 사람을 가리키고 있는지는 불명확하다.

왜냐하면, 이들은 서로 유사할 뿐 아니라, 교인들이라면 누구든지 할 수 있거나 해야 할 일이기 때문이다. 우선 다스리는 이의 경우를 보자. 바울은 다스리는 은사를 받은 사람에게 부지런 할 것을 당부한다. 장로나 감독의 직분을 맡은 자는 늘 교인들의 상황을 살펴서 교인들 중에 신앙적으로, 건강적으로, 혹은 재정적으로 어려움을 당하는 자가 없는지 두루 살펴보아야 하기 때문이다. 말하자면, 게으른 자는 다스리는 직분을 맡을 수 없다는 것이다. 특이한 점은 바울이 여기서 다스리는 사람의 직분을 사도, 예언자, 교사의 경우처럼 우위에 배치하고 있지 않다는 점이다. 이것은 바울이 은사를 근본적으로 계급적 서열로 보지 않는다는 점을 시사한다.

그렇다면 나머지 세 은사인 위로하는 사람, 구제하는 사람, 긍휼을 베푸는 사람은 누구인가?

우선 위로한다는 것은, 그 단어 '파라클레시스'(παράκλησις, 권면)에서 볼 수 있는 것처럼, 교인 중에 병들거나 상을 당하거나 혹은 정신적, 물질적인 손실이나 어려움을 당한 자를 찾아가서 말씀으로 위로하고 권면하는 사람을 지칭할 것이다. 그리고 구제하는 이는 사도행전 6장에서 볼 수 있는 것처럼 교회 안에서나 교회 외부에 생활이 어려운 사람을 찾아가서 교회가 비축한 자원을 적절하게 나누어주거나 혹은 개인적으로 여유 있는 자원을 가진 사람이 필요한 이에게 나누

어주는 일을 하는 사람일 것이다.[650]

로마서 16장에서 엿볼 수 있는 것처럼, 로마 교회는 유대인과 이방인의 인종적 다양성뿐만 아니라, 상전과 노예 등 신분상의 다양성도 있었기 때문에 물질적, 정신적 도움을 필요하는 이가 적지 않게 있었을 것이 분명하다. 마지막으로 긍휼을 베푸는 사람은 병든 이나 혹은 예기치 않게 정신적, 물질적인 재난을 당한 사람을 찾아가서 도움의 손길을 펼치는 이일 것이다. 이런 사람에게 필요한 것은, 마지 못해 억지로 하는 자세가 아닌 진정으로 사랑하는 마음으로 하는 것이다. 그것은 나는 도움을 주는 사람, 너는 도움을 받는 갑을 입장 아닌, 오히려 형제 자매에게 이런 일을 할 수 있게 된 것 자체를 감사하고 기뻐하는 마음으로 해야 할 것이다.

결론적으로 말해서 교회 안에서 은사 사용은 각자 자신에게 주어진 은사에 집중하여야 하며 다른 사람의 은사 사용에 간섭하지 않고 오히려 자신의 은사처럼 다른 사람의 은사 사용을 존중하여야 한다. 이것은 우리 몸의 지체들, 이를테면 눈, 코, 입, 손, 발, 귀가 제각기 자기에게 맡겨진 역할을 하지 않고 다른 역할, 이를테면, 눈이 코의 역할을, 손이 다리의 역할을 하려고 할 경우, 우리 몸은 정상적인 기능을 발휘할 수 없는 것과 같다. 그리스도의 몸을 구성하는 교회 지체의 경우도 마찬가지라는 것이다.

그렇게 할 때에 그리스도의 몸된 교회가 바르게 세워질 수 있기 때문이다. 사실 교회에 분파와 갈등 등 여러 문제가 일어나는 주된 원인은 교인들이 은사를 받지 않았다는 점에 있다기보다도 은사의 우열을 가리고, 다른 사람의 은사를 존중하지 않고, 자신의 은사를 자랑하고, 다른 사람의 은사에 관여하기 때문이다. 고린도 교회가 그렇다. 고린도 교회에 많은 문제가 생긴 것은 고린도 교인들이 은사를 받지 않았기 때문이 아니다. 고린도 교인들은 많은 은사를 받았다.

그럼에도 불구하고 고린도 교회에 많은 문제가 생긴 것은 교회의 구성원들이 받은 은사를 남용하고, 잘못 사용하였기 때문이다. 따라서, 교회의 모든 구성원은 자신이 받은 은사에 집중하여 교회를 세우는 일에 힘써야 한다. 각양 은사를 받은 신자는 자신에게 주어진 그 은사의 진정한 목적에 따라, 다른 사람을 섬기고, 그리스도의 몸인 교회를 세우는 데 자신의 은사를 사용하여야 한다는 것이다 (역시, 엡 4:11-12). 그렇게 할 때 모든 은사는 그 은사 수여자인 하나님의 본래 목

---

650 Schreiner, *Romans*, 641.

적대로 그리스도의 몸인 교회를 세우는 데 기여하게 될 것이다.

자신에게 주어진 은사를 바르게 사용하는 것이 또한 1-2절에서 바울이 말한 대로 자신의 몸을 하나님이 기뻐하시는 거룩한 산 제물로 드리는 것이 되고, 이 세대를 본받지 않고 오히려 성령의 인도하심을 따라 늘 새롭게 변화되는 삶을 살게 되는 것이다.[651] 바울이 은사 사용에 대한 교훈에 이어 사랑에 대한 교훈을 주는 이유도 여기에 있을 것이다.

2) 교회와 사회 안에서 신자의 책임: '사랑의 윤리' (12:9-21)

로마서 12장의 전반부에 해당하는 1-8절이 신자들이 교회 안에서 자신에게 주어진 은사를 어떻게 활용하여야 할 것인가에 대한 교훈을 주고 있다면, 후반부에 해당하는 9-21절은 신자들이 교회와 사회에서 사람들에 대하여 어떤 자세를 가져야 할 것인가를 교훈하고 있다. 전자는 주로 하나님에 대한 합당한 자세에 관하여 말하고 있는 반면에, 후자는 주로 사람에 대한 합당한 자세에 관하여 교훈하고 있다고 볼 수 있다. 이와 같은 바울의 논리적 전개는 고린도전서 12-13장의 흐름과 유사하다.

왜냐하면, 고린도전서 12장에서도 바울은 먼저 교회 안에서 신자들이 자신의 은사를 어떻게 활용하여 교회를 봉사할 것인가에 관하여 교훈한 다음, 13장에서 사람들에 대한 올바른 자세, 곧 사랑에 관한 교훈을 주고 있기 때문이다. 9-21절은 크게 두 분으로 나누어진다. 9-13절은 신자가 동료 신자에 대하여 어떤 자세를 가져야 할 것인가에 관하여 교훈하고 있으며, 14-21절은 신자가 불신 이웃 사람들에 관하여, 특별히 자신을 핍박하는 자들에 관하여 어떤 자세를 가져야 할 것인가에 대하여 교훈하고 있다. 양자를 묶는 것이 사랑이다. 전자의 교훈에 있어서 사랑이 핵심을 차지하고 있고, 후자의 교훈에서도 역시 사랑이 핵심을 차지하고 있다. 물론 이 사랑은 '아가페 사랑'으로 예수 그리스도의 십자가를 통해 나타난 하나님의 사랑(롬 5:5, 8)에 근거를 두고 있다.[652]

---

651 Longenecker, *Romans*, 930.
652 바울 당대 헬라 문헌에는 사랑에 대한 다양한 용어들, 이를테면, 사랑에 대한 가장 일반적인 용어인 '필리아'(φιλία), 남녀 간의 성적인 사랑을 가리키는 '에로스'(ἔρως), 가족들 사이의 친밀한 관계를 뜻하는 '스톨게'(στοργή)가 사용되었지만, '아가페'는 칠십인역을 제외하고는 나타나지 않는다. 바울을 위시하여 신약의 저자들은 그리스도의 십자가 사건에서 나타난 하나님의 고귀한 사랑과 이 사랑을 반영하는 성도들의 사랑을 표현하기 위해 '아가페'

(1) 신자들의 삶의 자세: 사랑(12:9-13)

기독교인은 같은 믿음을 가진 형제 자매들에 대하여 어떠한 자세를 가져야 하는가? 바울은 예수님이 제자들에게 사랑의 새 계명을 주신 것처럼(요 13:34), 동료 신자에 대하여 먼저 사랑하여야 할 것을 교훈하고 있다.[653] 사랑이 형제 자매들에 대한 가장 우선적이고 중요한 자세이며, 이 사랑의 자세가 다른 모든 자세의 성격을 좌우한다는 것이다.[654]

이 점은 고린도전서 13장에서도 동일하게 나타난다. 아무리 많은 은사를 소유한들 사랑으로 그 은사를 활용하지 못하면 그 은사는 무익하다. 그래서 바울은 기독교인의 생활에 있어서 믿음, 소망, 사랑이 각각 중요하지만, 그중에 제일 중요한 것은 사랑이라고 말한다(고전 13:13). 역시 갈라디아서 5:22에서 성령이 신자 안에서 가져오는 아홉 가지 열매 중에서 사랑을 제일 우위에 둠으로써, 사랑이 신자의 모든 삶을 이끌어가야 할 것을 강조하고 있다.

바울은 9절에서 계속해서 신자가 사랑할 때는 남에게 나타내기 위한 거짓되고 위선적인 사랑이 아닌 진실된 사랑을 하여야 할 것을 강조한다. 사랑은 오직 선한 목적을 위해 행하여져야 하며, 그 어떤 불순하고 악한 동기가 개입되어서는 안 되는 것이다. 왜냐하면 신자에게 있어서 이 사랑은 단순히 도덕적 의무감의 발로가 아니라, 십자가를 통해 나타난 하나님의 무조건적이고 가장 순수한 아가페 사랑의 반영이기 때문이다.

그렇다면 이 사랑은 구체적으로 어떻게 나타나는가? 바울은 갈라디아서 5:22-23에서 사랑이 어떻게 8개의 열매로 나타나는가를 교훈한 것처럼, 여기 10-13절에서도 신자 상호 간의 사랑이 구체적으로 어떻게 나타나야 할 것인가에 관하여 교훈한다.

첫째, 동료 신자들을 한 가족처럼 서로 우애하고 서로 먼저 존경하라는 것이다(10절). 같은 형제 자매끼리는 서로 잘났다고 자랑할 수도, 다른 형제 자매를 업신여길 수도 없는 것처럼, 동료 신자들을 그리스도 안에서 한 형제 자매가 된 자로

라는 기독교적 용어를 만든 것 같다.
[653] 이 문단에 나타나는 여러 분사형과 부정사는 우리말성경 개역개정에 반영되어 있는 것처럼 일종의 명령적 의미를 가지고 있다고 볼 수 있다. 자세한 논의는 Schreiner, *Romans*, 644-646을 보라.
[654] Dunn, *Romans*, 739; Stuhlmacher, *Romans*, 195.

알고, 서로 먼저 사랑하고, 서로 먼저 존중하라는 것이다. 아마도 로마 교회가 유대인과 이방인 신자로 구성되었기 때문에 이들 사이에 적지 않은 갈등이 있을 수 있었으며, 바울은 이러한 상황을 염두에 두면서 이와 같은 사랑의 적극적인 교훈을 주고 있는 것 같다.

둘째, 부지런하여 게으르지 말라는 것이다(11절). 이 교훈은 신자라면 누구든지 게으를 수 있음을 보여준다. 열 처녀 비유에서 신랑이 늦게 올 때 기름을 준비하지 못한 미련한 다섯 처녀뿐만 아니라 기름을 준비한 슬기로운 다섯 처녀도 졸음에 빠졌던 것처럼, 신자가 신앙생활을 할 때 누구든지 슬럼프에 빠질 수 있고 게으름에 빠질 수도 있다. 사실상 신앙생활은 100m와 같은 단거리 경주가 아닌 마라톤과 같은 장거리 경주이다.

그렇다면 신자가 어떻게 게으름에 빠지지 않고 부지런할 수 있는가?

바울은 11절에서 두 가지 적절한 방안을 제시한다. 하나는 "열심을 품으라"는 것이고, 또 하나는 "주를 섬기라"는 것이다. 전자가 방법에 관한 교훈이라면, 후자는 목적에 관한 교훈이라고 볼 수 있다. 여기 우리말성경의 "열심을 품으라"는 헬라어 원문(τῷ πνεύματι ζέοντες)을 직역하면 "성령으로 뜨거워져라"다.[655] 이 말은 성령으로 충만하여 성령의 인도를 받도록 하라는 말이다. 신자의 생활은 인간의 의지가 아닌 성령의 인도에 의해 이루어져야 한다는 것이며, 이것이 신자의 성공적인 생활의 비결이라는 것이다.

그다음 "주를 섬기라"는 말은, 신자는 모든 생활에 있어서 항상 주님을 의식하면서 주님께 봉사하는 자세로 하라는 뜻이다. 사람을 의식하고 사람을 바라보고 생활하면 낙심하고 나태해질 수도 있지만, 주님을 바라보고 주님을 위해 모든 일을 하게 될 경우 낙심하지 않게 된다는 것이다. 실제로 누구든지 성령의 인도를 받아 사는 이는 주님을 위해 열심히 살게 되고, 주님을 바라보고 사는 이는 동시에 성령의 인도를 받아 살게 된다.

셋째, "소망 중에 즐거워하며 환난 중에 참으며 기도에 항상 힘쓰라"(12절)는 것이다. 여기 소망과 환난과 인내와 기도는 마치 바울이 이미 5:3-4에서 언급한 것처럼 열쇠고리와 같이 서로 밀접하게 연결되어 있다. 소망 없이 인내할 수 없고, 기도 없이 인내할 수 없다.

---

655 역시 Barrett, *Romans*, 221; Käsemann, *Romans*, 346; Dunn, *Romans 9-16*, 742; Jewett, *Romans*, 763.

신자가 이 세상을 살아가면서 환난을 만날 때 어떻게 소망을 가질 수 있는가? 그것은 주님께서 세상에 오셔서 우리가 당해야 할 모든 환난을 친히 당하시고 승리하심으로써 세상의 모든 것이 주님의 손에 있으며, 주님께서 그 사랑하는 자를 위해서는 모든 것이 합력하여 선을 이루게 하신다는 사실을 확신할 때 가능하다. 주님께서 친히 그의 제자들을 향해, "세상에서는 너희가 환난을 당하나 담대하라 내가 세상을 이기었노라"(요 16:33)라고 하면서, 신자가 환난을 극복할 수 있는 이러한 교훈을 주셨다. 신자가 이 세상을 살아가는 한 환난을 피할 수는 없다. 그러나 주님은 환난을 극복하고 승리할 수 있는 길을 가르쳐 주셨다. 신자가 주님의 가르침에 확신을 가질 때, 그는 기뻐할 수 있으며 참을 수 있고 주님께 기도할 수 있다.

넷째, "성도들의 쓸 것을 공급하며 손 대접하기를 힘쓰라"(13절)이다. 성도를 사랑한다는 것은 그의 필요를 채워주는 것이다. 먹을 것이 필요할 때는 먹을 것으로 입을 것이 필요할 때는 입을 것으로, 그가 마실 것이 필요할 때는 마실 것으로 채워주는 것이다. 진정한 사랑과 믿음은 말이 아닌 행동이다(약 2:14-17). 예루살렘 교회를 위시하여 초대교회 안에는 가난한 자들이 많았으며 당시 신자들이 여행을 할 때 적절한 숙박 시설이 없었기 때문에 이웃 신자들의 신세를 져야하는 경우가 많았다.[656]

더구나 신앙 때문에 핍박을 받아 유랑하는 이도 적지 않았다. 바울은 이들의 필요를 채워주고 이들을 대접하는 것이 진정한 기독교인의 사랑의 삶인 것을 강조한다.[657] 마태복음 25:31-46에 나타나 있는 "양과 염소의 비유"에 나타나 있는 대로, 신자가 어려움에 처해 있는 동료 신자를 돌보는 것이 바로 주님을 위한 것이며, 동료 신자를 외면하는 것이 바로 주님을 외면하는 것이다.

(2) 세상에 대한 기독교인의 책임(12:14-21)

바울은 선행문단에서 신자 상호 간에 서로 사랑하여야 할 것을 교훈한 다음, 14-21절에서 이 사랑이 신자에게는 물론, 불신자에게도, 특별히 자신을 핍박하

---

656 1세기 헬라-로마 사회에서 여행자들에게 어려운 점은 숙식 문제를 해결할 수 있는 여관을 찾기 어려웠다는 점이다. 여관이 절대적으로 부족하였을 뿐만 아니라, 당시 여관은 종종 성적 타락과 범죄의 온상이 되고 있었기 때문에 기독교인 여행자들에게 여관은 부적절하였다.

657 Jewett, *Romans*, 764-765.

는 원수들에게까지 확대되어야 할 것을 교훈한다. 더 나아가 이 사랑의 교훈은 13-15장에서도 핵심적인 메시지로 등장한다.[658] 14절에서 바울은 "너희를 박해하는 자들을 저주하지 말고 오히려 축복하라"고 교훈한다. 이 교훈은 예수님의 산상설교에 나타나는 "너희 원수를 사랑하며 너희를 박해하는 자를 위하여 기도하라"(마 5:44; 눅 6:27-28)는 교훈을 상기시킨다.[659]

예수님은 십자가에서 원수들을 위해 기도함으로써 자신의 교훈을 모범적으로 실천하셨으며(눅 23:34), 스데반은 돌에 맞아 죽어가면서도 그들을 위해 기도함으로써 예수님의 교훈을 실천하였다. 유대교와 로마법은 '눈은 눈으로', '이는 이로' 갚는 보복을 정당화하고 있지만, 바울은 예수님의 가르침을 따라 단순히 보복 금지에 머물지 않고, 오히려 적극적으로 원수를 사랑하고 축복하여야 할 것을 가르치고 있다. 즉 원수까지 사랑한 예수님의 삶과 정신을 본받으라는 것이다.

15절의 "즐거워하는 자들과 함께 즐거워하고 우는 자들과 함께 울라"는 교훈은 이웃의 기쁨과 슬픔에 함께 동참하라는 것이다. 이것이 바로 사랑의 표현이기도 하다. 왜냐하면, 이웃에 대한 사랑 없이는 이웃의 기쁨과 슬픔에 동참할 수 없기 때문이다. 이 교훈은 기독교 공동체를 위한 교훈으로 볼 수도 있지만, 그렇다고 해서 이 교훈을 기독교 신자 상호 간의 것으로 제한할 필요는 없다. 오히려 불신 이웃들에게까지 확대하여 적용해야 한다.

원수까지 축복하여야 한다면 불신 이웃의 기쁨과 고난에 함께 동참하여야 할 충분한 이유가 된다. "서로 마음을 같이하며 높은 데 마음을 두지 말고 도리어 낮은 데 처하며 스스로 지혜 있는 체하지 말라"는 16절의 교훈은 15절의 교훈을 실천함에 있어서 마땅히 가지고 있어야 할 마음의 자세를 가리키고 있다. 실제로 우리가 16절이 가르치는 그와 같은 겸손한 마음의 자세를 가지지 않는다면, 15절이 교훈하는 그와 같은 이웃의 기쁨과 슬픔에 함께 동참할 수 없다.

16절과 거의 동일한 교훈을 우리는 빌립보서 2:2-3의 "마음을 같이하여 같은 사랑을 가지고 뜻을 합하여 한 마음을 품어 아무 일에든지 다툼이나 허영으로 하지 말고 오직 겸손한 마음으로 각각 자기보다 남을 낫게 여기라"라는 교훈에서 찾아볼 수 있다. 이러한 마음 자세는 신자가 예수님의 마음을 닮아 갈 때 가질 수 있다. 예수님은 우리의 위대한 구원자일 뿐 아니라, 또한 우리가 매일 닮아가야

---

[658] 존 스토트, 『로마서 강해』, "로마서 12-15장은 사랑이 우리의 모든 관계를 지배하고 형성하도록 하라는 지속적인 권고이다."

[659] Schreiner, *Romans*, 648.

할 위대한 선생님임을 기억하고, 예수님의 마음을 닮아가도록 힘쓸 때 이 일이 가능하게 될 것이다.

17-21절은 14절에 나타난 박해자들에 대한 교훈을 보다 구체적으로 확대한 것이라고 볼 수 있다. 17-18절에서 바울은 어떤 사람이 나에게 악한 일을 했어도 똑같이 악으로 보복하지 말아야 할 것을 교훈한다. 오히려 모든 사람 앞에서 계속해서 선한 일을 하라는 것이다. 그것이 모든 사람과 화목하는 길이라는 것이다(16절). 보복은 더 큰 보복을 야기하지만, 보복 대신 선한 일을 계속해서 한다면 원수 관계가 오히려 친구 관계로 바뀔 수 있기 때문이다.

19-21절은 원수에 대한 적절한 교훈을 주고 있는데, 19절은 소극적인 교훈으로 원수를 직접 갚지 말고, 신명기 32:35의 "원수 갚는 것이 내게 있으니 내가 갚으리라"는 주님의 말씀에 근거하여, 그것을 하나님께 맡기라는 것이고, 20절은 보다 적극적인 교훈으로 오히려 원수가 주리거든 먹이고 목마르거든 마시게 하라는 것이다. 여기 먹을 것과 마실 것을 주라는 것은 그가 필요로 하는 모든 것을 공급하라는 것이다.

바울은 왜냐하면 그렇게 하는 것이 네가 숯불을 그(원수) 머리에 쌓아 놓는 것이 된다고 말한다. 여기 "왜냐하면 이렇게 함으로써 네가 숯불을 그 원수의 머리에 쌓아 놓는다"(τοῦτο γὰρ ποιῶν ἄνθρακας πυρὸς σωρεύσεις ἐπὶ τὴν κεφαλὴν αὐτοῦ.)는 말은 무슨 의미를 지니고 있는가? 어떻게 자신의 원수에게 필요한 것을 채워주는 사랑의 행위가 오히려 그의 머리에 뜨거운 불을 붙이는 일이 될 수 있는가? 바로 이 때문에 이 구절은 오랫동안 해석상의 논란을 불러일으켰다. 학자들이 제안한 해석은 크게 두 가지이다.

첫째, 계속해서 원수에게 사랑의 행위를 할 때 그로 하여금 스스로 뜨거운 수치감을 느끼게 하여 자신의 잘못을 돌이킬 수 있도록 한다는 것이다.[660] 사실 이러한 일은 현실에서도 얼마든지 일어날 수 있는 일이다. 예를 들면 손양원 목사는 자기 두 아들을 죽인 원수를 보복하지 않고 오히려 양자로 삼아 그로 하여금 잘못을 스스로 돌이킬 수 있도록 하였다. 하지만, 이 해석의 문제점은 머리에 숯불을 쌓아두는 매우 부정적인 이미지와 부합되지 않는다는 것이다.

---

660 William Klassen, "Coals of Fire: Sign of Repentance or Revenge," *NTS* 9 (1962-63), 337-350; Jewett, *Romans*, 777; Kruse, *Romans*, 485; Longenecker, *Romans*, 941.

둘째, 그렇게 함으로써 그 원수로 하여금 스스로 하나님의 무서운 진노를 쌓아 가게 한다는 것이다.[661] 이 해석도 역시 문제가 없지는 않다. 그것은 원수를 향한 사랑의 행위가 오히려 그에게 심판의 수단으로 전락한다는 점이다. 하지만, 바울이 이미 그 앞 구절인 19절에서 너희가 친히 원수를 갚지 말고 하나님의 진노하심에 맡기라고 한 교훈을 염두에 두면 이러한 염려는 해결될 수 있다. 왜냐하면 19절은 우리가 우리 편에서 원수에게 마땅히 해야 할 사랑을 베푼다고 해서 공의로우신 하나님 편에서 그 원수의 잘못을 무조건 방관하는 것은 아님을 말하고 있기 때문이다.

오히려 19절 하반절에서 바울은 "원수 갚는 것이 내게 있으니 내가 갚으리라"는 잠언 25:21을 인용하여 하나님은 우리 대신 원수를 적극적으로 심판하시는 분이라고 말한다. 따라서 신자는 하나님 편에서의 영역인 보복과 심판을 전혀 고려하지 않고, 오직 자신이 해야 할 영역인 원수에 대한 사랑을 행동으로 보여주도록 힘써야 한다. 이것이 바로 21절이 말하는 악에게 지지 않고 선으로 악을 이기는 길이기 때문이다.

그렇다면 이러한 원리가 적용되어야 하는 원수가 누구인가? 아마도 그다음 문단에서 바울이 로마제국 정부를 언급한 사실을 볼 때, 비록 바울이 편지를 쓸 당시 아직 기독교인들에 대한 로마제국의 핍박이 본격화되지는 않았지만, 이미 로마를 중심으로 기독교인들을 포함한 반유대인 운동이 확산되어 가고 있었던 점과 관련하여, 원수가 기독교인들을 핍박하는 로마당국과 무관하지는 않을 것이다.

3) 시민으로서 기독교인의 책임(13:1-7)

바울은 12:14-21에서 이 세상에서 신자가 생활할 때 필요한 몇 가지 일반적인 삶의 원리를 제시한 다음 이어 13:1-7에서 신자, 즉 로마의 기독교인 공동체가 세상 권세(정부)에 대해 어떤 자세를 가져야 할 것인가를 말한다. 아마도 당시 로마의 기독교인들 가운데 반(反)로마제국 성향을 가졌거나 그러한 활동하는 사람이 있었다기보다는(이에 대한 역사적 자료는 없다), 오히려 그들이 하늘의 시민권자

---

661 Schreiner, *Romans*, 655-656을 보라.

들이 되었다는 핑계로 세속적인 정부에 무관심하거나 마땅히 시민으로서 해야할 일을 등한시하는 자들이 있을 수 있었기 때문일 것이다.[662]

잘 알려진 대로 로마서 13:1-7은 역사적으로 가장 남용되거나 곡해되어온 성경 본문 중의 하나이다. 히틀러 통치하의 독일 정부, 백인이 통치하던 남아공화국 정부 혹은 한국의 군사독재 정부에서 볼 수 있는 것처럼, 역사적으로 기독교 국가이든 기독교 국가가 아니든, 적지 않은 국가의 통치자들이나 혹은 이들에 동조하는 교회 지도자들이 이 본문을 근거로 하여 교회나 시민들로 하여금 국가의 통치에 무조건 복종하거나 순응할 것을 요구하는 근거로 활용하였기 때문이다.[663]

우리는 이 본문을 어떻게 접근하고 해석할 것인가?

과연 이 본문이 신자들로 하여금 모든 형태의 국가 통치자들에게 순응할 것을 요구하고 있는가?

우리가 이 본문을 올바르게 이해하기 위해서는 이 본문을 가까이는 전후 문맥에서, 멀리는 로마서 전체의 목적과 로마서의 수신자인 로마 교회가 당시 처한 역사적 정황에서 세심하게 살펴볼 필요가 있을 것이다.[664]

사실 신자는 이 세상에서 살아갈 때 두 종류의 신분으로 살아간다. 하나는 하나님 나라 백성과 시민으로 살아가는 것이며, 또 하나는 이 세상 나라 시민과 사회인으로 살아가는 것이다. 근본 이유는 그리스도의 십자가의 죽으심과 부활, 그리고 오순절 성령 강림 사건으로 옛 세계 안에 새 세계인 하나님 나라가 이미 시작되었음에도 불구하고, 그리스도의 재림을 통해 하나님 나라가 완성될 때까지 여전히 옛 세계가 신자와 함께 존속하고 있기 때문이다.

따라서, 신자가 이 세상에서 살아가는 동안에는 하나님 나라 시민인 동시에 이 세상 나라 시민이라는 두 신분을 피할 수 없다. 주후 1세기의 로마제국 안에 살고 있던 기독교인들도 이 점에 있어서 예외가 아니다. 따라서, 신자는 이 세상에 사는 동안 하나님 나라 백성으로서 이 세상에 동화되지 않고 하나님 나라 백성으로서 거룩한 삶을 영위하여야 한다. 동시에 신자는 한 국가의 시민으로 이 세상

---

662 Ridderbos, *Paul*, 323; Käsemann, *Romans*, 351.
663 박익수,『로마서 주석 II』, 278.
664 Gorman, *Romans*, 253는 13:1-7을 이해하는 데 필요한 4가지 조건을 다음과 같이 제시한다. 1) 본문의 직접적인 문맥, 2) 서신의 넓은 문맥과 로마서 목적, 3) 서신 당시의 로마 교회가 처한 정치적 종교적 상황, 4) 바울의 전체적인 신학적 전망과 구체적인 적용. Philip H. Towner, "Romans 13:1-7 and Paul's Missiological Perspective," in *Romans and the People of God*, 149-169도 보라.

에 살아가고 있는 동안 이 세상 나라 백성의 의무와 책임을 다하여야 한다.[665] 어느 한쪽에 치우치거나 핑계 삼아 다른 한쪽을 외면해서도 안 된다.

그렇다면 신자는 하나님 나라 백성의 신분과 삶을 망각하지 않으면서, 동시에 어떻게 이 세상 나라 시민의 의무와 책임을 다할 수 있는가?

이 세상 나라가 마치 지난날 일본제국이나 히틀러 정부처럼, 혹은 공산주의 독재국가처럼 불법적인 행위를 하고 국민을 위해 봉사하지 않고, 오히려 국민을 억압할 때도 신자는 이들의 나라에도 복종하여야 하는가?

아니면 독일의 신학자 본회퍼가 히틀러 정부에 목숨을 걸고 저항운동을 폈던 것처럼 이들 정부에 저항하는 것이 가능한가?

로마서 13장의 전반부에 해당하는 1-7절은 이러한 문제들에 대한 비록 완벽하지는 않지만, 어느 정도 적절한 답변을 제공하고 있다. 하지만, 그렇다고 해서 우리는 이 본문으로부터 국가와 교회, 정부와 신자 사이의 관계에 대해 보편적인 규범을 제시하고 있는 것처럼 확대 해석하지는 않아야 할 것이다.[666] 로마서의 다른 본문의 경우처럼 우리는 이 본문을 우선적으로 바울과 로마의 기독교인 공동체가 처한 역사적 정황에서 이해하도록 하여야 할 것이다.

로마서 13:1-7은 크게 두 부분으로 나누어진다.

첫째, 정부에 대한 복종에 관하여 교훈하고 있으며(1-4절),
둘째, 그 구체적인 실례를 보여주고 있다(5-7절).

첫째 부분에서 바울은 위에 있는 권세, 곧 이 세상의 권력기관인 정부도 하나님이 세우신 기관이기 때문에 그것에 복종하지 않을 경우에는 하나님의 명령에 불복하는 것이 된다고 말한다. 그래서 하나님과 그 정부 기관으로부터 심판과 보응을 자초하게 될 것이라고 말한다.

---

665 Longenecker, *Romans*, 948.
666 참고. 박익수, 『로마서 주석 II』, 282: "바울은 로마 교회의 현안 문제에 처음으로 조심스럽게 개입하는 이방인의 사도로서 서둘러 선교의 한 방편으로 제국의 권력 기구나 대리자들에게 복종할 것을 천명한 것이지, 교회와 세상 권력 사이의 영구적이고 보편적인 절대 규범을 제시하려는 것은 더욱 아니었다."

둘째 부분인 5-7절에서 바울은 신자가 세상의 정부에 대하여 복종할 때는 심판과 보응을 받지 않기 위해서가 아니라, 이들도 궁극적으로 하나님이 세운 기관이라는 사실을 인정하고 양심을 따라야 한다고 가르친다. 그리고 이에 대한 가장 구체적인 실례가 조세를 바치는 문제임을 밝힌다. 즉 신자는 양심을 따라 정부가 부과하는 세금을 마땅히 내야 한다는 것이다.[667]

(1) 권세의 기원과 그 기능(1-4절)

1-4절에 나타나 있는 바울의 문학적 구성을 보면 대전제를 먼저 제시하고, 그 전제의 정당성을 보충하는 일종의 연역적 방법을 택한다. 즉 1절의 서두에서 바울은 "각 사람은 위에 있는 권세들에게 복종하라"는 대전제를 먼저 제시하고, "왜냐하면"(γάρ, 가르)이라는 3중적 이유 접속사 구문을 통해 위에 있는 권세들에게 복종하여야 할 이유를 제시하고 있다. 바울이 13:1에서 로마에 있는 1세기 기독교인들을 향해 "위에 있는 권세들에게 복종하라"고 말할 때 당시 네로 황제 치하의 로마제국 정부를 염두에 두고 있었다는 사실을 부정하기 어렵다.[668]

당시 로마제국이 본격적으로 기독교 신자들을 핍박하지 않았다 하더라도 기독교에 대하여 결코 우호적이지 않았다. 로마의 역사가 타키투스(Tacitus, 55-120 AD)가 남긴 연대기에서 확인할 수 있는 것처럼, 네로 황제 당시에 기독교 신자들은 로마시민들의 미움을 받고 있었다. 그래서 네로 황제는 64년에 일어난 로마의 대형 화재 사건의 혐의를 기독교 신자들에게 씌워 본격적으로 기독교 신자들을 핍박하였다.

그런데도 바울은 기독교 신자들을 향해, 물론 그가 자신을 포함하여 로마의 기독교 신자들에 대한 본격적인 핍박을 예견하지는 않았지만, 기독교 신앙에 대하여 적대적인 로마제국 정부에 대하여 복종할 것을 명하고 있다. 왜냐하면 로마 정부도 하나님으로부터 독립되어 있지 않고, 오히려 하나님이 이 세상을 통치하시는 방편으로 세워졌기 때문이다. 신자가 세상 권세에 복종하여야 할 이유가 여기에 있다.[669]

---

667 13:1-7의 자세한 구조에 대해서는 P.H. Towner, "Romans 13:1-7 and Paul's Missiological Perspective," *Romans & the People of God*, 160-162를 보라.
668 Käsemann, *Romans*, 350.
669 Ridderbos, *Paul*, 325-326. 하지만 이것은 동시에 로마제국 정부를 포함하여 이 세상의 정부가 하나님의 통치 방편임을 거부하고 하나님의 뜻에 역행하는 일을 할 경우에는 이들에 대한 복종 의무가 배제됨을 시사한다. 참고. 악트마이어, 『로마서』, 298: "어떤 정부든지

이뿐만 아니라, 사실 당시 소수의 로마의 기독교인들이 로마 정부에 대하여 복종하지 않고, 공개적으로 비협조적이거나 비판적인 입장을 취하면 그들의 생존과 교회 공동체 존립에도 위협이 되었을 것이다.[670] 그리고 바울에게 있어서 로마 정부가 이뿐만 아니라 무정부와 그로 인한 무질서와 혼란은 바울이 계획하고 있는 로마 교회 방문과 그의 스페인 선교에 큰 장애물이 될 수 있을 것이다.

1절 하반절에서 바울은 기독교 신자들이 로마제국의 정부에 대하여 복종하여야 할 이유들을 제시한다. 그것은 로마제국 정부가 비기독교적이라고 할지라도 하나님이 세우셨기 때문이라는 것이다. 바울은 여기서 로마제국 정부를 포함하여 이 세상의 그 어떤 나라도 선한 정부든 악한 정부든 모두 하나님으로부터 독립되어 있다고 보지 않고, 오히려 더 높은 하나님의 권세 아래 있다고 본다(단 4:17).

그렇기 때문에 세상의 정부는 절대적인 것은 아니다. 이것은 또한 신자가 모든 면에서 무조건적으로 세상의 정부에 복종하는 것이 아님을 보여준다. 만일 세상 정부나 통치자가 하나님의 뜻에 대립하거나 반대할 경우에는, 신자는 세상의 정부보다 더 위에 있는 하나님의 뜻에 우선적으로 복종하여야 한다는 것이다(행 4:19; 5:29).[671]

그러나 세상 정부가 구체적으로 하나님의 뜻에 거스르지 않을 경우 신자는 세상 정부에 복종하여야 한다. 만일 하나님이 세우시고 허락하신 세상 정부를 거스르는 경우 2절에 언급되어 있는 것처럼, 그것은 하나님의 명을 거스르는 것이 되고, 하나님의 심판을 자초하는 것이 된다. 3-4절에서 바울은 1-2절의 내용을 확대 적용한다.

창조자에게만 드려야 할 완전하고 절대적인 헌신을 자기들에게 요구할 때, 그 정부는 그 순간부터 이미 신적인 질서 또는 하나님의 종들이 되기를 중지하는 것이다. 그러므로 신적인 특권을 자기를 위해 주장하는 어떤 정부도 더 이상 바울이 여기서 말하고 있는 정부가 아닌 것이다."

670 슈툴마허, 『로마서주석』, 341-2를 보라.
671 역시 아트마이어, 『로마서』, 298: "어떤 정부든지 창조자에게만 드려야 할 완전하고 절대적인 헌신을 자기들에게 요구할 때, 그 정부는 그 순간부터 이미 신적인 질서 또는 하나님의 종들이 되기를 중지하는 것이다. 그러므로 신적인 특권을 자기를 위해 주장하는 어떤 정부도 더이상 바울이 여기서 말하고 있는 정부가 아닌 것이다…만약 한 정부가 하나님에게만 적합한 헌신을 자기에게 바칠 것을 요구하고 그 국민에게 선보다 악을 행하라고 요구한다면, 그리고 그 악을 행하라는 명령을 불복종하는 사람들을 처벌한다면, 그 정부는 더 이상 하나님의 종으로 기능하지 않으며, 그러므로 더 이상 그런 정부에 복종할 필요가 없는 것이다."

먼저 바울은 세상 정부도 하나님의 권한을 위임받고 있는 대리자이기 때문에, 신자가 옳은 일을 하는 이상 정부를 두려워할 이유가 없다고 말하며, 오히려 칭찬을 받게 된다고 말한다. 두려움의 대상이 되는 것은 의인이 아니라 다만 악을 행하는 자라는 것이다. 베드로전서 저자도 2:14에서 이와 유사하게 세상의 왕은 악을 행하는 자를 징벌하고 선행하는 자는 오히려 포상하기 위해 보냄을 받았다고 말한다. 세상 정부도 권선징악(勸善懲惡)을 행사하는 하나님의 사역자라는 것이다.

(2) 권세에 대한 기독교인의 자세(5-7절)

5절에서 바울은 세상 정부가 이 세상에서 하나님을 대신하여 권선징악을 행사하는 신적 대리자인 이상 신자는 단순히 심판에 대한 진노 때문이 아니라, 오히려 하나님 앞에서 부끄럽지 않은 양심을 위하여 세상 정부에 대하여 복종하여야 한다고 강조한다. 즉, 신자에게 있어서 양심은 무엇이 하나님의 말씀에 합당한 것인지를 일깨워주기 때문에, 그 양심의 가르침에 역행하지 않아야 한다는 것이다.

6-7절에서 바울은 정부에 대한 구체적인 복종의 실례로 세금을 바치는 문제를 거론한다. 4절에서 말한 것처럼 정부는 하나님을 대신해서 일하는 하나님의 일꾼이기 때문에 그들이 일을 잘 할 수 있도록 정부에게 세금을 바치는 것은 당연하다는 것이다. 바울이 주후 1세기의 로마 기독교인들에게 이와 같은 교훈을 할 무렵 로마시민들 사이에 조세저항이 고조되어가고 있었다. 하지만 바울은 로마의 기독교인들을 향해 정부에 대한 복종의 표시로 세금을 내야 한다고 강조한다.

이와 같은 바울의 교훈은 복음서에 나타난 예수님의 교훈과도 일치한다. 예수님은 가버나움에서 베드로로 하여금 세금을 바치도록 하였으며(마 17:24-27), 바리새인들과 헤롯 당원들이 함께 예수에게 찾아와서, "가이사에게 세금을 바치는 것이 옳으니이까 옳지 아니하나이까?"라고 물어왔을 때, "가이사의 것은 가이사에게 하나님의 것은 하나님에게 바치라"하시면서 가이사에게 세금 바치는 것을 반대하지 않으셨다(마 22:15-22).

물론 기독교인들이 정부에 세금을 바치는 것은 정부로 하여금 하나님으로부터 위임받은 일을 잘 할 수 있도록 하기 위함이다. 그들이 하나님으로부터 위임받은 일을 하지 않을 때, 예를 들어, 정부가 히틀러 정부나 일본제국의 정부처럼 하나님을 대적하고 불의한 일을 행할 때에도, 신자가 정부에게 계속해서 세금을 바쳐야 하는 것은 아니라고 할 수 있다.

왜냐하면, 이 때 세금을 바치는 것은 정부로 하여금 계속해서 그와 같은 불의한 일을 하도록 조장해주는 역할을 하기 때문이다. 바울은 어디까지나 여기서 일반적인 교훈을 하고 있을 뿐 모든 특수한 상황에 따른 교훈을 주고 있는 것은 아니다. 바울은 7절에서 지금까지 말한 내용과 관련하여 결론적인 교훈을 준다.

이 결론적인 교훈에서 바울은, 기독교인들은 정부에 내야 할 세금(로마시민에게는 면제된 세금)나 관세(일반적인 세금)는 물론, 개인적으로 빚을 진 것이 있을 경우 그것도 마땅히 갚아야 한다고 말한다. 그리고 바울은 단순히 세금을 바치는 것으로 정부에 대한 기독교인의 의무를 다하는 것은 아니라고 말한다. 세금을 바쳐야 할 자에게 세금을 바쳐야 함은 물론 그들을 두려워하고 존경하여야 할 것을 가르친다. 왜냐하면, 기본적으로 그들은 하나님이 세우신 하나님의 대리자이기 때문이다.

로마서 13:1-7에서 정부에 대한 기독교인의 복종을 가르치는 바울의 교훈을 우리는 어떻게 받아들여야 하는가?

앞에서도 잠깐 언급하였지만, 바울은 기독교인에게 기본적인 교훈을 주고 있을 뿐 여러 특수한 상황에 따른 모든 교훈을 주고 있는 것은 아니다. 동시에 우리는 바울이 로마서 13장에서 정부에 대한 복종을 말하고 있다고 해서, 이것을 시대와 문화와 환경을 초월하여 모든 기독교인에게 무조건적인 복종을 말하고 있는 규범적 본문으로 볼 필요는 없다. 정부가 고유한 일을 수행할 때는 당연히 신자는 정부에 복종하고, 정부에 내야 할 세금도 내야 한다.

그러나 히틀러 정부, 일본제국 정부, 공산 체제나 군사독재 체제의 정부처럼 정부가 하나님을 대적하고 국민의 자유와 인권을 유린하고 억압하고 교회의 영역까지 관여할 경우, 그 정부에 대한 복종의 의무를 계속 지니고 있다고 말할 수는 없다. 그럴 경우 기독교 신자가 정부를 전복시키는 혁명에 앞장설 필요는 없겠지만, 그 정부에 대한 저항이나 점진적인 변화를 위해 노력할 필요가 있다. 기독교인들에 대한 로마제국의 핍박이 본격화된 상황에서 쓰여진 계시록(예를 들면 13장)은 로마 정부에 대한 전혀 다른 입장을 보여주고 있다.[672]

신자에게 있어서 세상의 정부 명령보다 더 중요한 것은 하나님의 명령과 뜻이다. 이미 초대교회에서 사도들이 "사람보다 하나님을 순종하는 것이 마땅하

672　이광우,『요한계시록』(서울: 예영커뮤니케이션, 2021), 549-581.

다"(행 5:29)라고 하면서 이 점을 밝혔고, 모세 시대에 바로 왕의 명령을 듣지 않은 히브리 산파들이나 바벨론 제국의 느부갓네살이나 다리오왕의 명령을 듣지 않은 다니엘과 그의 세 친구의 경우도 마찬가지였다. 이것은 세상 정부가 가지고 있는 한계를 보여준다.[673]

따라서 신자가 교회나 교단 안에 일어난 문제를 무조건 세상 정부나 세상 법정에 가져가는 것은 옳다고 볼 수 없다. 바울이 고린도전서 6장에서 말하고 있는 것처럼 교회 안에서 일어난 문제들은 세상 법정에 가져가기보다 하나님의 말씀과 교회법에 따라 우선적으로 처리하는 것이 마땅하다. 그러나 바울이 자신의 재판 문제를 가이사에게 호소한 것처럼(행 25:10-12), 교회와 직접 관련되지 않는 개인이나 가정적인 문제를 세상 정부나 법정에 가져간다고 해서 그것이 잘못된 것은 아니다.

4) 사랑의 빚을 진 기독교인(13:8-14)

13장의 전반부를 마감하는 7절에서 바울은 로마의 기독교인들에게 빚이 있으면 갚아야한다고 강조하였다. 그러나 13장의 후반부를 시작하면서 하나의 예외를 제시한다. 그것은 사랑의 빚이다. 아무에게도 아무 빚도 져서는 안 되지만 사랑의 빚은 계속해서 져야 한다는 것이다. 다른 빚은 없으면 없을수록 더 좋지만, 사랑 빚은 많으면 많을수록 더 좋다는 것이다. 왜냐하면, 사랑이 바로 율법의 완성이기 때문이다. 그렇게 함으로 바울은 이미 12:9-21에서 언급한 사랑 주제로 다시 돌아간다.

왜 바울이 사랑 주제를 다시 거론하고 있는가?

우리는 바울이 사랑과 율법을 연결시켜 사랑은 율법의 완성이라고 하는 점에 주목할 필요가 있다. 바울이 사랑 주제를 다시 거론하고 있다는 사실은, 로마의 기독교인 공동체 안에 사랑을 강조하지 않으면 안 될 사정이 있었을 것임을 시사한다. 그리고 사랑을 율법과 연결시키고 있는 것은, 사랑 문제가 로마의 기독교인 공동체를 구성하고 있는 두 종류의 기독교인, 곧 다수를 형성하고 있는 이방인 기독교인과 소수를 형성하고 있는 유대인 기독교인 사이에 상존하고 있음을 시사한다.

---

[673] Gorman, *Romans*, 256.

다음 장인 14장의 주석에서 보다 자세히 살펴보겠지만, 로마의 기독교인 공동체가 가진 가장 큰 문제는 유대인 기독교인과 이방인 기독교인과의 관계 문제였다. 로마서가 보내질 무렵 유대인 기독교인은 비록 숫자에 있어서는 소수였지만, 로마 교회의 설립 교인들로서 적지 않은 자부심을 가지고 교회의 리더쉽에 영향을 미치려 하였을 것이다. 반면에 로마 교회의 다수를 형성하고 있었던 이방인 기독교인은 교회의 주도권을 놓치지 않으려고 하였을 것이다(11:13-24).

유대인 기독교인은 유대인의 신앙과 정체성의 표현인 율법, 할례, 음식법, 절기 등을 여전히 신앙생활에 유효한 것으로 계속 유지하려고 한 반면에, 이방인 기독교인은 가능한 한 이들을 배제하려고 하였을 것이다. 이러한 로마 교회의 상황과 관련하여 바울은 피차 사랑의 빚을 계속해서 져야한다는 것과 사랑이 바로 율법의 완성임을 강조한 것이다.

사랑을 강조함으로써, 곧 서로 사랑하게 되면 모든 율법을 완성하게 되는 것이며(갈 5:14), 그리고 이 사랑은 단순히 윤리적인 명제가 아니라, 바로 십자가에 나타난 하나님 사랑이 구현된 것이기 때문에, 사랑을 통해 로마 교회의 문제를 해결하려고 한 것이다.[674] 바울이 말하고 있는 이 사랑은 일찍이 예수님께서 제자들에게 "내가 너희를 사랑한 것 같이 너희도 서로 사랑하라"고 하시면서 분부한 "새 계명"이기도 하다(요 13:34).

로마서 13장의 후반부에 해당하는 8-14절은 크게 두 분으로 나누어진다.

첫째, 율법의 완성인 사랑의 빚을 계속해서 져야한다는 사실을 강조하고 있는 8-10절 부분.

둘째, 임박한 종말을 앞두고 크리스천들이 이 세상에서 어떻게 살아야 할 것임을 교훈하고 있는 11-14절 부분.

전자가 로마 교회의 특수한 사정과 관련된 내적인 교훈이라면, 후자는 로마 교회가 위치하고 있던 당시 로마사회의 문제와 관련된 외적인 교훈이라고 할 수 있다. 전자의 교훈을 통해 바울은 로마 교회 성도들이 서로 사랑함으로써 하나 되어야 할 것을 강조하고 있으며, 후자를 통해서는 로마 교회의 성도들이 로마 사회의 타락한 모습에 동화되지 않는 탁월한 윤리성을 가짐으로써 기독교인 공동

---

[674] Longenecker, *Romans*, 975.

체의 정체성을 확고하게 드러낼 것을 교훈하고 있다. 그런 점에서 13:8-14의 교훈은, 바울이 14:1-15:13에서 거론하고 있는 로마 교회의 현실적인 문제, 곧 믿음이 강한 자와 약한 자 사이의 갈등 문제에 대한 신학적 기반이 되고 있다.[675]

(1) 사랑의 빚(8-10절)

8절 상반절에 나타나 있는 "피차 사랑의 빚 외에는 아무에게든지 아무 빚도 지지 말라"는 말은 다른 빚은 갚아 그 빚을 끝낼 수 있지만, 사랑의 빚은 아무리 갚아도 다 갚을 수 없는 빚임을 보여주고 있다. 기독교인에게 있어서 사랑은 무한대로 계속해서 해야 하는 의무라는 것이다. 바울은 사랑의 명령 앞에 '피차'라는 말을 첨부하여 이 사랑이 특별히 로마 교회 공동체 상호간에 이루어져야 할 것임을 시사한다. 사실상 교회 안에 사랑이 없을 때 여러 가지 문제가 발생한다.

그러나 아무리 문제가 많다고 하더라도 사랑이 있으면 모든 허물과 문제를 덮을 수 있다. 사랑은 형제 자매들의 짐을 대신 지는 것이기 때문이다(갈 6:2). 그래서 바울은 고린도전서 13장을 통해서 사랑을 고린도 교회의 여러 가지 문제를 해결하는 열쇠로 삼았다.[676] 아마도 이 점에 있어서 로마 교회도 예외가 아닐 것이다. 만일 로마 교회의 이방인 기독교인과 유대인 기독교인과의 갈등 문제가 로마 교회 공동체의 가장 심각한 문제라면, 이 문제를 치유할 수 있는 길은 사랑 외에 없다. 그래서 바울은 로마 기독교 공동체를 향해 끝없는 사랑의 빚을 강조하고 있다.

왜 기독교인은 사랑의 빚을 무한대로 져야 하는가?

그것은 기독교인은 이미 그리스도를 통하여 하나님의 무한대의 사랑의 빚을 졌기 때문이다. 마태복음 18장의 용서하지 않은 종의 비유(18:21-35)에 나타난 임금의 "내가 너를 불쌍히 여김과 같이 너도 네 동료를 불쌍히 여김이 마땅하지 아니하냐?"(33)라는 말은 사실상 하나님이 우리에게 묻는 질문이다. 이처럼 우리가 하나님으로부터 무한대의 사랑의 빚을 졌기 때문에, 우리 역시 우리의 동료를 향해 무한대의 사랑의 빚을 지고 있다.

사실상 우리가 형제 자매를 포함하여 우리 이웃을 사랑하는 것은, 십자가에 나타난 하나님의 사랑을 반영하는 것이요, 그 사랑을 조금씩 갚아 나가는 것이다.

---

675 Longenecker, *Romans*, 977.
676 최갑종, 『사도 바울』, 232-236.

8절 하반절에서 바울은 "남을 사랑하는 자는 율법을 다 이루었다"고 말한다. 그리고 9절에서 십계명의 하반부에 있는 중요한 계명들, 곧 간음 금지, 살인 금지, 도둑질 금지, 탐심 금지의 명령을 포함하여 다른 계명들이 레위기 19:18에 있는 "이웃을 네 자신과 같이 사랑하라"는 명령 안에 다 포함되어 있다고 말한다. 바울의 이와 같은 주장은 모든 율법과 선지자의 강령을 하나님 사랑과 이웃 사랑의 두 계명에 포함시키는 예수님의 말씀을 연상케 한다(마 22:34-40; 막 12:28-34; 눅 10:25-28).

이제 바울은 10절 상반절에서 9절에 소개되는 여러 가지 계명들이 왜 사랑의 계명 안에 모두 포함될 수 있는가를 밝힌다. 그것은 사랑하게 되면 십계명의 후반부의 중심 사상인 이웃에게 악을 행하지 않기 때문이라는 것이다. 그래서 10절 하반절에서 결론적으로 사랑은 율법의 완성이라고 말한다.

왜 사랑이 모든 율법을 포함하고 있으며, 왜 사랑이 율법의 완성이 될 수 있는가?

복음서에 보면 예수님은 율법이나 선지자를 폐하러 온 것이 아니라 완전(성취)케 하기 위해 왔음을 강조하였다(마 5:17). 바울은 로마서 8:1-4에서 예수님은 성육과 십자가의 죽음을 통해 우리를 대신해서 율법의 모든 요구를 성취하였으며, 따라서 우리는 율법의 요구로부터 자유하였다고 말한다. 그래서 로마서 10:4에서 그리스도는 "모든 믿는 자에게 의를 이루기 위해 율법의 마침이 되었다"고 선언한다.

여기 '마침'은 앞에서 이미 지적한 것처럼 끝과 완성의 이중적 의미를 지니고 있다. 예수님은 십자가를 통해서 율법을 완성하였으며 율법 시대에 마침표를 찍었다. 그리스도의 십자가에 나타난 하나님의 사랑은 율법의 성취요 완성이다. 그러므로 십자가에 나타난 하나님의 사랑을 따라 이웃을 사랑하는 자는 그 사랑이 율법의 완성과 성취인 하나님의 사랑을 반영하는 것이므로 율법의 성취와 완성이 된다. 물론 이 사랑은 단순히 우리의 노력의 산물이 아니라 근본적으로 우리 안에서 이루어 가시는 성령의 사역이다.

성령은 우리로 하여금 예수 그리스도의 십자가를 통해 나타난 하나님의 사랑을 우리의 삶에서 재현하게 함으로써 율법의 요구를 성취하게 한다.[677] 그래서 예

---

[677] 그런 점에서 우리는 사도 바울을 결코 반유대교주의자나 반율법주의자로 매도할 수 없다. 슈툴마허, 『로마서 주석』, 354-55도 보라.

수님은 제자들에게 사랑을 새 계명으로 주시면서 그가 제자들을 사랑한 것처럼 또한 제자들이 서로 사랑할 것을 당부하셨다(요 13:34).

(2) 종말론적 삶의 원리(11-14절)

11-14절은 13장 1절부터 13절까지 주어진 정부에 대한 복종과 이웃 사랑에 대한 교훈은 물론 12장부터 지금까지 주어진 모든 윤리적 교훈을 시급하게 실천하여야 할 이유를 제시한다. 바울은 11절에서 지금 시기가 자다가 깰 때가 벌써 되었고, 우리의 구원이 처음 믿을 때보다 가깝고, 이미 밤이 지나고 낮이 밝았다고 말한다.

이것은 결정적인 시간인 주님의 재림, 곧 종말이 임박하였다는 말이다.[678] 바울의 모든 윤리적 교훈은 한편으로 신자가 예수 그리스도의 죽음과 부활을 통하여 이미 새 사람이 되었고, 하나님 나라 백성이 되었으며, 이미 죄와 어둠의 세력으로부터 구원함을 받았다는 사실과, 또 다른 한편으로 주님의 재림 때까지 신자는 여전히 죄와 유혹을 받는 이 세상에 살고 있으며, 어둠과 사탄의 세력이 영향력을 행사하는 악한 세대에 완전한 구원을 기다리며 살고 있다는 '이미'와 '아직'의 종말론적 긴장에 근거하고 있다.[679]

'이미'가 없다면 기독교인의 윤리 자체가 불가능하게 되고, '아직'이 없으면 기독교인 윤리의 필요성이 없어진다. 이런 점에서 바울의 윤리는 예수 그리스도의 오심, 죽으심, 부활 그리고 재림에 기반을 두고 있는 기독론적이며 종말론적인 윤리라고 말할 수 있다.

그렇다면 신자는 한편으로 자신의 새로운 존재와 구원의 근거인 예수님의 죽음과 부활을 바라보면서, 또 다른 한편으로 자신의 새로운 존재와 구원을 완성하기 위해 다시 오시는 그리스도의 임박한 재림을 기다리는 동안 이 세상에서 어떻게 살아야 하는가?

---

678 여기서 우리는 주의 재림이 종말의 시작이 아니고, 메시아로서 주님의 오심, 십자가의 죽으심과 부활, 그리고 오순절의 성령 강림을 통해 이미 종말이 시작되었으며, 재림을 통해 그 종말이 완성된다는 사실을 기억해야 한다. 왜냐하면, 예수님은 구약에서 마지막 때에 오실 메시아였고, 예수님이 십자가의 죽음은 마지막 때에 인류가 받아야 할 죽음의 심판을 대신 받은 것이었으며, 예수님의 부활은 마지막 때 인류가 입게 될 부활의 첫 열매였으며, 오순절의 성령 강림은 구약의 선지자들이 하나님께서 마지막 때 보내실 그 약속의 성취였기 때문이다(히 1:1-2; 행 2:17).

679 Fitzmyer, *Romans*, 681.

12절 하반절부터 바울은 여기에 대한 적절한 네 가지 교훈을 주고 있다.

첫째, "어둠의 일을 벗고 빛의 갑옷을 입자"(12절).
둘째, "낮에와 같이 단정히 행하자"(13절). 즉 술 취하거나 음란하거나, 호색하거나, 다투거나, 시기하지 말자.
셋째, "예수 그리스도로 옷 입자"(14a).
넷째, "정욕을 위하여 육신의 일을 도모하지 말자"(14b).

"어둠의 일을 벗고 빛의 갑옷을 입자"는 말은 죄와 어둠이 지배하는 현재의 악한 세상에 동화되어 악한 행위에 빠지지 않고, 오히려 새 시대에 합당한 선한 행위를 할 수 있도록 항상 영적인 전투 자세를 가지라는 말이다(엡 6:14-17; 살전 5:8). "낮에와 같이 단정히 행하자"는 말은 그 뒤에 나오는 다섯 가지의 구체적인 행위, 곧 술취하거나, 음란하거나, 호색하거나, 다투거나, 시기하지 말자는 것이다.[680]

"예수 그리스도로 옷 입자"는 말은 예수 그리스도는 신자에게 있어서 구원자일 뿐만 아니라 (이미)우리가 어떻게 구원의 완성 때까지 살아가야 할 것임을 보여주는(그러나 아직)선생과 모범임을 알고, 날마다 자기를 부인하고 예수를 따라가는 제자의 삶을 살라는 뜻이다. "정욕을 위하여 육신의 일을 도모하지 말자"는 말은 사실상 예수 그리스도로 옷 입는 것과 정반대되는 삶을 살지 말라는 것이다. 전자가 기독교인의 긍정적인 삶이라면, 후자는 기독교인이라면 마땅히 피하여야 할 부정적인 삶이다.

전자의 삶에 있어서는 예수 그리스도가 그 중심에 서 있지만, 후자의 경우에는 자신의 옛 사람이 중심에 서 있다. 진정한 기독교인의 삶은-본문이 어거스틴으로 하여금 회심의 기회를 주었던 것처럼-자신에게 여전히 남아 있는 옛 사람의 요구를 과감하게 거부하고, 오직 성령 안에서 새 사람이 요구하는 예수 그리스도 중심의 삶을 사는 것이다. 이 세상에서 작은 예수로 살아가야 한다는 것이다.[681]

---

680 한때 방탕한 생활을 일삼았던 어거스틴(Augustine)이 어느 날 집 가까이 왔을 때 아이들의 "붙잡으라, 그리고 읽으라"라는 노래 소리를 듣고 자기 발 앞에 놓여 있는 두루마리를 붙잡아 펴서 읽었는데, 거기에 바로 로마서 13:13의 말씀이 적혀 있었다. 그리고 그 말씀을 읽고 방탕한 생활을 회개하고 성 어거스틴이 되었다(고백론 8.12).
681 Fitzmyer, *Romans*, 684; Hultgren, *Romans*, 491-492.

이것이 또한 바울이 12장 서두에서 말한 신자가 이 세대를 본받지 않고, 성령을 통해 변화를 받아 하나님의 기뻐하신 뜻을 사는 삶이다. 바울이 12장부터 시작한 이와 같은 삶의 원리에 근거하여 이제 14장부터 로마 교회 교인들에게 그들의 현실적인 문제와 관련하여 구체적인 교훈을 준다.

5) "믿음이 약한 자"와 "믿음이 강한 자"의 화목(14:1-15:13)

바울은 로마서 12-13장에서 사랑의 교훈을 주었기 때문에, 이제 14-15장에서 이 사랑의 원리가 어떻게 구체적으로 로마의 기독교인 공동체의 현실적인 문제에 적용되어야 할 것인지를 보여준다. 그런점에서 14:1-15:13은 로마서의 전체 내러티브에서 볼 때 마지막 결론적인 내러티브인 다섯 번째 내러티브의 결론 부분에 해당된다. 그것은 이 부분이 로마서 전체 내러티브에서 매우 중요한 부분임을 시사한다.[682] 이 결론 부분인 14:1-15:13에서 바울은 "믿음이 연약한 자"와 "믿음이 강한 자" 사이의 갈등 문제를 언급하고, 양쪽을 향하여 서로 비판하지 말고, 서로를 용납하고 받아들일 것을 거듭 권면한다.[683]

예를 들면 이 부분의 결론 부분인 15:7에서 바울은 "그리스도께서 우리를 받아 하나님께 영광을 돌리심과 같이 너희도 서로 받으라"고 강력하게 권면한다. 즉 교회 공동체 상호간의 윤리적인 수평적 문제는 그리스도의 십자가라는 신학적이고 수직적인 문제 위에 세워져 있기 때문에 결코 서로 분리될 수 없다는 것이다. 왜냐하면, 우리가 이미 12-13장에서 살펴본 것처럼 성도 상호간의 수평적

---

682 Hultgren, *Romans*, 495.
683 어떤 학자들, 예를 들면, R. K. Karris, "Romans 14:1-15:13 and the Occasion of Romans," in *The Romans Debate, Revised and Expanded Edition*, ed. K. P. Donfried (Peabody: Hendrickson, 1991), 65-84; W. A. Meeks, "Judgment and Brother: Romans 14:1-15:13," in *Tradition and Interpretation in the New Testament* (FS E. E. Ellis), eds. G. F. Hawthorne & O. Betz (Grand Rapids: Eerdmans, 1987), 290-300; Paul J. Sampley, "The Weak and the Strong: Paul's Careful and Crafty Rhetorical Strategy in Romans 14:1-15:13," in *The Social World of the First Christians: Essays in Honor of Wayne A. Meeks*, eds. L. White and O. Yarbrough (Minneapolis: Fortress, 1995), 40-52은 롬 14:1-15:13이 로마 교회 안의 실제적 상황에 대한 권면이라기보다 바울이 고전 8-10장의 교훈에서 이끌어 낸 일반적인 교훈으로 보려고 한다. 하지만 대다수의 학자들, 예를 들면, Dunn, *Romans 2*, 795; Fitzmyer, *Romans*, 68-84; Philip F. Esler, *Conflict and Identity in Romans. The Social Setting of Paul's Letter* (Minneapolis: Fortress Press, 2003), 340-341; 박익수, 『로마서 주석 II』, 317; Kruse, *Romans*, 510; Schreiner, *Romans*, 683-689; Moo, *Romans*, 843-849은 롬 14:1-15:13이 로마 교회 안의 실제적인 상황에 대한 권면으로 본다.

인 사랑은 십자가 사건에 나타난 수직적인 하나님 사랑의 구체적인 표현이기 때문이다.[684]

말하자면 십계명이 하나님에 대한 계명(1-4)과 인간에 대한 계명(5-10)으로 구성되어 있고, 주기도문이 하나님에 대한 청원(1-3)과 우리에 대한 청원(4-7)으로 구성된 사실에서 볼 수 있는 것처럼, 하나님과 인간 사이의 수직적 문제와 인간과 인간 사이의 수평적 문제는 결코 서로 분리될 수 없다.[685] 그러므로 로마서 후반부의 결론인 14:1-15:13을 로마서 전반부인 1-11장으로부터 분리시켜 이해하지 않아야 한다.

바울이 14:1-15:13에서 말하고 있는 "믿음이 연약한 자"와 "믿음이 강한 자"는 누구를 지칭하고 있는가?

바울이 어느 한쪽을 향해 일방적으로 받으라고 말하지 않고, 똑같이 양쪽을 향해 형제 자매로서 서로 받으라고 말하고 있는 점은, 어느 한쪽이 불신자이거나 혹은 잘못된 구원 교리를 주장하는 자가 아님을 시사한다. 왜냐하면, 바울이 불신자나 배교자를 향해 서로 받으라고 말할 수 없기 때문이다. 물론 여기 "믿음이 연약한 자"와 "강한 자"들의 정체성에 관한 문제가 완전히 해결되지 않고 지금도 학계에서 계속 논의되고 있는 것은 사실이다.

하지만, 대다수의 주석가는 "믿음이 연약한 자"를 로마의 기독교인 공동체 안에서 여전히 유대인의 정체성 표지들, 이를테면 유대인들의 음식법, 절기법, 안식일 등을 준수하려는 유대인 기독교인을 지칭하고 있는 것으로 본다. 반면에 "믿음이 강한 자"를 그리스도를 통해 유대인들의 정체성 표지들이 폐지되었기 때문에, 유대인들의 음식법이나 절기 등을 더는 지킬 필요가 없다는 대다수의 이방인 기독교인과 바울과 같은 소수의 유대인 기독교인을 지칭하고 있는 것으로 본다.[686]

14:2에서 바울이 믿음이 연약한 자를 가리켜 "채소만 먹는 자"로 반면에, 15:1에서 믿음이 강한 자를 바울을 포함하여 "우리"로 표현하고 있는 점, 그리고 로마서 15:7에서 서로를 받으라고 말한 다음, 8-9절에서 유대인들과 이방인들을

---

[684] Esler, *Conflict and Identity in Romans*, 339-340.
[685] 그래서 칼빈은 기독교강요 본문(*Inst.*, 1.1.1)을 시작하면서 하나님에 대한 지식과 우리 자신에 대한 지식은 서로 나눌 수 없다고 선언하고 있다.
[686] 예를 들면, 존 스토트,『로마서 강해』, 475-479; Cranfield, *Romans*, 695-697; Dunn, *Romans 2*, 799-800; Schreiner, *Romans*, 687-688, 707.

나누어 언급하고 있는 점 등이 전자를 유대인 기독교인으로 후자를 바울과 이방인 기독교인으로 볼 수 있게 한다.

바울이 왜 로마서의 전체 내러티브를 마감하는 부분에서 믿음이 강한 자 (주로 이방인 신자)와 믿음이 약한 자(주로 유대인 신자) 상호 간의 받음, 곧 유대인과 이방인의 상호 사랑의 문제를 말하고 있는가?

이것이 로마서 전체의 내러티브와 어떤 연관성을 지니고 있는가?

바울은 로마서 주제 구절에서 모든 믿는 자에게 구원을 주시는 하나님의 능력인 복음의 우선권이 유대인에게 있다는 것(1:16), 이 복음 안에 하나님의 의가 나타나고 있다는 것, 그리고 이 하나님의 의는 하나님께서 아브라함에게 약속하신 바, 곧 유대인을 통해 땅의 모든 민족이 복을 누린다(창 12:2-4)는 하나님의 언약적 신실성을 담고 있다는 것을 밝혔다(1:17). 그후에 바울은 다음의 내용을 이야기한다.

첫 번째 내러티브(1:18-3:20)에서 이 하나님의 의의 필요성인 이방인과 유대인의 범죄와 비참을,

두 번째 내러티브(3:21-5:21)에서 이방인과 유대인의 비참과 문제에 대한 하나님의 해결인 그리스도의 십자가 사건을 통해 나타난 하나님의 의를,

세 번째 내러티브(6:1-39)에서는 성령을 통한 이 하나님 의의 구체적인 적용을,

네 번째 내러티브(9:1-11:36)에서 참감람나무인 유대인(이스라엘)에게 나타난 하나님 의의 종말론적인 성취를 말하였다. 말하자면 주제 구절에서 시작한 유대인의 회복 문제를,

네 번째 내러티브에서 유대인의 회복 성취로 종결하고 있다.

다섯 번째 내러티브(12:1-15:13)에서 유대인과 이방인 신자들이 그리스도 안에서 서로 용납하고 서로 사랑하여 하나가 될 것을 권면한다.

이 다섯 번째 내러티브의 전반부(12:1-13:14)에서 그 원리를 말하고 있다면, 후반부(14:1-15:13)에서는 구체적인 적용을 말하고 있다고 볼 수 있다. 따라서, 로마서 14:1-15:13은 로마서 전체 내러티브 구성면에서 볼 때 부록이 아니라, 오히려 로마서 전체 내러티브의 절정 부분이라고 말한다 해도 결코 지나치다고 할 수 없

다.[687] 14:1-15:13은 세 부분으로 나눌 수 있다.

첫째 부분인 14:1-12에서 유대인 신자와 이방인 신자 사이의 현실적인 문제인 갈등 문제를 말하고 있다면,
둘째 부분인 14:13-13-23에서는 구체적인 해결과 적용을 말하고 있다.
세 번째 부분인 15:1-13에서는 적용에 대한 신학적 근거를 말하고 있다.

(1) 서로 용납하라(14:1-12)

14:1-12는 세 부분으로 나누어진다.

첫 부분은 문제를 진술하는 1-4절이다. 여기서 바울은 믿음이 강한 자를 향해 믿음이 연약한 자를 받아야 할 것을 교훈한다. 그리고 문제의 주 이슈가 믿음이 연약한 자가 믿음이 강한 자를 받는 것이 아니고, 믿음이 강한 자가 믿음이 연약한 자를 받는 것임을 보여주고 있다. 여기서 두 그룹 사이에 갈등의 문제가 된 첫 번째 논점이 음식 먹는 문제임을 보여주고 있다. 음식 문제와 관련하여 먹는 자(믿음이 강한 자)는 먹지 않는 자(믿음이 약한 자)를 멸시하지 않아야 하고, 먹지 않는 자는 먹는 자를 비판하지 않아야 할 것을 교훈한다. 서로의 차이점을 서로 인정하고 존중하라는 것이다.

둘째 부분은 문제 해결의 원리를 보여주는 5-9절이다. 여기서 바울은 먹는 자나 먹지 않는 자나, 어떤 날을 중히 여기는 자나 모든 날을 똑같이 생각하는 자나 다 같이 주님을 위하여 그렇게 한다면, 주님을 위하여 서로를 받고 인정할 것을 교훈한다.

셋째 부분은 결론적 권면을 보여주는 10-12절이다. 여기서 바울은 모두 하나님의 심판대 앞에 서게 될 것이기 때문에 형제를 판단하거나 업신여기지 않아야 할 것을 교훈한다.

① 상대방을 받아들이고 비판하지 말라(1-4절)

바울은 14장 서두에서 로마 교회의 독자들을 향해 "너희가 믿음이 연약한 자를 받고 그의 의견을 비판하지 말라"고 권면한다. 여기 "받고", "비판하지 말

---

687 Gorman, *Romans*, 266-267을 보라.

라"는 말은 이미 믿음이 연약한 자가 공동체로부터 축출된 것을 전제하고, 이들을 다시 한 공동체로 영접하라는 말은 아니다. 로마서에서는 물론 바울의 그 어느 서신에서도 믿음이 연약한 자가 믿음이 강한 자에 의해 축출되었다는 증거가 없다.

본문의 뜻은 믿음이 강한 자는 믿음이 연약한 자를 교회 생활이나 리더십에서 소외시키지 말고, 오히려 그들을 동등한 형제 자매 신자로 인정하고 교제하라는 말이다. 아마도 당시 로마 교회의 다수를 차지하고 있던 이방인 신자들은, 유대인의 정체성과 관련된 표지들을 계속해서 유지하려고 하는 소수의 유대인 신자들을 교회의 중요한 모임과 행사에서 소외시켰던 것 같다. 바울은 덧붙여 믿음이 연약한 자들이 고수하려고 하는 내용을 비판하지 말라고 부탁한다.

비록 그들이 소수라고 할지라도 그들의 권리와 주장을 인정하고 존중하라는 것이다. 다수의 힘으로 소수를 무시하는 것은 교회의 방식이 아니라는 것이다. 여기서 우리는 로마의 유대인 신자들을 갈라디아 교회나 빌립보 교회를 혼란하게 한 유대주의자들과 구분할 필요가 있다.

갈라디아서나 빌립보서에 등장하는 유대주의자들은 유대인들의 정체성과 관련된 표지인 할례, 음식법, 절기 등에 사실상 구원론적인 의미를 부과하여 이방인들에게 강요하였으며, 예수 그리스도에 대한 믿음만이 유일한 구원의 수단이 됨을 거부하였다. 그래서 그들은 바울로부터 저주선언을 받을 정도로 강한 질책을 당했다. 하지만, 로마서 본문에 등장하는 유대인 기독교인들은 바울로부터 그와 같은 저주나 반대를 받지 않고 오히려 형제 자매로 인정받고 있다.

아마도 이들은 유대인들의 음식법과 안식일 및 중요 절기 등을 구원적 도구 혹은 기독교 신앙의 본질적인 요소로서가 아니라, 단순히 유대인들의 신분과 문화와 관습의 요소로 지키려고 한 것 같다.[688] 이들로부터 어떤 문제점을 찾는다면 그들이 예수 그리스도의 구속 사건 이후, 유대인들과 이방인들을 나누는 그들의 정체성의 표지들도 사실상 폐지 되었다는 사실을 깊이 깨닫지 못하고 있다

---

[688] 역시 박익수, 『로마서 주석 II』, 323. 하지만 Esler은 그의 책, *Conflict and Identity in Romans*, 351에서 William S. Campbell, "The Rule of Faith in Romans 12:1-15:13: The Obligation of Humble Obedience to Christ as the Only Adequate Response to the Mercies of God," 283에 의존하여, 유대인 신자들이 유대적 날과 절기 준수 등을 신앙의 필수적 요소로 간주하고 있었다고 추론하고 있다. 만일 그렇다면 바울은 이방인 신자들에게 유대인 신자들의 이러한 관습을 용납하라고 하지 않았을 것이다. 오히려 유대인 신자들에게 시정을 요구하였을 것이다.

는 점이다. 그래서 바울은 그들을 믿음이 없는 자가 아닌 "믿음이 약한 자"로 지칭한다.

② 논점: 음식, 날과 절기 문제(5-6절)

고대 헬라-로마 사회에서 시장에 나오는 고기류, 음식물들은 이와 유사한 문제를 취급하고 있는 고린도전서 8-9장에서 찾아볼 수 있는 것처럼, 대다수가 이방 신전에 봉헌되었던 제사 음식이거나 아니면 율법에서 먹지 말라고 금하고 있는 부정한 것들이었다. 그래서 유대인들은 시장에 나오는 고기류 음식물을 사서 먹지 않고 주로 정결한 야채 음식만을 먹었다.[689] 반면에 이방인 신자들은 시장에 나오는 음식물들을 거리낌 없이 자유롭게 사서 먹었다.

음식이 문제가 된 것은 유대인 신자들과 이방인 신자들이 함께 하는 교회 공동체 안에서 매주 식탁 교제를 가졌기 때문이다. 3절에 나타나 있는 바울의 권면을 볼 때, 자유롭게 음식을 사서 먹는 이들은 교회 식탁에서 고기를 먹지 않는 이들을 업신여김으로 교만의 죄에 빠졌고, 먹지 않는 이는 먹는 이를 비판하는 죄에 빠졌다. 그래서 바울은 음식을 자유롭게 먹는 이방인 기독교인들을 향해 유대인 기독교인들을 업신여기지 말 것을 권면하고, 채소만이 정결한 음식이라고 고집하는 유대인 기독교인들을 향해 이방인 기독교인들을 비판하지 말 것을 권면한다.

왜냐하면, 하나님이 이방인과 유대인 양쪽을 다 같이 받으셨기 때문이다. 하나님이 양쪽을 있는 그대로 받으셨다면, 어느 한쪽을 멸시하거나 비판하는 것은 양쪽을 받으신 하나님을 거부하는 죄를 짓게 된다. 하나님이 받으셨다면, 설사 먹는 문제에 있어서 문화나 관습이나 종교적 배경의 차이 때문에 서로 간에 의견이 불일치하더라도, 서로 동등한 형제 자매로 인정하여야 한다.

4절의 지적대로 하나님이 받으시고 세우셨다면 누가 이를 반대할 수 있겠는가?

받든지 받지 않든지 하는 것은 어디까지나 하나님의 주권에 속한 것이지, 사람에게 속한 것이 아니라는 것이다. 사실 먹고 안 먹는 것보다 더 문제가 되는 것은 자신을 정당화하면서 상대방을 비방하고 공격하는 것이다. 그것은 그들이 속

---

[689] 그렇다고 해서 우리는 이 유대인들을 채식주의자들로 단정하면 안 된다. 그들이 야채 음식을 먹은 것은 당시 시장에서 제사에 사용하지 않았던 정결한 고기를 사기가 어려웠기 때문이었다. Talbert, *Romans*, 314; 홍인규, 『로마서 어떻게 읽을 것인가』, 222.

하고 있는 교회 공동체를 분리하거나 훼손하게 된다. 예를 들면, 어떤 신자가 아직 술과 담배를 중단하지 못하고 있는 동료 신자를 정죄한다면, 그의 정죄는 술과 담배를 즐기는 것보다 훨씬 더 기독교인의 생활을 위협하는 중대한 문제가 되는 것이다.

5-6절에서 바울은 먹는 문제에서 날의 문제로 이동한다. 유대인 기독교인들은 어떤 특정한 날을 다른 날보다 거룩하고 중요한 날로 삼은 반면에, 이방인 기독교인들은 모든 날을 똑같은 날로 생각하였다. 양쪽은 특별히 안식일, 금식일, 유대인의 축제 날 등을 지키는 문제에 관하여 의견이 서로 나누어졌을 것이다. 이방인 기독교인들은 유대인들의 날과 절기를 지킬 필요가 없다는 입장을 견지하였을 것이고, 유대인 크리스쳔들은 강력하게 이들을 지키려고 하였을 것이다. 바울은 이 문제에 관하여 어느 한쪽을 지지하고 다른 한쪽을 반대하는 입장에 서지 않고 양쪽에 대하여 열린 자세를 취한다.

어느 쪽이든 그들의 중심이 주님을 위하여 서 있다면 다 같이 존중을 받아야 한다는 것이다. 그래서 6절에서 다음과 같은 결론을 내린다.

"날을 중히 여기는 자도 주를 위하여 중히 여기고 먹는 자도 주를 위하여 먹으니 이는 하나님께 감사함이요 먹지 않는 자도 주를 위하여 먹지 아니하며 하나님께 감사하느니라"(롬 14:6).

이처럼 바울에게 있어서 중요한 것은, 어떤 음식을 먹고 안 먹고, 어떤 날을 중히 여기거나 중히 여기지 않거나 하는 것이 아니라, 그 중심이 주님을 위하여 있고 하나님께 감사하느냐 안하느냐에 달려 있다. 행동의 중심 동기가 주님을 위하여 설정되어 있고, 어떤 입장에 서든 하나님께 감사한다면 양쪽 다 수용되어야 한다는 것이다. 어느 한쪽이 옳고 그르다는 선택을 할 필요가 없다는 것이다.

여기서 우리는 기독교인에게 있어서 구원의 도리와 같은 본질적인 문제에 관해서는 양보하지 않고 자신의 입장을 확고하게 해야 하지만, 그러나 먹는 문제나 날짜 문제와 같이 우리의 구원에 결정적인 영향을 미치지 않는, 단순히 삶의 성향이나 기호나 문화적 생활방식에 관한 문제에 관해서는 서로 양보하고 서로의 입장을 존중해 주어야 한다는 사실을 발견한다. 먹든지 안 먹든지, 어떤 날을 중히 여기든 중히 여기지 않든지, 주님을 위하여 하고 하나님께 감사한다면, 하나님은 모두 인정하고 받으시기 때문이다.

③ 문제 해결, 기독교인의 삶의 원리로서 서로 받는 것(7-9절)

14장의 전반부에 해당하는 1-6절에서, 로마 교회 안에 이방인 기독교인과 유대인 기독교인 사이에 중요한 갈등의 요인이 되는 음식 문제와 날과 절기 문제를 언급하면서, 양쪽에 적절한 교훈을 주었다. 이방인 신자들은 유대인 신자들을 멸시하지 말아야 하고, 반대로 유대인 신자들은 이방인 신자들을 비판하지 말아야 한다는 것이다. 오히려 서로의 의견을 존중하고 서로를 인정하고 서로를 동등한 형제 자매로 받아들이라는 것이다.

1-6절에서 먹는 문제와 날의 문제 등 특수한 문제에 대한 교훈을 준 다음, 바울은 7-9절에서 기독교인의 삶의 원리에 대한 일반적인 교훈으로 이동한다. 그리고 10-12절에서 다시 양쪽의 특수한 문제에 대한 교훈을 거론한다. 그런 점에서 1-6절, 7-9절, 10-12절 사이에는 ABA'와 같은 일종의 교차대구법적인 배열이 나타난다. 교차대구법에 중요한 것은 가운데 있는 B이라는 사실을 감안한다면, B에 해당하는 7-9절의 일반적 원리가 매우 중요하다는 것을 알게 된다. 사실상 7-9절의 일반적 원리에 충실하다면 1-6절, 10-12절의 특수한 문제들은 쉽게 해결된다고 말할 수 있기 때문이다.

바울은 먼저 7절에서 "우리 중에 누구든지 자기를 위하여 사는 자가 없고 자기를 위하여 죽는 자도 없다"고 선언한다. 기독교인의 진정한 삶은 우리를 위해 자신을 십자가에 내어주신 그리스도 중심이지 자기중심이 아니라는 것이다(갈 2:20). 이러한 선언을 통해서, 바울은 강한 자와 연약한 자가 다 같이 서로 주를 위하여 그렇게 한다고 하지만, 그들은 다 같이 자기를 위하여 살지 않아야 하고, 자기를 위하여 죽지 않아야 하는 기독교인의 삶의 기본 원리와 일치하지 않고 있음을 지적한다.

오히려 누가 상대방보다 우월한가를 따지는 것은 자기중심의 삶에서 기인한 것임을 지적한다. 그것은 하나님을 영화롭게 하는 데서 나온 것이 아니고, 오히려 사람의 영광을 추구하는 세속적인 관점에서 나왔다는 것이다. 사실상 교회 안의 대다수 갈등이 여기에 연유한다. 겉으로는 하나님을 내세우고 주님을 위해서라는 말을 하지만, 내면에는 자기중심의 세속적인 동기가 자리 잡고 있다. 진정으로 주님을 위한다면 빌립보서 2:5 이하에 나타나 있는 주님의 삶의 자세에서 볼 수 있는 것처럼, 자기 자신에 대한 계산을 하지 않아야 한다. 오히려 남을 위하여 자신을 비워야 한다.

8절에서 바울은 기독교인의 보다 적극적인 삶의 원리를 제시한다. 7절은 하지 않아야 할 삶의 원리를 강조점으로 "주를 위하여 하여야 한다"에 있다면, 8절은 반드시 해야 할 삶의 원리를 말하고 있다. 그것은 "우리가 살아도 주를 위하여 살고 죽어도 주를 위하여 죽어야 한다"는 것으로, 강조점은 '주를 위하여 하여야 한다'에 있다. 고린도전서 10:31의 말씀처럼, 먹든지 마시든지 무엇을 하든지 하나님의 영광을 위해 하여야 한다는 것이다.

왜 주를 위하여 살고, 주를 위하여 죽어야 하는가?

8절 하반절에서 바울은 그렇게 하여야 할 중요한 신학적 근거를 제시한다. "사나 죽으나 우리가 주님의 것이기 때문이다." 우리 자신이 나의 것이 아니고 주님의 것이기 때문에 우리의 삶의 원리가 내 중심이 아닌 주님 중심이 되어야 하는 것이다.

9절에서 바울은 우리가 어떻게 해서 주님의 것이 되었는가를 설명한다. 그것은 그리스도께서 십자가의 죽음과 부활이라는 구속 사건을 통하여 우리를 대속하여 주님의 것이 되게 하였다는 것이다(참조. 갈 3:13). 산 자든 죽은 자든 우리 모든 사람의 주가 되기 위해서 주님은 우리를 위해 십자가 사건이라는 엄청난 값을 지불하셨다는 것이다.

이와 유사한 교훈을 고린도전서 6:19-20의 "너희는 너희 자신의 것이 아니라 값으로 산 것이 되었으니 그런즉 너희 몸으로 하나님께 영광을 돌리라"라는 말씀과 갈라디아서 2:20의 "내가 그리스도와 함께 십자가에 못 박혔나니 그런즉 이제는 내가 사는 것이 아니요 오직 내 안에 그리스도께서 사신 것이라"에서 찾아볼 수 있다. 여기서 우리는 다시 한 번 예수 그리스도의 십자가 사건은 우리의 존재와 삶의 근거임을 발견한다.

④ 형제를 비판하거나 업신여기지 말라(10-12절)

7-9절에서 우리가 자신을 위하여 살지 않고 주님을 위하여 살아야 하는 신학적 근거를 제시한 다음, 바울은 10-12절에서 다시 강한 자와 연약한 자 사이의 문제로 되돌아간다. 10절에서 3절에서 언급한 내용을 순서를 바꾸어 "네가 어찌하여 네 형제를 비판하느냐 어찌하여 네 형제를 업신여기느냐?"라고 질문하고, 이어서 "우리가 다 하나님의 심판대 앞에 서리라"라고 경고한다.

양쪽을 향하여 동등한 수사학적인 질문을 던진 것은 양쪽이 다 같이 잘못되었다는 것을 보여준다. "다 하나님의 심판대 앞에 서리라"는 바울의 경고는 양쪽의 문제가 결코 가벼운 문제가 아님을 보여준다. 먹고 안 먹는 것, 어떤 날을 귀중하게 여기고 그렇지 않는 것 자체는 아무것도 아닌 것 같지만, 그것이 결국 그리스도의 피로 사신 바 된 그리스도의 몸 된 교회의 일치를 깨고, 분리를 조장하며 주님 중심의 삶보다 자기중심의 삶을 가져올 수 있기 때문이다.

나아가서 이러한 교회 안의 내적 갈등은, 일찍이 로마 교회의 다수를 차지하였던 유대인 기독교인과 불신 유대인과의 갈등이 클라우디우스 황제 통치 시절 로마제국의 정치적 문제로 발전되어 로마의 유대인들(기독교인 유대인들을 포함하여)이 로마에서 추방되었던 것처럼, 로마제국 안에서 로마 교회 존립의 위기는 물론, 나아가서 로마제국 안에서 바울의 선교 위기까지 초래할 수 있었다. 따라서 이러한 갈등은 조속히 해결되어야 했다.

그래서 바울은 11절에서 이사야 52:43, "주께서 이르시되 내가 살았노니 모든 무릎이 내게 꿇을 것이요 모든 혀가 하나님께 자백하리라"를 인용하여, 하나님만이 누가 옳고 그름을 판단할 수 있는 진정한 재판관임을 선언한다. 그렇게 함으로써 바울은 강한 자든 연약한 자든 그들 스스로 상대방을 재판하여 비판하고 멸시함으로써 사실상 하나님의 위치에 서는 교만한 자세를 취하고 있다는 사실을 일깨워준다.

12절이 보여주고 있는 것처럼 믿는 자든 믿지 아니하는 자든, 강한 자든 연약한 자든, 모든 사람이 언젠가는 진정한 재판관인 하나님 앞에 서게 될 것이고(2:2-11), 그분 앞에 모든 일을 직접 고백하게 되기 때문에, 사람이 나서서 남을 정죄하고 비판하고 멸시하는 일을 해서는 안 된다는 것이다. 그들이 모든 사람의 진정한 재판관이신 하나님을 제쳐두고 하나님의 자리에 서서는 안 되기 때문이다.[690]

실제로 교회 안에 어떤 문제가 일어났다고 하더라도 교인들이 서로 옳고 그르다는 판단자의 입장에 서지 않고 그 판단을 하나님께 맡긴다면, 그 문제는 자연스럽게 해결될 수 있다. 그러나 하나님께 맡기지 않고 교인들이 재판관 노릇을 하는 순간 그 문제는 오히려 심화되고, 결국 교회의 분열이라는 엄청난 결과를 가져올 수 있게 된다.

13절의 결론적인 언급에서 볼 수 있는 것처럼, 바울은 강한 자와 연약한 자의 두 그룹을 향해 "우리가 다시는 비판하지 말고, 도리어 부딪칠 것이나 거칠 것을

---

[690] Schreiner, *Romans*, 700-701.

형제 앞에 두지 아니하도록 주의하라"고 권면한다. 서로 재판관 노릇 하지 말라는 것이다. 여기서 우리는 교회 안에서 한 사람의 행동이 그가 강한 자이든, 연약한 자이든, 다른 사람에게 지대한 영향을 미칠 수 있다는 사실을 발견한다.

설사 그 자신에게는 그 일이 사소한 것으로 여겨진다 하더라도 다른 형제 자매들에게는 넘어지게 하는 심각한 영향을 줄 수 있다는 것이다. 그래서 예수도 마태복음 18장의 교회생활에 대한 가르침 가운데서 "누구든지 나를 믿는 이 작은 자 중 하나를 실족하게 하면 차라리 연자 맷돌이 그 목에 달려서 깊은 바다에 빠뜨려지는 것이 나으니라"(18:6)라고 경고하셨다.

(2) 형제를 어려움에 빠뜨리지 말라(14:13-23)

사도 바울은 14:1-12에서 강한 자와 연약한 자의 문제점을 서로 대등한 입장에서 지적하고 그 해결책을 제시하였다. 그러나 이제 13-23절에서는 강한 자의 입장에 서서 그들에게 연약한 자를 이해하고 감싸줄 것을 권면한다. 소수가 다수를 이해하고 감싸는 것보다도 오히려 다수가 소수를 이해하고 감싸는 것이 훨씬 쉽기 때문이다. 소수가 이해하도록 하는 것은 자칫하면 그들에게 굴욕감을 불러일으킬 수 있지만, 다수가 이해하도록 하면 그들에게 관용과 양보를 불러일으킬 수 있기 때문이다.

이것은 교회 식탁 교제에서 고기를 먹는 것이 함께 있는 다른 신자에게 어려움을 줄 경우 그 형제 자매를 위해서 먹지 않는 것이 좋다는 것을 뜻한다. 고기를 먹는 것보다도 형제 자매를 어려움에 처하지 않게 하는 것이 훨씬 더 중요하기 때문이다. 실제로 바울 사도가 그랬다. 그는 고린도전서 8:13에서 "만일 음식이 내 형제를 실족하게 한다면 나는 영원히 고기를 먹지 아니하여 내 형제를 실족하지 않게 하리라"고 말한다. 여기서 우리는 교회의 문제는 일반 사회에서 통용되는 방법과는 다르게 접근되어야 한다는 사실을 보게 된다. 일반 사회에서는 양 그룹 사이에 의견이 다를 때 다수결의 원칙에 의해 주로 소수의 양보를 강요한다. 그러나 교회 안에서는 오히려 소수보다도 다수가 양보를 해야 한다는 것이다. 그것이 교회의 화평과 일치를 쉽게 가져올 수 있다는 것이다. 14:13-23은 13-16절, 17-19절, 20-21절, 22-23절 등 네 부분으로 나눌 수 있다.

첫째 부분인 13-16절에서 바울은 먼저 앞 문단과 관련하여 우리[강한 자]가 다시는 서로 비판하거나 서로 부딪치는 일을 하지 않아야 할 것을 말한다. 그런 다음, 예수 그리스도 안에서 우리가 음식을 유대인 기독교인들처럼 속된 것과 거룩한 것으로 구분하지 않고 자유롭게 먹을 수 있지만, 이 음식의 자유가 연약한 유대인 기독교인들에게 부담을 줄 수 있는 상황에서는 이 자유를 행사하지 않고 절제하여야 할 것을 교훈한다.

왜냐하면, 연약한 형제에게 부담을 주는 경우 그것은 형제를 사랑하지 않는 것이 되고, 그리스도께서 대신하여 죽은 그 형제를 망하게 할 수 있기 때문이다. 자유의 행사보다도 사랑이 선행되어야 한다는 것이다. 사랑은 자유보다 훨씬 더 우위에 있기 때문이다.[691] 바울이 갈라디아서 5장에서 "그리스도께서 주신 자유를 사랑으로 서로 종노릇 하는데 사용하라"(갈 5:13)고 말하고 있는 이유도 여기에 있다.

둘째 부분인 17-19절에서 바울은 하나님의 나라에서 중요한 것은 먹고 마시는 것이 아니라 성령 안에서 의와 평강과 희락임을 밝히면서, 교회 생활을 하는 이는 화평과 덕을 우선하여 하나님을 기쁘시게 하고 사람에게 칭찬을 받도록 하여야 할 것을 교훈한다. 교회의 화평과 성도 상호 간에 덕을 이루는 것이 무엇을 먹느냐 무엇을 마시느냐 하는 것보다도 더 우선적이고 중요하다는 것이다. 하나님이 기뻐하시는 것은 속되고 깨끗한 음식의 종류가 아니라, 의와 평강과 희락이라는 것이다.

셋째 부분인 20-21절에서 바울은 다시 음식 문제로 돌아가서 강한 자들을 향해 음식으로 하나님의 사업을 무너지게 하지 말라고 권면한다. 그리스도께서 십자가의 구속 사역을 통해서 성속(聖俗)의 구분을 철폐하고 모든 것을 다 깨끗하게 하셨기 때문에 무엇이든 자유롭게 먹을 수 있지만, 먹는 문제로 형제를 거리끼게 할 경우에는 오히려 그 자유가 악을 가져올 수 있다는 것이다. 그래서 고기 문제나 포도주 마시는 문제로 유대인 기독교인들을 거리끼게 하지 않는 것이 아름다운 것임을 지적한다.

넷째 부분인 22-23절에서 바울은 교회 생활에서 무엇이 참된 믿음인가를 밝힌다. 믿음은 자신이 옳다고 생각하는 바를 확신하고 행동하는 것이 아니라 하나님께서 옳다고 여기는 것을 따르는 것이다. 자신이 자유롭게 먹을 수 있다고 판단한 다음, 그러한 판단이 형제 자매에게 어떠한 상처를 줄 것인가를 전혀 고려

---

691 무, 『로마서의 신학적 강해』, 336: "자유가 사랑만큼 중요한 것은 아니다. 신자의 자유가 행사되는 방법이나 시간은 사랑에 의해 인도되어야만 한다."

하지 않고 행동하는 것은 옳은 믿음이 아니라는 것이다. 옳고 그름의 기준을 자신에게 두지 않고 하나님께 두는 것이 참된 믿음이라는 것이다.

① 식물로 인해 형제를 근심되게 하지 말라(13-16절)

13절에서 바울은 앞 문단(14:1-12)에서 제기된 문제와 관련하여, 우선적으로 바울 자신과 같은 강한 자들을 향해 음식 문제든 절기 문제든 이런 문제들을 가지고 믿음이 약한 형제 자매들을 비판하거나 그들에게 어려움을 주기 위해 올무를 놓는 그와 같은 일들을 해서는 안 된다는 강력한 교훈을 준다.

바울이 볼 때 문제의 해결은 약한 자가 아닌 강한 자로부터 먼저 출발하여야 하기 때문이다. 이것은 교회 안에 내분이 있을 때 어디서부터 문제의 해결을 찾아야 할 것을 보여준다. 세상에서는 문제 해결을 주로 다수에 대한 소수의 양보에서 찾지만, 교회 안에서는 오히려 먼저 소수에 대한 다수의 양보에서 찾아야 한다는 것이다.

그런 다음 14절에서 바울은 "무엇이든지 스스로 속된 것이 없으되 다만 속되게 여기는 그 사람에게는 속되니라"라고 하면서 음식 문제와 관련하여 원칙적으로 강한 자들의 주장에 동의한다. 왜냐하면, 예수 그리스도께서 십자가의 죽음을 통해서 유대인들이 금기사항처럼 여기는 성속(聖俗)의 구분을 철폐하고 모든 것을 새롭게 하셨기 때문이다.

골로새서 1:20의 "그의 십자가의 피로 화평을 이루사 만물 곧 땅에 있는 것들이나 하늘에 있는 것들이 그로 말미암아 자기와 화목하게 되기를 기뻐하심이라"라는 말씀처럼, 그리스도의 십자가 사건은 인간은 물론 모든 창조 세계를 새롭게 하셨다(고후 5:17). 따라서 이제 성속의 구분은 철폐되었고 무슨 음식이든 감사함으로 먹을 수 있다.

감사함으로 받으면 버릴 것이 없다(딤전 4:4). 성속의 구분은 음식 자체에 있는 것이 아니라, 그것을 나누는 사람의 마음에 있을 뿐이다. 사실상 하나님께서 모든 식물을 창조하실 때 모든 것이 선하였다(창 1:31). 비록 인간의 범죄로 말미암아 식물이 때때로 인간의 탐심과 우상의 도구가 되는 죄의 수단이 되고 있지만, 이것은 하나님이 창조하신 식물의 본래 뜻은 아니었다. 하나님은 그리스도를 통해 죄와 우상의 도구가 되고 있는 식물까지도 거룩하게 하셨다. 따라서 기독교인

은 이제 모든 식물을 감사함으로 받을 수 있는 것이다.[692]

15절에서 바울은 기독교인이 음식 문제에 관하여 아무리 자유롭다고 하더라도, 그 자유의 행사가 동료 형제 자매에게 근심을 불러일으킨다면, 그 자유의 행사는 제한을 받아야 한다고 지적한다. 왜냐하면 그 자유가 더 우선적이고 중요한 형제 사랑을 외면하기 때문이다. 바울은 15절 하반절에서 사랑 없이 자유가 행사될 경우, 그것은 그리스도께서 대신하여 죽으신 형제를 음식으로 망하게 하는 것이라고 지적한다.

이뿐만 아니라 그렇게 될 경우에는 16절의 언급처럼 불신 사람들로부터도 비방 받을 수 있음을 지적한다. 이처럼 자유는 나만을 위해서가 아니라 또한 너(이웃)를 위해서 행사되어야 하며, 무엇보다도 사랑의 범주 안에서 행사되어야 한다. 그렇지 않을 경우 내 자신의 자유가 형제 자매를 망하게 할 수도 있다. 따라서 자유가 선하다고 할지라도 그것이 비방의 대상이 되게 해서는 안 된다는 것이다.

바울은 갈라디아서 5:13에서 "형제들아, 너희가 자유를 위하여 부르심을 입었으나, 그 자유로 육체의 기회로 삼지 말고 오직 사랑으로 종노릇하라"고 명한다. 기독교인에게 있어서 자유는 나를 주장하기 위한 것이라기보다도 오히려 너를 섬기기 위한 것이라는 것이다. 동일한 음식 문제를 취급하고 있는 고린도전서 8장에서도 "너희의 자유가 믿음이 약한 자들에게 걸려 넘어지게 하는 것이 되지 않도록 조심하라"(8:9)고 한다.

그다음 자신의 무분별한 자유로 믿음이 약한 형제에게 죄를 짓게 하는 경우, 그가 그리스도께서 위하여 죽으신 형제이므로 그리스도에게 죄를 짓는 것임을 지적한다(고전 8:11-12). 그래서 바울은 "만일 음식이 내 형제를 실족하게 한다면 나는 영원히 고기를 먹지 않겠다"(고전 8:13)고 단언한 것이다.

② 하나님의 나라의 특성(17-19절)

14:17-19절에서 바울은 지금 로마 교회 안에 먹고 마시는 것이 중요한 문제가 되고 있지만, 자신이 좋아하는 음식을 먹고 마시는 것이 하나님의 나라의 본질적인 부분이 아님을 지적한다. 하나님의 나라에서 중요한 것은 성령 안에 있는 의와 평강과 희락이라는 것이다. 성령은 의와 평강과 희락을 통해 하나님의 나라를

---

[692] 자세한 논의는 J. D. Quin and W. C. Wacker, *The First and Second Letters to Timothy* (Grand Rapids: Eerdmans, 2000), 361-365을 보라.

구현한다는 것이다(살전 1:6).⁶⁹³

그래서 교회가 관심을 가지고 노력하여야 할 일은, 교회 안에 성령께서 이루어 가시는 하나님의 나라의 실현인 화평과 덕을 세우는 일이라는 것이다. 비본질적인 문제 때문에 더 중요한 본질적인 문제를 외면하지 말라는 것이다. 하나님이 기뻐하시고 사람에게도 칭찬을 받을 수 있는 것은, 무엇을 먹고 마시느냐는 문제가 아니라, 하나님 나라의 실현인 서로 하나가 되고 공동체 안에 화평과 덕이 세워지는 것이기 때문이다. 바울이 복음서의 예수님처럼 하나님 나라를 자주 언급하고 있지 않지만, 여기서 하나님 나라를 언급하고 있는 사실에 주목할 필요가 있다.

바울도 예수님의 경우처럼, 하나님의 나라가 한편으로 지금 여기서 이미 이루어지고 있다는 사실과 함께, 장차 완전하게 이루어질 것을 기다리고 있다. 그래서 17절이 보여주고 있는 것처럼 신자는 지금 여기서 성령 안에서 주어지는 의와 평강과 기쁨을 통해서 하나님 나라를 체험할 수 있다고 말한다. 그러나 동시에 갈라디아서 5:21이 암시하고 있는 것처럼 하나님 나라는 장차 들어가게 될 미래적인 것이다. 그러므로 교회 안에서 화평과 덕을 세우는 것이, 현재 하나님 나라를 실현하고 체험하는 길일뿐만 아니라, 또한 장차 들어가게 될 하나님의 나라를 준비하는 길이다.

③ 아름다운 일(20-21절)

17-19절에서 중요한 신학적 원리를 밝혔기 때문에 바울은 20-21절에서 다시 현실적인 음식 문제로 돌아간다. 바울은 이방인 기독교인들을 향해 지엽적이고 비본질적인 음식 문제로 하나님 나라의 실현과 직결된 본질적인 하나님의 사업을 무너지게 하지 말 것을 주문한다. 그들이 무슨 음식이든 먹을 수 있는 자유를 가지고 있다고 하더라도 그 자유가 형제에게 거리낌이 될 경우에는 오히려 형제를 실족하게 하는 악을 가져올 수 있다고 지적한다.

앞에서 지적한 것처럼, 바울은 형제를 실족하게 할 경우 평생 고기를 먹지 않겠다고 선언한 바 있다(고전 8:13). 여기서 바울은 로마 교회의 다수를 차지하고 있는 이방인 기독교인들을 향해, 오랫동안의 관습과 문화와 전통 때문에, 고기와 포도주 등 음식 문제에 집착할 수밖에 없는 소수의 유대인 기독교인들에 대하여,

---

693 Schreiner, *Romans*, 741.

그들이 거리낌을 느끼지 않도록 관용과 양보를 할 것을 부탁한다. 그것이 교회의 화평과 덕을 세우는 아름다운 행위라는 것이다.

바울은 앞서 교회의 화평과 덕을 세우는 문제와 연관시켜 이방인 기독교인들에게 음식 문제에 대해 권면하였다. 22-23절에서 바울은 다시 믿음의 문제와 연관 시켜 소수의 유대인 기독교인들에게 음식 문제에 있어서 양보와 관용을 보일 것을 주문한다. 물론 여기서 거론되고 있는 믿음은 구원의 도리인 믿음을 지칭하기보다 올바른 신자의 삶의 자세와 관련된 믿음이다. 22절에서 바울은 참된 믿음의 자세는 자신이 옳다고 확신한 것을 그대로 밀고 나가는 행동이 아니라, 하나님 앞에서 옳다고 인정받을 수 있는 바를 행하는 것임을 지적한다.

자신이 옳다고 생각해서 자신의 행위가 믿음이 연약한 성도에게 어떠한 영향을 줄 것인가를 고려하지 않고 행동하거나, 혹은 연약한 성도로 하여금 자신의 행동을 따를 것을 강요하는 자세이다. 그것은 하나님 앞에서 옳은 행동이 아니라 자기중심적인 잘못된 행동이기 때문에, 스스로 정죄에 빠지게 된다는 것이다. 이것은 올바른 믿음의 행위가 아니라는 것이며, 이럴 경우 그 자신이 아무리 옳다고 판단하여 행동하였다 하더라도 오히려 형제를 실족하게 하는 죄를 범하는 것이 되기 때문이다.

따라서, 기독교인은 음식과 절기 문제와 관련하여 개인적으로 가정에서 자신의 자유를 행사할 수 있다고 하더라도 교회나 공동체 안에서 자신의 자유 사용이 다른 형제 자매들에게 부정적 영향을 줄 수 있을 경우 그 자유를 절제할 수 있어야 한다. 바울이 갈라디아서 5장에서 말하고 있는 것처럼 기독교인의 자유는 근본적으로 자기 좋을 대로 하는 것이 아니라, 오히려 남을 섬기기 위한 자유이다.

(3) 약한 자의 짐을 지라(15:1-13)

로마서 15:1-13에서 사도 바울은 그가 14:1부터 언급하기 시작한 로마 교회 안의 강한 자와 연약한 자 사이에 음식 문제와 절기 문제로 야기된 갈등 문제에 대하여 결론적인 교훈을 준다. 이 결론적인 교훈에서 갈등 문제를 해소할 수 있는 방안으로 바울은 믿음이 강한 이방인 신자들이 믿음이 약한 유대인 신자들의 약점을 담당할 것을 주문한다.

이미 앞에서도 언급한 바 있지만, 다수를 차지하고 있는 이방인 신자들이 소수의 유대인 신자들을 배려하고, 그들을 위해 자신의 권한과 자유를 양보하는 것이 문제를 해결하는 것이고 교회의 평화와 일치를 유지하는 길이기 때문이다.

15:1-13은 1-6절과 7-13절의 두 부분으로 나누어진다. 전자(1-6절)나 후자(7-13절)에서 바울은 자신의 권면 기반을 기독론에 두고 있다. 전자는 그리스도께서 자기를 기쁘게 하지 아니하고 남을 기쁘게 한 것처럼 너희도 그리스도 예수를 본받아 이웃을 기쁘게 하는 삶을 살라고 주문하고, 후자는 그리스도께서 우리를 받아 하나님께 영광을 돌리심 같이 너희도 서로 받으라고 주문한다.

다 같이 명령법을 직설법에, 윤리론을 기독론에 근거를 두는 것은 갈라디아서, 에베소서 등에서 발견할 수 있는 것처럼 바울의 일반적인 방법이다. 따라서, 전자와 후자는 서로 평행 관계라고 볼 수 있다.[694]

15:1-13의 첫 부분에 해당하는 1-6절은 1-2절, 3-4절, 5-6절 등 세 부분으로 나누어질 수 있다. 1-2절에서 바울은 믿음이 강한 자들이 믿음이 약한 자의 약점을 담당하고 자기를 기쁘게 하는 삶이 아닌, 믿음이 약한 이웃을 기쁘게 하는 삶을 살아 선을 이루고 덕을 세울 것을 권면한다. 3-4절에서는 이렇게 하여야 할 두 가지 신학적 근거를 제시한다.

하나는 그리스도께서도 자기를 기쁘게 하는 삶이 아닌 남을 기쁘게 하는 삶을 살았기 때문이며, 또 하나는 구약성경도 우리에게 동일한 교훈을 주고 있기 때문이다. 5-6절은 바울이 로마 교회의 두 구성원인 이방인 신자들과 유대인 신자들이 그리스도 예수를 본받아, 서로 마음과 뜻이 하나가 되어 하나님께 영광을 돌릴 것을 바라는 일종의 기도문으로 볼 수 있다.

① 강한 자가 약한 자의 약점을 담당하라(1-2절)

바울은 1절에서 로마 교회의 현실적인 문제를 해결할 수 있는 하나의 해결책을 제시한다. 그것은 앞에서도 말한 것처럼 믿음이 강한 자가 믿음이 약한 자의 약점을 담당하는 것이다. 그리스도께서 십자가의 사건을 통해서 만물을 새롭게 하고 성속(聖俗)의 구분을 철폐한 것은 부인할 수 없는 사실이다. 그러므로 그리스도 예수 안에 있는 자는 성속을 따지지 말고 모든 음식을 감사함으로 받아야 한다. 욥바에 있는 베드로를 향해 주님은 땅에 있는 각 종 네 발 가진 짐승과 기는 것과 공중에 나는 것들을 잡아 먹으라고 말씀하셨다(행 10: 12-13).

---

[694] Gorman, *Romans*, 276은 롬 15:16과 15:7-13 사이에 다음과 같이 평행을 보여주고 있다고 지적한다: 권면 15:1-2/15:7; 그리스도에게 호소(15:3a)/15:8-9a; 성경적 근거 (15:3b-4)/15:9b-12; 종결기도(15:5-6)/15:13.

베드로는 "주여 그럴 수 없나이다. 속되고 깨끗하지 아니한 것을 내가 결코 먹지 아니하였나이다"(행 10:14)라고 대답하였다. 그때 주님은 베드로에게 "하나님께서 깨끗하게 하신 것을 네가 속되다 하지 말라"(행 10:15)고 말씀하셨다. 물론 베드로에게 하신 주님의 말씀은 유대인들이 속되고 죄인으로 간주하여 교제하지 않았던 고넬료와 같은 이방인들을 영접하여야 한다는 데 초점이 있다. 하지만 베드로에게 하신 주님의 말씀은 음식 문제까지 확대 적용할 수 있다.

바울은 디모데전서 2:3-4에서 "음식물은 하나님이 지으신 바니, 믿는 자들과 진리를 아는 자들이 감사함으로 받을 것이니라. 하나님께서 지으신 모든 것이 선하매 감사함으로 받으면 버릴 것이 없다"고 말하고 있다. 하지만 아무리 모든 음식이 선하고 자유롭게 먹을 수 있다고 하더라도 오랫동안의 관습과 문화와 전통에 매여 형제 중에 이에 대한 확신을 가지지 못하고, 음식에 대해 여전히 성속의 구분을 지니고 있는 이들이 있다고 한다면, 이들의 약점을 무시하지 말고 오히려 감당하여야 하는 것이 기독교인의 올바른 도리이다.

자신에게 자유가 주어졌다고 하더라도 그 자유를 자신의 기쁨을 위하여 사용하지 않고 이웃의 기쁨을 위하여 사용함으로써 선을 이루고 덕을 세워야 한다는 것이다. 자유를 자신의 기쁨을 위해 사용하게 되면 갈등과 분리를 가져오지만 이웃이나 공동체를 위해 절제하면 선과 덕을 가져오게 되기 때문이다(14:19).

② 그리스도의 모범(3-4절)

3절과 4절 서두에 있는 이유 접속사 '가르'(γάρ, 왜냐하면)이 시사하고 있는 것처럼, 바울은 왜 우리가 이웃의 기쁨을 위해 자신의 자유를 제한하여야 하는지 두 가지 신학적 이유를 제시한다.

첫째, 3절에 언급된 것처럼, 그리스도께서도 자기를 기쁘게 하는 삶을 살지 않고 오히려 남을 기쁘게 하는 삶의 모범을 보였기 때문이다. 그리스도께서는 자신의 기쁨을 추구하는 삶을 살지 않았다는 사실의 한 예를 우리는 그분의 시험받으신 사건에서 찾아볼 수 있다. 예수님은 당시 하나님의 아들이었고 성령 충만을 받은 분이었다. 그는 얼마든지 자신의 기쁨을 추구하는 영광의 삶을 살 수 있었다.

그러나 사탄이 예수로 하여금 메시아적 능력을 자신의 기쁨과 영광을 위해 사용하도록 유혹하였을 때, 예수님은 단호하게 이를 물리치고 고난의 길을 선택하였다. 시편 69:9가 보여주고 있는 것처럼 그분은 이 세상에서 하나님을 비방하는 자들의 비방을 받았다. 십자가에서 그가 받은 비방과 모욕은 감당하기 힘든 엄청난 고통이었다. 그러나 예수님은 이사야 53장의 예언대로 우리의 구원을 위해 말없이 그런 모욕과 비방을 다 담당하셨다. 그는 본래 부유한 분이었지만 우리를 위해 가난한 자가 되셨으며(고후 8:9), 하나님과 동등한 분이었지만 우리를 위해 종의 형제를 가져 십자가에 죽기까지 낮아지셨다(빌 2:6-8). 우리를 위해 고난과 비방을 담당하신 주님의 삶을 생각한다면 자신의 기쁨보다 이웃의 기쁨을 위해 살아야 한다는 것은 너무나 당연하다.[695]

둘째, 4절에서 바울은 시편 69:9의 인용에서 드러나는 것처럼, 구약성경도 동일한 교훈을 가르쳐주고 있음을 설명한다. 구약성경도 우리를 위하여 기록된 것으로서 '우리로 하여금 인내로 또는 성경의 위로로 소망을 가지게 한다'는 것이다. 바울에게 있어서 구약성경도 여전히 하나님의 말씀으로서 권위를 지니고 있다.

> "모든 성경은 하나님의 영감된 것이며 교훈과 바르게 함과 의로 교육하기에 유익하다"(딤후 3:16).

예수님도 부활 소망을 가지고 있었기 때문에 십자가의 고난을 참고 인내할 수 있었던 것처럼, 신자도 이 세상에서 하나님의 위로와 소망을 가질 때 자신을 양보하고 남을 위해 살 수 있다. 이 구절을 통해서 바울은 로마 교회에서 다수를 차지하고 있던 이방인 기독교인들이 확신하고 있는 자유를 소수의 유대인 기독교인들을 위해 양보하고 절제한다는 것이 결코 쉬운 일이 아님을 밝힌다. 그러나 그들에게 있어서 유대인 기독교인들에게 어떻게 하느냐가 자신들이 예수를 본받아 사느냐 살지 않느냐 하는 시금석이 된다.

③ 그리스도의 모범이 주는 교훈(5-6절)

5-6절에서 바울은 하나님은 인내를 통해 위로를 가져다주는 분이심을 밝히면서, 로마 교회의 구성원들이 그들이 다수의 이방인 기독교인의 그룹에 속하든, 소

---

695 머리, 『로마서 주석』, 712-713.

수의 유대인 기독교인 그룹에 속하든, 다 같이 그리스도 예수를 본받아 서로 마음과 뜻이 하나가 되고, 한 마음과 한 입으로 하나님께 영광을 돌릴 수 있기를 기도한다. 부모가 자기의 자녀들이 서로 사랑하고 하나가 될 때 기뻐하는 것처럼, 하나님 아버지는 그의 백성들, 유대인이든 이방인이든 그리스도 안에서 서로 하나가 될 때 그것이 자신의 영광이 된다는 것이다.

사실상 이 기도는 로마의 기독교인들에게 대한 바울의 간절한 청원이기도 하다. 바울의 기도, 그 중심에는 그리스도가 자리를 잡고 있다. 그리스도를 본받으라는 말은 그리스도는 우리의 구원자일 뿐만 아니라, 또한 우리가 이 세상에서 어떻게 살아가야 할 것임을 보여주고 가르쳐 주는 위대한 스승이요 모범임을 일깨워준다.

요한복음 17장에 있는 예수님의 중보 기도에서 볼 수 있는 것처럼, 예수님은 지상에 계실 때 아버지 하나님께서 맡겨주신 일을 충실히 수행함으로써 하나님께 영광을 돌렸다(요 17:4). 이처럼 예수 그리스도는 구원론과 윤리론의 중심에 서 있으면서 양자를 서로 연결시키고 있다. 그리스도가 양자의 중심에 서 있기 때문에 그리스도를 닮는 삶이 동반되지 않으면서 그리스도가 자신의 구원자라고 말할 수 없다. 그리스도가 자신의 구원자라고 자처한다면 그는 그리스도의 삶을 본받지 않을 수 없다는 것이다.

그렇지 않다면 그는 그리스도를 자신의 참된 구원자와 주로 믿지 않는 자이다. 왜냐하면, 그리스도를 믿고 그를 자신의 구원자와 주로 신뢰한다는 것은, 또한 그의 주권을 받아들이는 것이기 때문이다.

바울은 우리가 그리스도의 주권을 인정하고 그분을 따라 살 때, 비로소 우리는 서로 뜻이 같게 되고, 한 마음과 한 입으로 우리 주 예수 그리스도의 아버지께 영광 돌릴 수 있게 된다고 말한다. 우리가 각자 자신의 기쁨을 추구한다면 분리와 갈등을 가져오게 되지만, 우리가 그리스도를 우리의 삶의 중심에 두고 그분이 원하는 것을 추구한다면 우리가 하나 되지 않을 수 없다는 것이다.

바울이 고린도전서 10:31에서 "너희가 먹든지 마시든지 무엇을 하든지 다 하나님의 영광을 위하여 하라"고 교훈한 것처럼, 동일하게 로마에 있는 기독교인들을 위하여 하나님께 영광을 돌리는 삶을 살 것을 촉구한다. 왜냐하면, 그것이 신자의 삶에 궁극적인 목표이며 그렇게 할 때, 자연히 음식 문제를 포함하여 교회의 제반 문제가 해결될 수 있기 때문이다. 사실상 지상의 어떤 교회든 교회가 그리스도를 본받아 서로 사랑하고 하나님의 영광을 위해 산다면 교회 안에 갈등과 분파가 일어날 수 없다. 그래서 바울은 다음 문단에서 직접적으로 로마의 기독교인들이 그리스도를 본받아 살 것을 권면한다.

(4) 서로를 받으라(15:7-13)

로마서 15:7-13은 로마서 14장부터 시작된 강한 자와 연약한 자, 곧 로마 교회의 다수를 차지하고 있는 이방인 신자들과 소수인 유대인 신자들 사이에 음식법과 날과 절기 문제로 야기된 갈등 문제에 대한 바울 교훈의 결론에 해당된다. 그런 점에서 마지막 결론 부분을 시작하는 15:7의 권고, "그러므로 그리스도께서 우리를 받아 하나님께 영광을 돌리심과 같이 너희도 서로 받으라"는 14:1-15:13 전체를 총괄하는 절정인(climax) 교훈이라고 할 수 있다.[696]

그러나 15:7을 여기에 국한해서 볼 필요는 없다. 로마서 전체의 결론 부분에 자리잡고 있는 15:7은 사실상 로마서 1-15장의 전체 메시지를 요약하는 결정적인 본문의 하나로 볼 수도 있다. 왜냐하면, 15:7 상반절에 해당하는 직설법의 문장, "그리스도께서 우리(유대인과 이방인)를 받아 하나님께 영광을 돌렸다"는 말은 로마서 1-11장까지 소개되는 하나님의 의라는 복음, 곧 하나님께서 예수 그리스도를 통해 죄인(유대인과 이방인)을 영접하여 구원하심으로 언약에 대한 그의 신실성을 보여주셨다는 사실을 대변하고 있다.

반면에 15:7의 하반절에 해당하는 명령법적 문장, "너희도 서로 받으라"라는 12-15장에 나오는 모든 실천적인 교훈을 요약하고 있기 때문이다. 로마서에서 '그리스도께서 우리를 받아 하나님께 영광을 돌렸다'는 말만큼 로마서의 중심 주제인 하나님의 의라는 복음, 곧 하나님의 언약적 신실함, 그분의 사랑, 그분의 긍휼하심, 그분의 구원하심을 대변하는 말이 어디 있으며, '너희도 서로 받으라'는 교훈만큼 로마 교회가 안고 있는 현실적인 문제를 해결할 수 있는 적절한 권고가 어디 있겠는가?

15:7-13은 7-8절, 9-13절의 두 부분으로 나눌 수 있다. 첫 부분은 그리스도께서 어떻게 유대인과 이방인을 함께 받았는가에 대한 사실, 곧 이스라엘 백성과 이방인에 대한 하나님의 언약적 신실성에 대하여 서술하고 있다(7-8절). 그리고 둘째 부분은 네 개의 구약 인용(시 18:49; 신 32:43; 시 117:1; 사 11:10)을 통하여, 유대인과 이방

---

696 홍인규, 『로마서 어떻게 읽을 것인가』, "'서로 받으라'(15:7b). 이 권고는 14:1-15:13의 절정(climax)이다."

인이 서로 하나가 되어 하나님을 찬양하게 될 것임은 이미 구약의 여러 시대, 모세의 출애굽 시대, 다윗의 성문법 시대, 이사야의 선지 시대를 통하여 약속되었던 사실임을 강조하고 있다(9-13절). 말하자면 유대인과 이방인의 하나 됨은 이미 하나님께서 아브라함에게 말씀하신 언약(창 12:3)에 포함되어 있었다는 것이다.

① 서로 받으라(7-8절)

이미 앞에서 지적한 것처럼 15:7-13의 문단을 시작하는 7절 "그러므로 그리스도께서 우리를 받아 하나님께 영광을 돌리심과 같이 너희도 서로 받으라"라는 말씀은 14:1-15:13 전체를 총괄하는 핵심적인 교훈인 동시에, 로마서 1-15장의 전체 메시지를 요약하는 결정적인 본문이라고 말할 수 있다.

왜냐하면, 이미 앞에서 지적한 것처럼 15:7의 상반절에 해당하는 직설법의 문장인 "그리스도께서 우리(유대인과 이방인)를 받아 하나님께 영광을 돌렸다"라는 말은 사실상 로마서 1-11장까지 소개되고 있는 하나님의 의라는 복음, 곧 하나님께서 예수 그리스도를 통해 유대인과 이방인을 구원하여 하나 되게 하심으로 족장들에게 말씀하신 언약(창 12:3)을 지키시는 그의 언약적 신실하심과 구원하심을 대변하고 있다. 그리고 15:7의 하반절에 해당하는 명령법적 문장인 "너희도 서로 받으라"는 말씀은 12-16장이 보여주고 있는 로마 교회의 모든 현안의 실천적인 교훈을 요약하고 있기 때문이다.

15:7을 통해 바울은 그리스도께서 강한 자와 연약한 자, 곧 이방인 기독교인들과 유대인 기독교인들을 함께 받으셨음을 분명히 한다. 그렇게 함으로 하나님께서 일찍이 아브라함에게 약속하신 바 그의 후손인 메시야(1:2-3; 갈 3:16) 안에서 유대인과 이방인을 다 구원하려는 하나님의 언약의 신실성이 구현되었다. 그리스도께서 하나님의 언약, 그 신실성의 구현으로서 강한 자와 연약한 자 모두를 받았다면 다수의 이방인과 소수의 유대인, 곧 앞 장에서 말한 강한 자와 약한 자인 그들도 서로 받아야 하는 것은 당연하다는 것이다.

왜냐하면, 강한 자와 약한 자 모두 그들의 신분과 삶을 하나님의 언약을 성취하신 그리스도께 의존하고 있기 때문이다. 그런데 바울은 8절과 9절 상반절에서 그리스도께서 받은 문제, 곧 구원 문제에 있어서 이미 그가 11장에서도 언급한 것처럼, 유대인들이 이방인들에게 의존하고 있다기보다 오히려 이방인들이 유대인들에게 의존하고 있음을 밝혀, 서로 받는 문제에 있어서 강한 자인 이방인 기독교인들이 연약한 자인 유대인 기독교인들에게 양보와 관용의 자세를 취할 것을 주문한다. 앞에서 살펴본 것처럼 그것이 현실적인 문제를 쉽게 해결할 수 있는 방법이기 때문이다.[697]

8절-9절 상반절에 나타나 있는 "내가 말하노니, 그리스도께서 하나님의 진실하심을 위하여 할례의 추종자가 되셨으니 이는 조상들에게 주신 약속들을 견고하게 하시고, 이방인들도 그 긍휼하심으로 말미암아 하나님께 영광을 돌리게 하려 하심이라"(λέγω γὰρ Χριστὸν διάκονον γεγενῆσθαι περιτομῆς ὑπὲρ ἀληθείας θεοῦ, εἰς τὸ βεβαιῶσαι τὰς ἐπαγγελίας τῶν πατέρων, τὰ δὲ ἔθνη ὑπὲρ ἐλέους δοξάσαι τὸν θεόν)라는 본문을 살펴보면, 하나의 주절에 두 개의 목적 부정사 구절인 '견고하게 하시고'(βεβαιῶσαι)와 '영광을 돌리게 하시고'(δοξάσαι)가 연결되어 있다.

주절은 '그리스도께서 하나님의 언약을 신실하게 지키기 위해 할례자인 유대인의 봉사자로 출생하셨다'는 것이다. 두 목적 부정사 구절 중 하나는 '족장들에게 주신 약속을 확증하기 위해서'이고, 또 다른 하나는 '이방인들이 하나님의 자비하심에 대하여 하나님께 영광을 돌리도록 하기 위해서'다. 이처럼 문법적으로 이방인에 관한 문제도 그리스도께서 하나님의 언약적 신실성을 위해 유대인의 종으로 오셨다는 주절에 연결되어 있다.

하지만, 그것은 유대인에게 해당하는 '족장들에게 주신 약속을 지키기 위해서' 다음에 배치되어 있다. 이와 같은 유대인들의 특별한 우선권과 특권은 이미 앞에서 여러 차례 언급한 것처럼 로마서에 자주 등장한다(1:16; 2:9; 3:1-4; 9:4-5; 11:13-24). 그러므로 이방인 신자들이 교회 생활에서 소수의 유대인 신자들을 우선적으로 배려하는 것은 마땅하다.[698]

그렇다고 해서 이방인들의 구원 문제가 본래 하나님의 언약에서 제외되어 있었던 것인데 나중에 첨부된 것은 아니다. 창세기 12:2-3에서 볼 수 있는 것처럼 하나님께서 아브라함에 주신 언약인 "땅의 모든 족속이 너로 인해 복을 얻게 된다"에는 이방인의 구원에 관한 약속이 이미 포함되어 있기 때문이다.

이 점은 9절 상반절에 있는 이방인에 관한 부정사 구문이 8절 하반절의 유대인에 관한 부정사 구문과 함께 동등하게 8절 상반절의 주절에 연결되어 있는 점에서도 확인할 수 있다. 바울은 이제 9절 하반절 이하에서 네 개의 구약 본문을 인용하여, 구약 자체가 이미 이방인들이 유대인과 함께 주님께 감사하고 주님을

---

697 여기서 우리는 다수결의 원칙이 교회가 취할 최선의 방안이 아님을 거듭 확인하게 된다.
698 역시 슈툴마허, 『로마서 주석』, 388-89.

찬양할 것을 예언하였음을 지적하면서, 로마 교회의 이방인 신자들이 유대인 신자들과 하나가 되어 함께 주님께 감사하고 주님을 찬양할 것을 주문한다.

9절 하반절에서 12절까지 인용된 구약성경은(시 18:49; 신 32:43; 시 117:1; 사 11:10) 네 개의 본문인데, 의도적으로 바울은 여러 시대를 총괄하는 모세오경, 성문서, 선지서 등에서 인용한 것 같다. 바울은 먼저 시편 18:49에 있는 다윗의 찬송 "내가 열방 중에서 주께 감사하고 주의 이름을 찬송하리로다"를 인용하여, 로마에 있는 유대인 신자들이 다윗의 모델을 좇아 이방인 신자들과 함께 주님께 감사하고 주님의 이름을 찬송할 것을 주문하고 있다.

그다음 바울은 신명기 32:43에 있는 모세의 노래 "열방들아 주의 백성과 함께 즐거워하라"를 인용하여 로마에 있는 이방인 크리스천들이 주님의 백성인 유대인 신자들과 함께 즐거워할 것을 주문한다. 그리고 다시 시편 117:1의 "모든 열방들아 주를 찬양하며 모든 백성아 그를 찬송하라"를 인용하여 이방인 신자들이 지상에 있는 모든 백성과 함께 주님을 찬양할 것을 촉구한다. 마지막으로 이사야 11:10에 있는 메시아에 관한 예언 "이새의 뿌리 곧 열방을 다스리기 위하여 일어나시는 이가 있으리니 열방이 그에게 소망을 두리라"를 인용하여, 바울은 열방으로 대변되는 이방인 신자들을 향해 그들의 소망이 유대인들의 메시아로 오신 예수에게 있음을 다시 한 번 확인시키고, 유대인 신자들에게 양보하고 배려할 것을 암시한다.

7-13절 문단을 마감하는 13절에서 바울은 1-6절 문단을 하나님께 대한 기도로 끝을 맺은 것 같이 기도로 문단을 마감한다. 바울의 기도문 "소망의 하나님이 모든 기쁨과 평강을 믿음 안에서 너희에게 충만하게 하사 성령의 능력으로 소망이 넘치게 하시기를 원하노라"에 나타나 있는 것처럼 소망이 시작과 끝을 장식한다. '모든 기쁨과 평강'은 소망의 내용이며 소망을 이루시는 분은 하나님이시며 소망의 방편은 믿음과 성령이다.

바울의 기도문에 있는 "충만하게 하사"와 "넘치게 하시기를 원하노라"에서 볼 수 있는 것처럼, 바울의 소망은 이미 이루어졌고, 이루어지고 있으며, 앞으로 완성을 기다리고 있는 종말론적임을 보여준다. 로마의 기독교인 공동체 안에는 이미 기쁨과 평강이 있지만, 바울은 하나님께서 성령을 통하여 이것을 더 풍성하게 하기를 기도하고 있다. 여기서 우리는 바울이 로마 교회의 내적 갈등 문제에 관하여 성령 안에서 잘 해결될 수 있을 것이라는 낙관적인 생각을 가지고 있음을 보게 된다.

바울이 로마의 기독교인 공동체 특별히 이방인 신자들과 유대인 신자들에게 준 음식과 날과 절기 문제에 대한 가르침을 어떻게 받아들여야 하는가?

오늘 우리 교회는 주후 1세기의 로마 교회와 동일한 문제를 가지고 있지는 않다. 로마 교회처럼 고기와 술, 날과 절기 문제를 가지고 고민하거나 갈등하지는 않는다. 그럼에도 불구하고 우리는 바울의 교훈으로부터 분명히 배울 수 있는 메시지가 있다.

그것은 구원의 교리 등 본질적인 문제가 아닌 비본질적인 문제들-교회당의 장식, 예산의 편성과 지출, 구역 편성, 술, 담배 등-에 관하여 교인들 사이에 갈등이 있을 경우, 서로 양보하여 교회의 일치를 깨는 과오를 범하지 않아야 한다는 것이다. 사실상 오늘날 교회의 여러 가지 갈등과 분리는 교회의 본질적인 차이에서 오기보다는 비본질적인 문제로 오는 경우가 많다. 지상 교회에서 갈등과 차이의 문제가 전혀 없을 수는 없겠지만, 그리스도 안에서 서로 양보하고 서로를 용납하면, 성령의 능력으로 기쁨과 평강이 넘치는 아름다운 교회를 만들 수 있다는 것이 바울의 가르침이기도 하다.

이 모든 것의 중심에 그리스도가 계셔야 함은 두말할 나위가 없다. 동시에 우리가 바울의 교훈으로부터 놓치지 않아야 할 사실은, 교회 내부의 문제를 해결함에 있어서는, 일반 세상의 관례대로 다수가 소수를 좌우하기보다는, 오히려 다수가 먼저 소수를 인정하고 그들을 우선적으로 배려하여야 한다는 것이다.

제3장

로마서 결언(15:14-16:27)

로마서 1:18부터 시작된 로마서의 긴 몸체는 사실상 15:13에서 끝난다. 남은 15:14-16:27은 1:1-17의 서론에 상응하는 결언이다. 로마서의 서언(序言)에 해당하는 1:1-17이 바울의 모든 서신 중에서 가장 긴 서언인 것처럼, 이에 상응하는 15:14-16:27의 결언(結言)도 바울의 모든 서신 중에서 가장 길다.

바울이 왜 로마서에서 이처럼 긴 서언과 결언을 필요로 하고 있는가?

아마도 바울은 한 번도 방문하지 않은 로마의 기독교인들에게 목회적이며, 변증적이며, 선교적인 편지를 통해서, 자신과 자신의 복음에 대한 설명과 함께 자신의 선교적 비전을 소개하고 있기 때문인 것 같다. 동시에 그렇게 함으로써 로마의 기독교인들이 당면하고 있는 현실적인 문제들을 해결하기 위해 이와 같은 긴 서언과 함께 긴 결언을 필요로 한 것 같다.

그런 점에서 로마서의 서언과 결언 부분은 서로 연계성을 갖고 있다. 이 점은 서언과 결언이 다 같이 바울의 사도직 직분에 관하여 말하고 있는 점(15:14-21=1:1-5), 다 같이 많은 1인칭 동사와 대명사를 사용하여 자신의 '에토스'를 강조하고 있는 점,[1] 바울의 여행 계획을 알리고 있는 점(15:14-29=1:11-13), 다 같이 기도를 요청하고 있는 점(15:30-32=1:8-10), 다 같이 바울 복음을 요약하고 있는 점(16:25-26=1:2-4, 16-17), 그리고 다 같이 긴 문안 인사를 제시하고 있는 점(16:1-27=1:1-7)을 통해 확인할 수 있다.[2]

로마서의 결언 부분인 15:14-16:27은 15:14-21, 15:22-33, 16:1-16, 그리고 16:17-27 등 네 부분으로 나눌 수 있다.

---

[1] 여기 결언에 1인칭 단수 대명사가 20번(15:14, 16, 18, 19, 30, 31; 16:2, 3, 4, 5, 7x2, 8, 9, 11, 13, 21x2, 23, 25), 1인칭 복수 대명사가 5번(15:30; 16:1, 9, 18, 20), 1인칭 단수 동사가 28번(15:14, 15, 17, 18, 20x2, 22, 23x2, 24x4, 25, 28x3, 29x3, 30, 31, 32; 16:1, 4, 17, 19x2) 사용되고 있다.
[2] 참조. Osborne, *Romans*, 386.

첫째 부분(15:14-21)에서 바울은 로마의 기독교인들에게 자신이 독자들에게 로마서를 쓰게 된 배경과 자신이 그동안 3차 선교 여행을 통해 수행해 온 이방인 선교 사역에 대한 취지와 내용을 간략하게 소개한다.

　둘째 부분(15:22-23)에서 바울은 자신의 계획, 곧 로마를 거쳐 스페인으로 가 선교하겠다는 것과, 지금은 이방인 선교 교회들로부터 모금된 헌금을 예루살렘 교회에 전달하기 위해 예루살렘을 방문한다는 것, 그리고 자신의 예루살렘 방문을 무사히 마치고 로마로 갈 수 있도록 자신을 위해 기도해 줄 것을 부탁한다.

　셋째 부분(16:1-16)에서 바울은 아마도 로마서를 가지고 로마로 가는 뵈뵈에 대한 추천과 함께, 그가 개인적으로 알고 있는 로마의 많은 기독교인에게 보내는 문안 인사를 소개한다.

　마지막 부분(16:17-27)에서 바울은 거짓 교사들에 대한 경고와 함께 자신의 복음에 관한 간략한 요약, 그리고 마지막 문안 인사와 송영으로 마무리한다.

1. 이방인들을 위한 바울의 제사장적 사역(15:14-21)

　로마서 결언 부분의 첫 단락에 해당하는 15:14-21은 크게 두 부분으로, 즉 바울이 로마서를 쓰게 된 배경을 보여주는 14-16절과 바울이 지금까지 한 이방 선교에 대한 취지와 그 주요 내용을 소개하고 있는 17-21절로 나눌 수 있다. 로마서 서론 부분(1:6-12)을 연상케 하는 14-16절에서 바울은 먼저 로마 교회에 간략한 칭찬, 로마 교회에 보내는 편지에 대한 간략한 소개 그리고 이방인의 사도로서 자신에 대한 간략한 소개를 첨부한다.

　그런 다음 17-21절에서 바울은 그동안 자신이 3차에 걸쳐 예루살렘에서 일루리곤까지 지중해 연안의 여러 지역에 그리스도의 복음을 어떻게 전했으며, 성령의 역사가 어떻게 나타났으며, 어떤 결과를 가져왔는가를 말한다. 그리고 이와 함께 자신의 선교 정책은 철저하게 아무도 복음을 전하지 않았던 새로운 지역에 복음을 전하는 것이었음을 강조한다. 그렇게 함으로써 바울은 로마의 기독교인들에게 왜 그가 로마에 가기를 원하는지, 왜 그가 한 번도 방문하지 않았던 그들에게 사도적인 편지를 쓰게 되었는가를 알 수 있게 한다.

1) 로마 교회와 바울의 제사장적 사역(14-16절)

로마서 서론의 감사 문단(1:8)에서 로마의 기독교인 공동체를 향해 "너희 믿음이 온 세상에 전파됨이로다"라고 칭찬했던 것처럼, 바울은 결언이 시작되는 14절에서 "내 형제 자매들아, 너희가 스스로 선함이 가득하고 모든 지식에 차서 능히 서로 권하는 자임을 나도 확신하노라"고 칭찬한다. 바울이 로마 기독교인들의 애칭인 '내 형제 자매들이여'(ἀδελφοί μου)라고 부르면서 거듭 칭찬하는 이유는, 그들이 미성숙하기 때문에 바울이 그들에게 긴 사도적 편지를 썼다는 인상을 갖지 않도록 하기 위함일 것이다. 바울은 오히려 세 가지 점을 확신하고 있다고 하면서 로마 교회 성도들을 칭찬한다.

첫째, '선함이 가득하다'는 말은 로마의 기독교인들이 다른 사람들에게 정직하고 친절과 호의를 베풀었음을 보여준다.

둘째, '모든 지식이 찼다'다는 말은 바울이 그들에게 로마서를 보내기 전에 이미 그들이 하나님과 복음의 진리에 관한 폭넓은 지식을 가지고 있음을 가리킨다.[3]

셋째, '서로 권하는 사람이다'는 말은 바울이 그들에게 말하는 내용을 그들이 잘 받아들이고, 이해하고, 그대로 실천할 수 있는 이임을 의미한다.

이처럼 바울은 결언 부분에서 다시 한번 로마의 기독교인들을 칭찬함으로써 자신의 편지에 대한 오해가 없기를 바란다. 15절은 그럼에도 불구하고 바울이 왜 로마서를 담대하게 써서 그들에게 보내게 되었는가를 설명해준다. 바울은 두 가지 이유를 제시한다.

하나는 "이미 그들이 알고 있는 내용을 다시 생각나게 하려는 것"(15a)이라는 것이다. 바울은 이 말을 통해 로마의 기독교인들이 그가 로마서에서 쓰고 있는 중요한 복음의 진리를 이미 알고 있음을 전제하고 있다. 그러나 설사 로마의 기독교인들이 복음의 진리를 알고 있다고 하더라도 복음의 진리는 계속 전파되고 가르쳐져야 하고 설교되어야 한다. 왜냐하면 복음이 전파되고 가르쳐지고 설교, 될 때, 그 복음을 통해서 성령께서 계속 역사하시고, 듣고 배우는 자에게 지속적

3　Cranfield, *Romans*, 753; Dunn, *Romans*, 858; Schreiner, *Romans*, 739.

으로 감동과 결단의 열매가 나타나기 때문이다.

그래서 바울은 담대하게 그들에게 복음을 설명하는 편지를 썼다. 여기 "담대하게 대략 너희에게 썼다"(Τολμηρότερον δὲ ἔγραψα ὑμῖν ἀπὸ μέρους)는 말은 바울이 로마서를 쓸 때 어떤 목적과 구성 아래 썼다는 것을 시사한다. 그들이 이미 복음에 대해 어느 정도 알고 있기 때문에, 복음에 대해 보다 더 깊고, 넓게 알 수 있도록 로마서를 용의주도하게 구성하였다는 것이다.

또 하나는 "그가 하나님으로부터 받은 은혜 때문이라"(15b)는 것이다. 이 말은 하나님께서 은혜로 그를 이방인의 사도도 불러 복음을 전하는 자로 세웠기 때문에, 그가 로마 교회를 설립하지 않았다 하더라도 불가불 이방인의 사도로서, 그들에게 담대하게 복음을 전하지 않을 수 없는 사명과 책임을 가지고 있음을 보여준다(고전 3:10; 갈 2:9; 엡 3:2, 7-8; 골 1:25).[4]

이 점은 16절에서 보다 더 구체적으로 설명되고 있다. 16절 서두에 있는 "나로 이방인을 위하여 그리스도 예수의 일꾼이 되어"에서 볼 수 있는 것처럼, 바울은 먼저 하나님께서 자신을 이방인을 위한 그리스도 예수의 일꾼으로 세웠다는 사실을 강조한다. 바울은 다른 서신에서도 종종 자신이 이방인의 사도로 부름 받았다는 사실을 강조한다(고전 3:10; 갈 2:9; 엡 3:2; 골 1:25). 그러나 본문에서 바울은 자신을 권위의 의미를 가진 '이방인의 사도'로 부르지 않고, 오히려 사제적 봉사자나 종의 의미를 가진 '이방인을 위한 그리스도 예수의 사제적 일꾼'(λειτουργὸν Χριστοῦ Ἰησοῦ εἰς τὰ ἔθνη)으로 부르고 있다.[5]

이 말은 편지의 서두에서 자신을 소개한 "예수 그리스도의 종"(1:1)과 상응하는 말이다. 16절 하반절에서 우리는 바울이 왜 사제적 일꾼을 지칭하는 말을 의도적으로 선택하였는가를 볼 수 있다. 16절 하반절 첫 부분에서 바울은 하나님께서 왜 자신을 그리스도 예수의 사제적 일꾼으로 세웠는가를 밝히는데, 그것은 그로 하여금 '하나님의 복음의 제사장의 직분을 수행하도록 하기 위함'이라는 것이다. 구약의 제사장들이 짐승을 하나님께 제물을 드려 제사장 직무를 수행하였던 것처럼, 하나님은 바울로 하여금 하나님의 복음을 통해 이방인을 하나님께 제물

---

4   J.A.D. Weima, "Preaching the Gospel in Rome: A Study of the Epistolary Frame-work of Romans," in *Gospel in Paul: Studies on Corinthians, Galatians, and Romans for Richard N. Longenecker*, eds. L.A. Jervis and P. Richardson (JSNTSupp. 108; Shefield: JSOT Press, 1995), 356.
5   Schreiner, *Romans*, 740.

로 드릴 수 있도록(롬 12:1-2; 벧전 2:5, 9절 참조) 그에게 제사장의 직분을 맡겼다는 것이다.[6]

그리고 16절 하반절 둘째 부분에서 그가 하나님께 드려야 할 제물의 성격에 관하여 설명하여, 그것은 "이방인들이 바로 성령 안에서 거룩하게 되어 하나님이 받으실 만한 제물"이라고 설명한다. 유대인들만이 아니라 또한 이방인들도 성령을 통해 하나님이 받으시기에 합당한 거룩한 제물이 되어 하나님께 드릴 수 있도록 하나님께서 자신을 하나님의 복음의 제사장으로 세웠다는 것이다.

그렇게 함으로써 바울은 자신의 편지가 이와 같은 제사장 직무를 수행하는 것임을 밝힌다. 일찍이 이사야 선지자는 이스라엘 백성들이 예물을 여호와의 집에 드리는 것과 같이 종말에 열방의 이방인들이 여호와께 예물을 드릴 것임을 예언하였다(사 66:20). 그렇지만 지금까지 유대인들만이 예루살렘 성전의 제사에 참예하였는데, 바울은 예수 그리스도의 십자가 사건을 통하여 유대인과 이방인의 장벽이 무너졌기 때문에, 이제 자신을 통하여 이방인들이 하나님께 드려진다고 말함으로써 이사야의 예언이 성취되었음을 시사한다.[7]

동시에 그는 여기서 12:1-2에 말한 이방인 신자들이 성령을 통해 이 세대를 본받지 않고 오히려 새롭게 변화되어 그들의 몸을 하나님이 기뻐하시는 산 제물로 드리는 일이 이미 이루어지고 있음을 시사한다.[8]

2) 이방인 선교 사역에 대한 바울의 자기 이해(17-19절)

16절에서 바울은 하나님께서 자신을 "이방인을 위한 그리스도 예수의 일꾼으로 세워 하나님의 복음의 제사장의 직분을 수행하도록 하셨다"고 말하였기 때문에, 이제 17-19절에서 이에 대한 실질적인 증거를 제시한다. 곧 그가 지난 20년 동안 어떻게 이방인을 위한 일꾼으로서 복음의 제사장 직분을 충실하게 수행하였는가를 밝힌다. 그렇게 함으로써 한편으로 그의 신임을 돈독하게 하고, 또 다른 한편으로 그가 로마 교회에 가서 무엇을 하려 하는가를 밝힌다.

바울은 먼저 그동안 그가 행한 일이 자신의 개인적인 일이 아니라, '하나님의 일'이라는 것과 그리스도 예수 안에서 그 일이 자랑스럽다고 말한다. 그 자신의

---

6   Longenecker, *Romans*, 1039.
7   존 스토트, 『로마서강해』, 507; 무, 『로마서의 신학적 강해』, 349; Jewett, *Romans*, 924.
8   Gorman, *Romans*, 287.

일을 자랑하면 잘못이겠지만,⁹ 하나님의 일을 그리스도 안에서 자랑하는 것은 정당하다는 것이다. 왜냐하면 그것은 바울 개인을 위해서가 아니라 하나님께 영광을 돌리기 때문이다(고후 1:12-14; 10:13-17 참조).

18절 상반절에서 바울은 자신이 이방인들로 하여금 복음을 믿어 순종하게 한 하나님의 일이 자신의 힘에 의해서가 아니라, 그리스도께서 자신을 통하여 역사하신 것임을 거듭 강조한다. 단순히 복음을 전한 것만이 아니라, 교회를 세우고 그들을 목양하여 믿음의 순종을 가져오게 한 모든 그의 선교와 목회 사역이 그리스도께서 성령을 통해서 자신 안에서 이루신 사역이라는 것이다. 바울 자신은 어디까지나 도구일 뿐 결과를 가져오게 하신 분은 그리스도라는 것이다.

여기 모든 초점이 그리스도에게 있다. 그러므로 바울은 자신을 자랑하지 않는다. 그렇게 함으로써 그는 참된 목회자와 선교사의 모델을 보여준다. 그리고 18절 하반절과 19절에서 그리스도께서 자신을 통해 수행한 일들을 구체적으로 제시한다. 그것은 '말과 행위', '표적과 기사의 능력', '성령의 능력'으로 수행된 것이다.¹⁰ 이것은 바울의 선교 사역에 있어서 놀라운 성령의 역사가 실제적으로 일어났다는 것을 뜻한다(살전 1:5).

바울은 모세의 출애굽 사건(출 7:3,9; 신 4:34; 6:22)과 사도행전의 오순절 사건에서 나타난 동일한 신적 사건들(행 2:22,43; 4:30; 5:12)이 자신의 사역을 통해 나타났다고 함으로써 자신의 사역이 사도적 사역임을 강조한다.¹¹ 그 결과 그는 예루살렘으로부터 일루리곤까지 지중해 남쪽을 제외한 전 지중해 연안 지역, 곧 동로마지역에까지 그리스도의 복음을 널리 전파하게 되었다는 것이다.

바울은 "예루살렘으로부터 일루리곤까지 그리스도의 복음을 채웠다"고 하면서, 사도들의 선교가 예수의 분부(행 1:8)를 따라 예루살렘을 그들의 선교의 출발점으로 삼았던 것처럼, 자신의 선교 역시 예수님의 분부가 성취된 것임을 암시한다. 이것은 바울이 성령의 능력으로 그리스도께서 자신에게 맡겨진 지역에 대한 복음 전파를 성공적으로 수행하였다는 것을 뜻한다. 물론 이 말이 해당되는 지역의 모든 마을마다 바울이 복음을 전했다는 말은 아니다.

9　실제로 바울은 그의 서신에서 단 한 번도 그리스도를 떠나 자기를 자랑하지 않는다. 그가 자랑한 것은 그리스도가 그 안에 행하신 것이었다. 자세한 것은 J. Zmijewski, "καύχησις" in *Exegetical Dictionary of the New Testament* 2, eds. H. Balz and G. Schneider (Grand Rapids: Eerdmans, 1991), 276-79를 보라.

10　Gorman, *Romans*, 285.

11　Schreiner, *Romans*, 768.

우리가 제3차에 걸친 바울의 선교에서 볼 수 있는 것처럼 바울은 전략적으로 주요 도시를 중심으로 복음을 전했다. 왜냐하면 주요 도시에 복음을 전하게 되면 자연히 그 인근 지역에 복음이 전파될 수 있기 때문이다.

3) 바울의 선교전략(20-21절)

20-21절에서 바울은 그동안 수행해 온 자신의 이방인 선교 사역에서 지켜진 일관된 선교 방침이 있었음을 강조한다. 그것은 "그리스도의 이름을 부르는 곳에는 복음을 전하지 않기를 힘썼다"(20절)는 것이다. 복음이 전혀 알려지지 않고 교회가 아직 설립되지 않은 지역에 가서 개척자로 일했다는 것이다. 그렇게 함으로써 바울은 다음 문단에서 소개할 그의 스페인 선교 계획을 알릴 수 있는 길을 만든다.

바울은 20절 하반절에서 "이는 남의 터 위에 건축하지 아니하려 함이라"고 하면서, 자신의 선교가 다른 사도들에 의존하거나 보충적인 선교가 아니라, 오히려 독립적이고 개척자적 선교임을 강조한다. 바울은 21절에서 이사야 52:15의 "주의 소식을 받지 못한 자들이 볼 것이요 듣지 못한 자들이 깨달으리라"를 인용하여, 이와 같은 자신의 선교 정책은 일찍이 이사야가 예언한 것의 성취임을 시사한다.

이사야는 야웨의 종인 메시아를 통한 이방인의 회복을 예언하였는데 바울은 예수 그리스도께서 그것을 자신을 통하여 이루신다고 보고 있는 것이다.[12] 그렇다고 해서 우리는 여기서 바울이 모든 선교사가 마땅히 따라가야 할 규범을 보여주고 있다고 볼 필요는 없다. 어떤 사람들은 바울처럼 복음이 전혀 전파되지 않은 지역에 가서 선교하거나 교회를 개척할 수도 있겠지만, 다른 어떤 이들은 이미 그곳에 복음이 전파되거나 교회가 세워졌다고 할지라도 복음을 더 확산하게 하고 신앙을 더 정진해야 할 필요가 있다고 생각하여 선교나 목회 사역을 할 수도 있기 때문이다. 그러나 분명한 것은 이 모든 것이 자신의 사욕을 위해서가 아니라 주님으로부터 확고한 소명을 따라 하여야 한다는 것이다.

---

12 이처럼 바울은 자신의 선교 사역을 그리스도의 구속사적 관점에서 이해하고 있다.

2. 미래의 계획과 기도 부탁(15:22-33)

로마서 결언의 두 번째 부분인 15:22-33에서 바울은 자신의 향후 일정을 포함하여 미래의 선교 계획, 곧 예루살렘 방문→로마 방문→서바나(스페인) 방문 등을 로마의 기독교인들에게 알리면서 그들의 협조와 기도를 부탁하고 있다. 15:22-33의 내용 중에서 가장 많은 부분을 차지하고 있는 것은 바울의 예루살렘 방문에 관한 것이다. 바울은 사실상 로마서의 마지막 결론이라고 할 수 있는 15:22-33에서 거의 반에 해당하는 6절(25-28a, 30-31)을 할애하여 자신의 예루살렘 방문을 알리면서 로마의 기독교인들에게 간곡한 기도의 협조를 부탁하고 있다.

왜 그렇게 하는가?

15:22-33의 첫 부분을 차지하는 22-24절에서 바울은 그동안 여러 번에 걸쳐서 로마를 거쳐 스페인에 가기를 원했지만, 지금까지 길이 막혔으며, 이제 지금 있는 지방에서의 사역이 마무리되어 갈 수 있게 되었다고 말한다.

이제 오랜 숙원을 달성할 수 있는 길이 열렸다면 왜 그가 바로 로마를 거쳐 스페인으로 가지 않는가?

만일 바울이 로마서를 그의 3차 선교를 마치고 고린도에 있을 때 썼다고 한다면, 고린도는 지리적으로, 시간적으로 예루살렘에서 로마로 가는 것보다도 훨씬 쉽고 시간도 단축될 수 있었다. 그리고 자신이 이방인 교회에서 모금한 헌금을 단순히 예루살렘 교회에 전달하려고 원했다면, 자신보다 더 젊고 건강한 동역자 디모데(16:21)를 자신의 대리자로 삼아 전달할 수도 있었을 것이다.

그런데도 이 모든 계획을 일단 뒤로하고 이방인 기독교인들의 헌금을 가지고 자신의 생명을 위협하는 자들이 있는 예루살렘을 직접 방문하려고 했는가?

사실상 이 문제가 15:22-33 문단을 이해하는 데 있어서 가장 중요한 핵심적인 질문이다. 이 질문을 중심으로 우리는 15:22-33을 22-24절, 25-27절, 28-29절, 30-33절 등 네 부분으로 나눌 수 있다.

첫째, 바울은 22-24절에서 자신이 그동안 여러 번 로마와 로마를 걸쳐 스페인으로 가기를 원했지만 길이 열리지 않았다. 그러나 이제는 그가 있는 곳에서 더 이상 일할 것이 없다고 할 만큼 모든 일이 끝나 자유롭게 로마로 갈 수 있게 되었다는 것이다. 그리고 로마에 가게 되면 얼마 동안 로마의 기독교인들과 교제를 가진 다음, 그들의 지원을 받아 스페인으로 가게 되기를 바라고 있다고 말한다.

둘째, 바울은 25-27절에서 그가 지금 예루살렘의 가난한 성도들을 위해 자신의 이방인 교회에서 모금한 헌금을 전달하기 위해 예루살렘으로 갈 수밖에 없는 사실에 대한 해명을 하고 있다.

셋째, 28-29절에서 바울은 예루살렘 방문을 마친 이후의 그의 일정, 곧 먼저 로마 교회를 방문한 다음 스페인으로 가려고 하는 그의 선교 계획을 알리고 있다.

넷째, 30-33절에서 바울은 로마의 기독교인들에게 자신이 위험한 예루살렘 방문을 무사히 마치고 그들에게 기쁨으로 갈 수 있도록 그를 위해 기도해 줄 것을 간곡하게 부탁하고 있다.

1) 바울의 스페인 선교 계획(22-24절)

바울은 로마서의 결론의 첫 부분(15:14-21)에서 하나님께서 자신을 이방인을 위한 그리스도 예수의 일꾼으로 삼아, 이방인 가운데서 하나님의 복음의 제사장 직분을 수행하게 하셨다는 사실을 언급하였기 때문에, 22절에서 '그러므로'(디오, Διὸ)라는 말과 함께 자신이 이방인들이 다수를 형성하고 있는 로마 교회에 여러 번 가려고 했지만, 그동안 길이 막혔다는 사실을 언급한다.

'길이 막혔다'(ἐνεκοπτόμην)는 동사가 하나님의 행위를 간접적으로 표현하는 신적 수동태로 되어 있는 점을 볼 때, 사실상 하나님께서 그동안 바울의 로마행을 허락하지 않았다고 볼 수 있다.[13] 그러나 구체적으로 어떤 장애가 있었는지 우리는 알 수 없다. 23절에서 바울은 "이제는 이 지방에서 일할 곳이 없다"고 하면서, 이제 자신이 지중해 연안의 동 유럽지역에 대한 선교를 모두 마쳤다는 것과, 그래서 새로운 선교지를 찾아 홀가분하게 떠날 수 있게 되었음을 시사한다.

그리하여 그는 23절 하반절과 24절에서 자신이 여러 해 전부터 생각해 왔던 스페인 선교지로 갈 때 도중에 로마에 들려 갈 수 있게 될 것이라는 것과 로마에 가서 로마의 기독교인들을 만나 교제하면서 얼마간의 기쁨, 곧 정신적, 물질적, 인적 지원 등을 받아 스페인 선교지로 떠날 수 있게 되기를 바라고 있다.

왜 바울이 스페인을 가기를 원했으며, 그가 스페인으로 갈 때 왜 로마 교회에 방문하여 일시 체류한 다음 그곳에 가기를 원했는가?

---

13 Osborne, *Romans*, 393; Schreiner, *Romans*, 774.

만일 바울이 스페인이 당시 땅끝으로 이해되고 있었고, 땅끝까지 복음이 전파되어야만 이방인의 충만한 수와 이스라엘의 회복을 가져올 주님의 재림이 올 것이라고 생각하였다면, 바울에게 있어서 스페인은 그의 마지막 선교 사역지로 이해되고 있었을 것이다.[14]

그런데 왜 바울이 스페인으로 바로 가지 않고 먼저 로마에 들려 잠간 체류한 다음 로마 교회의 지원을 받아 스페인으로 가기를 원했는가?

당시 스페인이 로마의 크리스천들에게는 잘 알려져 있었지만, 바울에게는 지리적, 문화적, 언어적, 종교적으로 전혀 알려지지 않은 미지의 땅이었다면, 스페인 선교에 있어서 로마 교회의 영적, 물질적, 인적 지원은 필수적이었을 것이고, 그래서 바울은 안디옥 교회가 그의 3차에 걸친 선교의 후원 교회가 되었던 것처럼 로마 교회가 그의 스페인 선교의 후원 교회가 되기를 바랐을 것이다. 이 점은 24절에 언급된 "너희가 그리로[스페인] 보내주기를 바람이라"는 말이 초기 기독교 선교 지원을 가리키는 일종의 전문적인 용어(행 15:3; 20:38; 21:5; 고전 16:6,11; 고후 1:16; 딛 3:13; Pol. Phil. 1:1)라는 점에서 확인된다.[15]

2) 예루살렘 방문과 기도 부탁(25-29절)

앞에서 이미 지적한 것처럼 바울이 스페인을 그의 마지막 선교지로 생각하고 있었음에도 불구하고 그는 로마를 거쳐 스페인으로 바로 가지 않고 먼저 예루살렘으로 가려고 하였다. 왜 그렇게 하였는가?

25절에서 바울은 자신의 예루살렘 방문을 '성도를 섬기는 일'이라고 말하고 있다. 갈라디아서 2:10에 보면 베드로를 위시한 예루살렘의 사도들이 바울에게 예루살렘 교회의 가난한 성도들을 기억하여 줄 것을 부탁한 사실이 언급되어 있다. 바울 당시 예루살렘 교회에 정치적, 사회적, 경제적으로 대단히 힘든 상황과 관련하여 적지 않은 가난한 성도들이 있었다면, 바울은 이들의 필요를 채워주는 것을 가리켜 '성도를 섬기는 일'로 표현할 수 있었을 것이다.

26절에서 바울은 "성도를 섬기는 일"을 마게도냐와 아가야지역의 여러 성도가 예루살렘 교회의 가난한 성도들을 위해 기쁘게 "헌금한 것"(고후 8:1-5; 9:5)을 전

---

14 Dunn, *Romans*, 871; Stuhlmacher, *Romans*, 240; Schreiner, *Romans*, 775
15 Crandfield, *Romans*, 769; Dunn, *Romans*, 872; Stuhlmacher, *Romans*, 411; Schreiner, *Romans*, 774.

달하는 것과 연결시키고 있다. 여기 '헌금'으로 번역된 헬라어 '코이노니아'는 본래 '교제'를 뜻한다.

바울은 여기서 이 말을 사용함으로써 헌금이 이방인 기독교인들과 유대인 크리스천들을 하나로 묶는 끈이 되기를 바라고 있음을 시사한다. 만일 예루살렘의 유대인들이 이방인들의 헌금을 받아들인다면, 그것은 그리스도 안에서 유대인과 이방인이 다 같이 하나님의 백성으로 하나가 되는 것으로서 로마서의 중심적인 주제 중의 하나가 실현되는 것을 뜻한다.[16] 그런 점에서 헌금 전달의 의미는 매우 크다.

27절에서 바울은 이 점을 좀 더 구체적으로 밝힌다. 곧 이방인들의 헌금이, 본래 돌감람나무에 해당한 그들이 참감람나무에 해당하는 유대인 기독교인들로부터 받은 영적인 빚에 대한 적절한 응답이 되어, 이방인 기독교인들과 유대인 기독교인들이 하나님 앞에서 서로 주고받는 동등한 입장이 되는 것이 마땅하다고 지적한다. 이와 같이 헌금에 대한 바울의 용어 선택과 설명은, 예루살렘 교회에 대한 그의 헌금 전달이 단순한 헌금 전달이 아님을 보여준다. 오히려 그것은 바로 로마서의 중심 주제인 하나님의 언약적 신실성의 표현인 하나님의 의의 복음과 깊이 연결되어 있음을 보여준다.

복음은 처음부터 유대인과 이방인 기독교인들이 그리스도 안에서 하나가 되고 동등한 하나님의 백성으로 나타나도록 한다는 것이다. 왜냐하면, 족장들에게 주신 하나님의 약속에는 유대인은 물론 유대인을 통한 이방인들의 구원이 약속되어 있었기 때문이다(창 12:3). 그런데 현실은 유대인 기독교인들과 이방인 기독교인들과의 관계가 원만하지 않다. 로마 교회 안에서도 나타나고 있는 것처럼 유대인 기독교인들은 이방인 기독교인들을 비판하고, 이방인 기독교인들은 유대인 기독교인들을 무시하고 있다.

바울의 복음은 근본적으로 양자의 하나 됨을 목표하고 있다. 이것이 실현되지 않는다는 것은 바울 복음의 불완전한 실현이요, 지금까지 수행해 온 그의 이방인 선교가 불완전하다는 것을 보여준다. 이처럼 바울에게 있어서 헌금은 그가 전파하는 하나님의 의의 복음과 그의 이방인 선교의 승패를 좌우하는 너무나 중요한

---

16 Schreiner, *Romans*, 776: "그러므로 유대인 기독교인들이 헌금을 받는 것은 놀라운 의미를 갖고 있다. 왜냐하면 그것은 유대인과 이방인이 하나님의 백성으로서 하나가 되는 것을 상징한다. 그리고 유대인과 이방인의 하나 됨은 로마서의 중심 주제 중의 하나이다."

것이기 때문에, 바울은 이 헌금을 직접 예루살렘교회에 전달하려고 한 것이다.[17]

만일 우리가 이미 15:16에서 살펴본 것처럼, 바울이 자신의 사역을 제사장적 사역으로 이해한다면, 바울은 이방인들의 헌금을 자신의 선교 사역의 위대한 목적인 유대인과 이방인이 하나가 되는 복을 성취하기 위한 제물로 간주하고 이를 위한 제사장적 사역을 위해 목숨을 걸고 예루살렘으로 가려했음이 분명하다.[18]

이 점은 28절의 "내가 이 일을 마치고 이 열매를 그들에게 확증한 후에 너희에게 들렀다가 서바나[스페인]로 가리라"라는 말에서 분명해진다. 왜냐하면, 28절은 헌금 전달이 사실상 지금까지 바울이 수행한 사역을 완성하는 것인 동시에, 새로운 선교 사역인 로마 교회 방문과 스페인 선교를 여는 출발점이 된다고 보고 있기 때문이다.

즉, 헌금을 통한 그의 이방인 교회와 예루살렘 교회의 일치와 동등성이 마련되지 않는다면, 이방인 기독교인과 유대인 기독교인 사이에 적지 않은 갈등을 안고 있는 로마 교회의 일치도 기대하기가 어렵기 때문이며, 그럴 경우 바울은 스페인 선교를 위해 필수적인 로마 교회의 지원도 기대하기가 어려울 뿐만 아니라, 로마서의 중심 주제의 실현도 어려울 수 있기 때문이다.[19] 그래서 바울은 29절에 나타나 있는 대로 헌금을 온전히 전달한 다음, 그가 로마 교회에 갈 때 "그리스도의 충만한 복을 가지고 갈 것이다"라고 말하고 있다.[20]

하지만, 바울의 예루살렘 방문은 결코 쉬운 일이 아니었다. 과연 예루살렘의 유대인 기독교인들이 바울이 전달하는 이방인 기독교인들의 헌금을 받아줄 것인지도 예측하기 어려웠다. 바울의 이방인 선교 사역을 지속적으로 방해하고, 교회를 혼란하게 한 유대주의자들에 의해 바울과 그의 복음과 사역에 대한 잘못되고 부정적인 보고들이 예루살렘 교인들은 물론, 예루살렘 인근의 유대인들에게 계속 전달되고 있었기 때문이다. 바울 자신도 그의 예루살렘 방문이 순탄하지 않고 위험할 것을 감지하고 있었다.

---

17 Schreiner, *Romans*, 776.
18 이 문제에 관한 자세한 논의는 최갑종, "바울의 예루살렘, 로마, 그리고 서바나(스페인) 방문의 상호연관성과 그 의의,"『신약논단』20/2(2013), 409-442를 보라.
19 역시 악트마이어,『로마서』, 327: "예루살렘의 교회에 이방인들이 보내는 헌금은 이방인들이 유대인들에게 주는 선물이다. 그러므로 그 선물은 일치와 동등함의 표시이다. 그 선물을 받아들이는 것은 유대 그리스도인들이 암묵적으로 유대인들과 이방인들이 이제 서로 상호간에 동등한 위치에 있다는 것을 인정하는 것이 된다."
20 Osborne, *Romans*, 397.

이 점은 사도행전 20:22 이하에 소개되는 바울의 고백을 통해 엿볼 수 있다.

> "보라 이제 나는 심령에 매임을 받아 예루살렘으로 가는데 거기서 무슨 일을 만날는지 알지 못하노라 오직 성령이 각 성에서 내게 증거하여 결박과 환난이 나를 기다린다 하시나 나의 달려갈 길과 주 예수께 받은 사명 곧 하나님의 은혜의 복음 증거하는 일을 마치려 함에는 나의 생명을 조금도 귀한 것으로 여기지 아니하노라"(행 20:22-24).

그래서 바울은 로마의 기독교인들에게 자신이 성공적으로 헌금을 전달한 후, 그들에게 기쁨으로 나아갈 수 있도록 기도해 줄 것을 간곡하게 부탁하고 있는 것이다. 서언에서 그가 매일 로마의 기독교인들을 위해 기도하고 있다는 사실을 강조하였다면, 이제 결언 부분에서는 로마의 기독교인들이 바울을 위해 기도하여 줄 것을 바울과 로마의 기독교인의 공통적인 신학적 기반을 가리키는 "우리 주 예수 그리스도와 성령의 사랑으로 말미암아"라는 표현으로 간곡하게 부탁하고 있다.

바울의 간곡한 기도 요청은 삼중적이다.

첫째, 바울의 이방인 선교에 대하여 적대적인 유대에 있는 순종하지 않는 자들(불신 유대인들)(행 9:23,29; 13:45,50; 14:2,5,19; 17:5-9,13; 18:12-17; 19:9; 20:3)로부터 자신의 생명이 보호되도록 기도해 달라는 것이다(31a). 사도행전에 따르면 바울이 당시 예루살렘을 방문했을 때 그곳에는 바울을 암살하려는 자들이 대기하고 있었다(행 21:26-36).

둘째, 예루살렘 교회에 대한 섬기는 일, 곧 예루살렘 교회의 성도들이 그가 가지고 가는 이방인 성도들의 헌금을 잘 받을 수 있도록 기도해 달라는 것이다(31b). 어떤 사람들은 당시 바울이 예루살렘에 가져갔던 헌금이 거절당했다고 보고 있지만,[21] 사도행전 본문(행 24:17-18)은 바울의 헌금이 받아들여졌음을 암시하고 있다.[22]

21　예를 들면, Dunn, *Romans*, 880.
22　역시 Schreiner, *Romans*, 783.

셋째, 헌금 전달을 마치고 기쁨으로 로마의 기독교인들에게 가서 그들과 함께 편히 쉴 수 있도록 기도해 달라는 것이다(32). 사도행전은 세 번째 기도 제목 역시 응답이 되어, 비록 바울이 죄수의 신분으로 로마에 도착하였지만, 상당히 자유로운 신분으로 로마의 유대인들을 만났음을 보여준다(행 28: 16-28). 그런 다음 바울은 15장의 마지막 절인 33절에서, 5-6절과 13절에서 그랬던 것처럼 평강의 하나님께서 로마의 모든 기독교인과 함께 계시기를 기도한다.

그리고 바울은 자신의 기도가 응답될 것을 확신하고 "아멘"으로 마친다. 우리는 바울이 로마 교회를 방문한 다음 그들의 지원을 얻어 스페인을 방문하였는가에 대해서는 사도행전은 물론 바울의 그 어느 서신에서도 언급되어 있지 않다. 다만 95년경에 기록된 비정경적인 자료인 제1클레멘트 서신(5:17)에 바울의 스페인 선교가 시사되어 있을 뿐이다.

3. 문안 인사(16:1-16)

로마서의 마지막 장인 16장에는 바울의 어느 서신에서도 찾아 볼 수 없는 많은 사람의 이름을 열거한 긴 인사말(16:1-23)과 송영(16:25-27)이 나타난다.[23] 적어도 25명 이상의 이름들이 열거되고 있는데, 이 중에 16명은 이방인 출신인 것 같고, 그리고 나머지 10명 중에 적어도 브리스길라, 아굴라, 안드로니고, 유니아, 헤로디온 등 5명은 유대인 출신인 것 같다.[24]

이러한 사실은 로마의 기독교인 공동체가 다수의 이방인과 소수의 유대인으로 구성되어 있음을 다시 한번 상기시켜 준다. 1-23절의 긴 인사말은 1-2, 3-16, 17-20, 21-23 등 네 부분으로 나눌 수 있다.

첫째, 바울은 자기 대신 로마서를 지참하고 로마 교회를 방문하는 겐그리아 교회의 사역자 뵈뵈를 로마 교회가 잘 영접해 줄 것을 부탁한다(1-2절).

---

[23] 어떤 사람은 로마서 16장이 바울의 원래 편지에 속하지 않았다고 보고 있지만 사본학적으로나 로마서 내용면에서나 로마서의 16장의 진정성을 부인할 하등의 이유가 없다. 자세한 논의는 슈툴마허, 『로마서주석』, 405-407을 보라.
[24] Tobin, *Paul's Rhetoric in Its Context*, 37.

둘째, 바울은 브리스가와 아굴라를 포함하여 무려 25명의 이름을 직접 거명하면서 인사하고 있다(3-16절).

셋째, 바울은 로마 교회에서 분쟁을 일으키는 거짓 교사들을 언급하면서 로마의 기독교인들이 그들에게 미혹을 당하지 않도록 경고한다(17-20절).

넷째, 디모데를 위시하여 바울과 함께 있는 7명의 명단을 수록하고 있다(21-23절).

다섯째, 인사를 한 다음 바울은 다시 한 번 자신의 복음을 간략하게 요약한 다음 송영으로 로마서를 마감한다(25-27절).

1) 뵈뵈를 환대할 것을 부탁함(1-2절)

16:1에서 바울은 먼저 바울을 대신하여 로마서를 가지고 가는 뵈뵈를 로마의 기독교인들에게 추천한다. 바울은 뵈뵈를 가리켜 "겐그레아 교회의 일꾼"(διάκονος τῆς ἐκκλησίας τῆς ἐν Κεγχρεαῖς)과 "우리의 자매"라고 부르고 있다. 이것은 뵈뵈가 여성이라는 것과 그것도 단순히 평신도가 아닌 바울과 같은 전문 사역자임을 보여 준다.[25]

아마도 뵈뵈는 이방인 여인으로서 바울 대신 고린도 인근 지역에 위치하고 있는 겐그레아 교회를 목회하고 있던 사역자일 것이다.[26] 뵈뵈가 일반인이 아닌 바울과 같은 전문 여성 목회자였을 것이라는 사실은, 우리말성경에 '일꾼'으로 번역된 헬라어 '디아코노스'(διάκονος)가 여성명사가 아니라 바울이 종종 자신을 포함하여 동료 사역자를 지칭하는 남성명사를 사용한 점에서도 확인된다(고전 3:5; 고후 6:4; 엡 6:21; 빌 1:1; 골 1:7; 4:7; 딤전 3:8; 4:6).[27]

2절에서 바울은 왜 그가 뵈뵈를 추천하는가에 대한 세 가지 이유를 제시한다.

---

25 Cranfield, *Romans*, 781; Susan Matthew, *Women in the Greetings of Romans 16:1-16: A Study of Mutuality and Women's Ministry in the Letter to the Romans* (New York: Bloombury, 2013), 66-74.

26 브리스가가 자기 집에서 모임을 가진 가정교회의 여성 목회자였다고 한다면(16:3,5), 뵈뵈가 겐그레아 교회의 여성 목회자가 되지 않을 이유가 없다. 이 문제에 관한 보다 자세한 논의는 R. Jewett, "Paul, Phoebe, and the Spanish Mission," in *The Social World of Formative Christianity and Judaism: Essays in Honor of Howard Clark Kee*, eds. J. Neusner et al (Philadelphia: Fortress, 1988), 142-61; Gorman, *Romans*, 295를 보라.

27 겐그레아는 고린도의 동쪽 항구로서 고린도와 인접해 있기 때문에 고린도 교인들이 그곳에, 아마도 뵈뵈의 집에 가정교회가 세워졌을 것이고, 뵈뵈는 그 가정교회의 리더였을 것으로 볼 수 있다. Cranfield, *Romans*, 781; Moo, *Romans*, 914; Schreiner, *Romans*, 787도 보라.

첫째, 로마의 기독교인들이 뵈뵈를 주 안에서 성도들의 합당한 예절로 영접하도록 하기 위한 것이다.

둘째, 로마의 기독교인들이 뵈뵈에게 필요한 것들을 도와주도록 하기 위해 추천한다는 것이다.

셋째, 뵈뵈가 바울을 위시하여 여러 사람의 보호자 역할을 해 왔기 때문에 추천한다는 것이다. 사실 숙박시설이 충분하지 않은 고대 헬라-로마 사회에서 추천서 없이 낯선 지역을 여행하는 일은 매우 어려웠을 것이다.[28] 더구나 여성일 경우 여행은 더욱 힘들었을 것이다.

아마도 뵈뵈는 지금 바울이 쓴 로마서를 지닌 바울의 대리자로서 로마 교회를 직접 방문하러 갈 것이다. 그리고 뵈뵈는 단순히 바울의 편지를 로마 교회의 지도자들에게 전달만 해주는 배달자가 아니었을 것이다. 그가 바울의 편지를 직접 교인들 앞에서 낭독하거나, 편지의 내용에 관하여 질문이 있을 경우 설명도 할 수 있었을 것이다. 만일 이것이 사실일 경우 뵈뵈는 사전에 바울로부터 편지의 내용을 자세하게 설명을 들었거나 직접 편지를 읽어보았을 것이다.[29] 그래서 로마 교회 성도들에게 바울은 뵈뵈를 최대한의 예의를 갖추어 영접하고, 숙박 시설을 포함하여 그녀에게 필요한 모든 것을 제공해 줄 것을 부탁하고 있는 것이다.

2) 개인 및 가정교회에 대한 인사(3-16절)

3-16절에서 바울은 개인적으로 알고 있는 적어도 25명 이상의 로마 교회 교인들에게 그들의 이름을 직접 언급하면서 문안 인사를 한다. 이와 같은 긴 문안 인사는 바울서신 중 오직 로마서에만 나타난다. 바울의 문안 인사를 보면 몇 가지 특징이 있다.

첫째, 당시 로마 교회가 여러 가정교회로 구성되어 있었음을 암시하고 있는 점이다. 바울의 인사말을 통해 우리는 적어도 세 개 내지, 다섯 개의 가정교회가 있었을 것으로 추론할 수 있다. 예를 들면, 브리스가와 아굴라 집에 있는 교회(5절),

---

28　Moo, *Romans*, 913.
29　Longenecker, *Romans*, 1064-1065.

아리스도불로의 가족으로 구성된 교회(10절), 나깃수의 가족 일부로 구성된 교회(11절), 아순그리도, 블레곤, 허메, 바드로바, 허마 및 그들과 함께 있는 사람들로 구성된 교회(14절), 빌롤로고, 율리아, 네레오와 그의 자매, 올름바와 그들과 함께 있는 사람들로 구성된 교회(15절) 등이다. 만일, 한 가정교회의 구성원이 약 50명 정도였다면 당시 로마 교회의 교인 수는 250명 정도 되었을 것으로 것이다.[30]

둘째, 로마의 기독교인들과 예수 그리스도와의 밀접한 관계를 강조하고 있는 점이다. 바울은 인사말 문단 안에 적어도 8번 이상 "주 안에서", "그리스도 예수 안에서", "그리스도 안에서"라는 말을 사용하고 있다. 이 기독론적 어휘들은 바울과 로마의 기독교인들이 서로 만날 수 있는 공통적 기반이다. 예를 들면, 2절에서 바울은 로마의 기독교인들이 바울이 보내는 뵈뵈를 "주안에서 성도들의 합당한 예절로 그를 영접할 것을 권한다.

3절에서 다시 로마의 기독교인들이 "그리스도 예수 안에서" 바울의 선교 동역자였던 브리스가와 아굴라에게 문안 인사를 전할 것을 부탁한다. 7절에서 바울은 안드로니고와 유니아가 "나보다 먼저 그리스 안에 있는 자"임을 강조한다. 8절에서 바울은 "주 안에서" 암블리아에게 문안할 것을, 9절에서는 "그리스도 안에서" 우르바와 스다구에게 문안할 것을, 10절에서는 "그리스도 안에서" 아벨라에게 문안할 것을, 12, 13절에서는 "주 안에서 드루배나와 드루보사에서 문안할 것을 각각 부탁한다. 이처럼 바울 자신과 로마의 기독교인들이 다 같이 예수 그리스도 안에 있기 때문에 그리스도 안에서 문안 인사가 가능했던 것이다.

셋째, 당시 로마 교회 안에는 비록 다수는 아니라 할지라도 여러 유대인이 포함되어 있었다는 점이다. 예를 들면, 바울이 제일 먼저 언급하고 있는 그의 오랜 동역자 브리스가와 아굴라(3절), 바울이 내 친척이라고 부르는 안드로니고와 그의 부인 유니아(7절), 헤로디온(11절)과 그 밖에 유대식 이름으로 볼 수 있는 마리아(6절), 아벨레(10절), 루포와 그의 어머니(13절) 등은 유대인이었을 것이다. 바울의 인사 대상에 유대인이 포함되어 있다는 사실은 로마 교회가 이방인뿐만 아니

---

30 물론 우리는 로마에 있는 기독교인 가정교회들의 정확한 숫자나 그 크기에 관해서 정확하게 알 수는 없다. 그리고 가정 교회가 소규모의 그룹 중에서 다른 사람보다 조금 더 큰 집을 소유하였거나 경제적으로, 사회적으로 좀 더 여건이 나은 사람들의 집에서 규칙적으로 가진 모임을 지칭하고 있는지, 아니면 자신의 집의 한 장소나 공간을 약간 개조하여 모임에 적합하도록 만든 사람의 집에서 가진 모임을 가리키는지 정확하게 알 수도 없다. 이 문제에 관한 보다 자세한 논의는 Roger W. Gehring, *House Church and Mission. The Importance of Household Structures in Early Church* (Peabody: Hendrickson, 2004), 144-151을 보라.

라, 또한 유대인으로도 구성되어 있음을 보여준다.

넷째, 당시 로마 교회가 상류층에서 하류층에 이르기까지 여러 계층의 사람들로 구성되어 있었다는 점이다. 예를 들면 노예의 이름으로 보이는 암블리아, 우르바노, 허메, 빌롤로고, 율리아 등은 노예나 아니면 해방 노예였을 것이다. 아리스도불로는 대 헤롯왕의 손자이며 황제 글라우디오의 친구였고, 나깃수는 부자이며 글라우디오 황제의 측근이었을 것이다. 그러나 이들은 갈라디아서 3:28이 보여주고 있는 것처럼 그리스도 안에서 신분적 차이를 초월하여 한 형제 자매가 되었던 것 같다.

다섯째, 로마 교회 안에는 적지 않은 여성 지도자 혹은 여성 교인들이 있었다고 하는 점이다. 예를 들면 남편보다 먼저 소개되고 있는 바울의 동역자 브리스가,[31] 사도로 불리는 유니아는 여성 지도자였으며, 여성 이름인 마리아, 드루배, 드루보사, 버시, 율리아, 네레오 등도 분명 여성도였을 것이다. 당시 헬라-로마의 가부장적 남성 위주의 문화사회 속에서 바울이 자신의 공식적인 편지 안에 여러 여성의 이름을 소개하고 있다는 사실은, 그것도 여러 여성을 자신의 복음의 동역자나 사역자로 소개하고 있다는 사실은, 복음은 인종적, 신분적 장벽은 물론 성적 차별의 장벽까지 뛰어넘는 새로운 문화 구조를 창조하고 있다는 것을 보여준다(갈 3:28). 브리스가가 바울의 고린도 지역 선교에 지대한 영향을 미쳤던 것처럼, 사실 이들 여성 사역자들의 협조 없이는 여성들을 교회로 인도하는 것은 거의 불가능하였을 것이다.[32]

---

31 신약성경에서 브리스가는 종종 남편의 이름 앞에 언급되고 있는데(행 18:18,26; 롬 16:3; 딤후 4:19), 이것은 브리스가가 남편보다 더 적극적으로 복음 사역에 헌신하였음을 보여준다.
32 이 문제에 관한 보다 자세한 논의는 최갑종, "한국 기독교와 사회에서의 여성의 인권 신장을 위한 초기 기독교와 고대 헬라, 로마, 유대 사회에서의 여성의 역할과 위치에 관한 연구," 『성경과 신학』 38 (2005), 421-501을 보라.

《심층연구 4》

유니아, 여성 사도인가, 아닌가?

어떤 사람들, 특별히 여성의 성직 안수를 반대하는 자들은 로마서 16:7에 언급된 유니아를 사도가 아닌, 사도들에게 존중히 여김을 받는 모범적인 여성으로 간주한다. 대부분의 한글 번역성경도 아래와 같이 이들의 주장을 뒷받침하고 있는 것처럼 보인다.

> " … 안드로니고와 유니아에게 문안하라. 저희는 사도에게 유명히 여김을 받고"(개역한글); " … 그들은 사도들에게 존중히 여겨지고"(개역개정); " … 그들은 사도들에게 좋은 평을 받고 있고"(표준새번역); " … 그들은 사도들 사이에서 평판이 좋은 사람들로서"(공동번역); " … 이들은 사도들 사이에서 두드러진 사람들이고"(새한글).

하지만 가장 널리 사용되고 있는 대부분의 영어 성경은 아래와 같이 "유니아"를 안드로니고와 함께 사도 중에 속한 이로 보고 있다.

> "…who are of note among the apostles"(KJV); " … they are men of note among the apostles"(RSV); " … They are outstanding among the apostles"(NIV); " … they are prominent among the apostles"(NRSV); " … they are prominent among the apostles"(NABRE); " … who are outstanding among the apostles"(NASB1995).

왜 한글 번역성경과 영어 번역성경이 유니아에 대한 번역에 관하여 이처럼 다른가? 한글 번역성경이 유니아를 사도가 아닌 사도에게 존중히 여김을 받는 자로 보고 있는 것에 반해, 왜 영어 성경은 유니아가 사도에 속한 탁월한 자로 보고 있는가? 우리는 로마서 16:7을 어떻게 읽고 이해하여야 하는가? 결국 결정적인 것은 헬라어 원문성경을 어떻게 읽고 해석하느냐에 달려있다. 네슬-알란트 28판 헬라어 성경에 따르면 로마서 16:7의 본문은 아래와 같다.

> ἀσπάσασθε Ἀνδρόνικον καὶ Ἰουνίαν τοὺς συγγενεῖς μου καὶ συναιχμαλώτους μου,
> οἵτινές εἰσιν ἐπίσημοι ἐν τοῖς ἀποστόλοις,
> οἳ καὶ πρὸ ἐμοῦ γέγοναν ἐν Χριστῷ.

아직 공식적으로 출판은 되지 않았지만 2021년 말에 공개된 새한글성경은 본문을 "안드로니고와 유니아에게 안부를 전해 주십시오. 그들은 나의 겨레붙이이자 나와 함께 갇혔던 사람들입니다. 이들은 사도들 사이에서 두드러진 사람들이고, 나보다도 앞서 그리스도 님 안에 있게 된 사람들입니다"라고 하면서 유니아가 사도일 가능성은 열어두고 있다.

위의 헬라어 본문을 좀 더 자세히 살펴보면, 쉼표 표시가 보여주고 있는 것처럼 세 마디로 나눌 수 있다. 첫 마디는 바울이 문안 인사를 하는 안드로니고와 유니아가 자신의 친척

내지 같은 유대인 동족(롬 9:3)이며, 그들이 자신과 함께 감옥에 갇혔던 자들임을 말한다. 둘째 마디는 이들이 사도들 가운데 어떤 자들임을 말한다. 그리고 마지막 마디는 이들이 바울보다 앞서 그리스도를 믿은 자임을 말한다.

여성안수와 무관하게 대부분 학자는 바울의 문안 인사 대상자인 안드로니고를 남성으로, 유니아를 여성으로 그리고 이들을 16:3의 브리스가와 아굴라처럼 서로 부부관계로 보고 있다. 또한, 안드로니고와 유니아가 바울의 친척이요, 함께 감옥에 갇혔던 자들이며, 바울보다 먼저 그리스도를 믿은 자라는 점에서도 의견을 같이한다. 하지만, 두 번째 마디의 관계 대명사절 '호이티네스'(οἵτινές) 안에 있는 전치사 '엔'(ἐν)의 용도와 관련하여 의견이 서로 달라진다. 어떤 사람은 전치사 '엔'을 관계 대명사절의 주어인 안드로니고와 유니아를 사도들 중에 포함시키는 내포적인 의미를 가진 것으로, 그래서 이들을 "(사도들) 가운데" 혹은 "(사도들) 중에" 속한 자로 이해하여야 한다고 주장한다. 반면에 어떤 사람은 전치사 '엔'을 안드로니고와 유니아를 사도에 포함시키지 않는 배타적인 의미인 "(사도들)로부터, 혹은 (사도들)에 의해"로 이해하여야 한다고 주장한다(예, M. H. Burer and D. B. Wallace, "Was Junia Really an Apostle? A Reexamination of Rom 16:7," *NTS* 47, 2001, 76-78).

하지만 Linda Belleville, "Iounian…episemoi en tois apostolois: A Re-examination of Romans 17.7 in Light of Primary Source Materials," *NTS* 51 (2005), 231-249는 많은 고대의 헬라어 파피루스와 비문들의 '엔' 용법을 조사한 다음 Bauer와 Wallace의 주장은 언어학적으로나, 문법적으로 타당성이 없다고 결론 내린다. 따라서 그는 전치사 '엔'을 당연히 내포적인 의미로, 즉 유니아를 여성 사도로 보아야 한다고 주장하였는데 이 견해가 맞다고 본다.[33]

이 문제와 관련하여 우리는 두 가지 점에 주목하여야 한다.

하나는 바울이 7절에서 일반적으로 기원 혹은 출처를 지칭할 때 사용하는 전치사 '에크'(ἐκ)나, 방편을 뜻하는 '디아'(διά)를 사용하지 않고, 일반적으로 장소나 소속 관계를 지칭할 때 사용하는 전치사 '엔'을 사용하고 있다는 점이다.

또 하나는 헬라어를 모국어로 사용하면서 누구보다도 '엔'의 용법을 정확하게 파악할 수 있었던 초기 기독교 교부들이 자기 당대의 가부장적 문화와 종교적인 분위기에서 여성을 사도로 보는 것이 매우 부담이 되었음에도 불구하고, 한결같이 유니아를 사도로 호칭하는 데 주저하지 않았다는 점이다. 예를 들면, 3세기의 교부 오리겐(Origen, 185-253)은 "유니아가 존귀한 사도로 호칭되어야 할 만큼, 이 여성의 헌신이 얼마나 뛰어났었는가를 생각해 보시오"(*Homilies on Romans* 31)라고 했고, 4세기 교부 크리소스톰(John Chrysostom, 347-407)은 "유니아에게 존귀한 사도의 호칭을 붙일 만큼 이 여성의 지혜가 얼마나 탁월한가!"(*In ep. ad Romans* 31.2)라고 적었다.

바울이 본문에서 안드로니고와 유니아를 자신과 함께 (복음을 위해) 감옥에 갇혔던 사람으로, 자신보다 먼저 그리스도를 믿은 사람으로 말하고 있는 사실도 이들을 일반 평신도

---

[33] 역시 Cranfield, *Romans*, 789; K.H. Rengstorf, "ἐπίστημος," *TDNT* 7, 267; Jewett, *Romans*, 963; 박익수, 『로마서 주석 II』, 419.

가 아닌 바울 사도 자신처럼 복음 전파에 힘썼던 사도로 보게 한다.[34] 물론 우리가 이들을 예수님의 12 사도에 속한 자로 볼 필요는 없다. 그렇다고 해서 이 사도라는 호칭이 일반 신자들에게 마구 붙여질 수 있는 호칭도 아니다. 적어도 부활하신 예수님을 목격하고 복음 전파 사역에 동참하는 전문적인 사역자를 가리키고 있다고 보아야 한다.

바울은 종종 12 사도에 속하지는 않지만, 자신처럼 복음과 교회를 위해 헌신한 사람들을 사도로 호칭한다(고전 9:5; 12:28; 고후 8:23; 11:13; 엡 4:11). 바울은 12 사도에 속하지는 않지만, 그의 서신 여러 곳에서 자신을 사도로 호칭하는 데 주저하지 않았다. 사도행전 저자 누가도 바울과 바나바를 사도로 호칭한다(행 13:43; 14:3, 4, 14).

여성인 유니아가 평신도가 아닌 사도라는 특별한 직책을 가진 이로 불리고 있다는 사실은, 비록 이 구절이 여성의 성직에 대한 직접적인 언급은 없다고 하더라도, 초대교회 안에 이미 복음을 전파하고 가르치는 일을 수행하는 사도급의 뛰어난 여성 사역자가 있었음을 웅변적으로 보여주고 있다고 하겠다.[35]

우리가 바울 당대 헬라-로마 사회에서 남성이 여성을 접촉하기가 힘들었던 사회적 정황을 고려해 볼 때, 부부 선교사는 때때로 불가피하였을 것이다. 아마도 유니아는 남편 안드로니고와 함께 오순절 성령을 받은 120명의 그룹에 속하였거나(행 1:15; 2:1), 아니면 부활하신 예수님을 목격하였던 오백여 형제 중(고전 15:6)에 속하였을 수도 있다. 그래서 이들은 디아스포라 유대인으로서 일찍이 로마에 와서 로마 교회를 설립하는 데 주도적인 역할을 하였을 수도 있다.

이 때문에 바울은 그들에게 사도라는 호칭을 붙이는 데 주저하지 않았을 것이다. 그러므로 오늘날 다수의 신약학자도 유니아를 신약성경에 언급된 유일한 여성 사도로 보는 데 주저하지 않는다.[36] 이상에서 우리가 살펴본 것이 사실이라고 한다면, 로마서 16:7에 대한 잘못된 번역과 이해에 따라 유니아가 마치 여성 사도가 아닌 것처럼 오도하는 일은 더는 없어야 할 것이다. 이처럼 바울은 3-15절까지 자신의 동역자, 친척, 친구들과 평소 알고 있었던 많은 사람의 이름을 들어 문안 인사를 한 16절에서 그들이 거룩한 입맞춤[37]으로 서로 인사할 것과 그리스도의 모든 교회들의 문안 인사를 그들에게 전한다. 바울은 "그리스도의 모든 교회가 다 너희에게 문안 하노라"라는 말을 덧붙임으로써 로마서를 통해 소개한 그의 복음이 모든 교회에게 수용한 보편적인 복음임을 강조한다.[38]

---

34 이광우, 『개혁주의 신앙과 여성안수』(서울: 예영 커뮤니케이션, 2022), 101-103.
35 Gorman, *Romans*, 295: "실로 유니아는 신약성경에서 사도로 불리진 유일한 여성이다."
36 자세한 것은 E. J. Epp, *The First Woman Apostle* (Minneapolis: Fortress, 2005); D. A. Lee, *The Ministry of Women in the New Testament: Reclaiming the Biblical Vision for Church Leadership* (Grand Rapids: Baker Academic, 2021); C. L. Westfall, *Paul and Gender: Reclaiming the Apostle's Vision for Men and Women in Christ* (Grand Rapids: Baker Academic, 2016)을 보라.
37 "거룩한 입맞춤"은 초창기 기독교인들에게 있어서 서로 간의 용서와 받아들임의 표시였다.
38 Murray, *Romans*, 232; Schreiner, *Romans*, 798.

4. 거짓 교사들에 대한 경고, 인사와 송영(16:17-27)

로마서 전체의 마지막 부분인 16:17-27은 17-20절, 21-23절, 25-27절 등 세 부분으로 나눌 수 있다.

첫째 부분인 17-20절에서 바울은 로마의 기독교인들에게 앞으로 그들을 찾아올 수 있는 거짓 교사들의 정체성과 그들의 거짓된 교훈들을 미리 알려주면서 그들의 거짓된 가르침과 유혹에 넘어가지 않도록 경고를 한다.

둘째 부분인 21-23절에서 바울은 자신의 오랜 동역자인 디모데를 위시하여 그와 함께 있는 친척 누기오, 야손과 소시바더, 바울의 편지를 대서한 더디오, 바울과 교회를 돌보고 있는 가이오, 성의 재무관 에라스도 및 형제 구아디도의 문안 인사를 소개한다.

마지막 부분인 25-27절에서 바울은 자신의 복음의 성격에 대한 간략한 소개 및 진술과 함께 하나님께 영광의 송영을 돌린다.

1) 거짓 교사에 대한 경고(17-20절)

편지를 마감하는 마지막 부분에 가서 바울은 자필로 거짓 교사에 관한 엄중한 경고를 한다. 로마서를 마감하면서, 거짓 교사들에게 경고하는 것은 이상스럽게 보일 수 있다. 그러나 바울서신에서 이것이 전혀 생소한 것은 아니다. 예를 들면 고린도전서를 마감하는 16:22에서 바울은 주를 사랑하지 않는 거짓 신자들을 향해 저주를 선언한다. 그리고 갈라디아서를 마감하는 6:12-13에서도 자필로 갈라디아 교회를 혼란하게 하는 거짓 교사들의 정체성을 밝히면서, 갈라디아 교인들이 이들의 미혹에 넘어가지 않을 것을 거듭 경고하고 있다.

바울이 16:16에서 로마의 기독교인들을 향해 서로 거룩한 입맞춤으로 문안할 것[39]을 촉구할 수 있을 만큼 로마 교회를 사랑하고 있었다. 그리고 교회의 일치와 평화가 깨어지지 않을 것을 소망하고 있었다. 그러면서 갈라디아, 빌립보, 고린도, 데살로니가 교회 등 자신의 모든 선교 교회를 찾아와서, 자신의 사도직과 복

---

39 '거룩한 입맞춤'은 다른 바울서신에서는 물론(고전 16:20; 고후 3:12; 살전 5:26), 베드로전서(5:14)에서도 언급되고 있다. 아마도 초창기 기독교에서 성도 간의 사랑의 표시로 입맞춤이 있었던 것 같다.

음을 훼손하고 교회를 혼란하게 하였던 거짓 교사들이, 로마 교회도 찾아와서 교회의 일치와 평강을 위협할 것을 내다보았기 때문에, 로마 교회의 앞날을 염려하면서 미리 이들에 대한 경고를 주지 않을 수 없었던 것이다.

바울은 로마 교회 안의 강한 자와 약한 자의 갈등과 내분에 관해서는 사랑으로 서로 양보하고 서로를 받아야 한다고 권면하지만, 복음을 훼손하는 자들에 대해서는 일체의 관용을 보여주지 않는다. 이들은 예수 그리스도의 복음을 훼손하는 자들이기 때문이다.[40]

17절에서 바울은 거짓된 교사들이 등장하게 되면 그들이 교회 안에서 무슨 일을 할 것을 알려주고 이들에 대한 대책을 제시한다. 그들이 오게 되면 교회의 이단들이 늘 그렇게 해오는 것처럼, "너희가 배운 교훈을 거슬러 분쟁을 일으키고" 그 다음에 "너희들을 넘어지게 한다"는 것이다. 바울은 그럴 경우 그들과 상대하지 말고 즉각 떠나야 한다고 말한다(살후 3:14 참조). 그들을 방치할 경우 오히려 교회 존립에 위험을 초래할 수 있기 때문이다. 거짓 교사들에 관해서는 일체의 관용이나 틈을 보여서는 안 된다는 것이다.

18절에서 바울은 이들의 정체성을 좀 더 구체적으로 밝힌다. 이들은 "우리 주 예수 그리스도를 섬기지 아니하고, 다만 자기들의 배만 섬기고 교활한 말과 아첨하는 말로 순진한 자들의 마음을 미혹하는 자"라는 것이다.

바울이 언급하고 있는 로마 교회를 찾아오게 될 거짓 교사들은 누구인가?

물론 바울이 로마서에서 이들의 출신이나 이름을 들어 구체적으로 말하지 않고 있기 때문에 그들의 정체를 정확하게 알 수는 없다. 그러나 여러 가지 정황을 볼 때 이들이 바울의 이방인 선교 교회를 찾아다니면서 할례와 율법과 모세의 이름으로 바울의 사도직과 복음을 훼손시키고, 모세의 율법 준수를 예수 그리스도에 대한 믿음과 함께 구원의 필수적인 부분으로 가르치면서 교회를 혼란하게 한 유대주의자들임이 분명하다고 하겠다.[41]

왜냐하면, 바울이 이들을 잘 알고 있었으며 로마서에 소개되고 있는 이들의 활동과 정체성의 표현들이 갈라디아서, 빌립보서, 고린도전서 등에 소개되고 있는 유대주의자들에 대한 묘사와 너무나 유사하기 때문이다. 더구나 유대인 기독교인들과 이방인 기독교인들이 함께 있으면서 양자 간에 적지 않은 긴장을 가지고

---

40 바울은 갈라디아서에서 이들을 다른 복음을 전하며, 그리스도의 복음을 변질시키는 자로 간주하고 저주를 선언하고 있다(갈 1:7-8).
41 Schreiner, *Romans*, 803.

있는 로마 교회는 이들 유대주의자들의 접근과 활동이 용이할 수 있었을 것이기 때문이다.

그러나 우리가 19절에서 엿볼 수 있는 것처럼 바울은 로마 교회에 대한 신뢰를 저버리지 않는다. 곧 1:8의 서문에서 "너희 믿음이 온 세상에 전파됨이로다"라고 칭찬했던 것처럼, "너희의 순종함이 모든 사람에게 들리는지라"(19절)라고 칭찬하면서, 로마 교인들의 철저한 믿음의 순종이 거짓 교사들의 미혹을 능히 물리칠 수 있을 것으로 본다.

오히려 바울은 20절에서 "평강의 하나님께서 속히 사탄을 너희 발 아래에서 상하게 하시리라"고 하면서, 로마의 기독교인들이 하나님의 능력에 의해 사탄의 도구로 전락한 이들 거짓 교사들을 완전히 소멸시킬 수 있을 것으로 본다. 그래서 바울은 20절 하반 절에서 로마의 기독교인들을 향해 "우리 주 예수의 은혜가 너희에게 있을지어다"는 축복을 선언한다. 여기서 우리는 건강한 교회는 설사 거짓 교사들과 이단들이 침투해 온다고 할지라도, 그들의 유혹에 넘어가지 않음을 물론 오히려 그들을 배척할 수 있는 자생력을 가지고 있음을 엿볼 수 있다.

2) 동역자들의 문안 인사(21-23절)

21-23절은 바울과 함께 있는 8명의 여러 동역자와 일꾼들의 문안 인사를 소개한다. 제일 먼저 소개하는 사람은 바울의 제2차 선교 여행 때부터 바울과 동행하면서(행 16:1) 바울의 선교 사역을 돕고 있는 디모데이다. 그는 때때로 바울을 대신하여 고린도 교회(고전 4:17; 16:10-11), 빌립보교회(빌 2:19-24), 에베소 교회(딤전 1-2)에 파송되기도 했다.

그 다음에 소개하는 누기오, 야손, 소시바더 등은 모두 유대인 기독교인으로 바울의 선교 사역을 옆에서 돕고 있는 동료 일꾼들일 것이다. 누기오는 누가복음과 사도행전을 쓴 의사 누가일 수도 있으나 확인하기는 어렵다. 야손은 바울이 데살로니가를 방문하였을 때 바울을 자기 집에 머물게 한 그 야손(행 17:5-9)일 가능성이 크다. 소시바더는 사도행전 20:4에 언급된 베뢰아 사람 부로의 아들 소바더와 동일 인물일 가능성이 높다.

바울을 대신하여 로마서를 대필한 더디오는 특별히 알려진 것이 없다. 바울이 글을 알고 쓸 수 있는 사람이었지만, 당시 가죽 종이나 파피루스 종이에 글을 쓰는 것은 전문적인 기술을 필요하였기 때문에, 더디오는 자발적인 봉사자로 혹은 바울의 요청에 의해 바울의 대필자로 활동하게 된 사람인 것 같다. 우리는 더디오가 로마서를 작성하는 데 어느 정도 영향력을 미쳤을 것으로 생각할 수도 있겠지만, 누구보다도 탁월한 문필가인 바울이 이처럼 중요한 편지를 쓰는 데 있어서 편지의 스타일이나 내용에 있어서 더디오의 도움을 받았을 것으로 생각할 수 없다.

아마도 더디오는 바울이 한 구절 한 구절 불러 주는 대로 받아 적었을 것이다.[42] 가이오는 고린도전서 1:14에 언급되어 있는 그 가이오일 것이다. 본문에 그를 가리켜 "나와 온 교회를 돌보아주고"라고 수식하고 있는 점을 볼 때, 그는 고린도 교인들이 유대인 회당에서 쫓겨났을 때 바울과 고린도 교인들을 자기 집으로 영접한 디도 유스도와 동일 인물일 것이다(행 18:7). 그럴 경우 성(姓)을 포함한 그의 이름은 가이오 디도 유스도가 된다. 아마도 바울은 그의 집에 거주하면서 로마서를 썼을 것이다.

에라스도는 재무관으로서 고린도 성의 중요한 관리 중 한 사람이었을 것이다. 그가 사도행전 19:22과 디모데후서 4:20에 언급되어 있는 에라스도와 동일 인물인지 확인하기는 어렵다. 바울이 마지막으로 형제로 언급하고 있는 구아도는 신약성경 그 어느 곳에도 나타나지 않는다. 그는 동료 신자이거나 로마서를 대서한 더디오의 형제일 것이다. 그러나 정확하게 확인하기는 어렵다.

3) 복음의 재진술(결언 중의 결언) (25-27절)

로마서의 마지막 부분을 장식하고 있는, 사실상 로마서의 총결론에 해당하는 25-27절의 긴 송영은 한 문장으로 구성되어 있다.[43] 여기서 바울은 로마서에 등장하는 중요한 용어들, 특별히 로마서 서문(1:1-17)에 등장하는 용어를 사용하여, 로마서 전체의 핵심적인 메시지를 간략하게 재진술하고, 하나님께 영광을 돌

---

42 Stuhlmacher, *Romans*, 254-55; Schreiner, *Romans*, 808.
43 어떤 사람들은 이 마지막 송영이 본래 바울이 썼던 로마서에 있었던 것이 아니라 후대에 삽입된 것이라고 보고 있지만, 이 송영이 로마서 전체의 내용을 대변할 만큼 용의주도하게 구성되어 있다는 것은 이것이 본래 로마서에 속한 진정한 바울의 것임을 보여준다. L. Hurtado, "The Doxology at the End of Romans," eds. E.J. Epp and G.D. Fee, *New Testament Textual Criticism: Its Significance for Exegesis. Essays in Honor of Bruce M. Metzger* (Oxford: Clarendon, 1981), 185-99; I.H. Marshall, "Romans 16:25-27-An Apt Conclusion," in *Romans & the People of God*, 170-184를 보라.

리면서, '아멘'으로 로마서를 끝낸다. 그런 점에서 이 부분은 로마서의 서문 인사 (1:1-17)와 평행하는 매우 중요한 부분이다. 우리가 이 부분을 "로마서의 결언 중의 결언"으로 부르는 이유가 여기에 있다.

일반적으로 편지를 쓰는 사람이 제일 비중을 두는 부분은 편지의 시작과 끝이다. 편지의 시작(서언)은 편지 전체의 내용과 흐름을 보여주기 때문이라고 한다면, 편지의 끝은 지금까지 써왔던 편지의 전체 내용을 간략하게 요약하기 때문이다.

그래서 편지의 시작과 끝만 읽어보아도 편지의 전체 성격과 내용을 알 수 있다. 따라서 편지를 쓰는 사람은 자연히 편지의 시작과 끝부분을 중요하게 생각하고 그것들을 매우 용의주도하게 구성한다. 탁월한 문필가인 바울도 이 점에서 예외가 아니다. 오히려 바울은 이 부분을 신중에 신중을 더해 작성하였음이 분명하다. 우리는 로마서 서문의 중요한 내용이 이 끝부분에서 반복되고 있다는 사실에서 이 점을 확인할 수 있다. 몇 가지 요점을 살펴보자.

(1) 서언에서 바울은 자신을 하나님의 복음을 위하여 특별히 선택된 사도임을 강조하였다(1:1). 여기서도 그 복음을 "나의 복음"이라고 하면서, 자신이 로마의 기독교인들을 복음 위에 견고하게 설 수 있도록 하기 위해 하나님이 선택하신 사람임을 밝힌다.

(2) 서언에서 자신에게 맡겨진 복음이 하나님의 아들 메시아 예수에 대한 것임을 강조하였는데(1:3-4), 여기 결언에서도 복음이 "메시아 예수에 대한 메시지"[44] 임을 강조한다.

(3) 서문에서도 복음이 '선지자들을 통해서 증거를 받았음'을 강조하였는데, 여기서도 '선지자들의 성경을 통하여 나타나고 있음'을 강조한다.

(4) 서언에서 '복음 안에 하나님의 의가 나타나고 있음'을 강조하였는데(1:17), 여기 결언에서도 '메시아 예수에 대한 복음이 비밀의 계시를 따라 나타나고 있음' 을 강조한다.

---

44 여기 '메시지'(τὸ κήρυγμα)와 '메시아 예수'('Ἰησοῦ Χριστοῦ)와의 속격 관계를 주격 속격인 '메시아 예수로부터 오는 메시지'로 볼 수도 있지만, 여기서는 목적 속격인 '메시아 예수에 대한 메시지'로 보는 것이 바람직하다(역시, Murray, *Romans*, 240; Crandfield, *Romans*, 810; Käsemann, *Romans*, 424-25; Dunn, *Romans*, 914; Schreiner, *Romans*, 785).

(5) 서문에서 바울이 자신의 사역이 '모든 민족 가운데 믿음의 순종을 가져오기 위함'(1:5)을 강조하였는데, 여기서도 자신의 사역이 동일하게 '모든 민족 가운데 믿음의 순종을 가져오기 위함'임을 강조한다.

(6) 서문에서 바울은 그의 사역을 통하여 로마의 독자들을 견고하게 하려 한다고 말하였는데(1:11), 여기서도 하나님이 그가 전하는 복음을 통하여 독자들을 견고하게 하심을 강조한다.

(7) 서문 인사가 로마서의 중심 주제인 하나님께서 그의 아들 예수 그리스도를 통하여 자신의 약속을 지키신 그의 언약적 신실하심에 초점이 맞추어져 있었는데, 여기 결언에서도 신비의 계시(복음)를 나타내신 하나님의 동일한 신실하심에 초점이 있다.

이와 같은 모든 사실은 바울이 로마서의 결언 중의 결언인 이 부분을 얼마나 용의주도하게 구성하였는가를 알려준다.[45] 이러한 사실을 염두에 두면서 이제 이 결언 부분을 살펴보자.

로마서의 이 마지막 결언에 대한 우리말 번역은 복잡하게 되어있지만, 헬라어 구문의 순서를 보면 단순하다. 모든 초점은 하나님께 있다. 바울은 하나님께서 메시아 예수에 대한 복음을 통하여 로마의 기독교인들을 견고하게 하실 것이라고 말한다. 그분이 그들의 믿음과 삶을 견고하게 하실 것이라는 것이다. 이것이 이 결언 문장의 중심이다. 그러기 때문에 바울은 이 하나님께 모든 영광을 돌리고 있다. 사실상 이것이 로마서의 궁극적인 목적이다.

그렇다면 하나님께서 무엇을 통하여 로마의 기독교인들을 견고하게 하실 것인가?

바울은 세 가지를 제시한다.

하나는 "나[바울]의 복음과 예수 그리스도에 대한 메시지[설교]"이다. 바울의 복음과 예수 그리스도에 대한 설교를 통해서 하나님은 로마의 기독교인들을 견고하게 하신다는 것이다. 여기 '바울의 복음'과 '예수 그리스도에 대한 설교'는 사실상 동일한 것이다. 왜냐하면, 바울의 복음은 예수 그리스도에 대한 설교이기 때문이다. 예수 그리스도에 대한 설교, 즉 예수 그리스도가 중심 내용이 되는 설

---

45 Schreiner, *Romans*, 784-785.

교가 복음이며, 그것이 교회를 세우고, 변화시키고, 견고하게 한다는 것이다. 예수 그리스도에 대한 설교, 이 복음이 복음을 믿는 모든 자를 구원하게 하는 하나님의 능력이기 때문이다(1:16).⁴⁶

또 하나는 '비밀의 계시'이다. 바울은 이 '비밀'을 가리켜 오랫동안 감추어져 있다가 이제는 나타났고, 선지자들의 글을 통하여 모든 민족에게 알려졌다고 말한다. 이 비밀은 예수 그리스도를 통한 하나님의 구원 역사를 지칭한다.

곧 그의 성육, 그의 낮아지심, 그의 십자가의 죽음과 부활, 그의 높아지신 승천과 다스림 그리고 재림, 그를 통한 유대인과 이방인을 포함한 모든 민족의 구원이 이 비밀에 포함된다. 메시아가 고난의 종으로 오셔서 십자가의 죽음을 당하실 것과, 하나님께서 메시아 예수를 통하여 이방인들도 구원시킬 것임을 유대인들은 알지 못했다. 유대인들은 하나님의 지혜인 이 비밀을 알지 못했기 때문에 영광의 주님을 십자가에 못 박았고(고전 2:7-8), 이방인 신자들을 배척하였다.

복음서에서 예수는 이 비밀을 가리켜 '하나님의 나라의 비밀'이라고 불렀다(막 4:11). 골로새서 1:26-27에서 바울은 이 비밀을 가리켜, "만세와 만대로부터 감추어졌던 것인데, 이제는 그의 성도들에게 나타났고, 하나님이 그들로 하여금 이

---

46 바울은 그가 복음을 전파하고 있다는 의미에서 "복음"을 때때로 "나의 복음"(롬 16:25) 혹은 "우리의 복음"(고후 4:3; 딤전 1:5; 딤후 2:14)으로, 복음의 대상과 내용 그리고 복음의 주체와 관련해서는 자주 "하나님의 복음"(롬 1:1; 15:16; 살전 2:2,8,9; 딤전 1:11), "그리스도의 복음"(롬 1:9; 15:19; 고전 9:12; 고후 2:12; 4:4; 9:13; 10:14; 갈 1:7; 빌 1:27; 살전 3:2; 살후 1:8)으로 부르고 있지만, 바울은 자신의 선교 사역과 설교를 그가 전파하는 복음과 분리시키지 않고 오히려 동일시한다. 바울은, 첫째, 그가 "사도로 부름을 받은 것"과 "하나님의 복음을 위해 택함을 받은 것"을 서로 일치시키면서(롬 1:1; 고전 1:17; 골 1:23; 딤후 1:11), 자신의 전 선교 사역을 "그리스도의 복음을 전한 것"으로 요약한다(롬 15:19; 고후 10:16; 갈 2:2; 4:13; 골 1:23; 살전 2:2, 8,9; 딤후 1:11). 둘째, 그가 전한 복음과 "하나님" 혹은 "그리스도"를 서로 분리시키지 않고 동일시한다. 즉 그에게 있어서 "복음을 전한다"는 것은 "그리스도를 전파하는 것"이요(롬 16:25; 고전 1:23; 2:2; 갈 1:16; 엡 3:8), "하나님 혹은 하나님의 말씀을 전파하는 것"(엡 3:9; 살전 2:13; 딤전 1:11)이다. 이 점은 바울의 서신들이 하나님과 그리스도에 대한 많은 서술(내러티브)을 하고 있는 사실에서 확인된다. 셋째, 바울은 그의 서신에서 복음을 자주 구원과 연결시킨다. 그가 전한 복음은 "모든 믿는 자에게 구원을 주는 하나님의 능력"이요(롬 1:16), 그가 전하는 복음은 "믿음의 말씀"(롬 10:8)이며, 믿는 자는 구원을 받게 된다(롬 10:9-10; 고전 4:15; 15:1-2). 그래서 바울은 복음을 가리켜 "구원의 복음"으로 부른다(엡 1:13). 넷째, 바울은 "복음"과 "삶"(윤리)을 서로 분리시키지 않는다. 오히려 삶에 대한 권면을 복음에 포함시킨다. 그에게 있어서 복음은 "믿음의 순종"(롬 1:5; 16:26; 고전 15:2; 고후 9:13), "행함"(고전 9:23; 갈 2:14), "합당한 삶"(빌 1:27)을 요구하고 있고, 이들이 없을 경우 "심판"(롬 2:16), "형벌"(살후 8)에 처하게 된다.

비밀의 영광이 이방인 가운데 얼마나 풍성한지를 알게 하려 하심이라. 이 비밀은 너희 안에 계신 그리스도시니라"라고 말하고 있다. 그런 점에서 '복음' '메시아 예수에 대한 케뤼그마', '비밀의 계시'는 서로 동일시될 수 있다.[47]

마지막 하나는 '영원하신 하나님의 명령'이다. 이 명령은 창세 전부터 인류의 구원을 작정하신 하나님의 영원하신 뜻을 가리킨다(엡 1:4; 히 1:3). 그런데 이 세 가지는 서로 나뉠 수 없는 것이다. 왜냐하면 비밀의 중심 내용이 바로 바울 복음의 핵심이고, 로마서의 주인공인 예수 그리스도이며, 복음의 비밀은 영원하신 하나님의 뜻에 기원하고 있기 때문이다.

중요한 것은 이 세 가지, 곧 '메시아 예수 그리스도에 대한 복음', '비밀의 계시', '하나님의 명령'이 바로 로마의 기독교인들은 물론, 모든 민족으로 하여금 '믿음의 순종'을 가져오게 한다는 것이다. 단순히 '믿음'이 아니라 순종을 동반하는 살아 있는 참 믿음(롬 1:5)을 가져오게 한다는 것이다. 하나님은 예수 그리스도가 그 중심인 복음과, 비밀과, 명령을 통해서 로마의 기독교인들은 물론, 모든 시대 모든 민족에게 믿음의 순종을 가져오고, 그들을 견고하게 하신다.

여기서 우리가 잊지 않아야 할 중요한 사실은 예수님의 하나님 나라 설교인 산상설교(마 5-7장)가 그 안에 많은 제자도에 대한 교훈을 담고 있는 것처럼, 바울에게 있어서 복음은 제자도가 없는, 삶의 변화가 없는 그런 값싼 복음이 아니라는 것이다. 오히려 그가 전파하는 복음은 믿는 사람의 삶 전체를 변화시키는 하나님의 위대한 능력이라는 것이다.

로마서가 우리가 무엇을, 어떻게 믿어야 할 복음만이 아니라(1-11장), 또한 우리가 세상에서, 교회 안에서 어떻게 살아야 할 것인가에 대한 복음(12-16장)을 말하고 있다는 것이다. 즉 바울의 복음은 단순히 신학적인 이론이 아니라, 오히려 처음부터 끝까지 모든 민족을 '믿음의 순종'에로 나아가게 하는 실천적인 것이라는 것이다. 우리가 로마서의 이 마지막 부분을 로마서 전체의 총 결론으로 보아야 하는 이유도 여기에 있다.[48]

---

47 존 머리, 『로마서 주석』, 766.
48 존 스토트, 『로마서강해』, 542: "그렇다면 바울의 로마서의 주요 주제들이 이 송영에 요약되어 있다고 말하는 것은 타당하다. 그 주제들이란 구원하시고 견고케 하시는 하나님의 능력, 한때 감추었다가 이제는 나타난 복음과 그 비밀인 십자가에 못 박히시고 다시 살아나신 그리스도, 구약성경의 그리스도 중심적인 증거, 만민에게 그 복음을 알리라고 하시는 하나님의 위임, 모든 민족에게 믿음의 순종으로 반응하라는 명령 그리고 영원토록 모든 영

이러한 마지막 결언과 함께 바울은 최종적으로 "지혜로우신 하나님께 예수 그리스도로 말미암아 영광이 세세 무궁토록 있을지어다"라는 송영과 함께 "아멘" 하고 영광을 돌리면서 편지를 마감하고 있다. 즉, 로마서의 궁극적인 목적은 바울 자신이나 로마의 기독교인이나 그 밖의 어떤 사람의 이름과 영광을 위한 것이 아니라, 오직 영원토록 하나님께 영광을 돌리는 데 있다는 것이다. 물론 이 하나님께 대한 영광은 항상 예수 그리스도를 통하여 이루어지는 것이다.

로마서는 하나님께서 창조하신 인류가 범죄하고 타락하여 하나님께 영광을 돌릴 수 없었던 비참한 상태의 내러티브로 시작하고(1:18-3:20), 하나님께서 구약의 약속대로 타락한 인류를 예수 그리스도의 십자가 사건을 통하여 구속하여 자기 백성으로 삼으시는 내러티브로 반전시키면서(3:21-5:21), 하나님께서 성령을 통하여 예수 그리스도의 구속 사건을 믿는 모든 자기 백성에게 구원을 적용시키시는 내러티브로 발전시켜(6:1-11:36), 하나님께서 부활하신 그리스도와 성령을 통하여 자기 백성으로 하여금 하나님께 영광을 돌리며 구원의 절정과 완성에 도달하도록 하는 내러티브(12:1-16:27), 곧 복음의 대하드라마이다.

로마서는 한마디로 하나님의 위대한 구원 서사시요, 구원 드라마라 할 수 있다.

Soli Deo Gloria (오직 하나님께 영광을!)

광을 받으시기에 합당하신 하나님의 구원의 지혜이다."

부록

부록 1 로마서와 "새관점"(the New Perspective on Paul)

부록 2 바울의 윤리적 교훈의 특징: 직설법과 명령법

부록 3 그리스도의 능동, 수동 순종 논쟁, 무엇이 문제인가?
      -사도 바울의 갈 3:12와 롬 10:5에 있는 레 18:5 인용을 중심으로-

부록 1

로마서와 "새관점"(the New Perspective on Paul)

1. 들어가는 말

샌더스[1](E.P. Sanders)는 1977년 "*Paul and Palestinian Judaism*"이란 책에서, 사도 바울 시대의 유대교는 율법을 지킴으로 공로를 쌓아 구원에 이르려고 하는 "율법주의적 종교"(Legalism)가 아니라, 하나님의 선행적(先行的)인 은혜에 의한 언약 백성 선택과 율법을 통한 언약 백성의 의무를 강조하는 "언약적 율법주의"(Covenantal Nomism)임을 강조하였다. 그리고 샌더스가 제안한 새로운 유대교 관점에서 바울을 새롭게 보려는 "새관점의 바울 연구"(the New Perspective on Paul)가 태동(胎動)되었다.[2]

"새관점의 바울 연구"(이하 "새관점")는 기존의 바울 연구(편의상 이하 "옛 관점") 를 잘못된 유대교 이해에 근거한 잘못된 바울 연구로 보고, 올바른 유대교 이해에 근거하여 바울을 바르게 보자는 운동으로 자처한다.[3] 샌더스, 던(James Dunn),

---

* 이 글은 2008년 12월 12일 안양대학교에서 개최된 한국신약학회 제2차 콜로키움, "바울 신학의 'New Perspective' 논쟁과 그 의미"에서 필자가 발표한 "새관점의 바울 연구, 무엇이 문제인가? 로마서를 중심으로 하여"를 약간 수정 보완한 것임을 밝혀둔다.

1 E.P. Sanders, *Paul and Palestinian Judaism. A Comparison of Pattern of Religion* (Philadelphia: Fortress Press, 1977). 이 책은 2018년 『바울과 팔레스틴 유대교』란 제목으로 번역 출판되었다.

2 "새관점의 바울 연구"(the New Perspective on Paul)라는 용어가 처음 사용된 곳은 James D.G. Dunn이 1982년 11월 4일 영국 University of Manchester에서 발표한 "The New Perspective on Paul"라는 논문에서였다. 이 논문은 *Bulletin of the John Rylands University Library of Manchester* 65 (1983), 95-122와 그의 책, *The New Perspective on Paul,* revised edition (Grand Rapids: Eerdmans, 2008), 99-120에 수록되어 있다.

3 예를 들면 Dunn의 제자로서 새관점을 적극적으로 옹호하는 Don Garlington는 그의 논문, "The New Perspective on Paul: An Appraisal Two Decades On"(www.thepaulpage.com/new-perspective-pdf), 1-21에서 새관점을 가리켜, 천동설에서 지동설로 바뀐 "코페르니쿠스 혁명"이라고 부르고 있다. Dunn, *The New Perspective on Paul,* 16-17에서 새관점의 특징을 다섯 가지 항목으로 간략하게 요약한다. 웹싸이트 www.thepaulpage.com에 들어가면 새관점

라이트(N.T. Wright)와 같은 새로운 바울 연구 주창자들에 따르면, 루터(M. Luther)와 칼빈(J. Calvin) 등 16세기의 종교개혁자들은 자기 당대 로마 가톨릭 교회의 상황을 1세기 유대교 상황과 동일시하고, 로마 가톨릭 교회를 비판하는 자신들의 입장을 1세기 바울의 입장과 동일시함으로써 1세기의 유대교와 바울을 왜곡(歪曲)했다.

그래서 서구 기독교 안에 "반유대인 운동"(Anti-Semitism)을 조장했으며, 그 결과 제2차 세계대전 중 수백만의 유대인이 학살당하는 비극(the Holocaust)을 가져왔다.[4] 따라서 새관점 주창자들은 지난 오백 년 동안 기독교 안에 깊이 뿌리 내린 잘못된 유대교 이해, 잘못된 바울과 그의 가르침에 대한 해석 그리고 거기에 뿌리를 두고 있는 "반유대인 운동"을 청산하고[5] 1세기 유대교와 바울로 돌아가서 신약성경을 올바르게 이해하자는 운동으로 자처한다. 이제 새관점은 적지 않은 사람들에게 선택의 문제가 아닌 당위(當爲)의 문제가 되고 있다.[6]

새관점의 주장처럼 1세기의 유대교는 과연 "율법주의"[7]가 아닌 "언약적 율법주의"인가?

다른 말로 다시 표현하면 바울 당대 유대교는 '인간의 행위'가 아닌 '하나님의 은혜'를 강조하는 은혜의 종교인가?

에 관한 수백 종류의 자료를 발견할 수 있다.

4 E.P. Sanders, *Paul, A Very Short Introduction* (Oxford: Oxford University Press, 1991), 53-58; James D.G. Dunn, *Romans 1-8*, WBC, Vol 38A (Dallas: Word, 1988), lxv; N.T. Wright, *What Saint Paul Really Said* (Grand Rapids: Eerdmans, 1997), 32, 78-87.

5 하버드 대학교 종교학 교수였던 George Foot Moore는 그의 논문, "Christian Writers on Judaism," *HTR* XIV (1921): 197-254에서 16세기 루터만이 아니라, 이미 1세기의 바울이 유대교의 율법과 은혜의 종교인 유대교를 왜곡시켰다고 주장하였다. 보다 자세한 것은 3권으로 되어 있는 그의 책, *Judaism, In the First Centuries of the Christian Era: The Age of Tannaim* (reprinted; Peabody: Hendrickson, 1997)을 보라.

6 미국의 경우 새관점은 이제 학문적인 토론의 장을 뛰어넘어 같은 신학대학원 교수들과 목회자들 사이에도 찬반이 엇갈려 신학생들과 교인들에게 혼란을 불러 일으키고 있다. 새관점이 교단 신학교와 교회 안에까지 영향을 미쳐오자 급기야 미국의 대표적인 복음주의 장로교단 총회(PCA)는 2007년 6월, 새관점의 주된 가르침이 교단의 표준 신앙고백서인 웨스트민스터 문서와 일치하지 않는다고 보고, 새관점의 추종자들을 소속 노회 법정에 출두시킬 것을 결의하였다.

7 필자가 여기서 "율법주의"라는 말을 사용할 때는 현재나 미래의 구원 문제에 있어서, "오직 믿음"(*sola fide*), "오직 은혜"(*sola gratia*), "오직 그리스도"(*solus Christus*)라는 원리를 부정하고, 선행을 포함하여 어떠한 형태의 율법/율법의 행위, 인간의 행위, 공로, 신인 협력의 자리나 역할을 두는 보다 폭넓은 의미로 사용하고자 한다.

바울이 로마서(역시 갈라디아서)에서 "율법의 행위가 의(義)의 수단이 될 수 없다"고 거듭 강조할 때(롬 3:20, 28; 갈 2:16), 이스라엘이 "믿음을 의지하지 않고 행위를 의지한다"(롬 9:32), "하나님의 의를 모르고 자기 의를 힘써 세운다"고 말할 때(롬 10:3), 그리고 "내가 가진 의는 율법에서 난 것이 아니요"(빌 3:9)라고 말할 때, 그는 유대교의 율법주의를 염두에 두고 그렇게 말했는가, 아니면 언약적 율법주의를 염두에 두고 말했는가?

루터와 칼빈 등 16세기의 종교개혁자들은 과연 1세기의 유대교와 바울을 왜곡시키는 잘못을 범했으며, 후대 교회에 잘못된 유산을 물려주었는가?

따라서, 이제 종교개혁자들이 물려 준 바울에 관한 해석들, 이를테면 오직 믿음으로, 오직 은혜로 구원 받는다는 "이신칭의 교리", "율법/율법의 행위"가 아닌 성령에 의한 성화 교리, 사회적-인종적 동등성보다 개인의 속죄와 구원을 우선시(優先視)하는 유산들을 잘못된 것으로 청산하거나 혹은 수정하여, 바울을 새롭게 접근하고 해석하여야 하는가?

필자는 이 글에서 로마서를 중심으로 새관점이 옛 관점을 향해 제기한 핵심적인 세 가지 논점들인 "1세기의 유대교의 정체성", "이신칭의", 그리고 "율법/율법의 행위" 등에 대한 새관점의 해석들이 정당한지, 따라서 이제 우리는 종교개혁자들이 물려준 옛 관점을 모두 청산하여야 하는지, 아니면 일부 수정이 필요하나 옛 관점의 기본적인 내용은 여전히 정당한지를 살펴볼 것이다.

2. 새관점이 제기한 문제들

1) 1세기의 유대교의 정체성, "율법주의"(Legalism)인가, "언약적 율법주의"(Covenantal Nomism)인가?

새관점의 '아르키메디안 포인트'(Archimedean Point), 곧 모든 새관점주창자들이 서 있는 공통분모와 출발점은 샌더스가 제안한 1세기의 유대교가 "율법주의"가 아닌 "언약적 율법주의"이라는 주장이다.[8] 던과 라이트는 여러 부분에 걸쳐 샌더

---

8 Seyoon Kim, *Paul and the New Perspective. Second Thoughts on the Origin of Paul's Gospel* (Grand Rapids: Eerdmans, 2002), 3; Mark M. Mattison, "A Summary of the New Perspective on Paul" (www.thepaulpage.com/Summary.html), 2-3.

스와 의견을 달리하지만, 이 부분에 있어서는 전적으로 그와 의견을 같이하고, 이것을 사실상 샌더스의 최대 업적으로 간주한다.[9]

따라서, 새관점의 정당성 여부는 샌더스가 제안한 언약적 율법주의의 정당성 문제와 불가분리의 관계를 갖고 있다. 1세기 유대교가 옛 관점이 주장하는 "율법주의"인가, 아니면 새관점이 주장하는 "언약적 율법주의"인가? 우선 이 문제에 앞서 루터와 칼빈이 바울 당대의 유대교를 율법주의로 규정한 것은 사실이라는 점은 인정해야 할 것이다.[10]

루터는 그의 "갈라디아서 강론"에서 사도 바울이 자기 당대의 유대인들이 율법과 할례를 구원의 필수적인 요소로 간주하고 있었음을 지적하고 있다고 보았다.[11] 칼빈 역시 그의 "로마서 주석"에서 바울 당대의 유대인들이 그들 자신의 행위를 통한 의, 곧 율법의 의를 추구함으로써 하나님의 의를 외면하는 무지에 빠져 있었다고 보고 있다.[12]

반면에 샌더스는 그의 책, "*Paul and Palestinian Judaism*"을 통해 제2성전 시대의 초기 랍비문헌, 사해문서, 가경과 위경의 여러 문헌, 이를테면, Ben Sirach, I Enoch, Jubilees, The Psalms of Solomon, IV Ezra 등을 자세하게 검토한 다음, 1세기의 유대교는 율법주의가 아니라, 하나님의 선행적인 주권과 은혜에 의한 이스라엘 백성의 언약적 선택("Getting in")과 율법을 통한 이스라엘 백성의 신분 유지("Staying in")를 강조하는 "언약적 율법주의"를 발견한다. 샌더스는 언약적 율법주의를 다음과 같이 설명한다.

> 하나님은 이스라엘을 선택하셨다. 이스라엘은 그 선택을 받아들였다. 하나님은 왕으로서 이스라엘에게 그들이 할 수 있는 한 최선을 다해서 순종하여야 할 계명들을 주셨다. 순종의 경우 보상이 주어졌고, 불 순종의 경우 심판이 주어졌다. 그렇지만 순종에 실패하였을 경우 인간은 하나님이 규정한 속죄의 수단을 의지하여야

---

9   Dunn, *Romans*, ixv; *The Theology of Paul the Apostle* (Grand Rapids: Eerdmans, 1998), 335-40; Wright, *What Saint Paul Really Said*, 32.
10 F. David Farnell, "The New Perspective on Paul: Its Basic Tenets, History, and Presupposition," *TMSJ* 16/2 (Fall 2005), 195.
11 Martin Luther, "Lectures on Galatians"(1553), in *Luther's Works,* ed. Jaroslav Pelikan (St. Louis: Concordia, 1963) 26:33, 105, 124-76, 226, 396-97.
12 John Calvin, "Romans," *Calvin's Commentaries,* trans. T.H.L. Parker, eds. David W. Torrance and Thomas F. Torrance (Grand Rapids: Eerdmans, 1965) 8:221-22. 역시 그의 *Institutes* 3:14.1-17; 3:15.1-7.

한다. 그 수단에는 회개도 요구되어 있다. 그가 하나님의 언약에 머물려는 바람을 계속 유지하는 한 그는 하나님의 언약적 약속에 들어 있는 유업-다가올 세상에서의 생명을 포함하여-을 누릴 수 있을 것이다. 순종하려는 인간의 의지와 노력은 언약에 머무는 조건이다. 그러나 그들이 언약을 보수로 받는 것은 아니다.[13]

샌더스의 이와 같은 1세기 유대교에 대한 재구성은 정당한가? 그가 제안한 "언약적 율법주의"는 제2성전시대의 유대교를 정확하게 대변하고 있는가?[14] 우선 샌더스가 제2성전 시대의 방대한 유대교 자료를 연구하여 예수와 바울 당대의 유대교에 대한 우리의 이해 지평을 넓혀 주었다는 점, 이를테면, 주전 2세기부터 주후 2세기까지의 현존하는 많은 유대교 문헌들 연구에 근거하여 1세기의 유대교가 율법주의가 아닌 언약적 율법주의를 갖고 있음을 밝혀준 점은 충분히 인정하여야 할 것이다. 하지만, 종교개혁자들과 그들의 후계자들이 철저한 역사적인 연구나 문헌의 검토 없이 1세기의 유대교를 획일적으로 "율법주의"로 단정하였다는 비난을 피할 수 없다고 한다면, 샌더스 역시 제2성전 시대의 다양한 유대종파와 유대 문헌과 그리고 그 배후에 있는 다양한 유대 공동체의 신앙과 삶에 대한 충분한 고려 없이 제2성전 시대의 유대교를 획일적으로 언약적 율법주의로 단정하고 있다는 비난을 피하기 어렵다는 점도 똑같이 지적되어야 할 것이다.[15]

---

13 Sanders, *Paul and Palestinian Judaism*, 180. 역시 같은 책, 75: "요약하자면, 언약적 율법주의는 하나님의 계획 안에서 한 사람의 위치는 언약을 기반으로 확립되었으며, 그리고 언약은 인간의 합당한 응답으로써 언약의 계명들에 관한 순종을 요구하고, 동시에 계명을 어겼을 때 속죄의 수단을 제공하고 있다는 입장이다." Sanders는 같은 책 결론 부분(p. 422)에서 "Covenantal Nomism"을 다음과 같이 다시 요약한다: "(1) 하나님은 이스라엘을 선택하셨다. 그런 다음 (2) 이스라엘에게 율법을 주셨다. 율법은 (3) 선택을 유지하시는 하나님의 약속과 (4) 순종의 요구 사항을 함께 갖고 있다. (5) 하나님은 순종에 대해서는 보상하시고, 불순종에 대해서는 심판하신다. (6) 율법은 속죄의 수단과, 속죄의 결과로 인한 (7) 언약관계의 유지 및 재확립을 제공한다. (8) 순종, 속죄 및 하나님의 자비에 의해 언약 안에 머무는 이들은 모두 구원 받게 될 그룹에 속하게 된다. 첫 번째와 마지막 요점에 관한 중요한 해석은 선택과 궁극적인 구원은 인간의 성취가 아닌 하나님의 자비하심에 의해 이루어진다는 것이다."
14 제2성전시대의 유대교에 대한 간략한 소개를 위해서는 박정수, 『기독교 신학의 뿌리. 유대교 사상의 형성과 신약성서 배경사』(서울: 대한기독교서회, 2008)를 참조하라.
15 Michael F. Bird, "When the Dust Finally Settles: Coming to a Post-New Perspective Perspective," *CTR* 2/2 (2005), 60: "율법주의가 제 2 성전시대의 유대교의 다양성을 대변하기는 부적절하고 일종의 축소주의로 빠지는 단점을 지니고 있다고 한다면, 샌더스의 언약적 율법주의도 이 점에서는 마찬가지이다."; Ben Witherington, "The New Perspective on Paul and the Law-Reviewed" (www.benwitherington.blogspot.com/2008/03new-perspective-on-

첫째, 제 2 성전시대의 유대교 문헌들을 자세하게 검토해 보면 "언약적 율법주의"는 물론, 다음과 같이 솔로몬의 시편 9:5-6,[16] 시락서 15:14-17,[17] 희락 30:2122,[18] 제4에스라 7:77,[19] 바룩 4:1,[20] 쿰란 문헌 1QS 11:3,[21] 4QMMT C30-

---

paul-and-law.html), 4: "유대교를 은혜가 없는 율법주의적 종교로 본 옛 관점이 잘못된 것이 분명하다면, 새관점은 바울이 명확하게 대조하고 있는 그리스도 안에 있는 것과 모세의 율법 아래 있는 차이를 올바르게 대변못하고 있다." Cf. Donfrid, "Paul and the Revisionist: Did Luther Really Get it All Wrong," *Dialog: A Journal of Theology* 46 (2007), 37; John Barclay, *Paul and the Gift* (Grand Rapids: Eerdmans, 2015)은 제 2성전 시대의 문헌과 작가인, The Wisdom of Solomon, Philo of Alexanderia, the Qumran Hodayot, Pseudo-Philo's Liber antiquitatum biblcarum, 4 Ezra 에 나오는 신적인 선물, 곧 하나님의 은혜 용법을 철저하게 조사한 다음, 각 저자와 문헌에 따라 은혜/선물에 대한 용법이 다르다는 것을 지적하면서, 샌더스가 제2성전시대의 유대교를 언약적 율법주의라는 이름으로 획일화한 것은 문헌 증거에도 맞지 않는다고 비판하고 있다. 그의 말을 빌리면, "샌더스는 은혜가 (유대교) 어디든지 있다는 것에서는 옳지만, 은혜가 어디서든 똑같다는 것에서는 옳지 않다"(p. 319).

[16] James H. Charlesworth, *The Old Testament Pseudepigrapha*, 2 (New York: Doubleday, 1985), 660: "옳은 일을 행하는 자는 주님과 함께 자신을 위하여 영생을 저축하는 자이며, 옳지 않은 일을 행하는 자는 자신의 생명을 파멸로 치닫게 하는 자이다. 왜냐하면, 주님의 의로우신 판단은 개인과 가정에 따라 이루어지기 때문이다."

[17] *Holy Bible with the Apocrypha* (Oxford: Oxford University Press, 1989), 86: "그분이 태초에 인간을 창조하셨다. 그리고 인간에게 자유로운 선택의 힘을 남겨주셨다. 만일 네가 선택한다면, 너는 계명을 지킬 수 있다. 신실하게 행하는 것은 너 자신의 선택의 문제이다. 창조주는 너 앞에 불과 물을 두셨다. 너의 손을 뻗어 무엇이든 네가 선택하라. 각 사람 앞에 생명과 죽음이 놓여 있다. 그가 무엇을 선택하든지 그에게 주어질 것이다."

[18] A. Andrew Das, *Paul, the Law, and the Covenant* (Peabody: Hendrickson, 2001), 16: "나는 너를 위해 이 모든 말씀들을 썼다. 그리고 나는 네가 이스라엘의 자손들에게 규례들을 어겨 죄를 짓거나 혹은 그들을 위해 주어진 언약을 깨뜨리지 말 것을 가르쳐 주도록 명령한다. 그들이 규정들과 언약을 지킬 때 그들은 친구들로 기록될 것이다. 그러나 만일 그들이 범죄하고 모든 더러운 행위들을 할 경우, 그들은 하늘의 책에 원수들로 기록될 것이다."

[19] Charlesworth, *The Old Testament Pseudepigrapha*, 1, 539: "너는 지극히 높으신 자와 함께 마련해 둔 선행의 보물들을 가지고 있다. 그러나 그것은 마지막 때까지는 너에게 나타나지는 않을 것이다…반면에 남을 멸시하는 자들과, 지극히 높으신 자의 길을 따르지 않는 자들과, 그의 율법을 멸시하는 자들과, 하나님을 경외하는 자들을 미워하는 자들의 경우에는, 이러한 자들의 영혼은 정녕 낙원의 거주지에 들어가지 못할 것이며, 오히려 즉시 고통 가운데서 배회하고, 심지어 일곱 가지 방면으로 슬퍼하고 탄식할 것이다."

[20] Simon J. Gathercole, *Where is Boasting? Early Jewish Soteriology and Paul's Response in Romans 1-5* (Grand Rapids: Eerdmans, 2002), 41: "토라는 하나님의 계명 책이며, 영원히 서 있는 율법이다. 토라를 지키는 모든 자는 살 것이요, 토라를 버리는 자는 죽을 것이다." 역시 제2바룩 54:14-16: "당신의 율법을 사랑하지 않는 자들은 당연히 멸망당한다. 전심을 다해 복종하지 않는 자들에게 심판의 고통이 떨어질 것이다."

[21] Mark A. Seifrid, *Justification by Faith. The Origin and Development of a Central Pauline Them* (Leiden: E.J. Brill, 1992), 100: "내가 나의 변호자가 되신 하나님께 속하여 있으므로, 내 길의 완전함이 나의 의로운 마음과 함께 그의 손 안에 있도다. 나의 의로운 행위로 그는 나의 허

31,[22] m. Aboth 3.16[23]등에서 확인할 수 있는 것처럼, 율법주의적 요소들도 공존하고 있었음에도 불구하고, 샌더스는 전자는 확대하여 적극적으로 강조한 반면에, 후자의 경우는 축소 혹은 간과하고 있다.[24]

둘째, 샌더스는 신약성경이 1세기 자료임에도 불구하고, 신약성경이 말하고 있는 1세기의 유대인 및 유대교에 대한 언급을 무시하거나 혹은 1세기의 유대교가 언약적 율법주의라는 전제 아래 유대교와 관련된 신약성경의 언급들을 성급하게 재해석하고 있다.

사실 복음서에 나타나 있는 바리새인들에 대한 예수님의 비판(마 23), 영생을 행위와 관련시키는 율법사의 질문(마 19:16-30; 막 10:17-31; 눅 10:25; 18:18-30), 바리새인과 세리 비유(눅 18:9-10), 포도원 품꾼 비유(마 20:1-16)에 반영되어 있는 공로주의 사상, 사도행전 15:1에 언급된 "너희가 모세의 법대로 할례를 받지 않으면 구원을 얻지 못하리라"는 유대주의자들의 주장, 사람은 율법의 행위가 아닌 예수 그리스도에 대한 믿음을 통하여 의롭게 된다는 바울의 주장들(갈 2:16; 롬 3:28) 등은 당시 유대교 안에 율법주의가 상존하고 있다고 볼 때에만 정당한 이해가 가능하다.[25]

셋째, 샌더스는 제2성전시대의 여러 문헌이 보여주고 있는 획일적인 종교 패턴을 찾는 데 치중한 나머지 이들 문헌 배후에 있는 다양한 공동체의 실제적인 삶의 자리를 살피지 못하고 있다.[26] 사실상 보이는 텍스트는 하늘에서 떨어진 것

물을 씻어낼 것이다. 왜냐하면 그는 그의 지식의 샘으로부터 나의 빛을 열었으며, 그는 그의 놀라운 행위로 나의 눈을 보게 하셨도다."

22 "네가 하나님 앞에서, 너와 이스라엘의 유익을 위해, 옳고 선한 일을 행할 때 그것이 너에게 의로 간주될 것이다."

23 Charles L. Quarles, "The Soteriology of R. Akiba and E.P. Sanders' *Paul and Palestinian Judaism*," *NTS* 42 (1996), 185: "모든 사람은 예지되었다. 그러나 선택의 자유가 주어졌다. 세상은 은혜에 따라 판단된다. 그러나 모든 사람은 선한 일이든 악한 일이든 많이 행한 일에 따라 판단된다."

24 이 점에서 Gathercole, *Where is Boasting? Early Jewish Soteriology and Paul's Response in Romans 1-5*에서 샌더스의 유대문헌 조사를 세밀하게 재검토한 후 "자신의 주된 논지에 문제가 된다고 보아지는 본문들은 잘못 해석하고, 자신의 논지를 지지한다고 보아지는 본문들은 과장시켰다"(155)라고 결론 내리고 있다. 역시 Stephen Westerholm, "Paul's Anthropological 'Pessimism' in its Jewish Context"(www.abdn.ac.uk/divinity/Gathercole/paper-westerholm.htm)을 보라.

25 Kim, *Paul and the New Perspective*, 84: "바울의 자료들이 1세기 유대교에 대한 일차적이고 직접적인 증거를 제공하고 있다는 사실이 올바르게 인식될 때, 그들은 1세기 유대교에 대한 보다 나은 이해를 가져다주는 데 실제적인 공헌을 하게 될 것이다."

26 이 점은 유대인 학자 Jacob Neusner, "The Use of Later Rabbinic Evidence for the Study of

이 아니고, 그 텍스트를 만들어내고 듣게 되는 공동체의 산물이다. 그런데 텍스트에 나타난 언약적 율법주의는 실제적인 공동체가 믿고 행동하는 것을 반영하고 있다기보다 오히려 공동체의 삶의 현장에 나타나고 있는 비언약적 율법주의, 즉 율법주의적 경향을 반대하거나 예방하기 위한 것일 수도 있다.

말하자면 문헌들이 공동체가 갖고 있는 문제를 해결하기 위한 답변이나 이상(理想)을 말하고 있다고 한다면, 그러한 문헌의 가르침을 받는 공동체의 현실은 이상과는 매우 거리가 있다는 것이다. 이것은 1세기의 유대교가 샌더스의 제안과는 달리 상당한 율법주의적 요소를 지니고 있었을 가능성을 열어준다.

넷째, 샌더스는 1세기의 유대교를 재구성하면서 예수님과 바울 당대의 유대교가 바벨론 포로 귀환 후 에스라와 느헤미야의 성전과 토라 중심의 민족 건설에서 시작하였다는 것과 주전 5세기부터 주후 1세기까지 바벨론, 페르사, 헬라, 로마 등의 강대국들이 이스라엘을 지배하는 동안 이스라엘 민족의 회복과 메시아의 오심을 기다리는 강한 종말론이 많은 유대인의 종교의식과 삶의 패턴을 지배하였다는 사실을 충분히 고려하지 않고 있다.[27]

사실 샌더스가 주장한 언약적 율법주의도 강한 종말론적 배경에서 그 안에 일종의 율법주의가 자리를 잡고 있다는 사실을 부정하기 어렵다.[28] 즉 율법 준수가 언약 백성에 들어가는 수단이라기보다 이미 주어진 언약 백성의 신분을 유지하는 수단이라도, 이러한 신분 유지의 수단인 율법 준수가 종말론적인 문맥 안에서는 오는 세대에 들어가기 위한 필수적인 요구사항이 되기 때문에, 결과적으로 율법이 오는 세대의 영생과 의에 도달하는 구원의 수단이 된다는 것이다.[29]

Paul," in *Approaches to Ancient Judaism*, ed. W.S. Green (Chicago: Scholars Press, 1980), 43-63에서도 지적되고 있다. 보다 자세한 것은 그의 다른 책, *Judaic Law from Jesus to the Mishnah: A Systematic Reply to Professor E.P. Sanders* (Atlanta: Scholars, 1993)을 보라.

27   Robert L. Thomas, "Hermeneutics of the New Perspective on Paul," *TMSJ* 16/2 (Fall 2005), 301.

28   참조. Gathercole, *Where is Boasting? Early Jewish Soteriology and Paul's Response in Romans 1-5*, 160: "행위에 따라 최종적인 구원이 주어진다는 교리는 팔레스틴 유대교 신학의 필수적인 요소이다."

29   T. Eskola, *Theodicy and Predestination in Pauline Soteriology*, WUNT 2.100 (Tübingen: Mohr, 1998), 56: "만일 율법주의가 율법을 지키는 것이 종말론적 구원에 영향을 미친다는 것을 뜻한다면, 언약적 율법주의도 사실상 율법주의적 율법주의라고 말할 수 있다." 역시, Graham Stanton, "The Law of Moses and the Law of Christ," in *Paul and the Mosaic Law,* ed. J.D.G. Dunn (Tübingen: Mohr, 1996), 106; 역시 같은 책, 7-51에 있는 Hermann Lichtemberger, "Das Tora-Verständnis in Judentum zur Zeit des Paulus"를 보라.

다섯째, 언약적 율법주의가 갖고 있는 구원관의 패턴이, 샌더스가 주장하고 있는 것처럼, "들어감"(Getting in)과 "머묾"(Staying in)의 문제라고 한다면, 이것은 종말론적인 문맥 안에서는 "선행이 구원의 유지를 위해서 필요불가결한 조건이다"라는 말과 사실상 같은 것이다.[30] 이렇게 될 경우 결과적으로 구원은 전적으로 하나님의 사역만으로 되는 것이 아니고, 인간 편에서의 협력을 불가피하게 요구하는 일종의 신인 협력의 율법주의가 된다.[31]

샌더스 이후 주전 2세기로부터 주후 2세기까지의 유대 문헌(특별히 제4에스라, 제 에녹서, 희락서, 제2바룩서 등)에 대한 새로운 검토를 한 최근의 몇몇 학자들이 1세기의 유대교 안에 "언약적 율법주의"뿐만 아니라, 약속된 종말론적인 의와 구원에 들어가기 위해서는 반드시 율법 혹은 율법의 행위들을 지켜야 한다는 "율법주의"도 상존하고 있었다고 하는 주장은 타당성이 있다고 볼 수 있다.[32]

2) "이신칭의", 바울 복음의 상수(常數)인가, 변수(變數)인가?

루터와 칼빈 등 종교개혁자들은 "이신칭의"를 로마서의 중심 주제, 혹은 바울 복음의 중심으로 간주하였다.[33] 이러한 전통을 따라 개신교에서는 이신칭의를 바울 복음의 필수적인 요소, 즉 상수(常數)로 간주한다. 그러나 새관점주창자들은 이신칭의는 바울의 이방인 선교 현장에서 만들어진 것이기 때문에 바울신학에서 상수가 아닌 변수(變數)로 취급되어야 한다고 주장한다.[34]

---

30 T. Laato, *Paul and Judaism: An Anthropological Approach* (Atlanta: Scholars Press, 1995), 60.
31 이 점에서 C.F.D. Moule, "Jesus, Judaism, and Paul," in *Tradition and Interpretation in the New Testament: Essays in Honor of E. Earle Ellis for His 60th Birthday*, ed. Gerald F. Hawthorne and Otto Betz (Tübingen: J.C.B. Mohr, 1987), 48-49에서 소위 Sanders의 '언약적 율법주의' 역시 '율법주의'와 별다른 차이가 없다고 지적한다. 왜냐하면 언약적 율법주의에서도 율법의 행위는 구원의 체계 안에 머무는 필수적인 수단이기 때문이다. Peter Enns, "Expansions of Scripture," in *Justification and Variegated Nomism*, Vol. 1. The Complexities of Second Temple Judaism, eds. D.A. Carson, Peter T. O'Brien, and Mark A. Seifried (Tübingen: Mohr, 2001), 97-98도 보라.
32 예를 들면, Kim, *Paul and New Perspective*; Gathercole, *Where is Boasting?*; Laato, *Paul and Judaism*; Carson and et al, *Justification and Variegated Nomism*; Westerholm, *Perspectives Old and New: The "Lutheran" Paul and His Critics* (Grand Rapids: Eerdmans, 2004); Das, *Paul, the Law and Covenant*; F. Avemarie, *Tora und Leben: Untersuchungen zur Heilsbedeutung der Tora in der frühen rabbinischen Literatur*. TSAT 55 (Tübingen: Mohr, 1996).
33 예를 들면, Luther, *Works* 6, 461; Calvin, *Institutes* III.XI.2.
34 예를 들면, Timo Laato, "'God's Righteousness'-Once Again," *The Nordic Paul. Finnish Ap-*

또한, 이들은 이신칭의에 관한 전통적인 구원론적 해석(하나님과 인간과의 관계를 우선시하는 수직적 해석)보다 사회론적이며 교회론적 해석(유대인과 이방인과의 관계를 우선시하는 수평적 해석)을 선호한다. 사실 이러한 주장은 이미 슈바이처(A. Schweitzer)와 스탕달(Stendhal)에 의해 제기된 것이다.

슈바이처는 *The Mysticism of Paul the Apostle*[35]에서 로마서를 "이신칭의"의 관점에서 볼 것이 아니라, 유대교 종말 사상의 배경에서 나온 "그리스도와의 신비적 연합"을 중심으로, 곧 기독교인은 세례와 성만찬을 통하여 그리스도와 신비적으로 연합하여 그리스도와 함께 죽고, 그리스도와 함께 부활하였다는 종말론적-연대(連帶)적 사상으로 읽고 해석하여야 한다고 주장하였다.

슈바이처는 이신칭의 교리가 로마서 1-4장에서 중요한 주제로 등장할 뿐, 5-8장에서는 오히려 "그리스도와의 연합"이 중심 주제로 등장하는 것을 실례로 든다. 따라서 슈바이처는, "이신칭의" 교리가 실제로 사도 바울의 핵심적인 주제가 아니고, 다만 그가 이방인의 사도로서 이방인 기독교인들에게 할례와 모세의 율법을 지킬 것을 요구한 유대주의자들을 대항하기 위해 선교 현장에서 만든 일종의 "논쟁 교리"에 지나지 않는 것으로 본다.[36]

스탕달은 1963년 그의 논문, "사도 바울과 서구 사회의 자기반성적 양심"(The Apostle Paul and the Introspective Conscience of the West)에서 사도 바울의 주된 질문은, 서구 기독교에 지대한 영향을 미쳤던 어거스틴(St. Augustine)과 루터가 제기한 개인의 반성적 양심에서 나오는 실존적 질문인 "내가 어떻게 은혜로운 하나님을 발견할 수 있는가"가 아니었고, 오히려 "유대인과 이방인이 어떻게 한 교회에서 함께 살 수 있는가?"라는 공동체적이며, 사회론적이며, 선교-역사적 질문이었다고

---

proaches to Pauline Theology, eds. Lars Aejmelaeus and Antti Mustakallio (London: T & T Clark, 2008), 63의 다음과 같은 지적: "새관점 주장자들이 강한 한 목소리를 내는 학파를 형성하지는 않았다. 그들 가운데는 견해와 강조점의 차이들이 있다. 하지만 그들은 (거의) 항상 칭의 교리가 로마서의 중심 신학이나 혹은 전체 바울 신학의 중심으로 보아서는 안 된다고 강조한다."

35 본래의 책 제목은 *Die Mystik des Apostels Paulus* (Tübingen: J.C.B. Mohr, 1930)이며, 영어로 *The Mysticism of Paul the Apostle,* trans. W. Montgomery; with a new foreword by J. Pelikan (Baltimore, Md./London, 1931, 1998).

36 보다 자세한 내용은 Carsten Claussen이 2007년 미국 San Diego에서 개최된 SBL Annual Meeting, "Romans through History and Cultures Group"에서 발표한 논문, "'Albert Schweitzer''s Understanding of Righteousness by Faith according to Paul's Letter to the Romans" 를 보라.

주장하였다.[37]

슈바이처가 그랬던 것처럼, 스탕달도 종교개혁자들이 로마서의 중심 주제로 본 "이신칭의" 교리는 바울 복음의 핵심에 속한 것보다, 오히려 바울의 이방인 선교 현장에서 유대인과 이방인의 동등성을 확보하기 위해 만들어진 이차적인 것으로 보았다. 따라서, 스탕달에 따르면, "이신칭의" 교리도 본래의 자리를 찾아, 죄인이 어떻게 하나님과 올바른 관계를 가질 수 있는가 하는 개인적인 관점에서가 아니라 공동체적 관점에서 해석되어야 한다는 것이다.

역시 샌더스에 따르면 로마서의 중심 주제는 종교개혁자들이 주장하고 있는 것처럼, 죄인인 한 인간이 어떻게 하나님 앞에서 의롭게 될 수 있는가 하는 문제가 아니다. 오히려 이방인들이 어떻게 언약 백성인 이스라엘에 참여할 수 있는가 하는, 사회적이고 공동체적 문제였다.[38]

말하자면 샌더스에게 있어서 "칭의"는 "이전 용어"(transfer terminology)이며, 의롭게 된다는 것은 언약 백성 안으로 들어가는 것이다. 바울에게 있어서 "믿음"과 "율법"의 논쟁은 무엇이 구원의 조건인가에 관한 것이 아니고, 무엇이 언약 백성에 들어가는 요구사항인가였다. 그가 율법에 대하여 부정적 입장을 취한 것은 율법 자체의 문제가 있다는 것보다, 그것이 그리스도가 무너뜨린 유대인과 이방인 사이의 장벽을 다시 세우는 것, 곧 이방인들이 언약 백성에 들어가는 걸림돌이 되었기 때문이다.[39] 이처럼 샌더스는 이신칭의를 사회적, 선교적 문맥에서 이해한다. 그렇게 함으로써 이신칭의를 바울 복음의 상수가 아닌 변수로 간주한다.

던도 이와 같은 점에서 기본적으로 샌더스와 같은 입장에 선다. 그는 종교개혁자들에 의해 발전된 이신칭의 교리가 바울의 선교 문맥에서 가지고 있었던 본래의 사회적인 혹은 수평적인 의미를 등한시했다고 지적한다. 그는 "이신칭의" 교리가 바울 복음의 핵심이라기보다, 오히려 바울의 이방인 선교 현장에서 유대인과 이방인의 동등성을 확보하기 위해 만들어진 것이라고 주장한 스탕달을 옹호한다.[40] 그러나 동시에 자신은 종교개혁자들의 주장을 반대하기보다도 부족한 점

---

37 K. Stendahl, "The Apostle Paul and the Introspective Conscience of the West," *HTR* (1963): 199-215; 그의 단행본, *Paul Among Jews and Gentiles*, 78-96을 보라.
38 Sanders, *Paul and Palestinian Judaism*, 66: "로마서의 가장 중요한 하나의 주제는 유대인과 이방인의 동등성이다."
39 Sanders, *Paul, the Law and the Jewish People* (Philadelphia: Fortress, 1983), 17-64.
40 Dunn, "The Paul Page. An Evening Conversation on Paul with James D.G. Dunn and N.T. Wright" (www.thepaulpage.com/Conversation.html), 2.

을 개선하는 것이라고 변호한다.

> 내가 지적하고 싶은 요점은 하나님의 의에 대한 성경적 교리에 다른 차원이 있다는 것, 바울의 이신칭의에 대한 가르침에 있어서 간과해 왔거나 등한시해 온 부분이 있다는 것, 이러한 양상을 재발견하는 것과 그들을 오늘의 변하는 상황에서 새롭게 재조명하는 것이 중요하다는 것이다. 결론적으로 말한다면 나는 결단코 칭의 교리를 배척하고자 하는 것이 아니고, 오히려 그것이 가진 더 풍성한 의미를 드러내고자 한다.[41]

라이트도 이신칭의의 교리가 근본적으로 유대인들의 민족적 자랑을 비판하기 위한 논쟁 교리라는 스탕달과 샌더스의 입장에 동조한다. 라이트에 따르면 이신칭의 교리는 근본적으로 죄인인 인간이 예수 그리스도에 대한 믿음을 통해서 죄와 죽음과 사탄의 세력은 물론, 하나님의 진노의 심판으로부터 자유하게 되어 하나님과 올바른 관계를 맺는 구원론적 주제가 아니다. 그리고 유대인과 이방인이 그리스도 안에서 하나가 되는 언약적이며, 교회론적이며, 그리고 에큐메니칼 주제이다.[42]

말하자면 바울의 이신칭의 교리는 "당신이 어떻게 기독교인이 되는가를 말하는 개인의 구원 교리가 아니다. 오히려 그것은 당신이 언약 백성인가를 말해주는 교회론이다."[43] 라이트는 의는 본래 하나님께 속한 것이며, 칭의는 하나님께서 법정에서 인간이 하나님의 언약 백성임을 선언하는 것이지 인간에게 주는 선물이 아니다. 그의 말을 빌리면, "재판관이 자신의 의를 피고나 원고에게 전과하거나 나누거나 불어넣거나 건네주거나 이전한다고 말할 수 없는 것처럼, 하나님의 의는 법정을 넘어 넘겨줄 수 있는 대상이나 실체나 가스가 아니다."[44]

사실 라이트에게 있어서 바울의 복음은 인간이 어떻게 구원을 받을 것인가에 관한 메시지가 아니다. 복음은 예수 그리스도가 왕이시며, 주이심을 선포하는 것이며, 칭의는 복음을 듣고 응답한 자에게 그가 하나님의 백성에 속하여 있음을

---

41 Dunn, *The New Perspective on Paul*, 23.
42 Dunn, "The Paul Page. An Evening Conversation on Paul with James D.G. Dunn and N.T. Wright" (www.thepaulpage.com/Conversation.html), 6-9.
43 Wright, *What Saint Paul really Said*, 119.
44 Ibid., 98.

보여주는 것이다. 그런 점에서 그에게 있어서 이신칭의는 바울 복음의 중심이 아니며, 복음의 외연 혹은 복음의 적용이다.[45]

이처럼 샌더스, 던, 라이트는 이신칭의와 관련하여 강조점을 개인보다 공동체로, 하나님과의 수직적 관계보다 인간 상호 간의 수평적 관계로, 죄와 죽음과 하나님의 진노로부터 자유보다 선교 현장에서 만나게 된 유대인과 이방인 사이의 인종적 갈등의 해소로 이동시킨다. 그 결과 옛 관점에서 강조된 죄와 율법, 하나님의 진노 아래 있는 인간의 비참, 죄의 심각성, 율법의 저주, 범죄한 인간의 죄책, 예수 그리스도의 속죄와 구속 사상, 예수 그리스도에 대한 개인의 믿음과 회개 등이 무시, 혹은 약화가 되거나 재해석된다.

그리고 이와 함께 옛 관점에서 바울 복음의 중심 혹은 상수로 간주 되는 이신칭의가 선교 현장의 주변요소 혹은 변수로 취급된다. 과연 "이신칭의의 교리"가 바울에게 어떤 의미를 지니고 있는가?

바울에게 있어서 이신칭의의 교리는 루터, 칼빈 등 종교개혁자들이 주창한 것처럼 죄인인 한 사람이 예수 그리스도에 대한 믿음을 통해서 하나님과 새로운 관계를 맺어 하나님의 자녀가 되는 수직적인 구원 문제는 배제되어 있었는가?

바울의 이신칭의의 교리는, 새로운 바울 전망가들이 주창하고 있는 것처럼, 그리스도 안에서 유대인과 이방인이 하나가 되는 수평적이고 사회적인 특성만 가지고 있는가?[46]

이신칭의의 교리는 바울 복음의 필수적인 내용인가, 아니면 바울의 이방 선교 현장에서 발달 된 이차적인 것인가?

이신칭의의 메시지가 로마서와 갈라디아서의 중심 주제로 나타나고 있으며, 그런 점에서 바울의 이신칭의의 메시지가 바울 자신과 그의 독자들의 특수한 역사적 정황과 밀접하게 연결되어 있다고 말할 수는 있다. 하지만, 그렇다고 해서 우리는 마치 이신칭의 교리가 갈라디아서와 로마서에만 한정된 특수한 메시지이

---

45 라이트의 칭의 개념에 대한 보다 자세한 비판을 위해서는 Cf. Peter Stuhlmacher, "N. T. Wright's Understanding of Justification and Redemption," in Christoph Heilig, J. Thomas Hewitt and Michael Bird (eds.), *God and the Faithfulness of Paul. A Critical Examination of the Pauline Theology of N. T. Wright*, WUNT 2, 413 (Tübingen: Mohr Siebeck, 2016), 359-374를 보라.
46 만일 새로운 바울 전망가들의 주장이 옳다고 한다면 루터와 칼빈은 근본적으로 바울을 잘못 이해한 것이 되고, 종교개혁자들의 주장을 따라온 개신교 교회도 근본적으로 잘못된 주장을 믿고 따라온 것이 된다.

거나, 특수한 역사적 정황의 산물인 것처럼 속단하면 안 된다.

이신칭의의 메시지는 이방인과 유대인의 갈등 문제가 주된 이슈가 아닌 고린도전·후서와 빌립보서 및 에베소서에서도 분명히 드러나고 있다(고후 5:11-21; 빌 3:2-11; 엡 2:8-9).[47] 이와 같은 사실은 바울에게 있어서 이신칭의 교리는 그의 선교 현장에서 유대주의자들과의 갈등에서 자신의 이방인 신자들을 보호하고, 그들의 지위의 합법성을 마련하기 위해서, 혹은 유대주의자들을 대적하기 위해서 고안한 것이 아님을 보여준다.[48]

오히려 율법/율법의 행위가 아닌 예수 그리스도를 믿음으로 의롭게 된다는 이 교리는 다메섹 도상에서 부활하신 예수 그리스도를 만남으로부터, 예수님이 메시아이며, 하나님이 보내신 유일한 구원자이며, 그 예수로부터 인종과 신분과 성을 초월하여 전 인류를 구원에로 인도할 복음의 계시를 받게 됨으로써 갖게 된 것이다.[49] 그리고 유대인들을 포함하여 모든 이방인을 예수 그리스도에 대한 믿음을 통하여 구원하시기를 원하시는 하나님의 의지와 소명을 받았기 때문에 그는 처음부터 이 복음을 가지고 이방 선교에 매진하게 되었다(참조. 행 13:39).[50]

그래서 이신칭의 교리가 바울 복음의 핵심으로 잡게 되었음은 물론, 유대인을 포함하여 이방인들에게 대한 그의 복음 전파의 근거가 되었다. 그러므로 이신칭의 교리와 바울의 이방 선교가 불가분의 관계를 가지고 있는 것은 분명하지만, 이방 선교가 이신칭의 교리를 낳은 것이 아니라, 오히려 이신칭의 교리가 그의

---

47 이 문제에 관한 보다 자세한 논의는 Kim, *Paul and the New Perspective*, 85-100; S. Westerholm, *Perspectives Old and New on Paul*, 353-365, 401-07; Laato, "'God's Righteousness'-Once Again," 40-73을 보라.

48 역시 Kim, *Paul and the New Perspective*, 82: "그러므로, 칭의 교리는 바울 복음의 중심에 속한다. 그것은 단순히 바울이 그의 회심과 소명사건으로부터 15년에서 17년 후 이방인의 선교를 옹호하기 위해 유대주의자들과 싸움하면서 발전시킨 전술적 조치가 아니다."

49 J.G. Machen은 *The Origin of Paul's Religion* (London: Hodder and Stoughton, 1921), 278에서 베르데(Werede)가 슈바이처(Schweitzer)와 함께 바울의 이신칭의의 교리를 바울의 그리스도와의 참여 신학과 이방인 선교 현장에서 나온 일종의 논쟁 교리로 간주한 점을 통렬하게 비판하면서 다음과 같이 결론 내리고 있다: "이방인 선교가 바울로 하여금 이신칭의 교리에 전념하도록 한 실제적인 이유는 아니다. 오히려 사실은 그 반대이다. 바울은 이방 선교 때문에 이신칭의 교리에 전념하지는 않았다. 오히려 그 반대로 그는 이신칭의 교리 때문에 이방인 선교에 전념하게 되었다." 김세윤, 『바울 복음의 기원』 (서울: 엠마오, 1994), 444-475도 보라.

50 Cf. T.L. Donaldson, "Israelite, Convert, Apostle to the Gentiles: The Origin of Paul's Gentile Mission," in *The Road from Damascus. The Impact of Paul's Conversion on His Life, Thought, and Ministry*, ed. Richard N. Longenecker (Grand Rapids: Eerdmans, 1997), 62-84.

이방 선교를 낳았다고 볼 수 있다.[51]

이뿐만 아니라 이신칭의는 처음부터 그리스도 중심을 강조하고 있기 때문에 그리스도와의 연합을 결단코 배제하지 않는다. 바울이 로마서의 주제 구절인 1:16-17에서 하나님의 의가 복음, 곧 예수 그리스도의 인격과 그 사역을 통하여 나타나고 있다는 사실을 강조하고 있는 점, 로마서 3:24-25에서 이신칭의가 예수 그리스도의 구속과 그의 화목적, 속죄적 죽음을 통하여 은혜로 주어지게 되었다고 강조하고 있는 점, 고린도전서 1:30에서 기독교인은 그리스도 안에 있는 사람이며 그리스도는 우리를 위하여 하나님으로부터 지혜와 의와 거룩과 구속이 되었다는 점을 강조하고 있는 점(고전 6:11), 고린도후서 5:21에서 우리가 그리스도 안에서 하나님의 의가 되었다고 강조하고 있는 점, 갈라디아서 2:17에서 우리는 그리스도 안에서만 의롭게 될 수 있음을 강조하고 있는 점 등은 바울에게 있어서 구원론과 기독론이 결코 분리될 수 없는 것처럼 칭의는 그 어떤 순간에도 그리스도와의 연합을 뜻하는 "그리스도 안에서", "그리스도와 함께"와 무관하여 일어나지 않는다는 사실을 보여주고 있다.[52]

3) "율법"/"율법의 행위", "자기-의"의 수단인가? 언약 백성의 표지인가?

바울은 로마서(역시 갈라디아서)의 여러 곳에서 "율법" 혹은 "율법의 행위"[53]를 "믿음", "그리스도를 믿는 믿음" 혹은 "그리스도"와 "성령" 등과 대조시키면서, 율법과 율법의 행위는 "의"와 "성화"의 수단이 아니며, 오직 그리스도에 대한 믿음과 성령만이 의와 성화를 가져온다고 말하고 있다(롬 3-4, 7장; 갈 2-6장). 옛 관

---

51 역시 C.K. Barrett, "Paul and the Introspective Conscience," in *The Bible, the Reformation and the Church. Essays in Honor of James Atkinson*, ed. by W.P. Stephens, JSNTS 105 (Sheffield: JSOT Press, 1995), 48; Seifrid, *Justification By Faith*, 210.
52 역시 Laato, "'God's Righteousness'-Once Again,'" 63-65를 보라.
53 바울은 그의 서신에서 "율법의 행위"(ἔργων νόμου)란 말을 갈라디아서에서 6번(2:16x3; 3:2, 5, 10), 로마서에서 두 번(3:20, 28)사용하고 있다. 이 용어가 구약의 LXX역에는 나오지 않고 있으나, 최근에 쿰란 문헌 4QMMT에서 이와 병행되는 구절들이 확인되었다. 4QMMT의 본문은 "율법의 행위"가 모세 율법의 규정들을 가리킨다는 사실을 보여주고 있다. J.A. Fitzmyer, "Paul's Jewish Background and the Debate of the Law," in *According to Paul: Studies in the Theology of the Apostle* (New York: Paulist, 1993), 18-35; M. Abegg, "Paul, 'Works of the Law' and MMT," *BARev* 20 (1994), 52-55; J.C.R. de Roo, *'Works of the Law' at Qumran and in Paul*, NTM 13 (Sheffield Phoenix, 2007)을 보라.

점에서는 이와 같은 바울의 주장을 율법, 율법의 행위를 통해 자기-의를 추구하는 바울 당대 유대교의 율법주의를 반대하는 주장으로 해석되었다. 그러나 새관점에서는 다르게 해석한다.

새관점의 길을 연 샌더스에 따르면, 바울의 율법/율법의 행위 및 유대교에 대한 비판은, 바울 당대 유대교가 율법주의나, 율법/율법의 행위가 자기-의나 자기 공로나 자랑을 가져오기 때문이 아니다. 바울의 유대교나 율법에 대한 부정적인 견해는 역사적 판단이나 체험에서 나온 것이 아니고, 어디까지나 신학적인 산물이다.

즉, 바울 당대의 유대교가 율법의 행위를 구원의 수단으로 삼는 율법주의적 종교이기 때문이 아니라, 바울 자신이 다메섹 사건을 통하여 예수 그리스도가 온 세상의 구원자이며, 오직 그리스도 안에서만 구원이 있다는 사실을 체험하였기 때문에, 말하자면 유대교의 문제를 의식하고 예수 그리스도 안에서 그 해결을 발견한 것이 아니라, 그 반대로 그리스도 안에서 오직 구원이 나타났다는 문제의 해결을 발견하고 유대교를 보았기 때문이다.[54]

이처럼 샌더스에게 있어서 "바울의 유대교에 대한 부정적인 비판은 단순히 유대교가 기독교가 아니기 때문이다(This is what Paul finds wrong in Judaism: it is not Christianity.")."[55] 그는 이 점을 뒤에 다시 덧붙여 설명한다.

> 바울은 그 누구에 의해서도 성취될 수 없었고, 그래서 율법은 의의 수단으로 부적절하다거나, 율법을 성취하는 것이 어떤 사람들에게 있어서 자기-의를 가져온다고 말하지 않는다. 내가 확신 있게 말할 수 있는 것은, 무능력, 자기-의는 율법에 대한 바울의 진술과는 전혀 맞지 않다는 것이다. 바울이 유대교를 비판할 때 포괄적인 관점에서 그렇게 하는데 두 가지 점에 초점이 주어져 있다. 하나는 그리스도에 대한 믿음의 결여이며, 또 하나는 이방인들에 대한 동등성의 결여이다. 이 두 가지 요점이 로마서 9:30-10:13에 나타나 있으며, 이 두 가지는 그가 이방인의 사도로 부름을 받은 사실과 관련되어 있다.[56]

---

54 *Paul and Palestinian Judaism*, 475-97; *Judaism*, 509-10.
55 *Paul and Palestinian Judaism*, 552.
56 Sanders, *Paul, the Law, and the Jewish People*, 154-55. 역시 같은 책, 46-48을 보라.

이처럼 샌더스에게 있어서 유대교 비판, 곧 예수 그리스도에 대한 믿음과 대조하여 "율법/율법의 행위가 아니다"라는 바울의 부정적 언급은, 유대교가 율법주의거나 율법이 구원의 수단으로 여겨진 것에 대한 비판이 아니라, 예수가 온 세상의 주라는 기독론과 구원은 유대인만이 아닌 이방인에게도 동등하게 열려있다는 그의 구원론의 수사학적 표현이다.[57]

하지만, 던은 율법/율법의 행위에 대한 샌더스의 기독론적, 구원-선교론적 설명을 부적절한 것으로 본다. 그 대신 그는 사회-선교론적 설명을 제시한다.[58] 던에 따르면, 바울이 율법 혹은 율법의 행위를 예수 그리스도에 대한 믿음과 대칭관계에 둘 때, 율법 자체를 비판한 것이 아니라 유대민족의 정체성(Identity) 역할을 하는 율법, 할례, 유대 음식법 등이 그리스도 안에서 주어진 유대인과 이방인의 동등성을 방해하고, 구원은 유대인들에만 있다는 우월적이고 배타적인 사상을 가져오는 율법의 사회적 기능을 비판하였을 뿐이다.[59]

다시 말하자면 바울이 갈라디아서 2:16에서 사람이 율법의 행위로 의롭게 되지 않는다고 말할 때, 바울 당대 유대인들이 율법을 의와 구원의 수단으로 삼고 있었기 때문에 그것을 반대하고 있는 것이 아니다. 다만 그리스도께서 십자가의 죽음을 통하여 유대인과 이방인들 사이에 있었던 두꺼운 율법의 장벽을 무너뜨렸다. 그리고 모든 민족에게 동등한 구원의 기회가 주어졌음에도 불구하고, 여전히 율법이 유대인들의 자기 정체성과 자랑의 보루가 되어, 이방인과 유대인이 그리스도 안에서 하나 됨을 방해하고 있었기 때문에 이를 반대한 것이다.[60]

---

57 역시 동일한 지적을 하고 있는 Westerholm, *Perspectives Old and New on Paul*, 162-63을 보라.
58 Dunn, *The New Perspective on Paul*, 7-8.
59 Dunn, "Yet Once More-'The Works of the Law'," *JSNT* 46 (1992), 99-117. Dunn은 그후 『바울신학』, 490-497에서 율법의 행위에 대한 종전의 지나친 사회학적 접근에 대한 비판을 피하기 위해, "율법의 행위"를 보다 확대하여 "율법이 요구하는 모든 것, 계약적 율법주의 전체를 가리킨다"(496)고 재정의한다. 그렇다고 해서 그가 율법의 행위에 대한 사회학적 접근을 포기하고 있는 것은 아니다. 역시 그의 책, 『바울신학』, 498, "바울이 염두에 두었던 '행위'는 의를 이루기 위한 행위들이 아니라 계약적 의, 특히 이방인들과의 구별을 유지하기 위하여 준수하도록 명령된 율법의 계명들이었다는 것이다.": *The New Perspective on Paul*, 28: "'율법의 행위들'은 언약의 구성원들이 그들의 언약적 멤버쉽 때문에 마땅히 행하여야 할 것들을 표현하는 하나의 방편일 뿐만 아니라(언약적 율법주의), 또한 유대인의 독특한 삶의 길을 뜻한다."
60 Dunn의 이와 같은 논리에 따르면, Rober B. Sloan, "Paul and the Law," *NovT* 33 (1991), 44-45에서 지적하고 있는 것처럼, 예수가 율법의 저주를 지고 십자가의 죽음을 당한 것도 (갈 3:13) 모든 인간을 정죄하고 죽음을 가져오는 율법의 저주에서 인간을 구속하기 위한

바울이 부정적으로 말하고 있는 율법의 행위가 율법주의의 표현이 아니라, 이방인과 유대인의 하나 됨을 방해하는 유대민족 정체성의 표현으로 보는 이와 같은 율법의 사회학적인 이해, 곧 율법에 대한 바울의 비판을 바울의 "보편주의"(universalism)와 유대교의 "특수주의"(particularism)라는 이분법의 구조에서 이해하는 것은 죄의 심각성과 이와 대조되는 예수 그리스도의 죽음의 의미를 상대화시키는 결과를 가져올 수 있는 위험이 있다.

즉, 던의 논리에 따르면, 예수 그리스도는 죄와 죽음의 세력을 멸하고 율법의 저주를 해소시키기 위해서가 아니라 단순히 유대 민족의 특수주의를 무너뜨리기 위해서만 십자가의 죽음을 당하신 것으로 귀착될 수밖에 없는 위험이 있다.[61] 사실상 던은 바울이 로마서에서 단순히 유대인들의 민족적 배타성 때문만이 아니라, 그리스도의 구원을 필요로 하는 우주적이고 보편적인 인간의 문제를 취급하고 있다는 사실을 외면하고 있다.[62]

라이트도 던이 제기한 율법 및 율법의 행위에 대한 사회학적인 해석에 근본적으로 의견을 같이한다.[63] 라이트에 따르면, 유대인들이 율법 및 율법의 행위를 지키려 하는 것은 구원을 위한 공로를 쌓는 것을 뜻하는 것이 아니다. 어디까지나 그것은 참된 언약 백성의 신분을 유지하기 위해서였다. 즉 "행위-의"를 얻기 위해서가 아니라, "민족적 의"를 얻기 위해서였다.

바울이 로마서 2:17-29; 9:30-10:13 등에서 율법에 대한 유대인들의 자세를 비판한 것도 그들이 율법을 구원에 도달하는 사닥다리로 사용하고 있기 때문이 아니었다. 오히려 율법을 하나님의 참된 언약 백성의 신분을 보증하는 특권의 수단으로 삼고 있었기 때문이다.[64]

그렇다면 새관점의 대표적인 주창자들인 샌더스, 던, 라이트의 율법/율법의 행위에 대한 기독론적 및 사회학적인 접근이 정당한가?

것이라기보다 유대인과 이방인의 동등성을 방해하고 유대인들의 민족적 우월성의 기반을 제공하는 율법의 사회적 기능을 깨뜨리기 위한 것이라는 결론을 가져올 수 있다.

61 최갑종, 『바울연구 2』 (서울: 크리스천문서선교회, 1997), 52; R.B. Sloan, "Paul and the law: Why the Law Cannot Save," 44f; C.E.B. Cranfield, "The Works of the Law in the Epistle to the Romans," *JSNT* 43 (1991), 89-101.
62 Seifrid, *Justification By Faith*, 63-65.
63 Wright, *The Climax of the Covenant* (Minneapolis: Fortress, 1992), 139.
64 Wright, *What Saint Paul Really Said*, 78-82, 132.

먼저 지적되어야 할 사실은 갈라디아서나 로마서에서 의의 수단인 예수 그리스도에 대한 믿음과 대립되고 있는 "율법의 행위"는, 단순히 언약 백성인 유대인의 정체성 표지에만 한정되는 것이 아니라, 모세의 율법이 요구하는 모든 규정과 관련되어 있다고 보아야 하며, 이런 점에서 율법의 행위와 율법은 서로 교차적으로 사용될 수 있다는 점이다.

왜냐하면, 바울이 로마서 3:19-21의 문맥에서 율법은 의와 구원을 가져오기 보다는 온 세상을 하나님의 심판 아래 있게 하고, 죄를 깨닫게 하는 기능을 가지고 있다고 말한 다음, 3:28에서 "율법의 행위"로 의롭게 되지 못한다고 말하면서 사실상 율법과 율법의 행위를 동일시하고 있기 때문이다. 역시 그가 갈라디아서 2:16에서 거듭 율법의 행위가 의의 수단이 아님을 강조한 다음 2:21에서 "의롭게 되는 것이 율법으로 말미암으면"이라고 하면서 사실상 "율법의 행위"와 "율법"을 동일시하고 있기 때문이다.

우리가 볼 때, 바울이 그의 서신에서 율법/율법의 행위에 대한 부정적인 주장을 하는 근본 이유는, 단순히 그리스도만이 유일한 구원자라는 배타적인 기독론의 표현이나, 할례와 율법으로부터 자유하는 그의 이방 선교의 합법성 표현이나, 이방인들에 대한 유대인들의 언약적 특권 의식이나 혹은 이방인들을 유대인화려는 시도에 대한 반박에만 있는 것이 아니다.

오히려 더 근본적으로 바울 당대 유대교나, 바울의 반대자들이나, 혹은 이들에 의해 미혹 받고 있는 이방인 신자들이 오직 그리스도와 성령에게만 주어져야 할 의와 구원의 기능을, 즉 칭의와 성화의 역할을 율법에게도 주는 율법주의적 주장을 하고 있었기 때문이다.[65] 하지만 바울이 볼 때, 율법에 그와 같은 기능과 역할을 부여하는 것은 율법 그 자체의 목적과도 어긋날 뿐만 아니라, 더 나아가서 하나님께서 유대인을 포함하여 전 인류를 위해 세우신 유일한 의와 구원의 기능과 역할을 가진 예수 그리스도 사건을 상대화하고 있는 것이다(갈 2:21).[66]

---

65 Kim, *Paul and the New Perspective*, 60: "바울이 '율법의 행위'를 반대한 것은, 던이 주장하고 있는 것처럼, 그것들이 이방인들이 하나님의 언약백성의 구성원이 되는데 장애물이 되고 있다고 보았기 때문이 아니다. 오히려 그것들이 인간적이고, 의를 얻는 부적절한 시도임을 간파하였기 때문이다."

66 R. Alan Streett, "An Interview with Martin Hengel," *CTR* 2/2 (2005), 14: "헹겔: 새로운 전망의 바울 연구가들은 바울의 주된 관심이 바울과 고대 유대교와의 관계 문제라고 생각하고 있지만, 그러나 실제로 바울의 주된 관심은 하나님과 인류 사이의 관계를 결정하는 것이 '율법'이냐, '복음'이냐 하는 것이었다."

바울이 율법을 통하여 율법을 비판하고 있는 이유도, 그리고 성령 안에서 새로운 언약 백성의 삶을 통해 율법의 성취를 말하고 있는 것도 율법과 그리스도 및 성령과 불가분의 관계를 가지고 있기 때문이다. 즉 율법이 아닌 그리스도와 성령만이, 인간의 행위가 아닌 하나님의 은총만이, 인간을 처음부터 끝까지 구원하시고 거룩하게 하기 때문이다. 이런 점에서 바울의 율법관은 그의 다메섹 사건의 체험과 불가분의 관계를 가지고 있다고 말할 수 있다.[67]

3. 새관점과 로마서

샌더스, 던, 라이트 등 새관점주창자들은 로마서를 우선적으로 유대인과 이방인의 갈등 문제에서 접근하고 해석하려고 한다. 로마서가 신학 논문이 아니라 편지라는 점에서 로마서를 로마서가 갖고 있는 구체적인 역사적 정황에 비추어 해석한다는 것은 정당하다고 볼 수 있다. 그러나 문제는 로마서가 역사적 정황으로 시작해서 역사적 정황으로 끝나는 편지가 아니라는 사실에 있다.

만일 로마서가 상황적인 편지에 불과하다면, 로마서가 2,000년의 기독교 역사를 통하여 수많은 사람으로부터 사랑을 받아야 할 이유도 없었을 것이고, 시대시대마다 사람들에게 영감을 불어 넣고, 사람을 변화시키고, 교회와 사회를 개혁시키는 힘을 발휘할 수도 없었을 것이다. 로마서가 바울 자신의 우선적인 필요성에 의해 쓰여 졌는지, 아니면 로마 교회의 우선적인 상황을 위해서 쓰여졌는지에 관하여서는 지금도 학계에서 논란이 계속되고 있지만,[68] 분명한 것은 로마서는 바울이 로마의 기독교인들에게 자신이 받아 깨달은 복음을 전하기 위해 기록되었다는 사실이다.

이 점은 바울이 서문에서 자신이 "복음을 위하여 택함을 받았다"(1:1)고 밝힌 점, "나는 할 수 있는 한 로마에 있는 너희에게도 복음 전하기를 원하노라"(1:15)라고 밝히고 있는 점과 로마서의 결언 부분에서 바울이 "하나님께서 내게 주신

---

67 J. Roloff, "Die lutherische Rechtfertigungslehre und ihre biblische Grundlage," W. Kraus & K. W. Niebuhr, hg., *Frühjudentum und Neues Testament im Horizont Biblischer Theologie*, WUNT 162 (Tübingen: Mohr, 2003), 275-300에서 바울의 다메섹 체험은 율법에 대한 재평가를 가져왔다고 주장하고 있다.

68 이 문제에 대한 최근의 논의를 위해서는 A. Andrew Das, *Solving the Romans Debate* (Minneapolis: Fortress, 2007)를 보라.

은혜로 말미암아 더욱 담대히 대략 너희에게 썼노니, 이 은혜는 곧 나로 이방인을 위하여 그리스도의 일꾼이 되어 하나님의 복음의 제사장 직분을 하게 하사"(15:15-16)라고 다시 말한 점과 그리고 로마서를 마감하면서 "이 복음으로 너희를 능히 견고하게 하실 지혜로우신 하나님께 예수 그리스도로 말미암아 영광이 세세 무궁하도록 있을지어다. 아멘"으로 축복하고 있는 점을 볼 때 부정하기 어렵다.

바울에게 있어서 이 복음은 이신칭의와 분리되지 않고, 오히려 그 중심에 자리를 잡고 있다. 이 점은 무엇보다도 로마서의 전체적인 흐름에서 볼 때 부정하기 어렵다. 바울은 1:1-15의 서문에서 자신의 사도됨이 복음 전파에 있음을 로마의 기독교인들에게 알린 다음, 로마서의 주제 구절인 1:16-17에서 이 복음을 간략하게 설명한다. 그는 16절에서 먼저 "복음은 유대인이나 헬라인이나 믿는 모든 자에게 구원을 가져다주는 하나님의 능력임"을 밝힌다.

그런 다음 17절에서 복음이 구원을 가져다주는 하나님의 능력이 되는 이유를 밝혀, "하나님의 의가 복음 안에 나타나고 있기 때문"이라고 말한다. 복음 안에 하나님의 의가 담겨 있다는 것과 그 복음 전파를 통해 하나님의 의가 전파된다는 것이다. 이처럼 바울은 로마서 서문과 주제 구절에서 그가 전파하고 있는 복음을 이신칭의로부터 분리시키지 않는다. 오히려 복음 안에 이미 이신칭의의 교리가 핵심적인 내용으로 자리를 잡고 있음을 강조한다.

바울은 로마서 몸체의 첫 부분에 해당이 되는 1:18-3:20에서 이방인과 유대인에게 왜 이신칭의의 복음이 필요한가를 설명한다. 바울의 답변은 이방인과 유대인, 곧 전 인류가 그들의 범죄로 인해 하나님의 진노 아래 있다는 것이다. 복음의 필요성과 관련하여 바울의 주된 초점은 이방인과 유대인의 인종적-사회적 관계가 아니다. 오히려 하나님과의 관계 문제이다.

유대인과 이방인의 인종적 갈등과 분리가 주된 이슈로서가 아니라, 하나님과의 관계를 깨뜨린 죄가 주된 이슈로 부각된다. 물론 이 죄가 인종적 관계, 나와 너, 나와 자연과의 관계를 훼손시켰음은 두 말할 나위가 없다. 그러기 때문에 근본적인 죄 문제의 해결이 없이는 유대인과 이방인의 인종적인 문제는 물론 나와 너, 나와 그것과의 정상적인 관계도 확립하기 어렵다. 바울은 1:18-3:20에서 죄 아래 있는 유대인과 이방인을 포함한 전 인류의 비참을 말한 다음 3:21-11:36에서 하나님께서 어떻게 예수 그리스도와 성령 안에서 인류의 죄와 죽음과 비참을 해결하시는가에 관하여 설명한다.

바울은 3:21-11:36의 서론으로 볼 수 있는 3:21-26에서 주제 구절에서 말한 복음 안에 나타난 하나님의 의에 관하여 구체적으로 설명한다. 여기서 바울은 모든 인간이 죄를 지었음으로 모든 사람이 율법 외에 나타난 하나님의 의를 필요로 한다는 것, 그리고 이 하나님의 의는 유대인이든 이방인이든 예수 그리스도를 믿음으로 얻게 되는 이신칭의라는 사실을 밝힌다.

동시에 여기서 바울은 하나님의 의는 예수 그리스도 사건, 곧 예수 그리스도의 구속, 그의 속죄적 화목적 죽음에서 가장 구체적으로 나타났다는 것과 그런 점에서 그리스도 사건은 하나님께서 이스라엘 백성과 이방인들에게 약속하셨던 그의 언약을 신실하게 지키신 언약적 사건임을 밝힌다.[69] 그런 다음 바울은 4-11장에서 그리스도 사건에 나타난 이 이신칭의와 그 복에 관하여 보다 더 자세하게 설명한다.

바울은 이신칭의를 설명하면서 한편으로 7장에서 율법은 하나님의 의를 얻거나 도달하는 수단이 될 수 없을 뿐만 아니라, 또한 하나님 백성의 삶을 가능하게 하는 효과적인 수단이 되지 못한다는 사실을 강조한다. 율법 그 자체는 하나님의 거룩한 법이며, 신령하지만 인간을 예속하는 죄의 세력이 너무 크고 너무 광범위해서 인간을 죄로부터 예방시키는 안전판이나, 혹은 죄를 극복하게 하는 힘이 되어주지 못한다는 사실을 강조한다.

또 다른 한편으로 8장에서 오직 그리스도만이 인간을 죄와 죽음에서 구원할 수 있는 것처럼, 오직 그리스도의 영이신 성령만이 그리스도와 함께 죽고 함께 부활한 크리스천의 안전판과 삶의 지침이 된다는 사실을 강조한다.[70] 이것은 사

---

69 로마서 3:21-26절에 관한 자세한 논의는 최갑종, "'하나님의 의', '믿음', 그리고 '십자가 사건': 로마서 3:21-26에 대한 주석적 연구,"『기독신학저널』15 (2008), 105-128을 보라.
70 사실상 이것이 로마서 7장과 8장의 중심 주제이다. 그리고 이것이 유대교와 기독교, 구약의 이스라엘 백성과 신약의 성도들, 바울의 구원론과 언약적 율법주의와의 근본적인 차이점일 것이다. 표면적으로 보면 바울과 유대교가 하나님의 백성에 가입하는 신분 문제에 있어서는 양쪽이 다 하나님의 선택과 은혜를 강조한다. 하나님 백성의 삶을 말할 때도 양쪽이 인간의 선행이 종말론적 의/구원과 연결되어 있다고 말함으로써 인간의 책임을 강조한다. 그러나 구약의 이스라엘 백성과 유대교에서는 언약 백성의 삶은 오직 자신의 자유와 책임의 영역에만 머물러 있다. 유대교에서는 언약백성의 삶을 궁극적으로 가능하게 하는 예수 그리스도와 성령의 자리와 역할은 없다. 율법과 할례가 있지만, 그들이 죄의 세력을 극복하게 하거나 보호해 줄 수 있는 능력이나 안전판이 되지 못했다. 구약에 나타나 있는 이스라엘 백성들의 불순종과 실패의 역사가 이를 보여준다. 그리고 부분적으로 율법의 행위나 선행을 하였을 때 그것이 자신들의 자유나 책임 아래서 행하여 진 것이기 때문에 자연히 자기 공로나 자랑에 빠질 수 있다. 그러나 바울에게 있어서 신자의 삶은 오직 그 자신의 자유와 책임의 영역에만 머물러 있지는 않다. 한편으로 분명히 신자의 삶은 그 자신의

실상 율법을 민족적 안전판으로, 율법을 이스라엘 민족으로 하여금 범죄로부터 지켜주는 보호막으로 간주해 온 유대교에 대한 심각한 비판과 도전이었다.

바울이 이신칭의와 그 복을 설명하면서 이와 대조되는 죄를 유대인과 이방인의 인종적 갈등으로 설명하지 않고, 오히려 율법에 대한 불순종은 유대인과 이방인의 인종적 구분이 생기기 훨씬 이전인 인류의 시조 아담의 범죄로부터 왔다는 것과 이 범죄의 결과로 모든 인류에게 죽음이 찾아왔다는 사실을 강조하고 있다는 점은 로마서를 유대인과 이방인의 갈등 관점에서, 그리고 이신칭의를, 이 갈등을 해소하기 위한 바울의 메시지로부터 보려는 새관점과는 분명히 거리가 있다고 볼 수 있다.[71]

이스라엘 문제를 집중적으로 말하고 있는 9-11장은 로마서의 부록이 아니라 오히려 복음 안에 나타난 하나님의 의, 곧 이신칭의가 설명되고 있는 최고봉이라고 볼 수 있다. 여기서 바울은 이스라엘 백성이 하나님이 그리스도를 통해 마련하신 의를 외면하고 여전히 율법을 통한 자기의 의를 추구함으로써 하나님의 뜻을 외면하고 있음에도 불구하고, 하나님은 아브라함과 모세와 선지자들을 통해 약속하신 이스라엘에 대한 그의 언약에 끝까지 신실하다는 것과, 그 결과 하나님은 이방인의 수가 충만하게 채워졌을 때, 온 이스라엘에게 그의 긍휼하심, 곧 그의 언약적 신실하심을 나타내심으로 그들을 종국적으로 구원하실 것임을 로마의 기독교인들에게 알린다.

그렇게 함으로써 이신칭의의 복음은 이방인들은 물론 유대인들을 위한 것임을 알린다. 이스라엘 백성에 대한 하나님의 언약적 신실하심은 사실상 이방인에 대한 하나님의 언약적 신실하심의 보증이 된다.[72]

자유와 책임의 영역에 머물러 있지만, 또 다른 한편으로 신자의 삶은 그리스도 안에서 성령을 통하여 이루어지는 것이다. 그러기 때문에 바울은 "그런즉 자랑할 데가 어디냐, 있을 수가 없느니라"(롬 3:27), "내게는 우리 주 예수 그리스도의 십자가 외에 결코 자랑할 것이 없다"고 고백한다. 거듭 말하지만 신약의 성도들 경우에 성령은 할례나 율법과 달리 신자로 하여금 죄와 싸워 승리할 수 있는 가능성을 열어준다(롬 8장). 성령은 신자로 하여금 그리스도의 형상을 닮아가도록 한다(고후 3:18). 성령을 따르면 육의 욕심을 이루지 아니하며(갈 5:16), 성령은 몸의 행실을 죽일 수 있게 한다(롬 8:13). 이것이 윤리적 문맥에서 구약의 이스라엘 백성들과 신약의 성도들, 옛 언약 백성들과 새 언약 백성들, 그리고 유대교와 바울의 근본적인 차이점이다. 보다 자세한 논의는 Gathercole, *Where is Boasting?* 223-24를 보라.

71　역시 Kim, *Paul and the New Perspective*, 54-55를 보라.
72　C. Baker, "The Faithfulness of God and the Priority of Israel in Paul's Letter to the Romans," *HTR* 79 (1986), 14.

로마서 몸체의 후반부에 해당하는 12:1-15:12는 복음 안에 나타난 이신칭의의 구체적인 적용에 관하여 말한다. 여기서 바울은 이신칭의는 하나님과 나와의 올바른 관계는 물론, 나와 너, 가정과 교회와 국가와 사회생활과 시민 생활의 전 삶의 영역에 영향을 미치고 있음을 분명히 한다. 즉 이신칭의는 수직적인 관계뿐만 아니라, 수평적인 관계에도 깊은 영향을 미치고 있다는 것이다.

이 점은 후반부의 서문이라고 할 수 있는 12:1에서 바울이 "하나님의 모든 자비하심", 곧 하나님께서 그리스도 안에서 너희에게 나타내신 그의 모든 긍휼하심과 그의 언약적 신실하심에 근거하여(수직적 관계), 모든 권면을 하고 있는 사실(수평적 관계)과 후반부를 종결하는 15:7 이하에서 다수의 이방인과 소수의 유대인으로 구성되어 있는 로마의 기독교인들, 곧 강한 자와 약한 자를 향해 "그리스도가 우리를 받아(수직적 관계) 하나님께 영광을 돌리심 같이, 너희도 서로 받아(수평적 관계) 하나님께 영광을 돌려야 한다"(15:7)고 강조한다는 사실에서 명백하게 드러난다.

이처럼 바울이 로마서에서 아무리 유대인과 이방인과의 관계, 곧 수평적 문제를 강조한다고 하더라도, 수평적 관계를 먼저 언급하고 그것이 수직적 관계를 정상화시킨다고 말하고 있지 않고 있다. 오히려 바울은 그 반대를 말하고 있다. 곧 하나님께서 먼저 그리스도를 통해 자신의 언약적 신실하심을 나타내셨기 때문에, 너희도 서로 받아 하나님의 신실하심과 긍휼하심을 나타내어야 한다는 것이다. 우리가 수직과 수평을 나누거나 분리시킬 수는 없다고 하더라도, 바울에게 있어서 수평적 관계가 수직적 관계의 기반이 아니라, 수직적 관계가 수평적 관계의 기반이 되고 있다.

곧, 복음은 루터와 칼빈 등 옛 관점주창자들이 강조한 것처럼, 근본적으로 먼저 하나님과 인간과의 관계 회복을 통해 유대인과 이방인, 나와 너의 관계 회복으로 나아가는 것이지 그 반대가 아니라는 것이다.[73] 이러한 사실은 이신칭의를 로마서의 중심 주제로 보는 것을 반대함은 물론, 이신칭의를 하나님과 죄인과의 수직적 관점에서 먼저 보지 않고, 유대인과 이방인의 관계 문제로 보려는 새관점과는 분명 거리가 있다.[74]

---

73 Westerholm, *Perspectives Old and New on Paul*, 384-401.
74 Laato, "'God's Righteousness'-Once Again'", 40-73에서 이신칭의는 로마서의 중심주제는 물론 전 바울신학의 중심임을 강력하게 주장하고 있다. 그의 결론적인 언급, "칭의교리는 의심할 여지없이 바울신학의 중심이다. 그의 주된 서신인 로마서 전반에 걸쳐 나타나고 있

4. 나가는 말

우리는 이 글에서 현금의 신약학계에서 가장 이슈가 되고 있는 새관점의 정당성 문제를 취급하였다. 우리는 우선 새관점으로부터 몇 가지 배울 점이 있다는 사실을 인정하고자 한다. 하나는 새관점이 1세기의 유대교에 대한 우리의 이해 지평을 넓혀주고 있다는 점이다. 새관점 이전에 우리는 예수와 바울 당대의 유대교가 획일적으로 "율법주의"였다고만 생각하였다.

그러나 새관점을 통해 우리는, 새관점의 주창자들이 1세기의 유대교를 획일적인 "언약적 율법주의"로 단정한 것에 관해서는 비판을 가할 수 있지만, 1세기의 유대교가 하나님의 선택과 은혜를 강조하고 있다는 점을 새롭게 알게 되었다. 사실 구약성경의 출애굽 사건에서 볼 수 있는 것처럼, 하나님은 먼저 이스라엘 백성을 자기 백성으로 선택하시고, 출애굽을 통해 구속하시고, 거룩한 삶을 위해 그들에게 율법을 주셨다. 따라서 구약의 이스라엘 종교는 근본적으로 "율법주의"가 아닌 "언약적 율법주의"이다.[75]

또 하나는 새관점이 바울서신의 콘텍스트와 메시지에 대한 수평적이고 사회학적인 지평을 넓혀 주고 있다는 점이다.[76] 새관점 이전에 우리는 바울과 초창기 기독교의 주요 관심사는 "사람이 어떻게 하나님 앞에서 의롭게 혹은 구원 받을 수 있느냐"는 수직적이고 실존적인 문제로만 생각하였고, 바울이 그의 서신에서 "사람이 '율법'/'율법의 행위'/'행위'를 통해 의롭게/구원 받게 되는 것이 아니라, 예수 그리스도에 대한 믿음을 통해서 의롭게/구원 받게 된다"고 주장할 때, 그는 사실상 유대교의 율법주의적 구원관을 반대하고 있는 것으로만 이해하였다.

그러나 새관점을 통해 바울과 초기 기독교의 주요 관심사는 "어떤 조건에서 이방인을 하나님의 언약 백성으로 받아들일 것인가, 어떻게 이방인 기독교인들과 유대인 기독교인들이 그리스도 안에서 동등한 하나님의 백성으로 살아갈 수

는 하나님에 대한 가르침, 그리스도와 구원, 이방인의 사도로서의 소명, 종말에 대한 그의 가르침, 많은 그의 실천적 적용과 권면들은 모두 '하나님의 의'의 개념과 연결되어 있다. 바울의 신학은 사실상 그의 칭의교리와 불가분리의 관계를 갖고 있다. 칭의교리는 실로 그의 사상의 열쇠임이 분명하다"(p. 70)를 보라.

75 물론 이것이 1세기의 유대교가 구약의 이스라엘 종교와 정확하게 동일하다는 것을 말하는 것은 아니다. 양자 사이에는 연속선과 함께 분명히 불연속선이 있다. 하지만 우리는 이제 새관점 이전으로 되돌아갈 수는 없다.

76 이 점과 관련하여 Michael F. Bird, *The Saving Righteousness of God: Studies on Paul, Justification, and the New Perspective* (Milton Keynes: Paternoster, 2007)을 보라.

있는가"라는 수평적이고 공동체인 문제였다는 것과 바울의 "율법" 혹은 "율법의 행위"에 대한 반대 주장은 유대교 전체에 대한 반대가 아니라, 그리스도가 오신 이후 유대인들의 삶의 원리에 불과한 모세의 율법, 할례, 안식일과 유대교의 절기, 음식법 등을 이방인 크리스천들에게 예수에 대한 믿음에 덧붙여 필수적인 것으로 강요한 일부 유대주의자들에 대한 반대임도 알게 되었다. 그러나 우리는 새 관점이 역사적인 면이나 해석학적인 면에서 적지 않는 문제점도 지니고 있다는 점도 발견하게 되었다.

첫째, 옛 관점의 학자들이 충분한 역사적인 연구나 문헌의 검토 없이 바울 당대의 유대교를 획일적으로 "율법주의"로 단정한 것과 같이, 새관점에서는 1세기의 유대교가 획일적으로 "언약적 율법주의"로 단정되고 있다는 점이다. 그러나 샌더스가 활용한 자료는 물론 그 밖의 유대교 자료에 대한 자세한 분석은 1세기의 유대교가 다양성을 지니고 있다는 것과, 유대교 자료에는 언약적 율법주의는 물론, 율법주의를 지지하는 자료들도 적지 않다는 점이다.

사실 신약성경조차 1세기 유대교 안에 율법에 관해 상이한 입장을 가지고 있는 바리새파와 사두개파가 있었다는 사실을 보여주고 있고, 유대 역사가 요셉푸스의 문헌과 20세기에 발굴된 쿰란 문헌들은 바리새파와 사두개파는 물론, 열심파와 에센파 등 다양한 종파들이 1세기 유대교 안에 존재하고 있었음을 보여주고 있다.[77]

둘째, 새관점은 바울의 "이신칭의"(以信稱義) 가르침을 지나치게 이방인과 유대인의 동등성을 강조하는 수평적이고 사회학적인 관점에서만 이해하려고 함으로써 어거스틴, 루터, 칼빈 등이 강조한 개인적인 속죄와 구원의 수직적 의미를 약화시키고 있다는 점이다. 사실 의와 구원 문제는 개인의 믿음과 죄에 대한 회개와 용서 없이는 불가능하다. 이것은 수평적인 것과 수직적인 것이 서로 분리될 수 없다는 것을 뜻한다.

바울은 다메섹 도상에서 부활한 예수 그리스도와의 만남을 통해 하나님은 유대인과 이방인의 차별 없이 누구든지 (개인) 예수 그리스도를 믿음으로 의롭게 하신다는 이신칭의 복음과 소명을 받았기 때문에 이방 선교에 헌신한 것이지, 이방

---

[77] 그러기 때문에 최근에는 1세기의 유대교를 가리켜, 단수 "Judaism" 대신 "Judaisms"로, "covenantal nomism"대신 "Variegated Nomism"이란 말을 사용하고 있다. Overman/Green, "Judaism," *ABD* 3, 1038; Carson and et al., *Justification and Variegated Nomism*을 보라.

선교 현장에서 유대인과 이방인의 갈등 문제를 해결하기 위해 이신칭의의 복음을 수립한 것은 아니다. 바울에게 있어서 복음 안에 나타난 "하나님의 의"는, 새 관점에서 주장하고 있는 것처럼, 하나님의 왕 되심과 그분의 주권 선언만이 아니다.

그것은 하나님께서 아브라함과 여러 선지자를 통해서 주신 약속, 곧 유대인과 전 인류를 구원하시겠다는 하나님의 신실한 언약이 예수 그리스도 안에서 성취되었다고 하는 하나님의 구원 계시이다. 이 의(義)는 단순한 법적인 선언에 끝나지 않고, 예수 그리스도를 믿는 신자에게 성령을 통해 은혜로 의와 구원을 가져오고, 신자의 삶을 변화시키는 종말론적이고 통전적인 의를 동반한다. 즉, 바울에게 있어서 "이신칭의"는 유대인과 이방인 사이의 종교적, 사회적 장벽의 제거만이 아니라, 예수 그리스도의 속죄와 그의 의를 믿는 자를 하나님께서 의롭다고 하시는 종말론적인 선언인 동시에, 성령 안에서 예수 그리스도의 의를 은혜로 받음으로써 하나님의 의와 복과 교제를 누릴 수 있는 하나님의 자녀 된 것을 뜻한다.[78]

셋째, 새관점의 주창자들은 1세기 유대교의 다양성을 외면하고 획일적인 "언약적 율법주의"라는 단정 아래 바울이 "율법", "율법의 행위", 혹은 "자기의 의"와 "행위"를 비판할 때, 유대주의자들의 구원관에 대한 비판이 아니라, 그리스도께서 십자가를 통해 폐지하셨음에도 불구하고 여전히 이방인들을 분리하고 차별하는 유대인들의 민족적 특권과 정체성의 표지들인 모세의 율법, 할례, 안식일, 절기, 음식법 등과 이들에 근거를 둔 민족적 의를 비판하고 있다고 성급하게 결론 내리고 있다.

이러한 결론은 성경 본문은 물론 다양성을 보여주고 있는 유대교 문헌 자체의 가르침과도 맞지 않을뿐더러, 바울보다 자신들이 1세기의 유대교를 더 잘 알고 있다는 오만하고 외람된 주장이 될 수 있다.[79] 동시에 새관점은 예수의 죽음을 1차적으로 이방인들을 차별하는 유대인들의 민족적 정체성과 특권들의 폐지와 관

---

78 Laato, "'God's Righteousness'-Once Again," 54에서도 바울에게 있어서 "하나님의 의"는 법정적이든, 언약적이든, 참여적이든 한 가지 의미만을 가지지 않고, 1) 하나님 자신의 의(그의 공의), 2) 의를 확립하기 위한 하나님의 구원하는 활동, 3) 하나님에 의해 주어진 의 등 세 가지 의미를 지니고 있음을 강조하고 있다.

79 C.K. Barrett, *Paul: An Introduction to His Thought* (Louisville: Westminster, 1994), 78; Ben Witherington, "The New Perspective on Paul and the Law," 4에서 "바울은 유대교 안에서 행위와 순종은 실질적으로 의와 영생과 구원에 영향을 미치고 있음을 믿었다"고 지적한다.

런시킴으로써 예수의 죽음이 가져온 인류(유대인과 이방인의 범죄)의 범죄에 대한 속죄, 죄와 사망의 권세에 대한 심판, 하나님과의 화해, 전 피조 세계의 회복 등의 의미를 제한 혹은 약화시키고 있다는 오해를 불러일으킬 수 있다.

따라서, 우리는 바울 당대의 유대교가 획일적으로 율법주의가 아닌 언약적 율법주의이라는 전제 아래서, 바울서신을 새롭게 재해석하려고 하는 새관점의 시도에 대하여 비판적인 자세를 취하고자 한다. 우리가 1세기의 유대교를 전폭적으로 율법주의로 보고 그러한 관점에서 바울서신을 해석하는 것도 경계하여야 하겠지만, 1세기의 유대교를 언약적 율법주의라는 전제 아래 바울서신을 새롭게 해석하려는 시도는 더욱 경계해야 할 것이다.

우리가 바울서신을 접근할 때 율법주의든 언약적 율법주의든 어떤 고정적인 전제 아래 바울의 본문을 성급하게 해석하려 해서는 안 될 것이다. 주후 1세기의 비기독교적 유대 문헌들이 복음서를 위시하여 바울서신의 연구에 매우 중요하다고 할지라도, 그것을 복음서나 바울서신 해석의 절대적인 기준으로 삼을 수는 없다. 바울서신은 어디까지나 먼저 바울서신 그 자체로 해석되어야 한다. 다시 말한다면 로마서는 우선적으로 로마서 그 자체의 관점에서 해석되어야 한다.

부록 2

바울의 윤리적 교훈의 특징직설법과 명령법

바울은-우리가 그를 신학자라고 부를 수 있다고 하더라도[1] - 전문적인 이론적 신학자가 아니라 오히려 실천 신학자였다. 바울은 다메섹 사건을 통해 복음의 사역자로 부름을 받은 이후(갈 1:15-16) 평생을 헬라-로마-유대 사회의 선교 현장과 목회 현장에서 보냈다. 또한 그가 남긴 글도 모두 목회 현장에서 그가 세웠거나 그와 관계가 있는 교회나 목회자들에게 보낸 목회적인 편지들이다. 즉 그는 평생을 복음을 통해 헬라-로마-유대 사회에 살던 사람들의 사고와 행동의 패턴을 바꾸려 했으며, 또한 그 목적을 이루기 위해 보냈던 많은 편지를 우리에게 남겼다.[2]

바울은 스스로 자신이 그리스도의 말씀과 그의 삶의 패턴을 따라 살려고 부단하게 노력했을 뿐만 아니라, 또한 자신으로부터 그리스도의 복음을 받은 이들에게 그리스도의 형상을 닮아갈 것을 권고했다(갈 4:12-19; 빌 2:5-11). 따라서 바울의 신학을 이론과 적용으로 혹은 그의 서신을 교리와 실천으로 엄격하게 나누는 전통적인 이분법은 문제가 있다. 최근에 던(James D. G. Dunn)이 잘 지적한 것처럼, "바울의 신학은 살아 있는 신학(living theology)이며, 처음부터 끝까지 실천적 신학이다."[3]

다시 말해, 바울의 전 생애는 선교와 목회 현장의 생애이며, 그의 모든 신학과 서신은 실천적이며 선교적이며 윤리적인 신학과 서신이다. 그러므로 바울과 그

---

1 James D.G. Dunn은 그의 최근의 저서 *Theology of Paul the Apostle* (Grand Rapids: Eerdmans, 1998), 2에서 "바울은 기독교 역사의 가장 첫번째, 그리고 가장 위대한 신학자였다"라고 말하고 있다.
2 바울서신의 사회적 기능과 접근에 관해 G. Theissen, *The Social Setting of Pauline Christianity* (Phildelphia: Fortress, 1982); Francis Watson, *Paul, Judaism and the Gentiles: A Sociological Approach* (Cambridge: CUP, 1986)을 보라.
3 James D.G. Dunn, "How Should Believers Live?" in *The Theology of Paul the Apostle* (Grand Rapids: Eerdmans, 1998), 626.

의 윤리학에 관한 주제는, 로스너(B. S. Rosner)가 잘 지적한 것처럼, 바울과 그의 모든 신학과 서신을 이해하는 데 있어서 대단히 중요한 주제다.[4]

그럼에도 불구하고 오늘날 신학자들은 이 주제를 상대적으로 소홀하게 취급하였다. 이제 우리는 바울의 신학과 서신의 실천적 특징을 바울의 서신에 나타나는 직설법과 명령법의 관계를 통해서 간단하게 살펴보고자 한다. 필자가 부록을 통해 이 문제를 취급하는 이유 중의 하나는 최근 한국 교계와 신학계에서 쟁점이 되고 있는 칭의와 성화의 관계 문제도 바울의 직설법과 명령법 교훈과 밀접하게 연결되어 있기 때문이다.

1. 직설법과 명령법과의 관계

바울의 윤리적 가르침을 이해하기 위해서는, 바울의 서신에 나타나는 바울의 직설법과 명령법의 용법을 살펴볼 필요가 있다.[5]

바울에게 있어서 '직설법'(indicative)과 '명령법'(imperative)은 무엇을 뜻하는가?

결론부터 말하자면, 바울에게 있어서 직설법은 일차적으로 신자의 신분에 관련된 교훈이며, 명령법은 신자의 삶에 관련된 교훈이다. '직설법'은, 신자가 누구냐 하는 문제와 관련해, 하나님께서 신자를 주권적으로 선택하시고 사랑하셔서, 예수 그리스도의 죽음과 부활을 통해 은혜로 구속하시고, 그리스도와 성령 안에서 새롭게 창조하셔서, 하나님의 자녀가 되게 하셨음을 가르쳐준다.

그래서 신자는 이미 이 세상에서 하나님의 백성으로, 성도로, 새로운 피조물로, 성령의 전으로, 그리스도의 몸 등으로 불린다. '명령법'은, 신자가 어떻게 살아가야 할 것인가 하는 문제와 관련해, 신자는 하나님으로부터 하나님의 백성으로서, 그리스도 안에서의 새로운 창조로, 성령의 전으로 그리스도와 성령과 함께 자신

4　B.S. Rosner, "That Pattern of Teaching: Issues and Essays in Pauline Ethics," in *Understanding Paul's Ethics. Twentieth Century Approaches* (Grand Rapids: Eerdmans, 1995), 1.

5　W. Dennison, "Indicative and Imperative: The Basic Structure of Pauline Ethics," *CTJ* 1 (1979), 55-78; R. Bultmann, *Theology of the New Testament* (London, 1955), 315-332; A. Verhey, *The Great Reversal: Ethics and the New Testament* (Grand Rapids: Eerdmans, 1984), 104-106; Michael Parsons, "Being Precedes Act. Indicative and Imperative in Paul's Writing," in *Understanding Paul's Ethics. Twentieth-Century Approaches,* ed. B.S. Rosner (Grand Rapids: Eerdmans, 1995), 217-247.

의 새로운 신분에 합당한 삶을 살아가야 할 것을 요구받고 있음을 가르쳐준다.

즉, 하나님의 은혜를 받은 신자(직설법)는 그리스도와 성령 안에서 하나님을 사랑하고 이웃을 자신의 몸과 같이 사랑해야 한다(명령법)는 것이다. 그런 점에서 우리는 전자를 칭의에 관한 교훈으로, 후자를 성화에 관한 교훈으로 부를 수 있다. 신학적인 면에서 다시 말한다면, 전자를 성부 하나님이 그리스도 안에서 이루신 구속 사역으로 부를 수 있다면, 후자는 성부 하나님이 부활한 그리스도와 성령 안에서 구속 사역을 신자에게 적용시키는 사역으로 부를 수 있다.

그러므로 흔히 쉽게 생각하듯이 바울에게 있어서 전자(직설법)는 하나님의 사역(신학)을 가리키고, 후자는 인간의 사역(윤리)을 가리키는 것으로 생각하는 것은 잘못이다. 어떤 의미에서 직설법은 인간의 사역이 전혀 포함되지 않은 전적으로 삼위 하나님의 사역이며, 따라서 이것은 은혜로 주어지는 선물이라고 말할 수 있다. 그렇다고 해서 이와 대조적으로 바울의 명령법을 삼위 하나님의 사역과는 독립된 인간의 사역이라고 말할 수 없다.

비록 명령법이 직설법과는 달리 인간의 책임을 강조할지라도,[6] 그것이 하나님으로부터 독립되어 있지 않다. 왜냐하면, 바울이 빌립보서 1:6에서 "너희 속에 착한 일을 시작하신 이가 그리스도 예수의 날까지 이루실 줄을 우리가 확신하노라"라고 말하는 것처럼, 명령법도 근본적으로 신자 안에서 이루어가시는 하나님의 사역이기 때문이다. 이처럼 직설법과 명령법이 다 같이 하나님의 사역과 관련되어 있다면, 직설법과 명령법은 서로 어떤 관계에 있는가?

양자는 사실상 서로 같은가 아니면 판이하게 서로 다른가, 아니면 연속선과 불연속선을 동시에 갖고 있는가?

1) 도드(C. H. Dodd)

도드는 바울신학에 있어서 직설법과 명령법을 구분해 서로에게 독자적인 자리를 주려고 노력했던 대표적인 학자이다. 도드는 바울의 사상에 있어서 직설법과 명령법은 동등하게 중요하며, 둘 다 필수적이라고 본다.[7] 물론 그는 이 양자가 서로 밀접하게 연결되어 있다는 것은 인정한다. 그러나 그는 양자를 구분해 서로에

---

6   M. Parsons, "Being Precedes Act. Indicative and Imperative in Paul's Writing," 217.
7   C.H. Dodd, *Gospel and Law* (Cambridge, 1963), 3-4.

게 독자적인 자리를 줌으로써 사실상 서로를 분리한다.

그는 신약성경에는 두 가지 구별되는 요소, 즉 '신앙적인 내용'(직설법)과 '윤리적인 내용'(명령법)이 있다고 본다. 전자는 믿음, 예배, 하나님과의 교제, 구원, 소망 등과 관련되어 있으며, 후자는 행위, 도덕적 판단 등과 관련되어 있다. 이미 언급한 바와 같이, 도드도 이 둘이 분명히 서로 유기적인 관계를 지니고 있다는 것은 인정한다: "기독교의 윤리적인 내용이든 신앙적인 내용이든 어느 정도 함께 유지하지 않는다면, 즉 양자를 서로 유기적인 관계에서 보지 않는다면, 어느 한쪽도 바르게 이해할 수 없다."[8] 그런데 문제는 도드가 말하는 양자, 곧 직설법과 명령법의 유기적인 관계가 무엇을 가리키느냐는 것이다. 그는 이 양자가 서로 구별되어 있으며, 양자 사이에는 경계선이 있다고 본다.[9]

도드에 따르면, 이러한 구분은 바울서신이 내용적으로 서로 구분이 되어 있는 것에서 잘 드러난다. 즉 바울서신들은 "두 개의 주요 부분으로 나누어진다. 첫째 부분은 특별히 신앙적인 주제들, 이를테면, 주로 신학을 구성하는 내용과 관련되어 있고, 둘째 부분은 주로 윤리적 교훈 및 권면 등과 관련되어 있다."[10] 그는 이에 대한 좋은 실례로 로마서, 갈라디아서, 골로새서, 에베소서를 예로 들고, 다른 서신들도 이와 유사하다고 단정한다.

또한 그는 이와 같은 구분은 가장 초창기 기독교의 두 양식인 '케뤼그마'와 '디다케'의 구분에 기인한다고 본다.[11] 도드는 '케뤼그마'를 예수 그리스도의 인격과 그의 사역에 관한 선포나 공적인 선언, 곧 예수의 죽음과 부활을 통해 사람들로 하여금 역사 안에서 결정적으로 행동하신 하나님의 구원 역사를 만날 수 있게 하는 선포의 내용이라고 말한다. 물론 이 선포는 사람들에게 구원과 함께 다가오는 심판에 관해서도 말한다. 이 구원과 심판의 선포에 응답하는 사람들은 이제 그들이 어떻게 살아야 할 것인가에 관한 윤리적 가르침을 받게 된다. 도드는 이 윤리적 가르침을 선포와 구분되는 '디다케'로 규정한다. 도드는 '케뤼그마'가 먼저요, 그다음에 '디다케'가 있다고 본다. 따라서 양자는, 비록 서로 연관성은 갖고 있을지라도, 엄연하게 구분된다.[12]

---

8   Ibid., 4.
9   Ibid., 5.
10 Ibid., 5.
11 Ibid., 9-13, 66-67; *The Apostolic Preaching and Its Development* (London, 1936), 3-4, 17-18.
12 *Gospel and Law,* 10.

도드가 이처럼 '케뤼그마'와 '디다케', 직설법과 명령법을 구분하는 것은 바울 서신에 나타나는 윤리적 요소의 기원에 관한 그의 견해와 불가분의 관계를 갖고 있다. 즉, 도드는 바울의 윤리적 교훈은 기독교적 기원을 갖고 있다기 보다는 오히려 바울 당대의 헬라-로마 사회에서 이미 통용되고 있던 도덕적 교훈에 기반을 두고 있다고 본다.[13] 도드에 따르면, 바울은 자기 당대 헬라-로마 사회의 윤리적 이념들을 기독교 신학의 문맥 안으로, 특별히 기독교 종말론, 그리스도의 몸의 개념, 그리스도를 닮는 것, 사랑과 자선의 우위 사상 안으로 가져와서, 기독교적으로 변형시켰다.

따라서, '케뤼그마'와 '디다케'는 그 기원이 근본적으로 다르기 때문에, 설령 양자의 연관성을 아무리 강조한다고 하더라도, 결국 서로 분리될 수밖에 없다. 도드의 이와 같은 '케뤼그마'와 '디다케', 직설법과 명령법의 분리는 각자의 독립성과 함께 양쪽에 다 무게를 주는 장점은 있지만, 결국 바울의 사상을 신학과 윤리, 신앙과 행위로 양분시켜 통일성을 해치는 치명적인 약점을 지니고 있다.[14]

2) 불트만(R. Bultmann)

도드가 직설법과 명령법을 분리를 시킨 대표적인 학자라면, 불트만은 양자를 일원화시키고자 한 대표적인 학자이다. 불트만은 직설법과 명령법의 구조가 바울의 사상에 있어서 핵심적인 요소가 된다는 점에 주목한다. 이와 함께 그는 이 양자 사이에는 내적인 통일성이 있다고 본다.[15] 그렇다고 해서 불트만이 명령법이 직설법에 그 뿌리를 두고 있음을 부인하는 것은 아니다.[16]

불트만에게 있어서 신자의 윤리적 행위는 새로운 피조물이라는 신자의 신분에서 나온다.[17] 신자의 결단은 그의 존재 양식에 근거한다. 그러나 문제는 불트만이

---

13 Bultmann과 함께 양식비평의 선구자였던 Martin Dibelius, *A Fresh Approach to the New Testament and Early Christian Literature* (London: Ivor Nicholson and Watson, 1936), 143-44, 217-220도 바울의 신학적 선포(직설법)와 윤리적 지침(명령법)을 서로 분리시키는데, 그 이유는 그도 Dodd처럼 바울의 윤리적 교훈은 헬라 철학의 행동지침에서 그 내용을 빌려 온 것으로 보기 때문이다.
14 바로 이 점이 V.P. Furnish가 그의 책 *Theology and Ethics in Paul* (Nashville, 1968)에서 Dodd를 비판하는 핵심적인 내용이다.
15 Bultmann, *Essays* (London, 1955), 112.
16 Bultmann, *Theology of the New Testament* 1, 332.
17 R. Bultmann, "The Problem of Ethics in Paul," in *Understanding Paul's Ethics,* 195-216.

그 반대도 정확하게 옳다고 인정하는 것에 있다. 즉 불투만에게 있어서 신자됨은 그리스도 사건에 대한 믿음에 의해 하나님께 순종하려는 결단에 근거한다. 불트만이 사랑을 '새로운 창조의 현실화'로 보는 것이 이를 입증한다.

이를 종합하면, 불트만에게 있어서 직설법과 명령법은 결단의 순간에서 하나가 된다. 그렇다면 불트만은 어떻게 해서, 그리고 무엇 때문에 결단을 통해 직설법과 명령법을 하나로 통일시키는가?

우리는 이에 대한 해답을, 파손(M. Parsons)이 지적하는 것처럼, 불트만의 실존주의 철학적 전제와 율법주의에 대한 그의 두려움에서 찾아야 할 것이다.[18] 이미 잘 알려진 대로, 불트만은 기독교와 실존주의를 서로 통합하려고 시도한 대표적인 신학자다.[19] 기독교와 실존주의의 통합에 대한 그의 의지는 직설법과 명령법의 관계에 대한 그의 이해에 지대한 영향을 미쳤다. 실존주의 철학자 하이데거(Heidegger)(특별히 그의 책, *Sein und Zeit*)를 따라서, 불트만은 인간은 결단의 순간, 곧 결정적인 시간(Geschichte)에 책임적인 자유를 선택할 때 참으로 존재하게 된다고 주장한다.

즉, 실존은 본질에 선행한다는 것이다. 따라서, 불트만에게 있어서는 결단하는 현재만이 의미를 지닌다, 그에게 있어서 실존이란 계속적인 과정이 아니다.[20] 문제는, 불트만의 이와 같은 사상적 구조를 따르게 될 경우, 인간의 참 존재가 역사 안에서 구체적으로 나타난 하나님의 구원 역사에 근거한다는 성경적 가르침이 전혀 자리를 찾을 수 없다는 점에 있다.

베커(D.L. Baker)가 잘 지적하는 것처럼, 불트만의 관심사는 인간의 실존일 뿐이며, 하나님은 인간을 통해서만 간접적으로 말해질 뿐이다.[21] 불트만이 바울의 윤리학을 부적절하게 이해하게 된 또 다른 중요한 이유는 자신의 신학을 인간에게 거짓된 소유와 안전을 가져다줄 수 있는 율법주의에 빠지지 않도록 하려는 데 있었다. 그래서 그는 율법주의에 빠지지 않도록 하기 위해서 인간의 윤리적 순종을 두 종류로, 즉 권위에 따르는 '형식적 순종'과 구체적인 상황에 따르는 '철저한 순종'으로 나눈 후, 전자가 율법주의에 빠질 수 있다는 점을 들어 거부하고 후

18　M. Parsons, "Being Precedes Act: Indicative and Imperative in Paul's Writing," *EvQ* 88 (1988), 222.
19　H.H. Schrey, "The Consequences of Bultmann's Theology for Ethics," in *The Theology of Rudolf Bultmann,* ed. C.W. Kegley (London, 1966), 183-200.
20　R.C. Roberts, *Rudolf Bultmann's Theology: A Critical Interpretation* (Grand Rapids, 1976), 50.
21　D.L. Baker, *Two Testaments: One Bible* (Leicester, 1976), 175.

자만을 옹호한다.

불트만에 따르면, '형식적 순종'은 일종의 명목적 순종에 지나지 않는다. 왜냐하면 그것은 인간 자신의 자발적인 완전한 순종이 아니라 단순히 명령에 따르기 위한 순종이기 때문이다. 반면에 '철저한 순종'은 구체적인 상황의 요구에 대한 응답이다. 따라서 그는 어떠한 인위적인 윤리적 제도도 거부한다.

3) 퍼니쉬(V.P. Furnish)

퍼니쉬도 도드의 직설법과 명령법의 구분을 반대한다.[22] 그러나 그는 불트만처럼 실존주의 철학에 근거해서가 아니라, 바울에게 있어서 직설법과 명령법이 정확하게 동일하지는 않으나, 직설법이 명령법을 포함한다는 이유 때문에 그렇게 한다. 그는 바울서신은 그가 이미 전했던 복음적 설교와 분리될 수 있는 별개의 것이 아니라, 오히려 그의 이전 설교를 재확인하고, 변호하고, 더 분명히 한다고 본다. 동시에 그는 바울의 복음적 설교는, 우리가 데살로니가전서 2:11-12와 4:2에서 발견할 수 있는 것처럼, 이미 명령법의 내용인 권면, 격려, 교훈 등을 포함하고 있다고 본다.[23]

그는 구체적인 실례로 로마서를 든다. 퍼니쉬에 따르면, 로마서의 주제 구절인 1:16-17은 소위 도드가 말하는 로마서 1-11장의 직설법의 내용 뿐만 아니라, 로마서 12-16장의 명령법의 내용까지 함축하고 있다.[24] 계속해서 퍼니쉬는 바울의 윤리학 해석은 소위 윤리적 부분에만 한정되어 있는 것이 아니라고 하면서, 바울서신을 신학 부분과 윤리 부분으로, 즉 '케뤼그마'와 '디다케' 부분으로 나누는 것 자체를 반대한다.[25]

그는, 바울에게 있어서 '케뤼그마'가 윤리적 교훈을 함축하는 복음 및 하나님의 말씀 등과 동의로 사용되는 것처럼, '디다케'도 역시 복음과 동의어로 사용된다고 본다. 계속해서 그는 선물은 요구를 동반하며, 가장 초창기 교회의 윤리적 가르침은 신학적 기반 위에 서 있다고 할지라도,[26] 명령법이 직설법에 근거해 있

---

22 Furnish, *Theology and Ethics in Paul* (Nashville: Abingdon, 1968), 106-111, 112-114.
23 Furnish, *Theology and Ethics in Paul*, 113.
24 Ibid., 101.
25 Ibid., 207, 110.
26 Ibid., 156.

다거나 혹은 직설법으로부터 나온다고 주장하는 것은 옳지 않다고 말한다. 오히려 그는 은총은 본질적으로 순종을 포함하며, 바울의 명령법은 직설법의 결과가 아니라, 오히려 직설법에 완전히 함축되어 있다고 말하기를 즐겨한다. 그래서 그는 바울의 직설법을 '명령법적 직설법'(the imperative indicative)이라고 부르면서[27] 직설법과 명령법을 통일시킨다.[28]

그러나 문제는 이것이다. 즉 퍼니쉬는 바울의 명령법을 지나치게 직설법에 예속시킴으로써 명령법 그 자체가 설 여지를 주지 않는다. 우리가 곧 살펴보겠지만, 바울이 아무리 직설법과 명령법의 불가분리의 관계성을 말한다고 하더라도, 그것이 바울이 직설법을 명령법에 혹은 명령법을 직설법에 예속시키거나, 혹은 서로를 완전히 동일시한다는 의미는 아니다.[29]

우리는 지금까지 바울의 직설법과 명령법에 대한 두 극단적인 주장을 살펴보았다. 바울의 직설법과 명령법을 지나치게 분리하거나 혹은 그 반대로 지나치게 양자를 통합하는 것이 문제가 있다면, 바울서신에 나타나는 직설법과 명령법의 관계, 즉 바울의 신학과 윤리, 칭의와 성화의 관계를 어떻게 보아야 할 것인가?

우리가 선택할 수 있는 제3의 길은 양자를 한편으로 밀접하게 연결하면서도 동시에 양자의 독자성을 인정하는 것인가?[30]

바울에게 있어서 명령법은 이미 복음을 통해 그리스도와 성령 안에서 하나님의 백성이 된 신자들에게, 즉 새로운 신분을 가지게 된 이들에게 요구된 것이지, 아직도 복음을 듣지 않은 자들에게 그리스도와 성령 안에서 새로운 신분을 가지려고 시도하는 자들에게 그 조건으로 요구되는 것이 아니다. 따라서, 바울에게 있어서 신자의 윤리적 행위는 신자됨의 귀결이지 그 원인은 아니다.

브라턴(C. F. Braaten)이 잘 지적하는 것처럼, 바울에게 있어서 존재는 행위에 선행하는 것이지 그 반대가 아니다.[31] 하지만, 그렇다고 해서 우리는 바울의 명령법

27　Ibid., 226.
28　우리는 Furnish와 유사한 견해를 알렌 버허, 김경진 역 『신약성경 윤리』(서울: 솔로몬, 1997), 222-223에서 찾아볼 수 있다.
29　Parsons, "Being Precedes Act," 226.
30　예를 들어, G. Bornkamm, *Paul* (London, 1971), 201-203; T.J. Deidun, *New Covenant Morality in Paul* (Rome, 1981), 78; L. Goppelt, *Theology of the New Testament vol 2* (Grand Rapids: Eerdmans, 1982), 136; W.G. Kümmel, *Theology of the New Testament* (London, 1980), 227; A. Lincoln, *Paradise Now and Not Yet* (Cambridge, 1981), 133; R.N. Longenecker, *Paul: Apostle of Liberty* (New York, 1984), 179.
31　C.F. Braaten, *Eschatology and Ethics* (Minneapolis, 1974), 121.

이 마치 직설법의 보충이거나 혹은 직설법의 부속물인 것처럼 보아서도 안 될 것이다. 바울의 직설법이 명령법 없이 독자적으로 제시되지 않고 항상 같이 제시되는 것처럼, 바울의 명령법 역시 그러하다. 이것은 예수님의 천국 선포만이 하나님의 나라 복음에 속한 것이 아니라 제자도에 대한 가르침 역시 하나님의 나라 복음에 속한 것처럼, 직설법만 바울의 복음에 속한 것이 아니라, 명령법 역시 바울의 복음에 속한 것임을 뜻한다.

바울에게 있어서 그의 복음이 직설법만이 아닌 또한 명령법을 가지고 있는 근본 이유는 그의 복음이 지닌 종말론적인 구조, '이미'와 '아직'과 불가분의 관계를 지니고 있기 때문이다.[32] 즉, 그리스도의 오심, 죽으심, 부활, 승천, 그리고 오순절의 성령 강림 등을 통해서 이미 새로운 창조가 실현되고 있으며, 또한 신자들이 그리스도와 성령 안에서 이미 새로운 창조에 참여할 수 있다고 하더라도(고후 5:17; 갈 6:15), 완전한 새 창조, 완성된 새 창조는 그리스도의 재림 때까지 기다려야 할 내용이기 때문이다.

만일 바울의 복음이 '이미'의 요소만을 가지고 있다면, 명령법은 불필요하며, 그 반대로 바울의 복음이 '아직'의 요소 만을 가지고 있다면, 직설법은 무의미한 것이 될 것이다. 그런데 바울의 복음이 '이미'와 함께 '아직'의 요소를 함께 지니고 있기 때문에 '아직'과 연결된 명령법은 직설법과 별도로 성립될 수밖에 없다. 다시 말해, '이미'가 '아직'을 흡수할 수 없는 것처럼, 혹은 '아직'이 '이미'와 동일시될 수 없는 것처럼, 바울의 명령법과 직설법은 서로 공존할 수밖에 없다.

그러나 우리가 유념해야 할 것은, '이미'와 '아직'이 다 같이 인간의 손이 아닌 하나님의 손에 놓여있는 것처럼, 바울의 직설법과 명령법도 인간의 사역이 아닌 그리스도와 성령의 사역에 좌우된다는 점이다. 달리 말하자면 칭의에 관한 교훈만이 바울 복음에 속한 것이 아니라, 성화에 관한 교훈 역시 바울 복음에 속한다는 사실이다. 이것은 우리의 구원이 칭의만으로 구성되는 것이 아니라 성화 또한 포함된다는 것을 시사한다.

곧 별도로 자세하게 살펴보겠지만, 바울이 빌립보서 2:12에서 "나의 사랑하는 자들아, 너희가 나 있을 때뿐만 아니라 더욱 지금 나 없을 때에도 항상 복종하여 두렵고 떨림으로 너희 구원을 이루라"라고 명령법을 말하면서, 바로 뒤이어 13절에서 "너희 안에서 행하시는 이는 하나님이시니 자기의 기쁘신 뜻을 위해 너희

---

32 R.H. Hays, *The Moral Vision of the New Testament*, 19-27.

로 소원을 두고 행하게 하시나니"(역시 빌 1:6)라고 말하는 것과 갈라디아서 5:25에서 "우리가 성령에 의해 살고 있기 때문에(직설법) 또한 성령으로 행합시다"(명령법)라고 말하는 것에서 이 사실이 분명히 드러난다.

그러므로 우리는 바울의 직설법과 명령법을 종교개혁자 루터(Luther)의 도식을 따라 복음과 율법의 구조로 설명하려고 시도하면 안 된다.[33] 이제 바울의 몇몇 본문으로부터 직접 바울이 직설법과 명령법의 관계를 어떻게 제시하는가를 살펴보도록 하자.

2. 주석적 실례

1) 로마서 12:1-2

"그러므로 형제들아 내가 하나님의 모든 자비하심으로 너희를 권하노니 너희 몸을 하나님이 기뻐하시는 거룩한 산 제사로 드리라. 이는 너희의 드릴 영적 예배니라. 너희는 이 세대를 본받지 말고 오직 마음을 새롭게 함으로 변화를 받아 하나님의 선하시고 기뻐하시고 온전하신 뜻이 무엇인지 분별하도록 하라"(롬 12:1-2).

이미 여러 주석가가 지적하는 것처럼, 로마서 12:1은 로마서 전체의 구조면에서 볼 때 중요한 전환점을 이룬다. 왜냐하면 바울은 로마서 전체를 통해서 처음 12:1에서 1인칭 명령법 '파라칼로'(Παρακαλῶ)를 사용해 로마 교인들에게 권면하기 때문이다.[34] 물론 이 말이 바울이 로마서 12:1에서 비로소 명령법적인 윤리적 교훈을 말한다는 의미는 아니다.

바울은 로마서 1:16과 함께 주제 구절에 해당하는 1:17에서 이미 믿음에 의한 삶을 언급한 이래, 로마서 6-8장에서 명령법을 사용하여 율법이 아닌 성령 안에서 새 삶을 살아야 할 것을 이미 여러 번 강조했다. 그럼에도 불구하고 바울이 12:1에서 처음으로 1인칭 명령법을 사용하고, 또한 계속해서 같은 장에서 여러

33　예를 들면, Bornkamm, *Paul*, 202; Kümmel, *Theology of the New Testament*, 224, 227.
34　C. Evans, "Romans 12:1-2; The True Worship," in *Dimensions de la Vie Chrétienne*, eds. C.K. Barrett, et al (Rome, 1979), 9; G.A. Kennedy, *New Testament Interpretation Through Rhetorical Criticism* (Chapel Hill: The University of North Carolina, 1984), 153-154.

번의 명령법적 문장을 사용해 로마 교인들에게 구체적이고 실천적인 교훈을 제시하고 있기 때문에, 우리는 바울이 12장 이하의 명령법의 내용과 그 앞부분의 직설법의 내용을 구분하고 있다는 사실을 간과하지 않아야 한다.

그런데 우리는 또한 12:1에서 바울이 로마 교인들에게 "너희 몸을 하나님이 기뻐하시는 거룩한 산 제사로 드리라"라는 명령법적인 내용을 '하나님의 모든 자비하심'에 근거해 말하는 것에 주목해야 할 것이다. "하나님의 모든 자비하심"이란 말은 사실상 로마서 전체의 직설법적인 중심 내용, 특별히 바울이 로마서 1-11장까지 제시한 죄인과 그가 살고 있는 이 타락한 피조 세계를 구원하시고 새롭게 창조하시려는 그리스도와 성령 안에서 나타난 하나님의 구속 은총을 가리킨다고 볼 수 있다.[35]

이 "하나님의 모든 자비하심"은 사실상 바울이 로마서 1:16에서 말한 하나님의 의, 곧 하나님 자신의 구원 약속에 대한 언약적 신실하심과 동일한 말이다. 따라서 우리는, 바울의 윤리가 하나님께서 이미 이루신 구속적 행위에, 그리고 바울의 명령법은 그가 이미 말한 직설법에 그 근거를 두고 있다고 말할 수 있다.[36]

바울은 명령으로 "너희 몸을 하나님이 기뻐하시는 거룩한 산 제사로 드릴 것"을 말하고 있다. 우리가 바울이 여기서 말하는 '몸'을 단순히 육체로 볼 필요는 없다. 오히려 복수 형태로 되어 있는 이 "몸"은 문맥적으로 볼 때 바울의 명령법을 실제적으로 받고 있는 로마 교인들 자체, 곧 이 세상에 살고 있는 인간의 실존 전체를 가리킨다고 보는 것이 더 바람직하다.[37]

따라서, 바울의 명령법이 인간의 실존이 관여하는 삶의 모든 영역이 하나님께 드리는 영적 예배가 되어야 한다고 주장하는 것으로 볼 수 있다. 다시 말해, 구원 받은 성도가 관여하는 그 어떤 일도, 그 어떤 분야와 영역의 일도 하나님과 동떨어져 행해질 수 없다는 것이다.

바울이 고린도 신자들에게 "그런즉 너희가 먹든지 마시든지 무엇을 하든지 다 하나님의 영광을 위하여 하라"(고전 10:31)고 명하고 있기 때문이다. 이러한 사실

---

35 C.K. Barrett, *A Commentary on the Epistle to the Romans*, 302ff; C.E.B. Cranfield, *Romans* vol 2, 596; J. Murray, *The Epistle to the Romans*, 745; H.E. Stoessel, "Notes on Rom 12:1-2. The Renewal of the Mind and Internalizing the Truth," *Interpretation* (1963), 162.
36 Parsons, *Being Precedes Act*, 235.
37 Barrett, *Romans*, 231; Cranfield, *Romans*, 599; J. Calvin, *Romans*, 452; Hendricksen, *Romans*, 401; H. Ridderbos, *Paul: An Outline of His Theology* (Grand Rapids: Eerdmans, 1975), 258-260.

은 12:2에 나오는 "너희는 이 세상을 본받지 말고 오직 마음을 새롭게 함으로 변화를 받으라"는 두 가지 명령법에서 더욱 분명해진다. 왜냐하면 "이 세상을 본받지 말라"는 부정적 명령법과 "마음을 새롭게 하여 변화를 받으라"는 적극적인 명령법은 단순히 인간의 육체에 해당되는 말이 아니라, 인간의 존재 전체(全人)에 해당하는 말이기 때문이다.

2) 빌립보서 2:12-13

"그러므로 나의 사랑하는 자들아, 너희가 나 있을 때뿐만 아니라 더욱 지금 나 없을 때에도 항상 복종하여 두렵고 떨림으로 너희 구원을 이루라. 너희 안에서 행하시는 이는 하나님이시니 자기의 기쁘신 뜻을 위해 너희로 소원을 두고 행하게 하시나니"(빌 2:12-13).

앞에서 언급한 바와 같이, 빌립보서 2:12-13은 두 가지 점에서 우리의 주목을 끌고 있다.

첫째, 이 구절들은 직설법과 명령법이 서로 불가분리의 관계를 갖고 있음을 잘 보여준다.

둘째, 직설법뿐만 아니라 명령법까지도 인간의 사역이 아닌 하나님의 사역임을 잘 보여준다. 이미 바울은 빌립보서 1:6에서 "너희 속에 착한 일을 시작하신 이가(직설법) 그리스도 예수의 날까지 이루실 줄을(명령법) 우리가 확신하노라"라고 말하면서 직설법과 명령법이 다 같이 하나님의 사역임을 강조한 바 있는데, 2:12-13에서 이 점을 거듭 강조하고 있다.

그런데 빌립보서 2:12-13은 1:6과는 다르게 먼저 "두렵고 떨림으로 너희 구원을 이루라"는 명령법이 주어지고, 그다음에 "너희 안에서 행하시는 이는 하나님이시니"라고 말하고 있다. 즉, 명령법이 주어지고 바로 이어 직설법이 주어지고 있다. 구원과 관련하여 명령법이 주어졌다는 것은, 한편으로 우리가 이미 구원을 받았지만(엡 2:5, 8; 딛 3:5), 우리는 또한 아직 미래에 완성될 구원을 기다리고 있음을 시사한다(롬 5:9-10; 고전 3:15; 5:5; 딤후 4:18). 바울서신에서 동사 '구원하다'(σῴζω)의 시제가 과거형(롬 8:24; 11:14; 고전 1:21; 5:5; 9:22; 10:33; 엡 2:5,8; 살전

2:16; 살후 2:10; 딤전 1:15; 2:4; 딛 3:5)뿐만 아니라, 현재형(고전 1:18; 15:2)과 미래형(롬 5:9,10; 10:9,13; 11:26; 고전 3:15; 7:16,16; 딤전 2:15; 4:16; 딤후 1:9; 4:18)도 사용되고 있다는 사실이 이 점을 뒷받침한다.[38]

우리는 바울이 명령하는 "두렵고 떨림으로 너희 구원을 이루라"(μετὰ φόβου καὶ τρόμου τὴν ἑαυτῶν σωτηρίαν κατεργάζεσθε·)라는 말을 어떻게 이해할 것인가?

바렌(J. Warren)이 잘 지적한 바와 같이, '이루라'(κατεργάζεσθε)는 단어는 주로 바울서신에만 나타나는 말로(롬 1:27; 2:9; 4:5; 5:3; 7:15,17, 18,20; 15:18; 고전 5:3; 고후 4:17; 5:5; 8:11; 11:11; 12:12; 엡 6:13), 어떤 것의 새로운 시작을 가리키기보다 오히려 이미 행해지고 있는 일을 계속해서 완성해 가는 의미를 갖고 있다.[39]

다시 말해서, "구원을 이루라"는 명령법은 처음부터 끝까지 우리의 구원을 완성해 가라는 의미의 명령법이라기보다 오히려 이미 하나님에 의해 마련되고 주어진 구원의 의미가 온전하게 적용되고 완성되어야 할 것을 가리키는 명령법이라는 것이다. 어쨌든 바울은 여기서 빌립보 교인들을 향해 두렵고 떨림으로 구원을 계속 이루어가야 할 것을 명령함으로써 구원을 완성해 감에 있어서 빌립보 교인들의 책임을 강조하고 있다.[40]

그러나 곧이어 바울은 "너희 안에서 행하시는 이는 하나님이시니"라는 말을 첨부해 이 인간의 책임이 하나님과 동떨어져 있는 것이 아니고 오히려 하나님 자신의 사역임을 밝힘으로써 명령법과 직설법의 불가분리성을 강조한다. 그래서 실바(M. Silva)는 그의 빌립보서 2:12-13에 대한 주석에서 "구원은 전체적인 차원에서 필연적으로 우리의 삶 가운데 의가 나타남을 포함하고 있기 때문에, 우리의 행동이 구원 과정에 필수적인 요소라는 것이 뒤따른다"[41]고 말하고 있다.

그렇다면 어떻게 바울은 한편으로는 "구원을 이루라"는 명령법을 통한 인간의 책임성을 배제하지 않으면서, 또 다른 한편으로는 "하나님께서 너희 안에서 구원을 이루어 가신다"고 말하면서 구원이 인간의 사역이면서 그러나 인간의 사역이 아닌 하나님의 사역이라고 말할 수 있는가?

---

38 바울이 구원 어휘를 과거, 현재, 미래형으로 사용하는 그 의미에 대해서는 최갑종, 『칭의란 무엇인가』(서울: 새물결플러스, 2016), 226-232를 보라.
39 J. Warren, "Work out your own salvation," *EQ* (1944), 125-137.
40 Matera, *New Testament Ethics,* 180.
41 모이세스 실바, 『빌립보서』, 최갑종 옮김 (서울: 부흥과개혁사, 2020), 168.

하나님께서 구원과 관련하여 어떻게 인간의 책임성을 약화시키지 않으면서 인간 안에서 자신의 구원을 이루어 가시는가?

파손(Parsons)은 이 문제의 해결책을 바울의 성령론에서 찾는다.[42] 파손에 따르면, 성령은 그리스도에게 속한 신자의 신분의 표지다. 즉 성령은 신자의 직설법(구원)의 보증이다. 그는 바울에게 있어서 성령 없는 신자는 있을 수 없다(롬 8:9, 11)는 점을 지적한다. 그런데 이 성령은 신자에게 주어진 종말론적인 선물로서 신자 안에 계속 거주하면서 신자로 하여금 종말론적인 삶을 살아갈 수 있게 한다. 따라서 파손은, 바울의 "구원을 이루라"는 명령법은 사실상 성령께서 너희 안에서 구원을 완성해 가도록 성령께 자신을 전적으로 맡길 것을 요구하는 것과 같은 명령으로 이해한다. 즉, 그는 성화의 명령을 성령에 관한 명령과 동일시한다.

우리는 이와 유사한 입장을 실바에게서도 발견할 수 있다. 실바는 그의 빌립보서 2:12-13에 대한 주석을 존 머리의 다음과 같은 빌립보서 2:12-13에 대한 글을 인용함으로써 끝을 맺는다: "우리가 일하기 때문에 하나님이 우리 안에서 하는 일이 중지되는 것도 아니고, 하나님이 일하기 때문에 우리 일이 중단되는 것도 아니다. 이 관계는 엄격하게, 마치 하나님은 자기 편에서 일하고 우리는 우리 편에서 일하기 때문에, 양쪽의 합동과 협력이 필요한 결과를 내는 그런 종류의 협동이 아니다. 하나님이 일하고 우리도 일한다. 그러나 그 관계는 하나님이 일하기 때문에 우리가 일한다는 관계다. 우리 편에서 구원을 위해 일하는 모든 것은 하나님이 우리 안에서 일하는 결과다."[43]

필자는 파손과 실바에 근본적으로 동의할 수 있다. 왜냐하면 바울 자신이 갈라디아서 5:25에서 신자의 모든 삶을 "성령을 따르라"는 명령법으로 요약하고 있기 때문이다.

---

42 Parsons, "Being Precedes Act," 238-239.
43 실바, 『빌립보서』, 170.

3) 갈라디아서 5:25

"만일 우리가 성령으로 살면 또한 성령으로 행할지니"(갈 5:25).

어떤 학자들은 5:25a의 직설법(ζῶμεν πνεύματι, 우리는 성령에 의해 살고 있습니다)을 그 앞에 있는 13-25절의 결론으로 보지만,[44] 우리는 이 문장이 그 뒤에 나오는 구절들과 관련되어 있다고 본다.[45] 바울은 먼저 직설법을 통해 갈라디아 교인들에게 그들이 어떻게 살아야 할 것인가를 교훈하기에 앞서, 그들이 누구에게 의존하는가를 다시 한번 일깨운다. 즉, 그들이 성령에 의해 구원 받은 새로운 존재가 되었음을 상기시킨다. 갈라디아 교인들은 지금 하나님의 백성이며 성령의 사람들이다(6:1).

따라서 그들은 마땅히 하나님이 그들을 위해 무엇을 하셨으며, 그들의 새로운 신분 유지를 위해 무엇을 하기를 원하시는가를 알아야 한다. 그들의 새로운 신분은 그리스도의 죽음과 부활(1:4; 2:20; 3:13-14; 4:4-6)과 성령의 사역에 의해 주어진 것이다(3:3, 14; 4:6-7). 그들이 지금 성령에 의해 살고 있다는 것은 미래적 약속이나 이상이 아니다. 그것은 그들이 의식하든 못하든 이미 현재적 상태다.[46] 예수 그리스도께서 성령을 통해 그들 가운데 살아 계시기 때문에(2:20),[47]

그들은 아브라함의 자녀들이며(3:7, 29) 하나님의 백성들이다(3:26; 4:7). 성령이 그들에게 주어진 새로운 신분의 원천이기 때문에, 그들은 마땅히 성령에 의해 살아야 하고, 성령을 통해 자신들의 새로운 정체성을 공동체 안에서 구현해야 한다.[48] 바울은 5:25a의 "우리가 성령으로 살고 있다"는 직설법에 이어 5:25b에서 긍정적 명령형적 문형인 "또한 성령에 의해 걷도록 합시다"(πνεύματι καὶ στοιχ

---

44 예를 들면, Longenecker, *Galatians*, 265.
45 Duncan, *Galatians*, 177; Mussner, *Galaterbrief*, 396; Betz, *Galatians*, 291-3; Parson, "Being Precedes Act: Indicative and Imperative in Paul's Writing," in *Understanding Paul's Ethics*, ed. B.S. Rosner (Grand Rapids: Eerdmans, 1995), 240.
46 Parson, "Being Procedes Act," 241: "바울이 갈라디아 교인들에게 그들이 할 수 없는 것을 하도록 권면하는 것이 아니라, 오히려 이미 성령으로 시작된 그것을 유지하도록 권면하고 있다는 사실을 주목해야 한다."
47 Geerhardus Vos, "The Eschatological Aspect of the Pauline Conception of the Spirit," in *Redemptive History and Biblical Interpretation*, ed. R.B. Gaffin (Phillipsburgh: Presbyterian and Reformed Pub. Co., 1980), 91-124; Longenecker, *Galatians*, 265.
48 Parsons, "Being Precedes Act. Indicative and Imperative in Paul's Writing," 241: "The Spirit is the author of their new creation and new life (cf. Gal. 6:15)."

ὦμεν.)라는 구절을 첨부한다. 헬라어 본문을 자세히 살펴보면, 다음과 같이 25a의 직설법과 25b의 명령형 배열에는 일종의 교차대구법이 나타난다.[49]

  Εἰ
 A ζῶμεν
 B πνεύματι,
 B' πνεύματι καὶ;
 A' στοιχῶμεν.

이 교차대구법에서 강조되는 것은 BB'의 성령이다. 그렇게 함으로써 바울은 AB와 B'A' 사이에, 즉 직설법과 명령법, 신분과 삶 사이에 명백한 연결고리를 만든다. 하지만 우리가 여기서 유념해야 할 것은, 아무리 전자와 후자가 밀접하게 연결되어 있다고 하더라도, 명령형 B'A'가 직설법 AB에 의존하고 있는 것이지, 그 반대가 아니라는 점이다.[50]

바울은 이와 같은 교차대구법 형식을 통해, 신자의 신분과 삶이 다 같이 성령에 의존하고 있음을 강조한다. 성령에 의해 새로운 신분을 얻은 이들은 새로운 신분에 합당한 삶을 나타내기 위해 당연히 성령을 따라 걸어가야 한다는 것이다. 갈라디아 교인들의 문제는 그들이 바울의 복음을 통해 성령과 함께 신자로서의 새로운 신분을 얻었지만(3:2, 13-14; 4:6-7), 그들 자신의 새로운 삶을 위해 계속해서 성령의 인도를 받지 않는 것에 있었다. 대신 그들은 성령을 육으로 대체하여 육에 의존하려고 했다(3:3).

바울은 그들에게 주어지지 않은 어떤 것을 하도록 권면하지 않는다. 오히려 이미 그들에게 주어진 그 성령을 따라 살아갈 것을 교훈하고 있다. 바울은 5:16에서 성령과 관련해 사용한 동사 '페리파테인'(걸어라, περιπατεῖτε)과는 다른 '스토이코멘'(행합시다, στοιχῶμεν)을 사용해[51] 성령이 갈라디아 교인들이 마땅히 따라가야

---

49 *BDF* 477,2; Betz, *Galatians*, 293; Longenecker, *Galatians*, 265.
50 R. Bultmann, *Theology of the New Testament* 1, 332ff은 직설법과 명령법이 상호의존하고 있다고 본다. 즉, 명령법이 직설법에서 나오는 것과 똑같이 직설법도 명령법으로부터 나온다고 본다. 그렇게 함으로써 그는 '신학'을 '인간학'으로 만들고 만다. Bultmann에 대한 비판을 위해서는 Parsons, "Being Precedes Act. Indicative and Imperative in Paul's Writing," 221-223을 보라.
51 물론 이 두 동사의 용법을 서로 정확하게 구분하기란 어렵다. 그러나 일반적으로 '페리파

할 안내자임을 강조한다.[52] 바로 이것이 성령에 기반을 둔, 그리고 그의 기독론과도 분리되지 않는[53] 바울 윤리학의 결정판이다.[54]

그렇다고 해서 바울의 윤리학이 인간의 책임을 무시하는 것은 아니다. 신자가 율법의 행위로부터 자유롭다고 해서, 그것이 곧 신자가 율법의 진정한 목적인 사랑의 의무로부터 자유하다는 것을 뜻하지는 않기 때문이다. 하나님과 이웃에 대한 사랑은 하나님 자신의 사랑과 그리스도의 삶에 그 뿌리를 두고 있으며(2:20),[55] 그 성취를 위해 성령에 의존해야 한다(참조. 5:22-23).[56]

바울의 윤리학은 "행위 윤리학이나 윤리적 이상을 실현하기 위한 윤리학이 결코 아니다. 바울의 윤리학은 다른 형태의 윤리학,"[57] 곧 "창조적인 성령의 윤리학이다."[58] 왜냐하면, 바울의 윤리학은 종말론적인 성령의 사역과 능력에 의존하는 윤리학이기 때문이다. 바울은 자신의 윤리학을 새 시대를 도래하게 한 예수 그리스도의 종말론적인 죽음, 부활 및 재림에 대한 그의 구원 역사적 전망 위에 두고 있다.[59] 옛 시대의 세력이 예수 그리스도의 죽음에 의해 극복되었다고 할지라도, 옛 세력은 여전히 새 시대와 더불어 공존하고 있다.

테오'(περιπατέω)는 성령과 함께 걸어가는 것을 강조하는 반면, '스토이케오'(στοιχέω)는 성령의 안내를 받는 것을 강조한다. 참조. *TDNT* V, 944f; *TDNT* VII, 667-8.
52 Dunn, *The Theology of Paul the Apostle*, 435: "바울이 생각하는 신자의 삶은 단순히 성령과 함께 걸어가는 것을 뜻하기보다 성령의 인도하심을 따라 사는 것을 말한다."
53 W. Dennison, "Indicative and Imperative: The Basic Structure of Pauline Ethics," *CTJ* 1 (1979), 55-78.
54 Cf. E.J. Schnabel, "How Paul Developed His Ethics. Motivation, Norms and Criteria of Pauline Ethics," in *Understanding Paul's Ethics*, 273: "바울의 윤리학은 성령론에 의해 결정된다."
55 Hays, *The Moral Visions of the New Testament*, 27-32.
56 T.J. Deidun, *New Covenant Morality in Paul* (Rome, 1981), 243에서 인간의 책임과 성령의 관계 문제와 관련해 다음과 같이 말하고 있다: "그리스도인의 명령법은 그 명령법에 독립적으로 만들어진 선물을 기쁨으로 받아들일 것을 요구하고 있다. 신자는 이미 자신에게 자유로운 순종을 하도록 인도하고 계시는 성령의 내적 사역을 저항하지 말아야 하는 의무 아래 있다. 그는 거룩과 사랑에 묶여 있어야 한다. 즉 그는 자기 자유의 중심에 하나님이 하나님으로 머물러 계시도록 해야 한다. 이것이 바로 직설법의 모든 내용을 훼손하지 않으면서, 명령법의 긴급성에 충분한 비중을 두는 것이다. 즉 모든 성화의 과정에 있어서 하나님의 주권성과 인간의 자유의 실체를 다 보존하는 것이다."
57 Betz, *Galatians*, 293.
58 Lategan, "Is Paul Developing a Specifically Christian Ethics in Galatians," 326.
59 R. Hays, *The Moral Visions of the New Testament*, 19; H. Schlier, *Der Brief an die Galater*, 34; Silva, "Eschatological Structure in Galatians," 146.

바로 이와 같은 바울의 구속사적 전망이 신자들의 삶에도 적용된다. 신자는 그리스도 안에서 이미 새 창조를 입었음에도 불구하고(6:15; 고후 5:17), 그는 여전히 주님이 재림하실 때까지 옛 시대의 세력에 의해 여전히 지배를 받는 현 세계 안에서 살고 있다. 바울의 직설법과 명령법이 신자의 삶과 관련해 함께 나타나는 이유도 바로 이와 같은 구원 역사적이며, 종말론적인 '이미'와 '아직'의 상황 때문이다.[60]

4) 고린도전서 6:12-20

"모든 것이 내게 가하나 다 유익한 것이 아니요 모든 것이 내게 가하나 내가 아무에게든지 제재를 받지 아니하리라. 식물은 배를 위하고 배는 식물을 위하나 하나님이 이것저것 다 폐하시리라. 몸은 음란을 위하지 않고 오직 주를 위하며 주는 몸을 위하시느니라. 하나님이 주를 다시 살리셨고 또한 그의 권능으로 우리를 다시 살리시리라. 너희 몸이 그리스도의 지체인 줄을 알지 못하느냐. 내가 그리스도의 지체를 갖고 창기의 지체를 만들겠느냐? 결코 그럴 수 없느니라. 창기와 합하는 자는 저와 한 몸인 줄을 알지 못하느냐 일렀으되 둘이 한 육체가 된다 하셨나니 주와 합하는 자는 한 영이니라. 음행을 피하라 사람이 범하는 죄마다 몸밖에 있거니와 음행하는 자는 자기 몸에게 죄를 범하느니라. 너희 몸은 너희가 하나님께로부터 받은 바 너희 가운데 계신 성령의 전인 줄을 알지 못하느냐. 너희는 너희 것이 아니라 값으로 산 것이 되었으니 그런즉 너희 몸으로 하나님께 영광을 돌리라"(고전 6:12-20).

이미 잘 알려진 대로, 고린도 교인들은 바울의 복음을, 영혼과 육체를 나누어 전자는 신적이고 영원한 것으로, 그리고 후자는 인간적이고 일시적인 것으로 나누는 헬라의 이원론적인 도식에 따라 잘못 생각해 몸을 가치가 없는 것으로 여겨 구원의 영역으로부터 제외시켰다. 바울의 복음을 통해 성령 체험을 한 고린도 교인들은 자신들은 이미 천사와 같은 신령한 자들이 되었다고 생각해, 일부 여성 교우들은 부부 생활을 거부했으며(고전 7:1-6), 일부 남자 교우들은 창녀들과 더

---

60 J.C. Beker, *Paul the Apostle. The Triumph of God in Life and Thought* (Philadelphia: Fortress, 1980), 275-278; Schnabel, "How Paul Developed His Ethics," 274.

불어 자신들의 몸을 더럽혔다(6:14-16). 그래서 이 문제를 시정하기 위해 바울은 고린도 교인들에게, 특별히 남자 교우들에게, 성도의 몸은 이미 몸으로 부활하신 그리스도의 지체이며, 성령의 전이며, 하나님께서 그리스도의 십자가를 통해 값으로 산 것이 되었음을 상기시키면서(역시 6:11 참조), 몸으로 음행을 피하고, 오히려 적극적으로 몸으로 하나님께 영광을 돌리라고 명령한다.

우리가 이 구절에서 주목하고자 하는 것은 바울이 – 로마서, 갈라디아서, 빌립보서의 경우처럼 – 18절의 "음행을 피하라"와 20절의 "몸으로 하나님께 영광을 돌리라"라는 두 명령법을[61] 이미 하나님과 그리스도와 성령께서 몸을 위해 행하신 직설법에 근거해 말한다는 점이다. 즉, 신자가 소극적으로 음행을 피하고, 적극적으로 몸으로 하나님께 영광을 돌려야 할 근본 이유를, 신자의 전 인격(全人)을 대변하는 몸은[62] 신자의 것이 아니고, 그리스도와 성령과 하나님의 것이라는 직설법에 두고 있다는 것이다.

신자는, 하나님께서 그리스도의 십자가를 통해 그를 자신의 것으로 삼으실 때, 또한 그가 그리스도와 연합해 그리스도의 몸인 교회의 지체, 즉 성령이 거하시는 거룩한 전이 될 때, 그는 자신에 대한 소유권을 하나님께 바치는 것이다. 사실상 하나님께서 성령을 통해 신자를 거룩하게 하시는 것(성화)은 신자의 몸이 이미 하나님 자신의 소유가 되었기 때문이다.[63]

3. 결론

우리가 몇몇 바울서신 본문에서 살펴본 것처럼 바울서신에 나타나는 직설법과 명령법은, 바울 종말론의 두 축인 '이미'와 '아직'의 경우처럼, 서로 불가분리의 관계를 갖고 있다. 양자는 서로 구분되지만, 결단코 분리되지 않는다. 물론, 이 양자가 불가분리의 밀접한 관계를 갖고 있을지라도, 직설법(신분)이 자동적으로 명령법(삶)을 만들어 내거나, 반대로 명령법이 자동적으로 직설법을 만들어 내지

---

61 사실상 이 두 명령형은 두 가지 실재를 가리키는 말이 아니고 오히려 동일한 실재를 두 측면에서 말하는 것으로 보아야 할 것이다.
62 R.H. Gundry, *Soma in Biblical Theology with Emphasis on Pauline Anthropology* (cambridge, 1976), 51-80에서 지적하고 있는 것처럼 바울에게 있어서 몸은 단순히 인간의 육체를 가리키지 않고 전인(全人)을 대변한다.
63 Frank J. Matera, *New Testament Ethics*, 147.

는 않는다.

바울은 그의 서신에서 신자를 위해서 하나님께서 그리스도와 성령을 통해서 이루신 직설법을 먼저 말함으로써, 직설법이 명령법에 의존하는 것이 아니라, 그 반대로 명령법이 직설법에 의존하고 있음을 말한다.[64] 그러나 바울에게 있어서도 마태복음에 나오는 예수님 산상설교 내용 중 "나무는 그 열매로 안다"는 말씀처럼 명령법은 진정한 직설법의 기준이 된다.[65] 동시에 바울은 직설법에 근거해 명령법을 말함으로써 직설법은 항상 명령법을 목표하고 있음을 보여 준다.

즉, '이미'는 '아직'의 완성을 목표하고 있으며, 또한 '아직'은 '이미'에 토대를 두고 있다는 것이다. 이와 함께 바울은, 우리가 갈라디아서 5:25에서 볼 수 있는 것처럼, 직설법과 명령법을 다 같이 성령의 사역에 연결시킴으로써, 명령법을 - 그가 인간의 책임을 아무리 강조한다 할지라도 - 그것을 유대교의 율법주의적 행위구원론과는 엄격하게 구분한다. 이러한 사실은 우리가 하나님의 구원사역을 말할 때 칭의와 성화를 마치 수학 공식처럼 구분되거나 분리될 수 있는 것처럼 생각하지 않아야 할 것을 시사한다.

칭의가 삼위 하나님의 사역이라고 한다면 성화 역시 그렇다. 차이가 있다면 전자가 하나님의 구원 사역을 우리가 믿음으로 수용하는 것과 관련되어 있다고 본다면, 후자는 믿음으로 우리가 우리의 삶을 그리스도와 성령께 맡기고 인도함을 받는 것과 관련되어 있다. 이처럼 칭의와 성화가 다 같이 근본적으로 하나님의 사역이기 때문에 어느 순간에도 칭의를 성화로부터, 성화를 칭의로부터 분리시키지 않아야 한다. 칼빈이 말한 것처럼, 칭의 없는 성화가 있을 수 없는 것처럼, 성화 없는 칭의도 있을 수 없다.[66]

---

64 Cf. Dunn, "How Should Believers Live," 630: "직설법은 명령법의 필수적인 전제이고 출발점이다. 그리스도께서 하신 바로 그 일이 신자가 마땅히 해야 할 그것의 기반이 된다. 구원의 시작이 새 삶의 시작이다. '새 창조'가 '새로운 삶'을 가능하게 한다. 직설법 없이는 명령법은 불가능한 이상일 뿐이다."

65 Ridderbos, *Paul. An Outline of His Theology*, 253-258.

66 John Calvin, *Institutes of the Christian Religion 1*, ed. John T. McNeil (Philadelphia: The Westminster Press, 1960), 798: "그런데, 왜 우리가 믿음에 의해 의롭게 되는가? 믿음에 의해 우리가 그리스도의 의를 붙잡고, 오직 믿음에 의해 우리가 하나님에게 화목되기 때문이다. 하지만 우리는 동시에 성화를 붙잡지 않고는 칭의를 붙잡을 수 없다. 왜냐하면, 그리스도는 '우리에게 의로움, 지혜, 성화, 구속함이 되기 때문이다'(고전 1:30). 그러므로 그리스도는 그가 동시에 거룩하게 하지 않고는 아무도 의롭게 하지 않는다. 칭의와 성화, 이 유익은 영원히 그리고 불가분리로 서로 결합되어 있다."

오늘날 기독교 안에 "오직 하나님의 은혜로"(Soli Deo Gloria)라는 말을 잘못 이해하여 하나님의 무한한 은혜는 그 은혜 수혜자의 응답과는 전혀 무관한 것인 것처럼 생각하는 사람들이 있다. 그리하여 하나님의 고귀한 은혜를 본회퍼가 지적한 값싼 은혜로 전락시키는 경향이 있다. 우리 인간 사회에서도 어떤 사람이 아무런 조건 없이 다른 사람에게 선물을 한다하더라도, 그것이 선물을 받는 사람에게 어떠한 기대나 응답을 배제하는 것은 아니다.

그 선물을 통해서 선물 받는 자와 보다 좋은 관계 유지를 기대할 수 있다. 부모가 자식에게 조건 없이 선물을 줄 때도 마찬가지이다. 그 어떤 부모도 선물을 받은 자녀가 마음대로 살거나 잘못된 길로 빠져도 좋다고 생각하지는 않을 것이다. 바클레이(John Barclay)는 『Paul and the Gift』 (2015)에서 바울 당대 헬라-로마-유대 사회에서 '선물'(은혜)의 개념을 철저히 조사한 다음 그 선물이 수혜자로부터 아무런 응답이나 기대를 배제하는 무조건적인 것이 아니라, 오히려 합당한 응답을 기대하는 조건적인 것을 지적하였다.

그의 말을 빌리면, "선물은 무조건적일 수 있지만(수혜자의 선행적인 조건과는 무관하기 때문에), 그렇다고 수혜자에게 무조건적인 것은 아니다(수혜자가 어떤 응답을 할 것을 기대하지 않는 것은 아니라는 의미에서)"(p. 562). 이것은 사도 바울의 경우에도 마찬가지다. 바울의 직설법에 나타난 하나님의 은혜는 수혜자의 선행적인 인종적, 신분적, 성별적 차별 없이 베풀어진다. 하지만, 그 은혜가 수혜자의 합당한 반응인 명령법과 무관한 것은 결코 아니다. 오히려 수혜자에게 은혜에 합당한 삶을 강하게 요구한다. 그리고 은혜에 합당한 삶을 동반하지 않는 자에게는 은혜로부터 떨어질 수 있다고 경고한다(고전 6:9-10; 갈 5:20-21).

그러므로 오늘날 교회 설교자들은 성경에 나타난 하나님의 은혜, 그것의 직설법의 내용을 부지런히 설교하여야 하겠지만, 동시에 직설법이 요구하는 명령법의 내용 역시 부지런히 설교하여야 할 것이다. 예수님의 하나님 나라 설교가 제자들에게 합당한 윤리를 요구하고 있는 것처럼, 바울의 복음 설교도 그리스도 안에 나타난 하나님의 무한한 은혜와 함께 그 은혜의 수여자들로부터 합당한 삶을 요구하고 있기 때문이다.

부록 3

그리스도의 능동, 수동 순종 논쟁, 무엇이 문제인가?
-사도 바울의 갈 3:12와 롬 10:5에 있는 레 18:5 인용을 중심으로-

1. 들어가는 말

지난 몇 년 전부터 국내외 개혁신학자들 사이에 그리스도의 순종과 관련하여 열띤 논쟁이 계속되고 있다. 어떤 교수들은 그리스도의 순종을 그리스도가 그의 전 생애를 걸쳐 수행한 율법에 대한 순종과 십자가의 희생적 죽음을 통한 순종으로 구분하고, 전자를 '능동적 순종', 후자를 '수동적 순종'으로 부른다. 그리고 그리스도는 그의 능동적 순종을 통해 의와 영생을 획득하시고, 우리의 죗값을 담당한 그의 수동적 순종을 통하여 우리를 위한 죄 용서를 마련하셨으며, 우리는 이제 우리를 위해 그리스도를 믿음으로 그리스도께서 우리를 위해 능동적 순종을 통해 획득한 의와 영생과 수동적 순종을 통해 마련하신 죄 용서의 은총을 전가 받게 된다고 주장한다.

말하자면, 우리의 구원을 위해서는 그리스도의 십자가의 수동적 순종과 함께 그리스도의 율법에 대한 능동적 순종 역시 필수적이라는 것이다. 반면에 어떤 교수들은 그리스도의 능동, 수동 두 순종 구분 주장은 전혀 성경의 뒷받침이 없는 인위적인 구분이며, 그리스도의 전 생애를 통한 율법 순종은 십자가의 순종에서 그 절정에 도달한 우리의 죗값을 대신 지불하는 그의 고난의 부분일 뿐, 우리의 구원을 위해 필요한 순종은 오직 하나의 완전한 순종인 그리스도의 십자가의 희생적 죽음을 통한 순종뿐이며, 이 하나의 완전한 순종을 통해 그리스도는 우리를 위해 죄 용서, 의와 영생을 마련하셨으며, 이제 우리는 그리스도를 믿는 믿음을 통해 죄 용서, 의와 영생의 은총을 전가 받게 된다고 주장하고 있다.

여기서 우리가 오해하지 않아야 할 사실은, 필자가 이미 (로마서) 주석에서 언급한 것처럼, 그리스도의 율법에 대한 능동적 순종을 주장한다고 해서 그것이 그리스도의 십자가 순종을 무시하거나 배제하거나 분리하지 않는 것처럼, 그리스도의 십자가의 온전한 순종을 주장한다고 해서 그것이 그리스도의 전 생애를 통

한 율법에 대한 순종을 배제하지 않는다는 것이다.[1]

  양자의 근본적인 차이점은 누가 그리스도의 십자가 순종이나 전 생애를 걸쳐 율법을 지킨 그리스도의 율법 순종을 배제하느냐에 있지 않다. 차이점은 그리스도께서 그의 전 생애 순종의 완성인 십자가 순종을 통해 우리를 위한 죄 용서, 의, 영생을 마련하셨는가, 아니면 전 생애를 걸쳐 수행한 율법에 대한 순종을 통해서 우리를 위한 의와 영생을 십자가의 순종을 통해서 죄 용서를 마련하셨는가에 있다.

  이처럼 양자의 근본적인 차이점은 그리스도의 율법 순종과 관련되어 있고, 그 중심에는 구약 레위기 18:5의 "너희는 내 규례와 법도를 지키라. 사람이 이를 행하면 그로 말미암아 살리라"와 이를 인용하는 바울의 갈라디아서 3:12와 로마서 10:5의 해석 문제가 놓여있다.[2] 예를 들면, 그리스도의 능동, 수동 양 순종을 지지하는 합동신학대학원 조직신학 교수 김병훈은 2021년 5월 20일 자 「기독교개혁신보」에 실린 "그리스도의 순종과 의의 전가"라는 글에서, 자기 입장과 그리스도의 십자가 (수동) 순종만을 주장하는 차이점을 다음과 같이 율법 해석의 차이에 둔다.

> 능동적 순종을 찬성하는 견해에 따르면 그리스도의 율법에 대한 순종은 "행하면 살리라"는 율법 규정에 따라 우리를 대신하여 율법을 성취하시어 우리에게 생명을 주시기 위한 것이며, 이 결과 우리로 하여금 생명을 얻기 위하여 율법 규정을 따라 율법을 지켜야 할 의무에서 자유롭게 한다. 그러나 수동적 순종만을 주장하는 견해에 따르면, 타락한 이후로 인간은 자신의 부패성으로 인하여 율법을 성취하여 생명에 이를 수가 없게 되었으며, 율법의 순종을 통해 생명을 얻는 방식도

---

[1] 이 점은 그리스도의 능동적 순종을 주장하는 미국 필라델피아 Westminster Theological Seminary의 신약학 교수 Brandon D. Crowe도 그의 책, *Why Did Jesus Live A Perfect Life?* (Grand Rapids: BakerAcademic, 2021), 7-19에서 인정하고 있다.

[2] 두 논쟁의 중심에 율법의 해석 문제가 놓여 있다는 것은 Crowe의 저서, *Why Did Jesus Live a Perfect Life?: The Necessity of Christ's Obedience for Our Salvation* (Grand Rapids: BakerAcademic, 2021), 35-84도 인정하고 있다. 그는 그리스도의 완전한 순종을 능동적, 수동적 순종으로 구분하지만 양자가 다 같이 그리스도의 전 생애를 통한 순종, 십자가를 통한 순종, 양자가 결코 서로 분리될 수 없다는 사실에는 서로 일치하지만, 차이점을 능동적 순종은 하나님의 법에 대한 순종을 통해 영생의 공로를 가져오는 것, 그리고 수동적 순종은 죄책의 담당을 통해 속죄를 가져오는 것으로 본다(특히 17-18을 보라). 이 책은 2022년 부흥과개혁사에 의해 『그리스도의 능동적 순종과 수동적 순종』이란 이름으로 출판되었다(번역, 전광규).

더 이상 없다. 따라서 그리스도께서도 죄인을 구원하고자 할 때 율법의 순종을 통해서 생명을 얻는 방식을 따라 행하실 수가 없다고 판단한다.[3]

심지어 그리스도의 능동적 순종을 주장하는 이 중에는 하나님께서 아담을 창조하실 때 선악과를 따 먹지 말라는 금지 명령(창 2:17)을 주신 것을, 사실상 하나님께서 아담에게 순종하는 경우 영생을, 반면에 불순종하는 경우 죽음의 심판을 내린다는 율법을 주신 것으로 보는 자들도 있다. 이들에 따르면 아담은 하나님이 주신 율법을 어겨 자신은 물론 전 인류를 영생 대신 죽음의 자리에 떨어지게 하였다. 그런데 하나님의 아들 예수 그리스도께서 오셔서 아담이 불순종한 그 율법을 아담 대신 전적으로 순종함으로써 율법에 약속된 그 영생을 획득하셨다.

그러므로 이제 누구든지 그리스도를 믿는 자는 그리스도께서 획득한 그 영생을 전가해 주심으로 받게 되었다. 결과적으로 이들에 따르면 그리스도의 십자가의 죽음은 아담이 불순종한 죄의 값을 대신 지불한 것이며, 영생은 그리스도의 죽음이 아닌 그의 전 생애를 걸친 율법 순종으로 우리에게 주어진다고 본다. 예를 들면 총신대학교 신학대학원 역사신학 교수인 김효남은 2022년 10월 18일 자「총신원보」279호에 투고한 글에서 다음과 같이 주장한다.

> 그렇다면 우리를 구원하시기 위해서는 왜 율법을 완전히 지키신 능동적 순종과 율법을 어긴 죄에 대한 형벌을 받는 수동적 순종이 모두 필요할까요? 다시 타락 전 아담에게로 가봅시다. 앞서 우리는 아담이 무죄한 상태에서도 영생을 얻지 못했다고 했습니다. 그리고 그가 영생을 얻기 위해서 필요했던 것은 하나님의 명령(율법)에 대한 완전한 순종이었다고 했습니다. 바로 이것 때문입니다. 그리스도께서 우리를 위해서 죽으신 것은 바로 우리의 죄악을 위한 것입니다. 우리를 무죄한 자로 만드시기 위한 것입니다. 하지만 그것만으로는 구원에 충분하지 않았습니다.

---

[3] 역시 김병훈 편집,『그리스도의 순종과 의의 전가 (수원: 합동신학대학원대학교 출판부, 2022)에 실린 김병훈의 두 논문, "그리스도의 순종과 의의 전가에 관한 주요 논점 비교"(14-43), "'그리스도의 순종과 의의 전가'와 웨스트민스터 신앙고백서"(345-390)를 보라. 하지만, 필자가 알기로는 소위 우리의 칭의와 구원을 위해 그리스도의 십자가 순종(수동적 순종)을 주장하는 자 중에도 타락 이전이든 타락 이후든 율법 순종을 통해 영생을 획득할 수 있다고 주장하는 자는 없는 것 같다. 오히려 율법은 처음부터 의와 영생을 얻는 수단으로 주어진 것이 아니기 때문에, 설사 율법을 완벽하게 순종한다고 해서 그 공로로 영생을 획득할 수 있는 것은 아니라고 보고 있다.

왜냐하면 수동적 순종으로는 우리는 타락 전의 아담에게로 돌아갈 뿐, 영생을 위해서 필요한 의, 곧 율법을 완전히 지킴으로 얻는 의가 없기 때문입니다. 그래서 그리스도께서는 평생을 사시면서 율법을 완전히 지키셨습니다. 이것은 그리스도께서 자신이 구원 받기 위해서 지키신 것이 아닙니다. 그리스도는 바로 우리에게 완전한 의를 전가해 주시기 위해서 율법을 지키셨습니다.[4]

그리스도의 능동적 순종을 지지하는 합동 신학대학원 역사신학 교수 안상혁은 "레위기 18장 5절에 대한 교회사적 고찰"[5]이란 논문에서, 레위기 18:5가 말하는 '내 규례와 법도'는 하나님께서 모세를 통해 이스라엘 백성에게 주신 율법을 지칭하고 있으며, 율법을 준수하는 자에게 약속한 '살리라'는 말을 아담에게 율법 순종의 경우 약속되었던 영원한 생명, 곧 영생을 뜻하는 것으로 해석한다.

그리고 레위기 18:5가 율법 준수자에게 약속한 "살리라"를 영생으로 해석하는 것이, 교부 아우구스티누스를 위시하여 종교개혁자 루터와 칼빈의 일관된 입장임을 주장한다. 안상혁에 따르면, 우리가 율법을 준수함으로 의한 의와 영생을 얻지 못하는 것은, 율법 그 자체 문제가 아니라, 율법을 온전히 준수하지 못하는 타락한 우리 인간의 연약과 무능력 때문으로 본다. 그런데 그리스도께서 우리를 대신하여 율법을 온전히 준수하시고, 그 공로로 얻은 의(영생)를 우리에게 전가해 주신다고 주장한다.

---

[4] 이와 유사한 내용이 2022년 9월 72차 예장 고신총회가 받아들인 그리스도의 순종에 대한 고려신학교수회 보고서 6항과 6.2항에도 나타난다: "능동적/수동적 순종의 구분은 행위언약을 통해서 보다 정확하게 이해할 수 있다. 하나님은 아담 및 그의 후손과 완전한 순종을 조건으로 생명을 주시기로 약속하셨다(제7장 2항). 하지만, 우리의 조상 아담은 순종하는 데 실패하였고 그 결과 율법의 심판과 저주 아래에 놓이게 되었다. 따라서, 죄인이 죄로부터 구원 받아 생명을 얻기 위해서는 먼저 율법의 형벌을 다 받아야 하고, 또한 율법이 요구하는 의무를 다 순종해야 한다. 예수님께서는 이 두 가지를 자신의 사역을 통하여 다 성취하셨다"(6항). "만약 그리스도의 순종이 순전히 수동적인 측면만 있다면 우리는 단순히 아담의 상태로 돌아갔을 것이다. 이 상태에서 구원 받은 신자가 죄를 짓는다면 다시 율법의 형벌을 또 받을 수밖에 없다. 하지만 그리스도는 우리를 대신하여 율법이 요구하는 모든 의무를 완전히 순종하였다"(6.2).

[5] 안상혁, "레위기 18장 5절에 대한 교회사적 고찰"『그리스도의 순종과 의의 전가』(수원: 합동신학대학원대학교 출판부, 2022), 403-431.

필자는 교회사에서 레위기 18장 5절과 관련하여 중요하게 논의된 세 가지 핵심 질문을 소개하였다.

첫째, 과연 "살리라"가 의미하는 생명은 어떤 종류의 생명인가? 이에 대해 우리는 다음 사실을 확인하였다. 유대교 전통과 초대교회(오리겐) 때부터 중세(아퀴나스)와 종교개혁(칼빈)을 거쳐 후기 종교개혁기(스위스 일치 신조)에 이르기까지, 또한, 오늘날 리델보스와 같은 성경신학자에 이르기까지 레위기 18장 5절에서의 생명은 주로 율법에 대한 완전한 순종을 조건으로 약속된 '영원한 생명'으로 이해되어왔다.

둘째, "행하라 그리하면 살리라"는 '율법과 복음'의 해석 원리와 어떻게 연결되어 있는가?'

주지하다시피 아우구스티누스는 '문자와 영(혹은 율법과 복음)'의 관점에서 레위기 18장 5절이 '율법(문자)의 의'를 대표하는 구절로 이해하였다. 신자에게 있어 정죄하는 율법이 주어진 목적은 신자로 하여금 '믿음의 의'를 붙잡도록 하기 위함이다. 아우구스티누스의 해석은 종교개혁자 루터와 칼빈에게 계승되었다.

셋째, "행하라 그리하면 살리라"의 행위 원리 혹은 율법의 요구와 그리스도의 순종은 어떤 관련성을 맺고 있는가?

필자는 대표적으로 초대교회의 크리소스톰과 종교개혁자 우르시누스와 칼빈, 그리고 17세기 제네바의 튜레틴과 스코틀랜드의 러더포드 등의 견해를 살펴보았다. 공통적으로 이들은 레위기 18장 5절에 계시된 율법의 요구를 온전하게 성취하신 당사자가 바로 그리스도이심을 지적한다.

또한, 그리스도는 '우리를 위하여' 혹은 '우리를 대신하여' 율법에 순종하셨음을 공통적으로 강조한다. 그리스도께서는 율법의 요구에 온전히 순종하심을 통해 일종의 공로적인 의를 확보하시고 이것을 신자들에게 값없이 전가해 주셨다.[6] 미국 웨스터민스터 신학대학원 신약학 교수인 Brandon D. Crowe 역시 그의 저서, 『Why Did Jesus Live a Perfect Life?: The Necessity of Christ's Obedience for Our Salvation』(Grand Rapids: BakerAcademic, 2021)[7]에서 하나님께서 에덴동산에서 아담에게

---

6   안상혁, "레위기 18장 5절에 대한 교회사적 고찰", 428-430.
7   주석에서 이미 언급한 것처럼, 이 책은 2022년 전광규 번역, 부흥과개혁사에 의해 『그리스도의 능동적 순종과 수동적 순종』이란 이름으로 출판되었다.

주신 선악과를 따먹지 말라는 명령은 순종하면 영생을, 불순종하면 죽음을 주시겠다는 행위언약의 율법이었으며, 아담은 이 행위언약을 어겨 인류에게 죄와 사망을 가져다주었지만 예수 그리스도는 그의 전 생애를 통한 율법에 대한 완전한 순종을 통해 인류에게 의와 생명을 가져왔다고 주장한다.

말하자면, 창세기 2:17은 율법에 대한 완전한 순종을 하는 자에게 의와 영생을 약속하고 있다는 것이다. Crowe는 이에 대한 근거로 레위기 18:5의 "너희는 내 규례와 법도를 지키라. 사람이 이를 행하면 그로 말미암아 살리라(즉 영생하리라)"와 이를 직접 인용하고 있는 바울의 갈라디아서 3:12(역시 롬 10:5)를 든다. 즉, 바울이 레위기 18:5를 인용한 것은 율법을 통한 의와 영생을 획득하기 위해서는 반드시 율법에 대한 완벽한 순종이 필요하다는 것을 확인시켜 주기 위함이라는 것이다. 그의 말을 직접 들어보자.

> 에덴동산에서 아담에게 주어진 선악을 알게 하는 나무 과실을 따먹지 말라는 명령은 시험적인 특별한 테스트였다. 그러나 이 테스트는 아담에게 요구된 모든 것의 요약이다. 아담이 하나님을 주님으로 순종할 것인가, 아니면 그 자신의 길을 선택할 것인가? 아담이 불순종할 경우 그 결과는 사망이었다(창 2:17). 반대로 순종할 경우 주어질 복은 영광스럽고, 영구적인 영생이었다. 만일 아담이 그 시험을 통과했다면 그는 영생을 누릴 수 있었다(p. 39). …우리가 그리스도의 사역을 이해하기 위해서는 창세기로부터 시작하여야 한다. 많은 것이 아담에게 요구된 것에 달려 있다. 만일 아담에게 단지 한 가지 행동을 할 것만이 요구되었다면, 그것은 우리를 구원하는 그리스도의 순종이 그의 죽음이라는 주장을 지지할 수 있을 것이다. 그러나 아담에게 하나님을 온전히 사랑하고 순종할 것이 요구되었다면, 예수님의 전 생애를 통한 완전한 순종이 영생을 위해 필수적이었다는 사실을 뒷받침할 수 있다. 그리스도의 완전한 순종이 영생을 위한 요구를 채울 수 있다(p. 57)….레위기 18:5는 우리의 죄성을 조명할 뿐만 아니라, 또한 우리를 아담에게 돌아가게 한다. 레위기 18:5 (그리고 신 27:26)는 에덴동산에서 아담에게 주어진 원리, 곧 영생은 완전한 순종과 연결되어 있다는 사실을 간결하게 요약하고 있다. 아담에게 요구되었던 것은 아담의 범죄 이후에도 폐기되지 않았다. 인류의 대표하는 마지막 아담이신 예수님은 그의 순종에 의해 영생을 위한 요구를 충족시켰다. 요역하자면, 완전한 율법 순종이 궁극적으로 참된 칭의를 위한 필수적인 것이라는 결론은 우리가 지금까지 갈라디아서 3:10-12에 관해 살펴보았던 모든 바울의 가르침에 잘 부

합한다. 바울은 신명기 27:26과 레위기 18:5의 양 본문을 인용하여 영생을 누리는 데 있어서 요구되는 것은 완전한 순종의 엄격한 기준임을 천명한다, 그리고 이를 완전한 순종의 기준을 충족시킨 유일한 분이신 그리스도를 믿는 믿음의 길과 대조시킨다(pp. 75-76).[8]

반면에 그리스도의 능동적 순종을 반대하고 오직 그리스도의 십자가 순종(수동적 순종)만을 고수하는 전 총신대학원 조직신학 교수 서철원은 2021년 4월 7일자「기독신문」에 실린 "능동적 순종, 개혁신학적인가?"에서 아래와 같이 그리스도가 율법 순종을 통해 획득한 의와 영생을 우리에게 전가해 주셨다는 그리스도의 능동적 주창자들의 주장을 강하게 반대한다.

17세기 때부터 개혁파 신학에서 그리스도의 구원 사역을 2가지로 구분하여 전개하였다. 그리스도가 하나님 아버지의 작정을 순종하여 십자가에 죽어 피 흘리심으로 백성들의 죄를 용서한 것과 그리스도가 입법자로서 율법 순종의 의무가 없는데도 자원하여 율법을 지켜 의를 이루었다는 것이다. 율법을 준수하여 의를 이룩하였으므로 그 의를 백성들에게 전가하여 백성들이 영생에 이르게 되었다는 것이다. 이것은 그리스도가 율법을 지킬 의무가 없는데도 자원하여 지켰으므로 이것이 능동적 순종이라는 것이다. 그리스도의 십자가에서 죽어 피 흘리심으로 백성들의 죄를 갚아 죄 용서를 받게 하였으므로 이것이 수동적 순종이라는 것이다… 이 신학적 논의에 의하면 그리스도가 십자가상에서 피 흘려 죽으심으로 죗값을 다 갚아 그를 믿는 자들을 의롭게 하여 영생에 이르게 한 것이 아니다. 그리스도는 그의 피 흘리심으로 죄 용서만 이룩하였을 뿐이고 그를 믿는 자들로 영생에 이르게 하지 못하기 때문에 그 자신 율법을 지켜 영생을 획득해야 했다. 이것은 신약의 가르침에 전적으로 배치된다. 또 이런 구원 도리는 그리스도의 십자가를 옆으로 밀어치는 결과를 가져온다.

앞에서 살펴본 것처럼 그리스도의 순종과 관련된 최근의 논쟁은 율법 문제, 특별히 레위기 18:5의 해석 문제와 매우 밀접하게 연결되어 있다.

---

8 한글 번역은 필자의 영문 사역임을 밝혀둔다.

과연 레위기 18:5는 무엇을 말하고 있는가?

　레위기 18:5를 그의 서신에서 인용하고 있는 사도 바울은 어떤 의미로 인용하고 있는가?

　과연 그는 그리스도의 순종을 율법에 대한 능동적 순종과 십자가의 수동적 순종으로 구분하고, 전자가 우리에게 영생을 후자가 우리에게 죄 용서의 혜택을 가져다주었다고 보고 있는가?

　그런데 그리스도의 능동적 순종을 주장하는 자들이 종종 레위기 18:5을 창세기 2:17에 있는 하나님께서 아담에게 준 선악과 명령과 관련시켜 해석하고 있기 때문에, 필자는 먼저 창세기 2:17을 간단히 살펴본 다음 레위기 18:5의 해석 문제를 살펴볼 것이다. 그런 다음 바울이 갈라디아서 3:12와 로마서 10:5에서 레위기 18:5를 어떤 의미로 인용하고 있는가를 살펴볼 것이다.

2. 창세기 2:17

　앞에서 이미 살펴본 것처럼, 능동적 순종을 주장하는 자 중에는 레위기 18:5를 창세기 2:17에 있는 하나님께서 인류의 대표자인 아담에게 주신 선악과를 따 먹지 말라는 명령과 연결시켜 해석하려는 자가 적지 않다. 즉, 하나님께서 에덴동산에서 아담에게 주신 선악과 금지 명령은 하나님의 율법이며, 이 율법을 지킬 때는 영원한 생명인 영생을, 불순종 경우에 사망의 심판을 내릴 것을 언약하셨다는 것이다. 그리고 이것을 "행위언약"으로 부르기도 한다.

　그런데 인류의 대표자인 아담은 이 행위언약을 어겨 인류로 하여금 사망의 심판을 받게 하였는데, 하나님께서 아담이 처한 사망의 심판 문제를 해결하기 위해 예수 그리스도를 통한 해결 방안을 마련하셨으며, 그것이 은혜 언약이라는 것이다. 즉, 그리스도께서 아담과 그의 후손들이 율법을 어겨 처한 사망의 심판 문제를 해결하기 위해, 그리스도께서 인간의 몸으로 오셔서 한편으로 십자가의 죽음을 통해 죄의 값인 사망의 심판을 대신 받아 죄 용서의 길을 여셨으며, 또 다른 한편으로 전 생애에 걸쳐 아담이 지키지 못한 율법을 온전하게 지킴으로, 본래 율법 순종에게 약속되었던 영생을 획득하셨다는 것이다. 그래서 그리스도를 믿는 자들에게 자신이 십자가를 통해 획득한 죄 용서와 율법 순종을 통해서 획득한 의와 영생을 각각 전가하게 되었다는 것이다.

하지만 정작 창세기 2:17 본문을 보면 다음과 같이 선악과를 먹지 말라는 명령은 분명하게 나타나지만, 명령을 지키는 경우 영생을 주시겠다는 하나님의 약속(언약)이 나타나지 않는다. 다만 불순종하는 경우 사망의 심판이 주어진다는 말씀만 나타난다.

"선악을 알게 하는 나무의 열매는 먹지 말라. 네가 먹는 날에는 반드시 죽으리라 하시니라"(창 2:17).

이 명령을 받은 아담에 대한 전후 문맥의 내용을 보면, "하나님이 자기 형상 곧 하나님의 형상대로 사람을 창조하시고"(창 1:27)에서 볼 수 있는 것처럼, 아담은 창조 때부터 하나님의 형상으로 창조되었다(창 1:27). 여기서 '하나님의 형상'에 대한 자세한 설명을 할 수는 없지만, 아담이 하나님의 형상으로 창조되었다는 말의 의미는 다음과 같다.

첫째, 아담이 창조될 때 죄가 없는 의롭고, 창조주 하나님을 온전히 사랑하고, 하나님과 지속적인 교제를 할 수 있으며, 하나님의 뜻을 구현할 수 있는 자로 창조되었음을 보여준다. 이 점은 바로 이어 "하나님이 그들에게 복을 주시며…모든 생물을 다스리라 하시니라"(창 1:28)고 하시면서, 하나님께서 창조하신 피조물을 아담이 하나님을 대신하는 청지기로서 관리할 수 있도록 복을 주신 사실에서 확인이 된다.

둘째, '하나님의 형상으로 창조되었다', '복을 주셨다'는 표현들은 아담은 창조 때부터 무슨 결함을 지닌 불완전한 존재가 아니었으며, 오히려 하나님의 복을 누리고 하나님께서 맡긴 일을 감당할 수 있는 사람이었음을 시사한다. 그렇지 않다면 하나님께서 아담을 창조하신 다음 그가 지으신 모든 것(아담을 포함하여)을 보시고 "심히 좋았더라"(창 1:31)고 말씀하지 않았을 것이다.

물론 여기 하나님께서 아담에게 주신 복이 구체적으로 무엇을 뜻하는지 정확하게 알 수는 없지만, 하나님은 에덴동산에서 이미 아담을 하나님의 복인 영생을 누릴 수 있는 자로 삼으셨음이 분명하다. 왜냐하면, 하나님은 아담에게 선악과는 먹지 말라고 하셨지만, 생명 나무의 열매는 마음대로 먹을 수 있도록 하셨기 때문이다(창 2:16).

생명 나무가 영생의 효능을 가지고 있다는 것은, 창세기 3장 22절의 "여호와 하나님이 이르시되 보라 이 사람이 선악을 아는 일에 우리 중 하나같이 되었으니 그가 그의 손을 들어 생명 나무의 열매도 따먹고 영생할까 하노라"를 볼 때 부정하기 어렵다. 생명 나무가 영생과 관련되어 있다는 것은 계시록의 생명 나무에 대한 언급에서도 확인된다.9 왜냐하면, 계시록에서 생명 나무의 과실이 구속받은 신자가 하나님의 구속 역사가 완성된 새 하늘과 새 땅에서 영생의 복을 누리는 상징으로 표현되고 있기 때문이다(계 2:6, 22:2). 그리고 계시록 21장은 신자에게 주어지는 영생의 축복과 관련하여, "그들은 하나님의 백성이 되고, 하나님은 친히 그들과 함께 계셔서 모든 눈물을 그 눈에 닦아주시니 다시는 사망이 없고…내가 생명수 샘물을 목마른 자에게 값없이 주리니 이기는 자는 이것들을 상속으로 받으리라. 나는 그의 하나님이 되고 그는 내 아들이 되리라"(계 21:3-7)고 설명한다.

즉, 영생은 영원한 생명이신 하나님과의 교제, 곧 생명의 하나님이 그의 하나님이 되고, 그는 하나님의 자녀가 되는 것으로 요약된다는 것이다. 그렇다면 아담은 범죄로 인하여 하나님과의 교제가 끊어지기 이전까지는 하나님의 형상으로서 하나님과 교제인 영생의 복을 누릴 수 있는 사람이었다고 보아야 하는 것이다.

어쨌든 분명한 사실은 창세기 2:17의 본문 자체는 물론 전후 문맥을 볼 때 창세기 2:17이 순종하면 영생의 복을, 불순종하면 죽음을 조건으로 하는 행위언약이었다는 사실을 명시적으로 말하지 않고 있다는 사실이다.

설사 우리가 호세아 6:7의 "그들은[이스라엘] 아담처럼 언약을 어기고"라는 말로부터 하나님께서 아담에게 주신 명령을 일종의 언약으로 유추할 수는 있겠지만, 구약에 나타난 언약은 일반적으로, 우리가 노아 언약, 아브라함 언약, 시내산 언약, 다윗의 언약 등에서 유추할 수 있는 것처럼, 하나님의 무조건적 은혜에서 출발하고 있으며, 언약 수혜자들에게는 하나님의 은혜에 대한 마땅한 응답이 요구되었을 뿐이다.

따라서, 우리가 아담의 경우만 별도로 행위언약으로 부를 수 없는 것이다. 더구나 바울은 사망이 한 사람 아담의 불순종의 죄로 왔으며(롬 5:12), "죄의 삯은

---

9 이광우, 『요한계시록』, 896-1028.

사망이요, 하나님의 은사는 그리스도 예수 우리 주 안에 있는 영생이라"(롬 6:23)라고 하면서, 사망과 영생을 반의어처럼 사용하고 있다(역시 계 21:3-4). 따라서 우리는 범죄하기 전 아담의 경우 아직 그에게 사망이 주어지지 않은 상태이기 때문에 그는 범죄하기 전까지는 사망의 지배를 받지 않는 영생의 복을 누릴 수 있는 사람으로 보아야 하는 것이다.

이것이 사실이라면 창세기 2:17의 하나님의 명령은 아담이 영생을 복을 받기 위해 순종하여야 하는 보상적 명령이 아니라, 오히려 아담이 하나님의 형상이요 하나님의 복을 이미 받은 자이기 때문에 당연히 순종하여야 하는 명령이다.[10] 그런데 아담은 선악과를 따먹어 불순종함으로써 그에게 주어진 영생의 복을 누릴 기회를 상실하였다. 하지만, 바울은 로마서 5장에서 마지막 아담으로 오신 그리스도께서 순종하심으로 아담이 잃어버린 영생의 복을 회복시켰다고 말한다(롬 5:17-19).

따라서, 누가 창세기 2:17으로부터 아담에게 준 하나님의 선악과 명령이 불순종할 경우 사망을, 순종할 경우 영생 수여를 조건으로 하는 행위언약임을 주장한다면 그 증명의 짐은 이를 반대하는 자에게 있는 것이 아니라 그것을 주장하는 자에게 있다고 보아야 한다.

3. 레위기 18:5

잘 알려진 것처럼 레위기는 출애굽한 이스라엘 백성이 거룩하신 하나님의 백성으로서 합당한 거룩한 삶을 살 수 있는 여러 가지 법을 설명하고 있다. 그런데 엄밀하게 말하자면 레위기는 이스라엘 백성에게 거룩한 하나님의 백성이 되기 위한 조건이나, 가나안 땅에 들어가기 위한 조건을 말하고 있는 것이 아니다.

하나님께서 먼저 아브라함을 통해 약속하신 그 언약에 신실하심으로, 아브라함의 후손들을 출애굽 사건을 통해 구원하여 거룩한 하나님의 백성으로 삼으신 다음, 그들이 약속한 가나안 땅에 들어가서 거룩한 하나님의 백성으로서 마땅히 수행하여야 할 의무와 책임을 말하고 있다.

---

10 Kenneth, A. Matthew, *Genesis 1-11:26*. The New American Commentary Vol 1A (Nashville: Broadman & Holman Pub. 1995), 210-211.

따라서, 레위기 18:5는 우선적으로 하나님이 이스라엘 백성을 구원하여 자기의 백성으로 삼으신 분이며, 이스라엘 백성은 하나님의 언약 백성으로서 하나님께서 언약 백성에게 요구하는 바를 마땅히 수행하여야 하는 사람들이라는 언약의 문맥에서 이해가 되어야 한다.[11]

다시 말해서, 레위기 18:5가 이스라엘 백성이 거룩한 하나님의 백성이 되기 위해서나, 가나안 땅에 들어가기 위한 조건을 말하는 것이 아니라, 하나님이 아브라함에게 주신 그 언약에 신실하셔서 그들을 출애굽시켰고, 그 결과 이미 출애굽 사건을 통해 구원을 받고, 언약 백성으로 세워졌고, 가나안 땅을 약속받은 이스라엘 백성에게 가나안 땅에서의 삶의 규정과 그 약속을 담고 있다.

이 점은 레위기 18:5가 속해 있는 전후 문맥에서도 확인할 수 있다. 18:5가 속해 있는 18:1-5 전 문맥인 17:10-16에 보면 이스라엘 백성에게 피를 먹지 말라는 교훈과 함께 스스로 죽은 짐승이나 들짐승에게 찢겨 죽은 짐승을 먹지 말라는 음식 윤리가 나타난다. 그리고 후 문맥인 18:6-18은 이스라엘 백성이 지켜야 하는 가정의 성(性) 윤리에 대하여 말하고 있다.

이처럼 18:1-5 문단은 하나님의 언약 백성으로 세워진 이스라엘 백성의 삶의 규정 문맥에 위치한다. 그 다음 18:1-5 문단 자체를 보면 특이한 점이 나타난다. 그것은 이스라엘 백성에게 18:5의 명령을 주시는 하나님에 대하여, "나는 너희의 하나님 여호와이시다"라는 말이 세 번(18:2, 4, 5)이나 반복되고 있다는 점이다.

이 선언은 십계명 서문에 있는 "나는 너를 애굽 땅, 종 되었던 집에서 인도하여 낸 네 하나님 여호와니라"(출 20:2)라는 선언처럼, 이스라엘 백성에게 명령을 주시는 분이 이스라엘 백성을 구원하여 자신의 언약의 백성으로 삼으신 그 언약의 하나님이심을 강조한다. 그리고 동시에 이스라엘은 하나님의 언약 백성이기 때문에 언약 백성에 합당한 삶을 살아야 한다는 사실을 강조한다.

이 점은 18:1-5의 문단을 시작하는 18:2와 이 문단을 끝내는 18:5b가 똑같이 하나님이 이스라엘을 구원하여 내신 언약의 하나님임을 선언하고 있으며, 이 두 선언 사이에 다음과 같이 언약 백성에게 요구된 삶이 제시되고 있다는 사실로부터 확인이 된다.

11　Joel Willitts, "Context Matters: Paul's Use of Leviticus 18:5 in Galatians," *Tyndale Bulletin* 54 (2003), 111: "In sum, the significance of Leviticus 18:5 is best grasped when it is placed in its covenant context"("결론적으로 말해서 레위기 18:5의 의미는 그것을 언약적 문맥에 둘 때 가장 잘 이해할 수 있다").

"너희는 너희가 거주하던 애굽 땅의 풍속을 따르지 말며 내가 너희를 인도할 가나안 땅의 풍속과 규례도 행하지 말고, 너희는 내 법도를 따르며 내 규례를 지켜 그대로 행하라 나는 너희의 하나님 여호와이니라. 너희는 내 규례와 법도를 지키라 사람이 이를 행하면 그로 말미암아 살리라"(레 18:3-5a).

위의 본문에서 볼 수 있는 것처럼, 레위기 18:5는 하나님의 언약 백성으로 세워진 이스라엘 백성이 그들에게 약속된 가나안 땅에 들어가서 마땅히 준수하여야 하는 언약 백성의 삶의 문맥에서 주어졌다. 따라서, 여기서 동사 "살리라"라는 문구가, 그 이후에 어떻게 다르게 해석되었든,[12] 본래 문맥에서는 이스라엘 백성이 율법 준수를 통해 기대하는 미래의 종말론적인 의와 영생을 가리키기보다는,[13] 오히려 이스라엘 백성이 가나안 땅에서 하나님의 거룩한 백성으로 누리게 될 현 세상에서의 언약적 삶을 가리키고 있다.[14]

---

12 물론, 레위기 18:5는 겔 18, 20, 33장, 느 9장과 제2성전시대 유대 문헌인 the Damascus Document 3.14-17, 7.3-6, Psalm of Solomon 14에서도 나타난다. 이들 후기 문헌에서는 레 18:5의 '살리라'가 가끔 종말론적인 영생의 의미로 사용되기도 한다. 하지만, 다른 구약성경과 유대 문헌에 나타나고 있는 레위기 18:5의 인용은 각각 인용되고 있는 저자와 독자의 삶의 문맥에서 이해되어야 하며, 이를 레위기 18:5의 본래 문맥과 동일시하지 않아야 한다. 후기 문헌의 경우, 왜 이들 문헌 저자가 레위기 본문을 인용하고 있는지, 레위기 인용과 독자의 상황과 어떻게 연결되고 있는가에 대한 역사적, 문학적 접근이 선행되어야 한다는 것이다. 왜냐하면, 레위기 18:5의 본래 저자와 독자와 그들의 역사적 정황은 후대에 이를 인용하는 저자와 독자의 의도와 역사적 정황이 서로 다르기 때문이다. 이 점은 우리가 나중에 살펴볼 바울의 인용 경우도 마찬가지이다. 흔히 성경 주석가나 해석자가 후기의 인용이나 해석에 나타나는 의미를 본래 본문에 가져가서(eisegesis) 본래 본문을 해석하는 경우가 있는데 이것은 옳은 성경 해석자의 자세가 아니다. 우리는 레위기 18:5의 후기 인용에 대한 논의를 이 글에서 다루지 않는다. 레위기 18:5의 후기 인용에 대해서는 다음의 글에서 이미 깊은 연구가 수행되었다: Preston M. Sprinkle, *Law and Life: The Interpretation of Leviticus 18:5 in Early Judaism and in Paul* (WUNT 2/241; Tübingen: Mohr Siebeck, 2008); S. Gathercole, "Torah, Life, and Salvation: Leviticus 18:5 in Early Judaism and the New Testament," in *From Prophecy to Testament: The Function of the Old Testament in the New*, ed. Craig A. Evans (Peabody: Hendrickson Pub., 2004), 126-45; D. C. Mohrmann, "Of 'Doing' and 'Living': The Intertextual Semantics of Leviticus 18:5 in Galatians and Romans," in *Jesus and Paul. Global Perspectives in Honor of James D. G. Dunn. A Festschrift for his 70th Birthday*, eds. B. J. Robertson and Douglas C. Mohrmann (London: T & T Clark, 2009), 151-163을 보라.

13 예를 들면, Gathercole, "Torah, Life, and Salvation: Leviticus 18:5 in Early Judaism and the New Testament," 126-45; F. Watson, *Paul and the Hermeneutics of Faith* (New York: T & T Clark, 2004), 6-13, 323-26.

14 예를 들면, Mohrmann, "Of 'Doing' and 'Living'," 156.

이와 유사한 본문인 레위기 25:8의 "너희는 내 규례를 행하며, 내 법도를 지켜 행하라 그리하면 너희가 그 땅에 안전하게 거주할 것이라"와 신명기 4:40의 "오늘 내가 네게 명령하는 여호와의 규례와 명령을 지키라 너와 네 후손이 복을 받아 네 하나님 여호와께서 네게 주시는 땅에서 한없이 오래 살리라". 그리고 신명기 30:16의 "곧 내가 오늘 네게 명령하여 네 하나님 여호와를 사랑하고 그 모든 길로 행하며 그의 명령과 규례와 법도를 지키라 하는 것이라 그리하면 네가 생존하며 번성할 것이요 또 네 하나님 여호와께서 네가 가서 차지할 땅에서 네게 복을 주실 것임이니라"가 이 점을 뒷받침해 준다.[15]

더욱이 위 본문에 나타나 있는 "애굽 땅의 풍속"과 "가나안 땅의 풍속과 규례"가 애굽 땅과 가나안 땅에 사는 주민들의 실제적인 삶의 규정들을 가리키고 있다고 하는 사실은, 이와 대조되는 "내 규례와 법도"가 이스라엘 백성이 실제로 가나안 땅에 들어가서 준수하여야 하는 하나님께서 주신 삶의 규정들을 가리키고 있다고 볼 수 있다. 전자가 이스라엘 백성이 가나안 땅에 살면서 따르지 않아야 할 규정들이라면, 후자는 이스라엘 백성이 마땅히 준수하여야 하는 규정들이다. 어쨌든 분명한 것은 "내 규례와 법도"가 이스라엘 백성이 하나님의 백성이 되기 위한, 혹은 가나안 땅에 들어가기 위하여 지켜야 하는 율법이 아니라, 이스라엘 백성이 이미 하나님의 백성이기 때문에 마땅히 지켜야 하는 언약적인 삶의 규정이요, 율법이라는 사실이다.

그러므로 "살리라"도 우선적으로 종말론적인 의와 영생의 삶이 아닌 약속된 가나안 땅에서의 언약적인 복된 삶을 가리킨다고 보아야 한다.[16] 따라서 우리는 레위기 18:5를 그 자체의 본문과 문맥에 의해 해석하지 않고, 후기 유대 문헌의 종말론적 해석을 레위기 18:5의 본문에 가져가서(eisegesis), 마치 레위기 18:5 본문 자체가 마치 율법 준수가 의와 영생을 보장하는 것을 말하는 것처럼 성급하게 해석하지 않아야 할 것이다.

---

15 역시 Mohrmann, "Of 'Doing' and 'Living'," 157-58.
16 하지만 Crowe, *Why Did Jesus Live a Perfect Life?: The Necessity of Christ's Obedience for Our Salvation*, 38-39에서 레위기 18:5를 창 2:17과 연관시켜 율법 순종에 영생의 약속이 주어졌다고 보고 있다.

4. 갈라디아서 3:12[17]

사도 바울은 레위기 18:5를 갈라디아서 3:12, 로마서 10:5에서 각각 인용하고 있다.

바울은 레위기 18:5를 어떤 의미로 인용하고 있는가?

그는 레위기 18:5가 말하는 율법 준수에 주어지는 삶을 시내산 언약 백성인 이스라엘 백성에게 주어진 가나안 땅에서의 언약적 삶을 지칭하는 것으로 보고 있는가, 아니면 바울 당대 유대 문헌에 암시된 것처럼 종말론적인 의와 영생을 지칭하고 있는 것으로 보고 있는가?

먼저 갈라디아서 3:12을 살펴보고, 그다음 로마서 10:5을 살펴볼 것이다.

잘 알려진 바대로 갈라디아서는 갈라디아 교회를 혼란스럽게 한 바울의 반대자들(흔히 이들을 이방인 신자들에게 할례와 율법 준수를 강요하는 '유대주의자들'로 호칭한다)의 주장과 이들을 공격하고 갈라디아 교인들을 지키려는 사도 바울의 주장이 날카롭게 대립되는 매우 논쟁적인 서신이다.

바울이 레위기 18:5의 인용이 있는 갈라디아서 3장은 갈라디아서에서 바울과 반대자들의 논쟁이 가장 두드러지게 나타나는 장이기도 하다. 3장에는 반대자들의 주장과 연결된 '율법' 어휘가 15번(전체 32번), 바울의 주장과 연결된 '믿음' 어휘가 14번(갈라디아서 전체 22번), 바울 논증의 주 무기인 구약 인용이 8번(갈라디아서 전체 10번) 등장한다. 그중에 레위기 18:5의 인용이 있는 3:10-14의 문단은 3장의 중심부를 형성하면서 반대자들에 대한 바울의 가장 날카로운 반박과 논증이 나타나는 중요한 문단이다.

이 짧은 문단에는 바울의 논증을 뒷받침하는 구약 인용이 4번(10절의 신 27:26, 11절의 합 2:4, 12절의 레 18:5, 13절의 신 27:26, 21:23) 나타나고, 또한 바울의 복음을 대변하는 그리스도 십자가의 죽음 내러티브가 나타난다(3:13-14).

우리가 여기서 바울의 구약 인용에 대하여 자세하게 살펴볼 수는 없지만, 바울은 주로 히브리어 성경 본문(MT)보다 칠십인역 헬라어 성경 본문(LXX)을 인용하지만, 정확하게 그대로 인용하지 않고, 자신의 주장을 강화하거나 뒷받침하기 위해 본문을 조금 변형시켜 인용하는 경우가 적지 않다.[18] 바울은 3장의 중심부

---

17 이 부분은 필자가 2016년에 출판한 『갈라디아서』(고양: 이레서원, 2016)에 있는 3:10-12의 주석을 부분적으로 활용하였음을 밝혀둔다.
18 바울의 구약 인용에 대해서는 Earle Ellis, *Paul's Use of the Old Testament* (Grand Rapids: Bak-

를 형성하는 3:10-14에서 여러 구약성경 본문을 인용하여 독자들에게 그의 반대자들의 율법 해석이 무엇이 잘못인지, 사람이 어떻게 율법이 아닌 믿음으로 의롭게 되는지, 율법과 믿음은 어떻게 서로 다른지, 그리스도께서 왜 십자가의 죽임을 당하셨는지, 그리스도의 십자가의 죽음이 무슨 결과를 가져왔는지를 밝힌다.

3:10-14는 10-12절과 13-14절 두 부분으로 나눌 수 있다. 전자는 반대자들을 논박하기 위해 주로 율법의 역할을 말하고 있다면, 후자는 바울의 주장을 강화하기 위해 그리스도의 십자가 역할에 대하여 말한다. 여기서 우리의 관심사가 되는 것은 전자다. 바울이 3:10-12에서 율법을 온전히 순종할 경우 율법이 의를 가져다줄 수 있다고 말하고 있는가 하는 문제가 우리의 주요 관심사다.

바울은 3:10-12의 문장 앞에 있는 3:6-9에서 반대자들의 주장을 반박하기 위해 할례와 율법의 행위와 대조되는 '믿음'과 '복'의 밝은 면을 강조하였다. 이제 3:10-12에서 그는 3:6-9의 믿음 단락과 대조되는 율법의 어두운 면, 곧 율법이 가져다주는 저주의 문제를 강조한다. 바울은 3:6-9에서 아브라함과 같은 "믿음의 사람들"은 아브라함처럼 의와 복을 누린다는 사실을 말하지만, 3:10-12에서는 이와 달리 누구든지 모세의 율법을 의지하는 "율법의 사람들"은 아브라함의 자녀 됨과 그 축복을 누리기는커녕, 오히려 율법이 가져다주는 저주 아래 있게 된다는 사실을 강조한다. 그렇게 함으로써 바울은 반대자들의 논증과 설득력의 핵심적인 무기를 무력화시킨다.[19]

즉, 율법은 사람들이 의와 구원을 얻기 위해 율법을 아무리 지키려고 노력해도, 반대자들이 주장하고 있는 아브라함의 복을 누리는 후손됨과 하나님의 자녀 신분이 되는 것을 가져다줄 수 없다고 말한다. 오히려 율법은 저주를 가져다준다고 말한다. 그러기 때문에 갈라디아 교인들이 율법의 행위를 추구할 필요가 없다는 것이다. 물론 여기서 바울이 단순히 율법에 관한 일반적인 관점, 이를테면 율법이 좋다 나쁘다, 율법을 지키는 것이 좋다 나쁘다 하는 문제를 다루고 있는 것

---

er Books, 1991); M. Silva, "Old Testament in Paul," in *Dictionary of Paul and His Letters: A Compendium of Contemporary Biblical Scholarship*, ed. Gerald F. Hawthorne, Ralph P. Martin, Daniel G. Reid (Downers Grove, IL: InterVarsity, 1993), 631-632을, 특별히 갈라디아서의 구약 인용에 관해서는 모이세스 실바, "갈라디아서," G. K. 빌, D. A. 카슨 편집, 『신약의 구약사용 주석 시리즈』3, 4권(서울: CLC, 2012), 301-368을 보라.

19　A. Caneday, "Redeemed from the Curse of the Law: The Use of Deut. 21: 22-23 in Gal. 3:13," *TrinJ* 10 (1989), 192-193; J. Lambrecht, "Curse and Blessing. A Study of Galatians 3,10-14," in *Pauline Studies: Collected Essays* (Leuven: Leuven University Press, 1994), 280.

은 아니다. 그는 반대자들이 율법을 무기로 갈라디아 교회를 혼란하게 하는 특수한 상황과 관련하여 율법의 특수한 면, 곧 율법/율법의 행위가 유대주의자들의 주장처럼 구원의 수단, 하나님의 백성이 되게 하는 역할을 할 수 있느냐, 율법이 과연 아브라함의 축복을 누리게 하며, 의와 생명과 구원을 가져다줄 수 있느냐는 문제를 취급하고 있다.

바울의 논리적 전개는 3:6-9에서 이미 보여 준 자신의 주장 제시 그리고 성경 인용을 통한 여기에 대한 뒷받침의 논리로 전개된다. 즉, 3:10-12에서도 먼저 바울의 주장 제시가 있고, 그다음에 각각 3개의 이유 접속사 구절에서 구약 본문을 인용함으로써 자신의 주장을 뒷받침한다.

바울은 먼저 3:10 상반절에서 "하지만 율법의 행위에 의존하는 사람들은 저주 아래 있습니다"라는 선언을 한다. 그리고 이것을 뒷받침하기 위해 신명기 27:26, "누구든지 율법 책에 기록된 대로 모든 일을 항상 행하지 아니하는 자는 저주 아래에 있는 자라 하였음이라"를 인용한다. 바울의 구약 인용을 보면 현행 구약 히브리어 본문(MT)이나 헬라어 칠십인역 본문(LXX)과 정확하게 일치하지 않는다. 현행 구약 본문에 따르면, "이 율법의 말씀을 실행하지 아니하는 자는 저주를 받을 것이라"라고 되어있다.

그리고 칠십인역은 "이 율법의 모든 말씀들을 지키지 않는 모든 사람은 저주 아래 있다"라고 되어있다. 바울의 인용 본문은 히브리어 본문보다 헬라어 본문에 더 가깝다. 그러나 바울이 어느 본문을 염두에 두었는지, 그리고 바울이 어느 쪽 본문이든 자신의 논지를 강화하기 위하여 약간의 변경을 하였는지, 아니면 자신의 기억 속에 있던 본문을 그대로 썼는지 정확하게 알 수는 없다.[20]

구약 신명기 27:26의 전후 문맥에 따르면, 여기 지켜야 할 율법의 말씀들은 이스라엘 백성들이 가나안 땅에 들어간 다음 준행하여야 할 구체적이고 특수한 생활 규범들이다. 만일 이스라엘 백성들이 이 규범들을 철저히 지킨다면 약속된 땅에서 하나님의 복을 계속 누리게 된다. 그러나 율법에 대한 전폭적인 순종을 하지 못하는 경우 그들은 저주를 받게 되어 약속된 땅으로부터 축출된다.

그런데 바울은 "이 율법의 말씀"(히브리어 본문) 혹은 "이 율법의 모든 말씀"(헬라어 본문)을 "율법 책에 기록된 모든 것"이라는 말로 변경시켜, 지켜야 할 규범을 모세의 모든 율법 책으로, 그리고 해당이 되는 대상을 모든 사람으로 더 일반화

---

20 역시 실바, "갈라디아서," 229-331.

한다. 즉 율법 책에 기록된 '모든 요구'를 행하지 않는 '모든 자에게' 저주를 가져다준다는 주장으로 확대한다.

여기 저주는 사실상 하나님의 언약적 복으로부터의 제외됨, 곧 언약 백성의 신분 상실과 약속된 땅으로부터의 축출 및 그에 따른 심판을 가리킨다. 따라서, 바울의 인용 본문에 따르면 설사 누가 율법의 일부를 지키더라도, 그가 모든 율법을 온전하게 지키지 않는 이상, 그는 어쩔 수 없이 율법이 가져오는 저주를 피할 수 없다. 이것은 그 누구도 모든 율법을 전폭적으로 지키지 못하기 때문에, 결국 율법의 행위로 의로워지려고 하는 자들은 누구든지 의(義)는커녕 오히려 율법이 가져오는 저주 아래 있게 된다는 결론을 가져오게 된다. 바울의 논리는 일종의 삼단논법을 전제하고 있는 것 같다.

하나, (율법은 전폭적인 순종을 하는 자에게는 복을), 반면에 전폭적인 순종을 하지 못하는 자에게 저주를 선언한다.
둘, 그 누구도 기록된 율법을 전폭적으로 순종하지 못한다.
셋, 따라서 율법을 의지하는 모든 자는 저주 아래 있다.[21]

물론 바울이 여기서 율법을 지키는 그 자체가 나쁘거나 율법을 행하는 자들이 저주 아래 있다고 말하지는 않는다. 여기 바울의 논점은 율법은 완벽한 순종을 요구하고 있으며, 그런데 완벽한 순종을 요구하는 율법을 그 누구도 완벽하게 지키지 못하기 때문에, 결국 그는 율법이 가져다주는 저주 아래 있게 된다는 것이다. 말하자면, 저주의 원인은 율법 자체에 있기보다도 율법에 대한 인간의 불순종과 무능력에 있다는 것이다.[22]

더구나 바울은 이 문단에서 율법에 대한 일반적인 진술보다 성경에 약속된 아브라함의 복과 의를 위해 아브라함처럼 전폭적으로 믿음에 의존하는 "믿음의 사람들"과 대조되는 "율법의 행위에 의존하는 사람들"에 관하여 말하고 있다. 이런 자들은 "믿음을 의지하지 않고 행위를 의지하여 부딪칠 돌에 부딪힌 자들"(롬

21　D. Moo, *Galatians* (BECNT; Grand Rapids: BakerAcademic, 2013), 202; T. R. Schreiner, *Galatians* (ECNT; Grand Rapids: Zondervan, 2010), 204.
22　Normand Bonneau, "The Logic of Paul's Argument on the Curse of the Law in Gal. 3:10-14," *NovT* 39 (1997), 73; C. D. Stanley, "Under a Curse: A Fresh Reading of Galatians 3:10-14," *NTS* 36 (1990), 499-500.

9:32), "하나님의 의를 모르고 자기 의를 세우려고 힘써 하나님의 의에 복종하지 않는 자들"(롬 10:3), 그리고 "율법 안에서 의롭다함을 얻으려고 함으로써 오히려 그리스도에게서 끊어지고 은혜에서 떨어지는 자"(갈 5:4)로 볼 수 있다. 이렇게 함으로써 바울은 믿음을 추구하지 않고 율법의 행위를 추구하는 자들은 누구든지 복을 누리기는커녕 오히려 율법의 저주 아래 있다는 결론을 끌어낸다.

그렇다면 복수로 사용되고 있는 여기 "율법의 행위의 사람들"은 구체적으로 누구를 가리키고 있는가? 갈라디아서 문맥의 흐름에서 볼 때 이 말은 그 앞 문단에 두 번이나 복수로 언급되고 있는 "믿음의 사람들"(3:6, 9)과 대조적이다. 그렇다면 여기 "믿음의 사람들"을, 2:16과 3:1-9에 나타나고 있는 것처럼, 하나님 앞에서 '예수 그리스도를 믿음으로 의롭게 되려는 사람들'(2:16), '믿고 들음으로 성령을 받은 사람들'(3:2-5), '믿음으로 아브라함의 자손이 된 사람들'(3:6-7), '믿음으로 아브라함의 복에 참여한 사람들'(3:8-9)을 지칭한다고 볼 수 있다.

이와 대조적으로 사용되고 있는 "율법의 행위의 사람들"을 '율법의 행위' 혹은 '율법'을 통해 의, 성령, 아브라함의 자손, 아브라함의 복을 추구하는 사람들로 볼 수 있다(2:16, 3:2-7; 5:4). 즉 이들은 '율법의 행위'를 통해 자신의 신분과 삶을 결정하려는 사람들이다. 바울은 5:4에서 이들을 가리켜, "율법 안에서 의롭다함을 얻으려 하는 자들"이라고 말한다. 물론 바울이 "율법 행위의 사람들"이란 말을 사용할 때 특정한 사람들을 염두에 두지 않고 단순히 수사학적으로 "믿음의 사람들"을 부각시키기 위해 사용할 수도 있다.

하지만, "믿음의 사람들"이 실체성이 있다고 한다면, 이와 대조되는 "율법의 행위에 속한 자들"도 실체성을 지녔다고 보는 것이 더 타당성이 있다.[23] 그렇다면 왜 "율법의 행위의 사람들"은 성령과 의와 아브라함의 자손과 아브라함의 복에 참여하는 "믿음의 사람들"과 대조적으로 저주 아래에 있게 되는가?

전통적으로 "율법의 행위의 사람들"이 저주 아래에 있게 되는 것은, 바울이 인용하고 있는 신명기 27:26이 보여주고 있는 것처럼, 율법은 사람에게 완벽한 순종을 요구하고 있는데, 그 누구도 모든 율법을 그 양과 질적인 면에서 완벽하게 지키지 못하는 인간의 무능력 때문으로 보고 있다.[24]

---

[23] Schreiner, *Galatians,* 202는 "율법의 행위의 사람들"을 "의롭게 되기 위해서 율법에 의존하는 자들"(those who rely on the law in order to be justified)로 규정한다. 역시 M. Silva, *Interpreting Galatians,* Second Edition (Grand Rapids: BakerAcademic, 2001), 228.

[24] J. B. Lightfoot, *The Epistle of St. Paul to the Galatians,* (Grand Rapids: Zondervan, 1957),

반면에 어떤 사람들은 3:10-11의 본문의 초점이 율법의 완전한 순종 요구나 율법을 완전하게 지킬 수 없는 인간의 무능력을 말하는 데 있는 것이 아니고, 오히려 '믿음'→'복'을 말하는 선행문단과 대조적으로 '율법'→'저주'를 말하는 데 있다고 본다. 말하자면 빛을 더욱 강조하기 위해 어둠이 필요한 것처럼, '믿음'→'복'을 더욱 강조하기 위해 '율법'→'저주'의 단락이 필요하였다는 것이다.

다시 말하자면, 갈라디아서 3:10의 주목적은 율법의 완전한 순종 요구나 인간의 무능력이나 성취 불가능성을 말하는 데 있는 것이 아니고, 오직 의와 구원은 믿음과 그리스도에게만 있음을 강조하기 위한 구원론적·기독론적 수사학에 있다는 것이다.[25]

우리는 바울이 자신을 두고 "율법의 의로는 흠이 없다"라고 한 빌립보서 3:6에 근거하여, 1세기 유대교에서 율법의 완벽한 순종을 요구하지 않았다고 말할 수도 있다. 그러나 바울이 갈라디아서에서 율법을 말할 때는 하나님의 교회를 핍박하였던 다메섹 사건 이전의 바리새파 유대인으로 가졌던 율법 이해를 말하는 것이 아니다.

갈라디아서 여러 곳에 나오는 율법에 대한 바울의 부정적인 표현들, 이를테면 율법은 의롭게 되는 데, 성령 받는 데, 아브라함의 자손이 되는 데, 아브라함의 복을 누리는 데 하등의 역할을 할 수 없다고 말하고 있는 사실들(2:16, 21; 3:2-5; 3:6-9; 5:4), 그리고 율법은 약속을 폐하지 못하고(3:15-18), 율법은 범법을 증가시키고(3:19), 율법은 능히 살게 하지 못하고(3:21), 율법은 믿음이 올 때까지 우리를 가두는 역할과 초등교사의 역할을 하고(3:23-24), 율법은 이 세상의 초등 학문과 같다(4:1-3)는 바울의 율법에 대한 이와 같은 부정적인 인식들은, 다메섹 사건 이전이 아니라, 다메섹 사건 이후 기독교인 바울의 새로운 인식이다.

137; E. De Witt Burton, *A Critical and Exegetical Commentary on the Epistle to the Galatians* (ICC; New York: Schribner's, 1920), 164-65; F. Mussner, *Der Galaterbrief*, 5th ed. (HTKNT; Freiburg: Herder, 1988), 224-26; R. Longernecker, *Galatians* (WBC; Dallas: Word, 1990), 118; Otfried Hofius, "Das Gesetz des Mose und das Geset Gesetz Chrusti," *ZTK* 80 (1983), 265; F. J. Matera, *Galatians* (Collegeville: Liturgical Press, 1992), 123-24; J. Lambrecht, *Pauline Studies* (BETL 115; Leuven: Leuven University Press, 1994), 281-82; In-Gyu Hong, "Does Paul Misrepresent the Jewish Law? Law and Covenant in Gal 3:1-14," *NovT* 36 (1974), 177; Schreiner, *Galatians*, 204-205.

25 예를 들면, E. P. Sanders, *Paul, the Law, and the Jewish People* (Philadelphia: Fortress, 1983), 20-29.

바울은 빌립보서 3:5-6에서 다메섹 사건 이전의 자신과 관련하여 율법으로는 흠이 없다는 자랑스러운 경험을 말하지만, 바로 이어 3:7에서 강한 반대 접속사 '그러나'를 사용하여 다메섹 사건 이전의 경험을 그리스도를 위하여 다 해로 여기게 되었다고 말하고 있다. 이것은 다메섹 사건 이후에 바울의 율법에 대한 이해가 근본적으로 달라졌음을 말하고 있다.[26]

다시 갈라디아서 본문으로 돌아가면, 바울은 그다음 3:11에서 "또 하나님 앞에서 아무도 율법으로 말미암아 의롭게 되지 못할 것이 분명하니, 이는 의인은 믿음으로 살리라 하였음이라"고 하면서, 율법이 저주를 가져오는 것은 인간이 율법을 완벽하게 지키지 못하는 인간의 불순종에만 기인하는 것이 아니고, 율법이 하나님 앞에서 의롭게 되는 길이 아님에도 불구하고 율법을 의의 길인 것처럼 율법 자체를 잘못 사용하는 것에도 있다고 말한다.

즉, 바울은 3:11에서 3:10 하반절의 신명기 27:26의 인용의 경우와 같은 이유 접속사 '호티'(ὅτι) 구문을 사용하여, 율법의 저주를 신명기 27:26에만 한정시키지 않고, 율법을 잘못 사용하는 것까지 확장한다. 즉 인용된 하박국 2:4처럼 하나님께서 처음부터 결정한 의에 대한 길은, 율법의 길이 아닌 믿음의 길인데, 하나님이 정한 의도와는 다르게 율법을 잘못 사용하거나, 율법에 믿음과 같은 의 용도를 부과하는 것도 하나님의 저주를 가져온다는 것을 시사한다.[27]

율법이 본래 주어진 이스라엘 백성의 옛 언약 시대에 있어서 율법은 이스라엘 백성에게 지키면 복을, 불순종하면 저주를 가져다 주었지만(예, 신 30:15-20), 그때도 율법의 순종이 언약 백성이 되게 하거나 아브라함의 복인 의를 가져다주는 것은 아니었다. 십계명 서문이 보여주고 있는 것처럼, 하나님은 먼저 출애굽 사건을 통하여 아브라함의 후손인 이스라엘 백성을 자기의 언약 백성으로 삼으시고

---

26 J. Roloff, "Die lutherische Rechtfertigungslehre und ihre biblische Grundlage," W. Kraus & K. W. Niebuhr, *Frühjudentum und Neues Testament im Horizont Biblischer Theologie* (WUNT 162; Tübingen: Mohr, 2003), 275-300에서 바울의 다메섹 체험은 율법에 대한 재평가를 가져왔다고 주장하고 있다.

27 이것은 설사 누가 율법을 완벽하게 지킨다 하더라도(물론 완벽하게 율법을 지키는 사람은 없지만), 하나님은 율법을 의롭게 되는 수단으로 세우지 않으셨기 때문에, 율법을 통해서는 결코 의에 이를 수 없다는 것을 뜻한다. B. H. McLean, *The Cursed Christ. Mediterranean Expulsion Rituals and Pauline Soteriology* (JSNTS 126; Sheffield: Sheffield Academic Press, 1996), 114; M. Cranford, "The Possibility of Perfect Obedience: Paul and an Implied Premise in Galatians 3:10 and 5:3," *NovT* 36 (1994), 242-258; C. D. Stanley, "Under a Curse: A Fresh Reading of Galatians 3.10-14," *NTS* 36 (1990), 482도 보라.

친히 그들의 하나님이 되셨다(출 20:2).

출애굽기 2장은 "이스라엘 자손은 고된 노동으로 말미암아 탄식하며 부르짖으니 그 고된 노동으로 말미암아 부르짖는 소리가 하나님께 상달된지라. 하나님이 그들의 고통 소리를 들으시고 하나님이 아브라함과 이삭과 야곱에게 세운 그의 언약을 기억하사, 하나님이 이스라엘 자손을 돌보셨고 하나님이 그들을 기억하셨더라"(2:23-25)라고 하면서 출애굽 사건이 하나님께서 족장들에게 주신 언약의 성취임을 분명히 한다.

말하자면 출애굽 사건은 이스라엘 백성에게 어떤 조건과 담보를 요구하지 않은 하나님 편에서의 일방적인 은혜의 수여였다. 율법은 이스라엘 백성이 하나님의 백성이 되기 위해서나 의와 생명을 얻는 수단으로 주어진 것이 아니고, 하나님이 이스라엘의 하나님이 되고, 이스라엘은 하나님의 백성이기 때문에 하나님에 대한 그의 백성의 마땅한 의무요 책임의 응답으로 주어졌다. 이러한 구도는 우리가 앞에서 언급한 창세기 2:17의 구도와 유사하다. 즉, 하나님께서 먼저 아담을 자기 형상으로 창조하시고, 복을 주어 만물을 관리하는 청지기로 삼으시고, 아담이 마땅히 창조주 하나님께 전폭적인 순종을 하는가를 시험하기 위해 선악과 명령을 주신 경우와 같다.[28]

따라서, 설사 이스라엘 백성에게 율법 순종과 관련하여 복이 약속되었다 하더라도, 그 복은 율법 순종에 대한 공로를 통해 당연히 획득할 수 있는 것이 아니라, 하나님의 언약적 신실함 때문에 주어지는 것이다.

아브라함의 선례가 보여 준 것처럼, 의는 아브라함이 하나님의 명령에 순종하였기 때문에 주어진 것이 아니고, 아브라함이 하나님의 약속을 믿음으로 그에게 주어졌다(창 15:6; 롬 4:3). 하나님의 명령에 대한 아브라함의 순종은 의와 복을 얻기 위해서가 아니라, 이미 의와 복을 주신 하나님에 대한 마땅한 응답이었다. 마찬가지로 바울은 아브라함의 복도 율법의 준수와 관계없이 아브라함처럼 믿음의 사람들에게 주어졌다고 말한다. 물론 이 믿음은 근본적으로 아브라함의 후손인 그리스도에 대한 믿음이다.

따라서, 이제 예수 그리스도의 오심을 통해 새 언약과 믿음의 시대가 도래한 이후에도 마치 율법이 믿음을 통해서만 도달할 수 있는 의를 가져다줄 수 있는

---

28 이 경우는 또한 하나님께서 아브라함에게 독자 이삭을 주시고, 그가 하나님을 전폭적으로 경외하는지를 시험하기 위해 이삭을 제물로 바치도록 한 경우(창 22장)와도 같다.

것처럼, 율법에 의의 기능을 줄 때도 문제가 된다는 것이다. 출애굽 사건과 십계명 서문에 나타나 있는 것처럼 율법은 처음부터 하나님이 세우신 의와 구원의 수단이 아니기 때문에, 그리고 율법은 처음부터 의를 가져다줄 수 있는 능력을 동반하지 않기 때문에(3:21), 이와 같은 하나님의 뜻에 거슬려 율법을 의와 구원의 수단으로 삼으려 하는 경우 그는 오히려 완전하게 순종하지 못한 그 율법으로부터 오는 저주를 자초할 수밖에 없다는 것이다.

이처럼 여기서 바울의 논지의 핵심적 방향은 단순히 인간이 율법을 지킬 수 있느냐 없느냐는 문제에만 머무는 것이 아니라, 율법이 믿음의 길처럼 과연 인간에게 의/구원에 이르는 길/수단이 될 수 있느냐 없느냐 하는 더 근원적인 문제로 나아간다.[29]

율법이 처음부터 의와 구원의 길이 아니라는 이와 같은 바울의 부정적인 인식은 앞서 언급한 것처럼 그의 다메섹 사건 체험과 불가분의 관계에 있다. 3:13에서 볼 수 있는 것처럼, 바울은 다메섹 사건을 통하여 그리스도께서 우리를 대신하여 율법의 저주를 받아 십자가의 죽임을 당한 사실을 깨닫게 되었고, 그리고 그리스도의 십자가에서 죽음을 통하여 율법이 완벽한 순종을 요구하며(롬 8:3-4), 모든 사람이 율법을 지키지 못한 죄인이며(롬 3:10, 23), 3:10에 언급된 것처럼, 모든 사람이 율법을 완벽하게 지키지 못한 이유로 모두 죽음의 저주 아래 있다는 사실을 깨닫게 되었다.

설사 모세의 율법이 그 자체 회개를 말하고 속죄 제사를 제공한다고 하더라도, 그것이 근본적으로 죄 문제를 해결할 수 없다는 사실을 깨닫게 된 것이다(롬 3:25-26). 만일 옛 언약 시대의 회개와 속죄 제사가 그 자체로 율법의 저주를 제거하고 온전한 죄 사함과 의와 생명을 가져다줄 수 있었다고 한다면, 그리스도께서 우리를 대신하여 율법을 온전하게 성취하시고, 또한 우리를 대신하여 율법의 저주를 받을 이유가 없기 때문이다.

---

29 J. M. Scott, "'For as Many as Are of Works of the Law Are under a Curse'(Galatians 3.10)," *Paul and the Scripture of Israel*, eds. C. A. Evans and J. A. Sanders (JSNTSup 83; Sheffield: JSOT Press, 1993), 187-221에서 바울이 갈라디아서 3:10 이하에서 말하고 있는 율법의 저주는 언약 백성으로서의 이스라엘 민족 전체에 대한 공동체적 저주로 보아야 한다고 주장한다. 물론 이 점을 도외시할 수는 없다. 그러나 그렇다고 해서 갈라디아서 3:10의 본문이 개인을 배제한다고 보지 않아야 한다. 공동체 없이 개인이 있을 수 없는 것과 꼭 같이 개인 없이 공동체를 생각할 수 없다. 참조. A. A. Das, *Paul, the Law, and the Covenant* (Peabody: Hendrickson, 2001), 152: "연대적 전체로서 민족의 운명은 그 민족의 개별 구성원으로부터 동떨어질 수 없다. 개별 이스라엘의 범죄도 전체 이스라엘 범죄와 떨어질 수 없다."

바울은 갈라디아서 2:21에서 "만일 의롭게 되는 것이 율법으로 말미암으면 그리스도께서 헛되이 죽으셨느니라"고 하면서, 그리스도 죽음 자체가, 설사 율법이 완벽하게 지켜진다 하더라도 그것이 결코 사람을 의롭게 하는 길이 아님을 명백하게 보여주고 있다고 본다.

물론 바울 당대 유대인들은 그들이 율법을 지킬 때 오히려 그로 말미암아 저주를 받게 된다고 생각하지는 않았을 것이다. 선한 동기를 가지고 율법을 지키려고 할 때, 모든 율법을 지키지 못하는 사실 때문에 결국 율법을 지키려고 하는 자는 누구든지 저주를 받게 된다고 한다면 사실 아무도 율법을 지키려고 하지 않을 것이다. 바울이 여기서 단순히 당대 유대인들의 현실적 경험이나 혹은 다메섹 이전의 자기 경험을 말하고 있는 것이 아니다.

3:13에서 발견할 수 있는 것처럼, 바울은 그리스도께서 우리를 대신하여 율법의 저주를 받아 십자가의 죽음을 당한 사실을 통하여 비로소 모든 사람이 율법을 지키지 못한 죄인일 뿐만 아니라, 율법은 또한 근본적으로 의와 구원의 수단이 아니라는 사실을 확실하게 깨달았다. 오히려 율법은 그것을 온전히 지키지 못하는 인간의 무능력으로 인해 모든 사람을 저주 아래 있게 한다는 사실을 깨닫게 된 것이다. 즉, 그리스도의 십자가 사건을 통하여 율법의 진정한 정체를 깨닫게 되었다. 그렇지 않다면, 그리스도께서 우리를 대신하여 율법의 저주를 받을 이유가 없기 때문이다.[30] 그런 점에서 3:10은 3:13을 준비하기 위한 일종의 예비적 진술이라고 할 수 있다.[31]

바울은 3장 11절 상반절에서 다시 이유 접속사(ὅτι)와 함께 "율법으로는 그 누구도 하나님 앞에서 의롭게 되지 못할 것이 분명하다"는 사실을 천명한다. 그렇게 함으로써 11절의 내용이 10절과 무관하지 않음을 암시한다. 그런 다음 11절 하반절에서 "의인은 믿음으로 살리라"는 하박국 2:4를 인용하여, 하나님께서 처음부터 정한 사람을 의롭게 하는 길은 율법의 길이 아닌 믿음의 길이었을 강조한다.

그렇다면 바울이 왜 하박국 2:4를 다시 인용하여 율법이 아닌 믿음만이 하나님께서 사람을 의롭게 하는 길임을 강조하고 있는가?

---

30 D. B. Garlington, "Role Reversal and Paul's Use of Scripture in Galatians 3:10-13," *JSNT* 65 (1997), 85-121.

31 D. R. Schwartz, "Two Pauline Allusions to the Redemptive Mechanism of the Crucifixion," *JBL* 102 (1983), 259-68.

이것은 10절에서 말한 율법의 저주와 어떻게 연결되어 있는가?

전통적으로 갈라디아서 3:11 하반절에 인용되고 있는 하박국 2:4는, 같은 인용구인 로마서 1:17 하반절과 함께 구원론적으로 해석되어 종교개혁 핵심 교리인 이신칭의 구원론을 가르치는 것으로 이해하였다.[32] 구원론적으로 해석될 경우 인용구에 나오는 '의인'은 일반 신자를, '믿음으로'는 예수 그리스도에 대한 믿음으로, 그리고 '살리라'는 종말론적으로 의롭게 되는 것 혹은 구원/영생을 얻는 것을 가리킨다. 하지만 어떤 사람들은 하박국 2:4에 대한 이와 같은 전통적인 구원론적 해석을 거부하고 대신 하박국 2:4의 인용을 기독론적으로 해석하여야 할 것을 강하게 주장한다.

그들에 따르면 정관사를 동반하고 있는 '의인'은 메시아/그리스도를 가리키며, 전치사구인 '믿음으로'는 예수 그리스도의 신실하심을 가리킨다. 그리고 '산다'는 십자가에 죽기까지 아버지의 뜻에 순종하신 예수 그리스도의 희생적 삶을 가리킨다. 그들은 칠십인 역에서 하박국 2:4이 메시아론적으로 번역된 점, 제1에녹서에서 의인이 종말에 하나님의 공의를 계시하거나 실현하는 분으로 제시된 점 (38:2; 53:6), 신약성경 여러 곳에서 예수 그리스도를 '의인'으로 호칭하고 있는 점 (행 3:14; 7:52; 22:14; 벧전 3:18; 요일 2:1), 갈라디아서에서 3:16에서 그리스도가 아브라함의 약속의 상속인으로 제시되고 있는 점 등을 그 근거로 제시한다.[33]

과연 이들의 주장처럼 바울이 갈라디아서에서 하박국 2:4을 기독론적으로 인용하고 있는가?

하박국 2:4이 칠십인역과 유대교 문헌에서 메시아론적으로 이해되고 있었고, 신약성경 여러 곳에서 예수 그리스도가 '의인'으로 호칭이 되었다고 해서 필연적으로 바울의 인용구에 나타나 있는 '의인'이 예수 그리스도를 지칭하고 있다고 볼 수는 없다. 갈라디아서의 하박국 2:4의 인용문을 보면 헬라어 칠십인 역에 나오는 인칭대명사 '나의'나 히브리어 본문에 나오는 '그의'를 생략하여 본문을 일반화시키고 있다.

---

32 Burton, *Galatians*, 166: "하박국 2:4의 인용에서 사도는 그의 이신칭의 교리의 확인을 발견한다."

33 R. Hays, *The Faith of Jesus Christ. The Narrative Substructure of Galatians 3:1-4:11*, Second Edition, (Grand Rapids: Eerdmans, 2002), 32-162, 272-284; Douglas A. Campbell, "Romans 1:17-A Crux Interpretum for the PISTIS CRISTOU Dispute," *JBL* 113 (1994), 265-85; "Apocalyptic Hermeneutics: Habakkuk Proclaims 'the Righteous One," *The Conversion of the Imagination: Paul as Interpreter of Israel's Scriptures* (Grand Rapids: Erdmans, 2005), 119-42.

바울이 개인을 지칭하는 인칭대명사를 생략하고 있다는 것도 여기서 개인적인 특정 인물보다 일반적인 인물을 통칭하고 있음을 시사한다. 문맥적으로도 갈라디아서의 하박국 인용은 가까이는 그 앞에 있는 3:11 상반절과 그 다음에는 3:10과 연결되어 있다. 앞에서 이미 언급한 것처럼, 부정적으로 제시되고 있는 3:10의 "율법의 행위의 사람들"(복수)은 긍정적으로 제시되고 있는 3:7, 9에 있는 "믿음의 사람들"(복수)과 대조되고 있다.

그런 다음 다시 3:11 상반절에서 "율법으로 의롭게 되려는 자"(단수)가 부정적으로 제시되고, 바로 이어서 하반절에서 "믿음으로 사는 의인"(단수)이 긍정적으로 제시되고 있다. 이러한 문맥의 흐름은 부정적인 의미로 사용되고 있는 "율법의 행위의 사람들"(복수)과 "율법으로 의롭게 되려는 자"(단수)가 서로 짝을 이루고 있는 것처럼, 긍정적인 의미로 사용되고 있는 "믿음의 사람들"(복수)과 "믿음으로 사는 의인"(단수)이 서로 짝을 이루고 있음을 보여준다. 그런데 바울은 어느 곳에서도 이 일련의 사람들을 예수 그리스도를 지칭하거나 기독론적으로 사용하지 않는다. 오히려 긍정적이든 부정적이든 일반 사람을 지칭하고 있다. 그러므로 문맥적으로 볼 때 하박국 2:4의 인용구에 나타나는 '의인'은 그리스도가 아닌 믿음으로 사는 신자를 가리키는 것으로 보는 것이 옳다.[34]

하박국 인용에서 제기되는 두 번째 문제는 우리가 '믿음으로'라는 말을, 명사인 '의인'으로 연결을 시키든, 동사 '살리라'에 연결을 시키든 그것을 어떻게 해석할 것인가 하는 것이다. 이 문제와 관련하여 우리는 두 가지 사실에 주목하여야 한다.

첫째, 바울은 '믿음으로'를 그의 서신에서 오직 갈라디아서와 로마서에서만 19번 사용하고 있지만, 모두 관사 없이 사용하고 있다는 점이다. 바울이 관사 없이 이 말을 사용하고 있다는 점은 이것이 특정한 사람의 믿음보다 독자들이 알고 있는 일반적인 믿음을 지칭하고 있음을 지칭한다.

둘째, 바울은 하박국 인용구에 등장하는 '믿음으로'를 이미 3:7, 8, 9에서 사용하고 있다. 그리고 두 번의 경우(7, 9) 앞에 사람들을 지칭하는 정관사와 함께 사용하고 있다. 그런데 이와 대조적인 어구인 "율법의 행위의 사람들"이 사람들을

---

[34] 보다 자세한 논의는 최갑종, "로마서 1:16-17에 대한 주석적 연구,"「신약논단」30/1 (2023), 140-175, 특히 163-167를 보라.

지칭하고 있다고 한다면, "믿음의 사람들"도 사람들을 지칭한다고 보아야 할 것이고, 이 사람들을 특징화하는 '믿음으로'라는 말도 그리스도를 믿는 신자의 믿음을 가리키는 보는 것이 자연스럽다. 더구나 바울이 '믿음으로' 구문을 이방인이 어떻게 의롭게 되느냐, 믿음이냐, 율법의 행위냐가 중요한 논점이 되고 있는 갈라디아서와 로마서의 문맥에서만 여러 번 사용되고 있다는 점도 '믿음으로'가 구원론적인 의미로 사용되고 있다는 사실을 시사한다.

그렇다면 "의인은 믿음으로 살리라"라는 말은 구체적으로 무엇을 뜻하는가?

문제는 동사 '살리라'라는 말을 어떻게 이해하느냐이다. 이 말이 현재적 삶을 가리키느냐, 아니면 미래적 삶을 가리키느냐?

문법적으로 이 말이 미래형으로 제시되어 있다해서 필연적으로 미래적 삶만을 가리키는 것으로 볼 필요는 없다. 그리고 하박국 2:4의 본래 문맥에서 이 말이 언약 백성의 삶을 가리킨다고 해서 바울의 인용구에 있는 이 말을 이스라엘 백성의 삶으로 제한할 필요도 없다. 바울이 이미 하박국 2:4를 그리스도를 통해 도래한 새 언약 시대의 전망에서 보고, '의인'을 예수 그리스도를 믿는 일반 신자를 통칭적으로 사용하고 있기 때문이다.

그런데 우리는 '살 것이다'라는 어휘가 갈라디아서에서 '의롭게 하다'와 거의 동의어처럼 사용되고 있음에 유의할 필요가 있다.[35] 왜냐하면 바울이 3:8에서 동일한 문구인 '믿음으로'라는 말과 함께 '의롭게 하다'라는 말을 사용하여 사실상 '살다'라는 동사와 '의롭게 하다'라는 동사를 동의어처럼 사용하고 있기 때문이다. 3:21에서 그가 "만일 생명을 가져다 줄 수 있는 율법이 주어졌다면, 의가 율법으로부터 올 수가 있었을 것입니다"라고 하면서 '사는 것'과 '의'를 동일시하고 있는 것도 이 점을 뒷받침한다.

바울은 갈라디아서와 로마서 등 그 밖의 다른 서신에서 '의' 혹은 '의롭게 하다'를 현재나 미래에 제한하여 사용하지 않고 양자를 포함하여 종말론적으로 사용하고 있다. 이처럼 '살리라'라는 어휘가 종말론적인 의미를 가진 '의롭게 하다'와 동의어처럼 사용되고 있다고 한다면, 우리는 '살리라'라는 어휘도 현재와 미래를 포함하고 있는 종말론적인 의미, 곧 영원한 생명의 삶을 지칭하는 것으로 보아야 한다. 이처럼 갈라디아서 3:10의 저주 구문에 이어 나오는 3:11은 율법은 유대인

---

35 Lambrecht, *Pauline Studies*, 283; Schreiner, *Galatians*, 209.

이든 이방인이든 하나님 앞에서 의롭게 되는 길이 아니라는 것과 의인은 믿음으로 살 수 있음을 강조한다.

율법의 길이 아닌 믿음의 길이 처음부터 하나님께서 세우신 유일한 의의 길이라는 것이다. 따라서 하나님이 세우신 이 믿음의 길을 거부하고 대신 율법의 길을 따르는 자는 결코 의에 이르지 못하며, 오히려 그리스도로부터, 은혜로부터 떨어지고(5:4) 결국 율법의 저주 아래로 떨어질 수밖에 없다(3:10).

바울은 3:11에서 하박국 2:4를 인용하여 '율법' 혹은 '율법의 행위'가 아닌 '믿음'만이 의에 이르는 유일한 길임을 논증하였다. 그렇다면 자연히 제기되는 문제는 율법은 무슨 목적으로 주어졌느냐는 것이다. 바울은 이 문제에 대한 대답을 주기 위해 먼저 3:12 상반절에서 "율법은 믿음에 근거하지 않습니다"고 하면서, 율법의 기능과 믿음의 기능이 근본적으로 서로 다름을 밝힌다.

여기에 시사된 바울의 논리는 이렇다. 만일 율법이 믿음과 같은 역할을 할 수 있다고 한다면, 즉 "만일 율법으로 말미암아 의가 온다면"(2:21), 혹은 "생명을 가져다줄 수 있는 율법이 주어졌다면"(3:21), 그리스도는 오실 필요도 없었을 것이고, 율법의 저주를 받아 십자가의 죽음을 지실 필요도 없었을 것이다. 그러나 율법이 그리스도를 대체할 수 없는 것처럼, 율법은 믿음의 기능을 대신할 수 없으며 율법은 처음부터 믿음과는 다른 기능이 있다는 것이다. 그렇다면 바울이 여기서 시사하는 '율법'의 기능은 무엇인가?

바울은 3:12 하반절에서 레위기 18:5를 인용하여 믿음의 기능과 다른 율법의 기능, 곧 율법이 가진 행함의 기능에 관하여 밝힌다. 바울이 인용한 레위기 18:5는 아마도 바울의 반대자들인 유대주의자들이 자신들의 주장을 갈라디아 교인들에게 설득시키기 위해 먼저 사용하였을 수도 있다.[36] 왜냐하면 바울은 3:6 이하에서, 이미 유대주의자들이 아브라함의 신실한 행위를 자신들의 주장을 뒷받침하기 위한 실례로 들었던 것과 관련하여, 창세기 15:6을 인용하여 유대주의자들과는 전혀 다른 아브라함의 믿음을 실례로 제시한 바가 있었기 때문이다.

아마도 유대주의자들은 레위기 18:5를 이방인들이 왜 율법을 지켜야 하는가에 대한 답변으로 삼았을 수도 있다. 왜냐하면 레위기 18:5는 "율법을 행하는 자는 그것들로 말미암아 살리라"라고 말하고 있기 때문이다. 그들은 "율법을 행하는

---

[36] Robert K. Rapa, "Galatians" in *The Expositor's Bible Commentary 11, Romans-Galatians*, revised edition, eds. Tremper Longman III & David E. Garland (Grand Rapids: Zondervan, 2008), 594.

자는 그것들로 말미암아 살리라"는 말을 당대의 유대교 사상에 따라 율법을 통한 언약 백성의 신분에의 가입과 그 유지와 그리고 그 결과인 의와 영생의 축복을 가리키는 것으로 해석하였을 것이다.

하박국 2:4의 동사 "살리라"와 레위기 18:5의 동사 "살리라"가 동일하다는 것도 이 점을 뒷받침하는 듯하다. 즉 그들은 "율법의 행함=삶(영생)"의 도식을 세웠을 것이고, 그리고 이 도식에 근거하여 갈라디아 교인들에게 할례와 율법을 통해 언약 백성에 가입하고, 그리고 계속해서 율법을 따라 언약 백성의 삶을 살아 영생에 이를 것을 주문하였을 것이다. 사실 제2성전시대의 유대교 문헌들에 보면 (CD III, 15-16; 4Q266, 11 1-11, 12; *PSS. Sol.* 14:1-5; cf. 4Q504; Philo, *Prelim. Studies*, 86-87), 레위기 18:5를 설명하면서 '율법의 계명들을 지키는 자는 영원한 생명을 얻게 될 것이다'라고 하면서 레위기 18:5를 종말론적인 영생과 연결시키고 있다.[37]

그런데 바울이 자기 당대에 율법 준수를 영생과 관련시키는 전승들을 알았다 하더라도, 그리고 그가 그들과 동일한 레위기 본문을 인용하지만, 그는 전혀 다른 관점에서 레위기 18:5의 본문을 설명한다. 즉 바울은 구원 역사적 전망에서 하박국 2:4를 하나님께서 아브라함에게 약속한 언약(창 12:2-3)을 아브라함이 믿음으로 받게 된 그 복음의 의(창 15:6; 롬 4:6; 갈 3:8)가 이미 성취된 새 언약 전망에서 접근한 것과 대조적으로, 레위기 18:5를 하나님께서 시내산에서 모세를 통해 언약 백성인 이스라엘 백성들의 삶의 원리로 준 옛 언약 관점에서 접근한다.

즉, 믿음이 나타나는 하박국 본문은 새 언약 전망에서, 이와 대조적으로 율법의 행함을 말하는 레위기 본문은 옛 언약 전망에서 접근하는 것이다. 이스라엘 백성의 행함을 요구하는 시내산에서 모세를 통해 준 율법을 옛 언약으로, 하나님께서 직접 그 성취를 책임질 법을 새 언약으로 나누는 것은 예레미야서 31:31-33에 이미 나타난다.

> "여호와의 말씀이니라 보라 날이 이르리니 내가 이스라엘 집과 유다 집에 새 언약을 맺으리라. 이 언약은 내가 그들의 조상들의 손을 잡고 애굽 땅에서 인도하여

---

37 여기에 대한 자세한 논의는 Preston Sprinkle, *Law and Life: The Interpretation of Leviticus 18:5 in Early Judaism and Paul* (WUNT2/241; Tübingen: Mohr Siebeck, 2008), 1-130; Simon Gathercole, "Torah, Life, and Salvation: Leviticus 18:5 in Early Judaism and the New Testament," in *From Prophecy to Testament: The Function of the Old Testament in the New*, ed. C. A. Evans (Peabofy: Hendrickson, 2004), 126-145; B. S. Rosner, *Paul and the Law. Keeping the Commandments of God* (Downers Grove: IVP, 2013), 62-64를 보라.

내던 날에 맺은 것과 같이 아니할 것은 내가 그들의 남편이 되었어도 그들이 내 언약을 깨뜨렸음이라 여호와의 말씀이니라. 그러나 그날 후에 내가 이스라엘 집과 맺을 언약은 이러하니 곧 내가 나의 법을 그들의 속에 두며 그들의 마음에 기록하여 나는 그들의 하나님이 되고 그들은 내 백성이 될 것이라 여호와의 말씀이니라"(렘 31:31-33).

잘 알려진 것처럼, 사도 바울은 예수님께서 성만찬에서 자신을 새 언약 성취자로 말씀한 사실(눅 22:20)에 근거하여 하나님께서 예레미야 선지자에게 주신 이 새 언약이 그리스도를 통해 성취되었다고 본다(고전 11:25). 그는 고린도후서 3장에서 모세를 옛 언약의 직분을 맡은 자로, 반면에 자신을 새 언약의 직분을 맡은 자로 말한다. 그는 전자를 죽이는 직분, 정죄의 직분, 사라질 영광의 직분으로, 바울의 직분을 살리는 영의 직분, 의의 직분, 영구한 영광의 직분으로 구분한다(3:6-11).

사도 바울이 하박국 2:4를 새 언약 관점에서 인용하고 있다는 점은 로마서 주제 구절인 1:17의 "복음에는 하나님의 의가 나타나서 믿음으로 믿음에 이르게 하나니, 기록된바 오직 의인은 믿음으로 말미암아 살리라 함과 같으니라"에 잘 나타나 있다. 즉, 바울이 새 언약의 내용인 복음 안에 나타난, 그리고 믿음으로 주어지는 하나님의 의를 하박국 2:4를 인용하여 뒷받침하고 있다는 것은 그가 하박국 본문을 새 언약의 전망에서 보고 있음을 시사한다.

이것이 사실이라고 하면, 우리는 바울이 하박국 2:4는 새 언약의 전망에서, 반면에 레위기 18:5는 옛 언약 전망에서 접근하고 있다고 보아야 한다. 이것은 비록 레위기 18:5가 하박국 2:4와 동일한 "살리라"라는 동사를 지니고 있다고 하더라도 그 의미가 같지 않다는 것을 시사한다. 하박국 2:4의 "살리라"는 새 언약 관점에서 종말론적인 의와 영생을 뜻한다고 볼 수 있지만, 레위기 18:5의 "살리라"는, 이미 우리가 앞에서 레위기 18:5를 주석할 때 언급한 것처럼, 옛 언약 전망에서 이스라엘 백성이 가나안 땅에서 가질 언약적인 삶을 뜻한다는 것이다.

따라서, 우리는 레위기 18:5를 하박국 2:4의 믿음을 통한 의의 길과 나란히 세울 수 있는 또 하나의 의의 길로 보지 않아야 한다. 달리 말하자면, 하박국의 '살리라'가 영생의 의를 말하고 있다면, 레위기 18:5의 '살리라'도 동일한 영생의 의를 말하고 있는 것처럼 해석하지 않아야 한다는 것이다.[38] 만일 하박국 2:4의 '살리라'와 레위기 18:5의 '살리라'가 동일한 의미를 지니고 있는 것처럼 해석할 경우, 결국 바울은 '의'와 '영생'의 길이 두 가지가 있는데, 하나는 레위기 18:5가 말하는 율법 준수를 통해서, 또 하나는 하박국 2:4이 말하는 믿음을 통해서인 것처럼 말하고 있는 것이 된다.

레위기 18:5는 옛 언약 시대에 사는 이스라엘 백성들이 하나님의 언약 백성으로서 율법을 지킬 때 하나님께서 그들에게 약속한 가나안 땅의 축복을 계속해서 누리는 삶을 살게 된다는 사실을 말할 뿐이다. 물론 이 가나안 땅의 삶이 궁극적으로 아브라함의 후손으로 오실 메시아에 의해 성취되는 언약 시대의 삶을 예표하고 있다는 점에서 율법이 궁극적으로 하나님께서 아브라함에게 주신 약속(창 12:2-3)을 반대하거나 배치되지 않고 약속의 길을 열어준다고 볼 수는 있다(갈 3:24; 롬 3:31). 하지만, 레위기 18:5의 약속을 직접적으로 하나님께서 아브라함에게 주신 복음의 약속과 동일한 것으로 볼 수는 없다.

따라서, 우리는 레위기 18:5를 율법은 처음부터 그것을 온전히 지키는 경우 믿음이 주는 것과 동등한 의와 영생을 줄 수 있었다는 식으로 성급하게 해석하지 않도록 하여야 할 것이다. 더욱이 이스라엘 백성이 율법을 온전히 지키지 못하고 불순종함으로써 율법이 본래 줄 수 있는 의와 영생 대신에 저주와 사망을 가져왔지만, 그리스도께서 능동적으로 율법을 온전히 지킴으로 인해 의와 영생의 공로를 획득하여 그를 믿는 자들에게 의와 영생을 전가해 주시는 것처럼 해석함으로써 그리스도의 십자가의 희생적 죽음의 공로를 헛되게 하거나 제한시키지 않아야 할 것이다(갈 2:21).

만일 갈라디아서 3:12에서 바울이 인용한 레위기 18:5를 율법이 믿음과 동등한 의와 영생을 줄 수 있는 것처럼 해석할 경우, 갈라디아서에 있는 바울의 모든 논지는 처음부터 무너질 수밖에 없다. 바울은 갈라디아서 1장에서부터 자신이 그리스도로부터 받은 복음, 곧 예수 그리스도를 믿음으로 의롭게 되는 복음(참조

---

[38] F. Avemarie, "Paul and the Claim of the Law according to the Scripture Leviticus 18:5 in Galatians 3:12 and Romans 10:5," *The Beginnings of Christianity: A Collection of Articles*, eds. Jack Pastor and Menachem Mor (Jerusalem: Yad Ben-Zvi, 2005), 138-41; Douglas C. Mohrmann, "Of 'Doing' and 'Living': The Intertextual Semantics of Leviticus 18:5 in Galatians and Romans," *Jesus and Paul. Global Perspectives in Honor of James D. G. Dunn. A Festschrift for his 70th Birthday*, ed. B. J. Oropeza, C. K. Robertson, and Douglas C. Mohrmann (London: T & T Clark, 2009), 151-172를 보라.

갈 2:16)과 이 아닌 다른 복음, 이를테면, 모세의 율법을 지키고 할례를 받아야 의롭게 된다는 다른 복음(갈 5:3-4; 행 15:1)을 전하는 자에게 저주를 선언하고 있다. 그리고 2:21에서 "만일 의롭게 되는 것이 율법으로 말미암으면 그리스도께서 헛되이 죽으셨느니라"고 말한다.

갈라디아 3장에서 바울은 율법을 통한 의를 주장하는 자들과 이들의 미혹을 받는 갈라디아 교인들을 향해, "어리석도다! 갈라디아 사람들아 예수 그리스도께서 십자가에 못 박히신 것이 너희 눈앞에 밝히 보이거늘 누가 너희를 꾀더냐"(3:1)라고 말한다. 그런 다음 바울의 반대자들이 주장하는 율법(행위)은 성령을 받는 길이 아니다(3:2-5), 아브라함은 율법이 주어지기 전에 믿음으로 의롭게 되는 복을 받았다. 그러므로 율법이 아닌 아브라함처럼 믿음의 사람들이 아브라함의 복을 받게 된다(3:6-9), 430년 후에 온 율법이 아브라함에게 주신 믿음으로 의롭게 되는 약속을 폐기하거나 헛되게 하지 못한다(3:15-20)라고 말하면서, 율법은 결코 사람을 의롭게 하거나 아브라함의 복을 받게 할 수 있는 길이 아님을 강조한다.

말하자면 믿음으로 의롭게 되는 길인 복음은 율법으로 의롭게 되는 길이 실패함으로 인해 주어진 차선책이 아니라, 오히려 율법이 주어지기 전에 이미 하나님께서 아브라함을 통해 약속하신 길이라는 것이다. 그래서 바울은 3:21에서 율법은 결코 능히 살게 하는 생명을 줄 수도 없고 의를 줄 수도 없다고 결론을 내린다. 의와 생명에 이르는 길이, 율법과 믿음 두 종류의 길이 아니라 오직 예수 그리스도를 믿음으로 주어지는 하나의 길뿐이라는 것이다. 그렇다면 로마서 10:5의 레위기 18:5의 인용 경우는 어떠한가?

5. 로마서 10:5

로마서 10:5는 넓게는 사도 바울이 자신의 동족인 이스라엘 백성의 과거, 현재, 미래의 역사를 전망하는 9-11장에 속하여 있다. 잘 알려진 것처럼, 바울은 로마서 9-11장에서 이스라엘 민족에 대한 하나님의 언약적 신실성을 길게 그리고 깊게 취급한다. 바울이 로마 교회에 전하는 '이신칭의'의 복음은 결코 하나님의 선택된 민족인 이스라엘을 배제하고 이방인들만을 위한 복음이 아니라, 처음부터 끝까지 유대인들을 포함하고 있는 하나님의 신실성에 근거한 복음이라는 것이다(1:16).

말하자면 일찍이 아브라함에게 약속(창 12:2-3)한 이스라엘에 대한 하나님의 약속은, 땅의 모든 족속(이방인)에게 약속한 것처럼 폐지되지 않았다는 것이다.

로마서 9-11장은 크게 9:1-5, 9:6-29, 9:30-10:21, 11:1-36 등 네 부분으로 나눌 수 있다.

첫째, 서론 부분인 9:1-5에서 바울은 자기 당대 이스라엘 민족의 불신앙을 보고 가슴 아파한다.

둘째, 9:6-29에서 바울은 이스라엘 민족에 대한 하나님의 주권적인 선택에 관하여 말한다.

셋째, 9:30-10:21에서 그리스도 안에 나타난 하나님의 의를 거부하고 있는 이스라엘 민족의 불신앙을 말하고 있다.

넷째, 11:1-36에서 이스라엘 민족에 대한 하나님의 언약적 신실성과 이스라엘 민족의 궁극적 회복을 말하고 있다.

로마서 9-11장의 문단에서 특징적인 것은 모든 부분에 걸쳐서 수많은 구약 인용들이 나타나고 있다는 점이다. 왜냐하면, 이스라엘 백성들의 문제를 거론하는 데 있어서 바울 자신과 그들이 공통으로 서 있는 구약성경보다 더 안전하고 더 확실하고 더 권위 있는 것이 없기 때문이다. 바울이 로마서 9-11장에서 자주 자신의 주장 근거를 성경에 두고, 성경 본문을 인용하여 해명하거나 변증하고 있는 이유도 여기에 있다.

로마서 10:5는 좁게는 이스라엘의 현재 불신앙 상태와 관련하여 이방인들이 받은 '믿음에서 난 의'와 이스라엘이 추구하는 '율법의 의'가 날카롭게 대조가 되는 9:30-10:5의 문단에 속하여 있다. 이런 점에서 바울이 레위기 18:5를 인용하는 로마서 문맥과 갈라디아서 문맥이 서로 유사하다. 왜냐하면, 두 경우 레위기 18:5는 율법의 행위를 통해 추구하는 의와 예수 그리스도를 믿음으로 받는 의가 서로 대조되는 문맥에서 인용되고 있기 때문이다.

바울은 먼저 9:30-31에서 믿음으로 의를 얻은 이방인들과 율법의 행위를 통해 의를 얻지 못한 이스라엘 백성들을 서로 대조한다. 1:18-32에서 볼 수 있는 것처럼 이방인들은 본래 하나님과의 올바른 관계인 의를 좇지 아니하였다. 오히려 그들은 불경과 불의를 통해 하나님께 범죄하였고, 하나님의 심판을 자초하였다. 그러나 예수 그리스도를 믿음으로 하나님의 의를 얻을 수 있다는 복음이 선포되었을 때, 이방인들은 이 복음을 받아들여 하나님의 의를 얻었다. 바울은 이것을 가리켜, "믿음에서 난 의"(9:30)라고 말한다.

반면에 '의의 법' 곧 율법을 의의 길로 간주하고, 율법을 지키는 행위를 통해 열심히 의를 추구한 이스라엘 백성들은 오히려 율법이 가르치는 하나님과 올바른 관계를 뜻하는 의에 도달하지 못하고 있다. 다메섹 사건 이전에 바울 역시 그랬다. 그는 하나님에 대한 강렬한 열심을 가지고 율법의 의를 추구하였지만(갈 1:13-14, 빌 3:6), 결과적으로 하나님이 마련하신 하나님 의의 절정인 예수 그리스도를 알고 영접하기는커녕 오히려 그를 핍박하여 하나님이 마련하신 의를 무시하고 도전하였다. 마찬가지로 바울 당대 유대인들이 율법에 대한 열심을 가졌지만, 오히려 그 열심이 하나님께서 예수 그리스도 안에서 마련하신 하나님의 의를 부정하는 결과를 가져왔다는 것이다.

왜 바울 당대 유대인들이 하나님의 의에 도달하지 못하고 있는가?

두 가지 이유 때문이다.

하나는 율법은 처음부터 하나님의 의, 곧 종말론적인 구원을 얻는 수단으로 주어지지 않았기 때문이다. 종말론적인 구원의 의는 율법을 통해서가 아니라, 하나님이 약속하신 예수 그리스도를 믿음으로 얻게 될 것을 이미 성경이 말하고 있기 때문이다(참조 창 15:6; 갈 3:8; 롬 3:26-27). 다메섹 사건 이후 바울이 볼 때 율법은 처음부터 이스라엘 백성으로 하여금 하나님께서 주신 약속을 계승할 수 있는 언약 백성의 신분을 유지하기 위해 주어진 것이지, 이미 하나님께서 아브라함에게 보여 준 믿음으로 도달하는 의의 길과 동등하거나 대체할 수 있는 의의 길로 주어지지 않았다.

말하자면 율법 자체가, 설사 그것이 완벽하게 지켜진다 하더라도 의를 가져다줄 수 있는 능력을 가지고 있는 것으로 주어진 것이 아니라, 오히려 언약 백성에게 주어진 그 약속의 길, 이를테면 그 약속의 대상인 오실 메시아의 길을 준비하기 위해 주어졌다. 그렇다면 약속된 메시아를 통해 하나님의 의가 나타났다면(3:21), 당연히 이스라엘 백성은 메시아를 통해 나타난 하나님의 의를 받아들여야만 했다. 그런데도 그들은 하나님이 의도와는 달리 율법의 본래 목적과 배치되는 율법을 통한 자기 의를 추구하면서 하나님이 보내신 메시아를 배척하고 있다.

또 하나는 우리가 갈라디아서 3장에서 볼 수 있는 것처럼 이스라엘 백성들이 아무리 율법을 지키려고 노력한다고 하더라도 그 누구도 율법을 완벽하게 지키지 못하기 때문이다(갈 3:10). 그로 인해 그들은 약속을 계승할 수 있는 언약 백성의 신분을 상실하고, 오히려 율법의 저주 아래 있기 때문이다. 율법의 저주를 벗어나고, 약속을 계승할 수 있는 언약 백성의 신분을 유지할 수 있도록 하나님은 약속대로 그들을 위해 메시아를 보냈지만, 그들은 여전히 메시아를 믿지 않고 있는 것이다.

9:32-33절에서 바울은 이스라엘 백성들이 하나님의 의에 도달하지 못하고 있는 이유를 보다 직접적으로 말한다. 그것은 그들이 하나님이 의를 얻는 유일한 길로 마련하신 믿음의 길, 곧 예수 그리스도를 믿음으로 의를 얻으려 하지 않고, 오히려 자신들의 행위에 의지하기 때문이라는 것이다. 여기 '믿음에 의한 추구'와 '행위에 의한 추구'의 대조는 바울이 이미 30-31절에서 말한 "믿음의 의"와 "율법의 의"의 대조와 병행된다.

그렇게 함으로써 바울은 이스라엘 백성들이 율법을 통해 의를 추구하는 것을 하나님이 마련하신 의를 추구하지 않고 인간의 행위로 의를 추구하는 것과 동일시한다. 어떤 사람들은 바울이 여기서 말한 '율법의 의'와 이와 관련된 '행위의 의'를 개인이 하나님 앞에서 인정을 받으려는 공로 행위가 아닌 언약 백성의 신분을 유지하려는 정체성의 표현이나 민족적인 의를 가리킨다고 주장한다.[39] 물론 이런 면을 완전히 배제할 수는 없을 것이다.

그러나 그렇다고 해서 바울이 본문에서 말한 '행위의 의'가 하나님 앞에서 율법을 지킴으로 개인적으로 인정을 받으려는 개인적인 동기를 완전히 배제할 수는 없을 것이다. 개인과 민족은 동전의 양면처럼 서로 분리시키기 힘들다. 바울이 빌립보서 3:6에서 "열심으로는 교회를 핍박하고 율법의 의로는 흠이 없는 자로라"라고 말할 때(역시 갈 1:13-14), 어떻게 바울 자신의 개인적인 동기를 배제시킬 수 있겠는가?

바울은 빌립보서 3:9에서 3:6에서 말한 율법의 의를 가리켜 분명히 "내가 가진 의"라고 말하고 있다.[40]

---

39 예를 들면, J. D. G. Dunn, *Romans 2* (Dallas: Word, 1988), 587-88.
40 더글러스 J. 무, 『로마서의 신학적 강해』(서울: 크리스챤출판사, 2007), 262도 보라.

왜 바울 당대 이스라엘 백성들이 하나님이 마련하신 예수 그리스도를 믿음으로 얻게 되는 의를 추구하지 않고 오히려 행위의 의를 추구하고 있는가?

바울은 여기서 이사야 8:14과 28:16을 함께 인용하여 예수 그리스도가 유대인들에게 부딪히는 돌이 되었기 때문이라고 말한다. 본래 이사야 8:14의 "거치는 돌, 걸리는 반석"은 하나님께서 앗수르 왕을 통해 이스라엘을 심판하겠다는 하나님의 경고를 가리킨다. 그리고 이사야 28:16의 "시험한 돌, 귀하고 견고한 기촛돌"은 하나님께서 이스라엘 백성을 구원하시겠다는 하나님의 약속을 가리킨다. 이처럼 이사야에서 돌은 한편으로 심판을, 다른 한편으로 구원의 통로로 소개되고 있다. 그런데 바울은 이 돌을 메시아에게 적용하여 메시아가 그를 믿지 않는 자들에게는 심판을 가져오는 돌이 되지만, 믿는 자들에게는 부끄러움을 당하지 않게, 적극적으로 말해서 구원을 받게 하는 돌이 된다고 말한다.

사실상 돌과 메시아를 연결하는 것은 이미 복음서에 있는 예수님의 악한 농부의 비유에서 언급되고 있고(마 21:42-44; 눅 20:17-20), 신약의 여러 곳에서 나타나고 있다(예, 벧전 2:6-8). 바울이 고린도전서 1:23에서 "십자가에 못 박힌 그리스도가 유대인에게는 거리끼는 것이라"라고 말하고 있는 것처럼, 예수님은 유대인들이 기대하였던 힘과 권력을 행사하는 영광의 메시아가 아니라, 오히려 고난과 죽음을 당한 고난의 메시아로 오셨기 때문에, 예수 당대 유대인들은 예수님을 자신들의 메시아로 영접할 수 없었다. 그렇게 함으로써 그들은 메시아를 통해 주어진 하나님의 의를 거부하고 있다. 그러나 이것은 어디까지나 하나님께 책임이 있는 것이 아니라, 예수님을 메시아로 영접하지 않는 그들에게 책임이 있다.

그런 다음 바울은 10:1에서 거듭 자신이 이스라엘 백성들의 구원을 위해 하나님께 간절히 기도하고 있음을 밝힌다. 그가 결코 이스라엘의 불신앙과 그들의 멸망을 옆에서 방관하고 있지 않고 오히려 간절히 기도하고 있다는 것이다. 바울은 나중에 11:25-26에서 이 기도가 응답 되었다고 말한다.

10:2에서 바울은 자기 당대 이스라엘 백성들이 하나님께 열심을 가지고 있음을 인정한다. 사실상 바울도 다메섹 도상에서 부활하신 예수를 만나기 전에는 하나님에 대한 열심을 가지고 있었다. 그가 예수 믿는 자를 핍박한 것도, 그가 조상들의 유전에 대하여 열심을 가진 것도 모두 하나님에 대한 이 열심 때문이었다(갈 1:13-14; 빌 3:6). 그러나 바울은 유대인들이 가진 이 열심이 하나님에 대한 바른 지식에 근거한 것이 아니었고, 오히려 자기 의를 세우려고 의도적으로 하나님의 의를 거부하는 행위였다고 말한다(3절).

다메섹 사건 이전의 바울 자신의 삶이 이를 여실히 보여 준다. 그는 율법을 따라 하나님에 대한 열심 때문에 초대 기독교인들을 핍박하는 데 앞장섰지만, 결과적으로 하나님의 교회를 무너뜨리는 데 앞장을 선 것이 되고 만 것이다. 그의 행위는 결코 하나님에 대한 바른 지식에 근거한 것이 아니었던 것이다. 여기서 바울은 예수님을 거부하는 행위를 하나님의 의를 거부하는 행위로 보고 있다. 왜냐하면 하나님의 의는 예수 그리스도의 죽음과 부활을 통해서 나타났기 때문이다(3:24-26).

4절에서 바울은 예수 그리스도 안에서 하나님의 의가 나타났다는 사실과 예수 그리스도를 믿는 것만이 하나님의 의를 얻는 유일한 길임을 강조하기 위하여, "그리스도는 모든 믿는 자에게 의를 이루기 위하여 율법의 마침이 되었다"고 선언한다. 그리스도가 유대인이든, 이방인이든 믿는 모든 자에게 율법의 마침이 되었다는 말은 무엇을 뜻하는가? 어떤 학자는 이 말을 예수님 통하여 율법의 역할이 끝났음을 뜻하는 것으로 보며, 다른 어떤 사람은 예수님이 율법의 성취이며 율법의 목적과 절정이 됨을 뜻하는 것으로 본다.

그러나 "그리스도가 율법의 마침"이라는 말은 '끝'과 '목적'의 두 의미를 지니는 것으로 보아야 할 것이다.[41] 왜냐하면, 그리스도 안에 있는 이들에게는 그리스도가 하나님의 의의 절정이기 때문에 율법은 더는 '칭의'는 물론 성화의 수단이 될 수 없을 뿐만 아니라, 그리스도 안에 있는 자들에게는 그리스도께서 이루신 율법의 성취를 성령을 통하여 또한 계속해서 이루어 가시기 때문이다(8:2-4).

즉, 그리스도 안에서 율법은 부정적인 관점에서 더는 하나님 백성의 신분과 삶에 결정권을 가지지 못하는 종지부를 찍었을 뿐만 아니라, 긍정적인 관점에서는 성령을 통하여 하나님 백성의 삶 가운데서 그 궁극적인 목적이 실현되어 가고 있기 때문이다. 그런 점에서 그리스도는 율법의 마침이 되는 것이다.

따라서, 악트마이어의 다음과 같은 지적은 정당하다.

> 그리스도가 창조자와 피조물 간의 관계에 있어서 율법의 처음 의도된 역할의 성취이며, 또 그 관계에 있어 율법의 주된 기능의 마침이 되는 것이다. 바울이 '그리스도가 율법의 마침이 되느니라'(4절)라고 말했을 때 이 두 가지를 다 의미했던 것이다. 그리스도는 율법이 세워진 목표와 목적, 즉 하나님을 믿는 것이다. 또한 그

---

41 역시 T. R. Schreiner, *Romans*, 2nd edition (Grand Rapids: Baker Academic, 2018), 532; D. J. Moo, *The Letter to the Romans*, 2nd edition (Grand Rapids: Eerdmans, 2018), 660.

리스도는 그 하나님과의 관계를 갖게 되는 수단으로서의 율법의 마침이 되는 것이다.[42]

10:1-5의 문단 마지막 절인 5절의 "율법으로 말미암는 의를 행하는 사람은 그 의로 살리라"는 바울의 레위기 18:5의 인용은 갈라디아서 3:12의 레위기 18:5의 인용과 더불어 오랫동안 해석학적으로 논란이 되어 왔다.[43]

논란이 되는 쟁점은 크게 두 가지이다.

하나는 레위기 18:5가 율법 준수에 의한 의와 생명(영생)을 약속하고 있으며, 사도 바울이 로마서와 갈라디아서에서 인용할 때도 이 점을 알고 인용했느냐, 아니면 율법은 믿음/복음과 달리 의와 생명을 줄 수 없다는 사실을 말하기 위해 인용했느냐에 있다.

말하자면, 사람들이 율법을 통해서 의와 생명에 도달하지 못하는 것은, 율법 자체 때문이 아니라, 율법을 완벽하게 순종하지 못하는 사람들의 무능력 때문인가, 아니면 율법은 처음부터 의와 생명을 얻는 수단으로 주어진 믿음과 다른 기능 때문인가 하는 것이다.

또 하나는 바울이 레위기 18:5를 율법에 기인한 의를 믿음에 기인한 의와 날카롭게 대조하고 있느냐, 그래서 율법이 아닌 믿음에 의한 의를 강조하기 위함인가, 아니면 율법에 기인한 의와 믿음에 기인한 의가 서로 대립하기보다도 오히려 율법에 기인한 의가 믿음에 기인한 의를 준비하고 있음을 보여주기 위해 레위기 18:5를 인용하고 있느냐 하는 것이다.[44]

---

42 폴 악트마이어, 『로마서』(서울: 한국장로교출판사, 2003), 247.
43 예를 들면, F. Avemarie, "Paul and the Claim of the Law according to the Scripture: Leviticus 18:5 in Galatians 3:12 and Romans 10:5," in *Beginnings of Christianity: A Collection of Articles*, ed. Jack Pastor and Menachem Mor (Jerusalem: Yad Ben-Zvi Press, 2005); Sprinkle, *Law and Life: The Interpretation of Leviticus 18:5 in Early Judaism and in Paul*; Douglas C. Mohrmann, "Of 'Doing' and 'Living': The Intertextual Semantics of Leviticus 18:5 in Galatians and Romans," 151-172.
44 Etienne Jodar, "Leviticus 18:5 and the Law's Call to Faith: A Positive Reassessment of Paul's View of the Law," *Themelios* 45 (2020), 43-57. 그는 율법에 기인하는 의가 믿음에 의한 의와 대립되는 것이 아니라, 보충하는 것으로 본다.

앞에서 이 살펴본 것처럼 레위기 18:5의 본래 문맥은 하나님의 언약에 따라 가나안 땅에 들어가는 이스라엘 백성의 삶의 규범으로 주어진 율법을 이스라엘 백성이 실제로 가나안 땅에 들어가서 그대로 준행하는 경우 그곳에서 계속 언약 백성의 신분과 삶을 유지할 수 있도록 하시겠다는 하나님의 약속을 담고 있다.[45] 즉, 언약의 문맥에서 주어진 것이다.[46]

그들의 율법 준수 행위가 가나안 땅에서의 영구적인 삶을 가져오는 것이 아니다. 오히려 가나안 땅에서의 영구적인 삶이 하나님의 언약에 기인하고 있다. 율법 준수는 언약 백성에게 주어진 하나님의 약속을 유지하게 하는 언약 백성의 당연한 의무요 책임이었다. 그들이 율법을 준행하는 경우 그들은 가나안 땅에서 언약에 약속된 삶을 계속해서 누릴 수 있었다.

그러므로 우리는 이미 갈라디아서 3:12의 레위기 18:5의 인용에서 살펴본 것처럼 레위기 18:5를 마치 율법 자체가 의와 구원과 영생을 가져다줄 수 있는 수단과 길이 되는 것처럼 생각하지 않아야 한다.[47] 즉, 이 구절을 마치 이방인들에게는 믿음에 의한 의의 길을, 유대인들에게는 율법에 의한 의의 길을 주셨다는 의미로 이해하지 않아야 한다. 의와 구원에 이르는 두 길이 있다는 것은, 갈라디아서의 경우처럼 10:5가 위치하는 전후 문맥과도 맞지 않는다.[48]

바울은 로마서 9:30부터 10:4까지 믿음에 의한 의와 이스라엘 백성이 추구하는 율법에 의한 의를 서로 대조하면서 율법에 의한 의는 하나님이 세운 하나님의 의에 도달하는 바른 길이 아님을 거듭 강조하였다. 그래서 10:4절에서 그리스도는 율법의 마침이라고 하면서 그리스도를 통한 길만이 하나님이 세운 유일한 의의 길임을 강조한다. 그리고 10:5 이후의 문맥인 10:6-15에서 신명기 30:11-14를 인용하여 그리스도를 통한 믿음에 의한 길을 재차 강조한다.

---

45 Schreiner, *Romans*, 537: "레위기 18:5에서 요구된 순종은 구원을 얻기 위한 길로 주어진 것이 아니고, 이스라엘을 애굽 땅에서 구속하신 하나님의 언약적 은혜에 대한 마땅한 응답으로 주어졌다."
46 Joel Willitts, "Context Matters: Paul's Use of Leviticus 18:5 in Galatians 3:12," *Tyndale Bulletin* 54 (2003), 11; C. G. Kruse, *Paul's Letter to the Romans* (Grand Rapids: Eerdmans, 2012), 406.
47 W. C. Kaiser, "Leviticus 18:5 and Paul: Do This And You Shall Live (Eternally?)," *Journal of the Evangelical Theological Society* 14 (1971), 25.
48 Schreiner, *Romans*, 538에서 "의가 율법으로부터 온다는 것은 바울신학과 반대되는 것이다"라고 말한다.

바울에게 있어서 갈라디아서에서든 로마서에서든 유대인과 이방인에게 주어진 의와 구원과 영생의 길은 오직 하나의 길, 곧 예수 그리스도를 믿음으로 얻게 되는 길밖에 없다. 만일 율법이 처음부터 의와 영생을 줄 수 있는 길로 주어졌고, 이스라엘 백성이 율법을 통해서 의와 구원에 이르지 못하는 것은 그들이 율법을 온전히 순종하지 못하기 때문이라면, 바울이 그들을 향해 "올바른 지식을 따르는 것이 아니다"(10:2), "하나님의 의를 모르고 자기 의를 세우려고 힘써 하나님의 의에 복종하지 아니하였다"(10:3)라는 강한 부정적 표현을 쓰지 않았을 것이다.

오히려 좀 더 열심히 율법을 지켜 율법이 주는 의에 도달하라고 격려하였을 것이다. 그리고 갈라디아서 2:21에서 "만일 의롭게 되는 것이 율법으로 말미암으면 그리스도께서 헛되이 죽으셨느니라", 그리고 빌립보서 3:9에서 "내가 가진 의는 율법에서 난 것이 아니요 오직 그리스도를 믿음으로 말미암은 것이니 곧 믿음으로 하나님께로부터 난 의라"고 말하지도 않았을 것이다. 왜냐하면, 이 두 구절에서 바울은 분명하게 율법은 본래 의를 주는 길이 아니며, 의의 길은 오직 그리스도를 믿는 믿음의 길밖에 없음을 거듭 강조하고 있기 때문이다.

6. 나가는 말

필자는 먼저 들어가는 말에서 이 논문을 쓰게 된 배경인 최근의 그리스도의 능동적 순종을 주창하는 자들의 율법에 대한 해석, 특별히 레위기 18:5에 대한 해석 문제를 살펴보았다. 소위 그리스도의 능동적 순종을 주장하는 자들은 레위기 18:5의 "사람이 하나님의 규례와 법도인 율법을 지켜 행하면 그로 말미암아 살리라"를 창세기 2:17의 "선악을 알게 하는 나무의 열매는 먹지 말라. 네가 먹는 날에는 반드시 죽으리라"와 연결시켜, 율법은 본래 완전한 순종을 조건으로 의와 영생을 줄 수 있었다고 보았다.

다만 타락한 이후 사람이 율법을 통하여 의와 영생에 도달하지 못하는 것은, 그 누구도 율법을 완전하게 순종을 하지 못하여 의와 영생 대신 율법의 저주와 사망의 지배 아래 있게 되었다는 것이다. 그런데 그리스도께서 우리 대신 율법을 완전하게 지켜 율법이 주는 의와 영생을 획득하셨고, 그리스도는 이제 그를 믿는 자에게 자신이 획득한 율법의 의를 우리에게 전가해 주셨다는 것이다. 이들은 이와 같은 자신들의 레위기 18:5에 대한 해석은 바울의 갈라디아서와 로마서에 나타난 레위기 18:5의 인용에서는 물론, 기독교교부들, 종교개혁자들, 웨스트민스터 신조, 그리고 19세기와 20세기의 개혁신학자들에게서 발견할 수 있다고 주장하고 있다.[49] 따라서 과연 성경 자체가 무엇을 말하고 있는가를 재검토해 볼 필요성이 대두되었다.

필자는 이 글에서 레위기 18:5의 본래 본문과 문맥에서 무엇을 말하고 있는가를 살펴보았다. 필자가 발견한 것은, 이 본문이 제2성전 시대에 이르러 다르게 해석되었다 하더라도, 본래의 문맥에서 레위기 18:5는 율법 준수가 의와 영생을 가져다준다는 것을 말하는 것이 아니라, 출애굽 사건을 통해 하나님의 언약 백성이 된 이스라엘 백성이 가나안 땅에 들어가서 합당한 언약 백성의 삶을 살아야 함을 말하고 있다는 사실이다. 즉 그들이 가나안 땅에 들어가서 하나님께서 말씀한 규례와 법도인 율법을 지켜 언약 백성으로서 거룩한 삶을 사는 한 계속 가나안 땅에서의 삶을 유지할 수 있음을 말하고 있다는 것이다.

결론적으로 말해서 레위기 18:5는 옛 언약 시대에 산 시내산 언약 백성들의 가나안 땅에서의 삶을 말하고 있을 뿐, 새 언약 시대 사람들에게 약속된 종말론적인 의와 영생을 말하고 있지 않다는 것이다.

그다음 필자는 바울이 갈라디아서 3:12와 로마서 10:5에서 레위기 18:5를 무슨 의미로 인용하고 있는가를 살펴보았다. 필자가 발견한 것은, 두 인용이 바울이 율법 행위로부터 오는 의와 그리스도를 믿음으로부터 오는 의를 날카롭게 대조시키는 논쟁적인 문맥에서 나타나고 있다는 점과, 바울이 레위기 18:5를 인용한 목적은 율법에 의한 의와 믿음에 의한 의를 나란히 세워 둘 다 같은 의와 영생을 준다는 사실을 말하기 위해서가 아니라, 그 반대로 오직 그리스도를 믿는 믿음의 길만이 의와 영생을 얻을 수 있다는 사실을 강조하기 위해 레위기 18:5를 인용하고 있다는 것이다.

바울은 그리스도께서 율법 아래 나시고, 율법을 따라 온전하게 사시고, 마침내 십자가 사건을 통해 우리를 대신하여 율법의 저주를 담당하심으로써 율법을 온전히 성취하신 것은, 우리를 율법의 저주인 죄와 사망으로부터 속량하여 하나님께서 약속하신 아브라함의 복인 성령의 약속을 받게 하고(갈 3:13-14), 하나님을 아빠 아버지로 부를 수 있는 하나님의 자녀가 되게 하고(갈 4:4-6), 하나님의 의를

---

49 예를 들면, 김병훈 편집 및 집필, 『그리스도의 순종과 의의 전가』(수원: 합동신학대학원대학교 출판부 2022)에 실린, 김병훈, 박상봉, 안상혁, 이남규, 이승구의 논문을 보라.

나타나게 하여(롬 3:25-26; 고후 5:21), 하나님께 영광을 돌리고 우리 또한 하나님께 영광을 돌리게 함이었다(롬 15:7-9).

그래서 필자는 다음과 같은 결론을 내리고자 한다. 그리스도께서 율법 순종을 통하여 레위기 18:5가 약속한 의와 영생을 공로로 확보하여 그것을 믿는 자에게 전가해 준다는 해석은 바울의 가르침에서 찾아보기 어려운 낯선 해석이다. 따라서 설사 칼빈을 위시한 종교개혁자들과 그들의 후예들이 레위기 18:5와 바울의 레위기 18:5의 인용을 능동적 순종을 주장하는 자들과 같은 해석을 하였다 하더라도, 이러한 해석이 성경의 가르침과 일치한다고 보기는 어렵다. 나아가서 레위기 18:5와 바울의 레위기 본문 인용(갈 3:12; 롬 10:5)에 대한 우리의 해석이 정당하다고 한다면, 그리스도의 순종을 율법에 대한 능동적 순종과 십자가의 수동적 순종으로 양분하는 것은 정당하다고 보기 어렵다.[50]

---

50 주석에서 이미 언급하였지만 개혁신학자 중에도 그리스도의 온전한 순종을 '능동'과 '수동' 순종으로 구분하는 것 자체를 반대하는 분들도 있다. 예를 들면 John Murray, 박문제 옮김, 『조직신학』(서울: 크리스챤다이제스트, 2008), 2.163; Donald Macleod, "Christ's Active and Passive Obedience"(https://donaldmacleod.org.uk/dm/christ-active-and-passive-obedience/); 유해무, 『개혁교의학: 송영으로서의 신학』(서울: 크리스챤다이제스트, 1997), 346-348을 보라.

참고 문헌(Selected Bibliography on Romans)

1. 주석

Barrett, C.K. *A Commentary on the Epistle to the Romans*. New York: Harper & Row, 1957.

Black, M. *Romans*. Grand Rapids: Eerdmans, 1973.

Bruce, F.F. *The Letter of Paul to the Romans*. Grand Rapids: Eerdmans, 1985.

Byrne, B. *Romans*. Sacra Pagina. Collegeville: Liturgical Press, 1996.

Cranfield, C.E.B. *The Epistle to the Romans I,II*. Edinburgh: T. & T. Clark, 1985. 『국제 비평주석 로마서 I,II,III』 서울: 도서출판 로고스, 1994.

Dunn, James D.G. *Romans* 1-8, 9-16. Dallas: Word Books, 1988.

Elliot, N. *The Arrogance of Nations: Reading Romans in the Context of Empire*. Minneapolis: Fortress, 2008.

Fitzmyer, J.A. *Romans*. AB 33. New York: Doubleday, 1993.

Gorman, M.J. *Romans. A Theological & Pastoral Commentary*. Grand Rapids: Eerdmans, 2022

Hahn, Scott W. *Romans*. Grand Rapids: Baker Academic, 2017.

Hendricksen, W. *Romans*. Grand Rapids: Baker Book House, 1981.

Jewett, R. *Romans*. Hermeneia. Mineapolis, 2007.

Käsemann, E. *Commentary on Romans*. Grand Rapids: Eerdmans, 1980.

Keck, Leander. *Romans*. ANTC. Nashville: Abingdon, 2005.

Keener, Craig S. *Romans: A New Covenant Commentary*. NCC 6. Eugene, OR: Cascade, 2009.

Kruse, C.G. *Paul's Letter to the Romans*. Grand Rapids: Eerdmans, 2012.

Lohse, E. *Der Brief an die Römer*. Göttingen: Vandenhoeck & Ruprecht, 2003.

Longenecker. R. *The Epistle to the Romans*. Grand Rapids: Erdmans, 2016.

McKnight, S. *Reading Romans Backwards: The Gospel of Peace in the Midst of Empire*. Waco: Baylor University Press, 2019.

Matera, Frank J. *Romans*. Paideia. Grand Rapids: Baker Academic, 2011

Morris, L. *The Epistle to the Romans*. Grand Rapids: Eerdmans, 1988.

Moo, D. *The Epistle to the Romans*. Grand Rapids: Eerdmans, 1996.

_____. *The Epistle to the Romans*. Second Edition. Grand Rapids: Eerdmans, 2018.

Murray, J. *The Epistle to the Romans*. Grand Rapids: Eerdmans, 1965.

_____. 『로마서 주석』. 서울: 아바서원, 2014.

Osborne, Grant R. *Romans*. Downers Grove: InterVarsity Press, 2004.

Peterson, D.G. *Romans. Evangelical Biblical Theology Commentary*. Bellingham:Lexham Academic, 2020.

Schnabel, E.J. *Der Brief des Paulus an die Römer: Kapitel 6-16*. Witten: Brockhaus, 2016.

Schreiner, T. *Romans*. Grand Rapids: Baker, 1998.

_____. *Romans*. Second Edition. Grand Rapids: Baker Academic, 2018.

Stuhlmacher, P. *Paul's Letter to the Romans*. Edinburgh: T & T Clark, 1984.

_____. 『로마서 주석』. 장흥길 옮김. 서울: 장로회신학대학교출판부, 2002.

Thiselton, A.C. *Discovering Romans: Content, Interpretation, Reception*. Grand Rapids: Eerdmans, 2016.

Wilckens, Ulrich. *Der Brief und die Römer*. EKKNT 6. 3 vols. Zurich: Benziger; Neukirchen-Nluyn: Neukorchener Verlag, 1978-82.

Witterington, B. *Paul's Letter to the Romans. A Socio-Rhetorical Commentary*. Grand Eerdmans, 2004.

Wright, N.T. "Romans." In *The New Interpreter's Bible*. Vol. 10. Edited. L.E. Keck et al. Nashville: Abingdon, 2002. Pp. 393-770.

박익수. 『로마서 I, II』. 서울: 기독교서회, 2008.

스토트, 존. 『로마서 강해』. 정옥배 옮김. 서울: 한국기독학생회출판부, 2006.

악트마이어, 폴. 『로마서』. 김도현 옮김. 서울: 장로교출판사, 2003.

이상근. 『로마서』. 대구: 성등사, 1991.

이한수. 『로마서: 바울 사도가 로마인들을 위해 쓴 복음 해설서』. 경기도: 킹덤북스, 2016.

조병수. 『로마서』 서울: 이레서원, 2008.

차정식. 『로마서』. 서울: 기독교서회, 1999.

최갑종. 『로마서 듣기』. 서울: 대서, 2009.

2. 논문 및 단행본(Articles, Monographs and Books)

김광수. "바울신학에 기초한 로마서 8:10의 번역과 해설."『성경원문 연구』21(2007), 69-91.

김봉습. "로마서 1장 17절의 'dikaiosu,nh qeou/'의 의미-본문 문맥과 바울서신내의 dikaio-용어와 pist-용어와의 관련성 고찰을 중심으로."「長神論壇」51 (2019), 66-78.

김세윤.『예수와 바울』. 서울: 참말사, 1994.

_____.『바울 복음의 기원』. 서울: 엠마오사, 1994.

_____.『칭의와 성화』. 서울: 두란노, 2013.

김현광. "로마서 11:25-27에 나타난 '온 이스라엘'의 구원."『신약연구』15/4(2016), 760-787.

무, 더글라스 J.『로마서의 신학적 강해』. 이경석 옮김. 서울: 크리스챤, 2007.

던, 제임스 D.G.『바울신학』. 박문제 옮김. 서울: 크리스챤다이제스트, 2003.

심상길. "이스라엘의 구원을 말하는 로마서 11장 25-26절에 대한 연구."『신약논단』23 (2016), 229-264.

이광우.『요한계시록』. 서울: 예영커뮤니케이션, 2021.

_____.『개혁주의 신앙과 여성안수』. 서울: 예영커뮤니케이션, 2022.

이승현. "바울의 복음에 대한 로마서 1:18의 γάρ와 하박국 2:4의 해석학적 기능, 그리고 새관점."『신약논단』27/3 (2020), 643-687.

장해경. "로마서의 고유한 특징들에 반영된 저술 동기와 목적."「신약연구」12/2 (2014), 240-272.

최갑종.『사도 바울. 그의 삶, 편지, 그리고 신학』. 서울: UCN, 2001.

_____. "'하나님의 의', '믿음', 그리고 '십자가 사건': 로마서 3:21-26에 대한 주석적 연구."『기독신학저널』15 (2008), 105-128.

_____. "로마서의 배경과 목적: 사도 바울이 왜 로마서를 썼는가?"『기독신학저널』14 (2008), 139-161.

_____. "PISTIS CRISTOU, 어떻게 해석할 것인가: 로마서 3:21-31에 나타나는 PISTIS 와 DIKAIOSUNE를 중심으로."「聖經과 神學」52권 (2009), 65-107.

_____. "πίστις Χριστοῦ, 어떻게 이해할 것인가?"「신약연구」10/4 (2011), 911-40.

_____. "바울의 예루살렘, 로마, 그리고 스바나(스페인) 방문 상호 연관성과 그 의의."『신약논단』20.2 (2013), 409-442.

_____. "로마서 주제에 대한 연구. 하나님의 의에 대한 내러티브 접근을 중심으로."『신약연구』18 (2019), 507-537.

_____. "Πίστις Χριστοῦ는 어떻게 번역되어야 하는가?- 로마서 3장 22절의 Πιότις Χριστοῦ 구문에 대한 문맥적 접근을 중심으로「성경원문연구」50 (2022), 141-173.

_____. "로마서 1:16-17에 대한 주석적 연구,"「신약논단」30/1 (2023), 140-175.

최종상. 『이방인의 사도가 쓴 로마서』. 서울: 아가페, 2003.

홍인규. 『로마서, 어떻게 읽을 것인가』개정증보판. 서울: 성서유니온, 2008.

Aageson, James W. "Typology, Correspondence, and the Application of Scripture in Romans 9-11." *JSNT* 31 (1987), 75-72.

_____. "'Control' in Pauline Language and Culture: A Study of Romans 6." *NTS* 42 (1996), 75-89.

Aletti, J.N. "The Rhetoric of Romans 5-8." In T*he Rhetoric Analysis of Scripture: Essays from the 1995 London Conference*. Ed. S.E. Porter and T.H. Olbricht. JSNTS 146. Sheffield: Sheffield Academic, 1997. Pp. 294-308.

_____. *God's Justice in Romans: Keys for Interpreting the Epistle to the Romans*. Rome: Gregorian & Biblical Press, 2010.

Aune, D.E. "Romans as a *Logos Protreptikos* in the Context of Ancient Religious and Philosophical Propaganda." In *The Romans Debate*. Ed. K.P. Donfield. Peabody: Hendrickson, 1991. Pp. 278-96.

_____. Ed. *Rereading Paul Together: Protestant and Catholic Perspectives on Justification*. Grand Rapids: Baker Academic, 2006.

Aus, Roger. "Paul's Travel Plans to Spain and the 'Full Number of the Gentiles' of Rom. XI:25." *NovT* 21 (1979). 232-62.

Avemarie, F. *Tora und Leben: Untersuchungen zur Heilsbedeutung der Tora in der frühen rabbinischen Literatur*. TSAJ 55. Tübingen: Mohr Siebeck, 1996.

_____. "The Tension between God's Command and Israel's Obedience as Reflected in the Early Rabbinic Literature." In Barclay & Gathercole. Eds. *Divine and Human Agency in Paul and His Cultural Environment*. London: T & T Clark, 2006. Pp. 50-70.

Badenas, Robert. *Christ the End of the Law. Romans 10:4 in Pauline Perspective*, JSNT Sup 10. Sheffield: JSOT Press, 1985.

Barclay, John M.G. *Paul and the Gift*. Grand Rapids: Eerdmans, 2015.

Barrett, C.K. *Paul: An Introduction to His Thought*. Louisville: Westminster Press, 1994.

_____. *On Paul: Essays on His Life, Work and Influence in the Early Church*. London: T & T Clark, 2003.

Barrick, W.D. "The New Perspective and 'Works of the Law' (Gal 2:16 and Romans 3:20)." *TMSJ*

16/2 (2005), 277-292.

Becker, J. *Paul: Apostle to the Gentiles.* Louisville: John Knox Press, 1993.

Bechtler, S.R. "Christ, the Τελος The Goal of Romans 10:4." *CBQ* 56 (1994), 287-308.

Beker, J.C., *Paul the Apostle: The Triumph of God in Life and Thought.* Philadelphia: Fortress Press, 1980.

_____. "The Faithfulness of God and the Priority of Israel in Paul's Letter to the Romans." *HTR* 79 (1986), 10-16.

_____. "Romans 9-11 in the Context of the Early Church." *Princeton Seminary Bulletin* Supplement 1 (1990), 40-55.

Bekken, Per J. *The Word Is near You: A Study of Deuteronomy 30:12-14 in Paul's Letter to the Romans in a Jewish Context.* BZNTWKK 144. Berlin: de Gruyter, 2007.

Berkley, Timothy W. *From a Broken Covenant to Circumcision of the Heart: Pauline Intertextual Exegesis in Romans 2:17-29.* SBLDS 175. Atlanta: Society of Biblical Literature, 2000.

Bell, R.H. "Romans 5.18-19 and Universal Salvation." *NTS* 48 (2002), 417-32.

_____. *No One Seeks for God: An Exegetical and Theological Study of Romans 1.18-3.20.* WUNT 106. Tübingen: Mohr Siebeck, 1998.

Belleville, Linda. "Iounian···episemoi en tois apostolois: A Re-examination of Romans 17.7 in Light of Primary Source Materials," *NTS* 51 (2005), 231-249.

Bertone, John A. *The Law of the Spirit: Experience of the Spirit and Displacement of the Law in Romans 8:1-6.* SBL 86. New York: Peter Lang, 2005.

Bird, Michael F. *The Saving Righteousness of God: Studies on Paul, Justification and the New Perspective.* PBM. Milton Keynes, UK: Paternoster, 2007.

_____. "The Letter to the Romans," in *All Things to All Cultures: Paul among Jews, Greeks, and Romans.* Ed. Mark Harding and Alanna Nobbs. Grand Rapids: Eerdmans, 2013. Pp. 177-204.

Black, D.A. "The Pauline Love Command: Structure, Style, and Ethics in Romans 12:9-21." *FiloNT* 2 (1989), 3-22.

Boers, H. *The Justification of the Gentiles: Paul's Letters to the Galatians and Romans.* Peabody: Hendrickson, 1994.

Bornkamm, G. "The Letter to the Romans as Paul's Last Will and Testament." In *The Romans Debate.* Edited by Karl D. Donfried. Peabody: Hendrickson, 1991. Pp. 16-28.

Botha, J. *Subject to Whose Authority? Multiple Readings of Romans 13.* Atlanta: Scholars, 1994.

Brady, Patrick J. *The Process of Sanctification in the Christian Life: An Exegetical Theological Study of 1 Thess. 4.1-8 and Rom. 6.15-23*. TGST 166. Rome: Editrice Pontificia Università Gregoriana, 2008.

Brown, M.J. "Paul's Use of *Doulus Christou Iesou* in Romans 1.1." *JBL* 120 (2001), 723-37.

Bruggen, Van J. *Paul. Pioneer for Israel's Messiah*. Phillipsburgh: P & R. Pub., 2005.

Burer, M.H. and D.B. Wallace. "Was Junia Really an Apostle? A Re-examination of Rom. 16.7." *NTS* (2001), 76-91.

Bryan, Christopher. *A Preface to Romans: Notes on the Epistle in Its Literary and Cultural Setting*. New York: Oxford University Press, 2000.

Byrne, Brandan. "Living Out The Righteousness of God: The Contribution of Roman 6:1-8:13 to an Understanding of Paul's Ethical Presuppostions." *CBQ* 43 (1981), 557-81.

_____. "Rather Boldly (Rom. 15.15): Paul's Prophetic Bid to Win the Allegiance of the Christians in Rome." *Biblica* 74 (1993), 83-96.

_____. "Interpreting Romans Theologically in a Post-'New Perspective' Perspective." *HTR* 94 (2001), 227-42.

_____. "Interpreting Romans: The New Perspective and Beyond." *Interpretation* 58 (2004), 241-52.

Byrskog, S. "Epistolography, Rhetoric and Letter Prescript: Romans 1.1-7 as a Test Case." *JSNT* 65 (1997), 27-46.

Calvert-Koyzis, N. *Paul, Monotheism and the People of God: The Significance of Abraham Traditions for Early Judaism and Christianity*. JSNTS 273. London: T & T Clark International, 2004.

Campbell, D.A. "Romans 1:17-A Crux Interpretum for the ΠΙΣΤΙΣ ΧΡΙΣΤΟΥ Debate." *JBL* 113 (1994), 265-285.

_____. *The Rhetoric of Righteousness in Romans 3.21-26*. JSNTS 65. Sheffield: Sheffield Academic, 1992.

_____. *The Quest for Paul's Gospel: A Suggested Strategy*. JSNTS 274. London: T & T Clark, 2005.

Campbell, W.S. *Paul' Gospel in an Intercultural Context: Jew and Gentile in the Letter to the Romans*. New York: Lang, 1992.

Carson, Donald A. "Why Trust a Cross? Reflections on Romans 3:21-26." *ERT* 28 (2004), 345-362.

Carson, D.A., Peter T. O'Brien, and Mark A. Seifrid, eds. *Justification and Variegated Nomism*.

Vols 2. Grand Rapids: Baker Academic, 2001, 2004.

Cervin, R.S. "A Note Regarding the Name Junia(s) in Romans 16.7." *NTS* 40 (1994), 464-70.

Cosgrove, C.H. "Rhetoric Suspense in Romans 9-11: A Study in Polyvalence and Hermeneutical Election." *JBL* 115 (1996), 271-87.

Crafton, J.A. "Paul's Rhetorical Vision and the Purpose of Romans: Toward a New Understanding." *NovT* 32 (1990): 317-339.

Cranfield, C.E.B. "'The Works of the Law' in the Epistle to the Romans." *JSNT* 43 (1991), 89-101.

Cranford, M. "Abraham in Romans 4: The Father of All Who Believe." *NTS* 41 (1995), 71-88.

Culpepper, R. A. "God's Righteousness in the Life of His People: Romans 12-15." *RevExp* 73 (1976), 451-463.

Dabourne, Wendy. *Purpose and Cause in Pauline Exegesis: Romans 1.16–4.25 and a New Approach to the Letters*. SNTSMS 104. Cambridge: Cambridge University Press, 1999.

Das, A.A. *Paul, the Law, and the Covenant*. Peabody: Hendrickson, 2001.

_____. Solving the Romans Debate. Minneapolis: Fortress, 2007.

Davies, G.N. *Faith and Obedience in Romans: A Study in Romans 1-4*. Sheffield: Sheffield Academic, 1990.

Donaldson, T.L. "Zealot and Convert: The Origin of Paul's Christ-Torah Antithesis." *CBQ* 51 (1989), 655-682.

_____. *Paul and the Gentiles: Remapping the Apostle's Convictional World*. Minneapolis: Fortress, 1997.

Donfried, K.P. Ed. *The Romans Debate*. Minneapolis: Augsburg, 1977, 1991.

Donfried, K.P. and P. Richardson. Eds. *Judaism and Christianity in First-Century Rome*. Grand Rapids: Eerdmans, 1998.

Dunn, James D.G. "Once More ΠΙΣΤΙΣ ΧΡΙΣΤΟΥ." *Society for Biblical Literature 1991 Seminar Paper*. Ed. K. H. Richards. Atlanta: Scholars, 1991. Pp. 124-146.

_____. "Prolegomena to a Theology of Paul." *NTS* 40 (1994), 407-432.

_____. *The New Perspective on Paul. Revised Edition*. Grand Rapids: Eerdmans, 2008.

Du Toit, A.B. "Persuasion in Romans 1:1-17." *BZ* 33 (1989), 192-209.

Eastman, S. "Whose Apocalypse? The Identity of the Sons of God in Romans 8.19." *JBL* 121 (2001), 263-77.

Elliot, M.A. *The Survivors of Israel: A Reconsideration of the Theology of Pre-Christian Judaism*.

Grand Rapids: Eerdmans, 2000.

Elliot, N. *The Rhetoric of Romans: Argumentative Constraint and Strategy and Paul's Dialogue with Judaism*. JSNTS 45. Sheffield: Sheffield Academic, 1990.

_____. "Romans 13.1-7 in the Context of Imperial Propaganda." In R.A. Horsley. Ed. *Paul and Empire*. Harrisburg: Trinity, 1997. Pp. 184-204.

Epp, E.J. "Jewish-Gentile Continuity in Paul: Torah and /or Faith?(Romans 9:1-5." *HTR* 79 (1986), 80-90.

_____. *The First Woman Apostle*. Minneapolis: Fortress, 2005.

Esler, Philip F. *Conflict and Identity in Romans: The Social Setting of Paul's Letter*. Minneapolis: Fortress, 2003.

Fee, G.D. *God's Empowering Presence: The Holy Spirit in the Letters of Paul*. Peabody: Hendrickson, 1994.

Finger, R.H. *Paul and the Roman House Churches*. Scottdale: Herald Press, 1993.

Fitzmyer, J.A. "Paul's Jewish Background and the Deeds of the Law." *According to Paul:Studies in the Theology of the Apostle*. New York: Paulist Press, 1993. Pp. 13-35.

Fraikin, Daniel, "The Rhetorical Function of the Jews in Romans." *Paul and the Gospels Vol. 1 of Anti-Judaism in Early Christianity*. Ed. Peter Richardson, 1986. Pp. 91-105.

Furnish, V.P., "On Putting Paul in His Place." *JBL* 113 (1994), 3-17.

Gadenz, Paul T. *Called from the Jews and from the Gentiles: Pauline Ecclesiology in Romans 9–11*. WUNT 2/267. Tübingen: Mohr Siebeck, 2009.

Garlington. D.G. *The Obedience of Faith: A Pauline Phrase in Historical Context*. Tübingen: Mohr, 1991.

_____. *Faith, Obedience and Perseverance: Aspects of Paul's Letter to the Romans*. WUNT 79. Tübingen: Mohr, 1994.

Gathercole, Simon J. *Where is Boasting? Early Jewish Soteriology and Paul's Response in Romans 1-5*. Grand Rapids: Eerdmans, 2002.

_____. "A Law unto Themselves: The Gentiles in Rom. 2.14-15 Revisited." *JSNT* 85 (2002), 27-49.

_____. "Torah, Life, and Salvation: Leviticus 18.5 in Early Judaism and the New Testament." In C.A. Evans. Ed. *From Prophecy to Testament: The Function of the Old Testament in the New*. Peabody: Hendrickson, 2004. Pp. 126-45.

Gaventa, B.R. *When in Romans: An Invitation to Linger with the Gospel according to Paul*. Grand Rapids: Baker Academic, 2016.

Gehring, R.W. *House Church and Mission. The Importance of Household Structures in Early Christianity*. Peabody: Hendrickson, 2004.

Grieb, A. Katherine. *The Story of Romans: A Narrative Defense of God's Righteousness*. Louisville: Westminster John Knox, 2002.

Grindheim. S. *The Crux of Election: Paul's Critique of the Jewish Confidence in the Election of Israel*. WUNT 2.202. Tübingen: Mohr Siebeck, 2005.

Gundry, R.H. "Grace, Works, and Staying Saved in Paul." *Bib* 66 (1985), 1-38.

Haacker, Klaus. *The Theology of Paul's Letter to the Romans*. NTT. Cambridge:Cambridge University Press, 2003.

Hagner, D.A., "Paul and Judaism. The Jewish Matrix of Early Christianity: Issues in the Current Debate." *BBL* 3 (1993), 111-130.

_____. "Paul and Judaism: Testing the New Perspective." In P. Stuhlmacher, *Revisiting Paul's Doctrine of Justification: A Challenge to the New Perspective*. Downers Grove: InterVarsity, 2001 Pp. 75-105.

Hahne, Harry Alan. *The Corruption and Redemption of Creation: Nature in Romans 8:19-22 and Jewish Apocalyptic Literature*. LNTS 336. London: T&T Clark, 2006.

Havemann, J.C.T. "Cultivated Olive-Wild Olive: The Olive Tree Metaphor in Romans 11.16-24." *Neot* 31 (1997), 87-106.

Hays, Richards B. "Have we found Abraham to be our Forefather according to the flesh? A Reconsideration of Rom 4:1." *NovT* 27 (1985), 76-98.

_____. *Echoes of Scripture in the Letters of Paul*. New Haven: Yale University Press, 1989.

_____. *The Faith of Jesus Christ. An Investigation of the Narrative Structure of Galatians iii.1-iv*. 2nd Edition. Chico: Scholars, 1983, 2002.

Hellholm, D. "Die argumentative-Funcktion von Römer 7.1-6." *NTS* 43 (1997), 385-411.

_____. "Enthymemic Argumentation in Paul: The Case of Romans 6." In *Paul in His Hellenistic Context*. Ed. T. Engberg-Pedersen. Minneapolis: Augsburg Fortress, 1995. Pp. 119-79.

Husbands, H. & Trier, D.J. Eds. *Justification: What's at Stake in the Current Debates*. Downers Grove: InterVarsity Press, 2004.

Irons, Charles Lee. *The Righteousness of God: A Lexical Examination of the Covenant Faithfulness Interpretation*. Wissenschaftliche Untersuchungen zum Neuen Testament 2.386. Tübingen: Mohr Siebeck, 2015.

Jervis, A. *The Purpose of Romans: A Comparative Letter Structure Investigation*. Sheffield:

Sheffield Academic, 1991.

Jewett, R. "Ecumenical Theology for the Sake of Mission: Romans 1:1-17 + 15:14-16:24." *SBLSP 1992*. Ed. E. Lovering, Jr. Atlanta: Scholars, 1992, 598-612.

_____. "Following the Argument of Romans." In *The Romans Debate*. Ed. Donfried. Peabody: Hendrickson, 1991. Pp. 265-77.

Johnson, Luke T. "Rom 3:21-26 and the Faith of Jesus." *CBQ* 44 (1982), 77-90.

Joubert, S. *Paul as Benefactor: Reciprocity, Strategy, and Theological Reflection in Paul's Collection*. Tübingen: Mohr, 2000.

Keck, L.E. "Paul as Thinker." *Int*. 47 (1993), 27-38.

Khalil, J. "An Interpretation of Rom 3:21-26 within Its Proper Context" in *Participation, Justification, and Conversion*. Ed. A Despotis. Tübingen: Mohr Siebeck, 2017. Pp. 201-241.

Kim, Johann D. *God, Israel, and the Gentiles: Rhetoric and Situation in Romans 9–11*. SBLDS 176. Atlanta: Scholars Press, 2000.

Kim, Seon Y. "God's 'Handing Over' as a Divine Curse: A New Reading of the paradido,nai Clause in Romans 1:24, 26, 28." *Zeit NT Wiss* 112 (2021), 26-51.

Kim, Seyoon. *Paul and the New Perspective. Second Thoughts on the Origin of Paul's Gospel*. Grand Rapids: Eerdmans, 2002.

_____. *Justification and God's Kingdom*. Tübingen: Mohr Siebeck, 2018.

Kirk, J. R. Daniel. *Unlocking Romans: Resurrection and the Justification of God*. Grand Rapids: Eerdmans, 2008.

Kuula, K. *The Law, the Covenant and God's Plan: Vol. 2. Paul's Treatment of the Law and Israel in Romans*. Göttingen: Vandenhoeck & Ruprecht, 2003.

Lambrecht, J. "Man before and without Christ: Rom. 7 and Pauline Anthropology." *Louvain Studies* 5 (1974), 18-33.

_____. "Why is Boasting Excluded? A Note on Romans 3:27 and 4:2." *ETL* 61 (1985), 365-69.

_____. "Paul's Logic in Romans 3.29-30." *JBL* 119 (2000), 526-28.

Laato, T. *Paul and Judaism: An Anthropological Approach*. Atlanta: Scholars, 1995.

_____. "God's Righteousness–Once Again." *The Nordic Paul*. Edited by L. Aejmelaeus and A. Mustakallio. New York: T & T Clark, 2008. Pp. 59-62.

Lee, D.A. *The Ministry of Women in the New Testament: Reclaiming the Biblical Vision for Church Leadership*. Grand Rapids: Baker Academic, 2021.

Lee, Jae Hyun. *Paul's Gospel in Romans: A Discourse Analysis of Rom. 1:16–8:39*. Leiden: Brill, 2010.

Lincoln, Andrew T. "From Wrath to Justification: Tradition, Gospel, and Audience in the Theology of Romans 1:18-4:25." *Pauline Theology. Volume III: Romans*. Ed. David M. Hay and E. Elizabeth Johnson. Minneapolis:Fortress, 1995. Pp. 130-159.

Longenecker, R.N. "The Focus of Romans: The Central Role of 5.1-8.39 in the Argument of the Letter." Eds. S.K. Soderlund and N.T. Wright. *Romans and the People of God*. Grand Rapids: Eerdmans, 1999. Pp. 49-69.

_____. *Introducing Romans: Critical Concerns in Paul's Most Famous Letter*. Grand Rapids: Eerdmans, 2011.

Magda, Ksenija. *Paul's Territoriality and Mission Strategy: Searching for the Geographical Awareness Paradigm behind Romans*. WUNT 2/266. Tübingen: Mohr Siebeck, 2009.

Marshall, I.H. "Romans 16.25-27-An Apt Conclusion." In *Romans and the People of God. Essays in Honor of Gordon D. Fee on the Occasion of His 65th Birthday*. Eds. S. Sonderlund and N. T. Wright. Grand Rapids: Eerdmans, 1999. Pp. 170-84.

Martin, R.P. "Reconciliation: Romans 5.1-11." In *Romans and the People of God. Essays in Honor of Gordon D. Fee on the Occasion of His 65th Birthday*. Eds. S. Sonderlund and N. T. Wright. Grand Rapids: Eerdmans, 1999. Pp. 36-48.

Martini, C. M. *Our Father in Faith*. Melbourne: Coventry, 2020.

Matlock, R. B. "Detheologizing the ΠΙΣΤΙΣ ΧΡΙΣΤΟΥ Debate: Cautionary Remarks from a Lexical Semantic Perspective." *NovT* 42 (2000), 1-23.

_____. "ΠΙΣΤΙΣ in Galatians 3.26: Neglected Evidence for 'Faith in Christ'?" *NTS* 49 (2003), 433-449.

McDonald, P.M. "Romans 5.1-11 as a Rhetoric Bridge." *JSNT* 40 (1990), 81-96.

McRay, John. *Paul. His Life and Teaching*. Grand Rapids: Baker Academic, 2003.

Michaels, J.R. "The Redemption of Our Body: The Riddle of Romans 8.19-22." In *Romans and the People of God. Essays in Honor of Gordon D. Fee on the Occasion of His 65th Birthday*. Eds. S. Sonderlund and N. T. Wright. Grand Rapids: Eerdmans, 1999. Pp. 92-114.

Miyata, Mitsuo. *Authority and Obedience: Romans 13:1-7 in Modern Japan*. AUSS 7/294. New York: Lang, 2009.

Miller, James C. *The Obedience of Faith, the Eschatological People of God, and the Purpose of Romans*. SBLDS 177. Atlanta: Scholars Press, 2000.

Monkemeier, M. J. "'A Righteous God and Savior: Romans 1:17 and the Old Testament Concept of God's Righteousness." Ph.D. dissertation at Weaton College, 2020.

Moo, D. "Israel and the Law in Romans 5-11: Interaction with the New Perspective." In Carson, et al. *Justification and Variegated Nomism* Vol. 2. Grand Rapids: Baker Academic, 2004. Pp. 185-216.

Mohrmann, D. C. "Of 'Doing' and 'Living': The Intertextual Semantics of Leviticus 18:5 in Galatians and Romans," in *Jesus and Paul. Global Perspectives in Honor of James D. G. Dunn. A Festschrift for his 70th Birthday*. Eds. B. J. Robertson and Douglas C. Mohrmann. London: T & T Clark, 2009. Pp. 151-163.

Moxnes, Halvor. *Theology in Conflict: Studies in Paul's Understanding of God in Romans*. NovTSup 53. Leiden Brill, 1980.

_____. "The Quest for Honor and the Unity of the Community in Romans 12 and in the Orations of Dio Chrysostom." In *Paul in His Hellenistic Context*. Ed. T. Engberg-Pedersen. Minneapolis: Augsburg Fortress, 1995. Pp. 203-30.

Myers, C.D. "Chiastic Inversion in the Argument of Romans 3-8." *NovT* 35 (1993), 30-47.

Nanos, M. *The Mystery of Romans*. Minneapolis: Fortress, 1996.

Packer, J.I. "The 'Wretched Man's Revisited: Another Look at Romans 7.14-25." In *Romans and the People of God. Essays in Honor of Gordon D. Fee on the Occasion of His 65th Birthday*. Eds. S. Sonderlund and N. T. Wright. Grand Rapids: Eerdmans, 1999. Pp. 70-81.

Piper, John. "The Demonstration of the Righteousness of God in Romans 3:25,26." *JSNT* 7 (1980), 2-32.

_____. *The Justification of God: An Exegetical and Theological Study of Romans 9:1-23*. Grand Rapids: Bakers, 1983.

Porter, C.L. "Romans 1.18-32: Its Role in the Developing Argument." *NTS* 40 (1994), 210-28.

Porter, S.E. "The Argument of Romans 5: Can a Rhetorical Question Make a Difference?" *JBL* 110 (1991), 655-77.

Porter, S.E. and T.H. Olbricht. Eds. *Rhetorical Criticism and the Bible*. Sheffield: Sheffield Academic, 2002.

Rainbow, P.A. *The Way of Salvation: The Role of Christian Obedience in Justification*. Milton Keynes: Paternoster, 2005.

Räisänen, H. *Paul and the Law*. WUNT 29. Tübingen: Mohr, 1983.

_____. *Jesus, Paul and Torah: Collected Essays*. JSNT Sup.; Seiffield: JSOT Press, 1992.

Rapa, R.K. *The Meaning of "Works of the Law" in Galatians and Romans*. New York: Peter Lang, 2001.

Reed, J.T. "Indicative and Imperative in Rom 6,21-22: The Rhetoric of Punctuation." *Bib* 74 (1993), 244-57.

Reasoner, Mark. *The Strong and the Weak: Romans 14:1-15:13 in Context*. SNTSMS 103. Cambridge: Cambridge University Press, 1999.

Reid, Mary L. "A Rhetorical Analysis of Romans 1:1-5:21 with attention given to the Rhetorical Function of 5:1-21." *Perspectives in Religious Studies* 19 (1992), 255-272.

_____. *Augustinian and Pauline Rhetoric in Romans Five: A Study of Early Christian Rhetoric*. Lewiston: Mellen Biblical Press, 1996.

_____. "A Consideration of the Function of Rom 1:8-15 in Light of Greco-Roman Rhetoric." *JETS* 38 (1995), 181-91.

_____. "A Rhetorical Analysis of Romans 1:1-5:21 with Attention Given to the Rhetorical Function of 5:1-21." *PRS* 19 (1992), 255-72.

Rhyne, C. Thomas, *Faith Establishes the Law*. SBLDS 55. Chicago: Scholars, 1981.

Robert, J.H., "Righteousness in Romans with Special Reference to Romans 3:19-31." *Neot* 15 (1981), 12-33.

Roo, J.C.R. de. *"The Works of the Law" at Qumran and in Paul*. NTM 13. Sheffield: Phoenix, 2007.

Sabou, Sorin. *Between Horror and Hope: Paul's Metaphorical Language of "Death" in Romans 6:1-11*. PBM. Waynesboro, GA: Paternoster, 2005.

Sampley, J.P. "The Week and the Strong: Paul's Careful and Crafty Rhetorical Strategy in Romans 14:1-15:13." In *The Social World of the First Christians: Essays in Honor of Wayne A. Meeks*. Ed. L.M. White and O.L. Yarbrough. Minneapolis: Fortress, 1995. Pp. 40-52.

_____. (ed). *Paul in the Greco-Roman World*. New York: Trinity Press International, 2003.

Sanders, E.P. *Paul and Palestinian Judaism*. Philadelphia: Fortress Press, 1977.

_____. *Paul, the Law, and the Jewish People*. Philadelphia: Fortress Press, 1983.

_____. *Paul: The Apostle's Life, Letters and Thought*. Minneapolis: Fortress, 2015.

Schenck, Kenneth. "2 Corinthians and the ΠΙΣΤΙΣ ΧΡΙΣΤΟΥ Debate." *CBQ* 70 (2008), 524-537.

Schnelle, U. *Apostle Paul: His Life and Theology*. Grand Rapids: Eerdmans, 2005.

Schreiner, T.R. "The Abolition and Fulfillment of the Law in Paul." *JSNT* 35 (1989), 47-74.

_____. "Paul's View of the Law in Romans 10:4-5." *WTJ* 55 (1993), 113-35.

Seifrid, M.A. "Blind Alleys in the Controversy over the Paul of History." *TB* 45 (1994), 73-95.

Slon, Robert B. "Paul and the Law: Why the Law cannot save." *NovT* 33 (1991), 35-60.

Snodgrass, K. "Justification by Grace--to the Doers: An Analysis of the Place of Romans 2 in the Theology of Paul." *NTS* 32 (1986), 72-93.

_____. "Spheres of Influence. A Possible Solution for the Problem of Paul and the Laws." *JSNT* 32 (1988), 93-113.

Snyman, A.H. "Style and the Rhetorical Situation of Romans 8.31-39." *NTS* 34 (1988), 218-31.

Southall, David J. *Rediscovering Righteousness in Romans: Personified Dikaiosynē within Metaphoric and Narratorial Settings.* WUNT 2/240. Tübingen: Mohr Siebeck, 2008.

Sprinkle, P. M. *Law and Life: The Interpretation of Leviticus 18:5 in Early Judaism and in Paul.* WUNT 2/241. Tübingen: Mohr Siebeck, 2008.

Stenchke, C. "Human and Non-Human Creation and Its Redemption in Paul's Letter to the Romans." *Neotestamentica* 51 (2017), 261-289.

Stowers, S.K. *The Diatribe and Paul's Letter to the Romans.* SBLDS 57. Chicago:Scholars, 1981.

_____. *A Rereading of Romans: Justice, Jews, and Gentiles.* New Haven: Yale University Press, 1994.

Stuhlmacher, P. *Reconciliation, Law and Righteousness: Essays in Biblical Theology.* Philadelphia: Fortress Press, 1987.

_____. "Paul's Understanding of the Law in the Letter to the Romans." *SEA* 50 (1985), 87-104.

_____. "The Theme of Romans." *ABR* 36 (1988), 30-44.

Stuhlmacher, Peter, with Donald Hagner. *Revisiting Paul's Doctrine of Justification:A Challenge to the New Perspective.* Downers Grove, IL: InterVarsity Press, 2001.

Szypula, W. *The Holy Spirit in the Eschatological Tension of Christian Life: An Exegetico-Theological Study of 2 Corinthians 5,1–5 and Romans 8,18–27.* TGST 147. Rome: Editrice Pontifica Università Gregoriana, 2007.

Thielman, F. *Paul and the Law. A Contextual Approach.* Downers Grove: IVP, 1994.

_____. "The Story of Israel and the Theology of Romans 5-8." in *SBL 1993 Seminar Papers.* Ed. Eugene H. Lovering. Atlanta: Scholars Press, 1993.

Thorley, J. "Junia a Woman Apostle." *NovT* 38 (1996), 18-29.

Thompson, M. *Clothed with Christ: The Example and Teaching of Jesus in Romans 12:1-15:13*. JSNTSS 59. Sheffield: JSOT Press, 1991.

Tobin, Thomas H. *Paul's Rhetoric in Its Contexts. The Argument of Romans*. Peabody: Hendrickson, 2004.

Toney, Carl N. *Paul's Inclusive Ethic: Resolving Community Conflicts and Promoting Mission in Romans 14-15*. WUNT 2/252. Tübingen: Mohr Siebeck, 2008.

Towner, P. "Romans 13.1-7 and Paul's Missiological Perspective." In *Romans and the People of God. Essays in Honor of Gordon D. Fee on the Occasion of His 65th Birthday*. Eds. S. Sonderlund and N. T. Wright. Grand Rapids: Eerdmans, 1999. Pp. 149-69.

Umoren, Anthony. *Paul and Power Christology: Exegesis and Theology of Romans 1.3-4 in Relation to Popular Power Christology in an African Context*. NTSCE 4. Frankfurt: Lang, 2008.

VanLandingham, C. *Judgment and Justification in Early Judaism and Apostle Paul*. Peabody: Hendrickson, 2006.

Wagner, J.R. "The Christ, Servant of the Jew and Gentile: A Fresh Approach to Romans 15.8-9." *JBL* 116 (1997), 473-85.

Wallace, David R. *The Gospel of God: Romans as Paul's Aeneid*. Eugene, OR:Pickwick, 2008.

Watson, Francis, *Paul, Judaism and the Gentiles: A Sociological Approach*. SNTSMS 56. Cambridge: Cambridge University Press, 1986.

Watson, N.M. "Justified by Faith; Judged by Works—an Antinomy?" *NTS* 29 (1983), 209-21.

Wedderburn, A.J.M. "Paul's Collection: Chronology and History." *NTS* 48 (2002), 95-110.

Westerholm, S. *Israel's Law and the Church's Faith: Paul and His Recent Interpreters*. Grand Rapids: Eerdmans, 1988.

_____. *Perspectives Old and New on Paul: The "Lutheran" Paul and His Critics*. Grand Rapids: Eerdmans, 2004.

_____. "The Righteousness of the Law and the Righteousness of Faith in Romans." *Interpretation* 58 (2004), 253-64.

_____. "Paul's Anthropological 'Pessimism' in its Jewish Context." *Divine and Human Agency in Paul*. Eds. Barclay & Gathercole. Edinburgh: T & T Clark, 2006. Pp. 71-98.

Westfall, C.L. *Paul and Gender: Reclaiming the Apostle's Vision for Men and Women in Christ*. Grand Rapids: Baker Academic, 2016.

Wilk, Florian, and J. Ross Wagner, eds. *Between Gospel and Election: Explorations in the*

Interpretation of Romans 9–11. WUNT 257. Tübingen: Mohr Siebeck, 2010.

Wilson, M. R. *Our Father Abraham: Jewish Roots of the Christian Faith*. 2nd edition. Grand Rapids: Eerdmans, 2021.

Wright, N.T. *The Climax of the Covenant: Christ and the Law in Pauline Theology*. Edinburgh: Clark, 1991.

_____. "New Exodus, New Inheritance: The Narrative Structure of Romans 3-8." In *Romans and the People of God: Essays in Honor of Gordon D. Fee on the Occasion of His 65th Birthday*. Eds. S. K. Soderlund and N. T. Wright. Grand Rapids: Eerdmans, 1999. Pp. 26-35.

_____. "Paul and Caesar: A New Reading of Romans." In *A Royal Priesthood: The Use of the Bible Ethically and Politically*. Ed. C. Bartholemew. Carlisle: Paternoster, 2002. Pp. 173-193.

_____. *Justification: God's Plan and Paul's Vision*. Downers Grove: Inter Varsity, 2009.

_____. "Romans 2:17-3:9: A Hidden Clue to the Meaning of Romans." *Journal for the Study of Paul and His Letter* 2 (2012), 1-25.

_____. *Paul and Faithfulness of God*, Part III and IV. London: SPCK, 2013.

_____. "Paul and the Patriarch: The Role of Abraham in Romans 4." *JSNT* 35 (2013), 207-41.

Wu, Jackson. *Reading Romans with Eastern Eyes: Honor and Shame in Paul's Message and Mission*. Downers Grove: IVP Academic, 2019.

Yinger, K. "Rom. 12: 14-21 and Nonretaliation in Second Temple Judaism: Addressing Persecution within the Community." *CBQ* 60 (1998), 74-96.

Young, S.L. "Romans 1.1-5 and Paul's Christological Use of Hab. 2.4 in Rom. 1.17: An Underutilized Consideration in the Debate." *JSNT* 34 (2012), 277-85.

Ziesler, J.A. *The Meaning of Righteousness in Paul: A Linguistic and Theological Investigation*. SNTSMS 20. Cambridge: Cambridge University Press, 1972.